本书由上海文化发展基金会图书出版专项基金资助出版

本书获上海交通大学党史校史专著出版基金资助

【晚清以来人物年谱长编系列】

唐文治年谱长编 上卷

刘桂秋 ◎ 编著

上海交通大学出版社
SHANGHAI JIAO TONG UNIVERSITY PRESS

内容提要

本书是"晚清以来人物年谱长编系列"之一,"上海交通大学党史校史专著"之一。

唐文治(1865—1954),字颖侯,号蔚芝,近现代著名教育家、工学先驱和国学大师。曾任上海高等实业学堂(上海交通大学前身)及邮传部高等商船学堂(大连海事大学、上海海事大学前身)监督(校长),执掌私立无锡中学(无锡市第三高级中学前身)及无锡国专(苏州大学前身)校政。著有《茹经堂文集》《茹经先生自订年谱》等。

本书以记述唐文治生平为主,兼收与其活动有关的文献。文献征集包括旧谱、日记、信札、文录、诗词、奏折以及回忆录等大量第一手资料。谱后附录唐文治主要著述、人名索引、征引文献等。书中对谱主有关资料、事迹多有考证,并引述学界成果,是研究唐文治完整的编年资料。

图书在版编目(CIP)数据

唐文治年谱长编/ 刘桂秋编著. —上海:上海交通大学出版社,2020
ISBN 978 - 7 - 313 - 20963 - 4

Ⅰ.①唐… Ⅱ.①刘… Ⅲ.①唐文治(1865 - 1954)
—年谱 Ⅳ.①K825.46

中国版本图书馆 CIP 数据核字(2019)第 034148 号

唐文治年谱长编
TANG WENZHI NIANPU CHANGBIAN

编　　著:刘桂秋			
出版发行:上海交通大学出版社	地　　址:上海市番禺路 951 号		
邮政编码:200030	电　　话:021 - 64071208		
印　　制:苏州市越洋印刷有限公司	经　　销:全国新华书店		
开　　本:710 mm×1000 mm　1/16	印　　张:80.5		
字　　数:1438 千字	插　　页:8		
版　　次:2020 年 6 月第 1 版	印　　次:2020 年 6 月第 1 次印刷		
书　　号:ISBN 978 - 7 - 313 - 20963 - 4			
定　　价:498.00 元(上下卷)			

唐文治像（《南洋》1915 年第 1 期）

1910 年，唐文治（左八）与邮传部上海高等专科实业学堂中外教员合影（上海交通大学档案馆提供）

唐文治（前排左三）与邮传部上海高等专科实业学堂铁路专科 1910 年首届毕业生合影（上海交通大学档案提供）

唐文治与邮传部上海高等专科实业学堂足球队合影（上海交通大学档案馆提供）

唐文治与邮传部上海高等专科实业学堂技击部会员合影，中立者右起唐文治、教练刘震南
（上海交通大学档案馆提供）

1915年，唐文治获巴拿马国际博览会荣誉奖状（上海交通大学档案馆提供）

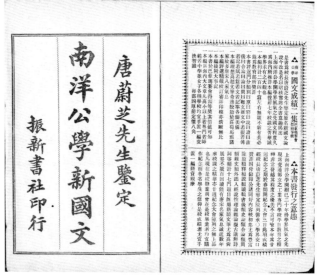

唐文治编撰的修身读本《人格》（1915年，上海交通大学档案馆提供）

唐文治编订《南洋公学新国文》（1917年，上海交通大学档案馆提供）

无锡国专校门

无锡国专图书馆

无锡国专校舍

私立无锡中学教学大楼奠基石（1922年）

唐文治在无锡国专校园内

《茹经六十六小影》(《无锡国专季刊》,
1933年第1期)

唐文治像（《无锡国学专修学校十五周纪念册》，1936 年）

唐文治和子孙合影

1952 年摄于唐文治所住大院，中坐者为唐文治，后立者为其子唐庆诒

唐文治所编《礼记大义》《性理学大义》《十三经提纲》

唐文治所书对联

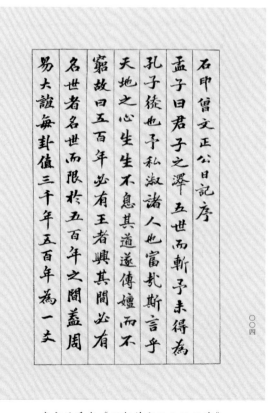

唐文治手书《石印曾文正公日记序》

凡　　例

一、本书系年,采用公历纪年。1865年至1911年,在公历纪年之后,加括号标明帝王年号及干支年号。1912年至1948年,在公历纪年之后,加括号标明民国年号及干支年号。1949年以后,则在公历纪年之后,加括号标明干支年号。

二、本书于各年中所记之事,按年、月、日分别记之。年、月可考而日期不可考者,系于该月之末。年可考而月、日不可考者,系于该年之末。年可考而月、日不可考,但可考知其为上、下半年或上、下学期或四季中之某一季者,系于该年中相应位置。又有在《茹经先生自订年谱》《茹经先生年谱续编》中某事不标月、日,但与上一事紧相排列者,在本谱中亦作相同处理。少数年、月、日难以确凿考订者,于该年、月、日前加"约"字样。

三、本书于各年中所记之事,于体例上分成条叙、史料征引及"按"语三种类型。条叙为本书作者概述谱主事迹。条叙之后,征引相关史料文献。史料征引之后,如尚需就某事进行说明、辨析及考订者,则以"按"语出之。

四、本书公历日期用阿拉伯数字,农历日期用汉字数字,并在括号内加注公历或阴历日期,以便比较。

五、本书各年中的"条叙"及"按"语,凡称呼谱主者,径称"先生"。在史料征引中,则不做这样的处理。

六、本书征引的史料文献,都是与谱主的生平事迹、谱主生平所涉历史事件直接相关者。书中视其相关程度,分别作简要征引、详细征引或全文引录。以前没有披露过的或较为稀见的史料文献,或与谱主的生平事迹有重要关联的,多作详细征引或全文引录。一件史实,有不同文献从不同角度进行记述,尽量并加征引,使其更详尽具体,以备不同需要的研究者、读者参考。征引文献力求采录原件、原文或报刊最初文本。原件无断句、标点者,则按标点符号的基本用法对其进行断句、标点。

七、正文引录的文献中出现难以辨识之字,以□标识;如系明显的错字,则在此字后加以校正,并以[ ]标识。

八、本书后附《人名索引(含字号、生卒年)》,所录者为在全书"条叙"文字中涉及之人物。所录人物,按姓氏的汉语拼音字母中的音序排列。正文征引史料文献中涉及某人时,常径称其字、号,而不称其姓或名,故索引中所录人物,并标明其字号、生卒年,以便查考比较。

九、本书后附《主要征引文献》,所录文献,按其篇(书)名第一个字的汉语拼音字母中的音序排列。每项征引文献,都标明详细出处或文献来源。而在正文中引录文献时,一般只标明编著者和书(文)名,读者自可将正文中所引文献与"附录"部分对照参看。如所引录文献来自报纸,则直接在正文中标出报纸名称和日期,《主要征引文献》不再作对应的收录。

十、本书后附《唐文治著述编年目录》,按年收录目前所知谱主的著述(包括与他人合著和联合署名者)。

序一　夫子何为者 栖栖一代中

——纪念唐文治先生 150 周年诞辰

陈尚君

2015 是唐文治先生 150 周年诞辰纪念,他是中国近代两所著名大学的不祧之祖。一所是上海交通大学,曾是中国最著名的工科大学,近几十年建一流综合性大学,稳定保持全国前五。他在建校初期担任校长达 14 年之久,为奠定这所大学的学科格局和发展前景殚尽心力。2014 年在他去世六十周年之际,学校在闵行校区中心广场为他建立铜像,以表敬意。另一所是无锡国学专修学校,是我国第一所以弘传国学为办学宗旨的学校,培养了无数大师级的学者,为传统经史子集之学的传续作出了不可磨灭的贡献。从该校始建到结束,他始终是校长。虽然近年热谈国学,但这所学校始终没有恢复起来,只有在当年所建茹经堂保留少许旧迹。他几乎可以说是传统旧学最后的古文家和理学家,为探寻孔孟学说的本旨努力终身,他的学生都称他夫子或老夫子,当年曾有海外人士建议孔庙应以他陪祀,那时他还健朗着。他是前清高官,本可以安享晚年,但始终为办学忧心焦虑,孜孜矻矻。到抗战军兴,虽年过七旬,双目皆盲,仍带领全校师生内迁,漂泊道路,饥寒交迫,仍弦歌不辍。"夫子何为者? 栖栖一代中。"唐玄宗写孔子的这两句诗,可以说是他一生的写照。

他是唐文治,字颖侯,号蔚芝,室号茹经堂,晚称茹经老人。他于同治四年(1865 年)旧历十月十六日生于太仓州。我的老师朱东润先生是他光绪、宣统之间曾授课的小学生,曾得到他的古文阅读和写作的指导,也在学业困顿之际得到他无私的资助。在我读研究生期间和毕业工作以后,朱先生曾许多次谈到唐先生对自己一生的影响。我当然完全没有能力理解唐先生,但因为这一机缘,觉得应该就自己所知,写一些文字以为纪念。

唐先生于我为师祖,为行文方便,直呼其名,识者谅之。

走出旧域看世界,强挽颓势图作为

今人喜欢将古人一生分几个阶段来叙述,就唐文治来说,可以很清晰地分为四个阶段,即从出生到 28 岁进士登第,为求学应试期;从 28 岁到 42 岁为居京为官期;其后 14 年,为主政交大期(校名确定在他去职后);56 岁后为主持无锡国专时期,其间双目皆盲,仍著述不辍,直到 90 高龄辞世。

太仓于明清两代文教鼎盛,唐文治自幼即习举业,尤服膺本地先哲陆桴亭(名世仪)之学说。15 岁应童试,18 岁中举,20 岁进南菁书院治经,后四应礼部试,28 岁成进士。其早期经历如此,学术兴趣也皆在宋明理学、制艺古文。如果天下升平,波澜不惊,他或许会沿着这条道路走下去,为名臣,为儒师,然而他却身处三千年未有的剧变时代。就在他登第后两年,甲午海战大败,危及津沽,他"因国祸家难,抑郁无聊,时读《易》以自遣"。越两年戊戌变法,他虽因官低而未及祸,但目睹恩师翁同龢被开缺回籍,诸多师友受波及。庚子国变期间,他为总理衙门章京,兼户部纂修官,得以接触对外交涉之核心机密,深切知道外交之屈辱与国事之颓唐。从"拳乱"到八国联军入侵,他都亲历,看到慈禧太后之依违颠顸、权臣之构陷误国,而他的直接主官总理衙门大臣许景澄公忠许国则惨遭斩首。其后与各国议和的谈判,他作为户部侍郎、赴日本国专使那桐的助手,随行日本,代那桐作《奉使日本记》,看到"日本立国,大抵兄英师德","壹意整理海陆军及工商事宜,骎骎乎日臻富强","厂肆林立,轨道四达",大大开阔了眼界。其间他曾发愤学习俄文,因为用眼过度,埋下病根。到光绪二十八年(1902 年),他以三等参赞的身份随固山贝子载振赴英贺英王乔治三世加冕,因英王得病,加冕礼再三延期,英方尽展本国之所有以为款待;此后又曾游历比、法、美、日等国,接触层级高,参访时间长,得以充分了解各国现代文明之各方面所长。其间他代载振所撰考察游记《英轺日记》,不仅是近代考察西方社会最重要的记录,也以大量细节具体记录他对西方制度和现代建设之认识。如云欧洲全境为国数十,皆曾有猜忌仇怨,而今则"如历法也,学堂也,兵制也,轮船也,铁路也,银行也,商务也,邮政也,皆其同焉者也",这些善政中,"历法纪年始于罗马,学堂程课、铁路置轨始于英吉利,汽船行海、舟师出征始于美利坚,银行规制始于荷兰,航海通商始于葡萄牙,邮递印票始于法兰西",可以说创始于不同国度,但"一国为之倡,而各国相继效法,精益求精","群相推演,万国同风","无有彼此畛域之界,更无有猜忌仇怨之情"。即中国要想进步,必须学习西方的现代文明,绝无他途。他的思考从度量衡制到国会政治,从医院设施到学校规模,无所不及,甚至乘火车出行,在燃气机车的轰鸣中都在思考:"西人于火车轨道既测地平,更取直线,每过山阻则穿山通道,以砖石环其上,如桥形,其开时工本虽大,而行车直捷,惜时省煤,积久计之,所省甚巨。其行事通盘筹画,以美补不足,大率类此。"他对学校之考察更仔细,记录全英有大学六十七所,中小学三万多所,教师十四万人，大学生三万多人，中小学生五百五十五万人，全年官学费英金九百七十三万镑，还详尽记录各类公益学校和技工学校之情况。他参观英京大藏书楼，看到楼中书架累长达 32 英里，庋藏各国古今图书达三百多万种，其中东方书籍分中、日两大部，中国古籍虽不尽备，但已有十之七八。他看到法国新定学校章程，不准男女教会人员担任教席，感慨"法人以宗教立国，然近时重学轻教如此"。而他记载比利时国王虽年已 70，仍步行答礼，带着参观其起居书房，"共楼五大楹，图书满架"，问及中国学术，"研求精细，君主而不脱书生气"。这些都引起他对中国去弊图强之道的思考。归撰《英轺日记序》，认为"繁惟中国，力谋自强，方今官守其度，士劝其学，工农商师讲于野，兵技巧家兴于军，百废举廞，作事谋始，日积而月累，固将月异而岁不同"，即如能举国以西方为师，发愤图强，积以岁月，中国仍可以有强大的希望。他列举现代社会建设之诸要务，特别称许保存本国文明与实施大学教育之举措。阅读这些记录，可以说他在南洋公学期间之施为，此时已在思考，后之一切努力，皆着眼于此。

出访归国后，唐文治于次年补和会司员外郎，寻补庶务司郎中，旋进商部右丞，再晋左丞，一年四改官，重要原因是得到商部尚书载振的信任和赏识。光绪三十二年（1906 年）授商部左侍郎，在工部归并后为农工商部，仍为左侍郎，一度曾署理尚书，达到他任官的巅峰。在这三四年间，他"始终是商部的主要主政者，实为商部领导层之核心"。其间他有许多重要的建树，一是建议设立商会，先设总商会于北京、上海两地，再在汉口等处逐次推广，目的在求"通商情，保商利"，加强商人间的联络与信任。这是中国有商会之始。二是编订《商律》，以"保护商民，体恤商艰"为原则，确定商业行为的准则与国家对商人利益的保护，主张施行相对自由宽松的经济政策，促进贸易发展，为我国有商法之始。三是建议逐步推行金本位制，改变银本位制造成的国家受损局面。四是制定商办铁路政策，吸引侨商财力筑路，在他去职后路政归邮传部，邮传部认为有利可图而将路权收归国有，激起保路风潮，为清亡之前奏。唐晚年言及，仍感慨不已。五是鼓励商人、工匠积极参加世界博览会，由朝廷给以扶持鼓励。尽管当时国步维艰，百废难举，局部的建设难以改变国势之急坠，但唐文治在力所能及的范围内尽了自己的努力，是值得肯定的。

以世界眼光建设近代工业大学

国内四家交通大学，上海和西安原本是一家，前身是 1896 年盛宣怀奏请建立的南洋公学，到 1907 年唐文治出任该校监督（校长）时，正式名称是邮传部上海高等实业学堂，稍早些时的校名是商部上海高等实业学堂，也即是唐主部政时的下属学校。唐出主校政，则因一系列意外事件使然。在他之前，学校已经成立十年，监督换了十人，大多挂名而并不到校视事。此年年初唐因母亲去世而守丧，当时官场仍维持守孝三年的习惯，即在双亲去世时要离职27个月以尽哀，当时的变通是其间可在官办学校、实业任职。农工商部尚书载振因部务繁剧，以唐为左右臂，建议他去职数月后即复职，是为夺情，唐已应允。不料其间发生杨翠喜案，新授黑龙江巡抚段芝贵以重金买名伶杨翠喜贿赂载振以求官，事被媒体揭发，载振引咎辞职，唐也免了夺情复职。因觉得上海离太仓较近，方便照看老父，乃同意出掌校政。

唐文治主校14年的成就，是交通大学校史研究的重要内容，已有无数论说加以归纳总结。我是局外人，无从置喙，归纳前人之所见，可举百度百科的内容来说，唐文治"连续掌校十四年，他将学校改办成工科，先后设立了铁路专业、电机专业和铁路管理科，聘请了一批高质量的中外籍教师。在结合中国实际基础上，从学制、系科设置、课程设置、教材、教学环节、体育运动等方面，全面地引进国外的先进经验，直接采用美国哈佛大学、麻省理工学院等著名大学教科书，使交通部上海工业专门学校成为中国南方乃至中国高等工科院校的楷模，形成了近代工业大学的格局"。我无从复核这一叙述的准确性，就此来说，在一百多年前能以如此世界眼光来办学，无疑超越了一个时代，如果要找原因，是他访问英、美等国时积累的认识，清醒看到中国与世界的差距，在实践中努力加以改变。

他一到校即认定"办理学务以筹款为第一要义"，首先咨文邮传部落实常年经费，即"轮电两局岁捐银十万两"，同时充分利用熟悉朝廷财政和曾在官场的人脉优势，为学校多方筹措经费，如建议从京奉、京汉两路余利下为学校增拨经费；建议为江、浙、闽、粤四省每年培养学生四十人，各省酌拨经费支持学校；将学校许多积年旧账理清，如盘活汉阳铁厂老股等。他曾任户部北档房总办，为全国财赋总汇之区，知道朝廷哪些门路可弄到钱，加上又曾主管商部，人脉广泛，恰可为学校集资所用。

经费充裕，得以设立一系列学科，到校次年即新设电机、邮政两专科，又设国文科，并逐渐完善专科、中学和小学的配制，形成从小学到大学的完整序列。又出重金聘请西人教员，并逐次将本校学生送出留洋，逐渐增加留洋归国者到校任教。在得知美国庚款将每年提供100位华人学生留美机会后，唐文治在学校立即公布消息，并往上疏通，争取名额。经过选拔考试，首批赴美学生47人，上海实业学堂有14人，占三分之一弱，可见他鼓励学生走出去的努力。

唐文治出主实业学堂是因为居丧服忧，三年期满他即申请起复归朝，这应是循例的安排，但被以学校亟须整顿"商留"，原因不明。次年即为辛亥，10月10日武昌首义，11月3日上海光复。6日，唐文治宣布实业学堂更名为中国南洋大学堂，要求"本校师生员工要以坚定毅力维护新中国"。同日，带领全校教职员和学生在学堂运动场剪辫。11日，列名通电要求清廷逊位。13日，致书沪军都督府就扩充军队和筹募军饷提出建议，同时撰《中国改革建设政体论》，提出建国方案。可以说，唐当时身份虽然还是体制内官员，但在第一时间内参加了推翻清廷的行动。对此，他的老师王祖畬、沈曾植曾深为不满。作为儒家道德的捍卫者，他们的立场是一致的，但在大革命洪流中，唐的选择是为国家谋前途，不为一姓守江山。他在晚年自述："人才不用，国运尽矣，欲保全皇室，不得不出于此"，"俄国革命，俄王尼可来（今译尼古拉二世）不从，为国人枪毙。孤臣耿耿之心，当可白于天下后世矣"。唐在清廷为官，得到那桐、载振等满大臣提携，他也曾多次得到慈禧单独召见垂询，晚年自撰年谱，仍感念恩礼，慈禧去世后他在上海道署"哭临三日"，自述"感念恩遇，曷胜痛悼"，但也感叹："恩礼如此，使臣工仆仆亟拜，曷若信用臣言，改良政治为愈乎！"英、比、日诸国君臣同心、改良政治、谋求富强是他曾见到的，而现实经历总使他失望。"民为重，社稷次之，君为轻"，这是孟子的古训，唐文治实践了这一主张。

民国肇建，官办的学校需要得到新的支持，他在袁政府成立次月就赴京筹措经费，确定了归属交通部的定位，改易校名，然后多方奔走，寻求支持。虽然当时请他出任工商总长的呼声很高，但他认定惟教育为国本，继续在学校任职，在时代剧变中保持了学校的发展。1917年在学校成立20周年纪念会上，他说道："最难堪者，改革之际，经济困迫，彼时今日不知明日，本月不知下月，本学期不知下学期，诸生相对凄惶，至今思之犹堪坠泪"，"鄙人接办此校以来，中央议裁小学者三次，议裁中学者二次，议归并土木科者二次，议裁电机科者一次。每当议裁议并之时，鄙人之心摇摇如悬旌，每念及诸生被裁后未知往何处读书，各父兄家属更不知若何忧虑。对于诸生未便宣布，而笔舌力争之余，亦几经下泪，故今日对于诸君子不觉喜极而悲。幸赖大部（指交通部）始终维护，并赖社会诸君子及旧同学互相辅助，尤赖有盛杏荪先生从前积有基本金，稍可支援，卒能转危为安"。这些应都是实情，许多交涉也都有原始文件记录。盛杏荪即盛宣怀，不仅是南洋公学建校的奏请人，且学校建立之初，由他主持的招商、电报两局即"捐集解济"，将商户捐款悉数投入公学，为学校准备了充裕的基本金。以往仅取利息，在民初艰困时动用本金，得以渡过难关。唐文治说上面一席话时，盛已去世。在今存盛档中，有大量的两人通信，绝大部分是唐主校政期间致盛函，虽大多属于琐事，但可以看到两人君子相交、互携奉公的风范。其中涉及较多的，一是学校经费之筹措和兑现，二是彼此各有人事之请托，三是为学校发展向盛谋求支持。如1911年1月16日信告徐家汇学生宿舍因招生数增加而紧张,因发现对面民居是盛家产业而请盛出让,改建为宿舍;同年2月24日又看中"尊府丝厂及余屋基地",请售归学校;1914年6月两函则因盛介绍其侄孙入学,唐告必须如期来校报名考试,再考后知其英文太差,不宜入中学,只能先入小学;对盛推荐的西医人选,则以"校中经费万分支绌"为由婉拒;甚至学堂师生120人旅行赴苏州,唐请借宿盛府留园,盛则安排到阊门外陈列所。从清末到民国,他有大量奏章和信函记录他为谋求学校发展所作之努力。

陈平原教授著《中国大学十讲》,特别将无锡国专列为一章,对唐文治以古文家、经学家之身份主持工科大学校政之称职胜任颇有质疑,也属常情。从目前看到的文献,唐似乎很清晰地划切学校发展定位与个人学术专长的关系。学校为国家位育人才,而国家最需要的是具备现代科学知识和专业技能的高端人才,他虽然掌控学校的各项资源,但并没有借以建立自己的学术基地。可以说白天处理校务,入民国后相信经常是西装革履;晚上勤于著述,治经作文,吟诵不辍,在主校政期间主要著作有《十三经读本》等数百万言。有没有利用学校资源施展个人所长呢?不是完全没有。他到任次年,即设国文科,自任特班教员,专任职位另仅一人。现在能见实业学堂之课程,铁路、电机二科有古文释义一门,航海有人伦道德、中国文学、外国语三门,估计因航海专业毕业后要出航列国,人文素养要求更高一些。其余皆专业课,颇合今日素质教育之规定。此外,他还在附属中学开国学课,兼任教员。至于附属小学,虽不任教席,但也倾注精力。朱东润师在自传中回忆,1909年秋唐先生在校内开国文大会,亲自命题,大学和中学合办,小学单独办。一个星期天写两篇作文,其一为《关讥而不征论》,朱师作文写到理想时代设关以检验,但决不横征暴敛,专制君主必不如此,写得很流畅。小学老师选定优秀者十人,再交唐老师审定。朱师得到第一名,在校礼堂颁奖,得了四元奖金,用这笔钱买了一套《经史百家杂抄》。我读研时,朱师说到往事,还曾从书架上取出这套书给我们欣赏。小学毕业后,朱师因家境欠佳,拟中辍学业,唐先生让儿子庆诒给他写信,让他尽管来上学。及到校见面,唐先生拍着自己口袋说:"学费在我这里,你不必担心。"朱师说唐老师还有一招,每星期天在大礼堂召集部分学生讲授古文,亲自从大学、中学每班选两名,讲授唐宋古文。讲授办法也很特别,从来不解释字句,只是先慷慨激昂或低徊宛转地读几遍,然后让学生共同朗诵。高兴时则拉张凳子坐学生边上,拍着学生肩膀说:"老弟,我们一道读啊!"朱师说在这一期间,他从唐老师那里领会到古文的喷薄之美与情韵之美。唐之热衷授课,当然存有传续学术之意,也可能更多是技痒,或者说藉此以自遣兴,毕竟他是此方面出类拔萃的人物。

五四运动发生,激荡到上海,唐文治多次电请北洋当局"谅其爱国热忱,勿加苛责",但也深忧学运造成教学不靖,加上他目疾加剧,两年间六度请辞。全校学生投票表决,五度挽留,1920年10月,"知其确有不得已之苦衷",方允去职。唐文治虽辞校职,但终其一生都心念交大,未曾或忘。古稀以后,虽双目全盲,仍多年坚持每周到交大讲演一次,以道德文章勖勉诸生,可见拳拳之诚。而交大在三四十年代所建礼堂,分别命名为文治堂、新文治堂,悬他所拟之联:"人生惟以廉节重,世界全靠气骨撑。"孤岛时期为避免陷逆,曾拟改国立为私立,以文治大学为校名,皆学校感念其贡献之巨大。

为传续国学作最踏实的工作

唐文治坚辞南洋大学校职,更深层的原因当然是无锡乡绅施肇曾等出资创办国学专修馆,延请唐出任馆长。而唐退职后思讲学家居,一展平生之志,即在南洋的一切努力都是为国家造就人才,而他更坚信自己有责任保存学术,将自己之平生所学发扬光大。他在《国学专修学校十五周年纪念刊序》中说:"横览东西洋诸国,靡不自爱其文化,且力谋以己之文化,括而充之,深入于他国之人心。而吾国人于本国之文化、孔孟之道德礼仪、修己治人之大原,转略而不讲,或且推去而任人以挽之。悲乎哉!文化侵略,瞬若疾风,岂仅武力哉!吾为此惧,深恐抱残守阙,终就湮沦。"东西洋诸国之举措,他在《英轺日记》中有详尽记录,惊叹诸国不遗余力保存本国文明学术之时,不能不对"打倒孔家店""《文选》妖孽,桐城谬种"之类过激提法引起警惕,武力摧残和文化侵略都是他所亲历的现实,不加挽救,本国文化势将湮沦灭亡。他感到自己不可推卸的历史责任。他大声疾呼:"欲拯民命,先救人心;欲救人心,先明正学。"他没有与新文化人物作任何针锋相对的论战,而是以办学实践作为"正人心、救民命之事业",为延传学术作最踏实的工作。

无锡国专最初是按传统书院规制建立,"专以造就国学人才为惟一宗旨",不讲学历,导师仅二三人,学生集体住宿,学校提供伙食书籍,并根据成绩给以膏火(奖学金)。第一年招生题目就有《为生民立命为万世开太平论》,可见胸襟抱负。唐文治亲自制定《无锡国学专修馆学规》,所列凡十项,一为躬行,"务以砥砺品诣、躬行实践为宗旨";二为孝悌,倡导为学始于家门内之行为;三为辨义,要学生明晓公私义利,"以清勤耐苦四字"挽救颓风;四曰经学,倡礼义廉耻,实事求是;五为理学,以穷理为事业与学问;六为文学,要求通四部之学,知古文蹊径;七为政治学,参西学欲建立中国治国方略;八为主静,针对热心爱国之激动,重拾宋儒治心之法;九为维持人道,认为国家、人心之亡,皆"先亡于无是非",有是非方能正人心;十曰挽救世风,认为"吾辈务宜独立不挠,力挽颓习,秉壁立万仞之概,不为风气所转移,乃能转移风气,有以觉世而救民"。这是国专成立之纲领,即不仅要传承旧学,而且以砥砺名节、挽救世风为责任,要求学生努力践行。今人或认为此篇学规具有"修道立教"的意味,也不为过。但其后学馆受限于经费筹措、教育部门备案、学生就业和课程规范等多方面压力,再三改易校名,修改章程,调整课程,一度办学宗旨曾从弘传国学改为替政府机关培养文书人才,但基本方向则始终没有大的变化。到20世纪30年代,校园扩展,师资充沛,生员渐增,曾达到全盛局面。但靠乡绅及董事会筹款毕竟不是长久之计,欲政府拨款则必须迁就教育部的教学规范,而国专之办学目标毕竟与一般高校有很大不同。国府定都南京后,"文武衣冠异昔时",政府主官与唐文治这样的前清耆宿之间再无任何瓜葛。大约1937年前,政府每月补助2 000元(相当国立大学10位教师的薪水),但至战时物价腾涌,增拨很有限。今人曾从第二历史档案馆查到国专经费之专档,学校请求增拨经费之呈文,多数得到的是"碍难照准"的批复。1946年抗战胜利,曾有改建"国立国学院"的倡议,所得也仅"所请应毋庸议"的批示。唐文治曾叙述一路办学的感受,是"飘摇风雨,拮据卒瘏","忧虑无时可释"。在这样的境遇下,与国专师生坚持办学,弦歌讲诵,实在不易。

论学之余,唐文治始终关注国家的命运。1931年东北沦陷,他手书题词"世界龙战,我惧沦亡。卧薪尝胆,每饭不忘",悬于国专食堂,勉励学生雪耻图强。1937年抗战军兴,上海、无锡、南京先后沦陷,平生以道德名节律己论学的唐文治,当然不能坐以降敌。他于是年10月7日宣布迁校广西,与国专师生走常州、镇江、芜湖、九江到汉口,复南行往湘桂,一路仍坚持为学生授课。这虽是当时全中国皆在上演的悲壮一幕,但对唐文治来说,则年已73,且双目皆盲,道途之艰辛可以想见。岁末在株洲,师生四散,仅得数人相随,天雨泥滑,疲惫至极,他于旷野中命学生席地而坐,朗诵《小雅·何草不黄》:"匪兕匪虎,率彼旷野。哀我征夫,朝夕不暇。"声泪俱下,诸生为之动容。这样坚持了半年多,因他年老而水土不服,乃在桂林将校务交割给冯振,取道香港回上海。在上海孤岛复校六年,他始终坚持不向敌伪当局注册,保持了应有的气节。

1949年江山再度鼎革,唐文治得到新政权的礼遇,担任上海文史馆馆员。陈毅市长曾邀宴聚,他因病无法出席,只能让王蘧常代去。他的儿媳、著名社会教育家俞庆棠曾出任教育部社会教育司司长。但他提倡的国学实在距离新政权的要求太远了。上海档案馆存高等教育处对国专沪校的审查意见,认为唐文治"年老体弱,校长不过是挂名而已,但有些事情还要顾问,思想顽固","该校学生人数甚少而且落后,教学内容与方式都是非常封建",校务"主要操纵在王蘧常一人手中",不批准续办。先是沪校并入无锡。国专更名后,于1950年5月并入苏南文化教育学院,后复并入江苏师范学院(今苏州大学)。

　　无锡国专从成立到撤并,在极其艰难的环境中维持凡二十九年半,毕业学生曾有一千七八百人的说法。今人陆阳著《无锡国专》(凤凰出版社 2011 年),据逐届毕业生详尽统计,所知总人数应超过 800 人,曾修读肄业者可能有近千人之多。在民国教育史上,这当然不是一个大数字,但如果看其历年毕业学生有唐兰、王蘧常、蒋天枢、吴其昌、钱仲联、王绍曾、魏建猷、江辛眉、汤志钧、杨廷福、许威汉、曹道衡、范敬宜、冯其庸等一流学者,曾肄业者则可以举吴则虞、周振甫、姚奠中、吴孟复、马茂元、鲍正鹄、苏莹辉、陈旭麓等,可以说成才率很高。最重要的是为传统学术培养了传人。

　　唐文治于 1954 年 4 月 9 日辞世,得年虚岁 90。他的晚年心境是孤寂的。

国学大师的学术和精神追求

　　唐文治是一位曾周游世界、了解西方社会的学人,是一位知晓世界商业经济运作的实干型官员,一位立志为国家长远发展培养现代化人才的大学校长和坚定的教育家,一位坚守传统学术的儒学大师,一位写作并弘传文言古文的大文学家。他的一切作为都秉持坚定的信仰和开阔的眼光,绝不随波逐流,更不屑与世浮沉。他在交通大学的建树,功铭竹帛,毫无争议,但在五四次年以提倡国学为职志,当时似乎有些逆历史潮流而动,现在看来,无疑具有先知先觉的意义。他在学术上的成就和建树似乎还没有得到应有的认识。新出版的《中华民国史》没有为他立传,《辞海》到 1979 年版也没有收他,朱东润师曾专为此提出报告仍被否定。近年国学大热,提到他的仍然很少。

　　其实唐文治一生强学,著述不辍,存世专著有数十种之多,后结集为《茹经堂全书》,单篇文章则结集为《茹经堂文集》前后六编,他的全部遗著还有待整理,学术建树也有待研究。仅就大端来说,大约一为经学,二为理学,三为古文。

　　他治经学,希图剥除汉宋学者繁琐考据与率意发挥之迷障,追寻孔孟学术之本真。所著重要者如《十三经读本》,以汉魏古注为主,删繁就简,希望揭示儒学经典之真貌,提供世人简明之读本。所著《论语大义》二十卷、《孟子大义》七卷、《洪范大义》三卷以及《尚书大义》《诗经大义》等书,则发挥孔孟学术之初旨,结合当时中国实际阐发其淑世价值。他治理学,远绍紫阳(朱熹),近袭梓亭(陆世仪),尤重人格之养成与道德之涵蓄,著有《性理学大义》十四卷、《紫阳学术发微》十二卷、《阳明学术发微》七卷等。从这些论著中,可以看到他希望追寻孔、孟、朱、王学术思想之真髓,揭示可以在民国社会条件下适合发扬光大的内容。用现在的话说,是剔除旧道德中过时落后的内容,如君臣大义、男尊女卑、包办婚姻等,重新建立社会转型以后的人际关系和道德原则。1912 年撰《人格》五篇,分别论述子弟、学生、师友、社会、从政诸方面之人格规范。如《学生格》分诚、有恒、有耻、尚志、爱敬、尊师、公德、勤、俭、游息诸章,引先儒古训,对学生人格形成提出规范和期待。数年后又应约作《军人格》,再扩充为《军箴》四卷,专以胜残去杀,唤起军人爱国爱民之心为宗旨。

中国学术史大体可以追溯到春秋文化下移、私家讲学兴起,秦汉以后则形成汉学和宋学的不同取径。汉学严守师说,重视典籍文本的释读,数度转化为乾嘉考据之学,进入 20 世纪,比较容易地转型为分科明确、探究窄而深的各项专门之学。若清华国学院源出乾嘉,得与西学融合转型成现当代学术之主流。宋学好谈义理,更多地关注天地万物形成的道理,关注学人的道德修养和个人对国家社会的责任。宋学的主要贡献是改变了宋以后历代士人的精神追求和人格高度。唐文治论学渊源有自,坚定有守,而且密切结合国事安危提出见解。他认为:"自古圣贤所以承继而不绝者,唯在精神而已","以吾心中之精神,感动天地间之神明,即以感人心中之神明。汉学家之考据名物,宋学家之穷理尽性,罔非精神之所推衍","纵览十三经、二十四史,无论治乱贤奸,所以彰善瘅恶、衷是去非者,皆前人精神之所寓。先圣先贤以精神传递于吾辈,吾辈即以精神传递于后人"。这一精神其实就是民族精神,也是他一生努力实践、尽力传续者。他的论学大多发挥孔、孟、朱、王之旧说,特别强调现代化国家建设绝不能割断本国的固有文化,传统学术不仅是本国文化的根本,对于建立新文化、新道德也具有不可替代的价值。将近一百年后再来读他当年对世道人心的焦灼和忧虑,更有特别的意义。

唐文治长于古文,远接唐宋八家,近续桐城(方苞、姚鼐)、湘乡(曾国藩),尤重文章之气势声韵。朱东润师曾云:"昔唐先生论文,言喷薄之美、情韵之美,虽不敢自负,亦不敢忘先生之教。"唐的完整论述见其 1920 年所撰《国文大义》,凡分十二节,从气、情、才、理、繁简、奇正变化、声、色、味、神以及戒律等项展开论述,而核心的内容则是要学生作文"必须辨阴阳刚柔性质之异"。所见渊源于曾国藩述姚鼐之论:"文章之道,分阳刚之美、阴柔之美。大抵阳刚者气势浩瀚,阴柔者韵味深美,浩瀚者喷薄而出之,深美者吞吐而出之。"二者之分与其浩瀚深美,则不经诵读,无从体会。夏承焘在 1940 年兼职国专授课,曾多次听唐读古文,《天风阁学词日记》载:"唐蔚芝先生读《出师表》,能令人下泪。念中国文学不但诗歌有音乐性,古文品格尤高,其音乐性尤微妙。"(见《朱东润自传》)可谓知音。1948 年,他的学生发起为他灌制唱片,由大中华唱片厂制作,凡十五张,中英文对照。时称唐调,一时大卖,虽耄龄 84 岁,"年已衰迈,声亦疲苶,实不能尽其所长"。广陵遗响不绝,足令人追想。我 1981 年作学位论文谈欧阳修散文的成就,受朱师讲授和陈柱《中国散文史》的指示,分析《五代史伶官传序》的音节构成,程千帆先生著《两宋文学史》特予揭出,今知源头还在唐文治先生。

　　2014 年湖南岳麓书院国学奖典礼上,我曾接受采访,谈到唐文治先生清末"得缘考察列国,特别注意到现代西方国家繁荣的根本,一是保存本国文化,二是重视教育。在五四运动的第二年,他毅然开办无锡国学专修学校,坚持了三十年。在唐先生看来,国学可以传续文明,国学可以弘扬学术,国学可以砥砺士节,国学可以重建道德"。这就是他去世已经 60 多年,仍然值得纪念的原因。

序　二

虞万里

谱牒之学，由来尚矣。典册世系，见于《多士》，而可征诸殷商三句兵之铭；系年隶事，仿诸《世本》，而可征之睡虎地编年喜之谱。椎轮之作，心理悠同，不可忽也。太史公博综殷周以还谱牒，“鸠集国史，采访家乘”，创为五体。“纪、传以统君臣，书、表以谱年爵”，虽列传亦累叙生平，而独将编年属之帝王、侯国，事有巨细统属故也。李唐白傅信其诗可传，乃藏诸名山，自编年谱，此纪传合一之始。赵宋推崇李杜韩柳，更谱其行事，系以诗文。自后名公巨卿、墨客骚人、耆宿硕学，或自述，或他著，咸有年谱之作。夫谱者，铺也，铺其行历，记其言论，俾百世之后，得其人之音容笑貌形迹屈信焉。然时世移易，难臻该备，取舍异途，致成详略，遂有踵事增华，一谱再谱，以至宣圣之谱，竟达一百七十种之多！民国壬申，丁在君辑梁任公年谱，意在秉承任公“画我象我”之旨，网罗友朋书翰电稿，编排系年诗文讲说，采择之广，搜辑之富，可谓前无古人。丁氏拟名曰《梁任公先生年谱长编》。长编云者，仿自《通鉴》。贡父、道原纂史隶事，书吏摘出，缀成长编，温公删定，裁成《通鉴》。后仁甫纂续，贻名“长编”，殆未删削故也。丁在君之纂任公谱，委赵丰田系行实、摘言论、叙交友、隶时势，“宁失于繁，无失于略”，以备删定，故名“长编”。在君谢世，咏霓接任，因仍未能删削，丁规翁随，遂以旧名梓行。同年国民党中央党史史料编纂委员会推出《总理年谱长编初稿》，“年谱长编”一名，由此奠定。嗣后继作迭出，蔚成一派矣。知“长编”之名，其始也，为未定旧稿；其终也，成年谱新体。夫年谱以简洁赅备为要，长编则网罗谱主逸事几至巨细靡遗，更且兼及时势背景，似涉冗蔓。然诵诗读书，知人犹当论其世，则言论也，逸事也，交友也，时势也，背景也，皆足备论世知人之资，是其体流衍日广者，良有以也。迩来上海交通大学出版社出版《晚清以来人物年谱长编系列》丛书，《唐文治年谱长编》即其一焉。

蔚芝先生者，讳文治，字颖侯，江苏太仓人。其先世居金陵，九世祖鼎良公于崇祯间由金陵迁娄，居刘河堡，遂著籍焉。先生六岁发蒙，十四岁读遍五经。年十八乡试中举，以三场字迹一笔不苟，为左宗棠赞赏。年二十一以超等成绩入南菁书院,受教于黄以周;黄师以亭林经学即理学,不可歧而为二,圣门之教,先博后约相勉。年二十八进士及第,官至农工商部左侍郎署理尚书,拟定《商部章程》,力促《商律》颁行,励精图治,恪尽职守。

先生器局深宏,抱负远大,方当德胜其位,宏图大展之际,忽而弃官场如敝屣,守潜龙而勿用。然出长交大,退主国专,乃勿用之用也,而导工科之先河,续圣贤之命脉,其勿用之用大矣哉!

蔚芝先生读经一生,其言传身教犹等身著作,浩无涯涘,蠡测之不能尽其深,管窥之不能丈其广,请酌一等之教与三不朽之立以言之。

一等之教盖传自其乡先辈王紫翔先生。当其学作古文辞求教,王师告以"文虽艺术,而人品学问皆寓其中",勉其学文从立品始,则不患不为天下第一等人,不患不为天下第一等文。王师文品合一之教,奠定先生一生人格基调。故年方弱冠,肄业南菁书院,慨然已怀"才让第一等人与别人做,便是自弃"之志。逮及执掌交大,训导在校学生,倡言"学者立志,必须为天下第一等人。以第一等人自命,且不免为第二、第三等人。若立志不高,则不知为何等人矣"。策励毕业学生,更云"须知吾人欲成学问,当为第一等学问;欲成事业,当为第一等事业;欲成人才,当为第一等人才。而欲成第一等学问、事业、人才,必先砥砺第一等品行"。逮执掌无锡国专,更勉诸生立志为圣贤,为豪杰,"尚志非他,居仁由义,富贵不能淫,贫贱不能移,威武不能屈,为天下第一等人而已"。而今观其掌商部,保实业,拒酬谢,却巨金,是岂富贵所能淫乎?观其于外敌入侵,以失明之身,率师生内迁,犹汲汲乎明耻教战,是岂贫贱所能移乎?观其当汪伪"劝驾",挟出伪任,从容作答谓"行年七八十,此字可以不签矣",是又岂威武所能屈乎?故一等之教,系蔚芝先生一生自立立人、自励励人之圭臬。

三不朽亦先生一生矢志崇尚追求者。方其朝考一等六十五名,而未得循例入翰林,微觉惆怅。王师又以乐天知命、立德树功相勖。自此先生不仅自勉,并以勉人。尝谓《左氏传》所云"太上立德,其次立功,其次立言",是为人生天地间最宜讲求之三大纲领。所谓立德,即是躬行道德,躬立之道,宜征之于实,不宜措之于虚;宜求之于品谊,不宜托之于空谈。征实求品,是在忠孝之行与义利之辨。立德之目的,即在立功。学问之归宿,亦以立功为最实。盖凡人生天地间,皆有为天地立功之责任;人而不能建功立业,即为虚生于世。如何立功?《礼运》云:"人者,天地之心也。"先生取《中庸》"赞天地之化育"而解云:所谓赞天地之化育,唯有时时刻刻尽吾教养之责而已。天地无时不以养人为功用,故学者亦当时时以教养为功用。又取《易》"崇高莫大乎富贵"云:富贵实当指教养而言。人能尽其教养之责,方可谓之富贵。苟生于世,而不能教人养人,虽宰辅而谓之贫贱可也。苟生于世,而能教人养人,虽匹夫而谓之富贵可也。我之学、我之力能教养十人百人,即可谓之富贵,即可谓之立功于世。我之学、我之力能教养千人万人,即可谓之大富贵,即可谓之立大功于世。何为立言,此言字即文字之谓。道德之原,载于文字,此国学之关乎德行者也。既能立德立功,而不能立言,则其学亦不能传诸久远。故自古以来大学问、大经济人,皆能以文字垂其功烈于后世,皆能以文字传承历史文脉而化育后世。今观先生居其官而廉洁其身,外其身而直上其疏,长其校而半支其薪,得非立德之效验乎?今观先生在官而擘画部务,兴革利弊;掌校而开创工科,作育英才;开馆而绍继国学,培植圣贤,得非立功之劳绩乎?今观先生阐四书五经之"大义",发紫阳、阳明之隐微,以《孟子》救民命,以《孝经》正人心,教泽远播,著述丰硕,得非立言之印迹乎?蔚芝先生位参枢要,寿登耄耋,著可等身,德才兼备,品学等优,宜乎后人为联颂云:有三达尊,兼三不朽;晋百年寿,为百世师。

蔚芝先生集德业、功烈、著述于一身,置之清末民初,罕有其匹,当时已俨然为东南魁硕人望,为众星所仰,然时推世移,其名有时而不彰。予鉴此而有北蔡南唐之说。何以言其然?盖以光绪壬辰之科,先生而外,更有吴士鉴、陈伯陶、屠寄、汤寿潜、张元济、蔡元培、夏孙桐、赵熙、王仁俊等侪,可谓揽八方之多士,集一时之俊髦,此后在经史、诗文与古籍整理乃至实业上皆卓有成就,唯蔚芝先生与孑民先生二人执教育之牛耳,岿然南北,屹然师表。

光绪壬辰(1892年)传胪唱名后,蔚芝先生签分户部以主事用,孑民先生点翰林。甲午(1894年),中日战争爆发,孑民先生散馆授职翰林院编修,蔚芝先生上书翁同龢极言边务防日之策。戊戌(1898年),蔚芝先生上《谨殚血诚以维国脉折》《请停止搜刮之政片》,代沈曾桐拟《谨陈管见以固人心折》,冀挽时局;孑民先生度势不可转,弃官从教,先后任绍兴中学监督、嵊县剡山书院院长、上海南洋公学特班总教习,辛丑(1901年)又被聘为南洋公学经济特科班总教习。丁未(1907年),蔚芝先生出任上海实业学堂监督;孑民先生往德国柏林入莱比锡大学研习心理学、美学及哲学诸科。己酉(1909年),蔚芝先生出任江苏教育总会会长。辛亥(1911年),革故鼎新,中华民国联合会在上海江苏教育总会进行改党大会,宣布改组为统一党,蔚芝先生当选为评议员;孑民先生回国。壬子(1912年),中华民国临时政府成立,孑民先生出任教育总长,旋与袁世凯不合辞职。丙辰(1916年),孑民先生出任北京大学校长。庚申(1920年),孑民先生赴法国考察;蔚芝先生辞去交大校长,就任无锡国专馆长。戊辰(1928年),孑民先生兼任交通大学(包括上海、唐山、北京三校)校长,出任国立中央研究院院长。历观二先生行迹:孑民先生虽遥领南方诸多职衔,而实绩最著且最为人乐道者即北大校长与中研院院长之任,前者兼容并包之气象与后者象牙塔学问为人艳称百年。蔚芝先生弃屣官场，终始不离江浙，而实绩最著且最为人传诵者为交大校长与国专馆长之任，前者开拓吾国工科与后者培育全能国学人才亦为人艳称百年。子民先生如北方运斗之枢，蔚芝先生若南国擎天之柱。同科进士，南北对峙，其教育理念固有诸多相似之点，不烦缕述，唯其于尊孔读经一事则大相径庭，蔡在北方签署废经令，唐在南方高举尊孔旗。蔡之废经，盖为中国摆脱桎梏，谋求新生故；唐之尊孔，盖为民族保存国粹，拯救人心故：诚可谓百虑一致，殊途同归矣。唯趋新生喜，守旧生厌，俗世之恒情也。一朝鼎革，天地否泰，世道剥复，人事损益，子民先生成弄潮之儿，赫兮咺兮；蔚芝先生若卫道之士，黯然隐然。然则蔚芝先生固守旧乎？观其主部务之兴革，长校务之开拓，典馆务之承继，乃至讲授经典，亦以西来学科区分类别，若讲《诗经》而分政治、伦理、社会、军事，讲《孟子》更区为政治、外交、文辞、雄辩，其或取或因，或拒或守，一以兴邦强国、居仁由义为道要，曷可以读经与否为趋新守旧之衡论乎？

然则"五四"而后，经学支离，废经趋新，读经守旧之理念固植人心，以故先生之勋业令名，益蒙尘而不彰。于今思之，蔚芝先生一生尊孔尊孟，一生尊朱尊王，读经一生，传经一生，观其读经而能富贵不淫，读经而能贫贱不移，读经而能威武不屈，诚可谓能读经矣，诚可谓得经之髓矣！是岂主张废经者所能梦想？是岂空谈读经者所能梦见？是岂不知经为何物之后生颥蒙所敢梦呓者欤？予是以知：读经而润身立德，读经而求圣传道，读经而经世济民，宜躬行践履，不徒黼黻其身；宜征之于实，不徒措之于虚也。予是以知：鸿鹄之志，固非燕雀所可知也；经典之髓，固非舆隶所得臆也；大人君子虎豹炳蔚之文，固非小人所能仿佛其变也；蔚芝先生一等之人品文品学行及三不朽之德之功之言，固非简谱所能彰显而尽其蕴也，是《唐文治年谱长编》之不得不作也。

《长编》之作者，予友刘君桂秋也。桂秋兄沉潜笃实，刊落声华，不汲汲于课题之立项，每欣欣于史实之抉发，为学多方，深造独得，尤究心于乡邦文献。昔尝刊著子泉、默存父子生平逸事，脍炙人口，既而勾稽无锡国专编年史事，播誉学林。而与兄相对，则恂恂然如不能言。夫子不云乎，讷于言而敏于行。今展阅《长编》，不觉莞尔，仿佛桂秋兄行如其名、名成其书也。盖予之仰慕蔚芝先生也，常恨吾生也晚，不及趋庭阶、接謦咳、奉洒扫、承学脉，乃退而求其书而读其文，读其文而思其德，思其德而想见其为人，想见其为人而思有以钻仰步趋；而先生之文浩瀚丰赡，先生之行伟岸特立，先生之风山高水长，乃进而寻其迹之细，求其谱之详。今者借桂林之一枝，飘馨秋实；获昆岗之片玉，沐泽春温。世之与予同好者，亦有感于斯言乎？

是为序。**戊戌己亥之交于榆枋斋。**

前　言

　　唐文治先生是中国近现代著名的教育家和国学大家。他的一生行迹,在本谱中有较为详尽的记叙。在这里,只是想将其一生分作四个时期,简述其事迹大端。其中尤可注意的,是这四个时期中的一些重要节点,以及唐文治先生在不同时期的心路历程的一些变化。

　　第一个时期,从清同治四年(1865年)到光绪十八年(1892年),是唐文治从出生到青少年求学、再到考中进士的时期。

　　这一个时期,唐文治也和科举时期的其他士子一样,读书求知,参加科举考试。光绪五年(1879年)应童子试取入州学,光绪八年(1882年)中举,光绪十八年(1892年)考中进士。其间,有两件事对他后来的人生历程产生过较大的影响:

　　一是从光绪七年(1881年)起,受业于太仓名儒王祖畬(紫翔先生)门下。王祖畬教之以"天下惟第一等人,始能为第一等文"①"文章一道,人品学问皆在其中……汝学作文,先从立品始,不患不为天下第一等人,亦不患不为天下第一等文"②"子学为文,先从立品始"③。这对唐文治的影响很大,他后来在先后执掌邮传部上海高等实业学堂(上海交通大学前身)和无锡国专校政时,曾在很多场合反反复复地对自己的学生灌输过这样的观念④。

　　二是从光绪十一年(1885年)起,考入江阴南菁书院,师从著名学者、经学大家黄以周、王先谦等研习数年,为其日后的国学、经学研究打下了坚实的基础。从民

---

①　唐文治:《王紫翔先生六十寿序》,《茹经堂文集二编》卷七。
②　唐文治:《茹经先生自订年谱·辛巳十七岁》。
③　唐文治:《王紫翔先生文评手迹跋》,《茹经堂文集三编》卷五。
④　如:"惟天下第一等人,斯能为天下第一等文"(《约翰大学堂暑假演说》,见《约翰声》第20卷第5期),"故鄙人所深望于诸君者,为第一等之人才;而欲成第一等之人才,必先为第一等之人格"(《唐蔚芝先生训词》,见《同济》第1期),"须知吾人欲成学问,当为第一等学问;欲成事业,当为第一等事业;欲成人才,当为第一等人才。而欲成第一等学问、事业、人才,必先砥砺第一等品行"(《上海交通大学第三十届毕业典礼训辞》,见《茹经堂文集三编》卷一),"惟天下第一等人,乃能为天下第一等文"(《唐蔚芝先生读文法讲词》,见《唐文治先生读文灌音片说明书》),"学问必本之性情,然后可谓之真学问;经纶必根之德行,然后可谓之大经纶……故余望吾学子,学先敦品"(《唐蔚芝先生训话》,见《新无锡》1929年7月4—5日第4版)。

国十年(1921年)起,唐文治开始担任无锡国专校长,长达三十年。今天人们的一个普遍共识是:无锡国专与民国时期其他高校的一个明显区别,是她在相当程度上承继了古代书院教育的优长之处;明代无锡的东林书院和清代"四大书院"之一的江阴南菁书院,对无锡国专的办学都有相当的影响。但具体到学术与政治的关系方面,无锡国专更多承继的是南菁书院安守本分、精研学术的传统,却与东林书院的"讽议朝政,裁量人物"有较明显的区别。唐文治为无锡国专制订的学规第十条是"挽救世风",其中解释孟子的"自任以天下之重"和顾炎武"天下存亡,匹夫有责"这两句话说:"何也? 盖孟子与顾亭林先生之意,谓学者当自任以天下之重,研究天下之务,非谓干涉天下之事。人人能各安其本分,各勤其职业,斯天下治。"①所以当代学者陈平原在他的《传统书院的现代转型——以无锡国专为中心》一文中说:"落实到具体的办学方向,无锡国专追慕的,其实是唐先生早年就读的南菁书院"②。斯诚为见道之言。

第二个时期,从光绪十八年(1892年)到光绪三十三年(1907年),是唐文治考中进士后在清廷为官的时期。

光绪十八年,唐文治考中进士,签分户部江西司,先后任户部云南司行走、云南司帮主稿上行走、云南司帮主稿、云南司正主稿、北档房总办,其间又曾兼任总理各国事务衙门(后改为外务部)行走、章京等职。光绪二十七年(1901年)冬,离开户部,专任外务部権算司主事。光绪二十九年(1903年)九月,晚清政府正式设立商部(1906年改为农工商部),唐文治先后任商部右丞、左丞、左侍郎和农工商部署理尚书等职务。

这一时期,唐文治有过两次出访的经历:一次是在光绪二十七年(1901年)八月,他随作为专使大臣的户部右侍郎那桐赴日,为日本驻华使馆书记生杉山彬在"庚子之乱"中被杀事专程"道歉"(当然,这是一次屈辱的出使经历)。第二次是在光绪二十八年(1902年)五月,他以三等参赞衔,随镇国将军载振赴英参加英国新君爱德华七世的加冕典礼,后又出访比利时、法国、美国、日本等国。

两次出国访问考察同样也对唐文治后来的人生经历带来了很大的影响。这种影响主要体现在两个方面:第一,是对他后来在商部(农工商部)任职的整体作为的直接影响。第二,这两次出访的经历,使唐文治在一定程度上具备了世界眼光和现代意识。这对他后来长期执掌两所大学校政时,如何既能发扬传承中国传统思想文化、中国传统教育的优长之处,又要适应时代前行的步伐,在两者之间把握好

---

① 唐文治:《无锡国学专修馆学规》,《茹经堂文集初编》卷二。
② 陈平原:《传统书院的现代转型——以无锡国专为中心》,见陈平原《中国大学十讲》,复旦大学出版社2002年10月版,第90页。

平衡点，也是至关重要的。

　　唐文治任职商部和农工商部期间，担任尚书的是清宗室成员爱新觉罗·载振。当时的一些文献资料记载说："商部既立，振为尚书，两侍郎为伍廷芳、陈璧，而右丞唐文治实主部事"①，"商部以贝子载振不习公事，有藉于丞参。唐文治为载振师，手创商部者也"②。可见唐文治那几年在商部（农工商部）起着相当重要的作用。

　　明了了这一点，再来看唐文治两次出国访问考察对他后来在商部（农工商部）任职的整体作为的直接影响。两次出国，他对日本和欧美各国的政治、经济、文化、教育等情况进行了广泛考察，并思考日本及欧美各国的强盛，中国有哪些可资借鉴的地方。第一次出访时，唐文治写有《东瀛日记》，可惜此书一直未刊，但他还代那桐写有《奉使日本记》，从中可见他的考察收获以及他的反思。第二次出访，时间更是长达五个多月，后来代载振写有详尽的《英轺日记》。《英轺日记》的写法，常常是一边记载一天的行程，一边极为详尽地记载对欧美各国及日本的政治、军事、经济、法律、工业、农业、教育、文化、学术等各方面制度的考察和思索（而后者竟占了这本十多万字的出游日记的一大半篇幅），希望借鉴、运用这些西方国家的成功经验，帮助中国日益富强壮大起来。为此他在《英轺日记》的序中用充满感情的笔触写道："自兹以往，欧亚学界之中，我庠士其且竞胜于理化乎！我政家其竞胜于经济乎！我兵家其竞胜于武力乎！我农工商其竞胜于产殖乎！"③

　　第二次出访回国后不久，唐文治即为载振代拟上奏条陈，"认为西方致治保邦之方'其中切近易行，为中国所万不能缓者，厥有三事'：一为兴商务，是'民生命脉所关，箴膏起废之良药'；二为办路矿，'可以收海外之资财，拯斯民之困厄，通四方之风气，辟数世之利源'；三为开学堂，'国运隆污必与学校盛衰相消息'"④。显然，条陈中所言三事，直接就是借鉴自"西方致治保邦之方"。回国后的第二年即光绪二十九年（1903 年）七月，唐文治代载振拟《议覆张振勋条陈商务折》，就张振勋原奏中所陈十二条逐条奏复，并明确请求朝廷开设商部。同年九月，清政府正式设立

　　① 夏仁虎：《旧京琐记》卷二，见夏仁虎《技巢四述　旧京琐记》，辽宁教育出版社 1998 年 12 月版，第 94 页。
　　② 罗惇曧：《宾退随笔·记各部丞参》，见罗惇曧《罗瘿公笔记选》，山西古籍出版社 1997 年 5 月版，第 223 页。
　　③ 唐文治：《英轺日记序》，岳麓书社 2016 年 12 月版，第 7 页。按：直到几十年以后，在无锡国专的课堂上，唐文治还经常对学生诵读这篇《英轺日记序》。无锡国专学生范敬宜后来回忆说："我是 1945 年在无锡国专沪校读书时亲聆唐校长朗读这篇文章的，当时他已八十多岁，双目失明，然朗读时声震屋瓦，声泪俱下，其忧国之情，使学生无不为之动容。"（见《范敬宜文集　敬宜笔记》，清华大学出版社 2011 年 1 月版，第 8 页）
　　④ 戴逸：《唐文治》，见罗明、徐彻主编《清代人物传稿》（下编第七卷），辽宁人民出版社 1993 年 3 月版，第 326 页。又参见《政务处外务部覆奏振贝子条陈折》，《万国公报》1902 年第 167 期。

商部，唐文治拟定了《商部章程》，章程中对该部的功能、内部设计、运作等方面的规划，都是取法于西政。近年有学者指出，唐文治对商部的设计，"主要是借鉴两类知识，一是在总理衙门及外务部的施政经验，另一方面，则是来自1902年访问期间在外所见所闻与所思……可以说，这次游历和其后的商部设立，是一次全球性知识中国化的最好体现"。①

此后，在这种全球性目光和现代意识的引领下，从商部成立一直到光绪三十二年（1907年）因"丁母忧"不再担任署理农工商部尚书之前，唐文治主持制订了振兴工商业、保护民族工业的政策，采取了一系列扶助农、工、商业发展的措施，使其得到一定程度的复兴和发展。

光绪三十二年因丁母忧而去职，是唐文治人生道路的一大转捩点。宣统元年（1909年）三月二十一日②，唐文治母丧服满，本来可以照例奏请恢复官秩，但他并没有这样做。这是因为从"甲午"战败到"戊戌变法"失败，从"庚子之乱"到"八国联军"入侵……唐文治越来越清晰地看清了晚清危殆的国势已难以挽救，所以我们在他的自订年谱中，会不时看到"京师气象，腐败已极"③"是时，立宪并未实行，大局岌岌可危。南皮张香涛制军名之洞、项城袁慰庭制军名世凯，皆入赞军机。余叹曰：'国力尽矣'"④这样的记载和感叹，这应该是他决意跳出宦海的主要原因。另一方面，光绪二十八年他出访考察英、法、比、美、日期间，深感这些国家教育的发达，他曾称叹英国伦敦"一隅之地，共有学堂四百九十八所"⑤"英自学堂盛行，而囚徒日减。堂中多一儒冠，狱中即少一赭衣"⑥，由此他认为"人才者，国家之命根也；学堂者，又人才之命根也"⑦。兴学救国之念，一经萌蘖，从此投身教育，长达近五十年。

第三个时期，从光绪三十三年（1907年）到民国九年（1920年），是唐文治担任邮传部上海高等实业学堂（上海交通大学前身）监督、校长时期。

唐文治到任不久，即对因前任监督久不到校而颇形废弛的校务力加整顿。第二年，他在为学校制定的章程中提出了办学宗旨："本学堂分设高等学科，造就专门

---

① 董佳贝：《两种〈英轺日记〉与1902年的载振出访——兼论晚清商部的成立》，《江苏社会科学》2016年第4期。
② 《茹经先生自订年谱》云"二月二十一释服"，《政治官报》1909年第587期载《又奏前侍郎唐文治服满日期片》则云服满日为三月二十一日，此从后者。
③ 《茹经先生自订年谱·壬子四十八岁》。
④ 《茹经先生自订年谱·丁未四十三岁》。
⑤ 载振著（唐文治代）：《英轺日记》卷五，岳麓书社2016年12月版，第66页。
⑥ 载振著（唐文治代）：《英轺日记》卷五，岳麓书社2016年12月版，第72—73页。
⑦ 唐文治：《蓄艾编·论整理学部》，见王桐荪等选注《唐文治文选》，上海交通大学出版社2005年4月版，第96页。

人才,尤以学成致用,振兴中国实业为宗旨。"①在连续执掌该校校政的 14 年中,唐文治先后改设和增设了铁路专科、电机专科、航海专科等,使之成为一所多科性的工科大学,聘请了一大批高质量的中外籍教师,并在教师队伍建设、课程设置、实验实习、考试考查等方面参照国外教育的先进经验,进行全面的调整和改革。十几年中,使该校变成了一所实力强劲、在国内外享有盛名的工科大学。

另一方面,作为一个国学家、理学家,唐文治又极其注重对学生的道德人格培育,注重国文教学和学生人文素养的养成。他为学校制定的章程,在第一章"宗旨"中,强调于"教授高等工业专门学科,养成工业人才"之外,"并极意注重道德,保存国粹,启发民智,振作民气,以全校蔚成高尚人格为宗旨"②,为学校制定的校训是"勤俭敬信",把注重道德人格训练的精神贯穿于学校工作的每一个方面。民国十九年(1920 年)冬,唐文治在为《交通部上海工业专门学校铁路管理科头班纪念册》所作的序中,提到这样一件事:"往者,有沪宁局中人告余:吾校人才之盛,非特长于科学,盖品行实有过人者,若袁君桂森、唐君榕锦等,皆能廉洁自持,丝毫不妄取。"说明这种道德人格教育确实收到了很好的效果,所以唐文治听到后,竟为之"喜而不寐"③。

与道德人格教育互为表里的,是国文教育、国学教育。在民国元年(1912 年)写成的《师友格》一文中,针对当时各类学校轻视国文、鄙视国学的普遍状况,唐文治从五个方面论述了国文与国学的重要性:

> 今既举经常之道而废弃之,道德无所知,义理无所据,历史掌故无所考,政治沿革无所闻,此可痛而宜维持之者一也。曾子曰:"出辞气,斯远鄙倍矣。"国民诵鄙倍之文字,于是知识日益卑陋,见解日益拘墟,心志猥琐,气象萎蕤,皆原于此,此可痛而宜维持之者二也。迩来风气渐开,教育力求普及,然试问吾国民岂能尽学伕庐之文字?倘国学不通,翻译谬误,所谓输入文明者,安能普及? 此可痛而宜维持之者三也。有形之侵略易防,无形之感化难测,他人方将以其精神,化吾国民之精神,而吾国民乃牺牲其固有之精神,不惜降心以从之,此可痛而宜维持之者四也。不爱国学,何有于国产? 不爱国产,何有于国家? 今人动言爱国,而于爱国实际所在,反益淡漠焉,皆因不爱国学有以影响之。

---

① 《邮传部上海高等实业学堂章程》(1908),见《交通大学校史资料选编》第一卷,西安交通大学出版社 1986 年 5 月版,第 201 页。
② 《交通部上海工业专门学校章程》(1913),见《交通大学校史资料选编》第一卷,西安交通大学出版社 1986 年 5 月版,第 224 页。
③ 唐文治:《交通部上海工业专门学校铁路管理科头班纪念册序》,见《交通部上海工业专门学校铁路管理科头班纪念册》卷首。

盖国学者,人心向背之所系也,此可痛而宜维持之者五也。①

正是基于这样的认识,他在就任不久撰写的《邮传部上海高等实业学堂章程》中提出,在"造就专门人才""振兴全国实业为宗旨"的同时,"并极意注重中文,以保国粹"②。为此,学校开设了国文课,要求学生在整个四年中都要学习国文课程;并规定每年举行一次校内所有大、中学生参加的国文大会。唐文治本人亲自为学生讲授国文课,为学校和社会编撰了《国文大义》《古人论文大义》《国文阴阳刚柔大义》《工业学校专门学校国文课本》《中学国文读本》等国文、国学教材。

唐文治任职期间的学生、后来也曾担任该校校长的凌鸿勋曾说:"在上海交通大学六十年的历史当中,任职校长最久,贡献最多,而对于学术风气、人格教育、人才造就最有深长影响的,当首推唐蔚芝先生。先生之于交大,有如北京大学之有蔡元培先生,和南开大学之有张伯苓先生,都是一个大学学府建立过程中的中心人物,和学校的荣誉是离不开关系的。"③这是对唐文治在上海交通大学史上的地位和影响最好的概括。

从民国九年(1920年)四月起,唐文治开始递交辞呈,要求辞去交通部上海工业专门学校校长职务。其原因,照他在《茹经先生自订年谱》中的说法,一是因"吾父老病,目疾日深",二是因"自上年学潮后,学风愈觉不靖"。笔者在撰写本谱的过程中,对唐文治所说的"学风愈觉不靖"有非常深的感受。1919年五四运动爆发以后,各地大学的学生上街游行和停课成了家常便饭,"惟是学潮之来,莫知所以,迩来国家多故,恐停课将成永久之事,两三年后,中国将无教育之可言"。④作为一个学校的校长,感觉学校正常的教学秩序都难以维持,所以不想再干下去了。根据《申报》等报刊的报道,在这一年里,唐文治先后向交通部递交了七次辞呈⑤,交通部、学校师生、毕业校友、社会贤达人士等一次次地挽留,但唐文治主意已定,终于在这年十一月正式辞去校长职务,回无锡定居。实际上,除了"学风愈觉不靖"之外,更深层的原因,则是其时正当"五四"新文化运动迅猛展开、西学大潮汹涌澎湃之际,唐文治感受到了中国传统文化所受到的无情冲刷,并为此而深感忧虑,这就是他在《函交通部致送高等国文讲义》一文中所说的"科学之进步尚不可知,而先淘汰本国

---

① 唐文治:《师友格》,《唐文治教育文选》,西安交通大学出版社1995年6月版,第82—83页。
② 《邮传部上海高等实业学堂章程》(1908),见《交通大学校史资料选编》第一卷,西安交通大学出版社1986年5月版,第201页。
③ 凌鸿勋:《记校长唐蔚芝先生》,见黄昌勇、陈华新编《老交大的故事》,江苏文艺出版社2012年5月版,第75页。
④ 唐文治的第二次辞呈,见《友声》第8期《唐校长辞职声中之函电》。
⑤ 《茹经先生自订年谱》中则云"盖函电交驰,至此凡十次矣"。

之文化,深可痛也"①,于是他萌生了由"振兴实业"转为"修道立教"的想法。

第四个时期,从民国九年(1920年)到1950年,是唐文治担任无锡国专校长的时期。

无锡国专是一个简称。此校于民国十年(1921年)初正式开办,最初名为无锡国学专修馆。民国十六年(1927年)起,先后改名为无锡国文大学、无锡国学专门学院。民国十七年(1928年)九月被国民政府教育部批准立案。民国十九年(1930年)一月,改名为私立无锡国学专修学校,从此学校被定性为一所私立的专科学校。民国二十六年(1937年),"抗战"爆发。无锡国专师生一路转迁至广西桂林,从此开始了国专的"桂校"时期。民国二十七年(1938年)六月底,唐文治因年迈体弱且水土不服,从广西请假回上海治疗,民国二十八年(1939年)三月,由唐文治等人筹组的国专沪校在租界正式上课,从此开始了无锡国专历史上"桂校"与"沪校"并立的时期。民国三十五年(1946年)六月,国专桂校师生复员回无锡,沪校的学生则一部分合并至无锡本部,一部分仍然留在上海。1949年7月,经苏南行政公署准予备案,无锡国学专修学校改名为私立无锡中国文学院。1950年5月,无锡中国文学院并入苏南文化教育学院。

正如前文所述,唐文治辞去交通部上海工业专门学校校长一职不久,旋即出任无锡国学专修馆馆长,其深层背景是他感受到了自"西学东渐"一直到"新文化运动"以来,中国传统文化所受到的无情冲刷,因此由"振兴实业"转而为"修道立教"。具体到教育领域,从晚清学制改革开始,到无锡国学专修馆创办前,从西方引进的新学制已完全确立,一统天下。在此过程中,中国传统教育,特别是书院教育的一些优长之处也被视为过时、落后的东西而一并被抛弃。有鉴于此,唐文治在就任无锡国学专修馆馆长之初,便明确揭橥其办学宗旨:"吾馆为振起国学、修道立教而设"②"以救正人心,复兴中国文化,发扬民族精神为本"③。唐文治主无锡国专校政30年,将坚持吸纳传统书院教育菁华与适应时代潮流互为平衡、互相结合,体现了与当时一般高校不同的鲜明办学特色。笔者在所著《无锡国专编年事辑》的引言及其他一些撰述中,将这种特色概括为以下几个方面:一是注重敦品砺节,强调学行合一;二是读国学原著、读元典以及作为体现唐文治"性情教育"思想的"读文法";三是极其注重学生的写作实践;四是注重培养学生的自我研习和实践动手能力。

---

① 唐文治:《函交通部致送高等国文讲义》,《唐文治教育文选》,西安交通大学出版社1995年6月版,第118页。
② 唐文治:《无锡国学专修馆学规》,《茹经堂文集初编》卷二。
③ 《校史概略》,见《私立无锡国学专修学校十五周纪念册》。

　　无锡国专办学30年，先后在该校就读的有约两千名学生（包括毕业生和肄业者），其中尚有许多人因种种原因未能正常毕业。而就是在这些学生中，出现了许多后来在国学研究、高校文史教育和其他领域卓有建树的优秀人才，如王蘧常、唐兰、吴其昌、蒋天枢、钱仲联、王绍曾、魏守谟（建猷）、吴天石、徐兴业、郭影秋、周振甫、吴孟复、汤志钧、苏莹辉、马茂元、姚奠中、陈祥耀、杨廷福、冯其庸、沈燮元、曹道衡、范敬宜，等等。正因为如此，许多年来，人们一提起无锡国专，大多推崇的是这个学校办学特色之鲜明，以及她的成材率之高、培养的人才之多。但是，笔者在多年深入研究无锡国专办校史的过程中，对她在三十年的办学历程所遭受的一次又一次的波折磨难，留下了极其深刻的印象。其坎坷艰辛的原因主要来自两个方面：一是无锡国专被定性为一所私立的专科学校，一直没有受到应有的重视和公正的待遇，学校的发展始终受到办学经费等方面的严重限制和束缚，曾经许多次面临经费竭蹶、几乎已无法支撑的境地；二是从20世纪20年代初到中华人民共和国成立前整个中国时局的风云动荡，其中包括"抗战"14年的民族危亡，国专师生一次次转徙流离、艰辛备尝。而惟其历经一次又一次的波折磨难、坎坷艰辛，一次又一次到了实在难以支撑的边缘，唐文治等人仍然以极为坚忍不拔的精神，率领国专师生不废弦诵，才更凸显了这个学校的价值意义。"抗战"胜利后的1946年，曾经担任过无锡国专教授兼校务主任的钱基博，特意撰写了《唐文治先生创设国学专门学校之宗旨》一文，文中说，国专师生"戎马转徙，未尝一日废弦诵；艰苦同尝，而无一人出怨言"，"岂惟延唐先生之斯文一脉于西南，而实以续如缕不绝之国命……苟非我国学专修学校之问学思辨以牖启国性之自觉，必不能以维持民族以不敝"。① 而陈平原则将唐文治办无锡国专放到20世纪中国高等教育史的背景上来观照其独特的价值所在，指出："而这背后，牵涉到现代化进程中传统文化及教育精神的延续，值得认真研究"，"唐文治有眼光，有胆识，有恒心，其独力支撑很不时尚的无锡国专，为二十世纪中国高等教育留下另一种可能性，值得尊敬与同情"②。

　　唐文治先生生前曾先后撰有《茹经先生自订年谱》和《茹经先生年谱续编》（唐文治撰、唐庆诒补）。《茹经先生自订年谱》纪事自清同治四年（1865年）出生起，至民国二十三年（1934年）70岁时止；《茹经先生年谱续编》纪事自民国二十四年（1935年）71岁时起，至1954年90岁辞世止。1984年，苏州大学校史办公室将《茹经先生自订年谱》《茹经先生年谱续编》合为一编印行，题为《唐文治年谱》。《茹经

---

　　① 钱基博：《唐文治先生创设国学专门学校之宗旨》，《江苏民报》1946年6月29日。
　　② 陈平原：《传统书院的现代转型——以无锡国专为中心》，见陈平原《中国大学十讲》，复旦大学出版社2002年10月版，第72、98页。

先生自订年谱》《茹经先生年谱续编》共约六万八千余字,是唐文治对自己一生事迹较为简要的自我记载。2013 年,陆阳所撰的《唐文治年谱》由上海三联书店出版。唐文治先生一生,人生经历极为丰富。许多年来,从凌微年的《唐文治》,到余子侠的《工科先驱　国学大师——南洋大学校长唐文治》,再到陆阳的《唐文治年谱》,许多学人在唐文治生平研究方面做出了很大的努力,取得了不少成绩。但是,迄今为止,这些有关唐文治先生的年谱、传记等,仍不能说是有多么翔实、完备。与唐文治先生相关的许多史料埋藏在故纸堆中,需要进一步勾稽爬梳;唐文治先生生平中的不少空阙疑难和错讹谬误之处,仍需要去挖掘填补和辨正厘订。这就是笔者起意要撰写一部《唐文治年谱长编》的基本动机和原因。

2004 年,笔者《无锡时期的钱基博与钱锺书》由上海社会科学院出版社出版。钱基博先生为现代国学大家,曾经担任无锡国专教授及校务主任。因这一层关系,再加上无锡国专虽许多年来一直被士林学界啧啧称道,却没有一部完整的校史,所以《无锡时期的钱基博与钱锺书》一书出版后,笔者即开始搜集资料,着手撰写《无锡国专编年事辑》。在此过程中,同时也辑集收存了作为无锡国专校长的唐文治先生的许多相关资料,所以《无锡国专编年事辑》于 2011 年由中国大百科全书出版社出版后,旋即又开始了《唐文治年谱长编》一书的撰写。所以说,笔者近二十年先后撰作的三本书,内中自有着某种逻辑连带关系。

在近二十年治史的过程中,笔者始终认为,从某种意义上说,历史是无法完全还原的。尽管如此,作为治史者,仍要竭尽全力地去求历史之“真”,要穿透重重遮蔽,深入到历史的细部和深处,尽最大努力去抵近历史的真实面貌。

本着这样的原则,最基础的工作是对相关史料进行广泛的搜辑,其中首先是对唐文治先生本人著述的搜辑。唐文治先生一生,于政治、教育等领域的事功外,更是著述闳富。除了那些已经刊布、较易找见的,更有大量单篇文字散佚在老报刊和无锡等地的乡邦文献中。笔者多年来花了很大的心力进行钩沉辑佚,并择其与生平行事相关者采入谱中。同时,编成了近七万字的《唐文治著述编年目录》作为本谱的附录。编此目录,一方面是想相对比较全面地反映唐文治先生一生的著述情况,以备研究者寻绎;另一方面,也是想为有关学术单位和上海交通大学出版社正在拟议中的《唐文治全集》的编纂,提供一份到目前为止较为翔实可靠的目录文本。

除唐文治先生自身的著述之外,便是对与唐文治生平相关的其他文献资料的搜辑追寻。举凡有关的传记、回忆录、国史校史、家谱年谱、日记、新闻报道、函札书信、诗文集、公牍文函、学校的校刊班刊纪念刊、档案资料,等等,在主客观条件允许的前提下尽力搜检。其中以下几个方面的文献资料,以前尚未经人予以较全面地挖掘整理：一是笔者曾多次到中国第二历史档案馆和苏州大学档案馆等单位，因为不允许运用复印、扫描、拍照等复制手段，便一字一字地抄录了一批相关的档案文献；二是于2015年盛夏，在上海图书馆附近的一个快捷酒店住下，连续一周，在该馆同样是一字一字地抄录了"盛宣怀档案"中的一百多件盛宣怀、唐文治往还函札及其他相关资料；三是在无锡图书馆，陆续用了很长的时间，比较完整地查检了《锡报》《新无锡》等民国时期的老报纸及其他乡邑文献，辑集了大量的唐文治先生的散佚著述及生平资料；四是利用《申报》全文电子数据库，下载相关资料三十余万字，并经细心校核整理，择其有用者采入谱中；五是通过对上海图书馆的"晚清期刊全文数据库"和"民国时期期刊全文数据库"持续不懈的追索，同样获取了一大批相关的文献资料①，其中以唐文治晚清为官时期和执掌上海高等实业学堂（1912年改名为交通部上海工业专门学校）校政时期为尤多。

像这样经广泛搜寻而得的文献资料种类既广，性质各异；由于各种各样的原因，有时对于同一件事情，诸家记载也常常会角度不同、详略不一，甚至是歧说并出，互相抵牾，这就需要治史者进行精细的考辨厘定、订伪正讹的工作。笔者在本谱的操作过程中，每记叙一事，除了与此事直接相关的文献资料外，还常常扩大范围，搜集各种相关的内证外证，将其连属起来加以研求考证，以求最大程度地去"抵近历史的真实面貌"。例如，《茹经先生自订年谱》《茹经先生年谱续编》为唐文治先生本人编订，可信度自然很高。但因为事隔多年后所记，在时间、细节等方面，经常会有一些记忆不够准确之处，对此，本谱依据确凿的史料证据一一订正。又如，民国九年（1920年）二月，唐文治编成《茹经堂奏疏》，并在自序中说这些奏疏是自己"半生阅历辛苦而仅得之者"，读者和研究者当然会据此认为收入该书中的所有奏疏都是唐文治本人自作，但实际情形并非完全如此。《茹经堂奏疏》卷三有《请设立勘矿总公司以保主权折》，经笔者查阅发现，盛宣怀《愚斋存稿》卷八有《请设勘矿总公司折》，两折文字全同；再经过仔细审慎的"研求考证"，最后得出的结论是：此折当是由盛宣怀所草并上奏朝廷，唐文治将其收入《茹经堂奏折》，或当是其参与了此折的起草或修改的过程②。又，《茹经堂奏疏》卷三收录有《请调用人员设立储才馆折》（附《请遣派学生出洋片》）及《储才馆暂行章程》，历来人们理所当然地以为这"一折一片一章程"也是唐文治自作；又因其时唐文治在商部任职，所以论者又以为

---

① "晚清期刊全文数据库"和"民国时期期刊全文数据库"设有"全字段"的检索项，实际上到目前为止，尚不能实现全文检索。这样，除了通过在"作者"和"题名"项输入"唐文治""唐蔚芝"等词搜索所得外，还有大量的相关文献"隐藏"在庞大的数据库中，寻找发现这些有用的文献，是一个比较艰苦的过程。

② 详见本谱1902年事中。

这"一折一片一章程"是要向清廷奏请在商部设立储才馆,并由商部派遣学生出洋。但笔者经过广泛勾稽和审慎考订,考论出设立储才馆一折及相关章程,应为时在外务部任事的张元济先行起草,后经唐文治修改;而设立储才馆、派遣学生出洋的"主体部门",也是外务部而非商部①。本谱的体例设置,各年中所记之事,于体例上分成条叙、史料征引及"按"语三种类型,其中"按"语是就某事加以说明、辨析和考订。全书中这样的按语有近千条,其中相当一部分都是对史事的正伪订误,可以看作是笔者为求最大程度地去"抵近历史的真实面貌"而做出的具体努力。

刘桂秋

2018 年 12 月于江南大学人文学院

---

①　详见本谱 1906 年事中。

目 录

上卷

唐氏世系图 ·· 1

谱前 ·· 2

1865 年(乙丑　清同治四年)　1 岁 ································· 22

1866 年(丙寅　清同治五年)　2 岁 ································· 23

1867 年(丁卯　清同治六年)　3 岁 ································· 24

1870 年(庚午　清同治九年)　6 岁 ································· 25

1871 年(辛未　清同治十年)　7 岁 ································· 26

1872 年(壬申　清同治十一年)　8 岁 ····························· 27

1873 年(癸酉　清同治十二年)　9 岁 ····························· 28

1874 年(甲戌　清同治十三年)　10 岁 ···························· 29

1875 年(乙亥　清光绪元年)　11 岁 ······························ 30

1876 年(丙子　清光绪二年)　12 岁 ······························ 31

1877 年(丁丑　清光绪三年)　13 岁 ······························ 32

1878 年(戊寅　清光绪四年)　14 岁 ······························ 33

1879 年(己卯　清光绪五年)　15 岁 ······························ 35

1880 年(庚辰　清光绪六年)　16 岁 ······························ 36

1881 年(辛巳　清光绪七年)　17 岁 ······························ 39

1882 年(壬午　清光绪八年)　18 岁 ······························ 41

1883 年(癸未　清光绪九年)　19 岁 ······························ 50

1884 年(甲申　清光绪十年)　20 岁 ······························ 52

1885 年(乙酉　清光绪十一年)　21 岁 ··························· 56

1886 年(丙戌　清光绪十二年)　22 岁 ··························· 65

1887 年（丁亥　清光绪十三年）　23 岁 ……………………………… 68

1888 年（戊子　清光绪十四年）　24 岁 ……………………………… 70

1889 年（己丑　清光绪十五年）　25 岁 ……………………………… 72

1890 年（庚寅　清光绪十六年）　26 岁 ……………………………… 75

1891 年（辛卯　清光绪十七年）　27 岁 ……………………………… 78

1892 年（壬辰　清光绪十八年）　28 岁 ……………………………… 79

1893 年（癸巳　清光绪十九年）　29 岁 ……………………………… 86

1894 年（甲午　清光绪二十年）　30 岁 ……………………………… 89

1895 年（乙未　清光绪二十一年）　31 岁 …………………………… 99

1896 年（丙申　清光绪二十二年）　32 岁 …………………………… 110

1897 年（丁酉　清光绪二十三年）　33 岁 …………………………… 112

1898 年（戊戌　清光绪二十四年）　34 岁 …………………………… 115

1899 年（己亥　清光绪二十五年）　35 岁 …………………………… 120

1900 年（庚子　清光绪二十六年）　36 岁 …………………………… 126

1901 年（辛丑　清光绪二十七年）　37 岁 …………………………… 138

1902 年（壬寅　清光绪二十八年）　38 岁 …………………………… 159

1903 年（癸卯　清光绪二十九年）　39 岁 …………………………… 270

1904 年（甲辰　清光绪三十年）　40 岁 ……………………………… 282

1905 年（乙巳　清光绪三十一年）　41 岁 …………………………… 293

1906 年（丙午　清光绪三十二年）　42 岁 …………………………… 309

1907 年（丁未　清光绪三十三年）　43 岁 …………………………… 338

1908 年（戊申　清光绪三十四年）　44 岁 …………………………… 353

1909 年（己酉　清宣统元年）　45 岁 ………………………………… 372

1910 年（庚戌　清宣统二年）　46 岁 ………………………………… 406

1911 年（辛亥　清宣统三年）　47 岁 ………………………………… 433

1912 年（壬子　民国元年）　48 岁 …………………………………… 474

1913 年（癸丑　民国二年）　49 岁 …………………………………… 494

1914 年（甲寅　民国三年）　50 岁 …………………………………… 505

1915 年（乙卯　民国四年）　51 岁 …………………………………… 521

1916 年(丙辰　民国五年)　52 岁 ——————————————534

1917 年(丁巳　民国六年)　53 岁 ——————————————544

1918 年(戊午　民国七年)　54 岁 ——————————————565

1919 年(己未　民国八年)　55 岁 ——————————————590

1920 年(庚申　民国九年)　56 岁 ——————————————609

下卷

1921 年(辛酉　民国十年)　57 岁 ——————————————645

1922 年(壬戌　民国十一年)　58 岁 ————————————660

1923 年(癸亥　民国十二年)　59 岁 ————————————675

1924 年(甲子　民国十三年)　60 岁 ————————————706

1925 年(乙丑　民国十四年)　61 岁 ————————————734

1926 年(丙寅　民国十五年)　62 岁 ————————————756

1927 年(丁卯　民国十六年)　63 岁 ————————————774

1928 年(戊辰　民国十七年)　64 岁 ————————————782

1929 年(己巳　民国十八年)　65 岁 ————————————791

1930 年(庚午　民国十九年)　66 岁 ————————————799

1931 年(辛未　民国二十年)　67 岁 ————————————821

1932 年(壬申　民国二十一年)　68 岁 ——————————846

1933 年(癸酉　民国二十二年)　69 岁 ——————————865

1934 年(甲戌　民国二十三年)　70 岁 ——————————882

1935 年(乙亥　民国二十四年)　71 岁 ——————————896

1936 年(丙子　民国二十五年)　72 岁 ——————————921

1937 年(丁丑　民国二十六年)　73 岁 ——————————949

1938 年(戊寅　民国二十七年)　74 岁 ——————————968

1939 年(己卯　民国二十八年)　75 岁 ——————————980

1940 年(庚辰　民国二十九年)　76 岁 ——————————989

1941 年(辛巳　民国三十年)　77 岁 ————————————998

1942 年(壬午　民国三十一年)　78 岁 —————————1012

1943 年(癸未　民国三十二年)　79 岁 ································· 1025

1944 年(甲申　民国三十三年)　80 岁 ································· 1036

1945 年(乙酉　民国三十四年)　81 岁 ································· 1044

1946 年(丙戌　民国三十五年)　82 岁 ································· 1051

1947 年(丁亥　民国三十六年)　83 岁 ································· 1069

1948 年(戊子　民国三十七年)　84 岁 ································· 1085

1949 年(己丑)　85 岁 ································· 1093

1950 年(庚寅年)　86 岁 ································· 1105

1951 年(辛卯年)　87 岁 ································· 1109

1952 年(壬辰年)　88 岁 ································· 1112

1953 年(癸巳年)　89 岁 ································· 1114

1954 年(甲午年)　90 岁 ································· 1115

附录一　唐文治著述编年目录 ································· 1118

附录二　主要征引文献 ································· 1208

附录三　人名索引(含字号、生卒年) ································· 1225

后记 ································· 1250

唐氏世系图

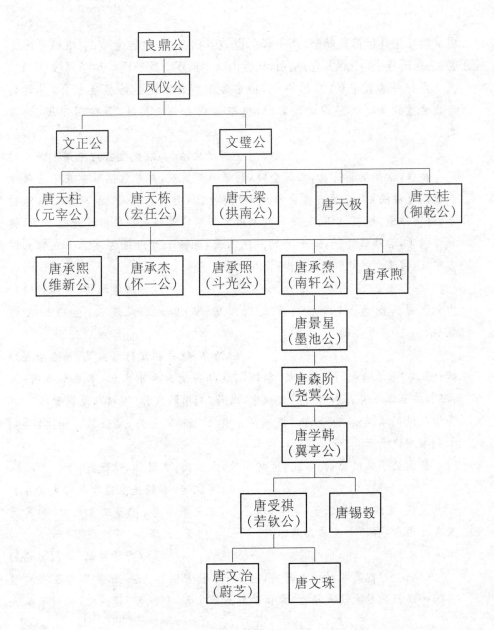

谱　前

　　唐文治先生九世祖良鼎公,讳不详。世袭卫指挥使,祖居金陵,明崇祯年由金陵迁娄,为唐氏迁娄(江苏太仓)始祖,居近海之刘河堡。配苏氏。生子凤仪公。

　　周初封唐叔于晋,系出姬姓,郡名晋阳。吾家迁娄始祖良鼎公,谱载明末由金陵迁娄。公弟弼臣迁崇明,将宗谱携去。考其时,当在明万历、天启之间。

(唐文治《茹经先生自订年谱·世系》)

　　良鼎,世袭卫指挥使,祖居金陵,明崇祯年兵荒,与弟弼臣挈家东下至镇洋县境。近海隅,刘河堡旧名备倭城,枕海襟江,商艘云集处,遂家焉。康熙初年,海潮冲激,城郭圮坏,又徙于刘家河之南岸转河桥东。弟弼臣迁往崇明,将宗谱携去,后辗转迁徙,遂无音问。配苏氏,合葬于刘河镇之河北十九都六图方字圩,澛漕河东,远岸百余步,南向主穴。子一:凤仪。

(唐学韩辑《晋阳世谱》)

　　太祖父良鼎公,向居近海之刘河堡;太祖母苏太孺人,生高祖父凤仪公。

(唐景星《先祖父行略》,见《墨池杂著》)

　　按:上文"居近海之刘河堡"之"刘河",在江苏省太仓市东北,本名刘家河,又作"浏河",为娄江下游。本书所引文献中,或作"刘河",或作"浏河",悉据原文。

　　先生八世祖凤仪公,讳不详。配杨氏。生子二:文正公、文璧公。康熙年间,迁居于刘家河之南岸。

　　良鼎公子凤仪公,配杨氏,生文正公,姚王氏;文璧公,姚杨氏。

(唐文治《茹经先生自订年谱·世系》)

　　凤仪,配杨氏,生二子,早卒,遂不娶,鳏居数十年,抚养二子成立,时称为义夫。殁后,合葬于良鼎公墓昭穴。子二:文正、文璧。

(唐学韩辑《晋阳世谱》)

　　(凤仪公)配高祖母杨太孺人,生二子:长曾伯祖文正公,次即曾祖父文璧公……高祖母杨太孺人早世,凤仪公鳏居数十年,躬抚养,暨成立,当时有义夫之称。康熙年，海潮冲激，城郭圮坏，因迁于刘家河之南岸。

（唐景星《先祖父行略》，见《墨池杂著》）

按：余子侠《工科先驱　国学大师——南阳大学校长唐文治》一书云："良鼎公生有二子，文正、文璧"，误。文正、文璧为凤仪公之子、良鼎公之孙。

先生七世祖文璧公，讳不详。清康熙九年庚戌（1670 年）生，运漕，太学生，候补府知事，创长森牙行，关山东豆饼生理。清康熙六十一年壬寅（1722 年）五月初三日卒。配杨氏，清康熙十年辛亥（1671 年）生，清乾隆二十八年癸未（1763 年）卒。生子五：长子元宰公，讳天柱；次子宏任公，讳天栋；三子拱南公，讳天梁；四子讳天极，字不详；五子御乾公，讳天桂。又生女五。

文璧公，姒杨氏……文璧公生子天栋，号宏任公。

（唐文治《茹经先生自订年谱·世系》）

文璧，运漕，太学生，候补府知事，创长森牙行，关山东豆饼生理，年五十三岁，康熙庚戌生，壬寅卒。配杨氏，年九十三岁，康熙辛亥生，乾隆癸未卒。合葬于良鼎公墓西南，隔小河百步，南向主穴。子五：天柱、天栋、天梁、天极、天桂。女：长适王，次适吴，三适……四适……五适秦翊交。

（唐学韩辑《晋阳世谱》）

按：上文"三适……四适……"，原文中两个"适"字后面的内容空缺。

及凤仪公辞世，文正公与文璧公同居，而各为一宅。文正公生二子，玉书公，其长也。文璧公生五子：长元宰公，讳天柱；次即先祖父；次拱南公，讳天梁；次天极公；次御乾公，讳天桂。五女：长归王家祖姑丈，次归吴家祖姑丈，次归□家祖姑丈，次归□家祖姑丈，次归秦家祖姑丈，号翊交，俱在太仓。文璧公早得血症，年五十三岁，五月初三日辞世。

（唐景星《先祖父行略》，见《墨池杂著》）

按：上文"次归□家祖姑丈，次归□家祖姑丈"，两处符号"□"系原文如此。

先生六世祖讳天栋，又讳良栋，字宏任。清康熙三十九年庚辰（1700 年）生，身理牙行作生业，并承运漕船一艘。清乾隆三十六年辛卯（1771 年）六月二十八日巳刻殁。配顾氏，清康熙四十二年癸未（1703 年）生，清乾隆五十七年壬子（1792 年）五月十五日巳刻辞世。生子五：长子维新公，讳承熙；次子怀一公，讳承杰；三子斗光公，讳承照；四子南轩公，讳承焘；五子讳承煦，年未及冠而殁。又生女一。

文璧公生子天栋，号宏任公，始有遗传手迹，姒顾氏。

（唐文治《茹经先生自订年谱·世系》）

天栋，文璧次子，字宏任，又名良栋。运漕，太学生，候选布政使司照磨。

性勤俭谦让，康熙庚辰生，乾隆壬辰卒，年七十三岁。配顾氏，井臼亲操，康熙癸未生，乾隆甲寅卒，年九十二岁。合葬于十九都六图良鼎公墓穆穴。始建祠堂，种松柏杉木，祠傍植梅树，极繁盛，时人称梅花坟。子五：承熙、承杰、承照、承焘、承煦，女适王世明。

（唐学韩辑《晋阳世谱》）

先祖父讳天栋，字宏任，行二。景星虽逮事，年尚幼，未能详居恒行略，盖闻之先祖母及先父所述，云：

……先伯祖元宰公僦居于内家张氏，先叔祖拱南公赘于南翔孙氏，次叔祖皆幼，祖姑母俱未字。先祖父奉养杨太孺人，极其周挚；抚二弟及五妹婚嫁，悉身任其责，先祖母顾太孺人特敬承其志。先祖父亦五子：长维新公，讳承熙；次怀一公，讳承杰；次斗光公，讳承照；次先父南轩公；次承煦公，年未及冠而殁。一女，长于维新公，归世明王家姑丈。当是时，户口日繁，生业日艰，然而先祖父一以奉养老母、抚恤弟妹为己任，呱呱绕膝，置弗问。迨弟妹婚嫁毕，俱已完聚，乃分析，房屋就其隘者，曰我多男，以便将来作内室；器用就其劲敝者，曰我日所惯用之物。先祖父身理牙行作生业，承运漕船一艘。当时镇海卫籍，尚未归运屯田，有赝入民产而无从收纳者。先祖父身为经理，赔偿无算。及诸父渐已成立，谓之曰："余在外日多，祖母年老，起居寒暖，当为尔母分任其责。"居家时，心平气和，绝喜怒，虽奴仆亦不少加以辞色。而诸父恒肃然侍立，不敢有跛倚之容。趋庭时，尝曰："凡人立身行己，要以仁让自勉，至'勤俭'二字，终身用之不尽，尔当勉之。惟游与惰生，不愿子孙有此习已；且年少时，岂一一能自检点，得父兄之教，幸也。余曾受尔祖笞责，左肩上每当气候，辄疼痛。常自悔，并念：幸侍左右，得受笞责。至今欲受责，将谁余责？"有事入城，辄步行，一肩行李。诸祖姑母处必往问候，留之，辄坚拒，曰："余入城理事之日，多在寓，会集亲友较便。"至有缓急，谋之，必倾囊以予。叔祖父天极公，年未三十，早世。为经纪其丧，将三伯父斗光公承其后，谓叔祖母曰："尔孀居，十指间勉作生活计，至斯侄之娶妻完聚，有我在，无容虑。"然而三五日辄往过，苟有余，必分以惠之。叔祖母周太孺人，即于乾隆四十六年邀恩锡给帑，建坊于靠山之后者也。曾祖母杨太孺人辞世，先祖父时年六十有三，旦夕呼号竭蹶，营葬于镇之北、澹漕河之东，离岸不过数十武。扫墓时，务率家人亲往临祭。先伯祖元宰公止一子：伯父嘉猷公，讳承烈，无嗣。先祖父谓之曰："尔长房，不可不早立后。余大房尚未生育，宜将老三房长孙承之。"嘉猷公遂承命引为己嗣，即今之象贤从弟也。先祖父年七十，谓诸父曰："吾年老，尔弟兄相处，不为不久。

· 4 ·

及吾在，不可不为尔分析。"因即旧时章程，集宗党，将居房器物，逐一拈开。维新公仍住崇明，理布业，怀一公、斗光公于行中权出入，先父经理三船漕务，凡所入，悉归行中，薪水计口而分长短，悉于行中按月支取。至养膳所需，随所在即凭支取。自是，怀一公卜宅于宁海桥之南，迁厥居，先祖父暨先祖母就养于其所。不期年，忽得痰疾，患两股间，医治罔效，于六月二十八日巳刻辞世。叔祖玉书公、御乾公皆长号大恸，左右为之动容。先祖父性纯孝，家庭间靡不曲体亲心，尤笃于友爱；昆弟及诸妹，靡不各遂其志。素坦直，不妄交游，好施与，不轻然诺，而自奉极其俭朴。所进甘脆，辄拒之，曰："布衣菜饭，得以终吾身，幸已，安用此肥美为哉？"盖俭勤纯朴、本于至性有如此。享年七十有三，生于康熙三十九年，寿终于乾隆三十六年。祖茔在曾祖墓之北，隔一河，远百步许。葬于乾隆四十年冬。今嘉庆十六年正月初二日，启窆祔葬先祖母顾太孺人于其所。因迹夫生平，痛述行略，质之宗党，为填讳云。

（唐景星《先祖父行略》，见《墨池杂著》）

按：上引唐学韩辑《晋阳世谱》记唐天栋"乾隆壬辰卒"，唐景星《先祖父行略》则记唐天栋"于六月二十八日巳刻辞世……寿终于乾隆三十六年"，乾隆壬辰年为公元 1772 年，乾隆三十六年为公元 1771 年，两者所记，相差一年，此姑从《先祖父行略》。

先祖母顾太孺人，祖居太仓州之双凤里。外曾祖父应成公，外曾祖母傅太孺人，生一子：舅祖晋贤公；二女，长即先祖母。年十七，归先祖父宏任公。举止安详，气度闲雅，先曾伯祖父文正公屡称之。当是时，前有一伯，后有三叔，并诸姑五人，皆幼，太孺人相处无闲言。及年余，有娠，不数月，忽发痘症，俗谓之空心痘，医者无措，终就痊愈，身无恙，即大伯父维新公，咸以为厚禄之兆云。曾祖父文璧公，旧有血症，曾祖母杨太孺人提携绕膝，迄无宁处，故太孺人奉养尤谨。暨曾祖父文璧公辞世，先伯祖父元宰公傲居于内家清河张氏，先祖父牙行生理，承运漕船一艘，在外日多，一切家政，身为经纪。少闲，即勤辟绩，呱呱而泣，弗顾也。生五子：长伯父维新公，次伯父怀一公，次伯父斗光公，次先父南轩公，次叔父承煦公，早卒。一女，归世明王家姑丈，临产失血，亦早世。先祖父祖居河南，转河桥之东，其地习俗未善，太孺人防闲诸父尤严，朝夕一绳以家法，居恒无戏言，亦不见有喜怒之色，躬布素，勤操作，御下以宽。每及时祭，必集宗党礼，意忱恰，终日无倦容。迨诸叔及诸姑婚嫁，凡事周详，曰："吾姑孀居，倘从苟简，曷以慰慈怀？但毋过费，以致逋负，焉可？"厥后，户口日繁，勉从族议分析，太孺人无纤毫畛域。曾祖母年九十三岁辞世，送终之礼，身先其劳，视诸叔家终如一家,故白首同居,内外亲睦。堂叔祖母陆太孺人,即堂叔祖父玉书公之配,曾谓诸父曰:"尔母助理精勤,抚育辛苦,积有年所。今老矣,非药饵调补不可。"诸父唯唯,惟命是言也,盖闻之吾母所述云。厥后,嫁娶既毕,几二十年,先祖父谓之曰:"儿辈俱已成立,尔我正可交替,俾亦知稼穑之艰难。"于是即照旧时章程,集亲知,将所有器用什物,四分拈开,所居房屋,议与先伯父维新公、斗光公暨父亲南轩公三分拈得,二伯父怀一公迁居于南街,太孺人随先祖就养于其所。不期年,先祖父忽得痰疾,患两股间。太孺人时年六十有九,伺候起居,料理汤药,旦夕无少倦。至六月二十八日,先祖父辞世,太孺人呼号恒悼,若不能以终日。诸父衔哀劝解,太孺人曰:"与尔父倡随五十余年,不为不久;白首无闲言,不为不善。所不幸者,身为未亡人,夫妇之情,乌能已已。"太孺人素奉佛氏,诸父因竭力聘高行僧建道场,诵经典,太孺人悲哀少解。自后晓起焚香,日诵佛号千遍,置家事于不问。乾隆四十五年三月初一日,太孺人八十诞辰,远方来贺者,不匝旬而将集。太孺人曰:"未亡人屏居守寂,尚难为怀,倘糜费百端,适增罪戾。"因就近买舟,进香饭僧布施。上年七月,先伯父维新公辞世;越六年,二伯父怀一公辞世;又二年,先父南轩公辞世;是年冬,三伯父辞世,太孺人悲哀惨戚,郁纡无舒容。本体素强固,至此日就衰息。乾隆五十七年五月十五日巳刻辞世。惑于堪舆家言,厝之丙舍二十余年。今于嘉庆十有六年正月初二日启域,合窆于祖茔。景星痛生之已晚,未能详万一,略述见闻,犹庶几想见太孺人之礼法云。享年九十有二,生于康熙四十有二年。

（唐景星《先祖母顾太孺人事略》,见《墨池杂著》）

按:上引唐学韩辑《晋阳世谱》记顾太孺人"乾隆甲寅卒",唐景星《先祖母顾太孺人事略》则记其"乾隆五十七年五月十五日巳刻辞世",乾隆甲寅年为公元1794年,乾隆五十七年为公元1792年,两者所记,相差两年,此姑从《先祖母顾太孺人事略》。

先生五世祖讳承焘,字宾王,号南轩。清雍正十一年癸丑(1733年)十月十五日生,早年曾设讲帐。后弃举业,承父业,经理三船漕务。素好吟咏,有《吟秋遗稿》一卷,已刊行。乾隆五十年乙巳(1785年)五月十七日辰刻殁。配施氏,乾隆二年丁巳(1737年)五月二十五日生,清嘉庆十四年己巳(1809年)四月二十四日卒。生子一:景星。又生女一。

宏任公生子承焘,号南轩公,姚施氏。

（唐文治《茹经先生自订年谱·世系》）

承焘,字宾王,号南轩。太学生,候选府经历,运漕出力,漕宪管奖给"劳勋

可嘉"匾额。生平笃气谊,重然诺,勤俭朴实,素好吟咏。著有《吟秋集》一卷,
又《续吟秋稿》一卷。年五十三岁,雍正癸丑十月十五日生,乾隆乙巳五月十七
日卒。配施氏,性慈和。年七十三岁,乾隆丁巳五月二十五日生,嘉庆己巳四
月二十日卒。合葬于二十都二图出字圩,洋子泾庙南岸,东首百余步,乙山辛
向主穴。子一:景星;女适毛韵斋。

(唐学韩辑《晋阳世谱》)

按:上文记唐承煮于"乾隆乙巳五月十七日卒",又唐景星《爱莲居诗钞》卷二
有《乙巳年五月十七日,先君辞世,终天抱痛,命也何如?思慕之余,不禁悲呼欲绝。
爰作短歌,以申哀悔》一诗,皆明言唐承煮卒于乙巳岁,即乾隆五十年(1785年)。
吕成冬《唐文治家族研究(1841—1954)》记唐承煮卒年为1796年,误。

　　先府君南轩公,讳承煮,字宾王,行四。少以颖敏,推重于里党。日与叔父
承煦公讲贯习复,风雨联床,尘俗事了不相关。祖父宏任公经理漕务,年近六
旬,南北往来,迄无宁岁。时大伯父维新公多病,二伯父怀一公、三伯父斗光公
从事生业,叔父又早世。因幡然曰:"我不能久事笔砚间矣。"遂舍去,奉祖父
命,月支行中七折钱六两,以代馆谷供薪水。凡漕务经费、钱粮租税悉归公。
岁会月要,彼此无闲言。素好吟咏,间寄情山水,故虽羁旅栖皇,时移情肆志
焉。过丹阳,曾有《寄怀》句云:"停舟独立丹阳道,闲看人家扫墓归。"经润州,
游北固山,上江天阁;出京口,登金、焦两山;抵广陵,步红桥,寻平山堂诸胜。
过秦邮,曾有句云:"水近黄河排急溜,地连淮土障浮沙。"是皆有全篇,悉谨录
之《吟秋集》中。至山东济宁州,有句云:"济北风凋杨柳色,江南月满桂花枝。"
惜遗其全篇。夫储粟挽粮,如此其艰;提溜打闸,如此其险,一人之身而理五船
之公务,如此其烦剧,而处之裕如。漕宪管特予"劳勚可嘉"匾额,盖非溢美云。
暇日,于庭中植白莲数本,二三知己,煮茗清谈,拈韵酬答。吴愚溪夫子尝赠以
"爱莲"之额,跋云:"花中惟莲为最洁者,干出渌波,淤泥不染,此茂叔所以比之
君子也。今南轩虽为世务所羁,风尘攘攘,然其性之高洁者自在。退休时,于
斋前植白莲一本,清风徐来,水波不兴,相对移情,觉臭味无差池也。濂溪之
爱,其有继乎!"遂书此以为赠,盖纪实焉。曩者愚溪吴夫子、启翁顾世伯、贞翁
吴世伯,偕往武林,游湖上诸山,寓宿于云林寺之韬光庵。时正月中旬,积雪满
山,皓月千里,相与夜坐,刻烛赋诗,侧闻僧房下隐隐若有声,既而进盘飧,且曰
聊助清兴,为煨芋后续,一佳话耳。当时著为美谈。家居焚香扫地,澹然无营。
间接祖母来,随侍左右,辄能承其欢。景星母亦善窥意旨,自奉虽约,而于堂
上,甘旨无缺,故白首相庄,三十年如一日。性好陈思王、江文通、王右丞、韦苏

州及宋之范石湖、明之高青邱，时辄取其全编，翻阅讽诵。间趋庭，尝提命之曰："凡人置身天地间，当思有以自立。纵不敢轻以圣贤为己任，然必安分守己，本忠行恕。贫乃士之常，吾在漕运数十年，无纤介之积者，要澹泊以明吾志。若委琐龌龊者之所为，岂丈夫之事哉！吾所以身任而不辞者，特念尔祖父艰难辛苦，未获一日安享。今祖母年近八旬，待两伯父别无他扰，庶使晨昏定省，以乐余年耳。"平生笃气谊，重然诺，任巨艰，为人排难解纷，盖衷肠坦率，事几谛审，素履有然。乙巳年初夏，慈母忽病且危笃，同夜坐，闲语及之云："尔母性和柔，多病，一妹又少，苟得布衣菜饭，无甚狼藉，幸矣。慎毋从热闹场中作傀儡戏也。"聆之，窃以为非吉祥语。至四月下旬，有事娄东，端午后一日归家。越二日，不豫竟染时疫，医药罔效，每逢问疾者、诊脉者，辄对之洛诵不绝口，盖医家所云谵语。至十三，竟不语，延之十七日辰刻辞世，年五十二岁。十月十五日癸丑，终天抱痛，命也如何！而半生心迹，恐遂湮没，因沥血痛陈，匍匐告哀于解凡朱老世伯，乞填讳，且重加裁正焉。

（唐景星《先府君行略》，见《墨池杂著》）

先父经理三船漕务，凡所入，悉归行中，薪水计口而分长短，悉于行中按月支取；至养膳所需，随所在即凭支取。

（唐景星《先祖父行略》，见《墨池杂著》）

太孺人，外祖父孝基施公之长女也。丁巳生，享年七十三岁，于今嘉庆十四年四月二十日寅时痛遭大故，哀悔莫及。而一生之心迹，恐遂湮没，因沥血痛陈，乞哀于宗党云：

太孺人十三岁，而孝基公见背。外祖母陈太孺人主持家政，太孺人纺纴织纴，间事刺绣，晨鸡夜火，抚二妹泊二弱弟，相亲爱，未尝声出阃外，此不独邻里争羡之，外祖母盖时犹语及焉。年二十，先君南轩公来赘舅氏，家耕砚田，食贫茹苦，太孺人处之自若。越三年七月，始娩生男，喜不胜，以为今而后不至范丹愁落寞矣。旧居澹漕河西偏，继随外祖母迁于河东王氏宅，历年余。时孟夏，适饲蚕，中夜械械若有声，疑为鼠所扰，火之，衾箧一空，衣衫环填尽为梁上君子所有。南轩公欲鸣之官，辄止之，曰："荆钗裙布，昔人传作佳话，虽积吾母廿年心血，一旦失之，命也，何鸣为？"既而南轩公舍举业就运务，挽粟北上，太孺人节俭力行，俾无内顾忧。未十载，祖父宏任公辞世，既殡，大伯父招灵去矣，三伯父招灵去矣，自念寄居母家，生不得奉养，殁又无一灵之处所，哀戚积成心疾（舌心常碎）。历有年后，乃僦居间壁顾家姨丈之楼屋二间，下临大街，夏则赤日熏蒸，冬则北风狂吹，而纺纴刺绣无虚日。积十余年，邻之人不知楼之上有赁居也者。一食锅，一铜锅，日就壁炉烹饪作饭，至今犹庋置之，云："俾汝无忘始事之艰难尔。"寻舅氏迁于徐氏宅，因即其旧居，稍稍修葺，特别设一榻，迎接祖母就养，慰倚望之意。不料转瞬间，南轩公又辞世矣，太孺人病愈未几时，医药相继，箧笥中典质殆尽，悲戚交至，精神皇惑，几于无措，至一昼夜始少苏，哭之，成礼。越日，大恸曰："今不幸遭大故，我寡，汝妹年未及笄，家本贫窭，吾处之有素，所虑者，汝之未能成立耳。"自是，惟闻纺绩声、刀尺声日夜不绝。间登堂，则欷歔太息，曰："停枢非礼，入土始安。念祖茔纵有余地，而二伯父先二年辞世，三伯父继汝父是年冬间辞世，大伯母并在丙舍，欲独按昭穆位次以就葬而不得，苟得基地一方，幸无暴露，吾愿足矣。"既而毛姓有田，适见售，因竭蹶营葬焉。太孺人性慈和，能忍耐，善分解，躬节俭，姒娣无间言，亲戚加敬爱，即奴仆辈，不少加以声色。讵料上年秋间，景星元室徐忽染时疫而卒，一恸伤神，日就衰息，延至今年初夏，病不起。呜呼！太孺人辛勤艰苦，积德行仁，里党所共闻，而为之子者，既不能力奉甘旨，又不能创基立业，并不能生育以娱晚景，生子如此，不如无生。天乎，人乎，何至斯极！痛述之，以表太孺人之生平，且重以著不肖不孝之罪。

（唐景星《先妣施太孺人事略》，见《墨池杂著》）

先生高祖讳景星，字范九，一字鹏飞，号墨池。清乾隆二十四年己卯（1759 年）七月生，嘉庆元年丙辰（1796 年）以第二名入州学，是为唐家入学籍之始。后亦承父业，经营漕运事务。清道光三年癸未（1823 年）九月二十一日卒。有《爱莲居诗钞》二卷、《墨池杂著》一卷，已刊行；抄有《爱莲居丛钞》八卷。（据唐文治《家祠藏书谨志》，见《茹经堂文集初编》卷五）配徐氏，生于清乾隆二十六年辛巳（1761 年），卒于清嘉庆十三年戊辰（1808 年）八月二十九日。嗣子森阶。

按：1928 年所刊之《爱莲居诗钞》二卷，仅为唐景星诗稿之一小部分。该书正文前之作者小传云其有《爱莲居诗稿》十六卷。又先生《爱莲居诗钞跋》亦云所刊部分"以视原稿，盖不及十之三也"。

又按：先生《茹经先生自订年谱·世系》云唐森阶为"墨池公嗣子"，唐景星《先妣施太孺人事略》："讵料上年秋间，景星元室徐忽染时疫而卒……而为子者，既不能力奉甘旨，又不能创基立业，并不能生育以娱晚景"，亦证唐景星无子，而森阶为其嗣子。

（承燾）生子景星，号墨池公，嘉庆元年入州学第二名，是为吾宗入学籍之始，妣徐氏。

（唐文治《茹经先生自订年谱·世系》）

景星，字范九，一字鹏飞，号墨池，州庠生，嘉庆辛酉科荐卷，钦赏八品顶戴，候选按察使司知事。秉性和平，扶贫济困，著有《爱莲居诗集》二卷，又《续爱莲居稿》一卷，《吟坛汇集》一卷，遗书自题《墨池杂著》一卷。年六十五岁，乾隆己卯七月生，道光癸未九月二十一日卒。配徐氏，辛勤积德，年四十八岁，乾隆辛巳生，嘉庆戊辰八月二十九日卒，合葬于承焘公墓昭穴。嗣子森阶。

（唐学韩辑《晋阳世谱》）

桂林之里，有赘人焉。性简率，言不必其有物，期于慎；行不必其有恒，期于谨；与人相接也，不期彼之必信，期我之必忱。萱草惊霜，薄帷鉴月，孑然独处，形影相吊，骈拇焉，赘疣焉。一缕游丝，忽被惊风飘之天半，斯人之所以为赘，而今而后，乃得专而名之。

赘人生于舅氏家。年六岁，受方字于先君之膝下，初上口，辄云何声音有正有不正者；历试之，略能举其概。越二年，愚溪吴夫子云："吾侪宜敦古处易而教可，若何？"自是，此往被［彼］来，日就砚席间操笔弄墨，作断断声。厥后，授之四书文，授之五字七字句，如引入五都市中，耳目炫耀，不知物之何名，用之何适。窗前有棕榈一本，紫竹廿竿，钓台吴子、蕴辉陈子、轶儒金子、鼎书吴子，相与共咭哗，乐吟诵，觉春风舞雩，去人不远。闲披剑扫，有云：一入搔雅，读书定不深心，夫美人芳草，寄志遥深，士君子不得志者之所为雅则，广大疏达，钟簴正声，用之朝廷乡国，岂易易事？推其故，要不过为惰游者戒。始亦心知其非是，而一时结习，有纠紧而莫可禁止者。犹记重九日，散步至海塘，达阅兵台，一片平沙，与海水相吞吐。萧萧芦荻间，沙鸥水鹜，狎波流而上下，缥缈云帆，如在天际。既而大风起于水上，奔腾汹涌，殷殷作雷声。喷珠溅玉，银波矗立千尺，世有孙卫（唐处士，善画水），恐不能尽其笔妙。方谓钱塘曲江之胜，不过如是而止。心战股栗，归至家，半规明月，斜映柳梢头矣。

先君在时，屦满户外，间及时事。有无赖某，其子无行，几罹于法。或云："何不肖之甚？"仪翁吴世伯云："其肖子也，何罪之有？"始闻而骇，既而疑，继且少会。一日，佐翁郁世伯（讳材，字佐王）自武林归，问其游览所及，若惊焉，若喜焉，曰："曾住小有天园，山林深秀，莫此为甚。其尤甚者，恐诸君尚未之见。"叩其故，辄睁目直视，作惊喜状。久之，曰："纵能游常山，恐不耐久视，适见大蛇当道。"在座皆拍手大笑，犹想见前辈风流。宏翁吴世伯（讳隆治，字宏普）座间偶云："礼岂为吾辈设哉？"因顾谓："是本于《世说》否？"答曰："实《晋史》中语。"先君辄叱之："尔何知，妄以大言凌尊长！"谨聆之，不敢忘。先二世父（讳承杰，字怀一）家宁海桥之南，祖母在焉。世父熟于史事，盛衰治忽，了若指掌。灯前月下，娓娓不倦，略举一二，已喜动颜色。故时至其家，世父亦乐得而与之语。时里中举文社，朝而往，暮而归耳，而目之者曰："自文社中来？"闻之，辄自讶。还，自疑其裈中之虱耶？井底之蛙耶？抑北郭之竽耶？

年二十七，先君辞世，五内崩裂，然犹幸祖母康泰，北堂无恙，啜菽饮水，得承膝下欢，更相为命，计入而食。在家则藉砚田为生机，在外则于漕务占一日之肥。周岁后，庭前秋兰盛开，乃去年春间先君所手植者。中有一枝，五心十二瓣，团圞作莲花状。求之花谱杂传中，尚未之及，来观者相与惊异，寄诸吟咏，如砚云王子（讳中懋，字文达）、钓台吴子（讳兆熊、字文瀚）、晴轩景子（讳煌，字流耀）、梅圃吴子（讳德绥，字柔民），或则托之于南陔，或则比之以书带草，日与吮毫弄墨，觉茕茕负疚时，志气不无少助。

当课蒙时，布几席，设丹铅，端坐作木偶状，自以为拥皋比、司木铎不是过也。營營然，嚶嚶然，如入蜂房中，唧啾嘈杂，不知帐后弦管之声，于何而领略其意趣，然而非得已也。迨及隆冬，买舟绕玉峰左近，收屯田租。积二三十斛，辄往市上作鬻贩，持筹握算，征贱征贵。向从纸裹中作生活计者，至此而意气俱豪。尝挽粟渡淮，回至秦邮，三鼓余，忽被运船牵缆所阻，不得进，并有覆舟之虑，余鼾睡，若弗闻也者。既而少安，同舟者曰："幸得无恙，不然吾其鱼矣，君何酣睡之甚？"答曰："君未为鱼，且就睡。"遂竟为口实。

冬一裘，夏一葛，几上何有散书败簏，庭前何有丛残卉木。二三知己，或时月不聚，聚则谈笑终日，而益昭肃穆，煮茗焚香，酒如泊如，而无取乎酒食之征逐。雅好游，兴之所至，辄裹粮以从。登虞山，则虞仲、言子游之墓在焉；金阊则山川清淑之气，蔚为人文，吴泰伯世德犹有存者。至若京口之重镇，广陵之壮丽，淮水之奔流；上游则黄河澒洞，一泻千里，世凡几更，人凡几易，皆足以供一日之寓目兴怀。金陵则王气所钟，龙盘虎踞，六朝建都之地，有明一代盛衰以之。武林本名虎林，避唐祖讳，因名武林，山川城郭，南宋偏安，左江右湖，则大观台之胜概具焉。所至之处，虽不必缒幽凿险，然而耐崎岖、寻岩壑，即康乐公之怀新寻异，亦何容多让。

颜鲁公楷字，曾一临之，辄不工，继且舍去。至六法，实所未闻，而每好观览。衡轩朱子尝出所藏碑刻墨迹，展玩终日，虽月上东墙，弗顾也。秋泉陈子尤为酷好，或曝书余，或装池后，招之辄往，口讲指画，津津乎言之。米之颠、倪之洁、项之富，兼有其胜，亦不禁耳热目炫，而将移我情。

偶爱闲坐，不惜木榻之就穿，浑浑沦沦，个中饶有意趣。风筝声、蛙声、蝉声，殊耐人听。而意不甚适，惟白云流素，风露浩然，豆棚瓜架，静夜作唧唧吟，虽不能作金丝笼，效贾秋壑半闲堂故事，然而孤枕梦回，动人深思。

　　或有告者曰："某善星术,某善相术,盍往试焉。"漫应之曰："自问此身本枯寂,乃天地闲愁种子。吉凶祸福,纯任自然。脱一经漏泄,趋避适以滋惑耳,何往为?"偶于散书中得少时所占郭璞数,断曰："衣锦行舟。"余笑云："诚如君言。"格曰："花落秋深。"低回者久之。

　　壬戌岁,有惠红台莲者,种之,初秋发三蕊,如素心友千里相违,一朝观面,有欲晤语而莫可骤达者。呻吟其下,得四绝句,衡轩朱子、云岫郁子、蓉庄周子、晴轩景子、墅西王子、平台程子、挨庭金子、梅圃吴子皆和原韵,因一一次韵答之。而晴轩赠以标题,曰《爱莲新咏》,以先君曾将爱莲名所居,故并小序,书成卷幅,觉尔时之兴会,良复不浅。晓峰金子(讳珍,字茂先)曾约于郊外观芙蓉,因挈伴偕往。未至其地,辄曰："盍归乎!"余笑曰："可矣。"诸君高致,当不让王子猷剡溪之行。荫村大母舅(讳振绪,字赞宣)天资明敏,言无弗达,喜之令人起舞,怒之令人按剑,好读《陶靖节集》,兴到时,辄吟诵不绝口,偶有所会,即占几句答之。继又将陶公《自祭文》朗朗成诵。历有年,适丁卯岁辞世,年六十三,始叹兴之所至,数已寓焉,特人不自觉耳。每天日晴朗及纡郁莫伸时,辄唤奈何。北郊有老梅,离奇屈曲,多交枝,百年古物。自弱冠经游其下,既而再至、三至,且不一至焉。残雪初霁,嫩寒春晓,时则挈伴以游。

　　若砚云王子、钓台吴子、会嘉金子(讳亨)、尧夫陈子(讳□□)、履吉二弟并晓峰金子、晴轩景子俱登仙箓。晓帆许子(讳汝圭,字锡玉)作宰山左,且家焉。蓉庄周子、墅西王子、卓亭郁子(讳汝敬,字俨若)设帐于他所。云岫郁子迁城南之蓬阆镇,继复下帷于南阳、而延陵、而颍川几廿载,然亦不能长聚。约计之,特三十年余耳,而聚散离合,指不胜屈,况夫时运之屈伸、门庭之荣落,有定数而莫可测识者乎!

　　吁!人之寄身天地间,非偶然也,或努力有为,战胜富贵之场;或树立有素,超乎流俗之辈,皆足以验一日之规为。乃不农不工不商不贾,俯仰斯世若浮游然,赘已。脱幸得天性之乐,讲家人之欢,虽奔走衣食,素愿已足。乃仅存七旬老母,蹶然舍去,出入何告?门闾何望?知寒暖而主持家政者,更有何人?回念曩时,袭竹簟之暑风,曝茅檐之冬日,瞻依膝下,融融泄泄,斯情斯境,直付之梦想间耳。一身孑立,年逾知命,精神筋力,日就衰息。以有限之居诸,动无穷之感喟,正所谓未免有情、百端交集者也。罄南山之竹,写恨靡穷;决东海之波,流情不尽。穷至斯极,赘孰甚哉!衡轩笑谓余曰："日月星辰赘于天,山川草木赘于地,耳目鼻口赘于身,凡物皆赘,凡事皆赘,而岂子之所能专?"余答曰："君之所谓赘者,警悟耳,超脱耳,非余之所谓赘也。"历溯生平,低回往事,聊破寂而为之序。

（唐景星《赘人自序》，见《墨池杂著》）

先生曾祖讳森阶，字荫来，号尧夔。清乾隆四十一年丙申（1776 年）九月初二日生。居上海，设税行，颇饶于赀。后由上海徙回太仓，家益中落。清道光十七年丁酉（1837 年）九月十八日卒。配胡氏，生于清乾隆四十一年丙申（1776 年）五月十二日，卒于清道光二十五年乙巳（1845 年）七月初十日。侧室张氏，生于清嘉庆八年癸亥（1803 年）十一月九日，卒于清咸丰十年庚申（1860 年）闰三月十六日。嗣子学韩。

墨池公嗣子森阶，号尧夔公，钦赏八品顶戴，候选按察使司知事，诰赠光禄大夫。妣胡氏，诰赠一品夫人；箼室张氏，诰赠一品夫人。

（唐文治《茹经先生自订年谱·世系》）

森阶，景星嗣子，字荫来，号尧夔，运漕，太学生，创同兴洋行，经理闽广关山东商船，完办江海关税务事。道光四年，初驶海运正供，报竣，奉旨在本省承办海运出力，钦赏八品顶戴，候选按察使司知事。年六十二岁，乾隆丙申九月初二日生，道光丁酉九月十八日卒。配胡氏，勤俭操作，孳孳不倦，年七十岁，乾隆丙申五月十二日生，道光乙巳七月初十日卒，太学生姜培公长女。副张氏，嘉庆癸亥十一月九日生，咸丰庚申闰三月十六日卒，年五十八岁。同葬于澢漕内玉珍公墓昭穴。子一：金鏊，女适景星耀，俱胡氏生，嗣子学韩。

（唐学韩辑《晋阳世谱》）

按：据《晋阳世谱》，金鏊早卒。

吾家自曾祖考尧夔公由上海徙回太仓，家益中落。

（唐文治《家祠藏书谨志》，见《茹经堂文集初编》卷五）

先生祖父讳学韩，字辅周，号翼亭，清嘉庆十七年壬申（1812 年）正月十五日生。曾抄有《圣谕广训》一册、《唐氏宗支》一册、《沿海地图》（一作《沿海舆图》）三册、《国朝娄江诸生谱》二册、《纲鉴易知录》一册、《高厚蒙求》二册、《篆文汇韵》一册、《守城临军事宜》一册、《药性总义》一册。（据唐文治《家祠藏书谨志》，见《茹经堂文集初编》卷五）光绪四年戊寅（1878 年）十一月初八日卒。配张氏，清嘉庆十七年壬申（1812 年）九月初四日生，清道光二十五年乙巳（1845 年）六月十九日卒。继配王氏，清嘉庆十六年辛未（1811 年）十月初五日生，清同治二年癸亥（1863 年）十二月二十九日卒。子二：锡邕，更名受祺；锡毅。又女二。

尧夔公嗣子学韩，号翼亭公，诰赠荣禄大夫，妣张氏，继妣王氏，俱诰赠一品夫人。

（唐文治《茹经先生自订年谱·世系》）

学韩，字辅周，号翼亭，一名上元，运漕，议叙九品，诰赠□□大夫。生平敦厚和平，嘉庆壬申正月十五日亥时生，光绪戊寅年十一月初八日戌时故。配张氏，诰赠□□□人，嘉庆壬申九月初四日生，道光乙巳六月十九日卒，年三十四岁，太学生、议叙九品东园公长女。继王氏，诰赠□□□人，嘉庆辛未十月初五日生，同治癸亥十二月二十九日卒，年五十三岁。子二：锡邕，更名受祺；次锡毅。女：长适五品衔候选县主簿顾祖培，次适太学生汪光玗，俱张氏生。合葬于二十都二图承焘公墓穆穴。

（唐学韩辑《晋阳世谱》）

呜呼！我王考府君之殁，距今三十二年矣！府君钟爱文治，无微不至，音容言训，如在目前，每一追思，未尝不泣下沾襟也。府君讳学韩，字翼亭，为我本生曾王父稻香公子，为我曾王父尧冀公后。尧冀公居沪上，设税行，逐什一之利，颇饶于赀。族人害府君之入嗣也，日怀刃以伺。府君每出，辄走他道避之，默然弗与校也。尧冀公既业贾，当府君应学政试，夜卧，辄烛府君面。或问之，则曰："吾以验吾子气色之臧否。"盖高年诚悫如此。族人既羡吾家之小康，则百计诱府君，而尧冀公固长厚，信用族人。由是，肆中出者析锱铢，而入者无计簿，数年肆折家落。尧冀公益慨然诚府君，取诸家负债券，悉毁弃，毋令再偿。我府君成其志，聚债券尽焚之，至今乡里传为美谭焉。府君既贫，奉尧冀公自海上徙娄城北关。咸丰庚申，遭粤匪之乱，避于乡。旋举家徙海门。同治癸亥，寇平回娄。乙丑，文治生，府君喜甚。文治生六岁，即随府君卧，夜抵足，口授诸经，咿唔之声，或达丙夜。繇是文治入塾，日中恒嬉，夜则毕日间之课，以为常，塾师怪之，以为文治聪颖，无烦督责，而不知吾祖之勤劬自课也。府君性至俭，米盐琐屑必躬亲，夜恒巡舍一周。忆某夜文治读未辍，府君自外入室，荷一布囊，藏床头。文治叩之，曰："此佣媪盗吾家米，藏灶下燔柴灰中，吾检得之，汝勿泄，泄则彼之名隳，无有佣之者矣。"明晨，某媪则大詈，谓此吾寄存物，何与而老翁事。府君遽还米囊，以好语遣之。府君性尤慈。虽益贫，而任恤施与之事不少懈。忆某日某远姻来乞钱米，自朝至夜，漏三下，语刺刺不休。时天盛暑，汗流面霢霂。府君始终温语慰藉，厚赠缗钱，与揖让周旋而去。文治私语："客何为者，令人厌恶。"府君叱之曰："汝何知，彼为贫也。人孰无贫乏之日？汝幼年已学刻薄耶？"吾家故隶镇海卫籍，旧有漕船一艘，秋冬之际，府君辄赴乡，收租籽以纳赋税。乡人稔知府君慈善，故不以实纳，或对之涕泣言贫病状，府君遽舍之去，或转以钱米施与之，人咸呼之曰"二好人"。"二好人"者，吾府君故行二也。府君生平少暇日，无疾怒，不赴公庭，读书不事著述。家无

· 14 ·

书,喜自钞录,尝钞明戚武毅公《沿海舆图》三巨册,字毫发不苟,经纬累黍不爽云。以嘉庆壬申正月十五日生,光绪戊寅十一月初八日卒,春秋六十有七。易簧之前夕,谕文治曰:"汝好读书,听吾平日言,务为善,勿嬉戏。"言已,喘不止。呜呼!府君钟爱文治之深,至今追思,益不禁泣下沾襟也。府君既殁十数年,文治忝窃禄位,初赀赠忠宪大夫、户部主事,后累赠为光禄大夫、农工商部左侍郎。祖妣张氏、王氏,初赠恭人,后皆赠为一品夫人。呜呼!《礼记》有言:"孝者善继人志,善述人事。"文治尝谓继志述事之大本,要不在形迹,而在一心。如府君之诚朴俭勤,孜孜积善,求之今世,千百辈中,不能觏一二。用敢据所记忆,稍稍诠次其事,俾世世子孙,毋坠吾忠厚之家风焉。

(唐文治《王考府君事略》,见《茹经堂文集初编》卷五)

先生父原名锡鬯,后易名受祺,字若钦,一字蕴秋,又字兰客。清道光二十一年辛丑(1841 年)三月初四日巳时生,咸丰九年己未(1859 年)入州学第四名,补廪膳生,同治四年乙丑(1865 年)恩贡,候选复设教谕,民国十四年(1925 年)一月十八日(农历甲子年十二月二十四日)巳时殁。著有《浣花庐诗钞》四卷、《浣花庐赋钞》二卷,辑有《陆桴亭先生遗书》二十八册,已刊行。另撰有《行年录》二册、《避难等日记》一册、《遗嘱》一册、《家书》八册、《长孙留美国记事》三册、《三孙留学美国要言》一册、《闻见杂志》一册、《杂记》一册、《行素田园录》一册,抄有《王弇州先生读书后》一册、《乡先贤遗著》一册、《梅村诗摘钞》一册、《王学质疑》一册、《明辨录》一册、《先哲格言》二册、《周易故训订》二册、《雕虫篆刻》一册、《诸君敝帚》一册,皆未刊(据唐文治《家祠藏书谨志》,见《茹经堂文集初编》卷五)。配胡氏,即先生母,镇洋县邑庠生胡汝直女。清道光十九年己亥(1839 年)十一月初二日巳时生,光绪三十二年丙午(1907 年)十二月二十一日巳时殁。生子一:文治。生女一:文珠。

翼亭公子受祺,号若钦公,咸丰九年入州学第四名,补廪膳生,乙丑恩贡,候选复设教谕,己未重游泮水,诰封荣禄大夫,妣胡氏,诰封一品夫人。

(唐文治《茹经先生自订年谱·世系》)

受祺,字若钦,一字蕴秋,又字兰客,州廪膳生。同治甲子年承办善后事宜,保举,奉上谕,着以训导归部选用,庚午、癸酉、壬午科荐卷考授,同治八年己巳补行乙丑科恩贡生,送部以直隶州分州铨选,改注册复设教谕。配胡氏,县庠生、光禄寺署正乡饮介宾汝直公长女。子一:文治。女一:文珠,许字州庠副贡生许沐镳,号弼臣[丞]。

(唐学韩辑《晋阳世谱》)

呜呼!不孝文治去年今日侍奉府君,言笑从容,孰知今日早成无父之人耶！丙午遭吾母之丧，戊申又遭吾君之丧，所以偷息人间者，以府君在也。至于今日，而遂成无君无父无母之人耶？其尚何意于人世耶？

府君尝诏文治曰："吾三岁而失恃，是年遇英人犯吴淞之变；五岁，遇青浦土匪周立春之变（俗所称红头是也）；庚申，遇粤匪之变，避难江北，辛苦流离；甲午，遇日本内侵之变；庚子，遇拳匪之变，避难京北平义分村，所尝苦况，有过于庚申；甲子，又遇江浙之变。言念生平，无时不在患难中也。人以吾为处顺境，然吾自少年以迄中年，常处困穷之境。有时告贷无门，后值汝母多病，困顿至二十余年，又无时不在忧虑中也。"维时文治强颜慰之，不觉悲痛之激于心也。呜呼！生前不能侍奉，事后追思，亦复何及！然《礼记》有言："不知神之所在于彼乎，于此乎？"今府君音容虽渺，而其精神言行，固有宛然在文治心目间者。于是泣思府君内行之纯笃：

先祖妣张太夫人殁时，府君甫三龄。据大姑母、二姑母言，已能哭泣如成人。先祖考翼亭公督课綦严，府君益锐志于学。每值里中会考，居第一，先祖考辄欣然。迫游于庠，先祖考甚喜，曰："吾宗本支，自嘉庆年间墨池公入学后，今始有继者矣。"府君善窥先祖考意，际大比岁，虽无旅费，必掤挡一行，称贷累累，弗恤也。戊寅冬，先祖考弃养，府君大恸欲绝。厥后，设帐上海粤商郑氏家，恒郁郁不乐，尝语文治曰："我所以教汝者，在学成圣贤，稍立功德，以期无忝先人耳。"春秋祭扫，常携文治行，父子乘小车，一拜扫毕，就食于饭肆，饭二盂、菜根一而已。斯境也，文治犹时时梦见之。先祖墓在刘河瀡漕者三：曰良鼎公墓，曰文璧公墓，曰玉珍公墓；在扬子泾者一：曰南轩公墓。岁久，惧倾圮，府君修葺之，约共费二千金，皆手自书碑为记，四至明晰。甲子秋江浙之役，刘河适当其冲，瀡漕地近战线，墓旁掘壕沟，墓门中枪子如蜂窝，府君闻之泫然。事平后，亟命仆人高福往填平之，自纪《行年录》，从兹绝笔焉。呜呼！痛哉，痛哉！于是泣思昔年师友之渊源：

府君六岁从同邑钱健斋太夫子读，受四子六经。钱太夫子怜吾家贫，不受脩脯。府君发愤攻苦，遂得成学，始终不忘师恩，辄造其庐省问。太夫子殁后，家中落，其孙祥士从府君读。府君诏文治曰："是子当善待之。"迫文治掌上海工业专门学校，聘祥士为庶务员。乃不逾数年，祥士又殁。府君每述太夫子之德，未尝不流涕焉。平居往还，无杂宾，惟同里王咏霓、陆孙江及姻娅黄浚之数先生而已。癸巳岁，府君就养京师，孙江先生乞一言为纪念。府君书一联赠之曰："同心之言，加餐努力；翘首而望，春树暮云。"今孙江先生亦逝世久矣，抚今追昔，有如梦境，能无怆然。于是又泣思平日之学问行谊：

　　府君为学,不喜标榜,不务声华。时经学词章家驰逐炫耀,府君退然不与争衡。每当稠人广厦之中,众论纷纭,府君默然不发一言。居恒惟以暗然自修,不求人知为宗旨。文治或有表襮之事,辄严禁之。尝节录吕新吾先生《呻吟语》、张杨园先生《训门人语》及国初张文端《聪训斋语》,并自辑日记、行年录。初不令文治知。弃养后,检箧中始得之,不禁涕泗之横集也。于是又泣思平日之著述文章:

　　少年时作制义甚夥,迨科举既废,胥自拉杂摧烧之,试院课卷,亦无存者。仅存赋稿二卷、诗稿八卷。尝诏文治曰:"吾赋尚有可存,若诗,则寻常耳。"顾于古今体诗声律,精意研求,实深入渔洋、梅村两先生之堂奥。尝论梅村诗要诀在"折叠"二字。请问之,曰:"如《琴湖感旧》诗'金屋云深吾谷树,玉杯春暖尚湖花'是矣。"又问古人选韵妙诀,曰:"仄字多用入声韵,平字多用东、支、阳、庚韵,则声调自响矣。"甲子二月间,手书遗训:不得刻诗文集,并不得述哀启。文治流涕弗敢违。性好乡先贤遗著,搜辑《陆桴亭先生遗书》,手钞十数册。文治居京师时,集赀刊行之,府君甚喜。去夏,诸同志刊《沈即山先生遗稿》,文治拟序文,于趋庭时偶献之。府君忽有感触,流涕唏嘘,文治深讶之。呜呼,孰知为不祥之兆耶。于是又泣思敬宗收族之谊:

　　本生曾祖考稻芗公,生子二:长芝亭公,次翼亭公,即吾祖,出嗣尧冀公为后。芝亭公生子二:曰子福公,曰子范公。府君友于至笃,《避难日记》中记述綦详。子范公先卒,府君慨然以屯田二百余亩所入,赡养寡嫂、侄女,历数十年如一日。庚辰,芝亭公伯祖母氏卒;逾年,子福公卒;逾年,子福公伯母又卒,一家仅存孤幼。府君为之次第经纪,凡遗柩六七具,府君为营葬于北门外之某乡。子福公生子燮治,子范公生子仁治。仁治先卒,府君抚燮治于家,亲自督课。迨就养京师后,为聘璜泾王氏女为室,婚娶费悉府君任之。不幸燮治又卒,王氏弟妇无所出,痛哭来求嗣,府君潸然,命以文治第四子庆永为之后。呜呼! 可谓善全始终者矣。族弟文沅殁,贫,无以殓,一切身后营葬之费,悉府君助之,并命文治每岁周恤其妇及其孤。他如刊刻宗谱、建立家祠,皆府君命也。于是又泣思平日俭勤之德:

　　府君平生,衣仅蔽体,食不二簋。每夜饮蔬,至多二簋。米盐琐屑,必躬亲之。为诸生时,每晨常持一筐赴街头,购买菜蔬之属。文治幼时,每索面饵蒸馒之类为早餐,府君归,则袖中已具矣,至今思之,不禁血泪之交迸也。居京师时,或易钱,或购米,府君犹亲往,泥涂滑达,弗顾也。居恒衣青衫,散裘旧带,至二三十年不易。或有见而诧者,曰:"噫! 封翁何如是? 近世讵能再觏耶?"

文治洊升商部后，府君感圣恩高厚，惟以勤廉报国为训。署尚书时，有以车马请售者，稍华饰，府君意滋不悦，曰："汝不忆庆封之车，美泽可以鉴乎？"文治亟谢绝之。前数年，酒后每慨然曰："凡人家无三十年而不变者，惟为善有以维持之。然非勤俭以养心性，亦终不能为善也。"呜呼！今安得复闻先人之训耶？于是又泣思教泽之精纯：

文治年十三，问为人之道。府君曰："当从孝、弟、忠、信、礼、义、廉、耻八字始。孝为百行之原，淫为万恶之首。伦常之地，尤宜兢兢焉。"又问处世之方，曰："吃亏即是便宜，但愿子孙学吃亏足矣。"岁壬子，迁无锡，家祠成，手书家训，悬诸祠中。论通经先以熟读经文为主，督责背诵，必一字无讹乃已。文治年二十后，从事训诂，府君曰："汝经文尚不能背诵，岂能成经生耶？"平居教他家子弟，常用此法，尤以敦品立行为第一义。师道尊严，虽和易可亲，而凛然不少假借。受业最久者，如河南光州吴敬修、菊农昆仲，广东潮州郑学书、让卿昆仲，同里陆智贤、镕伯昆仲。吴君擢巍科为名翰林，视学广西；郑君于戊子科中副车，出宰吾苏。其他游庠食饩者，项背相望，俱循循礼法，无有越乎范围之外者，皆府君教思所被也。吾邑自陆、陈、江、盛四先生后，讲学者代不乏人，声名籍甚，庸知乡里之中有不矜不伐、慎言慎行如府君者？孔子曰："古之学者为己。"又曰："不患莫己知，求为可知也。"呜呼！此世世子孙所当永以为法者也！

府君原讳锡鬯，后易受祺，字若钦，别字兰客，以道光辛丑年三月初四日巳时生。年十九，补博士弟子员。二十一食廪饩。庚午、癸酉、壬午乡试，皆膺房荐。戊寅补试，乙丑恩贡，例选直隶州分州，府君以民社非所愿，改选复设教谕。戊午，重游泮水，累封中宪大夫，晋封荣禄大夫、农工商部左侍郎、署理尚书。于甲子年十二月二十四日巳时弃养。乙丑年三月权厝于扬子泾祖墓，续篂于丙寅年正月，葬于五世祖南轩公墓之再昭穴。

府君之病也，始于十二月十五日。先数日，江苏某师作难，文治长子庆诒仓皇归，迎府君赴沪。府君因舟车劳顿，力却之，仅命儿媳、孙媳辈偕行。病后，文治四子庆永仓皇自金陵归，而庆诒等则以车阻，迄不能达，急改乘小轮，辗转数日，始于二十四日午刻抵家，则已长呼不应矣。易箦之前，不能多语，但谕曰："汝勿贷钱。"又谕庆永曰："汝宜听汝父命，凡事须对于天。"如是而已，呜呼！痛哉！痛哉！尚忍述哉！

此外，世系别有记载，配胡太夫人别具事略。子一：不孝文治，娶郁氏，继娶黄氏。女一：文珠，适同邑戊子科副贡生、邮传部主事许沐鑅，字弼丞，至性过人。闻府君丧，不远三千里来吊，抚棺痛哭曰："四十年翁婿之情，而今已矣!"亦可见感情之笃矣。孙男四:长庆诒,娶俞氏;次庆平,殇;次庆增,次庆永。孙女一:庆婉,殇。曾孙女一:孝纯。初,府君望曾孙綦切,迨弃养七月后,曾孙孝先生,则已不及见矣。呜呼,呜呼!

伏念府君毕生勤苦,砥砺廉隅。文治不肖,仅得纪其梗概如此,然不敢有一字之文饰也。昔欧阳文忠公作《泷冈阡表》,曾文正公作《台洲墓表》,皆能传诸无穷。文治之文,何敢拟二公!且以际遇而论,二公皆居全盛之时,而文治则禾黍之恨悲于前,蓼莪之恤衔于后,更有大痛于心者。司马子长曰:"疾痛惨怛,未尝不呼父母",以父母之怜其子也。如文治者,屡呼父母而罔应矣!悠悠苍天,曷其有极?痛哉!痛哉!

　　　　　　(唐文治《先考府君事略》,见《茹经堂文集初编》卷五)

不孝文治除母丧既逾年,家君诏之曰:"汝母辛勤劳苦数十载,佐予成家,汝当为文记之。"文治于是椎心忍泪,以执笔焉。

先妣胡氏,外祖讳汝直,字古愚,妣陈氏。先妣自幼端正严肃,待人以诚,为古愚公所钟爱。口授《孝经》《四书》,通经史大义。年二十一,来归家君。时先王父、继王母王太夫人暨庶曾祖母张太夫人在堂,生计甚艰。先妣捆挡家务,井然有条。先王父甚喜,以为中馈从此得人也。岁庚申春,庶曾祖母病,先妣侍奉不稍离。迨庶曾祖母弃养,哭泣尽哀,辄呼心痛,由是得肝郁疾。是年四月,粤匪窜苏、松、太各郡县,四出侵掠,先王父挈全眷避于乡。癸亥,姊氏文珠生。时烽火频惊,先王父决计渡江而北。先妣适患病,颠沛流离,殆不能支,而衣食之赀,益无所出。先妣则尽典奁中衣饰,以备堂上甘旨之奉。先王父恒语人曰:"江北之役,吾全家不至饿死者,赖有贤妇也。"既继王母弃养,先妣益孤苦茕茕,形影相吊,而色养先王父不少懈。岁甲子,寇平,渡江而南,赁居邑之岳王市,奉先王父弥谨。乙丑,生不孝文治。丙寅,迁入城。庚午,文治六岁,先妣即命入塾读书。入塾次日,文治即逃塾,先妣执大杖当门,痛责之曰:"汝父就馆苏台,汝废学,何以对汝父?归当挞死。"文治惧,入塾;次日,复逃归。先妣复痛责之,文治遂不敢归。呜呼!此情此景,至今宛然如在目前也。文治课不熟,先妣复严责之,曰:"汝为先生挞,毋宁我挞汝!"戊寅冬,先王父暨外祖父见背,相距止二十日,先妣擗踊哭泣,痛不欲生,自是遂屡发肝郁之症。顾以家屡空,犹时时勤针黹,售以为食。壬午,文治娶妇郁氏,旋举于乡,先妣心稍慰。顾肝风动,辄眩晕,犹勉勖文治曰:"汝当速赴公车,毋以吾为念。"癸未夏,姊氏卒。姊性至孝,能茹苦,善承志意。先妣痛甚,眩晕病复大作。历甲申至己丑,日不离药饵.而病势不少杀。每疾作,辄数时不能语。文治至今夜梦及之，心犹怖悸。追索音容，渺然不可复得。呜呼！向者常侍母疾，以为苦境，孰意至于今日，此苦境者仅得之于梦中耶？庚寅，延浙医沈云程诊视，投以白凤丸，渐痊，能起坐，然困苦已十余年。壬辰四月，外祖母弃养，先妣哭竭声嘶，疾屡作。旋闻文治幸捷南宫，观政农曹，乃稍自排遣，宿疾渐瘥。癸巳春，遂偕家君就养入都。甲午，日人起衅，薄奉天，寖寖窥津沽。先妣曰："设有不测，吾当投缳以报国。"幸和议成，得无恙。而文治妇郁氏，适于是年以产难卒，先妣哭之恸，眩晕疾又时作。乙未冬，为文治续娶妇黄氏，心力愈瘁。丁酉夏，猝中风，得半身不遂之证，至是而先妣常卧床蓐矣。庚子，拳匪难作，文治奉亲避难于京北之平义分村，先妣以国难，痛愤不食二十余日，家人劝慰，渐进饮食。壬寅，文治随使欧西。癸卯，由外务部郎中洊升商部右丞。丙午春，蒙恩补授商部左侍郎，旋奉命暂署农工商部尚书。天恩优渥，先妣惟以忠孝之词严行诫勉。乃其年十月二十九日，猝发痰疾，神思恍惚。延中医诊视，弗愈，改延东医诊治，又弗愈。至十二月中旬，痰喘益急，至二十一日巳刻，遂弃不孝文治而长逝矣。呜呼，痛哉！

　　先妣生于道光十九年己亥十一月初二日巳时，殁于光绪三十二年丙午十二月二十一日巳时，春秋六十有八。生子一：不孝文治；女一：即姊文珠，适同邑副贡生、今邮传部主事许沐鑅；孙四：庆诒、庆平、庆增、庆永。先妣居恒敬宗睦族，无有懈时。先茔在邑刘河堡之澛漕扬子泾。忆二十余年前，有以澛漕墓道宜奋土结篱来告者，时家储仅数缗，先妣悉出以与之，既知为所绐，亦弗校。扬子泾先茔，累岁经营，规模辐具。丙午岁，家君为族弟燮治聘妇王氏，先妣喜曰："是子成家，吾愿足矣！"盖燮治为本生先曾祖稻芗公支仅存一脉者也。平居严毅性成，教人惟以至诚为宗旨。见儿童嬉戏，颇宽恕；至诳语，则必戒之，曰："幼子常示毋诳。若幼而诳语，长必欺人矣。诚身顺亲，信友获上，要以幼时不妄语为本。"见闲游无度者，辄痛恨之，诲文治曰："古人有言：'其为人也，多暇日，其过人不远。'此统男子、妇人而言。若好闲游者，非佳子弟，即非佳妇。"当肝郁疾甚时，诊治百方均无效，有以鸦片烟进者，先妣严拒之，曰："吾不能留恶名以上累祖宗，下害子孙。"易箦之前日，痰壅喉间，坚握文治手呼曰："儿！儿！"文治哽咽不能应。先妣复欲有语，则喘甚，不复成声。呜呼！痛哉！先妣之志，与夫期望文治之心，至矣尽矣。文治平时侍奉无状，又弗能研究医理，以疗亲疾，椎心泣血。不可为人，不可为子，至此而犹忍执笔耶？呜呼！痛哉！

（唐文治《先妣胡太夫人事略》，见《茹经堂文集初编》卷五）

　　先生姊唐文珠,清同治元年壬戌(1862年)三月初八日生,聘于同邑副贡生、清邮传部主事许弼丞,清光绪九年癸未(1883年)五月二十二日殁。

　　姊氏名文珠,长文治三岁。幼聪慧,未尝入塾,常手一编,就祖父问之。数年,遂通文理。喜读唐诗及吾乡吴祭酒诗,虽累数百言,能背诵无遗焉。吴俗故重男,轻女子。而吾祖、吾父母钟爱文治尤甚,凡衣之暖者衣文治,食之甘者饫文治,姊默然,未尝一言校也。文治幼顽好弄,吾母性至严,每有过犯,吾母恐拂祖父心,则重挞姊氏,以惧文治。姊更潜然,弗敢一言辩也。祖父之弃养也,以光绪四年。吾母内茹苦,外形劳神惢,肝郁疾大作,累日不语。文治时幼稚,惶遽思奔祷于神,急趋灶前,则见姊跪灶下,稽颡有声。见文治至,即起立曰:"母稍愈乎?弟不侍疾,来何为者?"逾时,母弗苏,文治益惶急,计无所出,思割臂肉,冀以疗母。姊泣止之曰:"弟,此事伤生,不可为也。"越数日,母稍瘥,然肝疾仍时作时止。作时眩晕,又不能言。当是时,吾父适馆沪上,不得归。姊、弟二人侍疾,形影相依,虽步履未敢稍稍有声。中夜闻鹏鸟在屋颠叫呼,两人嘿然相对视,心惴惴。或窃窃作祈祷语,以答鹏鸟,谓吾辈当代吾母来矣。呜呼!此境尚忍述耶!

　　光绪壬午,文治举于乡,姊甚喜。癸未,入都应礼部试,姊贻手书询京都景物之盛。迨五月,文治下第归,姊已疾病,自知不起,曰:"弟,吾两人手足之情,今分离矣。"其殁也,吾父、吾母哭之尤恸。戚党、长者、侪辈皆为失声。

　　姊性至孝,婉顺善体志意。祖父之殁,擗踊哭泣,几不欲生。曲承吾母教,凡纫针、组紃、烹饪、酒食之事,无不善;洒扫、炊爨、井汲、厕牏之事,无不亲。以同治元年壬戌三月初八日生,以光绪九年癸未五月二十二日卒。得年仅二十有二。幼受许氏聘。吾娄之俗,凡已许嫁者,虽殇亦归其家。姊夫许君弼丞迎姊柩归,两家遂相往来。姊氏既殁之二十余年,许君贵,诰赠宜人,迁葬于太仓城东板桥河东九都上六图。文治乃擘涕为文以志之,且追铭其墓曰:

　　畴与天地比寿兮,与蟪蛄以争春秋。纵十二万年亦须臾兮,孰知其或短而或修。唯殁世而无名兮,乃古来贤圣之所羞。姊有弟兮为文,千秋万岁兮能知姊名。姊乎姊乎,宁虚所生?

　　　　　　　　　　(唐文治《归高阳姊氏墓志铭》,见《茹经堂文集初编》卷五)

1865 年(乙丑 清同治四年) 1 岁

12 月 3 日(十月十六日) 亥时,先生生于江苏太仓直隶州镇洋县境岳王市陆宅之静观堂。祖父唐学韩为其取名文治,字颖侯,号蔚芝(又作蔚之)。后又取别号茹经。

十月十六日亥时,生于太仓镇洋县境岳王市陆宅之静观堂。时余家因避粤匪之乱,甫于海门迁回,由时思庵乡徙岳市。先是,壬戌年,姊氏文珠生。大父望孙綦切,及余生,喜甚,命名曰文治,字曰颖侯,号曰蔚芝。越三朝,赴某亲戚家饮酒,醉,怀果饵甚多,曰:"将以遗吾孙也。"或戏之曰:"君孙已能啖果饵耶?"则相与大笑以为乐。

(唐文治《茹经先生自订年谱·乙丑一岁》)

按:顾廷龙主编《清代朱卷集成》(一六九)于先生名下载"字新民,号蔚芝,又号儒极",且云其生于"同治丙寅年(按:即清同治五年,1866 年)十月十六日"。之所以朱卷记录的生年比实际生年晚了一年,是和古代科举、职官中的"官年"现象有关。南宋洪迈《容斋四笔》卷三"实年官年"条记载:"士大夫叙官阀,有所谓实年、官年两说,前此未尝见于官文书。大抵布衣应举,必减岁数,盖少壮者欲藉此为求昏地;不幸潦倒场屋,勉从特恩,则年未六十始许入仕,不得不豫为之图。"自此以后,直到清末科举制度被废除为止,士子在参加科考时所填写的履历上的"官年",往往和实际年龄有差异。郗志群《封建科举、职官中的"官年"现象——从杨守敬的举人朱卷谈起》一文对此论之甚详,可参。该文从《清代朱卷集成》中选出三十位既有朱卷"履历"、又有年谱的清人进行对比研究,结果发现有十七位朱卷"履历"上所填的官年与年谱所记生年有所不同,先生亦在其中。

1866 年（丙寅　清同治五年）　2 岁

本年　唐家迁入城中，借居武陵桥南胡宅。

是年，余家移城中，借居武陵桥南胡宅。

（唐文治《茹经先生自订年谱·丙寅二岁》）

难平后，旋徙回太仓之岳王市，旋徙城中大桥南之胡氏宅，即吾外祖古愚公屋也。

（唐文治《家祠藏书谨志》，见《茹经堂文集初编》卷五）

1867 年(丁卯　清同治六年)　3 岁

本年　父亲唐受祺应省试,母胡氏典衣以助资用。

功名两字未抛开,太息观光又一回。为念旅人资斧缺,潜从典质代筹来(余丁卯应省试,夫人典衣以助资用)。

(唐受祺《悼亡》四十首之八,见《浣花庐诗钞》卷二)

本年　先生母胡氏小产。

不孝三岁时,岁次丁卯,吾母胡太夫人忽患小产,时已怀妊六个月矣,昏晕数次,至于不省人事。不孝略有知觉,某夜三更,昏晕极盛时,不孝跪床前,伏床沿边。吾母晕略醒,见不孝甚骇,强以手摩儿顶曰:"是儿耶?"不孝泣应曰:"然。"母曰:"速起,睡余足旁。"不孝喜,强起卧。吾母病半月后始愈,盖其时吾父处馆苏州,家贫甚,临产时,仅雇一女媪,已早睡矣。至今追思之,不禁流涕也。

(唐文治《追记母病二则》,见《茹经堂文集五编》卷一)

1870 年(庚午　清同治九年)　6 岁

本年　受业于外叔祖胡汝诚门下,先识字,后读《孝经》。每夜归,母胡氏督课极严。又夜间随祖父唐学韩卧,夜抵足,由祖父口授诸经,咿唔之声,或达丙夜。

是年,受业于外叔祖胡啸山先生之门。先生名汝诚,邑诸生。时设帐杨氏,衡宇相对,因往受业。先识字,后读《孝经》。夜归,吾母恒自课之,极严。

（唐文治《茹经先生自订年谱·庚午六岁》）

文治髫龄,家君馆苏台,常禀慈训,《四书》、唐诗,皆吾母口授,至今油灯凉月之影,刀尺讲读之声,仿佛犹在耳目间。

（唐文治《三省楼剩稿跋》,见《茹经堂文集二编》卷五）

饥驱已自悯劳人,课读娇儿意认真。逃塾慎防将废学,折葼施教寓恩勤（庚午岁,余就馆苏台时,治儿方六岁,令从师读书,而辄逃塾,夫人以大杖拒之于门,责之曰:若再不改悔,将痛箠汝矣。儿自此遂知励志读书）。

（唐受祺《悼亡》四十首之九,见《浣花庐诗钞》卷二）

1871 年(辛未　清同治十年)　7 岁

本年　读《论语》。因夜课常在月光下读书,目力已开始受伤。

　　读《论语》。是时家贫约,吾母甚健,缝纫予衣,补缀破裂,或结数处。同学咸姗笑之,余语之曰:"余君子固穷,若辈则小人穷斯滥矣。"同学咸讶之。是二语盖习闻外大父以之训人者也。夜课恒随月读书,目力已受伤矣。

(唐文治《茹经先生自订年谱·辛未七岁》)

1872 年(壬申　清同治十一年)　8 岁

本年　读《孟子》。

是年,读《孟子》。某节日,赴汪家二姑母处午饭,同座王君谷礽名恩寿,询余志,余曰:"吾愿为伊尹。"王君大奇之。大父闻之,甚喜。

（唐文治《茹经先生自订年谱·壬申八岁》）

约去年或本年　读书于太仓城西海宁寺僻陈氏集义堂,受业于萧黻廷。

余七八岁时,读书城西海宁寺僻陈氏集义堂。堂为表祖姑丈陈公研香所建,书室在其西,余与表母舅玉森、拜彤两先生同受业于孝廉方正萧黻廷先生,一堂诵读,如在目前,至今犹梦历其境。而余与玉森先生相契尤笃。

（唐文治《梦湘盦劫余诗序》,见《茹经堂文集四编》卷六）

1873 年(癸酉　清同治十二年)　9 岁

本年　唐家迁居飞云桥东秦氏市屋,受业于姨丈姚葆光之门。读《诗经》。结交同学陆咸清。

是年,余家迁居飞云桥东秦氏市屋,受业于姨丈姚葆翘先生之门。先生名葆光,邑诸生,为芷轩太夫子之长君,即胡啸山先生之婿也。余时读《诗经》。同学陆君庚星,名咸清,聪慧绝伦,已能诗,吾与之交,后以其狂,稍远之。

(唐文治《茹经先生自订年谱·癸酉九岁》)

余自为童,八九岁时,即识庚星,总角嬉戏,辄相共。迨庚星弱冠,诗名藉甚,里闬长者,折节与交。余稍稍远之。既闻庚星贫甚,颇跅弛,为不羁之行。余遗书谏之,庚星殊不以为忤。而两人踪迹益疏阔。

(唐文治《陆庚星遗稿序》,见《茹经堂文集二编》卷五)

1874 年(甲戌 清同治十三年) 10 岁

本年 读《尚书》。父亲唐受祺馆于苏州泖泾镇提督李恒嵩(字霭堂)家,课其子李景淮(字汉秋)读书。(据《茹经先生自订年谱·甲戌十岁》)

按:唐受祺《浣花楼诗钞》卷一有《题李霭堂军门泖峰坚壁图》一诗,即作于本年。

本年 某日,先生以母给购炊饼之钱赠予一流落异地之妇人。

犹忆文治十岁时,因家有亲戚,先妣给文治钱百二十文,命购炊饼。中途见一妇人,怀抱小孩哭甚哀。询之,则因其夫殁,流落异地,不得归,故哭求资助。文治急以钱与之,不计数也。迨至卖饼家数之,仅存三十文。徘徊路侧不敢归,见有压地摊者,姑试之,一博而胜,以三偿一,适合百二十文之数,遂买饼归。不敢告先妣,私告先祖。先祖曰:"嘻!彼地摊诳人钱多矣,姑假手于汝,以给某妇,非汝之能行善也。此后不许再压地摊,否则挞汝矣。"此事虽小,然天道不负人,其巧竟有若是者。

(唐文治《因果录四集序》,见《新无锡》1929 年 5 月 21、22 日第 4 版)

1875 年（乙亥　清光绪元年）　11 岁

夏　唐家迁居南牌楼赵氏宅。（据《茹经先生自订年谱·乙亥十一岁》）时有杨氏，亦赁居赵氏宅。妇病疯，日夜骂人不止，唐家人不堪其扰。

邻家交谪日相寻，嫁祸旁将恶语侵（时有杨氏，亦赁居赵氏宅。妇病疯，日夜骂人不止，余家被扰者九年）。叹息病躯难养静，时闻谩骂总惊心。

（唐受祺《悼亡》四十首之十六，见《浣花庐诗钞》卷二）

本年　仍随父亲唐受祺读书于苏州泖泾镇提督李恒嵩家，读《周易》。（据《茹经先生自订年谱·乙亥十一岁》）

本年　某日，先生随手丢弃一个上面印有"洋文"的火柴盒，母胡氏诫之"爱惜文字"。

忆文治年十一岁时，抛弃一火柴匣，先母怒之。文治对曰："此不过洋文耳。"先母大怒曰："洋文非文字乎？汝不读洋文，遂轻弃洋文乎？汝惟不爱惜文字，所以读经书不能纯熟。汝亦知中西文之一体贵重乎？"文治闻之，悚然铭心刻骨。

（唐文治《劝惜字文》，见《茹经堂文集五编》卷一）

1876 年(丙子　清光绪二年)　12 岁

春　在家读书。

夏　随父亲唐受祺赴上海参观制造局。(据《茹经先生自订年谱·丙子十二岁》)

惟天生五材,斯民并为用。我来游申浦,成局目一纵。个中藏枢机,变化极错综。炉火纯青时,一气相纵送。转运比辘轳,支持凭梁栋。广厦千百间,彼此盘根共。忽焉声遥空(炉灶上铸气管启之,声彻十余里),云以集有众。或则权断消,或则任磨砻。或比锥处囊,陷坚乃凿空。或代刀锯劳,一发千钧重。人巧夺天工,藉此药愚蠢。试与探奥突,不啻发奇弄。相臣经营初(是厂为曾文正公所创设),万象归搏[抟]控。鬼斧本幻绝,恍遗益智橡。矧当海禁开,事机诚切中。莫以多糜费,琐琐托吟讽。

(唐受祺《沪上观制造局》,见《浣花庐诗钞》卷一)

至上海后,受业于外祖父胡汝直之门。胡汝直时在上海设帐于广东郑氏。(据《茹经先生自订年谱·丙子十二岁》)

公讳汝直,字古愚,镇洋县邑庠生,举乡饮介宾。先世居徽州,后迁镇洋。公治科举学,授童蒙章句,以为恒业。不屑屑世俗之荣利与名。道、咸之间,海上通商,公橐笔申江,初设帐于上海严氏,继设帐于广东郑氏,意泊如也。丰裁严正,廉介不苟,后进有过,恒面斥之,不少假借。工书法,笔意在苏、米二家之间,所书匾额、楹联,流传不可胜数,戚党皆藏之以为荣,而公绝不取值焉……岁丙子,文治随家大人至沪上,因受业于公。时初受《左氏春秋》,至"郑伯克段于鄢"事,公问曰:"郑伯与段优劣奚如?"文治对曰:"郑伯失教,段不弟,无可优劣也。"公莞然曰:"孺子可教矣。"性善饮,文治侍立其旁,公则喜。一夕,被酒言曰:"汝志之,吾择婿,家俱穷,天下惟穷为至清、至高、至美之事。盖君子固穷,惟穷乃能自立,富斯滥矣。"主郑氏时,馆僮践踏米谷,公怒甚,痛责之。既而慨然谓文治曰:"若曹秉性残忍,不知物力之艰难,终其身当为奴仆,汝志吾言,以为验。"其狷介严毅如此。

(唐文治《外祖古愚胡公家传》,见《茹经堂文集初编》卷五)

本年　读《礼记》,始学作制义及试帖诗。(据《茹经先生自订年谱·丙子十二岁》)

1877 年(丁丑　清光绪三年)　13 岁

　　本年　受业于姨丈钱宫极之门。读《左传》。(据《茹经先生自订年谱·丁丑十三岁》)

1878 年(戊寅　清光绪四年)　14 岁

2 月(正月)　某夜,母胡氏因肝郁病发而晕绝数四,惶急中,先生狂奔至城东城隍庙中为母祈祷。

　　吾母素患肝郁,病发时头晕,甚至不省人事。不孝十四岁,戊寅春正月某夜,母晕绝数四,口不能言。时赁居南牌坊西赵家厅,不孝惶急无路,狂奔至城东城隍庙,天尚未明,庙门已开。不孝即趋诣神像前,叩头无数,誓死以身代母。叩祷数四,天已明发,瞥见泥塑皂隶狰狞状,大怖,狂奔回家。先姊启门曰:"弟焉往? 吾不见弟,骇欲死矣。"不孝急问母晕何如? 姊曰:"幸顷已稍苏,弟可勿再祷求。"不孝急诣房中呼母,呻吟而应。

　　　　　　　　(唐文治《追记母病二则》,见《茹经堂文集五编》卷一)

夏　王祖畬来访唐受祺,见先生文,极表赞赏。

　　夏,王紫翔先生来馆访吾父畅谈。先生名祖畬,癸酉科乡试第二人,吾父之执友也。见余文,亟赏之,谓必成大器,且谓宜读古大家文,以扩充其才气。先生去后,吾父训之曰:"汝尚幼稚,稍长,当执贽王先生门下也。"

　　　　　　　　(唐文治《茹经先生自订年谱·戊寅十四岁》)

　　昔在戊寅,治龄十四。吾父馆苏皋比,随侍。师与吾父弱冠知交,过从高谭,雄视虎豪。一见治文,乃大赏叹,谓是大器,为桢为干,抗志希古,心摹手追,王唐金陈,非子谁属。

　　　　　　　　(唐文治《祭先师王文贞公文》,见《茹经堂文集初编》卷六)

秋　初次参加童子试,不中。应试时结交毕光祖。

　　秋,始应童子试,不售。试时得交毕君枕梅名光祖。

　　　　　　　　(唐文治《茹经先生自订年谱·戊寅十四岁》)

　　光绪戊寅,君年十五,余年十四,同补应郡试,识君于州署中。是年,君补博士弟子。

　　　　　　　　(唐文治《毕君枕梅传》,见《茹经堂文集三编》卷七)

　　按:童子试是明清两代取得生员(秀才)资格的入学考试,亦称小考、小试。应试者无论年龄大小,均称童生,或称儒童、文童。

11 月 12 日（十月十八日） 外祖父胡汝直去世。

公于诸外孙、孙女中，尤爱文治。当疾革时，文治适应童子试。公呻吟问曰："汝用功何如？"迨报罢，公神志憋惘，曰："颖孙入学矣。"或告之曰："未也。"则怫然转侧卧。弥留之际，文治哭呼之，犹为一颔首焉。呜呼！公之钟爱文治如此，至今思之，犹为心痛……公生于嘉庆十七年壬申四月十八日，殁于光绪四年戊寅十月十八日，春秋六十有七。

（唐文治《外祖古愚胡公家传》，见《茹经堂文集初编》卷五）

12 月 1 日（十一月初八日） 祖父唐学韩去世。先生母胡氏于一月之内叠遭两丧，哀痛欲绝，肝郁疾大作。时先生父适馆沪上，不得归，先生与姊文珠侍母疾，形影相依。

冬，大父捐馆舍，追念平日爱我、教我之恩，哀痛之极，尚能擗踊尽礼。

（唐文治《茹经先生自订年谱·戊寅十四岁》）

本年 随父亲读书于苏州方宝善家中。至本年，读五经毕业。

是年，随吾父读书苏州方氏，主人益斋，安徽桐城人。其尊人传书，曾任太仓州牧。吾父课益斋长子名怀仁字伯元读。余时读五经毕业。

（唐文治《茹经先生自订年谱·戊寅十四岁》）

本年 先生曾作有《咏纸鸢》二绝，后经其父唐受祺修改，载入《浣花庐诗钞》中。

一路高飞欲戾天，好音报与绮窗前。纵然援引凭人力，毕竟乘风自有权。

错疑去雁信遥传，情思惟凭一线牵。寄与封姨莫相妒，有人望眼正连天。

（唐文治作，唐受祺改《咏纸鸢》，见《浣花庐诗钞》卷一）

按：《浣花庐诗钞》载录此诗时，于诗题下标注"戊寅，改治儿作"。

1879 年(己卯　清光绪五年)　15 岁

冬　参加太仓州试,首场列七十四名。初复列十九名,再复列十三名,三复列十一名。(据《茹经先生自订年谱·己卯十五岁》)

按:此处的州试仍指童子试。第一场为正场,第二场为初复,第三场为再复,第四场为三复。

冬　先生外祖母将外祖父胡汝直手泽交先生收藏。

光绪己卯,文治年十五。冬月,往省外祖母陈太夫人。比时,距外祖父之殁逾小祥矣。外祖母所居屋曰施家厅,有假山、花木之属,文治凭眺其间。旋外祖母招之入室,以一小筐书授之,曰:"此汝外祖手泽也,汝其为我藏之。"文治忻然,以为外祖母畀吾书,而不知其心之痛也。持归,告吾母,泫然良久,曰:"汝后必谨藏之。"文治以为睹遗书而悲,而不知其心之痛有在于书之外者也。厥后走京师、居沪上、徙无锡,常携以自随,幸未失坠。壬子岁,家祠成,既钩刻公所书楹联,悬诸祠中,并将手泽附藏于吾祖遗书之右。乙丑冬,重加检理,计手钞《名臣奏疏》一册、《吴趋访古录》一册、《投笔集》一册、杂钞一册,盖廑存者如是而已。

(唐文治《外祖古愚胡公手迹谨志》,见《茹经堂文集初编》卷五)

本年　自去年冬天外祖父胡汝直去世后,其原在上海设帐的居停主人广东郑氏,转请先生之父唐受祺赴上海教读,先生即随父至其家中读书。

去冬,外大父胡公弃养。其居停粤东郑氏,延请吾父赴上海教读,即前余读书处也。同学昆仲二人:长名学书,字让卿;次名学源,字静卿。时家境愈困,余益发愤读书,恒至夜分。

(唐文治《茹经先生自订年谱·己卯十五岁》)

1880 年(庚辰　清光绪六年)　16 岁

春　由江苏学政夏同善主持岁试,先生被取入州学第六名。同入学者,有姐夫许沐鑅和张培堉等。

春,学院夏公子松,岁试取入州学第六名。公名同善,浙江仁和人。题为《一人定国尧》,次题《文王之民无冻馁之老者》,诗题《赋得惠风和畅》,得"和"字。同入学者,姊丈许君弼丞名沐鑅,友人张君海民名培堉。

(唐文治《茹经先生自订年谱·庚辰十六岁》)

文治于庚辰岁补博士弟子,受知于公,时年十六。覆试时,公(按:指夏同善)见文治年幼,色甚喜,谓:"汝英发,务宜努力进修。"取首场文,口讲指画者数四,复训勉数语,始命退去。奖赏之日,复通训诸生,宜崇文行,主忠信,勿干与词讼,勿沾染鸦片(时公严禁鸦片,雷厉风行,犯者严惩,靡不耸惕),辞意至为严厉。此情此景,宛在目前。追忆微名所自,每饭不忘。

(唐文治《夏文敬公年谱并遗诗后序》,见《茹经堂文集二编》卷五)

清光绪乙卯朝,命太子太傅、吏部侍郎、仁和夏子松先生督学江苏。庚辰春,案临吾郡。先生正直庄严,人伦师表,专心壹志,整风端化,终日堂皇,无少倦息。维时应童子试者,张君仲翔、张君海鸣、管君铭之、蒋君伯言,暨余姊丈许君弼丞等,俱获隽。余以幼童,滥竽其间,鸾旟芹藻,泮水同游,无小无大,从公于迈,父老嘉鲜,子弟歆羡,可极一时之盛。

(唐文治《斗航诗钞序》,见《茹经堂文集四编》卷六)

按:经此岁试取入州学,即为生员,习称秀才。

冬　先生曾"身被横逆",因姨丈黄镜渠之力而得免祸厄。

文治少年时,质庳气靡,猥蒙奖饰,许为国士。庚辰之冬,身被横逆,赖公左袒,得解于厄……呜呼!向微公力,则文治之祸必不能免;向微公誉,则文治之学或弗克成。至今感公之深,静中思之,辄不觉泪潸潸下也。文治性躁,又累遭摈斥,侘傺无聊,一不当意,则使酒骂其座人。公书来,以读书养气,微辞规讽。呜呼!文治半生知己,自太原师外,如公者有几人哉!有几人哉!

(唐文治《外舅黄浚之先生诔文》,见《茹经堂文集二编》卷九)

按：上文中云"身被横逆"，所指何事，不详。

本年　仍在郑氏馆中，读《春秋公羊传》《春秋穀梁传》及《史记》，始学作古文。
（据《茹经先生自订年谱·庚辰十六岁》）

本年　先生父亲唐受祺作有《迎春》《送春》二诗。先生常于父亲酒酣时，背诵此二诗以为娱乐。后二诗于诗稿中佚去，先生乃据记忆，补入其父诗集《浣花庐诗钞》中。

一番风信回阳春，千门万户景象新。来从东郊德在木，太和元气相弥纶。记得咚咚鸣腊鼓，桃梗换节并画虎。预识平原春草生，争看曲径寒梅吐。几度冰霜着意催，渡江已报早春来。二分艳色梨云酿，十重晴光杏坞开。东风处处闻莺燕，夜游秉烛谁开宴。相期刻翠并裁红，金谷联吟集群彦。豪情醉月迭飞觞，花落纷沾衣袖香。但取词章谐鼓吹，那须弦管按宫商。朗吟一曲春光晓，婉转繁音得好鸟。隔院藤阴绿渐浓，入帘柳絮烟微袅。何人拾翠向晴郊，潜听花丛蝶板敲。斗酒双柑饶别趣，忍将春色等闲抛。盎然淑气周寰宇，千红万紫从头数。迎得韶光有几时，莫遽离情动南浦。

（唐受祺《迎春》，见《浣花庐诗钞》卷一）

莺莺燕燕啼江南，晴天沈醉春光酣。碧桃盛开杂秾李，争艳斗媚何狂憨。探春有约筵开绮，歌席平铺泛绿螳。雅因待月故迟眠，曾为惜花频早起。昨宵风雨逼江城，狼藉苔阶尽落英。金粉亭台空寂寞，愁红惨绿不胜情。声声杜宇催归去，一梦如云不知处。零落天涯离绪多，剧怜踪迹随飞絮。繁华过眼［眼］太匆匆，安得推迁挽化工。芳草有情依院落，夕阳无语上帘栊。兰亭禊事成陈迹，惆怅香车拥油壁。九十韶光转瞬中，春阴孰与加珍惜。几日重阴郁未开，留春无计暂徘徊。荼蘼老去芭蕉绿，不信东风唤不回。呼僮明日重开径，杯衔蠡尾余清兴。愿花常好月常圆，斯言我欲相持赠。

（唐受祺《送春》，见《浣花庐诗钞》卷一）

按：《浣花庐诗钞》中于上二诗后有先生的"谨按"："此为先大夫应上海求志书院课作，院长俞曲园先生评云：'清丽可诵，梅村遗响。'乃诗稿中佚去，兹谨口诵，请陆君景周录出。忆从前先大夫酒酣时，不肖常背诵此诗，以为娱乐。先大夫曰：'来从东郊句颇果滞。'不肖对曰：'此与迎字却细切。'先大夫莞然。追念依依膝下之乐，不可复得，曷禁涕零如雨矣。文治谨记。"

又按：1948 年，上海大中华唱片厂为先生灌制读文唱片，正集十张，每张收先生读文两篇，其中便包含上引《迎春》《送春》二诗。详本书 1948 年事中。

先生读书沪滨期间，其父唐受祺"昼则传经授课，夜则讲乡先贤遗事，俾知激励"。

　　光绪己卯、庚辰之间,文治年十五六,随侍先大夫读书沪滨。先大夫昼则传经授课,夜则讲乡先贤遗事,俾知激励。某夜,诏文治曰:"汝知吾乡孙子福先生乎?子福先生讳寿祺,道光甲辰进士,官刑曹,刚正不阿,多所平反。出为广西柳州府,勤政爱民,以直去官。归途,挈眷过洞庭湖,暴风骤作,舟泛洪涛中,簸荡将倾覆。先生则盛服立船头,矢之曰:'吾舟中倘有丝毫不义财,天其胥溺我;否则,义不当死,犹有神明,其鉴余衷。'未几,风果定,全家庆更生。夫廉洁者,人生之大节也。古书曰:'惠迪吉,从凶逆。'义与利之辨也。昔者任圣自负天民先知先觉,匹夫匹妇,有不被尧舜之泽者,若己内诸沟中。而溯其生平,则一介取与,必折衷于道义。夫世未有贪渎好实而可以修己治人者,汝小子其知之。"文治秉训不敢忘,五十年来,居官讲学,业业兢兢,未尝不以子福先生为法。

　　　　　　　　　　　　(唐文治《娄东孙氏家集序》,见《茹经堂文集三编》卷五)

1881 年(辛巳　清光绪七年)　17 岁

春　因姨丈黄镜渠介绍,受业于王祖畲之门。王祖畲教之以"文章一道,人品学问皆在其中""汝学作文,先从立品始,不患不为天下第一等人,亦不患不为天下第一等文"。

春,因姨丈黄公浚之介绍,受业于紫翔王先生之门。间三四日,前往听讲,先生教诲倍至,告之曰:"文章一道,人品学问皆在其中。故凡文之博大昌明者,必其人之光明磊落者也;文之精深坚卓者,必其人之忠厚笃实者也;至尖新险巧,则人必刻薄;圆熟软美,则人必鄙陋。汝学作文,先从立品始,不患不为天下第一等人,亦不患不为天下第一等文。"并教余先读汪武曹《孟子大全》、陆清献《三鱼堂集》并《唐宋文醇》《熊钟陵制义》等。余日夜淬励,于性理文学,初知门径矣。

（唐文治《茹经先生自订年谱·辛巳十七岁》）

文治未冠时,尝发言惊座,座客滋不悦。先生笑语客曰:"若毋狂,是儿十年后,若辈皆退避三舍矣。"既为介绍于太原师之门,执贽之日,挈文治往复缘督而训勉之。此情此景,宛然目前也。

（唐文治《外舅黄浚之先生家传》,见《茹经堂文集初编》卷五）

按：据《外舅黄浚之先生家传》载,黄镜渠"元聘钱氏,未归而卒;续娶胡氏,文治姨母也"。又光绪二十年(1894 年),先生妻郁冰雪卒,翌年十一月,继室黄彬琼来归,黄彬琼为黄镜渠之女,故上引诸文中对黄镜渠有"姨丈""外舅"的不同称呼。

辛巳岁,遂执贽先生之门。先生忻然,于凡文章之奥、性命之幽,旁逮训故笺疏之谊、诸子百家之言,靡不口讲指画,午贯旁通。至于朝夕训诲,则必断断然以制行为先务。尝曰:"文字虽小道,然品行学问皆在其中。故凡文之博大昌明者,必其人之光明磊落者也;精深坚卓者,必其人之忠厚笃实者也。天下惟第一等人,始能为第一等文。吾子勉之。"文治憬然受命,以故由弱冠以至通籍,以通籍以迄于今,凡一言一行之不合乎古人者,辄惴惴焉,惟恐先生知。而先生于文治,一言一行之有失,亦必严词峻责,不稍假借。盖文治自有生以来,期望之殷,知己之感,未有过于先生者。而自度学问行谊,尚不至见弃于君子之门,则皆先生督责之力,以至于今日也。

(唐文治《王紫翔先生六十寿序》,见《茹经堂文集二编》卷七)

秋　江苏学政黄体芳主持科试,先生列一等十五名。

秋,学院黄漱兰先生科试,余列一等十五名。先生名体芳,浙江瑞安人,中兴时直臣也。题为《其所厚者薄,而其所薄者厚,未之有也》,策问《太仓形胜》,诗题《赋得一帘秋雨梦吴淞》,得"吴"字。

(唐文治《茹经先生自订年谱·辛巳十七岁》)

按:科试系明清时期在大比之年的前一年,由学政主持举行的考试。府、州、县学的生员,经过科考,成绩列为头等、二等及三等的前三名,准予参加次年在省城举行的"乡试"。

科试时,先生坐西字五号,同号生为洪漱霞。

光绪七年辛巳,余应瑞安黄漱兰师科试。入文场,坐西字五号,遇同号生,则洪君漱霞也。言论甚欢,如旧相识。

(唐文治《洪君漱霞六十寿序》,见唐文治《茹经堂文集二编》卷七)

冬　先生父唐受祺为镇海衙卫漕粮事,因人受过。先生姨丈黄镜渠锐身而出,排难解纷,并为规划一切,全家感之。(据《茹经先生自订年谱·辛巳十七岁》)

1882 年(壬午　清光绪八年)　18 岁

2 月(正月)　与本邑新塘市郁冰雪结婚。

春,正月,郁夫人来归。夫人为吾邑新塘市人,外舅名振镛,字铭轩。外姑杨氏,内兄名朝桂,字撷芳,邑诸生。

（唐文治《茹经先生自订年谱·壬午十八岁》）

夫人姓郁氏,字冰雪,居娄之新塘市,国学生讳振镛公第三女。幼即婉娈,长益淑慎。年十六七时,有贵宦闻夫人贤,议聘为继室,夫人闻之,愤惋不食。其姊氏私叩之,则曰:"彼贵宦何为者! 吾自有福。若无福,适以促我之死耳;若有福,则吾且自贵。彼贵宦何为者!"家人闻之,议遂止。岁庚辰,夫人年二十,始受聘。是年,予补博士弟子员。榜发夜,夫人梦双鲤跃起。及晓,报至。夫人窃喜,以为瑞征。壬午仲春,来归予家。时吾母病甚,执贽赞见之时,俱强勉成礼。礼成后,病复大作。夫人朝夕侍疾无倦容。吾母病肝阳,疾作,辄盛怒。夫人恒惴惴焉,栗栗焉,起敬起孝,劳而不怨。吾母喜,尝语人曰:"吾妇无他胜人者,惟德性差胜人耳。"

（唐文治《郁夫人家传》,见《茹经堂文集初编》卷五）

婚后不久,随父至太仓城北陆锦采家中就读。分日读朱子《小学》《近思录》《性理精义》《学蔀通辨》《程氏读书分年日程》等。抄录《王学质疑》《明辨录》并细读之。又读《孟子》,作《读孟札记》。同学者有王康寿、李以炳、陆朝琮等。

是年,随吾父读书本邑城北陆氏,主人为陆君少江,名锦采,与吾父同门。课其子:长智贤、次智海、三智广、四智渊。时余学颇精进,书"毋不敬,毋自欺"六字于座右,行路不斜视,务收束身心。分日读朱子《小学》《近思录》《性理精义》《学蔀通辨》《程氏读书分年日程》等,兼钞《王学质疑》《明辨录》,细读之,觉醰醰有味。读《孟子》,乃更有心得。爱摘录《大全》诸先儒说,并录王师笔记,作《读孟札记》,理学乃日进。同学有王君晋蕃名康寿,王师之从弟也,李君虎臣名(以)炳,陆君礼南名朝琮,相与考德问业,深得切磋之益。

（唐文治《茹经先生自订年谱·壬午十八岁》）

当光绪初年,文贞公未入翰林,授徒里闬间,士林云从景附。先生与文治暨李君虎臣、陆君礼南皆抠谒,受业其门,相与读《四书大全》《三鱼堂集》,博览理学诸书,兼约共为日记,有善相劝,有过相规,每当日丽风舒,清茗一杯,赏奇析疑,谈论或至继烛。文治时未弱冠,性颇疏狂,常执简高谭,以为名教自有乐地,吾辈当在第一流中。而先生则端正谨严,每发一言,或攻己过,或指人瑕,如鞭策,如针灸,洞澈肺肝,是非立剖,闻者辄为汗下。文治乃从事敛抑,稍知省身修德,亦于是时得力为多。师友之渊源,毕生之品行系焉,岂不重且大哉!

(唐文治《王晋蕃先生生传》,见《茹经堂文集三编》卷七)

5月6日(三月十九日) 随师王祖畲及邑绅、同学数十人,往谒州、县尊,要求阻止基督教牧师吴虹玉前来太仓传教。县尊判决资送吴虹玉出境。

吾邑城内,向无天主耶稣教堂。夏四月,忽有耶稣牧师吴虹玉自上海来传教,购镇民桥宋姓房屋,行将迁入矣。王师闻之,谓是不可以启外侮,偕邑绅并诸同学数十人往谒州、县尊,阻止之。余亦随往。县尊任石芝先生坐大堂,判决资送吴虹玉出境,偿其费。

(唐文治《茹经先生自订年谱·壬午十八岁》)

光绪八年三月,闻吾娄南门宋张氏寡妇房屋,将出租于教堂,为传教之用。是月下旬某日,同学李君复初(时李君与余同受业于王师紫翔之门,故称同学)来告曰:"今日午后,王师属邀集庠序中人,会于娄东书院,协商教堂事,请老伯(指家大人)偕吾兄同往。"家大人即率文治赴书院,到者已有七八十人。王师乃昌言曰:"传教本为条约所许,但吾娄城中向未设有教堂,深恐滋生事端,于教士转有不利。请诸君同赴州署请愿,商阻兹事。"旋同诣州署。州尊为吴广庵先生名承潞,科甲出身,平素勤政爱民者也。迨谒州尊,以南门地属县境,委县尊任石芝先生办理。任县尊亦科甲出身也。是晚即坐堂,提讯教士吴某,并宋张氏。吴某气焰张甚,谓:"我传教有所受之,即县尊亦不能管辖我。"时有廪生李以灿(字伯豫)愤甚,曰:"汝何言!岂县尊亦不能管汝耶!"以扇柄痛击之。惟时众皆呼殴吴某,吴某焰少杀。初,宋张氏房屋,吴某出绝卖款三百金,王师欲移书院公款偿之,以杜其口。往商书院董事邵某,邵某者性颇啬,诡言书院无款可拨。王师怒批其颊,即自向商号借三百金(比时钞币未行,专用现款)。至是,将款呈堂,请县尊给还吴某。于是吴某具甘结书、收据,而宋张氏尚欲申辩,县尊厉声呵止之。吴某书即毕,众复呼殴,廪生张树冀(字苗阶)顿足骂之尤烈,吴某怖甚,求是晚住署中。县尊亟劝谕诸生:"凡事有州尊与我做主,诸君不可暴动。"即立派干役护送吴某出境。迨案结,漏三下矣。

(唐文治《重修陆陈江盛四先生祠》,见《茹经堂文集五编》卷六)

　　按：据《吴虹玉牧师自传》一文载："一八八一年,小文惠廉牧师(一八六四年后为主教)派我去太仓,调查当地情形,如有可能,即开始筹设教堂。我先得在沪上设店的嘉定米商之介绍,得太仓一米商之助,于城中购得一宅,屋主为一寡妇。购下后我派遣一助士以此屋作为居所。讵仅三日,我们便被县令赶出此屋和县城。此纠纷非因我们而起。事后才获知,在我们与寡妇洽购此宅前,某绅董亦欲购之,教会因出资较昂,遂占优先。该绅董因此大为恼怒。他竟能运动知县,将我深夜传入县署。是晚正为居此宅之次日,我们已入睡,约十二点时有人不断大声敲门。原来两衙役前来传我入署。我辩称外面雷雨交加,天气恶劣,不愿深夜出去见官,但他们不为所动,遂从他们去衙署。当我到时,周围一团漆黑,但须史间堂上通亮,众呼人已带来。于是击鼓使县令知道我已来到。县令就座后,堂上有绅董约五十人,我立于案前,那肇事者拳脚相加,迫我下跪。县令虽不能保护我不受此辱,然辞尚和缓。他对我说:'吴君,汝知此地之人在署内,我可保护;但衙署之外,我无能为力。我固知汝为善,来此县城,欲开医院为穷人治病,劝人为善。无如这些人皆不赞同,不愿汝在此宣道。故我愿偿汝购产之费,汝可速去他处开堂。'我答称,此事我不能擅主,须先禀明我的上司,由他们定夺。在堂上,绅董对此大为不满,又对我施以拳脚,且恐吓道,若我今宵不了结此事,当置我于死地。我心中顿浮主耶稣在彼拉多前受审的景象。当下思忖,与其徒劳为我的权利申辩,不如姑从县令之言。但在县令出面保证我安全返宅前,我不愿离开县署,因恐归途遭受不测,我见到堂上绅董已怒不可遏,他们将有何行动,殊难逆料。翌日我们便离开县城返沪。此乃我传道生涯中唯一受直接迫害之事。"以上为当事的另一方吴虹玉之事后回忆,姑录以备参。

　　7月13日(五月二十八日)　太仓乡先贤陆世仪、陈瑚、江士韶、盛敬四先生祠修葺竣工,送栗主入祠。此祠乃以公款购买吴虹玉原拟用作教堂之房屋改建而成。

　　　　拨公款购买宋姓屋,改为乡先贤陆尊道桴亭、陈安道确庵、江孝友药园、盛贞介寒溪四先生祠。六月某日,修葺竣工。余随吾父、吾师恭送栗主入祠,邑长老暨同志来者甚多。

　　　　　　　　　　　　　　　　(唐文治《茹经先生自订年谱·壬午十八岁》)

　　按：古代练祭所立的神主,用栗木做成,故称"栗主"。后通称宗庙神主为"栗主"。

　　　　翌晨,王师昌言于众曰:"南门房屋无人居住,总属祸根,不如改建四先生祠。"四先生者,明末大儒陆遵道桴亭、陈安道确庵、江孝友药园、盛贞介寒溪,皆吾乡德望所归也。众皆曰:"善。"遂将是屋略加修葺,于五月朔恭送木主入

祠。书院山长王崧畦先生(名汝骐,丙午举人)主祭,众咸陪祭,肃肃如,雍雍如
也。自是厥后,春秋致祭如初礼无缺,而祭器一切,则由王晋蕃明经(名康寿,
崧畦先生次子,戊子副贡)保管之。

(唐文治《重修陆陈江盛四先生祠》,见《茹经堂文集五编》卷六)

先生曰:"吾乡自陆、陈、江、盛四先生讲学以来,俗尚纯朴,士皆循循于矩
矱之中。今之流风稍稍息矣,正学榛莽,仁义充塞,吾为此惧。请以是屋为四
先生祠,庶几经正民兴之旨乎!"乡父老佥曰善。爰于是年五月二十八日,奉安
四先生栗主其中。徒步躬送者数十人,雍雍如,肃肃如,道旁观者感叹不置。

(唐文治《崇正录序》,见《茹经堂文集二编》卷五)

又按:上引文献中,对"送栗主入祠"的日期,记载不一,此从《崇正录序》。

壬午,城南有宋姓房屋卖于耶稣教士,先生亟与同人设法售归书院,公呈
州县,通详上宪,移领事官,请其勿来传教。而以房屋改建乡先贤陆、陈、江、盛
四先生祠。

(唐文治《王紫翔先生事略》,见《文贞王先生行状》)

又按:民国七年(1918年),王祖畲辞世,因其为四先生祠的创设者,故卒后其
栗主入四先生祠,祔祀其中,见本书1918年事中。其子王保譿于民国八年又将王
祖畲等人阻止吴虹玉在太仓传教及倡设四先生祠事的"有关禀稿函牍并祭祀礼节
等"编成《崇正录》一卷刊行。

约7、8月间(约六、七月间)　赴省试之前,以夫人郁氏奁中物至当铺质钱,购
得《二程遗书》《朱子全书》和《拙修集》等书。

将赴省试,王师示以金陵官书局单,嘱购读数种。余苦无资,内子闻之,立
出奁具内银锭数枚,交余自赴当铺质之,得八金,余喜甚,遂购性理书数种。今
家藏《二程遗书》《朱子全书》《拙修集》,皆郁夫人奁中物所购也。

(唐文治《茹经先生自订年谱·壬午十八岁》)

8月(七月)　随父赴金陵省试。

七月,随吾父赴金陵省试。试前,余日游书肆,中热患暑病。吾父为检理
考具。入场时,人极拥挤,汗出而愈。

(唐文治《茹经先生自订年谱·壬午十八岁》)

首场题为《子曰:小子何莫学夫〈诗〉》两章。

题为《子曰:小子何莫学夫〈诗〉》两章……

(唐文治《茹经先生自订年谱·壬午十八岁》)

经学有实用,圣人特揭其得失之由焉。盖以学《诗》诏小子,格物致知之原

也;以《周南》《召南》进伯鱼,修身齐家之道也。其分殊,而其理仍一尔。自古帝王以《诗》立教,盖欲使学者探乎格致之原,而各尽夫人心之能事;达乎修齐之理,而各循夫人道所当然也。三代而后,学术寝废,有圣人作,特明夫万物感通之故、一身日用之经。其分虽殊,而其理终一。然后知古今经学之渊源,要胥归于实用也。盖匹夫、匹妇之歌咏,无不有血气之流通,故古圣人问俗采谣,自能周察乎万汇之变;而一言一动之精微,无不与性命相固结,故古圣人正心诚意,然后克修乎庸行之常。乃子以学《诗》诏小子何欤? 夫人生而静,天之性也。天之性固有自然之中和,乃自学术坏而本心失,天下竞为虚无冥悟之说,以放轶性情,荡弃规矩,甚有诋排格致之学,以为玩物丧志者。夫子生乎春秋之季,逆知后世之弊必至于是,是以删诗既致其毕生之力,而复以诏及门,若曰:人之为兴、为观、为群、为怨,固自有其得力之方,以及事父事君;鸟兽草木,亦贵探其穷理之本。此非仅为一时言也,为天下万世正人心也。子以《周南》《召南》诏伯鱼何欤? 夫感于物而动性之欲也。性之欲不可不济以修为。乃自名教衰而士行诐,天下遂有玩忽率意之流,以蔑弃明德,颠越王化,甚有忽视修齐之理,以为卑无高论者。夫子睹风化之衰,逆知后世之弊之必至于是,是以二《南》既列于《诗》之首篇,而复以诏伯鱼,若曰:女而为《周南》《召南》,庶几卓乎自立也;女而不为《周南》《召南》,殆犹不学墙面也。此非仅为一时言也,为天下万世立人道也。夫惟径途涉之,审庶造化之理,可以推求,而神智亦不入于浮漫。理欲辨之精,庶晏安之意不形动静,而王道乃可格于家庭。然必能裕格致之学,而后能裕修齐之学。二者实一理以贯之者也。此圣教所以为经学之宗欤?

[唐文治《子曰:"小子何莫学夫〈诗〉? 〈诗〉可以兴,可以观,可以群,可以怨。迩之事父,远之事君,多识于鸟兽草木之名。"子谓伯鱼曰:"女为〈周南〉〈召南〉矣乎? 人而不为〈周南〉〈召南〉,其犹正墙面而立也与?"》,见顾廷龙主编《清代朱卷集成》(169)]

按:《清代朱卷集成》(169)还收录有先生参加此次省试前后三场的"本房总批"。第一场《子曰:小子何莫学夫〈诗〉》两章的批语云:"削肤存液,敛气归神;次议论明通;三探本穷源,说理精切。"

第二场题为《尊贤之等,礼所生也》。

次题《尊贤之等,礼所生也》……

(唐文治《茹经先生自订年谱·壬午十八岁》)

尊贤与亲亲道相属,可以识礼之原矣。盖贤不一,则所以尊之者亦不一。

而岂知与亲亲相例者,莫不出于当然之礼乎?且王者操养士之权,将与之共天位,食天禄,似较父子兄弟为近焉。特恐有卑逾尊之势,则名分易淆;有疏逾戚之嫌,则骨肉易间。庸讵知因才任职,实与推恩之有序者相例,而各有大经而不可易。何以征亲亲之杀哉?夫亲亲者,仁也,然由迩以及疏,遂以亲宇宙间人才之众,则又仁中之义也。试更验之尊贤。王者奉师保之训,而宠禄嘉之,神明懔之,虽宗族懿亲,要不得而逾其节。此殆有道焉。夫道之所在,义之无定者也。王者储干济之臣,而赖其谟猷,纳其匡辟,虽宗支贵戚,几不得而并其荣,此又有分焉。夫分之所在,又义之有定者也。因尊贤之义,而还溯夫亲亲之仁,以别其上下亲疏之等,则皆礼之原也。夫礼之原何从出者?降才各殊者理之正,既不得以灵气之所聚,尽归之一门,又安能以材艺之繁,尽引为一例?圣王恐视听之或有所蔽,至疑忌而猜嫌,故于敦伦尽性之后,复旁求俊乂以启其聪。盖典章之所以不紊者此也。建职不一者,势所宜,既不能谓亲亲中皆有德之人,而不免抑之于下,又安能谓亲亲外无有德之人,而不复引之于上?圣王恐夹辅之不胜其任,致废法而伤恩,故于分藩胙土之余,复广置官署以理其事,盖经纬之所以大昭者此也。古有因尊贤而抑亲亲者,禹舜皆匹夫而巽以帝位,朱均皆帝子而降为列侯,此惟义之至,乃不伤于仁,而皆本礼以参酌之也。故圣人著礼为经,虽三代各有变通,而要不得易其大体。古有因尊贤而兼亲亲者,推德行之高,而武王以尚父下拜;著元勋之重,而周公以叔父称尊。此亦惟义之尽,无不合乎仁,而皆本礼以节文之也。故后儒习礼为业,虽百世有所损益,而终不得参以私心。盖尊贤者义,而仍本于修道之仁,礼又兼仁与义而生者也。彼君子可不知自修哉!

[唐文治《尊贤之等,礼所生也》,见顾廷龙主编《清代朱卷集成》(169)]

按:本场的"本房总批"云:"经义纷纶,取材宏富。"

第三场题为《命也有性焉,君子不谓命也》。

三题《命也有性焉,君子不谓命也》······

(唐文治《茹经先生自订年谱·壬午十八岁》)

气禀不可拘,当尽其在我者而已。盖得于天者无可凭,尽乎人者有可必。仁义礼智天道,而亦诿诸命也,则谁为自尽者哉?意谓造化之生人也,当继善之始,惟此理而已。至于成性之际,而大极之本原,乃不离乎气质,以行者固其势之必然也,然虽附乎气,而真精之妙合,尚不杂乎气质之中者,亦其势之未变也。因其势之未变,而有以返造化资始之源。故曰:人者,天之心也。仁义礼智天道此数者,与生俱来者也。而人顾诿为命焉,则何也?盖阳变阴合之际,其形而上之道，实与形而下之气以俱生，故禀气之正者，其质厚而清；禀气之偏者，其质薄而浊。然其厚而清者，奚必可恃也；其薄而浊者，亦奚必不可恃也。而形生神发之后，其寂然不动者，皆于感而遂通者验其功。故致其功，即造于中和；弛其功，即流于偏倚。然其造于中和者，非必其质之美也；其入于偏倚者，亦非必其质之恶也。君子知天所生者，虚无足恃，故穷理克己，而勉进于中庸；君子知人所为者，实有可凭，故主敬立诚，而渐底于道德。有性焉，故不谓之命也，君子自修之功至矣，而人亦当知勉矣。是故千古至愚不肖，身败名裂，岂真有别具之肺肝，究其终极，不过为气禀所拘，而暗塞昏庸，后遂为弃材而不可救。苟恍然于命之不可据，而修为以复其性，则造物之以偏驳相予者，庸讵非栽励我之本心。即千古大圣大贤履险若夷，亦岂有异人之材智，求其始基，不过葆乎本心之正，而明善诚身；后纵有外诱而不能入，盖晓然于性之不可违，而刻励以俟。夫命，则彼苍之以气数相厄者，又未始非玉成我之至意，而犹曰命也，则天下谁复能尽性者哉？

　　［唐文治《命也有性焉，君子不谓命也》，见顾廷龙主编《清代朱卷集成》(169)］

按：本场的"本房总批"云："元元本本，殚见洽闻。"

诗题为《赋得袖中吴郡新诗本》，得"新"字。

　　诗题《赋得袖中吴郡新诗本》，得"新"字。

　　　　　　　　　　　　　　　（唐文治《茹经先生自订年谱·壬午十八岁》）

　　绾绶来吴郡，清风两袖匀。酒痕还渍旧，诗本总翻新。敢诩鸿篇富，曾游虎阜频。数行才脱手，一卷惯随身。体格苏台艳，词华茂苑春。香烟沾细细，花样谢陈陈。东海同携石，南邦此结邻。鸡林休论价，献颂到枫宸。

　　［唐文治《赋得袖中吴郡新诗本〈得"新"字，五言八韵〉》，见顾廷龙主编《清代朱卷集成》(169)］

按：本诗的"本房总批"云："诗雅健。"

榜发，中式第二十名举人。

　　榜发，余中式第二十名。房师为安徽知县林燮轩先生名调阳，福建长乐人。座师为侍郎许公星叔名庚身，浙江仁和人；翰林院编修谭公叔裕名宗浚，广东南海人。报到之日，吾父、吾师均甚喜，舆论谓先人焚券之报：盖先曾祖尧熏公，当道光年间大水时，曾将贫户借贷之券概付焚如，不令偿还，人以为阴德也。同举者金君蓬生名籛，砚香先生之孙也。

　　　　　　　　　　　　　　　（唐文治《茹经先生自订年谱·壬午十八岁》）

壬午值大比，文治每献一艺，先生辄不怿，甚至掷诸几上，曰："子文如此之高，焉得逢识者?"盖文治方学明正、嘉文也。迨出秋闱，呈首艺，先生喜曰："是可命中，但在十名以外耳。"既而果然。

（唐文治《王紫翔先生文评手迹跋》，见《茹经堂文集三编》卷五）

据载，本次乡试，先生的房师林调阳和副座主谭宗浚皆拟荐其为第一名，后正座主许庚身以林介弼易之。

按：先生参加此次壬午乡试，监临为左宗棠，正座主为许庚身，副座主为谭宗浚，房师为林调阳。据张一麐《古红梅阁笔记》"应童试得褒"条记载，此次监临本为安徽巡抚裕禄，因有事先还皖省，故由两江总督左宗棠代之。又据先生《林燮轩先生墓表》（见《茹经堂文集三编》卷八）记："文治盖先生（按：指林调阳）壬午所取士也。比时南闱揭晓，都人士相传先生得文治卷，喜甚，荐之副座主谭公叔裕，击节，拟解首，后正座主许公星叔以先生所荐林介弼易之，而故例十八房各得魁一人，遂以文治次十八魁后。洎榜发，先生惘然。或问之，曰：'吾本荐唐生解首，今易之，是以不乐耳。'"据此，则知房师林调阳、副座主谭宗浚皆拟荐先生为第一名，后正座主许庚身以林调阳所荐的另一人林介弼易之；且因"故例十八房各得魁一人"，所以先生最后的名次是在"十八魁后"的第二十名。又《茹经先生自订年谱·己丑二十五岁》记先生于是年春参加礼部试时"谒座师许公星叔，师语余曰：'汝壬午试卷，左文襄公季高大为叹赏（左公时任两江总督）。揭晓后，将朱墨卷一并索去细阅，并云：此人三场字迹一笔不苟，必有后福。'"先生闻此事后，遂对左宗棠抱终身知己之感，每次提到左氏，必以"先师"相称。

又按：在科举考试中，考中的举人、进士称乡、会试的主考或总裁官为座师、座主，对荐举本人试卷的同考官尊称为房师。

此次省试期间，交识许珏，两人"一见深相契，遂为忘年交"。

宋杨中立先生倡道东南，发明伊洛之学，明道先生喜曰："吾道南矣。"其学说流衍于吾苏，而大盛于闽。后二百余年，吾锡遂设东林书院，建道南祠。高忠宪、顾端文两公实主之，激厉名节，风动一时，是为无锡理学派之始。后百余年，吾锡又有秦文恭公，潜研礼学，纂《五礼通考》，开物成务，网络群流，是为无锡经学派之始。又百年，曾文正公崛起湘乡，吾锡薛叔耘先生从之游，功业文章令闻，至今不绝，所著有《庸庵文集》《筹洋刍议》等书，舟车所至，纪载灿然，是为无锡时务学派之始。厥后数十年，犹有继起者，则吾友许静山先生是也。先生邃于高顾之学，博通时务，于经世治国之略，元元本本，殚见洽闻，卓然为明体达用之君子。岁壬午，与余同举于乡，长余二十余岁，一见深相契，遂为忘年交。每应京兆试,先生寓居前孙公园锡金会馆,余寓居求志巷太仓会馆,相距伊迩,时相过从。

(唐文治《许复庵先生文集序》,见《茹经堂文集三遍》卷五)

冬 为筹措明年家中生计,随父赴扬州。在扬州期间,曾随父游平山堂、小金山等名胜。

冬,随吾父赴扬州,筹明岁计。偕资见表叔毛平甫名华,时为两淮盐知事。赠余初印仿宋本《说文解字》一部。

(唐文治《茹经先生自订年谱·壬午十八岁》)

平山本无山,蜀冈相同抱。势自下而上,胜景足探讨。入门陟阶级,落落复浩浩。堂以平淡奇,山以平远好。金焦入杳冥,仿佛蓬莱岛。第五泉流清(堂之西有亭,其下为第五泉),汲之俗尘扫。非无万壑松(蜀冈皆植松),涛声起夹道。亦有千竿竹(堂之后有精舍,旁植修竹),摇风生寒早。俯视平野平,一色接苍昊。相传欧阳公,奥窔辟大造。位置斯亭台,经营非草草。所惜罹兵燹,天运更寒燠。我来谒崇祠(堂之后为欧公祠),古迹难深考。敢以疏狂态,扬华兼摘藻。

(唐受祺《西河表弟约游平山堂》,见《浣花庐诗钞》卷一)

我昔登金山,凭江恣远眺。烟云荡层空,金碧入返照。邛沟隔南北,邻少山冈峭。人巧夺天工,为凿混沌窍。一篑复为山,光亦自他耀。筑屋树周遭,驾梁水缭绕。嵌空石不顽,横影花欲笑。有亭据其巅,穷高资吟啸。有舟泊其下,凌波便渔钓。一墩即离间,仿佛列壶峤。自是风雅林,邱壑尽入妙。徒步涉危桥,心旌并风摇。扶掖犹兢兢,恐贻失足诮。人言游最乐,我游苦屡叫(指危桥)。临池一染翰,千古成别调。

(唐受祺《游小金山》,见《浣花庐诗钞》卷一)

1883 年(癸未 清光绪九年) 19 岁

春 随师王祖畬赴京参加礼部试,寓宣武门外球芝(一作"求志")巷太仓会馆。榜发,王祖畬中式,入词林,授庶吉士。先生则下第归。(据唐文治《茹经先生自订年谱·癸未十九岁》)

> 癸未陬月,随赴春明。惊涛蔽天,黑水沸腾。先师镇定,讲学如恒。治惫而卧,亲抚其膺。师登木天,治磨墨汁。同人匿笑,讵弟子职。
>
> （唐文治《祭先师王文贞公文》,见《茹经堂文集初编》卷六）

6 月 26 日(五月二十二日) 先生姊唐文珠病卒。母胡太夫人遭此丧女之痛,眩晕病复大作。

> 五月,姊氏文珠卒。姊天性仁孝,通翰墨,勤于操作,乃竟不寿。吾父、吾母哭之恸。吾父挽联云:"病由热中,贻误在医药,余方冀鬼求食、神有灵,或者隐与挽回,此后依依仍绕膝;症已积久,忘情轻死生,汝可知父渐衰、母多病,何故决焉舍去,相看默默竟无言。"余与内子含悲劝慰,而吾母肝郁头晕之病,遂日增矣。
>
> （唐文治《茹经先生自订年谱·癸未十九岁》）

秋 友人张培埙卒。卒后,先生搜集其遗文,编成《张海民遗集》一卷。

> 秋,友人张君海民卒。张君亦从王师游,天资近道,喜阅性理书,步趋先儒,不逾礼法,尝语余曰:"圣贤之学在躬行,先儒有言:懈意一生,即是自暴自弃。此言最有味。"余为悚然起敬焉。文章、书法亦极工。以中暑病卒,且无后。余往吊之,不觉涕泗之横流也。为录成遗稿一卷,癸巳岁,其族人小元出资刊之。
>
> （唐文治《茹经先生自订年谱·癸未十九岁》）

> 癸未中秋,竟以劬学中暑,箴石失理,病遂不起。予既哭诸寝门,复为搜其遗文,得百余首。大抵皆幼时规摹时尚,多海民意所不欲存者。因为删削泰半,而以赋稿属同门姚君柳屏,精心选校,哀成一集,藏诸箧中。今岁孟春,吴君子抡、凌君孙松、王君晋蕃闻有是集,欣然曰:"是吾党之责也。"亟商诸海民始族小元茂才,出泉授梓,而海民遗集因得出而问世。
>
> （唐文治《张海民遗集序》,见《茹经堂文集二编》卷五）

秋冬间　仍研理学。读《二程遗书》《朱子文集》并《先儒语录》等书，粗有论著。

(据唐文治《茹经先生自订年谱·癸未十九岁》)

12 月(十一月)　先生作宁波辨志文会本月宋学课艺，名列宋学超等第十名。

汉学超等：黄维瀚、毕光祖、孙锦江、于邕、王瑶、许克勤、俞鸿杰、范麟、朱逢甲、萧銮。特等：汪开祉、王诒经、金承熙、盛钟璆、许纯震、叶时升、陶锡保、陶景弼、陈畴、秦在镕。

宋学超等：黄家桥、叶秉钧、何林、黄维瀚、孙锦江、朱逢甲、洪日洵、翁其泰、黄灏、唐文治。特等：陆宝英、叶秉衡、黄家桐、毛震、喻鲸华、许克勤、王诒经、郑钟祥、汪赞纷、谢克桐。

史学超等：杨敏会、汪赞纷、毛震、朱逢甲、周祥年、俞鸿楛、王祖赓、周以成、葛十浚、张树荛。特等：范彭寿、屠承恩、秦赞尧、邹宸笙、周保珏、秦在镕、姚文相、周维新、林埴梅、许克勤。

算学超等：沈春元、杜镜清、沈家骏、赵鸿模、俞鸿杰、朱受谦、翁其泰、叶春晖、陈世昌、周岐。特等：李树勋、王瀛、方丙南、曾桂芳、李高业、卢云鹏、顾兰、项钟王。

(《宁郡辨志文会九年十一月分课案》，见《申报》1884 年 4 月 26 日第 2 版)

按：清光绪五年(1879 年)，浙江宁波知府宗源瀚仿照求志书院而创办宁波辨志精舍(又称辨志书院、辨志文会)，分六斋课士。其所定章程规定："文会分六斋，曰汉学，曰宋学，曰史学兼掌故，曰算法，曰舆地，曰词章。每斋延专精是学者为斋长，校阅课卷。每斋每课三题，仅作一题者不录"，"文会无论举贡生监，俱准与试。与试者各习一斋，尽其所长，不必求多。鸿才博学能兼各斋者，听其兼作……每月朔日发题。郡城即贴于孝廉堂月湖书院，外县均邮寄各学，交教官收掌……每课每斋俱分三等：超等十名，第一名花红六元，二、三名各四元，第四、五、六名各三元，七、八、九至第十名各二元；特等十名，每名一元；一等不拘名数，不给花红"。(见《申报》1879 年 2 月 18 日《增设辨志文会示》)

又按：先生《茹经先生自订年谱·乙酉二十一岁》："课余作宁波辨志文会宋学课艺。主讲者，浙江刘艺兰先生，名树人，甚器赏余，屡置第一，且托元同师转达惓惓，余深感之。"《茹经先生自订年谱》将此事系于乙酉年，即 1885 年，但据《申报》之报道，唐文治至迟于 1883 年起便经常参与辨志文会宋学、汉学课艺之撰作。

1884 年(甲申 清光绪十年) 20 岁

6月(五月) 先生作宁波辨志文会本月宋学课艺,名列宋学特等第三名。

汉学超等:葛樾、俞鸿杰、范麟、许克勤、何宗镐、胡玉庚、张鸿桷。特等:汪开禧、汪开祉。

宋学超等:叶秉钧、刘孝思、张树蓂、黄维瀚、叶秉衡、葛樾、黄家桥、黄灏、何宗镐、范麟。特等:孙锦江、张鸿桷、唐文治、陆铸贤、陈畴、郑钟祥、吴蕴华、王亨彦、姚文枬、李翼鲲。

史学超等:张树蓂、汪赞衯、张人龙、杨敏曾、盛廉、张鸿桷、徐乃枬、邹宸笙、朱逢甲、翁鉴。特等:于邕、俞鸿杰、周以成、吴蕴华、秦锡田、杨鲁曾、秦在镕、屠承恩、王祖赓、虞象耕。

算学超等:杜镜清、翁灏、沈春元、王建勋、方丙南、顾兰、王佩璐、王立诒、李炳章、董佑堂。特等:邵仁榕、王瀛、何宗镐、朱受谦、李树勋、姜绍衣、卢云鹏、俞鸿杰、赵鸿模、王仁熙。

舆地超等:汪赞衯、王瑶、陈鹤年、虞象耕、汪开祉、朱逢甲、苏翰、杨鲁曾、冀锐之、俞斯珏。特等:江若梁、张鸿桷、何宗镐、黄维瀚、许克勤、陶承侃、郑继侨、陶景弼、秦在镕、项戴瀛。

词章超等:杨敏曾、邹宸笙、蒋耀琮、李景沆、蔡福钧、张毓麟、叶振铎、姜宝善、杨炳章、黄云鼎。特等:陈希瑾、袁彭年、李凤祥、竺廖祥、董锡康、盛钟琳、朱镕、陈寿祺、陈锵墀、方庆衍。

　　(《宁郡辨志文会五月分课案》,见《申报》1884 年 12 月 12 日第 3 版)

汉学:《郑注引汉制度考证》《读〈白虎通义疏证〉》《读五经异义疏证》。宋学:《素位说》《集义说》《论龙溪近溪学术》。史学兼掌故:《军赏不逾月说》《唐开元敕升老庄居列傅首说》《读林文忠政书书后》。天文兼算学:《地行八周金星行十三周解》《有地在众星中欲测其高远不得退步亦不可横量宜用何法测之》《股弦和弦和较相乘与勾乘弦较和等即因以股弦和为长阔和试言其理》。地舆:《圁水圜水辨》《丹阳丹杨辨》《问庄子达生篇孔子观于吕梁当今何地》。词章:《蔡尚书入鸿都观碣赋以十旬不反叹其出群为韵》《峄山碑跋》《拟郭景西游仙诗不拘首》。

　　　　　　　《辨志文会五月分课题》，见《益闻录》1884 年第 362 期)

7月(闰五月)　先生作宁波辨志文会本月宋学课艺,名列宋学超等第六名。

　　汉学超等：俞鸿杰、乐行遵、王瑶、汪开祉、杨亘、张鸿桷、赵履福、方骙、黄维瀚、秦在镕。特等：许克勤、翁其泰、许纯震、冯诚中、叶秉钧、韩柳文、杨鲁曾、范麟、孙锦江、何宗镐。

　　宋学超等：黄家岱、叶秉钧、刘孝思、叶秉衡、俞鸿杰、唐文治、黄维瀚、叶元缙、赵履福、范麟。特等：黄建勋、何宗镐、郑钟祥、黄家桥、张鸿桷、黄荣、张树冀、孙锦江、范彭寿、张鸿模。

　　史学超等：于鬯、汪开祉、杨敏曾、黄维瀚、邹宸笙、张树冀、朱逢甲、周保珏、杨鲁曾、汪赞纷。特等：张鸿桷、盛钟镠、陶之观、秦在镕、周以成、任宗昉、屠承恩、盛葆廉、范彭寿、毛震。

　　算学超等：王佩璐、王建勋、黄灏、朱受谦、杜镜清、柯琳、沈春元、李树勋、俞鸿杰、赵鸿模。特等：林植梅、陈世昌、周歧、何宗镐、王恭寿、朱焕章、车得路、姜绍衣、李炳翚、王存中。

　　舆地超等：汪赞纷、盛葆廉、翁其泰、江青、项戴赢、汪开祉、陈翰芳、陈畴、戴羲、叶时升。特等：赵庚、许克勤、吴廷采、潘崇福、张鸿桷、黄家篙、俞振镛、俞鸿槎、秦在镕、陈康瑞。

　　词章超等：李翼鲲、杨引传、陈鼎勋、陆铸贤、李景沆、邹宸笙、朱逢甲、李鼎颐、赵诒谷、包堂。特等：姜熊占、陈寿祺、董锡康、张鸿桷、石鸿裔、李凤翔、金庭萼、陈隆燕、夏燊、许玉庭。

　　　　　　《宁郡辨志文会闰五月分课案》，见《申报》1884 年 12 月 17 日第 2 版)

8月(七月)　先生作宁波辨志文会本月汉学及宋学课艺,名列汉学超等第六名、宋学超等第一名。

　　七月分汉学超等：曾桂芳、许克勤、汪开祉、张鸿桷、王亨彦、唐文治。特等：吴寿□、王亨兆、陶承澍、梁安周、金承熙、秦在镕。

　　宋学超等：唐文治、叶秉钧、刘孝思、叶元继、张鸿桷、杨引□、黄家桥陆铸贤、毛震、袁□乔。特等：许克勤、□保珏、林钟仑、王亨彦、谢辅熿、黄家佑、王亨兆、童志善、袁瑞传、鲁声东。

　　史学超等：王亨兆、朱逢甲、汪赞纷、葛士浚、邹宸笙、李景沆、周以成、范彭寿、屠承恩、毛震。特等：汪开祉、张善炜、钟允达、范介福、周保珏、陶景弼、江翼鼎、彭枢、周邦干、张尚纯。

算学超等：沈宝铢、曹辛、陈世昌、何宗□、朱受谦、周岐、沈春元、邵仁榕。特等：叶春晖、李树勋、王□、乌瑞书、董佑堂、方丙南、王仁熙、李炳章。

舆地超等：陈受田、朱逢甲、蒋载英、黄丙寿、陶承澍、汪开祉。特等：郑继侨、李鼎颐、叶秉钧、章桂馨、陈步梯、郑钟祥。

词章超等：李鼎颐、李景沆、朱逢甲、邹宸笙、李凤翔、姜宝书。特等：董锡康、王以祥、于郊、方焕光。

（《宁郡辨志文会十年七、八两月分课案》，见《申报》1885年2月27日第2版）

10月（九月） 先生作宁波辨志文会本月宋学课艺，名列宋学超等第五名。

九月分汉学超等：许克勤、吴廷采、金承熙、张鸿桷。特等：汪开祉、施日明。

宋学超等：黄维瀚、叶秉钧、刘孝思、叶秉衡、唐文治、王亨彦、叶元缙、朱逢甲、郑钟祥、毛震。特等：李鼎颐、张鸿桷、周保珪、谢辅熿、沈重光、王绍经、黄家桥、张宗录、秦惪林、鲁声京。

史学超等：汪赞纷、范文荣、汪开祉、杨敏曾、邹宸笙、黄维瀚、范彭寿、叶元缙、屠承恩、于鬯。特等：秦惪林、王祖龄、陶景朱、秦在镕、张鸿桷、朱锦绶、范介福、毛震、林植梅、周保珪。

算学超等：陈光荣、卢云鹏、杜镜清、程万里、朱受谦、周辛、王恭寿、李树荣、周光祖、何宗镐。特等：叶□芳、沈春元、董佑堂、曹辛、王恭模、方丙南、乌瑞书、王瀛、王莹、郎赞衮。

舆地超等：范文荣、朱逢甲、周保珪、黄维瀚、杨鲁曾、虞象耕、汪赞纷、陈锡田、黄永清、张善炜。特等：戴羲、秦惪林、许克勤、陈忠瀚、叶秉钧、何宗镐、王亨彦、朱镕经、凌师臯、秦在镕。

词章超等：盛钟镠、赵椿年、杨敏曾、李景沆、杨引传、陈寿祺、邹宸笙。特等：叶镕经、董锡康、林钟湘、毛震、张善炜、杨鲁曾、徐景祺、姚文枬、方焕光。

（《宁郡辨志文会十年九、十两月分课案》，见《申报》1885年3月3日第2版）

12月（十一月） 先生作宁波辨志文会本月宋学课艺，名列宋学超等第一名。

汉学超等：陈卓人、秦在镕、项登瀛、范麟、汪开祉、许克勤、竺廛祥、许文蔚、胡玉庚、吴玉衡。特等：吴寿、张鸿桷、胡友芸。

宋学超等：唐文治、叶秉钧、叶元缙、刘孝思、叶秉衡、沈重光、范麟、范彭寿、郑钟祥、毛震。特等：秦惪林、张鸿桷、朱逢甲、陈瀚芳、黄家桥、王亨彦、陆感清、王绍质、林炳燊、李志莘。

史学超等：葛士浚、王赓、黄家岱、汪开祉、朱煜范、彭寿、陈志仁、杨敏曾、秦在镕、张承缓。特等：朱逢甲、江翼鼎、张善煌、陶之观、林植梅、毛震、朱镕经、胡友芸。

算学超等：方丙南、杜镜清、王瀛、陈述、沈宝铢、袁绍初、佘仰厔、王莹、朱受谦、沈金□。特等：沈春元、叶春晖、范猷良、董仰高、董仰山、周莘、王恭谟、王仁熙、陈继申。

舆地另行榜示。

词章超等：李集成、杨引传、姜占、张鋆、邹宸笙、杨炳秀、周家鼎、陈希瑾。特等：华丙奎、陆铸贤、陈凤锵、毛震、秦在镕、蒋锡龄、叶振铎、陶玉珂、李鼎颐、朱逢甲。

（《宁郡辨志文会十年十一月分课案》，见《申报》1885 年 4 月 6 日第 3 版）

汉学：《释元》《转注造字之本说禽兽之鸣合古音说》。宋学：《三月不违仁说》《知言说》《乾言圣人之学坤言贤人之学说》。史学兼掌故：《白香山不入朋党论》《读韩昌黎守戒》《营贪议》。天文兼算学：《至元初年最卑与冬至月度解》《外三星迟疾退留由于地行说》《横量一百四十丈为底缘两旁平置仪器测远得左仪八十六度右仪八十九度问所测之远几何》。舆地：《尽东其亩解》《李纲为河东北宣抚以援太原论》《问贾捐之议弃珠厓与曾铣议复河套两说若何》。词章：《太原郝子廉过姊饭留十五钱赋以留十五钱默置席下为韵》《拟梁简文谢东宫赐裘启》《恭拟皇太后五旬万寿喜起舞乐章十章》。

（《辨志文会十一月分课题》，见《益闻录》1884 年第 421 期）

本年　读《周礼》《仪礼》《尔雅》，始从事经学。（据唐文治《茹经先生自订年谱·甲申二十岁》）

本年　江苏学政黄体芳在江苏创设南菁书院，以朴学提倡多士，友人毕光祖为先生报名，寄应试卷。（据唐文治《茹经先生自订年谱·甲申二十岁》）

1885年(乙酉　清光绪十一年)　21岁

　　3月(正月)　先生偕毕光祖、张树葵诸友,同赴江阴南菁书院应"甄别"试。3月4日(正月十八日)为"经学"试,3月6日(正月二十日)为"古学"试。先生被取为经学特等第四名,古学超等第十一名。毕光祖被取为经学超等第九名,古学超等第六名。张树葵被取为古学特等第二十名。

　　春,偕毕君枕梅、张君拙嘉名树葵诸友,同赴江阴南菁书院应试,取超等。

(唐文治《茹经先生自订年谱·乙酉二十一岁》)

　　《释〈周易〉大象以例》《释〈尚书〉又曰例》《释〈诗〉终且例》《乡兴贤能论》《答林硕论难述》《辨顾祭酒左氏引经不及仪礼说》《论秦文恭五礼通考各门优劣》《读阮文达性命古训》。

　　廿二日发案。超等十二名:金谷园、张锡恭、华世芳、陶承潞、耿葆清、李兆庆、赵圣传、汪凤瀛、毕光祖、刘富曾、沙从心、吴肇嘉。特等十六名:王虎卿、顾锡祥、钱承煦、唐文治、陈玉树、曹辅臣、陈浏、章际治、李安、杨模、姚锡光、徐乃枬、张树葵、曹元弼、雷补同、周召齐。壹等三十二名:陈庆年、王尤、顾保畤、杨世沅、崔朝庆、唐锡晋、顾锡中、沈文瀚、马为瑄、张之纯、周维桢、刘翰、冯铭、朱映奎、孙祖烈、周熙元、柳预生、陈国霖、陈汝恭、李钟珏、袁康、潘彭龄、孙泰圻、凌绍濂、李经莹、刘宗淇、左溥、邢世章、孙廉清、顾安泰、钱荣国、薛嘉楹。

(《南菁书院正月十八日甄别经学题》,见《申报》1885年3月17日第2版)

　　《公惭卿卿惭长赋》(以庆基既启有蔚颍滨为韵)《江南春赋》(不限韵)《问历代史书所载接济军饷事何策可从》《周孝侯论》《闻官军收复越南》(七古,用少陵《洗兵马》韵)《闻台海捷报》(七古,用右丞《老将行》韵)《焦山周鼎歌》(七古,用昌黎《石鼓歌》韵)《登君山瞰大江》(七古,用东坡《游金山寺》韵)《东林点将录题尾》(近体,不拘首数,不限韵)。

　　念三日发案。超等十六名:杨模、李安、陈浏、孙祖烈、顾锡祥、毕光祖、沈文瀚、吴肇嘉、王虎卿、姚锡光、唐文治、王尤、韩泰东、唐锡晋、华世芳、李钟珏。特等二十六名:李兆庆、周召齐、刘泰璋、雷补同、孙廉清、顾安泰、耿葆清、曹元弼、凌绍濂、程源清、章际治、顾锡中、赵圣传、姚启寅、姚彭年、陈国霖、沙从心、汪凤瀛、徐乃枬、张树冀、孙锦标、张锡恭、殷僎、左溥、蒋澂、徐麟翔。一等三十二名：杨世沅、查兰、陈堃吉、戚金奎、马为瑄、张之纯、陈庆年、范循让、王志铭、柳预生、金谷园、钱承煦、朱映奎、邢世章、张盛传、朱绿藻、邹之干、蔡承禧、冯铭、陈汝恭、陈炳英、李逢辰、刘富曾、曹辅臣、顾保畴、刘宗淇、陈炳林、崔朝庆、周维桢、朱尔楷、朱维城、刘翰。

　　（《南菁书院正月二十日甄别古学题》，见《申报》1885 年 3 月 17 日第 2 版）

　　选拔在每年正月过了十五（元宵节），具体日期由学政决定，大约正月二十日前后。这时，大江南北人才汇集于江阴南菁书院，由江苏学政亲自进行"甄别"。所谓"甄别"，就是入院考试，因南菁是一所"考课通省举贡生监"的书院，参加考试的，必须是已取得功名的读书人，如举人、贡生、生员、监生等。如还没有考上生员（秀才），或不是江苏籍的，是没有资格进南菁书院住院肄业的。考试时间为两天，一天考经学，一天考古学。

（赵统《南菁书院志》）

　　按：南菁书院的研习内容分"经学"和"古学"两大内容。据吴新雷《南菁书院的学术研究及其对文化界的贡献》一文云："经学中包括'小学'（文字、音韵、训诂）；'古学'是指我国自古以来除经学以外的各种有价值的传统学问，上至天文，下至地理，甚至还有算学、佛学，突出的是文学和史学，包括古籍版本的校勘学和考据学等。"据上引《申报》的报道可知，先生此次参加南菁书院的"甄别"考试，也是按"经学"和"古学"两类分别出题。

　　又按：赵椿年《覃揅斋师友小记》："书院首次甄别，以《南菁书院崇祀高密郑君、紫阳朱子粜主议》命题，因郑君、朱子抬头，写作两行，有误作两题者，传以为笑，惜未见其文，不知南菁书院崇祀一题，如何措辞也。甄别经学首选，忘其何人。古学题为《七洲洋赋》，刘葆真首列，其时尚名毓麟，后改可毅。"陆阳《唐文治年谱》以为《南菁书院崇祀高密郑君、紫阳朱子粜主议》及《七洲洋赋》即为本年先生等入院甄别考试的经学题及古学题，误。上引《申报》所刊载的本次甄别经学题及古学题，并无此二题，古学发案的名录中亦无刘毓麟其人。赵统《南菁书院志》中则谓："赵椿年这里所说的'书院首次甄别'，不知是指光绪九年还是十年的甄别。"

　　嗣后，即入南菁书院肄业，住"章"字斋。

　　乙酉岁，予肄业江阴南菁讲舍，夫人以姑病而予远游也，牵衣而泣，予为之怊恍不食者二日。

（唐文治《郁夫人家传》，见《茹经堂文集初编》卷五）

乙酉岁,余肄业南菁书院,君访余于章字斋中。

（唐文治《谱弟曹君叔彦七秩双寿序》,见《茹经堂文集四编》卷五）

按：赵椿年《覃揅斋师友小记》一文载："（南菁）书院在江阴县城内中街,为旧水师营协镇游击两署故址,取朱子《子游祠堂记》'南方之学,得其菁华'命名。建立院舍七进,为课生斋舍,及掌教住宅。课分经学、古学两门,各设内课生二十人,分居训、诂、词、章四斋,每斋十人,设斋长一人。"以后斋舍又逐渐扩增,杨颐就任江苏学政时,将原先的训、诂、词、章四斋,改名为德、行、道、艺,又增添礼、乐、诗、书四斋,共八斋。又据光绪二十五年（1899 年）进南菁做课生的钱自俨回忆："当时院内共有十排斋舍,以'德行道艺、礼乐诗书、训诂'十个字编号（后又扩编'忠恕勤俭'四斋）。"（见吴新雷《南菁书院的学术研究及其对文化界的贡献》）比先生晚四年进南菁书院的吴稚晖入院时住的是"诂"字斋："我等所居为诂字舍,各自以为许（许慎）、郑（郑玄）、迁（司马迁）、固（班固）聚此八舍也。"（见吴稚晖《寒厓集序》）而据上引《谱弟曹君叔彦七秩双寿序》,又先生《南菁书院日记》清光绪十一年（1885 年）三月初十日："是日,君培移章字斋,与余同居。"可知先生住在"章"字斋。

进入南菁书院后,谒见江苏学政黄体芳,黄"谆谆然训以有用之学"。开始受业于院长黄以周。黄以周取《易》"静""专"二字以训南菁诸生。曾向先生转述顾炎武"经学即理学,理学即经学"之语,复教以训故、义理合一之旨。

谒见黄漱兰师,谆谆然训以有用之学,遂受业于院长黄元同先生之门。先生名以周,浙江定海人,为薇香太夫子之季子,东南经学大师也。闻余讲宋儒之学,甚喜,语余曰："顾亭林先生有言：经学即理学,理学即经学,不可歧而为二。圣门之教,先博后约,子其勉之。"复教余训故、义理合一之旨,先假余陈北溪先生《字义》,余钞读之,逾月而毕。又示所著《经义通故》（后改名《经训比谊》）,余亦摘其精要者钞录之。又于藏书楼纵览诸书。自是,于经学、小学亦粗得门径矣。

（唐文治《茹经先生自订年谱·乙酉二十一岁》）

瑞安黄漱兰先生督学江南,建南菁讲舍,延先生（按：指黄以周）主讲。宁波太守宗湘文先生建辨志精舍,聘先生主经学科,南方弟子从之者千余人。先生壹本孔孟之教以为教,尝取《易》"静""专"二字,以训南菁诸生,曰："学问必由积累,初无顿悟之方。而积累全在静、专,亦无袭取之道。人有终日读书而掩卷辄忘者,病在不静;有终身读书而白首不名一艺者,病在不专。静则记性强,专则学术成。"又曰："昔之儒者尚专经,故能由一经以尽通诸经;今之学者欲无经不通,乃至一经不通。"其笃实如此。文治自光绪乙酉岁受业先生门下,忽忽已三十余年矣，追维先生之训，恒自警惕。

（唐文治《黄元同先生学案》，见《茹经堂文集初编》卷二）

按：先生《王紫翔先生文评手迹跋》（见《茹经堂文集三编》卷五）："乙酉岁，文治赴江阴南菁书院肄业，先生（按：指王祖畬）诏之曰：'昔顾林亭先生有言，经学即理学，明理必在于通经。彼强分门户者，皆鄙倍之徒也。吾闻南菁院长黄元同先生经学大师，子守吾理学之教，而更采黄先生之所长，博闻强识，穷理尽性，他日自成一家，斯可矣。'"则先生赴南菁书院肄业时，王祖畬亦向其申明顾炎武"经学即理学"之旨。

4月20日（三月初六日）　晚，黄以周命先生及赵椿年"进讲"。

（三月）初六日……夫子谕："尔等有志为学，须求在我者，凡毁誉诸事皆不必管，即如考书院课期，但尽我所长耳，不必计其或前或后也。"又谕："近日讲学极难，有避道学之名者，则讳而不讲；即有讲者，先入主出奴之见存于胸中。夫既存一入主出奴之见，原可不讲学了，故戴东原先生《孟子字义疏正[证]》立说俱是，而近于毁骂。至焦理堂作《孟子正义》，更失东原先生之旧。"……文治案：近日讲学，诚难言矣。有避道学之名者，则绝口而不谈。然亦非专避道学之名也。有谓学问须躬行不必出诸者，有谓翘然以道义自命，则迹涉标榜，来人訾议者，治谓此二者诚合乎暗然自修之真，足矫当世之为人徇外者。然所见犹未尽也。夫子曰："知者不失人，亦不失言。"不失人不失言固难，然儒者顾问其心之何如耳。苟勇于以道自任，遑问其迹之涉标榜与否哉。学问原在躬行，然绝口不道，则理何自明？此二者不足避也。所患者，言学之分别门户耳。近世有训诂之学，有义理之学，其外又有顿悟之学。言训诂者，病义理为空疏；言义理者，病训诂为泛骛；而言顿悟者，更病义理为支离；甚有主训诂之学，目未见程朱之书，而亦痛斥宋儒者；主义理之学，目未见许郑之书，而亦痛斥汉儒者。痛斥宋儒，而躬行视为迂腐；痛斥汉儒，而经书束之高阁。至言顿悟者，并且绝圣弃智，专认本来面目矣。此岂复成儒者气象哉。夫学术不明，吾党之责也。文治天资既钝之极，于经学尤生望洋之叹，然窃愿于训诂、义理二者，皆稍稍涉其流。俾言训诂者，不至斥义理为空疏；言义理者，不至斥训诂为泛骛；而顿悟之学，尤思辨其似是之非，至于其他，非所敢志。今幸值夫子之有道，而终身得所依归，故敢布其私愿，谅有志竟成，不以为大言不惭也。

（唐文治《南菁书院日记十六则》，见《唐文治文选》）

按：赵椿年《覃擘斋师友小记》载："师在校讲贯之语甚多，不能悉记，仅就《乙酉日记》中，讲'先立乎其大'一事，录之于左，以见一斑：是日见师言前日古学题

《读陆象山先立乎其大说》，都将象山一概抹倒，不知象山之学，亦有是处，如决去世俗之见一语极是。今人惟不能决去世俗之见，是以为学不能静专。晚间命蔚芝与椿进讲。师言：'先立乎其大，孟子曰思则得之，正当体验一思字。如今庸夫俗子，终日营营，未尝不思，然尽是游思妄念，何尝能立。可见象山决去世俗之见之是。孟子之思，是先于静时体认得四端真切，动时能见仁谓仁，见智谓智，自然能立，此《大学》所谓知止之学也。故初学做功夫，先当自己体认，即如我方才在前面，尔等见我，自然立定，一心专注在我，听我说话。后仁卿、绍穆进来，亦皆立定。在此自己亦说不出所以然，不过认得我耳。设有院外人来，便未必立定；即立定，亦必要悬揣为某人某人，总由不认得，不能知止耳。然如我进来之后，尔等心总散，未必如向之专一。是以学问之道，在时时提醒此心。提醒者，即孟子必有事数语也。故孟子先立其大，只要做功夫，原是人人能立。以集义养气言之，集义得几分，即立得几分；气养得几分，即立得几分。'因谕蔚芝：'前课卷中，言须尽心知性乃能立非是。如谓孟子四十不动心为立乎，是孟子四十以前，常有游思妄念而不能立矣。惟孟子之立乎其大，则于集义养气，并下功夫。象山之立乎其大，则不务集义而专从事于养气。故有积累与顿悟之异耳。然象山前段，亦有读书工夫，故能屏去私欲，而立得大者。后人天资既不如象山，而又以不读书学象山，则终不如象山。故教学者不得不从平实。程朱学问，原不专是求其外而遗其内。如朱子中和说四篇俱好，但后二篇更较前二篇着实耳。'蔚芝因问：'言敬者极多，究以何说为下手之要？'师言：'涵养最难，程朱有程朱之涵养，陆王有陆王之涵养，总以孟子必有事数语为最切。尔等平日读书时，心固在书上，及做事时，心便散。所谓物交物，则引之而已矣。此由无养故也。能养然后能静，能静然后能读书。'蔚芝又问：'禅学系体认其昭昭灵灵者，故常有一恍惚景象。然如孔子所谓立则见其参于前，在舆则见其倚于衡，颜子所谓卓尔，孟子所谓跃如，却易为禅宗所假借。'师谓：'此皆必有事之谓也。'又谓：'禅释亦自不同。一则屏绝事物，一则亦须应事接物也。'又谓：'近日讲学极难，有避道学之名者，则讳而不讲；即有讲者，先以入主出奴之见，存于胸中。夫既存一入主出奴之见，原可不讲学了。故戴东原《孟子字义疏证》，立说俱是，而近于毁骂；至焦理堂作《孟子正义》，更失东原先生之旧。近日有新刻一理学书，分传道、明道诸目，传道系陆稼书、陆桴亭、张杨园、张孝先四先生；至汤文正诸先生，在明道之列。此书见识亦未必精。'椿以庄方耕先生遗书问，师谓：'方耕先生识解自高，所以不行者，议论每有过当处，由天资高、学力浅之故。'又训椿云：'汝最年少，学问都可做得，但十年廿年一瞬即过，须深自刻励。'又训：'汝日记中谓周初未有九庙，此说非是。周公立庙时，文武固在四亲庙中；文武以前之祧主，不能不立，又不尽在七庙中,不得不置之世室。可见当时实有九庙。早已为文武世室地步。'又训以舌音与半舌音难辨者,由音有清浊,及土音不同之故。为学当务其大者、远者,此等得大意已可。"从文中所述"近日讲学极难"一节内容看,可证赵椿年《乙酉日记》与先生《南菁书院日记》所记为同一事,而《乙酉日记》所记更详,故录之以与《南菁书院日记》互参。

又按: 赵统《南菁书院志》释"进讲"之意曰:"有时,院长还要求课生将自己平时的研究心得当面讲出来,以便及时发现新的学术成果或存在的问题,而院长则随时指出课生所讲的优缺点,耐心地加以辅导,这叫'进讲'。"

进入南菁书院后,先生结交同门曹元弼、章际治、赵椿年、刘翰、沙从心、陈浏等人。

交吴县曹君叔彦名元弼、江阴同年章君琴若名际治、阳湖赵君剑秋名椿年、武进刘君淮生名翰,皆一时英俊也。曹君精于《易》《礼》诸学,笃守郑君家法,尤为纯实。

（唐文治《茹经先生自订年谱·乙酉二十一岁》）

乙酉岁,余肄业江阴南菁书院,君（按:指曹元弼）访余于章字斋中。君年十九,治诗、礼;余年二十一,研性理,一见如旧相识,忻合无间。

（唐文治《谱弟曹君叔彦七秩双寿序》,见《茹经堂文集四编》卷五）

清光绪癸未、甲申之交,瑞安黄宗师体芳奉命督学江苏,学署在江阴县城中。公抵任后,即于署之东南建设书院,颜曰"南菁"。大江南北,人才鳞萃。建筑之初,天有雨粟之瑞,见南汇张山长文虎纪载碑,天人感应,亦云奇矣。院中设训、诂、词、章四斋舍,余于乙酉岁住院时,江阴沙君从心字循矩为训字斋斋长。余初之院,见君如旧相识。君方致力于小学、经学,余与讲贯,均无间然。君具刚练才,凡诸同学寄卷寄题,悉一身任之。

（唐文治《江阴沙君循矩墓志铭》,见《茹经堂文集六编》卷六）

陈亮伯兄讳浏,与余少年时同肄业于江阴南菁书院……当同学时,有若江阴章琴若太史际治、沙循矩内翰从心、吴县曹夔一内翰元忠、曹叔彦太史元弼、丹徒陈善余明经庆年,一时人才彬彬极盛。而余与亮兄参与其列,有时春秋假日,饮酒论文,上下角逐,争相先后,以为笑乐。

（唐文治《江宁陈亮伯先生墨迹题辞》,见《茹经堂文集六编》卷一）

与余同时住院者:娄县张闻远（锡恭,光绪戊子举人）,专精"三礼",粹然儒者;金匮华若溪（世芳,光绪乙酉拔贡）,算学传家,静深有本;兴化赵蓉裳（圣传）、江阴沙循矩（从心）,治经学;如皋吴仲懿（肇嘉）,熟精选理;高邮王绍穆

（虎卿），英思壮采；如皋顾仁卿（锡祥），治词章；太仓唐蔚芝（文治），通宋学，讲经济，治古文，坐言起行，不负所学，今尚在沪；盐城陈惕菴（玉树），通经史，治古文，精义瑰词，必传于后；江浦陈亮伯（浏），惊才绝艳；江阴章琴若师（际治，事已见前）；南通李磐石（安），治词章；无锡杨范甫（模），治史学词章；丹徒姚石荃（锡光），讲求经世之学，文亦隽杰廉悍，以教授得士，驯至通显，惜晚遇屯邅，无所成就；丹徒陈善余（庆年），治经小学史学，博洽多通，在院至日晡始起，以读书终夜不寝也；句容杨芷湘（沅），治词章；南通崔聘臣（朝庆），通算学，元同师以为华若溪之亚，今无知之者矣；海州沈海秋（文瀚），治词章；武进刘淮生（翰），文章闳丽，益吾师有韩潮苏海之褒，与兄葆真（可毅）、葆良（树屏）齐名，称三刘，早卒；江阴冯箴若（铭），治词章；无锡孙虎峰（祖烈），治史学；句容陈子寿（汝恭），名父（卓人先生，著《公羊义疏》）之子，亦治朴学，携其弟子田自耘（其田）来，甫过十岁，见余等皆谦称先生，而目光炯炯，若俯视一切者，后与刘申叔（师培）同治汉学，文亦法汉魏，惜不永年也；如皋姚小宾（彭年），诗文皆极艳丽；宝山刘我山（奉璋），治经学词章；泰山卢希侣（求古），治词章。以上皆十一年到院。

（赵椿年《覃揅斋师友小记》）

先生结交同门赵椿年后，赵由先生介绍，执贽于太仓王紫翔（祖畬）先生门下。

余肄业南菁时，尚不能废举业，见太仓王紫翔先生（祖畬）为唐兄蔚芝所改制艺，惊为绝作，非时人所能。因请蔚芝介绍，执贽门下，得进窥先生经史古文之学。先生早读陆清献公《三鱼堂集》，知为学之要。其后博观约取，身体力行，上则希踪考亭，下则与亭林、稼书相颉颃（此二句，蔚芝序师文集中语）。光绪癸未成进士，改庶吉士，散馆选授河南汤阴知县，乙未以忧归，遂不复出，丙申卒于家，及门私谥曰文贞。蔚芝偕同学酌定《文贞文集》十卷，《别集》四卷，《制义》一卷，由公子慧言（汝[保]譓）校刊。《别集》第三卷中，有致椿年一书，策励有加。壬辰年得蔚芝函，犹谓师于椿，推许备至，愧行能之无似，知性道之难闻，略述渊源，冀附从游之列云尔（蔚芝《茹经堂三集》中有师学案）。

［赵椿年《覃揅斋师友小记》（续）］

12月2日（十月二十六日） 继任江苏学政的王先谦抵达江阴，进驻江苏学政衙署。不久即以《尔雅》《说文》《文选》《水经注》四种分配给南菁书院诸生及各府、州课生，为作集注，后"未能有成"。

冬，学院王益吾先生来接任。先生名先谦，湖南长沙人，亦名翰林也。

（唐文治《茹经先生自订年谱·乙酉二十一岁》）

十月二十六日，抵江阴，驻署。

（王先谦《王先谦自定年谱·光绪十一年乙酉·四十四岁》）

乙酉，漱师任满，继任者为长沙王益吾师先谦，时官国子监祭酒。下车观风之试，发《劝学琐言》一本，以《尔雅》《说文》《文选》《水经注》四种，分配各属为集注。如《尔雅》则"释诂""释训"江宁，"释言"太仓；《说文》则一至丨上元，中至舛江宁、句容、溧水；《文选》则一卷上元，二卷江宁；《水经注》则河水江宁，济水上元。各县皆照此分配。未能有成。至师归田后，始自集《水经注释》为一书耳。史学则拟令补注各史之志，道学则以《朱子近思录》《刘氏人谱》二书为归，经济则以《国朝掌故》《经世文编》及《近日诸名臣章奏》为主。其言诗文尤扼要，谓古文之学，姚惜抱富于理，梅伯言富于辞，曾公文正气主驱迈，神自朴洁，学者当由三家，以求合《类纂》之绳墨。诗则当先读苏、陆以充其才，次学孟、黄以老其格，然后沉潜少陵以充其体，上溯《文选》以富其材，取昌黎之骨力，兼义山之典实。斯二说者，皆毕生奉为圭臬，而曾无几微之似者也。

（赵椿年《覃揅斋师友小记》）

本年　黄体芳选择南菁课生"历年岁科试文及书院课艺之尤雅者，汇刻为《江左校士录》六卷"，先生之《〈月令〉习五戒解》收录于该书卷三"经学"类。

制举之文，原出经论，其义法不逾乎古文，其神理骨格皆资于古文也。明归震川、唐荆川并古文名家，故其制雄冠一代。国初作者恢而廓之，体裁少别，大致不殊。至王农山、尤悔庵从事声律，标新领异，涂辙斯歧。然兰雪实胎息齐梁，有韵为文，义资翰藻；西堂则植根风雅，综合唐宋，遗貌取神。揆厥渊源，未遑轩轾。

自房行杂出，巧窦日开，承学之徒，逃难务易，舍其正业，揣逐时趋，以涂附涂，浸成迷塞。顾亭林于《生员四论》及《日知录》"明经"诸条，反复千言，颇怀斯惧。"八股盛而六经微，十八房兴而廿一史废"。尔时颓敝已然，今则变而益甚。阮文达公典司会试，议合化、治、正、嘉、隆、万、天、崇暨国初时墨、各家体式为《魁墨》一编，又以策篇条对优劣异同、等差高下，循其命脉，箴厥膏肓，振聩发蒙，实为要药。

夫文之为道，表里相需，语以旨归，目凡有四，词居其一，义处其三。理究天人之微，典通古今之故，事周万物之情，三者备，斯言可立。然则不究心经史子集之学，何以为文？不精研汉宋之说、贯百家之言，又何以为学哉？

余承乏山左，即师文达之例，用策论解说为程，冀收朴学之效。时更兵乱，师法凌夷，求孔巽轩《公羊春秋》，牟陌人《今文尚书》，桂未谷、郝兰皋《说文》

《尔雅》之传,阒然寡偶。今移节是邦,距彼岁又十年矣,讲艺日久,边燧不惊。江南故文学之区,子言子弦歌诵习之所,汉唐以来代有闻人。读亭林书及《颜氏家训·书证》等篇,慨然于古今学术升降于兹;读《学海堂经解》《骈体文钞》及江郑堂《汉学师承记》、姚春木《文录》诸书,又未尝不跃然以兴,思史公响往之言不置。

既依程行试,进退群伦,复推文达建立吾浙诂经精舍之意,于江阴驻所择地一区,奏设南菁书院,延王述庵、孙伯渊其人主其讲席,修明绝业,开示师资,教学相摩,庶几不坠。事蒇,取其言之尤雅者汇而录之,都为六卷,以存一斑。刘中垒序《国策》云:"皆可喜,亦可观。"余闻道晚暮,不知是编之刻,于古人所谓可观者若何?然视往者山左之刻,体例有不得不变者焉。异日有进于是者,当喜而不已矣。光绪十一年重阳日,督学使者瑞安黄体芳叙于江阴节署之崇素堂。

（黄体芳《江左校士录序》,见该书卷首,又见《黄体芳集》）

按:《江左校士录》于《〈月令〉习五戎解》后有评语曰:"与卫日闲,易箸其象,而况兵车所系尤重,断无不习之理。此作剖析详明,可补秦文恭《通考》军礼门之阙。"

又按:《〈月令〉习五戎解》与先生另一文《原情》皆作于"甲申"年即1884年。后《〈月令〉习五戎解》收入《茹经堂文集二编》卷一,题作《〈礼记·月令〉习五戎义》;《原情》收入《茹经堂文集二编》卷二,是为载入《茹经堂文集》中年份最早之两篇文字。

本年 作《宋元明诸儒说主一辨》,黄以周看后"叹赏不置,谓择精语详,于斯道已得十之七八矣"。（唐文治《茹经先生自订年谱·乙酉二十一岁》）

按:《宋元明诸儒说主一辨》后收入《茹经堂文集初编》卷三,题作《宋明诸儒说主一辨》。

1886 年（丙戌　清光绪十二年）　22 岁

春　赴礼部试,下第,归。得师黄以周函招,仍赴南菁书院读书。初治《易》。

　　春,赴礼部试,下第,归。黄师函招,仍赴南菁书院。初治《易》,先读惠氏、张氏、焦氏诸书,继请业于黄师。师曰:"本朝易学虽称极盛,然未有能贯通汉宋、自成一家者。子读《易》,当于《通志堂经解》中求之,其中如朱氏《汉上易传》、项氏《周易玩辞》、吴氏《易纂言》,皆极精当。"余因细读之,觉项氏《易》尤胜。黄师又假余所著《十翼后录》,哀然巨帙,未克钞录。思作《周易集解疏》,不果;因拟别作《周易大义》,兼采汉宋诸家之说,始属稿焉。

（唐文治《茹经先生自订年谱·丙戌二十二岁》）

夏　读《庄子》。又读《评点震川集》,改变了以前对归有光文的看法。

　　夏,读《庄子》,文尚恢诡。喜效吾娄王弇州文,颇菲薄震川。黄师假余《评点震川集》,读之,乃知震川白描处极有精神,且得力于欧、曾两家甚多,固未可轻加訾议也。

（唐文治《茹经先生自订年谱·丙戌二十二岁》）

8 月（七月）　先生作宁波辨志文会本月宋学课艺,名列汉学超等第五名。

　　汉学超等十名:金文梁、许文蔚、许克勤、陈汝恭、唐文治、胡玉庚、吴从庚、胡玉缙、吴寿萱、吴玉衡。

　　宋学超等十名:童景熙、章道洽、范麟、黄家英、黄家桥、王亨彦、张鸿桷、秦在镕、范彭寿、王亨兆。特等十名:张廷鸿、林钟仑、郑钟祥、袁瑞传、李志莘、毛震、沈重光、金承熙、范彭年、吴华容。

　　史学超等十名:朱逢甲、杨鲁曾、陈卓人、张善炜、吴廷采、邹宸笙、张鸿桷、屠承恩、孙灏、李鼎颐。特等十名:胡昌年、刘铭照、吴廷撰、吴敦诗、秦在镕、毛震、葛士浚、胡聿华、张廷鸿、周保璋。

　　天算学超等十名:卢云鹏、曹辛、沈春元、袁召棠、沈昌焘、王诗教、沈崇超、叶□瑞、陈作梅、方丙南。特等十名:李树勋、方崇钰、孙德准、王莹、范猷铭、俞谟、水之清、董祥麟、刘佐宸、庄祖佑。

　　舆地学超等十名:朱逢甲、杨鲁曾、葛士浚、吴廷采、郑彬瑞、李昌祺、陈卓人、张鸿桷、王亨彦、孙贻谷。特等十名：蒋玉泉、汪廷襄、秦在镕、赵荣显、李绍煐、李志莘、张翰、张廷鸿、胡聿华、吴善达。

词章学超等十名：陆铸贤、蒋山、张景衡、章述浚、王维桢、梅汝调、邹宸笙、叶怂经、章师濂、盛鼎颐。特等十名：袁寿彝、蒋嵌、屠承恩、周鸿谟、张廷鸿、张钦、孙震夔、沈祥龙、徐时材、张汝荃。

（《光绪十二年七月分宁郡辨志文会案》，见《申报》1887 年 1 月 19 日第 2 版）

本年　结交同门陈庆年、孙同康、丁国钧、曹元忠、卢求古、姚彭年、谢钟英等人。

春，交丹徒陈君善余名庆年、常熟孙君师郑名同康、丁君秉衡名国钧、元和曹君虁一名元忠、泰州卢君羲侣名求古、如皋姚君小宾名彭年。

（唐文治《茹经先生自订年谱·丙戌二十二岁》）

余于丙戌岁，与君（按：指陈庆年）同学于南菁时，则又有江阴章君琴若，常州庄君思缄、赵君剑秋，常熟孙君师郑数人者最相得。或宿舍谭经，或讲堂角艺，争相先后，以为笑乐。暇则登君山，览长江，天风浪浪，遥吟高唱，一吐其胸中之奇，他人以为狂，而吾辈不顾也。

（唐文治《陈君善余墓志铭》，见《茹经堂文集三编》卷八）

天地清明，刚直之气，旁薄扶舆，继善成性，散为人文。其特立不朽者，厥有两端：曰文章，曰政绩。而吾友武进谢君为兼得之。君讳钟英，以名兼字……年三十二，入南菁书院肄业，益钻研故籍，为文踔厉风发，肆外闳中，学政长沙王益吾先生器赏之，评其文曰：熟于操纵离合之法，于此道三折肱矣……当光绪癸未、甲申之交，吾省学政瑞安黄漱兰先生于江阴设立南菁书院，长沙王益吾先生继之，招罗俊彦，宏奖风流。于是大江南北，人才鳞萃。时则有若吴县曹君元忠、江阴章君际治、淮安陈君玉树、丹徒陈君庆年，皆一时名俊。余于乙酉岁滥竽其间，君后余一年而至，相与考古证今，上下其议论。君尤慷慨自负，出语惊座人。有时彼此纵饮，放论高歌，旁若无人者。江阴古称芙蓉城，君尝大言：吾为石曼卿芙蓉城主。余笑语之曰：与其为曼卿，曷若为六一居士？君瞠目曰：吾文学老泉，子于庐陵，其庶几乎？太仓朱君映奎谓之曰：君以名为字，后代子孙，宜如何讳？君曰：何害？他日当称谢文襄公可矣。

（唐文治《谢君钟英家传》，见《茹经堂文集四编》卷七）

按：上文云"余于乙酉岁滥竽其间，君后余一年而至"，故将先生与谢钟英缔交系于本年中。

自定海黄元同先生主讲南菁书院，江左俊彦，亲炙门墙，达材成德，不乏其人。而以娄县张闻远孝廉锡恭、丹徒陈善余明经庆年、太仓唐蔚芝侍郎文治、江阴章琴若太史际治四君，尤为高第弟子，若七十子之有颜、闵焉。元同先生之学，覃精三礼，兼苞汉宋，门弟子学焉，而各得其性之所近。闻远、善余于汉学致力至深，蔚芝、琴若初亦治汉学，而践履笃实，希圣希贤，尤与宋五子为近。四人者，皆余四十年前旧同学也。张、陈、唐三君，齿皆与余相若，章君则十年以长，当时同学诸子，悉以兄事之……瑞安黄漱兰侍郎，时方督学三吴，创设南菁书院，延聘当代硕儒，主持讲习。君入院肄业，发愤治经史、考据之学，以实事求是为宗，而于宋儒性理诸书，亦复潜心探讨。蔚芝与君为壬午同年，所志所学，若合符节，每当夏弦春诵，摊书围坐，讨论疑义，澜翻不穷。复以余暇，兼治词章，时或痛饮读骚，互相背诵班马韩杜诸集，视其误否，以角胜负。余亦隅坐从游，极少年豪放之乐。蔚芝尝校勘陆桴亭、陈确庵两先生遗书，君助之雠勘，因深有得于桴亭之学。

（孙雄《清故翰林院编修章君琴若墓表》，见《旧京文存》卷八）

1887 年(丁亥　清光绪十三年)　23 岁

春　仍赴南菁书院读书,结交同门邵曾鉴、庄蕴宽、赵世修、殷松年、刘宗向等人。

　　春,仍赴南菁书院肄业。交宝山邵君心炯名曾鉴,系庚辰年与余同入学者,天才横溢,豪放不羁,奇士也。又交阳湖庄君思缄名蕴宽、上海赵君韵丞名世修、丹徒殷君墨卿名松年、海门刘君乙青名宗向。

(唐文治《茹经先生自订年谱·丁亥二十三岁》)

　　凤泊鸾飘不世侔,东南灵气几人收。狂言满座青山笑,别酒如淮白裷愁。万一苍生须我辈,从来江左足风流。百年未绝乾嘉韵,盛会高文感此游。

　　[邵曾鉴《江阴灉返,同学设饯,别后赋此,寄淮安陈惕安(玉树)、通州姚小宾(彭年)、上海赵韵臣(世修)、泰州卢介臣(求古)、昭文孙君培(同康)、丹徒殷墨卿(松年)、同郡唐蔚芝(文治)》,见《艾庐遗稿》卷二]

本年　读书心较静细,始编录《茹经堂文集》。(据《茹经先生自订年谱·丁亥二十三岁》)

本年　于易学稍进,师黄以周见示所著《周易故训订》,乃抄藏之。

　　易学稍进,黄师示余所著《周易故训订》,喜甚,亟钞藏之,惜仅有上经,盖未成之书也。

(唐文治《茹经先生自订年谱·丁亥二十三岁》)

　　呜呼! 此我师定海黄先生所著《周易故训订》及《注疏》剩本,盖皆未成之书也。先生承家学,最精于《易》,口讲指画,孜孜不倦。尝著《十翼后录》八十卷,都数十册,衰然成大观。文治偶假读一二日,辄索去,以其为未定之论也。光绪戊子夏,文治与先生论易学,详晰汉宋义例,先生欣然出此二卷,曰:"此余未成之书也,子宜阔之。惟读此,则于《易》例得过半矣。"文治读之,如获拱璧,亟钞成之。

(唐文治《周易故训订跋》,见《茹经堂文集二编》卷五)

按:上引先生《周易故训订跋》文后又云:"嗣后宦京师,值庚子之乱,辗转迁徙,常携以自随,弗敢失坠。辛酉,主讲无锡国学专修馆,并受施君省之之托,刻《十

· 68 ·

三经读本》，同学陈君善余以书来，曰：'子有志刻先生之书，《周易故训订》为学《易》津梁，盍附刻于《易经》后。'文治闻之憬然，爰属馆生嘉兴唐兰，详加校正，授之梓人。"1924 年，由先生所辑之《十三经读本》（吴江施肇曾醒园刊本），即将黄以周《周易故训订》及《注疏》剩本附刻于《周易读本》之后。

1888 年（戊子　清光绪十四年）　24 岁

春　仍赴南菁书院读书。(据《茹经先生自订年谱·戊子二十四岁》)南菁课生于璠、雷瑨来向先生问业。

> 同学泰兴于君玉峰名璠、华亭雷君君曜名瑨，咸来问业。
>
> （唐文治《茹经先生自订年谱·戊子二十四岁》）

> 光绪戊子之春，余与玉峰始相见于江阴南菁讲舍。时玉峰年十七，亭亭玉立，心已器之。既玉峰过余谈经学大旨，心折余言，遂执弟子礼。其秋，应闱试，私告余：亟期博一第以为堂上慰。不幸报罢，玉峰则大戚，几流涕。余亟慰之，爰进以周、程、张、朱诸先儒性理之书，并告以忠孝礼义、躬行实践之诣，玉峰喜甚，拳拳服膺，益自砥砺，以为天下之道在是矣。时讲舍同人方爬罗笺疏，菲薄宋儒，相与讪笑玉峰，玉峰弗顾也。岁杪，余乞假归省，将赴礼部试，玉峰叩别，依依若不胜悲者，且谓先生归，吾焉所请益。余亦不自觉其怅然，亟告以相别无几时耳。
>
> （唐文治《于玉峰遗稿序》，见《茹经堂文集二编》卷五）

夏　王先谦招先生入署弈围棋，见国手周小松，受九子，先生获胜。(据《茹经先生自订年谱·戊子二十四岁》)

按：徐珂《清稗类钞》第三十册《艺术》"某生以对弈为荣"条，亦曾记王先谦邀周小松入南菁书院弈棋事："光绪朝，王益吾祭酒先谦督学江苏，曾邀围棋国手周小松至江阴学署，令与南菁书院诸生之善弈者弈。诸生震周名，逡巡不敢往。苏人某，性卑鄙，棋甚劣，好自负，以得入学署对弈为荣，遂欣然而往。比对局，某无子得治，乃抱头鼠窜矣。"录以备参。

7 月(六月)　王先谦编纂《皇清经解续编》刊成。先生曾任校书之役，缴半价得书全部。

> 王益吾先生刻《皇清经解续编》成。余曾任校书之役，缴半价得书全部。
>
> （唐文治《茹经先生自订年谱·戊子二十四岁》）

> 六月……是月《皇清经解续编》刊成。余奏刊《经解》后，到苏州晤崧镇青中丞骏，与商此事，慨然允苏局助刊四百卷。仁和叶槐生主政维干，在上海主

书院讲,亦愿在沪助刊。余复设局长沙、江阴两处,延亲友分董其事。成书一千四百三十卷。广丐同志,鸠集五万余金,以二年余获成巨编,非友朋伙助之力,不克至此,诚厚幸也。

（王先谦《王先谦自定年谱·戊子四十七岁》）

参与校雠者,在南菁书院主要是学署幕友和书院课生。校雠非常严格,翻开《续经解》,每一卷末都附录两名校对者的姓名,可能前一人初校,后一人复校。众多校勘者中,可确定是肄业南菁的课生有:陈庆年、陈汝恭、冯铭、沙从心、章际治、赵椿年、曹俨、唐文治、丁国钧、范本礼、邵元晋、孙同康等。

（赵统《南菁书院志》）

按: 清道光五年至道光九年(1825—1829 年),学者阮元于两广总督任内,在广州学海堂刊刻《皇清经解》(又称《学海堂经解》),共收录清代经学著作 73 家、183 种,计 1 400 卷。至清光绪十二年(1886 年),王先谦开始主持刊刻《续皇清经解》(因该丛书大都是在南菁书院所设书局刻成,又称《南菁经解》),至光绪十四年(1888 年)刻成。该丛书共收书 209 种,计 1 430 卷。据虞万里《正续清经解编纂考》一文记,《续皇清经解》的校勘,每卷皆有二人初校、复校而成,且"校雠者多性坚忍任事","除叶维干、王宾等人外,多当时在南菁书院肄业之学生",其中先生任初校一卷。

秋　江南乡试,先生之南菁同学赵椿年、雷瑨等二十余人得中,友人王康寿、姐夫许沐鑅中副榜。友人毕光祖参加顺天乡试(北闱),亦得中。

是秋,江南乡闱,典试者为顺德李芳农、闽县王可庄两先生,收罗好古积学之士,南菁同学获隽者二十余人。赵君剑秋、雷君君曜均与焉。友人王君晋蕃、姊丈许君弼丞中副车;毕君枕梅赴北闱试,亦中式,大有拔茅连茹之庆。

（唐文治《茹经先生自订年谱·戊子二十四岁》）

按: 清代乡试有正、副两榜。正榜取中的称举人,又称"公车";副榜取中的,犹如备取生,称"副车"。

1889年(己丑　清光绪十五年)　25岁

春　与友毕光祖同进京赴会试。因明年仍有恩科会试,父唐受祺嘱其若再不售,可暂留京处馆,以免跋涉。榜发,挑取誊录。因房师张预补荐太迟,额满见遗。

春,偕毕君枕梅赴礼部试。先期,吾父训余曰:"汝此次会试,倘再不售,明年尚有恩科会试,可暂留京处馆,以免跋涉。"余因作留京之计。

先是,余喜谈道学,京中诸人咸疏远之。至是,毕君枕梅戒余曰:"天下安得皆同志,子盍慎诸,和光同尘可耳。"余憬然悟,爰于周旋世故,随时注意,人始不以余为狂矣。

谒座师许公星叔,师语余曰:"汝壬午试卷,左文襄公季高大为叹赏(左公时任两江总督)。揭晓后,将朱墨卷一并索去细阅,并云:'此人三场字迹一笔不苟,必有后福。'"余闻之,知己之感,萦绕于怀。惜前数年未经谒见耳(公殁于乙酉岁)。

榜发,余挑取誊录。房师为张子虞先生名预,浙江钱塘人。三场评语云:"淹贯诸子百家,皆腾跃而出其腕下,可称雄博。"而主试嘉定廖公仲山名寿恒。因补荐太迟,额满见遗。余谒张子虞先生,为咨嗟太息久之。

(唐文治《茹经先生自订年谱·己丑二十五岁》)

文治为先生己丑春明所得士,挑取誊录。检视落卷评语,有"淹贯诸子百家,皆腾跃而出其腕下,可称雄博"云云。爰往谒,先生曰:"子乡试闱墨,为左文襄公所激赏,许公星叔尝为我言之。此次荐而不售,由我补荐过迟,憾何如矣。"

(唐文治《张子虞先生墓表》,见《茹经堂文集三编》卷八)

下第后,在同乡前辈顾元爵大沽家中教读,课其四子顾思永、五子顾思远。

觅京馆颇难,得同乡友人顾君公度名思义(乙酉举人)言于其尊人廷一先生,延余教读,余欣然往就。顾先生名元爵,时官直隶候补道,会办大沽船坞。为人渊渊有度,喜读书,并喜谈吾娄掌故,盖长者也。余课其第四子名思永,字公亮;第五子名思远,字公毅。大沽地颇幽静,由天津赴彼处约三百里,离海口约五六十里。

(唐文治《茹经先生自订年谱·己丑二十五岁》)

　　文治自己丑下第，与先生（按：指顾元爵）相见于津门之海光寺。先生遽延予至大沽，令其子思永、思远执贽受业，因得相共晨夕，几及一年。无事时，先生辄诣斋中，纵论经史要旨、古今政治得失，旁逮吾乡旧闻、先进耆德，每至夜分，语刺刺不休。尝告予曰："深耕以夏日为最苦，蛏啄入骸中，殆不可忍；猝拔之，则痛澈於心肺。此吾所亲尝者，迄于今，每饭不能忘也。"间又唏嘘语予曰："吾以少年怮愁，不及养先君子；若吾母，就养才数年耳。人生天地间，自有知识以来，奉侍父母，至多者不过三四十年。此三四十年中，流光瞬息，抑何易也。且人当安乐时，忽忽不自觉。至于亲疾病，悔恨泣嗟，亦将何及！吾谓世人，当此三四十年中，第祈二人康彊无恙，尽心以爱敬，足矣！彼櫟樗名利之士，是何为者？"文治聆其言，悚然起敬，因谓先生："天者，人之始也；父母者，人之本也。往者，通儒陈澧谓古文教字从孝，学字亦从孝。故教者非孝无以为教，学者非孝无以为学。孝弟之至，通于神明，光于四海。人能即此爱敬之心，察识而扩充之，则经纶位育之业，基诸此矣。"先生益忻合，许为知言。

　　　　　　　　　　（唐文治《顾廷一先生墓志铭》，见《茹经堂文集二编》卷八）

6月（五月）　复从大沽进京考内阁中书，亦被屏。

　　五月，考内阁中书，余得公度电，复赴京。既试，亦被屏。六月出京，坐驴车中，炎天奔走，途遇大雨，极为辛苦。

　　　　　　　　　　（唐文治《茹经先生自订年谱·己丑二十五岁》）

　　按：内阁中书，清代官名，掌撰拟、记载、翻译、缮写。清陆以湉《冷庐杂论》卷四云："京朝官惟内阁中书进身之途最多，有以进士引见而得者，有以进士授即用知县后，吏部拣取引见而得者，有以会试荐卷中取为明通榜而得者，有以举人考授而得者，有以召试取列优等而得者，有由举贡捐输而得者。"先生此次即为以举人身份而参加内阁中书的甄选。

秋　闻弟子于璠之丧，痛悼殊甚。

　　秋，闻于玉峰之丧，痛悼殊甚。玉峰治经学，工词章，且学道不倦。在南菁书院时，依依执弟子礼，殁时年仅十九。后阅十余年，余为刻遗稿一卷。

　　　　　　　　　　（唐文治《茹经先生自订年谱·己丑二十五岁》）

　　余己丑下第，暂馆津沽。冬间，得同年章君琴若书，谓玉峰以病殁矣。余大惊悼，为出涕者数日。

　　　　　　　　　　（唐文治《于玉峰遗稿序》，见《茹经堂文集二编》卷五）

11月8日（十月十六日）　先生生日，作《思亲诗》。（据《茹经先生自订年谱·己丑二十五岁》）

按:《思亲诗》未见。

冬 梦其母肝风病甚剧,面色浮肿。醒后大戚,后作《父母在不远游》制义以自警。

　　冬间,梦吾母肝风病甚剧,面色浮肿。醒后大戚,以《周易》筮之,得坤卦,辞曰:"安贞吉。"心始稍安。作《父母在不远游》制义以自警,末云:"呜呼! 行迈靡靡,中心如醉。得吾父慰劳之语,不觉悲从中来。冬日烈烈,岂曰无衣,念吾母缝纫之艰,曷禁潸焉出涕。然则人子而长依膝下,岂非厚福耶?"

　　　　　　　　　　　　　　(唐文治《茹经先生自订年谱·己丑二十五岁》)

本年 黄以周刊成《南菁讲舍文集》,其中收录先生课作七题八篇。

　　古者王子、卿大夫、士之子,及国中俊秀之士,无不受养于学。学校一正,士习自端,而风会藉以主持。自唐代崇尚诗赋,学校失教,尊士日兴,朴学日替。南宋诸大儒思矫其弊,于是创精庐以讲学,聚徒传授,著籍多至千百人,而书院遂盛。有明以来,专尚制艺,主讲师长,复以四书文、八韵诗为圭臬,并宋人建书院意而失之。近时贤大夫之崇古学者,又思矫其失,而习非成是,积重难返。不得已,别筑讲舍,选高才生充其中,专肆经史辞赋,一洗旧习。若吾浙江之诂经精舍、广东之学海堂,其较著者也。江苏之书院甲天下,若钟山、若尊经、若紫阳,其课士悉以诗文,正谊近改经古,惜阴又附于钟山,尊经以经古为小课,非所重也。瑞安黄漱兰侍郎,督学苏省,仿诂经精舍之课程,创建南菁,力扶实学,一如阮文达之造吾浙士。嗣是任者,长沙王益吾祭酒,续编《学海堂经解》,镂版庋阁。茂名杨蓉圃太常,又复增广学舍,一时好学之士,济济前来。以周主讲此席,于今六年。前我主讲者,有张广文啸山,已作古人;同我主讲者,有缪太史小山。相约选刻文集,因香辑课作,简其深训诂、精考据、明义理之作,得若干篇;诗赋杂作,缪太史鉴定之。凡文之不关经、传、子、史者黜不庸,论之不关世道人心者黜不庸,好以新奇之说、苛刻之见自炫,而有乖经史本文事实者黜不庸。在昔宋儒创书院,以挽学校之衰,暨今巨公又建讲舍,以补书院之阙。其所以扶朴学而抑尊士者,意深且厚。今选刻是编,约之又约,不敢滥取,蕲与《诂经》《学海》诸文集并传于世,且望后之学者,无爽创建之深意云尔。光绪十五年冬至。定海黄以周。

　　　　　　　　　　　　　(黄以周《南菁讲舍文集序》,见《南菁讲舍文集》卷首)

按:《南菁讲舍文集》六卷,光绪十五年己丑刊本,全书共收入 62 名学生的 136 篇课作,其中收入先生课作七题八篇:《读〈汤誓〉》《乐无大夫士制说》《〈月令〉习五戎解》《读焦氏〈孟子正义〉》《读陈同甫与朱子论汉唐书上》《读陈同甫与朱子论汉唐书下》《读陆象山言先立乎其大说》《汲黯论》。上述课作后均被收入《茹经堂文集》。

1890年（庚寅　清光绪十六年）　26岁

春　偕同乡友人顾思义再赴礼部试,荐而不售。谱兄王清穆考中进士,以主事分户部。

> 春,偕公度赴礼部试,荐而不售,房师为朱小唐先生名琛。谱兄崇明王君丹揆名清穆中式,以主事分户部。
>
> （唐文治《茹经先生自订年谱·庚寅二十六岁》）

按：顾思义为顾元爵长子。

> 太仓唐君蔚芝,少余五岁。光绪壬午,年十八,领乡荐。余三试南闱,报罢。戊子,倖举京兆试,年二十九矣。己丑,与君同上公车,晤于都下,一见如旧相识,遂缔交焉。君与余皆无世俗嗜好,专以文章道义相磋磨。
>
> （王清穆《茹经堂奏疏序》,见《茹经堂奏疏》卷首）

6月（五月）　航海归,顾元爵命思永、思远兄弟随先生回太仓,仍赴其小西门之家中课读。（据《茹经先生自订年谱·庚寅二十六岁》)回太仓后,赴新塘市吊岳父郁振铺之丧。

> 庚寅夏,予又铩羽归,夫人慰予曰:"遇不遇,命也。得平安,足矣。"
>
> （唐文治《郁夫人家传》,见《茹经堂文集初编》卷五）

> 赴新塘市吊外舅郁公铭轩之丧。
>
> （唐文治《茹经先生自订年谱·庚寅二十六岁》）

> 光绪己丑春,应南宫试,叩别先生前,先生曰:"子勉诸! 会见翱翔日月边也。"迨庚寅,又下第,归则先生弃养已数月。先夫人泣告曰:"吾无父矣! 前月某夜,吾梦吾父来言:登科者冯姓,吾婿仍未售耳。吾父始终惓惓于君,此心不死,魂魄其犹依君乎?"时则相对累唏,无可慰藉。越日,亟登其堂,为文以祭之,不禁泣下之沾襟也。
>
> （唐文治《外舅郁铭轩先生家传》,见《茹经堂文集初编》卷五）

> 夫人性至孝,居外舅丧,鼠思泣血,哭踊欲绝,尝语予曰:"吾父当兵燹时,间关跋涉,徒步数十里,常置我于筐,担之而行;吾饥而啼,则以糕哺我。人皆以吾不得生,而吾父吾母卒不忍弃我。今吾父已矣,罔极之恩,吾无以报也。"

言已,辄呜咽。

(唐文治《郁夫人家传》,见《茹经堂文集初编》卷五)

在此期间,李联珪来见,并受业其门下。

李生颂韩名联珪来受业。

(唐文治《茹经先生自订年谱·庚寅二十六岁》)

呜呼!余与颂韩交,垂四十年。忆昔光绪庚寅之岁,余自京师下第归,省郁氏外舅于新塘市,与内兄撷芳弈。颂韩排闼入,笑曰:"吾闻棋声,知唐先生至矣。"手出一帙呈余,则会课卷也。余阅其文,倜傥有浩气,亟赏之,拔前茅。颂韩遂来受业。少余才七岁,相依若昆季。

(唐文治《李颂韩家传》,见《茹经堂文集三编》卷七)

按:上文云"余自京师下第,归省郁氏外舅于新塘市",实际上先生归太仓时郁振镛已辞世,故应如《茹经先生自订年谱》中所说,是"赴新塘市吊外舅郁公铭轩之丧"。

回太仓后,又吊姨母胡珍之丧。

吊金氏姨母之丧。姨母为外叔祖胡公六符次女,与吾母情意契合如同胞,适州庠生金君仲德名庭策。本年三月间,金君病卒,姨母遂殉节而死。吾母痛甚。余为作《家传》一首。

(唐文治《茹经先生自订年谱·庚寅二十六岁》)

姨母姓胡氏,讳珍,江苏太仓人,外叔祖六符公第二女,适同邑金丈仲德讳庭策……姨母,先祖之寄女也。先祖弃养,姨母哭极哀。平居,与先母太夫人最相得,尤爱先姊文珠,针黹篝灯,爱笑爱语。先母多病,姨母来视之,恒左右不离。吾家有事,姨母辄为处分之,井然秩然,罔不当先母意。文治登贤书,姨母喜语之曰:"汝砥行立名,自此始矣。"亟勉之。己丑,赴南宫试,叩别依依。迨庚寅下第归,则姨母已殉夫死。先母流涕告文治曰:"吾折一臂矣。"登其堂展拜之,不知涕泗之何从也。

(唐文治《姨母胡孺人家传》,见《茹经堂文集初编》卷五)

友人陆咸清卒,往吊之。

友人陆君庚星卒,余往吊之。庚星少年颇狂放,后食廪饩,深自检束,复与余亲。亦考取南菁书院。春间,其弟先卒。夏,庚星亦殁。妇陈氏殉节死。其堂上父母俱存,且无后。余题其遗像,为之潸然。后阅十余年,为刻遗稿一卷。

(唐文治《茹经先生自订年谱·庚寅二十六岁》)

· 76 ·

既余应礼部试下第,旅馆津沽。迫庚寅夏,计偕归,而庚星已于是年三月以贫病死矣。余往吊之。入其门,登其堂,念畴昔之谊,不知泣下之沾襟也。逾数月,闻庚星之妇陈氏又以殉节死,余益悲之。

（唐文治《陆庚星遗稿序》,见《茹经堂文集二编》卷五）

12 月 13 日（十一月初二日） 先生母胡氏生辰,唐家迁居太仓武陵桥南王姓宅。

冬,十一月初二日,吾母生辰,迁居武陵桥南王姓宅。居停王某,开设王大吉药肆于上海。屋有厅,内室三楹,惜俱西向。有厢房,西北有小楼,一角可庋藏书籍。后门通九庙前河沿。前居之赵家,厅屋小而邻杂,时闻诟谇声。余家厌苦之久矣。顾以住彼十数年,迁居时颇觉恋恋。余夜间恒梦在是屋中,人之不能无情如此哉!

（唐文治《茹经先生自订年谱·庚寅二十六岁》）

本年 父亲唐受祺馆于太仓县署。其时县尊为吴镜沅,唐受祺即课其子吴敬修。（据《茹经先生自订年谱·庚寅二十六岁》）

是年,吾父馆本邑县署,县尊为吴粤生先生名镜沅,河南光州人。吾父课其子名敬修,字菊农,极笃实用功。

（唐文治《茹经先生自订年谱·庚寅二十六岁》）

粤生先生工文章,敦品行。戊子冬之镇洋任,下车伊始,访先大夫,谈文章甚欢洽,即延请入署,课其子侄敬修昆仲。方是时,宜黄程太夫子序东牧太仓州,两公政绩俱报最。尤爱才,葺南园,开文会所,所拔多知名士。而粤生先生浚杨林、七浦诸海口,至今民赖其利。

（唐文治《吴粤生先生鞠镇洋冤狱记》,见《茹经堂文集四编》卷七）

按：先生《吴粤生先生六十寿序》(见《茹经堂文集二编》卷七)："先生与家大人性情道义相契有年,文治因稔知先生内行纯笃,表里如一。"又《陈子遗书序》(见《茹经堂文集三编》卷五)："辛卯岁,先大夫为光州吴粤生邑尊校勘《安道先生年谱》。"在唐受祺《浣花庐诗钞》中,有多首与吴镜沅互相唱和的诗作,如《和吴邑尊粤生开浚荡泾、六里塘、六爱泾三河纪事七律四首,即步原韵》《丙申春,镇洋吴邑尊粤生筹款开浚南北麋场、六窑、新塘等,纪事即用癸巳浚河七律原韵,邮寄索和,率成答之》等。

又按：吴敬修后于光绪二十年(1894 年)考中进士。

1891 年(辛卯　清光绪十七年)　27 岁

本年　仍馆于顾氏家,表弟黄彬琳及陆长序来受业。

是年,仍馆顾氏。表弟黄君玉儒名彬琳、陆生鹭卿名长序来受业。陆生,星农先生之孙也。时州尊程序东太夫子,名其珏,吾父壬午科乡试荐卷房师也,与吴县尊提倡文艺,月课优给膏火,颇极一时之盛。姚菉翘先生之世兄柳屏名鹏图、内表陆君彤士名增炜,皆年少聪颖,文名籍甚。柳屏即于是科秋闱中式。

(唐文治《茹经先生自订年谱·辛卯二十七岁》)

1892 年(壬辰　清光绪十八年)　28 岁

春　与师王祖畲及金簨、姚鹏图进京赴会试,赁小屋于北京东城。

春,随王师并偕金君蓬生、姚君柳屏赴礼部试。时颇艰于赍,得程序东太夫子赠五十金,始克成行,心甚感之。王师自入词林后,本无意进取,因前与姚芷轩太夫子有约云:"柳屏领乡荐,吾当偕同赴京。"至是遂践言焉。

(唐文治《茹经先生自订年谱·壬辰二十八岁》)

壬辰岁,先生入都散馆,文治计偕随行,赁小寓于东城(太仓会馆离礼闱较远,临时别借屋舍,谓之小寓)。

(唐文治《王紫翔先生文评手迹跋》,见《茹经堂文集三编》卷五)

4 月 4—6 日(三月初八—初十日)　会试第一场。

题为《君子矜而不争》两章,次题《斯礼也,达乎诸侯大夫及士庶人》,三题《井九百亩,其中为公田,八家皆私百亩,同养公田》。诗题《赋得柳拂旌旗露未干》,得"春"字。房师为沈子封先生名曾桐,浙江嘉兴人;座师为翁公叔平,名同龢,江苏常熟人;祁公子禾名世长,山西寿阳人;李公芯园名端棻,贵州贵阳人;霍公慎斋名穆欢,满洲人。

(唐文治《茹经先生自订年谱·壬辰二十八岁》)

4 月 7—9 日(三月十一—十三日)　会试第二场。

(1892 年)4 月 7 日至 4 月 9 日(三月十一日至十三日),会试第二场。题为《为大涂》《厥亦维我周康公田功》《嗟嗟保介维莫之春》《公令诸侯盟于薄释定[宋]公》《兵车不中度》。(《翁同龢日记》,第 2513 页)

(张人凤、柳和城编著《张元济年谱长编》)

4 月 10—12 日(三月十四—十六日)　会试第三场。

(1892 年)4 月 10 日至 4 月 12 日(三月十四至十六日),会试第三场。题为《论语古注》《新旧唐书》《荀子》《东三省形势》《农政》。(《翁同龢日记》,第 2514 页)

先生(按:指张元济)于会试有记述:"按会试例于丑、辰、未、戌年三月举行。首场钦命四书文三题,首《论语》,次《中庸》,次《孟子》。如首题用《大学》,

则移《论语》于次。又五言入韵排律诗题一。试期在初八日至初十日。二场五经题各一，首《易经》，次《书经》，次《诗经》，次《春秋左传》，次《礼记》。试期十一日至十三日。三场策问五道，以古今政治学术为题，不拘门类。应试者依次条答，不录全题，但书第几问。试期十四日至十六日。经、策诸题，则正、副考官所命也。科场事为礼部主管，会议设知贡举，掌闱中事务，满、汉各一人，先期由礼部奏请钦派。故三场试卷，卷面均钤礼部之印及钦命知贡举之关防。"

（张人凤、柳和城编著《张元济年谱长编》）

5月7日（四月十一日） 榜发，中式第三十一名贡士。

榜发，余中式第三十一名贡士……谒沈师，师云："首场未荐，阅二三场卷，知为读书有得之士，补荐，遂中。"翁师评语云："经生之文，必有静穆之气，此作是也。经艺渊雅，不使才锋，策赅博。"

（唐文治《茹经先生自订年谱·壬辰二十八岁》）

三月十日首场出闱，先生亲至小寓阅文治文，戏谓之曰："子揣摩元度至矣。此文必可中鹄，视乎子之命耳。"揭晓获隽，先大夫寄书谢先生曰："吾家小子，非先生无以有今日。"

（唐文治《王紫翔先生文评手迹跋》，见《茹经堂文集三编》卷五）

5月10日（四月十四日） 于保和殿覆试。

覆试二等，题为《大匠诲人必以规矩》，诗题《赋得学如鸟数飞》，得"如"字。

（唐文治《茹经先生自订年谱·壬辰二十八岁》）

壬辰科新中贡士，奉旨于四月十四日在宝和殿覆试。是日五鼓，诸贡生衣冠，齐集中左关外阶下，钱子密少宗伯升门罩下公座，点名给卷，并各给官板诗韵一本。每点十名，由钦派稽查克护军统领，勤启门放入，并调厢白护章京一员、护军校一名、护军二十名，在门罩西面鹄立弹压。诸贡士入殿，各按礼部官桌面所贴名签而坐。钦派监试王大臣，由殿内宝座上将钦命题目捧下，令会元另纸恭誊，仍将题目黄匣捧安原处，以便于晚间呈递复命。折时恭缴，另纸誊题，贴于殿内左楹柱上，诸贡士握管构思。午间，赐以奶茶奶酒，由御点心局备白糖馅糕饼，每人各给十枚，此盖唐时红绫饼遗意也。并由军机处茶房，在殿外西角备火壶、茶水，以供解渴。试以四书文一篇，试帖诗一首，不点句勾股。未刻即有交者，随交卷随出，至中左门外点名处报明中式名次，然后出场。直至戌刻，卷始缴齐。试卷每五十本，由监试王大臣，以黄纸叠条捆束，汇送中海万善殿，以备翌晨钦派阅卷大臣评阅，拟等进呈。计此次覆试贡士，壬辰科二

1892 年(壬辰　清光绪十八年）　28 岁

百八十三名,庚寅科三十一名,己丑科四名。敬将钦命四书诗题照录于左：文题《大匠诲人必以规矩》,诗题《赋得学如鸟数飞》,得"如"字,五言八韵。

（《帝京试士》,见 1892 年 5 月 28 日《申报》第 1 版）

5 月 22 日(四月二十六日)　于保和殿殿试。

策试天下贡士刘可毅等三百一十七人于保和殿,制曰：

朕纂承大宝,今十八年。仰诵列朝圣训,亲奉皇太后明教,期以薄海内外极养治之道,一以爱民为心,以钦若天命。每于边围之要、朝觐之仪、仓庾之储、兵屯之制,咸据旧以鉴新,将执中而立极,嘉与宇内之士,共臻上理。尔多士其进谋诵志,以沃朕心。西藏屏蔽川滇,为古吐蕃地,何时始通朝贡？地分四部,由中国入藏有三路,幅员广狭奚若？试详言之。元置吐蕃宣慰司,及碉门等处宣抚司,复置乌思藏郡县,以八思巴领之,其沿革若何？唐时吐蕃建牙何地？阿耨达当今何山？其相近大山有几？雅鲁藏布江为藏中巨川,而澜沧江、潞江之属,亦发源藏境,能究其原委欤？由藏至天竺,程途远近何如？中隔部落几许？亦考边备者所宜知也。五礼之目,宾居其一,《周礼·大宗伯》以宾礼亲邦国,其别有八,而朝之别又居其四,其说若何？《书》五载一巡狩,群后四朝,与《礼记·王制》不同,而《秋官》行人六服,与《周语》五服相抵牾,其说果可通欤？《郊特牲》族币无方一节,盖诸侯朝天子庭实之礼,于他书有可证否？朝位宾主之间,儒者讲说不一,何以办之？古诸侯朝天子礼,自《周官》外,存于今者尚有遗篇欤？自秦罢侯置守,无复古仪,杜氏《通典》分为四条,其目若何？于义当否？可详说之。《周官》仓人主藏九谷,廪人主藏九谷之数,赒赐稍食,即今京通仓之制所昉也。后世有治粟内史、搜粟都尉、仓部郎等官专司其事,其官名沿革时代先后尚可考也。明初置京通仓,以户部司员经理之。其以尚书侍郎专督仓场,始于何年？所属更有何官？与今制若何？能悉数之欤？前代良法,积久弊生,偷漏之私,烂蒸之患,欲彻底清厘,果有尽善之策欤？三代之盛,寓兵于农,因井田以供军实,自秦以来,法久坏矣。汉文帝募兵耕塞下,于是始有屯田之法,盖犹具兵农合一遗意,历代相沿,大端莫易,而汉时行于西域者为较详。车师、渠犁、乌孙、伊循等名,今为何地？校尉、都护等官,置于何时？傅介子、常惠、郑吉诸人,所屯者为当时何地？赵充国屯田一疏,经画周详,所陈便宜十二事,能举其要否？自时厥后,六朝、唐、宋言屯田者,皆沿汉法,或以民屯,或以兵屯,能援古证今,究极利弊,而详陈之欤？此皆御世之要图,经国之大业也。朕嘉先圣之道,修古帝王之行事,凡以求于生民有济。汉武有言,君者心也,民犹肢体。夫广仁益智,莫善于问；乘事演道,莫善于对,其言也典,其致也博,策之谓也。多士勤学洽闻,能宣究其意者,毋泛毋隐,朕将亲览焉。

(《清德宗实录》光绪十八年四月)

按:殿试,即科举制度中皇帝对会试取录的贡士在殿廷上亲发策问的考试。

忆壬辰殿试,时维四月下旬。是日卯初,诸贡士恭诣保和殿门,礼部官唱名,次第鱼贯入。辰正,监试王大臣率诸贡士诣殿下鸣赞,行三跪九拜礼。部椽散黄纸策题,肃如秩如。余自辰正属稿,巳正毕,至殿庑向官监索茶水,进饭一盂。急上殿誊写,甫一页,阅时,计表已午正,惟恐不及,急振笔疾书,字较生动;惟第二页"为古"二字下脱去"土番地"三字。当时竟未检点,犹以为一字无讹也。至酉初二刻毕,缴卷后,由王大臣在卷末"谨对"二字下画押,余遂出。归会馆,疲倦已甚。明日,右手如拘挛,作家大人禀,几不成字矣。

(唐文治《壬辰殿试策自跋》,见《茹经堂文集三编》卷五)

5月26日(五月初一日) 新贡士行传胪礼。光绪帝"御太和殿传胪,授一甲三人:刘福姚为翰林院修撰,吴士鉴、陈伯陶为编修,赐进士及第;二甲恽毓嘉等一百三十二人,赐进士出身;三甲饶宝书等一百八十二人,赐同进士出身"。(据《清德宗实录》光绪十八年五月)先生中二甲第一百零五名进士。与先生一同进京赴试的姚鹏图则未中。

殿试二甲第一百五名。

(唐文治《茹经先生自订年谱·壬辰二十八岁》)

越一日,行小传胪礼,在勤政殿,诸贡士进西苑门内,集湖之南,以桥为界,湖以北为引见朝房。卯正,遥见王大臣率礼部官出,即宣传一甲一名广西刘福姚,二名浙江吴士鉴,三名广东陈伯陶;二甲一名直隶恽毓嘉,二名江苏张鹤龄。宣毕,凡十人晋内引见,余谨退出。遽有在宫门口大声呼冤者,则山东同年田智枚也,众咸异之。明日,在太和殿行传胪礼,百僚济跄,俊髦斯翼,钟磬咸序,恍闻钧天,何其盛欤,所谓进贤如不得已者非耶,盖不啻置身唐虞舜三代,而俯仰进退于其间矣。

(唐文治《壬辰殿试策自跋》,见《茹经堂文集三编》卷五)

按:传胪是指科举制中,殿试以后由皇帝宣布登第进士名次的典礼。

又按:据《明清进士题名碑录索引》,此次与先生同科得中的进士有张元济、蔡元培、叶德辉、蒋廷黼等人。

连朝鹊噪讵关心,游子天涯系念深。笑语团圞未夜半,喜闻报捷是泥金(壬辰四月十二日,余疑会试已于昨日发榜,向夫人言之。夫人谓功名前定,治

· 82 ·

儿下第殆意中事，而俄顷报捷者至）。

　　　　　　（唐受祺《悼亡》四十首之二十，见《浣花庐诗钞》卷二）

　　壬辰，与余赴公车试，相得益欢。余举进士，柳屏下第，悒悒归。

　　　　　　（唐文治《姚君柳屏传略》，见《茹经堂文集二编》卷六）

本科二甲四十六名进士刘可毅，为先生南菁时同门。

　　君故讳毓麟，后易可毅，葆真其字……当壬辰京兆试揭晓后，座主常熟翁叔平师忻然语人曰："吾得刘生，尚目不盲也。"

　　　　　　（唐文治《刘君葆真传》，见《茹经堂文集二编》卷六）

5 月 27 日（五月初二日）　赴礼部荣恩宴。

　　（五月）初二。巳初，到礼部赴荣恩宴，朝服将事，新贡士皆叩头，不似上科之费词也。

　　　　　　（翁同龢著，陈义杰整理《翁同龢日记·光绪十八年壬辰》）

5 月 29 日（五月初四日）　应朝考，列一等第六十五名。

　　朝考一等第六十五名。题为《廷尉天下之平论》《审乐知政疏》，诗题《赋得江心舟上波中铸》，得"中"字（余诗点题云：万派江心景，都归铸造中。舟浮天上碧，波映日边红）。

　　　　　　（唐文治《茹经先生自订年谱·壬辰二十八岁》）

按：清代进士经过殿试取得出身后，还须再应一次殿廷的考试，叫作朝考。按照朝考的成绩，结合殿试及复试的名次，最优者任为翰林院庶吉士，其余的分别任为主事、中书、知县等。

6 月 8 日（五月十四日）　光绪帝召见壬辰科进士。引见后，以主事用，签分户部江西司。因此任命未循列二甲一等者均入词林之故例，先生心中颇觉惆怅，后得师王祖畲、许庚身之劝谕勖勉。

　　（五月）十四日辛未。光绪帝召见新科进士，授蔡元培等为翰林院庶吉士，叶德辉、蒋廷黻等以主事分布学习，余或为中书内阁，或交吏部掣签分发各省以知县用。

　　　　　　（林铁钧、史松主编《清史编年》第十一卷《光绪朝上》）

　　引见后，以主事用，签分户部江西司。故事：凡列二甲一等者均入词林。余失之意外，颇觉怅惘。王师慰之曰："子何不达之甚？子家况清寒，部曹有印结款津贴，可不取分外之钱，此天之玉汝于成也。子何不达之甚？"余闻言释然。谒许星叔师，以余未入词林，代为抱屈，又述左文襄公之言，再三勖勉，深为可感。

　　　　　　（唐文治《茹经先生自订年谱·壬辰二十八岁》）

按："引见",引导入见,旧指皇帝接见臣下或宾客时由有关大臣引导入见。

壬辰再战,师(按:指王祖畬)率以行。谓治羽丰,宜步翰林。一蹶郎曹,勉慰频仍。谓子年少,乐天知命。立德树功,毋忘吾训。

　　　　　　　(唐文治《祭先师王文贞公文》,见《茹经堂文集初编》卷六)

壬辰会试,予捷南宫,旋分农曹,未得入词馆,夫人慰堂上曰:"凡事躔命,较之往年不售,幸矣。"吾乡地本僻壤,厮养下走,往往有所请托,或求挈以赴都,夫人谢之曰:"吾家入都,仍作蒙师耳,非为宦也。"予闻斯言,私心甚喜,以为异日庶几助我为廉吏。

　　　　　　　(唐文治《郁夫人家传》,见《茹经堂文集初编》卷五)

7月21日(六月二十八日)　受聘于翁同龢家中,教读其侄曾孙翁之润、嗣曾孙翁之廉。

六月,翁师延余至其家,课读学徒二,皆翁君弢甫名斌生(丁丑翰林)之子:长名之润,字泽之;次名之廉,字景之,天资俱极聪慧。之廉为翁师嗣曾孙。

　　　　　　　(唐文治《茹经先生自订年谱·壬辰二十八岁》)

(六月)二十八日。是日请唐蔚之为留官兄弟教读开馆,余款接数语即入,费屺怀、施稚桐、承鼎铭做陪,斌主席。

　　　　　　　(翁同龢著,陈义杰整理《翁同龢日记·光绪十八年壬辰》)

不久,受业于沈曾植门下。

受业于嘉兴沈子培先生之门。先生名曾植,庚辰进士,子封师之兄也。博雅闳通,当世殆无匹焉。

　　　　　　　(唐文治《茹经先生自订年谱·壬辰二十八岁》)

7月(六月)　先生得交翁同龢侄孙翁炯孙,并为其祖父之文集作《书翁云樵先生文集后》。

壬辰季夏,文治客京师,得交翁君又申。聆其言,则淹贯艺文,殚心著述,不屑为世俗剽窃之学,心窃佩之。一日,又申出其先集见示,曰:是吾祖所留贻也。文治为校读一通……文治于古文之道,无所得,然亦尝有志于此,用抒鄙肊,缀于卷末,且以质诸又申,不知与先生之志,果有合焉否也。

　　　　　　　(唐文治《书翁云樵先生文集后》,见《茹经堂文集二编》卷五)

9月7日(七月十七日)　离京启程,请假回太仓。此前,母胡太夫人已患病多年,经延请浙江医生沈云程诊治,宿疾渐痊。

八月,请假回籍。吾母患肝风头晕之证,不能起床者,六七年矣。请浙江医生沈云程先生诊治。沈素崇拜薛生白先生,奉《医经元旨》为准绳,进以白凤丸，颇见效。至是已能起床，大喜逾望。

（唐文治《茹经先生自订年谱·壬辰二十八岁》）

按：《翁同龢日记·光绪十八年壬辰》七月初八日记："夜请唐蔚之先生小饮。伊初十日将移会馆，十六日南归也。"七月十七日记："是日辰正，炯孙偕唐蔚之启程。"由此可知，先生是在这年 9 月 7 日（七月十七日）离京启程。又先生在请假回太仓期间，还为翁家请了"代馆先生"，见《翁同龢日记·光绪十八年壬辰》七月十三日记："唐君请代馆先生来，孙子钧培元，亦今科所得士，分吏部，今日到馆。"

壬辰四月，外祖母弃养，先妣哭竭声嘶，疾屡作。旋闻文治幸捷南宫，观政农曹，乃稍自排遣，宿疾渐瘥。

（唐文治《先妣胡太夫人事略》，见《茹经堂文集初编》卷五）

回太仓后，吊外祖母陈太夫人之丧。

吊外大母陈太夫人之丧。初，外大父母有子名秉彝。壬戌年，避难沪上，病卒，乃以外叔祖六符公之子景垚为嗣。外大母素爱余，乃以四月初旬弃养，既未知余捷音，而余亦未得一侍汤药，深可痛心。

（唐文治《茹经先生自订年谱·壬辰二十八岁》）

孟秋　师王祖畲所著《左传考释》成，命先生校对并作序。

王师散馆，得知县，分发河南（后补汤阴县），暂馆同乡陆蔚庭先生名继辉家。余时往候起居。师著《左传考释》成，命予作序。

（唐文治《茹经先生自订年谱·壬辰二十八岁》）

壬辰仲春，文治随吾师紫翔王先生至京师，得读《左传考释》一书；又时时得闻绪论。而是年孟秋，先生适厘订初稿既定，命文治校字一通，乃能犕得是书之梗概，而谨书其后曰……

（唐文治《书左传考释后》，见《茹经堂文集二编》卷五）

是年文治为先生作《左传考释序》，先生欣赏之，曰："此文颇足为吾书生色。"

（唐文治《王紫翔先生文评手迹跋》，见《茹经堂文集三编》卷五）

1893 年(癸巳　清光绪十九年)　29 岁

2 月(正月)　偕表弟黄彬琳及门生李联珪、顾思永同赴南菁书院,谒见其师黄以周,不遇。随后与曹元忠等有常熟之游。

正月,偕表弟黄君玉儒、李生颂韩、顾生公亮赴南菁书院谒黄元同师,不值。随偕曹君夔一赴常熟,曾君表先生名之撰,偕其世兄孟璞名朴,又翁君又申名炯孙、徐君少逵名兆炜[玮]等,殷勤接待。即住曾氏虚霩园,盘桓三日,阅其所藏书籍,并游虞山,题名刻石于剑门。

(唐文治《茹经先生自订年谱·癸巳二十九岁》)

先生将赴京师,内弟郁宗钦置酒作饯。登舟时,两人争联诗句,行歌互答。

犹忆癸巳春,余将赴京师,往刘谒先人墓。君(按:指郁宗钦)置酒作饯,醉后送余登舟。时明月当空,天风浪浪,海潮初上,余与君凭眺河干,争联诗句,行歌互酓,旅客骚人、渔夫榜妇,群笑而聚观之,而吾辈豪气轶宕,旁若无人者,至夜阑,始殷勤执手而别。

(唐文治《郁君佩如传略》,见《茹经堂文集三编》卷七)

5 月 14 日(三月二十九日)　先生偕父母并妻子至京师,赁居东城新开路西头路北那宅。仍赴翁宅课读,间一二日到部视事。

三月,迎养吾父吾母,并挈内子如京师。先至上海,住八仙桥表姊丈俞君隶云宅。俞君名书祥,邑诸生,为顾氏大姑母长婿。时大姑母亦就养俞君处。大表姊极贤孝,与吾母最契合,亲戚情话,欢乐无涯。小住数日,即乘轮舟赴天津,幸途中无风浪。抵津后,住中和客栈。胡畴生母舅时在大沽船坞司事,余恳伊来照料一切,遂入京。翁君殁甫为赁屋于东城新开路西头路北那宅,时翁氏住东单牌楼二条胡同,往来极近。惟用仆媪语言不通,吾母起居颇觉不便。余赴翁宅课读,间一二日到部视事。

(唐文治《茹经先生自订年谱·癸巳二十九岁》)

按:《申报》1894 年 1 月 18 日第 9 版《太仓州京官住址》,中亦记“户部唐文治住东单牌楼新开路”。

唐先生的父亲若钦先生(名受祺)是位恩贡生,教读为生,家境清寒,故乡没有自己的住房,一直租住在人家,这在当时的贡生中是稀见的。唐先生就迎接父母住到北京,原配郁夫人也住到北京来(当时还没有儿女,郁夫人后来在北京病故。几个儿子都是续弦黄夫人生的)。唐家在北京的住所是翁同龢的侄孙翁斌生代为租来的。这位贵公子,名翰林,肯为一个家庭教师处理家事,唐先生受翁家的器重也就可想而知了。

(黄汉文《记唐文治先生》)

按:《翁同龢日记·光绪十九年癸巳》三月朔(初一日)记:"孙生子钧自唐生回南后,在此代馆,今亦将南归,辞。而唐生须此月廿前后方来也。"三月二十九日记:"唐纬之[蔚芝]到京。"四月初五日记:"拜唐纬之[蔚芝](仁[文]治。奉其二老来京,住新开路,骏为之张罗),未晤,归憩。"

9 月(八月)　先生大病,夫人郁冰雪昼夜不寐,尽心照料。

犹忆去年八月,予大病,夫人昼夜不寐,予怜之,属其少睡,夫人辄于梦中跃起,问予安否。呜呼! 予病不死,而夫人竟舍我而去耶!

(唐文治《郁夫人家传》,见《茹经堂文集初编》卷五)

按:《郁夫人家传》作于甲午年即 1894 年,文中云"去年八月,予大病",则应为癸巳年,即 1893 年之事。

秋　先生父唐受祺弟子吴敬修参加河南乡试,中式举人。先生弟子顾思永参加江南乡试,中式举人。

秋,吴菊农世兄中式河南乡试,常熟孙君师郑、友人沈君颂棠名鹏中式北闱乡试、太仓王君彬儒名凤璘、顾生思永中式江南乡试。

(唐文治《茹经先生自订年谱·癸巳二十九岁》)

10 月 24 日(九月十五日)　为翁同龢代拟顺天乡试题一篇。

(九月)十五日……唐师纬之[蔚芝]拟顺天乡试题一篇,极佳。

(翁同龢著,陈义杰整理《翁同龢日记·光绪十九年癸巳》)

12 月 13 日(十一月初六日)　为翁同龢代拟乡试录前序。(据翁同龢著,陈义杰整理《翁同龢日记·光绪十九年癸巳》)

12 月 25 日(十一月十八日)　为翁同龢代作经策文前序。

(十一月)十八日……吴绚斋来,以经策文还,曰孙师郑作佳,略改数句。唐纬之[蔚芝]代作前序,略易数语。

(翁同龢著,陈义杰整理《翁同龢日记·光绪十九年癸巳》)

本年　师黄以周所著《礼书通故》刻成,先生任是书第一卷初校。

四十年前同负笈,三千里外赋招魂。校经曾侍长沙席(王葵园师刊《续经解》，同任编订校勘之役），请业偕登定海门。论语知新稽后案，《礼书通故》悟微言（《论语后案》为定海黄薇香先生所撰。《礼书通故》一书为元同师一生精力所萃，付刊时，余与善余及唐君蔚芝、章君琴若均任参订之事）。徵居学派今消歇，落落晨星仅有存（薇香先生有《徵居集》，元同师自称徵季子）。

[孙雄《丹徒陈善余征君(庆年)逝世赋七律四首哭之》之一，见《旧京诗存》卷一]

元同师之为教，经学则汉宋不分，理学则朱陆不分，惟求其是而已。及门中于蔚芝及余，极所期许。刻所著《礼书通故》时，列分校诸生之名，令蔚芝校第一卷，余校第二卷，所以勉之也。《礼书通故》者，师病秦氏《五礼通考》，吉礼好难郑，军礼太阿郑，乃折衷众说著此书，阅四十九年而后成者也。

（赵椿年《覃揅斋师友小记》）

按：《礼书通故》卷一《宫室一》末列"受业太仓唐文治初校，子家岱复校"，卷二《宫室二》卷末列"受业阳湖赵椿年初校，子家骛复校"。

本年　先生作《太镇官绅义勇殉难瘗骨碑》。

吾乡庚申粤匪之乱，乡民集义勇，皆以白布裹头为号，一时响应，号称十万，与匪战于东门外之板桥。匪悉精锐突出，乡民不知战法，大溃败，死者数万人。至是，邑人沈君馥林就其地作亭为纪念。余为作碑文记之。

（唐文治《茹经先生自订年谱·癸巳二十九岁》）

按：《太镇官绅义勇殉难瘗骨碑》，见《茹经堂文集二编》卷八。

约去年至本年间　先生结交俞钟颖(君实)及俞钟銮(金门)。

光绪壬辰、癸巳之间，余以进士观政农曹，始居京师。维时，各省仕官，以苏省为最；而苏省诸邑，则以常熟为盛。翁文恭公方以协揆兼军机事，在御史台者，有杨莘伯先生；在翰苑者，有庞绷堂劬庵、绍伯英、翁斿甫；在内阁者，有叶茂如；在礼部者，有李玉舟；在比部者，有翁又申诸先生。每当春正谦集，冠裳满座，济济跄跄，恒至八九十人，何其盛也。而其中有敛然谦退、不尚声华者，则有俞君实、金门昆季。君实先生孝友诚笃，喜怒不形；金门先生品诣学术，纯粹冠伦。

（唐文治《俞金门先生遗著序》，见《茹经堂文集四编》卷六）

1894 年(甲午　清光绪二十年)　30 岁

1 月(光绪十九年十二月)　岳母杨太夫人卒。

冬,十二月,外姑杨太夫人弃养,内子闻耗,哭极恸。

（唐文治《茹经先生自订年谱·癸巳二十九岁》）

2 月 28 日(正月二十三日)　夜,翁同龢邀先生等人吃饼。

(正月)廿三日……夜邀唐、孙两师,沈颂棠,汤阿魁吃饼,阿魁将归天津矣。

（翁同龢著,陈义杰整理《翁同龢日记·光绪二十年壬辰》）

春　宝应刘启瑞来受业。

宝应刘生翰臣名启瑞来受业。生为户部同司刘佛卿年丈之子,经学世家,品诣笃实,后成进士,以内阁中书用。

（唐文治《茹经先生自订年谱·甲午三十岁》）

5 月 14 日(四月初十日)　与谱兄王清穆等谈及古文作法。

(甲午年四月)初十日……未刻,赴会元堂,张伯讷招饮,蔚芝亦在座,谈及古文作法。余所撰《黄氏姑母寿序》未甚惬当,上月底质诸蔚芝,为余更易数语,乃谓余文章渊懿冲澹,于欧阳公为近。

（王清穆《知耻斋日记》）

5 月 15 日(四月十一日)　先生与谱兄王清穆等见到《题名录》,先生南菁时同学孙雄、父唐受祺弟子吴敬修及友人沈鹏均于会试中式。

春,礼部试,孙君师郑、吴君菊农、沈君颂棠均联捷入词林。

（唐文治《茹经先生自订年谱·甲午三十岁》）

(甲午年四月)十一日……傍晚,偕剑侯访蔚芝,即留晚饭。艾孙、玉书、公度亦来候榜,至丑刻始见《题名录》,太属仅中金西林,常熟孙师郑、沈仲棠均得高魁,仪征吴竹楼同年亦中。其他知名士甚多。

（王清穆《知耻斋日记》）

5 月 18 日(四月十四日)　谱兄王清穆与先生商议,欲聘请张锡恭继张謇之后主持崇明瀛洲书院讲席。

（甲午年四月）十四日。晨，访蔚芝。吾邑瀛洲书院掌教为通州张季直，今科已中，此席势难兼顾。且张公本不住院，邑中士子与之疏阔，徒有主讲之名，而无受教之实。近来，士气浮动，怠于学而骛于利，风俗颓坏，尤为可忧。必得一品学兼优者主持而挽救之，庶几有益。松江张闻远同年，恬静笃实，有似吾乡黄桂轩先生，经学于三礼极有功夫。蔚芝颇推重之，谓为江左第一流人物。余意欲聘主吾邑讲席，未卜张公肯就与否？而里中长老之意见何如也？

（王清穆《知耻斋日记》）

5 月 20 日（四月十六日） 谱兄王清穆偕先生同赴中左门，送同乡新贡士复试。（据王清穆《知耻斋日记·甲午年四月》）

6 月 1 日（四月二十八日） 为翁同龢缮稿两篇。

（四月）廿八日……谢芝庵，知与彼同派教习庶吉士，归而拟稿，请西席唐纬之[蔚芝]写。又蒙皇太后赏实纱袍褂各一匣、绛色纱一卷、葛布二端、折扇一柄，具谢折，与孙、松两公连衔，孙兄处无写手，亦请唐生写之。适斌孙出城未归也，点灯时均交去。

（翁同龢著，陈义杰整理《翁同龢日记·光绪二十年壬辰》）

6 月 16 日（五月十三日） 傍晚，先生访谱兄王清穆，对其谓《户部则例》中有《通例》一门，最为切用。（据王清穆《知耻斋日记·甲午年五月》）

7 月 9 日（六月初七日） 谱兄王清穆因《户部则例》六套已阅其半，乃向先生换取另外三套。（据王清穆《知耻斋日记·甲午年六月》）

7 月 28 日（六月二十六日） 晨，谱兄王清穆晤先生，见架上有钞本《太仓州志》一部，为明季张采所辑，先生称为志书之善者，因商借一阅。（据王清穆《知耻斋日记·甲午年六月》）

8 月 12 日（七月十二日） 晚，谱兄王清穆来，与先生谈有关乡里文献事。

（甲午年七月）十二日……晚饭后，到蔚芝处闲谈。蔚芝颇留意乡里文献，近时借得《弇州山人别集》，付钞胥照写，费至四十金。《陆桴亭先生文集》《思辨录》之外，复经搜罗若干篇，辑成数卷，谓将刻之，使不致散佚，甚盛意也。

（王清穆《知耻斋日记》）

8 月 19 日（七月十九日） 先生向翁同龢陈时务五条。

（七月）十九日……唐纬之[蔚芝]陈时务五条，规切余过，可喜可喜。

（翁同龢著，陈义杰整理《翁同龢日记·光绪二十年甲午》）

8 月 23 日（七月二十三日） 谱兄王清穆将《户部则例》下半部三套送还先生。

（据王清穆《知耻斋日记》）

9月4日（八月初五日）　夫人郁冰雪因难产卒。此前二日，郁夫人产一子，"下地即殇"。

秋，八月，内子郁夫人卒。内子天性婉娈淑慎，孝和而俭。吾母疾病，侍养弥谨，诸事能忍耐，戚党皆称其贤。来归十三年，去冬怀妊。吾母喜甚，余筮之，遇明夷之贲，其繇曰："不明，晦。初登于天，后入于地。"余心恶之。至是，竟以难产卒。吾母大恸，停灵于崇文门外之夕照寺。时在客居，丧务均未谙，悉赖谱兄王君丹揆来照料一切，并偕其夫人及二女，时来慰藉吾母，可感之至。

（唐文治《茹经先生自订年谱·甲午三十岁》）

呜呼吾孙兮，汝从何处来，而又何处去？历小劫于软红尘中兮，遽乃假轻鸿而远驭。岂未知生而已知死兮，羌神游乎玉堂之仙署。念吾与汝之祖母兮，久望切乎含饴。惟汝父与汝母兮，苦生儿之已迟。痛返魂有香而难觅兮，均吞声以含悲。今晨送汝于城之外兮（八月初三日），寺夕照其迷离（京都崇文门外夕照寺）。叹瘗埋之聊尔尽我心兮（借得寺后之义地埋孙棺），汝已觞而魂魄其又奚知？但见秋风凄以清，秋草惨以绿，一抔黄土动我泪盈掬。呜呼，吾孙兮！予方旦夕计似续，汝来何迟去何速？声声唤汝汝弗应，那不令我伤衷曲！呜呼，那不令我伤衷曲！

（唐受祺《哭巳觞孙男》，见《浣花庐诗钞》卷一）

按：此诗后附有"文治谨记"曰："是儿取名慰祖，因下地即觞，故未载入家谱。而郁夫人即因产难，距二日亦卒，实最痛心之纪念也。"

（1894年）七月下旬，始晴爽。道路亦平坦，可安行……唐蔚芝夫人于八月初五日以产难殁京寓。蔚芝寓新开路，与余寓总布胡同止隔一衖耳，文酒宴集，颇极友朋之乐，锦瑟吟愁，琼华陨采，萧瑟情怀，何以堪此？

（徐兆玮著，李向东、包岐峰、苏醒等标点《徐兆玮日记》）

9月5日（八月初六日）　夫人郁冰雪入殓。

（甲午年八月）初六日。卯刻起。偕艾孙至唐宅，诸友亦陆续而来。棺中用石灰、炭末铺底，旁用灰包、灯草包，先遣家人卷裹，皆松浮不合用。于是，张悦安长者（梁家园惜字馆司事。辛卯年，余往查课，因与相识。张久在京，肯办同乡送终事，人所难能，故以长者称之）、徐少逵（乡试、殿试与余同年）、黄君谦（壬辰出鹤师门下）、沈仲棠三太史、张隐南、杨允之（戊子同年）、毛艾孙三内翰，改为作包，包小而紧。入殓时，张悦安、杨、黄又亲自动手，以文雅之士，有豪侠之概，足以敦友谊而正薄俗，心甚敬之，又愧余不能似之也。

（王清穆《知耻斋日记》）

9月9日(八月初十日) 先生邀谱兄王清穆同往夕照寺赁屋一间,为其夫人郁冰雪出殡之所,每月房金一两二钱。(据王清穆《知耻斋日记·甲午年八月》)

9月10日(八月十一日) 谱兄王清穆午刻送场后,至先生处写讣状签条。(据王清穆《知耻斋日记》)

9月16日(八月十七日) 谱兄王清穆出城晤孙培元,谈及先生目下乏用,当为筹措,孙培元慨借四十金,交王清穆转致先生。(据王清穆《知耻斋日记》)

9月25日(八月二十六日) 先生与谱兄王清穆等送夫人郁冰雪灵柩安厝夕照寺。(据王清穆《知耻斋日记》)

9月26日(八月二十七日) 与谱兄王清穆等在夕照寺为夫人郁冰雪设幕受奠。(据王清穆《知耻斋日记》)

10月17日(九月十九日) 谱兄王清穆受人之托,欲为先生议娶续室,先生对以"亡者血月未寒,何忍遽议及此"。

(甲午年九月)十九日。蔚芝谱弟失偶,有同乡愿与联姻,属余为议续室者。余念蔚芝知礼之士,未可冒昧言之,迟之月余。今晨过翁氏书室谈次,偶一询问,余说未竟,而蔚芝凄然谓:"亡者血月未寒,何忍遽议及此。"余自觉失言,为之惭愧。乡里风俗颓败,夫妇之伦不明,每见富家妇死未殓,而媒妁盈门,恬不为怪。匝月之后,纳采、请期次第举行。虽前室有遗子女,亦禁绝哭声,故有灵柩在堂,朝夕设奠,而花烛重辉,新人已宴笑于房中矣。吁!如蔚芝者,真可以扶名教而愧薄夫哉!

蔚芝料理郁宜人丧,不作佛事,人谓其俭于财也。然吾亲见所办棺木及漆工,费至八十余金,冠带衣衾之类,费至四十余金,虽事出仓皇,而未肯稍涉简率。发引之日,杠房亦费至四十金,凡可以从俗者,未尝不勉力以求如礼,而止独延僧诵经一事,则决然不为。盖世俗之视佛教,先不能无所惑于中,故居丧诵经,久已沿为成例,相率遵行。若知礼之君子,宜其异于众人也。吾于此服蔚芝守之正而持之坚也。

[王清穆《知耻斋日记》(续)]

10月21日(九月二十三日) 先生赠谱兄王清穆《五种遗规》等书六种。

(甲午年九月)二十三日……蔚芝赠余书籍六种:陈文恭《五种遗规》二十本(此书上海所刻,甚善,连《续编》,较余旧有一部多□卷)、《章氏遗书》五本、《铁桥漫稿》四本、《愧林漫录》二本、郑注《孝经》一本、《南菁讲舍文集》四本(此种石印)。

[王清穆《知耻斋日记》(续)]

10 月 30 日（十月初二日） 与谱兄王清穆论《易》理。

（甲午年十月）初二日……蔚芝于《易》理有功夫，因请筮之，见其揲蓍挂扐，不尽泥古法。筮毕，得大过之小过，蔚芝则谓非吉。余思爻象精微，难于窥测，非圣人其孰能与于斯。沙随程氏曰："事不疑，不筮。"《礼记·少仪》："问卜筮，义与？志与？义则可问，志则否。"顾亭林《日知录》引之曰："子孝臣忠，义也；违害就利，志也。卜筮者，先王所以教人去利怀仁义也。"今余之事有不待筮而可决者，奚疑焉。余知交中，惟蔚芝能以道义相切磋，其论《易》主于修身寡过，可谓得为学之本者矣。

[王清穆《知耻斋日记》（续）]

11 月 3 日（十月初六日） 李鸿藻、翁同龢俱入掌军机。十一月，先生拟上封事，计万余言，即《请挽大局以维国运折》，曾先将草稿寄同乡先辈、时任大沽船坞总办的顾元爵阅观。稿出，翁同龢、沈曾植深加叹赏，称为"万言疏稿"，京中诸友亦均传诵此文，然"惜两行痛泪，无补时艰也"。

（十月）己酉（初六日）……是日，皇太后懿旨：翁同龢、李鸿藻、刚毅均着补授军机大臣。

[章开沅主编《清通鉴（同治朝、光绪朝、宣统朝）》]

高阳相国李公鸿藻暨翁师，俱入掌军机，余拟上封事，计万余言，翁师激赏之。手自钞出数条，然当事者不能行也。沈子培师及京中诸友均传诵此文。

（唐文治《茹经先生自订年谱·甲午三十岁》）

甲午，日本起衅，夺我旅顺及奉天金、复、海、盖诸州县，势岌岌。文治条陈十二事以上，公激赏之，手录数条言于枢廷，然弗能用也。

（唐文治《记翁文恭公事》，见《茹经堂文集初编》卷六）

甲午之战失败后，唐先生撰就了《请挽大局以维国运折》，小官不能直接上奏章，遂由户部尚书翁同龢代奏。翁氏激赏之，亲自抄录数条，在北京师友中传诵。这些建议未被采纳。其中指责了在外之大臣、在内之宦官，虽没有指名为谁，明眼人不难看出是指李鸿章、李莲英等。而对于贻误军机的北洋将领丁汝昌、卫汝贵、卫汝成、赵怀业四人，则认为"国人皆曰可杀"，"宜务刚断、严赏罚"。此外如改革科举的内容、塞漏卮节浮费等，均切中利弊。

（黄汉文《记唐文治先生》）

右吾师太仓唐先生甲午所上封事手迹也。常熟翁文恭、嘉兴沈子培两太夫子皆激赏之，称为万言疏稿。惜两行痛泪，无补时艰。文恭并手录宣观，一时盛传都下，朝士大夫莫不争道之。是年岛夷跳梁，三韩版荡，势尤岌岌，先生正分签农曹,中心忧愤,痛哭流涕以陈之,忠爱之情,溢于言表,虽与汉贾太傅之《陈政事疏》千古争光可也。今年龙述先生政治学,赐得封事手迹,爰谨付装池,珍藏永保,并制以景摹,冠之于首。投笔东望,无涕可挥。读先生封事,更于邑不止矣。

(崔龙《太仓唐先生万言疏稿手迹跋》,见《潜励斋初稿》)

夫国家之败,不自今日始也。当清同、光之间,洪杨初平,新疆又建为行省,朝野方震骇。曾、左以一书生从戎封侯之勋业,莫不羡而慕之,于是虚憍浮嚣之心,萌滋于此时。其时若丰润张佩纶、满洲宝廷、闽县陈宝琛、吴县吴大澂,尤熠耀一时,以为时苟造我,曾、左可立致也。伊犁之役,崇厚不谙外情,国权几失。曾惠敏继之,以外交雄才,力辩格尔布斯策,严划界而宽通商,西陲于是固。不知使节折冲之艰辛,适足以固朝野恬嬉之积习;而不知彼己,虚憍浮嚣之心,亦日益长盛矣。初胡文忠之巡抚湖北也,见火轮而欧血,以为大患不在洪杨,故曾文正设同文馆,派学生出洋,左文襄亦筹设水师,咸以立国竞争之世,决非吾围自固,可以为国者也。文忠早世,曾、左相继殂谢。迨光绪中叶,所谓慕曾、左之勋业者,以一时之法,虽时易势殊,犹必狃于前事,真文正所斥谓可平粤贼者,即可概平天下无穷之变。呜呼,国家安得不败哉!况夫谋国赴敌,庙堂行间,才不及曾、左,不啻百十倍,而时则难于曾、左,亦不啻百十倍。处百国纵横之日,尚等于夷狄之位,交涉委诸昏昧无知之人。呜呼,国家又安得不败哉!甲午朝鲜事起,日照会我总署,请共同出兵,总署覆文严斥之。事隔十年,壬午之约,已懵然不知矣。于是日本遂出兵,有吞朝鲜意。盖壬午立约,有两国出兵互相照会之明文。余读旧档,为之流涕矣。吾师太仓唐蔚芝尚书《万言疏稿》,即甲午所上之封事也。二十五年,龙既为文跋之,藏小云山房。去秋国难作,家中百物荡尽,惟疏稿仓皇携出。蛰居大庄乡时,日夕传寇兵至,将搜索文书。遂以疏稿置金属函,埋地下。顾偶一启读,未尝不痛恨国家之败,不自今日始也;而今日之败,亦犹甲午时也。虚憍浮嚣之心,吾不知其如何矣。吾闻甲午之役,吴大澂官湘抚,会得度辽将军印,以为从容封侯,曾、左可立致矣。乃请缨,师次榆关,日校士不进,且立免死牌,至今犹腾笑于列邦。后不战而溃,大局遂坏。当其时也,合肥知彼己之虚实,清流挟常熟主战,至有斥合肥通敌者。曰战,不论其人,不论其识,皆目为爱国。曰和,不论其人,不论其识,皆目为通敌。以国家之大计,博一己之浮誉。老成谋国,谓之何哉?南宋之时,高宗可战而不战,孝宗不可战而战。可战而不战,长敌国之凶焰;不可战而战,戕国家之元气。余远观南宋,近证甲午,读《万言疏稿》,益为之流涕

· 94 ·

矣。尚书此疏，只陈立国之本，亦犹朱子戊申封事，不言复雠，而陈大本也。非雠不欲复也，大本不立，虽复一时之雠，而异日更大之雠不能复也。越王勾践之沼吴也，吴虽沼，不二世而国亡矣。尚书所陈正人心、别流别、奖气节、去阘冗、务刚断、严赏罚、正官常、破资格、塞漏卮、节浮靡，无一非国家大本所在。大本既立，然后教战，则我战必克矣。孔子曰："不教民战，是为弃之。"呜呼，岂有弃民而国家不败者哉！

（崔龙《太仓唐先生万言疏稿手迹重跋》，见《潜励斋初稿》）

逊清光绪中，予年二十有六，初至京师，时距法越之战才六年耳。所遇京曹官及入都之士大夫，其相与聚语者，差缺之肥瘠、升迁之迟速而已，而宴集之场，每赫然揭示勿谈国事。呜呼！国事而相戒以勿谈，则国事可知也已。洎甲午中日战后，予复至京师，时屡败而和议未就，耳所闻目所睹者一如前，且有公然询贿赂之门者，其机乃萌芽于当年所谓海军捐。而海军之失败，实由卖官之巨赀移修颐和园，供西太后娱乐而未增军舰。谁秉国钧，竟至此邪。

此《万言疏稿》，上于甲午战败之日，盖灼知非采西法不足以图存，又逆虑既采西法，国粹或因以沦亡，而扼要于正人心一语。老成远见，惜留中未见施行，而受知德宗，殆即以此夫。

以德宗之明，苟变法不失之操切，不启宫廷之衅，则废立之议可不兴，庚子拳祸可不作，保皇与革命两党可不起，清社岂遽屋哉。宣统继绪，亲贵用事，迄于辛亥，予参与中央教育会议，默察人心已大去，而中枢主学务者，其意见尚动与时贤相凿枘，此时尝三太息，以为其亡不远。由是隐然动赞助革命之思想，内忖亡清不亡国，国且复兴；坐而待亡，孰与兴之。及南归而武昌之义师告捷矣。

今玩此《疏稿》手迹，益叹治乱盛衰，必由积渐，天既厌清，虽有说言，无能挽救。而提倡国学、设馆专修之一老，事隔四十余年。仍与《疏稿》之精神一贯，海内大学如林，此后国学教授将惟及门诸子是赖。及门诸子亦各有以发挥而光大之，而云潜之英年竺学，其必能踵武名师，养成国器，可前知也。

[沈恩孚《唐蔚芝（文治）万言疏稿跋》，见《沈信卿先生文集》]

按：《茹经先生自订年谱》中所言的"拟上封事，计万余言"，即后来刊于《茹经堂奏疏》卷一第一篇的《请挽大局以维国运折》，题下标明作于"甲午十一月"。文中所"条陈十二事"，分为两个方面。第一是关于"时势之最为切至，而急于施行者"有八：一曰"宜正人心，别流品"，二曰"宜务刚断，严赏罚"，三曰"宜奖气节，去阘冗"，四曰"宜正官常，破资格"，五曰"宜拔真才，变科目"，六曰"宜改武科，用火器"，七曰

"宜联邦交,简使臣",八曰"宜塞漏卮,节浮费"。第二是关于"今我中国之用兵者""急于施行者亦有四":其一曰"置经略,专责任",其二曰"置兵轮,练水师",其三曰"行反间,散叛士",其四曰"安民心,禁妄动"。在此文后有先生附记云:"此稿翁叔平、沈子培两师深加叹赏,称为万言疏稿,惜两行痛泪,无补时艰也。"

又按:王清穆《知耻斋日记》(续)本年十月初七日下记:"旋晤蔚芝,出其所上翁师兵事十条示余,皆目前救急之策,足备采用者。"此当即为《请挽大局以维国运折》。但据《知耻斋日记》(续),则《请挽大局以维国运折》在本年十月初七日前已基本写成。又王清穆于十一月初亦拟有一条陈,十一月初六日下记:"以白折眷写条陈。午后,蔚芝来,出以示之,中有沿边颁谕解散华民之当倭兵者一条,与蔚芝前月所上用意略同。"其中提到的"与蔚芝前月所上用意略同"指的应是《请挽大局以维国运折》论用兵之策的第三条"行反间,散叛士",其中有云:"闻倭奴前队,多系中国人民。此辈为利所诱,杀之诚不足惜,然其中安保无胁从之士?且彼能以利诱我民,我独不能以利诱我民乎?"

11月28日(十一月初二日) 先生母胡氏诞辰,谱兄王清穆来贺。[据王清穆《知耻斋日记》(续)]

12月15日(十一月十九日) 谱兄王清穆接先生手笺,告以"复州近又失守,数月以来,军务毫无起色"。

(甲午年十一月)十九日。接蔚芝手笺,悉复州近又失守,数月以来,军务毫无起色。偶闻胜仗,皆不可恃,所有险要处,我兵守之,与无险等,一为敌人所得,遂若有牢固不能破之势。可骇可叹!

[王清穆《知耻斋日记》(续)]

12月31日(十二月初五日) 谱兄王清穆与先生偕往拜谒因言获罪的安维峻。

(甲午年十二月)初五日。蔚芝来谈,以平日钦仰晓师之为人,而恨未识面,兹闻将赴戍所,益思一见,以慰渴怀,遂于午饭后邀予偕往请谒。问讯之客满座。悉师于初十外即拟起程,挈眷属同行。客有语师宣化府书院讲席可就者,师毅然辞却,以为获咎之人断不可掌教。吾师凤励气节,岂以穷困而少贬哉!此次劾合肥通倭卖国,语涉枢臣,虽为所挤排,而师之直声满天下矣。将以辱之,适以荣之,君子固落得为君子也。由此以观,吾心亦复释然。

[王清穆《知耻斋日记》(续)]

按:中日甲午战争前后,时任都察院福建道台监察御史的安维峻在14个月中接连给清政府上呈奏疏65道。尤其是本年12月上呈光绪帝《请诛李鸿章疏》,斥责李鸿章平日挟外洋以自重，当倭寇来犯时，"其不欲战，固系隐情"。因言获罪，被革职发派张家口军台。

本年　中日甲午战争爆发。先生母时卧病床榻，曰："设有不测，吾当投缳以报国。"因国祸家难，抑郁无聊，先生时读《易》以自遣。

中日失和，提督叶志超与日人战于高丽之平壤，辄败走，敌势益张。冬，遂侵入奉天、金州、复州、海城、盖平，皆陷。旋旅顺亦失守。风声鹤唳，势且扰及津沽。时吾母卧病床榻，曰："设有不测，吾当投缳以报国。"余因国祸家难，抑郁无聊，时读《易》以自遣。

（唐文治《茹经先生自订年谱·甲午三十岁》）

按：王清穆《知耻斋日记》于本年九月十一日下记："傍晚，剑侯自城外米，蔚芝约同至庆会堂小饮，偶言时势，令人气恺，借酒以浇魂礧而已。"此可与上引《茹经先生自订年谱》中的"余因国祸家难，抑郁无聊"互相参看。《知耻斋日记》（续）于本年十月初一日下又记："我国征倭之师叠次失利，自八月中平壤兵溃，奉天戒严，而此间达官闻人潜送眷属出都，若为避寇计者，一时人心惶惑、议论纷如。项见孟孚，谓接公度天津来信，亲睹沽河下驶之船，皆京官旗号，络绎不绝。"当此人心惶惑、达官闻人纷纷"潜送眷属出都"之际，先生与王清穆两人多次议及两人及家中眷属的行止，如《知耻斋日记》（续）十月初二日记："晨，访蔚芝，论及去留大节，我两人皆由科第窃禄于朝，际此国家有事，既不能尽一手一足之务，稍冀图报于万一，乃以闲曹无职守为解，忍而去此，虽得性命苟延，尚何面目立于人世耶！故各以镇静不动相慰勉，死生有命，听之而已。"又十月初八日记："申刻，晤蔚芝，就商行止，渠颇以镇静不轻动为劝。旋偕来见大人，徐为宽解，且谓恭邸能持大局，军情当有转机，且静以俟之。"又十一月二十八日记："际此边警屡告，讹言繁兴，有遣妻妾子女回籍者，方诩诩然自以为明哲，人心动摇极矣。若有堂上在此，则托于爱亲之谊，谓身处其危，而奉亲以安，忠孝可以两尽。迫于所遇，求一说以自解，此亦移家者所由借口也。乃太属则清穆与蔚芝，皆迎养二老在京，松属则章、雷两年伯母在京，我四家者，独非人情乎哉！盖深见迁徙之难、流离之可畏，故强作镇静，忍而居此，亦犹是爱亲之心也。然此间江浙数省仕宦之族纷纷出京，如我四家者亦罕见矣。"

北来已痛家多难（甲午八月，媳妇郁氏以产难亡），边警遥传胆更寒。君谓倘遭戎马祸，从容就义庶心安（时日人发难，逼近奉天。夫人言：倘使国家有难，当与儿辈共殉之）。

（唐受祺《悼亡》四十首之二十二，见《浣花庐诗钞》卷二）

本年　作有《上翁叔平师边防刍言》，向翁同龢进呈防护东三省、对日人战守

· 97 ·

之策。

　　按：《上翁叔平师边防刍言》共有五篇，载先生《公牍稿》未刊稿。此未刊稿未见，后此文被收录于王桐荪、胡邦彦、冯俊森等选注《唐文治文选》。据该书编者的"本篇介绍"云："第一篇至第五篇上书时间，随着战局进展而不同。"又云："第一篇建议翁同龢破除常格，一扫平日粉饰太平之习，向皇帝反复开陈时事之可危。寻求因应之策。第二篇建议飞调宿将，以防护东三省为要务，坚决反对外防不容不撤之说。第三篇建议赏罚为先，其丧师辱国者，即不加显戮，亦宜立予重惩，树立威信。第四篇建议筹饷不借外债，主张取之于官，筹之于华商，而筹饷本原总在于节用。第五篇反对急于言和。作者在另文中曾主张日军夺得制海权，则准备在本土与之决战。"

　　本年　细读陆世仪《思辨录》，"间有心得，书于上方"。后辑成《思辨录札记》一卷。

　　　　吾乡陆尊道先生，隐居讲学，体用兼备。余幼时读其文，服膺其为人，顾于《思辨录》未尝细读也。癸未岁，读吴竹如先生《拙修集》，有读《思辨录》札记数条，竹如先生辨心性极精，疑尊道先生为粗，颇多商榷之语，余更束《思辨录》不读矣。甲午岁，东人构衅，亟思研究兵学，吾师沈子培先生告之曰："子盍读《思辨录》乎？其论兵学一卷，他书所不能逮也。"余乃细读之，始知其于天文、地理、河渠、兵刑、礼乐、政治、文艺无所不包，可谓学贯天人，复绝当世，乃叹向之所见者小矣。既圈点一通，间有心得，书于上方，适朱生贯微来京，为余录出，成札记一卷。庚子岁，顾生彦龙假余《思辨录》失去一册，幸有此稿本，得补全之。

　　　　　　（唐文治《思辨录札记·续思辨录题词》，见《唐文治文选》）

约本年之前　与南菁同门曹元弼结为谱兄弟。

　　　　洎壬辰、甲午岁，余与君先后捷南宫，余佐农曹，君襄内翰，上下交同而志同，爰订金兰之契。

　　　　　　（唐文治《谱弟曹君叔彦七秩双寿序》，见《茹经堂文集四编》卷五）

1895 年(乙未　清光绪二十一年)　31 岁

2 月 5 日(正月十一日)　去谱兄王清穆处,与谈当前局势。

(乙未年正月)十一日。午后,蔚芝、寅生来谈,闻威海又失陷,北洋门户悉为敌有,冰泮之后,天津极为可虑,不知统兵诸将帅作何防御之计也。

[王清穆《知耻斋日记》(续)]

2 月 10 日(正月十六日)　先生开馆。本年中,仍在翁氏馆中教读,内阁中书翁绶琪之弟翁绶珩来受业。

仍馆翁宅课读。翁生受珩来受业,生字玉行,内阁中书翁君印若名绶琪之弟,苏州人。

(唐文治《茹经先生自订年谱·乙未三十一岁》)

(正月)十六日。唐师开馆。

(翁同龢著,陈义杰整理《翁同龢日记·光绪二十一年乙未》)

(乙未年正月)十六日……未刻,赴翁师家。今日,蔚芝开馆,韬甫设馔招饮,在座之客:夏蕉饮、杨玉书、潘经士及余,主人则韬甫、又申也。

[王清穆《知耻斋日记》(续)]

3 月 13 日(二月十七日)　李鸿章赴日本马关议和。日本提出朝鲜国自主,割台湾予日本,并索偿兵费二万万两。进京会试的太仓同乡汪曾武等谋上书力争之,先生为代拟《上察院呈》(即《江南省举人汪曾武等为和议窒碍难行请饬改议公呈》)。然当事者以事机日迫,莫可如何。4 月 17 日(三月二十三日),李鸿章代表清政府与日本在马关春帆楼签订《马关条约》,先生"卒无成就,痛心曷极"。

三月,李少荃相国名鸿章赴日本马关议和。日人要挟高丽国自主,割台湾与日本,并索偿兵费二万万。同乡公车汪君仲虎等谋上书力争之,余为代拟《上察院呈》。然当事者以事机日迫,莫可如何,和议遂成。旋台民拥总督唐维卿名景崧者独立。卒无成就,痛心曷极。

(唐文治《茹经先生自订年谱·乙未三十一岁》)

具呈江南省举人汪曾武、胡同颍、曹元忠、王凤璘、秦曾潞、周召齐、茅谦、徐秉璋、张继良、孙揆均、俞复、廉泉、范蠡、朱柏、许士熊、胡祥鑅、沈恩孚、赵景崇、刘世珩、徐沅、孙济川、孙传骧、欧阳保福、杨宝森、李元鼎、姚鹏图、冯诚求、吴煦、钱树声、王嘉宾、陆是奎、包锡咸、徐鄂、费彝训、费绍训、刘景塘、崇朴、江廷珏、姜汝谟、杨宗海、杨寿朴、姜赞襄、凌泗、江忠振、袁祖光、齐尧年、程之麐、胡嘉楷、彭锡番、刘廷弼、陈恩洽、吴曾楪、潘浩、王廷俊等,为和议窒碍难行,请旨饬下改议,以维国脉,伏乞代奏事:

窃曾武等僻处海隅,食毛践土,累被天恩。只以属在草莽,虽怀图报之忱,未有建白之路。今者恭应会试,计偕入都,侧闻道途藉藉,佥谓和议已有成局,倭奴要挟多端。我皇上推宽大之恩,俯念两国民命,一切含容而曲徇之。此乃天下安危之机,亿万苍生性命之所系,有不得不为我皇上转陈之者:

一曰地不可割也。古语有之:"唇亡则齿寒",高丽为东三省屏蔽,今为自主之国,则我已有东顾之忧,然犹有鸭绿江可画界而守也。今使割地自辽阳以南,则彼北趋兴京,西趋广宁、锦州,朝发夕至,猝不及备。千古未有寇盗在门而主人可以安枕者,利害切身,莫斯为极。且不特此也,陵寝重地,岂容他族实逼处此?度在天之灵,必有蹙然不安者。至台湾素称沃壤,诸国垂涎,持以与倭,必启争竞。其民不肯受割,必生反侧,又不待言,此其必不可行者一也。

二曰中国土货不得改造也。夫自互市以来,小民负贩之利,尽为外洋所夺。然犹幸出产土货,故百姓得以自食其力。今一旦设立机器局,改造土货,利权为其所操,小民衣食之计从此遂绝,市侩奸宄因而内讧,是使彼国坐享其利,而我深受其害。此其必不可行者二也。

三曰倭奴之在内地贸易者不得免税也。夫援各国通商之例,必曰利益均沾,从未有一国独利而可以称通商者,今吾中国与亚洲、欧洲各国通商,每年以羡补不足。即鸦片烟而论,流入外洋而无可抵偿者,已多至三千余万。夫精竭则身槁,财殚则国敝,此事理之显然易见者也。今若概免倭奴之税,则我一无抵偿之项,数年之后,皇上何以自给?且使各国从事效尤,其将何以处之?此必不可行者三也。

四曰苏、杭各口不可通商也。计今中国富庶之区,未通商者,苏州,杭州、沙市等各口耳。历年内府之供储,各省之水旱凶荒,莫不取给于是,是国家根本重地也。今一任其互市,洋商因之剥肤椎髓,国家根本从此划除。后有事变,将复何所仰给?且苏、杭向称儒林之薮、名教之邦,一经互市,则去人伦、无君子,士习民风,从此扫地。曾武等纵不能修忠信为甲胄、礼义为干橹,而裂冠毁冕之俗,誓必鸣鼓而攻之。此其必不可行者四也。

凡此四者,仅据已经宣露者言之。其余尚有万难允行者,因系传闻之词,亦未敢率尔妄渎。

　　曾武等非好博忠愤之名，惟念庚申之变，我文宗显皇帝应机立断，英夷虽多方恫喝，然犹曲予限制。今何忍使数十年前诸夷之所不忍遽发、不敢遽发者，一旦而为日本尽发之；亘古以来敌人之所万难要求、从未要求者，一旦而为日本尽要之；致使外夷快心、社稷蒙耻、天下同愤、千古贻讥？此曾武等之所以愿蹈东海同声痛哭，而不愿闻有此等和议者也。且我朝养士二百余年，深仁厚泽，汪濊洋溢。今者矮奴之焰，横暴至此。豪杰之士，闻之已为短气，况乃一一听从其言，割地输财，无所不至！窃恐天下人心，从此解体；祸患之来，未有既极。夫事固有急求其成而适至于无成、急求免害而转贻大害者，今日之和议是也。曾武等诚伏愿皇上自此亲贤士、斩佞臣，乾纲独断，雷厉风行，宣布大义，明告众庶，乃复激厉将士，与之一战。凡在臣民，实共快心。借曰力有不逮，亦可援《春秋》"同恶相恤"之义，暴倭奴之恶于欧洲各国，合俄、英、法、德、美各国，借其水师，资其器械，与之力并，则蕞尔岛夷，岂敢复肆其鸱张耶？

　　夫法兰西，海外一部落耳，拿破仑时，几为德国所并，然犹于死伤枕藉之余，侃侃辨论，弗肯稍屈，故不及数十年后，卒能自强。可见有志振作者，其兴可翘足而待。今堂堂中朝，而惟倭奴之言是听，曾武等心窃痛之。故不敢避斧钺之诛，环求宪台，据情代奏。无任激切屏营待命之至。谨呈。

　　（唐文治代拟《江南省举人汪曾武等为和议窒碍难行请饬改议公呈》，见《文廷式集·联衔具陈日人要挟过甚请饬使臣展缓商议折》附三）

　　按：《江南省举人汪曾武等为和议窒碍难行请饬改议公呈》现藏于中国第一历史档案馆。在汪叔子编的《文廷式集》中，此呈文作为附录附于卷一"奏议"类的《请勿轻许日人条款片》一文之后，并有编者注云："此呈领衔者汪曾武，即文廷式之表弟。汪曾武并尝有自记，谓此呈系由文廷式为之'点窜'改定。又记光绪帝览及此呈，尝语南斋诸臣曰：此人（按指汪曾武）有胆有识！谓系闻诸王懿荣。"据此，则此公呈当是先由先生代拟，后曾经过文廷式的"点窜"。

　　清光绪二十年（一八九四年）中日甲午战争中，清军节节败退。次年春，北洋海军全军覆没。清政府派李鸿章赴日议和，日本政府提出极为苛刻的条件，强迫清政府签订丧权辱国的《马关条约》。消息传出，举国同愤。这年适逢会试，参加会试的举人云集京师，分别在各省、府会馆讨论国事，商议上书，反对签订《马关条约》。

　　镇洋（今江苏太仓）人汪曾武，是江苏举人的联络者。在议论呈文由谁执笔时，一致认为，汪平日关心"经世之学"，遂商定请汪执笔。但因汪实在太忙，无暇操管为文。汪同乡挚友唐文治(字蔚芝),是壬辰科进士,正在户部供职。一日,偶到太仓会馆探访乡友,闻及上书事,遂对汪说:"吾弟既坐不下来,愚兄当代为捉刀。"

　　唐以半日一夜之功,拟就《上都察院呈》。盖去岁唐就曾有《请挽大局以维国运折》,针对清政府的积弊,及其在甲午战争中失败的原因,提出挽救危局的具体建议,受到户部尚书翁同龢的赞赏。此次《上都察院呈》,仍本前折精神,概述苏省举人的公论,对《马关条约》各款提出驳难,其议论剀切可行。当下即由汪曾武领衔,昭文(今江苏常熟)胡膺甫等五十余人具名,写定该呈,即江苏的"公车上书"。

(黄汉文《江苏的"公车上书"》)

　　按:本年4月22日,康有为、梁启超写成18 000字的《上今上皇帝书》,反对签订《马关条约》,提出拒和、迁都、练兵、变法等主张。18省举人响应,1 200多人连署。5月2日,由康、梁二人带领,18省举人与数千市民集都察院门前请代奏,是为"公车上书"。在此期间,各省举人也纷纷上书,反对签订《马关条约》,被称为"小公车上书"。黄汉文《江苏的"公车上书"》一文谓:"据熟知此段故实的前辈言,'小公车上书'中,以唐文治代拟的江苏稿,梁启超(卓如)所拟的广东、湖南稿,陈衍(石遗)代拟的福建稿最为突出,可称鼎足而三。梁、陈当时均为'公车',而唐则以进士代为捉刀,实属难得。"

　　3月23日(二月二十七日)　谱兄王清穆向主稿王颂蔚推荐先生兼任户部云南司行走。

　　(乙未年二月)二十七日。进署。蔚芝愿兼云南司行走,昨已向主稿王黻卿言之,承许与周幼芝商定,即行回堂。

[王清穆《知耻斋日记》(续)]

　　3月28日(三月初三日)　谱兄王清穆来为先生父唐受祺祝寿。

　　(乙未年三月)初三日。诣若钦谱伯祝寿。谱伯不喜繁文,与大人相似,出见时坚辞勿跪拜,只得应命,盖虑老人答拜,转致劳动也。

[王清穆《知耻斋日记》(续)]

　　4月22日(三月二十八日)　赠谱兄王清穆《荆州记》三卷。

　　(乙未年三月)二十八日。饭罢,至蔚芝寓。昨闻渠违和,今日已愈……蔚芝遗余盛宏之《荆州记》三卷,为苏州曹揆一孝廉所辑。曹氏兄弟皆博学能文,尤留心搜采古籍,刻为《笺经室丛书》,字仿宋本,校刊极精,得此书亦可略见一斑矣。

[王清穆《知耻斋日记》(续)]

4月25日（四月初一日）　兼户部云南司行走，与谱兄王清穆联席办公。并约各书日记，以期进德修业。

　　乙未四月初一日。进署。蔚芝新兼云南司行走，今日到司，见有堂官陈少司徒之仆人前来道贺，面索赏钱。予昔年分部暨兼司，未尝有此。此等不知检束之徒，借端需索，设陈公知之，必加屏斥，不容有如是纵欲之家人也。外省大吏之门丁、长随向属员要取门包、规礼，久成锢习，不可谓非吏治之玷。曾文正、胡文忠官督抚，皆能禁绝此弊。总之，仆隶下人，非尽不良，亦在上之人善养而严约之耳。

［王清穆《知耻斋日记》（续二）］

　　壬辰，余成进士，亦备员户部。君喜甚，白诸长官，延余偕入云南清吏司，两人者连座，入直散归，皆同时。君行政，一以居敬行简为本。批阅公牍，纤悉弗遗。有时君所可，余或否之；余所可，君或否之。切磋之乐，如兄弟之怡怡然。维时，君尝以亭林先生《日知录》《杨园先生集》暨《胡文忠公集》饷余，并约各书日记，以期进德修业焉。

（唐文治《王君丹揆六十寿序》，见《茹经堂文集二编》卷七）

　　壬辰，君（按：指唐文治）亦以二甲进士观政户部。初，余分河南司，君分江西司。旋同兼云南司。户部四大司，云南其一也，兼理漕政。自是，君与余联席治事者七八年。

（王清穆《茹经堂奏疏序》，见《茹经堂奏疏》卷首）

兼任户部云南司行走后，交识胡祥鑅，常与之谈文章、论学术。

　　君讳祥鑅，江苏元和人。光绪甲午科举人，戊戌科进士，以主事用，签分户部山东司，兼云南司行走。余初见君于云南司，议论闳通，神采奕奕，望而知为经世之才也。继而相与谈文章，论学术。君以所印《渐学庐丛书》《骈雅训纂》见赠，则又知其为淹雅之士也，旋以忧去官。

（唐文治《胡君劭介传》，见《茹经堂文集三编》卷七）

5月4日（四月初十日）　请谱兄王清穆抄录无锡杨道霖所著《洋事纂要》二十八卷。

　　（乙未年四月）初十日。进署。《洋事纂要》二十八卷，无锡杨仁山农部所辑，尚未刊行，蔚芝从仁山借来，约余手自钞之。是编，搜采甚博，于洋事端委已具大略，实为当世学人不可不览之书。

［王清穆《知耻斋日记》（续二）］

按：《知耻斋日记》（续二）于此后尚有数条有关《洋事纂要》抄录情况的记载。

闰五月初一日:"钞《洋事纂要》卷一、卷二完,送蔚芝校阅。"八月十三日:"进署。申刻,诣蔚芝家。余钞《洋事纂要》未竣,曾属子钧之少君代写一册,尚余二三册,悉请若钦谱伯代为钞完,惟须再加校雠云。"八月二十三日:"进署。蔚芝以《洋事纂要》钞毕,交余校雠一过。"此外,本年四月十六日、闰五月十九日、闰五月二十一日、八月二十六日、九月六日的日记,都是对《洋事纂要》有关内容的述论。

又按:上记《洋事纂要》,在杨曾勖编《柳州府君年谱》(又名《清杨仁山先生道霖年谱》)中记为《洋务纂要》。该谱于"(光绪)十六年庚寅府君三十五岁"中记杨道霖纂辑此书的经过:"夏六月,应盛公命南下,承辑洋务书事(见府君是月二十七日答驻英随员胡馨吾惟德书:'弟于月初自烟回锡,因杏公欲著《洋务节要》一书,议定在南编承是役,期以年内成书,拟为仿《策学纂要》体例,分门别类,择要列入,以简明为主')。"又同年中记:"冬,承辑之《洋务纂要》一书告成。是书原名《洋务节要》,比成,始易今名。凡采取史书、杂志、案牍、纪事、翻译各书,以至日报、新闻纸等四百余种,汇为二十八卷云。"

5月5日(四月十一日) 先生等人至王清穆寓中,听闻本科(光绪二十一年乙未科)会试之题名录。

(乙未年四月)十一日……少顷,蔚芝、揆一、柳屏、寅生先后来寓听红录,因留之晚饭,悉太属仅中陈巽倩一名(嘉定人),苏府则常熟、昭文各一,松府则奉贤、上海各一,惟三属郡城皆无有,实为历来罕见者也。

[王清穆《知耻斋日记》(续二)]

按:红录即本科会试的题名录。

5月18日(四月二十四日) 先生与谱兄王清穆在东便门外二闸地方,送别乙未科会试落第后回乡之同乡诸君。

(乙未年四月)二十四日。昨与蔚芝约,今日同至东便门外二闸地方,为同乡诸君送行。卯刻,诣蔚芝家,揆一在焉。辰初,三人先出城,于河畔茶亭小憩。候至巳正,寅生、柳屏、艾孙、杏衢俱到,佩鹤丈挈其两世兄亦来送行。随雇一小船,十人促膝环坐,未及半时,已抵二闸,诸君换船东驶,拱手而别,颇有南浦黯然之感。

[王清穆《知耻斋日记》(续二)]

5月25日(五月初二日) 先生与谱兄王清穆等于江苏馆设席公请陆继辉。

(乙未年五月)初二日。子钧、蔚芝与余相约,公请蔚庭先生,设席江苏馆,并请伯葵、佩鹤、韶臣、佐周、楚臣诸同乡,散归已傍晚矣。

[王清穆《知耻斋日记》(续二)]

7 月 18 日(闰五月二十六日)　西刻初,谱兄王清穆至先生处闲谈,拟刻聚珍版(木活字版)一份,以为随便印书之用,先生欣然许可。[据王清穆《知耻斋日记(续二)》]

7 月 23 日(六月初二日)　傍晚,先生在寓中与谱兄王清穆及赵椿年谈论时事。

> (乙未六月)初二日。傍晚,诣蔚芝处,赵剑秋同年在坐。偶言时事,剑秋云:"洋人之要挟于我者,无不各如其愿,显以夺中国之生计,实隐以散中国之人心。"洵为确论。中国本不善谋生理,而向所恃以为利者,今且悉为外夷所挠,欲图自强,何可得乎!

[王清穆《知耻斋日记》(续二)]

7 月 28 日(六月初七日)　谱兄王清穆升任云南司帮主稿,先生则顶王清穆之缺,任云南司帮主稿上行走。

> (乙未六月)初七日。进署,悉余新奉派云南司帮主稿乌布,盖因高杏村谢世,其正主稿上行走一缺,罗筱山得之,而余顶筱山之缺,蔚芝则顶余之缺焉。

[王清穆《知耻斋日记》(续二)]

按:"乌布"为满语"差事"之意。《知耻斋日记》(续二)乙未年二月二十七日记:"余新得云南司帮主稿上行走",则先生此次顶王清穆之缺,即为此职。

8 月 2 日(六月十二日)　谱兄王清穆之父六十寿辰,先生为作《王葆卿先生六十寿序》,制屏八幅以贺。

> (乙未六月)初十日。月之十二,为大人六十寿辰。届期客有祝贺者,清穆本拟具酒筵以待,聊尽侑觞之意,兹闻静波叔父之变,大人不许宴客,有以寿礼见遗者,概令璧还。蔚芝所撰《寿序》制屏八幅,常郡赵剑秋同年书,则先经办就,不得不祗领耳。

[王清穆《知耻斋日记》(续二)]

> 今岁且月,丹揆语文治曰:"吾父行年六十,吾母亦六十有二矣。区区之意,感子能以道义相切磋,愿得一言以自炫。"文治不敏,愧无以应丹揆之命。当以向所闻先生刚直之概,即以为丹揆勖,可乎……

(唐文治《王葆卿先生六十寿序》,见《茹经堂文集二编》卷七)

8 月 9 日(六月十九日)　先生任户部云南司帮主稿。

> (乙未六月)十九日。进署。陈仲勉丁艰,仇涞之得正主稿上行走,蔚芝得帮主稿。

[王清穆《知耻斋日记》(续二)]

苏州王君莳卿名颂蔚,时掌户部云南司,白于翁师,调派余为云南司帮主稿,盖王君丹揆所介绍也。云南司管理滇省财政,兼管漕务、仓务。余时于公牍文字尚无门径,只得以吏为师,遇事咨询,并与丹揆协商,调取档案目录,手自钞存,用时指出提阅,吏不能欺。丹揆作《职思随笔》,办稿必摘要钞录。余亦仿行之。

(唐文治《茹经先生自订年谱·乙未三十一岁》)

10月6日(八月十八日)　先生姨丈黄镜渠病卒,先生为作《外舅黄浚之先生诔文》。

光绪二十一年仲秋之月,文治宦学京邸,闻外舅黄公之赴,敝庐侏窄,不克为位而哭。其明月,乃得擘弟濡翰,邮文千里,以妥公灵。

(唐文治《外舅黄浚之先生诔文》,见《茹经堂文集二编》卷九)

光绪乙未八月患痢,遂不起。时伯兄澄之先生客江西末归,临殁,瞠目四顾,曰:"吾兄归来乎?"炯然不瞑。家人群绕之哭,乃瞑……先生生于道光二十八年三月初九日,殁于光绪二十二年八月十八日,春秋四十有八……疾革,自言曰:"吾竟与颖甥悭一面乎!"颖,文治小字也。呜呼,先生之爱我、期我、教诲我至矣,而文治德不修、学不讲、功业之不成,心滋愧矣。

(唐文治《外舅黄浚之先生家传》,见《茹经堂文集初编》卷五)

按:《外舅黄浚之先生诔文》作于乙未年,即1895年,文章开头云"光绪二十一年(1895年)仲秋之月,文治宦学京邸,闻外舅黄公之赴",则黄镜渠明是卒于1895年;《外舅黄浚之先生家传》亦记黄镜渠"光绪乙未八月患痢,遂不起",但下文却说"先生……殁于光绪二十二年(1896年)八月十八日",其中"光绪二十二年"当为"光绪二十一年"之误。

11月13日(九月二十七日)　先生至谱兄王清穆寓,与下围棋。

(乙未年九月)二十七日。午后,蔚芝、筱山先后来,借得围棋,对下一枰。余于此道茫然,自忖资质过钝,亦不暇学之矣。

[王清穆《知耻斋日记》(续二)]

11月18日(十月初二日)　先生将《陆桴亭先生文集》两册交谱兄王清穆,供其用木活字版排印。

(乙未年十月)初二日……余拟刻聚珍板,已托聚魁斋购得枣木巨料,足供二万字之用。蔚芝交来《陆桴亭先生文集》两册,属将是书常见之字先行酌刊,以便排印云。

[王清穆《知耻斋日记》(续二)]

11 月 27 日(十月十一日)　先生将陆世仪杂著数种并书目一帙交谱兄王清穆,供其用木活字版排印。

(乙未年十月)十一日。蔚芝交来桴亭先生杂著数种并书目一帙,其前后次第尚须商定。先生之学,内圣外王,体用兼备,惜所有著述散逸已多。见在蔚芝搜辑只十六种,未足称先生之全书,然抱遗订坠,俾吾身所亲见者,得以益广流传,抑亦后学之责也。拟先将汇存之书排印,俟续有所得,当增入耳。

[王清穆《知耻斋日记》(续二)]

12 月 1 日(十月十五日)　先生等人置酒为罗厚焜庆贺四十生辰。

(乙未年十月)十五日。罗筱山四十生辰,农署诸同事相约置酒饮之,假座于广和居,秉懿斋、仇涞之、张伯讷、蔚芝及余作主人,懿斋以感冒未到,伯讷并约王翕庭、王义门两孝廉,皆扬州人,翕庭以善弈称。

[王清穆《知耻斋日记》(续二)]

12 月 11 日(十月二十五日)　先生继室黄彬琼来归。

十一月,继室黄夫人来归,伯岳黄澄之先生暨内弟玉儒亲送来京。

(唐文治《茹经先生自订年谱·乙未三十一岁》)

甲午秋,文治抱琴弦之戚,遂重之以婚姻焉。

(唐文治《外舅黄浚之先生家传》,见《茹经堂文集初编》卷五)

按:《外舅黄浚之先生家传》中又云黄镜渠(浚之)有"女一:彬琼,适同邑唐文治",以是知先生继室名彬琼。

(乙未年十月)二十一日。蔚芝续室,选定本月二十五日成礼。其妇为太仓黄氏,从南中来,将在予寓暂住。因为部署一切,喜期甚迫,殊觉匆遽也。

(乙未年十月)二十二日。黄澄之、玉儒、竹林送蔚芝夫人到京。

(乙未年十月)二十三日。为蔚芝定喜轿、赁礼服,并筹备一切琐细物件。予于诸事皆未曾经历,自忖实有才不胜任之患,且应付用项,欲为节省而卒未能,尤滋歉也。

(乙未年十月)二十四日。玉儒体弱,经陆路三日劳顿到京后,食罢即吐,坐车亦吐,盖胃中失和也。昨子钧诊治,未见速效。酉刻,佐周在乡馆置酒,为黄氏、竹林洗尘,并邀寓居左近诸同乡。予偕澄之往。是晚,蔚芝夫人亦移住馆中。翌辰,喜轿至乡馆迎迓也。

(乙未年十月)二十五日。午前,至馆照料,喜轿启行后,即诣蔚芝家道贺,并在帐房权理一切,傍晚始归。

(乙未年十月)二十六日……黄氏、竹林移住唐寓,蔚芝具馔饮之,予往陪焉。玉儒病少愈。

[王清穆《知耻斋日记》(续二)]

12 月 17 日(十一月初二日) 谱兄王清穆来为先生母胡氏祝寿。

(乙未年十一月)初二日。诣蔚芝家,为其太夫人祝寿。旋赴德兴堂小饮,蔚芝假坐于斯,以待贺客焉。

[王清穆《知耻斋日记》(续二)]

12 月 27 日(十一月十二日) 先生与谱兄王清穆将《桴亭先生遗书》目录次第详为商订。

(乙未年十一月)十二日。蔚芝来,将"桴亭先生遗书"目录次第详为商订,拟编:"求道录"第一、"论学酬答"第二、"性善图说"第三、"月道疏"第四、"分野说"第五、"治乡三约"第六、"制科议"第七、"家祭礼"第八、"苏松浮粮考"第九、"娄江条议"第十、"桑梓五防"第十一、"支更说"第十二、"避地三策"第十三、"文集"(张清恪公选本)第十四、"文集补遗"第十五、"诗钞"第十六。现辑种数止此,学问、经济文章约略分类,虽未必有当于先生著作之精意,而得使后之人读先生遗书者,即此而可以想见先生体用之全焉。除"思辨录"久有通行本,不复列入,兹数编之仅存者,可不亟图行世、传之无穷哉!

[王清穆《知耻斋日记》(续二)]

按:《知耻斋日记》(续二)于十一月十三日又记《桴亭先生遗书》尚未搜辑到之陆世仪遗著:"检阅《先正事略》,纪桴亭先生所著,自《思辨录》外,有《宗礼》《典礼折衷》《治通》《治乡三约》《甲申臆议》《城守要略》《八阵法门》《先儒语录集成》《明儒语录集成》《礼衡》《易窥》《诗鉴》《书鉴》《春秋考论》《读史笔记》《考德录》诸书,核之蔚芝所编,只存《治乡三约》一种,知散佚者正复不少也。"

本年 闻挚友、南菁书院时同学邵曾鉴之丧,"为惨然者数日"。

闻邵君心炯之丧,为惨然者数日。邵君因不得志,纵情诗酒,卒以夭夭。其自挽联云:"见性明心立地成佛,好学短命何敢望回。"盖是年三十一也。殁后,姚君子让、柳屏等为刊《艾庐遗稿》。

(唐文治《茹经先生自订年谱·乙未三十一岁》)

壬辰春,君复过太仓,送余应京兆试,相聚益欢。呜呼!孰谓自此一别,与君遂不复见矣!君竟以数奇,多不合。又金夫人先逝世,遂于丙申年得呕血病卒,享年三十有二。其自挽联有"好学短命何敢望回"之语。呜呼,伤哉!予闻君耗,哭之恸。诸同仁相与刊君诗文,曰《艾庐遗稿》,凡若干卷,行于世。

(唐文治《邵君心炯传》,见《茹经堂文集二编》卷六)

按：上引《茹经先生自订年谱》将"邵君心炯之丧"系于乙未年，《邵君心炯传》则云"于丙申年得呕血病卒"，查沈恩孚《艾庐遗稿序》（见《艾庐遗稿》卷首）一文云"心炯以乙未春殇"，故仍将邵曾鉴之卒年定于乙未年，即 1895 年。

岁乙未，某等客京师，闻宝山邵君之赴，悲夫！煎膏戕翠，竟雕龚生之年；伐性驱龄，凄讽彦和之语。好学短命，良用太息。意夫弥留之夕，宛转寝床，当有视高堂而不瞑、对房帷而欲绝者，诚知于陵之母，更无敬养之时；黔娄之妻，非复食贫之况。必至望炊寂寂，灶冷三隅，恤纬茕茕，灯寒次室，此则九渊之下，隐泣何穷，永诀之时，欲言不得者也。于戏！古人往矣，岂忘家累于平时；生者嗷然，愁使相从于地下。伏希在位君子、久要良朋，存任恤之深心，援相䘏之大义，庶几北江故友，衔风谊于弇山；东原无人，佩高情于曲阜。谨启。

（曹元忠《助邵心炯丧启》，见曹元忠《笺经室遗集》卷十五）

按：邵曾鉴去世后，在京师的南菁同窗曾为其募集助丧经费，并由曹元忠执笔撰成上引之《助邵心炯丧启》。

本年　先生父亲唐受祺纂辑《太仓陆桴亭先生遗书》告成。

吾父辑《太仓陆桴亭先生遗书》告成。初，桴亭先生遗书传于世者，不过《思辨录》前后集，及太仓叶涵溪先生名裕仁所辑《文钞》数卷而已。吾父于《小石山房丛书》中辑得《论学酬答》四卷，于《娄东杂著》中辑得《性善图说》等三种，又于叶涵溪先生家中钞得《八阵发明》一卷、诗集若干卷；又钞得张清恪公所辑文集若干卷；又编订《年谱》一卷，共得二十册，合《思辨录》共二十八册，先后募资授刊。

（唐文治《茹经先生自订年谱·乙未三十一岁》）

按：关于唐受祺与先生及王清穆搜辑刊刻《陆桴亭先生遗书》之有关情况，参见前引《知耻斋日记》中之相关记载。

1896年(丙申　清光绪二十二年)　32岁

1月(光绪二十一年十二月)　学习期满,户部循例引见,奏留。翁同龢考语云:"人品端方,趋公勤慎"。

十二月,学习期满,户部循例引见,奏留。翁师考语云:人品端方,趋公勤慎。

（唐文治《茹经先生自订年谱·乙未三十一岁》）

(乙未十二月)初八日……本月,蔚芝学习期满,奏留。见其钞得候补人数单,余名次三十六,蔚芝则五十四。

［王清穆《知耻斋日记》(续二)］

春　先生致书其师沈曾植,请其转致时为官书局管理大臣的孙家鼐,谋其助资刊印《太仓陆桴亭先生遗书》。

去冬议刻《桴亭先生遗书》,蒙函丈转商寿州孙先生,允助刊资,欣幸无任……家大人笃好桴亭先生之学,辛苦搜辑,已垂十年。兹者书叙业已刊成,敬呈钧览。并乞以此迂愚之见,转达寿州先生,即祈赐下刊资,俾得早付杀青。日后即以此书,庋藏官书局中,兴起来者。古人有言:"正其本,万事理。"又曰:"履端于始。"今寿州先生当官书局初创之始,即以桴亭先生之学训迪后进,为正本清原之计,以持由剥反复之几。是岂特方今世道之幸,抑亦万世人心之幸也。

（唐文治《上沈子培先生书》,见《茹经堂文集二编》卷四）

春间。唐文治因刊刻《桴亭先生遗书》事,致函与公,谋刊资于孙家鼐。

（许全胜《沈曾植年谱长编·光绪二十二年丙申　四十七岁》）

按：许全胜于上引文字之后尚有一段按语,考订《上沈子培先生书》一文应作于本年春间:"《桴亭先生遗书》为唐文治父受祺所辑,受祺书叙作于光绪二十年十二月(见《遗书》卷首)。文治《桴亭先生集外文跋》云:'丁酉,先大夫辑桴亭先生集告成。'而刊刻则在己亥孟冬(见牌记)。本年初,强学会改为官书局,命孙家鼐为管理大臣。据札中今寿州先生当官书局初创之始,即以桴亭先生之学训迪后进云云,则此札当作于春间。"其说是。

5 月（四月） 本月起,效陆世仪《思辨录》,有所思、有所得则笔记之。后成《续思辨录》一卷。

旋复取平日笔记,成《续思辨录》一卷附于后。

（唐文治《〈思辨录〉札记·〈续思辨录〉题词》,见《唐文治文选》）

按:《唐文治文选》中《〈思辨录〉札记·〈续思辨录〉题词》一篇的"本篇介绍"云:"《〈思辨录〉札记》《续思辨录》均未付印,未公开发表的缘因,可能因尚未成书,欲言者未尽之故。原稿保存在无锡唐文治先生纪念馆(指茹经堂)内,另有抄本则由唐氏后裔珍藏。"《唐文治文选》中辑录十五则,始自丙申年四月十四日,终于七月二十一日。

8 月（七月） 考取总理各国事务衙门章京第二名。引见后,记名传补。

七月,考取总理各国事务衙门章京第二名。试策问一道,引见后,记名传补,首列为会试同年张君菊生名元济,友人李君樊硕名审之、汪君伯堂名大燮及丹揆兄均前列。时翁师掌总理衙门,先期,见沈子培师,询问各部人才,子培师首以余对。翁师领之,曰:"唐某学问、性情、品行,无一不佳。"余闻斯言,愧无以对知己也。

（唐文治《茹经先生自订年谱·丙申三十二岁》）

按:总理各国事务衙门简称"总理衙门""总署""译署",是清政府为办洋务及外交事务而特设的中央机构。总理衙门由王大臣或军机大臣兼领,并仿军机处体例,设大臣、章京两级职官。大臣下设总办章京、帮办章京、章京、额外章京等各数人。

本年 阅各国条约事务各书,并评点《万国公法》及曾纪泽、黎庶昌诸家文集。自是于经世之学,粗得门径。(据《茹经先生自订年谱·丙申三十二岁》)

1897 年(丁酉 清光绪二十三年) 33 岁

4 月(三月) 黄遵宪在崇效寺集京师名士看牡丹,始与先生等游。

三月,在崇效寺集京师名士看牡丹,始与太仓唐蔚芝(文治)主事、海盐张菊生(元济)主事等游(蔚芝师为予言)。

（钱仲联《黄公度先生年谱·光绪二十三年丁酉》,见《人境庐诗草笺注》）

同月 先生等人认购译印西文地图公会股份。

(4 月)邹代钧创立的译印西文地图公会,于是年《湘报》第二至十四期刊登招股广告,先生购股及代同人购股情况有如下记述:“邹译地图股份,弟曾购一份,系四一四号,价已交吴铁桥。又代售唐蔚芝四六一,罗小山四六三,颜伯勤四六四,杨海筹四六五,邵季英四六六,并援例取半票一二三一张,共值一百五十元。或银或洋,日内当可收齐,即交李孟符处。月内准交,因票由彼处交来也。公会有四月望截止之说,祈为查对。”

（张人凤、柳和城编著《张元济年谱长编·1897 年 31 岁》）

春夏间 门生李联珪来应京兆试,住先生家。崇明朱诵韩、孙昌烜来受业。

夏,李生颂韩来,将应京兆试,即住余家。崇明朱生贯微名诵韩、孙生宇晴名昌烜来受业。宇晴,余会试同年孙子钧吏部名培元之子。

（唐文治《茹经先生自订年谱·丁酉三十三岁》）

光绪丁酉,余官京师,太仓李生联珪颂韩来应秋试。先期,与诸同学结合文社,请余命题。余以诸生局踏科举,读经不务措诸躬行,不知研求体用兼备之学,因应世变,爱以“行己有耻,使于四方,不辱君命”揭题,盖本亭林先生“有耻而后不辱”之说,意在激厉人才也。当是时,崇明朱生诵韩贯微亦自南中来与社课,余阅其文,叹赏之,知为佳士,拔置第三,为长评,奖勉有加。贯微寓其亲戚孙吏部子钧家,子钧哲嗣孙昌烜宇晴,余及门弟子也,遂介贯微来受业。教以应读性理各书。秋风报罢,贯微留京。越数日,必来请益,向学殷拳……

（唐文治《朱生贯微癸卯乡试朱卷评语跋》,见《茹经堂文集四编》卷六）

7 月 21 日(六月二十二日) 先生及绍英致函盛宣怀,因盛呈部之卢汉续议借款往来函件抄稿中有抄译错误,函中告知已将此抄本托人带奉。

杏生官保大人阁下：顷奉公函，称"六月二十日送部卢汉续议借款往来函件钞稿一本，兹查出沙多函内所叙法金数目，尚有钞译错误之处，即祈将钞本掷下，以便改正再呈"等因，遵经将此钞本检交陆芝田兄带奉，幸乞察入为荷。专此布复，敬请台安。晚生唐文治、绍英顿首。六月二十二日。

（《唐文治、绍英致盛宣怀函》，见上海图书馆《盛宣怀档案》，?年六月二十二日，档号094980）

按：在上海图书馆《盛宣怀档案》（电子扫描件）的题录中，本函未署年份。函中提及"卢汉续议借款往来函件"，本年7月27日（六月二十八日），时为清督办铁路大臣的盛宣怀与比利时银行团代表在上海签订了《卢汉铁路借款续增合同》，故将本函暂系于本年。

7月24日（六月二十五日）　先生母亲胡氏忽患中风，后遂成半身不遂之症。自此以后，平时卧床不能起，困于病者又届十年。

　　六月，吾母忽患中风，不能言语，急延医诊治。逾日渐苏。遂成半身不遂之症，不能起床，自问侍奉无状，闷恨之至。

（唐文治《茹经先生自订年谱·丁酉三十三岁》）

　　十载沉疴幸告痊（自辛巳至壬辰已逾十年，病始痊愈），京华就养间欣然（癸巳入都，夫人以水土不服，不甚欢慰，然亦有时自为排解）。无端二竖潜相逼，束缚羸躯又十年（自丁酉至丙午，困于病者又届十年，平居卧床不能起，伤哉）。

（唐受祺《悼亡》四十首之二十五，见《浣花庐诗钞》卷二）

9月24日（八月二十八日）　先生师沈曾植之母韩太夫人卒于京寓，先生即往吊唁。

　　忆光绪丁酉岁八月，太师母韩太夫人薨于京寓。余吊先生于苫次，先生握余手，呼抢几不能言，但曰："吾欲求子文。"继曰："吾欲求子文表扬吾母。"余亦呜咽不能答。既复见先生于垩室中，则瞿瞿茕茕，色容颠颠，盖水浆糜粥仅入于口。洎乎送葬出国门，先生羸瘠，擗踊不能行，中道蒲伏，婴儿依恋，涕泗滂沱，杖而不能起。吾辈更迭扶掖之以徐步，道旁咸叹息。追忆斯状，如在目前。

（唐文治《沈子培先生年谱序》，见《茹经堂文集三编》卷五）

按：据许全胜撰《沈曾植年谱长编》载，韩太夫人卒于本年9月24日（八月二十八日）。至明年（1898年）3月25日（三月初四日），沈曾植扶赠光禄公及韩太夫人柩南归，上引文中"洎乎送葬出国门"即指此事。

冬　沈曾植借先生高攀龙未刻稿八册，乃手自抄录二册，为序其首，并嘱门生朱诵韩、孙昌烜各分抄数册。

　　冬，沈子培师假余无锡高忠宪攀龙未刻稿八册，云得自河南书肆中。盖当时陈稽亭先生辑《高子遗书》所未录者也，其中论学，精粹处极多。余喜甚，手自钞录二册，为序其首，并属朱、孙二生各分钞数册。

　　　　　　　　　　（唐文治《茹经先生自订年谱·丁酉三十三岁》）

　　《高忠宪未刻稿》八卷，吾师沈子封[培]先生得自河南书肆，文治以几亭先生刻本校之，其中间有出入者……大抵几亭本详于论学，而此本则多关朝政。不审当时几亭先生未见此本与？抑为其所芟薙与？原书无序跋，遂不可考。要之为世间可宝之物，则夫人而知之也。文治既命学徒朱生诵韩、孙生昌烜分缮一通，乃谨序其简首曰……

　　　　　　　　　（唐文治《高子外集序上》，见《茹经堂文集初编》卷四）

　　按：1926 年，先生将此稿与别本校勘，刻成《高子别集》八卷。详见本书 1926 年事中。

　　本年　先生阅《经世文编》《经世文续编》及曾国藩、胡林翼全集。

　　阅《经世文》正、续编，及曾文正、胡文忠全集。《经世文》正编选择极精，《论学》二卷尤极纯粹，续者远不逮矣。

　　　　　　　　　　（唐文治《茹经先生自订年谱·丁酉三十三岁》）

　　本年　户部设则例馆，先生奉派为纂修官，辑成《漕运门》八卷。（据《茹经先生自订年谱·丁酉三十三岁》）

　　按："《漕运门》八卷"未见。据李永贞《清朝则例编纂研究》，清乾隆四十一年（1776 年），于敏中等纂修《钦定户部则例》，后经多次续修，其中"《户部续纂则例》制定于光绪末年，现存三十一卷"，"《漕运门》八卷"或即是指其中的漕运各卷。

　　本年　购得明周顺昌《烬余集》三册。

　　购得苏州周忠介公顺昌《烬余集》三册，系汤文正公斌抚苏时所刻，真难得之书，可宝之至，为集资刊印之。

　　　　　　　　　　（唐文治《茹经先生自订年谱·丁酉三十三岁》）

　　有明周蓼洲先生《烬余集》三卷、《年谱》一卷、《遗事》一卷，得自京城书肆。庚子之乱，携以自随，未敢暂弃……

　　　　　　　　　（唐文治《重刻周忠介公文集序》，见《茹经堂文集初编》卷四）

　　按：1901 年冬，先生谋求集资重刊《烬余集》，至 1903 年而刊成。详见本书该两年事中。

1898 年（戊戌　清光绪二十四年）　34 岁

3 月 19 日（二月二十七日）　长子唐庆诒生，夫人黄彬琼产后大病。

二月，长子庆诒生，字曰郁生，欲其不忘前母也，号曰谋伯。内子产后大病，类疯癫。延山东医生李葆初诊视，云是肝郁、血枯、痰壅所致。先投以川军、芒硝，大泻后，神色稍清。复进以补血消痰之剂，半年后始全愈。

（唐文治《茹经先生自订年谱·戊戌三十四岁》）

逊清光绪二十四年，即西历一八九八年，一岁。农历二月二十七日，余生于北京新开路，先祖名余曰庆诒，字曰谋伯，取"诒厥孙谋"之义。

（唐庆诒《忆往录》）

3 月（二月）　拟《谨殚血诚以维国脉折》，并附《请停止搜括之政片》。（据《茹经先生自订年谱·戊戌三十四岁》）

越一年六月，上《谨殚血诚以维国脉折》，大指以为补救之策，不外乎以众敌众之法，并附《请停止搜括之政片》，时为 1898 年。折上，留中不用。

（王蘧常《记唐蔚芝先生》）

按：《谨殚血诚以维国脉折》及《请停止搜括之政片》后皆收录于《茹经堂奏疏》卷一。在《谨殚血诚以维国脉折》中，先生认为，当此"欧洲各国眈眈环伺""俄则谋东三省""英则谋山东""法则谋广东西""瓜分之势已有成局"之际，其"补救之策，不外乎以众敌众之法，其事厥有两端：一曰虚声以夺之，一曰实事以备之"。主张办好民团，实现"通国咸成劲旅"，以"兵战"卫国。在《请停止搜括之政片》中，针对其时政府借发放股票搜刮民财之乱政，呼吁立停"剥肤椎髓之举"，力减搜刮，"以保黎庶之生命"，而安定"将涣之人心"。

3、4 月间（三月）　代其会试时房师沈曾桐作《谨陈管见以固人心折》。

按：此折后亦收录于《茹经堂奏疏》卷一。折中陈述"所谓操切之政，未可遽行者，厥有两端"："一曰民力已竭，勿事搜刮"，"一曰裁兵宜慎，不可操之过蹙"。又"所谓清源之计，宜次第举行者厥有六端"：一曰正人心，二曰求人才，三曰简使臣，四曰通洋情，五曰办民团，六曰务农田。文后有作者附记："此稿系沈子封师嘱为代拟，中间正人心、简使臣两条，即用《万言疏稿》成说，稍加增损。"

4月24日(闰三月初四日) 先生父唐受祺五十八岁生辰,又母胡氏年六十,称觞于东城之德兴堂。(据《茹经先生自订年谱·戊戌三十四岁》)

同乡内表弟陆增炜,会试中式第一名。友人赵椿年亦中式。(据《茹经先生自订年谱·戊戌三十四岁》)

6月15日(四月二十七日) 翁同龢奉旨开缺回籍。

廿七日(6月15日)……丑初微雨,既而潺潺,喜而不寐。今日生朝,晨起向空叩头。入看折治事如常。起下,中官传翁某勿入,同人入。余独坐看雨,检点官事五匣,交苏拉英海。一时许同人退,恭读朱谕:"协办大学士翁同龢近来办事多不允协,以致众论不服,屡经有人参奏,且每于召对时,咨询事件任意可否,喜怒见于词色,渐露揽权狂悖情状,断难胜枢机之任。本应察明究办,予以重惩,姑念其毓庆宫行走有年,不忍遽加严谴,翁同龢着即开缺回籍,以示保全。钦此。"臣感激涕零,自省罪状如此,而圣恩矜全,所谓生死而肉白骨也。

(翁同龢著,陈义杰整理《翁同龢日记·光绪二十四年戊戌》)

四月,翁师奉旨开缺回籍。盖与满大臣荣禄、刚毅不和,为其所构陷也。

(唐文治《茹经先生自订年谱·戊戌三十四岁》)

四月二十四日,公奉旨开缺回籍,是日公生辰也。呜呼,刚之计可谓巧而毒矣。

(唐文治《记翁文恭公事》,见《茹经堂文集初编》卷六)

按: 上引文"二十四日"应为"二十七日"之误。

7月1日(五月十三日) 翁同龢出京,先生送至正阳门车站。

(五月)十三日(七月一日)晴朗,旋微阴。寅初起,盥洗告辞祠堂,并北向叩头。寅正一刻乘轿出前门、永定门,回首抓[舮]棱,能无依恋。六刻抵马家堡,言酉山、朱闰生先在,门人送者庚辰黄绍箕、于式枚、庞劬庵、丁象震、何乃莹、杨福臻,壬辰谭启瑞、刘燕翼、刘福姚,乙酉张睿,朝殿刘树屏等约四五十人,此不过就所记者言之耳。最奇者湖南衡州夏生,年廿余,投一纸自称曰笙,向余挥涕曰:吾为天下,非为公也。卯正十分,揖别登车,长驱飙发,平生奇游矣。

(翁同龢著,陈义杰整理《翁同龢日记·光绪二十四年戊戌》)

五月即出京,余送至正阳门车站,黯然而别。此后竟不得复见矣。

(唐文治《茹经先生自订年谱·戊戌三十四岁》)

越数日即行。至正阳门外,送者数百人,车马阗咽,有痛哭流涕者。公独坦然,谓文治曰:"人臣黜陟,皆属天恩,吾进退裕如。所恨者,不能复见皇上

耳!"盖先一二年时,文治逆知公危,燕见时,微讽公退,公慨然曰:"吾为师傅,
譬诸一家孤儿寡妇无依赖指导,为西席者可恝然去乎?"文治固夙知公之心,至
是闻公言,更不觉泫然也。

(唐文治《记翁文恭公事》,见《茹经堂文集初编》卷六)

7 月(六月) 传补先生为总理各国事务衙门章京。先派往电报处译机要电
文,旋派在司务厅收发文牍。因不能兼顾,乃辞去翁氏馆事。

六月,传补总理衙门章京,时掌总署大臣为庆亲王,及相国合肥李公;次为
王相国夔石名文韶,及满洲敬止斋尚书名信、广东张樵野侍郎名荫桓,凡五人。
先派余在电报处译机要电文,旋派在司务厅收发文牍。时总办章京四人:满
洲舒君春舫名文、四川童君瑶圃名德璋、满洲瑞君鼎臣名良、苏州顾君康民名
肇新。顾君素长于公牍文字,与余尤相得。余询以办事之要,顾君曰:"勤而已
矣,勤则诸事接洽。至公牍之要,纵使千条万绪,不过叙述明晰,无他道也。"余
自是于翁氏馆不能兼顾,遂辞退,深愧无以对翁师也。

(唐文治《茹经先生自订年谱·戊戌三十四岁》)

时奉诏令,阁部大臣保举人才。仓场侍郎刘恩溥以先生列入荐章。

时奉诏令,阁部大臣保举人才。仓场侍郎刘公博泉名恩溥,留心物色,以
余列入荐章。余初未之知也,后友人传述,至为惶悚。刘公官御史时,直声甚
著,为人谦抑异常,余以避干谒,未往见。后公遽殁,始诣灵前,一恸知己之感,
思之辄为惘然。

(唐文治《茹经先生自订年谱·戊戌三十四岁》)

8 月 4 日(六月十七日) 蔡元培等人聘请外务部左丞陶大均教授日文,先生
亦参加日文学习。

(六月)十有七日……移寓城中羊越宾胡同江宁试馆,同寓刘葆良前辈(树
屏)及令子伯渊(仲)、许璪卿中书(文勋)、唐蔚芝户部(文治)、王芍庄孝廉(绍
埭)、〈王〉书衡比部(仪通)。聘会稽陶杏南司马(大均)教日本文字。

(《蔡元培日记·一八九八年》)

9 月 21 日(八月初六日) 清廷上谕宣布慈禧太后训政,戊戌变法失败。

9 月 28 日(八月十三日) "戊戌六君子"谭嗣同、康广仁、林旭、杨深秀、杨锐、
刘光第遇难。与先生同科考中进士的张元济也因上疏言事而被革职。

八月,政变祸作,为吾国一大关键。先是,皇上壹意维新,励精图治。内外
大臣交荐康有为、梁启超,破格擢用,又特拔杨锐、刘光第、林旭、谭嗣同为京
堂,在军机处行走。革故鼎新之旨,几于无日无之。会有蜚语,谓康、梁等将

用兵围皇太后，求变法。于是，皇太后复出训政，逮杨锐等，置诸法，而康、梁则已闻风远逃，不知所往。维时波及者，为李苾园师、张樵野侍郎、文芸阁学士等。李、张均革职发遣，文则逃匿未获。而张君菊生亦因上疏言事革职，岂不冤哉！

（唐文治《茹经先生自订年谱·戊戌三十四岁》）

唐先生倾向于变法维新，但没有参加康有为的"戊戌变法"。他认为康氏操之过急，虽有光绪帝支持，而政权实际上仍在慈禧太后手中，急则生变，难以有成。有一次，他对我们讲柳宗元等的文章，说王叔文、柳宗元等的主张，多有可采者，韩愈修的《顺宗实录》痛诋之，未必得为信史。他说戊戌春日沈子培先生曾劝康有为细看《顺宗实录》，其用意在暗示康氏光绪无权，操之过急，树敌太多，难能实现，希望康氏注意及此。康氏没有听从。

戊戌秋天，慈禧太后又一次"训政"，没有经过审问，就把谭嗣同等六人杀掉。唐先生虽不满意康有为等操之过急，但同情"六君子"的被害是受"蜚语"中伤。顽固的后党要把新政全部废掉，唐先生耽心全国的学校受到摧残。第二年（1899 年），他在写给友人的信中说："于是不学无术之徒，乘间抵隙，臆决唱声，方欲尽裁天下之书院，尽裁天下之学堂，借以涂饰生民之耳目，而以自文其固陋。仁人君子顾何忍而张其焰？"（《茹经堂文集二编》）

"戊戌政变"中被害的林旭（字暾谷），福建人，比他的同乡陈石遗小二十岁左右。我听陆景周先生说，石遗先生在国专任课时，有一次和唐先生谈戊戌时事，石遗先生说："暾谷可惜！他是文学之才，偏要搞政治。我强邀他回南方，想不到他才到杭州又回北京了。被害时只有二十四岁。"唐先生接着说："我友张菊生先生（名元济）当时热心变法，曾上书言事，也曾被光绪帝召见，据他说，变法的详情和部署，他不太清楚，康氏未曾详言。康氏自信过甚，梁卓如（启超）、谭复生（嗣同）、林暾谷都师事之。他欲人人都像梁、谭那样尊重他。当时事势对他不利，失败之原因颇多，与人交往，示人以不广，亦其一端。梁卓如以后也并不听他。"石遗先生深以为然。两位先生谈此事时，离林旭的被害已经将近四十年，石遗先生连说："暾谷可惜！"

（黄汉文《记唐文治先生》）

10 月（九月）　徐用仪、袁昶和联元均奉旨派充总理衙门大臣。其中"袁公博雅闳通，一见余，似旧相识"。（据《茹经先生自订年谱·戊戌三十四岁》）

冬　许景澄奉旨为总理衙门大臣，对先生深为器重。

冬，浙江许竹筼侍郎名景澄自欧洲归，奉旨为总理衙门大臣，深器重余，以

· 118 ·

所印外国司船表、帕米尔图见赠。

(唐文治《茹经先生自订年谱·戊戌三十四岁》)

余自幼闻竹筼先生名,光绪戊戌,备员外部章京(旧名总理各国事务衙门)。其年冬,竹筼先生自欧西驰持节归来,掌外部,一见深相契,赠余外国师船表及帕米尔图等。余请问交涉要旨,先生叹曰:"方今刚柔俱失其宜,无交涉之可言也。"顾服官极勤挚,自旦至暮不稍息,夜则篝灯属稿,或负手庭除间,殚精竭思,期于因应得当。每与欧美各公使辩论,命余缮记问答,函牍疏草杂沓,旁午时,辄招余佐理,先生为删削而润色之;有时则欣然赞叹,相视而笑,不易一字。盖其爱国好士、和易至诚,根于天性。

(唐文治《许文肃公遗集跋》,见《茹经堂文集二编》卷五)

9 月(八月)　先生建议停废河运,并裁撤津通运米驳船,改归陆运。奏上,奉旨报可。

余建议停废河运,并裁撤津通运米驳船,改归陆运。所有每年河运费四十余万两,悉行解部,以裕度支。合肥李公见余稿,颇为叹赏。奏上,奉旨报可。

(唐文治《茹经先生自订年谱·庚子三十六岁》)

在户部时有《请停止河运疏》,颇为李文忠所激赏,曰:"此佳文也。"询那公琴轩:主稿者为谁? 那以某对,李颔之。时李为庚子议和全权大臣,那为户部侍郎。现此稿已散佚不可复得。回忆前尘,亦如梦境矣。

(唐文治《茹经堂奏疏自序》,见《茹经堂奏疏》卷首)

奏为遵旨议奏事。光绪二十五年八月初一日,奉上谕:御史秦夔扬奏江北河运漕米,劳费太甚,拟请停办一折,著户部议奏,钦此。钦遵由内阁钞出到部。查原奏内称"河运漕粮,本沿明代旧制。我朝全盛之时,库储充溢,不以漕运多费为嫌,且黄河由淮安穿运入海,亦与今日情形不同。然至道光年间,运道已虞浅阻,屡经改行海运。咸丰初年,粤匪窜扰湖广等省,军务繁兴。五年河决,铜瓦厢山东运河废坏,由是各省河运不复可行。迨东南平定,江浙二省漕粮由海运津,均称便利。惟江北试办河运,始于同治四年,当时不察河漕不能并治之,故而竟勉强行之,迄今三十余年。其事之有损无益,既亦彰彰在人耳目,矧值库储奇绌,朝廷于筹款一事几费周章,则如江北河运,自应亟议停办。请言其弊,约有四端:一曰坐失水利,二曰牵掣河防,三曰苦累商船,四月有妨兵食。查山东境内微山、独山等湖,名为济漕水柜,每届江北漕船北上,由泇河厅相度水势,启闸下注,以利漕行。河员惟恐误运,湖内蓄水,恒过于例定尺寸。设遇春夏雨水连绵,则环湖数百里,悉为泽国。而天旱水浅之年,则傍近泉源尽以济漕而不足,更无涓滴之水润及农田。本年沂州旱荒,致烦赈济,向使早弛运河灌引之禁,俾地方官一意讲求水利,不必兼顾运道,何至漫无补救,成此巨灾? 所谓坐失水利者此也。黄河浊流,宜合不宜分,故借黄济运,人人知其非计。无如江北既办河运,即必得使汶、卫二水与黄相接,东省河身较窄,一遇盛涨,两岸所留运口极为吃重,防守稍懈,则倒灌夺溜,在在可虞。每届漕船入北运河,全资黄水浮送,所以临清以南二百余里,运河旋浚旋淤,视南岸为尤甚。且黄水亦以势分而力弱,力弱而沙停,频年横决之患,几至不可收拾,所谓牵掣河防者此也。河运雇募民船,例定十二月初一日开兑,限次年二月兑竣。开行各船户在高宝水次停泊候装,需时数月之久,不无虚耗。及开行以后,长途牵挽,备极艰难。虽有粮道封雇船只以备沿途起剥,而东境漕渠,节节胶阻,逢闸提溜,遇浅加夫,驱千百船户水手,趱行于炎天烈日之中。幸而汛水足敷灌送,抵坝较早,尚可回空;倘值水势微弱,磨浅而进,或至七月间始渡黄入卫,则重运到通,已将竭尽人力。迨事竣回空,运河又渐干涸,势必冻阻北河,以待春融南下。夫一船受载,不过二三百石粮米,而使之穷年累月,历数千里之艰险,船户所得水脚几何?其穷无复之者,弊端百出,又奚怪焉?所谓苦累商船者此也。南漕减运以来,江浙海运,苏松皆系粳米,杭嘉湖粳米外,间有籼米,为数无多,惟江河运定章,采买籼米,统核近年进仓漕粮,粳多籼少,其大较也。京仓放款,以甲米为大宗,旗兵食用,不尽需米。每季所领甲米,售之碓房者居多,售价高低,视乎米色,而以籼视粳,有不免相形见绌者。何则?籼米质嫩,不如粳米之能耐久储,故市价比粳为贱。籼米新者且然,况仓储之陈陈相因者乎。本年四月间,有旗兵入仓滋闹、不领籼米之事。在仓场固属为难,而兵丁以口分之故,轻蹈刑章,亦殊可悯,所谓有妨兵食者此也。以上四端,其弊皆与江北河运相表里。今欲清其弊,莫如不令采买籼米,停止河运。且查京仓米数,即就江浙海运计之,已属岁有赢余。若江北自本年冬漕为始停运籼米,则八旗甲米,只须明年轮放一季新籼,此后浙江所运籼米无多,尽可专归汉俸搭放,俾旗兵全食一色粳米,而仓场亦易于清厘,可无竭蹶之虞矣。至江北岁运,正耗籼米约共十三万余石,所需米价、运费及沿途济漕等项工费,每年开支银五十万余两。既经停运,则此项银两即令按年解部,亦可稍裕度支”等语。

臣等谨熟审情形,通权利弊,稽之历来奏章及近时载籍,窃维运河之情形,今昔迥异,实以咸丰四年黄河穿运为一大关键;而运河之利弊,今昔悬殊,又以同治四年借黄济运为一大关键。自明代筑南旺坝以分汶水,三分南流达徐州以入淮,七分北流达临清以入卫,而运道始通。我朝因之循行不废。道光年间,黄运交病,始议海运。于是汶水之北流者,河亦挟之东趋,而运道中断,由张秋北至临清数百里间,顿成陆地。此则迫于天时,而河道之变迁,迥非昔日之旧矣。北运河来源既断,同治初年,江北试行河运之说兴,而借黄济运之议起。粮艘非乘黄水盛涨不能运,黄水性浊,所经之处,即受淤之处。运河日淤日高,河底致与黄水面相垺。故导黄入运之艰险,曾国藩、沈葆桢、丁宝桢诸臣备言之,而力陈借黄之病,以为大河挟泥沙而下,今转导之旁行,无力东注中道,递积数年之后,高与堤等,东省首当其冲,则沈葆桢言之尤切,是今日北运河借黄之非计、济运之艰难,又非复向来之旧矣。臣部当日亦深知其难,特以留此一线之河路,屡议随时修治之方,无如办漕虽有成规,而治运治河,迄无善策。检查连年江督咨,据粮道详称,挽运艰难,节节浅阻,南运河既趱行不易,北运河尤干涸,常形即此,而江北十数万石之漕,已不胜其劳费。今御史秦夔扬胪陈积弊四端,不为无见。臣等查漕粮之由海运,始于道光年间,而咸丰之初,连岁畅行,相承至今,已四十余年。计现行章程,各仓岁放漕米,不及百万;江浙两省海运漕米,已有一百一二十万石,开放有余,本不专仰给于河运。本年沂州旱荒,重烦恩赈,诚能酌宽泉源湖水之禁,舟楫既可通行,而该处农田得资灌溉,于民生不无利益。河运向系籼米,而旗兵不愿承领,屡见仓场奏章。如议停罢,亦不致强兵丁以所难。运船本系价雇,复准带二成土物,体恤已多,而近来重运多阻,回空复守冻河干,更需抚恤,以云劳费,渐甚于前。至所论借黄利弊,与沈葆桢之论相符,皆推本前人治河之说,于山东河务,所关尤巨。近年该省河患日迫,上系圣怀。今海运米石,可实仓储,诚不必拂黄河之性,强以入运。而黄水自入卫河以来,天津海河下游,日淤日浅,亦与畿辅水利有关。臣等公同商酌,如该御史所奏,自宜照准为宜。拟请自本年冬漕为始,毋庸办理河运,所有江北各属征收米折运费银两,即令扣解部库。至河运可停,河渠究不容废,其山东、江苏两省开支黄河工费银约三十万两上下,自可大加撙节。其中何款可以裁除,何款仍应酌发,应由各该督抚慎委贤员,悉心体察奏明,妥为办理,总期河道通行,商船无阻,而于农田水利,交收其益,是为至要。倘以河运议停,希图侵蚀经费,不事疏浚,或藉口岁修例款,浮冒开支,则现当厘剔之际,均应据实随时参办,以示惩儆而重河工。如蒙俞允,即由臣部行文两江漕运东河各总督、江苏山东各巡抚遵照。所有遵议缘由,谨恭折具陈,伏乞皇太后、皇上圣鉴。谨奏。

（户部《议准停办江北河运疏》,见《万国公报》1899 年第 130 期）

按：上引《茹经堂奏疏自序》中云"现此稿(按：指《请停止河运疏》)已散佚不可复得",但上引以户部名义奏呈的《议准停办江北河运疏》,从其中内容看,似即为《茹经堂奏疏自序》中所说的《请停止河运疏》,录以备考。

又按：《茹经先生自订年谱》将此事系于庚子年即 1900 年,但《议准停办江北河运疏》奏呈时间为 1899 年。此姑从后者。

冬　与谱兄王清穆俱改派在总理各国事务衙门英股办事。（据《茹经先生自订年谱·己亥三十五岁》）

> 岁戊戌，同入总理各国事务衙门，即今之外交部是也。余先主英股，君（按：指王清穆）踵至，联座如在农曹时。办理交涉，惟务以柔克刚、以静制动为主，遇事力争。君进，则余继之；余进，则君继之。

> （唐文治《王君丹揆六十寿序》，见《茹经堂文集二编》卷七）

按：震钧《天咫偶闻》载："总理各国事务衙门在东堂子胡同，故大学士赛尚阿第也。总以亲王，副以卿贰章京。分为数股，有英股、法股、俄股、美股等名，皆以六部司员充之，不分满汉。兼此者，本署可不复顾，而升转如常。"

冬　同文馆招生，先生监试。

> 己亥冬，同文馆招生，公（指袁昶）主试，委文治监试。既散给试卷，公招入内厅，详询太仓陆桴亭先生及诸儒学术，絮絮不休。日晡后，则危坐堂皇，命文治收试卷，口诵手披，逾时立讫，其勤敏如此。

> （唐文治《袁评经史百家杂钞后序》，见《茹经堂文集四编》卷六）

本年　日本索福建鼓浪屿，俄国索山东庙岛群岛，意大利索浙江三门湾，徐用仪、许景澄均力拒之，先生随写问答。

> 日本索福建鼓浪屿，俄国索山东庙群岛，义国索三门湾，徐、许两公均力拒之，余随写问答。时同事者，苏州邹君紫东名嘉来、松江雷君谱桐名补同、浙江汪君伯棠名大燮，均极相契也。槃硕、丹揆两兄，亦传补进署。

> （唐文治《茹经先生自订年谱·己亥三十五岁》）

按：甲午之战后，日本援引所谓《公立文凭》第三款，要求在厦门设立"专管租界"。1899 年 1 月 24 日，日本驻厦门领事上野专一照会福建兴泉永道恽祖祁，要求划出沙坡头海岸，作为日本租界。此事引起了美、英两国的激烈反对；加上消息传出之后，当地绅民愤怒异常，地方官员有所忌惮，划定日本"专管租界"一事也就暂时搁置下来。

又按：1899 年 2 月 26 日，清廷与沙俄在旅顺订立《勘分旅大租界专条》，嗣后又签订了《续订旅大租地条约》。根据两个条约中有关款项的规定，该年 7 月盛京将军依克唐阿派遣道员补同知府福培等人与俄国代表倭高格等人组成勘界委员会，负责实地勘定划界工作。在勘界中，俄方代表倭高格公然违反《续订旅大租地条约》第一款中俄国只能"享用租界附近水面及陆地周围各岛"的明文规定，无理要求将靠近山东半岛、原来归山东登州府管辖的庙岛群岛划入租界，并要清政府立约画押。以福培为代表的中国地方官吏不畏沙俄的威胁恫吓，据理力争，使俄国抢占庙岛群岛、扼制京津进而威逼中国的野心遭到失败。

又按：1899 年 2 月,意大利要求租三门湾为海军基地,并称将派舰队来华。清政府未允。至 4 月初,意舰队果来华,游弋淞沪间,有强行占据三门湾之意。清政府坚不允租,并命刘坤一等筹战守,又命浙江巡抚刘树堂,意军"倘竟登陆强占,即当奋力合击"。刘坤一与湘抚电商战略,以南洋只有木壳兵轮数艘,势难争雄海上,"均主陆防,以守为战,敌难久持"。意大利见恫吓无效,乃宣布放弃其租三门湾之要求。

本年　先生每两日赴户部,两日赴总署办公。在总署值夜班时,常取司务厅储条约柜中条约文件而读之。又因暇时学习俄文,故于灯下每取中俄条约对比之,目力遂大受伤。

余每两日赴户部,两日赴总署。户部在云南司正主稿上行走,事务殷烦。总署尤甚,值夜班恒至天明。司务厅储条约柜,余发而读之,又以暇时学习俄文,灯下每取中俄文条约对较之,目力遂大受伤。后虽悔之,已无及矣。

（唐文治《茹经先生自订年谱·己亥三十五岁》）

本年　交满洲世善,并通谱结为兄弟。

交满洲世君伯先名善。世君为户部云南司掌印绍文叙五名彝之侄,伉爽豪迈,怀大志,时传补入总署,见余,遂通谱焉。

（唐文治《茹经先生自订年谱·己亥三十五岁》）

君姓马佳氏,讳世善,满洲镶黄旗人。天性豪迈,状貌丰伟,与余初遇于总理各国事务衙门之司务厅,一见如旧相识。君见余主笔札勤,叹曰:"汉人勤于职守若此,国家事焉有不举者! 吾满人赖有口粮,遂惰惰成性,诸事废弛,可奈何!"时君方官工部郎中,旋与余同司文案,办英股事。

（唐文治《满洲二友传》,见《茹经堂文集二编》卷六）

本年　北京修东交民巷路。意大利公使照会译署,谓中国车辆不得行走东交民巷,先生欲复以西人车辆亦不得通行,后经许景澄劝止。

犹忆己亥岁,京师方修东交民巷路,各国使馆荟萃地也。时义大利国为领袖公使,照会译署,谓中国车辆,不得行走东交民巷,致蹂躏道途。余恚甚,白公(按:指许景澄)谓:"彼所施于我者,吾亦施于彼。请严禁西人车辆,亦不得通行。"公阅牍竟,笑谓余曰:"子过直矣。第当云:吾国修路,原为中西车辆便于往来。若加禁阻,彼此皆有不便。不必专禁西车也。子过直矣。"余恍然悟,据以复,义使噤无一辞。

（唐文治《许文肃公年谱序》,见《茹经堂文集四编》卷六）

　　方先生（按：指唐文治）之官总署也，步军统领治东交民巷，道未固，夜过重车坏之。使馆来文诘，辞桀悍，有不准中国人通车语。先生大愤，白文肃，请严斥之。文肃颔而不言，有顷，呼先生字曰：“蔚芝，奚用此。其代我拟文复，可曰：治道为利中外行车，若禁阻，彼此不便矣。”后果寝其议。

（崔龙《书许文肃公事》，见《潜励斋初稿》）

约去年或本年　先生撰成《整顿圜法条陈》，呈户部。

　　按：《整顿圜法条陈》见《唐文治文选》（选自唐文治《农曹日记》）。该《文选》“本篇介绍”云：“本篇是下属司官呈请部门主管（中堂）建议改善京师钱币流通办法的呈文。作者时在户部云南司任正主稿，同时兼任总理各国事务衙门章京，事务殷繁。但在《日记》中一再提到整顿圜法的设想，酝酿了很长时间，多次易稿，又和本司的同事们反复讨论，才正式写成条陈。其办法是比较切实可行的。也可见到作者关心人民疾苦而做的实事。”《整顿圜法条陈》中所提出整顿圜法的具体方法有二：一曰广铸小银元，二曰参用制钱。

1900 年(庚子　清光绪二十六年)　36 岁

1 月 24 日(**光绪二十五年十二月二十四日**)　慈禧太后立端郡王载漪之子溥儁为皇子。

(光绪二十五年十二月)二十四日丁酉(1 月 24 日)。慈禧太后立端郡王载漪之子溥儁为皇子,又称"大阿哥",名义上又是同治皇帝之子。欲加害光绪帝。史称"己亥建储"。上谕云:光绪皇帝"气体违和","总未康复",因此"仰遵慈训,封载漪之子溥儁为皇子","承继为穆宗毅皇帝之子"。明年正月初一日大高殿、奉先殿、寿皇殿三处即由大阿哥代行礼。又谕:"大阿哥正当典学之年,嗣后大内着在弘德殿读书,驻跸西苑着在万善殿读书(按《光绪朝东华录》为'驻跸西苑着在南殿读书')。派崇绮充师傅授读,并派徐桐常川照料。"

[迟云飞编写《清史编年》第十二卷《光绪朝(下)　宣统朝》]

岁抄,奉皇太后慈谕,立载漪之子溥儁为皇太子。

(唐文治《茹经先生自订年谱·己亥三十五岁》)

1 月 26 日(**光绪二十五年十二月二十六日**)　上海电报局总办经元善联合知名人士章太炎、唐才常等人签名致电总理衙门,反对废黜光绪皇帝。电报传到北京时,恰好先生在译署值电报班,即禀报军机大臣王文韶,并请其设法免兴大狱。

(光绪二十五年十二月)二十六日己亥(1 月 26 日)。上海电报局总办经元善联合知名人士章炳麟、唐才常等人签名致电总理衙门,反对废黜光绪皇帝。上海工商界亦集会抗议,甚至倡议罢市;其他各省各界亦多有抗议者。清廷下令逮捕经元善,经得盛宣怀密电告警,逃往澳门避难。但在澳门被拘,至光绪二十七年夏方得释放。

[迟云飞编写《清史编年》第十二卷《光绪朝(下)　宣统朝》]

戊戌政变后,太后废立之意已决,赖庆邸争之而止。己亥春,诏立端邸之子溥儁为皇太子,舆论哗然,谓本朝无建储例,且皇上富于春秋,岂宜出此,是仍与废立无异。江南人士数百电请收回成命,首列者浙江经元善也。时文治在译署值电报班,进白公(按:指王文韶),请免兴大狱。公不发一言。大学士荣公仲华阅电盛怒,谓经某何人,敢为此言,必杀为首者数人,以儆其余。公固有耳疾,兹事伴为不闻也者。久之曰:"经元善,吾熟其名,是吾长子之至交也。"荣曰:"公何尚为此言,经今谋叛逆矣!"公瞿然曰:"经竟叛逆耶?"荣曰:"然则此电谓何?"公曰:"噫! 经元善办电局事,他人冒书其名,意在免电费耳。"荣曰:"此何事,可儿戏耶? 必杀之!"枢廷诸公咸附和曰:"必杀之!"公又不闻矣。逾时召见,荣大声谓公:"经案当诛数人,请公奏对时同吾言。"公愀然曰:"立皇太子乃国家喜庆之盛事,至于杀人,不祥甚矣,如太后不乐何?"荣改容曰:"奈何?"公曰:"执而囚之足矣。"迨见太后,果有愠色。公奏曰:"经元善无知妄论,杀之不足蔽其辜,请太后勿介意。惟此风不可长,应请严旨,饬地方官拘捕监禁,俾知所惩。"太后颔之,公退出,即拟电旨施行。逾两日得报,则经已远遁矣。其保全善类如此。

(唐文治《记王文勤公事》,见《茹经堂文集初编》卷六)

按:上文云"己亥春,诏立端邸之子溥儁为皇太子","己亥春"当是误记,此事发生在己亥年末。

1 月(光绪二十五年十二月)　内弟黄彬瑞在俄文学堂暴卒。先生为殡殓一切,停灵夕照寺。(据《茹经先生自订年谱·己亥三十五岁》)

4 月 3 日(三月初四日)　先生父唐受祺六十生辰,家中具杯酒称觞。(据《茹经先生自订年谱·庚子三十六岁》)

4 月(三月)　北京出现义和团。

四月,北京义和团祸作。义和团为八卦教流派,邪教也。自言能避刀枪火炮,以仇洋教为名,焚烧杀掠。初起于山东,巡抚袁慰亭名世凯禁之;而山西巡抚毓贤加以提倡,遂蔓延至直隶,总督豫[裕]寿山名禄阴袒之,势益张。时皇太后甚恶西法,欲集合其力,以驱外人,各国公使啧有烦言。大臣许景澄、袁昶上疏力争之,俱留中不报。

(唐文治《茹经先生自订年谱·庚子三十六岁》)

6 月 15 日(五月十九日)　义和团围攻外国使馆及西城西什库教堂。先生因东城新开路居所与比利时驻华使馆较近,乃迁避于宝钞胡同内王佐胡同谱兄世善(伯先)家中。因户部在战线之内,改在内廷国史馆内办公。

五月,义和团遂纠合大众,拆毁铁路,直入京城,围攻使馆及西城西什库教堂。时余家尚居新开路,与比国使馆相近。见火光烛天,枪炮声累累如贯珠。吾父偶诣庭中,枪子从顶上飞过,险极。家中所用某媪,并携有幼女,忽闭门而泣,询之,则亦教民也。余亟慰之,给以钱米,遣之还。逾日,见教堂焚毁数处,浓烟四合。维时天津已与各国开战,南归路已断,谱兄伯先招余迁至其家。余因禀商堂上，决计迁避。时吾母卧床，内子亦怀孕，乘舆踉跄以行。世宅住宝钞胡同内王佐胡同，伯先兄夫妇殷勤接待，情极可感，余家惊魂得稍定焉。

拳匪攻使馆不克，遂烧正阳门及东西荷包巷，是皆京城精华所聚。商贾逃亡，天日为之变色。旋提督董福祥亦以劲兵来攻使馆。时使馆守兵不过数百，藏地沟内，官兵每至界线内，辄中枪炮毙，以故卒不能克。西什库亦如之，可叹亦可笑也。户部已在战线之内，改在内廷国史馆内办公。

（唐文治《茹经先生自订年谱·庚子三十六岁》）

迁避世善家后不久，先生及家人又偕世宅迁避至北山平义分村，先生则仍入都办公。

五月中旬，风声日迫，余偕世宅迁避至北山平义分村。出北直门十余里，为雷家桥。又三十里，为高丽营，大市集也。又二十里，为平义分村，乃昌平、顺义两县分界之地。世宅居村外祠堂内，余家赁居村中，屋仅三间，卑隘之至。房东张姓，其兄在田，尝读书入庠。余家饭食先由世宅供给，后与房东商定，借灶自炊。布置粗定，余乃入城办公。

（唐文治《茹经先生自订年谱·庚子三十六岁》）

光绪庚子夏五，义和拳匪作难京都，以雠教为名，不论黑白，焚烧杀掠，无所不至。当事者纵恣之，莫敢谁何。办理中西交涉之士，皆惴惴虑及于祸。当是时，余奉亲居北京之新开路，与东交民巷之使馆密迩。团匪日攻使馆，枪炮轰然震天。余亟谋南归，水陆道均断绝。余仰天叹曰："国家多难，小臣遭厄，宜也！吾父母其何辜乎！"于是世君伯先来迎吾亲，避难于京北之平义分村，复时时馈以饮食，而慰藉之，一家赖以安全。吾父吾母常感念世君不置也……避难时，余居村落中，君居祠堂屋内。六月杪，满洲虎神营兵四出抢劫，君所居被掠一空，且闻匪兵有将害君之说，君亟避匿。余仓皇往探君，行麦田中十余里，榛莽错杂，林翳蔽晻，密呼"伯兄伯兄"，寂无应者。瞥见君价东儿从麦沟中出，曰："欲见我主人乎？"乃导余至丛冢中。君瞠目直视曰："君恐亦不免，来视我何为？吾将死，愿以妻子托君。"余挥涕，劝其速避至高丽营。君豁然悟，是晚即携眷遁去。后八月间，余乃访之于高丽营。

（唐文治《满洲二友传》，见《茹经堂文集二编》卷六）

人生宙合间，不过寄生虫。骨肉并毛发，一体视从同。慨自世变亟，蚩贼交相讧。大惑至不解，辇毂兴兵戎。戈鋋昼闪白，烽火宵腾红。我躬丁其厄，忧心实忡忡。避地赴北山，服物早一空。草具供大嚼，蔀屋作蚌蠓。八公惊风鹤，身世感飘蓬。桐叶报遇闰，幸未归途穷。良朋敦道义，招我患难中（谱侄世

· 128 ·

君百先邀余家居住）。庇我以夏屋，示我以和衷。朝夕得偃息，藉娱避世翁。回忆当仲夏（五月十八日世君函招至其家，同赴北山暂避），朔南道路通（时崇文门至城北路途未梗塞）。登堂访贤主，慷慨有古风。鹪栖安一枝（二十日余与治儿挈眷榻世君处），譬犹水乳融。转瞬商飙急（闰八月二十一日回城，仍居世君东院），岁月殊匆匆。自顾七尺躯，衰颓又昏蒙。昔者叹齿落（五月二十日余于世宅脱痛齿一），今则嗟头童。仰天发大噱，毋乃将痴聋。

　　（唐受祺《冬日晨起理发辫，遽脱栉，未经风，秃如患病，可发一粲，自戏成此》，见《浣花庐诗钞》卷一）

按：上引诗的注文中说"五月十八日世君函招至其家，同赴北山暂避"，"五月十八日"（6 月 14 日）似指唐家迁避世善家之时，"同赴北山暂避"则应在又过数天之后。又据上引诗之注文，先生本人将眷属安顿于平义分村之后不久，即回城当值办公；其眷属则于闰八月二十一日（10 月 14 日）由平义分村回到城内。

入都后，先生曾至许景澄私第拜谒。

　　庚子夏五，义和团事起，先生抗疏谏诤，同人咸危之而不敢言。六月，事益急，余奉亲避地于北山之麓，旋只身返都，谒先生私第。先生慨然曰："各国联军行将入都，事不堪问矣。"又曰："日后和约之苛不待言，吾辈当豫筹抵制之策。"呜呼！孰意别未经旬，而先生已被难矣。

　　（唐文治《许文肃公遗集跋》，见《茹经堂文集二编》卷五）

6 月 16—19 日（五月二十一—二十三日）　慈禧太后连续四次召开王公大臣、六部九卿等百余人参加的御前会议，讨论与八国联军的和战问题。主和的有许景澄、袁昶、徐用仪等，主战的有载漪、刚毅、徐桐等，两派发生激烈争论。

　　拳匪愈聚愈众。日本使馆书记生杉山彬、德国公使克林德赴总署途中，均为拳匪所杀。端王载漪、庄王载勋，奉旨充总理衙门大臣，二人皆提倡拳匪者也。庄王宅中并设立坛所。其时，各国已有联兵攻北京之议，有识者皆引为大戚。而皇太后为载漪等所胁，依违两可，皇上更不敢言。某日，召廷臣会议。载漪、载勋等力言主战。皇上执许景澄手，流涕而言曰："此时可战乎？汝宜直言。"载勋厉声曰："许景澄执皇上手，是何规矩？"太常寺卿袁昶曰："是皇上执许景澄手，非许景澄执皇上手。"许惶急，曰："求皇上释手。"乃叩头退。随有旨命许景澄宣慰使馆，盖许、袁二公之杀机已伏于此矣。

　　（唐文治《茹经先生自订年谱·庚子三十六岁》）

按：先生《许文肃公外集序》（见《茹经堂文集初编》卷四）亦载此事。

又按：清吴永口述《庚子西狩丛谈》卷四载 6 月 19 日第四次御前会议上，"上持许景澄手而泣曰：'朕一人死不足惜，如天下生灵何！'太后阳慰解之，不怿而罢，自是嗛景澄"。恽毓鼎《崇陵传信录》亦记第四次御前会议曰："上雅不愿轻开衅端，牵景澄手曰：'更妥商量。'太后斥曰：'皇帝放手，勿误事。'"可与上引《茹经先生自订年谱》所记互参。

6、7月间（六月） 某日，先生在总署当值，义和团数百人拥入署内，其头领欲烧毁同文馆内洋文书、杀通洋语者，经先生劝止。

　　拳匪扬言总署通洋人，盖意图劫掠也。总办诸君互商，白庄王，即请义和团守卫本署。某日，余赴总署，同事者无一人。余饭毕散值，已出署矣，瞥见大队拳匪约数百人，首裹红巾，手持白旗，大书"扶清灭洋"四字，自西而来，蜂拥入署。署中苏拉（即茶房）急追余车，谓义和团至，须招待。余因折回，立大堂中招呼之。旋至西厅，见所谓大师兄者，系满洲某，腰系黄带，怒形于色，云："贵署堂官无一人，司官仅足下招待，何故？"余曰："本署系兼差。堂官午前均赴各部，午后始克到署，请暂待。"某云："吾观署中妖气极盛，闻同文馆洋文书极多，均须烧毁。倘有通洋语者，即系奸细，须立时杀却。吾先告足下知之。"余曰："本署系奉文宗显皇帝谕旨所设立，因与洋人交涉，故不能不通洋文。至杀人一事，却须斟酌。如果奉有上谕，自当遵办。惟杀人自有地方，应由本署交出，依法办理，却不能即在本署自由杀人。"某语塞，乃云："吾为足下焚香升表。"表上升，某云："足下却是好人。"余付之一笑。旋许公竹篔到署，余往禀白一切，复随同往见，某亦为许公焚香升表。有顷，同事满洲文某来，素信义和团之人也。余与接洽后，急散值，归已薄暮矣。是后义和团戕杀教民甚夥，闻之，极为痛心。时未敢明言，后补作《纪庚子冤狱》一篇，以志罗织之惨。

　　　　　　　　　　（唐文治《茹经先生自订年谱·庚子三十六岁》）

　　光绪庚子夏，义和团匪围攻使署，声言译署（即总理各国事务衙门）通洋人，将来燔烧。盖因译署库储款数千金，意欲劫掠之也。译署总办舒文等，不得已禀庄王，请总坛拳匪来守护，冀保全之。乃禀发数日，不得报。六月某日，余由户部赴署，无一人，饭毕即离署。甫出衖口（京城谓之胡同，盖衖字切音），见大队义和团扬旗执刀叉冲车来，一苏拉（满语谓仆役也）追而呼曰："总坛大师兄至矣！请速回接待。"余不得已，折而回，迎于署中西厅事。大师兄者，即匪首，裹红巾，系黄带，自称宗室，气焰张甚。谓余曰："贵署请我久，何无堂官迎我？且司官仅若一人，何慢我耶？"余曰："本署人多兼差事，须未申始集，即如我，适从户部来。顷已通知堂官，不久即至，幸相谅。"匪首曰："我见贵署同文馆妖氛甚炽，当即严缔。有读洋书妖人，即当杀却。"余曰："余署奉文宗显皇帝特旨设立，与东西各国相交涉，不得不读洋书，通洋文。若欲杀人，当请命于皇上，非我所敢应。"匪首见余倔强，曰："若岂真好人耶？吾当为若焚表；倘表不上升，即系妖人，当杀却！"余曰："可。"匪首即设坛，然香烛，口中喃喃，立焚表，飞灰上腾。挥手曰："若真好人，可即去。"余至文案处，飞禀堂官许竹篔先生，请其速来。忽苏拉仓皇来告曰："匪首将杀厨司，乞往救。"询其故，则曰："坛众均茹素，今菜中夹一片肉，疑破其法，故欲杀之。"余急趋往，则众匪持刀环绕，厨司余某，叩头无数。余谓众匪曰："此事出于无心，君辈来保护本署，岂能任意杀人？"众匪曰："不然，君知我坛中规矩耶？"余曰："若是，往见大师兄取决可耳。"遂群牵余某见匪首。余曰："此事无庸多辩，请焚表以明余某心。"盖维时天气燥烈，余逆知灰烬必上升无疑也。匪首曰："可。"焚表，表上升，余某感激涕泣，叩头去。余出，又逾时，许竹篔先生至，曰："今日幸子在署，否则殆矣。"余又随许先生往见匪首，略与周旋，即出。适同事文君瑞字云卿者来署，余乃以余事委托之。归白堂上，以为笑谈。

（唐文治《记庚子遇匪遇盗事》，见《茹经堂文集初编》卷六）

约 7 月 14 日（约六月十八日）　约此日之前，先生奉派署户部云南司正主稿。

余奉派署云南司正主稿，又奉派在内廷译密电，间日住班，丹揆兄亦共事。军书旁午，时天津已失守矣。

（唐文治《茹经先生自订年谱·庚子三十六岁》）

按：八国联军攻占天津在本年 7 月 14 日，故将先生署云南司正主稿事系于此日之前。

旋各返京供职，而各国联军已陷天津，举朝震扰。时公（按：指王清穆）与余俱充户部云南司正主稿，主管漕粮，奉檄尽发通州仓储。既蒇事，旋派宿内廷，译密电。军书旁午，警报日夜纷传，公与余窃议曰："国事沦胥，吾辈亲在，可无死，当守以待变。"

（唐文治《王文恪公行状》，见《茹经堂文集四编》卷七）

7 月 23 日（六月二十七日）　先生谒见许景澄、袁昶，"心知二公祸之将及，而不料其即在旦夕间也"。

六月二十七日，谒见许公竹篔。公神气颇惨沮，忧形于色，绝不言疏谏拳匪事。但言此次洋兵入京，条款必格外苛刻，君等宜早为预备。辞出后，又谒见袁公爽秋。袁公气象激昂，议论踔厉，亦绝不言上疏事。询余堂上起居，云："君既迁眷至北山，目下只身在京，何不迁至敝寓？我须与君细谈桴亭先生之学，况此间为君旧居停地（时袁住东单牌楼二条胡同，即前翁氏宅），望即日迁来。"余告以世宅起居较便,至讲学一节,当随时踵门请教。殷勤郑重而别。盖余心知二公祸之将及,而不料其即在旦夕间也。

(唐文治《茹经先生自订年谱·庚子三十六岁》)

7月26日(七月初一日) 总理各国事务衙门大臣许景澄、袁昶被捕下狱。7月28日,被杀。

七月初一日,奉旨逮许、袁二公下狱,闻系李秉衡所构陷也。惟时总署人人自危,不敢前往探视。

(唐文治《茹经先生自订年谱·庚子三十六岁》)

至初三日,奉旨置二公于法。闻二公临刑时,神色洒然。监斩者为大学士徐桐之子、刑部侍郎徐承煜,亦附和拳匪者也。袁公戟手骂徐曰:"国家之事,被汝父子败坏至此,吾在地下候汝。"许公止之曰:"爽秋何必如此。"遂从容就义焉。呜呼,自我圣祖、世宗以来,未尝有杀戮忠良之事,此时许、袁两大臣被祸,盖国家元气因此大伤,而人心亦自此渐去矣!

(唐文治《茹经先生自订年谱·庚子三十六岁》)

七月朔,两公被逮,文治与译署诸同人谋通一问,不可得。越日而凶耗已遍传矣。闻过菜市时,忠节对监刑徐承煜顿足戟手骂:"汝父子误国不容诛,吾候汝于地下(承煜为徐桐子,时官刑部侍郎。不半年,以拳匪祸首伏诛)!"文肃呼忠节字曰:"爽秋,何庸若此!"遂相与从容就义云。悲夫! 悲夫!

(唐文治《许文肃公外集序》,见《茹经堂文集初编》卷四)

是年七月一日,奉诏杀二大臣,庆亲王大骇,求太后乞从宽典,坚不听。王遂趋大学士徐桐言曰:"许、袁二人之冤,君所知也。君今一言抵吾千百言,请为代求,微特二人之幸,国之幸也。"徐曰:"如此辈者,杀一人是一人耳。"王挥涕退。

(唐文治《记和硕庆亲王事》,见《茹经堂文集初编》卷六)

7月29日(七月初四日) 次子唐庆平生。

七月初十日,奉吾父手谕,悉内子产一子,取名庆平,命余赴乡省视。逆料西人用兵慎重,未必即下通州,到京尚须时日。因与丹揆兄约,请其暂代。于十二日赴北山,大小平安,颇以为慰。

(唐文治《茹经先生自订年谱·庚子三十六岁》)

按: 唐受祺《哭次孙庆平》诗前小序云:"孙于七月初四日丑时生。"

8月11日(七月十七日) 为将仓存米谷发放事,应户部尚书王文韶之召欲赴京,后因车夫坚不肯往而告辍。

乃十六日接同司绍叙五丈急信,谓洋兵已入通州,户部尚书王公夔石拟将仓存米谷全行发放，嘱余速赴京。十七日早，乘车至雷家桥，但见大队义和团向北逃窜，云洋兵已入京城，两宫未知所在。车夫遂不敢前进。余告以："设有不测，吾当赔汝车辆。"车夫云："车辆可赔，性命不能赔。"坚不肯往。不得已，退回北山。十八、十九两夜，远望见京城中火光烛天，盖洋兵实于十八日入京，两宫于是日始西狩也。

（唐文治《茹经先生自订年谱·庚子三十六岁》）

本日 总理各国事务衙门大臣徐用仪、联元和内务府大臣立山被杀，先生闻后"骇叹不置"。

又闻前数日，奉旨逮捕总署大臣徐公用仪、联公元，内务府大臣立公山，均置之法。盖亦端王等所构陷也。为之骇叹不置。

（唐文治《茹经先生自订年谱·庚子三十六岁》）

十八日，又奉诏杀大臣徐用仪、联元、立山等三人。王（按：指庆亲王奕劻）跪于太后之前曰："今杀徐用仪等，如他年青史何？"太后不怿，曰："汝速去！"

（唐文治《记和硕庆亲王事》，见《茹经堂文集初编》卷六）

按：据《清史编年》第十二卷《光绪朝（下） 宣统朝》载，徐用仪、联元、立山被杀在七月十七日。

8月（七月） 因乱兵逃溃，各处抢掠，先生家中乳母曾携唐庆诒去山沟中躲避。因唐庆诒终夜啼哭，乃于翌晨即携之归。后闻乱兵于当晚赴山沟抢掠一空，并将妇女掳去。

时乱兵逃溃，各处抢掠。初，乡民相约在山沟中搭篷十数间，遇急难时往避。余为出资助成之。临时房东张姓云："山路崎岖，老太太决不能往。"内子闻之，云："吾姑既不能往，余决无言去之理。"吾父云："如此，则合家并命可矣。"乃郁儿乳媪刘姓，坚欲携儿往避。不得已，书郁儿姓名裹于衣内，饬乳媪领去。悲痛之极，无可言者。乃逾日早，乳媪抱郁儿悻悻然归，云："是儿终夜啼哭，为邻人所不容，故携之归。"讵料是晚，乱兵即赴山沟，抢掠一空，并将妇女掳去。房东奔窜而回，如丧魂魄。乃知郁儿之啼哭有由也。吁，亦险矣哉。

（唐文治《茹经先生自订年谱·庚子三十六岁》）

避居平义分村时，先生曾有"遇匪"之事。

世宅祠堂内亦被抢，伯先兄及友人陈君子久（名恒庆，工部郎中，与伯先兄同避难者）匿高粱中。余嘱乡民导往探视。伯先兄目直视云："君亦不免，何为冒险而来？"余急慰之。是晚，伯先兄携眷避往高丽营。乱兵十余人，即盘踞世宅祠堂中,扬言将至村中抢掠。或与通款,乃得免。越数日,赴某村抢劫,为村人击毙数名,仅六人归。乡民谋围毙之。余语张在田曰:"乱兵虽少,然有快枪,不可轻敌,转致肇祸。"乃谋贿通其马夫,当午饭时,先将快枪从墙隙中递出。乡民刘姓父子为前锋,用鸟枪一拥而入,立毙乱兵三名,余三名逾墙逃出。余曰:"此祸根也。"急嘱乡民各处寻觅。傍晚于山沟及高粱地中先后觅得,俱击毙之,其患乃绝。然其时风鹤频惊,某日,又有溃兵来村中,先至张在田宅,旋至余家,眷口先避匿。余出迎之,兵曰:"吾辈来觅牲口耳。"在田曰:"牲口已为他人掠去矣。"兵遂去,举家庆幸焉。

(唐文治《茹经先生自订年谱·庚子三十六岁》)

其后乃有遇盗之事。七月,洋兵至京城,团匪败,虎神营军散,四出杀掠。余时奉亲避难于京北之七十里平义分村,盖昌平、顺义交界地也。居停主人张梦九,恐匪至,堵塞其门。其邻张在田者,文庠生也。匪持刀入其家,在田恐惊余,伴之来。余略与拱手。匪曰:"毋恐,我来觅马耳。"在田即导之马厩,见槽间无马,旋去。

(唐文治《记庚子遇匪遇盗事》,见《茹经堂文集初编》卷六)

9月6日(八月十三日)　先生在前往谱兄世善所居之高丽营途中,遇"剧盗"杨七。

八月十日,闻庆亲王与相国合肥李公奉旨为全权大臣,与各国议和。余急欲赴京,拟先往高丽营,爰与邻人武庠生赵某商借车辆。赵某谓:"距高丽营七八里,有盗匪盘踞,时出劫掠,不敢往。"余曰:"吾文人胆尚大,若武生,何胆怯乃尔?"赵不得已,曰:"车辆决不敢借,骑驴可乎?"余曰:"可。"乃于十三日早起程,同行者赵某及仆人李升。途中行人断绝,将至高丽营,瞥见盗匪三人自对面来,各骑快马,携快枪,飞驰而至。余辈不敢退,与摩肩过。其为首盗匪问余曰:"往京城乎?"余颔之曰:"然。"盗遂去,旋闻其同伙问为首者曰:"认识此人耶?"曰:"此是城中唐老爷,如何不认识。"余深讶之。至高丽营,见伯先兄及陈君子久均无恙。中秋夜,同酌酒,啖月饼,可谓苦中得乐矣。

(唐文治《茹经先生自订年谱·庚子三十六岁》)

八月十二日,余料京城平静,将与洋人议和,谱兄世君伯先居平义分村之南二十里,曰高丽营。余欲往与偕赴京城,而高丽营北五里之某村,有剧盗踞焉,必经其地。赵芳者,武庠生,颇与余善。余与商偕行,赵力阻。余激之曰:"我文人尚无所长,若武生,乃恇怯如此耶?"赵不得已,觅蹇驴一,十三日同往,随行者尚有仆役李升,共三人。行十余里,近盗窟,赵微语曰:"来矣!来矣!"

· 134 ·

果见盗三人,皆骑怒马、负快枪,迎面来。其为首者,与余摩肩过,曰:"君往京城耶?"余应曰:"然。"旋闻盗伴相语曰:"若识此君耶?"为首者曰:"此城中唐先生,如之何不识?"迫抵高丽营,告伯先,大笑乐,谓此辈亦识君,可谓英雄矣。余亦笑,然莫名其故也。

(唐文治《记庚子遇匪遇盗事》,见《茹经堂文集初编》卷六)

按:上文中之"为首盗匪"名杨七,详后文。

9月12日(八月十九日) 先生抵达京中。

余与伯先兄商同赴京,伯先兄迟回不决。余因于十九日偕伯先堂弟辉山先行赴京。至雷家桥南,步行至北直门,为日本兵所阻,不得进,爰绕道进朝阳门。途中但见洋兵运物,气象愁惨。余迳赴新鲜胡同,绍叙五丈及其弟越千丈均大惊异曰:"君竟能来耶!"亟留余宿,告余洋兵入城时状,并示余大小炮子数枚,相与咨嗟久之。时无菜蔬,晚饭酱萝卜一味而已。是日,余步行三十里许,困惫已极,夜足痛发热,幸即愈。

(唐文治《茹经先生自订年谱·庚子三十六岁》)

9月13日(八月二十日) 赴总署临时公所。时庆亲王奕劻及大学士李鸿章被授为主和全权大臣。先生谒见庆亲王后,随同办理条约文件。越数日,又受户部尚书敬信所派,为留京办事随员,整理一切。

二十日,赴总署临时公所,即在总办施君春舫宅中。盖外国兵入城时,施君与总税务司赫德通函,请其介绍议和,赫许之。时庆亲王已随扈西行,由总署章京朴寿迫请返京。庆亲王奏闻,遂与李相国同奉全权大臣之命。时李已到京,住东城贤良祠。余谒见庆亲王后,随同办理条约文件。越数日,总办瑞君鼎臣、顾君康民及丹揆兄诸同人均陆续到京,相见之后,悲喜交集。时户部亦设临时公所于东城,尚书敬公止斋派余为留京办事随员,整理一切。

(唐文治《茹经先生自订年谱·庚子三十六岁》)

庚子夏,拳匪难作,寇氛日迫。君(按:指王清穆)每诫余,勿告堂上,致贻惊恐。六月,同直机要电务。七月,联军入京,君奉亲避难至宝坻,余亦奉堂上避居北山之平义分村。九月,庆、李二大臣奉命议和,吾两人皆徒步数十里,入城相见,庆更生。然盱衡时事,未尝不相对流涕也。

(唐文治《王君丹揆六十寿序》,见《茹经堂文集二编》卷七)

是年七月初,匪势益张,亲贵争相附和,矫旨杀大臣许景澄、袁昶。越旬日,联军迫通州,李秉衡出战,死之。是月望日,余省亲返京,则见拳匪纷弃红巾北窜,曰:"洋兵至矣,两宫西去矣!"余不得已折回。夜望京城,火光熊熊,益思公(按:指王清穆)不置。天方厌乱,载造元黄,朝命庆亲王奕劻留京议和。逾月,消息传乡间,余乃只身入都,寓东城绍氏家。越数日,公至,述冒险赴宝坻状,譬诸再世相见,悲喜交集。时各署破坏,户部尤狼藉,别设公所,清厘案牍。

(唐文治《王文恪公行状》,见《茹经堂文集四编》卷七)

10月14日(闰八月二十一日)　先生赴北山迎接父母,偕同谱兄世善挈眷于返回京中。途中,再遇8月13日所遇之"剧盗"杨七,又遇"巨盗"单刀李五。

十月中,余赴北山迎吾父母,偕同伯先兄挈眷返京。时京北盗匪充斥,余同伯先兄雇保标十一人,计费百金。启行后,忽一人单骑过余,曰:"唐老爷连日辛苦,消瘦多矣。"余见之,即向在高丽营所见之盗匪也。亟与通谈,始知其人姓杨名七,即高丽营人,盖余在高丽营时,常在伯先兄所开什物肆中闲坐。杨七来购物,余亦加以礼貌,渠因而感余。乃知当乱世时,谦德为尤要也。中途过一村,名泗儿上,有巨盗单刀李五,盘踞其地。车过时,李五出,与保标絮语片时。旋保标来告余,谓李以余携带衣箱,银钱必多,请留下。余告以衣箱内不过当差衣服,尽可开视。倘有银钱,即当奉赠。爰启视之,皆旧衣、书籍。李无言,余遂行。乃知行路带衣箱,最易为人所觊觎也。

(唐文治《茹经先生自订年谱·庚子三十六岁》)

九月,余奉亲返京城,先至高丽营,商诸伯先,雇保标者七八人。甫启行,一人驱马而前曰:"唐先生憔悴乃尔,为公事辛苦耶?"余视之,即昔日所遇之盗也。急命李升询之。其人姓杨名七,余居高丽营市物时,曾与礼貌闲谈,故告李升,甚感余。车行十余里,地曰泗儿上,有大盗曰单刀李五,候余于门。杨七引余入李室,密告曰:"李君决不惊先生眷属,惟先生有箱椟四,必有宝物(避难不可携带箱件,此为前车之鉴),李君请留以为赠,可乎?"余曰:"可,但余系寒俭士,箱中皆散书旧衣耳。"李君不信,请启视。乃命舆夫负箱下车,逐一检视,果无贵重物。李大失望,曰:"先生行矣。"又行二十里,地曰雷家桥,杨七告余曰:"过此为洋兵界内,吾辈不能复送先生矣!"乃别去。余驱车行,入安定门,见日本兵甚众,略不顾问。乃暂居伯先家。逾月,闻杨七因劫掠,已为人枪毙,余怅然累日。嗟呼!盗亦有道,如杨七者,亦近今难得之人哉!孔子曰:"苟子之不欲,虽赏之不窃。"曾子曰:"上失其道,民散久矣。"嗟呼,如杨七者,又孰致之死哉!

(唐文治《记庚子遇匪遇盗事》,见《茹经堂文集初编》卷六)

按:前引唐受祺《冬日晨起,理发辫,遽脱梳,未经风,秃如患病,可发一粲,自戏成此》(见《浣花庐诗稿》卷一)诗中有作者自注:"闰八月二十一日回城,仍居世君东院。"

10 月 16 日（闰八月二十三日）　先生致函翁之润（泽之）、翁之廉（景之），记叙此前避地北山之麓等事，并向友人告贷。

　　（1900 年十月）初九日丁未（11 月 30 日），晴……翁㧑夫函示唐蔚芝闰月廿三日致泽之、景之函，略言：事变苍黄，干戈满眼。吾辈平日所鳃之过虑者，至今而所言悉验，然初不料其如此之速，更如此之奇也。自五月中奉亲避地北山之麓，洋兵入城后风鹤频惊，山居尚幸无恙。日来烽火粗安，仍复迎养。晋城和局粗有端倪，全赖赫税司为之枢纽。现定二十七日开议，俟大纲核定，再议细目。书中详述告贷之苦，嘱向㧑夫及余各假五十金，款交上海十六铺万通酱园转交张菊生汇寄云。

　　　　　　　　　　（徐兆玮著，李向东、包岐峰、苏醒等标点《徐兆玮日记》）

约 10 月（约闰八月）　次儿唐庆平出生未足百日，殇。

　　次儿庆平殇，患难之余，不胜痛惜之至。

　　　　　　　　　　　　（唐文治《茹经先生自订年谱·庚子三十六岁》）

　　孙于七月初四日丑时生，时适避兵北山，村居卑湿，郁炎熏蒸，毒发耳目，又以饥渴不时，未百日遽殇。寒宵追忆，为之泫然。

　　坎是中男说卦辞，可怜襁褓未离时。深秋一夕罡风急，吹折芳兰第二枝。

　　　　　　　　　　　　（唐受祺《哭次孙庆平》，见《浣花庐诗稿》卷一）

冬　户部右侍郎那桐派先生为北档房总办，与同事者瑞丰一见如故。

　　满洲那琴轩侍郎名桐，掌户部。派余为北档房总办，盖全国财赋总汇之区也。同事者，满洲瑞君裕如名丰，明敏开通，与余一见如故，因订交焉。

　　　　　　　　　　　　（唐文治《茹经先生自订年谱·庚子三十六岁》）

　　瑞君裕如，讳丰，满洲某旗人。性聪慧而才豁达，遇事口诵应对如流，操笔立成文。余初见君于户部，君时为广西司掌印，见长官白事，侃侃谔谔，言论滔滔如也。嗣君兼北档房领办，管理全国财政出入事宜，亟留意同部人才。一见余，大契合，即举余为总办。当是时，尚书翁文恭公已去职，浙江王文勤公代之，而那公琴轩为之副，倚任君与陈君鹭宾。陈君名宗妫，亦雅好结纳天下士，余茬任档房，二君喜曰："吾辈得唐君，奏牍文章，不患无大手笔矣！"

　　　　　　　　　　　　（唐文治《满洲二友传》，见《茹经堂文集二编》卷六）

1901 年(辛丑 清光绪二十七年) 37 岁

本年初(光绪二十六年十一月) 清政府正与各国议和。先生随办和约事宜，仍兼在户部办事，觉劳顿殊甚。(据《茹经先生自订年谱·辛丑三十七岁》)

辛丑议和约，文治承办某案，署稿曰：事属可行。公(按：指王文韶)呼文治字曰："蔚芝！此案有关系，未可轻于定夺也。"爰改曰："事虽可行，当由中外大臣会议再决。"其思虑之缜密又如此。

(唐文治《记王文勤公事》，见《茹经堂文集初编》卷六)

2 月 13 日(光绪二十六年十二月二十五日) 清廷发布了为许景澄、袁昶、徐用仪、联元、立山"五大臣"平反的上谕。先生作《五忠诗》(又名《五君咏》)以吊之。

奉旨昭雪许、袁、徐、联、立五大臣冤案，开复原官。旋许、袁、徐三家属，盘柩回籍，各使馆派兵送行，仪仗极盛。总署诸同人设灵路祭，有泣下者。余作《五忠诗》吊之，《袁公诗》结句云："流水高山今已矣，天涯何处哭钟期。"盖不胜知己之感也。后外交部陆子兴总长建四忠祠于署后，刻余诗于壁间，以资纪念。自是，余夜间常梦许、袁两公被刑状，辄大哭而醒，泪渍枕上，盖肝郁，目疾愈深矣。

(唐文治《茹经先生自订年谱·庚子三十六岁》)

是年冬，常恍惚梦见先生(按：指许景澄)，梦醒辄为零涕。爰作《五君咏》以哀之。五君者，先生居首，次则袁先生爽秋、徐先生啸云、魁[联]先生元(今忘其字)、立先生豫甫，皆同时遭谗以死者也。

(唐文治《许文肃公遗集跋》，见《茹经堂文集二编》卷五)

在昔灵均写怨，赴汨罗而弗辞；精卫含愁，投沧溟而不返。吊先贤于柴市，衣带千秋；访遗迹于东林，榛芜半壁。然未若冤成薏苡，衅起蜉蝣，有如五君之甚者也。庚子夏五，义和拳匪构难京师，赤眚兆于中天，黄巾遍乎禁阒。五君为国重臣，屹然砥柱。或万言陈疏，或片语谏诤。曾不逾时，天飞冤雪，地起愁云。意欲之谗朋兴，莫须之祸倏遘。呜呼！闻山阳之笛，名士兴悲；读太傅之碑，文人堕泪。矧夫士感知己，伯牙碎琴；义激友生，渐离击筑。仆也既咄叱于铜驼，益伤心于禾黍。编长宏之遗传，痛哭摛辞；仿宋玉之招魂，旁皇设祭。呜呼恸已！爰缀律诗，用代信史。五君有灵，倘能鉴我。

许公景澄

科名共羡少年呼，报国忘身历仕途。雪满榆关驰使节（公曾使德，又使俄），云摩葱领扩舆图（公印有帕米尔图并西北边界图，均精绝）。舟师列国传新表（公著有外国师船表，至为详备），文字怯卢教曲摹（公设俄文学堂，京师学者甚众）。千载沉冤谁与雪，夕阳荒草夜啼乌。

袁公昶

洛阳年少骋才思（公少年时，才名藉甚），博古通今是我师。著述司农推绝学（公精研经学，著作尤夥），诗篇太白吐仙姿（公诗才尤绝一时）。绿章万口传寅直（公有《请剿拳匪疏》，忠肝义胆，可与椒山先生谏草并传），碧血千年怨子规。流水高山今已矣，天涯何处哭钟期。

徐公用仪

滔滔浙水共西流（公与许、袁二公均浙人），城北于今姓字留。渤海江山争半壁（俄租山东庙群岛事，公与许公争之极力），枢庭政诰亦千秋（公旧直军机）。襄阳书法新摹勒（公极好碑帖，书法甚精），贝叶梵经旧校雠（公有手批《金刚经》）。外部文章今绝笔，大名诸葛在欧洲。

联公元

太息临风酒一卮，如公古道有谁知（公极长厚）。爰书事定无将狱（时人目许、袁、徐三公为"汉奸"，而独不能言公之罪），片语冤成意欲辞（公召对时，言"谋定后动"四字，端邸大怒，遂被害）。政绩允符循吏传，哀铭共勒岘山碑（公在外任，爱民颇至）。伤心更欲临歧吊，宛转娇雏誓死随（公幼女痛父，尽节，竟以身殉）。

立公山

惩奸直欲戒猱升（公力斥拳匪），象齿焚身兆已征（时人所以力倾公者，实觊公之富耳）。北海筵开浮绿蚁（公极好客，座多名士），西朝膻集畏青蝇（公在内务府最久，然竟不免于难）。外交畴见明珠赠（公居与西什库相近，时人遂谓通樊主教，真大可笑事），海税空闻宝藏兴（己亥冬，译署论加税事，公疑聂方伯推诿，正言厉色，相规甚至）。惨绝一抔黄土在，忠魂千载此依凭。

（唐文治《五君咏五首有序》，见《国专校友会集刊》）

按：李伯元《南亭笔记》卷十四记："唐蔚之壮而好学，著作亦极可观。庚子之秋，联军入寇，于时干戈满地，荆棘盈途。南士刘君，欲粉饰太平，创立诗会。有一课题为《三忠咏》，取蔚之为第一，馈赠颇优。"

2月21日(正月初三日) 清廷发布上谕,"启秀、徐承煜,各国指称力庇拳匪,专与洋人为难,昨已革职,着奕劻、李鸿章照会各国交回,即行正法"。2月26日,礼部尚书启秀、刑部左侍郎徐承煜在菜市口被处决。

洋兵焚烧端、庄两王府第,日本兵并捕军机大臣启秀、刑部侍郎徐承煜二人,枪毙之,以其提倡义和团也。初,许、袁两公被害前一日,庆亲王跪求皇太后赦免,不许。急往求大学士徐桐,谓:"得公一言,可胜余数百言。"徐曰:"我看此等人,多杀一个好一个。"庆亲王含泪而罢。迨承煜、启秀被戮时,总署江阴陈君梦陶名名侃,谓承煜之弟某曰:"此方是多杀一个好一个。"呜呼!何相报之速耶,亦可为后世之鉴矣。

(唐文治《茹经先生自订年谱·庚子三十六岁》)

按:启秀、徐承煜被日人捕获,但并非被日人"枪毙之",而是被清廷处决。

又按:在《茹经先生自订年谱》及《茹经堂文集》的一些相关文章中,先生叙与义和团事件有关之经历颇详。黄汉文《记唐文治先生》一文云:"庚子年(一九〇〇年)义和团在北京的活动,唐先生是目击者。由于时代的局限和阶级的偏见,他像一般士大夫一样,对义和团的活动不能理解,但他能据事直书,在文章中记下了实况,别除其阶级的偏见,可以发现宝贵的史料。"

5月(四月) 谱兄世善简放浙江衢州府知府,先生与之把酒话别。又先生家由王佐胡同迁至东城新鲜胡同绍彝、绍英兄弟宅。

四月间,同谱世伯先兄简放浙江衢州府知府,把酒话别,不觉相对流涕,盖交情深挚,兼在患难之后也。余家由王佐胡同迁至东城新鲜胡同绍宅,叙五、越千两丈接待殷勤,深为可感。

(唐文治《茹经先生自订年谱·辛丑三十七岁》)

乱平后,余偕君(按:指世善)回京,即奉亲暂居其家。是年冬,君奉命简放浙江衢州府知府。临别时,相与痛饮。君流涕言曰:"吾与君相聚不久,今忽分离矣!"余曰:"君一麾出守,万姓共瞻,王事靡盬,何为作惜别语耶?"遂破涕为笑。

(唐文治《满洲二友传》,见《茹经堂文集二编》卷六)

愿识荆州已有年(叙五为治儿同官,余心仪其人已久),雁行今睹弟昆贤(越千讲理学)。全生幸脱红羊劫,肯谷新翻黄鸟篇。载酒名园拼日醉,庇寒广厦仰云连。倾心处事留余步(园为绍君之兄理藩尚书绍祺所建,尝自题余园扁额,中有云"处事贵留余步",旨哉斯言),一语良堪千古传。

花木亭台布置工,涉园成趣比陶公。桐经雨洗翻浓绿,棠受烟笼晕浅红。

静有清香萦几席,细闻好鸟语帘栊。苦无暇晷资休息,案牍劳形彼此同(绍君
与治儿日赴部中理事)。

　　(唐受祺《辛丑春仲,迁居余园。主人户部郎绍君叙五、兵部郎绍君越千,
为世君桼先诸父行。时世君挈眷赴衢州府任,蒙绍君见招,樾荫欣叨,萍踪有
托,抚景成咏》,见《浣花庐诗钞》卷二)

　　按:世善简放浙江衢州府知府之时间,《满洲二友传》云为"是年冬",即庚子年
冬,《茹经先生自订年谱》云为本年四月,《辛丑春仲,迁居余园……》诗云为"春仲",
此从后二者。

　　又按:据《马佳氏宗谱文献汇编》,宝琳(字梦莲)有五子:绍勋、绍祺、绍诚、绍
彝、绍英,而先生之谱兄世善(伯先)为绍诚之子,故上引唐受祺诗题中说绍彝(叙
五)、绍英(越千)"为世君百先(即世善)诸父行"。

　　迁住绍宅期间,绍彝、绍英兄弟向先生出示其父宝琳诗稿,"愿吾子之有言也",
先生为作《宝梦莲先生诗集跋》。

　　庚子之夏,义和团匪构难京师。其秋,文治避兵于谱叔叙五、越千两丈宅
中。一日,叙五丈手其先德太谱伯梦莲先生诗稿见示,曰:"此百年先泽也,仅
存于劫火之余,愿吾子之有言也。"文治谨读一通,作而叹曰……

　　　　(唐文治《宝梦莲先生诗集跋》,见《茹经堂文集二编》卷五)

6 月 18 日(五月初三日)　户部右侍郎那桐奉旨为专使大臣,为日本驻华使馆
书记生杉山彬被杀事前赴日本"道歉"。

　　(农历五月)初三日……今日接到五月初一日电旨,奉旨:户部右侍郎那
桐着赏给头品顶戴,授为专使大臣,前往大日本国。敬谨将命。钦此。

　　　　　　(那桐撰,北京市档案馆编《那桐日记·光绪二十七年》)

　　按:杉山彬为日本驻华使馆书记生,1900 年 6 月 11 日(五月十五日)在永定门
外被董福祥部甘军所杀。

6 月 24 日(五月初九日)　经那桐奏请,先生成为使团随员之一。

　　谨奏为请调随员以资任使恭折仰祈圣鉴事。窃奴才奉命前往日本,一切
交际仪文,胥关紧要,应照出使向章,酌调参随等员,以收指臂之助。查有刑部
郎中、总办各国事务衙门总办章京顾肇新久官译,熟悉外交,学问淹通,人品纯
粹;户部领办员外郎瑞丰才识明敏,讲求时务;记名道张德彝通晓英文;候选知
府陶大均通晓东文,均堪派充参赞。内务府员外郎诚璋、兵部员外郎来存、户
部主事总理各国事务衙门章京唐文治、刑部主事王念曾,于交涉事件均能留
心,堪以派充随员,分办文案支应等事。以上八员,饬令随同奴才出洋,除咨

呈全权大臣暨总理各国事务衙门转咨备案外,所有请调随使人员缘由理合恭折具陈,伏乞皇太后、皇上圣鉴训示。谨奏。光绪二十七年五月初九日拜发。

(那桐撰,北京市档案馆编《那桐日记·那桐奏折存稿》)

按:上述奏请调派的随员中,瑞丰后因"丁外艰,不果行"(见先生《满洲二友传》)。又据《那桐日记·那桐奏折存稿》中所收录那桐农历六月十七日所上奏折,后调派蔡源深代替瑞丰,随同出使。

8月17日(七月初四日) 使团从北京启程。

七月间,和议大纲初定,奉旨派醇亲王载沣为德国专使,户部侍郎那桐为日本国专使。盖因拳匪前杀德国公使克林德,又杀日本国书记生杉山彬,故命往道歉也。那侍郎奏调参赞四人:顾君康民名肇新,蔡君鹭卿名源深,张君载初名德彝,陶君杏南名大均。又随员四人:诚君玉如名璋,来君忆亭名存,王君啸侯名念曾,余亦与焉。

(唐文治《茹经先生自订年谱·辛丑三十七岁》)

七月四日丁卯,祗奉国书,率同参赞官刑部郎中顾肇新、户部郎中蔡源深、记名道张德彝、知府陶大均,暨随员内务府员外郎诚璋、兵部员外郎来存、户部主事唐文治、刑部主事王念曾、县丞陶霈、翻译官祝瀛元、学生汪然,共十一人,航海而南。

[唐文治《奉使日本记(代那大臣作)》,见《茹经堂文集初编》卷六]

按:《奉使日本记》为代那桐所作,先生另作有《东瀛日记》,未刊,故未见。而在北京市档案馆编的《那桐日记》中,亦有那桐自己撰作的《东使日记》。另外,使团随员张德彝亦撰有记叙此次出使经历的《七述奇未成稿》。《东使日记》和《七述奇未成稿》的内容,较《奉使日本记》及《茹经先生自订年谱》中所记为详。

初四日。桐因奉出使日本命,今日辰刻启行,拜别母亲、叔父,乘轿出正阳门,五城绅董在桥前送行,至天坛左营,备酒蔬相待,余皆小作周旋。辰初三刻到火车,日本小村钦使、参赞日置益、郑永邦、野口、伊藤、山根少将、青木、桥口、川岛、大田原、松畸、赫德、胡云楣、联春卿、沈子眉、延锡九、志小岩、希小[少]阶、敬甥、两翼翼尉、五营将官、带兵巡捕来送行,大、二、三、四女、宝儿、四弟亦来送。辰正二刻开车,申初到天津,天津文报局委员董遇春送点心,正金银行铃木岛吉、成田炼之助来拜。申正到塘沽上"海宴"轮船,参赞各员及正金泽村繁太郎分住各舱,恩表弟、三外甥辞归。酉初开船,船主瓦姓,名和礼,英国人,买办吴大令,名晋,号蟾卿,浙江人,皆关照。风平浪静,与日人登高眺望,戌初同饭,子眉电令备华馔甚美。亥初二刻眠。终日晴。

（那桐撰,北京市档案馆编《那桐日记·东使日记》）

　　光绪二十七年,岁次辛丑,七月初四日丁卯,晴。丑正睡起,寅正二刻,率仆许立登车,出正阳门。卯正二刻,至天坛火车栈。辰初二刻,该栈头趟车开。少待,星使及诸同人到齐。送行者,洋人为日本公使、参赞、医官、书记,赫总税务司,华人为邹、潘、希、联、联、胡荣立及小儿荣骅,荣骥与赓音等。辰正二刻开车。未正抵天津大龙头住车。一路如丰台、杨村等停车四次,虽云五谷丰登,而武清一带则多被水淹,至此又火焚大片瓦砾。申初复开,酉初到塘沽下车,改登招商局"海晏"轮船。上行李毕,戌初展轮,亥刻出口,甚平。又,同行有日本正金银行泽村繁太郎,星使之堂□福州将军衙门笔政那子岩（昌）及陶杏南之友罗姓。

（张德彝《七述奇未成稿》）

8 月 20 日（七月初七日）　使团抵上海。在上海期间,先生曾与多位亲朋好友聚晤。并曾发书翁同龢,问候起居。

　　七月七日,爰抵申江。日本领事小田切万寿之助来晤于行辕,并东商经纪吴永寿、银行经纪泽村繁太郎,相率来谒。杯酒款洽,意渥如也。

［唐文治《奉使日本记（代那大臣作）》,见《茹经堂文集初编》卷六]

　　初七日。卯初起开船,船行甚稳,吴淞江口两岸楼房如画。炮台兵轮升炮相迓,各国兵船排队作乐为礼。午初抵上海金利源码头,上海道袁、上海县汪、顾缉廷观察、郑观察、朱观察、日本领事小田切、正金银行长锋郎、铁山三弟、州县班四五人均来船上相迎。午正上岸,乘肩舆,鼓乐执事前导,至天后宫行辕,袁道诸人又来禀见。少刻,盛杏苏宗丞、马拱宸观察、王旭庄太守、毛石君观察、邓松如太守均来拜,一一接见款叙。日本翻译井原真澄来拜。至酉正更便衣,与子言兄、铁山弟同饭。明日即将县中供给一概辞却,自备饮馔。今日发两全权电一件,云桐等初七日早抵沪云云,又复恩一堂方伯一电,意同上。晚三井银行御幡雅文来拜,亥正就卧。终日晴热无风。

（那桐撰,北京市档案馆编《那桐日记·东使日记》）

　　初七日庚午,晴,暖。寅正展轮,水黄色。辰正二刻进吴淞口,巳正进虹口,巳正二刻傍金利源码头。岸搭彩棚,有上海道、县来接,上船少叙。午初一刻登岸乘肩舆,午正至天后宫。那铁山（良）、上海道袁海观（树勋）、谢筠亭（上松）、顾兄。

（张德彝《七述奇未成稿》）

七月十七日起程，二十日至上海。寄亭七叔并姊丈许君弼丞、内兄郁君撷芳、内弟黄君玉儒等均赴沪相候，欢然道故。余随那钦使住天后宫。

（唐文治《茹经先生自订年谱·辛丑三十七岁》）

按：上引《茹经先生自订年谱》中记使团七月十七日启程，七月二十日抵上海；《奉使日本记》中却云为七月四日启程，七月七日抵上海，两者所记时间不同。而《那桐日记·东使日记》和张德彝《七述奇未成稿》中所记日期，则与《奉使日本记》中一致，故应以此二书一文所记日期为是，下同。

辛丑秋，余随使东瀛，道出申江，君（按：指许沐鎙）来，欢然道故，余力劝其出山。

（唐文治《许君弼丞墓志铭》，见《茹经堂文集四编》卷八）

辛丑夏，余随那公琴轩奉使日本，道出沪上。君（按：指谱兄世善）适以事至，欢聚旬日，自此遂不复见君矣。然书札之问，勖勉之辞，彼此往来无间也。

（唐文治《满洲二友传》，见《茹经堂文集二编》卷六）

按：张德彝《七述奇未成稿》中记："（七月）初八日辛未……戌初，世伯先约饭。"又："（七月）初九日壬申，晴。午后，乘车往拜世伯先。"《那桐日记·东使日记》中也有类似记载，先生当亦于此时与世善（伯先）聚晤。

辛丑，文治随使日本，过沪，发书问公（按：指翁同龢）起居。公复书曰："吾辈至交，勿再来书，海上人言可畏也。"

（唐文治《记翁文恭公事》，见《茹经堂文集初编》卷六）

按：《翁同龢日记·光绪二十七年辛丑》七月十一日下记："并寄那琴轩、唐蔚之各一函。那出日本差，唐随员也。"此或即为《记翁文恭公事》中所云之"复书"。

8月31日（七月十八日） 使团于上海乘坐日本公司"神户丸"轮船东渡。

十八日辛巳，乘日本公司"神户"轮船东渡。

［唐文治《奉使日本记（代那大臣作）》，见《茹经堂文集初编》卷六］

十八日。卯刻起，在沪道府各员来行馆送行，一一接见。巳正乘马车登日本公司神户丸，盛宗丞及关道等三十余人登船相送，日本小田切领事、兵船长、各洋行、新闻纸馆亦有二十余人，裴副税司来。午正启碇，与子言、铁山话别，放洋东下。少刻大餐甚佳，船极洁，舱房亦宽展，与日人登高指点云烟，胸襟为之一壮。申刻后起大风，船颠簸甚于初五日成山时，同人一半不能起立，余亦就卧不敢饮食，亥初即睡。今日发行在枢廷一电，奏报放洋日期；发李木斋一电，求知照外部国礼行李海关免税事。余在沪计住十日，一切谨慎谦和，当不至有不治处也。

(那桐撰,北京市档案馆编《那桐日记·东使日记》)

十八日辛巳,晴。早发行李。巳正,乘马至日本公司码头,登"神户丸"轮船。有盛杏荪、袁海观、顾缉廷、裴式楷及日本领事、三井正金两行总办等送别,御幡同行陪送至长崎。午正展轮出口,东行稍南。申刻引水人下船。酉刻水绿色,逆风浪涌,阴凉细雨。二百□。天有风,无敌。

(张德彝《七述奇未成稿》)

9 月 2 日(七月二十日)　使团抵达日本长崎。

翌日癸未,抵长崎。

[唐文治《奉使日本记(代那大臣作)》,见《茹经堂文集初编》卷六]

二十日。卯刻起风止,登高旷观,两岸山出苍翠万态,晓日斜照,豁目澄怀,始知江南山水无此峭丽。辰正进长崎口停泊,清国领事张桐华、翻译唐某来拜,三井洋行吴永寿由横滨来迎,一一接见,长崎县荒木君遣翻译来拜,余遣康民、杏南答拜。接李木斋复电,行李业经招呼外部,并有忠告之语。巳正正金、三井两行总办来拜,新闻纸报馆来拜,均晤谈,两行约余同参随各员在迎阳亭便酌,同率登岸。此亭在半山间,房舍古朴可喜,青松紫薇点缀不俗,西望海口,其余三面皆山,起伏层叠,一览万绿。酒馔皆东洋旧式,服役皆妓女,古装彩服飘飘欲仙,长跪进爵,敬肃可喜,十二人中有二三尤淑婉者。饭后新闻纸馆照相二张。未正三刻答拜张领事及正金、三井两行,复登小火轮返至"神户丸",时已申正矣。酉正二刻开行出口,暮色在山,青紫变态,回望长崎岛,房屋比栉,水面舟楫如织,又是一幅图画。亥初就卧。夜仍风,不甚大。

(那桐撰,北京市档案馆编《那桐日记·东使日记》)

二十日癸未,晴。辰正入长崎住船,有三井行伙吴永寿来迎。领事官张子预(桐华)来拜。午初,三井洋行请午酌,遂登岸,乘车行桓山十数里,入迎汤亭,入门脱靴,席地而坐。酒食颇佳,名妓八跪进茶酒,发梳如蝶,义取必双。亭在山头,四望颇佳。食毕,至本行坐过。邮船局总办东条三郎,又日本知县荒川,拟往拜未及。少坐吃茶后,驾小舟登船。酉正,"博爱丸"开往上海。戌初,本船开,出口甚平。由上海至长崎,计四百六十九里。

(张德彝《七述奇未成稿》)

9 月 3 日(七月二十一日)　使团抵达日本马关。

甲申抵马关,揽其形胜险绝,实为东西京之门户。

[唐文治《奉使日本记(代那大臣作)》,见《茹经堂文集初编》卷六]

廿一日。辰初起,辰正到马关,又名下之关停泊,偕同人乘小火轮登岸,至春帆楼茶点。楼居半山,亭榭轩敞,名妓数人款客周挚。坐落之处,即甲子年李傅相与伊藤侯议约之所。曾几何时,余又奉使此邦,不禁触我忧怀耳。少间细雨如丝,旋即开霁,俯瞰海平如镜,樯泊如梭,四围山色青翠欲滴,颇有新秋之意。已正还舟,午初启碇,两岸峰峦不断,海水碧绿,波浪不惊,真行程乐境,终日登眺,接应不暇,美景奇观,笔墨所不能述,山阴道上不能擅美于前矣。亥正就枕,看山麓渔灯万点,高低明灭,洵奇观也。

（那桐撰,北京市档案馆编《那桐日记·东使日记》）

二十一日甲申,晴。卯正二刻抵马关。辰正,经三井洋行以小轮舟接行四五里登岸,步入春帆楼,木楼二层,开敞幽雅,妓女六七。先进茶点,后进果酒、蜜桃甚佳。已正回船,午初开,平。由长崎至马关计百四十八里（Bakwan,Shimonoseki,下之关,非过口,对面为门司 Moji）。

（张德彝《七述奇未成稿》）

9月4日（七月二十二日） 使团抵达日本神户。当日在神户改乘火车,前往东京。

乙酉抵神户,易坐火车。

［唐文治《奉使日本记（代那大臣作）》,见《茹经堂文集初编》卷六］

廿二日。辰正抵神户,领事蔡薰,字咏南,江西人,翻译冯姓,江苏人,三井、正金两行总办、本地警察官、报馆人上船来见。午初上馆,乘马车答拜领事,神户县遣书记来拜。午正赴蔡领事中华会馆饭局,参随各员均在座。粤东馔蔬甚美。此馆中国房式甚轩爽,然不透风,热闷异常。未刻三井、正金两行约游诹访,山中常盘有楼数楹,古朴可爱,维妓花胜、爱菊二人皆绝世姿,惜寞寞不得语,为憾憾耳。酉初二刻登火车,酉正开行,风驰电掣,越大阪、西京、名古屋诸镇市,惜昏黑不能辨认。亥正就卧,甚冷,不敢酣睡。

（那桐撰,北京市档案馆编《那桐日记·东使日记》）

二十二日乙酉,晴。卯初二刻至神户,辰正登岸,经中国领事官蔡薰（咏南）率其翻译冯闾模□□迎入公署,少坐吃茶。已初一刻,入中华会馆,房间高大,匾联画轴极多,皆名人笔也,内供有关圣帝君、天后娘娘。未初入座,酒食颇佳。饭毕,咏南立陈一段,星使亦答数语。申正,三井行又延入常盘楼,少坐,茶酒。酉正登火车即开,戌初过大坂,戌正过马场、枣津等处。由马关至神户二百四十里。

（张德彝《七述奇未成稿》）

9 月 5 日(七月二十三日)　使团抵达日本东京。

旋抵东京,住帝国饭店。我国驻日公使为李君木斋名盛铎,参赞黄君伯雨名以霖,亦紫翔先生门下士也,均赴车站欢迎。日本政府招待亦极周至。

(唐文治《茹经先生自订年谱·辛丑三十七岁》)

二十三日午初刻遂抵东京。驻节于帝国饭店,东语所谓ホテル者是也。当是时,我国驻扎日本星使李君盛铎,先已为供张行李。复命横滨总领事官黄以霖、翻译官冯国勋等往来通问,资粮屝履,颇不忧匮,傔从舆马,因得识途焉。

[唐文治《奉使日本记(代那大臣作)》,见《茹经堂文集初编》卷六]

廿三日。卯初醒,晓日东上,依山傍水,车行如飞,至富士山麓,峰峦万仞出云,如披絮帽。顷刻雨作。午初抵东京,此都会也,人烟稠密,街市整齐,别有气象。横滨领事各官、使馆黄参赞、冯随员、外部小林书记及正金、三崎、吴泰寿、寺本婉雅、田锅安之助,又日本旧识数人到火车栈来迎。午正乘双马车到帝国饭店,李木斋钦使在此相候,晤见畅谈,参随各员七人来拜,内欧阳、夏、黄三人皆余旧识。未初客去,大餐。申初答拜木斋,谈两点钟之久,参随各人亦往拜,酉刻先后回。知醇邸在德国廿一日已觐见递国书,甚慰,余应办各事均托木斋代询,明后日当有回信。晚间接到郑永邦来信,附寄锡弟家信一封,为第一号副本,拟明日复之。余居楼上两大间甚洁净,望远甚豁目,极凉爽,为二十余日中第一好住处也。亥刻睡。夜仍雨,发行在、北京两电。

(那桐撰,北京市档案馆编《那桐日记·东使日记》)

9 月 13 日(八月初一日)　使团向日本天皇递交国书。

八月朔日,觐见日君于内宫。某恭赍国书,率参赞官顾肇新等为介。入宫门,行三鞠躬礼。日君答礼,立受国书毕,某复致颂词。日君握手,温语慰藉,谓贵国大皇帝情意恳诚,贵使东来劳苦,吾意甚感。惟冀贵国大皇帝乘舆遄返,用人行政,日新又新,维持东亚全局,是吾之愿也。某敬谨答词,谓大皇帝厚意,某必代为奏闻,用以揄扬盛意,以丕显我国家。遂复行三鞠躬礼而退。某归,告诸参赞随员曰:"今日日君礼仪所以如此其至者,皆我圣君诚意所感也,某感且悚矣。"

[唐文治《奉使日本记(代那大臣作)》,见《茹经堂文集初编》卷六]

初一日。今日觐见大日本国大皇帝。巳初三刻,式部官恩地辙同宫中双马车来迎,余率同参赞顾、蔡、张、陶、随员诚衣花衣补褂前往宫内。巳正抵宫,禁御军列班作乐,相迎入殿,式部长三官及翻译一人、式部官数人见礼,约余等到觐见之殿名凤凰间者演习礼节。巳正二刻许，日皇出居中立，西国军服，左手扶刀持帽，相貌威严，年四十八岁，身体壮伟。桐捧国书行三鞠躬礼，陶参赞随行颂词，读毕译竣，呈递国书。日皇谕语大旨云"去岁中国变乱，我国书记生杉山彬被害，今遣汝来，我已皆知，但愿此后我两国交情日密，大皇帝回銮后，实力举行新政，保全东亚，汝回国时将此意代奏"等谕。桐答以"大皇帝圣谕，使臣钦佩之至，使臣回国时，必将此意代达"云云。旋令参随各员一一觐见毕，又行三鞠躬礼退出，在便殿少坐。偕观正殿及积草殿，殿式皆日本旧规，殿内皆西洋装修，轩敞洁净，足壮观瞻。在积草殿后楹赐茶点略坐，饮毕辞出，与外务大臣式部长话别，登官车回行馆，时午初也。今日天气晴霁而清风习习，诸人礼仪毫无舛错，日本大臣亦颇称许，洵可喜也。未刻同杏南拜皇后宫大夫香川敬三，不遇。旋即来答拜，畅谈，人极和平。近卫公、田锅安之助均来拜，广东银元局洋匠卫安在行馆相遇，甚奇。今日发盛宗丞一电，托其转电行在及两全权，并达知小田切，为今日觐见礼成事。亥正睡。

（那桐撰，北京市档案馆编《那桐日记·东使日记》）

八月初一日庚午，晴，凉爽。早起点心毕，同顾、蔡、陶、诚四君，随星使着蟒袍补褂，待至巳初一刻，有式部官恩地辙以官车来接。少坐，星使偕恩、陶乘官车，余同蔡、顾、诚分坐二车，出店东行一里，转南又里许，向东大木桥，桥柱有字云"明治二十九年八月成"。过桥入石堤门，盖前临小河，以方石砌堤如城，较内地高四五尺。内一敞院，有树，任人往来。车东行两箭地，另有石城，转西过其二重桥，入一门，转南稍东又两箭地，至凤凰宫门。下车，有三宫义胤、加藤恒忠等迎入。走穿廊入一小间，少坐。引入内间演礼毕，回又少坐。既而星使捧国书，陶杏南紧随先入，临门一鞠躬，中途再鞠躬，将近三鞠躬，立定止步。星使云：

使臣钦承我大皇帝特简，奉使贵邦。恭维大皇帝治功丕著，德化维新。使臣敬仰光仪，益深庆幸。伏念中日同在亚洲，唇齿相依，至亲极密。乃去年夏间，中国变生仓猝，祸及贵国书记生杉山彬惨遭非命。我大皇帝实深惋惜，是以专派使臣东来，呈递国书，面达歉衷，并亲往杉山彬坟墓致祭，赍交祭葬银两，以表优荣之典。惟冀大皇帝念同洲之谊，此后交际益加亲睦，维持全局，振兴东亚，实我两国之福。使臣敬祝大皇帝万寿无疆，国运隆盛，不胜颂祷之至。

诵毕，递国书。日皇接过，答云：

客岁之变，公使馆书记生杉山彬惨遭非命。贵国大皇帝深为惋惜，特派卿来面赍国书，朕已领悉。嗣后两国交谊，可信益加敦厚。惟冀贵国大皇帝维新之丕图,速就其绪,东亚之和局恒久维持,更祝大皇帝福祉无穷。望将此意代达转奏。

以上所言,先经日官□□翻以日文,继经陶杏南译以汉文。言毕,星使退步左立,杏南随退立于星使之次。后此,顾、蔡及余与诚皆陆续一一前进,礼亦三鞠躬。礼毕,皆循序与星使立成一行,继而鱼贯退出,亦行三鞠躬礼。

先是,演礼毕,礼官引看其正殿、用膳堂、集草堂。见后,引入一间吃茶点心。吃毕,绕穿廊行极远,至宫门,握手谢辞,登车回店。

按其宫地基不大,各殿绕在一大间内。其所以觉远,曲径盘环,不知有几千万落者,穿廊、游廊多故也。殿间亦有宽敞者,而高较中华庙殿之半。外日式,内西式,通身木造覆瓦。柱粗五寸见方,棚顶方槽,或本色,或漆花。地则木片凑花刷蜡,色分黄紫,花形斜正方尖八角不等。步行处铺垫花毡一条。虽殿内亦光板,颇滑。四壁无墙,或木板,或大玻璃。窗壁或漆花,或雕刻,或糊锦缎。其正殿宝座,式与英国者同,上列双椅,帐顶亦出二白毛刷。膳堂可容坐百人,横大桌一张。集草堂者,棚顶四壁彩画千种花草也。木多樟楠,故随行甚香也。窗壁木皆厚约一寸或数分,而能左右推移,轻便之至,天时使然也。

(张德彝《七述奇未成稿》)

9 月 14 日(八月初二日)　使团到杉山彬墓前致祭。

越日乙未,往祭杉山彬,礼成,遵圣旨也。

[唐文治《奉使日本记(代那大臣作)》,见《茹经堂文集初编》卷六]

初二日。巳刻外务省小林来,同乘马车偕四参赞诣日本书记生杉山彬坟墓致祭,先由木斋代备宴供席一桌、鲜花二盆。巳正上祭,拈香三,奠爵三,见其母、妻、弟、子共五人,慰问近状,达知朝廷惋惜之意。复到墓前举香,盖尽私谊也。外务省内田、加藤、石井等六人相陪,吴永寿、吴泰寿、郑永昌等数人,又其戚岩野新平皆相与周旋,东西国观礼者百余人,照相、绘图、笔记者不知凡几。午初礼毕归。杉山长子同岩野采谢。午后答拜近卫公,拜东官大夫中山大人、侍从长德大寺大人皆不遇,申初归。三井东三井八郎次郎,又吉田弘藏平野君来拜晤。接盛宗丞来电,为昨电转发事。亥正睡。

(那桐撰,北京市档案馆编《那桐日记·东使日记》)

初二日辛未,晴。巳初,着青褂,同顾、蔡、陶三君随星使乘车,行约十里,至地名青山,致祭杉山彬。其坟未成,尚无石碣,立一木牌,宽半尺,高七八尺,上书"外务书记生正七位杉山彬之墓"。墓前设长桌,黄围布,上列五供、果席、蜡烛、檀香,一切皆由我国使馆代备也。罩有白布长帐,深一丈,宽三四丈,四面栏以竹篱。坟前左右设有木凳,右南北一行,坐本国外部大臣正田康哉等;左东西两行,西者坐杉山彬之母、妻、二弟与二子,东者为星使及余等坐。待至巳正,星使前行,余四人随后,步至案前,星使中立,余等左右分立。星使拈三柱香,进三杯酒后一鞠躬。退回见其母、妻、弟、子等,星使述明此次前来所奉中国国家之意。其母与妻皆鞠躬叩谢,继向外部各官一鞠躬。回坐后,星使及余等又一一陆续步至案前,各放檀香三块于炉内。此后,外部各官及其本家各人亦皆一一鞠躬放檀香。各人礼毕,辞归。当时竹篱外男女观者如堵,毫不喧哗。将近青山里许,街市间左右各铺户人家,门首皆悬灯,挂白纸条,大半亦皆吊唁之意也。午后,往拜其皇后官大夫子爵香川敬三,未遇。

(张德彝《七述奇未成稿》)

9月16日(八月初四日) 使团觐见日本皇后。

越一日丁酉,觐见日君后,礼成,略如觐见日君之仪。

[唐文治《奉使日本记(代那大臣作)》,见《茹经堂文集初编》卷六]

初四日。巳初三刻,乘官车,衣花衣补褂进板下门入宫禁,觐见日本大皇后。巳正到,式部长三官、皇后官大夫香川均在内。巳正二刻觐见,出入三鞠躬,皇后居中立,西洋装,年五十岁光景,来去皆握手,初问:使臣一路平安?桐答后,即将代皇太后、皇后问好及颂词面陈。再问:中国变乱,两宫蒙尘,我甚为悬念,圣躬安否?桐答以安好,并谢谢。又问:现在大局已定,以后两国交情日益亲密。桐答以使臣亦盼望两国交谊日亲等语。又云卿回国时代问两宫安好等语,桐答以回国时必代奏。又云归时愿卿一路平安。桐即告辞,参随同出,时午初也。未初乘官车拜亲王及大臣共二十五家,酉初归。客中仅见东宫大夫中山一人,余俱投刺而已。

(那桐撰,北京市档案馆编《那桐日记·东使日记》)

初四日癸酉,晴。巳初,同众随星使入宫见皇后,一切礼仪与前同。后约五旬,正立,右立三命妇,亦皆年逾五旬者,中有前于光绪二年在英京所见之上野景范夫人。此次入宫,虽云进后门,而在内环绕甚远。见毕细察,乃前见日皇之后间也。又当星使见时,立陈数语云:

使臣钦奉我皇太后、大皇帝简命,专使贵国。今得觐见大皇后陛下,实深荣幸。敬代我皇太后、大皇帝问大皇后好。使臣尤敬祝大皇后圣躬康健,福祚绵长,使臣不胜企祷之至。

(张德彝《七述奇未成稿》)

按：《七述奇未成稿》记事至此而止。

9 月 16 日之后（八月初四日之后）　使团成员往见日皇储及其王公以下各官，并陆续参观学校、银行、纸厂、银元局、劝工所等。

自是厥后，遂往谒日储并及其王公以下各官等。其最著者，若近卫公暨外部大臣曾祢荒助、小村寿太郎诸君，言外交、经济之学，所以辅车相依相与，振兴亚洲者，辄娓娓达夜不倦。而小村君复导观其国之学校、银行，并逮纸厂、银元局、劝工所之属，整齐严肃，颧若划一，无与伦比。

　　　　　［唐文治《奉使日本记（代那大臣作）》，见《茹经堂文集初编》卷六］

9 月 27—28 日（八月十五—十六日）　游日光山。

月之既望，携李星使游日光山，登高舒啸，意殊豁如。忽西望乘舆，则黯然不知依恋之何从也。

　　　　　［唐文治《奉使日本记（代那大臣作）》，见《茹经堂文集初编》卷六］

八月中旬递国书后，游各处学校并博物馆，又往游日光山，秋色妍丽，风景绝佳，余特为文记之。

（冯）振谨案：先生此记尚未刊，后略删节，载入《英轺日记》中。

　　　　　（唐文治《茹经先生自订年谱·辛丑三十七岁》）

十五日。早乘官车同小林偕参随到警视监狱学校看视，局长大森为内务省总务长，人甚和平，一一领看。有德文教习生徒共二百七十人，章程周备，甫立四年，大著成效，我国亟应效之。午刻归。申初约同木斋、孔怀、鹭卿、玉如、一亭、蔚之、少侯、子笙携王福自上野乘火车往游日光山，行五点钟之久，八点后至日光金谷园，客寓西洋房屋，肴馔皆女人伺候，甚洁净。亥正饭后，同到邻屋东洋酒楼小饮，有妓女五六人，名花子、小奴二人尚稚秀，歌舞半时。今日为中秋节，同人登楼饮酒，亦一乐事，惜天微阴，月色不佳，然万山苍翠，涧水潺湲，秋月空蒙，人影撩乱，异国而遇佳节，日光而赏月光，洵佳话也。子正散。

十六日。卯初起，满拟早到中禅寺，为店东所误，迟至辰正，大众始乘人力车上山，约行三十里，计十四刻到山顶。先看华严瀑布，长七十五丈，小者十余条六十余丈，奔腾澎湃，一落千丈，日光斜照，银花怒飞，想匡庐、泰岳亦不是过。小立孤亭，心目豁爽，同观石碣长歌，为明治十一年日本人撰书，皆佳。复至山巅游湖，湖长约十八里，深数丈，秋水清澈，静听亦无波声。登日本酒楼，名吃湖者，俯视水面如镜，对面山如翠屏，举酒属客，几忘身在尘世。饭后踏至中宫祠，有老僧坐禅看经，似有道之士，因事忙未暇与之扳谈。一点二刻下山，行十点钟,至日光客店。沿路泉声岚影,枫叶半红,凡怡人心目者纷至沓来,使人接应不暇,同人无不大乐,实平生第一快游也。酉初乘火车,子初到东京客寓,睡甚酣。今日接锡弟由京八月初一日邮政局所发之信,又接上海盛宗丞来电,知派招商局"新裕"轮船二十日开赴长崎,并知皇太后、皇上启銮,仍是八月廿四日,先到汴省,甚慰。计自十五日申刻,至十六日亥刻,行程一千一百余里,登山上下共六十里,可谓神速矣。

(那桐撰,北京市档案馆编《那桐日记·东使日记》)

9月30日(八月十八日) 日本外务部送到日本天皇赐那桐一等旭日大绶章,先生等参赞、随员亦各得绶章。

越日辛亥,日君因其外部大臣小村寿太郎之请,特赠某一等旭日大绶宝星,并赏参赞随员人等宝星,各有差。某敬传电奏闻,窃附礼经不敢私受之谊,爰复晋宫兴辞。

[唐文治《奉使日本记(代那大臣作)》,见《茹经堂文集初编》卷六]

十八日。外务部送到大日本皇帝赐桐一等旭日大绶章,参赞四人、随员五人均赐绶章。三宫式部长送到皇后赐桐细绣围屏一架,皇太子赐桐金漆盒一个,皆祗领。辰刻,同参随到成城学校看视。未刻,进内书名谢赏,又到东宫太子前辞行谢赏,拜总理大臣、外务大臣数人。晚赴外务部内田康哉之约,园在品川,酒馔皆中国者。子初归。

(那桐撰,北京市档案馆编《那桐日记·东使日记》)

10月3日(八月二十一日) 坐火车赴西京(京都)。

越日癸丑,遂率参随人等坐火车赴西京。

[唐文治《奉使日本记(代那大臣作)》,见《茹经堂文集初编》卷六]

二十一日。卯初起,卯正乘火车赴西京。十二点半抵西京,本愿寺僧已遣马车来迎。行里许,抵寺,登大殿拜开山祖师,殿横十一楹纵九楹,与北京大成殿规制相埒。殿内金漆装修,富丽无比。殿外木质不用漆饰,雕镂精工异常。傍为如来殿,局势较小,亦精洁。参毕至客厅饮茶,见大法师大谷父子,著杏黄袍,年四五十岁,颇讲排场。其子二十许,跛一足,尚谦和。与老僧立谈数语,老僧即引退(行时送至山门),遣他僧及其子陪游涉趣园,饮馔颇精。此园有十三景,前人题咏甚富,池榭花木鱼鸟尚佳,申初辞去。渠赠帖书,皆此间石拓题咏也。申正,进宫内及二条离宫瞻仰。殿皆日本旧式,俭朴可喜,而室内工笔大图绝精,三百年物也。酉正,住京都ホテル,洋式房,馔较东京尤富丽。道胜银行总办、浙江人、候补知府袁铨号子庄来此相送,使馆黄伯雨、冯孔怀亦来。

同餐后,亥正睡。

(那桐撰,北京市档案馆编《那桐日记·东使日记》)

10 月 4 日(八月二十二日) 抵达大阪,游岚山。(据唐文治《奉使日本记》等)

乙卯达大阪,游岚山。

[唐文治《奉使日本记(代那大臣作)》,见《茹经堂文集初编》卷六]

二十二日。辰正乘火车,子庄约游岚山。此山距西京二十里,一溪清澈,万树青葱,路转峰回,如入武陵仙境。下车登小舟至茶寮啜茗,二三女郎乱头粗服,秀韵天成,相对无言,嫣然一笑,惜匆匆别去,未免有情耳。回至三轩家,登楼小饮,听水声,看山色,徜徉半日。未初复登火车赴大阪。申正到造币局,局长引观鼓铸金银洋钱之所,法精工美,大扩见闻。戌初再登火车赴神户,戌正到。中国商人在中华会馆邀宴,董事数人皆广东、浙江、江苏、山东人,有吴永寿、冯孔怀、袁子庄作陪,灯火国旗大事铺张,足见中国商家理应联络,酒肴皆中国式,既醉且饱。亥正到商会别所答拜诸人,少谈。答拜袁子庄留宿,小宿华美,相待极优。丑正就寝,亦云劳矣。昼热极,可著纱衣。夜大雨。

(那桐撰,北京市档案馆编《那桐日记·东使日记》)

10 月 5 日(八月二十三日) 乘坐日本公司"宏济丸"轮船启程回国。因较长时期用目过劳,归途至横滨时,先生左目终致失明。

丙辰,登日本公司"宏济丸"轮船。

[唐文治《奉使日本记(代那大臣作)》,见《茹经堂文集初编》卷六]

二十三日。卯正起。巳刻,登日本邮船公司"弘济丸"轮船,领事蔡薰、子庄、孔怀、吴永寿、正金、三井、邮船公司总办、地方武官、报馆人均相送。巳正开船,诸人皆依依,午正始得休息。阴热无风,舟行甚稳。申刻后落雨,夜尤大。余倦极,睡甚酣。

(那桐撰,北京市档案馆编《那桐日记·东使日记》)

九月初,起程回国。余于五六月间,用目过劳,已觉不支。八月间,目瀚殊甚。归途至横滨车次,左目忽起黑翳,请日本医生左本隆资诊视,曰:"无妨也。"乃越日,眼珠内陷,一星期后,竟无所见矣。

(唐文治《茹经先生自订年谱·辛丑三十七岁》)

10 月 6 日(八月二十四日) 抵长崎。第二日,改乘上海招商局派来之"新裕"轮船,舟中遇表母舅陈宝书、谱兄曹元忠等。

越翌日戊午,返长崎。雨甚,改乘招商局"新裕"轮船。

[唐文治《奉使日本记(代那大臣作)》,见《茹经堂文集初编》卷六]

廿四日。卯正抵马关。雨仍未止，未上岸，与铁珊弟写家信一封，明日交蔡鹭卿寄至上海。午初开船，终日凉爽，得休憩。佐伯隆资由山口县来访，题小照赠之。晚雨尤大，子初至长崎下碇，风已起，尚得酣眠。

二十五日。卯正起。风雨交作，由上海招商局派来"新裕"轮船，买办许尚珍，号楚卿，江苏人，来拜。长崎领事张桐华、董事二人、翻译一人、正金、三井、邮船均来拜。午初乘小轮船过"新裕"轮船早饭，蔡鹭卿、陶馨甫回沪别去。收到三弟、袁海观、管洛生均有信来。今日雨大风急不得开船，守口一日，闷极，入夜风暴尤大。

（那桐撰，北京市档案馆编《那桐日记·东使日记》）

抵长崎后，改乘招商局新裕轮船。帐房许君楚卿，太仓同乡也，人极干练，照料周到。舟中忽遇表母舅陈君玉森、谱兄曹君夔一并太仓同乡陈君子馨，皆来游日本者。异国相逢，欢抃之至。玉森表母舅、夔一谱兄偕同入京。

（唐文治《茹经先生自订年谱·辛丑三十七岁》）

辛丑秋，余随使东瀛，先生（按：指陈宝书）与吴县曹君夔一适作东游，归途相见于海轮舟次，握手欢甚，同返京师。时先君、先母居东城绍氏余园，先生遂主余家，夜必与先君畅饮，纵谈故乡旧事，或朗吟古人诗歌，以为笑乐。坐花醉月，逸兴遄飞。兹编中有《咏余园诗》及《水仙歌》，皆是时作也。

（唐文治《梦湘盦劫余诗序》，见《茹经堂文集四编》卷六）

10月12日（九月初一日） 抵达北京。（据唐文治《奉使日本记》等）

遂于八月之杪抵塘沽，九月朔抵京师。

［唐文治《奉使日本记（代那大臣作）》，见《茹经堂文集初编》卷六］

初一日。卯刻起，辰刻饭，辰正乘火车进京。申初到前门外火车栈，户部友人、提宪官员及至近亲友均来迎，官弁排列不下千人，沿途观者如堵，较去时尤为热闹。申初二刻到家，幸母亲、叔父及阖家均好，相见喜悦非常，板子、佛堂行礼毕，三姊、二妹、大女均来家，同吃小饮，甚畅。

（那桐撰，北京市档案馆编《那桐日记·东使日记》）

按： 这是一次屈辱的出使经历。正因为如此，使团随员之一的张德彝从事外交活动前后达四十年之久，并写成八部随使日记，即八部"述奇"，大多于写成后刊行，唯独记述出使日本经历的《七述奇》未刊行，作者且于该手稿的扉页上写有题记云："《七述奇》未成稿。此次出使日本，因当战后，所负使命，深觉有辱国体，故辍而不述。"而《奉使日本记》中，在记述到使团到杉山彬墓前致祭时，也只是极为简略地说："往祭杉山彬，礼成，遵圣旨也。"虽然深感屈辱，但作为先生第一次出洋之经历，亦得借此机会考察日本社会，思考日本强盛对中国可资借鉴之处。如《茹经先生自订年谱》中在记录本次出使日本的经过之后云："日本立国，大抵兄英师德，虽系帝制，而其大政，均裁自内阁。近年以来，壹意整理海陆军及工商事宜，骎骎乎日臻富强。其民外和易，而心计极工。然厂肆林立，轨道四达，占农田颇多，米价腾贵，亦可虑也。语详《东瀛日记》中。"从末句可知在作者的《东瀛日记》中对此有更多的记录和思考，但此书未刊，故未得见。又先生在《奉使日本记》中也借着那桐的口气云："日本当明治以前，综览史书所纪，何尝不晦盲否塞。乃三十年来，国势勃兴，人才鳞萃。考其宪法，则尊卑贵贱，典范律令，秩然不相侵越也。观其国际，则公法私法，厘然忠恕之大纲也。察其财政，则岁计豫算，组织为替，出入相准，子母相权，自营为私，背私为公，而互相为美利也。游其庠序，则自小学以至大成，由文事以至戎政，靡不朴属微至，而实事求是也。若乃警察之法行，而国无饰伪；工艺之术广，而邑无游民。举中国《曲礼》《少仪》《玉藻》《内则》诸篇，皆躬行实践于通国之内，而拳拳焉各相见以至诚。揆厥所元，讵有异术，不过以上下之志通，而士大夫无日不求新学之所致也。方今中国圣天子锐意变法，懋志维新，异日者将取日本之所长，而并弃其所短，权其本末轻重缓急先后之序，次第行之，而无复凌杂。行见六府三事，庶绩其凝，海隅黎庶，随流向化，同我太平。然则某与参随诸君之此行，焉知非贞下起元之机，而为中兴之嚆矢也耶？夫自古有不世之功，而特患有不立之志；亦无难成之事，而特患无任事之人。某虽不敏，盖为天下苍生期望之久矣。"

又按：据黄汉文《记唐文治先生》一文记："八国联军侵入北京，《辛丑和约》订立后，清朝派醇亲王载沣（光绪帝载湉的弟弟）、户部侍郎那桐为道歉专使，分别赴德国和日本'道歉'。唐先生作为那桐的随员到日本。在维护国家的尊严方面，他是出了一番力的。"又据许威汉《缅怀、追记恩师——一代文化巨人唐文治老校长》一文记："1901 年秋，恩师以小章京身份随户部侍郎那桐出使日本。日方宴会靡靡之音待客，恩师昂然诵岳飞《满江红》以对，在座日本官员为之气短。"录以备参。

回国后，先生仍供职户部、总署。

> 回京后，仍供职户部、总署。户部各堂，派余帮办捐纳房，或以为优差。余心甚厌之，书吏来白事，余画诺而已。
>
> （唐文治《茹经先生自订年谱·辛丑三十七岁》）

时大局粗定，遵谕旨裁减书吏。户部云南司原有书吏三千余人，由先生及王清穆经办考试，取定六十人。

> 时大局粗定，谕旨大裁书吏，廓清弊窦。检查云南司书吏共三千余人。余与丹揆兄定期考试，实到仅四五百人，取定六十人。先期，有老吏争于余前曰：

"若果考试,吾辈将尽去。"余告之曰:"迩来时局变更,汝辈生计甚苦,不如改作他图。若虑无人办事,余能自为之。"老吏无言而去。各堂亦为余危,且谓终办不到。乃考试取定后,翕然无词,各司遂有仿行之者。

(唐文治《茹经先生自订年谱·辛丑三十七岁》)

11 月(十月) 先生谒见吴汝纶,向其请益为文之法与读文之道。

右余辛丑岁旧作二首,录以就正于桐城吴挚甫先生者也。先生讳汝纶,文章传桐城宗派,师事湘乡曾文正公,通达经世大猷,负海内重望。余初未识其人,满洲绍越千世丈,先生弟子也,数以余名告先生。辛丑十月,先生访余于绍宅之愚园,余适他出,先生候余良久,乃去。越日,余属户部书记生录文二首。维时倥偬,字迹恶劣,不暇自录,遂袖以见先生。先生见余,欢然如旧相识,顾扬谦甚,亦称余先生。余局蹐请曰:"吾将受业于长者,何称谓颠倒乃尔?"先生坚不许。阅余文,颇激赏。余请益,先生但唯唯。迨再三请,先生始慨然曰:"天壤间作者能有几人?子欲求进境,非明文章阴阳刚柔之道不可。"因为余言:"少时偕张濂亭先生,从曾文正公学为文,殊碌碌无短长。某日,文正出,吾偕濂亭检案牍,见公插架有《古文四象》一书,盖公手定稿本也。亟取之,录其目,越日归诸架。逾数月,文章大进。文正怪之曰:'子等岂窃窥吾秘本乎?'则相与大笑。"又为余言:"文章之道,感动性情,义通乎乐,故当从声音入,先讲求读法。濂亭初见文正时,文正告之曰:'子文学《南丰类稿》,筋脉太缓,宜读介甫文,以道炼之。'即就座中朗读王介甫《泰州海陵县主簿许君墓志铭》一过,濂亭闻之大有悟。此文家入门诀也。"余因亟求吴先生读法,先生即取余《奉使日本记》讽诵之,余惭甚。然聆其音节,无不入妙,爰进叩其蕴。先生曰:"读文之法,不求之于心,而求之于气;不听之以气,而听之以神。大抵盘空处如雷霆之旋太虚,顿挫处如钟磬之扬余韵,精神团结处则高以侈,叙事繁密处则抑以敛;而其要者,纯如绎如,其音翱翔于虚无之表,则言外意无不传。《乐记》师乙所谓'上如抗,下如坠,曲如折,止如槁木,累累乎端如贯珠',皆其精理也。知此则通乎神矣。"余又叩应读之文,先生曰:"第读《古文辞类纂》《经史百家杂钞》二书足矣。文正之文,以昌黎为间架,而其神理之曲折,则皆庐陵也。故黎莼斋称谓欧阳文忠后一人。君善学之,会心不远矣。"余感谢别去。

(唐文治《桐城吴挚甫先生文评手迹跋》,见《茹经堂文集三编》卷五)

冬 总理各国事务衙门改为外务部,先生补榷算司主事,得帮掌印差。至此不复赴户部。

冬,总理衙门议改为外务部,设管部王大臣一人,尚书二人,侍郎二人,左右丞二人，左右参议二人。分设四司：曰和会司，觐见交际等事属焉；曰榷算司，通商关税等事属焉；曰考工司，路矿等事属焉；曰庶务司，教案等事属焉。分设每司郎中二人、员外二人、主事二人，计共二十四人，又候补员二十四人。旋简派庆亲王管部，王公夔石名文韶、瞿公子玖名鸿机为尚书，齐[徐]公晋斋名寿朋、联公春卿名芳为侍郎，瑞君鼎臣名良、顾君康民名肇新为左右丞，陈君梦陶名名侃、绍君任庭名昌为左右参议。先期，有人告余，庆邸将补余外务部主事；而户部那侍郎属瑞裕如谱弟告余，就户部为宜，并言捐纳房可联任二年，日后京察一等，可望简放。余以素性喜研究外交学，婉言谢之。旋补外务部榷算司主事，得帮掌印差。至是不复赴户部。然余与裕如诸知交相离，颇觉惘然。

（唐文治《茹经先生自订年谱·辛丑三十七岁》）

冬　与友人曹元忠等人谋集资重刻明周顺昌《烬余集》（《周忠介公文集》）。

有明周蓼洲先生《烬余集》三卷、《年谱》一卷、《遗事》一卷，得自京城书肆，庚子之乱，携以自随，未敢暂弃。辛丑冬月，始与曹君夔一、章君赟庵重谋授梓。

（唐文治《重刻周忠介公文集序》，见《茹经堂文集初编》卷四）

《烬余集》三卷，明周端孝先生所辑忠介公遗著也。呜呼！明至天启，运际百六，宫邻金虎，坊归阉寺，钩党之祸，殆甚甘陵，固君子险德辟难之时，亦居邦危行言孙之会。而公求仁得仁，志毋苟免。名士禁锢，抱皇甫不与之耻；县令解绶，有滂死祸塞之语。至于毕命鞠室，沈魂圄扉，横目之民，至今于邑。顾其立朝之年，义形于色；千载之下，凛然生气，仅赖斯集得征。献仪臧孙有言："既没言立"，公之谓矣。方今俗尚偷薄，将遂陵迟。先正明清，藉示坊表。敢取旧椠，重付杀青，尚希同志助成役费，凡书出泉，例放碑阴，非徒导扬前芬，将以振厉往俗。诵诗读书，即尚友于古人；立懦廉顽，从我师于百世。世之君子，当亦有乐乎斯也。苏州曹元忠，松江章士荃，太仓陈宝书、顾思义、唐文治谨启。

（曹元忠、章士荃、陈宝书、顾思义、唐文治《征刻周忠介公烬余集启》，见《周忠介公文集》卷末）

按：此启后尚有《重刻周忠介公集捐资姓氏》："苏州邹嘉来（紫东）四两，松江耿道冲（伯齐）四元，松江秦锡田（砚畦）二元，松江阮惟和（子衡）二元，松江席淦（翰伯）一元，松江雷补同（谱桐）二两，松江章士荃（赟庵）二两，太仓施启宇（稚桐）四两。以上共收捐银十二两，洋九元，其不敷之款，均由唐文治捐付讫。"

本年　命家人李福送前妻郁夫人及内弟黄彬瑞灵柩回太仓。又印《陆子遗书》

数十部,分赠太仓同乡。

去年拳匪难作,全家迁避后,余有两事至为迫切:一、前数年刻《陆桴亭先生遗书》及《周忠介公集》板片,藏琉璃厂龙云斋,未知曾否毁失。二、内子郁宜人及内弟黄彬瑞灵柩停城东崇文门外夕照寺,未知曾否损伤。去年往访,则均无恙,深为庆幸。至是,印《陆子遗书》数十部,分送太仓同乡。又先期命家人李福运送两柩回南,乃以葬务托寄亭七叔,一诺无辞,至为可感。

(唐文治《茹经先生自订年谱·辛丑三十七岁》)

1902年(壬寅　清光绪二十八年)　38岁

1月2日(光绪二十七年十一月二十三日)　三子唐庆增生。

十一月,三子庆增生,字曰采生,号曰叔高。姊丈许君弼丞、友人王君沪生名开元来京,留住绍宅,相叙甚乐。

(唐文治《茹经先生自订年谱·辛丑三十七岁》)

止止频闻说吉祥,诗赓瓜瓞庆绵长。一门有喜含饴久,三索生男系易忙。难得读书佳子弟,相期砥行比圭璋。贻谋愧我无通德,徒剩青毡笥箧藏。

(唐受祺《十一月二十三日寅时,三孙生,名之曰庆增,补纪一律志喜》,见《浣花庐诗钞》卷二)

1月21日(光绪二十七年十二月十二日)　固山贝子衔镇国将军载振被任命为专使英国头等大臣,将于四月动身前往英国,参加5月间英国新君主爱惠之加冕典礼。

光绪二十七年十二月十二日,奉命派充专使英国头等大臣,致贺加冕。翼日有奉恩旨赏加贝子衔。窃念载振束发诵诗,未谙专对,叨承乔荫,得沐殊荣。此行固为典礼所关,亦藉以恢扩见闻,增长学识。感幸之余,弥深悚惕。当敬具折谢恩讫。

[载振著(唐文治代)《英轺日记》卷一]

按:爱惠通译爱德华,是维多利亚女王的长子,封嘉德骑士、威尔士亲王、切斯特伯爵、康沃尔公爵、罗特塞公爵、都柏林伯爵。1859年入牛津大学,是首位进入牛津大学的王储。1901年,60岁的爱德华登上王位,称爱德华七世。

1月31日(光绪二十七年十二月二十二日)　那桐奏保先生赏加四品衔,以主事遇缺即补。

那侍郎因赴日本劳绩,奏保文治,奉旨赏加四品衔,以主事遇缺即补。

(唐文治《茹经先生自订年谱·辛丑三十七岁》)

按:《那桐日记·那桐奏折存稿》收入那桐十二月二十二日所上奏折《为酌保随带出洋人员恩恩奖励恭折仰祈圣鉴事》,其中"外务部主事唐文治,拟请以本部员外郎,在任候补,并赏加四品衔"。

2月2日（光绪二十七年十二月二十四日）　载振呈递奏调人员折,先生作为三等参赞将随同载振出访。

　　二十四日,呈递奏调人员折,计调参议官二品衔记名简放直隶候补道梁诚,参赞官四品衔外务部员外郎即补郎中汪大燮,二品衔记名道杨来昭,二品衔候选道黄开甲,四品衔外务部主事即补员外郎唐文治,二品衔记名道陶大均,翻译官前北洋海军参赞扬勇巴图鲁吴应科,四品衔候选主事刘式训,五品衔候选县丞潘斯炽,凡九人。自后迭与各国驻京使臣拜晤往还,诸使雅重邦交,均有请赴本国游历之意。因拟俟英伦礼成后,自西徂东,由欧达美,由美返亚,庶得考验各国政治艺术,以为采风之助。

[载振著(唐文治代)《英轺日记》卷一]

　　是年五月,英国君主爱惠将于伦敦行加冕之礼。爱惠者,英女王维多利亚之子也。维多利亚卒,爱惠即位,逾年,行加冕礼。先期,外务部奏闻,奉旨派固山贝子衔镇国将军载振为专使大臣,赴英致贺。旋法、比、美、日本四国,均请载大臣前往游历。大臣,庆邸之长公子,为人开爽灵敏、干练有为,兼谦恭下士。庆邸询问外务部左丞瑞君鼎臣,孰可随往? 瑞君以汪大燮与余二人对。于是载大臣派梁君镇东名诚为参议,汪君伯唐名大燮为头等参赞,黄君子元名开甲、杨君朗轩名来昭为二等参赞,余与陶君杏南名大均、李君佑三名经楚为三等参赞,刘君紫升名式训、吴君盈之名应科、潘君剑云名斯炽为翻译。余遂偕同汪君伯唐谒见载大臣,并检点外务部紧要公牍,预备带往。时各国使馆均邀请叙会,酬应尤繁。

(唐文治《茹经先生自订年谱·壬寅三十八岁》)

　　亲爱的金登干:庆亲王的儿子,一位既大方又聪明的青年,现年二十六岁,将作为特使参加英王加冕典礼。他的汉文名是载振,是三等亲王,即贝勒。梁震东爵士作为他的随从总管陪同前往,贝勒将率领七八个其他官员和最多十个仆人,总共不超过二十人。据了解他们将在四月二十二日搭乘邮轮从上海启程,于五月二十五日抵伦敦。但我认为他们为了避免麻烦要绕道直布罗陀,因此无论如何在六月一日前不可能抵达伦敦。庆亲王亲自问我,你是否要作为使馆的名誉秘书参加特使的代表团。在这以后,他们又将赫承先的名字加了进去,因为,如果你有别的事情要料理,贝勒身边应另有一个可以替代你的第二个人。我相信政府将派遣一位外交部的人或一名陆军副官照料代表团。据我了解,使馆已告贝勒只有"三"人作为"国宾",这一点我不能理解,可能是在举行加冕典礼的仪式上只有"三"个人的席位,或者是只有"三人"将被邀请到王宫，或者政府只招待"三人"的旅馆费用。你在现场会知道的。刚收到你关于塞西尔旅馆住宿的电报。但现在大家都忙着过新年，我可能要过几天才能给你答复。至于仆人们，只给他们订仆人房间就可以了！随行官员们都是汉人，没有旗人，他们中有三人能讲英文，有一人在鸭绿江海战中是海军提督丁汝昌的副官。他们都是作为中国维新中的有用人员被挑选出来的。亲王向我解释说，名誉的意思是指尽义务，我只是答复说，对于在这种场合所做的工作应有适当表示。对此，亲王点了点头……忠实于你的赫德。

[《赫德致金登干（Z/921，北京，1902 年 2 月 9 日）》，见《中国海关密档 赫德、金登干函电汇编》（第七卷）]

按：上文中的赫德（Robert Hart），英国人，时任中国海关总税务司，赫承先为其子；金登干（James D.Campbell），爱尔兰人，时任中国海关驻伦敦代表；梁震东，即使团中的参议官梁诚，号镇东，亦作震东、振东。

2 月 14 日（正月初七日）　中国海关驻伦敦代表金登干致信中国海关总税务司赫德，告知为中国使团至伦敦而进行的有关准备事宜。

我亲爱的赫德爵士：我从塞西尔旅馆经理处获悉，政府已向各旅馆和私人住房为参加加冕典的国宾们预定了大部分房间，而塞西尔旅馆再次被选定为各殖民地总督和他们随行人员的下榻处。他说，我们来得正是时候，因为几天以后所有的房间都要分配给为数众多的申请人。现附上他的来信的抄件。在收到该信后，我已在本月八日给您发了电报。我想外交部可能在给亲王安排一套合适的住所，所以我觉得应该把您来电的内容私下告知柏蒂先生，我并要他向我提供了我想了解的情况。他指示圣迈克尔和圣乔治勋章持有者辛格先生（条约司的官员）于本月十二日前来与我会晤。会晤情况我已在当天电告您。辛格先生说：（一）他们已收到萨道义爵士电报，说亲王清楚地知道参加典礼的中国人员不能超过三人；（二）外交部已在威斯敏斯特宫旅馆为亲王订下了房间。经我向他解释我刚在塞西尔旅馆订好了亲王想要的一套房间后（因为梁诚知道这旅馆，并且在庆祝女王在位六十周年期间中国客人在那里感到很满意），他也认为作同上次同样的安排较好；关于亲王和他的随行人员在作为国王陛下的贵宾期间的结帐[账]方法，也按上次那样办理。提到上次庆祝活动期间发生的混乱情况时，他表示外交部希望一切安排都直接通过我来进行，并私下建议我向您发电报，要求中国外交部将三位中国客人加上我自己的姓名，按照先后次序，正式通过英国或中国使馆电告外交部。他又补充说，大部分国家早已通报了他们的特使和随行人员的姓名。在亲王抵达伦敦时，将派一辆皇家马车前往迎接。但是，由于国王不喜欢皇家马车在宴请贵宾以前在街上出现，因此还须像在上次庆祝活动时那样，给亲王和他的随从人员租用私人马车。您于四月初收到此信后，还有充分时间将需要什么马车等情况电告我，但是我希望不久就能收到关于我作各种安排的书面指示，物价大致和上次庆祝活动期间相同……非常忠实于您的金登干。

　　[《金登干致赫德(Z/1310,伦敦,1902 年 2 月 14 日)》,见《中国海关密档赫德、金登干函电汇编》(第七卷)]

　　2、3 月间(二月)　《中葡和好通商条约》改约议起。葡萄牙特使白朗谷(Branco)来华后,照会清政府外务部,提出"对面山及大小横琴为澳门属地,且系澳门生成之属地,而主权又经贵国立和约内认与",后又以葡萄牙并非《辛丑条约》签约国为由,提出葡萄牙商人及葡萄牙管辖下的澳门可以不受该条约限制,而应该继续执行先前所订税则,反对增加百分之五的进口税。对此,外务部官员"颇感棘手"。先生建议可援据公法进行交涉,最终使葡萄牙人未能达成目的。

　　二月,中葡界约议起。按照中葡旧约,有十年后修改之议,本年适值改约之期。葡使因去年新约赔款,关系中国整顿关税,实行值百抽五,而葡国因庚子年无损失,并未得有赔款。而葡商转受值百抽五之损失,故特来照会,声明须推广广东旧界,谓大孤、小孤等岛屿,系属于葡界岛内范围,应均划归葡国管辖。各堂与丞参因葡使藉端要求,词气强硬坚决,颇为棘手。余谓此事不难应付,按中国舆图,并无此岛属于彼岛之例,故十年前旧约,即系一定界限。如果彼此联属,则从前订约时,葡国何以绝无争论？现在自应遵守旧约,不必改。至值百抽五,各国一律,与分界毫无关涉,不得因此要求也。右丞瑞君鼎臣闻之大喜,立促余属稿照覆。越数日,瑞君闻使馆中人云,近来外务部办事,何以竟能强硬如此？葡使接照覆后,至气忿成疾矣。余谓瑞君,交涉事终须援据公法,准情酌理,不独对于弱国当然,对于强国亦宜如此。彼自无理,焉得不折服乎！

　　　　　　　　　　(唐文治《茹经先生自订年谱·壬寅三十八岁》)

　　按：上文中提及的"大孤、小孤",或即指大、小横琴岛。据黄庆华著《中葡关系史(1513—1999)》(中册)载,光绪二十七年十二月十四日(1902 年 1 月 23 日),葡萄牙特使白朗谷奉派来华后,向清政府递交国书。一个月后,他即照会外务部总理大臣庆亲王奕劻。照会中说："对面山及大小横琴为澳门属地,且系澳门生成之属地,而主权又经贵国立和约内认与。"对此,外务部在复照中明确指出："条约具在,彼此均宜遵守。今查阅来照所称各节,(较之和约规定)诸多增减改变,本部碍难照允。

如贵国无增减改变之意,但将澳门现实界址照约勘定,本部当咨行两广总督,派员
会同贵国所派人员妥商办理,以敦睦谊,而昭信守。"为了成功地向中国索取所谓澳
门属地,明确葡萄牙对澳门及其属地的领土主权,白朗谷还秉承本国政府的旨意,
以不接受增加进口关税作为筹码,借口葡萄牙并非《辛丑条约》签约国,葡萄牙商人
及葡萄牙管辖下的澳门可以不受该条约限制,而应该继续执行先前所订税则,反对
增加百分之五的进口税。至光绪二十八年九月十四日(1902 年 10 月 15 日),中葡
双方代表议订《增改条款》(九款),结束了长达数月的中葡修订商约的谈判。《增改
条款》的第二款云:"所有西历一千九百零一年九月初七日在北京所立议定条款内
第六款所定加增入口之税则,大西洋国均允行遵照办理。"此次白朗谷出使中国,
"除了在公使团那里为葡萄牙人争得了部分'庚子赔款',以及在同意执行新税则、
准中国在澳门设立分关的条件下获取了修筑广澳铁路的利权,而在澳门划界、扩大
'属澳之地'等'重大问题'方面,则是一无所获"。

4 月 11 日(三月初四日)　先生等随同载振离京启程。当晚抵天津,登招商局
"安平"轮船。

三月初四日,恭赍国书,率同参议官梁诚、参赞官汪大燮等,至正阳门东火
车栈启行。车马骈阗,送者萃集,醇邸暨那侍郎桐深致殷勤。问途已经获益非
尠。英使萨道义、日本使内田康哉均登车话别……申正,抵天津,英领事威金
生来见。酉正,抵塘沽,登招商局"安平"轮船……

[载振著(唐文治代)《英轺日记》卷一]

三月初四日,随同载大臣启行。是日,适吾父生辰也。是晚抵天津,登招
商局"平安"[安平]轮船……

(唐文治《茹经先生自订年谱·壬寅三十八岁》)

4 月 12 日(三月初五日)　寅初开轮,卯初至大沽口。[据载振著(唐文治代)《英轺
日记》卷一]

4 月 13 日(三月初六日)　未刻,过黑水洋。[据载振著(唐文治代)《英轺日记》
卷一]

4 月 14 日(三月初七日)　抵上海,先生与多位亲友聚晤。

(三月)初七日卯刻,过蛇山……巳刻,抵吴淞港……旋即停轮。上海道袁
树勋等来见,副总税务司斐式楷放海关开办巡轮来迓,并称英兵预备在英工部
局码头排队迎接。爰于申初易坐小轮登岸。工部尚书吕海寰、工部侍郎盛宣怀
在彩棚跪请圣安。礼毕,即赴斜桥之洋务局驻节,接见在沪各官及在沪绅商。

[载振著(唐文治代)《英轺日记》卷一]

抵上海,住斜桥洋务局。表姊丈俞君隶云、表弟毛君艾生及各亲友均来接见,相叙尤欢。旋寄亭叔亦来,余请其赴京陪侍吾父,并校刻家谱先集,叔慨然应允。

(唐文治《茹经先生自订年谱·壬寅三十八岁》)

按:上文云"旋寄亭叔亦来,余请其赴京陪侍吾父,并校刻家谱先集,叔慨然应允",据先生《七叔寄亭公家传》(见《茹经堂文集初编》卷五)载:"壬寅二月,家君函促公(按:指寄亭公)至京,叙手足之谊,时侨居马佳氏愚园中,情话拳拳,其乐无极",表明寄亭公不久之后确实是到了北京。

4月15日(三月初八日) 载振等在沪会见各国驻沪领事及在沪各官。

(三月)初八日,英国领事班得瑞、副领事慈必佑来见,并称其总领事霍毕兰抱病,未克躬诣行辕,深致歉仄。是时,各国驻沪领事:法国巨籁达、德国克纳贝、俄国阔雷明、美国古纳、日本岩崎三雄、丹国厉克司密甫、比国薛福德、义国聂腊济尼、奥国柯次辣、葡国濮琚,沪关税司好博逊,副税司李蔚良、博禄多,造册税司戴乐尔、夏立士,洋文税司义理迩,汉文税司威礼士,均先后来见。江汉关税司贺璧理因随办商约在沪,日本陆军马兵少佐今井直治、通译八等过镫太郎,亦俱随班来见。竟日周旋,颇形槜檿。戌刻,吕尚书、盛侍郎暨在沪各官公宴于味莼园,奏西乐以侑酒,英国议商约使臣马凯并各领事等均在座,中西共三十余人。

[载振著(唐文治代)《英轺日记》卷一]

4月16日(三月初九日) 载振等在沪会见英国提督等人。

(三月)初九日,英国提督杰美斯、何乐章,美国提督黎富思,法国驻华陆军总统凡勒脱等先后来谒。午刻,英领事班德瑞请宴于领事署,特派炮队护送。迨抵署时,又遣步队迎接。笃念邦交,意殊周至。申刻,江苏巡抚恩寿以阅兵过沪,诣行次跪请圣安。

[载振著(唐文治代)《英轺日记》卷一]

4月17日(三月初十日) 载振等在沪会见日本商约大臣等人。

(三月)初十日,日本议商约大臣日置益、小田切万寿之助来谒。申刻,赴各处洋行,略一游览。晚赴英国议商约大臣马凯之宴,在座约五十余人。

[载振著(唐文治代)《英轺日记》卷一]

4月18日(三月十一日) 载振等在沪赴副总税务司斐式楷茶会,又赴日本正金银行长锋郎之宴。

(三月)十一日申刻,赴副总税务司斐式楷茶会,中西男女宾客约百余人。

戌刻,赴日本正金银行长锋郎之宴,日本议约官日置益、小田切万寿之助均在座。酒半,小田切举杯称颂词,意颇殷。当答以中日系同洲同文之国,交谊益加亲睦。此次本爵大臣奉皇太后、皇上简命,俟赴英国贺加冕礼成后,即当赴贵国通问,顺便考验一切云云。

[载振著(唐文治代)《英轺日记》卷一]

4 月 19 日(三月十二日) 午初,赴英国兵官司达雷阅操之约。未刻,沪上绅商公宴于澄衷学堂。[据载振著(唐文治代)《英轺日记》卷一]

4 月 20 日(三月十三日) 未刻,至高昌庙阅机械局,总办毛庆蕃导引周阅。凡为厂四:曰枪厂,曰炮厂,曰生铁厂,曰熟铁厂。[据载振著(唐文治代)《英轺日记》卷一]

4 月 21 日(三月十四日) 登礐角公司"班哥而"号轮。

(三月)十四日辰刻,拜发陈报放洋日期一折,并钞稿咨外务部。申初三刻,率参随各员由洋务局启行……申正,抵马头。吕尚书、盛侍郎、恩中丞暨英使马凯、新任总领事满思斐、英驻沪总统兵官、日本议约官小田切等,均在海关码头相送。裴副总税司仍备开办巡船,送至吴淞,南北洋海军各轮俱声炮致送。申正三刻,登礐角公司船,名"班哥而"。

[载振著(唐文治代)《英轺日记》卷一]

4 月 22 日(三月十五日) 卯刻,出吴淞口南。午刻,抵浙江洋面。[据载振著(唐文治代)《英轺日记》卷一]

4 月 23 日(三月十六日) 早,过石浦海面。[据载振著(唐文治代)《英轺日记》卷一]

4 月 24 日(三月十七日) 出闽海,入粤海,过南澳镇之南。[据载振著(唐文治代)《英轺日记》卷一]

4 月 25 日(三月十八日) 抵达香港。

三月十八日巳初刻,抵香港埠。发外务部电一件。港督派中军来迎,并请午餐。午正,率同参议官梁诚、参赞官黄开甲乘港督所派小轮登岸,赴将军公馆之宴。盖正任港督请假回国,摄篆者为将军格思可言也。将军迎于大门外,与行握手礼,偕入正厅,见其夫人、英驻防副将之夫人暨英远东水师提督、水师左右翼长、水师司令官、陆军司令官、汉文参赞、汇丰总行总办、警察署总办、华民政务司,均以次行鞠躬礼。未初入席……申初,举盏兴辞……申正,赴华商公所茶会,接见商董首事,道员冯华川、谭乾初、温灏,中书陈始昌,知府廖维杰等。

[载振著(唐文治代)《英轺日记》卷二]

十八日抵香港。港地倚山为庐，分上、中、下三环，遥望之，经纬井然不紊。爰悟古人量地制邑之法，大抵如此，益信古人造"理"字之精：盖细者为治玉，大者为制里也。

（唐文治《茹经先生自订年谱·壬寅三十八岁》）

4月26日（三月十九日） 载振等人阅英人兵船。

（三月十九日）辰正三刻，英驻沪水师提督裴理治、副提督格伦非来拜。巳正三刻，英署督格思可言来答拜。寒暄数语，并谢昨日之宴。午初，裴理治遣小轮请阅兵船，因率梁诚、汪大燮、杨来昭、黄开甲、吴应科往焉。登舟，奏乐，船主史阁忒带见各官兵如申仪。

[载振著（唐文治代）《英轺日记》卷二]

4月27日（三月二十日） 经琼州海峡。[据载振著（唐文治代）《英轺日记》卷二]

4月28日（三月二十一日） 经越南海。[据《英轺日记（代载振作）》卷二]

4月29日（三月二十二日） 经西贡（今越南胡志明市）港口。[据载振著（唐文治代）《英轺日记》卷二]

4月30日（三月二十三日） 过柬埔寨角之外海。[据载振著（唐文治代）《英轺日记》卷二]

5月1日（三月二十四日） 抵新加坡。是日，新加坡华商佘勉然请赴其花园游览，先生作《新加坡佘氏花园（一名蔚园）六咏》。[据载振著（唐文治代）《英轺日记》卷二]

二十四日辰正，舟抵新嘉坡，泊公司码头……先是，舟抵香港，得上海道袁树勋来电，称"驻坡代理领事吴世奇电禀坡督，预订设宴款待，请电覆"等语，余复电诺之。至是，吴世奇并新派领事凤仪以小轮来迎，且称众商备行台于振裕园，请往少憩。巳刻，遂率参、随、翻译各员至官码头登岸。英兵排队奏乐以迎，应接如礼。登车莅行台，接见粤省所派保商委员吴桐林并绅商李清栅等。众商呈颂词二，颇极藻饰，爰告以国家深仁厚泽，二百数十年，声教所讫，莫不尊亲。矧方今皇太后、皇上轸念海外侨黎，屡颁温谕。若辈宜矢志忠贞，遇事力图报效，毋忘厚恩，是所切望。诸商佥唯唯。午正，遂赴督署拜晤……坡督史惠忒南迓于门，握手偕入。其中军参赞及法领事介史惠通名谒见，坐谭片刻。史谓："中国大局粗定，以目前情形而论，五年之内，可保无事。然必及此闲暇，明政刑，讲义理，修武备，始足为长治久安计。深望中国及早振兴，庶使列邦刮目相视。中英方睦，敢为肺腑之谈，辛恕唐突。"余谨谢昌言，告以"此次莅英，即拟考求贵国政治、学术，且游法美诸国，咨询咨度，以备国家采择，有所则效"。史题之。少顷，就宴，马来王披而阿来同席。史告余，此君居毕喇，明日登舟同行，至英贺加冕。联座移时。席散，辞归行台。

［载振著（唐文治代）《英轺日记》卷二］

抵新加坡，华侨欢迎者甚众，夹道欢呼，具征吾民爱国之切。有马来隅王亦登舟，其妃妾、臣官均来送行，衣服、礼制特殊。

（唐文治《茹经先生自订年谱·壬寅三十八岁》）

5 月 2 日（三月二十五日）　离开新加坡。

二十五日辰初，坡督来答拜送行，领事吴世奇、凤仪，华商佘勉然等皆麇集，分别款劳。辰正，解维。坡督及领事、商董犹立河干。余再三辞却，久之，始退。

［载振著（唐文治代）《英轺日记》卷二］

5 月 3 日（三月二十六日）　午刻，舟抵马来西亚之槟榔屿。［据载振著（唐文治代）《英轺日记》卷二］先生作《二十六日抵槟榔屿，有巫来由王附舟同行，观其容貌礼节，迥异寻常，纪之以诗，聊当采风之助》。

蓬头赤足恣婆娑，异俗何缘事礼多。漫笑君王惟守黑，得师能自学暹罗（近暹罗君许勒龙冈，励精图治，游历诸国，巫王竭力救［效］之）。

尉佗磊落久称王，绵蕞威仪未敢忘。放踵果然如墨氏，满朝鼻观尽生香（诸官登舟送行，握手跪安，并嗅王足，亦云异矣）。

粉黛不施施黝墨，六宫面具掩蛾眉。不将真相教人见，自转秋波怨别离（官妃送者，衣或青或红，间以杂色，俱如斗篷，面貌深藏，只露两目）。

国名竟是没来由（巫来由一名马来隅，论六书谐声之例，应作没来由），族类朋兴跨亚洲（种类占地甚多）。太息中原正多故，不如海外访鬐虬。

（唐文治《二十六日抵槟榔屿，有巫来由王附舟同行，观其容貌礼节，迥异寻常，纪之以诗，聊当采风之助》，见《国专校友会集刊》）

5 月 4 日（三月二十七日）　舟过马来新埠。［据载振著（唐文治代）《英轺日记》卷二］

5 月 5—7 日（三月二十八—三十日）　舟行印度大洋，颇为颠簸，人困惫。（据载振著（唐文治代）《英轺日记》卷二）

5 月 8 日（四月初一日）　辰刻，舟抵锡兰岛（即今之斯里兰卡）之格仑埠（今译科伦坡，斯里兰卡首都）。至是，改坐奥"士地利亚"轮船。先生作《格仑坡听涛》一首。

四月初一日辰刻，舟抵锡兰岛之格仑埠……已刻，下碇。知英驻格仑长官已归国庆贺，其代理者亦以出巡离埠。余率参、随乘公司小轮登陆，坐马车至英官署投一刺……酉初,易坐奥士地利亚轮船,班哥尔船主来谒别……

[载振著(唐文治代)《英轺日记》卷三]

四月朔,抵锡兰岛之格仑埠。至海滨客馆午餐,清风徐来,与波涛声相赠答。相传为文殊降生地,其俗佞佛,其地产贝叶经,余购数页携归。(下略)

(唐文治《茹经先生自订年谱·壬寅三十八岁》)

格仑坡迥未称高,揽辔登临兴极豪。漫说钱塘风景好,此涛何似曲江涛。

(唐文治《格仑坡听涛》,见《国专校友会集刊》)

5月9日(四月初二日) 辰刻解维,舟西行过印度可么邻角(今译科摩林角)。[据载振著(唐文治代)《英轺日记》卷三]

5月10日(四月初三日) 舟西北行。[据载振著(唐文治代)《英轺日记》卷三]先生作《四月初三夜雨思亲二首》。

客行已是乱愁生,况复凄其听雨声。今夜高堂知健饭,梦魂乍越海千程。

故园种遍竹千竿,飞出文禽刷羽翰。博得老人开口笑,天涯游子总平安。

(唐文治《四月初三夜雨思亲二首》,见《国专校友会集刊》)

5月11日(四月初四日) 舟仍行印度洋,风大,簸甚。[据载振著(唐文治代)《英轺日记》卷三]先生作《有所思》四首。

四月四日危坐楼船,白浪掀天,碧波无际,言念驱征,适经蟾度,搴新丝于杨柳,万缕柔牵;聆绝调于胡笳,一声唱彻。爰仿平子,作《四思诗》,质之风人,或有取其悱恻之旨云尔。

极目洪波有所思,九重阊阖欲陈词。玉关羌笛声声怨,太息灵修浩荡时。

极目洪波有所思,离忧再赋北山词。天青海碧无穷处,回首临歧绕膝时。

极目洪波有所思,绵绵远道葛藟词。归期应向庭前数,记取茱萸插遍时。

极目洪波有所思,桃花潭水故人词。赤鱼不达千重海,红豆江南未寄时。

(唐文治《有所思》,见《国专校友会集刊》)

5月13日(四月初六日) 未刻,舟经索克特剌岛(今译苏克特拉岛)北。戌刻,至岛西尽处。[据载振著(唐文治代)《英轺日记》卷三]

5月14日(四月初七日) 午刻,望见舟左有山,已入瓜达夫伊角(今译瓜达富伊角)。[据载振著(唐文治代)《英轺日记》卷三]

5月15日(四月初八日) 卯刻,舟抵阿丁湾(今译亚丁湾)。[据《英轺日记(代载振作)》卷三]

5月16日(四月初九日) 舟行红海。[据载振著(唐文治代)《英轺日记》卷三]经红海时,先生曾与诸友相与促膝谈千古烈女事。

光绪二十八年春，文治偕观察使陶君大均随使英伦。舟行红海，炎熇已甚。诸友相与促膝谈千古烈女事，莫不敛束起敬。陶君忽悚然而进曰：诸君言烈女，均益伤心吾仲母之烈矣……

　　　　　　　　　（唐文治《陶母金夫人传》，见《茹经堂文集二编》卷六）

5 月 17 日(四月初十日)　舟行红海，经阿剌伯(今译阿拉伯)麦加城。[据载振著(唐文治代)《英轺日记》卷三]

5 月 18 日(四月十一日)　过红海，入埃及境北。[据载振著(唐文治代)《英轺日记》卷三]

5 月 19 日(四月十二日)　巳正，舟抵苏彝上(今译苏伊士)河口。[据载振著(唐文治代)《英轺日记》卷三]

5 月 20 日(四月十三日)　寅正，舟出苏彝士河北口，抵波赛(今译赛得港)，暂泊。辰正起碇开行，进地中海。[据载振著(唐文治代)《英轺日记》卷三]

5 月 21 日(四月十四日)　舟行地中海，入希腊境。亥初，舟上开舞会，船主请往一观，先生作《跳舞曲》。

十四日，舟行地中海，入希腊境……亥初刻，同舟为跳舞会，船主请往一观。

　　　　　　　　　　　　　[载振著(唐文治代)《英轺日记》卷三]

四月十四夜，同舟为跳舞会，男女杂沓，笑语喧阗。予设酒点饷之。舞竟，各致谢而退。爰作曼歌，抒写斯乐，水仙闻之，当为一笑。

地中海水混空茫，云谲波诡冯夷狂。中有鲛人奏雅乐，绿水幺凤红霓裳。霓裳新谱阳阿曲，坐中窈窕颜如玉。变幻离奇顷刻间，土伯矕矕山鬼伏。碧衣赤帻何纷纭，披发黝面兼文身(印度人涂面以蓝，赤衣杂绿，跳跃而出，仿佛山鬼)。巨灵高掌拊颎顶，乌蛮呐叱来群神。须臾海市琼楼起，斗叉执戟明光里(装海神者，披发各执刀叉)。但知山海绘奇形，畴识婵娟是罗绮(有男装女者，有女装男者，纷纷莫辨)。芳菲旧制芰荷衣，璀璨芙蓉五色绯。何似洛阳争纸贵，七襄神女织支矶(一西女以新闻纸为衣，折叠无缝，飘飘若仙)。更看彼美乔装束，如火如荼五铢服。蹴鞠弹棋宝相装，银钩金勺参双陆(一西女收集玩具，群附于衣，如棋子、纸牌、钓箸、水勺、球圈之类，无不备)。星河耿耿夜迢迢，王母嬉春降碧霄。一霎惊鸿身外影，两行飞燕掌中娇。枯枝舞，莲花舞，秾纤合拍群芳谱。嫚㛛无力尽相扶，一波三折莺声吐。流水舞，回风舞，不鸣钲铎不闻鼓。海上神山半夜琴，翻手为云覆手雨。俄进鸾环凤翔舞，硕人有力原如虎。一曲虞兮怨美人，霸王毕竟成伧楚(一西女与西人之装鬼相者同舞，颇自得也)。倏成蛱蝶舞，鸳鸯舞，平地珊瑚交玉树。同心双绾我与汝，郎情莫为他人蛊。楚楚蛮腰剧可怜，玉钗摇落颤花钿(遗簪堕钗，零落不绝)。回头一笑秋波转，此境由来便属仙。夜深翠袖生寒否，玉液金波香满口(舞阑，随聚饭)。沧海相逢未醉时，散花描出掺掺手。韫椟题名甲乙高，锱流色相压金貂(舞罢评甲乙，以公举之多者为胜，有西女装尼姑服者为第一)。好将别鹄离鸾怨，化作杨枝法雨消(装尼姑者为一寡妇，其父死于特兰法得耳之战，公举之，所以哀其志也)。吾闻乡傩本古义(跳舞要即中国古乡傩之意)，况是搜神尚瑰异。天道弛张不可知，但愿人间无恨事。

(唐文治《跳舞曲》，见《国专校友会集刊》)

5 月 22 日(四月十五日) 　舟行地中海。[据载振著(唐文治代)《英轺日记》卷三]

5 月 23 日(四月十六日) 　舟行地中海意大利境。[据载振著(唐文治代)《英轺日记》卷三]

5 月 24 日(四月十七日) 　舟行地中海。[据载振著(唐文治代)《英轺日记》卷三]

5 月 25 日(四月十八日) 　抵法国马赛。

　　四月十八日巳刻。舟抵马赛，驻法使臣裕庚迎于码头。遂登岸，至罗马大客店。裕庚跪请圣安。礼毕，发外务部电一件。

[载振著(唐文治代)《英轺日记》卷四]

5 月 26 日(四月十九日) 　驻法使臣裕庚请至科尼斯(指马赛的滨海大道)一游。[据载振著(唐文治代)《英轺日记》卷四]

5 月 27 日(四月二十日) 　未正，法国马赛提督知府以私觌礼来见，交谈数刻，辞去。[据载振著(唐文治代)《英轺日记》卷四]本日日记中考欧洲列国关系。

　　余因考欧罗巴全洲之境，为民三万二千万，为方里者一千三百万，列国十数。其古昔离合分并之迹见于史乘者，不可胜纪。至于今大小异形，强弱异势，风土异宜，而猜忌仇怨之心由此生焉。然而有一善政，则列国环而效之；有一善教，则举洲随而趋之。非特疆理之遥、山川之险不足以为限也。即其猜忌之心、仇怨之迹亦有时泯焉若忘，相师相效，惟日不足。约而言之，如历法也、学堂也、兵制也、轮船也、铁路也、银行也、商务也、邮政也，皆其同焉者也。然之数端者，历法纪年始于罗马，学堂程课、铁路置轨始于英吉利，汽船行海、舟师出征始于美利坚，银行规制始于荷兰，航海通商始于葡萄牙，邮递印票始于法兰西，一国为之倡，而各国相继效法，精益求精。甚至水火工虞、声光电化，凡一事一物之细，其始皆一人一家之言，而群相推演，万国同风，期于著为令甲、见诸行事而止，无有彼此畛域之界，更无有猜忌仇怨之情。又试近而征之，若各国权度之制，亦至不同也。乃今至于法境，考其度量之数，知法度起于一迈当，实合地球圆周四千万分之一。其量法、衡法，均生于度，创行于西历一千七百九十五年。奥、义、荷、比、西、葡、瑞、脑、希腊、土耳其诸国，固已舍己相从，英之议员，亦有欲据以改英权度者。而德、法世仇，亦能循用勿替，从善如流如此。余尝渊渊夜思，推究其所以然之故，彼诸国之深心，岂真能泯猜忌、忘仇怨？盖其所以伸仇怨、消猜忌者，非此无繇。孟子曰："不耻不若人，何若人有？"诚使人人有耻不若人之心，则所谓仇怨猜忌者，皆粗迹耳，细故耳，不以为扞格之媒，反藉为攻错之助。其学艺之精进，胥原于此。余因德、法嫌隙之深，教化之同，于以知群雄并峙，所以相持于不散者，盖非无故也。

〔载振著（唐文治代）《英轺日记》卷四〕

5 月 28 日（四月二十一日）　由马赛起程。驻法使臣裕庚送于车站。〔据《英轺日记（代载振作）》卷四〕本日日记中考中国丝业由盛转衰原因。

考吾华丝业昔盛今衰，推究其原，由于蚕种受病。囊时，卵纸归于浙之余姚、新昌，收取蚕卵，颇有薪传。其后余杭等处亦以卵纸争相求售，辨种无法，其价特廉。于是余杭卵纸盛行，而蚕丝日坏。盖蚕病有二：其一为黄瘟，人所易见；其一谓之椒末瘟，目力难察，而传染甚捷。凡蚕既受此病，其所产之卵皆带此病，眠起如常，而出丝脆薄。西人每于收种之际，将雌蛾焙干研末，以四百倍显微镜视之，中有黑点如椒末者，皆弃其卵。故蚕种精，食叶与病蚕同，而茧特肥厚。今日本蚕桑之学考求甚精，而华民不求甚解，自削利源，非官绅提倡，加意讲求，考橡茧之《图经》，补齐民之《要术》，窃恐红女投机，充人失业，未始非财政之忧也。

〔载振著（唐文治代）《英轺日记》卷四〕

5 月 29 日（四月二十二日）　抵达英国东南港口，复登英君派来之宫用火车抵伦敦。抵英国后，先生得遇故友陈懋鼎。

二十二日辰初，车经罗恩河之西，过里昂；又北，过马康；又东北行，过的仍；又西北行，逾塞纳河，过美伦。午正，抵法京巴黎。车停片刻，易机车，经波威、亚眠、亚贝、威勒、补罗义等处。申初刻，抵法境西北海口，地名加来埠……总税务司赫德之子赫承先至车栈相迓，遂偕登都华小轮渡海。酉初刻，抵英东南海口。英外部大臣参赞费乃奉英君谕来迓，洋员金登干、马嘉利及驻英出使大臣张德彝，参赞陈懋鼎、陈贻范来谒，都华巡抚毛尔亦至舟中谒见，宣词作颂，大致谓"中英订约垂六十年，两国商务日见振兴。兹蒙中朝派近支致贺加冕典礼，足征邦交辑睦。惟望此次幨帷暂驻，将敝国政治、文化存记在胸，以备日后回国有所采择"云云。当命参议官梁诚译词对答,略谓"此次初至贵邦,蒙贵国君主遣员远迓,不胜感谢。本届贵国君主举行加冕大典,我中国皇太后、皇上良深忻悦,是以特简本爵大臣专使致贺,以表邦交亲密之据。贵国文明制度,本爵大臣曾于书中习见、耳中习闻,夙深嘉佩。深愿此次逐一亲历目验,随时默识不忘,冀于中国有裨"等语。爰即登岸,复登英君派来之官用火车,戌刻抵英京。英君复遣礼官可耳费而迎于车栈,酬答数语,礼官请登官车,赴昔赛而客店。张德彝已先在客店祗候,跪请圣安。礼成后,礼官辞去。接见使馆各参、随等,询知前任罗星使因病交卸,张星使系于本月十八日抵英接任云。

[载振著(唐文治代)《英轺日记》卷四]

四月廿二日,抵英京。英皇派专员偕中国公使张德彝等来接,住昔赛而客店。

(唐文治《茹经先生自订年谱·壬寅三十八岁》)

我亲爱的赫德爵士:续我的 Z/1325 号函。兰斯档勋爵的私人秘书维尔奈先生同我一起前往多佛,马格里爵士和两名公使馆的中国人也乘我们的下一班火车来到。在多佛,我见到市长并商定安排。我们在码头上等候的时候,维尔奈先生接到柏蒂先生的一封电报,指示他以国王和兰斯档勋爵的名义欢迎贝勒。当他念电报时,马格里正站在他旁边,马格里提出是否应由他将维尔奈先生引见给贝勒。我不慌不忙地说,作为代表团的英籍秘书,一切安排都由我负责,应该首先向贝勒引见维尔奈先生:我将把他作为派来代表国王欢迎贝勒的兰斯档勋爵的私人秘书介绍给梁诚爵士,然后由震东爵士把他引见给亲王。维尔奈先生表示同意。我是在维尔奈先生之后被引见的,然后是马格里(后来同辛格先生提及此事时,他说我做得很恰当)。市长在贵宾车厢内对贝勒表示欢迎,然后和他手下的人回到月台上,在观众的欢呼声中给贝勒送行。贝勒、梁诚、维尔奈和我坐在皇家客厅式车厢的四个中间席位,马格里、赫承先和中国使馆的两位秘书坐在车厢两头的席位。车到维多利亚车站时,客厅式车厢从列车上脱下钩来,被拉到另一个月台,这个月台是被拦起来的,漫着红布。在月台上,穿了全套制服的国主的典礼官威廉·柯尔维尔爵士正在恭候贝勒。他向贝勒致了几句欢迎辞后,陪同贝勒在夹道的群众中间走进王室的候车室,随后同贝勒、梁诚和维尔奈先生一同坐上皇家马车。抵达塞西尔旅馆后,科尔维尔爵士同维尔奈先生向贝勒告别,贝勒前往他的套间。新上任的中国公使张大人已在那里等候着,然后他们私人之间行礼如仪。贝勒看来非常高兴,向我表示感谢,要我给您发电,说他已平安抵达,在加来和多佛分别

受到赫承先和我的迎接,一切安排满意。他本人也将在明天给他父亲发电报……非常忠实于您的金登干

　　[《金登干致赫德(Z/1326,伦敦,1902 年 6 月 6 日)》,见《中国海关密档 赫德、金登干函电汇编》(第七卷)]

　　壬寅,余随使英伦,征宇适随张德彝(号载初)星使驻英国,充当参赞。彼此握手纵谭,几忘旅居他国也。

　　　　　　　　　(唐文治《陈君徵宇诗集序》,见《茹经堂文集五编》卷五)

5 月 30 日(四月二十三日)　发外务部电,报到英日期,请代奏。午后,拟致函英外部,订期会晤。英外部大臣澜斯登遣参赞费乃持简来拜,因亦持简答之。总税务司前书记官贾尔爱来见。[据载振著(唐文治代)《英轺日记》卷四]本日日记中考英国概况。

　　考英国为欧洲极偏西地,本二岛,英伦、苏格兰一岛在东,阿尔兰一岛在西南。英、苏古为二国,明万历间始合为一,仍沿二岛旧名。世称英国三岛,职是之故。其地形南北长,东西狭。英、苏一岛为方里者七十四万三千八百有奇,阿尔兰岛为方里者二十七万二千九百五十有奇。英伦共分五十二部。东方六部,其首都曰迷德勒塞,首邑即伦敦也。南方十部,北方六部,中央十八部。其西偏曰威勒士,分十二部,旧自立国,其土语亦与英伦稍异。总计户口约二千九百万有奇。苏格兰分三十三部,南方十二部,中央八部,北方十二部,其土语与南方稍异。总计户口约三百九十万有奇。阿尔兰分三十二部,东方十二部,西方五部,南方六部,北方九部。总计户口约五百万有奇。通国都为一百十七部,部长皆由民间公举,并无岁俸云。

　　　　　　　　　　　　[载振著(唐文治代)《英轺日记》卷四]

5 月 31 日(四月二十四日)　拜发《恭报抵英日期折》,交邮船寄外务部代递。驻英参赞曾兆锟来言,英主将于 6 月 2 日见载振及张德彝。[据载振著(唐文治代)《英轺日记》卷四]

6 月 1 日(四月二十五日)　英外部遣参赞费乃来言,英主定于明日午刻接见,呈递国书。[据载振著(唐文治代)《英轺日记》卷四]

6 月 2 日(四月二十六日)　载振向英国国王呈递国书。

　　二十六日午初刻,英礼官公服,偕外部参赞率宫车来寓相迓。因率同参议梁诚、参赞汪大燮至英辛占尔士宫……礼官导余入,参议梁诚等捧国书随余行。英主立待,去门仅咫尺。余入门,行鞠躬礼。英主答礼。彼此述颂词、答词。余遂呈递国书,敬谨宣布皇太后、皇上德音,致意存问。英主亲手捧受,喜

形于色,致谢中朝遣使厚意,旋握手成礼……余归,发电恭报呈递国书期,请外务部代奏。

[载振著(唐文治代)《英轺日记》卷四]

中国皇帝函件的译文,已由华特罗公司印出,非常漂亮,现在只需要准备和预先译好贝勒在递呈国书时的简短致词了……随同贝勒一起被引见国王的,只有梁诚一人。据梁诚告我,国王非常仁慈,讲话和善。在整个王宫接见会期间,贝勒和梁诚一直和王室在一起,而没有和外交人士在一起。

[《金登干致赫德(Z/1326,伦敦,1902 年 6 月 6 日)》,见《中国海关密档 赫德、金登干函电汇编》(第七卷)]

6 月 3 日(四月二十七日) 拟《奏报呈递国书日期折稿》。下午,载振挈参议梁诚等往泊锡花园一游。[据载振著(唐文治代)《英轺日记》卷四]

6 月 4 日(四月二十八日) 下午拜会英国王子翘耳治(今译乔治)。

二十八日,拜发昨日所拟折件……下午,往拜英王子翘耳治。王子言:"前日于宫中往见颜色,以时方侍朝,未遑倾盖,辱承先施,殊为欣感。"又谓:"去岁欣闻皇太后、皇上在西安报大安,知圣体康强,远人甚为愉怿。"又询余年几何,并谓:"当此盛年,正宜考求政治,以备设施。"又以英近时气候颇寒,询余起居。余一一答谢,寒暄数语而别。随往答拜沙侯,不值。

[载振著(唐文治代)《英轺日记》卷四]

6 月 5 日(四月二十九日) 往拜英国各大臣。因英君加冕日期临近,各院部大臣事务冗繁,故载振"循例到门投刺而归"。[据载振著(唐文治代)《英轺日记》卷四]

6 月 6 日(五月初一日) 载振等人晨起拜客,午正归。[据载振著(唐文治代)《英轺日记》卷五]本日日记中考英国学校之盛。

考英国学校之盛,实在近今三十年间。闻一千八百九十七年时,其全国有大学堂六十七所,中小学堂三万一千五百三十九所,共教习十四万五千六百二员,大学生三万三千五百五十九人,中小学生五百五十五万八百二人。是年官学费英金九百七十三万三千四百二十三磅。盖惟大学堂经费官钱为多,中小学堂生徒每岁每名国家只给一磅三仙令以畀教习,其不敷者,议院由房税项下酌量提拨。生徒早出晚归,饮馔取给于家。童子满三岁,即有入塾者。若至七岁不入塾,罪其父母。故七龄童子,无男女未有不读书者。贫民谋生,例候十岁以后。是以举国无不识字之人。余求其全国学校表不可得,仅得上年伦敦学校简表一册。一隅之地,共有学堂四百九十八所。以伦敦四隅坊巷编次,各注其创始年月,并总董及男女总教习姓名。计其生徒共五十七万九千有奇,普通学居其八九。盖贫民力有不逮，仅学普通，亦足谋生也。此外别有蒙师学堂十二所，其士台伯乃一所，创于西历一千八百八十五年。自此阅岁递增，只有此数。是英之讲求师范，又在近今十八年之内矣。又有聋学堂十八所，容生徒六百七十余人；瞎学堂十所，容生徒二百余人；残疾学堂三所，容生徒百余人；脑病学堂五十七所，容生徒二千六百四十一人。又有工艺学堂若干所，从一千八百七十一年迄于上年，三十年中，共收生徒三万八十四名，已离堂者二万六千一百三十九名，现尚在堂肄业者三千九百四十五名，宜其近数十年来，制造之盛，远逾前代矣。至于烹调、洗浣、操作及寻常手艺，皆别有学堂以教之。今欧洲各国，未尝不以英为法也。

[载振著（唐文治代）《英轺日记》卷五]

6 月 7 日（五月初二日） 载振率参议梁诚、参赞汪大燮乘火车至英女王维多利亚墓。西礼，至墓前一鞠躬，览一周而退。[据载振著（唐文治代）《英轺日记》卷五]

6 月 8 日（五月初三日） 在寓，阅英史乘诸书。

初三日，在寓，阅英史乘诸书。案：英吉利古系土番部落，汉时为罗马所据。齐时，罗马军退，遂有北狄、苏格二部居之。厥后，英人攻克北狄、苏格，并其全土，爰立国号。稽其世系，共分八朝，曰萨索尼、曰诺尔曼、曰北蓝大日奈、曰兰加斯得、曰约克、曰都铎尔、曰斯丢亚尔的、曰宇仑瑞克。萨索尼朝君，曰伯勒瓦尔七王、曰以格伯、以惕无、以惕保、以惕伯、以惕勒、亚弗勒、曰义德瓦第一、梯亚斯丹、以德门第一、以德勒、以特维、以特加、义德瓦第二、以惕勒第二、以德门第二、曰加纽的哈罗德第一、哈的加纽、曰义德瓦第三、哈罗得第二，是为萨索尼中兴之世。诺尔曼朝君，曰维廉第一、第二，显理第一，士提反。北蓝大日奈朝君，曰显理第二，理查第一，约翰，显理第三，意德华第一、第二、第三，理查第二。兰加斯得朝君，曰显理第四、第五、第六。约克朝君，曰意德华第四、第五，理查第三。都铎尔朝君，曰显理第七、第八，意德华第六，女主马利、依利萨伯。斯丢亚尔的朝君，曰惹迷斯第一，查尔斯第一，格朗它总统。是时，创立共和政治，计十一年，曰查尔斯第二，曰惹迷斯第二，曰维廉、曰马利夫妇同听政，曰女主安宇仑。瑞克朝君，曰翘而治第一、第二、第三、第四，曰维廉第四，曰女主维多利亚。其世系如此。国中有议院二：一为爵绅议政之所，爵位贵人及耶稣教督处之；一为民绅议政之所，民间才德过人者处之。有大事，君主谕首相，相告爵绅院，聚众共议，参决可否，然后咨之民绅院，必舆情相洽，始布之政，否则寝其事勿论。民间欲举一事，必先陈于民绅院，询谋金同，斟酌无弊，然后上之爵绅院，可行则上之首相而闻于君主，否则报罢。国人分三等：

一曰五爵,二曰绅士,三曰乡民。五爵惟长子得世袭。绅士由府邑公举。民人分数党:曰保党,以自守为宗旨;曰公党,以大同为宗旨;曰合党,则以英伦、阿尔兰合一为宗旨。凡所设施,大抵习于霸术,而朋党相争,必视民情为胜负。其政治崖略如此。

[载振著(唐文治代)《英轺日记》卷五]

6月9日(五月初四日) 申正,往游博物院,院主导观东方各国器物。[据载振著(唐文治代)《英轺日记》卷五]

6月10日(五月初五日) 参观槐爱司泯司得(今译威斯敏斯特)小学堂,后又至槐爱司泯司得教堂观古迹。[据载振著(唐文治代)《英轺日记》卷五]

6月11日(五月初六日) 拜访会英国上议院掌院大臣、伯爵贺尔斯贝,下议院掌院格理等人,又至金登干办公处一览。[据载振著(唐文治代)《英轺日记》卷五]

6月12日(五月初七日) 参观晓坳处米都屯小学堂。先生代载振所作《英轺日记》于本日中言:"英自学堂盛行,而囚徒日减。堂中多一儒冠,狱中即少一赭衣。"

初七日,往看晓坳处米都屯小学堂,学堂为平民肄业之所……(总教习)吉伯为余言:此堂昔时为牢狱,于十年前改学堂。英自学堂盛行,而囚徒日减。堂中多一儒冠,狱中即少一赭衣。英国君民期于全国囹圄悉为庠序,而止今伦敦有学堂五百余所。

[载振著(唐文治代)《英轺日记》卷五]

6月13日(五月初八日) 参观英刑部上公堂。[据载振著(唐文治代)《英轺日记》卷五]本日日记中考英国刑政制度。

案:英国刑政衙门不一其制,有曰上控院,权位最尊;有曰上公堂,一名理刑司,即余今日所至之处;有曰下公堂、曰理刑厅。以上各法堂所理之政,分两大端:一曰钱债,理钱财争讼事;一曰刑名,理命盗斗殴事。此外又有遗嘱公堂,专理民间遗嘱析产事,不问刑名、钱债事也。理刑厅不问钱债事。下公堂兼问钱债、刑名事,均巡捕官听之,然只有问案之权,无审案之权。问案者,第问其事之源委曲直;审案者,则宜援引律例;反覆辨难也。凡科罪,监禁在六个月以下、罚款在百磅以下者,可立时断结,否则须上其事于上公堂,归按察使定谳。凡断结之案,两造不服,准其上控理刑厅。下公堂所断者,可控诸上公堂。上公堂所断者,可控诸上控院。上控院及上公堂作为专案讯问,无发交原审官再问之例。如果察知其冤,则平反其狱,原审官例无处分也。上公堂设会审员绅十二人,凡同人纳税钞在五十磅以上者,皆得承当,临时掣签,掣得者入公堂听审。按察使既鞫两造之辞,则比附律例,以告于会审各员。各员定其是非,以告于按察司,乃断结。此刑政亦由民主之义也。上控院别有刑律顾问大臣数员,皆老年望重之士。如有死罪应减等,监罪应宽限,由国民公呈,吁请君主,得商顾问大臣主之,然只有减轻之权,无加重之权也。刑律、商律皆由议院编纂,数年后如有重复歧误之条,议院即派员修改。其科罪只有死罪、监禁、罚锾三端,他无鞫辖之例。律生学三年得文凭后,须访求著名律师,纳重贽,充抄写之役,阅历数年或十数年后,始得出为律师云。

[载振著(唐文治代)《英轺日记》卷五]

6 月 14 日(五月初九日)　往得格禄司博物院,看藏书楼。[据载振著(唐文治代)《英轺日记》卷五]

　　旋又游英京大藏书楼。楼中书架,积长三十二英里,庋藏各国今古图籍三百余万种。东方书籍分中、日两大部,中国典坟虽不尽备,然亦十得七八。殿本《图书集成》《西清古鉴》皆有之。法国翻译微席叶陪余偕往,谓:"中国素号文明,今先生来游是邦,见欧洲识字人多乎,抑中国识字人多乎?"言次甚露骄色。余应之曰:"欧洲识字人固多,然中国识字人贵在躬行实践。譬如仁、义、礼、智,必有此四者,方可谓识仁、义、礼、智四字。奸、邪、恶、逆,必绝此四者,方可谓识奸、邪、恶、逆四字。我中国此等识字人固少,谅欧洲亦不多耳。"微有惭色,载大臣以为知言。

(唐文治《茹经先生自订年谱·壬寅三十八岁》)

6 月 15 日(五月初十日)　参观医院。[据载振著(唐文治代)《英轺日记》卷五]

6 月 16 日(五月十一日)　参观英兰银行,并考察英国银行制度;又至汇丰银行一览,并拜伦敦市长。

　　十一日,往看英兰银行。此行创始于西历一千六百九十四年,迄今三百八年矣。虽名为国家银行,而资本实集自民间。惟代办国家税赋诸事,故国家独给凭照,认为国家银行。创办一百九十年间,获利甚微,所制钞票,民间亦不信用。至英相披而总度支时,始定银行章程,颁全国之为银业者一律遵守。此行为国家命脉所关,有专例,尤严密,通行至今,未尝增损。其异于他行者有三端:一曰债票。国家有急需,租税不敷,则贷于民,谓之国债,出票据以为质,皆由此行经理。有二百人司其事,国家给经理人及制票费有定数,合国债万分之三。然国债若多于六百兆磅,则减其半。今英国国债约有七百兆磅,其利息则约三厘左右。二曰钞票。国家准此行自领国债票四百万磅,又贷与国家一千一百万磅,皆以国产为质,并给利息。是此行存于国家之磅,实有千五百万。

故所制钞票,惟千五百万磅,银行中无存金。此外钞票无定限,惟有票必有金,不得浮溢。今银行存金三千七百万磅,所出票仅二千九百五十万磅。除其千五百万有国家产业相抵,则此千四百余万尚不及存金之半矣。三曰赋税。国家所入赋税,尽归此行。此行亦能任意行运,国家并不取息。惟届应付国债利息之期,若有不敷,则归此行垫给,国家亦不复付息。凡此三端,与他银行有别。现在他银行虽有自制钞票之权,然皆不甚通行。公议专用此行钞票,付磅兑票,以利民用。其造票机器制票甚捷,每日需出六百纸,方能敷用。此英兰银行章程之大略也。其办法,收钞必截角,收币必过权。权币以机,顷刻千万枚,有不中度者别储之。金币虽坚,然行久必剥而轻,重铸之,所以坚民信。国家缘此岁耗二千万磅,弗吝也。银币值微,摩蚀弗较。穴地以储币,累楼以储钞,皆重扃,数人司其钥,非周知弗能启也。民有资于行者,公举二十人为董事,五载一任,称职得蝉联。董事资深望重,则举为总董,两载一任,满则退。造钞之权归行,造币之权归国。造成则藏于行,名为行,实国库也。守夜兵五百人,环行而宿,夕至晨散。行酬以殓,饷给于国。余又至造币局一览,区分三品,饼箧骈罗。其行于藩部属地,必载文于币,故模范尤夥。日出币以机稽其数,满千则停。总办告余曰:"此新法也。地狭事烦,一机抵百人矣。"余按:泰西各国分银行之种类,有官家之银行,有各业之银行。官家银行,政府所立,为国家理财关键。各业银行,则与人民为借贷存金之业。其制发钞票之权,惟官家银行得有之。至于章程,则各视国家财政之进步以为转移,未可一概而定。观于英兰银行,可以心知其意矣。旋至汇丰银行一览,并拜伦敦府尹。酉刻归。

[载振著(唐文治代)《英轺日记》卷五]

6月17日(五月十二日) 午后,参观华勒斯(今译华莱士)博物院。[据载振著(唐文治代)《英轺日记》卷五]

6月18日(五月十三日) 参观爱司福忒学堂(今译牛津大学)。先生作《五月十三日观奥斯福忒学堂题赠各教习》。晚饭后,载振与汪大燮及先生论哲学源流。

　　五月十三日,率同参议梁诚,参赞黄开甲、唐文治并金登干之子金乐培往观爱司福忒学堂……晚饭后,与参赞汪大燮、唐文治论哲学源流。汪、唐谓西人之哲学,即中儒之性理。人必养心,而后能治事,是以经济根于学术。余深题其言。盖西人论学,辄谓念者事之基,萌一念而事即随之。故治念然后可以治事,治事亦即所以治念,此即戴《记》所谓"虑而后能得",而王文成所谓"知行合一",亦此旨也。抑余更有说焉:学问之事,支派虽出万涂,而其要在于求乐,不独孩提之童,道在善诱,即中人亦如之。苟不知求乐,而自溺于苦境,则智慧日窒,学术废而事业隳矣。故上智之士为学者,无弗导之以乐,即境以养其心,藏焉,修焉,息焉,游焉,优而柔之,餍而饫之。如此,则性情静适,聪明日生,而天下事毕举矣。周茂叔寻孔颜乐处,斯即哲学之根本。明鹿忠节著《寻乐大旨》,厥谊精微,近今斯道衰息久矣,因论西人学派,特揭之以告当世之为学者。

[载振著(唐文治代)《英轺日记》卷六]

随载大臣考察各处学校,以爱司福忒为最,距英京约二百里,分校共有数十处,名儒名相都出其中,洵大雅闳达之薮也。地近达迷斯支河,河中维舟数十,舟中书籍报纸咸具,为生徒课余泛舟消遣之地。人游其间,消去俗尘万斛矣。

(唐文治《茹经先生自订年谱·壬寅三十八岁》)

朝趁星轺发,来登象译堂。平湖羁艇小,讲舍供花香。贤主通酬酢(华学教习柏乐客,习华语极工),高才集济跄。百年同树木,名世好留芳。

(唐文治《五月十三日观奥斯福忒学堂题赠各教习》,见《国专校友会集刊》)

6 月 19 日(五月十四日) 巳刻,赴纽玛铅(今译纽马科特)看跑马。[据载振著(唐文治代)《英轺日记》卷六]

6 月 20 日(五月十五日) 在寓阅新闻报纸,并考英国议院制度。

十五日,在寓阅新闻纸。考英议院之制,其权极重。盖英虽称君民共主之国,然实民权为重、君权为轻。凡一切用人行政、赋税出入、法制禁令、营建工作,及与列邦会盟战守之事,其事皆出于议院,君主签字画诺而已。其上议院曰劳尔德士,一名比尔士,下议院曰高门士。议员凡三百余人,各分党与,视民举之多寡以为胜负。某党胜,则某党出而为相。其六部大臣,即由宰相拟派。名为君简,实则民举也。某党负,则退位,然常箝制胜党之事,彼此争辨,龂龂不休。原其心,实为公而不为私。以故胜党惧授以隙,舞弊之事绝少。君主岁需经费,以及皇后、皇子、公主等用费,亦均由议院议定其数,丝毫不得增设。或不敷,君主可告于议院,或增或否,增或多或寡,亦由上议院核定,不稍假借。大臣岁俸不过丰,宰相每年以八千磅为度,上、下两院则俱无俸。高门士之权,更在劳尔德士之上。有事上院议定,下院意有不合,立可驳斥;逾三次,上院不得不更正。与国议和议战事,亦视下院宗旨。如有战事迫不及待,则由部议准,君主签字,然仍视新闻纸论议,以取进止。如新闻纸以战为非,则议院可不允发饷;如以为是,则如拨款、加税诸事,议院可次第筹行。至六部诸事,议院亦有稽察之责。如议某事关涉某部者,由议院先行知会该部,届期派侍郎一人入院面议,推阐诘难,务尽厥情。遇大事,则请宰相入议。宰相曰可,议院曰否,宰相曰不然,议院曰然,则宰相所以可否之意向,必须明白宣示,不得稍有徇隐。惟外交和约章程之属应行秘密者,暂可不宣。然和约章程,宰相虽有核定之权,如宣示后议院有所指訾,告于君,宰相应立退。不退,须延国人公论,如公论亦以为非,则非退位不可。英国民权之重如此。然或办理国是有所舛误,则国人皆归罪执政,不闻咎及君主。此则明定宪法之效。所以民权虽重,不至启犯上之渐也。

[载振著(唐文治代)《英轺日记》卷六]

6月21日(五月十六日) 参观伦敦制造厂。[据载振著(唐文治代)《英轺日记》卷六]先生作《五月十六日夜望月》。

万家灯火正朦胧,皓魄娟娟入望中。此影曾经照苏武,银琶谁唱大江东。

达姆河畔梦悠悠(伦敦地跨达姆斯河),人自伤心水自流。何日乘风便归去,九天探得广寒秋。

(唐文治《五月十六日夜望月》,见《国专校友会集刊》)

6月22日(五月十七日) 游览万生院。本日日记中考英国行政制度。

十七日申刻,往游万生院……考英京各衙门,其权约分三等:一行政,一理事,一稽察。之三者,大纲厘然,庶务自理。行政衙门者何?枢密院、户部、海部、兵部、邮部、藩部、印度部是也。理事衙门者何?商部、农部、工部、文部及本省政务处是也。稽察衙门者何?议院是也。枢密院之制,为各衙门领袖,首相专主其事。首相所设施,必禀承于君主也。院自首相而外,有政务参议大臣一员,掌印大臣一员。凡议政事,首相、参议大臣暨户、海、兵三部大臣咸与其列。惟各部大臣不时至,有大事则咸集,询度既同,乃发号令。此所谓行政衙门。至理事衙门,则承行政署之意旨,奉行厥事,无主宰号令之权。若稽察衙门,则有阻止政令之权。譬诸文部定于某处建学堂,于某塾改课程,告诸枢密院施行,议院不谓然,即可集议阻止,文部不得而违,枢密院亦未能相强也。然若斯之事,亦不常觏。盖理事各部,亦必先与议院各员斟酌妥善,意见相洽,斯上之枢密院耳。余因思枢密院既有行政之权,则其权力似当在议院之上,何以清议常伸,几若有太阿倒持之势?追考英国史乘,始知从前枢密院与议院,其权本相颉颃,因斯丢亚尔的朝之君查尔斯第一好实无厌,专尚压力,与高门士争权不已,煽虐构衅,国以大乱,于是高门士为首有名不勒少者杀查尔斯第一,别立会以理国事,繇是下议院之权日重,而枢密院之权遂轻。斯亦英国职政变迁之一大关键也。

[载振著(唐文治代)《英轺日记》卷六]

按：万生院即今之动物园。

6月23日(五月十八日)　始闻英国国王病情加剧,加冕典礼最终延期。戌正,载振等参加英后大宴。本日日记中考英国属地及管理制度。

十八日早,闻英君病加剧,加冕有展期之说。盖所病系患肠痈,老年气血衰颓,故未能支持也。申正,赴泊锡花园茶会,伦敦府尹作主,略与款谭,旋归寓。戌正,英后请博庆汉宫大宴。盖英君因病未能款客,故由英后为主。余率参议梁诚、参赞汪大燮、黄开甲并英外部参赞王安晋宫。至则参议等俟于楼下,余偕王安登楼。少憩,德国专使亨利亲王是日甫抵英,特见余,略谭数语。少顷,各国专使齐集,英后出见,握手致词,略谓君主适患采薪,弗克亲自款待,良深歉仄云云。余命王安译词,对答慰问。王安旋退出,余遂入座。约四刻许,宴毕,归已子正矣。考英国属地最夥,其在欧洲者三处,在亚洲者十四处,在非洲者十七处,在美洲者七处,在西印度者八处,在澳洲者十一处。或设总督,或设提督,或立酋长,或立苏丹,或设公司,或设委员不一。其制,一切政治律令,其小者,君主与藩属径行商定;其大者,则须与议院及枢密院核议。君主可简亲信之臣治理藩属之事,而藩属议院所议定之事,如君主意有不合,可不允行也。至君主管辖藩属之权,各有分等,约而言之,共有四端:一、只设总督,不立藩属议院。有事,君主与议院、枢密院定议。一、由君主派出总督,专主藩属之事。倘总督治理或有不公,则藩属可禀告英藩部,由君主与议院核夺。一、藩属自设议绅院,管理地方琐事。其权在总督行政衙门之下,如有与政务关系之事,行政衙门核议时,议绅院可派二人往听之。至议绅院所议,仍须上之行政衙门酌定施行。一、藩属自设上、下议院,亦可自定律例、税则,惟遇调兵、征饷暨与英国交涉之事,则由总督主政。其内地一切治法,均归藩属自主。之四端者,权限虽各不同,然倘遇诉讼不平之事,则英之议院皆得而主之也。藩属之中,以印度为尤著。故藩部而外,别设印度部,专理印度事宜。印度大臣所定事,有知会枢密院者,并有不知会枢密院者。其权如此。印度设总督一、巡抚二,又有议事大臣、按察使,均由君主简派。印度部别有参议官十五员,则由印度部大臣酌派。此十五员中,必须有九员曾在印度居住或当差逾十年者。派定后,在任以十年为率,留任以五年为率。如有品行不饬,或议院指为不胜任者,则随时撤退。然印度大臣事权虽重,亦有可以专主者,有不能专主必与参议各员公商者。可以专主者,若总督、巡抚办理边界交涉之事,君主意有不洽，即应随时更正；又如总督、巡抚以下各官升调、迁转、补缺诸事是也。必须与议员会商者，如印度钱粮如何开支，或印度土酋借债需以钱粮作抵，以及印度制产、卖产、抵押之属，及增添官额、开复革员诸事是也。至英议院于印度诸务，虽概得预闻，而其得专定者，不过数事：一、界外交战须拨用印度钱粮；一、界外交战所以动支钱粮之故，及何日开战，应预先咨明；一、考进印度部当差章程有所更易；一、参议各员任满留任；一、印度部官员或须增添额数，及加薪水等事。要而言之，凡事之易滋弊窦者，俱由议院稽察，所以相维相系而不至各骋其私也。

[载振著(唐文治代)《英轺日记》卷六]

按：爱德华七世的加冕典礼原定 6 月 26 日举行，后因病延迟到 8 月 9 日。载振一行考虑到已经拜见过英王，也呈递了国书，就不准备再参加 8 月的加冕典礼。7 月 25 日，当时正在巴黎的中国使团接到英国外交部通知：在举行加冕典礼的时候，载振及随行人员如还在英国或欧洲，愿意参加加冕典礼，英王将致送请柬。使团回复，他们已做好返回中国的一切安排，估计无法改变计划。见后文。

6 月 24 日（五月十九日）　载振往拜德国专使亨利亲王、日本专使小松亲王并美国专使等。本日日记中考英国外交体制。

十九日，往拜德国专使亨利亲王、日本专使小松亲王并美国专使等。午刻，闻英君肠痛已经医生剖治，须俟旬日后方保无虞，加冕决定改期。爱即电达外务部，请旨宣慰。旋赴宫门致候，书名于簿而返。考英外部之制，有上侍郎二人，一则久任不易，一则视公党所举。复有下侍郎二人。襄办各事，有藏书楼总管一人，和约处总管一人，其余则皆书记官也。外部大臣应办之事：一、接待各国专使、驻使，引见君主；二、凡本国、各国人民，及各衙门并本国在外各驻使、领事寄到信函，分别答复；三、凡一切外交国是，随时酌定。至收掌文函，由书记官专司其事，收到后呈上侍郎，上侍郎呈首相，首相分别准驳，告知上侍郎，上侍郎条次其事，应由某股承办者，即发交某股书记官作覆。如遇交涉紧要之件，本国驻使有要电或要函寄回，则须另录三分，一呈君主，一呈首相，一呈久任之上侍郎。倘所事君主不能遽定，应行会议者，则须将原电原函再录数分，呈枢密院大臣，随时集议。至与各国议和、议战，则君主必须与枢密院、议院会议。议院虽无定和战之权，然枢密院议定后，如议院意见不合，即可直奏君主，径行驳斥，甚者使枢密诸臣不安其位。是和战之权虽操于枢密，而和战之事实决定于议院也。然议院之权虽在枢密之上，而百姓之权又在议院之上。据西历一千七百八十二年，美利坚欲自主，英人不允，与血战四年，英议院旋欲准美自立，英相即设法与美议和。是议院之权在枢密之上，斯一证也。又据西历一千八百五十七年，英与中国构衅，议院多不谓然，英相集国人公议，国人悉举言战者为主，诸不欲战者皆退位。是百姓之权又在议院之上，斯亦一证也。惟和约条款，须由君主与首相作主，而议和之后倘需百姓输赀，则仍当与议院商定。故和约常有声明签押后须由议院复核方可作准者，亦有先与议院核定然后签押者。此英国办理交涉之大纲也。

〔载振著（唐文治代）《英轺日记》卷六〕

6 月 25 日（五月二十日）　载振与参议梁赞等商议启程日期。本日日记中考英国户部制度。

　　二十日早起，闻英君病势颇险，殊焦闷。酉刻，英外部遣员来致谢，略谓"各国专使，均已呈递国书，贺礼已成，君主不胜感荷。现以病势正剧，未能款待请宴，良用抱歉，特遣致意辞谢"等语。余因命参赞陶大均往探日本专使小松亲王，知已戒行期，因与参议梁诚等商定启程日期。少顷，王安来言，澜侯订于明日三钟来拜，余诺之。考英国户部定制，以预算法为先务之急。预算既定，则经制出入，自不至有匮乏之虑。每年必先将明、后年进款核定若干，再将明、后年应用正款核定若干。每款经费严定数目，他项不得拨用。核定后造册宣示，如用费稍有浮溢，议院即可酌减。盖《礼记》所载"冢宰制国用，必于岁之杪"，即此义也。至其理财要旨，不过二语，曰"取之于民，用之于民"。盖户部定例，除内府经费及战务经费、官员俸薪外，苟非为民间举办之事，即丝毫不得妄费。其意若曰官者，乃为百姓分理庶务之人，即为百姓总司经纪之人也。余因考其户部预计一千九百零三年进款清单，内列：关税三千二百八十万磅，五谷等税二百六十五万磅，货捐三千二百七十万磅，产业等捐一千三百二十万磅，印花税八百七十万磅，地税七十四万磅，房屋税一百七十六万磅，家私并进项捐三千八百六十万磅，以上皆入税项者；又邮政一千四百八十万磅，电报三百六十三万磅，国地租费四十七万七千五百磅，苏彝士河等股票八十八万磅，杂项二百万磅，以上为不入税者，共计进款合一万五千二百九十三万五千磅。出款清单，内列：国债利息一千八百三十六万磅，战债利息四百四十万磅，别项不还债利息一百六十四万五千磅，国家房屋捐一百一十五万五千磅，陆军及炮厂费六千九百六十六万五千磅，海军费三千一百二十五万五千磅，职官费二千六百四十四万八千磅，关务费并内地税务费三百三十九万磅，邮政费九百七十六万二千磅，电报费四百二十一万一千磅，运船费七十七万九千磅，别有备用费一千七百七十五万磅，共计出款合一万八千八百四十六万九千磅。除进款一万五千二百九十三万五千磅相抵外,实不敷三千五百五十三万四千磅,应别筹他项开源之法,或前数年比较盈余之款以弥补之。又考其内府经费,每年君主用费六万磅,官内各官等俸薪及养老费十三万一千二百六十磅,内府日用开支十七万二千五百磅,预备君主赏赐及一切善举一万三千二百磅,其他杂项并不时之需八千零四十磅,著为定数。内惟养老费可以加增,每年加至一千二百磅为限。按户部例,凡国中用费,均由户部大臣验数,惟内府经费除养老费外,均可毋庸验数。又议院例,凡国中用费,均须咨明查核,惟内府经费除养老费外,亦毋庸咨达议院。此英国经制度支之大纲也。

[载振著(唐文治代)《英轺日记》卷六]

6月26日(五月二十一日) 载振与英外部大臣澜斯登商订辞行日期。本日日记中考英国兵部之制。

二十一日早起,闻英君疾自剖治后,神气已有转机,亦稍清醒。又闻昨晚英民至宫门问候者约数千人。闻君主略瘥,相率欢呼。巡捕亟告以君主须静养,毋哗。一语之后,众声寂然。人心固结如此,有足多者。午后,德国亨利亲王来答拜,英外部澜侯来拜。余闻各专使均已陆续辞行,因与商订辞行日期。澜侯言明日三钟,英后可以接见。谭数刻,澜辞去。考英兵部之制,凡简派兵官,须由君主发给文凭。君主并无养兵之权。养兵及军饷若干,均由议院作主。军律及行军章程亦均由议院议定。国中有常备兵,有民兵。常备兵者何?曰步队,曰马队,曰炮队,曰工程队,曰转运队,曰粮台。其责任分三类:一、驻守英三岛地;一、驻守印度;一、驻守各属地。驻守本国境兵,遵本国军例。驻守印度兵官暨各兵,亦遵本国军例。惟印度土兵,则遵印度政府所定军例。如与英兵合队,则遵英军队例。驻守各属地兵,如驻守印度兵例。各属地土兵,如印度土兵例。英国旧制,君主可随时练兵,亦可随时遣散。自西历一千八百四十七年始定今制,由议院作主。国民皆有当兵年限,步兵以十年为期,马兵以十二年为期。期满后,有酌留再充一期者,则可当至二十年至二十四年。兵官自得君主文凭,命为将帅,则以身许国,非国家撤退,不得自行乞退。民兵者何?曰义勇,曰团练步兵,曰团练马兵。义勇为内部大臣所辖。国人自十八岁始,至二十岁止,籍其名,登诸册。其数亦由议院酌定,如议院议于常备兵外增添义勇额数若干,则稽诸簿,掣签应用。其制与常备兵一律操演,惟不受饷、不出征。岁时会操,少则二十一日,多至二十八日为率,悉依军例。团练步兵、团练马兵则视民间所愿习,无定额。团练步兵内有炮队,有工程队,有轻装马队,然总以洋枪队为主。如与常备兵或义勇会操,亦遵军例,无专操之时也。团练马兵有专操之时，随事之缓急而定，奉军例与常备兵同。国有变故，可令团练马兵弹压，团练步兵不与焉。设遇敌人侵犯国境，议院议准调团练步兵、团练马兵若干应用，即应如期会集出战。盖英国陆师之制其可考者如此。

［载振著（唐文治代）《英轺日记》卷六］

6 月 27 日（五月二十二日） 载振等人入英宫向英后辞行。本日日记中考英国海部造船制度。

二十二日申刻，率同参议梁诚、参赞汪大燮入宫辞行。英后出见，深致谢悃，并达歉忱，敬寄请皇太后、皇上圣安。余命梁诚译词答谢。讫，旋归寓。拟《贺礼告成由英启程日期奏稿》，饬供事恭缮。戌刻，由出使大臣张德彝处接奉电旨一道，钦奉懿旨："英君因病，加冕展期，甚为廑念。着载振传旨问候，钦此。"当即恭录，并饬梁诚恭译，转达英外部。面晤澜斯登，商定于明日亲往呈递云。考英海部之制，有领袖大臣一人，又有副大臣数人，统称大臣。以下分股专司各事，曰造船股，曰验船股，曰造样股，曰机器股，曰验机器股，曰炮股，曰银钱支销股，曰测算股，曰书记股。凡议造兵轮，先由验船股验定旧船若干无用，应造新船若干，即由选样股核定式样，或铁甲或鱼雷或快艇之属，呈于海部大臣定准后，再向机器股核定吨数若干，马力、速率若干，再由造船股核定用木若干、用铁若干，再由炮股核定大小炮位若干、炮位应置某所，然后由银钱股估价定议，或由官厂承造，或由私厂承造。海部上其事于君主，君主与枢密院商定，发交海部，海部再知照户部，会咨议院。造成之后，如原估之价或有不敷，议院可酌量议增；或有赢余，则专款存储，为下届造船之用。海部报销各款，亦归议院作主。如报销之数过多，议院应派出精习海军事务数人，赴海部查核，倘委系核实开支，即予准销。海部有事，亦得派侍郎一人，赴议院会议。至有时议院建议应增造兵轮若干艘，可径奏君主，转饬海部办理，海部饬各股核定如前，即覆奏君主，迅速承造。盖近来欧洲各国多务联盟，争相雄长，英以水师立国，尤以兼人为旨。故海部或有未及规画，议院先建议增造兵船之事，往往有之。此英海部造船之条例也。

［载振著（唐文治代）《英轺日记》卷六］

我亲爱的赫德爵士：王后在星期五即六月二十七日接见贝勒和梁诚。下面是梁诚口述的觐见情形：王后说，我很高兴再次见到你。我们抱歉的是由于国王患病，推迟了加冕典礼的举行。贝勒答称：王后陛下接见我，感到非常荣幸。我愿意再次亲自向陛下表示我在听到国王生病的消息后的巨大悲痛，但我感到欣慰的是，听到国王病情已有好转，我衷心希望国王继续好转，迅速恢复健康。王后和维多利亚公主说:是的,是的! 贝勒接着说:我愿意再次感谢国王和王后陛下以及王室其他成员给予我的盛情款待;圣上在看到我访问贵国朝廷的奏折时,会极其满意的。王后说:国王因为不能再次见到你甚为抱歉,我们希望在举行加冕典礼时,你会再次来访。希望你在伦敦过得愉快。贝勒答道:我见到的一切都非常有趣,且受到教益。王后又说:我感谢你带来的中国皇帝和皇后陛下赠送我们的非常美丽的礼物,国王病愈后将立刻欣赏这些礼物,他肯定会感到高兴的! 贝勒说,这些礼品是我国皇上对国王和王后陛下表示的崇高敬意⋯⋯非常忠实于您的金登干。

[《金登干致赫德(Z/1330,伦敦,1902年7月4日)》,见《中国海关密档 赫德、金登干函电汇编》(第七卷)]

6月28日(五月二十三日) 载振赴英外务部,转递问候英王电旨。本日日记中考英国水师制度。

二十三日早,英外部大臣澜斯登来寓,言呈递电旨事,英君例应当面祗领,现以病体未痊,委难支持,极力坚辞。余因恭赍电旨,亲赴英外部,请其转递。酉刻,澜斯登复来传述,英君接奉懿旨,不胜纫感,并以迩日已逐次就痊,嘱为转奏等语。当即电达外务部,祗请转奏,慰藉厪垂。并拟奏片一件,饬供事谨缮。戌刻,赴金登干寓夜宴,亥初归。考英国水师各官,均由学堂出身选派之例,有由君主签字者,有由海部签字者。君主签字,自提督至千总为主;百总以下,则由海部签字。兵官之长曰正提督,次副提督,次后提督,次总船主。凡遇战事,正提督殁,副提督代之;副提督殁,后提督代之;后提督殁,总船主代之。以故船主亦无不娴习号令纪律之事。从前兵船水手多有立战功升至提督者,现则兵官一律由学堂出身,应讲求测算、格致诸学,故水手仅升至百总而止,无有更至提督者。各兵官如陆师兵官例,非国家撤退,不得自行请退。千总以上升调、补缺、革退诸事,提督主之。百总以下升调、补缺、革退诸事,船主主之。提督所主,奏于君主;船主所主,咨于海部。设有不公,兵官可诉于议院,议院得提案研讯。水师兵饷发于海部。学徒在学堂卒业得有文凭者,在兵船当差三年,得为百总,兵船水手均归管辖。各兵及水手犯罪重者,别有水师监禁处,统归海部管辖。水师军例,凡一切交战章程,均由海部专主;一切防堵事务,均由提督专主。海部所辖兵轮之制不一,其名亦不一,约而言之,曰铁甲、鱼雷、炮船,此为常备战船;曰驳船、曰屯船,此皆旧兵轮改置,均设管带各官,可资助战;曰巡船,以巡缉各岛口岸,亦能助战,惟不出口;曰预备战船,系于公司商船选其合式者,用以载兵、运饷,置炮位,亦入战队;曰后备兵船,常备兵船有伤亡,则用以挑补;曰缉私兵船,则又分隶于海关。余觅得英国近年水师兵船表,命参赞黄开甲译录,计英现有铁甲、鱼雷、炮船五百四十八艘,驳船之属九十一艘,屯船之属四十九艘,巡船二百零七艘,预备战船五十艘,后备兵船九艘,缉私大小兵船五十四艘,统计英国共有兵船九百零八艘。师船中设有翻译官,又别有陆兵翻译,须通各洲各国方言。陆兵无事,则习风涛,充水手诸役;有事则登岸,羽翼水军,遥为犄角。此又英国水师规制之大略云。

[载振著(唐文治代)《英轺日记》卷六]

6月29日(五月二十四日)　早起,拜发奏折奏片,并发外务部文件,交驻英使馆转寄。未正,偕诸参随等赴达迷斯河(今译泰晤士河)游览。[据载振著(唐文治代)《英轺日记》卷六]本日日记中考英国商务致盛之由。

考英国商务致盛之始,迄今约四百年。从前欧洲开辟商务,最先之国曰希腊,曰罗马,曰西班牙,曰葡萄牙。此皆居欧洲南境。在欧洲北境者,惟丹国一隅。英人通商之初,稍稍与丹合力,寖师其法,然只在近岛口岸经营,未遑远贾。迨后丹之水师为英所败,英国势勃兴,一意振顿商务,遂为欧洲之冠。又推扩及于他洲,无远弗届。原其宗旨,厥有两端:一曰坚忍,一曰自然。从先希腊各国商务由盛而衰,偶有蹉跌,每至一蹶不振。英人则善持盈虚息耗之数,辄能再接再厉。此固由合力之厚,亦由其秉性坚忍,实有为无弗成、成无弗久之志也。至于自然之旨,尤为商务第一要键。盖官之于商,只任保护之责,自商税而外,凡一切贸迁生计,皆听民所自谋,无有用压力以摧折而窳庸之者。此商战之所以辄胜也。史迁之论货殖曰:"善者因之,其次利导之,其次教诲整齐之,最下与之争。"郭橐驼之论种树曰:"其本欲舒,其培欲平。勿动勿虑,去不复顾。他植者旦视而暮抚,甚者爪其肤以验其生枯,而木之性日离。"斯数言者,皆自然之本。英人用其术以治商政,不特无扰累之事,亦绝无牵肘顾忌之忧。是以元气煦育,和义而美利生焉。至于商税之则,其权操诸议院,而举议员之例,其权又操诸商民,命脉贯通,联络一气,斯则无待发征期会,不求而民自出之。是故余入英国,考其工业,自织布、造船而外,他无所闻也;询其土产,自煤矿而外,他无所闻也。然其商务卒能甲于地球者,盖由前之说傲落于民性,由后之说荄滋于国政,非无故矣。当中国乾隆年间,英伦有斯密亚丹者,著《原富》一书,综论工作之巧拙、本末之重轻,又论赋税、钞币之法,最为完备。而计学家有名罗哲斯者,尝推阐其义云:"国家害富之事,邦国外侵,不若庶民之内讧;庶民内讧,不若秕政之时行。"又曰:"上惟无扰,为神已多,而一切上之所应享,下之所宜贡,则定之以公约。"斯义昭然。盖国家所以积贫致富之繇,判于斯已。余觅近年英国商务进出口货值表不得，仅得西历一千八百九十五年货值数目清单，计进口货值，英国本国五垓二京九兆零零三千四百五十七磅，印度属地五京九兆三亿二万三千九百一十磅，亚洲属地三京一兆零三万一千四百六十三磅，非洲属地二京七兆六亿四万一千七百八十七磅，美洲属地二京七兆五亿七万九千二百零三磅，西印度属地五兆八亿六万七千六百八十七磅，奥洲属地六京五兆九亿五万九千九百七十七磅。出口货值，英国本国二垓八京五兆六亿零四千四百九十三磅，印度属地六京六兆零一万三千八百二十磅，亚洲属地二京七兆一亿零一千五百五十五磅，非洲属地二京七兆三亿九万七千三百二十一磅，美洲属地三京一兆六亿九万二千六百四十九磅，西印度属地五兆零八万一千一百六十磅，奥洲属地七京二兆八亿三万六千三百二十磅，统计进口货值七垓四京六兆四亿零七千四百八十四磅，出口货值五垓一京五兆七亿三万零三百一十八磅。

[载振著（唐文治代）《英轺日记》卷六]

在英国期间，先生曾于伦敦使馆见姐夫许沐镤，两人互为诗以唱和。

壬寅夏，英皇加冕，余亦参赞专使，于三月赴英，见君于伦敦使馆。余出《地中海轮舟跳舞曲》示君，君亦以道途中所见状，互为诗以相唱和，至乐也。

（唐文治《许君彌丞墓志铭》，见《茹经堂文集四编》卷八）

6月30日（五月二十五日） 启程前往比利时。当日未刻至比利时海岸奥士登。

二十五日巳初起程，英后派副礼官，英外部遣参赞官至车栈送行，比国驻英公使暨张星使德彝率其参随均来送。旋乘专车至都华海口，比国奥士登提督梯高而士，暨比君所派向导官副将裴罘、都司威大美、守备维里亚携舟来迓，英都华巡抚送于舟次。余遂乘比轮渡海。未刻，至奥士登泊焉……比君亦于海边建行宫，今适避暑至此，派外部大臣华货罗、内务府大臣渥陀罗幔、驻华公使姚士登登舟致意，订期相见。余命翻译官刘式训传语，深道感谢。登岸时，排队奏乐，略如英埠接待之仪。申刻，乘官车至客店小住，驻比代办使事刘玉麟呈递游比事宜节略。

[载振著（唐文治代）《英轺日记》卷七]

7月1日（五月二十六日） 于行宫谒见比利时国王。本日日记中比利时议院制度。

二十六日午刻，率参议等各赴行宫，谒见比君。比外部及内府大臣等在宫门相候。比君佩戴上赠黄带珍珠宝星，迓至穿堂，握手为礼。偕余入宫坐谈，

敬问皇太后、皇上起居。随询余长途跋涉,颇耐风涛,余随宜应对。少顷辞退,
比君送于门外。余归寓,比君即徒步至寓答拜,余亦迎送如仪。晚,赴宫宴,余
与比君比肩坐。同席者,比外部、内务府大臣,姚公使及卢汉铁路总办沙多等,
比公主亦在座。宴毕聚谈,比君亟称翻译刘式训法文精深,未易多觏。余亦逐
一周旋,始散。按:比利时亦君民共主之国,故政事多出议院。以全国户口多
寡准议员人数,每四万人例举下议员一人,上议员半之。今户口共六兆三万二
千有奇,故上议员七十九人,年在四十岁以上者合格,每任八年,四年一举,更
其半;下议员一百五十八人,年在二十五岁以上者合格,每任四年,二年一举,
更其半。各省会有另举上议员法,亦以户口多寡为断,计二十六员,不在正额
之内。议员公举议院总统一、副总统二、文案四,冬集夏散,每岁议事不得少于
四十之数。议事时,掣签分班二,以五十人为率。各班中复各举数员合为总
班。遇事先拟一稿存院,由各分班先行拟议,告于总班;总班拟议,复告于分
班,以可否人数多寡定议。陈奏候批,则维君命是听。

[载振著(唐文治代)《英轺日记》卷七]

　　五月廿五日,由英京起程赴比,谒见比王,年已七十矣。步行答拜,见余尤
极殷勤。导观其起居书室,共楼五大橱,图书满架。问余中国学术,研求精细,
君主而不脱书生气,亦罕觏矣。

（唐文治《茹经先生自订年谱·壬寅三十八岁》）

7 月 2 日(五月二十七日)　乘火车至布鲁树埠,参观新开河及海口,又赴布鲁
树埠参加总督钟西尔宴请。[据载振著(唐文治代)《英轺日记》卷七]

7 月 3 日(五月二十八日)　先与比利时国王在舟中茗叙话别,后即乘火车至
比利时首都。晚赴比利时外部大臣之约。[据载振著(唐文治代)《英轺日记》卷七]本日
日记中考比利时行政机构设置。

　　二十八日,将赴比京,比君订舟中茗叙话别。午刻至海口,比君迓于舟次。
此为比君游船,四桅双筒,舱中卧室、书室、客堂、餐所,布置精雅,陪从臣工,各
有起坐之所。比君赠余小影,导余观览,并至舱面,望海告余曰:耄年精力差
逊,案牍劳形,每苦疲苶,驰马击球、乘风挹爽,皆卫生要术也。闲话片时,握手
而退。遂登火车至比京,比外部暨各大臣来迓,旋即答拜。入宫小息,殿阙崔
巍,颇极美丽。晚间赴外部大臣之约,中西宾客二十余。比相德司的乃、府尹
夺莫寒暄数语。余虽通名,不甚能辨识也。外部极称代办使事刘玉麟精明强
干,长于外交。刘道系美生出身,驻美、驻英、驻比,在新加坡尤久,实襄办交涉
资格极深之员也。按:比京行政分隶八部,曰外部,曰吏治学校部,曰户部,曰

兵部,曰刑部,曰工部,曰农部,曰铁路电线邮政部。部有正、副大臣各一人,余则分司理事。外部有掌出使文牍、颁赏宝星之司,有草交涉礼节、争辨事理之司,有掌各口领署文牍、选派领事之司,有掌本署经费印信之司,有掌条约清档之司,有掌本署书库之司。吏学部有掌各省府县事宜之司,有稽全国户口议员学堂人数、岁出岁入款项之司,有稽兵额饷项之司,有掌专门大学堂之司,有掌中学堂之司,有掌小学堂之司,有掌学堂体操、油画之司。户部有掌帑藏、国债之司,有掌收放款项之司,有掌经费、禄予、抚恤之司,有稽核出入款数、预计盈朒之司,有掌国家放债之司,有掌收验质银之司,有掌税银、税契之司,有掌关税、业税之司,有掌官家产业之司。兵部有掌文牍之司,有掌电报之司,有掌征调营兵之司,有掌征调常备、后备各兵之司,有掌武备学堂之司,有掌记录全球行军良法之司,有掌记录各国兵额之司,有掌兵官迁调、恤赏之司,有掌行军、募兵之司,有掌修理兵械之司,有掌修械经费之司,有掌行军修治桥路、电线之司,有掌行军地图之司,有掌兵官薪俸之司,有稽察各营经费之司,有掌营兵衣履车马之司,有掌行军医药之司,有总察各司办事之司。刑部有监管印信、花押之司,有掌刑官升调之司,有掌本署翻译之司,有掌京外刑署经费之司,有掌京外刑曹薪俸之司,有稽察监狱之司,有掌案牍之司,有掌囚数之司,有增修律例之司,有稽察全国婚嫁、生齿增减之司,有稽察赦典、保护孤孩废疾之司。工部有掌全国矿务之司,有掌监察工艺之司。农部有掌本署经费之司,有掌田产播种之司,有掌汽水树艺之司,有掌古迹牌坊、油画之司,有掌桥梁、道路、官产之司,有稽察民间饮馔损益之司,有察牛油、察鱼肉之司,有监造民居之司,有掌本署各司律例之司。铁路电线邮政部有掌本署经费之司,有掌本署恤赏之司,有掌本署争辨事理之司,有掌铁路文牍之司,有掌铁路岁出岁入之司,有掌铁路图表、稽察分局之司,有掌抚恤老病工匠之司,有掌本署迁转、记录功过、监造车场、建设路灯之司,有修造机车、器用、绘图之司,有掌各局开车时刻、给发器用之司,有掌运货、搭客价值之司,有稽察逐日收款之司,有管发售邮票、转递信函之司,有掌修造电线之司,有掌收发电报之司。各司分数阶,以所司之繁简,定额缺之多寡。此比京设官分职之大略也。

[载振著(唐文治代)《英轺日记》卷七]

7月4日(五月二十九日) 晨,参观总会。"总会者,议事之所,凡地方政治、四民事业、当因当革、当损当益,皆于此集议。"中午,赴比利时外部相宴,午后乘马车至营房阅操。[据载振著(唐文治代)《英轺日记》卷七]本日日记中考比利时兵制。

按:比国兵制,兵分七类:曰步队,曰马队,曰炮队,曰地雷队,曰转运队,日巡捕队,曰管电线队。步队又分四类:常兵十四队,猎兵三队,皮帽兵一队,快枪兵一队。马兵又分三类:猎兵二队,行导兵两队,长矛兵四队。炮兵又分三类:管炮九队,炮手一队,工作一队。地雷又分二类:管雷一队,修桥一队。转运、巡捕、电线无分类,各一队。挑选兵丁法有三:曰筹选,民年二十以上,掣签充练;曰投效,民年十六以上,准自请效力;曰倩替,筹选不论门第,有不愿者,出资倩代。当兵以十三年为限,限满归本业,愿留者听。营哨官以武备卒业学生考授,间由精兵简选。全国兵官三十员:总兵一、副将一、游击四、都司三、守备九、千总七、把总五。比为局外之国,兵不出境,兵额尤鲜,然训练甚勤,人皆肄武,亦有备无患之道也。

[载振著(唐文治代)《英轺日记》卷七]

7 月 5 日(六月初一日) 乘火车至安华士埠。至海口,道经船坞,旋又至其炮台。薄暮归寓,华商张尧良来见。晚赴总督高恩尔司约。[据载振著(唐文治代)《英轺日记》卷七]

7 月 6 日(六月初二日) 乘火车至利喔士埠。[据载振著(唐文治代)《英轺日记》卷七]本日日记中考比利时学堂状况。

余考比国学堂,共有六千九百五十六所。为大学者二,岁费二兆二亿佛郎;为中学者一百五十,岁费三亿佛郎;为小学者六千七百四十七,岁费一十九兆佛郎。大学为专门者九,曰政治,曰律例,曰格物,曰教术,曰武备,曰医学,曰化学,曰矿学,曰电学,曰桥路工程学。大学惟男子与焉,中学男倍于女,小学男女半。中学有男、女师范学堂各二,小学有男师范学堂十九,女师范学堂三十四。师范卒业给领文凭,始得充教习。学堂隶于吏学部,设专官,岁时稽考。童子有游惰不入学者有罚,考课超群则奖之。至于铄金镂木、分苞烧殖之技,率备于普通学中。由是师巧工良,指与物化,为货骈阗,不胫而走,其致富非无本矣。人每称比利时以工艺立国,或因近时商务日盛,又谓其以工商立国,而余于其劝农、励学,始知四民各有本业,不可偏废。《尹文子》曰:"老农、长商、习工、旧仕莫不存焉,则处上者何事?"谅哉是言也。

[载振著(唐文治代)《英轺日记》卷七]

7 月 7 日(六月初三日) 乘火车往斯冷埠,参观铁厂。[据载振著(唐文治代)《英轺日记》卷七]

7 月 8 日(六月初四日) 乘火车往尔士他埠,参观枪厂。[据载振著(唐文治代)《英轺日记》卷七]

7 月 9 日(六月初五日) 应马烈文煤矿巨商瓦尔鸠之邀,参观煤矿厂。[据载振著(唐文治代)《英轺日记》卷七]本日日记中考比利时税收状况。

余考比国矿税甚薄,每矿场十法方里,岁税十佛郎,此为井税;又收其余利十之二五,此为货税。惟须岁撰出入详表,以备考察,不徒知其盈绌之数,兼以究其利病。法有不善,则及时更张。余又考比国所征课税,约十二宗:曰地税,值百征七;曰业税,计利十二征一;曰矿税;曰关税;曰印花税,一切文凭、票据,皆计数征纳,别有专章;曰房税;曰门窗税;曰器用税;曰仆税;曰马税;曰自行车税;曰犬税。按其所征,大率取于富民者多,取于贫民者寡。又多方为乐事劝工之法,以期藏富于民,故其民富,而国用因以日饶。余以其近五年出入预计表求其中数,约得六百兆佛郎。以近时磅价计之,实得华银一兆八千万有奇。其壤地不及中国十之一,而国家岁入逾倍,知理财之道,固不容损下以益上也。

[载振著(唐文治代)《英轺日记》卷七]

7月10日(六月初六日) 载振命刘玉麟持简赴比利时各部省大臣处申谢。午初起行,前往法国,申正抵达法国首都巴黎。

六月初六日,在比将行,因念游比旬日,承比国君民优礼接待,令翻译刘式训拟书,致谢比君并属刘玉麟持简赴各部省大臣申谢……午初,启行,刘玉麟暨斐绵等送至交界而返。申正,抵巴黎,法外部遣微席叶迓于车栈。微曾署天津领事,操华语颇精,星使裕庚亦来见。遂至客寓闲谈,知日本小松亲王适同寓,即往拜。适赴法总统约,未得晤。闻已定明晨往西班牙补贺亲政,计十一归巴黎。

[载振著(唐文治代)《英轺日记》卷八]

在比勾留旬余,临行,比王赠载大臣宝星,并赠余四等宝星。

(唐文治《茹经先生自订年谱·壬寅三十八岁》)

按:《茹经先生自订年谱》又记"六月初八日赴法京",《英轺日记》则云六月初六日抵巴黎,此据《英轺日记》。

7月11日(六月初七日) 往拜法国外交部、法相及上下两院议员。[据载振著(唐文治代)《英轺日记》卷八]本日日记中考法兰西立国大略。

按:法兰西古为高卢。汉晋时,属罗马。齐梁间,日耳曼郎哥部酋长有哥易路者,侵罗马,据高卢地,遂以立国。旋建都巴黎,国号法兰西(玉步)。数改曰墨罗邪朝,曰加鲁令朝,曰加北珍朝,曰瓦罗斯朝,曰不尔奔朝。当加鲁令之世,国强盛,有谊辟曰沙利曼,缮甲兵,修政事,文德武功,焜燿史乘。尝征选议员千人,春秋议政,实为环球议院鼻祖。其大经大法亦多权舆于此。不尔奔朝有君曰路易十四，抑议员，重门第，而君权炽。至其子路易十五时，豪强恣横，民不聊生，乃举行民会，寻又改为国法议会，汹汹殆不可遏。至路易十六时，逮议员下之狱，而变生矣，弑其君，立筹国会，檄邻邦之民相助，行民政。英、俄诸国遂联军平法乱，法几不振。拿破仑时为炮卒，拒联军，号善战，遂以复国，有帝位。拿破仑败，法人立路易十八，寻废之。举拿破仑第三为总统，不数年，复称帝。西历一千八百七十年，与普鲁士构衅，大败于师丹，拿破仑第三俘于普。法人割地偿费以请和，乘机定制为民主国，迄今三十二年，未尝有改。此法兰西立国之大略也。

［载振著（唐文治代）《英轺日记》卷八］

7月12日（六月初八日）　载振率参随等拜见法国总统。本日日记中考法国议员与廷臣职任及外郡各官职掌之大略。

初八日，率参随等往见法总统。至廨所，有法兵侍立于门外，法外部德加赛及内府大臣迓于门。法总统鲁佩立中庭，握手为礼，偕余入内室坐谈。总统敬问皇太后、皇上起居，余命翻译官刘式训译词应对。复偕余至燕寝，见总统夫人，寒暄数语，出，总统送至阶下。酉刻，法外部代总统来答拜。案：法国自一千八百七十一年改立总统以后，设官分职，屡有沿革，而现立之部，计十有一：曰内部兼教务，曰刑部，曰外部，曰户部，曰兵部，曰海部，曰文部兼艺科，曰工部，曰农部，曰商部兼工艺电邮，曰藩部，均以大臣一人总之。各部职事共分三等，除大臣之内文案处，外有司、有股。司与股同等，惟事之繁简有别。司分数房，股亦然。房有房官，长、副各一。此外在官人员，有主稿、随员、书库正、书库副、档房长、档房副等名目。至政府选派暨民举各员之办法，计通国郡守八十九员，县令二百六十八员，皆隶于内部。又各县有专署，理审判事务，署各三员，是为初级理官。其上有提问衙门，通国三十六署，分辖八十六郡。又其上为巴黎总裁判院，理事者四十九员，则皆隶于刑部。国家于基督新旧两教、犹太教、回教均认为一律。各乡有官教士，皆隶于教部。其他如专使、例使、参随、领事，则为外交官，隶于外部。税司、关吏隶户部。二十镇陆营隶兵部。五镇海军隶海部。十六路学校隶文部。又如商务邮电等局、矿路桥道等差，以及农利土田则有十余处，藩领各镇则属国数十处。其所派之官要皆分归各部，由各部大臣令其升补，请命于总统。是为政府所派之官。若夫民举之法，始自乡董，由乡董中举乡官。合数乡为镇，镇选一人，贡诸县董局，是为县董。复选一人，贡诸郡董局，是为郡董。又县举一人，十万人以上举二人，贡诸都城，集于下议院，是为下议员。各郡下议员、郡县董及乡董委派之员，集于郡,举而贡诸元老院者,为上议员。上下议员得公举总统。是为民举之员。凡各部大臣举措之权,俱操于总统。或事有为议院所不许而共加斥摘者,则各部大臣均请退,另由总统选一人为内部首相,商请保举人员,以为各部大臣。其间或留或另派,皆由新首相举定,而请命于总统。至国家庶务,若但奉行成法,则不必询及议员。若改易例章,或行新例,则应交于议院,议院即举专员数人,查核新章是否可行,择日再行会议,以决从违,定夺后送交内部,撰成例文,由总统及大臣签字,登入官报,即由内部传谕郡县,以达各乡。其应用款项,及请定预算数目,须先交下议院核准后,乃呈上议院覆核。经两院许可,始准施行。此法国议员与廷臣职任之大略也。外郡郡守之外,有郡董。郡守当督率属员,推行朝政,查照郡董之议,为本郡兴利袪弊。凡郡董与议本郡事,其职有五:定经费,分赋额,查公产,议工程,定税厘。此外如有条议,亦可于公会宣读。议院议行之例,若关系大局者,各郡一律奉行。至于县官,惟居郡守、乡官之间,承递号令而已。县董所有之事,则惟将本县应纳之赋按乡分派,其外别无他职。乡官则职守较重,所司有七:一户籍,二判断,三号令,四选举,五征召,六赋额,七警务。其外如公董议准之一件,亦均归乡官办理。乡董之职,大端有五:一处置公产,二添改局卡,三筹定公费,四摊派正赋,五修治道路。以上五项议定后,呈请郡守入奏,批准后乃由行政之官次第奉行。此法国外郡各官职掌之大略也。

[载振著(唐文治代)《英轺日记》卷八]

7月13日(六月初九日) 午刻,接外务部电报,派梁诚为出使美、日、秘国大臣。[据载振著(唐文治代)《英轺日记》卷八]本日日记中考法国议院制度。

案:法国议院之制,上议院人员共计三百名,有为戴巴尔德莽所举者,亦有为本国属地所举者。戴巴尔德莽,译即中国各府之谓。其所举员数多寡,初无定额。迨一千八百七十五年,定议员中七十五名归议政大臣所举,为常议员,其余二百二十五名归各戴巴尔德莽及本国属地所举,九年一任,满任另举,是为散缺。遇有常员缺出,即于其中遴选一人接充。至一千八百八十四年,复定新例,嗣后遇有常员缺出,即改为散缺,令各戴巴尔德莽陆续选举充补。下议院人员共计五百七十六名,四年一任,满任仍可再举。议举时,按刚东分派。刚东,译即中国厅镇之谓。每刚东举一员,若人数逾十万,可于例举之外另举一员。是为法国议员定额。载考其选举之制,上议员为戴巴尔德莽及各属地所举者,选举时,众皆书名投匦,以所举人数多寡为定,用示公允。各戴巴尔德莽俱设有专署,职掌乃事者,首为下议员,次为府县各参议、乡绅等。至下议员,则为本高米讷花名册所录之人所举。本高米讷者,译言乡间也。当选举下议员时,总统须先期示谕,秉公举报。倘人数众多,则谕知府分段举办。至合例与否,则统候下议院开议之日查办,首查所举情形是否有当,次查公举之人是否照章举报,以杜弊端。凡国民中欲举上议院之选者,须年满四十、通达国政、熟习律例者,方得承充;欲膺下议院之选者,须年在二十五岁以上、从未干犯律法者,始准应举。定例綦严,亦所以绝夤缘、澄流品也。

[载振著(唐文治代)《英轺日记》卷八]

7 月 14 日(六月初十日)　本日为"法国改民主之期",即国庆日。应邀观看阅兵式。[据载振著(唐文治代)《英轺日记》卷八]本日日记中考法国议院议事章程。

考法议院议事章程,西历一千八百七十五年例载,定法之权仅归上下两院。无论何例,非经两议院议定,不准施行。总统与上下议员,有商请定例之权。凡关财政各例,应交下议院先议。其余则总统或下议员欲定何例,可将例情交上议员核议。若上议员欲定何例,亦可一律照办,将例中情形交本院人核议。凡一切商请上议院核议各例,必先派数员查明例情,而后由众商办。至内治、外交遇有办理失宜之处,上议院均可驳辩。民间或投呈驳辩事宜,上下两院均可收呈,代为剖析。例中有专归下议员先议者,即责成下议员办理。其为上议院先议者,下议院亦当复议,至下议院议事与上议院无异。议事以前,亦当先派数员查明例情,而后公同辩论。若内外政治有办理失宜之处,下议员亦可驳辩,以从数居多者为定夺。所定之例,执政大臣如何施行,下议院随时查察。民间有上呈驳辩者,下议院即责问该管大臣,令其查办。凡上下两院年中议事,有一定期限。正月内第二礼拜三为开议之日,议事日期归总统截止。于常期外,设有应议事宜,必取两院人员从数多寡为定。议事亦可展期,由总统定夺,惟不得逾限一月,年中可展二次,不得再展。凡总统与两院往来,用公文。文到时,责成一大臣在议院宣读,部院大臣均可赴院与议。其两院议定之例,或总统不即谕令施行,则当颁发明文,详载不可遽行情由,以便议院复行核议,上下两院亦即遵照办理。至总统欲于期前解散下议院,非由上议院允从,则亦不能举办也。

[载振著(唐文治代)《英轺日记》卷八]

7 月 15 日(六月十一日)　赴法国外交部宴请。[据载振著(唐文治代)《英轺日记》卷八]本日日记中考法国财政大略。

考法国财政,户部大臣有管理正杂税务及一切兴利事宜之责,而一切出款,如各当差人员薪俸,及国债利息、学堂津贴费等项,均归户部大臣发给。各府中出入经费,由户部派有总管税务一员权理。各县则派有管理收税务一员,收存县中进款;于征收正税时,各按县中地段分办,派有收税委员管理。至岁入之数与岁出之数,及照例议准各经费,均当预定于本年以前。凡预定截止日期,仍可截至本年八月底为止。所有常年经费,先由户部大臣筹议各条,发归下议院会议。如所定常款遇有不敷,或额外浮出用款,宜照例另议拨用。其应出之款,或归各部大臣行文支领,或归部员奉文支领,均宜按照所议常年定款办理。又支款、发款二事,不准一员兼理。查法国户部近年出入款总数,一千九百零一年入款计三千五百五十四兆五十一万四千四百十八佛郎,出款计三千五百五十四兆零六万五千九百六十二佛郎;一千九百零二年预估入款计三千六百兆零六十一万九千七十八佛郎,预估出款计三千六百零二兆三十三万三千二百四十四佛郎。

[载振著(唐文治代)《英轺日记》卷八]

7月16日(六月十二日) 晚,应法国总统邀请观剧。[据载振著(唐文治代)《英轺日记》卷八]本日日记中考法国正税大略。

案:法国税课章程,有正税、杂税之别。正税有四目:一田地、房产税,一人丁、器具税,一门窗税。此三者为按名收纳之税。又一为行业应纳之税。此外尚有别项税目,并入正税内,如开通河道、修筑街道以及学堂经费、商务局费,均由民间输纳。惟按名收纳之税,年内有一定款数。其应纳款数由法律人员议定,即将所定之数责成府县乡镇按名收纳,与行业之税无一定款数者不同。杂税者,系凭货物票据所定之税,如关税等是也。田地、房产各税,均按进利核计征收。征收之先,宜将田地、房产所有用项除净,下余之利,即按年数核计,以中数征收。官道所有田地、房产,凡为官用者,皆免捐纳。此外为振兴农务,或为鼓舞工作,亦有豁免征收之例。田地、房产各税,每年按照国款议定征收。凡各府应行输纳款数,一一定明,府中参议人员派定县中应征款数若干,县中参议人员派定各乡应征款数若干,各乡复将此数按照乡民田地、房产均匀分派,按数征收。分定款数人员七员,内有乡官或副理乡官二员,其余五员于纳税乡民内选充。人丁、器具二税,法人与侨居法地之人,无论男女,凡有力完税者,均宜按名完纳应纳税款,即按所派之数完纳;无力完纳者,由乡绅开具姓名,可以豁免。人丁税,即按名派定出力供役之税。供役日期以三日为中数,凡不欲出力供役者,准其捐免。应捐之款,按乡核计,年中归府参议议定,按日核计,总以五十森丁为少数,以一佛郎五十为多数。人丁、器具两税应征款项若干,虽按国款一同派定,然征收时分为两期举办,人丁税先行收纳,下余多寡即按有器具之家派定完纳器具税，即按有器具之家器具所值核计捐纳。定法之人查明乡间房价多寡、进利若干，即可按照进利核计应征款项，责成管理税务人员分别派定。门窗税则凡沿途、内院门窗俱应纳税，其办法有三：一按人数多寡，二按门窗多寡，再按房屋良窳。屋中人数众多，捐款固夥。第一层门窗，亦比上层门窗完税较多。至仓廪、牧圈、地窖等处门窗，概不完税。工厂中除居室外，亦不完税。教堂、公所所有门窗，一并免税。行业税有二：一为派定之税，系按工艺大小、人数多寡派定；一为按照行店大小分别核定之税，概以二十抽一。派定之税，即在乡间、行厂征收。至按照行厂大小核定之税，即按照乡间、行厂大小核定征收。凡行业未经免税者，自正月为始，理宜按月完纳。正税之大略如此。

[载振著(唐文治代)《英轺日记》卷八]

7 月 17 日(六月十三日)　法外部遣微席叶来，导观武备学堂。[据载振著(唐文治代)《英轺日记》卷八]本日日记中考法国杂税大略。

案：法国杂项税目甚繁，就其要者言之，如酒税、盐税、糖税、契约报官注册税、印花税是也。酒税有落地税，如出售之酒一经运送，即应按照酒品纳税；酒主遇有迁移藏酒之处，酒家或欲转运联市之家，均不纳税。此外别有运送，必须照章完税。落地税则各按府分大小议定，府中地面分为四段，凡远距葡萄田之处，纳税较多。所分地段，立有定律，不容混淆。此外又有入内关之税，系按地方人数核定税款。人数未及四千者，入关之酒无税。其在四千以上者，理应完税，与落地税章程无异。至零卖之酒，复有零卖税，则应纳若干，即按酒价，以百瓶核计征收。酒家亦应报明税务司照例完税，发给收税单，方可出卖。盐税列在食物税内，每百基罗喀啦么纳税十佛郎。此专为法盐及属地之盐所定。其外人之盐，有出口税，税则不一，或按进口地方核定，或按载运商船所插本国或外国旗号核定。糖税其则甚重，惟属地之糖其税较轻。如自莱余宁及法昂狄意二处进口之糖，照例减税；其由欧洲内外所进之糖，或经他国商轮运入者，一体加税。盖为保护本国商轮及本国糖厂商务地也。注册税一为正税，一为杂税。正税多寡不等，各按契札议定。契札相同者，无分大小紧要，税价相同。至注册杂税，系按契章所开款项核计，每百抽银若干。如承袭契札、大小合同，或清债，或科罚，或判定清债事宜，应纳注册杂税。印花税：凡有文凭、契据于利权有关者，或应报明官府者，缮册时必须用印花官纸。纸类有二，一分尺寸大小，一分款项多寡，皆有一定用法。税价随纸分别，纸价最高者，每张三佛郎六十生丁，次者二佛郎四十生丁。告示、告白印纸各有尺寸，其有按款项盖用印花票者,无论何项契票,皆有定章。如商家合同、大小会单、银行汇票,各按所开款数纳税,自百至千佛郎,税五生丁;自千至万,税五十生丁。公司股票分票每百税五十生丁,十年外加税五十生丁。杂税之大略如此。

[载振著(唐文治代)《英轺日记》卷八]

7月18日(六月十四日) 参观拿破仑墓,并考拿破仑一生事功。

又游拿破仑庙。庙仿罗马教堂式,极闳敞。

(唐文治《茹经先生自订年谱·壬寅三十八岁》)

十四日,往观拿破仑庙。庙仿罗马教堂式,极闳敞。两侧为武备博物院,层楼相属,千门万户,藏古昔五戎三革隆冲渠蟾之属毕备。中分两殿,后殿为拿破仑墓,筑石为阙,光文辉映,绘拿破仑生平七大战事以饰承尘。以当时所获各国旗帜悬四壁,以所获铜炮铸铜人二立墓前。石椁赠自俄君,色黑肉好。复聚其生前衣履、器用,藏于别室,而以其将帅之有功者从葬前殿。法人之于拿破仑,可谓不忘矣。考拿破仑为律师查尔司之次子,一千七百九十六[六十九]年,当中国乾隆时,生于法南部叩喀海岛。少有大志,十岁时游学巴黎斯武备学堂,精晓兵法,冠其侪侣。一千七百八十五年,改革兵起,投国会党,任千总。一千七百九十三年,以平法南省海口玛色勒之乱,升总兵。其明年,为大将,提督意大利军务,以谗罢官。是时国会党甚众,摄行政事,百姓不服,复设新国会,旧国会举巴拉士治兵抗之。巴拉士素知拿破仑勇略,举以为副。拿破仑骤散新国会四万人,威名大著。又明年,赴意大利,招集旧部。一千七百九十六年,遇奥将统五大将军之师来征法国,拿破仑督孤军奋进十阅月,大小数十捷,于是奥及教皇并诸国,皆纳款行成于拿破仑,而意大利北半诸部小邦胥夷为法行省。拿破仑不具闻于国会,擅处分一切,国会忌之而莫敢何。一千七百九十八年,国会恐拿破仑居巴黎斯,夺其政柄,遣人说以取埃及,为进窥印度计。拿破仑大喜,遂率水陆师赴埃及,先夺取地中海玛踏岛,旋攻破亚力山大京城,进逼推罗。战于炎风沙漠之中,敌殊死战,良久竟溃,埃及平。方拿破仑之取埃及也,英知其谋,遣乃森御于地中海,及至而法兵舰已驶行,尾追至阿不其海湾,始见其舣泊处,一战烬之。拿破仑时在陆军,急趋叙利亚,攻据札发海口,欲北取亚克尔城,以图印度,而英将斯美先入,守城甚严,志不得逞,恐持久变生,疾驾小舟脱归法国。时西历一千七百九十九年也。当是时,奥、俄、英诸国谋讨法,而国会议论莫衷一是,法民皆思推戴拿破仑,惟国会不悦。未几,别党有怨于国会宰官,结以为援。是年十月,即护以健卒,直造国会,逐其党,立定新政体,仿罗马古法,立首领三人总揽国权,一为主而二辅之,下其议于国人，问可不可。时法扰乱十年，人方望拿破仑再造法国，皆以为可，推拿破仑为首领第一。拿破仑既专国权，见奥兵驻于意大利北境防堵，一千八百年，潜率将卒，逾最高之阿勒伯山，连败奥兵，意大利全土复为法有，往还不出一月。于是拿破仑首与奥国、意大利之那破利、葡萄牙、俄罗斯、西班牙修好，再与教皇和，自是边境安靖。拿破仑改革民主时政事，修理破毁陵墓、寺院、学堂，拨还教士充公田产。巴黎斯复建大学堂、博物院、藏书库、各科专门学。创褒赏式，有发明术艺、器械新理者，赐牌劝奖之。命律师定法律。立银行，便民交易。复发国帑二百万磅，以赈不足。罢爵位，权勋者另为差等，务求益国益民，使人不受权势暴虐之害。一千八百有四年，法人见拿破仑治国远胜国会中人，共请即皇帝位于巴黎斯。于是共和之政，复变为君主矣。明年，又立为意大利王。拿破仑既擅君权，思踞欧洲各国之上，以为能平西班牙，即可取其南美洲属地；能平荷兰国，即可取其南斐洲、奥洲；能平英国，即可取其印度并北美洲。一千八百有五年，与英、奥、俄诸国战，皆捷，势甚张。复平荷兰、西班牙等国，立其兄弟、亲戚为王以监制之。一千八百十二年，征兵六十万伐俄，俄人佯败诱之，为清野计，法人无所得食，大困。及至莫斯靠古都，乃一空城。时值严冬，兵卒冻馁交侵，十不存一。拿破仑令退师，被俄蹑击无算。归国愤愧，下令选兵。而西班牙、葡萄牙、瑞典、普、奥诸国，闻法军覆，群思恢复故土，起与英、俄连结，一千八百十四年五月，围攻巴黎斯，执拿破仑，流诸地中海海岛，会于维也纳，议定各国疆界，俄、普擅权，英、法、奥三国私相盟，阅时八月未决。一千八百十五年三月七日，拿破仑逃入巴黎斯，甫及一月，兵大振。各国慑其余戚，无不愕然，急征兵，命英大将危令炭、普大将普鲁切、奥大将西华潜山分队向法。法兵不支，拿破仑诣英兵舰乞降，英复锢之大西洋赫连海岛，监以兵。一千八百二十一年，卒于岛，年五十二岁。余维拿破仑用兵如神，然终以好战败，与项王垓下之围如出一辙，可为穷兵黩武者戒矣。

[载振著（唐文治代）《英轺日记》卷八]

7 月 19 日（六月十五日）　赴法国总统宫内大宴。[据载振著（唐文治代）《英轺日记》卷八]本日日记中考法国外交部官制。

查法国外部之制，设大臣一人，每年给俸六万佛郎。此外员额共六十二名，额外行走者又逾数倍。其考取之法，必其人曾习法律、公法及外交、条约等学，于学堂卒业后得有专门凭单，始准赴考。考取后，在部当差，初不给俸。历试后，或补各司员缺，或升使馆领署、参随。或外派，或内用，皆须计功计资，以为行赏之地。如仪制局之总办古娄谢位居各总办之首，而历官则已至全权大臣。又如翻译官微席叶以东方言语科得凭后,在部当差,旋派驻北京使馆翻译,历升至头等翻译,后又升天津各口领事,到法后又升总领事,实则仍当翻译之职,并未莅领事任。此为借升使领、参随各等之第明证。至所派出使人员,皆即部内当差之员,而所补部司各员亦即曾派使领各署之员。既不能取材他部,亦不使办外交者改服他部之官。盖西国最重专家,谓必使其人一生精力尽萃于此,而后服事有功,且令人不能视官如传舍,则于事亦无遗虑之处。是以无论何项政事,皆有专精之人,固不仅外交为然也。如有因年满辞差,或卸事在籍,或在事病故人员,犹必给与半俸,以示优恤。至出使员额,计派驻使三十六员,领事二百三十七员。每使馆参赞一员或二三员不等,随员多至二员。其翻译,则仅东方使领各馆设有翻译、通事等员。盖如邻近各国言语文字,为外交官者类能通习,即无须另设也。

[载振著(唐文治代)《英轺日记》卷八]

7月20日(六月十六日) 法外部遣微席叶来约,赴显理(今译亨利)第四行宫游玩,并请试电车。[据载振著(唐文治代)《英轺日记》卷八]本日日记中考法国兵役制度。

案:法国兵制,一千八百八十九年定律,国中子弟无论贵贱贫富,均当一律当兵,当兵年限自二十岁至四十五岁为止,以二十五年为满。在营效力时,或三年,或一年不等。其余年数,则俟遇有军务,听候调用。乡间年满二十岁之男丁,每年责成总甲官按名开单,开列后按乡分授张告。张告之期,以正月十五日为最迟。张告之后,复示以挑选日期。挑选宜择乡镇首邑,当举办时,大众往观无阻。知县为督理,总甲官佐之。唱名后,兵丁挨次拈阄,阄置筒内。有未到者,其父母代拈。如父母亦未到,责成总甲官代为办理,按照阄中号数开列名氏。遇有应免或减当兵年数者,开列呈明。拈阄后,俱按号数次第开单,交乡间分别张贴。除有残废不克到营当差外,全国男丁俱应当兵。其有可以免充者数条,如无父母之长子,应留养幼弱者免;寡妇之子,或其父出外,须留养其母者免;父年七十以上,子当留养,或长孙曾孙,均免;兄弟两人,长者免充,或其兄业已当兵,弟亦免;或有兄弟当兵受伤或阵亡,理当留养者免;大书院师弟、义塾师长,或学生能代教读者免;教会内有名分之人,或教书或传道者免;年幼留养,或读书未成,经官验看后准其免充;又有年轻读书自愿团练一年,即许免充营兵。以上均由官给予凭据,准其免充。计现在法国兵额,步兵共六百零四营,每营约五百人;骑兵八十五营,每营约六百六十人;炮兵四十营,每营约一千一百七十六人;又有守台兵二十二营,工程队七营,护粮马队二十队,每队约一百三十二人,执事兵共一万五千八百九十九人。统计兵数,实得五十七万五千名。是为平时兵额。此外尚有预备兵、守土兵，约共一百九十二万五千人，守土预备兵一百八十五万人。合正兵共得四百三十五万人。是为战时兵额。凡正兵效力三年，期满即为预备兵；预备兵差限七年，期满后改为守兵；守兵差限六年，期满后改为预备守兵；预备守兵差限九年。预备兵遇有调遣，或奉饬回营，或赴操，即当各回本营听候。年中大操两次，每次限四礼拜；守兵则大操日期较预备兵每次减两礼拜。至预备守兵，除有军务守兵不足须调用外，平时并不调遣。又预备兵于正兵差满后准其完婚，但于分内营伍事宜仍当遵守。生有儿女四人者，免为守兵。

〔载振著（唐文治代）《英轺日记》卷八〕

7 月 21 日（六月十七日）　未正，微席叶来，约游也鲁铁塔（今译埃菲尔铁塔）。

〔据载振著（唐文治代）《英轺日记》卷八〕本日日记中考法国兵部验看兵丁办法。

又游也鲁铁塔，塔占地数亩，下广上锐，高三百迈，当合中尺九十四丈，俯视齐烟九点，衢路如罫，盖极欧洲最高处矣。

（唐文治《茹经先生自订年谱·壬寅三十八岁》）

案：法国兵部验看兵丁办法，一为拈阄时定夺兵丁声明事宜，一为定夺兵丁应免应减效力事宜。验看时，知府为督理，验官共六员，有本府参议人员一名，参议府中事务人员一名，参议县中事务人员一名，总兵或武职大员一名，督理粮台人员、医官各一名。验看时，各镇各按总甲官所开年满二十岁之名单，责成医官按名验看，遇有身长不满一迈当五十四，或因身体羸弱不克操练军械者，展限一年听候验看。有残废者，即行豁免。验看后，即为定夺。验官中有僭法妄权者，准民间申诉。此外兵丁一经验看，即将名次列单，按镇张告。如有少年子弟于未到当兵之期欲先行当兵者，若体质强壮，则十八岁亦可到营。然自十八岁至二十岁，必须父母允许，方准投营。如无父母者，由其保傅商请，亦可投营。年数或三年，或四五年，均可。得有宝星功牌者，或记名什长者，年满准其复行投效，或两年，或三五年，以十五年为限，并有优奖复行投效之例，如花红、津贴、养老俸等类。马队兵弁于年满后，亦可复行投效一年，除加津贴外，仍于预备兵差内免当三年。营伍中升阶有二，一由选拔，一按资格。惟遇有军务，则略变通，以宽升阶。遇有选拔事宜，须会商办理，如营长暨马队队长，均由会议选用，不论资格。其由资格迁升者，应按章办理。武职中等级系由总统所赏，欲行裁撤，非自行告退曾邀总统允准，或因干犯法律，或由参议军务人判定革职，别无裁撤之理。差委则与等级不同，国家随时可派可撤，无一定也。

〔载振著（唐文治代）《英轺日记》卷八〕

7月22日(六月十八日) 应约往游巴黎旧城之大树林。[据载振著(唐文治代)《英轺日记》卷八]本日日记中考法国海军状况。

又游巴黎旧城之大树林,法语译音谓之波哇,广可得二十里,丛阴毶霭,清流映带,小艇数十,藏树阴中,微闻人语。小桥有客独坐垂钓,绝似江南风景。中设茶座,几凳皆文绿,异方之乐,啁哳并奏,心旷神怡,几忘人间世也。

(唐文治《茹经先生自订年谱·壬寅三十八岁》)

考法国海疆分五镇,首镇要埠曰赛蒲,次曰勃雷司脱,三曰劳利秋,四曰罗歇复尔,五曰多伦。师船分队在南者曰地中海队,在北曰北海队。地中海队现共有头号铁舰六艘,铁甲巡船三艘,带鱼雷铁甲一艘,二等铁甲三艘,三等巡船三艘,灭鱼雷船四艘,出海鱼雷船五艘,三等雷船一艘。北海队现共有头号铁舰六艘,铁甲巡船二艘,二等、三等巡船各一艘,灭鱼雷船三艘,出海鱼雷船三艘。此外各小队分驻各地段者,计共四百五十七艘。按一千八百九十六年十二月二十四日律载,凡陆军所订增添兵额章程,海军均可仿行,毋庸另立专章。拈阄时,号数在前者,即派入水师效力,在后者随时挨次传补。兵轮水手、船厂船主、工人均系沿海之人充当。凡行船营生者,无论本国人及入法籍之某国人,其游行处所于海面埠头以及河港,应将名氏注明沿海户口册内。其居住海潮地段如已淤废成土田不能行船,则名氏毋庸注册。至沿海户口册内,复分三等:一系未入海军效力者,一系现在海军效力者,一系差满出营者。如有不愿入海军效力,查其现已不执行船网鱼之业,则准其除名。至名列此册应得利益,除免当陆兵外,仍可打鱼营生,有子者亦可送入学校,由官给资,年老赏给养老俸。

[载振著(唐文治代)《英轺日记》卷八]

7月23日(六月十九日) 早上,赴法国总统宫及各大臣处辞行。[据载振著(唐文治代)《英轺日记》卷八]本日日记中考法国兵船、军械官厂状况。

案:法国制造兵船、军械官厂,多在附近海口,除赛蒲、勃雷司脱等处外,尚有官厂二处,曰安特来,造军火;曰额律艾勒,造军火、枪炮、护船铁板及各种铁器。其余各公司制造厂共有八处。附近地中海有造铁器及军械厂二处,一在赛纳海口,一在哈夫海口。又马赛海口有军械所一处,三那载尔有制造厂一处,名为鲁阿乐公会,三德尼有机器厂一处,保尔德娄有制造厂一处,名为造船公会,柏瓦衣及额鲁汪有制造厂二处,名为三那载尔公会。以上八厂均系建造各种铁甲船、兵船、鱼雷船。其公司名目,曰奴尔忙,在哈夫;曰三德迪勒,曰保尔奴勒莫,在保尔德娄;曰布来司德,曰福衣内,在囊德。以上五公司专造鱼艇及各等小船。自外又有小船厂，曰丹加乐克，曰界浦，曰额鲁赛勒，三处专造各等拖船；曰米徐文勒佛衣斯，曰三希弄盟，曰商迪阳，曰艾莫郎希，曰赛司希戴尔，曰欧勒载尔，曰三戴谦，曰佛衣乐米尼，八处专造护船钢板及一切铁具。

[载振著（唐文治代）《英轺日记》卷八]

7月24日（六月二十日）　在寓。戌正，请驻法大使裕庚并金登干夜宴。[据载振著（唐文治代）《英轺日记》卷八]本日日记中考法国商务状况。

余觅得法商务进步表，命翻译官译录。查一千八百八十五年，进口货值计九千十八兆佛郎，出口货值计七千四十三兆佛郎；一千八百九十九年，进口货值计一万三百六十六兆佛郎，出口货值计九千六百八十五兆佛郎。又查一千八百九十九年商船比较单，法国共有商轮一千二百二十七艘，载重五十万七千一百二十吨，帆船不在内；一千九百年册开法国商船合帆轮两项统计，共有船一万五千四百八十九艘，载重九十五万七千七百五十六吨。其涨力不可谓不速矣。至国家奖劝工商之法，必先设立学堂，培植人才为工商业中领袖；复拣派人员，考察他国商务、工艺等事，以资取法；复设立学会领事官、商务专员等，为之保护利权；复举行大小博览会以资比赛，如赴他国赛会，则复出资以助之，如有独出心裁，制造新具，即与专利文凭，复有赏给功牌之例。至于运货往他国试行贸易，则官复为之偿进口关税。航海商船，每岁由官复为津贴。盖其鼓舞而振兴之者，具有精心妙用。本年商部预算册拟拨前数项经费，计艺学官学堂经费四十万八千一百佛郎，膏火五万八千佛郎，高艺学生津贴八十万佛郎，造就工商领袖学堂经费八十三万四千九百八十九佛郎，津贴地方开工艺学堂八万三千佛郎，津贴商务学社银、赏给功牌花红、书籍费、往他国考察商务人员费共十四万五千九百佛郎，稽查工商费六万五千佛郎，赏给工匠在本厂当工三十年功牌等费四万一千佛郎，工业会费二万七千佛郎，赏给工会功牌等费一万佛郎，赏给本地赛会功牌花红暨津贴工商等博物院议事会等费，以及帮贴游历费，共十一万一千佛郎，在非洲森路易各国博览会内赛会费二十五万佛郎，在外埠商务局贴费七万佛郎，入海捕鱼花红银四百七十六万六千佛郎，制造航海船只花红银七百三十万佛郎，驾驶海船花红银一千三百七十三万佛郎，纺丝花红银四百万佛郎，稽查纺织人员费三万八千佛郎。

[载振著（唐文治代）《英轺日记》卷八]

7月25日（六月二十一日）　法国总统遣外部官来赠送载振留琼多乃宝星一座，并参议、参赞、翻译等宝星六座。闻英外部电询，英王或不久后将补行加冕典礼，中国专使如在欧洲，是否愿回英参加典礼。载振就此事电询驻英公使张德彝。

本日日记中考法国工商专利章程。

　　六月二十一日早,法总统遣外部官来,赠送留琼多乃宝星一座,并参议、参赞、翻译等宝星六座,当即电达外务部,请代奏。午初,发行李至车栈,拟赴沙滩屯海口,适参议梁诚晤洋员金登干,称"英外部电询中国专使,当加冕之日,如在欧洲,尚愿回英,拟折简邀请"等语。余因查日前张星使德彝函送英外部照会原文,内称"本国君主,体气日充,加冕典礼,不久想可补行,惟一概从简,原议仪节概不举办,各国无须再简专使前来,即由驻扎本国各使代行一切,已饬本国驻扎各公使,前向各国政府道谢"云云。细译原文语意,是英君补行加冕,并无专使礼节,金登干所接电文,当系英外部私行探询之辞。因一面电询张德彝,一面饬翻译潘斯炽,暂将行李发回。按:法国工商专利章程,一千八百四十四年定例,工艺中凡有创一新法惠及于民者,国家自当鼓舞奖劝。奖劝之法,莫贵乎推广制造之专权,俾商家不得争利,用以偿创法家之苦心。惟专利之权亦应限定年数,期满民间即可仿作,俾众人皆可分享其益。国家颁发专利文凭例条有四:一、须实系创制;二、实系新法;三、有关工艺;四、有利于民。无论何法何物,一经创制,续办者即不能与创法者比。凡未有官准专利者,所有招牌、告白等件均应注明未奉官准字样,违者照例科罚,自五十至一千方为止,复犯者加倍科罚。凡民间欲得专利文凭者,须遵例呈请于商部,其例亦有四:一、二物不准合请一凭,因按凭纳税故也。呈请时宜开清物名,定明年限。二、撰作所创物说略,不准有添改涂注,并不宜用外国文字。三、制物图样,或双或单,听凭物主定夺。四、开明呈单、图说各清样,逐一签押,随第一批收税单并呈。一切呈单、图说原稿,郡中、商部各有存案,俾民间随时询问,俟专利期满即可仿造。至专利年限,或五年、十年、十五年不等,由创家自行定夺,自呈请文凭之日计算。凡限定五年者纳税五百方,十年千方,十五年一千五十方。此款按年分批交纳,实合每年百方。第一批须于呈请文凭以前先交,遇有交纳未清者,可撤专权。退让者,宜悉数付清应纳之款。添立凭单者,每张纳税二十方。官准专利之后,所创制造器具、制成物件,外人不准擅用、出卖,违者照假冒例科罚。惟准创法家退让制卖,照例报效。退让之法,有尽让者,有分让者。退让事宜,应由代理书契之人经理。所立契据,宜于本部文案处登簿存案,否则不足为据。

　　　　　　　　　　　　　　　　[载振著(唐文治代)《英轺日记》卷九]

　　我亲爱的赫德爵士:梁诚要求我来巴黎,因为他要同我谈一些事情,而亲王则要我今天陪他去瑟堡。但是昨天下午,蒙森爵士的私人秘书巴克利先生给我看了一封兰斯档勋爵的电报,电文如下:"请通知现在大饭店照料振亲王殿下的金登干先生,在举行加冕典礼的时候,如果在英国或在欧洲的亲王和他的随行人员愿意参加,国王将下令将请柬给亲王送去。"亲王同他的秘书们商议后,决定不等参加加冕典礼。但是,兰斯档勋爵在电复蒙森爵士给他发去的电报时声称:"尚未收到日本方面的正式答复,但他们无疑会参加。阿比西尼亚的特使将参加。"这表明,给予中国代表团留下来参加加冕典礼机会的类似通知,也发给了其他国家的特使们。经过长时间的讨论后,亲王决定推迟行期。我在亲王殿下的要求下,刚给您发了电报,随后他也将给庆亲王送去奏章。我真不知道这一切的结果如何!非常忠实于您的金登干。

[《金登干致赫德(Z/1333,伦敦,1902 年 7 月 26 日)》,见《中国海关密档赫德、金登干函电汇编》(第七卷)]

我亲爱的赫德爵士:

附上我同梁振东爵士在七月三日至八日期间来往信件的摘录,这些通信导致我七月十九日(星期六)的巴黎之行。贝勒要我住在那里并在七月二十六日(星期六)陪他去瑟堡。因此,下列一些事件发生时,我适在巴黎。

七月二十五自(星期五),蒙森爵士的私人秘书巴克利先生,在向巴黎大饭店和中国公使馆打听到了我的行踪后,当天中午在大陆旅馆震东爵士的房间里找到了我。他拿出一份兰斯档勋爵给蒙森爵士的电报。这封电报是英国驻巴黎使馆在夜里接到的。电报要求蒙森爵士通知我,如果在加冕典礼期间贝勒和他的随行人员适在英国或欧洲并愿意参加典礼,国王将命令发去请柬。我将电报交给了震东爵士。他说,他们明天上午就要动身去瑟堡,并且他们已经做好返回中国的一切安排,他认为计划无法改变。我说,同样的邀请函可能已送交日本亲王和其他东方国家的特使,这封电报可能是要赶在贝勒动身前送达,因为外交部知道贝勒动身的日期。震东爵士说,他们已从日本公使馆了解到日本贝勒在返国途中已经到达俄国,不会再回来参加加冕典礼。我就建议英国大使电询英国外交部,巴克利先生答应去办。

贝勒同他的秘书们讨论了这个问题后召我前往,当着秘书们的面征求我的意见,由庞德先生担任翻译。我说,我认为应迅速采取正确办法。王后曾表示希望贝勒回去参加加冕典礼,而现在国王又发来邀请。我叹息道,在国王奇迹般地康复后,苍天已赋予亲王以完成使命的全权,而贝勒如果出席加冕典礼,将表明中国政府参加了大庆的活动。我让贝勒和他的秘书们继续讨论后,就去英国使馆,见到了蒙森爵士。他告我说,他已电询外交部日本亲王是否回来参加,但他认为不管日本如何,中国贝勒会独立决定的。我问蒙森爵士,我是否可将他的意见转告贝勒。蒙森爵士说,我可以说:他个人的意见是贝勒为自己着想,应该参加。我返回旅馆后,震东爵士告我,反对留下来参加加冕典礼的意见是那么强烈,贝勒不得不屈从反对意见。反对意见认为英国外交部给了中国公使馆关于国主不愿意有任何特使参加加冕典礼的通告,因而贝勒的使命已经结束,何况他已向本国政府报告准备回国,因此不应改变原来的安排。我又冒昧建议,贝勒可以只率少数随行人员参加,其余的人明天启程去美国。但震东爵士说,中国人是不会同意这个建议的。晚上六点钟左右,巴克利先生将兰斯档勋爵复蒙森爵士去电的复电交给了我。电文说:"尚未接到日本正式答复,但他们无疑会参加。阿比西尼亚的特使将参加。"

我将电报带交在中国公使馆的贝勒,他同震东爵士和我商量后,指示震东爵士和黄开甲先生去找其他的中国秘书们,结果是决定延期动身,并电北京请示。

七月二十六日上午(星期六),震东爵士带来附上的电报草稿,说贝勒要我修改英文后给您发出。在发电报前,我将电文给震东爵士看过,并给他一份副本保存。随后,在贝勒的要求下,我又将他的决定口头通知了蒙森爵士。当天晚上,我给您发了第二封电报,那是根据贝勒和震东爵士的要求,当着他们的面起草的,内容略谓贝勒拟在明天给他父亲发电,请求他父亲命令他参加加冕典礼,这样,他和震东爵士就没有责任了。在接到他父亲的复电前,暂不发出他的奏章。这份电报的副本,我也交给了震东爵士保存。贝勒给他父亲的电报,所以要推迟到明天发出,是因为他父亲可能已从我先发给您的两份电报中有所了解,作了准备。贝勒的电报即是震东爵士读给我听的解释他推迟动身的原因并请回电予以指示等等的那封电报。

七月二十七日(星期日),震东爵士说,巴克利先生曾将兰斯档勋爵发给蒙森爵士电报的大意写在一张纸条上,但纸条找不到了,问我能否请英国大使写一封证实这情况的信。我见了巴克利先生,他说大使一定会答应的,因此我再次见到震东爵士后又回到使馆,要求巴克利先生请大使将信写给贝勒而不是写给我。大使照办了,贝勒在第二天收到了蒙森爵士的信,现附上该信的抄件。电报的一份抄件。也是用公函纸写的,并盖了章,是另外送来的。

七月二十八日(星期一),我收到您的"你为什么去巴黎"的电报(我曾电询赫承先,星期四外交部有无派人打听过我。他复电说,辛格先生曾在晚上七点半来办事处,当即告他我在巴黎大饭店。这就说明了那电报是在当晚八点半用外交部密码发到英国使馆的）。我将您的来电告诉了震东爵士,并将我的复电读给他听了。当晚,我给他看了我拟发给您的、第一句为"外交部知道贝勒在星期六动身"的电报。可是,在这电报发出以后,我接到了他的一个便条,这便条是星期一夜里写的,但星期二早晨才送给我:"您致赫德爵士电请勿拍发。我们已决定星期四离此,星期六乘美国班轮离瑟堡。"

七月二十九日（星期二）震东告我,他们从中国公使馆获悉,贝勒只能以私人身份而不能作为特使参加加冕典礼,因此贝勒决定在星期六离开瑟堡。我指出,以贝勒的身份被邀请参加加冕典礼是一种非凡的荣誉,高于特使的地位,属于参加典礼的皇室亲王的行列。我并表示,贝勒参加加冕典礼标志着目前英中两国的良好关系。但是震东爵士说,这一切都说服不了持反对意见者。于是我向您发了贝勒决定在星期六离开瑟堡的电报。

其后,我接到了您二十九日的电报,使我大吃一惊,因为我对"特使星期六的电报"一无所知。当我询问梁震东爵士时,他解释说,因为他考虑这个"完全根据秘书们的意见起草"的电报,很容易被人误解,所以贝勒才要我发出前面提到的两封电报。

[《金登干致赫德（A/395,伦敦,1902 年 8 月 8 日）》,见《中国海关密档 赫德、金登干函电汇编》（第七卷）]

按：从上引的两封金登干致赫德的信件中可以看出,当时在中国使团内部,对于是否要返回英国参加英王加冕典礼,有很大的争议,最后决定不再返回参加。作为金登干这一方的记载,姑录以备参。

在法濒行时,法总统赠载大臣宝星,并赠余四等宝星。

（唐文治《茹经先生自订年谱・壬寅三十八岁》）

7 月 26 日（六月二十二日） 在寓,考法国工商学会状况及工商之法。

在寓。考法国工商学会,为数綦多,名目不一。其由官设而与地方有实益者,通国共三十八处,计安郡有三冈旦安郡工会,布什都弄有马赛考查工商造册会、马赛机师会,卡哇多士有康邑农桑会,世伦特有薄都爱学会,洛哇恩斐利阿有囊特工艺会,茳郡有郎士工艺会,美恩有美恩工艺会,诺阿有北法工艺会、富耳密工商会、北法工艺防险会,弄郡有弄郡教工会、里昂织工会,赛纳有效奖本国工艺会、教育会、工艺学堂旧徒会、工师会、多艺会、高等工艺学旧徒会、保护工厂学徒会、奖励手饰银器工业会、列邦商家互保会、友艺会、钟表学堂会、谷隆白树林友艺会、贱值取租会、工业防险会、助恤花羽二业幼童会、幼年会、友群博览社会、巴黎保工会、糖业酒化学师会、计算造册专家会,赛纳恩斐利阿有本郡工商自由会、爱尔勃甫工会、卢昂工会、防险工会,椹郡有阿米昂工艺会。其查考工商之法,内则责成各郡守,外则责成各埠领事。郡守司查本郡工业土物出产销路一切细情,及常川作工之机座数目、工人薪资、作工时刻,按月详报。领事司查各该郡商船来往、货物时价、银盘涨落、及何货利售、何式合宜,并查各处关税新章、改税新议,及一切有关商务行船条约、例章、禁令,随时电知,或用文呈寄外部,由外部移送商部。此外,又有巴黎农工商上议会。各郡商务局通国共有一百十五处,工务局通国共有五十五处。均有考查之职,一经商、工部询问所属近情,即须用文详报。各郡详报文牍,会集于商部外商司第一房。各领事处所寄公牍,会集于外商司第二房,行船册报集于第三房,应译者随时译录,应细查者再令详查。倘案关外国商情变动须令本国商人与知者,则由第二房刊入商情近报,俾众周知。

[载振著(唐文治代)《英轺日记》卷九]

7月27日(六月二十三日) 在寓。闻近日法国因新易政府,更改学堂规制,不准男女教士充当教习,并欲将教士遣归乡里;有不愿归者,则令转徙他国。[据载振著(唐文治代)《英轺日记》卷九]

阅数日,闻法国因新易政府,更定学堂规制,不准男女教士充当教习,并将教士遣归乡里,有不愿归者,则令转徙他国。吁! 法人以宗教立国,然近时重学轻教如此,良足法矣。

(唐文治《茹经先生自订年谱·壬寅三十八岁》)

7月28日(六月二十四日) 获知英外部照会,称英王补行加冕典礼时,中国专使如适在英国,愿观典礼,则当代留地位。惟不以中国专使之礼接待,仍以爵礼相待。乃决定不复赴英。本日日记中考法国农政。

二十四日,在寓。晚接张星使德彝函送英外部照会原文,称"本国君主不愿各国再简专使前来之处,前经照会在案。现君主补行加冕之际,若中国专使及其参随等适在英国,愿观典礼,则当代留地位。惟不以中国专使之礼接待,仍以爵礼相待"云云。因思行人之职,重在将命。此次奉使赴英,业经呈递国书。我已告辞,彼亦致谢,情文兼至,贺礼早已告成。若以私觌之礼行于朝会之间,体制所关,殊多窒碍。因即发外务部电一件,告知不复赴英情形,并函覆张德彝,嘱其照复英外部,告以彼时并非适在英国,未克在座,致意道谢云。爰即与参议梁诚商定二十七日启程。考法国农政之重,始自前王盎利第四;其进步之速,则以近三十年尤为足尚。盖自第三次改民政以来,刚裴大当国,即于一千八百八十一年创立农政专部,内司外使,纲举目张。继之者稍事损益,规制聿臻大备。农部奏销之款，及学堂常年经费，考一千八百三十年时，农政附于他部，其费只十万佛郎，迄今费至四十四兆九十万八千佛郎，其步骤可谓猛进矣。推厥本原，国家教导农家子弟，培植农学高才生，并有官设学堂。学堂分两类，有专课者，有兼课者。兼课之堂，有寻常小学、高等小学、寻常师范院，皆于正课外兼授农学。中学堂亦有仿此办法者。现共九十四处，高等小学堂七十六处，女学堂二处，皆添授农学一门。其专课官学堂共分四等：一曰教耕院，师徒随同耕作，指授浅近新法，所以教为农夫也。二曰农业三等学堂，教授工作新法，兼授农理，所以造就上农夫也。三曰中等农学堂，理法并授，智学尤重，所以造就农师及管田园执事人也。四曰高等农学堂，所教尽属农学精理，学成者为高等农师，并可投充专门学堂教习、农田稽查官及管树林、管牧养等官。通计国中现有教耕园十四处，三等学堂三十七处，中等学堂五处，农学专门教习二百十六人，考求新理新法之学院六十三处。至于国家提倡农政，又有良法二端：一曰保护，一曰奖劝。保农之政，内隶于农部第一司，外则责成郡守、乡官，各县又有农务局，专考本县农情，以备顾问，得有良法美意，亦可条具上陈。此外又有部中派出专员，劝农立会讲学，查验生虫妨谷之草，驱杀害苗之虫，教知参用机力、汽力、化学粪料之利。国家又为立兽瘟局，常年经费五十万佛郎。一千八百九十七年四月，又令查禁伪酒、伪乳油等物。他如打牲取鱼，非时有禁，竭泽有罚，用毒剂有刑。此皆保农之善政也。劝农之政，亦隶于农部第一司。劝奖之事有五：一、赛农场，每年分段举行，计十二次；二、奖赏花红；三、赛肥硕会场；四、禾稼果木大会；五、资助劝农各会，颁赠书籍，分给奖牌。自一千八百九十二年定例后，每年国家拨款发种麻花红计二百五十万佛郎。一千九百年发蚕桑花红计五百九十万九千佛朗，纺丝花红计四百五万四千佛郎。法政府又与官银行妥定章程，准收各农会票据抵借银款，银行又垫付银四十兆佛郎，由官分存农务息借局，并不取息，俾各乡农会现近取借，以资周转。凡此皆劝农之善政也。

[载振著(唐文治代)《英轺日记》卷九]

7月29日（六月二十五日）　在寓，拟《英君补行加冕典礼并无专使典礼不复回英情形折》。定稿后，即饬供事缮写。[据载振著(唐文治代)《英轺日记》卷九]本日日记中考法国地税。

考法国地税之则，每年准国家出款，由议院核议，原无定额。郡县中应完税课，由郡县各绅董摊派。乡间中应完税课，由乡官及协理一人或乡绅二人，会同本乡所举五人公办。其税项系按进款多寡核定，进项中应先除一切耕种、培植、收获各费,余利酌中为定数,按年就此数抽税。派定房产税课之法,乃于进利中,将原价若干,分定年月扣除,其应修补各费一律除清,余利作为定数,按年收税。官地、公产统免纳课。外如振兴农务、鼓励工艺所有应用房屋、粮储、牧圈等处,概无房捐。房产之税有二,一按地土肥美完纳,一按房产起造完纳,十年校正一次,由乡董商请办理。乡间中田地、房产应完税课者,绘有图籍,载明进利多寡。此法创自一千八百有七年,至六十二年始行告竣。办理绘图事宜有二:一、先令测算家将本乡所有田地丈量妥善,分明界限,绘成一图,并详明某地主田地若干、所种何物,除清费用尚有余利若干,即行注册,常年税课凭此摊派。二、责成地方官先将田地所种何物分明,列为等第、田地肥薄、房产大小各图,其一以为式,复照等第高下,估定每一万迈当进利若干,先由乡绅会合地主、房主商妥,即由郡守批准,作为定数。田地、房产一经分别等第,查明进利若干,分明界限,绘成图样,注明地主、房主姓名,所有田地、房产各若干,种植土产何物,派税时即可照册办理。此项图籍,府县、乡间各存一册。至于畜牧无专税。官树林亦无税,按年分段伐木,由官租与给价最多之商人承办,租价随时低昂。公家渔利亦由官出租,与树林办法无异,价无定则。若私业树林、果园、牧场、鱼池,则归入土田一门,并照出产多寡分别等第,按年摊派税课,税之多寡亦无定也。

[载振著(唐文治代)《英轺日记》卷九]

7月30日(六月二十六日) 巳刻,赴使馆,同裕庚等遥祝光绪帝万寿节。礼成,归寓。[据载振著(唐文治代)《英轺日记》卷九]本日日记中考法国盐税则例。

案:法国每年入款,地税之外,以盐课为大宗。定例,本国及阿尔日属地进关进口食盐,每百基罗各拉么纳税十佛郎。由外国进口者,税则不一,各按所运进口之处,或船只所挂旗号核定。国家征收盐税则例共十四条,详录如下:一、凡拟开办盐矿、盐井、盐池,须由总统批准租让,方为合例。二、凡开办盐矿者,可照矿务条例办理,应如何办法,由地方官按照租让情形定夺。开办前如何察验,亦责成该管官办理。三、租让一节,宜推本地主为先。四、所让矿地不得越二十方基罗迈当,盐井、盐池概不得越一方基罗迈当。所立合同,宜载明地主利权,按照一千八百十年定例第六及四十二等条办理,国家不取报效成数。五、凡拟开盐矿、盐井、盐池之人,首应按照一千八百六年定例第五十一条办理。凡未禀官而遽开锅煮盐者,锅具入官,另科罚一百佛郎。每年应提盐数,至少以五十万基罗各拉么为率,不得再减。所提之盐以供民用,照例完税。设有不能照数提出者,须先由总统允准始可,否则有罚。一切开办章程，由官议定，亦由官查验，俾所定之盐实数完税，以免偷漏。所有已开办各盐矿厂须遵办。六、凡开办盐矿者与提盐人等，欲行停工，须于一月前报明，不得再迟。停工后一月内，设所提之盐未经售出，即可令完税课。接办之人，须按照第五条定例办理。七、凡开办盐务者，若未按照例中第五条呈请允许，即由郡守禁止举办。遇有应行科罚之处，照下第十条办理。八、凡提出之盐，未及第五条所立定数，宜照定数完税，以示惩徵。九、凡盐质、盐水一切起运事宜，除官准各处外，不得外运。其起运章程，概由官长定夺。十、凡有犯例中第五、六、七、九等条者，或不遵守谕令，除将盐质、盐水及所提之盐、造盐运盐各具严拿入官外，尚有罚款，自五百至五千佛郎为止。遇有搀混或私造、私运等弊，查出加倍科税，复犯者加倍科罚。十一、以第五、六、七、九各条定例，各化学物料家设有提出之盐，亦当一律遵守。造火硝之家所出食盐，由管理杂税人员稽查。十二、所有盐质、盐水等物运往工厂作为耕种使用者，或为腌鱼肉使用者，一切起运章程、免税减税各节，统由官定。十三、凡有因朦混而免税、减税者，一经查出，照第十条定例科罚。遇有搀杂、偷漏等弊，加倍科税。腌鱼肉各栈若私用食盐，所用多寡照以上条例科罚。凡准用外国盐腌物之家，若因作伪，罚纳倍税。凡制盐腌物免纳税课各家，亦须遵此定例。十四、凡有违例者，当由海关或管理杂税人员查出，交改过所定断科罚。

[载振著（唐文治代）《英轺日记》卷九]

7 月 31 日（六月二十七日）　已刻，由巴黎启程，法外部暨洋员金登干、驻法公使裕庚并参随各员均赴车栈送行。西正抵沙滩屯海口。[据载振著（唐文治代）《英轺日记》卷九]本日日记中考法国电政。

案：法国电政最重，通国电局，除铁路所用及避暑过冬等处时开时闭之局不计外，所有都城邮电兼办局一百十四处，电报专局五处以外，大小局所约共九千处。电局章程：凡设立电线递寄电信，非由政府允准不可。如有私用电机或他法由电线通信者，例定监禁一月至一年，并罚款一千佛郎至万佛郎不等，所有器具一并拆毁。如国有大事，可将来往私电信暂时停止，或于一道、或数道、或全行停止，并可将各国来往电信或数道或全行暂停收发，惟须通知各国。电费：在法国及附近属地，往来寻常电信，每字五生丁，至少须费五十生丁。各报馆寻常电信，二十字以内出资五十生丁，二十字以外每字二生丁半。凡有紧要电信须越次先寄者，费以倍。如国民有请设私电线者，应递呈管理邮电衙门，或请知府转递。私电线分两种，有与官电线相接者，有不与官电线相接者。倘其线之长过五基罗迈当，而与官局亦有利益，则国家即为设立，并为经理其事。若欲设之线不过五基罗迈当,应准呈请者自行设立经管,国家仍随时派人稽查。其费由电务衙门开单,分令各局偿还。稽查委员所需量电等机具亦由局给费。

[载振著(唐文治代)《英轺日记》卷九]

8月1日(六月二十八日) 翻译刘式训持简拜访法海口水师提督及县官。午后赴海口一游。[据载振著(唐文治代)《英轺日记》卷九]本日日记中考法国矿务管理。

　　案:法国矿务衙门隶于工部,所定矿税有二项,一曰矿地,二曰矿产。地税有定则,凡占地一方基罗迈当,每年纳税十佛朗。矿产税系按出产净利多寡征抽,应抽成数,由议院量每年国用而定,故无常额。惟一千八十年声明,此项税银,无论如何不得逾净利百分之五,著为例。以上税项,均归经征田地房税人员征收。所入之款,由国家另行存储,专备矿司经费,及查探矿苗、开采新矿、整治旧矿之用,非此不得擅行发动。至矿局与地方交接各例,国中无论何人,不能擅自在他人地面探验矿苗,务必与该地主商妥,或由政府询明矿务局,果可试验,即发准凭,并令预偿地主地价,方可掘土验矿。如国家准令在人家地面及园林内或于围墙外地段五十迈当内探验矿苗,必先与地主先行议妥,并令请办者预付掘地款银,始能发给探苗准凭。至地主则尽可于围墙内外探验矿苗,无庸禀知政府,惟不能动工开采,倘欲开采,则须请领准凭。所有地段倘已认让他人,即不得再行探验。如矿局中购地开矿,地主应得何等利益,则应订立让矿合同,详行核议,并无定限云。

[载振著(唐文治代)《英轺日记》卷九]

8月2日(六月二十九日) 登英公司"山博而"轮船。[据载振著(唐文治代)《英轺日记》卷九]本日日记中考法国铁路公司之制。

　　考法国铁路公司之制,公司所有轨道、厂屋所占地段,应纳地税,按寻常地税最重者完纳,惟税额无常,每年由议院估定总数,交地方官分摊征收。各公司除纳地税外,别纳转运税。每年先将进项簿送官查验,然后抽收。向章人货并抽,自一千八百九十二年后,货物运脚除银钱、雅玩、行李大件仍旧百分税十二外,余一律免税。座客税亦分二等:冲要铁路搭客进款内每百分抽十二;小铁路或一郡专用者,或数郡合用者,搭客进款内每百抽三。其余寻常铁路,凡车能容六人以外、五十以内者,每年每客位征税十佛郎;能容五十人以外、百五十以内者,每年每客位征税五佛郎;能容百五十人以外者,每年每客位征税二佛郎五十生丁。查本年法国官商铁路成数表,官办冲要铁路已成者二千七百八十基罗迈当，未成者二千九百四十七基罗迈当，拟开者一百三十基罗迈当；商办冲要铁路已成者三万五千一百六十一基罗迈当，未成者三万七千七百十二基罗迈当，拟开者八百八十基罗迈当；各工厂等接运货物铁路已成者二百三十三基罗迈当，未成者二百七十六基罗迈当；商办小铁路已成者五千三百八十六基罗迈当，未成者七千二百二十五基罗迈当；商办气电等车铁路已成者四千八百九十六基罗迈当，未成者六千九百三十二基罗迈当。

［载振著（唐文治代）《英轺日记》卷九］

8月3日（六月三十日）　舟行大西洋。先生作《思亲诗》四首。

三十日，舟行大西洋，有微风。离家四月，定省久疏，眷念庭闱，明发不寐，作《思亲诗》四首，录入《英轺杂咏》中。

［载振著（唐文治代）《英轺日记》卷九］

按：上记《思亲诗》四首为先生所作，后刊于《国专校友会集刊》的《英轺杂咏》中未收录此诗。

8月4日（七月初一日）　舟行大西洋，有风。［据载振著（唐文治代）《英轺日记》卷九］本日日记中考法国蒙学至高等各级学堂状况。

案：法国境设立学塾，以童蒙为初阶。统计国中童蒙官学堂二千五百五十五处，私学堂三千一百八十四处，阿尔日属学堂亦在其内。凡国人儿女自二岁起，即可送入该学堂，六岁为止。又设初级官私学堂，官学堂六万七千六百七处，私学堂二万六千三百八处。国人儿女自六岁至十三岁，例应入该学堂学习。所入学堂，无论公私，或在家延师教读，均听其父母之便。其在家延师教读之学生，自七岁起，例应由官考试一次，如学业未精，须送入官私学堂肄业。至十三岁后均准出学，或就工业，或务农，均听其便。城乡并有特设各种讲学会，于工人休息之日或晚间，即借学堂斋舍，宣讲各种浅近学问以及工艺等事。查本年学校册，列高等初级学堂，男一百九十九处，女七十处；次等初级学堂，男三百九十三处，女一百五十三处；次等中学堂，男二百三十五处，女八十五处；高等学堂，男一百十四处，女三十处；备课女学堂五十处。其中学堂功课甚繁，学生各就性之所近、意之所好以为讲习，俟有成效，然后考入专门或大学堂肄业。又别设男师范小学堂八十八处，女师范小学堂八十五处。所有高等学堂共分五门：一教理学，一智学，一医学，一文学，一律学。至天主教理官学堂，已于一千八百八十五年裁撤。有耶稣教理官学堂二处，智学官学堂十五处，医学官学堂三处，医学与制药官学堂四处，文学官学堂十五处，律学官学堂十三处。别有预备医学、智学、文学学堂共十五处。又有设在属国高等学堂，律学三处,智学一处,文学一处,广招学生肄业云。

[载振著(唐文治代)《英轺日记》卷九]

8月5日(七月初二日) 舟行大西洋。[据载振著(唐文治代)《英轺日记》卷九]本日日记中考法国各类专门学堂状况。

考法国专门学堂,创自一千五百九十二年,现有教习三十五人,讲授全球古今政事、文学、一切有用之理。其生物院共有教习十六人,分授格致、化学,并考验动植各物。又有实用学堂,专教各种高等学理如何施诸实用之法。又有高等师范学堂,所以造就大中学堂人材。又有多艺学堂,专教各种艺学精理。学生功课期以二年,毕业后大考一次,作为海陆炮队武员,或不愿赴营,则准充国家工程师,掌国家矿务、舆图、火硝药等局工程。又有武备学堂,凡年在十七以上、二十一以下,得有初级文凭,均可考入该学堂肄业,毕业后作马、步队武员。又有海军学堂,凡投考学习海军武员者,须在十八岁以下、身体强壮、目力精到,方能收入。学有成效,作为二等兵官,再赴本国及各国海边游历,考试一次,始补头等兵官。又有矿务学堂,凡欲当国家矿务工程师、监工等差者,必由多艺学堂咨送肄业,或有投考学生,学成后准充商家矿务监工等职。又有桥路学堂,专取多艺学堂毕业生学习。又有工艺学堂,凡学生三年毕业后,发给准充工程师凭据,即归商厂聘用。其外,如东文学堂,则学生于二年、三年卒业后,即派往东方使领各署翻译差使。高艺学堂则教授雕刻、绘画、画图等事,考取优等者派往罗马法国学堂毕业。考古学堂则考察古时经籍书写、教法等事。理藩学堂则讲求属地事宜,凡学生三年卒业后,已得律学二等文凭者,即派往属国当差。商学学堂则讲贯商务大纲,造就商部商局人材。又如教种树木学堂、高等农学堂、农学教耕学堂、管理水道及树林、教养禽鸟各学堂。又有音乐学堂、描刻地图学堂,以及测绘海图、学造大工厂房屋、管理机轮、习学水手驾驶、造就矿厂监工工头、约束顽童、医兽聋瞽童、医治结舌各等项,无不设立学堂,洵有因事制宜之妙。盖法国讲求文学,宣明教化,于欧洲各国中特为精详,故于学堂一事尤极措意。倘有博雅之士,荟其程课,摘其虑宪,编为《法国学校志》一书,亦文苑中之巨观也。

[载振著(唐文治代)《英轺日记》卷九]

8月6日(七月初三日) 舟行大西洋,有风,舟颠簸,夜大雾,殊有戒心。[据载振著(唐文治代)《英轺日记》卷九]本日日记中考法国大学堂选用教习之法。

案:法国大学堂选用教习章程,律例官学堂诸席有选用、考取之别。选用者统归总统简派,先由律例科人员内选拔,由文部大臣请派,遇有缺出,或由本学校教习公同酌举，或由管理学校人员单举。欲充该学校教习，须年至三旬，考有律例科文凭，若中国进士之属，先在官学内教授三年，或在官准学堂内教授三年，方可承充。其学校中掌院一缺，三年一任，由本学校教习与管理学校人员于实缺教习中选举。至考试分门凡四：一曰民律、刑律，二曰官律，三曰律史，四曰理财。第一门笔试罗马律例，面试民律、商律、海律、刑律、词讼、民间公例。第二门笔试国政或万国公法，面试国律、政治、财政、万国公法。第三门笔试官民律史，面试罗马公例、法国官民律史、罗马国史。第四门笔试理财政策，面试理财法、财政立法、工艺立法、藩属财政立法、农务立法。至医学官学堂教习，亦有选用、考取之别。考取者不得过选缺之半，亦不得不满三分之一。选用者须年满三旬，考有医学文凭作为进士，先在官学教授三年，或在官准学堂教授三年，乃为合例。其考试亦分四门：一分割，考究全体生物等学；二格致、化学、药品、毒药等学；三医学；四外科，考究生产等学。考试时亦有笔试、面试之别。其格致、化学、生物各家笔试，分割、分验及考究全体等学，均局门面试。医家试以医病，病人由考官传至考场，备齐药物，令医家治之。外科考究生产家，与考试医家相同。分割家试以分割画法。考究全体家试以考究法。格致家试以格致学及试验法。化学家试以化学及试验法。试生物家亦同。药品家试以作药法及备药料法。其外艺学堂、文学堂、高等药品学堂各教习，亦有由总统选用者，亦有考取者，俱以秉公核实为主，无声气之可通也。

[载振著（唐文治代）《英轺日记》卷九]

8月7日（七月初四日） 舟行大西洋。[据载振著（唐文治代）《英轺日记》卷九]本日日记中考法国中学堂选用教习之法。

案：法国中学堂教法有二：一旧法，用辣丁、希腊文；一新法，无辣丁、希腊文。凡欲充中学校古文教习，先应考有文凭，如中国秀才之属。欲充文艺教习，须考有性学文凭。欲充实学或智学教习，须考有实学文凭。欲充时务教习，亦须考有文凭，始得承充。至欲充性学、数学、格致、史记各教习，须考有文学或实学文凭，如中国举人之属，方为合例。凡中学校所属初级学堂教习，亦须得有高等小学校文凭，或堪充训蒙教习文凭者始得充。其中学校高等教习归文部大臣简派，文法教习亦归该大臣简派。公立中学校男教习分三等：首为高等教习，例应考有中学校教习文凭，或考有文学、实学文凭者始得充。次为中等教习，应考有巴葛老来亚文凭，识辣丁、希腊文，或得有堪充中学校教习文凭者始得充。此外又有试用副教习，或派或调或撤，则概归管学大臣办理。中学校又设有女掌院，亦先考有教习文凭，或考有文学、实学文凭，或得有堪教外国语言文凭,或得有中学校卒业及得有高等小学校卒业文凭者始得充。其欲充中学校语言教习者,须考有语言文凭。欲充绘图教习者,须考有应得文凭,或在罗马得有花红,或由杂艺等校得有文凭者始得充。其外如体操教习、歌唱、针黹教习,例俱考有文凭。盖里塾党庠统于官,故通国无自行束修者。至其必以考取之文凭,分教习之差等,铢两悉称,立法为尤良也。

[载振著(唐文治代)《英轺日记》卷九]

8月8日(六月初五日) 舟行大西洋,晴热。[据载振著(唐文治代)《英轺日记》卷九]本日日记中考法国初级学堂选用教习之法。

考法国所设初级学堂,男女教习等级不一,始至者为试用,试用期满补缺,由管理学校人员请派,归知府办理,报于文部。试用之期,以二年为率。其补用章程,则另由府参议核议。惟小学校掌院一缺,须年满二十一岁方可承充。又定例小学校正教,必须得有试用文凭。在官学校试用者,由稽查学校人员发给。在私学校试用者,由本学校掌院发给。然其中亦有通融之法,倘有曾在师范小学堂或中学堂,于十八岁时已克充训蒙教习者,亦可作为正教。小学校欲该堂学生留宿,须商诸稽查人员,回明乡官,将学堂基址开明呈阅,奉准方可办理。凡欲充高等小学校掌院,须年满二十五岁,得有师范小学堂教习文凭,或高等小学堂教习文凭者始得充。该学校教习,亦应年满二十一岁,得有高等小学校文凭方为合例。至各等初级学堂,均准平民创设,或数人合办,或独自建立。惟总办、教习等员,倘非本国人,或未满例定年岁,或才能不及格者,均不准充任此职。其有因罪曾受科罚者,即不准承办学堂及在堂当差,所以甄别流品,条例綦严。乡间男学堂应聘男教习,女学堂应聘女教习,蒙学男女学堂亦归女教习教授。若本处已有一女官学堂或女私学堂,欲再立一男女兼收之私学堂,则非由管理学校议事处允准不可。倘本地已有各等官小学堂,即不准私学堂再收六岁以下学生,以免教法凌杂。至各等小私学堂课程、馆规,均由总监查官、管学官、稽查学校官以及学校议事人员、乡官、镇董等查察,略如中国稽察官学之例。查课之日,统饬将本堂学生书籍、课本呈验,其有犯规等事,即禀请查办。余因法国学校章程颇称周备,特详著之如此。

[载振著(唐文治代)《英轺日记》卷九]

8月9日(七月初六日) 抵达纽约,住华得夫酒店。与驻美大使伍廷芳商定谒见美国总统日期。

七月初六日巳正,舟抵纽约海口。驻扎美国出使大臣伍廷芳率参随各员登舟来接。午刻登岸,乘马车至华得夫客店,伍廷芳已先赴彼祗候,跪请圣安。

礼成，美国外部副大臣蒲士及纽约府尹参赞联乐士等来见。询知美总统现在艾士打湾避暑行宫，爰与伍廷芳商定，知照美外部，于初八日午刻往见。伍廷芳旋恭赍到电旨一道，当即敬谨译出……

[载振著（唐文治代）《英轺日记》卷十]

七月初六，抵美国纽约海口，住华得夫客店。纽约街道宽阔，房屋崇宏壮丽，高至四十层。余始谓其国之富饶，在于善贾，而不知其农事为地球之冠，乃天产之利也。

（唐文治《茹经先生自订年谱·壬寅三十八岁》）

8月10日（七月初七日）　未刻，载振等偕驻美大使伍廷芳，参观纽约救火善会。[据载振著（唐文治代）《英轺日记》卷十]本日日记中考美国政制大略。

　　案：美自华盛顿创国以后定制，每部立正统领一人、副统领一人或数人，会议管理政事。各部之中，又推一总统领，督管合部政事，均以四年为满任，亦有一年、二年一易者，贤则留之复任，至八年不准再留。如首领任满，则推副者为正；或副者不协人望，则别行推择。乡邑之长各以所推书姓名，投于匦中，毕则启匦，视所推数多者立之。或官吏，或庶民，不拘资格。退位总统与齐民无异。其推择总统之法，与推择各部统领同。凡公选公举，权不由上而由下。凡会盟战伐之事，则推总统为主，各部皆听命，事必会议而后定。如例所禁，总统亦不得犯也。其国政分为两党：一则尽心保护国政，其宗旨时与各邦违异，名曰护国政党；一则惧国权过重，常以阻抑总统及总议院之权为心，名曰护邦政党。所举总统，亦即视党会为转移。余因稽美国史书，考历代总统名居，并详其党与，胪列如下：曰华盛顿卓耳基，斐真伊亚邦人，始立政法。曰阿但斯约翰，玛撒初色邦人，护国政党。曰遮非森多马，斐真伊亚邦人，护国政党。曰玛第森雅各，斐真伊亚邦人，护国政党。曰们柔雅各，斐真伊亚邦人，护国政党。曰阿但斯盎纳西，玛撒初色邦人，护国政党。曰乍克森安得烈，特尼西邦人，护国政党。曰凡布仁玛耳德，纽约邦人，护国政党。曰哈利森伟联，欧亥欧邦人，护邦政党。曰太勒耳约翰，斐真伊亚邦人，护邦政党。曰哀勒雅各，特尼西邦人，护国政党。曰颓勒耳撒绰利，鲁伊西阿那邦人，护邦政党。曰斐勒谋耳米勒耳底，纽约邦人，护邦政党。曰皮耳西范克森，纽罕西耳邦人，护国政党。曰布谌安雅各，偏斯伟那邦人，护国政党。曰林堪亚伯拉罕，伊利挪邦人，护邦政党。曰乍纳森安得烈，特尼西邦人，护邦政党。曰嘎纳特犹利斯，伊利挪邦人，护邦政党。曰哈伊斯，欧亥欧邦人，护邦政党。曰加勒得，欧亥欧邦人，护邦政党。曰阿特耳，纽约邦人，护邦政党。曰盎利兰，纽约邦人，护国政党。曰哈利森便雅悯,印第阿那邦人,护邦政党。曰麦铿利,欧亥欧邦人,护邦政党。

[载振著(唐文治代)《英轺日记》卷十]

8月11日(七月初八日) 载振偕伍廷芳并率同参议梁诚、参赞汪大燮、黄开甲于艾士打湾(今译长岛湾)行宫谒见美国总统,先生等则在纽约小居。

初八日辰正,偕伍星使廷芳,并率同参议梁诚、参赞汪大燮、黄开甲谒见美总统于艾士打湾行宫。美外部导入,美总统候于宫门内。余入门,行三鞠躬礼,敬宣皇太后、皇上德意,传旨慰问。总统答礼,深颂皇仁,并以余远道跋涉,深致拳拳。礼成,总统请大宴。申正,始散席,辞归。晚,外部大臣就余寓中请宴,同席为纽约总统[督]、纽约府尹。宾主酬酢,款洽逾恒。席散,请观剧。子正,始归寓。

[载振著(唐文治代)《英轺日记》卷十]

时美总统在艾士打湾避暑,载大臣往谒,属余辈在纽约小住。

(唐文治《茹经先生自订年谱·壬寅三十八岁》)

8月12日(七月初九日) 未初刻,在寓请美国外部大臣并纽约州长、市长午宴;申刻,拜会纽约市长,并参观邮信馆;出游铁桥,经唐人街。酉初,伍廷芳在客寓请晚餐。戌初刻,即发行李,登火车,赴温哥华。[据载振著(唐文治代)《英轺日记》卷十]

8月13日(七月初十日) 天气寒甚,车行四千四百余里。[据载振著(唐文治代)《英轺日记》卷十]本日日记中考华盛顿创国功业。

余素慕华盛顿创国功业,今来美邦,始得详稽事实。案:华盛顿家世业农。年十六,充度地官。会法人侵英领地,土人亦乘机纷扰,英人举华盛顿为队将,每战必克,授提督。三年,以次平法及土人之乱,辞职,开垦荒地。是时北美地俱英、法管辖,英税法颇严,美人请立议院如英制,不允。美人起与英抗,十三省绅董会议御英策,推华盛顿提督军务,誓自立。华盛顿谓用兵损伤多,请英王退师,不许。众乃推华盛顿为总统,进击英兵,血战三年。英诸大臣谓不如许美自立便,遂与法会美人,盟于巴黎斯。华盛顿见国本已立,独身归农。时美新造,国计无出,各邦代议士定国宪,请华盛顿核夺。逾年,推为民主,定四年一任。华盛顿承丧乱之余,极力区画,在职四年,顿成富庶之国。任满将归,适值英、法失和,法求助于美。美人欲藉法泄之,华盛顿执不可。美人以为示弱,议院恐不能禁,坚留华盛顿主持,如初议,衅端终弭。再任满,解职,野服萧闲,与樵渔伍,尝言:"帝王世及,不问贤否,是私天下也,大为民害,宜革之。"国人追慕其德,名其国都曰华盛顿,至今列在七大国之一云。美人之议自立也,实苦英虐政。当建国之初,华盛顿告各国曰:"非我美人敢行叛英,英实不恤我美。"呜呼！强国务夺人土地，而驭之不以其道，结民怨，开兵祸，有势必至者。虽然，美之受制于英久矣，非华盛顿坚忍力战，必不能成开创之功；非合十三省为一民主，则无数小国，必不能免强邻之蚕食；非从战胜之后励精图治，而又时时以用兵为戒，则国之安危亦有不可知者。观美邦百余年来，民主相承，日臻富庶，岂偶然哉！

[载振著（唐文治代）《英轺日记》卷十]

8 月 14 日（七月十一日）　车行四千一百余里。[据载振著（唐文治代）《英轺日记》卷十]本日日记中考美国南北战争概况。

案：美国史乘掌故，以南北美之战最为脍炙人口。缘美国向分南北两部，南部驱役黑奴，北部欲废之，南北争论不息。咸丰十年，南部加罗里那先叛。明年，诸州应之，议立遮费泰威为大统领，而兵毁北部城寨，夺其船。是岁，北部亚伯拉罕林根为大统领，其大将马惹亚的孙以七百人守沙列士敦之参的砦，南军七千人攻之，开砦而降，南军建牙营于里治门。北军与战于薄尔仑，大败。同治元年，北军将格兰多攻铎尼尔孙，虏一万八千人，南军弃威实城走。北军制一铁甲船，形如筏，甲板上设小塔，中装巨炮，载兵六千，与南军战，南军大败。铁甲之利，遂称于海内。自是攻战经年，两军死伤各数万人。三年，格兰多为大都督，作二军，一军沙尔满将之，一军格兰多自将之，与南大将黎会战累日，破之，进抵里治门，攻彼得堡。南军别将攻华盛顿，格兰多分兵蹑之，沙尔满逾险抵亚的兰达。时北军深入敌中，赖一铁路挽运。沙尔满与格兰多合发亚的兰达，弃铁路，深入敌地。格兰多与黎战数十合，大破之。北军四集逼黎，黎穷蹙，以全军降，内乱始平。夫用兵之道，贵乎将得其人。观美洲南北两军连年攻战，固亦互有胜负，惟南军将校长于兵略，不免有轻敌之意，而北将格兰多英武善战，又得沙尔满佐之，同心协力，卒能降服南军。厥功伟矣，爰特著之。

[载振著（唐文治代）《英轺日记》卷十]

8 月 15 日（七月十二日）　车行四千八百余里。[据载振著（唐文治代）《英轺日记》卷十]本日日记中考美国国务部职官制度。

案：美国举官，厥有三类：曰地方官，曰议事官，曰执法官。任官亦有三类：曰敕任官，如各部局正次卿、海陆军提督、使臣、领事，由总统特简；曰奏任官，如各部股长、海陆军副参以下官、四等使臣、领事、参赞，由大员保奏，奉总统拣派；曰判任官，如各部局书记、属官、海陆军小校佐、领署书记等，由其长选派，或由计吏局考取。其行政分八部：曰国务部即外部，曰库务部，曰兵部即陆军部,曰海军部,曰律部,曰邮政部,曰内政部,曰农务部。近年以来,议设商务部,其规制尚未备。此外又设六局,以理庶务:曰总理本国各省通商局,曰劳工局,曰胥吏局,曰国家刊印局,曰渔务局,曰地舆局。国务部正卿一人,次卿一人,二等次卿一人,三等次卿一人,参谋律师、副律师各一人,总办一人,外交股长一人,领事股长一人,清档股长一人,会计股长一人,图书股长一人,通商股长一人,委任股长一人,翻译无定额。又有国务正卿秘书官一人,邮政分局长兼文报委员共三人。正卿承总统命,司简派外交官、领事官之事,及其往来文牍,凡与外国公使、领事交际,各国订立约章,又与各省总督往来文牍,掌本国联邦大玺、外国约本、本国宪法律例定本,掌给发游历护照及外国领事认状,及刊布议院增订律例、各议员之条议、联邦之宪法,及使臣、领事之年报、月报、特别报有关商务者。次卿皆掌佐正卿,经理本部各事,司内外公使、领事往来文牍,及一切公文、照会属稿之事。正卿有事,则次卿摄理。参谋律师、副律师备正、次卿之顾问,及参议公文、约章属稿之事。总办稽察进退本部书记以下官,综理本部一切杂务。外交股长收掌本国、外国外交官文牍。领事股长收掌本国、外国领事官文牍。清档股长司清厘一切案牍而收藏之。会计股长司本部收支数目、存储一切赔偿等费及其证券。图书股长收藏一切图籍,各国国书、约本、本国宪法、律例、公文等件。通商股长刊布领事官年、月、特别报,及凡有外国商务之事。委任股长记录敕奏、判任各官出缺、补缺、迁调之事,备办各项委任文凭、外国领事认状、游历执照、索交逃犯执照,监用联邦大玺。此外,各使臣、参赞、随员统谓之外交官,总领事以至副领事统谓之领事官。海军部、兵部所派人员附驻使馆者,谓之海军随员、陆军随员,经费由各本部自行给发,皆一律由总统简定,交议员议准派充。外交官恒于律法、政治出身人员中拣选,领事官恒于商务出身人员中拣选,又有议绅为出保结,是以位置得宜,不至失职。以下使领各署书记生、学生及领署挂衔副领事,可由使臣、领事举充,出使经费由本部于年底豫算来年需款若干,咨请议院议拨,内分别外交官、领事官两项。领事官亦有遵照部定章程收取照费以资办公者,亦有全资照费办公不领经费者。国家近年又新设外交公法学堂,培养外交人材。至各处商务学堂,亦兼育领事人材。闻将仿照欧洲各国办法,凡外交官、领事官皆专其任。盖其意视外交之学为国家命脉所关,故郑重有如此者。

[载振著(唐文治代)《英轺日记》卷十]

8月16日(七月十三日) 车行四千四百余里。[据载振著(唐文治代)《英轺日记》卷十]本日日记中考美国库务部职官制度。

案：美国库务部正卿一人，次卿三人，总办一人，建造绘图官一人，国库支应官一人，库务部稽核官一人，兵部稽核官一人，海军部稽核官一人，内政部稽核官一人，国务等部稽核官一人，邮政部稽核官一人，管理国库官一人，管纽约城分国库官一人，管诗卡各分国库官一人，管纽阿连分国库官一人；管波梯么分国库官一人，管辛辛那地分国库官一人，管三藩息司戈分国库官一人，国库注册官一人，监督银行官一人，监督铸币局官二人，管卡逊城铸币局兼提炼厂一人，管纽阿连铸币局官一人，管费城铸币局官一人，管三藩息司戈铸币局管官一人，管典佛铸币局兼提炼厂官一人，综理印税官一人，总理航海官一人，总理沿海舆地测量官一人，总理通国律度量衡官一人，查验汽船官一人，总理江海医院官一人，稽查外国流民官一人，督理救生局官一人，造册处官一人，刊印处官一人，灯塔料理官无定额，委任股长一人，度支股长一人，公财股长、税务股长一人，巡税船股长一人，文书股长一人，公债国币股长一人，收发股长一人，杂务股长一人，律司一人。正卿掌通国之财政，凡裕饷富民之事，监督征收税饷、支用报销、国库出入，造具豫算出入表，咨交议院核议，兼司工程铸币、督理沿海地舆测量、救生船局、灯塔巡船及查验汽船、海面医院之事，事繁责重，为各部最。次卿三人，其一佐正卿掌税务、沿海之事，其一佐正卿掌铸币、银纸、国债、度支及本部所辖各官升降、补缺等事，其一佐正卿掌殖民、测地册籍及往还文件一切事。总办承正、次卿命，稽察本部各股书记以下官，兼司邮寄信件、本部车马夫役以及保护国库一切事宜、正卿文书房之案牍。建造绘图官司一切公家建造之事，及稽查估修公家廨宇。国库支应官司决断一切收支可否之事。库务部稽核官暨兵部、内政、海军、国务、邮政等部稽核官，司稽察本部各股收支之事。管理国库官司华盛顿京城总库及纽约等城分国库及各处国家银行一切出纳之事，掌管各项经费存款、股票、债票及支给国家公债利息等事。总国库外，又有分国库八处，各设官一人，经理其事。国库注册官司查验纸币、公债票、股票一切国家证券，及签名、盖印之事。监督银行官承正卿命查国家各银行之事。监督铸币局官承正卿命，督理各局铸币及各厂提炼金银之事，按季册报各局办法、成色、数目及各国价值、成色。综理印税官监督征收印税，实行印税条例，管辖经理印税官吏、制造印花、颁发训条等事。总理航海官司一切船只注册及交纳船钞之事，每年册报于正卿。总理沿海舆地测量官测量太平洋、大西洋各海道及海口、河道、潮汐、沙线等事，造册刊布。总理通国律度量衡官。查验汽船官司颁行一切查验汽船章程，每年正月开令于华盛顿京城，集议验船事宜。综理江海医院官督理江海各医院医药、查验水手、引港人等气体,及颁行一切检疫防疫章程。稽查外国流民官司颁行一切限制外国人民入境及限禁华人入境条例。督理救生局官司颁行一切救生局办事章程、赏恤条例,及稽查在事员役之勤惰、江海失事之情形、人命损失之数,册报正卿。造册处官司查取出入货殖,如各国商务存栈货、消流货各货良楛、贵贱、税饷增减,各国商船出入口吨数,本国商船吨数,本国各埠商务情形、货产细数一切事宜,按月、按季、按年详造册表,呈于正卿,刊布各处。刊印处官司刊印国家所用契券、文凭、证据、图籍、国库国家银行所出纸币、股票、债票,凡一切公用之件。灯塔料理官司稽查沿海灯塔、浮桩、灯船、雾标等件,及应增应移之事。此外又有税务司一百二十三人,由正卿奏派,分驻各关,又税务稽察四十六人,巡海官六人,皆归库务部所属。

[载振著(唐文治代)《英轺日记》卷十]

按:上引文中"总理通国律度量衡官"一句之后,未记其所司掌之事务,原文当有脱漏。

旋乘火车赴温哥华海口,中途树林阴翳,农人黄冠野服,偶有红种人杂处其中。遇早餐时,停车略一浏览,野草鲜花,别饶风景。车行六日,始抵温哥华。该埠为通商要地,客寓虽不若纽约之华美,亦极闳敞。

(唐文治《茹经先生自订年谱·壬寅三十八岁》)

8月17日(七月十四日) 车行一千余里。申正,抵温哥华。[据载振著(唐文治代)《英轺日记》卷十]本日日记中考美国兵部职官制度。

案:美国兵部即陆军部,正卿一人,次卿一人,总办一人,总理军务陆军一等提督一人,秘书官一人,中军官二人,军政司副总办一人,炮队总管一人,炮队副总管一人,总书记一人。其外分曹而理事者,曰军政股,曰考功股,曰转运股,曰军需股,曰军医股,曰支应股,曰工程股,曰军械股,曰军法股,曰功恤股。正卿承总统命,督理一切陆军事宜,掌估计、稽察本部及各行营、坐营支项,购办粮草衣械、养兵运兵各费,及议院准定一切支项,管理委士盘国家武备学校及陆军教育事,兼管防守局、战务记功局事务,又掌通国边防海防、储办枪炮、修浚河海之事。凡议院议设水道、桥梁等工,亦须查核准驳。凡防营添设、改设及本部所管公地,均听调度。次卿佐正卿司河道、海口,及安设桥梁、租出公地等事,稽察武备各事及纪功恤典等股,办理募勇、散勇粮草及军营法司、狱囚诸事,又管各省义团各项款目、测量地理、招办军需、赠给宝星功牌、修理昭忠坟墓等事,查考古巴、飞猎宾各岛情形,及料简各该岛寻常事宜。总办承正、次卿命,司理文案,收发、转递各营文函,刊刷告白、文件、报册,采办纸张笔墨,以及凡本部一切杂事，及正、次卿日行寻常事宜。军政股司宣布总统、兵部正卿、军务处之命令及其往来文牍，收储各军册报，备办委任札付，收受告退票件，并承卿命管理招募之事。考功股长率其副分查各军驻所、各等学堂之有军官教习者，以及各营合操所、义团营房、船政制造等局、炮台防垒，凡陆军各官所司之工程及陆军各官开除之款项。转运股长率其副筹办运送陆军及其衣械、器具、马驮、车舟、草料、纸张、笔墨，及一切备存陆军应用之物，给办义团之衣服、器械，建造修理陆军驻所之码头、桥路、屋宇及其食水灯火，专司昭忠坟墓，兼司犒赏、雇募侦探、乡导、通事等人。军需股司备办、分给陆军粮食及豫备军营准用物件，以便弁兵购领，稽察各项支销。军医股司陆军医药、选派军医、稽查军医、储备药料及陆军医院、医报之事。支应股司支给本部及各营陆军将弁兵丁俸粮，估发陆军各官公费及给发伤亡弁兵除存未领俸粮。工程股统理工兵各营，修筑炮台防垒，安放水雷防海各事，军行桥路，河海、塘湖丈量工程，及议院所定兵部应办工程。军械股司备办、存储、发给美国常备、义团招募各兵战守所用大小枪炮器械，查考新式战具情状、图式以试验枪械之法，讲求各局制造，严杜参差靡费诸弊。军法股司理一切军法司律令、案件，及陆军章程条教之事，查察关涉陆军各营、各学堂、各工程之案，及陆军弁兵被控之案，赞助正次卿、各股订立合同，凡有关律例之事。军号股司撰办陆军一切号令、旗号、灯号诸图说，各陆军行营电报、德律风各事，代传各陆军探报一切事。功恤股司纪载伤病阵亡陆军弁兵之事，及凡与恤典局有关之事。凡股长以陆军二三等提督承充，其俸薪亦较他部股长为特优云。

[载振著（唐文治代）《英轺日记》卷十]

8 月 18 日（七月十五日）　登英公司"日本皇后"船。舟抵维多利亚，华商百余人登船来谒。本日日记中考美国陆军大略。

十五日早起，发外务部电一件，报由温哥华埠启程日期。未正一刻，率同参随、翻译人等登英公司日本皇后船……申初刻开行，同舟有英国香港总督及比国代办使事参赞葛飞业，不期而遇，殊可喜。又有华商叶恩、李梦九来谒见，皆粤人居维多利亚埠者。日昨接该埠华商公电，请余抵埠时往临，余以舣舟为时过促，未及登岸覆之。戌正，舟抵维多利亚埠，该埠华商百余人登船来谒。余不通粤语，命参赞汪大燮传语慰问，总以毋忘国家厚恩为嘱，诸商唯唯而退。亥初，即启碇行。案：美国陆兵定额，正兵共二万余名。自一千八百九十八年美日战后，得小吕宋、古巴诸岛，乃增兵额，然议院定例不得过十万人。战时，总统可调各省预备兵投效，有事则赴，无事则散。各省预备兵共十万六千三百三十九人,教之战法,以时训练,平时无饷,师行粮食。军队分七事:曰军务处,曰工程师,曰马兵,曰炮兵,曰步兵,曰医院,曰传发旗号队。正兵额缺由兵部召募,于各书信馆遍贴告示,愿当者先由医生验看及格,然后挑选。投效者须能读能书,身驱[躯]强壮无病,品行端正,年长不过三十五以上,年少不得在十八岁以下。如未及二十一岁者,须其父给予准单。父殁,母可代给准单。如父母均殁,则亲属管束人可代给发。如投效步军及防护海滨炮队,身高须过五尺四寸,身重最轻一百二十磅,最重一百九十磅。如投效马军及陆地炮队,身高须在五尺四寸以上、五尺十寸以下,身重不得过一百六十五磅。凡当正额兵,以三年为限。兵饷每兵每月给饷银十三圆,另给兵衣及粮食。如兵丁派往古巴、巴都力如、小吕宋、檀香山及阿拉司加当差,月俸每百加二十。兵官派往以上各处,每百加十。兵官分二等,一有照,一无照。有照兵官由总统及兵部发给官阶文凭,皆系陆军学堂出身,亦偶有由兵卒考升者。兵官升阶,或按资格,或论战功,或论办事劳绩,俱归总统酌定,咨令上议院议准。至其武备学堂定制,每上议院议绅及下议院议绅可派本省少年一人入堂肄习;未入行省之省及华盛顿府亦可各派本地少年一人入武备学堂。此外,总统可简派三十人入学习武事。议绅简派人法,有先登报布告本府人考期,招少年应试,考取第一即送兵部,兵部给准照前赴学堂考试,考取即准入院;有议绅不用考试之法,即简派一人,请兵部给照赴堂考试。亦有时简派两人,一正一副,请兵部给予考试准照,正者先考,不入选,传副者往试。投考者年岁须在十七岁以上、二十二岁以下。考试之目有五:曰写字,曰算法,曰文法书,曰地理志,曰美国史记。入堂以后,四年毕业。所读之书,为算法、法文、西班牙文、绘图、操武、法理学、化学、格物、矿务、地理、电学、史记、公法、陆军战例、国例、工造,及营造法、武艺、放炮法、军火。定课自西九月一号至六月一号读书,自西六月中浣至八月杪专学阵法,并居棚帐。每年甄别二次,有不入选者斥退。学成卒业者,即派充千总官。生徒在学堂时,年俸五百四十圆。外国人入学堂,须归议院议准后方可收入,并须自备资斧。入学堂后,两年后准请假回家一次,平时不准请假,俾得专心学业。其章程大略如此。国中枪炮厂共有十七处,约分三种:一为藏枪炮处,一为制造军器处,一为藏军火处,均随时由兵部查核。

[载振著(唐文治代)《英轺日记》卷十]

8月19日(七月十六日)　舟行太平洋。[据载振著(唐文治代)《英轺日记》卷十]本日日记中考美国海军职官制度及水师学堂规制。

案:美国海军部正卿一人,次卿一人,总办一人,度支书记一人,总理军务处海军一等提督一人,中军官一人,秘书官一人,调遣股长一人,厂坞股长一人,师船供给股长一人,军械股长一人,修造股长一人,汽机股长一人,医药股长一人,军需股长一人,通信股长一人,军法股长一人。正卿承总统命,掌一切海军之事。次卿佐正卿,掌一切海军之事。总办司本部文牍及正、次卿房之文件。调遣股长司传正卿号令于各船队,训练海军官员、兵卒,招募、遣散判任以下官及海军兵卒,载送弁兵,分配水手,记载全军各队分扎处所,增修军略、军志、号令、电码、通行章程等书。厂坞股长司全国海军船坞、船厂及其产业,及厂坞内之器具、工作等事。师船供给股长司供给全军各船所用缆锚、帆绳、海图、灯旗、纸张、书籍一切师船应用之件,及收取外洋各处海图,分给诸队。军械股长司水雷、火药、炸药、枪炮、机器、船舰、皮甲、各厂局之事,制造、存储、分给、运送以上各件,及供给各厂局应用纸张、笔墨、簿籍一切物件。修造股长司建造师船一切打样、马力、重力,凡船只相关之事,及修理船只应与军械、厂坞两股合办之事。汽船股长司打样、购造、配制、修理行用一切汽机事件,凡师船所需者。医药股长司海军各项医院、医生、人役及所用器具、药料之事,又司建造医院、运送医药等事。军需股长司供给运送全军粮食、衣服、用物、食水及估计其费。通信股长司通传海军相关消息、信报等事。军法股长司理一切琐务,与兵部军法股同。载考美国水师学堂规制,创始于一千八百四十五年,设在美利兰省安拿波里斯地。其考取学生入堂之法,每年总统选派十名,华盛顿都城一名亦由总统举,下议绅每人可荐举一名。如遇缺额,水师部大臣每年三月五号后,即行知照某处缺额之下议绅,另行荐举充补。各学生均应在学堂学习四年,出洋操练两年。学生务取强壮,其年岁须在十五岁以上、二十岁以下者,始准入堂学习,均须具结声明自愿为水师效力,若非由国家先行开除,八年之内不得规避。学生自入堂之日起算,每名每年领费美洋五百元。其已经出洋操练者,遇水师员弁缺出,即可按级升补。统计美国现有海军船只,铁甲战船十八艘,铁甲巡船八艘,蚊子防口战船二十艘,巡船五十二艘,水雷船六十艘。船厂之著名者,一在布鲁连,一在费城,一在砵罗耶,一在金山。

[载振著(唐文治代)《英轺日记》卷十]

8 月 20 日(七月十七日)　舟行太平洋。先生作《太平洋歌》。本日日记中考美国律部职官制度。

十七日,舟行太平洋。巳刻有风,午后风益甚,浪入舱中,澎湃有声,夜风狂猛……余不得寐,口占《太平洋歌》一首,其词云:"太平洋势互西东,蚴蛇秋水百潦洪。澎潭湛泆两洲通,试访河伯与海童。我行凿空自纽约,历经千山与万壑。维多利亚暂依泊，转瞬船头风浪恶。冯夷击鼓鲸鱼趋，骊龙惊起探明珠。九天九地凭风驱，踏破云梯拉朽株。颠倒回混穷区鸢，海客蜷服鲛人怖。沈心摇精不得瘳，手足罢券蒙疾痼。吁嗟乎！生人是处皆风波，鹏戾鹏横强食多。但愿八极靖干戈，容与太平姿婆娑。"丑初刻，舟停，撼如故。案：美国律部正卿一人，次卿一人，参议四五人，国务部参谋律司一人，库务部参谋律司一人，印税参谋律司一人，邮政部参谋律司一人，内部参谋律司一人，总办一人，律务总委员一人，估核股长一人，赦释股律司一人，委任股书记官一人，支应股书记一人，验案官一人。正卿掌本国凡有关法律之事，决主各部局应守之条例，解释律例之意，稽察全国之审案律司、提刑等官，赞佐本国与外国法律交涉之事。次卿佐正卿理法律之事，代本国国家辨论一切控告之案。参议承正、次卿，分司各项法律之事。国务部参谋律司、库务部参谋律司、印税参谋律司、邮政部参谋律司、内部参谋律司分隶各部局，参议有关法律、条约、例章、案件。总办司本部书记以下员役，及本部文牍一切杂事。律务总委员商管本国监狱囚犯之事，督率其属分行各省，稽察各审院之事。估核股长司稽核全国审院之审案律师、提刑、书记等官支销款项，上于正卿批准后，分行各该省暨库务办理，并估计全年费用。赦释股之律司司一切援案吁乞减赦等事，其海、陆军弁兵仍归各该部办理。委任股书记官司委任、存记、荐举等事，及备办委任文凭。支应股书记承正卿命，支发总察院、分巡察院各审官、提刑、书记等官役俸薪，及本部一切支用等事。验案官司查验一切控案主名。载考其执法之官，全国总理上察院驻华盛顿京，专理全国刑案事件，凡各分道上察院及中央政府所派之察院皆隶焉。总察正按察官一人，副按察官八人，曾任各省地方察院及分道察院官者，方得派充任事，无大故则终其身，例由总统简派。其属书记二人，武弁一人，访事一人。分巡各道上察院计九道，正副按察官分领其事，各道设按察二人，例由总统、察院会派。各大郡上察院八十二所，各设按察一人，任或十年、或六年，例由民间公举，或由总察院及本省总督会派。此外又设控请院，驻华盛顿，专理民间控请国家赔恤、给还地产一切等事，其官正按察一人，副四人。又设私产控请院，驻华盛顿，专理民间私产调判、分给、追还一切等事，其官正按察一人，副四人。又设诉告院，驻华盛顿，专理一切上控总统或总察之事，其官正按察一人，副二人。各省设本省地方等察院，无定限，隶总督。各城镇设巡警审堂，亦无定限，隶美尔及巡警总办。美国之律法如此。

[载振著(唐文治代)《英轺日记》卷十]

按：上文"余不得寐，口占《太平洋歌》一首"云云，《英轺日记》虽为代载振作，并拟用载振口气，但《太平洋歌》实为先生本人作品，后《国专校友会集刊》刊载先生的《英轺杂咏》，《太平洋歌》亦收入其中。

8月21日（七月十八日）　早，风息，开行略平稳。[据载振著(唐文治代)《英轺日记》卷十]本日日记中考美国邮政部职官制度。

案：美国邮部正卿一人，次卿一人，二等次卿、三等次卿、四等次卿各一人，总办四人，参谋律司一人，委任事务书记一人，总度支书记一人，城镇记载官一人，度支股长正、副各一人，派信股长正、副各一人，供给股正、副各一人，汇票股长正、副各一人，发[废]信股长正、副各一人，待问股长一人，转递股长一人，合同股长一人，稽察股长一人，邮器股长一人，铁路股长一人，外国股长一人，理财股长一人，邮税股长一人，分级股长一人，挂号股长一人，销票股长一人，档案股长一人，委任股长一人，察吏股长一人，纠察股长一人。正卿督办通国邮政事务，除正部次卿、各大局总办由总统简派外，本部各员及分局总办委员薪水一千元以下者，皆由正卿委派，兼掌与外国订立联合邮政条约，及与各局、各公司订立办理邮政事务合同。次卿佐正卿专掌度支以下六股之事。度支股长司支发各局员月俸薪、一切局费，经理分局书记押保租赁信箱、启闭邮局时刻、各局员役请假及设立邮政分局等事。派信股长司各城邑收信派信办法，安设信箱等件，稽查派信路径、程途、时刻，选派信夫，稽察勤惰等事。供给股长司各局应用纸张、秤磅、簿籍等件。汇票股长司本国内地邮政汇票及外国往返邮政汇票之事。发[废]信股长司凡内地、外国信件之无人收受者，设法递寄，或存储该局候查，或寄还原主；其有紧要文书、银物，一律迅速交还，其无主者报知总局存储，告白候领。待问股长司复答各局员役查询邮政事例、办法。二等次卿佐正卿专掌转递以下六股之事。转递股长司凡由铁路、电路寄信及马车载信、气筒传信等事，督造火电等项寄信车辆，料理津贴各公司代行车辆之事。合同股长司与各车船订约装信之事。稽察股长司稽察各车船公司及代理分局能否按照合同办事。邮器股长司制办、修理、分给一切邮袋、信箱钥匙等件，并记其存数、毁数。铁路股长司铁路代带信件之事，及随附铁路邮政书记委调升降之事。外国股长司凡与外国邮政联合往来交涉之事，及轮船代带信件之事。三等次卿佐正卿专掌理财以下六股之事，兼掌供给各署公用免费信封、信片等件。理财股长司本部款项收入、存储、生息之事，及指挥各分局入款存解办法。邮税股长司发交各分局邮票、明片等件，核算其销售应入之数，立册存记。分级股长司凡一切邮件分别其等级，定为邮票数目，立册记载。挂号股长司凡一切挂号信件及其办法。销票股长司各分局缴还废坏无用信票、明片等件。档案股长司本部一切大小文牍。又其属有办理邮票委员一人，办理明片委员一人，办理邮票、信封封面纸委员一人。四等次卿佐正卿专掌委任以下各股之事。委任股长司本部委派各局员役之事，及订定分局名称。察吏股长司记载各局员役押柜保结等事。纠察股长司纠察各员及违犯邮例之事。此外又有分局总办六十一人，委员无定额。余觅近年美国邮政出入年表，载一千八百九十九年卖信票共收美洋九十五兆零二万一千三百八十四元，费用一百零一兆零六十三万二千一百六十元；一千九百年卖信票共收美洋一百零二兆三十五万四千五百七十九元，费用一百零七兆七十四万二百六十八元；一千九百零一年卖信票共收美洋一百一十一兆六十三万一千一百九十三元，费用一百一十一兆五十五万四千九百二十元。

［载振著（唐文治代）《英轺日记》卷十］

8月22日(七月十九日)　舟行太平洋，颇平稳。［据载振著（唐文治代）《英轺日记》卷十一］本日日记中考美国内务部职官制度。

　　考美国内部正卿一人，次卿一人，二等次卿一人，总办一人，参谋律司一人，委任股长一人，支应股长一人，公地铁路股长一人，土番事务股长一人，专利等事股长一人，土番属部股长一人，请给赏恤司长一人，纸张册籍司长一人，清档股长一人，专利给照局督办一人，赏恤局督办一人，公地局督办一人，教育局督办一人，铁路局督办一人，地理丈量局督办一人，户口册籍局督办一人，土番局督办一人。正卿之职，督理专利给照、赏恤官弁兵吏、国家公地、红皮土番、通国教育、通国铁路、地理测绘、户口册籍、公家苑囿、津贴农工诸学等事。凡克仑比亚京畿内之医院、善堂，亦归稽察。次卿佐正卿专理内部与库部及各属省交涉之财政契券、合同等事，兼理土番产业购买、典押及铁路股与保全通国著名苑林等事。二等次卿佐正卿专理专利、赏恤、教育之事，兼理疯狂瞽瘖各种医院、善堂。总办之职掌本部书记以下一切员役及正卿往来文件，供给本部应用纸张笔墨等件，及刊布缙绅录。专利给照局督办掌凡一切新法、新机、新理或改良各件之有益民用者，督所属查验得实，给照准其专利，声明权利年限，凡商标、号码、招牌等件注册存案。赏恤局督办掌凡曾立战功之官弁兵役生时赏功及死后恤典呈请办理者，督所属查验得实，照例给照，准领银两。公地局督办掌凡公地产业租卖典批及拨充各项公用善举等事。教育局督办掌稽察通国教育之事，凡整顿学律、学规，扩充学堂、书藏、教习、学生一切情形，按期造册刊布，兼理津贴农工学堂办法。铁路局督办掌凡铁路公司敷设铁路在米悉悉皮河之西南北岸相近之处者，或经国家津贴担保债票股分者，或借用国家公地官道者,应将图说呈请督办查验,按年将数部呈请督办查验,督办即将随时稽查一切律法、合同之事,每年六月杪造册刊布。地理丈量局督办掌所属分别公地之等级,查核地舆图说、泉水源流、地宜土产,及丈量山林等地。户口册籍局督办掌所属办理通国及属地户口,凡生齿事业、本籍寄籍、三代等事,一一注明,造册刊布;每十年清查户口一次,临时由议院拨款,派员周历各省,特设分局办理,限期告成。土番局督办掌内地土番一切生聚约束、教育、供给粮食衣服等事。盖美国内部,略如《周官》司徒之职,朝市之事、养育之宜皆属焉,纲举而目张,庶政事四达而不悖也。

[载振著(唐文治代)《英轺日记》卷十一]

8月23日(七月二十日)　舟行太平洋,有风。[据载振著(唐文治代)《英轺日记》卷十一]本日日记中考美国农部职官制度及农政大略。

考美国农部正卿一人,次卿一人,总办一人,委任司总办一人,天文股长一人,畜牧股长二人,植物股长一人,森林股长一人,化分股长二人,辨土股长一人,验虫司总办一人,体物司总办一人,支应司总办一人,纂修司纂修官兼总办一人,记录司总办一人,外国商场司总办一人,书藏司总办一人,道涂司总办一人。正卿之职掌一切农务之事,督理农务试验各场,稽察边境检疫所牲畜人口及内地检疫所牲畜转运,搜采农务新法随时刊布,动植各物新种分给民间试育。次卿佐正卿掌农务一切事。总办掌本部书记以下员役及本部杂务。委任司总办承正卿命,司本部与所属各官迁调、委派、裁撤之事,及其公牍、文凭。天文股长承正卿命,测算阴暗寒暑风霜雨雪,逐日刊布,遇有风灾、水旱,先期布告,临时升旗示警,以便农商及航海诸人;又测算河流涨落,稽查沿海传警电线,搜采海疆消息,随时布告,以便商务航业;又测候天气雨水,以便种棉。凡天文之事有关农商者,均归掌理。畜牧股长掌查考各种畜病,设法消止,稽查各牧厂及屠市情形、进出口各种牲畜及内外检疫所转运牲畜事务,又稽察牛乳、牛油制造厂果无弊害,始给文凭,准其出口。其属有畜牧分化所,官七人,主考察牲畜肉质、皮毛种类,乳酪各物损益及牲畜病源。又有畜牧试验场一所,官二人,掌试验牲畜牧养之事。以上并属于畜牧股。植物股长掌查考一切植物性质、功用、品类及除病去虫之害,并督理各所场事务。其属有查考谷蔬病害功用所,官八人,掌查考五谷、各种菜蔬有关民生者,如何去病除害、肥种生力以及移种选子之法。又有草木查考试验所,官四人,掌考察各种草木性质、功用、损益生杀之法,分别子种之事。又有牲畜草料查考试验所,官二人,掌考查本国、外洋各种草料宜于牲畜者,其移种选子之法、天时土宜之别及试种之事。又有果瓜考查所，官三人，掌考查各种瓜果性质、功用，如何移种、培养、收藏之法，一以供民用，一以销外洋。又有园圃料理试验所，官三人，掌经理京城各街公家园圃栽树种草之事，及讲求试验花窖一切培养花草之事。又有议院分派子种官二人，掌收藏各项贵重种子，分给上下院绅士、各省委员、各省试验场，令其试种。又有子种树秧交换所，官二人，掌搜采天下各国草木谷蔬名种，分行本国各省试种。又有阿灵顿谷蔬瓜果试种场，官一人，场在京城南，为本部试种总汇之区。又有茶叶种制场，官一人，场设南加路邻那省，专试种茶叶及制造之法。以上并属于植物股。森林股长掌教导农民、林业诸商等一切种树取树之法，本国树木稀少之地设法栽种，并教导种植之法，考查何种树木可以销售商场及一切树木长养锯解之法，又助内部整理林木之事。化分股长掌用化学法分化水土性质，宜种何项植物，宜畜何项动物，如何肥土净水，何种食物有益卫生，及襄理本部各股需用化学之事。辨土股长掌查考土性宜于种植之事，及将通国地土绘图列说以资考究，兼考查种植烟叶之事。验虫司总办掌考验各种飞走虫豸有害动植诸物者如何捕捉灭绝之法，并将其形状、性质刊布各处。体物司总办掌考查动植物性土宜，分别通国地方绘图刊布，又考查鸟兽及兽之孳乳者如何保全，使无扰害，又颁行议院所定雀鸟入口及保全雀鸟之例。支应司总办掌收纳部库拨款、各项入款，支给各股、各场所费用，及财政之有关本部者。纂修司纂修官兼总办掌撰辑刊布报章、通启及一切公牍，凡有关天文农务之事皆辑录刊印，通行各议绅。记录司总办掌访查本国、外国农务谷食牲畜牧情形，本国由各城邑官绅、外国由领事农商委员随员等官商代为查报，撰录成书，刊送各议绅、各省官员，又辑谷类收成、市场情形，每月一册，分布各城。外国商场司总办掌推广本国农产销行外国商场之事，凡各国市场所需品物一一查明，又查如何转运、如何入口、如何销售之法。书藏司总办掌本部购存捐入各项公私书籍报章，及各股年报、通启、册籍之类。道涂司总办掌稽查通国街衢道路修治平筑情形，及如何整顿之法。至其教育农事，由农务部、渔务局、各试验场为之提倡，农部又刊刻各种新法之书，任人取读，不受赀。农务赛物院亦任人入观。农学堂除教学生外，并设夜课，以教农家子弟之无暇往学者。又恒于冬令农闲之时，开农务演说会，用浅语浅法教导村农之不能读书者。而国家于地税则征收甚微，只由本省酌收若干，供本省公用。惟本康地或昔地，则按年豫算摊捐，以供地方之公用，其数亦不一律。斯美国任地之大纲也。余案：孟子言王政，不过曰"五亩之宅，树之以桑"，曰"百亩之田，勿夺其时"，而对滕文公，则曰"民事不可缓也"，可见农务实为国家本事。近人论西国之富，辄称其美矿产、擅工艺，鲜有及于民事者。不图今至美洲，考其重农贵粟之经，实与我中国先贤所论隐相符合，且美国致富之本，实以树艺为大宗，乃叹古圣贤经济所包闳远，固未可以私臆菲薄之也。

[载振著（唐文治代）《英轺日记》卷十一]

8 月 24 日（七月二十一日）　舟行太平洋。[据载振著（唐文治代）《英轺日记》卷十一]本日日记中考美国奖劝工商之法及近五年进出口统计。

案：美国近两年出口货物，大约农务出产者居百分之六十四，矿产居百分之四，制造出产者居百分之二十八。计一千九百零一年出口货物所值，农务出产已居九十四兆元。知农务之不可不重，而鼓舞商情，流通货物，如泉源之畅行于地，尤为国家元气所关。其奖劝工商之法，一曰免税，二曰赛会，三曰奖给金、银、铜三等牌，四曰专利。此外复准民间自设工商学会，只须将章程禀官查验存案，并准地方官入会为会友，其提倡可谓至矣。查美国商船注册领凭者，轮船共七千零五艘，帆船、运船及各种船共一万六千艘，载货共五百万吨，约值二百一十五兆零六万九千元。再考近五年出入口货物价值表，一千八百九十七年出口一千零五十兆九十九万三千五百五十六元，入口七百六十四兆七十三万四百十二元，计出口多于入口二百八十六兆二十六万三千一百四十四元；一千八百九十八年出口一千二百三十一兆四十八万二千三百三十元，入口六百十六兆零五万零六百五十四元，计出口多于入口六百十五兆四十三万一千六百七十六元；一千八百九十九年出口一千二百二十七兆零二万三千三百零二元，入口六百九十七兆十四万八千四百八十九元，计出口多于入口五百二十九兆八十七万四千八百十三元；一千九百年出口一千三百九十四兆四十八万三千零八十三元，入口八百四十九兆九十一万一千一百八十四元，计出口多于入口五百四十四兆五十四万一千八百九十八元；一千九百零一年出口一千四百八十七兆七十六万四千九百九十一元，入口八百二十三兆十七万二千一百六十五元，计出口多于入口六百六十四兆五十九万二千八百二十六元。

[载振著（唐文治代）《英轺日记》卷十一]

8 月 25 日（七月二十二日）　舟行太平洋，午后有风。[据载振著（唐文治代）《英轺日记》卷十一]本日日记中考美国六局之职事。

案：美国于各部外分设之六局：一、总理本国各省通商局，专理各省彼此交易，凡土产制造如何改良便宜之事，尤重在转运货物一事，凡铁路、轮船、河道皆听稽查，详报议院；商旅人等违犯转运条例者，听其议办。其官督办五六人，秘书官一人，总办、总书记无定额。二、劳工局，即工人局，专理大小巧拙工作之事,凡民间待遇雇工工作时刻、男女劳工年限、各行工值及教育工人、劝化工人之事,皆听稽查,造册详报议院。其官督办一人,总办一人,支应书记一人。三、胥吏局,专理考选传各部局、地方公局书记以下各员之事。其官督办二人,总考试官一人,书记一人。四、国家刊印局,专理刊印文牍、律例、银币、钞票,凡国家公署一切用件。其官督办一人,总办一人,秘书官一人,技师二人。五、渔务局,专司本国一切泽梁数罟之事。其官督办一人,以熟悉渔务者充补,职在育养民食鱼秧及虾蠔蚌蛤等水族,分交各处试育,查考害鱼病鱼之事,化验河海各水宜于何鱼,务使凡有河湖之处,均有各种鱼秧以供民食,搜采凡有关水族之事及养育水族之法,均编辑成书,详达议院。外有总办一人,食鱼股长一人,育鱼股长一人,渔法股长一人,支应书记一人。别有分局、试验渔务场三十七所,分布各省河海要口。又分派鱼秧火车五辆,考查渔务轮船二艘、帆船一艘,其事皆隶于总局。六、地舆局,专理一切舆地图说之事,及拟定地名,通行照用。其官总办一人,书记一人。此外有国家美术院一所,专收集名家图画、磁器、绣物以为标准,会员无定。要而言之,各部以综揽宏纲,各局以分理庶务,所谓如川之流,脉络分明,是以任官惟其能而国无废事也。

[载振著(唐文治代)《英轺日记》卷十一]

8月26日(七月二十三日) 舟行太平洋。本日日记中考美国议会制度。

是日为重日。盖自西徂东,舟随日行,度数不同,积分成日,至此适满一昼夜,故本日在欧美两洲为二十三,在亚洲已为二十四矣。考美国议政分上、下两院,议定律例、宪法以及通国应行之事。上院议绅九十人,每省举二人。美国行省四十五,共九十人。年岁须在三十以上,隶美籍须在九年以上。任六年,俸五千元,书记俸千元。下院议绅三百五十七人,每户口三万准举一人,年岁须在二十五以上,隶美籍须在七年以上。任二年,俸同上院,又属部委员无定额。上院绅以副总统为议长,以下各议绅分股议事,约而言之,有农务山林股,有海滨测量股,有户口股,有选官吏股,有海防股,有商务股,有京畿股,有京畿公司股,有教育股,有大学校建立股,有理财股,有渔务股,有外交股,有保全动植物股,有地理测量股,有修理米西息皮河道股,有印甸土人事务股,有运河股,有内地商务股,有刑狱股,有藏图书股,有制造股,有武备股,有矿务股,有海军股,有稽察行政各部股,有太平洋群岛事务股,有太平洋铁路股,有专利事务股,有恤赏股,有飞猎宾事务股,有邮政股,有印刷股,有私产索给股,有公家廨宇股,有卫生股,有公产股,有铁路股,有坎拿大交涉股,有古巴交涉股,有修改美国律例股,有属部股,有通海运转道路股,有保全妇女股,有运售肉食股,有工业赛会股,有国家银行股,有稽察度量权衡股,有劳工股。各股名目不一,时有增减。大约每股自五人以至十二人,举一人为领袖。凡事先经本股议妥,然后集众陈说。有一人兼任数股者。下院则自举议绅为议长,其分股略与上院同。每岁以西历十二月辟门聚会,以西历三四月散会,有事则改迟。两院不得参差也。事经议妥,则呈于总统请命。若总统不允,仍交两院再议,倘议绅有三分之二以为可行,则径施行,著为例,否则作罢。凡议事,以从违多寡决可否,如欧洲例。省议会分上、下两院,如国议院例。上院绅年岁须在二十五以上,任或二年、或四年,日俸数元,散会停俸。下院绅年岁须在二十一以上,任二年,俸同上院绅。议事之章如国议院。康地、昔地议会略仿省会下院之制,会长一人。美尔有事,则由会长摄事。会绅年俸一千元,任二年,书记官一人,由议会公派,以理杂事。凡康地、昔地之事,由议会议定,上于美尔,以决可否,章程如省议会例。

[载振著(唐文治代)《英轺日记》卷十一]

按:上云"是日为重日……本日在欧美两洲为二十三,在亚洲已为二十四矣",故《英轺日记》后面一天的日期为农历七月二十五日。

8 月 28 日(七月二十五日) 舟行太平洋。本日日记中考美国教育大略。

二十五日,舟行太平洋,晚有风。余在纽约时,觅得美国学校章程,至是命参议梁诚口译。询以美学校官私共若干所、生徒共若干人,译曰:大学只陆军、水师两学为官建,其余皆私。中学、小学各种学,官建者学徒共一千六百万人。民间私设大学、预备大学共四百八十所。大、中、小各种学,私立者生徒一百九十万人。专门学堂兼大学堂学徒六万九千人。询以官学堂岁费若干,译曰:除海军、陆军两学堂不计外,约二百十三兆三十万元,内盖造学堂书楼、铺陈书籍等费三十八兆,总办、提调、男女教习薪水一百三十六兆,杂用三十九兆。学堂入款,常年已定生息等款九兆二十万,各省政府税三十五兆,本地方税一百五十兆,各项收款二十三兆,共二百一十七八兆。询以学堂选取教习之法,译曰:除大学已领凭,作为举人、秀才之学生,兼习师范准充教习外,另有专门师范学堂诸生,不论男女,读书满四五年,经本学考试及格,省督及学官考试及格,始给文凭,在本省各学充教习。大约经十六次考试,始得为人师教小学。初充教习,年俸自五百元,递增到二千元,并可升总办、督办,亦有以女子为总办者。询以专门之学分几门,译曰:法律、医学、天文、算学、理财学、工程学、化学、农学、哲学、矿学、传教学、商学。询以学生卒业如何录用,译曰:无定章。惟业医者非医学堂得凭之人,即为犯例。其他律司、工程司、传教师、牙科师、电学师、化学师、打样师皆然。即商务中之至下等者,如写快字、机器钞字之类,亦须有学堂凭据,始有人雇用。如中国之教官,非秀才、举、贡不能作也。有不录用之例,则人人皆求所以录用也。询以国家如何考查学堂,译曰:系地方绅士所办之事,每城必有视学官,或学务司之类,又由绅士彼此公推数人,作为查学会,随时可以查考,有改学章、易教习之权。内部亦有学务股,不过受各省、各城学官之成,稽其册,颁行通国而已。询以藏书若干所,译曰:美国藏书五千三百八十三所,书四十四兆六十万卷,任人取阅,不收赀。官立者十之一,学会立者十之三,学堂附属者十之一,余皆富民独力创建者,以便寒畯。询以推广教育之事,译曰:学会有演说,善会亦间有演说者。大约为年齿较暮及无暇读书、无力读书之人而设,为益尤大。其法先由会长延请专门名家,拟定题目,排日演说,先期布告各处。有凭票入门者,有随便入听者,无日无之。此外如新闻纸,亦教育之要端。美国新闻纸,计月报二千九百零二家,七日报一万五千四百七十五家,日报二千二百七十一家,半月报二百八十五家,三日报五百十一家,季报一百七十六家,两礼拜报七十一家,两月报六十九家,三礼拜报五十五家,约共二万一千八百二十七家。译讫,亟录存其说以备考。

[载振著(唐文治代)《英轺日记》卷十一]

8月29日(七月二十六日) 舟行略平。本日日记中考美国三权分立中之"行法"大略。

二十六日,舟行略平。案:美国行省、属部各官,分立法、行法、司法三种。行法者,总督以下各官也。行省总督举自民间,年岁二十五、三十以上,曾入美籍五年或十年以上,住居本省二年或五年以上,方得膺举,任二年或四年,年俸一千五百元至一万元。属官自副总督外,有国务司,有稽察度支司,有库务司,有学务司,有律政司,有公地司,有农务司,有庶务司,有测绘司,有路政司,有书藏司,有刊刷司,有监狱司,有工务司,有稽察制造各厂司,有稽察银行司,有稽察煤油司。以上由地方公举者十之八,由总督自辟者十之二,任或二年,或四五年。其省司法院、郡县镇市司法院,统由地方公举,任或六年,或八年。属部总督及其属官,皆由总统选派。行省、属部划为郡县、市镇,分区自治,各不相统。郡县谓之康地,又曰昔地,犹言邑也,户口恒在二万以上。康地之长曰美尔,职如古郡守,犹省之有总督也,举自民间,综司一康地之事,年俸自数千元以至一万五千元,任二年,举法略如总督。市镇谓之陶,犹言聚也,户口恒在二万以下。陶之长曰苏泊外色,总理一陶之事,职如古邑令,而隶于总督,犹康地、昔地之有美尔也。昔地大小、贫富、繁简不一，治事官无定员，亦有立法、行法、司法三项。兹特举纽约以为例。查纽约昔地户口三百四十余万，地三百零八英方里，划分五区。区举一长，为本区之代表，佐美尔治事，年俸自三千元以至五千元，由民间公举，任二年。度支局总办一人，二等帮办一人，稽核度支官一人，地税官一人，各区帮办数人，本昔地受饷官兼街市长一人，支应官一人，收发存放钱银官一人。工务局总办一人，书记一人，街道委员一人，沟渠委员一人，桥梁委员一人，自来水电气煤气委员一人，清道委员一人，管理各种公廨委员一人。巡警局总办一人，帮办数人，稽察官数人，分局巡警长数人，分段巡警官数人。参谋律法局总律师一人，帮办一人，委员数人，开辟街衢委员一人。火政局总办一人，分局总办一人，火政长一人，火政副一人，救火队长二人，书记一人。卫生局总办一人，会办二人，书记一人。公家苑囿局总理兼总办一人，分局总办二人，书记一人。建造局总理兼总办一人，书记一人，分局总办二人。地税兼估地税局总理一人，分局总办三人。善举局总理兼总办一人，帮办一人，分局总办一人。改过局总办一人，帮办二人。船坞码头局总理一人，总办二人，书记一人。经理遗产局总办一人，帮办一人，书记一人。学务局总理一人，书记二人，监督一人，分局总理三人，书记一人，管库一人，又学务会参与学务绅士若干人。豫算估用局系美尔、议会长、度支局总办、地税局总办、参谋律法局总律师兼任，书记一人。昔地档案局正司理一人，副司理一人。本省派驻税酒局委员三人。检疫局委员三人，检疫医官一人，书记一人。引港局委员五人，书记一人。港务局总理一人，委员九人，书记一人。陶地居民亦设会堂，每年聚会一次，议举理事之官，议定应行之事。其议员亦由众推举。其治事司事官一人，专司案牍及一切议事举官之事。巡警官一人，专司缚犯、诘奸、捕盗、狱囚、弹压之事。稽查人命官一人，专司死丧及横死、瘐死之事。司库官一人，专司收支、租税及代本省政府征收租税之事。稽核库务官一人，专稽核司库收支之事。恤贫官一人，专司善举之事。审讯官一人，以律师出身为之，专司审讯狱讼之事，而隶于省察院。学务官一人，司公私学塾、民间读书之事。以上各官，或兼摄，或专任，或久，或暂，无定格。余向闻此种郡县、市镇自治之法，实为美国内政第一关键，亦为内治最良办法。盖地小易举，人亲易合，事简易行，法令易周，奸宄易戢。一郡县、市镇治，则一省治；一省治，则一国治。其法始于日耳曼，盛于英吉利。美国自主后，益求完密，蔚成大国。总统垂拱，百僚靖共，朝无不职之官，国无不举之事，由此道也。

[载振著（唐文治代）《英轺日记》卷十一]

8月30日(七月二十七日)　舟行太平洋,夜有风,雾甚,轮舟频放气筒,和啰之声达旦。[据载振著(唐文治代)《英轺日记》卷十一]本日日记中考论"赛会一事,实为各国商务最要关键"。

考美国将以甲辰年三月在散鲁伊斯城开设博览会,驻京美使康格敦请中国派监督赴会考察,并选派工商,兼赢比赛。余在纽约接外务部电,嘱于暇时便赴该处游览。惜以匆促,未及前往。又闻日本将以癸卯三月在大阪开设博览会。盖赛会一事,实为各国商务最要关键。其时瑰货山积,彼此夸多斗靡,而工商游览其间,何物畅引,何物滞销,一一由于目击,则相观而善之念必能油然自生。故其国家不惜津贴巨赀,使商人挟货赴他国赛会,诚以事虽细微,而收效最为捷速。且查各国本无出口货税,而每当赛会之期,其进口货物并不收税,如为赛会载往人货川资、运费亦皆减价。今两国赛会之期,日先美后,而日本近在咫尺,诚能使中国富商麇载货物,选带工匠,明年前往日本试行赛售,并体验各货引销利钝之故,考察各国货物体质、式样、雕绘之宜,回国仿造,窳者必求其良,良者益求其精,商出其资,工效其技,越岁再赴美国赛售,其得利者固足动人欣羡,播为美谈,而失利者亦可废然自思,择善而从,有益商务,断非浅鲜。至于办理之法,应由商务大臣及各直省督抚出示晓谕,并选派公正明允、有志济时之官绅,认真劝导富商、良匠赶造备赛。其大者如江、浙、豫、蜀之丝绸,北京、江、浙、湘、粤之顾绣,南省之竹木、铜、锡各器,江西景德、广东石湾之磁器,宜兴之陶器,蜀之鲁漆,闽之沈漆,扬州之漆器,广东雕刻牙角、玳瑁之属,其小者无论竹头、木屑、羽毛、齿革、珍宝、玩物之类,皆不妨略备一二,然必须工商偕行,详细考验,乃能兼图后效。所有专为赛会载运出口之货,应仿各国通例,免其收税。明岁试办之始,并由招商局派船遣送,免收川资、运费。如有商本不足者,由官借垫;如有折阅太巨者,由官津贴。其制造精美为外人所叹赏不胫而走者,给与牌匾,旌其门间。统计国家所费,少不过数十万金,多不过百余万金,以十八行省之大,分而任之,何虞不给,而将来商务日有起色,所获奚止倍蓰。果能办有成效,阅一二年,即在吴淞拟建通商场之处,设立会场,通照各国遣商来华赛会,仿照外洋成法妥为经理、保护,显以拯商民之困,隐以裕税饷之源,塞漏卮,开风气,实间阎命脉所关,箴膏起废之良药也。知关心民瘼者,必不以斯言为河汉矣。

[载振著(唐文治代)《英轺日记》卷十一]

8月31日(七月二十八日)　早起,舟平。[据载振著(唐文治代)《英轺日记》卷十一]
9月1日(七月二十九日)　舟抵日本横滨,旋坐特等火车抵东京,住上野行宫,地名精养轩。先生作《精养轩感怀》。本日日记考日本国体。

二十九日,舟抵日本横滨。出使大臣蔡钧遣参赞官铨林等至轮舟来接,日本官内外事课次长及外事课员、神奈川县知事、横滨市长均到码头迎接。余命参赞陶大均分别酬答。官内省豫备马车,即登岸至横滨行宫,出使大臣蔡钧先已祗候,跪请圣安。礼毕,小憩。午初刻,乘特等火车赴东京,午正抵京。官内次宫[官]及外务总务长官、东京府知事、警视总监、宪兵令司[司令]官、东京市长等均到新桥车站迎接。官内省备有马车,次长陪坐,径赴上野行宫,地名精养轩……午后发外务部电一件,报抵东京日期,并饬参赞官陶大均与宫内次官订定,明日午刻觐见日皇。案:日本国国体,为万世一系统治之国,其皇位依《皇室典范》之所定皇男子孙继承之。日皇为国之元首,总揽统治权,依宪法之条规而行之。帝国议会之开闭,法律之裁可、公布、执行,条约之缔结,宣战,议和,陆、海军之统率,大赦、特减刑复权之命令,皆属于日皇。大权之下,臣民享有宪法所定之权利、义务,奉戴皇室,分为华族、士族、平民三阶。华族分公、侯、伯、子、男爵五等。今明治日皇为神武日皇之百二十一世孙,名睦仁,孝明日皇之第二皇子,嘉永五年九月二十二日生,庆应三年正月九日践祚,翌明治元年八月行即位礼。皇后名美子,从一位公爵一条忠香之第三女,嘉永三年四月十七日生,明治元年十二月二十八日敕为皇后。皇太子名嘉仁,明治十二年八月三十一日生,明治二十二年十一月立为太子。皇太子妃名节子,从一位大勋位公爵九条道孝之第四女,明治十七年六月十五日生,明治三十三年敕为太子妃,翌三十四年皇孙裕仁生,三十五年皇次孙雍仁生。皇女四,皇族凡十家。所有帝室一切之事务,官内大臣总理之。宫内大臣有统率所部各官、监督华族之责,又得于皇室典范制定之外,奉敕制定、施行于帝室之诸法规,惟不可抵触法律、敕令之范围。官内省分内事、外事、调查三课,侍从、式部、皇后宫、东官、大膳五职,内藏、主殿、图书、内匠、主马、诸陵六寮,御料、爵位、侍医、主猎、调度、帝室会计审查、文事秘书七局。又有御歌所。他若帝国博物馆、学习院、华族女学校,亦附属于该省云。

[载振著(唐文治代)《英轺日记》卷十二]

悠悠沧海昔曾经,圆峤方壶今又临。碧树参天荷半沼,盛衰我欲问山灵。
每从奎斗望中原,砥柱狂澜孰起元。太息辽东正龙战,几人相助固藩垣。

(唐文治《精养轩感怀》,见《国专校友会集刊》)

9 月 2 日(八月初一日) 觐见日本明治天皇。本日日记考日本地理、人口概况。

八月初一日午刻,日本官内省式部官至行宫,导引余率同参随、翻译各员进宫觐见日皇,至则官内官导余入,外部大臣等各立殿外,余入殿门,行三鞠躬礼,敬致皇太后、皇上德意,以中日地处同洲,亲逾唇齿,惟冀此后邦交益加敦睦,共维东方大局,庶几承享太平。命参赞官陶大均译述。日皇答礼,敬颂皇太后、皇上圣安,旋即握手,慰问再四,词意殷勤。礼毕,赴宫内大宴,日皇率宫内省、外部大臣等均陪坐,款谈一切,宾主尽欢。宴毕,少憩,余遂导见各参随、翻译等,日皇逐一握手询问,各参随等亦应对如仪。申正,回行宫。考日本地理面积,日本国合本州及四国、九州、北海道、千岛、佐渡隐歧、淡路壹歧、对马、琉球、小笠原岛、台湾、澎湖岛而成,极东至东经百五十六度三十二分,极西至同百十九度二十分,极南至北纬二十一度四十五分,极北至同五十五度五十六分。全国分五畿八道。五畿即畿内、山城、大和、和泉、摄津五国。八道即东海道,为伊贺、伊势、志摩、尾张、三河、远江、骏河、甲斐、伊豆、相模、武藏、安房、上总、下总、常陆十五国;东山道,为近江、美浓、飞骅、信浓、上野、下野、岩代、磐城、陆奥、羽前、羽后十三国;北陆道,为若狭、越前、加贺、能登、越中、越后、佐渡七国;山阳道,为播磨、美作、备前、备中、备后、安艺、周防、长门八国;山阴道,为丹波、丹后、但马、因幡、伯耆、出云、石见、隐歧八国;南海道,为纪伊、淡路、河波、赞歧、伊豫、土佐六国;西海道,为筑前、筑后、丰前、丰后、肥前、肥后、日向、大隅、萨摩、壹歧、对马十一国;北海道,为渡岛、后志、石狩、天盐、北见、胆振、日高、十胜、钏路、根室、千岛十一国。但琉球、台湾不在此列。更依行政之便,分全国为三府、四十一县。三府即东京府、京都府、大阪府。四十一县即神奈川县、兵库县、长崎县、新泻[潟]县、千叶县、茨城县、群马县、栃木县、奈良县、三重县、静冈县、山梨县、滋贺县、歧[岐]阜县、长野县、宫城县、福岛县、岩手县、青森县、山形县、秋田县、福井县、石川县、富山县、鸟取县、岛根县、冈山县、广岛县、山口县、和歌山县、德岛县、香川县、爱媛县、高知县、福冈县、大分县、佐贺县、熊本县、宫崎县、鹿儿岛县、冲绳县。别于北海道置道厅,台湾置台北、台中、台南三县。计近今户口,全国户数八百十七万五千二百户,人口男二千二百七万二千六百五人,女二千二百六十八万八千百四十九人,合计四千三百七十六万七百五十四人。人口之生当百分之三零一九,死当百分之一零一九之比例。

[载振著(唐文治代)《英轺日记》卷十二]

按: 当时台湾、澎湖岛被清政府割让给日本,上引文中视其为日本领土,显系不当。

越日,随载大臣觐见日本明治皇帝,威仪整肃,语言不多,而均中窾要,洵英主也。

(唐文治《茹经先生自订年谱·壬寅三十八岁》)

9月3日(八月初二日)　早,明治天皇特派侍从长赴行宫答拜。巳初,载振率同参议及各参赞等参观炮兵厂。午刻,赴后乐园小松宫亲王之约。此园"规模皆明遗老朱舜水所布置",先生为作《游后乐园》一首。申刻参观气象台,后又观看日人搏斗击剑,作《观击剑》一首。[据载振著(唐文治代)《英轺日记》卷十二]本日日记中考论日本宪法大略。

　　案:日本立国,首重宪法。宪法之外,有曰私法、曰公法、曰国际法。私法者,定人民与人民之关系,从而保护制限之者也。公法者,定政府与人民之关系,从而保护制限之者也。国际法者,定国与国之关系,从而保护制限之者也。宪法于三者之中属乎公法,要其宗旨,则定主权之所在,定人民之权利、义务,定主权之关系及权限。盖一国之大本大法,于是乎立。主权之要有四:一曰独立不羁,二曰完全无缺,三曰至尊无上,四曰独一无二。独立不羁者何? 言其不听命外国之权,亦不听命于国中各部之权也。若外制于公法,内阻于行政各部及议会之议论,此则揆诸理势之当然,于主权之独立无损也。完全无缺者何? 凡合一而不分者,谓之全。昔人称高等法院为有主权法院,其说非也。盖高等职官若有主权,则国家不止一主权,岂所以立国? 故主权曰完全无缺。至尊无上者何? 盖主权为国家至高之权,位乎一切之上,无有可驾而凌之者也。独一无二者何? 即古人所谓天无二日、民无二王之义也。昔有理学家霍布士之说曰:"有生之人,各系平等。故古之人皆互相宰治,以全其天。迨后人数日增,习俗渐移,于是互相宰治之道废,遂至人人皆欲扩张其权利。因扩张而相争,因相争而强者胜,弱者败,驯至强者愈强,弱者愈弱,举天下之弱者,悉听命于一强,此必然之势也。故尽一国之政而一人专之,以控众弱,于国家大有裨益。盖主权之关系如此其重。"据此可见平等之说,原系瞽闻罕漫之词。宪法者,乃执一御万之要道,实裁判等差之根源。故必先辟平等之说,而后可与言宪法。

[载振著(唐文治代)《英轺日记》卷十二]

　　后乐园为水户藩源光所建,其规模皆明遗老朱舜水所布置。朱,浙之余姚人,有明末造,流寓日本,遁迹不出,寄居是园,构得仁堂,并刻伯夷叔齐遗像,以写其志。予钦其忠,赋诗吊之。

　　胜国遗踪暂驻车,唐门未许碧云遮(园门颜曰唐门)。采薇独抱黄农志,赢得清名海外夸。

谁将忧乐细评量，率意孤行亦可伤。二百余年兴替感，几回把酒对斜阳。

（唐文治《游后乐园》，见《国专校友会集刊》）

岂因矽地发狂歌，耿介凌虚气不磨。胜负一家争不得，伐柯且自执吾柯。

距跃还当击柱呼，英雄屠狗总穷途。诸君故是万人敌，莫学轵深井里徒。

（唐文治《观击剑》，见《国专校友会集刊》）

9月4日（八月初三日） 午初，载振设宴于行宫，遍请梨本亲王、华顶亲王、小松亲王及宫内省、外务省各大臣。未初席散，赴芝离宫观击球。先生作《观马上打球》。晚赴红叶馆夜宴，主人为梨本、华顶、小松三亲王。本日日记中考论宪法自由之说。

初三日，午初，设宴于行宫，遍请梨本亲王、华顶亲王、小松亲王，及宫内省、外务省各大臣，酬酢欢洽。未初席散，赴芝离宫观击球。其法：以空洞为鹄，左右悬红白球各十枚，比赛者红、白各四人，挟球驰马往投，红者中则击鼓，白者中则鸣钲。红、白各自护其耦，两家中至八九枚时，彼此益相厄。譬红进，则白者中道阻击之，使不得投。鞁靷警捷，极缤纷之观。胜负以中十枚为率。一家胜，则负者之曹咸下马，芒然气阻而退云。晚赴红叶馆夜宴，主人为梨本、华顶、小松三亲王，畅饮剧谈。余特赋诗志谢，录入《英轺杂咏》中。子初归。案：宪法自由之说，指民人应得应守之权利、义务而言，然非谓民人可以上侵主权也。盖天下有无国之民，无无民之国。民为邦本，故视民宜贵。我中国经传中，固已详言之矣。兹考各国宪法所论国民应得之权利，约有数端：一曰言论。谓自言其所欲言，于风俗有议论，于学问有议论，于交际及一切事物皆有议论，公是公非，国家不为之制限。一曰迁徙。凡人民之去他国、适此邦者，国家不为之禁制，不因而课税。一曰信从。是非好恶，存乎人心。人心之所好，不必强之使违；人心之所恶，不必强之使从。一曰产业。家宅可以自主。人有产业，听其自守之，自殖之，自聚之，国家不为顾问。人有家宅，宪法不许闲人滥入，不许强为予夺。一曰赴诉、鸣愿。凡有害己者，诉于国家，以求保护，谓之赴诉；有利己者，请于国家，以求援助，谓之鸣愿。官吏于其赴诉、鸣愿，当据理以为判断。是曰权利。至论人民应守之义务，厥有二端：一曰赋税。取一国之财，办一国之事，政治之公理也。凡建国立政府，其政事、军事之费用，文武百官之禄食，皆仰给于财政。故通国之民，皆当尽力以供赋税。赋税有四大要：一、应比例其资力之多寡，以定所收多寡之率；二、应设一定之法，以示完纳赋税之人；三、赋税之时与如何完纳之法，应择其最便于民者行之；四、收税之际，应极意节省冗费，使民之所出与国之所入，其差率不甚相远。

此宪法所定赋税之大端也。二曰服兵。生人各有自卫之理，乃天职也。能执干戈以卫社稷，古史所重。故立宪各国皆以服兵为民之义务，而德国所定服役义务与军法裁判等尤为精严。其宪法第三十七条载：军法裁判以刑事为限，亦以法律规定之军律，依勒令之所定。此宪法所定服兵之大端也。是曰义务。然则宪法自由之说，盖所谓尽其性分之所固有、职分之所当为，实则权利、义务皆有制度判决。浅言之，可谓之自由；深言之，则断无自由之一时与自由之一事。若夫横决恣肆，则适与宪法相悖，岂所谓自由者？故必辟自由之说，而后可与言宪法。

[载振著（唐文治代）《英轺日记》卷十二]

玉骢嘶勒草离离，击鼓鸣钲进退宜。九转弹丸频脱手，休教一篑惜功亏（球共十枚，然胜负总以末枚为度）。

莫言相厄两贤逢（球以红白为别，譬司红者进，则司白者半途阻之，使不得击），揖让犹存君子风（负者其曹皆下马）。自是阋墙游戏事，他年御侮总同工。

（唐文治《观马上打球》，见《国专校友会集刊》）

9 月 5 日（八月初四日） 中国学生五百余人于会馆举行欢迎会，载振于午初刻率同参议、参赞各员赴会馆，"将为学大旨，为诸生勉励数言"。申正，赴上野劝工厂一游。当晚，吴汝纶来见载振，并与先生久谈。约自此日起，两人屡次相约久谈。吴汝纶向先生言曾国藩遗事，间又论读书作文之法。

初四日。是日，中国学生五百余人，为欢迎会于会馆，请余一往临存。余于午初刻率同参议、参赞各员赴会馆，使馆参赞铨林、翻译冯国勋咸在……余下车，诸生咸排班晋谒，彬彬有礼。余因近时学派歧杂，异说朋兴，爰将为学大旨，为诸生勉励数言。其说如下云：

诸生从数千里外负笈远游，讲求各种学术，我甚嘉慰欣感。盖诸生所以东来就学，不惮艰苦者，一念之诚，总为爱国。凡人生天地间，畴不知自爱其国。然吾观诸生爱国之念，更比别人亲切一层。何言之？盖我中国所以到此贫弱地位，总由不知学问。诸生能讲求学问，岂不是爱国最亲切之人？故我愿将为学之大旨，为诸生演说。世界之变迁，到今日而极，凡中国从前所谓训诂词章，各种旧学，皆无所用于世。然诸生要知我中国旧学，原不是无用。所以见得无用者，只为从前世界未曾繁赜到今日地位。我此次新从欧洲来，略考其政治、法律、工艺、商务、格致各种学问，大概始知西洋各国学问宗旨，总不出知己知人、殚精求胜八字。然要立此八字之根基，实不外我中国圣人所谓求己两字。然此求己两字，不独我中国圣经贤传曾经详言，即就现今世界上各教门宗旨而论,佛氏所谓治心、去净尘垢即是求己,耶稣谓起一念即作事之基即是求己,回教所谓坚忍果毅亦即是求己。天下未有不求己而能治人之人。孔子言不患莫己知,求为可知也。若能求为可知,学问到极精极专地步,自有人知之一日。方今时事艰难,凡急于求治之人,动说借才异地,可为痛心。吾辈学问何以不精不专,至于国家万不得已借才异地?试思借才异地,岂能持久?韩文公言业患不能成,无患有司之不明。诸生,诸生,要知我今日演说,即是他日定有人知之根基。孟子曰尚志,凡人立志,要以远大为主,务为挽回气数之人,不要为随气数转移之人。我中国史书不必言,试考外国各史书,凡能办大事、建大功业者,何一非志趣闳远,始终条理,若居心有一毫愤激,办事即不能有条理。所以今日为学,总要期于远大,不要空存愤激之心。纵横数万里,上下几千年,能成一开气化、尽美尽善第一等人,此方是求己真正学问。我不若人,固是可耻,知不若人而不知求己,亦是可耻。然知求己而立志不远大,尤为可耻。我见诸生苦志向学,此一念便是爱国,我甚感激。我能知诸生一片爱国之苦衷,可见我皇太后、皇上实洞鉴诸生一片爱国之苦衷。然则诸生现在此力学,一味求己,已有人知,将来学问成就,国家断然大用。诸生爱国,国家爱才,上下通情,便可造成一尽美尽善开化世界。往事不必论,切切实实望前做去。我自己无才无学,愧对诸生,然所望于诸生者,言尽于此。谓予不信,证诸异日,诸生诸生,千万勉励!

演说毕,诸生恭诵答词。余复略与周旋,遂归。申正,赴上野劝工场一游。晚,吴京卿汝纶来见。吴安徽桐城人,历佐曾文正、李文忠幕,澹于仕进,工为古文辞,承其乡先贤方、姚二先生之师法,而不事墨守,洵东南之耆儒也。余以古文一道,在今日几成空谷足音,缀学之士,诚知殚精于此,何患不因文以见道?今见吴君,殊可喜,因留之饭,畅谭数时而别。

[载振著(唐文治代)《英轺日记》卷十二]

按:《选报》1902年第28期以《记振贝子在日本演说》为题,也记录了载振的这篇演说词。

桐城吴挚甫先生名汝纶,考察学务,适在日本,不期而遇,至为欢洽。屡次相约夜谈,论古文源流,并曾文正行谊宗旨甚晰。

(唐文治《茹经先生自订年谱·壬寅三十八岁》)

八月一日,查电话交换局。晚谒振贝子,与唐畏之[蔚芝]、李友山二君久谈。

(郭立志编《桐城吴先生年谱》卷二)

　　按：《桐城吴先生年谱》将"晚谒振贝子，与唐昼之[蔚芝]、李友山二君久谈"系于八月初一，《英轺日记》则于八月初四日下记"晚，吴京卿汝纶来见"，细味文意，当是吴汝纶在日本时第一次来见载振及先生等人，故据《英轺日记》，系此事于八月初四日下。

　　又按：载振的儿子溥铨曾说"我父只是粗通文墨，不擅写作"（详后），故《英轺日记》虽是代载振作，但上引文中"余以古文一道，在今日几成空谷足音，缀学之士，诚知殚精于此，何患不因文以见道"云云，应该是从代拟的口气中跳脱出来，是用先生自己的口气在说话。

　　又按：八月初四日晚是先生第一次在日本见到吴汝纶。《茹经先生自订年谱》中叙至日本后与吴汝纶"屡次相约久谈"，《桐城吴挚甫先生文评手迹跋》一文云"先生每来夜谈"，则两人在日本时有多次的见面交谈。

　　明年壬寅七月，余随载育周专使游历欧美，道经日本，先生亦在东邦考察学务……余昼间事繁，先生每来夜谈，因又详询曾文正遗事。先生慨然曰："此数百年来一人，非特道德崇隆、勋华彪炳而已。乃其精神已不可及。"遂言文正每日于寅正起，披览公牍，卯正早餐，群僚毕集，公详告各案，剖析如流。辰、巳两时接见宾客将领等，或批答公牍。午初作大字，午正餐毕，即遍历宾僚宿舍，无偶遗者。或围棋一局。未正后见宾治事，酉初晚餐后，即读经史古文，至亥正止。高诵朗吟，声音达十室以外。子初与家人或幕僚谈，旋濯足，子正始寝，至寅正又起，盖晏息仅二时，岁以为常，其自强不息如此。

　　先生又慨然曰："吾壮时佐曾文正幕，四十以后佐李文忠幕，遭际亦幸矣。然佐曾公幕时，日有进益；而佐李公幕十余年，则故我依然。何者？盖曾公每办一事，无适莫心，无人己见，但详告事由，命诸同人各拟一稿以进，择其最善者用之。且遍告曰某君文佳。倘皆不合，始出己文。如有胜己者，则曰：'吾初意云云，今某君文胜吾，吾用之矣。'即将己稿弃去。于是人争自濯磨，事理愈细，文思亦愈精。李公则不然。每办一事，必出己意，曰吾欲云云。合其意者用之，不合者摈之，无讨论，无切磋，于是人争揣摩其意，无越范围者，而文思乃日隘。二公之度量性情于此可见，而其能作人与否亦于是焉殊矣。"

　　间又论读书作文之法，先生述文正言："凡文学家，读经之外，宜读七书：曰《史记》，曰前后《汉书》，曰《庄子》，曰韩文，曰《文选》，曰《说文》，曰《通鉴》。此七书者，天资薄弱之士，通其一二已足；中材则通三四；若能尽通之，则为全才矣。"又为余言："文者，天地之精华，牢笼万有，靡所不该。贵在独立，不当偏滞一隅。君文理学气太重。夫以理为学，固美矣善矣；若以理学为文，动杂以阴阳理气之说,则易入于肤庸而无变化,其弊与考据家之支离,词章家之浮靡,异体而同讥,宜洗涤之。"余大心折。乃知向者先生谦,未尝为余尽言也。如是者纵谈三夜不倦。朋僚窃听,莫敢赞一辞。余随赴先生寓所,见其令嗣辟疆世兄,示余文,精光灏气,神似昌黎。迹其游学东瀛已久,而好古若斯,信乎能守家法者。余因告先生平反留学生案,并请别简监督状,先生甚喜,曰:"吾固知君来,学生可吐气也。"停数日,辞先生归,彼此依依,不忍言别。

(唐文治《桐城吴挚甫先生文评手迹跋》,见《茹经堂文集三编》卷五)

9月6日(八月初五日) 巳初刻,参观武备学堂。午正归寓,设宴,请宫内省、外部在行宫照料诸君。未初席散,参观赤十字社(今作红十字会),小松宫王妃导观病院各处。戌初,赴外务省大臣小村寿太郎之约。[据载振著(唐文治代)《英轺日记》卷十二]本日日记中考赤十字会发展史。

案:十字社肇自西历一千八百五十三年,俄国邱里吗也之战,有英女士名那伊听牙儿,发慈善博爱之心,率部下之女,身踏战地,亲为救护。当时尚未能感动世人。迨西历一千八百五十九年,有义国骚尔弗里诺之战,义、奥、法三国数十万军连战数日夜,交锋原野,死伤无算。是时瑞国人有名阿里里柔南,亲入战地,目睹伤病者困苦之状,即著一书布告,以激发世人博爱之念。于是瑞国有名毛阿尼曳,创设一社,议定伤病之救护方案,乃现今泰西诸国所有赤十字社之嚆矢也。后至西历一千八百六十三年,同志之士遂开万国会议,议订救护之法,曰:凡在战时救护伤病者,与其专自任劳,不如众力合一之便且大也。众议一决,诸国竞兴,此社遂使列国政府声明军队卫生者实系中立,无关战斗,爰订万国公约,即赤十字杜条约也。条约云:"凡战地伤者、病者及救护之人,并其房屋、什具,无论是否敌国,彼此一视同仁,均不能加兵侵害,俾可尽其救护之美。"所以赤十字社之约能互守不渝。而其赤十字以为万国共用为标识者,盖由瑞国始创救护会之故。按瑞国旗号赤地画白十字形,万国遂议转白地画赤十字为社之旗号。后毛氏以其社主旨扩告万国,自称万国中央社,以斡旋各国赤十字社之交通,而各国亦募集博爱慈善之士为社员大修,豫备社资数百万以应临事。至日本救护战阵伤患之事,启自明治十年西南扰乱之时,创痍无算,是时三条、岩仓两公为主,劝奖宗族诸亲,佐野、大给两议官赞同,进创立一社,谓之博爱社。其后日皇诏书褒勉,复有有栖川宫亲王、小松宫亲王及各职员、议员竭力赞成。明治十九年,遂有寻盟西国赤十字社之事,改称日本赤十字社,得与瑞国日内瓦万国赤十字中央社交通。小松宫亲王总裁社务,改撰职员、议员。又有桥本军医监尽心设法,讲究看护、救疗之道,开赤十字社病院。

又有栖川宫王妃、小松宫王妃襄赞,另开笃志妇人看护会,以赤十字社主旨广布天下。兹考其社则共十九条:一、本社主见名称及本部所在;二、由日皇、皇后保护;三、日内瓦条约;四、平时及战时事业;五、社员;六、总裁;七、监督;八、职员;九、地方委员及支部;十、常议会;十一、总会;十二、资金;十三、物件;十四、寄捐;十五、褒赏;十六、战时常议会及派出战地理事员;十七、年报;十八、记章;十九、更正社则。此外别有附言,缕析条分,极为美备精详。余惟战阵之间,不重伤,不禽二毛,著于传记,实即古时之公法。中国诚能仿设此社,未始非仁民济物之大端也。复询是社经费,由捐赀集腋而成,余特捐洋五百元以赞助之。

[载振著(唐文治代)《英轺日记》卷十二]

9 月 7 日(八月初六日) 早,日皇遣宫内官赠载振桐花大绶宝星,并参随、翻译等各宝星,先生得四等宝星。午刻,赴文部大臣之宴。宴后,参观盲哑院,后又往听古乐、观舞。晚归行宫,设宴请柴五郎等人。[据载振著(唐文治代)《英轺日记》卷十二]本日日记中考日本制乐源流。

余因详询日本制乐源流,宫内官复告余曰:"日本乐艺之起,自天钿女命之皇祖天照大神御前歌舞以来,猿女君氏世代掌神乐之事。又神武皇征服中州时,命道臣率引来服部诛八十岛师,用歌谣以奏其绩,称为'来自舞'。此外有《东游大倭舞神乐》《风俗催马乐》等歌舞,皆日本国风之雅乐也。又允恭皇四十二年正月,新罗王来船八十艘,贡各种乐人、乐器,是他邦乐部入日本之始。后经百有余年,钦明皇之十五年二月,百济王奉皇命,贡乐人施德、三金等四人。推古皇之二十年,百济国味摩子来朝,传中国之伎乐。尔后高丽、任那、汉、唐诸国之乐相次东来。文武皇之大宝年间,于治部省设雅乐寮,设唐乐师、高丽乐师、百济乐师、新罗乐师等职员,各从事于其律。大宝二年正月,文武皇宴于西阁,奏《五常乐》《太平乐》,载于史册。圣武皇时,天竺林邑国之僧佛哲师等来归化,传乐舞八曲,于今尚存。仁明皇时及承和年间,遣伶人尾张滨主、大户清上赴唐博习乐章。又承和五年,遣使藤原贞敏至唐,就琵琶博士廉承武于扬州开元寺北水馆学琵琶,携乐谱归朝。承和十二年,唐之非阳县人孙宾携筝与乐谱来日本。当是时,乐人多奉敕制乐舞,洋洋盈耳。于是唐乐、高丽乐与日本国风之歌舞,俱为朝廷之祭式礼典不可缺,千有余年迄于今,从事乐官世袭其业,隶属于帝室,是以累叶弗替焉。"余因命参赞陶大均详录之,用资考证。

[载振著(唐文治代)《英轺日记》卷十二]

临行时,日皇赠载大臣宝星,并赠余四等宝星。

（唐文治《茹经先生自订年谱·壬寅三十八岁》）

同日 经先生恳请,载振就驻日本公使蔡钧凌辱留学生事件复奏朝廷,最后此事得以和平解决。

时适有查办学生事,吴先生(按:指吴汝纶)力主和平,余因白载大臣办折覆奏,颇得体要。

（唐文治《茹经先生自订年谱·壬寅三十八岁》）

明年壬寅七月,余随载育周专使游历欧美,道经日本,先生亦在东邦考察学务。会驻日公使蔡钧凌侮留学生某君等,朝旨命载专使查办。先生来谒专使,见余喜甚,曰:"君来,学生可吐气矣。"

（唐文治《桐城吴挚甫先生文评手迹跋》,见《茹经堂文集三编》卷五）

（光绪二十八年七月）初三日辛酉（8月6日）。清廷电谕在日本考察商务之载振,命查明留日学生学潮情形。寻载振奏云:"此案原因游学日本自费生联请使臣蔡钧,送入成城学校。该使臣以其人数稍多,未遽保送,系为慎重起见,办理尚无不合。而诸生平素安静勤学,并非有意滋事之人。偶因求见不获,致生龃龉,出自彼此误会,其心实可共谅。惟使臣外交事繁,不能随时接见诸生,周旋戒免,致有隔阂。应否饬下管学大臣,遴派游学总监督,与日本政府商订章程,妥为调护之处,伏候圣裁。"得旨:下部知之。

（迟云飞编写《清史编年》第十二卷《光绪朝下 宣统朝》）

按:上引载振所上奏折,或即为《茹经先生自订年谱》中所言之"办折覆奏"。

又按:《清史编年》将此事系于光绪二十八年七月初三日（8月6日）,或误。是年七月初三日载振等人尚在美国,无法"查明留日学生学潮情形"而处理此事。故"八月六日"应是农历,公历是9月7日。

唐文治先生的一生,做官十五年,办学四十多年,最大的成就在教育方面,有好几件事能开风气之先。但因受传统的影响很深,不能从《四书五经》、"孔孟之道"的圈子里跳出来,背负因循的重担,步子也就不能很大,也跑得不快。作为他的学生,不应有溢美之辞。但他有不少爱护学生、保护学生的事例是值得记载的……他们在日本时,正发生清朝的驻日公使蔡钧凌侮留学生的事,留日学生起而反抗。吴氏同情学生,蔡钧认为吴在煽动留学生闹事,清朝命载振就近处理。吴汝纶高兴地对唐说:"君来,学生可吐气矣!"唐先生恳请载振复奏,此事得以和平解决。而蔡钧犹刺刺不休,京师大学堂管学大臣张百熙只得电召吴汝纶回国。不久，吴氏愤慨而死。

（黄汉文《记唐文治先生》）

　　驻日公使蔡钧，汉军旗籍，其人不学无术，善钻营，顽固自大。有一日，留学生公宴公使，酒酣耳热之余，陆军学生将公使高抬举起，口呼公使万岁，此系致敬之意。蔡钧不知此意，吓得变色，急呼下来下来。陆军学生气旺力壮，更加抬高，公使误为戏弄他，跟他开玩笑，认为侮辱，密函政府，谓日本留学生中，多有革命分子，目无公使，即目无朝廷，以后派留学生，当严加考选，自费生不准学陆军云云。日本定章，外国人欲入陆军士官学校及陆军各种专门学校者，须由本国使节保送，后因中国学生，初入士官，言语不通，听讲不便，故设一成城学校，先习语言，略教军队体例，及兵式体操，亦以军人当教员，但不必使节保送。蔡公使商之日本政府，以成城学校，亦有军事性质教育，亦须公使保送。日本外务省没有复文，大约亦不赞成。适有某省自费生两人，请公使保送成城，公使以自费生拒绝不保，两生再三恳请无效。时吴稚晖（敬恒）先生同蔡孑民（元培）先生来日考察学务，两生转恳吴向公使说项，以为以吴先生之面子总可有望，岂知蔡公使仍不许可。吴先生问他理由，他答自费生不能学陆军。吴先生再询，是否奉有政府训令，且成城尚不是陆军学校，日本方面，亦无公使保送入学之章程，贵公使到底据何理由，不肯保送？蔡使因吴先生是学者，不是显宦，即存有轻视之意，即说我不保送即不保送，请君不必多言。吴先生听了怒甚，说道政府派你来，不但专办交涉，亦为保护本国人，今君对学生，尚且无理取闹，不肯送保学校，非说出理由不可。相持之下，蔡使竟不理吴先生，拂袖上楼去了。吴先生见他这样无礼，乃云真是岂有此理，今日不得保送许可，我不出馆门，经馆员一再劝慰，请回去再商，吴先生坚执不肯，遂留在客厅不走。于是学生闻此消息，群起公愤，闹入使馆者有十余人，偕同吴先生踞坐客厅门内外，彻夜不散。公使即电召日本警察，入使馆执行驱逐，吴先生等均被撵出使馆。遂动全体学生公愤，公电政府，谓公使馆有治外法权，今蔡公使不显本国主权，电召日本警察，入馆驱逐本国人员，丧权辱国，莫此为甚，应请撤回，惩其丧权辱国之罪。国内报纸，亦响应攻击。外部复电慰谕学生，稍安无躁。不久政府派载振贝子（庆王之子）为亲善使节来日，随员有唐蔚芝（文治）、汪伯唐（大燮）两公。学生开会，举吴止欺、章仲和及余三人为代表，往见载振贝子及唐、汪两公，陈述欢迎之意，及蔡公使对待吴先生情形，没有理由拒绝保送学生等。振贝子温谕后，嘱详细报告唐、汪两位，并云朝廷深望留学诸生，学成回国，报效国家，派我来特为慰问，好好求学，你们有意见，尽管向他们二位陈说，我回国报告政府。后见唐、汪二公,说蔡公使向来对学生有成见,即从宴会之事说起,说到对吴先生之无礼。唐公听了,连说荒唐,荒唐。继又说电召日本警察进入使馆,驱逐吴先生及学生,两位都说,岂有此理。我们又说,蔡公使在此对留学生,总不相宜,最好关于学生的事,另派一监督,至蔡公使撤回与否,政府自有权衡,非学生所应干预。不过若蔡公使这样的人,做公使总不相宜吧。两位笑而不答。后振贝子偕唐、汪二公,到留学生会馆,受学生欢迎,对学生训话,加以奖勉,并说你们好好的求学,朝廷需用人才,对留学生期望甚殷。至蔡公使事,我回国报告政府,一定有办法,望少安毋躁等语。不久撤回蔡公使,继任者为杨枢。

(曹汝霖著《曹汝霖一生之回忆》)

蔡和甫继任驻使,学生因吴稚晖出境一事,对蔡大不满意。适贝子载振过日,用汪伯唐、唐蔚芝之言,安慰学生。学生请去蔡,汪、唐赞助之,蔡遂撤归,派汪至东京为总监督。盖是时政府已重视日本留学生矣。

(章宗祥《东京之三年》)

9月8日(八月初七日) 早,参观银行和刷印局。饭后,赴横滨正金银行、横滨领事及众华商之约,子正始回东京。[据载振著(唐文治代)《英轺日记》卷十二]

9月9日(八月初八日) 巳刻,由上野坐火车赴日光山。申初抵达后,即至德川将军家庙一游。[据载振著(唐文治代)《英轺日记》卷十二]本日日记中考日本政治结构。

考日本政治,以国务各大臣组织内阁。内阁总理大臣班在各大臣之首,奏宣机务,承旨以统一行政各部,开阁议以决重要事项。内阁各大臣,曰内阁总理大臣,曰内务大臣,曰外务大臣,曰大藏大臣,曰陆军大臣,曰海军大臣,曰司法大臣,曰文部大臣,曰农商务大臣,曰递信大臣。内阁中置书记官长,承总理大臣之命,以管学机密文书,统理庶务。赏勋局、法制局、恩给局、统计局、印刷局五局,均隶于内阁。又有枢密院,曰皇亲临以咨询重要国务之所也,以议长一人、副议长一人、顾问官二十五人、书记官长一人、书记官三人组织之。帝国议会,合贵族院、众议院两院而成。贵族院议员有五种:一皇族;二公、侯爵;三伯、子、男爵,各自其同爵中选举之;四有勋劳于国家者,又有学识者,特敕任之;五于各府县之纳多额直接国税者之中,互选一人而敕任之。皇族之男子成年方列议席,有爵者满二十五岁乃得为议员。贵族院奉答曰皇之咨询,又议决华族特权之条规,其他依议院法之条规,开会议之。议长、副议长由议员中敕任之,任期七年。至众议院议员,则于各选举区中选举之。帝国臣民男子年龄满三十岁以上者有被选举权。其有选举权者凡三：一、帝国臣民男子年满二十五以上；二、于造选举人名簿之期前，满一年以上、纳地租十元以上；又满二年以上、纳地租以外之直接国税十元以上，或地租及其他之直接国税合计十元以上犹续纳者。议员之数，据众议院议员选举法：东京府十六人、京都府八人、大阪府十三人、神奈川县七人、兵库县十四人、长崎县八人、新泻[潟]县十四人、群马县七人、千叶县十人、茨城县十人、栃木县七人、奈良县五人、三重县八人、静冈县十人、山黎县五人、滋贺县六人、歧[岐]阜县八人、长野县十人、宫城县七人、福岛县八人、岩手县六人、青森县五人、山形县八人、秋田县六人、福井县五人、石川县六人、富山县七人、鸟取县三人、岛根县七人、冈山县九人、广岛县十一人、山口县八人、和歌山县六人、德岛县六人、香川县六人、爱媛县八人、高知县六人、福冈县十一人、大分县六人、佐贺县六人、熊本县九人、宫崎县四人、鹿儿岛县九人、北海道厅六人、冲绳县二人，计三百六十九人。

[载振著(唐文治代)《英轺日记》卷十二]

9 月 10 日（八月初九日） 早，坐小车游日光山，先生作《游日光山》。戌初归寓，市长放烟火以致敬。[据载振著(唐文治代)《英轺日记》卷十二]本日日记中考日本国税地税大略。

初九日，早坐小车游日光山。自客寓缘山涧行，瀑布瀧瀧声不绝。过大桥，隔涧有石佛数十森立。行数里许，有村市，田畴植菜蔬，鸡犬闲闲。又行数里，已至山中，仰视高峰，云气荟蔚，上与霄接。两旁树木阴森，一片秋声，与瀑声相和。自是路稍滑达。又行数里，至马返，小池渟澹，居民植菊数本，风景渏幽。自马返行，山径盘纡，车夫伛偻蚁旋上，瀑布洒漫，时从石隙迸溅。延属九层，行数里许，为剑峰。又盘迤六层，行数里许，为华岩。爰观大瀑布，宽约二丈许，长七十丈许，烟云缭绕其间，奔腾溯湃，汹旭如雷鸣。日人有《华岩瀑布歌》刻碑上。迤逦行至中禅寺，登临湖楼。湖长十八里，居山之巅，盖系山穴流瀑成河，深亦数十丈。居民垂钓，意闲如也。楼上饭罢，泛小舟，舟人网鱼以献，余赋诗纪游。戌初，归寓，市长放烟火以致敬。案：日本财政租税分二种，由国家直接征收者为国税，由地方自治体征收者为地方税。又别有市费、町村费，由市及町村支办经费。国税以支国家公用，地方税以办地方事宜。国税科目中税额最巨者，地税约四千七百万元，酒税最多时约五千五百万元，次则海关税一千六百万元，营业税五百八十万元，所得税五百万元，共收国税一亿九千四百万元。此外收官业邮便、电信约一千八百万元，烟叶专卖税约一千万元，总计二亿五千五百万元。若夫国家岁出之数，与岁入之数无大差别。查明治三十三年支出各费，计皇室费三百万元，外务省二百十八万元，内务省一千三百五十三万元，大藏省四千九百七十一万元，陆军省三千七百三十万元，海军省一千七百五十一万元，司法省四百八十八万元，文部省四百四十七万元，农商务省二百二十八万元，递信省一千七百五十万元，各省经常岁出费共一亿五千二百四十万元，临时加增费一亿零二百十四万元，两共二亿五千四百五十四万元。至地方税之赋课，分四种：一曰地税，二曰户数税，三曰营业税，四曰杂项税。各府县收入税项即支办府县诸费，如警察费、教育费、土木费、卫生费是也。三府四十二县之地方税，约共四千六百万元，支款约四千万元。大藏省官理财之法，总以岁计豫算为大要，比较经常、临时出入增减之数，羡者储之，亏者益之，无差忒也。

[载振著(唐文治代)《英轺日记》卷十二]

按：上文中以载振的口气说“余赋诗纪游”，实则诗仍为先生所作，见下。

恍入蓬莱境，游人尽是仙。涛长溅澎湃(缘山涧流湿声瀌瀌不绝)，径滑曲蜿蜓(自马返而上，山径盘纡，舆夫皆偻伛蚁旋而登)。古寺初鸣磬(寺名中禅)，平湖好放船(山顶有平湖，红树青山，景尤幽胜)。山灵应识我，尘虑渺云烟。

(唐文治《游日光山》，见《国专校友会集刊》)

9月11日(八月初十日) 坐火车回东京，仍住上野精养轩。[据载振著(唐文治代)《英轺日记》卷十二]本日日记中考日本货币大略。

案：日本货币，当维新以前，各藩财政不同，通货之制亦异。德川政府发行现款，谓之硬货，凡三种：一金货，二银货，三铜铁。诸钱硬货之外，各藩及旗下各于领地制造楮币，有金札、银札、钱札、米札等目。全国各藩发行，种类甚多，不下千六百余种。迨庆应四年，新政府知货币之必当改正也，于是革改旧制，取各国之良法，折衷日本之旧例，命铸造新货，旧式方形改为圆形，其价名采用十进一位法，定新货之种类凡三，金货、银货、铜货三品是也。明治三十年前，咸用此制。自三十年十月以后，始改用金货。统计自明治三年至明治三十二年铸造各种货币数目，共四亿三千九百八十万元，内金货一亿八千五百八十六万元，银货二亿三千三百一十七万元，白铜货八百十九万元，铜货一千二百四十一万元。至于纸币，由政府颁发者凡十种：百元、五十元、十元、五元、二元、一元、半元、五十钱、二十钱、十钱。其初创设国立银行，发行纸币。因国用多端，出币日夥，至明治十二年，有一亿四千六百五十万元之数，物价腾贵，硬货与纸币其价悬殊。至明治十七年，设立日本银行，颁发兑换银行券，他行纸币减少。明治三十二年，纸币二百余万元，银行纸币减少至六十万元，兑换银行券流通有二亿二千七百万元,硬货发行数目四亿三千八百六十万元。故以日本现行纸币与硬货合计,凡六亿六千八百万元。

[载振著(唐文治代)《英轺日记》卷十二]

9 月 12 日(八月十一日)　卯正,由上野至新桥火车站上火车,酉正抵滨松[据载振著(唐文治代)《英轺日记》卷十二]。本日日记中考日本军政大略。

考日本军政,凡国民十七岁至四十岁之男子,皆有服兵役之义务。兵役有四,曰常备兵役、后备兵役、补充兵役、国民兵役。常备兵役又分为二,曰现役,曰豫备役。现役者,陆军三年,海军四年,满二十岁者服之。豫备役者,陆军四年四月,海军三年,现役终者服之。常备兵役终者,服后备兵役五年。其军事上之最高顾问为元帅府,以陆海军大将补之。现为元帅者,为陆军大将侯爵山县有朋、陆军大将小松亲王、陆军大将侯爵大山岩。陆军大臣管理军政,统辖军人、军属。又有参谋本部,参谋总长以陆军大将或中将补之,直隶于日皇,参画帷幄之军务,掌国防及用兵一切之计画。又有教育总监部,教育总监以陆军大将或中将补之,统督各兵监,管辖陆军各学校。又有东京防御总督部,任东京之防御。又有东部、中部、西部三都督部,任所管之防御,并各师团共同作战之计划。其陆军军人之员数,兹据最近者考之,计将官及相当官百十九人,上长官及士官八千三百四十一人,下士三万四千七十四人,卒二十六万八千七百五十四人,其他四千五百二十人,合计三十一万五千八百八人。

[载振著(唐文治代)《英轺日记》卷十二]

9 月 13 日(八月十二日)　辰起,滨松制西洋乐器场及音乐学堂生徒携乐器来演奏。巳初,乘火车赴京都,行抵车站,小松亲王并地方官至车站来接。晚宿京都客寓。[据载振著(唐文治代)《英轺日记》卷十二]本日日记中考日本海军之制。

考日本海军之制,海军大臣管理军政,统督军人、军属。又有海军军令部,军令部长直隶于日皇,赞帷幄之机务,参画国防及用兵之事。又有横须贺、吴、佐世保三镇守府,镇守府司令长官直隶于日皇,统率麾下之舰队、舰船、部团体,监督所属各部,总理府务。计现在各军舰所属,横须贺镇守府有朝日、初濑等舰,计二十一艘;吴镇守府有三笠、八岛等舰,计十九艘;佐世保镇守府有敷岛、富士等舰,计十九艘。是外横须贺镇守府有水雷驱逐舰三艘、水雷艇八艘,吴镇守府有水雷驱逐舰二艘、水雷艇五艘,佐世保镇守府有水雷驱逐舰五艘、水雷艇十艘,合计三十三艘,总计吨数四千四百七十七吨。又配置舰团队之人员,通常备舰队、三镇守府舰队、三镇守府海兵团、三镇守府水雷团、竹敷要港部,凡将官六人,上长官二百六十九人,士官五百六十人,候补生百九十三人,准士官三百九十九人，下士三千四百八十七人，卒一万六千七百四十五人，合计二万一千六百六十九人。

[载振著(唐文治代)《英轺日记》卷十二]

9月14日(八月十三日)　午初,回拜小松亲王,参观日本旧皇宫。午后,小松亲王来约观武德会,又导观织绒布场。晚,小松亲王招饮于中村楼。[据载振著(唐文治代)《英轺日记》卷十二]本日日记中考日本刑政大略。

考日本刑政,司法大臣监督裁判所及检事局,指挥检察事务,管理民事刑事非讼事件、户籍、监狱及出狱人保护事项,暨其他司法行政事务。裁判所有四种:第一区裁判所、第二地方裁判所、第三控诉院、第四大审院。各裁判所置判事,并附置检事局。凡对区裁判所之判决而上告者,地方裁判所裁判之;对地方裁判所之判决而上告者,控诉院裁判之;对控诉院之判决而上告者,大审院裁判之。大审院之裁判为终审。明治三十一年,大审院民事上告件数,旧受二百九十九件,新受四百七十四件,合计七百七十三件。其结果,弃却二百六十一件,破毁百六件,所下百七件,合计四百七十四件,未决二百九十九件。其结果事件之种类,人事三十九件,土地百四十二件,建物船舶三件,金钱二百二十一件,米谷十一件,物品九件,证券八件,选举事件二件,杂事三十九件,合计四百七十四件。又各区裁判所新旧受理合计十四万七千五百十七件,判决及其他之结果合计十三万一千八百九十二件,未决一万五千六百二十五件。警察则于东京置警察厅,警视总监受主务大臣之指挥,监督、管理东京府下之警察、消防及监狱事务。各府县置警察部,警部长隶于知事,处理各管内之警察事务。通警事厅并北海道厅、各府县警察署之数七百二十五,警察分署七百十五,派出所及交番所一千二百十九,驻在所一万一千三百二十五。警察官,则警察部以上二千二百十九人,巡查二万八千四百十六人,合计三万六百三十五人。每一警察官当人口一千四百二十七人之均数。监狱,通东京及各地方之数凡百三十七;其职员,典狱五十六人,监狱书记五百二人,看守长二百九十人,监狱医二百四十六人,看守八千四百三十七人,女监取缔四百三十四人,押丁五百九十六人,教诲师二百十人,授业手三百八十八人,佣六百九十六人,合计一万一千八百五十五人。

[载振著(唐文治代)《英轺日记》卷十二]

9月15日(八月十四日)　至京都市上观制陶器、织绸缎场,后赴商岛屋观绣画。[据载振著(唐文治代)《英轺日记》卷十二]本日日记中考日本地方行政制度。

考日本地方制度,有府县设之区域,郡市及岛屿隶焉。府县为法人,受官之监督,于法律、命令范围之内处理其公共事务,并依从来之法律、命令或旧惯,及将来之法律、敕令,处理其属于府县之事务。府县中置知事,在内务大臣指挥、监督之下,监督其所部之官吏,遇各省主务之事,则受各省大臣之指挥,执行法律、命令,管理其部内之行政事务。又设府县会以为自治之机关。其议员之选举区依郡市之区域,府县之人口未满七十万者,议员以三十人为定额;七十万以上者、百万未满者,每加五万则增一人;百万以上,每加七万则增一人。又置府县参事会,以府县知事、府县高等官二名及名誉职参事会员组织之。名誉职参事会员,府八人,县六人,于府县会议员中选举之。府县之下有郡、市,郡之下有町村,市之下有区。郡、市、区、町村皆有长,有会议员,但市之下分设区者惟东京、大阪、京都三市。各府县置知事、书记官、警部长、参事官、视学官、警视技师、典狱属等职员。北海道则置道厅长官、事务官、警部长、支厅长、参事官、视学官、警视技师、典狱等职员,处理其管内之行政焉。

[载振著(唐文治代)《英轺日记》卷十二]

9 月 16 日(八月十五日)　辰坐火车赴奈良。饭后登车,酉刻至神户,众华商招饮于中华会馆。晚宿于诹访山西常盘楼。[据载振著(唐文治代)《英轺日记》卷十二]本日日记中考日本教育之法。

考日本教育之法,自维新以来,视兹事尤重。明治初年,于西京兴大学寮,凡旧幕府所有之学校,一律重修。江户镇定之后,复兴旧昌平簧、医学所及开成所,集四方之学者,置学官,设府县学校取调局、史料编辑国史校正局于昌平簧,置翻译局于开成所,复改昌平簧为大学校。然大学以下学制,各地风气不同,规制互异,于是始编制大中小学之规则。明治四年,废大学,置文部省,统辖全国教育之事,创建师范学校、女学校、书籍馆、博物馆。寻颁布学制,特下谕旨,指示教育之方,普及全国,彬彬乎学校如林矣!明治十年,建东京大学,设法、理、文、医四学部,是为教育一进步。至明治十九年,大设改革,颁帝国大学令,设帝国大学及大学院于东京,次设帝国大学于西京,依师范学校令,设高等师范学校于东京、广岛,置师范学校于各府县,置高学校于东京、仙台、西京、金泽、熊本、冈山、山口等处,设中学校及高等女学校于各府县,依小学校令,计画初等教育之事。于是商业学校、工业学校、农林学校、医学校、农学校、徒弟学校、实业补习学校、技艺学校、女学校、其他私立诸学校,自东京及各处,靡然向风矣。计现在学校之数,全国二万八千余校,教员约八万四千人,教养学生约五百二十万人。各种小学约二万七千校,教员八万人,生徒四百九十万人。中学约二百校,教员二千六百人,生徒约六万四千人。师范学四十七校,教员八百人,生徒一万人。其他别有专门学校、各种学校、女学校,共计各学校每年经费约二千万元。学校之外,各府县又设立幼稚园,全国二百二十余处。又设图书馆,自东京及各府县共三十余所,其图书数目约五千余万册以上。图书之出版尤盛,每年平均约二万五千部。又新闻杂志,东京一处可出二百余种,每年发兑在一亿七千万部以上。通计全国七百五十余处,一年可发兑四亿三千万部。民智日开,盖由于此。

[载振著(唐文治代)《英轺日记》卷十二]

9月17日(八月十六日) 辰刻,坐火车至大阪,赴住友铜厂。午饭后参观造币厂。酉初赴大阪城。子正,登火车赴广岛。[据载振著(唐文治代)《英轺日记》卷十二]本日日记中考论日本教育管理目的。

余阅日本学校《管理法问答》,喟然思我中国先王教人之法,其本在于端伦纪、修道德,而其操存持守之大要,不越乎言行之间。盖所以制品谇而淑性情者,实为士大夫之本务。今观日人所论学校管理之目的,与我古人教法,抑何其相近也。其言曰:"所谓学校管理之目的者何? 一曰保其秩序,以补佐教授之功力;二曰训练意志,以养护品性之发达。以二者之轻重较之,以训练意志、养护品性之发达为重。何则? 涵养德性,为教育上最要之事,与教育上之一切事情俱有关涉。故即据小学校言,其教育之旨趣在修练儿童之心意,以保全其知识、道德,使他日离学校、进社会,各从其职业之时,能修其素行,励其实业,发扬尊王爱国之志气,成忠良之臣民。故发挥儿童自治之精神与发达自制之能力,实为管理之要旨。然自治之精神与自制之能力,当循序渐进,始能获效。此章程一节,所以为学校中至要之件,使学校中之外情、内状果井然有条,则生徒之心身发达易,而进步亦速。惟既能自制其身,自规其行,而于饮食、空气之供给,运动、游息之适宜,亦不得不加之意焉。然后得养成其自制、自治之习惯,而使心力、体力俱为有用之物。"诚哉是言! 教术之本原道德,备于斯矣。抑余又闻日皇之教其国民,尤兢兢以伦理为重。盖自明治二十三年以前,西学播传有风行草偃之象,人人惟以启发智识为急,而于德义之方,则与从来异其趣,或云国家主义,或云儒教主义,或云泰西主义,无道德一定之标准,遂于德育之点缺如。日皇爰于二十三年十月颁诏,以定臣民之分,缘督人伦,俾父子、兄弟、夫妇、朋友各有所遵守,道德之基础遂坚。民间亦频论道德,或撰《男子品行论》,或撰《女德论》,如福泽谕吉之《修身要领》,足裨风教,而冈本监辅所著《铁鞭》《西学探源》二书,尤为中正平实。余因喟然思我中国古者教人之法,务在端伦纪、修道德,今考东人教育之法,抑何其相近也。《论语》首章言学,次章即言孝弟,而以犯上作乱为戒。《孟子》首章言"未有仁而遗其亲,未有义而后其君",道无古今中外,一也。学亦岂有古今中外之殊? 有志之士,其谅余言。

[载振著(唐文治代)《英轺日记》卷十二]

9 月 18 日(八月十七日)　辰正,至广岛。午正,第五师团长山口中将请观兵士操演,并于司令部设宴。饭毕,县知事江木导游缩景园。戌刻,知事各官咸来旅馆同饭,江中放烟火致敬。[据载振著(唐文治代)《英轺日记》卷十二]本日日记中考论日本外务省官制等。

案:日本外务省官制,据明治三十一年十月敕令,共十条:一、关于外国政务之施行,在外洋本国商事之保护,及外国在留本国臣民之相关事务,与派遣外交官及领事官等,俱归外务大臣整理、监督。二、于大臣官房已揭通则之外,而于驻在本国之各国外交官、领事官、外国人叙勋条约书保管及文书等翻译事务,俱由外务大臣掌管。三、外务省专任参事官二人,专任外务大臣秘书官二人,专任书记官五人,以为定员。四、外务省置二局,曰政务局、通商局。五、政务局专掌关于外交事务。六、通商局专掌关于通商、航海及移民事务。七、外务置翻译官四人,奏任,从事文书翻译。八、外务省属以六十人为定额。九、外务省置翻译官补六人,判任,皆承上官指挥,从事文书翻译及通译等事。十、外务省置技手二人,承上官指挥,从事电信事务。此为职掌大纲。至一切分课规程,及公文书类取扱规程、记录文书编纂规则,备极详审。其缔结通商、航海条约者二十一国,曰中国、亚美利加合众国、英吉利国、俄罗斯、和兰、佛兰西、葡萄牙、德意志、瑞士、比利时、意大利、丹麦、诺威、瑞典、西班牙、澳地利、匈牙利、秘露、韩、暹罗、墨西哥、伯剌西尔、公果。其中置设公使馆者,若中国、若英、若俄、若美、若佛、若德、若澳兼辖瑞士、若意、若和兰兼辖丹麦、若韩、若墨兼辖秘露、若暹罗、若伯剌西尔、若公果、若比利时。又领事馆所在之地,中国在上海、天津、厦门、芝罘、牛庄、汉口、苏州、杭州、沙市、重庆、福州,韩国在釜山、元山、仁川、京城、木浦、镇南浦、马山,英国在伦敦,英领地在香港、新加坡、孟买、喜德尼、通司威尔、希亚脱尔、晚香坡,暹罗在盘谷,美国在纽约、桑港、塔马科、希加科,美领地在马尼剌、呼饶路,而俄领地在哥尔萨港,佛国在里昂,比国在安威尔斯,墨国在墨西哥,伯国在里河逗堤牙奈路,计三十八所。此外尚有名誉领事馆二十七所,分馆五所,又于海参崴设贸易事务馆一所。

[载振著(唐文治代)《英轺日记》卷十二]

9 月 19 日(八月十八日)　启行回国。辰刻登火车,赴马关。[据载振著(唐文治代)《英轺日记》卷十二]本日日记中考论日本铁路状况。

按：日本铁路创设于明治三年，始兴造于东京、横滨之间，长十八英里，至明治五年告成。其后陆续修造，有东海道、信越、奥羽、北陆、北海道等线。又民间私设铁道公司，凡重要之处，无不遍设。计现今铁道厅及私设铁道公司共五十八，线路百余，延长五千九百六十英里，开行约三千七百英里，铁路资本已至二亿六千七百万元，每日由铁道运货、搭货，殷轸不绝。据明治三十二年铁道乘客总数，得一亿二百二十六万人，物货数量约一千二百万吨。此为乘客、货物，至货金约在三千八百万元以上。每日均平计算，由铁道往来旅客二十八万人，货物由铁道运送者三万二千八百万吨，可收进款十万五千元，亦可知交通运输之利溥矣。

[载振著（唐文治代）《英轺日记》卷十二]

9月20日（八月十九日）　舟行平稳。[据载振著（唐文治代）《英轺日记》卷十二]本日日记中考论日本矿政。

考日本矿政，全国矿山，所在多有，近仿西法开采，出产日增，矿业遂骤旺。现今已开之地有五千三百处，矿区面积共五亿坪，矿产之数可得四千万元。故政府于札幌、盛冈、东京、大阪、福冈五矿山特设监督署综其事。稽其所产：一曰铜。日本本为世界产铜之国，最近出产数目得三千一百万斤，占全球铜产十二分之一。考明治八年仅出四百万斤，今已增至三千五百万斤。国中产铜之区，一足尾，得九百二十万斤；次阿仁，得六百五十万斤；三别子，六百万斤。以上三处，占全额之七。其日向、五木等处，则远不逮矣。二曰铁。世人皆以日本无铁，此说考之未审。盖日本地质原极精密，故铁矿实甚富有。岩崎县釜石铁矿，可出四百二十一万吨之铣铁，加以近旁仙人冈有一大磁铁矿床，以是制铣，可得二百二十三万吨，故釜石近傍有六百五十万吨。此外别处考查，约可产九百四十万吨之铣铁。三曰煤。煤为日本矿产之第一，最近产额得六百七十万吨，其价二千五百余万元。嗣后产额，尚可增多。考明治八年仅得五十七万吨，不过现今十二分之一。十六年始有一百万吨，二十一年有二百万吨，近则又加二倍有余。其消数国中每日需用一万二千吨，每年需用四百三十六万吨。于此足征工业之盛，然较诸英国，则已瞠乎居后。查英国每年产煤共二亿二百万吨，用煤共一亿六千五百万吨，每一日计消四十五万吨。是日本一年消数，尚不及英国十日之额。然而日人于矿政一事，物图而授，惨淡经营，其进步殆未可限量也。

[载振著（唐文治代）《英轺日记》卷十二]

9月21日（八月二十日）　过登州境，风波大作。[据载振著（唐文治代）《英轺日记》

卷十二]本日日记中考论日本农业大略。

考日本农业,颇知本事。全国农民现约二千二百万人。地适米谷,故自古称瑞穗国,每年出米可售四亿六千八百万元,麦可售一亿八千八百万元,粟可售一千六百八十万元,大豆可售四千六百万元,小豆可售七百七十万元,荞麦可出九百万元,黍可出一百五十万元,稗可出三百六十万元,甘薯可出四千九百万元,马铃薯可出三千三百万元,甘蔗可出一千二百八十万元,茶二千三百万元,烟草可出四百五十万元,合计地产共有八亿六千三百九十万元。又其土性宜桑,故蚕业茧为第一,运赴外国生丝,近年约二百万石。明治三十年售价五千五百六十万元,三十一年售价四千二百七十万元,三十二年售价五千九百七十万元,三十三年售价四千四百七十万元,是为日本出口货第一。绵每年出产约七百五十万贯,每贯重合八两,而人民需用甚夥,不及十分之一。且进口绵价甚廉,故产额日减而进口日增。明治三十三年,约有六千万元。此外,绵丝、绵线之进口者约一千七百万元。绵类进口约共七千七百万元之多,每人约需一元八角,是为进口货之第一。麻每年出产三百六十万贯,不足于用,故每年由中国、印度、比律宾进口者约百三四十万元。漆为中国特产,而日本漆尤良美,市中陈列漆器,靡不精致适观。考其漆汁收获之额,总计木数五百二十七万一千一百十四本,制造户数一千七百二十三家,每年汁量可得四万贯,尚不足用,故由中国进口漆汁,岁需五十万元。合计日本各种物产,可得一亿五千七百七十万元,加食用农产,共约十亿二千七十万元。以人口分配,每人可得二十三元八角。

[载振著(唐文治代)《英轺日记》卷十二]

9月22日(八月二十一日)　风仍不息,舟行甚缓。亥正,始抵大沽口。[据载振著(唐文治代)《英轺日记》卷十二]本日日记中考论日本维持商务状况。

考日本政府维持商务甚力,其言曰:"商业应人之需用,为供给者与需用者之媒介也。今之时势,实当商业变革,所谓商业界之彗星年也。"兹特轩言其机关事状,盖有数端:一曰商业会议,所以谋商业之兴旺,多于商业繁夥街市设立之。其会员由其地绅商充当,通计全国五十六处,会员约一千七百人。二曰银行,以握通融之枢纽。中央金库有日本银行,外国汇兑有横滨正金银行,资助实业有劝业银行。预金贷付,如泉之流。计全国银行共有一千八百所,银行资本共二亿六千余万元。三曰公司,以摄商力之萃聚。日本全国有七千余公司,皆为农业、工业、商业水陆运输起见,合资而成,计资本共六亿二千万元。其中最多者为大阪,有六百五十公司,资本一亿二千万元。东京五百四十公司,资本三亿八百万元。其他府县各处公司资本无一亿元以上者,计神户六千万元,福冈五千五百万元,京都三千五百万元。爱知、三重、冈山、静冈、千叶、奈良等各府县公司,则均在一千万元以上。至国中所设外国贸易之开港场,以横滨、神户、大阪、长崎、函馆五港为大,其他处曰新潟、曰清水、曰武丰、曰四日市、曰丝崎、曰下关、曰门司、曰博多、曰唐津、曰口津、曰三角、曰岩原、曰鹿见、曰佐须奈、曰那霸、曰滨田、曰境、曰宫津、曰敦贺、曰七尾、曰伏木、曰室兰、曰小樽、曰钏路,共二十四港。比较其历年输出、输入品价之额,每年总有超过之数也。

[载振著(唐文治代)《英轺日记》卷十二]

9月23日(八月二十二日) 因水浅,"新裕"船不能进口,换坐小轮进塘沽口。

[据载振著(唐文治代)《英轺日记》卷十二]本日日记中考论日本海运事业大略。

考日本海运事业,其初轮舶亦购自外洋,驾驶一切亦均依赖洋人。其后有土佐人岩崎弥太郎,向外国购得旧船,创立汽船公司于东京,名曰"邮便汽船三菱会社"。始在本国沿海定期往来,专掌本国航海之权。此为轮船商会之权舆。继而东京起合本汽船公司,名曰"共同运轮[输]会社",与三菱会社并峙,争相颉颃。至明治十八年十月,两社相合,创立日本邮船会社。又专为航通濑户内海起见,于明治十八年五月,大阪复兴商船公司,开定期航海之业。于是东京、大阪为二大轮船公司,实为日本航海业之基础。此二公司之消长,即日本航海业消长也。日本邮船会社资本金实二千二百万元,设本店于东京,设分店于内外各地,共七十处,共计汽船有百余艘,吨数约二十万吨,马力有一万五千余,往来内地者有定期,赴外国者,往来天津每七日一次,往来朝鲜、海参崴每七日一次,往来欧洲经上海至伦敦每月一次,往来美国每月一次,往来濠洲每月一次。至大阪商船公司,资本金实五百五十万元,轮船约八十艘,置本店于大阪,纯然私立公司,专握关西沿岸之航权,近浸至中国、朝鲜各海口矣。统考日本现在全国轮船,共有一千二百二十一艘,吨数五十一万余吨,又洋式帆船三千三百余艘,吨数约三十万吨,合计共四千五百艘,吨数约八十万吨。

[载振著(唐文治代)《英轺日记》卷十二]

9月底(八月底) 先生返国后,请假回太仓。谒见其师王祖畬,并呈献《王紫翔先生六十寿序》一篇。又先后赴浏河扫墓,谒郁氏岳父墓,谒外祖父墓。二叔母因人"以蜚语横诬之",自缢,先生出资为其办理丧事。

八月十八日,由日启行。余请假返苏扫墓,与杨君朗轩同舟赴沪,颇不寂寞。

(唐文治《茹经先生自订年谱·壬寅三十八岁》)

八月杪,回太仓,盖十年未归矣。王师自丁忧服阕后,未出山。谨往谒见,并献六十寿序一篇,盖去年在京抽暇所作,亲自缮写者也。越日,赴刘河扫墓,瞻拜松楸,不胜依恋。顺道赴新塘市,谒郁氏岳父墓,旋回城。至西门外吴塘桥,谒外祖父墓。时五房鑫甫叔去世甫逾年,婶母茹苦守节,忽闻蜚语,忿甚,悲惨之余,自缢殉节。余大惊叹,出资经理其丧,草具事实请旌。逾年,作碑文以记之。

(唐文治《茹经先生自订年谱·壬寅三十八岁》)

圣天子即位之二十八年,岁在壬寅。太原紫翔先生年六十有一矣。其秋,文治返自英伦,捧觞上寿,愿贡一言以为侑。

(唐文治《王紫翔先生六十寿序》,见《茹经堂文集二编》卷七)

叔母姓徐氏,幼而淑谨,年□□来归我叔讳锡泰鑫甫君。光绪二十七年□月,鑫甫君以贫病卒,叔母欲以死殉者屡屡,会佣妪营救得免。叔母于是典质衣饰,朝齑暮盐,惇惇以度日,其所处,迫非人境所能堪也。既逾数月,有以蜚语横诬之者,叔母遂于光绪二十八年八月二十三日自经死。死之后,文治具状达于礼部,为请于朝,得旌如例。

(唐文治《二叔母徐孺人墓志铭》,见《茹经堂文集初编》卷五)

按: 上文中的三个"□",系原文如此。

10 月初(九月初)　先生回到北京,仍回外务部供职,得载振奏保,以知府记名简放。

九月初,抵京。八万里回家,双亲无恙,七叔父亦在京,相见欢乐……余仍回外务部供职。载大臣因赴美劳绩,奏保文治,以知府记名简放。

(唐文治《茹经先生自订年谱·壬寅三十八岁》)

时《唐氏宗谱》、五世祖唐承焘《吟秋遗稿》、高祖唐景星《墨池杂著》均已刻成,先生欣慰之至。(据唐文治《茹经先生自订年谱·壬寅三十八岁》)

先五世祖南轩公《吟秋遗稿》,先大夫刊刻于京师,当时曾印百部,分贻戚友。今年秋重印百部,并将《刘河纪略》所载《南轩公小传》附印于后。《刘河纪略》为嘉庆年间金翼如先生讳端表所撰。其记吴君润一事,乡人鲜有知之者。吴君折节读书,事母至孝,后举武孝廉,官至狼山守府,《纪略》中别有传,则南轩公教育之功,固可不朽矣,造就人才者,不当如是耶? 谨志数语,以见我祖德之深潜韬晦,世世子孙,当永以为法也。戊辰九秋来孙唐文治敬记。

(唐文治《吟秋遗稿跋》,见《吟秋遗稿》卷末)

按: 此跋作于戊辰(1928 年)《吟秋遗稿》重印之际。

回京后,先生代载振上《由英回京条陈》。

回国后,(唐文治)写《由英回京条陈》,认为西方致治保邦之方"其中切近易行,为中国所万不能缓者,厥有三事":一为兴商务,是"民生命脉所关,箴膏起废之良药";二为办路矿,"可以收海外之资财,拯斯民之困厄,通四方之风气,辟数世之利源";三为开学堂,"国运隆污必与学校盛衰相消息"。

(戴逸《唐文治》)

奏为遵旨会议,仰祈圣鉴事。光绪二十八年九月初十日,军机处片交本日军机大臣面奉谕旨:载振奏《敬陈管见》一折,着政务处会同外务部覆议具奏,钦此。并将原折钞交前来,查原奏条陈三事:

一曰商务。内称"西人赛会,为商务最要关键。国家不惜津贴巨资,使商人挟带赴国赛会,收效至速。美国将以甲辰三月,日本将以癸卯三月,开设博览会,皆力劝中国选派工商赴会。日本近在咫尺,使中国富商载物带匠,明年前往试行赛售,并体验行销利钝之实,考察式样仿造之宜,请由商务大臣、各直省督抚出示晓谕,选派官绅,认真劝导富商良匠赶造备赛,工商偕行,详细考验。所有专为赛会出口之货,照各国通例免税。明年试办之始,并由招商局派船遣送,免收川资运费。如商本不足,由官借垫;折阅太巨,由官津贴。其制造精美、为外人款赏畅售者,给扁旌门。果能办有成效,一二年后,即在吴淞设立会场,统示各国遗商来华赛会,仿照外洋成法,妥为经理保护"各等语。

臣等伏查各国互市以来,进口之货日增,出口之货日滞。漏卮外溢,流极安穷,实由于工务方域自拘、不能开通之故。该载振所筹整顿商务,先办赛会,意在鼓舞商业,挽回利源。查法国一百四十年前设博览会于巴黎,是为欧西赛会之始。当时,法之内务大臣曾言此次开会为英国工业第一战争,其制造品为排击最强之兵器。拿破仑武功文治,震动全欧,独注意经营于此事,始终不懈,迹其有国之日,曾举六次大会于巴黎。其先,机器制造之物,几为英国所专;此后,法国遂进为地球中之工艺名国。欧美各国知其功效,相继踵行。日本三十年来仿照举办,至明年大阪之会已为第五次,骎骎与欧美争胜矣。中国地大物博,出产之富、工艺之良,久为外人所歆羡,特以相沿政教,视商为末务,上无振兴之意,故下无精进之心。从前闭关,原可自治;今与列国通市,竞利争雄,当号为商战之时,人皆开通,我独自守,断无能胜之理。今日举办赛会,实为当务之急。该将军指陈各节,均是实在情形。其赛会货物出口免税及载送人货、减收川资运费,均系各国通行事例,应由南北江海各关及招商局详定章程。至如何分派官绅,广为劝导;选择工匠,精为考求,及体察商情,能否借垫成本、酌给津贴各节，应请饬下南北洋大臣、商务大臣、各直省督抚迅速妥筹，奏明办理。其有工于制造、为众所称，即由该大臣察实奏闻，请旨颁给匾额，以示优异。将来办有成效，即可仿照各国，于中国大都会或通商口岸设立会场。风会既开，群情自奋，因势利导，人必争趋，亦不必定以年限也。

一曰路矿。内称"中国创办路矿，为日甚浅，章程未能完备。各国阅历较深，足资考镜。宜博采精择，编成则例。官与商民，各有当尽之职、应得之权。彼此交尽之义，其有关系处分刑律者，详加酌定。而后遇事审断，庶有依据。一面定法，一面招集星架坡、槟榔屿、小吕宋、金山等处殷实华商，给予凭照，准其集股认办。中国定例招商，从此认真办事，断无抑勒之举，自必乐为我用"各等语。

臣等查铁路、矿务为中国开辟大利之源，二事久为外人垂涎。近年纷纷集股来华，以我办理向无一定章程，乘机愚弄，攘夺权利。英、意、德、美各国在南北各省宽指地段，各称公司，合同纷歧，莫衷一是。中国并无殷实可靠之商出为承办，外人得以藉端要挟，来者正无穷期，在我既无定章，在人皆可需索。该将军所请，一面定法，一面招商，实为扼要之论。查上年刘坤一、张之洞即有请定路律、矿律之奏，近复有采取各国矿章妥议章程之奏，所陈均极详明。本年正月十六日、七月初九日，叠奉谕旨，饬该大臣等妥议章程，务期通行无弊。应仍请饬下张之洞等迅速覆奏，一俟章程议定，即当编成则例，勒为成书。至所称关系处分及刑律各条，亦应俟编纂则例时，详加酌定，可以通行无碍。欧美西律最为详明，其大商有所凭依，故能日臻兴盛。必中国定有商律，华商有恃无恐，而后公司可成。中国矿产冠于五洲，徒滋外人觊觎侵占，若能广招华商自办，实为收回自有权利之一大端。南洋各岛富商至多，应请饬下商务大臣，选派妥员出洋，会同出使英美各国大臣，就所辖各岛华商，广为劝导。果能招集巨股，回华开办，必当按照定章予以应有权利，官当力为护持。而其最重，尤在先将章程议定，实力奉行，商情乃能信服，固非空言所能招致也。

一曰学堂。内称"世变至极繁极赜之会，非广设学堂、定教科堂不能齐视听而一心志。教科各堂，自政治、理财、法学、武备以至一切艺术之事，泰西各国皆有一定教规，但须编译颁行，学者即知法守。尤在详定学生出路，今游学东西洋诸生，不惜重资，不惮远涉，若不急与登进，非但大失人心，亦且为各国笑。至于登进之途，要必以新得文凭之差等为授官之差等，如工厂，如商会，如农工商等局，如陆军、水师各学堂教习，皆宜就学生所学之科，尽先拔用"各等语。

　　窃维国势之强弱,原由于人才;人才之盛衰,又视其学业。东西洋各国,学堂相望,储之既广,教之又专,用之又最善,是以群才竞出,各呈其效,日臻富强。该将军所请广设学堂、定教科堂及详定学生出路,皆系考验有得之语。伏读迭次谕旨,设立学堂并定各学生出身阶级,以及选派学生出洋游学,及自备资斧者,学成回华,领有文凭,考验合格,均一律给予出身,近日大学堂奏定学生出身章程,并有咨送京外各局所当差及给予准为各处学堂习文凭之例,其为学生筹出路者至为周备,正与该将军所请相符。教科各堂,前经管学大臣张百熙奏明,编译中西各堂用为学堂课本,应请饬下该大臣迅速编译颁行,各省俾有遵依。至该将军所称水陆师学堂、农工商各局,此在东西洋均有专门之学;及其进用,亦有专设之官,无不学而用之人,亦无学成不用之事。中国学堂,甫经议设,科举未能遽停。现虽改定考试科条,然仓卒取才,与从前原无大异。综计数年之内,恩科正科并举,当增进士千数、举人万数,与各堂学生分途并进,实无策可以疏通。人情喜易畏难,谁不思争捷径? 总之,下所趋向,必视上之用舍为转移。日本初次出洋学生回国之后,俱得显用,伊藤陆奥即在其中。二十年来,其国中学校如林,几与泰西大邦比盛。利禄所在,即风会所归。今迭奉诏书,开办学堂并派游学。国家不惜经费,原期造就人才,将来学成之时,自必详加甄录,但使天下知朝廷注意之所在,竞勉为有用之学,庶不致再涉歧趋。至小学、蒙学,实为学校始基。泰西各邦,此项学堂多由民间自立,其教规登进均与官立者相同,俱受成于文部,应由各直省地方官剀切劝谕。如有集资创设蒙小学堂若干所及独出资财建立学堂者,将来应如何奖励之处,拟由各该督抚随时咨报大学堂,奏明请旨,特予优奖,以树风声,于劝学兴教,不无裨益。所有遵旨会议缘由是否有当,谨合词缮折具陈,伏乞皇太后、皇上圣鉴训示。谨奏。

　　光绪二十八年十月初五日具奏。本日奉旨:依议,钦此。

　　　　(《政务处外务部覆奏振贝子条陈折》,见《万国公报》1902 年第 167 期)

　　按:先生代载振所拟的《由英回京条陈》原文尚未见,但上引《政务处外务部复奏振贝子条陈折》中的"内称……等语",当即系此条陈中的部分内容。

　　回京后,先生于公务之暇,为载振编《英轺日记》成,"进呈御览"。

　　余公务之暇,为载大臣编《英轺日记》成,进呈御览。(冯)振谨案:先生代清固山贝子载振编《英轺日记》,共十二卷,欧美风教,沿途景物,详载靡遗;择善讽行,尤具深意。光绪二十九年二月由上海文明书局印行,近已少传本。其序文并载《茹经堂文集》卷四第四十四页。

　　　　　　　　　　　　(唐文治《茹经先生自订年谱·壬寅三十八岁》)

光绪二十有八年夏五，英国君主爱惠将加冕于伦敦。先期，外务部闻于朝，天子发玺书，简专使，福事庆贺。于是某遂奉出使英国之命。兼应比、法、美、日诸国之请，周爰彼邦。张旃以出，封轺而返，经途八万里，为时十七旬。滂滂地圜，随日以行，左旋一周，极西极东。丹穴空桐，仁智信武，礼俗教治，殊尚异响，恢越视听。怵然服念于九重忧勤劻勷、鉴观求莫之盛心。通变宜民，神化丹青，寄耳目于肤使，咨才咨事，咨义咨亲。繄政语所赖，微独宣德谕指，说山名物而已。于是僚采有见闻，译鞮有诵述，削牍既多，衰录成帙，乃复综而论之曰：

伦敦居西海之壖，孤悬三绝岛，而辖辖五洲，吸收宙合之精华。都市殷赈，鸿纷瑰玮，举天下之财政家、制造家、工艺家、商家、农家、外交内治家，靡不集听瞩于斯，权低昂于斯。彼都人士，乘坚而策肥，高步而远视。崔构闶九天，陶复洞九渊；飚轨电邮，呼吸万里，诚上帝骄子，保属之幸民哉。其政策和而坚，善动而能静，屈群策不弹厥力。其民朴属勤于事，綦溪浩唐，而尊上亲长，服从于法律。其风俗外希鸷，内善葆光，重学而轻教。起十七世纪以迄今兹，三纪有胜，非幸也，数也。

巴黎恢恢，冠绝西欧。林麓翳荫，万物棣通，士女遨嬉；谈辞捝张，议堂扩千步，民政所宗。其气憍，其学说日新；其民英跱自憙，而心志发扬。方时国社阑逐教徒，泛渊驱鱼，邻国为壑。夫彰善瘅恶，品物恒情，曷兹壮佼，标宗树异。欧人惩昔祸，有戒心焉。自西徂东，所不能不三致意也。

美利坚洲于欧视为西，于亚视为东。名城大都，星缀岳峙；天产轧芔，地宝涌盈；艺学引镆，利主考工，舟车亘亥步；朱圭猗顿，比户可封。合众国以之越坎拿大山而西，其间堂密美枞，田畴野画；黄冠草服，毡帐穹庐，极目窈奭，熙熙然有邃古初风焉。天留奥壤，厌饫白民，乃不免有形茹神悐，椎结悭墨者，杂处其中。种族之蔽，人权之畸，不已酷乎！

日本聪强模范，以为良用，兄英师德，自奋东方。行观其庠序，则子衿青青，被服德行，方领矩步，虑宪求善良。行察其主藏，则地用人用，井井秩秩，经制出入，准平靡失。其心竞于学界也，其尚武而日省于国力也，其作新不已而不破槱其国粹也。东方之美者，伦常秩序，君师将相，密自保持。旋观我齐州英俊，案饰谨谨，玩心罗骚，齐以苦言之药，不至挟策而亡其羊已。

凡兹四大，善舞剧场，一纵一横，或翕或张，巧算不可穷，离朱亦迷方。某既凭轼观之。而伦敦旋轸之初，先至比利时国之博间赛都城。厥民殷析，弹精工艺。比主黄发彤髟，手持一编，研研讲议，若无预于欧洲战国策者。荷兰遗俗，谥康若兹，其持弱之道乎？其将伺人之不见有所得乎？夫民生而有血气则争，争而不已则困，困而犹不能不争，且行求所以善其争者，而开化之术出焉，进步之程伟焉。欧美两洲，自十七纪之末，磅礴扶舆，更师迭长，与时王相要，靡不履繁霜而凛坚冰，镜前车而修来轸。诸国之迹灿然已。

钦惟我朝保合太和，建中于民，顺时消息。自六龙旋踌以来，损益因宜，诏书屡下，风声树于上，舆谣欢于下。方今官守其度，士劝其学，工农商师讲于野，兵技巧家兴于军，百废举庶，作事谋始，日积而月累。固将月异而岁不同。自兹以往，欧亚学界之中，我庠士其且竞胜于理化乎！我政家其竞胜于经济乎！我兵家其竞胜于武力乎！我农工商其竞胜于产殖乎！夫倾者易之复，否者泰之来。某诚不敢为謷言，而泰西智士之言，其期于我国，乃有过我自期万万者，辄以卧薪尝胆之心，为拜手颂言之颂，当世君子，其或不鄙乎斯言。

（唐文治《英轺日记序》，见《茹经堂文集初编》卷四，又见《英轺日记》卷首）

按：此文选入《茹经堂文集初编》时，先生于题目后注明"代载大臣作"，又于文后加一小记云："此文由余属稿，请沈子培先生润饰始成，其文气之雄厚，炼词之典雅，盖沈先生特色，非余所能逮也。"

又按：先生曾将本篇选入《国文经纬贯通大义》的"段落变化法"，作为范文之一，并在本篇论曰："凡鸿纷瑰玮之文，段落尤宜讲究。此文以'伦敦在西海之壖'一段作总摄法，次巴黎、次美利坚、次日本，皆用硬接法。而每段结束处无不变化。尤妙者'伦敦旋轸之初，先至比利时国之博闻赛都城'作藏过递溯法，遂开'民生而有血气则争'一大段文字，纡回震荡，极行文之乐。实皆从段落变化而来。每段中'其'字俱宜注意，为虚字作线索法。"后来先生任无锡国专校长时，常对学生诵读此文。据范敬宜《漫步巴黎忆恩师》一文记："我是一九四五年在无锡国专沪校读书时亲聆唐校长朗读这篇文章的，当时他已八十多岁，双目失明，然朗读时声震屋瓦，声泪俱下，其忧国之情，使学生无不为之动容。"又范敬宜《一个世纪后的回答》文中记："四十年代，我曾亲眼看到已经年逾八旬、双目失明的唐老夫子用苍凉的声调向弟子们背诵他的《英轺日记序》：'自兹以往，欧亚学界之中，我庠士其竞胜于礼义乎？我政家其竞胜于经济乎？我兵家其竞胜于武力乎？我农工商其竞胜于产殖乎？'这实际上是代表当年志士仁人发出的一种'天问'，一种向历史的发问。"

光绪季年，有固山贝子衔振国将军载振，俗称振贝子，撰《英轺日记》十二卷，相传实为（无锡）唐蔚芝侍郎文治所代撰。

（刘声木《苌楚斋随笔·四笔》）

我父载振生于光绪二年三月，凭借奕劻的权势，十四岁就赏给头品顶戴，十八岁选在乾清宫行走，十九岁封为二等镇国将军；辛丑和约后，赏加贝子衔。光绪二十八年任贺英皇加冕典礼专使，并到法、比、美、日等国进行访问。慈禧所以选派载振出使，一是八国联军进攻北京时，奕劻签订投降条约，对保住她的统治地位有功；二是各帝国主义国家也以奕劻办理外交为易与，表示好感，特派载振出使各国，便于与各国统治阶级进行拉拢。关于他的外交活动，在其《英轺日记》中，载有他在日本广岛拜谒日军第五师团长山口中将，山口盛筵招待他的情景。当时他竟奴颜婢膝地对山口说："当八国联军入北京时，山口曾有保护宫殿的隆谊盛情，特举杯致谢。"当时出国随行人员有参议官梁诚，参赞官汪大燮、杨来昭、黄开甲、唐文治、陶大均等九人。在国外共历时半载。

　　《英轺日记》共四册十二卷，光绪二十九年由上海文明书局印行。其主要内容，是记载他访问上述各国的外交礼节和参观访问的一些观感，以及各国的商务、学校、工艺、议院、法律、规章制度等。自称是仿黄氏日钞、顾氏日知录体裁，于记事之余，略参己见；还有时触景生情赋诗，如在舟行太平洋途中夜风不寐有："吁嗟乎，人生是处皆风波，鹏戾鲲横疆[强]食多，但愿八极靖干戈，容与太平姿婆娑。"这些诗，都说收入《英轺杂咏》中。其实，我父只是粗通文墨，不擅写作，更未见他写过日记或和亲友吟咏赋诗。《英轺日记》一书，闻系由随行参赞唐文治整理，出版后载振曾分赠亲友。至《英轺杂咏》诗稿，家人始终未见过。

（溥铨《我的家庭"庆亲王府"片段》）

按：《英轺日记》撰成后，1903 年由上海文明书局印行；同年，李伯元创办《绣像小说》由上海商务印书馆出版，在该刊的第 1 期至 38 期，将《英轺日记》译为白话文连载，题名为《京话演说英轺日记》，译者不详。

　　又按：《英轺杂咏》现存共十九题三十六首，计有：《月出》《新加坡佘氏花园（一名蔚园）六咏》（六首分别为：《芳塘》《白荷花》《荷叶》《竹门》《树色》《草茵》）《二十六日抵槟榔屿，有巫来由王附舟同行，观其容貌礼节，迥异寻常，纪之以诗，聊当采风之助》（四首）《闻蝉》《格仑坡听涛》《四月初三夜雨思亲二首》《有所思》（四首）《阿丁苦热行》《蛙鸣》《观西人角戏，一人伏地翘两足，以两手行，后一人以两肘夹前者足，作推车势推之，推较速，前者不觉偾跌，破鼻见血，观者大粲焉》《跳舞曲》《五月十三日观奥斯福忒学堂，题赠各教习》《五月十六日夜望月》（二首）《太平洋歌》《精养轩感怀》（二首）《游后乐园》（二首）《观击剑》（二首）《观马上打球》（二首）《游日光山》。其中《太平洋歌》又载录于《英轺日记》卷十。后《英轺杂咏》与《五君咏》五首刊于《国专校友会集刊（第一集）》，且直接署先生之名。

　　10 月（九月）　盛宣怀奏上《请设勘矿总公司折》。此折后又被先生以《请设立勘矿总公司以保主权折》为题,收入《茹经堂奏折》,说明此折之撰成,可能经先生的参与或修改。

七月,议设立勘矿总公司,以保主权。奏上,奉旨俞允(原文存奏稿内)。

(唐文治《茹经先生自订年谱·乙巳四十一岁》)

奏为矿地亟宜自守,拟请设立勘矿总公司,藉保主权而收矿利,恭折密陈,仰祈圣鉴事。窃维强国之道,必先富国。欧洲多以开矿致富,而中国矿产尤为繁盛。历来成见拘泥,或官禁,或民禁,精华闷而未发,此天之留以畀我圣清,蔚成中兴之业,实不可假手于人者也。近今风气始开,知矿务不可以终遏,但迫于时局,矿权、矿利几不能由我自操。于是海内宝藏之区,辄为他人攘而有之:或因案交涉,一入条款,而某省之矿柄暗授彼国矣;或被人勾引,一给字据,而某府、某州县之矿产多属他商矣。外务部鉴于前弊,重订章程,无论华、洋商皆可承办矿务,均须先禀外务部,俟批准后方可为准行之据。原欲于推广之中,竭力设法限制。闻外国颇以准其购用地亩自行举办为喜,而犹以抽税过重为憾。臣于去年五月,曾接准军机大臣电告"矿务所关甚巨,诚如所论,亟宜以开为守。各国合式律例,望即择要采取,其应如何抵制之处,亦望熟筹电知,以便核议请旨办理"等因。嗣因英使马凯来议商约,内有矿务一条,臣等以事关内政,拒不入约。到鄂后,马凯犹坚持矿事有关商务,必欲列入商约,以慰英商之望。臣思要在保我地权,方能以开为守,督臣张之洞颇以为然,当与臣等会商,允于一年内自行将英国、印度连他国现行矿务章程,迅速认真考究,采择其中所有与中国相宜者,将现行章程改修妥定,以期主权无碍,利权无损,并于招致外洋资财无碍,于矿商亦不致有亏等语。美国虽甚和平,亦索矿务条款,并密告臣曰:"中国地产之精华,将悉为各国有矣,吾美国亦当分沾其益。"盖欧洲觊觎中华矿利,极想一网打尽。按照英约,一年内自行修改。若不预为商筹,犹恐临时周章,或藉端要挟,仍不免堕其术中。臣既奉军机处咨询在前,又身在议约大臣之列,昼夜焦思,悉心讨论。中国既无办矿之人才,又无开矿之资本。自李鸿章等议办矿务以来,合南北计之,集中国资本,师西法开采,已见成效者,仅有开平、大冶、萍乡三矿而已。开平以李鸿章北洋大臣之魄力、唐廷枢一身之苦心孤诣,越二十年而始成之。然一经变乱,已为外人乘机攘取。大冶、萍乡,一铁一煤,互相济用,臣与张之洞先后持坚忍之力,经营缔造,勉力图成。万里版图,只此两矿,良可慨已。其他无穷无尽之地宝,若不早为设法保全,一听外人明取暗索,数年之后,尽属他人,将来中土人才辈出,能自举办,而产矿美地,已非我有。征诸五洲大邦,断无如此办法。然默究其所以不能自办之故，以办矿之人才非十余年不能造就，开矿之资本非数百万不能动手。若必欲强华商自办，诚如外务部所言，暗中必仍是勾结外人，辗转售卖矣。臣年来访察中外情形，终欲思一补救之法，断非空言大言所能济事，而必先量我权力、财力所能办到，惟有将民间产矿之地，由公中筹款自购，力争先着而已。然欲得知何地产矿，必先有人代为选矿，而后可行。三十年前，德国有一地学师勒妥芬，遍查中国矿地，著为图说。近来各国谋办矿者，游历内地，或以教士出名，或以华人出名，购得各省矿地，已属不少，甚有一洋人而购数十矿者。近日上海、武昌均有洋人设立验矿厂，凡内地觅到各矿，均归化验。彼已布置齐备，而我仍漠然置之，真可为天下后世所痛惜。今当扫除空言，力求实事，提纲挈领，自保地权。亟宜设立勘矿局，遴选地学师，勘明何地实在产矿，自行购买，以归中国公司。事机已迫，万难再迟。臣不揣鄙陋，一面谆劝各省绅商，先筹华股本银一百万两，拟在上海设立勘矿总公司。于去年函商出使大臣罗丰禄，访求头等地学矿师，一年之久，始得一人，名瓦理士布鲁特，每年薪水英金二千镑，一切用费在外。罗丰禄交卸后，即由张德彝代订合同，已于八月内到沪。臣亲与考究其矿学，确系谙练地学，在欧洲专门勘验矿地，与寻常只知开矿之学者不同。臣已饬令先往湖南省勘查各矿，先经电商抚臣俞廉三，深以此举为保矿善法。一面函商各督抚，派员赴各省预查产矿处所，再行陆续派往勘验。无论出产煤、铁、五金之地，可资开采者，即与地方官妥定公平之价，由局购买。再令该矿师将所勘之矿，择尤绘图立说，某矿应如何开办、约需资本若干、能获余利若干，分作等差，编立字号，再行次第招商认办。俟外务部路矿总局议订新章，务令遵照钦定矿例办理。所有勘矿公司购到矿地，编号之后，如有合例商人承办，即当会同该省督抚，咨明外务部、路矿总局，请给牌照，方准开办。臣愚窃谓：中国所有者，产矿之基地也；外国所有者，开矿之资本也。我能守我之地，不为他人所夺，将来以我矿地，或作资本，或采租息，皆当权自我操。总之，矿商之利，外人不妨共之；而地主之权，中国当自守之。亡羊补牢，尚未为晚；曲突徙薪，岂容再误！所有拟设勘矿总公司，藉保主权而收矿利各缘由，理合据实密陈。是否有当，伏乞皇太后、皇上圣鉴训示。谨奏。

（《请设立勘矿总公司以保主权折》，见《茹经堂奏疏》卷三）

按：《请设立勘矿总公司以保主权折》和《请筹拨勘矿总公司官股片》皆载于《茹经堂奏疏》卷三。盛宣怀《愚斋存稿》卷八有《请设勘矿总公司折》，与上引《请设立勘矿总公司以保主权折》内容全同。又折中所叙述的筹商、办理矿务的一系列举动，皆系盛宣怀所为。兹举二例：① 此折云："臣于去年五月，曾接准军机大臣电告

'矿务所关甚巨,诚如所论,亟宜以开为守。各国合式律例,望即择要采取,其应如何抵制之处,亦望熟筹电知,以便核议请旨办理'等因。"《愚斋存稿》卷五十五即载盛宣怀于光绪二十七年(1901年)五月初七日接到"行在军机处来电"云:"矿务一节所关甚巨,诚如尊论,亟宜以开为守。各国合式律例,希即择要见示,其应如何抵制之处,亦望熟筹电知,以便核议,请旨办理。"② 此折云:"嗣因英使马凯来议商约,内有矿务一条,臣等以事关内政,拒不入约。"王彦威、王亮辑编《清季外交史料(六)》载《吕海寰盛宣怀致外部路矿关系最重请勿入约章电》:"今日马凯送来英廷电,新改第五款如下:一、中国意欲兴办矿务铁路,以便开辟利源,并知悉如能招集华洋资本,则可冀望大为推广,故允愿派专员在北京商订章程。英国所应派之员数必须公平按所定之章程,得以利便探查矿产及煤油,并开挖兴办矿峒、油井及筑造铁路云。告以前奉部电,矿路章程应由中国自行整顿,且矿路总局现有专章,未便列入商约。马云,前章已撤回,坚请将此条转电贵部。揣其意在籍入商约,干预此事。中国路矿关系最重,若无极好办法,总以不入约章为是。应如何驳拒? 乞速电示。"此外,上海图书馆盛宣怀档案《盛宣怀致唐文治函》(档号064854)中云:"弟于二十八年九月奏请在上海设立勘矿总公司,得旨允行。"凡此,都证明此折当是由盛宣怀上奏朝廷,先生将其收入《茹经堂奏折》,或其参与了此折的起草或修改过程,待再详考。

又按:盛宣怀《愚斋存稿》卷八中的《请设勘矿总公司折》所署时间为光绪二十八年(1902年)九月,《茹经堂奏疏》卷三中的《请设立勘矿总公司以保主权折》所署时间为乙巳(1905年)七月,两者年份相差三年。此折中云"臣于去年五月,曾接准军机大臣电告",上一条按语已考明"去年五月"的"去年"是1901年。故此折之撰写、呈奏时间应为1902年。

11月4日(十月初五日) 政务处大臣、庆亲王奕劻等奏请特设商部,以振兴商务,从之。(据《清史编年》第十二卷《光绪朝下 宣统朝》等)

不过,实际上成为中心、推进设置后商部的产业行政的官员是左丞唐文治一人。他也是最初说服载振设置商部之类产业行政机关的人。唐文治在义和团事件后作为那桐的一名随员去日本时,已经注意到日本采用内阁制、军事力量的加强、工商业的发达等等(唐文治《茹经自订年谱·辛巳三十七岁》);据说随后又作为三等参赞随同载振考察欧美日本时,向载振进言仿效日本工商业之发达,在本国也设置商部以振兴实业(曹汝霖著,曹汝霖回忆录刊行会编译《一生之回忆》,鹿岛研究会出版,1967年版,第20页)。

(曾田三郎《清末产业行政的分权化和集权化》)

11 月 7 日(十月初八日) 友人徐兆玮致函先生,谓"外部事冗,大才必能综理,始足展布,学道有得,勿吝箴砭"。

(一九〇二年十月)初八日甲午(十一月七日),晴……与唐蔚芝书云:樽酒话别,正去年今日也。玮自四月遭慈亲大故,苫块余生,意气颓丧。从者乘长风,作壮游,天末故人,闻而神王。外部事冗,大才必能综理,始足展布,学道有得,勿吝箴砭。

(徐兆玮著,李向东、包岐峰、苏醒等标点《徐兆玮日记》)

冬 姚鹏图来京师,数次访先生于寓所,两人纵谈甚乐。

壬寅冬,君(按:指姚鹏图)来京师,数过予寓,纵谈其乐,为余代购黄山谷字帖四册,并书其端。出都时,意甚惓惓,不忍别也。

(唐文治《姚君柳屏传略》,见《茹经堂文集二编》卷六)

1903 年(癸卯　清光绪二十九年)　39 岁

1月3日(光绪二十八年十二月初五日)　绍英托先生改复文底。(据《绍英日记》光绪二十八年十二月初五日)

按：复文内容不详。

1月5日(光绪二十八年十二月初七日)　先生在京察考核中列上二等。

（农历十二月）初七日……京察过堂，保列一等四员：朴寿、雷补同、关以镛、周儒臣；备一等二员：徐承煜、傅嘉年；上二等四员：邹嘉来、唐文治、保恒、王清穆。

（那桐著，北京市档案馆编《那桐日记·光绪二十八年》）

按：京察是明清时吏部考核京官的一种制度，清代三年一考。

1月19日(光绪二十八年十二月二十一日)　早，绍英至先生处，求拟复文底，先生托绍英租房。(据《绍英日记》光绪二十八年十二月二十一日)

按：复文内容不详。

1月(光绪二十八年十二月)　庆亲王奕劻拟奏请简放先生为泰安府知府，为军机大臣鹿传霖所阻，未果。

十二月，山东泰安府知府出缺，时辖境适有教案，闻庆邸将以文治奏请简放，定兴鹿芝轩相国名传霖，以他部中尚有资格较深者，阻之，乃止。未始非余之幸也。

（唐文治《茹经先生自订年谱·壬寅三十八岁》）

2月18日(正月二十一日)　外务部庶务司主稿沈曾植奉旨补授江西广信府知府，先生继其任。(据许全胜《沈曾植年谱长编》引《清代官员履历档案全编》)

正月，庶务司主稿沈子培先生简放知府。余继其任，每八日须进大内一次，见各堂官，呈递奏牍要电等。虽极劳苦，然阅历公事，获益甚多。

（唐文治《茹经先生自订年谱·癸卯三十九岁》）

按：据许全胜《沈曾植年谱长编》，沈曾植于本年5月2日(四月六日)离京赴任。又据同书引《沈氏门簿》，在离京之前，唐文治于2月3日(正月六日)、2月22日(正月二十五日)、3月22日(二月二十四日)、4月7日(三月十日)曾往沈府拜会沈曾植。

2 月(正月)　　时任出使大利大臣的许珏致书先生,告知其由翟清松翻译、许珏修改并作序的《义国财政汇考》"大约两月后即可竣事,咨送尊署","请中国有理财之责者,于无字句处体勘也"。

　　《义国财政汇考》一书大约两月后即可竣事,咨送尊署。此书第泛泛观览,似无甚佳处。如掩卷静思,彼一部臣能举全国之度支,日悬于心,盈虚消息,何者为始念所不及,何者为意外之加增,通盘筹画,刻刻不忘。试问中国任度支之责者,有此条理精密否? 吾辈作举业时,一题到手,其心思过人者,每于无字句处体勘。弟译此书,亦请中国有理财之责者,于无字句处体勘也。因阁下曾任农曹,辄敢以此言进。

　　　　　　　　　　(许珏《与唐蔚芝(癸卯正月)》,见《复庵遗集》卷二十二)

　　按:《义大利财政汇考》1903 年由意大利财政大臣濮鹭理睱整理,翟清松翻译,许珏修改并作序。本年四月二十九日,许珏撰《咨呈外务部译送义国财政汇考》,将此书呈送外务部。

　　又按: 1926 年,许珏学生陶世凤编《复庵先生集》,是为《复庵遗集》的选本。《复庵先生集》中亦收上引《与唐蔚芝》,但文字稍简。

　　3 月 28 日(二月三十日)　　先生与绍英谈洋文教习事。(据《绍英日记》光绪二十九年二月三十日)

　　4 月 23 日(三月二十六日)　　绍英与先生带领竹梅赴通州访盈大夫诊视。(据《绍英日记》光绪二十九年三月二十六日)

　　按:竹梅当是绍英家中成员。《绍英日记》光绪二十九年三月初七日亦记:"带领竹梅至通州访盈宁利大夫看病。"

　　5 月(四月)　　引见,补外务部和会司员外郎。(据《茹经先生自订年谱·癸卯三十九岁》)

　　同月　　辑《许文肃公遗集》成。

　　　　辑录许公竹筼出使奏疏函稿成。公被难后,拳匪劫掠其家,书籍著作被毁一空。余自去年回国后,即出资属外部供事员检觅旧档,将许公奏疏函牍悉行钞出,详加选择,得《奏疏》二卷、《函稿》十二卷,付诸铅印以传。非特报知己之遇,亦以阐潜德之幽光也。

　　　　　　　　　　(唐文治《茹经先生自订年谱·癸卯三十九岁》)

　　先生既遇害,拳匪尽毁其家。余求其遗著,迄不可得。爰属外部书记生详检档案,索先生旧牍,并出重资酬之。越三年,得数巨册。时余左目已眚,暇时尽力为之编辑,得《奏疏》二卷,出使《函稿》十四卷,属文明书局印数百帙,分赠诸同人。

（唐文治《许文肃公遗集跋》，见《茹经堂文集二编》卷五）

自来先进之诱掖后生，与夫后生之表彰先进，最足以砥砺人才，维持风化，效至宏也。余自光绪十七年随许文肃公使俄，公于随时随事勖余未逮，示余正轨，而尤以察外情、扬国光，毕生勿懈，殷殷相劝勉。二十年来，循而行之，获益匪浅。其文章气节，流风余韵，时往来余心目间。辄不自揣，思有以阐扬之，忽忽迄今，有志未遂。此次四莅兹部，始为祠祀四忠之请。既得报可，乃悬公及徐、联、袁三公遗像，与部僚以时崇拜焉。会唐君蔚芝以前刊公《奏疏》《函稿》见赠，受而读之，如获拱璧。亟与部中同志许君同莘、孙君昌烜、张君承荣、方君元熙增而辑之，合为《遗稿》十二卷，重付排印，以广其传。诗有之"高山仰止，景行行止"，又曰"风雨如晦，鸡鸣不已"，余之印行是书也，岂徒伸一人之私感，亦欲与内外僚友交相劝勉，读公之文，想公之人，以公之所以立身者持己，以公之所以率属者待人，以公之所以尽忠者报国，并以公之所以奉使者周知四国之为。质诸唐君，倘以为有裨于人才与风俗否耶？民国七年六月。陆征祥谨识于外交部新署。

（陆征祥《许文肃公遗稿跋》，见《许文肃公遗稿》卷首）

同月　为已故之"总角交"陆咸清刻《庚星遗稿》成，为弟子于璠刻《玉峰遗稿》成，又助资为已故之南菁时同门邵曾鉴刊刻《艾庐遗稿》。

刻《庚星遗稿》《玉峰遗稿》成。庚星为余总角交，玉峰为余最初弟子。鸿爪雪泥，聊志纪念。时南中姚柳屏诸君议刻邵君心炯《艾庐遗稿》，余亦助资刊成之。

（唐文治《茹经先生自订年谱·癸卯三十九岁》）

壬辰之春，余再赴南菁，玉峰之叔实秋携其遗稿示余，且告余：玉峰之父思子成疾，玉峰之妇未成昏，矢志守贞。闻先生与玉峰有一日之雅，请一言以寿其文。余受之，挥泪不能书一字。癸巳赴都，遂置此稿于行箧。庚子之乱，携以自随，弗忍暂弃。甲辰之夏，门弟子李君颂侯、朱君邕薇皆居京师。爰属其重加厘订，写定付梓。二君复从容乞余为序……

（唐文治《于玉峰遗稿序》，见《茹经堂文集二编》卷五）

集刊资者，唐子蔚芝、曹子君直、姚子古凤、陈子季璠力居多。与检校之劳者，古凤、季璠、赵子子禧、袁子竹一与其从子观澜……

（沈恩孚《艾庐遗稿叙》，见《艾庐遗稿》卷首）

按：《艾庐遗稿》计六卷，其中文一卷，诗三卷，词一卷，集句词一卷。本书扉页署"丁酉四月刊成"，则此书在1897年（丁酉）似已刊成。姑录以备考。

6 月 10 日(五月十五日) 应试差。

五月,考试差。题为《国有六职,论学堂以储才致用,应如何预防流弊策》。

(唐文治《茹经先生自订年谱·癸卯三十九岁》)

按:清代对各省乡试正副主考官从京官中差遣,称为"试差",而对其进行选拔的考试即称"考试试差",简称"考差"。

6 月(五月) 重刻明周顺昌《烬余集》(《周忠介公文集》)成。

有明周蓼洲先生《烬余集》三卷、《年谱》一卷、《遗事》一卷……癸卯夏五月,杀青既竟,爰谨叙其简端。

(唐文治《重刻周忠介公文集序》,见《茹经堂文集初编》卷四)

7 月(闰五月) 引见,补外务部庶务司郎中。不久后于 7 月 10 日(闰五月十六日),应经济特科首场考试,列二等七十五名;7 月 21 日(闰五月二十七日),参加复试,未录取。

六月,引见。补庶务司郎中。旋应试经济特科。先是,两宫因时事艰难,诏开经济特科,广求人才。同乡陆伯葵师奏保十二人,余与丹揆兄均与焉。至是考试,首二场均试时务策二道。首场余名列二等,二场未录取,伯葵师深以为惜。盖其时,余目疾已深,未能工小楷也。

(唐文治《茹经先生自订年谱·癸卯三十九岁》)

按:上文的"六月"应为"闰五月"之误。

两宫回銮后,锐意维新。二十(九)年癸卯春夏间,开经济特科,以招天下异能之士。同乡总宪陆公伯葵奏荐先生(按:指王清穆)应选,余亦滥竽其列,同往应试,不中第。

(唐文治《王文恪公行状》,见《茹经堂文集四编》卷七)

文治师事其乡前辈陆宝忠,宝忠尝以经济特科人材论荐,称其"学术淹贯,于公法条约凤所究心。曾经游历东西洋,考求各国政治风俗,颇有心得"。

(徐凌霄、徐一士《凌霄一士随笔》)

顺天学政陆宝忠保十三人:恩赏员外郎陶葆廉,江苏候选教谕周家禄,外务郎主事唐文治,外务部员外郎王清穆,兵部员外郎绍英,外务部主事陈懋鼎,内阁中书马濬年,记名简放道陶大钧,直隶补用道钱鏐,江西试用同知黄立权,江苏举人陈宗彝,江苏廪生陆藻,江苏监生庞树典。

(张一麔《经济特科同征录》)

按:清光绪二十三年(1897 年),贵州学政严修提出开设经济专科,不拘资格均可与试,试以内政、外交、理财等"实际"之学。至光绪二十七年(1901 年)6 月,慈禧太后发布"懿旨"开经济特科,但因种种原因,迟至本年才正式开考。7月10日(闰五月十六日),于保和殿参加正场考试,正场试题一论一策,题目分别为《〈大戴礼〉"保,保其身体;傅,傅之道义;师,导之教训"与近世各国学校体育、德育、智育同义论》《汉武帝造白金为币,分为三品,当钱多少各有定直。后白金渐贱,钱制亦屡更,竟未通行,究用何术整齐之策》。十五日,"上谕"公布录取一等梁士诒等四十八名、二等桂玷等七十九名,其中王清穆(丹揆)列二等三十一名,先生列二等七十五名;另有备列五十九名。21日(闰五月二十七日),正场录取者一百二十七人参加覆试,试题也为一论一策:《〈周礼〉农工商诸政各有专官论》《桓宽言外国之物外流而利不外泄,则国用饶民用给。今欲异物外流而利不外泄,其道何由策》。最后取一等九名,二等十八名。王清穆及先生覆试均未被录取。

又按:上云正场考试"一论"的试题为《〈大戴礼〉"保,保其身体;傅,傅之道义;师,导之教训"与近世各国学校体育、德育、智育同义论》,何玲《清末经济特科研究》中曾引用到先生答此题的片段文字:"体育、德育、智育与中国古时教法异地而同符","体育、德育、智育三者兼营并进,庶几平等之谬说无所容于天地之间,而尊君亲上之大义有以渐渍于学者之心,斯则正人心学术之根源也","法美诸国学规所以较差于英日者,盖民权之说盛"。录以备参。

同月　先生代载振拟《议覆张振勋条陈商务折》,就张振勋原奏中所陈十二条逐条奏复,并明确地请求朝廷开设商部。

> 七月,代载大臣议覆候补三品京堂张振勋条陈商务折。张系华侨,粤籍富商,报效巨款,奉旨以三品京堂候补。张乃条陈商务利弊,奉旨令载大臣议覆,余为拟稿,逐条奏覆,计共十二事,约二万言。奉旨俞允(原文存奏稿内)。

> (唐文治《茹经先生自订年谱·癸卯三十九岁》)

按:张振勋是近代华侨资本家。本年初,张振勋"因开办路矿学堂,报效巨款",计银二十万两。6月14日(五月十九日),光绪召见张振勋,谕命以三品京堂候补,并加侍郎衔。7月3日(闰五月初九日),张振勋以侍郎衔候补三品京堂身份向朝廷呈上一道奏折,即《奏陈振兴商务条议》,共计十二条,包括农工路矿宜招商承办议、招商兴垦山利议、兴垦山利种植议、兴垦山利矿务议、招商兴办水利议、已垦未垦均宜筹办水利议、招商设立贷耕公司议、招商兴办工艺雇募工役议、招商兴办铁路支轨议、招徕外埠商民议、权度量衡圆法宜归划一议、增设各省商官议,并提出"农、工、路、矿诸政必须归并商部一部,否则事权不一,亦非商战之利"。光绪皇帝对此奏折十分重视,翌日下旨:"候补三品京堂张振勋奏条陈商务事宜缮单呈览一折,着载振、伍廷芳妥议具奏。"遂有先生代载振拟议覆之事。所拟《议覆张振勋条陈商务折》后收入《茹经堂奏疏》卷二。折中称张振勋原奏"所奏大意，亦主农工商三者并重，而握其枢于商部。其言原原本本，颇多可采"，并就原奏中所陈十二条逐条奏覆。奏折中又说："臣等窃维近世之言理财者，莫不以振兴商务为急，而不知商之本在工，工之本又在于农。何者？盖商必有其为商之品物，无工则无以为商也；工必有其为工之质料，无农则无以为工也。故欲求商务之兴盛，在先求工业之精进；欲求工业之精进，在先求农事之振新。汉司马迁论货殖之源流，尝曰中国人民待农而食，待工而成，待商而通。此其先后缓急之序，昭然明矣。臣等奉命编订商律，作为则例，窃尝欲本此意，创设农务、工艺、铁路、矿务各公司，在直隶一省先行试办，以为振兴商务之权舆。只以商部尚未开办，凡事无所统属……应请先行特简大员，开办商部，俾大纲既立，条目秩如，庶几应办诸事，可以次第举行。"明确地请求朝廷开设商部。

　　商部设置后的产业行政方针，在唐文治后来为载振代笔对被任命为考察外埠商务大臣张振勋上奏的答复中可以看出来（《议复张振勋条陈商务折》[癸卯十一月]，《茹经堂奏疏》卷二）。张振勋的建议有十二条，对其答复值得注意的有三点。第一，关于为应付商战现状而促进民营企业的创办，将产业行政的权限集中于商部的建议，商部的答复表示期待华侨的投资并对此给予支持。第二，是对于保护归国华侨的建议的答复，决定由商部或商务大臣直接负责保护。第三，对于配备包括商务大臣在内的从中央到地方的产业行政机构的问题。张振勋提议设立专门的产业行政新机构，但答复对此却是消极的，表示商部通过商务大臣或督抚来实行产业行政的意图。以前曾经任命的商务大臣几乎未起作用，因而这一想法表明，商部的产业行政向地方渗透，要依靠现有的行政机构。归纳这三点答复，可以说商部是以促进产业行政的集权化和民营企业的创设为基本方针，但不对整个行政机构作大幅度变更的方式着手开始产业行政的。由此，商部在推进设置后的产业行政时，面对的就是在现有的行政机构下如何实现产业行政的集权化这一任务。为实现这一任务，商部采取的对策之一，就是既取得地方督抚的合作，又抑制他们的产业行政权；另一对策则是形成同中国商界的直接通道。

　　　　　　　　　　　（曾田三郎《清末产业行政的分权化和集权化》）

9 月 7 日（七月十六日）　清政府设立商部。

　　八月，设立商部，简载大臣为尚书，伍君秩庸名廷芳为左侍郎，陈君玉苍名璧为右侍郎。

　　　　　　　　　　　（唐文治《茹经先生自订年谱·癸卯三十九岁》）

（光绪二十九年七月）十六日戊戌（9月7日）。清政府设立商部。以载振为商部尚书、伍廷芳为左侍郎、陈璧为右侍郎。二十日复谕商部班列在外务部之次。

（迟云飞编写《清史编年》第十二卷《光绪朝下　宣统朝》）

按：清政府设立商部的时间，从《清史编年》中所记。

9月26日（八月初六日）　先生所拟定之《商部章程》获清政府批准。

九月，拟定《商部章程折》，分设四司：一曰保惠司，专司商务、局所、学堂、招商一切保护事宜。一曰平均司，专司开垦农务、蚕桑、山利、水利、树艺、畜牧一切生殖之事。一曰通艺司，专司工艺、机器制造、铁路、街道、行轮、设电、开采矿务、聘请矿务师、招工诸事。一曰会计司，专司税务、银行、货币、各业赛会禁令、会审词讼、考取律师、校正权度量衡等事宜。此外，设司务厅，专司收发文件、缮译电报。所有官制，悉照外务部定额……

（唐文治《茹经先生自订年谱·癸卯三十九岁》）

（八月）初六日丁巳（9月26日）……是日，商部奏《商部章程》。商部下设四司，并设律学商报馆等。从之。

（迟云飞编写《清史编年》第十二卷《光绪朝下　宣统朝》）

按：奏《商部章程》的时间，从《清史编年》中所记。

从上述各司的设置和职责范围来看，商部的职权范围已涉及农、工、商、矿、交通等有关经济发展的各个方面，体现了以近代经济为中心的机构职能。自此改变了中国历代中央行政机构中没有专门经济机构的历史。作为一个新设置的机构，无论是清政府抑或是国人，都对它寄予了深深的希望。正如当时的舆论所言："……振贝子自外洋回华，确见各国商务之盛，深惜中国商务之衰，欲为提纲挈领之法，奏请设立商部，俾官商一气联络，不致有蒙蔽之弊。现已奉旨允行设官筹款，章程厘定，井井有条，不特人之耳目一新，即人之心思亦为之一振，中国转贫为富之机……独是商部之设。章程第一条所设四司，可谓探本穷源，虑周藻密。"（《申报》1903年10月20日）

（王奎《清末商部研究》）

按：《拟商部章程折》载先生《茹经堂奏疏》卷二。此文开首云："现当（商部）创设之初，必须明定章程，妥筹良法，然后可期经久。臣等详加复议，综其要旨，约有数端：一曰通下情……一曰定官制……一曰立课程……一曰严赏罚。"本此宗旨，计拟定商部章程十二条，"拟分设四司"为其中第一条。又先生《声明商部办事权限折》："臣部于光绪二十九年八月初六日奏定《开办章程》。"

同时,先生又拟订《声明商部办事权限折》。

同时,又拟订《声明商部办事权限折》奏上。均奉旨俞允(原文存奏稿内)。

(唐文治《茹经先生自订年谱·癸卯三十九岁》)

按:《声明商部办事权限折》载先生《茹经堂奏疏》卷二。本折厘定商部与原有的户部、工部等各自的职司,明确"农工路矿各项要政,统归臣部管理……举凡各项新创实业,均为臣部专责"。

10月1日(八月十一日) 先生任商部右丞,"实主部事"。谱兄王清穆任商部右参议。

八月中旬,奉旨简徐世昌为商部左丞,文治为右丞,绍英为左参议,王清穆为右参议。方载大臣任尚书后,招余至府第,密告庆邸将保余为商部右丞,余以骤跻显位,大非所宜,外交学已研究数年,不愿离外部,且商务向未熟谙,极力坚辞。尚书告余,庆邸以余不愿就,意滋不悦云云。余不得已,以此事宜恩出自上,仍望邸堂斟酌。越日,旨遂下。召对一次。遂假顺天府左近房屋作为商部公所,一面在西城粉子胡同觅购房屋,改建衙署,诸务草创,忙碌殊甚。

(唐文治《茹经先生自订年谱·癸卯三十九岁》)

(光绪二十九年八月)十一日壬戌(10月1日)。以徐世昌为商部左丞,唐文治为商部右丞,绍昌[英]为商部左参议,王清穆为商部右参议。

(迟云飞编写《清史编年》第十二卷《光绪朝下 宣统朝》)

按:据先生《记翁文恭公事》一文载:"癸卯秋,文治蒙恩擢商部右丞,公(按:指翁同龢)闻之甚喜,语人曰:'唐某得京堂矣,惜商务非其所长耳。'"

按:《绍英日记》光绪二十九年八月初八日记"至唐宅贺喜",或即贺其任右丞,但比官方宣布的日期要早了三天。

迨庚子后,贝子载振出洋,过南洋,有侨商书记川人吴桐林者,条陈设商部。载振纳其说,携吴归。商部既立,振为尚书,两侍郎为伍廷芳、陈璧,而右丞唐文治实主部事。规制一仿外部,曹郎缺二十四,奏调与考试兼用。吴既孤寒,亦实无才具,畀之闲散而已。厥后裁工部,以其事并隶之,改农工商部。

(夏仁虎《旧京琐记》)

商部以贝子载振不习公事,有藉于丞参。唐文治为载振师,手创商部者也。载振乃延丞参列坐大堂,若小堂官也。

(罗惇曧《记各部丞参》,见《庸言》第一卷第六期)

10月25日(九月初六日) 商部传集内阁六部等衙门保送各员在部考试,最后录取司员四十八名。

当即考取司员四十八名，载尚书派定掌印主稿，内以熙君隽甫名彦、祝君芷生名孝复、毛君艾生名祖模、胡君劲介名祥鑅、陶君杏南、单君束笙名镇、王君干臣名大贞、阮君子衡名惟和为最得力。舆论以为商部人才，极一时之选焉。

（唐文治《茹经先生自订年谱·癸卯三十九岁》）

九月初六日，商部传集内阁六部等衙门保送各员在部考试，按照奏定章程，试以商务论策各一篇。论题《马、班以后不传货殖论》；策题《美洲未立商部以前其商务得失安在策》。十六日揭晓，考取司员六十名，余列第三……时尚书为育周贝子载振，左侍郎伍秩庸廷芳，右侍郎陈玉苍璧，左丞徐菊人世昌，右丞唐蔚芝文治，左参议越千绍英，右参议王丹揆清穆。

（单镇《桂阴居自订年谱》）

京师访事人云：九月初六日，商务部考试各部院咨送之司员，计一百七十一人，旋录取六十人。兹将题目及各员衔名照录于下：题为《马、班以后货殖无传论》《美洲未立商部以前商务之得失情形如何策》。所取为：王大贞、杨道霖、单镇、冒广生、徐履谦、邵福瀛、龚心铭、王曾绶、张璧田、魏震、顾祖彭、唐浩镇、方燕庚、靳学礼、熙彦、靳志、杨寿枏、阮惟和、胡子明、庆隆、关文彬、梁用弧、景淮、夏仁虎、余宝菱、李德星、郭家声、何联恩、范熙壬、田步蟾、玉贵、胡浚、沈家彝、忠兴、李继沆、熙明、聂梦麟、华学涑、成沂、潘毓椿、延龄、彭绍宗、梁济、宗室容浚、兴廉、曹元忠、陈德沛、俞寿沧、吴达三、张百城、宗室德祜、王杨滨、长福、董如鸿、汪春榜、钟镛、秦曾源、刘浔、孔昭晋、韩仁祖。

（《商部遴才》，见1903年11月8日《申报》第2版）

八月入都，应商部考试，取列第十七名，引见记名。七月间，奉旨添设商部，以贝子载振为尚书，陈璧、顾肇熙［新］为左右侍郎，咨内阁各部保送中书部曹考试，取者按照原官，以郎中员外主事补用。余本请假回南，适贾子咏观察新简正太铁路总办，邀余任总文案，屡电催促，乃于中秋日到京，而子咏已被劾去职。商部适于十七日考试，孙文正公已将余名保送，匆匆囊笔入试，题为《马班以下不传货殖论》，取四十名，引见，记名二十八人。

（杨寿枏《苓泉居士自订年谱·癸巳三十六岁》）

10月30日（九月十一日） 光绪皇帝召见军机大臣及唐文治、徐世昌、王清穆。（据1903年11月1日《申报》"电传宫门抄"）

10月（九月） 宣布商政宗旨，"以保护商民，开通商智，厚结商力，体恤商艰，培植商家元气，减轻担负，不苛扰，不干涉为主要"。

· 278 ·

是月,宣布商政宗旨,以保护商民,开通商智,厚结商力,体恤商艰,培植商家元气,减轻担负,不苛扰,不干涉为主要。堂司各官,均宜束身自爱,不得自营商业,藉图私利。然司官中尚有苞苴求差者,有某藩司之子来馈贰百金,并持某尚书函,求得帮主稿。余怒甚,立即掷还,遂宣言:"倘有纳贿求差者,当予严参。"其风始息。

(唐文治《茹经先生自订年谱·癸卯三十九岁》)

11 月(十月)　在读到《商部章程》后,许珏致信先生,信中说"重商固属要图,而保商尤须实力","尚祈审物产息耗之原,究国用盈亏之本,不徇流俗,轻易更张"。

读大部咨行奏稿及章程各条,虑周藻密,已得要领。闻悉由阁下手裁,燕许大文,钦佩无既。当此财政支绌之时,重商固属要图,而保商尤须实力。近见举行各项新政,大都纸上空谈,既无西人上下相通之情,亦非吾国君民一体之义,不过袭报纸之谰言,为枕中之鸿宝,究其实际,只便私图。今贵衙门之设,当不致复蹈此弊。然默察时局,东北之强邻未退,西南之伏莽方滋。经世宏规,似尚有急于此者。阁下怀抱利器,当事者复虚左相需,尚祈审物产息耗之原,究国用盈亏之本,不徇流俗,轻易更张。今日能无赫赫之名,异时可免悠悠之口。幸叨凤契,敢进刍言。

(许珏《与唐蔚芝(癸卯十月)》,见《复庵遗集》卷二十二,又《复庵先生集》)

12 月 12 日(十月二十四日)　商部奏准开办潮汕铁路。先生曾峻拒筹办者所馈巨金。

潮汕铁路有限总公司。候补京堂张煜南等集股筹办,二十九年十月二十四日奏准,三十年八月十九日开工,并由商部改定一切详细章程,先后拟招股本二百五十万元。

(《商部甲辰年纪事简明表续二十七日稿》,见 1905 年 3 月 3 日《申报》第 4 版)

其后,粤商张煜南请办潮汕铁路,闽商林尔嘉请办福州银行,均馈巨金,一律峻拒。

(唐文治《茹经先生自订年谱·乙巳四十一岁》)

12 月 16 日(十月二十八日)　先生与绍英同至商部尚书载振府中禀事。(据《绍英日记》光绪二十九年十月二十八日)

12 月 29 日(十一月十一日)　先生擢升为商部左丞。

十一月,徐君菊人改派练兵大臣,奉旨简文治为商部左丞,绍、王二君以次升转,杨君杏城名士琦为右参议。维时杨君兼任招商、电报两局总办,留沪办事。

(唐文治《茹经先生自订年谱·癸卯三十九岁》)

昨日午后三点钟越二十分时,京师飞电传来上谕二道,敬谨译登:十一月十一日内阁抄:奉上谕,商部左丞着唐文治调补,绍英着补授商部右丞,商部左参议着王清穆调补,杨士琦着补授商部右参议。钦此。

（《本馆接奉电音》,见 1903 年 12 月 31 日《申报》第 1 版）

任商部左丞后,先生将刚从日本留学归国的曹汝霖等人调至部中任职。

清光绪二十九年,国家初设商部,余承乏左丞。维时新政肇兴,亟思延揽人才,以资辅佐。会稽陶君杏南为余言:"上海曹君汝霖,字润田,才士也。"爰调至部。

（唐文治《上海曹豫材先生墓志铭》,见《茹经堂文集五编》卷七）

余回国时已廿九岁。回国以前,新设商部已电调仲和、止欺及余三人,回国后到部任事。到沪后,值三妹与王稚虹结婚,故俟婚礼后晋京到商部报到。时商部尚书载振贝子(贝子为清爵位,次于郡王),右丞为杨杏城(士琦),左丞为唐蔚芝先生,侍郎为绍英(满洲人)。部务都由唐公主持,贝子等居其名而已。唐公以旧科举出身,而思想极新,提倡商务,力行新政,足见行新政者,不一定是要新人也……商部官制,取法外务部。当唐蔚芝先生同振贝子访日之时,见日本工商事业,蒸蒸日上,中国商务日衰,以前还有丝茶独占出口,又为日本攘夺,不能与之相争,工业更无论矣。回国后,力陈振贝子,中国应专设商部,以振兴商务,保护外侨,俾令回国投资,先求自给自足,再图出口,延揽有名之士,讨论振兴商业之策。故商部司员皆一时之秀,制定商律,以立原则。各省设商会,以图团结。设商标局,奖励创制,杜绝冒牌,矫正土货出口,存货进口之旧法。提倡各省设纺织厂、制粉厂,以抵制漏卮,供给民用。北京设工艺局,以开风气。又以日用火柴悉由外来,派张新吾往日本调查考察,购买日机,设厂自制,在北京设立丹华火柴公司,招商集股,以张新吾主其事。新吾本学化学者,遂到日本购买机器,参观学习,一切材料,逐渐仿造,均能自制。上海等处亦效法自制火柴。丹华又添设分厂于天津、安东,日本火柴从此绝迹于市。又奏派右丞杨杏城乘军舰到南洋各埠,宣慰华侨,遍历香港、新加坡、印度尼西亚各岛。华侨见祖国亦有大军舰,始坚内向。杨专使到处宣布朝廷对华侨德意,劝他们回国投资设厂,商部必保护奖励,华侨很为感动,随后即有华侨资本家回国视察,预备投资。未几唐公丁忧,回籍守制,时唐公已升任侍郎,署尚书,清制丁忧,即应开缺,不能任实职,由商部委任上海高等工业学校监督。

（曹汝霖著《曹汝霖一生之回忆》）

本年　延请朱诵韩为长子唐庆诒塾师。

先祖教余识字、书法，并延朱贯微先生为塾师。朱师抚余如子弟，授以小学韵语及造句法。余幼时胆怯，不敢出外。某次先祖偕余观剧，剧中有一武官鞭打一人，余惊恐啼哭，先祖急送余回家。第二次观剧，演挑华车，余其时正阅岳传，观此剧，极得意。

（唐庆诒《忆往录·光绪二十九年六岁》）

本年　先生旧友毕光祖入京，先生与谈公牍文字。

癸卯，文襄入觐，君随入都。余造其室，君方草大学堂章程，案卷插架，栉比鳞次。相与谈公牍文字，上自魏、郑、陆、范，下逮曾、胡诸贤，源流毕贯，莫逆于心，不啻数经生家法也。

（唐文治《毕君枕梅传》，见《茹经堂文集三编》卷七）

1904 年(甲辰　清光绪三十年)　40 岁

　　1 月 11 日(光绪二十九年十一月二十四日)　慈禧太后召见先生等人,对先生拟订并奏上的《商会简明章程》"意极游移",先生对以商人均有资本,决无流弊,始允行。

　　议设总商会于北京、上海两处,再就汉口等处,次第推广。余草拟奏稿并简章二十六条,大要在通商情,保商利,有联络而无倾轧,有信义而无诈虞。而其办法,重在剔除内弊,考察外情,庶几商政得以逐渐进步。载尚书深为赞成。奏上,召见文治垂询,皇太后意极游移,文治对以商人均有资本,决无流弊,太后始释然,遂邀俞允通行。

　　　　　　　　　　(唐文治《茹经先生自订年谱·甲辰四十岁》)

　　(光绪二十九年十一月)廿四日。值日。进内,具奏《商会章程》。

　　　　　　　　　　　　　　　　　　(绍英《绍英日记》)

　　(光绪二十九年十一月)二十四日(1 月 11 日)。商部奏准颁行《商会简明章程》:"中国历来商务,素未讲求,不特官与商隔阂,即商与商亦不相闻问,不特彼业与此业隔阂,即同业之商,亦不相闻问",致使华商势涣力微,坐是利权旁落,商业不兴。"今日之急务,非设立商会不为功"。因拟《商会简明章程》二十六条,并拟在京先创设商会,以开风气之先。各省亦应鼓励商人创办商会。奏上,得旨允行。

　　　　　　　(迟云飞编写《清史编年》第十二卷《光绪朝下　宣统朝》)

　　按:上引《茹经先生自订年谱》中云"余草拟奏稿并简章二十六条",并将此事系于光绪三十年(1904 年)冬;又《茹经堂奏疏》卷二载《请订立商会折》,中云"臣等公同商酌,谨拟《商会简明章程》二十六条,缮具清单,恭呈御览",此奏折亦标明作于"甲辰(1904 年)十一月"。但上引《绍英日记》及《清史编年》,皆记载奏上《商会简明章程》并得旨允行的时间为光绪二十九年十一月二十四日(1904 年 1 月 11 日),《清史编年》这则记载的来源依据是《光绪朝东华录》中收录的《光绪二十九年十一月二十四日商部奏为劝办商会酌拟简明章程折》。此从《绍英日记》及《清史编年》。

1月16日(光绪二十九年十一月二十九日)　先生与绍英至庆王府,向商部尚书载振回事。(据绍英《绍英日记》)

1月21日(光绪二十九年十二月初五日)　商部将《公司律》及《商人通例》奏上,得旨允行。

> (光绪二十九年十二月)初五日甲寅(1月21日)。清政府颁布商部拟订之《商律》中之《公司律》。《公司律》之拟订,得力于伍廷芳。先是商部成立后,即拟议订《商律》,嗣后以《商律》门类繁多,实非一时所能告成,"而目前要图,莫如筹办各项公司,力祛曩日涣散之弊,庶几商务日有起色,不致坐失利权,则公司条例,亟应先为妥订",因先拟订《商律》之《公司律》一百三十三条,并于卷首冠以《商人通例》九条。商部于是日将《公司律》及《通例》奏上,得旨允行。

> (迟云飞编写《清史编年》第十二卷《光绪朝下　宣统朝》)

> 编订《商律》成。

> (唐文治《茹经先生自订年谱·乙巳四十一岁》)

按:上引两则材料中,《茹经先生自订年谱》将"编订《商律》成"系于乙巳年即1905年,此处从《清史编年》。

又按:关于《商律》的编订过程,史洪智《新政初期的商部创设与商律编订》一文中言之甚详。据该文所叙,较早是张之洞在《遵旨筹议变法,谨拟采西法十一条折》中,明确提出中国应编订包括《商律》在内的各项新式法律。为顺利引入各项法律,他建议"由总署电致各国驻使,访求各国著名律师,每大国一名,来华充当该衙门编纂律法教习,博采各国矿务律、路律、商律、刑律诸书,为中国编纂简明矿律、路律、商律、交涉、刑律若干条,分别纲目,限一年内纂成。由该衙门大臣斟酌妥善,请旨核定,照会各国,颁行天下,一体遵守"。统观全折,该方案体用兼备,后来各项法律的编订并未逸出上述范围。此后一段时期,一直在就《商律》的编订进行讨论和筹划。大约到商部成立前后,进入了《商律》的实际编订阶段。光绪二十九年(1903年)七月,先生代载振拟《议覆张振勋条陈商务折》奏上,其中提到"拟请先行特简大员,开办商部,俾大纲既立,条目秩如,庶几应办诸事可以次第举行。而商律俟一二年后,考验周详,再行编订,亦不至有扞格鲜通之弊"。虽然此折中说"商律俟一二年后,考验周详,再行编订",但因实际需要,《商律》的编订在商部正式成立之初即已着手进行。光绪二十九年八月十五日,伍廷芳奉旨到京,主持商部律学馆和《商律》编订事宜。随办人员有兵部学习主事关文彬、河南候补道程遵尧、湖南试用道卢晋恩、分省补用直隶州知州胡祥鑅、分省补用知县潘斯炽、分省议叙知县陆长倩等六人。至该年十一月,《商律》中的《商人通例》和《公司律》脱稿;十二月初五日

（1904 年 1 月 21 日），将《商人通例》和《公司律》奏上并得旨允行。至此，《商律》编订告一段落。在此之后，商部又曾编订《商律》中的《破产律》，并于光绪三十二年（1906 年）四月初二日奉旨依议，但在各地商界反对下，并未颁旨实施。

又按： 上文中提到的《商律》编订的随办人员中有胡祥鑅，先生《胡君邵介传》（见《茹经堂文集三编》卷三）一文云："迨商会既立，商律同时造成，君润色之功尤多，尚书载育周振倚之如左右手。"

1 月 27 日（光绪二十九年十二月十一日） 先生与绍英、王清穆同至庆府见载振，奏文底三件，均阅定。（据绍英《绍英日记》）

2 月 4 日（光绪二十九年十二月十九日） 先生拟商部堂官致慰帅（袁世凯）信底一件。（据绍英《绍英日记》）

2、3 月间（正月） 先生拟定《订立商勋折》，计分五等优奖，以励实业。

我国商情涣散，余意非尽力提倡，断难振兴。爰拟定《订立商勋折》，计分五等优奖，以励实业。

（唐文治《茹经先生自订年谱·甲辰四十岁》）

按：《订立商勋折》载《茹经堂奏疏》卷二，题后署"甲辰正月"。此文指出，自英国首定《创新法》，规定"制新器者"国家即优予奖励以来，各国无不踵行，自是人人"争自濯磨，讲求艺术"，每年所出新器多至千数百种，由是奠定了欧美实业兴盛之本原。而中国自通商以来，数十年间虽对西洋机器能次第仿造，但因政府不予奖劝，"惟咸拘守成法，莫能改良标异、推陈出新"，终至坐使"利源外溢，渐成漏厄"。因此，对国人创新发明"亟宜因势利导设法提倡"。为此拟订出"奖给商勋章程五条"，借以促进工艺发明、经济发展而"挽回利权"：其一为"凡制造轮船、行驶速率能与外洋轮船相埒者；能造火车汽机，及造铁路长桥在数十丈以上者；能出新法造生电机及电机器者，均准给一等商勋"。其二为"凡能于西人制造旧式外，别出新法，创造各种汽机器具，畅销外洋著有成效者；能察识矿苗、试有成效者，均准给二等商勋"。其三为"凡能造新式便利农器，或农家需用机器，及能创作新式机器、制造土货格外便捷者；能出新法炼钢铁，价廉工省者；能辨别土性，用新法栽植各项谷种，获利富厚著有成效者；独力种树五千株以上成材利用者；独力种葡萄、苹果等树，能造酒约估成本在一万元以上者；能出新法制新器、开垦水利著有成效者；捐庋商部陈列所、劝工场器物，估价在三万元以上、五万元以下者；助人创造新器，出赍在三万元以上、五万元以下者，均准给三等商勋"。其四为"凡能就中国原有工艺翻新花样，畅销外埠著有成效者；能仿造外洋各项工艺、一切物件翻新花样，畅销外埠著有成效者；捐庋商部陈列所、劝工场器物，估价在一万元以上三万元以下者；助人

创造新器,出赀在一万元以上、三万元以下者,均准给四等商勋"。其五为"凡能仿
照西式工艺、各项日用必须之物,畅销中国内地著有成效者;捐庋商部陈列所、劝工
场器物,估价在五千元以上、一万元以下者;助人创造新器,出赀在五千元以上、一
万元以下者,均准给五等商勋"。

先生拟定《请设农工路矿各项公司片》奏上,亦允行。

并拟《请设农工路矿各项公司片》奏上,均奉旨俞允(原文存奏稿内)。

（唐文治《茹经先生自订年谱·甲辰四十岁》）

按:《请设农工路矿各项公司片》载《茹经堂奏疏》卷二,题后署"甲辰正月"。
考虑到商部虽握"管辖之权",然农工路矿诸务"无一非地方大吏责成",故在《请设
农工路矿各项公司片》中,先生请求朝廷谕令地方官员于此等实业,务须"会同筹划
赞助维持",并严饬各道府州县"尽力保护,毋稍漠视",同时建议商部派员随时考
查,借此上下呼应灵通,"广为董劝"而"力杜弊端"。

3 月 16 日(正月三十日)　张謇得外务部主事李审之电,转述先生嘱办商会及
丝茶大公司。张謇复函辞之。

3 月 16 日(正月三十日),得李审之电,转述商部左丞唐文治嘱办商会及
丝茶大公司。拟覆函云:"今欲其聚,而不先立一已聚者,示以相形之利,无聚
之望也。"又云:"走以通州人,经营通州一方之实业,八年之中,立大小公司者
十,实已心瘁力殚。所同心共事者,一兄与三数友而已。若更承上二事,则须
常驻沪,而通州一方之实业必荒。"辞之。

[庄安正著《张謇先生年谱(晚清篇)》]

按:上云"拟复函"指《复李外部函》,全文见李明勋、尤世玮主编《张謇全集》二
《函电(上)》,又《张謇全集》第六卷《日记》光绪三十年正月三十日:"雨。得盘电,云
蔚述欲畀兴商会及丝茶大公司,辞之。此所谓务虚名而无实效者也。"其中"盘"即
盘硕,指李审之;"蔚"即蔚芝,指先生。

3 月 26 日(二月初十日)　翁同龢接先生函并洋八十九元。(据翁同龢著,陈义杰
整理《翁同龢日记·光绪三十年甲辰》)

3 月(二月)　奉旨调伍廷芳为外务部左侍郎,顾肇新为商部右侍郎。顾到任
后,与先生"旧雨相逢,欢洽之至"。(据唐文治《茹经先生自订年谱·甲辰四十岁》)

4 月 16 日(三月初一日)　经先生荐举,由载振奏保,清廷以张謇为商部头等
顾问官。

载尚书奏保张君季直名謇为商部一等顾问官。

（唐文治《茹经先生自订年谱·甲辰四十岁》）

洎余长农工商部时,大生纱厂成效卓著,而印刷、渔业、导淮各公司次第成立。余白于庆邸,奏派君为商部头等顾问官,并通知各省,著为秩式。

(唐文治《重印南通张君季直年谱序》,见《茹经堂文集五编》卷五)

(光绪三十年)三月初一日(4月16日)。从商部之请,谕以张謇为商部头等顾问官,加三品卿衔。是日商部又代张謇条陈,一为于沿海地方设渔业公司,得旨由商部咨行沿海各督抚办理;一为设盐业公司,奉谕两江总督魏光焘督伤运司议奏。

(迟云飞编写《清史编年》第十二卷《光绪朝下　宣统朝》)

(三月)初一日。值日。具奏修撰张謇创办公司,卓著成效,请破格奖励。奉上晓谕一道,赏加三品衔,作为商部头等顾问官。

(绍英《绍英日记》)

4月下旬(三月中旬)　商部奏派先生谱兄、商部左参议王清穆赴江浙等省考察商务。

冬,奏派参议王君丹揆,赴江浙等省考察商务。

(唐文治《茹经先生自订年谱·甲辰四十岁》)

三月十一日(4月26日)。商部奏派左参议王清穆等前往江、鄂等省筹办商会……从之。

(戴逸、李文海主编《清通鉴》)

吾国数千年来盛衰兴废,以儒行四维为纲,而西国则以商业盛衰为纽。公曰:"欲联商情、保商利、开商智、创商业道德,非设商会不为功。矧剔除内弊,考察外情,胥维商会是赖。"载尚书题其说,遂委公驻上海,先立商会,次推及各省,次推外埠,商民大悦。有海外侨商某,谒见先生,忽大哭。先生惊问之,则含泪言曰:"吾前谒大官贵人,一次不得见,二次不得见,三四次得见后,倨傲不得达下情。今一次得见公,而谦恭和蔼,故不觉感极而涕零也。"公亟慰之,其至诚感人如此。

(唐文治《王文恪公行状》,见《茹经堂文集四编》卷七)

甲辰,余以考察商务南行,时苏沪初立商会,各省均设商务局,为之提倡。余周历苏、鄂、闽、广,尚拟赴南洋群岛抚慰华侨,病作而止。

(王清穆《茹经堂奏疏序》,见唐文治《茹经堂奏疏》卷首)

按:《茹经先生自订年谱》将奏派王清穆赴江浙等省考察商务事系于光绪三十年即本年冬,或是误记。据上引《清通鉴》,本年三月十一日(4月26日),清廷即从商部之奏。而王清穆于三月二十四离京,开始了他的实际考察历程:"窃臣奉命考察南洋商务,于本年三月二十日请训,二十四日出都,由天津航海南下。先至上海,旋赴苏州、无锡、江宁、武昌、汉口。返沪后,又赴江北之通州,逐加考察。每历一次,延集商董,宣布朝廷德意,俾知臣部职在保商,凡有经营贸易者,必当力为维护。众商闻之,罔不怿悦。此外长江各埠,如镇江、芜湖、九江所有商务,亦均留意访查。"[见《天津商会档案汇编(1901—1911)》(上册)载《商部左参议王清穆奏考察长江一带商务情形并于各省设立商业学堂折》]

4月(三月)　京师工艺局改归商部管理。

　　陈君玉苍前在顺天府府尹任内,曾开办京师工艺局,在顺治门外四眼井,分纺织、磁器、玻璃、木工等科,虽不完备,而收养贫民,用意极善。至是改归商部管理。

　　　　　　　　　　　　　　　　(唐文治《茹经先生自订年谱·甲辰四十岁》)

按:据袁熹著《北京城市发展史(近代卷)》一书载:"清政府在'振兴实业'的口号下,还在北京兴办了工艺局和工艺传习所。如光绪二十八年(1902年)顺天府尹陈璧在广安门外四眼井处创办了京师工艺局,实行官办、商办和官助商办等办法经营。工艺局'共分十五科,约有工匠徒弟五百余人','所设工科,多系京中未有之艺事',其中有制作地毯、洋式木器家具、肥皂、织造毛巾、玻璃器皿以及新式打井等。"

6月5日(四月二十二日)　慈禧太后及光绪皇帝召见军机大臣及先生。(据1904年6月7日《申报》"电传宫门抄")

　　六月中,在颐和园召对一次。皇太后垂询商务甚详,并谕:"汝能廉洁办事,亦很好。"此后召见,迭蒙温奖清廉,闻之悚惕。

　　　　　　　　　　　　　　　　(唐文治《茹经先生自订年谱·甲辰四十岁》)

7月3日(五月二十日)　翁同龢去世。"噩耗传来,痛心何极",先生谨挽一联:"公之平生,司马君实;我有知己,欧阳文忠。"

　　七月,哭翁叔平师。师自戊戌被贬回籍后,杜门不出。辛丑年,通音问一次。余入商部后,闻师对人言,每以余不谙商务为虑。本年五月,遽以疾卒。噩耗传来,痛心何极! 谨挽一联云:"公之平生,司马君实;我有知己,欧阳文忠。"嗣后作记文一篇,叙公被谪之由,俾后之君子知所考焉。

　　　　　　　　　　　　　　　　(唐文治《茹经先生自订年谱·甲辰四十岁》)

按:上文云"本年五月,遽以疾卒",翁同龢卒于光绪三十年五月二十日(1904年7月3日)。又"嗣后作记一篇",指作于1924年的《记翁文恭公事》。

8月6日(六月二十五日)　先生及绍英致函杨士琦,告知其为红十字会捐款结果。

商部左右丞致杨参议函

杏城仁兄同年大人阁下：逐启者，红十字会捐款，前接镜宇尚书公函，并寄下捐册百分，当即分投代募。现计内务府堂司各官，并直隶、江苏、安徽、四川各印结局，计共捐银壹仟陆百玖拾叁两；弟等代募计叁百捌拾两，洋式百壹拾元；本署贝子爷暨陈、顾两堂倡捐银柒百两；弟等各捐银壹百两；四司诸兄共捐银四百两，共计壹千五百两。阁下应捐百两，已在六月份公费中拨付。兹将陆续捐集已缴各款，分别开列清单，汇寄尊处查收，转交该会，并祈嘱令按照清单，分给收条，以便转寄前途为荷。专此，敬请□安。年愚弟唐文治、绍英顿首。

（《唐文治、绍英致杨士琦函》，见上海图书馆《盛宣怀档案》，光绪三十年六月二十五日，1904 年 8 月 6 日，档号 027042—6）

8 月 12 日（七月初二日） 张謇致函先生，答谢其"招往北京兴办工商事"。（据《张謇全集》第六卷《日记》）

9 月 28 日（八月十九日） 商部京师高等实业学堂学生入堂。学堂由先生等议于北京西城祖家街租屋开办。绍英偕同先生谒见载振，回禀学堂有关事宜。

10 月 22 日（九月十四日） 晚，先生为"商标事"写复德国驻华公使文文底及致英国驻华公使信信底。

（光绪三十年九月）十四日。振贝子至署，派陶、胡、潘三位至英国使馆，未晤英使，见戈班翻译官。晚间，蔚芝办覆德使文底、英使信底，送府，未批定，令明日己初赴府商量办法。

（绍英《绍英日记》）

按：绍英《绍英日记》："（光绪三十年九月）十二日。至商部。是日振贝子爷至德馆议商标事。"这是该日记中对"商标事"的较早记载。此后日记中，又有持续多日的记载。关于"商标事"的有关背景详后。

10 月 24 日（九月十六日） 绍英与先生同至载振府中，向其禀报日本驻华使馆对"商标事"的反应。

（光绪三十年九月）十六日。未刻，同蔚芝至府，适杏南亦到，回明日本馆闻德使臣发电，布告商标之事缓期，甚怒，有不便驻京之语。振贝子云：并无缓期之信函，不过是昨日王爷批外务部章云："商标之事，现与各使馆商议，尚未定准开办日期。"当令杏南速至日本馆说项。定于十七日同至日本馆会晤。

（绍英《绍英日记》）

10 月 25 日（九月十七日） 商部尚书载振偕绍英及先生赴日本驻华使馆，就"商标事"与日本公使内田康哉商洽。此后先生又奉命写复德使驳文并复函及英使函。

（光绪三十年九月）十七日。早，同蔚芝至府。振贝子令予于未正在日本馆候，一同会晤。未刻，同至日本馆。振贝子云：商标之事，商部并无缓期之说，不过是外务部有回答德使，尚未定准开办日期一语。内田云：此系贵国奏准日期，我已电达本国政府、商民，未便缓期。贝子云：现因德使力请缓期，我甚为难，只求内田大人念两国邦交最笃，并我辈之交至厚，略缓些日，以便我们与德使磋商，免致不缓日期，该使必欲改章程。内田云：日期实不能再缓，岂有奏准之期尚展缓耶。贝子云：此章程本是试办章程，内有"如有应行增改之处，再行奏明"等语，假如此时不能开办，亦可奏明缓期。内田云：总之缓期万办不到。现接政府来电，亦有不令缓期等语，惟有照章注册而已。贝子见内田始终坚执，即云：既不缓期，难免各国改章。内田云：如欲改章，必须先为告明。贝子云：若先告明，实来不及。内田云：我亦不能不与闻。贝子云：既有交情，自不能不告知。如第廿六条"外国已注册商标，于本局开办六个月以内呈请注册，本局认此为呈请之最先者"，须多展三个月，作为九个月以内呈请注册，本局认为呈请最先者。内田云：此条须与小谷商量。贝子云：我既来相求，此条必须照允。内田云：可以商量。贝子称谢而出。予与陶同归商部。顾大人命蔚芝办覆德使驳文并覆函及英使函，拟明日请贝子阅定。

（绍英《绍英日记》）

10 月 29 日（九月二十一日） 京师高等实业学堂举行开学典礼。

议设高等商业学堂于西城祖家街，租屋开办。奏请以绍君越千为监督，陈君石麟为教务长。考取学生王兼善、姚履亨等一百余名。族弟静之名文寿亦与焉。学生宝山张公权名嘉璈、金侯臣名其堡，松江项激云名镇方、阮介藩名尚介等，均来受业。

（唐文治《茹经先生自订年谱·甲辰四十岁》）

光绪卅年八月十九日，实业学堂学生入堂，予亦于是日住学。已刻，同蔚芝谒见振贝子爷回事，回定体操衣帽式样。陈大人于午后到学看视。

（绍英《绍英日记》）

商部直属的高等实业学堂有京师高等实业学堂和上海高等实业学堂两所。京师高等实业学堂是根据《商部开办章程》和《重订学堂章程》开办的。商部京师高等实业学堂于"光绪三十年二月二十一日奏设开办。经费由路矿总局移交张振勋报效学堂经费款内动支，常年经费由学务大臣拨助二万两，不敷由商部筹给。四月十二日，奏派商部右丞绍英为监督。七月十七日，奏定章程。九月二十一开办,时有学额一百二十名,附学四十名,五年毕业。十月十二日,奏请颁给图书集成一部"(《高等实业学堂》,《大公报》1905 年 3 月 2日)……充分反映了商部对实业人才的渴望。

(王奎《清末商部研究》)

按:1905 年 3 月 4 日《申报》第 4 版《商部甲辰年纪事简明年表续》,与上文所引《大公报》的报道内容相同。文中云商部高等实业学堂于"九月二十一日开办"(农历)。《绍英日记》亦于是年九月二十一日中记:"辰刻,学堂开办礼毕。"

10 月 30 日(九月二十二日) 先生往见那桐,传达庆邸之言,令其明日去日本驻华公使会晤。

(光绪三十年九月)廿二日……振贝子云:庆邸令那大人明日至日本馆会晤。蔚芝至府,贝子令蔚芝往见那大人。

(绍英《绍英日记》)

按:《那桐日记》本年九月二十二日记:"午后访英使谈商标事。申刻进署,法吕使会晤,戌刻归。"又二十三日记:"未刻访日内田使,谈两时之久。"

按:前引本年中之《绍英日记》,多述及载振与先生及绍英与德使、英使、日使等交涉"商标之事"。1940 年,先生曾撰有《关于"商标局"的掌故》一文,刊于《宇宙风》(乙刊)第 23 期,对此事作了简要回顾。文曰:"昨阅贵刊第廿一期,登载前商标局事,甚佩。商部设立时,由伍秩庸侍郎编订《商律》。光绪二十九年商标局成立,派郎中胡祥鑅(号劭介,元和人)为该局提调,即本《商律》另订商标局章程。其后德国公使来商部,商请缓解,而日本公使据日商请求,请即开办注册,各言之有理。鄙人之意,尽可先办注册,一面请德公使知照德商,缓半年或一年来局注册,尽无不可。不意当局踌躇不决,遂致因循不办,深为可叹。殆光绪卅二年,鄙人丁忧出京,商标局事遂未能接洽矣。"录以备参。

11 月 24 日(十月十八日) 载振令先生草拟奏文,据实纠参荣光贿托之事。

(光绪三十年十月)十八日。贝子爷至商部,令蔚芝拟奏底,据实纠参荣光之事。

(绍英《绍英日记》)

按:《绍英日记》此前于光绪三十年十月十六日记:"有工部堂主事荣光至署贿托,同毛艾孙接见,并同艾孙赴府回堂。"十月十九日又记:"具奏荣光贿托之事。"

又按:荣光后因此事被革职。《光绪宣统两朝上谕档第三十册·光绪三十年》载本年十月十九日上谕:"商部奏职官入署贿托,据实纠参一折。据称工部堂主事荣光函致该部郎中毛祖模,为商人关说煤矿。经该郎中呈堂举发,传讯荣光,信函实系亲手所缮,并有邀准后允馈银两,亲立字据为证等语。荣光系属职官,宜如何束身自爱,乃敢赴部贿托,毫无顾忌,实属行为荒谬,着即行革职,以肃官箴。钦此。"

11 月 27 日(十月二十一日) 张謇致函先生及绍英,力荐袁树勋总理江浙渔业公司。

> 十一月二十七日(十月二十一日)……致函唐文治及商部右丞绍英,力荐袁树勋总理江浙渔业公司,"争海观为渔政第四次矣"。

> [庄安正著《张謇先生年谱(晚清篇)》]

按:《张謇全集》第六卷《日记》光绪三十年十月二十一日:"与唐蔚之、绍越千二丞讯,争海观为渔政第四次矣。"袁树勋字海观。

12 月 31 日(十一月二十五日) 由先生参与筹建的丹凤火柴公司批准立案。商部并拨给官股银五千两,以资提倡。

> 火柴一项来自外洋,销数最旺。上海、汉口、四川皆有华商设立公司,抵制洋货。京师都会之地,尤宜招商兴办,以塞漏卮。当经谕令北京商会各董事筹议,去后旋据商会董事、分省补用知县温祖筠等禀称,拟集股五万两,于京城设立厂屋,名曰"京师丹凤火柴有限公司",并请拨给官股,予以专办年限等语,臣等查温祖筠等熟悉商务,家道亦尚殷实。其所请制造火柴,意在创兴实业,挽回利权。所拟章程,悉照臣部奏定公司律办理。自应准予立案,拨给官股银五千两,以资提倡。

> (《商部奏招商设立京师火柴公司并拨助官本片》,见《东方杂志》1905 年第 2 卷第 9 期)

> 京师丹凤火柴有限公司:商董温祖筠等禀请设立,拟先集股本银五万两,订有招股章程十四条呈部,三十年十一月二十五日批准立案,由部拨给官股银五千两,以资提倡。

> (《商部甲辰年纪事简明表》,见《申报》1905 年 3 月 2 日第 4 版)

> 当前清庚子之后,国家锐意求治,注重商政,设商部,简贝子载振育周为尚书。维时余备员其中,察商情,立商会,订商律,延揽工商人才。上海张君奎,字新吾,自东瀛归,覃精化学,亟调充部员,并属其规划火柴厂。相地于奉宸苑衙门后池鱼户为厂基。余禀商载尚书,奏拨部库银五千两,以为提倡。余招商股,合五万两,定名曰丹凤火柴公司。既而扩充至七万五千两,张君擘划经营,不遗余力。逾年厂屋落成,布置就绪。

> (唐文治《丹华火柴公司历史序》,见《茹经堂文集四编》卷六)

丹华火柴股份有限公司是由北京丹凤与天津华昌两公司合并扩充而组成的。现在,先从丹凤和华昌创办的历史说起。

丹凤公司。在丹凤的创办时期中,是经过了很多曲折的。我在1903年由日本留学毕业归国,因为是北洋官费生,先到天津报到。翌年经清朝商部调部办事,担任计划工业建设。其时部议欲在北京开设工厂,树立风气。我建议先办火柴厂,因为:一则容易见效,二则可以杜塞漏洞,三则可以救济民生。部议同意,同时为慎重起见,先令我制造样品。我向前门外杨梅竹斜街万福居饭铺要了很多三四寸长的柳木牙签作为轴木,制出了少量火柴。经部中人试验,认为样品的发火很灵,创立火柴厂的计划就决定了。资金规定五万两,由部支给,定名丹凤火柴厂。事为当时《北京日报》馆朱淇所闻,借题敲诈,在报端大肆攻击,说商部真做买卖,不愧为商。部中长官顾虑被御史参劾,一方面给了朱淇二百两银子了事,一方面招商承办。随着就由北京商会温祖筠等接办,组织股份有限公司,名称仍用丹凤。股本在开始时仍为五万两,后因不够周转,又增加二点五万两,共七点五万两。部方只参加五千两,与一般商股同样待遇,余数在商界招募。同时派我前去指导,帮同组织。温祖筠等把股招齐,1905年开股东成立会,举温祖筠为总理(以董事长兼总经理),王宝书为协理(以副董事长兼副总经理),李瀛洲、孟璧臣二人为董事,阎恩露为监察,接着成立了董事会。当年就开始出货营业,因品质优良,声誉即著,销路也畅。

(张新吾《丹华火柴公司沿革》)

本年 迁居至西斜街住宅。先生于公务之暇为长子唐庆诒授读古文,并延请陆起教读。

光绪三十年,七岁。迁居至西斜街住宅,亦为三开间房屋。东西有月洞门,遥遥相对。吾父于公暇亲授余古文,并延陆勤之先生教读。某日,陆师以子产命校人畜生鱼论为题,余以齐宣王作陪衬,文中有云:子产之不忍食鱼,犹宣王之不忍食牛也,物虽不同,而不忍之心则一也。陆师极为激赏。

余幼时喜阅小说,常一人在斗室中,阅《三国演义》《荡寇志》《说唐》《征东》《扫北》等书。室内光线黑暗,目力大损,失明之机已伏于此。

(唐庆诒《忆往录》)

1905 年(乙巳　清光绪三十一年)　41 岁

约本年初(光绪三十年十二月)　商部尚书载振及先生入奏,于留学生中择其品学兼优者,酌量保送回国,以备考试入部,学习行走一年,期满即以主事候补。

京师访事人云:商部从前奏调之司员,业已传补殆尽,现应添调人员,派赴各省考查商务。陈、顾二侍郎以实业学堂学生尚未卒业,仍应照旧由各部院衙门咨送。惟振贝子及唐右丞均不以为然。会议多日,始定电饬各国星使于留学生中择其品学兼优者,酌量保送回国,以备考试入部,学习行走一年,期满即以主事候补。闻已入奏,俟蒙俞允,即须电致各国星使矣。

(《拟起用留学生》,见《申报》1905 年 1 月 31 日第 2 版)

按:后第一次留学生考试于本年七月四日进行,事详后。

1 月 7 日(光绪三十年十二月初二日)　商部批准虞辉祖所创设之上海科学仪器馆立案。

三月……又虞辉祖呈请设立上海科学仪器馆,均批准立案。

(唐文治《茹经先生自订年谱·乙巳四十一岁》)

上海科学仪器馆。浙江廪生虞辉祖等创设,附设理科讲习所,并仿制各种理化器械,三十年十二月初二日批准,并饬将仿制仪器,随时呈验。果能精致适用,当即酌予奖励。

(《商部甲辰年纪事简明表续二十八日稿》,见 1905 年 3 月 4 日《申报》第 4 版)

按:上海科学仪器馆批准立案时间,以《申报》所载为准。

不久,先生接黄绍箕书,书中请先生筹拨官股,接济虞辉祖所创设之上海科学仪器馆。先生乃咨商管理轮电大臣袁世凯,咨复未能照准。

旋接瑞安黄仲弢学士名绍箕书,谓外人现筹集巨赀,拟到中国广售图书、仪器等,虞商资本有限,势不能敌,请在轮、电两局拨官股接济云云。爰咨商管理轮电大臣袁世凯,咨覆未能照准,深为可惜。

(唐文治《茹经先生自订年谱·乙巳四十一岁》)

前奉复教,感佩之至。

虞君辉祖,携所造仪器向贵部呈验,前晤陈雨苍侍郎、绍越千右丞,询知极

· 293 ·

蒙优待，并为设法提倡，凡在学界中人，同深感刻。惟日本人现筹集资本八十万，拟到中国广售图书、仪器等项，又有西京之岛津氏，系历年售教育器品之巨商，亦将接踵而来。虞君资本有限，再筹推广集股亦殊不易。若日人在内地制造，则上海之仪器馆势必渐至衰亡，可翘足而待也。教育品一一皆仰给于外人，非唯利权丧尽，即国体亦殊无光，甚可忧虑！

弟思有一策，姑冒妄言之。南洋公学现已改为实业学堂，归贵部管理，可否请于轮、电两局筹拨项下，酌划若干，交给该馆，作为贵部附属之科学仪器馆，仍责令虞君悉心管理，择要扩充，而官司稽查之任，得利则按数缴官。有京师工艺局以备通常需用之器物，有上海仪器馆以备学课需用之器物，于民间为雅俗兼资，于贵部为规模略具，核之名实，仍皆有益无损。且既有官本为之提倡，外间再行添股，较易为力。将来京沪实业两学堂所用仪器甚多，即官民所立各学堂，取资亦日多一日，公私两便，其益无方。即日人来华争利，亦足以资抵制，若待日商兴盛，沪馆朽败，再图补救，时晚而势亦难矣！

前曾以此议，与陈侍郎言其大略，颇以为然，伏望执事与贵部同事诸公熟筹妥酌，据实详陈尚书，请其采择施行，学界之幸，亦中华之幸也。弟向有制造教育品之议，而苦无所藉手。虞君素无瓜葛，至京师始得谋面，区区之意，实为扶助学风、保全国体起见，决无丝毫徇情阿好之私，想知我者必能亮之也。草草，布请大安，统唯垂教不宣。弟绍箕顿首。

（黄绍箕《与唐蔚芝书》，见《瑞安文史资料·黄绍箕集》）

1 月 23 日（光绪三十年十二月十八日）　上海《申报》刊登《唐左丞致北京报馆论商部事书》。先生在文中，针对外界因丹凤火柴公司招股而产生的"商部不应自营商业"等种种质疑及进行了辩驳。

前得姚君柳屏来书，述及盛名，良深仰慕。彼此往还，未及一晤，无任驰系。兹有启者，贵报第一百三十四册内，载张君殷云论火柴公司招股事，列陈流弊，钦佩良深。惟论中所虑各节，有与事实不符之处，且于敝部提倡之苦衷亦似未曾明晰。特致书左右，将该公司开办原委一为执事陈之：查丹凤火柴公司，系商人温祖筠等禀请创立，并非敝部自行开设。惟敝部以其事足以开辟利源，抵制洋货，故拨给官款五千两，以资提倡。此外，一切之事只饬以应遵守《奏定公司律》办理，此有案可稽者。敝部此举，诚以火柴一项，为民生日用所需，而年来洋货充斥，畅销至数百万之多，漏卮滋甚。该公司之设实挽回利权之一端，故特予以资助，俾足与外界争衡耳。论者乃谓敝部不应自营商业，无论该公司非敝部所立，即使敝部自立公司，各国政府均有官业，亦并非无此成例。如盐、烟叶、鸦片、樟脑等，日本均由政府专卖。即以火柴而论，法国曾以与外货竞争之故，由政府作为官业，而用官督商办之法。然则敞部此举，并非有违各国成例。而论者乃加以种种推测，亦不谅之甚矣。若谓官商合办，将来若有词讼，难以处置，此实未免过虑。敞部之于公司，不过股东之一人；至于词讼之事，其是非曲直，自有《公司律》为之准绳，敞部亦无所容其成见。至与外人交涉之事，假令其□在我，无论敞部有官款与否，自应一体保护，断无因敞部有官款而加意出力，敞部无官款而任商人有受屈之理也。论者又谓敞部既为股东，不能调和股东之争权。不知敞部为股东系一事，敞部综理商政又系一事，权限分明，据律处置，本无所用其左右。各省官商合办之事，如铁路、矿务、轮船、纺纱等项，不一而足，不闻因有官款而公家反致束手也。至谓敞部人员不应向人招股，此尤事实之误。该公司本由商人创办，敞部人员不过于接见商人时，揄扬其事，劝其通力合作而已。其附股与否，均由商人自愿，敞部本未尝强之也。总之，敞部此举全出于提倡商务之心，敞部与该公司之关系，与寻常股东均系一律。乃论者谓为外托保护，阴存吞并，尤惑之甚矣。敞部办事，一秉大公，深愿广采舆论，以为绳愆纠缪之助。惟论者不问局中实情，并不究各国成例，辄加揣度。敞部自问无失，本可置之不论；但虑展转相传，或者因误致疑，则敞部信义所关，不容不辩。且如偶办一事，局外者即从而訾□之、摧抑之，务使新机斩绝，利源尽失而后快，然则我国前途将复何堪设想？有志之士，当亦不愿出此也。贵报主持公论，鄙见所述，如以为当，请即刊布，以存公道。惟希亮察为荷。专此布泐，敬请撰安。愚弟唐文治顿首。

（《唐左丞致北京报馆论商部事书》，见《申报》1905年1月23日第3版）

2月13日（正月初十日）　商部总商会开会，先生与绍英先后发表演说。

北京首设商会，载尚书属余莅会演说，从此商人乃知互相团结矣。商务为国家命脉，提倡之责，惟此稍尽心焉尔。

（唐文治《茹经先生自订年谱·甲辰四十岁》）

（光绪三十一年正月）初十日。商部总商会开会，唐蔚翁演说，予亦演说。官商一心，诚信相孚，并宜合群，讲求集思广益之意。会毕，同署诸君均至醉琼林便饭。

（绍英《绍英日记》）

2月（正月）　粤商张振勋入都，请办三水佛山铁路，并在山东开办葡萄酿酒公司。先生为具奏邀准，并严却张所馈赠之二千金。

正月，粤商张弼士入都，请办三水佛山铁路，并在山东开办葡萄酿酒公司，余为具奏邀准。张濒行,馈余贰千金,余辞之,至于再三,张滋不悦,则严却之。

（唐文治《茹经先生自订年谱·乙巳四十一岁》）

4月25日（三月二十一日） 奏准于正阳门外设立劝工陈列所,始事构造。（据唐文治《茹经先生自订年谱·乙巳四十岁》）

按：天津市档案馆编《袁世凯天津档案史料选编》收录《袁世凯为京师开办劝工陈列所事札天津商会》,中云："本部京师劝工陈列所,业于光绪三十一年三月二十一日奏明开办。"至明年,劝工陈列所构造工程告竣并正式开办,详下年事中。

5月25日（四月二十二日） 奏准以丁宝铨为商部二等顾问官。

奏请以丁君衡甫名宝铨……为商部顾问官。丁君己丑进士,山阳人,品行峻迈,开通明敏,长于政治学。至是与余相见,如旧相识,遂通谱焉。尝喟然谓余曰："时局至此,恐难整理,吾辈各尽心力而已。"并痛恶某当道,以为必不能免于祸。后官至山西巡抚,国变后隐居沪上,无端被刺而死。余未悉其事实,故未为之作传,思之每怃然也。

（唐文治《茹经先生自订年谱·乙巳四十一岁》）

附顾问官议员表

顾问官

二等：丁宝铨,三十一年四月二十二日奏准。

（《商部乙巳年纪事简明表十一续》,见《申报》1906年3月15日第4版）

7月1日（五月二十九日） 先生致函盛宣怀,请其再为抄示一份勘矿公司奏折及附片。

杏荪宫保老伯大人阁下：尘俗栗碌,未克趋谒,景仰维劳。前蒙抄示之勘矿公司奏折及附片为陈堂携去,可否乞再赐抄一份,以便检查,不胜感叩之至。专肃,敬请勋安。侄唐文治顿首。即日。

（《唐文治致盛宣怀函》,见上海图书馆《盛宣怀档案》,光绪三十一年六月,1905年7月1日,档号000112）

按：在此函之后,尚另有一函,函云："杏荪宫保老伯大人阁下：接奉手示,敬聆一是。炎景郁蒸,未克走谒。敬维勋祉凝厘,式符景仰。勘矿公司折蒙允再行抄示,不胜感荷。庐[卢]汉续借款项一事,因邸堂连日有事,日昨甫经回明。奉谕：从前庐[卢]汉借款,均由台端会同直鄂督奏明办理,此次自应仍由尊处会商直鄂督具奏,一二日即当咨复。敬此奉闻,顺请勋安。侄唐文治顿首。即日。"此函未署日期,但从内容看,当是盛宣怀遵嘱为其抄示勘矿公司奏折及附片后,先生写此函向其表示感谢。

7 月 4 日（六月初二日）　于保和殿举行出洋毕业学生考试。

（光绪三十一年）六月初二日甲辰（7 月 4 日）。于保和殿考试出洋毕业学生……

（迟云飞编写《清史编年》第十二卷《光绪朝下　宣统朝》）

7 月 13 日（六月十一日）　奕劻奏上《宪法考》，并附以先生所拟之《节略》。

（光绪三十一年）六月十一日，入值……邸进《宪法考》，并附以唐文治所拟《节略》。

（荣庆《荣庆日记》）

7 月 14 日（六月十二日）　慈禧太后、光绪皇帝召见考试取中之出洋毕业生。引见前，先生敦嘱曹汝霖等，履历不可背错，错了即为失仪。

（六月）十二日甲寅（7 月 14 日）。召见考试取中之出洋毕业学生。金邦平、唐宝锷给予进士出身，授翰林院检讨；张绪、曹汝霖、钱承鋕、胡宗瀛、戢翼翚给予进士出身，按所习之科以主事分部学习行走；陆宗舆给予举人出身，以内阁中书用；王守善、陆世芬、王宰善、高淑琦、沈琨、林启均给予举人出身，以知县分省补用。

（迟云飞编写《清史编年》第十二卷《光绪朝下　宣统朝》）

此次殿试结果，引见后授职，在一等者授翰林检讨、主事、内阁中书，二等者授七品小京官、县知事。吏部定日引见，在颐和园仁寿殿，御案移近殿门，引见者站在陛下，上下都能看见，每人高声自背履历，慈禧太后坐中间，光绪皇帝坐于左侧。揣引见用意，要观其容、听其声、察其举止而已。唐蔚芝先生敦嘱履历不可背错，错了即为失仪。余暗笑，难道这三句自己的姓名年岁籍贯，还会记错吗？哪知真会出笑话。那次引见，共十四人，由吏部员司引导列为一排，第一为金邦平，第二为唐宝锷，余排在第三，只听得金君朗背，金某年几岁，戛然而止，唐即接背广东香山人。以一个履历，两人分背，余适站近，听得逼真，亦无人留意。大约老辈中闹这种笑话者，必有其人，故唐蔚老谆谆嘱咐也。余授职主事，归商部候补，主事六品奏任官。

（曹汝霖《曹汝霖一生之回忆》）

8 月上旬（七月上旬）　因绍英即将出洋考察，商部派先生兼充京师高等实业学堂监督。

商部右丞兼办实业学堂监督绍英现奉谕旨，派往随同徐、戴诸大臣出洋考察政治，所遗学堂监督一差，闻派该部左丞唐文治兼充。并闻绍英随带司员二人，先赴美、日两国云。

（《商部左丞唐蔚芝丞堂兼充实业学堂监督》，见《申报》1905 年 8 月 8 日第 4 版）

按：后绍英在"炸弹事件"中受伤，未能出洋，故仍由其担任京师高等实业学堂监督一职。"炸弹事件"详后。

8 月 12 日（七月十二日）　绍英请先生代约陈懋鼎一同出洋考察。

　　（光绪三十一年七月）十二日。萨霁谦来谈。唐蔚芝来，求其代约陈君懋鼎同往外洋事。

（绍英《绍英日记》）

8 月 29 日（七月二十九日）　《申报》刊载先生致上海商务总会电，就上海等地商界抵制美货之事，传达商部尚书载振的谕示："凡前经华商已定之各项美货，无论现存未售，或装运在途，或已定未装，展转批发如从前。确已成定，即须公认照常营销。"

　　顷奉本部贝子爷谕"闻各埠华商向外洋各厂家定货，须在一年或数月以前先行成定，然后到期出货，定后即无更改。现闻沪埠贩运美货，其现在未售及已定续到之货值，为数甚巨，且皆定购在前。夫货既为华商所有，实与华货无异。若概不购用，必致工约未及挽回，华商先已受累。本部爱护部民，兼筹并顾，请张季直、汤蛰仙、周舜卿诸君联合商会、商学会及各学堂筹议，凡前经华商已定之各项美货，无论现存未售，或装运在途，或已定未装，展转批发如从前。确已成定，即须公认照常营销。至营销之法，应即妥筹，定议照办。一面转电各埠，一律办理"等谕，希即递办，克日电复。文治。

　　（《上海商务总会接商部唐右丞电（为办理公认美货事）》，见《申报》1905年 8 月 29 日第 3 版）

　　敬启者，本年七月十九日，由上海商会转贵丞堂筱电："张季直、汤蛰仙、汪穰卿、张菊生、孙荔轩、周舜琴[卿]：据洋货号商电，前定美货，积至数千万，请集商善法，标明记号销售。"二十三日，复转贵丞堂号电"奉邸堂谕，外埠洋货一业，凡向外洋厂家定货，均在六个月以前。现在未售及定续到之货，值银约六七千万两，决当维持。应请季直、菊生、穰卿联合商会、商学会及各学堂会议，凡华商前定之美货，无论现存及装运在途，或已定未装，由商会发贴印花，妥议照办，一面转电各埠，一律办理"各等因。查四月初，上海商界学界中人，因美国工党意见虐遇华工并辱及上等游历绅商、学生，外埠公愤，风声所布，人人感触于是。四月初二日，学界开会演说，商界亦不期踵至，共表同情，相戒不用美货。上海曾铸不过为分电各埠之主名，事关全体，并非一人之所耸动也。四月十八日，铸与商会诸人同见美使，美使允华工禁约须六个月后美国开会，方可集议改良。铸请两月期，美使允为电达政府。次日开会，铸以此段情节当众表

· 298 ·

明。至六月十八日，两月期满，复在商务总会开会，铸如美使言，展期四月。众盼改约情急，抗词驳难，商界中人，乃有先不向美国定货之说。铸复声言：在沪存货及已定未出之货，理应销售，以顾近在咫尺之同胞。由是业美货洋布帮首先允许，各帮随之，次第签允，大众赞成。二十九日，复在商会申议，由各业查时实数，开列清单，送商会注册，由商会知照，报关行验明。实系六月十八日以前所定之货，本埠照常销售，并可转运各口。以上情节，均曾登报。此不用美货、不订美货二说，先后差异实在之情形也。不用、不定之争，发现不过半月。发现之故，由于银货份数滞减。此滞减之原因，果否由于不用，是为目前最要之问题。美货种类，赅括布匹、煤油、五金、松木及各零货，而以布为大宗。故布业独称洋货。他货不预定，间有之，亦至少数。布则无不争先预定，故因滞而盼销之情，唯布业商为独亟。上海一埠，每年洋货销数，时有增减。查光绪二十九年通商务关华洋贸易总册，所进各种美布，估本价值共一千六百二十二万四千二百余两，市价贵则照总数加三成，计二千一百九万一千四百余两。三十年，各关所进各种美布，估本价值一千二百七十八万三千九百余两，市价加总数三成，计一千六百六十一万九千余两。关册所载，布以匹计，较各商所查以包计者为详。其数系指全国所销，上海岁销虽猝难得实，而举全国以测一方，大概可知。询据上海洋布商邵琴涛、应锡章称：在沪之货，值一千三百余万两；已定未装之货，值三千余万两。核与电禀大部已定货值六七千万，两者相符。复据洋布商另查，本年西历正月一号起，至八月十号止，已销货值二千八百七十五万余两。是三十年所销减于二十九年，而本年中历七月中旬以前，销数已增于二十九年之市价三成以外。其原因在日俄之战，两国军中用布较多。自波罗的海舰队覆没后，关东各口市面，久滞忽开，布销顿畅。然一饱之后，势难大进。关东各口销数不无减缩。长江各埠势亦略同。商人未察盈虚消息之本原，遂疑从前公认不用之说为之障碍，不知货多即销滞。除已在沪一千七百余万两之货外，尚有五千余万两未到。如果商禀六七千万两之说不虚，按六个月以前定期计之，定货即在六月十八日以前，此五千余万两之货，今冬明春均须集于上海。即按上半年八个月畅销之数每月三百五十万两推之，下半年四个月，销至一千四百万两［足］矣。此外五千数百万两之货，陆续而来，即无不用之说，岂能先期销售？在商家，长袖善舞，亦人情之常。唯时势变迁，适逢其会，壅滞遂出于意外，是则贪贾三之、廉贾五之之道，有待商学之发明矣。謇等既为调停，不能不酌公理时势之平，以通学商两界之驿。謇七月二十五日至沪，二十六、七两日即与元济、康年、廷弼会同商会，先议疏通之法，拟设公销六月十八以前存定美货验货公所,二十八、九两日,由謇与各学堂代表人一再陈说,始能相谅。所有章程,逐渐磋商。各学堂代表人意气益形开豁。本月初一日,謇复向商会总理、协理宣布各学堂代表人推诚相与之言,康年、廷弼同议不另设公销验货公所,仍由商会发给印花,担任调查之责,商界益便,遂以决议。寿潜意见相同。调查市面亦已活动。本日同复见报载初二日谕旨,各埠美货当更有畅销之望。华人礼待美国,不遗余力;美使来议禁约,想无不允改良之理。除由商会总理、协理、庞京卿调查不同另行报告外,所有謇、寿潜、元济、康年、廷弼会商疏通华南前定美货情形,撮陈大要,敬祈转呈邸堂。祈请公安,唯祈明鉴。张謇、汤寿潜、周廷弼顿首。

[张謇等《复商部函》,见《张謇全集》二《函电(上)》]

美禁华工,波及士商。中国人民愤而思筹抵制之策。大旨皆以不定美货、不用美货为握要之图,全国一心,坚持不懈。夫不定,则货无来源,其势自不得不趋于不用;不用则货无去路,人自不敢私定。用意虽似略殊,而杜绝美货之心则一。惟其间不能不斟酌尽善者,则以美货之存积沪上,及六月前定而未来之货,价值殊属不赀,苟非别筹善策,华商必先有受亏之人,而抵制之心转虑不能坚固。记者不揣愚陋,思为兼筹并顾之计。曾于七月十一日著一论说,其意谓:宜公举一商界、学界中名望素著之人,如通州张季直殿撰,及本埠巨商周君舜钦[卿],会同商务总会,开诚布公,联络一气,将沪上各商号早经存储及六月十八日以前已定未来之货调查明白,贴以印花,然后分运各省,交彼处商会,分交各商号,转运各处。良以华商所存美货,概不销售,则赀本存搁过多,亦有为难之处。然任其销运而不为限制,则奸商无所顾忌,或竟放胆再定,而抵制必致托诸空言。故调查之说,所以兼筹并顾绝以后美货之来源,正以坚全国拒约之心志。今者商部尚书振贝子,亦以美货既为华商定购,实与华货无异,若概不购用,致公约未必及挽回,华商先已受累。因由右丞唐蔚芝丞堂,电致上海总商会,请张季直、汤蛰仙、周舜卿诸君联合商会、商学会及各学堂筹议,凡前经华商已定之各项美货,无论现存未售,或装运在途,或已定未装,展转批发,如从前确已成定,即须公认照常营销。至营销之法,应即妥筹定议照办,一面转复各埠,一律办理。而江督周玉帅亦电致沪道,令与商部张殿撰妥商办法。夫振贝子素务开通,其管领商部也,于挽回利权、振兴贸易各事,颇能认真办理。江督虽以媚外见讥,夫能与情悉洽,而于此次抵约一事,尚能顾全大体,迥非袁慰帅之竟用压制手段,以狥外人。而其所筹办法,则皆以请张殿撰出而主持其事,是则记者前论,虽未敢诩为别具灼见,商部亦未必即用鄙论,而有此电文。然按之实情，固亦舍此别无良法也。或曰："上海总商会之立，本有经理商务之责，况此次抵制美约，尤为中外欢[观]听所系，所谓不定美货、不用美货之问题，悉心研求，责无旁贷。"苟如是，亦何必复请张殿撰诸君出而调停其事哉？不知阅历久则世故由之而深，私意胜则忌心因之而起。当四月初起，在商会集议不用美货时，彼严、徐、周诸观察，冷眼旁观，并未有兼筹并顾之善策互相商议。及曾君挺身而出，发电各埠，不用美货之风潮日甚一日。彼素业美货之各巨商，其间虽难保无奸诈者流，并不遵守不定之议；然究之能知大局，仅思将存货消售，藉保资本者，亦必不乏人。而商会诸君从未出一谋以维持大局；即有代黏印花之说，然不实心举办，于事亦复何裨？推其原因，非由世故深、忌心甚亦何致如是？然则果欲为已存美货妥筹办法计，非另请商界、学界大有名望之人，出而主持其事，安克有济哉？虽然，任大者责重，此次抵约一事，尤为全国荣辱所系。彼张殿撰及汤、周诸君，其亦慎之又慎，而毋步商会诸人猾滑之陋习焉，则幸矣。

（《论商部及江督电请张殿撰办理公认美货事》，见《申报》1905 年 8 月 30 日第 1、2 版）

按：清光绪二十年（1894 年），美国政府诱使清政府签订《限制来美华工保护寓美华人条约》，使美国政府原来制定的限制华工规定合法化。光绪三十年（1904 年）条约期满，海外华侨和各界人士要求立即废除这一旧约。但是，美国政府不顾中国民众强烈反对，坚持在新订条约中继续保留虐待华人的条款。至本年，上海商务总会召集各帮商董举行特别会议。会董曾铸在会上提出"以两月为期，如美国不允许将苛例删改而强我续约，则我华人当合全国誓不运销美货，以为抵制"。在场绅商"无一人不举手赞成"。会议还通电全国二十一个商埠的商会，告知抵制办法和实行期限，要求各地商会"传谕各商协力举行抵制办法"。此即为上述先生致上海商务总会电的基本背景。在全国民众的强烈抗议下，美国政府最后不再强迫清政府签订新的禁约，只是单方面通过了经过修改的华工禁约。

8 月（七月）　代载振拟定《请改定官制折》奏上，留中。

维时官制窳败，势权不一，动多牵制，爰拟《改定官制折》奏上，留中。

（唐文治《茹经先生自订年谱·乙巳四十一岁》）

按：《请改定官制折》载于《茹经堂奏疏》卷三，题后署"乙巳七月"。此折"奏为官制窳败，势权不一，亟宜仿专任之法，一律改定，以维政体"。折中建议朝廷"仿各国专任之例，将中央官制改弦而更张之"，以利"植新政之初基而自立于竞争之世"。折中并提出了官制改革的许多具体措施主张，如刑部改为法部，大理寺改为大审院并隶属于法部;学务处改为学部专管学校教育事宜,裁撤太常寺、鸿胪寺和光禄寺。财政处与户部合并,练兵处与兵部合并,这样总计有外务部、商部、法部、学部、吏部、巡警部、户部、兵部、礼部和工部十个部。至于各部的官员设置原则,提出每部应设尚书、侍郎共三四人,其事务繁重之部,设左、右丞,左、右参议各一人;事务较简之部设丞一人,参议一人。所有冗滥不得力的司员,一概酌量裁撤;各部官员一律不分满汉,实官一律杜绝兼差。各部权限职责划分明确,不准一事同时归两部兼办。另外,内廷事务全部归内务府。政务处归内阁;保留翰林院、都察院和理藩院,太仆寺并入兵部,国子监并入学部等。

又按:《广益丛报》1906年第90期载《振贝子奏请改官制以专责任折》,与《茹经堂奏疏》中所载《请改定官制折》内容完全相同,以此可知此折系先生代载振所拟。又据鞠方安著《中国近代中央官制改革研究》,载振此折又见于中国第一历史档案馆《军机处录副档》光绪三十一年第一号。

9月9日(八月十一日)　先生与阮惟和奉商部指派,赴天津与袁世凯密商盛宣怀奏请派员会办卢汉铁路及一切路政紧要事宜。会谈中,袁氏以商部侵越权限为虑,先生"笑置之"。

初十日,振贝子密派商部左丞唐文治,随带司员阮惟和,到津与袁宫保密商盛侍郎奏请派员会办芦[卢]汉铁路及一切路政紧要事宜。唐左丞、阮主政即于十一日搭早车同赴天津。

（《商部派员赴津密商路政》,见《申报》1905年9月17日第3版）

乙巳夏,余因京汉铁路事赴天津,往访项城一次。项城即鳃鳃然以部中侵越权限为虑,余笑置之。

（唐文治《议覆北洋大臣政务处奏路务议员办事章程不无窒碍折》,见《茹经堂奏疏》卷三）

按:《议覆北洋大臣政务处奏路务议员办事章程不无窒碍折》后有附录《北洋大臣袁世凯原奏折》,上引文字为先生在原奏折后加的跋语。

9月17日(八月十九日)　先生署理商部左侍郎。

六月,左侍郎陈君玉苍调署户部侍郎,奉旨以文治署理商部左侍郎。

（唐文治《茹经先生自订年谱·乙巳四十一岁》）

闻政府大臣议及,查商部左丞唐文治,办理该部事宜,谙练勤能,深相臂助,拟即保其补授商部侍郎,俾资熟手。

（《唐丞堂实授侍郎述闻》,见《申报》1905年10月30日第3版）

按:据魏秀梅编辑《"中央研究院"近代史研究所史料丛刊·清季职官表(上)》

（五）所载《商部左侍郎》一表，先生任此职之时间为光绪三十一年八月十九日（1905年9月17日）。

光绪三十一年，八岁。吾父任商部侍郎职，后署理尚书。朝见之日，夜半即起，吾母煮粥理衣，极为忙碌。清晨四时，驴车即向大内出发。车厢系木板所制，只可平坐，不能屈膝，京城街道崎岖，铁轮辗其上，颠簸万状。吾父曾谓余言，朝见时均由慈禧太后发问，光绪帝仅于退朝时，言"你去罢"一语而已。

（唐庆诒《忆往录》）

9 月 20 日（八月二十二日）　先生致函盛宣怀。此前，盛宣怀函请"贝子爷"载振出席卢汉铁路告成典礼。先生于此函中传达载振之意："在贝子爷，固未便自行陈请前往；即尊处，亦未便指明请派。"

杏荪宫保大人惠鉴：日昨趋候未值，景仰为劳。兹敬有启者，昨谒贝子爷，奉交下一本，二十日尊函一件，附单一件，内开"卢汉铁路告成举行典礼，并预备镌石"各节。承准贝子爷意，以为此路告成镌碑，典巨礼重。在贝子爷，固未便自行陈请前往；即尊处，亦未便指明请派。届时奏请后，自应由特简大员行观成之礼，泐碑恭记，以崇礼制。谨此奉达，稍暇容再走候不次。敬请勋安。愚侄唐文治顿首。八月二十二日。

（《唐文治致盛宣怀函》，见上海图书馆《盛宣怀档案》，光绪三十一年八月二十日，1905 年 9 月 20 日，档号 075023）

按：据夏东元《盛宣怀年谱长编》载："（1905 年）10 月中旬（九月中旬），举行卢汉铁路行车典礼，请特派大员验收。"

9 月 24 日（八月二十六日）　奉派前往各国考察宪政的载泽、端方、戴鸿慈、徐世昌、绍英五大臣于北京前门东车站登火车启行，遇革命党人吴樾投掷炸弹。五大臣中绍英受伤较重。先生为五大臣送行，幸未受伤。

八月初，奉旨派载泽、端方、戴鸿慈、尚其亨、绍英五大臣赴各国考察宪政。启行之日，余偕商部同人赴正阳门外车站送行。五大臣甫登车，余等正在车外接谈，忽轰然一声，车中炸弹爆裂。幸余所立处距车一丈许，并未受伤。当即至车站客厅内，饬人详细查问，始知有革命党某（后询知为安徽吴姓）施放炸弹。其人已死，车中绍大臣受伤颇重；随员中有萨君霁谦名荫图，受弹子伤数处；载大臣之侍卫炸去一臂，幸未死，均送中医院。送行者伍君秩庸在车旁，震倒于地，两耳皆聋，亦入医院。载大臣等暂归，越数日始行。

（唐文治《茹经先生自订年谱·乙巳四十一岁》）

（光绪三十一年八月）廿六日。早，赴前门东车站，会同泽公、徐大人登火车。甫登火车,忽闻炸炮一声,当时跌倒,随有家人扶出。身受伤七八处,惟左股较重。即至法国医院调治。

(绍英《绍英日记》)

三十一年八月,遂派公爵载泽,大臣徐世昌、端方、戴鸿慈、绍英五大臣出洋考察宪政。皖人吴樾乘五大臣上火车时,以炸弹轰击之,樾立时死。五大臣惟绍英受伤,入医院疗治。余仍从容就道,以尚其亨代绍英往。

(唐文治《近六十年来国政记》,见《唐文治文选》)

按:上引《茹经先生自订年谱》中云"八月初,奉旨派载泽、端方、戴鸿慈、尚其亨、绍英五大臣赴各国考察宪政",又《近六十年来国政记》中云"五大臣惟绍英受伤,入医院疗治。余仍从容就道,以尚其亨代绍英往",所记者皆有交代不够清楚之处。最初奉派出洋考察并于9月24日在北京前门东车站登火车启行的是载泽、端方、戴鸿慈、徐世昌、绍英五大臣。经此炸弹事件后,考察政治大臣中之端方、戴鸿慈于是年12月7日(十一月十一日)离京启程;载泽、尚其亨、李盛铎于12月11日(十一月十五日)出京赴上海,其中是以山东布政使尚其亨和顺天府丞李盛铎代替了受伤的绍英和获任新职的徐世昌。

9月(八月) 张謇复先生函,就筹设中之江浙渔政公司陈述有关意见。

奉八月十四日赐覆,敬承郇谕。所论官办向无成绩,直隶重在抽捐征税,于请设渔业公司本旨不合,均为洞中窾要之言。唯謇前筹公举郑京卿管理渔政之意,本与郇意不背,谨更申之如左。

渔业公司与他公司不同,他公司聚于一处,渔业公司散在各省、各海滨。他公司平日与官无甚交涉,渔业公司关系保护联合渔户,与官时有交涉。他公司共一资本,故能受一代表人之商量约束;渔业公司各省自筹资本,不必受一代表人之商量约束。

公司附近拟设水产、商船两学校。现在开办费分文无着,须有一人坐定筹集。两校房屋未成,须有人坐定经营,成则须有人坐定管料。各海滨小学校,须有人坐定督率。商船学校教课教员及毕业后与海军有关系,须与海军长官浃洽。

公司设有各省督抚关涉之公事,公司不便直接,直接亦不灵。

每年各省渔轮集会一次,须分别成绩优劣,以行赏罚。有一商部奏派之官,而后能尊其信用。

因有以上四纲之筹画,故前拟办法,请就吴淞空间官房设立公所,为总理渔政办公之所,公司附焉,即以明公司自为一事(言公所,则官房可以拨用,不用官房，仓卒又无款可以建筑，故以公所为主，而公司附之）。总理渔政之人，在下为总公司之代表，在上为商部之代表。其经费即于公司渔会中筹之。能任保护，乃能筹经费；能有一实任保护之专官，乃有各省沟通之关键也。顾此事非得一有才望、有阅历之人，则不能任；非心知海权、渔利、表里轻重之故，则不能任；非兼通政界、学界之应付，则不能任；非本有适当之官，予以适当之权，则不能任。郑京卿孝胥庶几兼之，又适以就医回沪，无碍粤督之感情，是绝好之机会，故以为言。为公司得人，可冀望公司成立之效；为本部得人，可益征邸堂延揽之宏。郑京卿与謇三十年旧交，共事一方，亦必有相助之益，而无隔膜之患。且此君回沪，必不能闲。昨报载将会办芦〔卢〕汉铁路，若请由邸堂奏保，以本部顾问，驻沪总理渔政，则他人不得有之矣。伏望代陈邸堂，如荷鉴许，先行电覆。

〔张謇《复唐文治函》，见李明勋、尤世玮主编《张謇全集》二《函电（上）》〕

本月 先生代载振拟《请立宪折》奏上，留中。

时因风气日开，外侮日亟，穷变通久，不得不为先事之谋，爰拟《请立宪折》奏上，留中。

（唐文治《茹经先生自订年谱·乙巳四十一岁》）

唐文治任职商部时，曾奏请采用立宪制（《请立宪折》，《茹经堂奏疏》卷三）。其中他在世界立宪国家中举出日本，认为应由中国作为楷模，并将采用立宪制的意义归纳为五点。其中虽也包含了稳定君主地位和恢复主权，但应予注意之点，则在于将权力集中于中央政府以及推进政府同人民的一体化。据他看来，国家政治权力的多元化必须极力避免，而采用立宪制的重要意义之一，就是政府同地方的关系要像躯干同肢体似地一体化。政府同人民的关系亦然，只有采用立宪制才可能沟通相互的意见。这个奏折虽未说到产业行政的问题，但采用立宪制上中央政府同地方和人民的关系的认识，对于理解唐文治的产业行政观是会有参考作用的。

（曾田三郎《清末产业行政的分权化和集权化》）

按：《请立宪折》载《茹经堂奏疏》卷三，题后署"乙巳八月"。此折"请豫定立宪政体，以弭外患而维危局"。折中认为"富强之原，根于治本。治本者何，政体是已……政体不定，则虽遇事力求整顿，而枝枝节节，总苦无入手之方，贯通之效。若能明定政体，大纲既举，所有庶务，自能井然秩然，有条不紊，百废俱兴"。而政体的关键，是立宪。"其宗旨，在集天下之公论以治天下之政事，而永无官民隔阂之弊"。日本今日之强，便是立宪的结果，所以，"今日而欲挽回危局，力图自强，非仿效日本改定立宪政体不为功"。此折又拟有立宪大纲办法四条:一、"豫定立宪政体。事体重大,拟请饬下政务处、各省督臣议奏,如蒙准行,应请明降谕旨,改定立宪政体,以数年后为施行之期"。二、"请由政务处参考各国宪法,详细编订,以期妥善"。三、"豫定立宪政体,应请仿行议院之法,以除壅蔽而通下情"。四、"请饬下内外大臣,保荐品学兼优、通达治体之员,以备录用"。

又按: 在此折之后有作者的跋语:"文治上此折时,以为切实施行,可挽危局。不意因循敷衍数年之后,竟致沦胥。呜呼,其可痛已!"

又按: 据鞠方安著《中国近代中央官制改革研究》,此折亦为先生代载振所拟。

11月1日(十月初五日) 张謇致函先生及李审之,述恽毓昌专讯,即由马相伯、朱志尧等拟向法国商部专使德隆格借款,筹建中国国民实业银行事。[据庄安正著《张謇先生年谱(晚清篇)》]

11月(十月) 派司员吴振麟、魏震等数人赴东三省考察各种实业,其意欲在派员调查的基础上,筹商"通商实边"的办法,后"阻挠者众,迄未能实行"。

> 十月,派司员吴振麟、魏震等数人赴东三省考察各种实业。余意通商实边,当自东三省迤西,至内外蒙古,以达青海、西藏,以汽车、矿业两公司为根本,以他种商业为后盾。如此则北京一区如背之有椅,可以高枕无忧。先派员调查,再筹办法。不意阻挠者众,迄未能实行。

> (唐文治《茹经先生自订年谱·乙巳四十一岁》)

按: 后魏震等人撰有《南满洲旅行日记》,此文开头云:"光绪三十一年九月二十四日(10月22日)奉堂宪谕,派员外郎魏震、主事田步蟾、胡宗瀛赴长白山调查林业,并饬迅速趱程前往……二十九日(10月27日)奉到本部札文,川资银三千六百两及堂宪咨奉天、吉林将军文,致两将军函,堂训十条,丙字密码电本。十月初三日(10月30日)赴署禀辞,蒙贝子尚书与各堂训诲周详,服膺怵惕,敬志弗忘。"当是此次"赴东三省考察各种实业"期间写成的考察日记。日记叙光绪三十一年十月初四日(1905年10月31日)出京,光绪三十二年正月初九日(1906年2月2日)回京,全文篇幅约四万余字,记东三省各地物产及实业状况甚详。

本月 先生为都察院左都御史陆宝忠代拟《请饬东三省速举要政折》,"为代上,格于部议,其事遂寝"。

> 爰草具《兴办东三省要政奏稿》,呈总宪陆伯葵师,则大韪之,为代上,格于部议,其事遂寝,可痛也。

> (唐文治《茹经先生自订年谱·乙巳四十一岁》)

按: 先生为陆宝忠代拟之《兴办东三省要政奏稿》,载《陆文慎公奏议》中,题为

《请饬东三省速举要政折》。此折"奏为东三省现象危迫,所有各项要政,亟应请旨分饬迅速举行,以维命脉"。文中就东三省各项要政,"分析利害,胪举办法",共列十项:一、经营营口;二、疏治辽河;三、采掘抚顺煤炭矿;四、监理东清铁道;五、赎还安奉铁道及新奉铁道;六、设置大连海关;七、预备十八处通商口岸;八、勘视间岛;九、平靖胡匪;十、收回辽东法权。冯振在《茹经先生自订年谱》按语中说,此折"可谓痛哭流涕而道之,今竟不幸而言中。先生徒获先见之明,无怪乎先生每谈东北之事,未尝不太息痛恨不置也"。

12 月 10 日(十一月十四日)　江苏京官在省馆召开沪宁铁路研究会,先生被公举为该研究会评议员。

十一月十四日,江苏京官在省馆开沪宁铁路研究会,到者约有百余人。因仿投标法,公举在会办事人员。当举于海帆、吴颖之、吴蔚若、邹咏春、唐蔚芝、翁敉甫、恽薇生、黄慎之八人为评议员。闻于二十一日星期再开第二次会,集议研究办法。

(《江苏京官公举沪宁铁路会办事人员》,见《申报》1905 年 12 月 20 日第 4 版)

12 月 18 日(十一月二十二日)　奏准以周舜卿为商部三等顾问官。

奏请以……周君舜卿名廷弼为商部顾问官……周君系铁业巨商,无锡人。

(唐文治《茹经先生自订年谱·乙巳四十一岁》)

附顾问官议员表

顾问官

三等:周廷弼,三十年十一月二十二日奏准。

(《商部乙巳年纪事简明表十一续》,见《申报》1906 年 3 月 15 日第 4 版)

12 月(十一月)　先生致函同乡京官,请求辞去沪宁铁路研究会议员一职。

径启者:同乡研究会,文治猥蒙公举议员,闻之惭悚。伏念研究各事,乃士大夫应尽之义务,极愿追随诸君子之后。无如文治迩来公私历碌,才力既形短拙,目力更苦不支,实在无暇兼顾。且目前要政,在外、商二部者较多,文治从前在外务部,现又在商部当差。如入研究会,嗣后有事,或递公呈,或通公信,尤多窒碍之处。为特函恳左右垂谅,定期另举一人,至为切叩。至于桑梓之事,如蒙询及刍荛,文治苟有所知,无不尽言也。专此布恳,敬请均安。

[《唐文治侍郎致同乡京官函(为沪宁铁路研究会议员事)》,见《申报》1905 年 12 月 24 日第 3 版]

按:徐兆玮著,李向东、包岐峰、苏醒等标点《徐兆玮日记》于清光绪三十一年十二月十一日(1906 年 1 月 5 日)下记:"彤士等设沪宁铁路研究会,唐蔚芝初甚踊跃,后闻袁宫保论一时多会党,因函辞评议员之任。"录以备参。

本年 先生及陆宝忠托陆增炜带公函回太仓,以设学堂、兴工艺、开会议、核度支、筹生计、防耗财六事谆劝。

戊戌……时陆增炜自京回籍,持京官陆宝忠、唐文治等公函,以设学堂、兴工艺、开会议、核度支、筹生计、防耗财六事谆劝。爰于是年夏间,由州县邀集合邑绅衿一百五十余人共同会议,并仿投票选举法,选出议员三十人,设立会议公所于义仓,将全邑款产分学务、庶务、实业、仓谷四类,各设经理,稽察分项任事。

(《民国镇洋县志·附录》)

1905年(光绪三十一年)他在任商部右丞时,曾托陆增炜带公函回太仓,指出设学堂、兴工艺、开会议、核度支、筹生计和防耗财是六项具有重大意义的事业,这对今天来说仍有现实意义。

(王醒吾《唐文治先生生平事略》)

本年 自署侍郎后,屡蒙恩赏。先生每叹曰:"恩礼如此,使臣工仆仆亟拜,曷若信用臣言,改良政治之为愈乎?"

是年,皇太后寿辰,赏大寿字一副、玉如意一柄。自署侍郎后,每遇令节,必蒙恩赏,如绸缎、普洱茶、春条等。文治每感极而叹曰:"恩礼如此,使臣工仆仆亟拜,曷若信用臣言,改良政治之为愈乎?"

(唐文治《茹经先生自订年谱·乙巳四十一岁》)

1906 年（丙午　清光绪三十二年）　42 岁

1 月（光绪三十一年十二月）　原官商合办之《商务报》因"究系商办，于本部体制大有不合"，遂由商部收回，改为全归官办。官办后改名为《商务官报》。

北京《商务报》向由官商合办，今由商部饬归官办，改名《商务官报》，局设商部署内，每一册，定于三月内出版。

（《商务报改归官办》，见《北洋官报》1906 年第 947 期）

为札饬事。三月初十日，准商部咨开"本部综理商政，日以振兴实业为务。前派本部候补郎中吴桐林办理《商务报》，期于开通风气，鼓舞商情，曾咨行贵大臣饬属购阅在案。惟《商务报》既为本部机关，事归商办，终多未洽。现拟按照奏定章程，重加整顿，改归官办，另派本部主事章宗祥办理，改名《商务官报》。宗旨务求正大，取材尤事谨严，定于三月内出报，所有该报章程业以拟定，相应先行咨送贵大臣查照备案，分派各属。中国商民风气尚未大开，将来该报行销全赖官为提倡。现本部拟就官销办法数则附后，一俟出报以后，即当照数邮寄。务希贵大臣劝谕各属广为购阅，导之自上，自易风从。务使全国官商咸喻本部宗旨，并藉以考究各国商情，则于振兴实业必能大有裨益。相应咨行查照办理可也"等因到本大臣。准此，合行札饬。札到该总会，即便查照办理。此札。

[《袁世凯为改办商务官报事札津商会（光绪三十二年三月十六日）》，见《袁世凯天津档案史料选编》]

惜乎商部立后，余先后条上数十事，皆为唐丞文治所搁置，致余创立商部之初志，一无所展。伍侍郎谓鉴儿曰："官场恶习，最重科举出身及世家子弟，若非此两途之人，虽有经纶济世之才，亦无所施。吾与汝父子皆非此两项人物，不及早知难而退，是自陷网罗也！吾将去矣，汝父子宜早自为计。"翌日，伍公来余寓话别，且谓余曰："我去后，恐君亦不能久留也。"即日疏请辞职，上不许，量移外务部右侍郎。又一月，告病出京。此后商部之事，唐文治一人专权，任用私人，不求实政。陈璧附和之，得保升邮传部尚书。余承办《商务报》，为唐所谮。部谕改为全归官办，所招商股，责余父予偿还。先是，未立商部之前，阻挠者众。贝子问鉴儿曰："风气不开,奈何?"鉴儿请办《商务报》以开风气。贝子言于王,召余父子同商办法,订为官商合办。先招商股二万两,俟商部成立,再添官股二万两,由庆王面奏,奉旨允准在案。余父子办理此报二年之久,初甚艰难。鉴儿出京推广销路,由长江各省至四川,广托官商各界及外洋各埠代为销售,共得销数四千数百余份,预算再办一年,所收报费即可退还商股矣。不意唐又忌之,保举章宗祥接办。斯时外面未收报费约二万数千元,请移交章宗祥代收,作为退还商股之用。唐又不允。更将报停版五个月,致应收报费,全化乌有。唐并怂恿贝子下一堂谕云:"本部开办之初,派章京吴桐林、吴兆鉴父子在京师创办《商务报》以开风气,数年以来,该章京父子,经营组织,颇具苦心,销数至四五千份之多,不为无效。惟查究系商办,于本部体制大有不合。亟应收回本部衙门,改为全归官办。所有原招商股,仰该章京父子如数退还各股东,毋得有失信义"云云。因是各股东纷来索取股本。不得已,将南洋吉垅坡甲洞锡矿公司股本二万元悉数转售别人,始将各股垫偿若干起,其余无力偿还。如张文襄、端午帅、李少东方伯及雷、鲍、陈诸家股本三千余元无着,呈请由部设法。贝子谕:"俟《商务官报》收得欠费,再行如数偿还。"乃章宗祥经理未久,遂永远停办。而各家商股并余垫偿之二万元,皆无收还之望矣。

(吴桐林《今生自述》)

按:《商务报》于 1903 年由吴桐林、吴兆鉴父子"奉商部谕办",至本年 1 月停刊,出版约七十期。本年 4 月 28 日,由原《商务报》改归官办成而的《商务官报》在北京出版,由商部主事章宗祥主编。关于《商务报》停刊的经过及缘由,上引吴桐林《今生自述》中所记,为当事者一方之陈述,姑录以备考。

2 月 5 日(正月十二日) 先生四子唐庆永出生。

正月,四子庆永生,字曰师莱,号曰季长。

(唐文治《茹经先生自订年谱·丙午四十二岁》)

按: 据先生《四儿孝长字说》(见《茹经堂文集二编》卷三)一文记:"四儿庆永七岁,慕有明方孝孺为人,自字孝孺;继又自易曰孝长,余深喜之。"故特撰《四儿孝长字说》,以阐发"孝长"的含义。文中云:"《诗》曰:'永言孝思。'孝思维则永者长也。人能长言孝思而不忘,则可以为天下法则;孝长之字,与《诗》义隐合。因其字,宜考其行,四儿其勉之哉。"此文后有一小记,解释后来又改"孝长"为"季长"的原因:"此文成后,家大人因孝字已定为后代名,特命改为季长。仍存此文,作为家训云。"

2 月 17 日(正月二十四日) 适逢"京察"大典,奉旨以先生补授商部左侍郎。2 月 21 日,召对一次。

举行京察大典，奉旨以文治补授商部左侍郎，召对一次。

（唐文治《茹经先生自订年谱·丙午四十二岁》）

正月二十五日……上谕：陈璧着调补户部右侍郎，商部左侍郎着唐文治补授，钦此。

（《电传谕旨》，见《申报》1906 年 2 月 19 日第 1 版）

正月二十八日，召见军机、唐文治。

（《电传宫门抄》，见《申报》1906 年 2 月 22 日第 2 版）

按：据《那桐日记》，举行京察大典的日期是光绪三十二年正月二十四日（1906 年 2 月 17 日）。

2 月（正月）　湖南明德学堂得先生及学部侍郎严修之助，由商部行文湖南省，拨给西园大湾官地三千余方，并以津贴向政府押款，建筑房屋。该校方始自有校舍。

该校创始于清光绪癸卯岁……复谋扩充，聘黄君克强主办师范，张君溥泉等主讲席。于第一期师范毕业后，更办第二期，并增理化选科，广中学班次，附设两等小学。惟当时该校鼓吹革命，外间屡有风声，惧事泄祸校，乃别立经正学校，图为明德之代身。未几，果事发，大索黄君于其宅，不得。盖黄君已先一时避校，由龙氏之力，间关出险矣，而该校因是亦几濒于危。越一年，湘抚端方莅明德、经正两校参观，成绩优良，立将两校甲班学生遣日留学，并由铜元余利项下，拨给津贴。旋又得唐文治及严修两君之助，由商部咨湘政府拨给西园大湾内官地三千余方，并以津贴向政府押巨金，建筑房屋，至是该校始自成校舍。

（黄炎培《清季各省兴学史：明德学校兴办概略》，见《明德旬刊》1930 年第 3 卷第 6 期）

为咨行事。按据湖南京外绅士黄忠浩等，以民立明德学堂特开高等商业专科，呈请奏明立案，当经本部奏蒙允准，并恭录谕旨，钞录原奏，咨行在案。查该绅等原禀内又称"明德学堂初系租赁房屋，规制不完。乙巳十二月，由本省善后局官钱局拨借官款四千金，为建筑校舍、添置器皿之费。本年正月，由善后局租给大湾空废官地，横直五十余丈，每月租金二十两，为学生习操之所。现因学堂经费纯恃捐助，筹还官款，月付租金，良不易易，可否援照日本民立学校国家拨发官款以为资助之例，恳祈大部行咨湘省巡抚，准将所借官款、所租官地豁免筹还，以便扩充。伏候批示"等情。本部查该绅等慨集巨赀，创设民立学堂，三年以来，成效卓著。兹复特设高等商业专科，栽成后进，孜孜不倦，其苦心热力,洵足以开各省风气之先。所禀借款、租地各节,查该学堂常年经费,需用浩繁,支持非易,应请照准豁免,俾得以嘉惠士林,恢张教育。除批示外,相应咨行贵抚查照办理可也。须至咨者。

（《商部咨湖南巡抚文》,见《南洋官报》1906 年第 45 期）

4 月 4 日(三月十一日)　商部批准商务印书馆股份有限公司注册。

三月,沪商夏瑞芳呈请设立商务印书馆。

（唐文治《茹经先生自订年谱·乙巳四十一岁》）

商务印书馆有限公司,创办人夏瑞芳等五人,股本一万元,(丙午年)三月十一日注册,总号设在上海,分号设在京、津、汉口、广州。

[《农工商部丙午年纪事简明表(七)》(续),见《申报》1907 年 4 月 13 日第 10 版]

按:据杨扬《商务印书馆:民间出版业的兴衰》一书附录《商务印书馆大事记》载,1987 年 2 月,夏瑞芳、鲍咸恩、鲍咸昌、高凤池等筹议创办商务印书馆。1905 年 12 月,呈清政府商部注册,为商务印书馆股份有限公司。参照上引《申报》记载,此呈于 1906 年 4 月 4 日经商部批准。《茹经先生自订年谱》此事系于 1905 年春,此以《申报》为准。

4 月 9 日(三月十六日)　盛宣怀就晋省矿务事致函先生。

商部左堂唐

蔚之仁兄大人阁下:客岁在都,备承教益。别经半载,执讯久疏,至深歉仄……弟于二十八年九月奏请在上海设立勘矿总公司,得旨允行,并奉户部、外务部覆准,以陕西赈余款十万两作为官股。晋省矿产甲于天下,速将该省矿产之地筹款预行收买,将来以地作股,最为上策……晋矿关系之巨,必须通力合作,迅速购地,迟必尽为外人所占,由晋省绅商出面设立同济公司,但必先筹备购地资本。拟将陕赈余款,前准拨给勘矿总公司之股本十万两移拨同济公司,再由北洋大臣、山西巡抚各筹十万两,合成三十万两,作为该公司的款。盖以之办矿则不足,以之购地则有余,但期矿地先为我有,则后此矿股无待他求,尤于晋省矿务补救固多,而于全局利权挽回尤大……再拟将上海勘矿总公司历年支用各款六万三千五百余两,由弟设法自筹赔补,原拨股本不动分毫,计所存正数十万两,同济公司急于待用,已会商北洋山西各拨给二万两,现尚存库平银八万两……谨将存款八万两派员解交大部收储,以备晋矿购地之用。

（《盛宣怀致唐文治函》,见上海图书馆《盛宣怀档案》,?年三月十六日,档号 064854)

按：在上海图书馆《盛宣怀档案》(电子扫描件)的题录中，本函未署年份。陆阳《唐文治年谱》中引此札，并云："据信函内容推断，暂系于本年(1906年)。"此从之。

4月15日(三月二十二日)　商部奏呈朝廷，请拨西直门外乐善园官地兴办农事试验场。

奏请将西直门外三贝子废园改设农事试验场。余初意，本拟购置外国农产各种子，如美国棉子、印度茶苗之类，逐一试验，令各省农人改良种植。乃自余离部后，当事者忽将试验场改作万生园，可叹也。

（唐文治《茹经先生自订年谱·乙巳四十一岁》）

为请旨饬拨官地兴办农事试验场，振兴农业，恭摺仰祈圣鉴事。

窃维富国之道，首在重农，诚以农事为邦本所系，府库度支、闾阎生计，大都取给于斯。泰西各国，罔不以农事为重。美利坚以农立国，富甲全球；日本维新以来，农事改良，遂致物产繁兴，工艺发达。近闻日本之福冈、北海道等处均有试验场，或数百顷以至千顷，皆为劝农所设，此尤明效之确然可证者。中国素重农业，第以物理未明，绝少进步。推究其故，或因水利未辟，或因田器不精，或因强违物性，地质失宜，或因偶遇天灾，人功未尽。彼乡愚囿于闻见，非由官为倡导，于一切兴农之法无从讲求。查臣部于光绪二十九年十月间，虽经奏请振兴农务，钦奉谕旨通饬各省切实兴办在案。现除直隶保定府及山东、河南、福建等省设有试验场、农林学堂数处外，其余各省呈报者尚属寥寥。京师为首善之区，树艺农桑又为臣部所执掌，自宜择地设立农事试验场一所，以示模范。惟查试验场用地，非寻常开垦可比，欲便于观览，则不宜偏僻之区；欲利于研究，则不宜荒瘠之地。屏除两弊，相度维艰。兹查得西直门外有乐善园一所，该园地段广计十有余顷，园中屋宇、花木悉经毁弃。惟土脉肥饶，泉流清冽，以之作为试验场，种植灌溉，最为相宜。臣等窃思近年南苑禁地，均经奉旨陆续招垦，仰见朝廷敦崇稼事之至意。现乐善园地势，虽属沿河毕路所经，而观稼劝农，圣朝所重，将来种植繁衍，弥望青葱，尤足以供宸赏。该园系归奉宸苑管辖，合无仰恳天恩，饬交臣部接收，作为试验场之用。如蒙俞允，臣等遵即行知奉宸苑，派员接收园地，一面将试验场应办事宜酌拟详细章程，再行奏明办理。所有请旨饬拨官地，兴办农事试验场缘由，理合恭摺具陈，伏乞皇太后、皇上圣鉴。

光绪三十二年四月初二日奉旨：依议，钦此。

（《商部请拨官地兴办农事试验场奏折》，见《政艺通报》1906年第5卷第11期）

按:《申报》1907 年 3 月 16 日第 4 版《农工商部丙午年纪事简明表》载:"本部农事试验场,(光绪三十二)三月二十二日奏请就西直门外乐善园官地拨作试验场,并附设高等农学堂,派本部司员祝瀛元、陆大坊为提调,胡宗瀛等为场长,现正筹办。"又迟云飞编写《清史编年》第十二卷《光绪朝下 宣统朝》:"(光绪三十二年三月)二十二日己丑(4 月 15 日)……是日,商部奏准拨西直门外乐善园官地兴办农事试验场。"此皆记奏呈时间为光绪三十二年三月二十二日(1906 年 4 月 15 日),而于四月初二日(4 月 25 日)奉旨依议,《茹经先生自订年谱》中将此事系于乙巳年即 1905 年,误。

4 月 22 日(三月二十九日)　盛宣怀再就晋省矿务事致函先生。

勘矿公司拨备晋矿购地一款,照案应作晋矿官股。该省煤铁非常富厚,此事必能办到,以地作股,官家所获余利,与直晋三分均派,当是大宗,宣所以请归大部,实系因公起见。目前所应执者购地股票十万两,将来所换执者开矿股票,何止百倍,皆须有衙局归属。矿务为大部所辖,似可不必推出,散处并已咨明直晋,以后同济公司需用之时,仍各分期请领掣呈股票。至于收储之处,户部银行、通商银行均无不可,乞再转商贝子爷及顾堂裁夺为祷。

[《寄商部唐蔚之侍郎(光绪三十二年三月二十九日)》,见盛宣怀《愚斋存稿》卷六十九]

4 月 30 日(四月初七日)　先生就勘矿公司拨存之款事致函盛宣怀。

杏孙宫保老伯大人阁下:客岁斗门萃聚,尘教频承,自听骊歌,倍深驰仰。上月二十六日,接奉惠书,拜悉壹是。晋省东南矿利,业仗台端争回合办,并力争先着,与北洋晋抚商立同济公司集款购地,谋国公忠,至深佩佩。更承顾全公谊,欲将勘矿公司拨存之款解交本部收储备用,并嘱将一切情形详达贝子爷钧前,遵即详细回明。承贝子爷及顾堂意,以为勘矿公司之款前经外务部、户部奏拨,现在尚未便接收,是以有二十八日之电覆达在案。逮二十九日,准枢府钞交尊折,奏请"裁撤勘矿总公司拨款,专办晋矿,并将尚存勘矿公款库平银八万两,如数派员,解交商部收存"等因,奉朱批:"外务部,商部:知道,钦此。"三十日,又奉艳电并大咨,且解交银款前来,本部以业已奏明奉旨,当即如数照收办理,并于本月初二日电覆在案。此中转折情形,执事明达,当能谅及。所有奏设勘矿公司原案,及派勘湖南、湖北、陕西、直隶各处矿务情形,倘承详细钞示,俾备稽查,尤为感祷。专肃,敬请台安,诸维融照不备。唐文治顿首。

(《唐文治致盛宣怀函》,见上海图书馆《盛宣怀档案》,光绪三十二年四月初七日,1906 年 4 月 30 日,档号 038580)

4 月（三月）　先生奏请设立商业模范银行,奉旨交户部核议,遂为所沮,未行。（据《茹经先生自订年谱·丙午四十二岁》）

按:《请办商业模范银行折》刊于《茹经堂奏疏》卷三,题后署"丙午三月"。在此折中,先生指出:"整理商业,必以银行为基础。银行者,所以汇聚资本、酌盈剂虚、握商界交通之机关。"与列强各国相比,中国商务涣散,母财缺乏,以致兴办农工路矿各项实业,每苦于集款为难,而转以遍布中国各都市的外国银行为筹集资本之所在。为了"挽回利权,竞立于商战之场",中国必须创办"关系商务命脉"之"商业银行"。为此他还作出如下计划:"以提倡商务筹集资本以振兴农工路矿各项实业为主义",先于京师筹拨官款并招集商款创设"藉资模范"的"总行",再在奉天、上海、香港、新加坡等地开办"树之风声"之"分行","俾商人有所取法以后,渐次推行"。只有办好这种积财振商的商业银行,才能使中国的经济立下发展之基,"商界懋迁,自必益臻便捷",而"交通既便"必然带来国家经济发展"利益日宏"。

又按:《商务官报》1906 年第 5 期以《商部奏筹办商业模范银行折》为题,亦刊载此折,末记:"光绪三十二年闰四月初三日奉旨:财政处户部议奏,钦此。"又《北洋官报》1906 年 1056 期载《财政处户部奏议覆商部奏办商业模范银行折》:"今商部奏请筹办商业模范银行,意在提倡商务、振兴实业。惟该行既为商人所取法,自应照商业银行办理。现今臣部商业银行条例尚未告成,未能与以定法。惟查日本正金银行条例,内载'正金银行司理人,就五十股以上之股东中选举,总理由司理人中互选,应受大藏大臣之许可。但大藏大臣有时得命日本银行副总裁兼正金银行总理,或命正金银行总理兼日本银行理事'等因。比例参观,是商业银行总理应由股东内选举,虽有可用官员之时,亦应由臣部选派。今商部于该银行径行奏派丞参总理,不合商业银行办法,所请立案之处,碍难照准。统俟专例拟定颁行后,再令请设之商业银行一切查照办理,以归一律。"末记:"闰四月二十二日奉旨:依议,钦此。"

5 月 19 日（四月二十六日）　载振、顾肇新及先生联名致函瞿鸿机,就粤汉铁路应否专归商办事向其征询意见。

玖翁中堂阁下:顷据湖南商务总会电称"粤汉铁路争回三省分办,应急合同业,筹款兴工。闻粤归商办,甚有规模;鄂亦拟商办;惟湘商绅,势暌情涣,仅恃米捐盐厘,开办难期。查铁路纯系商务性质,兹经商学两界两次合议,已认款二百余万;续请入股者相望,商情踊跃可见。兹决议,俟满三百万元,即作为开办底股。并拟举顺天府尹袁树勋为督办,恳奏派来湘主持一切,即照粤案定归商办,庶人无疑虑,款更易筹"等语。查粤汉铁路,关系重要,湘省筹款不易,应否专归商办,俾克集事之处,我公桑梓攸关,一切情形,谅必洞悉,务祈密筹见示,俾协机宜,是所切祷。专肃。敬请台安。旧属唐文治、载振、顾肇新同启。

[《载振、唐文治、顾肇新致瞿鸿机》,见《瞿鸿机朋僚书牍选(上)》]

5月25日(闰四月初三日)　盛宣怀就汉阳铁厂预支轨价等事致函载振、先生及顾肇新。

光绪三十二年闰四月初三日(1906,5,25)　上海

贝子爷、蔚之仁兄大人、康民仁兄大人钧前:

敬肃者,上年十月初四日承准九月二十八日大咨,并抄原奏复核推展吴淞轨道,并萍醴铁路收支销案,饬将汉厂预支轨价克期缴清,其余动支各款,仍详晰声明具奏,俟奉准后,再行核销等因。当时即应声明具奏,因另案奉旨准办之萍潭铁路,系自萍矿安源起至湖南湘潭县之洙洲水口止,方为全路起讫,萍醴一百四华里,仅居该路三分之二。宣怀验收京汉桥工后,醴洙亦报工竣,原议顺道验收,并案详晰奏报,因病羁滞,并清厘总公司各路交代赶办经手任内京汉等路收支表册,往返调查,辗转停顿,屈指接奉部文,倏已数月,恐劳钧注,谨先就原奏各节缕晰声明,仍俟醴洙验收确实,再汇案奏咨具报。

一、原奏汉阳铁厂预支轨价,经部奏明,饬厂陆续造轨扣抵,俾官款不致久悬一节。查汉厂商办之始,奏明商人预缴官款一百万两,缘商股招之不前,铁政旦暮中辍,官款又不能不照案预缴,其时铁路总公司承修干支各路,责令借款洋商多购汉轨,以塞漏卮。汉阳铁厂即向总公司预支轨价,以济工本而缴官款,是以前年大部派员会查路矿,即声明此项动支款目,名为预支轨价,实系预缴官款,并蒙缮单奏明有案。铁路、铁厂同为国家产业,同为保守权利,惟收轨付价账目必须分清历年陆续扣抵外,截至第三起销案止,实存汉厂轨价库平银一百二十万四千六十一两四钱七厘八毫,嗣后醴洙一节,仍用汉轨,重因总公司存款不敷办结萍潭全路之用,责厂造轨供应,按值扣抵之外,复令厂商另借息款,凑济路工,截至三十二年年底止,存厂不过九十余万两,所有扣缴数目,悉在第三起销案之后,此即仰体官款不可久悬之义。惟全款缴清之迟速,仍视此后官办各项铁路是否一律照案向厂购轨以为定,如能悉照奏案,购买汉厂自造之轨,则陆续扣还,何难之有! 总祈大部于慎重官款之中,寓体恤商艰之意,庶几铁政无米之炊尚可渐期成效,不致功败垂成。

…………

一、原奏铁厂、煤矿均经归商办理,则萍潭铁路亦应由商承造,卢汉官款

支给萍醴,事前并未奏明立案一节。查奏办萍乡煤矿,为采煤炼焦济益炼铁万不获已之计,论商力一时实有未逮,是以历年汉萍两处重息借贷,并负巨亏。经大部派员会查,艰险情形,昭在洞鉴。若必责商以自办铁路,则运路至今不成,卒之厂矿俱废,仍贻中国之害。此就内情言,萍潭铁路不能缓造,而又不能并由商造。若论外势,各国眈眈环视,深喜代造近矿之路,庚子拳乱之时,群相觊觎,在总公司既有可以自筹自造之路,则又不必借助外人,致多牵制……盛宣怀谨肃。

[《盛宣怀致载振、唐文治、顾肇新函》,见陈旭麓、顾廷龙、汪熙主编《汉冶萍公司(二)——盛宣怀档案资料选辑之四》]

6 月 18 日(闰四月二十七日) 先生致函盛宣怀,告知已"回明贝子爷,由部咨照各处办路官绅,将所用钢轨暨各项钢铁料件,一概遵照原奏原合同,迳向汉厂订购,以冀销路日广,厂本不致有屯滞支绌之虞"。

杏孙官保伯大人阁下:日昨迭奉函咨,敬谂荩筹棫密,倍著勋劳,为颂无量。汉厂萍矿为中国制造之命脉,台端频年组织,艰苦卓绝。刻已规模大备,立定根柢,自宜合力维持,俾竟全功。业将尊处为难情形,回明贝子爷,由部咨照各处办路官绅,将所用钢轨暨各项钢铁料件,一概遵照原奏原合同,迳向汉厂订购,以冀销路日广,厂本不致有屯滞支绌之虞。自李郎中经理厂务,改良炼法,计必日有起色,尚祈将办理情形暨货物价值清单,详细示知,以便随时咨照各路官绅,毋得订购洋厂轨料,既可不外溢,而厂矿两项亦由此日见发达。萍潭路事业于公函中详陈一切,计邀鉴及。应俟台端赴萍,察酌情形,再行报部核办,以资结束。知关荩注,先此奉覆,敬请勋安。晚生唐文治顿首。闰月廿七日。

(《唐文治致盛宣怀函》,见上海图书馆《盛宣怀档案》,光绪三十二年闰四月二十七日,1906 年 6 月 18 日,档号 038576)

同日 载振、先生及顾肇新致函盛宣怀,告以"业由敝署切实通行咨照各处办路官绅,务必按照原奏原合同,将全路所用钢轨暨钢铁料件各物,迳向汉厂订购,以期厂务、路务互相维持"。

杏孙官保阁下:迳复者,迭奉函咨诵悉。汉厂前拨款,既称预支轨价,自应由厂造轨陆续扣抵,俾官款不致久悬,以符原议。惟汉厂销路,必须预筹推广。台端所称"全款缴清之迟速,仍视各路是否照案向厂购为定"等语,自是实在情形,业由敝署切实通行咨照各处办路官绅,务必按照原奏原合同,将全路所用钢轨暨钢铁料件各物,迳向汉厂订购,以期厂务、路务互相维持。并录原文,咨照尊处在案。该厂所出钢轨暨钢铁料件,如能力求精美,果与外洋货物一律,则销路不难日益推广,而前项预支轨价,自可从速缴清。至萍潭铁路,本为萍矿运煤而设,是以会奏案内,有由商承造之语。惟查厂矿款项,比来颇形支绌,必将此项路款责商措缴,商力或有未逮。敝署详加察酌,谂知尊处为难情形,不能不量为维持。是以于议复吴阁学接济沪宁路款折内,业经声明,毋庸改归商办,应仍由尊处详晰声叙,再行核办,以清积案。淞沪路款,既经台端函称"滨北展路在前,沪宁拨还工价在后,故先动用官本"等语,亦应由尊处据实声明,具奏奉准后再行核办。台端刻正赴萍验收醴洙路工,查厂矿两项关系重要,整顿改良,全赖荩筹。务祈督饬在事员司,振刷精神,力求进步,俾中国铁政之规制,根柢宏固,销路发达,敝署不胜企盼。先此奉复,敬请勋安。载振、唐文治、顾肇新同启。闰月廿七日。

（《载振、唐文治、顾肇新致盛宣怀函》,见上海图书馆《盛宣怀档案》,光绪三十二年五月十二日,1906年7月3日,档号038573）

按：在上海图书馆《盛宣怀档案》（电子扫描件）的题录中,本函所署日期为光绪三十二年五月十二日,但据信封上标注,五月十二日为信函寄到之期。故此札之写作日期,应如信末所署之"闰（四）月廿七日"。

6月（闰四月）　先生为外务部改定《请调用人员设立储才馆折》及《储才馆暂行章程》。

奏为续拟调用人员办法,并设立储才馆管理一切事宜,恭折具陈,伏祈圣鉴事。窃光绪三十二年二月二十一日,臣部奏请司员需人,随时调用京外各官及卒业学生到部行走等因。奉朱批："依议,钦此。"钦遵在案。数月以来,臣等遵将前奏事宜,悉心考求,详筹办法。前奏内称"无论京外现任、候补、候选各官,及各学堂卒业、出洋留学卒业各学生,择其品端学优,事理通达,或娴习各国语言文字,或研究中外政法条约者,随时咨调到部"等语。查交涉文件应从主国之制,惟英法两国语言文字实为环球各国所习用,尤应兼通博习,以窥窾要而运机宜。臣部现有司员,选取皆凭考试,于汉文案牍似能胜任,即研究中外政法条约者,亦尚不乏其人。惟于外国语言文字,讲求甚鲜。嗣后需用人员,应先就兼习各国语言文字,曾经出洋或曾在各省办理洋务者,择尤调取。至卒业学生,亦宜先尽曾经留学欧美各国及日本者,而专在本国学堂肄业者次之。庶可以力争上游,而实收得人之效。前奏又称"咨调到部,分派各司额外行走,试看一年,如果才堪造就,再行奏留,酌定归何项班次候补。如有实不副名、未能得力之员,仍即咨回,以昭慎重"等语。查臣部四司,各有专职。从前司员到署，分司治事，藉资习练。现在变通办法，除为臣等稔知、随时奏调擢用外，其余咨调之员概不分司。先就所能，将臣部预为筹备事宜，责令调查，以觇其学。再将臣部交涉重要案件，责令试办，以练其才。数月之后，优绌自呈。果能名实相符，自当即时拔擢；若其未甚妥协，亦宜照案咨回。原奏试看一年，本为慎重取舍起见。然为期过久，而长才不免屈抑，庸流转乐浮沈。故奏留咨回之期，不必定以一年为限。以上两事，皆仍本原奏之意，而或则补其阙漏，或则加以发明。诚以立法不厌求详，而取材必期适用也。且前奏有所未及，而于兹事颇有关系者，臣等请更连类言之。其一曰专任用。功名之士，亟思自奋，使不预悬一鹄，使其知所趋赴，则人皆将观望而不前。臣部司员，既经停止保送考试，嗣后司员缺出，新调人员与旧有人员，一体酌量序补。至各国使署参赞、领事、随员、翻译，向章可用臣部司员充当。惟每馆或仅派一人，或未派往。嗣后各国使署所有参赞、领事、随员、翻译，应专用臣部所调人员充补。至如何遴选派委之处，容俟臣等归入整顿出使章程中，一并核议，另行专折奏定。又各省交涉日繁，大都设局办理。俟臣部所调人员造就足用之后，如各省将军、督抚需材赞助，应准其随时奏调，以期得力。其二曰严考察。录用之途既广，甄别之法宜严。调员到部学习办事，自宜分定责任，订立规条，无论官阶大小，一经到署，均宜恪遵。若不服从，便当撤退。其有沾染污俗、不自检束者，尤应严予摈除，以为害群之儆。其三曰优廪饩。臣部各员所得廉俸，不可谓薄。惟新调人员不能遽得实缺，区区津贴，安足羁縻。且各省出色人员，大都身兼要差，所入较为丰赡。至留学外国毕业诸生，各省设立学堂相需甚殷，多出重金，争先延聘，若使相形见绌，安能招之使来？欲广搜罗，宜优俸糈。新调人员到署，均宜优给薪水，分别等第。一以造诣之深浅、资格之先后为衡，但能得一二真才，而国家已隐受无穷之利益，重禄劝士，有固然已。特是欲行一政，不可不整其机关；欲举一事，不可不完其组织。机关不整，则对于内必有局势涣散之虞；组织不完，则对于外难收呼应灵通之效。以上所陈各节，事情极为繁重，若非特设处所，派员承办，不足以资擘画而专责成。臣等公同商酌，拟于本署设立储才馆一所，凡有调用人员，及凡与有关涉之事，均由该馆经办。谨拟具章程二十五条，另缮清单，恭呈御览。现在创建伊始，规模简略，应用经费，约计每岁需银四万两，当可支办，即由臣部就出使经费项下筹拨。嗣后如须推广，再行奏请量予增加。至调用人员驻馆办事所需堂舍，必须另行兴筑，方为合用。惟因亟予开办，只可就臣部衙门现有房屋酌加修葺，俾资应用。所有臣等续拟调用人员办法，并设立储才馆管理一切事宜缘由，理合恭折具陈。伏乞皇太后、皇上圣鉴训示。谨奏。

（唐文治改定《请调用人员设立储才馆折》，见《茹经堂奏疏》卷三）

按：此折后附有《谨拟储才馆暂行章程二十五条缮具清单恭呈御览》。奏折及暂行章程后刊于《茹经堂奏疏》卷三，题后署"丙午闰四月"。

又按：《张元济全集》第四卷《诗文》一书中，收录《代外务部拟办理储才馆事宜奏折》和《储才馆暂行章程》，内容与《茹经堂奏疏》中的《请调用人员设立储才馆折》及所附章程一致，仅个别文字有小异。《储才馆暂行章程》文首且云："本月十三日（闰四月十三日，6月4日），奉堂谕：'本部现拟设储才馆，着派张元济为提调，筹办一切事宜'等因，闻命之下，不胜惶悚。并奉瞿中堂面谕.前元济呈递《预储本部人才说帖》已蒙王爷俯赐采纳，饬令照办。储才馆之设，即为他日办理此事之地。并传邸谕，毋许再辞。伏念元济知识庸陋，时愧滥竽，今后畀以重任，益惧陨越。然堂谕谆切，何敢故违。谨将应办事宜筹具大略恭呈鉴核。如蒙批准，元济谨当暂摄馆事，俟所调人员到部，即当择举堪胜其任者，禀请堂宪另行点派。"据此推测，设立储才馆一折及相关章程，或当为张元济先行起草，后经先生修改。但这种推测，尚待进一步的证明。

又按：凌微年《唐文治》一书云："1906 年（唐文治）又上奏《请调用人员设立贮才馆折》和《请遣派学生出洋片》，希望朝廷注意培养国际商务和外交人才。同意商部设贮才馆一所，并由该馆经办此项事务。"余子侠著《工科先驱 国学大师：南洋大学校长唐文治》一书云："《请调用人员设立储才馆折》所奏明之事，则旨在为国际交易储蓄经济外交人才。在该折中，唐文治考虑到对外商务之交涉文件'应从主国之制'，故而建议朝廷为储养这类人才，准允商部特设储才馆一所。"陆阳《唐文治年谱》一书云："（唐文治）请求'于本署设立储才馆一所，凡有调用人员及凡与有关涉之事，均由该馆经办'。选择一批'品端学优事理通达或娴习各国语言文字或研究中外政法条约者'，到商部边工作边进修，几个月后再择优拔擢，经过'专任用''严考察''优廪饩'的悉心培养，造就急需的专门人才。"曾田三郎《清末产业行政的分权化和集权化》一文，对《请调用人员设立储才馆折》中的有关内容，进行了这样的解读："（唐文治）为了培养能够胜任产业行政的人才，把给驻外使馆和各省配备的有留学经历者改调商部，并促使新录用一批正在留学中的人，同时还计划将留学中的学生和在国内受过新式教育的人作为商部自派的官费留学生给予待遇。"以上凌微年、余子侠、陆阳、曾田三郎诸家都认为《请调用人员设立储才馆折》是商部所作，储才馆要设立在商部之内，恐未确。上一条"又按"中已说明，此折原是为外务部所拟，与商部无涉；此折中"至各国使署参赞、领事、随员、翻译，向章可用臣部司员充当"等许多语句,明显是外务部的口气。又王克敏、杨毓辉编《光绪丙午(三十二年)交涉要览》一书收载此折,题为《外务部奏续拟调用人员办法,并设立储才馆章程折》,《东方杂志》第 3 卷第 8 期和《政艺通报》第 5 卷第 12 期刊载此折,题作《外务部奏陈调用人员办法,并设立储才馆折》。凡此,皆可证明此折是外务部所拟,而拟设立的储才馆,也是隶属外务部的。

又按:据《光绪朝东华录》载,此折于 6 月 4 日(闰四月十三日)由外务部上奏:"得旨,如所议行。"

在《请调用人员设立储才馆折》之后,附以《请遣派学生出洋片》。

再查各国外部,均遣派学生留学外国,研习外交学术,以备任使。前总理衙门附设同文馆,亦曾送派学生分赴各国肄习专门,历年以来颇有成就,均经各国出使大臣及各省将军督抚陆续调用。现在臣部变通旧制,采用曾经出洋游学人员,勉力搜罗,终嫌缺乏。欲图久远,不能不预为绸缪。时事日艰,需才孔亟,惟有先就各国留学生之肄习政治、法律、商务、理财者,详加遴选,无论官派私费,但系品诣端正、程度较深,即由臣部酌给学费,异日毕业回国,专归臣部委用。数如不足,再就各省著名学堂之普通卒业学生,择尤调考,酌取若干,咨遣出洋学习。然此不过仅济一时之急,而不足为经久之谋。查同文馆自奉旨改归学务处后,易名为译学馆,仍以外国语学为重。将来该馆学生卒业,即由臣等咨行学部,挑取优等各生送部考验;有其他项学堂程度相当、足以及格者,亦准酌量保送,一体考选,由臣部发给学费,按年遣赴外洋,分习政治、法律、商务、理财各学,以备办理交涉之需。所有一切事宜,均归臣部储才馆一并办理。至应定名额、需用经费,容俟拟定章程,再行具奏请旨。谨附片陈明,伏乞圣鉴。谨奏。

(唐文治改定《请遣派学生出洋片》,见《茹经堂奏疏》卷三)

按:曾田三郎《清末产业行政的分权化和集权化》一文,对《请遣派学生出洋片》中的有关内容进行了这样的解读:"对唐文治来说,用有留学经历者不但重要而且紧迫。为此他不仅制定了长期性录用计划,而且考虑根据当前需要,只要是优秀学生,不分官费私费,均由商部对留学生支付学费,对该学生还考虑其毕业后专任商部的职务。"显然,曾田三郎认为此片也是为商部而作,此说恐亦未确。此片附于《请调用人员设立储才馆折》之后一起上奏(片中有云"谨附片陈明",又《政艺通报》第 5 卷第 12 期《外务部奏陈调用人员办法并设立储才馆折》文后,即紧附此片),片中所说的"臣部",都是指外务部。

7 月 6 日(五月十五日)　盛宣怀就汉冶萍公司及官款修筑萍潭铁路等事务致

函载振、先生及顾肇新。

交通部实业学堂实业学堂监督、前农工商部左堂唐

贝子爷、蔚芝仁兄大人、康民仁兄大人阁下：承准闰四月廿二日大咨，并奉钧函，感承种切。炼铁意在推广制造，路轨仅商务之一门。只因汉厂历年亏折甚巨，察度各省兵工、农工商机器，尚未能仿欧自造。只有铁路轨板料件，为汉厂一大销路，既可周转工本，又可归缴官款。仰蒙大部切实维持咨行办路官绅向汉订购文，内于厂商之搘拄艰难、中国之应收权利，哓音瘏口，洞垣一方，实足使久困之商感激涕零者也，铭谢曷已！至制炼务极精良，一息尚存，断不敢稍弛督饬，仍候新厂工段，容将办理情形随时详晰呈报钧核。官款修筑萍潭铁路一案，前奉元电议覆吴阁学条奏，毋庸如议招商，具仰大部体恤商艰，无微不至。当肃咸电复谢，计邀亮鉴。比正结束醴陵，迤下至湘潭转株洲，收支单册，是为总公司未批销票，即日奏启分报，并附片详晰声叙，请于立议后迅赐覆核销，感戴无既。轮、电、路三政，窃附于成功者退，虽谤议交乘，不敢自恤。惟此厂矿两项，为中国富强根本，为大部保商实业。目前艰险已过，无论精力能否支持，不抵于发达不止……肃笺陈谢，敬请崇安。盛谨肃。五月望日。

（《盛宣怀致载振、唐文治、顾肇新函》，见上海图书馆《盛宣怀档案》，光绪三十二年闰四月二十二日，1906 年 6 月 13 日，档号 038575）

按：在上海图书馆《盛宣怀档案》（电子扫描件）的题录中，本函所署日期为光绪三十二年闰四月二十二日，误。据文末所署，应为光绪三十二年五月望（十五）日。

7 月 19 日（五月二十八日）　先生致函盛宣怀，嘱其将前拨山西同济公司库平银二万两之领状检寄备案，并谈筹办常宁水口山矿一事。

杏荪官保老伯大人阁下：顷奉琅函，并钞折三件，披读之余，备纫公谊。该矿师布鲁特所拟矿律、矿章各件，搜集既富，选择尤精。方今振兴矿政，考证不厌求详，洵足有资采择。至尊函所称该矿师所勘各矿，以常宁水口山一矿为最佳，并将布鲁特原禀及化验单钞送前来，尤征睠怀公益，曷胜佩仰。容当函商劭庵中丞，妥筹兴办，以收地利而副荩筹。再，顷据同济公司声称，前奉拨该公司库平银二万两，曾具印墨领存案，此项领状如在尊处，便乞检寄备案是荷。专此奉复，即请台安。晚生唐文治顿首。

（《唐文治致盛宣怀函》，见上海图书馆《盛宣怀档案》，光绪三十二年五月二十八日，1906 年 7 月 19 日，档号 038569）

同日　盛宣怀就先生来函中所谈二事作复。

商部右堂唐

　　蔚芝仁兄大人阁下：顷展惠函，藉悉前寄矿务抄件，已达藏室，并荷台属，将前拨同济公司库平银二万两领状，检寄备案等因。查前设上海勘矿公司，历年支用矿师薪水川资以及购办书籍、器具、各处勘矿用费，共计六万三千五百余两，均由弟处自筹赔补，并未支用拨款。所有原拨存款十万两，因山西同济公司待款甚急，会商北洋晋抚，先后拨给该公司湘平足银二万两，系分两批拨付，又垫发矿务学生张金生赴晋勘矿薪酬规银九百两，共合库平足银二万两。其余为□勘矿□□库平银八万两，业已解交贵部□收在案。兹查前拨同济公司之湘平银，其第一批印领，已据缴到，第二批系发交上海道划抵晋省解沪洋款，咨由山西藩司转发该公司先收。现仅收到上海道引照两张，并准晋抚咨据山西藩司详报，已于本年三月初九日□期，将该款划出，存候该公司请领。呈以□印领，并未寄沪。自应即将第一批该公司印领一张、第二批上海道印照两张，寄呈察核备案。至矿务学生张金生所领□费，系陆续支给，并无领状呈缴也。端覆，并请台安，惟希惠照不具。愚弟盛　顿首。五月廿八日。

　　（《盛宣怀致唐文治函》，见上海图书馆《盛宣怀档案》，光绪三十二年五月二十八，1906 年 7 月 19 日，档号 038570）

　　再常宁水口山一矿，承示函商劢庵中丞，妥筹兴办等因。查该矿系廖姓之产，本省仅以土法开采，以矿石售与外洋，系□□矿办法，利□外溢。希鲁特所估自己设炉冶炼，不过六十万，而其利甚大，且据密称，此矿在外洋可称银矿，在英国亦所罕有，盖苗线宽阔，而易于采取也。致函时似可将以上情形一并叙入，倘能认真开办，实足以兴地利而杜外溢。附泐，再请勋安。弟又顿。

　　（《盛宣怀再致唐文治函》，见上海图书馆《盛宣怀档案》，光绪三十二年五月二十八日，1916 年 7 月 19 日，档号 038571）

8 月（六月）　先生拟《议覆北洋大臣政务处奏路政议员办事章程不无窒碍折》。此前，因管路大臣负责的官办铁路负债兴筑，而司事者侵渔蠹蚀，积弊甚深，商部乃奏设《路务议员章程》，以"佐商部耳目所未周"，"助各省疆吏之督察"。北洋大臣、直隶总督袁世凯上《请饬另行核议路务办事章程折》，指责商部此举为侵越权限。先生因复奏此折，申明理由。折上，留中。

　　六月，议覆北洋大臣政务处奏路务议员办事章程不无窒碍折（原文存奏稿内）。初，商部奏设各省路务议员章程，颁行各省，不独佐商部耳目所未周，亦所以助各省疆吏之督察，乃北洋大臣袁世凯以为不便于己，极力反对，奏请饬商部将章程删改。余因覆奏，申明理由，同僚以为不宜开罪于袁，余谓事上治下,当明大体,非与袁争权也。折上,留中。

（唐文治《茹经先生自订年谱·丙午四十二岁》）

奏为商部咨行路务议员办事章程,不无窒碍,请敕下政务处另行核议,恭折仰祈圣鉴事。窃维国家设官任职,首须权限分明。其大要不外立法、行政而已,内而各部皆为立法之地,此中央之所以集权,外而各官皆为行政之人,此地方之所以寄治。顾庶务至纷,庶官至众,立法者不能尽人而督之行也,是以各部皆直接于外官之长。外官之长,各率其属以尽乃职,又从而考其成、纠其失,以时而具报于部。于是乎各有统属,各专责成,而事无不理。其立法有未善者,外官亦得而条陈之,但不能分中央制度之权。其行政有未善者,部臣亦得而纠查之,但不能攘地方治事之权,此内与外之权限也。内之各部员司皆有议事之权,然只能受成于堂官,而不得行文于疆吏。外之各省僚属皆有办事之责,然只能禀承于疆吏,而不得迳达于部中。此又长与属之权限也。权限分明,而内外大小各官,乃有相维相制而断无相侵越。假如部臣以疆吏为不足问,而与司道等相直接,则疆吏为虚设;如更以司道等为不足恃,而由部派员以佐之,则司道等为赘瘤。用内侵外,以小加大,而权限紊矣。立法与行政相淆则法乱,议事与办事相混则事隳,事隳法乱,而国危矣。

昨准商部将奏订路务议员办事章程十二条咨行到臣。查原奏内称,赖有熟悉路务之员,迳隶臣部,令在各路认真办事,凡材料、工程、用人、运输、出入款项,一切均迳报臣部核办等语。又章程第一条内称,将在路供差之监督、总办、提调等,择其品正才长者,加札作为商部路务议员。复于第二条内称,商部章京及毕业学生可迳派赴某路帮办路务,即作为某路议员。又第三条内称,路务议员三年考成,应由商部奏奖及分别撤参。又第五条内称,议员得力,管路大臣暨办路地方督抚,不得轻易调派别项差使。又第十一条内称,遇有商部应行差遣调查各事,均由部迳札核议员遵办,按期迳覆商部各等语。其余各条,不必枚举。两言以蔽之曰:使议员在路办事,并直接商部而已。在部臣之意,原为综揽路权、周知利弊起见,未始非郑重路务之用心。然臣非谓议员之不当设也。使商部遴派议员调查各项事件,举凡当兴当革、当损当益之故,一一周稽博考,洞悉靡遗,呈由部详加采择,订为章制,通饬遵行,或咨商管路大臣等查核办理,则于部务为尽职,于路务为有益,非第两不相妨而已。今所设之议员异乎是,其取诸各路监督、总办者,既以办事之员而兼议事之名,其派自商部章京、学生者,又以议事之人而擅办事之权。无论权限不分。而监督、总办之外,复添此项人员帮办路务,十羊九牧,一国三公,势必牵掣龃龉,窒碍丛出,当局者互相推诿，在下者靡所适从。且议员而果贤耶，仅使之帮办路务，未必足以尽其长；其不贤耶，则恃为大部所派，将愈足以增其弊。况以在路供差各员为不足信，尚赖有议员以纠察之。设以议员帮办路务而亦不足信，又安能增置多员以纠察之乎？此议员在路办事之有所不可也。夫使议员而非在路办事，则是仍为部员，自可与部直接。既使之帮办路务，则隶于管路大臣之下，而各路之可以与部直接者，只管路大臣得为之。犹之各省疆臣，直接各部，而司道以下不与也。今使各议员皆得与部直接，则置管路大臣于何地？且管路大臣所恃以鼓舞众人者，必以赏罚黜陟为大端，乃奖励撤参筹事，概由商部主之，则管路大臣尤为无权。无管路之权而拥管路之名，虽愚者不为；即勉为之，而任重权轻，终必无效。设有偾误，咎将谁归？此议员直接商部之更有所不可也。要而言之，部中为立法之地，非行政之地，部员为中央议事之人，非地方办事之人。今使议员在路办事，则侵各路监督、总办之权，而监督、总办可裁。又使议员直接商部，则侵各路管路大臣之权，而管路大臣亦可裁矣。夫果举管路大臣及监督总办等员一切裁罢，内而由商部统辖，外而由议员分任，犹之可也。乃管路大臣与夫监督总办等悉仍其旧，而徒使议员横加于中，又重之以事权，则是权限不分，而路务必因之大坏。

　　方今朝廷励精图治，叠设新部。如部臣昧于中央制度之义，侵及地方治事之权，将商部派员而赴各路办事，使各路尽失其职；各部亦派员而赴各省办事，使各地方官皆失其职，窃恐天下纷纷不靖，而危乱随之，此臣所不得不鳃鳃过虑者也。臣先后蒙派督办关内外铁路暨津镇铁路等差，常以兼差太繁，才力难胜，屡疏自陈，辞不获命。方冀稍轻夫担荷，岂愿与部臣争事权！即部臣谅臣素心，亦决不至以此见疑；实因政体攸关，治乱所系，臣受恩深重，曷敢缄默不言？况立制不厌求详，折衷务期至当。在部臣公忠体国，亦必乐于择善而从。

　　谨就管见所及，缕晰上闻。仰恳敕下政务处另行核议，请旨施行，路务幸甚。是否有当，理合恭折具陈。伏乞皇太后、皇上圣鉴、训示。谨奏。

　　光绪三十二年四月十四日奉朱批：政务处议奏。钦此。

　　（袁世凯《请饬另行核议路务办事章程折》，光绪三十二年四月初九日〈1906 年 5 月 2 日〉，见《袁世凯奏议》）

按：在《茹经堂奏疏》中，袁世凯此折附于《议覆北洋大臣政务处奏路政议员办事章程不无窒碍折》之后，先生并于此折后加附记云："乙巳夏，余因京汉铁路事赴天津，往访项城一次，项城即鳃鳃然以部中侵越权限为虑，余笑置之。丙午，本部奏设各省铁路议员，项城意甚愠，会同政务处，奏驳掊击本部。同朝失色，以为项城锋不可犯，余亦笑置之。旋即议覆前折，项城亦无以为难也。嗟乎！为政者判于心之公私耳！项城往矣，追维大局，深用忱然。文治记。"

　　奏为遵旨改订路务议员章程，缮具清单，恭折仰祈圣鉴事。光绪三十二年五月初六日，准政务处咨"议覆直隶总督袁世凯，奏请另行核议路务议员一折，于五月初五日具奏，奉旨：'依议，钦此。'"钦遵抄咨到部。原奏内称"拟请饬下商部，将各省路务事宜，详细调查，妥订规则，颁行遵守。其庀材、用人、工程、运输、款项一切，仍责成该管大臣督率在事人员，认真经理，随时咨报商部考核，分别准驳。部中亦可随时拣派妥实司员，分往考察报部，咨行该管大臣，查照整顿。如蒙俞允，其商部所订章程内有应行删改之处，应由该部自行酌改，以期周密，而便遵行"各等语。此案先于四月间，由直隶总督袁世凯抄录原奏，咨会前来。臣等伏查中外古今治乱之关键，惟一言以决之，曰通与隔而已。《周易》否泰之机，即通与隔之所为倚伏。是故内外上下之情通，则诸事联络而政治以理；内外上下之情隔，则诸事蒙蔽而政治以纷。臣部议员之设，意在通内外上下之情，非特辅臣部智虑之所未周，正所以佐各管路大臣暨办路地方各督抚耳目之所未逮也。此不必远征之东西各国，即以中国体制言之，各省关道得与外务部、户部直接，督粮道得与户部直接，新设之提学使得与学部直接，皆所以广备咨询，用便考察，其大要均在化隔为通，初不至有侵犯权限之弊。是以臣部原订路务议员章程十二条，大概注重调查报告，俾得随时稽考，以期兴利除弊。此项议员，虽系臣部札派，而查照原订章程第一条、第十条，乃载明由管路大臣、办路地方督抚咨送履历，出具考语。而各该员考察所得，闻见所及，仍随时禀报管路大臣、办路地方督抚核办，权限本极分明。各该议员身为僚属，亦何敢侵越管路大臣暨地方督抚权限？至第二条所载，臣部章京及毕业学生得派帮办路务，在臣部等议订之意，不过以臣部章京，现既就毕业生内调充，将来或有熟悉路务专门之员，不必因臣部一经调用，遂令无地以见专长。而各路需才孔亟，正可令其实验，以资臂助。真材难得，要政所关，臣等初不敢存内外畛域之见。第三条三年考成一节，系指臣部给札三年以后而言。各处承办路工人员功过，臣部原有稽核之责，即不能无惩劝之条。至各该议员之黜陟进退，仍系各该管铁路大臣暨办路地方督抚之权，臣部未便干涉。第五条议员久任一节，诚以各省举行新政，百端待理，才识较优之员，往往檄委过多，不能久于其职。既由臣部派充议员，如有别项差委，自应咨商臣部，俾可接洽另行遴派他员，此亦寻常办公例有之事。第十一条路务议员迳覆臣部一节，是为扫除隔膜起见。至该议员调查之事，由臣部咨会各管路大臣，及办路地方各督抚。既非议员之责，原订章程内是以未经叙明。按照袁世凯原奏内称"臣非谓议员不当设，使商部遴派议员，调查各项事件，举凡当兴当革、当损当益之故，一一周稽博考，洞悉靡遗，呈由商部详加采择，订为章制，通饬遵行，或咨商管路大臣等查核办理，则于部务为尽职，于路务为有益"等语，是其意亦在通内外之情，揆诸臣等订章之意，原无不合之处。要之，迩来朝廷注重路政，臣部职任所在，不得不加意周详，祛除积习，政务处覆奏所称补偏救弊，实备知臣等苦心。现在既经奏奉俞旨，由臣部自行酌改章程，臣等共同商酌，谨将章程第二、第三、第五、第十一等四条妥为改订，缮具清单，恭呈御览。如蒙俞允，再由臣部通行遵照办理。窃维方今时事多艰，全赖内外协合，上下通澈，庶足以佐成要政，宏济艰难，此臣等所日夕兢惕，冀有以仰副恩命，而亦窃愿与各疆臣、各管路大臣共勉之者也。除遵照政务处原奏，嗣后各省路务事宜，应由臣部详细调查，妥订规则，随时奏闻，请旨颁行，并拣派妥实司员，分往各路考察外；所有遵旨改订路务议员章程缘由，是否有当，理合缮单，恭折具陈。伏乞皇太后、皇上圣鉴训示。谨奏。

（唐文治《议覆北洋大臣政务处奏路政议员办事章程不无窒碍折》，见《茹经堂奏疏》卷三）

丙午春，余回部，君（按：指唐文治）已升任侍郎，余转升右丞。其时部中人才极盛，办事颇有朝气。君尤注重路政，以京汉、京榆两路国家负债兴筑，而司事者侵渔蠹蚀，积弊甚深，派员密查，力图整饬。管路大臣直督袁世凯不谓然，奏参商部侵越权限，君抗疏力争，不少迁就。

（王清穆《茹经堂奏疏序》，见《茹经堂奏疏》卷首）

其与直督袁氏争议路务折，侃侃不挠，允为必传之作矣。

（陈衍《太仓唐茹经先生全书总叙》，见《国专月刊》第一卷第一号）

同月 谱兄王清穆患胃病甚剧，先生为照料一切。不久，王清穆奉旨简放直隶按察使，遂假归不赴任。

王丹揆兄患胃病甚剧，余为照料一切。至六月中，忽奉旨简放直隶按察司，盖有人忌商部办事精勤，欲去载尚书之左右手也，丹兄遂假归不赴任。

（唐文治《茹经先生自订年谱·丙午四十二岁》）

丙午，公入都报绩，洊升商部右丞，会商部奏设路务议员，稽查各省铁路利弊，北洋管路某权贵患之，谋消商部权。或献议曰：先去王某，则彼部栋桡，本实拨矣。遂奏保公任直隶按察使，盖左迁也。时公适病，余诣榻前，彼此执手歅歔。公语余曰："吾将乞退矣。"已而乞养南归。

（唐文治《王文恪公行状》，见《茹经堂文集四编》卷七）

六月，余忽奉命除授直隶臬司，盖左迁也。知袁氏之阴谋疾视也，请假南旋，假满即请开缺。

（王清穆《茹经堂奏疏序》，见《茹经堂奏疏》卷首）

再就是 1906 年 6 月商部右丞王清穆突然被解除职务，降为直隶按察使……从商部设立以来，王清穆就这样协助唐文治一贯积极地推行振兴实业的政策，这次他被降职，对他既然提不出任何理由，显然是出于铁路大臣方面的策划，是铁路大臣方面对商部的一种恫吓。他们通过王清穆的降调，让商部认识自己的力量，并据此来牵制商部。被任命为直隶按察使的王清穆为了不服这次降调，不履新任，在途中提出辞职，返归故里。于是，商部突然失去了一位创立以来有能力的高级干部，当时，商部方面也还不可能作出相应有效的对策，虽然也恼恨自己没有力量，但结果也只是等待时机，注视着事态的发展而已。

（［日］仓桥正直著，徐鼎新译，池步洲校《关于清末商部振兴农务、工艺、路务等若干问题》）

10 月 16 日（八月二十九日）　盛宣怀就萍潭铁路核结官款事致函先生及绍英。

蔚芝仁兄大人、越千仁兄大人阁下：文函"上年总公司萍醴销案，仍照部议，由敝处详晰声明具奏，再行核销，以资结束"等因，具征维护路矿，澈始澈终，至深感佩。兹因醴陵迤下，至湖南湘潭、洙洲止，路工全竣，核结官款，未批奏销，即如尊指，将奉旨准办萍潭日期、腾出官本始末、抵制美德争造先后确实情形，附片覆奏；并另文钞稿，咨请大部澈照，已邀览。窃见十数年来，各国揽办铁路，其发起半由于工厂借款，无论如何利病，总有还款收路之时。若煤铁实业不自振拔，则中国将永无自造路轨、自制军械船炮之基础。何以造路？曰铁；何以运煤以炼铁？曰路。此萍潭动用官款，名为辅翼厂矿，实则仍是管路大臣应保之权利。大部洞鉴及此，因于议覆吴阁学折内，奏请毋庸招商，卓识名言，莫名钦服。弟从前任事过勇，又甚知筹集巨款之不易，苦心调度，务底于成。即如此案，原议准拨总公司官款一千三百万两，嗣后拨至九百余万两而止。当拳匪毁路之时，京汉旦夕停轺，萍路又为美使、德使所持争，欲借款承办，弟即不敢为再请于司农之举，然亦必使干路支路皆足自给，唇焦笔秃，收回赔款，即就其间腾出官本，自造萍潭。是户部照原议少拨银三百余万两，而弟

· 328 ·

又就干路的款中，平空添造运煤官路二百余里，于款为减，于路为增，往复调查，苦衷若揭。现幸分头办结，末次奏销。即余剩轨价一款，先承大部通行各路统购汉轨，按扣二成，丝毫有着，务祈台端俯念所历之艰难、成事之不易，回明贝子爷，俟原折交议后，准其一并核销，俾可早清交案。感荷无既，肃此奉恩，敬请台安。愚弟盛。

（《盛宣怀致唐文治、绍英函》，见上海图书馆《盛宣怀档案》，光绪三十二年八月二十九日，1906 年 10 月 16 日，档号 038699）

10 月 19 日（九月初二日）　商部尚书载振与巡警部尚书徐世昌奉命前往奉天查办事件。载振行前嘱将东三省来往要电，由先生转饬司员王大贞译送邸第，以期慎密。

（光绪三十二年九月）初二日丙申。命商部尚书载振、巡警部尚书徐世昌前往奉天查办事件。

（迟云飞编写《清史编年》第十二卷《光绪朝下　宣统朝》）

九月，载尚书奉命偕徐菊人赴东三省查办事件……送载尚书赴东三省，临别依依。尚书属将东三省来往要电，由余转饬司员王大贞译送邸第，以期慎密。

（唐文治《茹经先生自订年谱·丙午四十二岁》）

11 月 6 日（九月二十日）　清政府宣布改革官制，工部并入商部，改为农工商部。第二日奉上谕，因农工商部尚书载振出差，由先生署理尚书职务。先生接收原工部案卷，一切甚为忙碌。

（光绪三十二年九月）二十日甲寅（11 月 6 日）。清政府宣布改革官制。由慈禧太后直接发布懿旨。略谓："今昔情形既有不同，自应变通尽利。其要旨惟在专责成，清积弊，求实事，去浮文……工部着并入商部，改为农工商部。"

（迟云飞编写《清史编年》第十二卷《光绪朝下　宣统朝》）

九月二十一日……同日奉上谕：载振、徐世昌现在出差，农工商部尚书着唐文治暂行署理，民政部尚书着毓朗暂行署理。钦此。

（《电传谕旨》，见《申报》1906 年 11 月 10 日第 2 版）

奉旨改商部为农工商部，简文治署理尚书。自维责任愈重，报称愈难，具折谢恩。后召对二次，皇太后益加勉励云……奉旨将工部归并农工商部。接收案卷，一切甚为忙碌。所有工部旧员，均须设法位置。幸前任工部尚书陆凤石先生名润庠，遇事详晰，指示有令尹子文之风，余因得办妥无误。奏明后，召对一次。

（唐文治《茹经先生自订年谱·丙午四十二岁》）

按：上文云"具折谢恩"，此折为《署农工商部尚书谢恩折》，后收入《茹经堂奏疏》卷三。

工部各司员，自印稿实缺以及候补额外笔政各员，近以该部裁撤，归并农工商部，所有日行应有收发公事，应禀承农工商部堂官。故日来该部各司员皆赴农工商部谒见各堂，而暂行署理之唐蔚芝尚书，于接见新僚属时，尤谦和倍昔云。

（《新署农工商部尚书之谦德》，见《申报》1906 年 11 月 22 日第 2 版）

11 月 20 日（十月初五日） 先生被召对一次。

劝工陈列所落成，外省送来土产、人工物品极多，载尚书前派陆君芝田名大坊、祝君紫升名瀛元管理，当于十月朔日行开幕礼。奏明后，召对一次。

（唐文治《茹经先生自订年谱·丙午四十二岁》）

十月初五日，召见军机、唐文治、顾肇新。

（《电传宫门抄》，见《申报》1906 年 11 月 21 日第 2 版）

11 月 25 日（十月初十日） 京师劝工陈列所开幕，先生出席并作开办演说。

京师劝工陈列所，上年三月奏明办理，本年夏间工程告竣，十月初十日开厂。

（《续农工商部丙午年纪事简明表》，见《申报》1907 年 3 月 18 日第 4 版）

今日系皇太后万寿日期，普天同庆。本部贝子爷特奏明于今日开办劝工陈列所。原贝子爷之意，非欲以本所点景饰观、炫耀耳目，实欲表扬我皇太后、皇上重视工政之至意。盖工艺一事，在中国本系最重，《周礼·考工记》："国有六职，百工与居一焉。"可见工于六官中为特重。《尚书》："水火金木土谷惟修"，水火金木四者在土谷之先，可见工业比农务为尤重。欧洲各国，有以农立国者，有以工立国者，然总以工业为重。即如轮船、电线、铁道、火车，何一非出于工艺？然天下之物，苟非罗列比较，即不能知其优劣良窳之所在，而难求进步。本部贝子爷深知工艺为商务之根本，而陈列所又为提倡工艺之根本，是以兼采外洋劝工厂、陈列所章程，特设劝工陈列所。各省督抚亦能深知本部命意之所在，陆续将物件咨送陈列。其中有特色者如皖茶、浙丝、赣瓷、闽漆、苏绣，以及博山之玻璃器、本部绣工科之绣货、本部工艺局各货、本京工艺商局景泰蓝各货，均系精美之品。由是，工人、商人之来游本所者，知各处品物何者是优，何者是劣，何者是良，何者是窳，何者可供仿造，何者而待改良，则相观而善之念油然自生，我中国工艺前途，庶几有望。何况我皇太后、皇上圣明，加意提倡，日前，特命遴取陈列品中之精良者，进呈乙览。要知皇太后、皇上圣意，不仅调查各省品物，实有一番奖励鼓舞之盛心。上意既如此注重，吾辈宜如何仰体圣意，督饬百工，以期改良进步耶？然而一二人之见闻有限，多数人之劝导无穷。今日本所总协理诸君子及商会诸君子咸集于此，惟盼诸君辅佐本部，普告各处工业中人，将已有之工艺，竭力改良；未有之工艺，竭力仿造。创制如此，则明年陈列之品，必胜于今年；后年陈列之品，必又胜于明年。他时日新月异，广辟利源，安知我中国农工商部之陈列所，不与东西洋并驾齐驱？所以今日鄙人偕顾大人、杨大人、耆大人来莅本所，一为中国工艺前途贺，二为本所贺，三为诸君子贺。而尤盼诸君子宣明本部贝子爷设立本所之宗旨，实以扬我皇太后、皇上注重工政之至意，非为乐事，要在劝工，此则鄙人之所深望也。

[《京师劝工陈列所开办演说(唐蔚芝尚书稿)》,见《山东官报》1906 年第 152 号]

按：单镇《桂阴居自订年谱》于光绪三十年中记："朝廷整理官制，改商部为农工商部，余改派工务司帮主稿乌布。京师劝工陈列所成立，余代唐尚书拟开幕祝词一篇。"则上引《京师劝工陈列所开办演说》乃由单镇代拟，录以备考。

12 月 3 日(十月十八日) 先生等人被召见一次。

十月十八日，召见军机、唐文治、顾肇新、张百熙、唐绍仪。

(《电传宫门抄》,见《申报》1906 年 12 月 4 日第 2 版)

12 月 10 日(十月二十五日) 盛宣怀就赈灾事致电先生等人。

江北南告灾书谅已邀鉴，顷接淮扬道敬电，饥民麕集清浦已三十余万，粮草篷厂均未筹备。由于各灾区延不开办冬振，以致灾黎四出，流离失所，风餐露宿，惨不忍睹。只好按名发钱，俟粮到再放，暂救其命。本年灾广且众，自来未有。又午帅漾电"徐淮海灾民纷纷外出，由于地方官办振不尽得法，义振各绅尚未赶到"等语，查官振向多疏宕，散处劝办义振，仅得银十余万。已派义绅分赴邳、宿、睢、安、萧、沭六县及扬镇沙洲，专救极贫，杯水车薪，何济于事？现在洋人闻信，劝办洋振，犹虑偏袒教民，拟令并归华振，未知能否就范？伏念各省有灾，江苏无不倡助义振。今江苏灾重，转相呼吁，应者寥寥，伤惨之至，应请诸公将此实情遍告各大府，众擎易举，注重义振。如灾区义振都能办到，官振相辅而行，亦免弊窦，散出数十万众，自可闻振归来，所全甚大。历来大振，全仗截漕、开捐两法，除截漕已由督抚会奏外，如能奏请实官捐转，限两三个月，爱惜名器，不在迟早，数月而得此巨款，可活亿万生灵。午帅恐碍新政，未便入告，可否由京奏请展办，专济江南北灾振，不胜迫切待命之至。

[《寄北京陆尹宪润庠、唐尚书文治、陆总宪宝忠、顾侍郎肇新、吴阁学郁生、陈副宪名侃、邹丞堂嘉来、雷参议补同、黄学士思永、恽学士毓鼎暨同乡诸公(光绪三十二年十月二十五日)》,见盛宣怀《愚斋存稿》卷七十]

12月上旬（十月中旬） 先生谕派胡祥鑅、单镇、吴振麟等编纂农工商部各项事件权限草案。

农工商部日前由唐署尚书谕派郎中胡祥鑅、主事单镇、候补主事吴振麟编纂该部各司管理各项事件权限草案，以为他日奏请钦定及分司专责。并闻仍拟酌添一司，依旧四司云。

（《农工商部要闻·派员编纂草案》，见《申报》1906年12月6日第3版）

12月13日（十月二十八日） 河南巡抚张人骏致电先生等，告知所筹赈款事。

顺天府陆宅凤翁、伯翁、蔚翁、康翁、梦弟均鉴：苏洪灾甚重，豫省沁河漫决，霪雹成灾，东南夏永，菽邑水灾尤重，筹振极难。前已饬司勉凑五千金汇苏，日前以江北尤困，又罗掘万金，电汇沪赈局急放，谨闻。骏。俭。

（《张人骏致陆润庠、陆宝忠、唐文治等电》，见上海图书馆《盛宣怀档案》，光绪三十二年十月二十八日，1906年12月13日，档号008630）

12月14日（十月二十九日） 袁世凯致电先生等，告知所筹赈款事。

陆尚书、陆总宪、唐尚书、顾侍郎电悉。大江南北水灾，哀鸿遍野，深为悯恻。前准周玉帅暨吕尚书、盛宫保先后来电，已饬据藩司赈抚局，勉筹银四万两，划拨济赈。杯水车薪，深愧无补。惟直隶库帑异常支绌，未能复为……

（《袁世凯致陆润庠、陆宝忠、唐文治等电》，见上海图书馆《盛宣怀档案》，光绪三十二年十月二十九日，1906年12月14日，档号008366-1）

12月16日（十一月初一日） 江苏巡抚陈夔龙电先生等，告知所筹赈款事。

陆尚书、陆总宪、唐侍郎、吴阁学、陈副宪公鉴：电悉江南灾振情形，昨已电复，谅邀鉴察。本年地广灾深，公款奇绌，亟须劝捐接济。前经吕都护、盛宫保寄来捐册，业已遍发广劝，今承诸公倡捐，并分电各省劝募，曷胜感佩。一俟捐册寄到，即当竭力设法续劝，务期多多益善，随时汇寄上海盛宫保处，归并义赈散放，以副谆属。□夔龙。东。

（《陈夔龙致陆润庠、陆宝忠、唐文治、顾肇新等电》，见上海图书馆《盛宣怀档案》，光绪三十二年十一月初一日，1906年12月16日，档号008626）

同日 先生母病作，先生每夜焚香祷天，求延母寿。

十一月初一日，吾母病作。盖初时患半身不遂之证，卧床已十年矣。至是患全身作痛，后患痰涌气喘。福建力君轩举名钧，御医也，随载尚书赴东省，急电请回京诊治，渠云无妨，乃服药，后并不见效。

（唐文治《茹经先生自订年谱·丙午四十二岁》）

纵贮参苓药笼中，乞灵草木有何功。呻吟犹作儿孙恋，痛煞儿孙呼吁穷（治儿每夜焚香祷天，求延母寿）。

（唐受祺《悼亡》三十三，见《浣花庐诗钞》卷二）

12 月 17 日（十一月初二日）　陆润庠、陆宝忠及先生等为筹集赈款事致函吕海寰、盛宣怀。

镜宇尚书、杏苏官保仁兄大人阁下：迳启者，今岁吾苏水灾各区既重且广，正在集议筹赈。顷奉惠缄并附捐启，备述吾乡荡析流离之状、冻馁交迫之情，展卷发函，不忍卒读。我公关怀旧部，笃念桑梓，一经官绅布告，即筹垫巨款，以济眉急，造福无量，感拜同深。弟等具有此心，重以鼎言，敢不奔走号呼，以期集有的款，作涓埃之补裨。自愧绵薄，此间同乡无多，物力之艰，于今尤甚。悉力筹画，分头激励，先事预计，为数必不能多。回首梓里待赈之巨，孰察此间集款之难？智拙心殚，急迫万状，再四集议，当经先向北京信成银行协理唐郭郑兄商允垫汇洋五千元，投送行辕，收登总册，分拨灾区，以当土壤细流之助。日后捐集款项，于归还垫款以外，如有盈余，容当一并汇奉尊处，以清款目。专此奉复，敬请勋安，诸维亮鉴。在京诸同乡嘱为致意，恕不另起。愚弟邹嘉来、唐文治、陆润祥、陆宝忠、顾肇新、雷补同顿首。

（《陆润庠、陆宝忠、唐文治等致吕海寰、盛宣怀函》，见上海图书馆《盛宣怀档案》，光绪三十二年十一月初二日，1906 年 12 月 17 日，档号 009763）

12 月 18 日（十一月初三日）　吕海寰、盛宣怀为赈灾事致电陆润庠、先生及陆宝忠及等人。

致京陆尹宪、唐尚书、陆总宪诸公同览电（十一月初三）

承电示，筹垫五千元，京中情况，尚蒙凑集巨款，藉资提倡，钦佩同深，刻即登报，以劝各省同乡，或有观感。淮扬道来电"冬振因造册未齐，故难放，须造齐方能匀摊"等语。向来官振不就查户，只凭董保造册，尽拨款匀摊，不应吃者亦吃，既克扣，又迟慢。宣曾亲见直东官振，饥民饿死，而振尚未放，故请李文忠、张勤果以官振归并义振，随查随放，一气奏销。今午帅来电，已知州县不可靠，欲令会同义绅办理。义绅来电，委员办法不同，恐连义振办不好。又电商午帅，分合尚未定议，不特筹款难，查放亦难。昨因未奉尊复，焦灼不堪，已发三电奏，为民请命，甘愿受碰，并电京电局抄送蔚翁，请用洪字本译览，并求台端切恳政府度支部，庶可及早补救。海、宣。江。

（《吕海寰、盛宣怀致陆润庠、唐文治、陆宝忠电》，见上海图书馆《盛宣怀档案》，光绪三十二年十一月初三日，1906 年 12 月 18 日，档号 042576）

12月19日(十一月初四日) 江西某人就筹集赈款事致函先生等。

陆尚书、陆总宪、唐尚书、顾侍郎、吴阁部、陈宗丞公鉴:

电悉。江南北水灾,前已拨济一万,实以赣省财用困难,较往年为甚,无力多助。兹承遵属,与沈方伯竭筹,拟再垫一万两寄沪汇放。容将吕、盛两大臣寄来捐册劝募,再行归垫。杯水车薪,良甚愧对。

(《?致陆润庠、陆宝忠、唐文治等电》,见上海图书馆《盛宣怀档案》,光绪三十二年十一月初四日,1906年12月19日,档号008621)

按: 在上海图书馆《盛宣怀档案》(电子扫描件)的题录及信札正文中,皆无写信者姓名。陆阳《唐文治年谱》推测为江西巡抚吴重憙,备考。

12月23日(十一月初八日) 先生就暂借前存探矿银两为赈灾款事去电盛宣怀。

接致杨杏公虞电,知鱼电尚未到,兹特复陈。鱼电文云"苏振急迫,前存探矿银八万两,本系振款,似可暂借,俟七项捐收有成数,即行拨还。请台端刻即来公电请借,敞处即可于初八入奏,谨密商"等语。此事必须由尊处电商,敞处入奏,却未便由本部发端,现正班已过,拟于十一加班入奏,乞台端急速来电,切盼。

[《农工商部唐蔚之侍郎来电(光绪三十二年十一月初八日)》,见盛宣怀《愚斋存稿》卷七十]

同日 盛宣怀复电,云:"此项矿款,本系秦晋义振所余剩,若能归义振,俾得分给各本籍义绅,随查随放,较可功归实际"。

鱼电已公复。顾思永募振壹千两,感佩无已。俟收到,即归并义振并放。杏翁阳电,同济矿款拟拨苏振,此实敢望而不敢求者。今蒙部奏,足能多活十万人。惟目前情形,发振注重留养,各知县印委漠不关心,督抚虽已略知一二,仍无补救良法。此项矿款,本系秦晋义振所余剩,若能归义振,俾得分给各本籍义绅,随查随放,较可功归实际。乞卓裁。宣叩。庚。

(《盛宣怀致唐文治函》,见上海图书馆《盛宣怀档案》,?月初八日,1906年—1907年,档号008821)

按: 在上海图书馆《盛宣怀档案》(电子扫描件)的题录根据文末韵目代日"庚",标注日期为"?月初八日",根据信的内容来推测,应是盛宣怀于同日给先生的复电。

12月25日(十一月初十日) 先生就张振勋捐款事致电盛宣怀。

同济款借拨苏振事,得复稍迟,改十一具奏。兹接张弼士京卿电,准垫汇一万元至尊处等语,款到祈并入义振速放,至恳。

[《北京唐尚书文治来电(光绪三十二年十一月初十)》,见盛宣怀《愚斋存稿》卷九十八]

同日　吕海寰、盛宣怀就赈灾捐款事复函先生等人。

复同乡京官复函

陆凤石、陆伯葵、唐蔚之、顾康民、邹紫东、雷补同

敬复者:顷奉公函并垫汇振洋五千元正,寻诵至再,德心仁术,情溢乎词。谨为数百万灾黎同声铭感,并即广登报纸,奉扬仁风,以劝来者……今日钦奉恩旨,续赏帑银十万两,皇仁广被,有加无已,沧浃同深。比来官振、工振、洋振,响应□兴,未始非感召之力。前承蔚之电索捐册,兹寄呈十本,乞垂察。敬请台安。唯祈惠照在京同乡诸君,均代致意。吕○○、盛○○顿首。

附捐册十本。

(《吕海寰、盛宣怀复陆润庠、陆宝忠、唐文治等函》,见上海图书馆《盛宣怀档案》,光绪三十二年十一月初十日,1906 年 12 月 25 日,档号 009763 - 1)

12 月 26 日(十一月十一日)　盛宣怀就赈款事复函先生。

弼士京卿电准垫汇壹万元,到即遵归义振速放。同济款奉旨,即求电示。此次义振,幸蒙尊处提倡,俾免中辍。现已派出十四路铜元五十万千,约捐垫各半,惟地广人众天寒,冻饿交加,缓不济急。现赴烟台、温州、宁波购办山芋干,运河浅涸,只能由轮船运至海州再分运,知注并闻。

[《寄北京唐蔚芝尚书(光绪三十二年十一月十一日)》,见盛宣怀《愚斋存稿》卷九十八]

12 月 27 日(十一月十二日)　某人就赈灾事致电先生等人。

十一月十二日寄北京电

北京任振采译呈凤翁、伯翁、鞞翁、蔚翁、梦翁均鉴:江南北八府一州水灾,历经抚督、提帅、吕镜翁、盛杏翁电折奏陈,并达尊处。其实较春间湘灾,何止百倍。江北局势已酿至此,江南现尚剔荒征熟,勉应正供;江震佃户,前已聚众图抗。若不预为之计,转瞬将江北之续。诸公登高唱义,京沪联络,桑梓之幸。兹有管见,请采择焉:苏漕名为本折,悉听民便,实不尽然。以本色漕价与例定折价相较,民间实完,在官数约近倍,而民米实未一至。至京仓也,近年米价过昂,仓政认真,遂成官民交困之势。今施诸剔征之区,漕价迟久难定,即定而良吏束手,能吏追呼。此景象岂堪逆亿耶?折漕屡议未成,其故别有所在。在近督抚奏请截漕,部议改拨漕折,似是机会。拟请尊处迅速查明,照江

西湖广历年征收折色办解章程,一面联衔封章,上乞天恩,特饬就今年试办,须仍准暂收随漕一切杂费,一面函请当事,勿多瞻顾,勿受蠹吏奸胥怂恿,以期实行,仓督、粮道均仍有事,京仓仍不空虚,州县少累。再可责以抚字,即隐为小民宽留膏血,此根本至计,不赈之赈,更胜于赈。现朝野均注意江北,而江南□患已形,亟变计,则恰可征收支办解,江北安危实系焉。以时日紧迫,不及函详,特电请达。

(《?致陆润庠、陆宝忠、唐文治等电》,见上海图书馆《盛宣怀档案》,光绪三十二年十一月十二日,1906 年 12 月 27 日,档号 043783)

按:此电致电者不详。

冬 先生作《复日本近卫公函》。在此函中,针对日本及英美等国意欲染指中国东北地区的企图,先生指出"东三省地区,既为全球万国命脉之所关,敝国自有主权,岂有任其痛兆剥肤而不预为之所"。

按:此函载先生《茹经堂公牍》。《茹经堂公牍》未见,后此文被收录于《唐文治文选》,据该书编者的"本篇介绍"云:"本篇系代载振答复日本近卫笃麿的信函。近卫笃麿是一个狂热的大亚细亚主义者和国家主义者,首倡'东洋乃东洋之东洋'理论,并创立东亚同文会"。

本年某月初七日 先生等人致电两江总督端方,希望赈济饥民事"从速施济,勿拘细文,俾灾黎早沾实惠,同拜大德"。

致江苏端督电

公电计达。振事此间已勉力提倡,闻淮扬道振饥,将俟造册完竣,再行散放,恐饥民尽成沟瘠。恳电饬从速施济,勿拘细文,俾灾黎早沾实惠,同拜大德。宝忠、肇新、文治叩。虞。

(《陆宝忠、顾肇新、唐文治致端方电》,见上海图书馆《盛宣怀档案》,光绪三十二年?月初七日,1906 年,档号 008635)

本年 先生延请周禄卿教授长子唐庆诒国文,周传经教授法文。

光绪三十二年,九岁……吾父延周禄卿先生授余国文,周赞尧先生授余法文。

(唐庆诒《忆往录》)

庚子后,余自欧洲考察政治归国,居东城绍氏愚园,延君(指周传经)课长子庆诒法文。夜则纵论时政,或述太、嘉掌故,以释烦愁。

(唐文治《周君赞尧墓志铭》,见《茹经堂文集四编》卷八)

本年 先生请七叔唐锡翰(寄亭公)来京佐理家政。

　　丙午，文治又奉家君命，乞公复至京，佐理家政，手钞先世《吟秋遗稿》《墨池杂志》并家谱等，即授诸梓，公复亲校雠之。回忆曩者，春明侍饮，风清月白，赋诗弹棋，或击节高歌，神来兴往。家君醉酒，题公玉照，文治学题小诗，以志景仰。公怡然焕然，渊乎若有所思，至今宛在目前也。

（唐文治《七叔寄亭公家传》，见《茹经堂文集初编》卷五）

本年　先生资助张嘉璈去日本留学。

　　一九〇六年，先生（按：指张嘉璈）十八岁。

　　先生自述云：

　　在北京之同乡同学如金其堡（侯城）等，均相约出国留学。仲兄嘉森则已于年前赴日本早稻田大学肄业。因亦跃跃思动。商之唐老师，请其资助，俾得留学日本。唐老师一生清廉，境况拮据，然为成全后进志愿，竟慨允资助银七百元，因得成行。

（姚崧龄编著《张公权先生年谱初稿》）

1907年（丁未　清光绪三十三年）　43岁

1月3日（光绪三十二年十一月十九日）　英商永年保险公司经理人至农工商部，谒见先生等，"欲将银二十万两存部，任听部中使用。惟求部中为之咨行各省，担认保护，作为国家特许"。

> 英商永年保险公司经理人，昨至农工商部，谒见唐、杨两宪，由陆定丞君为译员。诘其来意，系欲将银二十万两存部，任听部中使用。惟求部中为之咨行各省，担认保护，作为国家特许。俟将来再有作此项生理者，倘亦如此办理，将款存部，则此款可随时知照领取，惟须以十二个月为限。

> （《农工商部近事　永年公司存银保护》，见《申报》1907年1月4日第3版）

1月19日（光绪三十二年十二月初六日）　先生就赈灾捐款事致函某人。

> 夫子大人函丈：敬禀者，顷趋叩不值，甚怅。连日因家母发病未愈，是以不克在府祇候，企仰无似。同乡振捐，敝部公款五百两，又侍郎、丞参等共捐银壹千零二十两，又受业自捐银壹千两，又顾公毅招募银壹千两，均已电汇吕、盛大臣散放矣。奉上初二日发电底一纸，恭呈钧览。日昨勤之所呈各电，便中乞即赐下，以便设法登报，为大声疾呼之举，或冀有以感动人也。专肃，叩请钧安。受业文治谨禀。初六晚。

> （《唐文治上某禀》，见上海图书馆《盛宣怀档案》，光绪三十二年十二月初六日，1907年1月19日，档号008618）

按：此函之接受者不详。

1月26日（光绪三十二年十二月十三日）　盛宣怀就赈灾捐册事复函陆宝忠及先生。

> 伯葵、蔚之仁兄大人阁下：昨奉尊电，以热河索寄捐册，属即寄呈等因。查前次捐册所刊各函电，今昔情形稍有不同，特拟就万急催振续启一通，并电奏电旨各件，重加刊印。尚虑灾情未能详尽，又复绘成流民图八幅，付诸石印，装订成册，随同捐册附送，庶几昭览之余，触目惊心，当于捐务不无裨助。特寄奉捐册灾图各五十本，即请察等分别寄送。两公热心毅力，无已有加，灾民之福，亦弟等之幸也。曷胜延跂感盼之至。除电复外，肃此，敬请台

安。愚弟。十二月十三日。

（《盛宣怀复陆宝忠、唐文治函》，见上海图书馆《盛宣怀档案》，光绪三十二年十二月十三日，1907 年 1 月 26 日，档号 008616）

1 月 30 日（光绪三十二年十二月十七日）　因母病重，先生请假十日。（据《申报》1907 年 3 月 25 日第 23 版《宫门抄》）

2 月 3 日（光绪三十二年十二月二十一日）　先生母胡太夫人辞世。

十二月初，载尚书回京，余遂不复到署，壹意侍奉汤药。初十日后，病愈剧，不能言语。至二十一日辰刻，吾母竟弃不孝而长逝矣。呜呼，痛哉！照料殡殓，一切皆赖同乡陆君勤之名起及李生颂韩之力。载尚书来吊，执余手陨涕，云："余不啻断一臂矣。"诸王公及各部大臣中，如肃邸泽公、喀喇沁王、那公琴轩、鹿公芝轩、孙公燮臣、陆公凤石，皆亲来吊唁焉。

（唐文治《茹经先生自订年谱·丙午四十二岁》）

按：《那桐日记》于光绪三十二年十二月二十五日记："又到康民、蔚三[芝]两处吊祭。"又《恽毓鼎澄斋日记》："（十二月）廿五日，晴。午后入西城，吊唐蔚芝同年太夫人之丧。"

光绪三十二年，九岁……是年冬，先祖母病殁。吾父哀毁逾恒，常执余手痛哭，先祖每忍悲慰藉之。此情此景，至今思之，犹历历在目也。

（唐庆诒《忆往录》）

弥留似欲诉衷怀，惨绝顽痰壅不开（夫人以痰壅于胸，致不起）。一败果然涂地矣，痛心神数应牙牌（丙午正月，余以牙牌为夫人卜一岁休咎，得"忽闻楚歌一败涂地"之句，心早忧之）。

脱离苦海是耶非，寂寂无言对素帷。惨向灵床启手足，知君心慰在全归（先是，夫人左边手足寒冷。丙午冬月发痰病，转而为热。余尚望其转机。至是辞世，手足已复旧，不复屈曲矣，伤哉）。

（唐受祺《悼亡》三十四、三十五，见《浣花庐诗钞》卷二）

按：胡太夫人辞世后，唐受祺作有《悼亡》七言绝句四十首，诗前小序云："丙午十二月二十一日巳刻，余原配胡夫人以痰喘辞世，呜呼！沉疴磨折，前后十年，天之厄夫人，何其甚哉！追惟往昔，感念今兹，得绝句四十首，质直言之，不自禁涕泪之无已也。"（见《浣花庐诗钞》卷二）

自先生丁内艰后，农工商部尚书载振以臂助无人，深为掣肘，"挽留侍郎不必到部，请在府内办事，以便咨询"。

农工商部唐蔚芝侍郎，自去岁十二月二十一日丁内艰后，振贝子以部中所有公事,向皆唐侍郎经理,今丁内艰,虽例应开缺,而臂助无人,深为掣肘。因特亲临往奠,慰藉再三,挽留侍郎不必到部,请在府内办事,以便咨询,而资赞助,并送奠仪二千两。侍郎以振贝子慰留情殷,业已允许。大约俟百日后,即可进府办事矣。

（《农工商部近闻　振贝子挽留唐侍郎》,见《申报》1907年2月21日第2版）

2月17日（正月初五日）　先生致函盛宣怀,告以其母辞世事,并云"拟于二月杪扶柩回籍安葬"。

杏荪宫保老伯大人阁下：哀启者,文治不孝,此长为无母之人,负罪如山,椎心何极！先慈事实,略具哀启,伏祈矜鉴。赴告一分,敬乞察入。文治残喘苟延,勉襄大事,现拟于二月杪扶柩回籍安葬,哀此布闻,临池泣血,不能尽言。敬维垂鉴。棘人唐文治泣血稽颡。正月初五日。

（《唐文治致盛宣怀函》,见上海图书馆《盛宣怀档案》,光绪三十三年一月初五日,1907年2月17日,档号005537）

约3月9日（约正月二十五日）　先生母胡太夫人出殡于京中长椿寺。

正月,先妣出殡于长椿寺,租屋三间,颇闳敞。同部诸君咸设路祭,痛心曷已。

（唐文治《茹经先生自订年谱·丁未四十三岁》）

按：《绍英日记》于光绪三十三年正月二十五日记"赴唐宅行礼",《那桐日记》亦于同日记"午后到西城出分"（长椿寺即位于北京西城）,则胡太夫人出殡或即在此日。

3月11日（正月二十七日）　盛宣怀向先生发来唁函。

唁前农工商部左侍堂唐

蔚芝仁兄大人至孝：顷接京电,惊闻尊慈老伯母大人弃养之耗,错愕良深。吾兄方庆循陔,遂悲陟屺摧毁,胡可胜言！伏念老伯母大人一代女宗,福全德备。义方如曹大家、韦宣文之教,偕臧有恒少君、梁德耀之风。翟茀加荣,斑衣乐养；归真琼岛,遗憾毫无。阁下柱石之躬,中外层望,尤宜节哀顺变,以纾宸眷,而慰椿庭区区之忱。尚祈鉴纳,弟所至跂。弟鸥程迹阻,鹤吊情殷,执绋无由,束刍有愿,谨具赙仪五百两,挽帐一悬,敬希代荐几筵是叩。专此奉唁,敬承素履,并请侍安。愚弟。廿七。

（《唐文治致盛宣怀函》,见上海图书馆《盛宣怀档案》,?年?月二十七日,档号087557）

按：在上海图书馆《盛宣怀档案》（电子扫描件）的题录中,本函未署年份和月份,惟据信末署"二十七日"。从内容看,应是写于本年农历正月二十七日。又唁函中提及"谨具赙仪五百两"，下引先生农历二月二十日致盛宣怀函中则对"前奉唁函并惠仪银五百两"表示感谢，亦可证此函写于本年农历正月二十七日。

4 月 2 日（二月二十日）　先生致函盛宣怀，向其告知"拟于三月初旬，谨扶灵榇，南下返里安葬"。

> 杏荪官保老伯大人阁下：前奉唁函并惠仪银五百两，祭幛一悬，拜承厚赙，感泣难宣。文治负时窃禄，积罪如山。乃天不降罚于厥躬，而遘灾于吾母。春晖寸草，报答无期；擗踊攀号，靡所逮及。乃蒙情怀恳挚，慰问有加，感激之至，无任下诚。日月不居，屡更晦朔，丧事粗定，拟于三月初旬，谨扶灵榇南下返里安葬，勉执经于庐舍，空视息于人间。祗念隆施，倍深篆结，扶力鸣谢。敬维垂鉴。棘人唐文治稽颡再拜上。

（《唐文治致盛宣怀函》，见上海图书馆《盛宣怀档案》，光绪三十三年二月二十日，1907 年 4 月 2 日，档号 016742）

4 月 8 日（二月二十六日）　先生由京中扶柩起程。4 月 16 日（三月初四日）回至太仓后，葬母于浏河先茔。

> 二月杪，由京扶柩起程。王仲虎谱弟名曾武送至天津。许弼丞姊丈送回太仓，情谊均极可感。抵津后，乘新裕轮船，一路平顺。抵沪时，寄亭七叔父、朴丞弟、俞隶云表姊丈及各亲友等，均在码头迎接，顾大姑母及大表姊等上船来吊，皆痛哭失声。旋雇小船，拖带至太仓。入城，住隆福寺，设奠，即扶柩至刘河二十都二图扬子泾先茔，安葬于再昭穴。送葬者七叔父等二十余人，襄葬者吴健侯母舅、许君叔明也。计石灰一百担，用一成沙、二成土、七成灰拌匀，铺三寸为一作，土工十人用木锤轻打之，三寸打成一寸，则一作工竣矣。俗谓之白云葬。

（唐文治《茹经先生自订年谱·丁未四十三岁》）

窃文治……旋于三十三年二月二十六日由京扶榇起程，三月初四日到江苏太仓州原籍守制。

（《又奏前侍郎唐文治服满日期片》，见《政治官报》1909 年第 587 期）

先生回太仓后，其师王祖畲委以编辑文集事。

> 忆光绪丁未，文治奉讳归里，先生即委以编辑文集事。手稿见示，文治惧弗克胜，因先生命不敢辞。为僭定一目录，先生意殊不惬，若嫌所存过多者。一日，偶述古来文家割爱之法，当以昌黎为最。先生瞿然曰："此言汝得自何人？"对曰："此吾娄王弇州先生所言也。"先生曰："见于四部稿乎？"对曰："见《读书后》中。"先生曰："汝志之，此删定文集之要法也。"于是知曩昔先生之意，

因割爱太少耳。然要之,先生之文,精则极性命之微,大则膺道统之寄,其所渊源,上则希踪考亭,下则与亭林、稼书相颉颃。至于贯穿经史,议论古今,行乎其所不得不行,止乎其所不得不止,则又极文章家之能事。后世学者殚心读之,自能得其独到之处,然则所存之多寡,讵足深论乎?兹者遗集刊成,固可慰先生于地下,独文治追念教诲之恩,宿草如新,而居场未遂,每一展卷,犹不觉泫然而沾巾也。

(唐文治《王文贞先生学案》,见《茹经堂文集三编》卷一)

5月17日(四月初六日)　农工商部尚书载振因被人参劾而辞职,奉旨由溥颐代之。

五月,载尚书为人参劾,怏怏辞职。奉旨以溥仲鲁尚书名颐代之,亦宗室也。论者谓农工商部,一蹶不振矣。

(唐文治《茹经先生自订年谱·丁未四十三岁》)

按:据《清史编年》第十二卷载,光绪三十三年三月二十五日(5月7日),御史赵启霖弹劾奕劻、载振、段芝贵等。其奏云:段芝贵“以一万二千金于天津大观园戏馆买歌妓杨翠喜,献之载振……复从天津商会王竹林措十万金,以为庆亲王奕劻寿礼”。后载沣、孙家鼐奉命查办此案,归报无其事。清廷于四月初五日(5月16日)革赵启霖职。而载振亦不自安,乃于赵启霖被革职之次日辞职。

又按:马士良有《有关杨翠喜的传闻》一文,后附载振辞职疏云:“臣系出天潢,凤叨门荫。诵诗不达,乃专对而使四方;恩宠有加,遂破格而跻九列。俟因时势艰难之会,本无资劳才望可言。卒因更事之无多,遂至人言之交集。虽水落石出,圣明无不烛之私;而地厚天高,局蹐有难言之隐。所虑因循恋栈,贻衰亲后顾之忧;岂惟庸懦无能,负两圣知人之哲。不可为子,不可为人。再四思维,惟有仰恳天恩,开去一切差缺。愿从此闭门思过,得长享光天化日之优容;倘他时晚盖前愆,或尚有坠露轻尘之报称。”马士良于此疏后加按语云:“文章委曲婉转,闻系出自太仓唐文治手笔。”录以备考。

当是时,先生有感于“立宪并未实行,大局岌岌可危”,著《蓄艾编》二卷,对清王朝提出全面改革的意见,但“闻者皆莫之省”。

是时,立宪并未实行,大局岌岌可危。南皮张香涛制军名之洞,项城袁慰庭制军名世凯,皆入赞军机。余叹曰:“国力尽矣。”著《蓄艾篇》二卷,上之庆邸,闻者皆莫之省。

(唐文治《茹经先生自订年谱·丁未四十三岁》)

呜呼!《小戴礼记》有言:“创巨者其日久,痛甚者其愈迟。”文治居垩室之中,痛心疾首于礼,岂宜有言,顾心既茹痛,而耳不能不有所闻,耳闻既多,心痛滋甚。因念吾国家之病,犹吾父母之病也。父母有疾,为人子者当殚精竭思,以体会之;奔走呼号,以祈祷之;广征方药,以挽救之。今国家之疾至于如此,而为臣子者,排挤如故,脂韦如故,浑沌热中如故,竟无人焉殚精竭思,奔走呼号,广征方药而求所以疗之者。呜呼! 此文治之所为痛益加痛也。用是,于痛心疾首之时,窃为痛心疾首之言。积录既多,编辑成帙。呜呼! 孟子曰:"七年之病,求三年之艾,苟为不蓄,终身不得。"又曰:"言无实不祥。"今日中国正蓄艾之时也,再事迟回,悔且无及。惟冀当轴者勿以不祥之言而弃之,则无妄之疾,或者霍然起乎? 呜呼! 太仓唐文治自叙。

（唐文治《蓄艾编自叙》,见《唐文治文选》）

按:《蓄艾编》原稿未见。据《唐文治文选》"本篇介绍"云:"原编内容有《总纲》《论立宪》《论整理外务部》《论整理度支部》《论整理民政部》《论整理学部》《论整理陆军部》《论整理法部大理院》《论整理农工商部》《论整理邮传部》《论整理东三省》《论整理各省》《总结》等十三篇。原稿下卷佚失,现存者上卷有《总纲》等六篇约八千字左右。此书未经刊行。"

5 月 27 日(四月十六日)　《申报》刊出《筹议津镇路事汇闻》,云:"直隶、山东、江苏三省京官,近为津镇路事,分别票举代表。"先生被票举为代表。

直隶、山东、江苏三省京官,近为津镇路事,分别票举代表。兹将被举名氏列下:(直隶)李嗣香侍读士鉁、张伯讷京卿允言、史康侯履晋、恽薇孙学士毓林、冯公度司马恕分、刘博泉侍郎恩溥、孟绂臣参议庆荣、王和田观察毓兹、韩力如署正印符。(山东)李新甫太守经野、王一山内翰宝田、王觉生阁学埥、沈兰修御史潜、贾亮臣部郎鸿宾、王保之京卿培佑、陈丽宾京卿宗妫、田介人智枚。(江苏)唐蔚之侍郎文治、黄慎之学士思永。

(《筹议津镇路事汇闻·三省票举代表》,见《申报》1907 年 5 月 27 日第 3、4 版)

6 月 12 日(五月初二日)　先生抵京。抵京途中,遇汪康年于轮舶中,两人"相与言朝政之日非,祸至之愈亟",皆不禁为之泣下。

事毕后,痛哭别墓,偕弼丞姊丈回京。四月抵京,幸吾父康健,行虞祭礼。

（唐文治《茹经先生自订年谱·丁未四十三岁》）

余于君(按:指汪康年)为同年交,旅京过从,相得甚欢。丁未四月,余营葬先妣事毕,反京,遇君于轮舶中,相与言朝政之日非,祸至之愈亟,君洒涕沾襟。余兼痛家国之沧桑,亦不觉泣数行下。维时天风浪浪,若与悲怨声吞吐相和;海山苍苍,亦如变色有无穷之恨! 远方羁旅,聚观惊诧,以为若何为者? 两人始敛容退。

（唐文治《汪君穰卿传》，见《茹经堂文集二编》卷六）

杏荪宫保老伯大人阁下：日前扶榇回里，蒙节厜远莅，并惠奠仪，拜登厚贶，感泣莫名。文治负时窃禄，积罪如山，乃天不降罚于厥躬，而遘灾于吾母，春晖寸草，报答无期，辫踊攀号，靡所逮及。乃荷隆情恳挚，礼意有加，感激之余，益滋陨咽。本应到申时亲诣潭第叩谢，祗以百日未满，不敢冒昧，当邀原鉴。兹于本月初二日回京，补行虞祭，伏处礼庐，祗念隆施，倍深篆结，专肃鸣谢，敬请亮察不尽。愚侄制唐文治稽首。

（《唐文治致盛宣怀函》，见上海图书馆《盛宣怀档案》，光绪三十三年五月初二日，1907 年 6 月 12 日，档号 025428）

6 月 22 日（五月十二日）　盛宣怀复函先生，言及"嫂夫人慨赐捐助，仁粟义浆，施当其厄，谨为灾黎同深叩谢"。

前农工商部左堂唐

蔚芝仁兄大人阁下：前以老伯母太夫人之丧，薄致刍诚，正深愧歉，乃劳函谢，祗益汗颜。敬稔典礼馨，宜兴居慎卫，慰如远颂。此次江南北灾振，据义绅报告，佥谓平粜一事，活人最多。现在振务虽届结束，而吴地各户，值此青黄不接之时，仍不免嗷嗷待哺……嫂夫人慨赐捐助，仁粟义浆，施当其厄，谨为灾黎同深叩谢。填奉收□一纸，即祈察登。时事艰难，风潮掀揭，莼鲈秋思，愈令人感喟无穷也。肃复，敬承肃履，并叩侍安。愚弟。十二。

（《盛宣怀复唐文治函》，见上海图书馆《盛宣怀档案》，光绪三十三年五月十二日，1907 年 6 月 22 日，档号 025428 - 1）

7 月 11 日（六月初二日）　先生致函盛宣怀，向其引荐南菁同学赵椿年。

杏翁宫保老伯大人勋座：前肃谢笺，谅登签掌。敬维升猷夏大，鼎祉日臻，定符臆祝。兹有恳者：敝友阳湖赵君剑秋名椿年，向服官江西，上年调农工商部供差，未及补授实缺，遽丁内艰，奉其封翁奔丧旋里。现在赋闲无事，闻吕镜宇尚书即日晋京赴任，尊处随办商业人员当有更动。素谂我公乐育人才，培植后进，拟恳鉴其清况甚艰，家居不易，从优予一位置，俾得有所资助。赵君学问淹博，识见闳通，当为公所素悉，且与尊幕吕幼畛兄熟谂。倘蒙罗致，洵所谓两美必合，必能沆瀣一气。伏乞俯赐鉴察，鼎力成全，则感荷大德，不啻躬被矣。侄向不为人说项，因与赵君相知最深，又与我公有梓桑之谊，用敢介绍一言，伏祈鉴谅，至深感盼。再前承交下江北捐册，委为代募，无如京中女界，侄素乏熟识；除前寄一款外，至今各册竟皆曳白，未由交卷，歉仄无地。各册是否应行缴还,乞示谕遵办。专肃,祗叩崇安,诸祈澄鉴不戬。愚侄制唐文治稽首。
六月初二日。

（《唐文治致盛宣怀函》,见上海图书馆《盛宣怀档案》,光绪三十三年六月
初二日,1907 年 7 月 11 日,档号 035465）

8 月 1 日（六月二十三日）　先生致函盛宣怀,对其欲委用赵椿年表示感谢。

杏翁官保老伯大人钧座:顷奉谕函,敬承壹是。伏谂荩筹懋远,福祉赠
绥,快符臆祝。承示商约各节,诚后来必至之势,惟迩来时局变幻,正复不测,
"脊令在原,兄弟急难。"三复诗旨,每为流涕。敝友赵君剑秋,蒙老伯鉴纳微
言,允致尊幕,并察其清况,欲为厚筹薪金,足征栽培后进之心,有加无已,感佩
靡既。谨遵谕致函,道达厚谊,嘱其速行至沪,晋谒崇阶,听候派委。想赵君必
有以动用也。承谕江北赈捐,悬垫款项尚多。具见大君子惠济无疆,独力担
任,不胜顶祝。侄愧无涓助,深抱不安。所有曳白各捐册,今遵谕嘱一一缴还,
伏乞察收为荷。至尊处填发捐照一纸,业经照收,费神感谢。肃复,祗叩崇安,
统祈鉴察不戬。愚侄制唐文治稽首。六月二十三日。

（《唐文治致盛宣怀函》,见上海图书馆《盛宣怀档案》,光绪三十三年六月
二十三日,1907 年 8 月 1 日,档号 035463）

8 月 19 日（七月十一日）　京师第一蒙养园开学,先生为此园创办人之一。

京师第一蒙养院,定于本月十一日上午九钟开学。附设保姆讲习科,并西
城私立第一、两等女学堂,亦于是日同时开学。惟蒙养院各学生家长,预于初
九上午,赴院填写志愿书,以便存查。

京师第一蒙养院教员、职员人名单:监督振贝子福晋,院长章彦庵女士,
监学冯克巍女士。教员:加藤女士、木村女士、华女士、徐女士、禄女士。捐款
人:振贝子、袁制军、端制军、孙伯韩钦使。创办人:熙彦、唐文治、章宗祥、魏
震。经理人:臧守义。

（《京师第一蒙养院之组织》,见《申报》1907 年 8 月 16 日第 11 版）

按:上文"本月十一日"指本年农历七月十一日,公历为 8 月 19 日。

我们创办京师第一蒙养院,载振也赞成,并让他的福晋（即夫人）担任监
督,因此蒙养院得到各方面赞助,逐渐办成保育员讲习班和小学。

（章宗祥《记庆亲王奕劻和贝子载振》）

8 月（七月）　先生编《曾子大义》,先成二卷。

七月,编《曾子大义》,先成二卷。第一卷为《孝经》,第二卷为《论》《孟》中
曾子语。此外拟编《大戴礼记》中《曾子》十篇,《小戴礼记》中《曾子问》《大学》

二篇,及经、子中曾子语,以完《曾子》二十篇之书。

> 振谨案:第一卷《孝经大义》已刊入《茹经堂全书》中,博采旁稽,详演申论,剀切透达,令人读之,孝悌忠顺之心,油然自生。盖先生用意所在,非徒疏释文字而已。第二卷尚未刊,余未完成。《礼记大义》《大学大义》则别为专书。

> (唐文治《茹经先生自订年谱·丁未四十三岁》)

农工商部尚书溥颋亲来请先生为北京实业学校监督,坚辞之。陆军部尚书铁良欲请先生为北京贵胄学校监督,亦婉辞之。

> 溥仲鲁尚书亲来请余为北京实业学校监督,坚辞之。铁宝臣尚书名良,欲请余为北京贵胄学校监督,亦婉辞之。

> (唐文治《茹经先生自订年谱·丁未四十三岁》)

按:据上引《茹经先生自订年谱》,是先生自己拒绝接受北京实业学校监督一职。《申报》1907 年 6 月 1 日第 3 版《日下近闻》则记:"唐蔚芝侍郎经农工商部电催,于月初到京。闻该部本欲请其监督实业学堂,嗣因振贝子自请开缺,于是请唐监督之说,亦暂搁议。呜呼!国家用人,何等大政,乃升降皆属于个人,岂非奇事?"录以备考。

本月 5 月 19 日(四月初八日)谱兄世善卒于安徽布政使任内。本月,旅榇归京,先生素车白马,以临其丧。

> 七月,谱兄世伯先之丧,归自安庆。伯先与余患难之交。一麾出守,荐升安徽藩司,乃因患痢病,遂不起。余往吊之,不禁哭失声焉。

> (唐文治《茹经先生自订年谱·丁未四十三岁》)

> 丙午,君擢升安徽布政使。是年冬,余丁母忧。丁未春,君遗书来吊唁,谓:"遭遇之隆,吾二人相等;然名誉之美,吾远不逮君,岳降崧生,同期申甫,愿终勉之也!"呜呼!孰意甫逾数月,君之凶耗已至耶!君以河鱼之疾卒于官,年未及五十。旅榇归京,余素车白马,以临其丧,涕泣几不能仰视。

> (唐文治《满洲二友传》,见《茹经堂文集二编》卷六)

按:《绍英日记》光绪三十三年四月初八日记:"接瑞制军、恩中丞电,惊悉百先任于是日子时逝世。"又《绍英日记》于本年七月记:"七月间前半月因事忙未记。"世善"旅榇归京"或即在此半月中,但具体在哪一天未详。又《绍英日记》光绪三十三年七月十五日记:"早,祠堂大祭。"

秋 先生师王祖畬以其母《三省楼遗稿》见寄,嘱为校印,先生并为作《三省楼剩稿跋》。

> 呜呼!文治自去冬遭先母之丧,居垩室之中,读吾师王先生所撰《先妣事

略》，辄为泣血，不能自禁。今秋，先生以太师母《三星[省]楼遗稿》见寄，属为校印，并贻书告之曰："当汝初受业吾门，吾母尝见汝，谓余曰：'是儿厚重，非他儿比，宜善视之。'又阅汝文曰：'此远大之器也。'今忽忽二十余年矣，汝其志之。"洛诵是语，重益怆然……读太师母之遗稿，而重念吾母无只字之遗，更不自知涕泗之汍澜也。日月流迅，小祥已逾，念久承先生命，不宜濡滞，谨以是稿付诸排印，更流涕以书之。

（唐文治《三省楼剩稿跋》，见《茹经堂文集二编》卷五）

王紫翔师之太师母张太夫人，贤而多才，著有《三省楼诗稿》，余谨序而印行之，王师心甚慰。

（唐文治《茹经先生自订年谱·庚戌四十六岁》）

按：据《茹经堂文集二编》卷五中此文题下标注，《三省楼剩稿跋》作于丁未年即 1907 年，而上引《茹经先生自订年谱》中则将为《三省楼诗稿》作序及印行事系于庚戌年即 1910 年，此从《三省楼剩稿跋》。

逾数年，又为太师母张太夫人作《三省楼诗稿序》。先生曰："立言亦颇得体。"遂谓文治文章已成就，不甚删改，略去虚字。盖先生最善文家割爱法，尝谓秦汉之文，不独无支词，且无支字；唐宋以后文，所以不古若者，虚字多也，能节虚字，则气自炼而辞自雅矣。

（唐文治《王紫翔先生文评手迹跋》，见《茹经堂文集三编》卷五）

10 月 14 日（九月初八日）　邮传部尚书陈璧奏请派先生为上海高等实业学堂监督。先生因念父亲年高，思乡甚切，因允就职。

八月，邮传部陈玉苍尚书奏请派余为上海实业学校监督（原名南洋公学）奉准。因念吾父年高，思乡慕切，因允就职。陆伯葵师为吾父饯行，情意卷卷。

（唐文治《茹经先生自订年谱·丁未四十三岁》）

奏为拟聘大员接充高等实业学堂监督，恭折仰祈圣鉴事。

窃查上海高等实业学堂，原归农工商部管理，由会办电政大臣就近兼充监督。嗣于本年二月间奏准，划归臣部管理，当经臣部查照成案，奏派办理电政存记道杨文骏接充，本为节省经费起见。现在电政事务殷繁，杨文骏力难兼顾。该学堂系南洋公学改设，规模宏大，现当培植人材之际，尤在讲明实学，勿涉歧趋，须有名望素著、品学兼优之员常川驻堂，督率办理，方足以收实效而杜流弊。查有丁忧前农工商部左侍郎唐文治，学术纯正，任事恳诚，堪以聘请接充监督，如蒙俞允，即由臣部咨行，钦遵办理。所有拟聘大员接充高等实业学堂监督缘由,理合恭折具陈,伏乞皇太后、皇上圣鉴训示,谨奏。

光绪三十三年九月初八日奉旨:依议,钦此。

(陈玉苍《拟聘大员接充高等实业学堂监督折》,见《邮传部奏议类编·续编 一、二、三、四、五》)

唐先生任职商部时,曾奏请设立高等实业学堂于北京。开课后,他对该校颇关心,学生们也把他当作老师。一九〇六年年底,他的母亲胡太夫人病故。根据当时的制度,他解除了署理农工商部尚书职,在家守孝。官虽暂时不能做,办学是可以的。有人来请他出任北京实业学堂监督,也有人请他出任北京贵胄学校(专收贵族子弟的)监督。他都没有接受,邮传部请他出任高等实业学堂(在上海)监督,因他的父亲若钦先生想回江苏,他就接受了这一职位。

(黄汉文《记唐文治先生》)

同日 先生奉父亲南归。临离京时,同乡前辈陆宝忠为先生父子饯行。

其(按:指陆宝忠)平生气节凛然,有古大臣风,爱才极笃,待余尤厚。临别饯行时,忽语吾父曰:“吾恐不能见君矣。”旋握余手,谆谆以身后之名相属。

(唐文治《茹经先生自订年谱·己酉四十五岁》)

忆丁未秋,文治出都,再拜言别。公唏嘘若不胜者,曰:“子行矣!国家之事,宜更勉之。我老且病,无几相见。平生心事磊落,无不可告人者。异时事迹,子当为我传之。”

(唐文治《陆文慎公墓志铭》,见《茹经堂文集初编》卷六)

10 月 20 日(九月十四日) 抵达上海。农历九月下旬,迁入徐家汇邮传部上海高等实业学堂特建之公馆。先生正式就任该校监督。

九月初旬,奉吾父南归。送行者桂月亭尚书名春,及汪君伯唐、胡君劢介诸人。到沪后,暂住俞隶云表姊丈家,旋赴徐家汇实业学堂就监督职。

(唐文治《茹经先生自订年谱·丁未四十三岁》)

按:唐受祺《九月初八日南归纪事》“翘首此间云影停,凤昔离惊许倾倒”两句作者自注云:“十四日午刻,抵春申江,渡黄浦。”又“桑田沧海几徘徊,我愿枕流漱石来”两句作者自注云:“九月下澣,迁徐家汇邮传部高等实业学堂所特建之公馆。”

丁未秋,余出掌上海南洋大学校,君(按:指胡祥鑅)喜曰:先生此去可以兴商学,觇商情矣。

(唐文治《胡君劢介传》,见《茹经堂文集三编》卷七)

葱茏入望接田莱，十里晴光指顾开。且向此间聊养静，任他世事变迁来。

（唐受祺《徐家汇寓斋》，见《浣花庐诗钞》卷二）

光绪三十三年，十岁……秋，吾父任南洋公学监督，校址在徐家汇。余随先祖及双亲住校内。上海为新辟商埠，一鞭紫陌，十里红楼，极繁华之盛。余常随先祖、吾父乘马车至张园、愚园及李公祠等处品茗。李公祠内有河池，池畔客厅，布置精美，椅桌上均镶螺钿。又尝至哈同花园，为海上名园之冠。

（唐庆诒《忆往录》）

先生到任后，针对"因前任监督久不到校，颇形废弛"的状况，力加整顿。并请七叔父唐锡翰襄助庶务，门生李联玮为国文教务主任。

时教务长为冯君玉蕃名琦，斋务长为梁君巨屏名业，庶务长为周君子衡名铨，附属小学主任为林君康侯名祖湆。学生约三百人，小学生约百人。因前任监督久不到校，颇形废弛，爰力加整顿，并请寄亭七叔父襄助庶务，李生颂韩为国文教务主任。

（唐文治《茹经先生自订年谱·丁未四十三岁》）

到任不久，先生电请农工商部，派学生杨锦森等六人赴美国学习商科。

旋电请农工商部，派学生杨锦生[森]等六名赴美国学习商科。

（唐文治《茹经先生自订年谱·丁未四十三岁》）

南洋早年办过一期商科，何年毕业不复记忆，其中有杨锦森、杨德森、林则蒸（鞠惟）、胡鸿猷（征若）、赵景建（君简）、徐经郭（守五）等几人，皆曾赴美留学。唐蔚老的自订年谱中，述及到沪长校之年即派送商科毕业生杨锦森（原书作生）等六人赴美深造，是否即上述六人容有出入。

（凌鸿勋《校史杂忆》，见《老交大的故事》）

学生胡鸿猷为具结事。今蒙监督唐考选，电请农工商部资派，赴美国学习商业专科。日后学成回国时，当听候农工商部差遣，以尽义务，决不私行他就。如未蒙农工商部派差，或由邮传部及本学堂札调，也当立即赴差，用报培植之恩。今特具甘结一纸，呈请备案。须至甘结者。

学生胡鸿猷，年二十岁，系江苏省常州府无锡县人，现住无锡。

曾祖国梓，祖荣庭，父允龙。

［胡鸿猷《留学生具结》，见《交通大学校史资料选编》（第一卷）］

10 月（九月）　先生咨呈邮传部，请求将上海高等实业学堂铁道班改为铁路专科。

为咨呈事。窃照轮、路、电、邮四科，为本部所统辖。路政利商利民，尤为实业之基础,近来日益发达,复得本部提倡维持,储才致用,商民观感,忭颂同深。本监督接收实业学堂以后,详考该堂上院专门设有铁道一班,询属当务之急。唯其规制简略,必须大加扩充,俾至详备。尤宜另聘铁道工程专门教员,分条讲授,庶可造就精深,但必须有熟谙铁道学之人,始能考核教员之程度。兹查京张铁路总工程师詹道天佑,精通轨政,现已函商该道,嘱其详加考核,选举铁道专门教员一名,来堂主讲。并经会商教务长,按照学生班次,详细斟酌,除现列铁道班学生×××名外,其本年暑假后所列工程班学生孙同祺等十九名,均可改习铁路。除俟聘定专门教员再行咨呈外,相应将工程班学生改习铁路一节,先行咨呈本部查照备案。

[唐文治《咨呈将铁道班改为铁路专科》,见《交通大学校史资料选编》(第一卷)]

11月4日(九月二十九日) 《申报》刊登《资政院官员名单》,先生为清政府所筹建之资政院十名参议官之一。

资政院除伦、孙两总裁外,所有参议、书记各官列下:参议官十员:内阁学士宝熙,商部右丞沈云沛,商部左侍郎唐文治,外部郎中顾璞,外部主事汪荣宝、曹汝霖,御史赵炳麟、倬寿,商部主事章宗祥,留日学生程明超。书记官五员:吏部员外李绍烈,庶吉士云书,内阁侍读智格、范照壬、朱与汾。

(《资政院官员名单》,见《申报》1907年11月4日第5版)

11月上旬(十月上旬) 先生呈文邮传部,"请本部专案奏明于京奉、京汉两路余利项下,每年酌拨京平银各叁万两,迳解本学堂作为常年的款"。

为咨呈事。窃照办理学务以筹款为第一要义。本学堂前隶商部,所有常年收支各款,历次造具简明清册,呈由商部察核在案。今春改隶本部,文治自九月二十二日接办后,即以经费为学堂需要,亟应通盘筹划,爰详稽案卷。查本学堂经费,向以轮、电两局协拨常年之款为大宗,计轮局原拨银贰万两,加拨银贰万伍千两,共肆万伍千两。电局原拨洋贰万元,加拨洋叁万元,共伍万元,加以收入存款息银、膳费等项,收支两抵,虽间有不敷,尚不至十分竭蹶。本年除电局照数拨解各款外,轮局全年仅认解二万两,现解到者仅一万两,秋季经费屡催未解,此后解数殊无把握。学堂规模日扩,需用日繁,本年暑假后,已将原设铁道一班量加增易,明春须力筹推广,添聘铁道专门教员,殚精讲授,并须增设电、邮两专班,购置仪器等项,以资实验。当经督同庶务长、会计员如实统计,编成光绪三十四年收支预算两表,计收入表内,共规元银肆万陆千玖百捌拾两,支出表内分额支、活支、特支三项,除特支一项应随时咨部请拨外,额支规元银共拾万零壹千玖肆捌两,活支规元银约陆千伍百两,收支相抵,实不敷规元银陆万壹千肆百陆拾捌两。相应将原表两纸咨呈察核。伏念迩来朝廷培植人才，不遗余力，本部又复经营提倡，大启宏规，此项专科，实为振兴实业之萌柢，可否请本部专案奏明，于京奉、京汉两路余利项下，每年酌拨京平银各叁万两，迳解本学堂作为常年的款。文治仍当督饬会计员等随时随事撙节动支，并将开支款项按月详晰咨报……

　　[唐文治《咨邮传部办理学务以筹款为第一要义》，见《交通大学校史资料选编》（第一卷）]

　　按：据《上海交通大学纪事（1896—2005）》，本年 11 月 18 日（十月十三日），邮传部轮局为催拨办学经费事复文上海高等实业学堂，称"俟年终结账有无余利，方可截数匀拨"。

11 月 19 日（十月十四日）　因轮船招商局亏欠应拨解上海高等实业学堂的常年经费，先生呈文邮传部，请"转咨北洋大臣查照前案，迅饬该局将认解常年经费，刻期扫数解堂，以重学务"。

　　为札饬事。准邮传部咨船政司案呈"本年十月二十七日，准上海高等实业学堂监督、前农工商部左堂唐咨称，本学堂常年经费，向由轮电两局拨款，以资挹注。本年隶属本部，即经杨前监督于接收学堂禀内，声请分别咨行。除电局遵照原数拨解外，其轮局经费，咨由北洋大臣饬据该局认解学堂常年经费规银二万两，其历年加拨学堂经费银二万五千两，并未认解。本监督接收以后，查阅轮局解款卷宗，本年仅解过春夏两季经费银一万两，秋季经费，屡催未解。昨始据该局覆称，俟年终结账，有无余利，方可截数匀拨等语。查本学堂原名南洋公学，光绪二十四年四月间，盛大臣筹集商捐奏明开办公学折内称，公学四院常年经费，以轮电两局岁捐银十万两，量入为出，仅可相当等语。及改隶商部，该招商局亦年拨银共约四万五千两之谱。虽余利有无，原难预计，惟查南洋公学开办时，该局年拨巨款照现解之数为多。斯时航业并未甚发达，何以随时拨解，并无异辞？又查本年北洋大臣咨覆本部文内，于加拨款项尚有或有余款，仍当不分畛域，随时拨助之语。今该局于认解原拨之款，犹复藉词延宕。学堂为储材要地，待用甚殷，应请转咨北洋大臣查照前案，迅饬该局将认解常年经费，刻期扫数解堂，以重学务等因到部。查南洋公学开办时，年拨巨款较现数为多。可见该局从前能视此项解款为重要，即不以生意清淡为延宕拖欠之词。今准该监督来咨，洞揭该局推诿情弊，自不应以进款竭蹶为藉口，所有此项经费，历解有年，不特所认二万两，立宜扫数解清，即加拨之二万五千两，亦何可半途停止？自应一并照解，以符向章，方足以昭商局之信用。相应咨行贵大臣查照，饬局仍照从前加拨成案，速将本年所欠三万五千两，全数迅速照解，并希见覆"等因到本署大臣。准此，合行札饬，札到该局，即便查照筹解具覆。

（《督宪杨准邮传部咨札饬上海招商总局补解实业学堂经费文》，见《北洋官报》1907 年第 1584 期）

按：据《上海交通大学纪事（1896—2005）》一书载，先生发此呈文的时间为 1907 年 11 月 19 日（十月十四日）。

本年 盛宣怀曾就本家子弟投考上海高等实业学堂事致函先生。

蔚芝仁兄大人阁下：昨蒙驾临，有失倒屣，歉疚万分。前面恳敝本家数人，均习过英文，拟赴贵堂肄业，仰荷照允，至为感泐。兹特令盛惇、盛恽、盛福田三生趋前，即请饬为考试，量予分科授业，俾有进步。附名条三纸，敬祈存览。承募女界捐款洋四拾元，共十一户，饬由广仁堂分别转交，谨代叩谢。专肃，敬请台安不备。愚弟。廿九。

（《盛宣怀致唐文治函》，见上海图书馆《盛宣怀档案》，光绪三十三年至宣统三年，1907 年—1911 年，档号 005009）

按：在上海图书馆《盛宣怀档案》（电子扫描件）的题录中，本函署年份为"1907 年—1911 年"。吕成冬《从盛宣怀档案中盛宣怀与唐文治信函看盛唐关系（1907—1914）》一文将此函定于"唐文治掌校当年"，此从之。吕文并云："至于唐文治有没有为此事复函盛宣怀不得而知，1910 年学校毕业名单上有盛惇，可以推断这封信起到了作用。"

本年 金绍基来向先生问学。

丁未南来，其弟绍基造庐，执贽，殷然问学于余。

（唐文治《金竹庭先生传》，见《茹经堂文集二编》卷六）

1908年(戊申　清光绪三十四年)　44岁

1月21日(光绪三十三年十二月十八日)　经先生等奏请,奉旨颁给上海高等实业学堂及唐山路矿学堂《图书集成》各一部。

奏为臣部所辖各学堂援案请旨,赏给石印《图书集成》,以资观览,而俾学务,恭折仰祈圣鉴事:

光绪二十八年十二月二十九日,军机大臣面奉谕旨:刘坤一等奏石印《图书集成》存储尚多,请旨办理等语,着即进呈二十部,派员解京,并赏给每省一部,发交学堂,以资观览,其余解交外务部收存,候旨颁发,钦此。臣部所辖上海实业学堂、唐山路矿学堂,前经责令各该监督切实整顿。现在图书、标本,虽陆续购置,大抵近今译著之本,于旧学适用典籍,尚未完备。伏维《图书集成》一书,荟萃群籍,不独国文足资考证,且于实业多所发明。新理旧闻,两有裨益。查农工商部高等实业学堂及顺天五城各学堂,均经奏明,颁发《图书集成》各一部在案。兹准上海实业学堂监督、前农工商部左侍郎臣唐文治,唐山路矿学堂监督、臣部候补郎中罗惇曧,先后呈请援案奏给等因前来,合无仰恳天恩,颁给《图书集成》二部,俾资参考,恭候命下,臣部钦遵办理。所有援案请旨颁给学堂《图书集成》缘由,理合恭折具陈,伏乞皇太后、皇上圣鉴。谨奏。

光绪三十三年十二月十八日奉旨:依议,钦此。

[《请颁给学堂图书集成折》,见《邮传部奏议类编·续编》(一、二、三、四五)]

1月27日(光绪三十三年十二月二十四日)　先生聘请美国渣路士·波打先生为上海高等实业学堂教员,课授机器工程专科,并议定合同条款,规定教员月薪,工作听监督、教务长安排,教导学生须和平详细等共七条。[据《上海交通大学纪事(1896—2005)》]

2月3日(正月初二日)　盛宣怀致函先生。有留学英国之庄裕孙,因需延期学习四年,盛宣怀受托向先生请求照章年奖银五百两。

交通部实业学堂实业学堂监督、前农工商部左堂唐

蔚芝仁兄大人阁下:自闻台旌荣驻春申,深喜□仪密迩。乃忽改辕北指,踪趾鳌睽,引睇□前,载劳饥渴。献岁伊始,敬维侍奉愉胜,教育修明,定如下颂。弟奉召入都，忽忽两月。贱恙素惮严冬，今届风雪□寒，不时触发。所幸苏杭甬借款一事，近已转圜，外、邮两部于邦交、舆望，均费调停。鄙人藉可藏拙，俟有结束，即拟旋南。良觌匪遥，尤为忻惬。兹敬有恳者，同乡□□庄裕孙，现年二十二岁，江苏阳湖县人，向肄业南洋公学，升入中院三班，廿九年七月自备斧资，至日本东京，留学同文书院，习东语、英文并理化、工艺。三十年二月，仍自备斧资，游学英国之苏格兰。其时因学费支绌，奉准援照北洋大学堂佽助自费出洋学生之例，给该生及嵇岑孙两名每年各奖银五百两，四年为满，自光绪三十年秋季起，拟自本年春止，业已届期满。该生因补习普通，甫于上年九月考入英国葛兰□沽大学堂，习专门铁路科，均须四年毕业。弟夙稔该生，□□励学志向可嘉，家本清寒，自费竭蹶，在英三年，因奖款尚属不敷，曾向同乡官费生十人集赀公贴。上年官费减成，公贴亦遂停止。而大学堂学费较前加增，遥遥四年，益难支柱。若因费绌之故半途辍学，尽弃前功，深为可惜。踌躇再四，可否仍恳推念该生系本学堂出身，照章展期，加给该生奖银四年，计每年规元五百两，仍分春秋两季具领，其余不敷，由同乡□□酌助。明知学堂经费不宽，揆以栽成后进、勖勉向学之心，或蒙俯□所请，不胜祷切。专肃渎恳，敬请台安，并叩新禧，静候赐畣。愚弟。正月二日。

（《盛宣怀致唐文治函》，见上海图书馆《盛宣怀档案》，光绪三十四年正月二日，1908年2月3日，档号117703）

2月28日(正月二十七日)　先生复函盛宣怀，对其给留英学生庄裕孙“奖银四年”之请求，答以必须报明邮部核准，筹定的款，俟覆到后再行奉闻。

杏荪宫保老伯大人阁下：……文治谬总校事，鲜可告嘉。际兹士气嚣张，颇虑艰于困应。此次节麾入觐，宇内向风。以一身系安危，迴九天之视听。路事斡旋非易，岂第惠及枌榆。棨戟旋时，谨当骧迓。承示“庄生裕孙在英，现习铁道专科，尚需展期四稔，拟照章年奖银五百两”等因，庄生盛年劬学，此次肄习专门，更与泛请展期者有别。重以钧属，尤应遵行。惟堂中经费奇绌，即本年额支各款，不敷甚巨。似此特别用项，必须报明邮部核准，筹定的款，始克按期兑汇，中辍无虞。现已咨请部示，俟覆到后再行奉闻。报命稍稽，尚祈亮察。敬请勋绥，祇贺新厘不备。愚侄唐文治谨肃。正月二十七日。

（《唐文治致盛宣怀函》，见上海图书馆《盛宣怀档案》，光绪三十四年一月二十七日，1908年2月28日，档号044862）

按：据《交通大学校史资料选编》(第一卷)所收《一八九七—一九〇六留学生名单》，庄裕孙系1904年前往英国留学。

2月（正月）　先生回太仓浏河省墓。

正月，回刘河省墓。墓前始立旗杆二，七叔父及表兄朱君诵六名之经代为经理，松楸无恙，可感也。

（唐文治《茹经先生自订年谱·戊申四十四岁》）

同月　先生将上海高等实业学堂原普通工程科（铁道工程班）改为铁路专科，创立该校第一个工程专科。

正月……实业学校旧设普通工程科，特为改设铁路专科。

（唐文治《茹经先生自订年谱·戊申四十四岁》）

一月，唐文治将原普通工程科（铁道工程班）改为铁路专科，创立本校第一个工程专科，定学制为三年，原铁道工程班学生全部转入铁路专科。同时停办商务专科。

（霍有光、顾利民编著《南洋公学—交通大学年谱》）

停办商科的同时，学校集中办理与交通邮电有关的工程专业。原先开设的铁道工程班，是以修筑铁路为第一要务的邮传部所急需的专业，只是设置过于简略，缺乏谙熟铁道工程学识的教员。唐文治决心将铁道工程班加以扩充，一边呈准邮传部，要求加拨经费设立铁路专科；一边数次函请詹天佑参考课程设置，帮助选聘铁道专门教员。当时正在主持修建京张铁路的詹天佑，收函后当即商请美国耶鲁大学协助在美聘请专任教员一名。经过多方接洽，学校聘定美国人渣路士·波打为教员，专门讲授铁道机器工程。1907 年底，铁路专科正式建成，学制定为三年，原铁路工程班的学生和当年暑假招入铁路工程班的新生，均转习铁路专科。这是学校历史上设立的第一个工程专科，成为交大高等工程教育的发端。

（盛懿、孙萍、欧七斤编著《三个世纪的跨越——从南洋公学到上海交通大学》）

按：《茹经先生自订年谱》及《南洋公学—交通大学年谱》皆将设铁路专科事系于本年正月或一月。《上海交通大学纪事（1896—2005）》则云："本月（按指 1907 年 10 月），铁路专科正式成立，定学制三年，原铁路工程班的学生和当年暑假招入铁路工程班的新生，均转铁路专科。这是本校设立的第一个工程专科。"《三个世纪的跨越——从南洋公学到上海交通大学》则系此事于 1907 年底，姑录以备考。

因上海高等实业学堂教务长冯琦、庶务长周铨辞职，先生改聘梁业为教务长，夏曰璂为庶务长。

教务长冯君玉蕃、庶务长周君子衡辞职。请梁君巨屏为教务长，嘉定夏君蕉饮名曰琰为庶务长。

（《茹经先生自订年谱·戊申四十四岁》）

余因钦佩先生（按：指沈恩孚），尝欲延先生兼任南洋大学庶务长。先生曰："兼职恐心力不专。"爰荐同乡夏蕉饮先生以自代。

（唐文治《吴县沈信卿先生诗文集序》，见《茹经堂文集六编》卷四）

3月9日（二月初七日） 盛宣怀收到先生来函。此前，盛宣怀就一"魏君"投考上海高等实业事向先生托请，函中对此进行了回复。

杏荪官保老伯大人阁下：贱躯偶患泄泻，前承宠召，未克走陪，怅歉奚似。辰维杖履禔福，如颂以慰。承示名条，敬列记珠。魏君系出名门，英年劭学，则其所造必有可观。校中招考简章已列报端，想已鉴及，届时并华族三名，统希到校投考。肃覆，敬请台安。愚侄制唐文治顿首

（《唐文治致盛宣怀函》，见上海图书馆《盛宣怀档案》，光绪三十四年×月七日，1908年，档号044630-1）

按：在上海图书馆《盛宣怀档案》（电子扫描件）的题录中，本函有年份、日期而无月份，但信封上题有"光绪三十四年二月初七日到"。

3月（二月） 先生主持拟订《邮传部高等实业学堂出洋留学生章程》，并咨请出使美国等大臣，请转发该章程。

为咨请事，案照派送出洋留学生一事，所以储才致用，关系至重，本学堂以实业命名，所学轮、路、邮、电四科，尤为财政命脉。惟从前本校咨送出洋各生，所学学科程度，均未能按期报告，以致漫无稽考。现经本监督拟定派送出洋留学生章程八条，业经咨准本部核定在案。自经此次定章以后，所有本学堂派往留学各生，自应一体遵守，照章办理，不得视为具文，特刊印此项章程。咨请贵大臣分别发给该生等祗领，仍希随时约束维护，以正步趋。

[唐文治《咨出使美国等大臣请转发留学生章程》，见《交通大学校史资料选编》（第一卷）]

按：《邮传部高等实业学堂出洋留学生章程》，共八条，其要点为：一、选送留学生须严加考核；二、限三十人为定额，待留学毕业后方可再派；三、毕业年限由监督会同教务长核定，学堂毕业生非俟留学生缺出，亦不得自行请派；四、留学期间恪守学规，不得沾染习气，惑于邪说，违者即将官费撤销；五、如有调查之件，应详细点查，迅速报告；六、每学期应报告学习心得、实验情况，有实用著译者酌给奖励；七、留学回国后应至学堂谒见监督，呈验文凭，送学部考试，照章给予出身；八、毕业回国愿充学堂教习者，五年后照章咨部给奖。

春　廉泉以《国粹教科书续编》见示，先生作《国粹教科书续编序》。

往予谒吴挚甫先生于京师，先生示予曾氏古文四象，维时以人事倥偬，未及钞录，至今为憾。今年春，侨居沪上，无锡廉君惠卿示予《国粹教科书续编》，亦以四象分类，宛然见曾氏选本，为之欣慰不能已……

　　　　　　　　（唐文治《国粹教科书续编序》，见《茹经堂文集二编》卷五）

5 月初（四月初）　先生为上海高等实业学堂开设电机、邮政两科事，呈文邮传部。

为咨呈事：案照本学堂本年添聘教员，讲授铁道专科，业经咨明本部察核在案。并拟增设电机、邮政两专科，其学科程度已详载于新定章程册内。兹查本年夏季预科班学生毕业者应有四十三名，照章应入专科肄习，现择学堂两偏屋舍，改为电机实验场，开办费用及购买机件仪器等项，约共需银七千六百余两。其邮政科讲堂即附设上院，较为简易，正在遴选教员，预备讲授。所有本年毕业预科各生，愿入何科，均令自行认习，以期适当。大致志在实学，程度较高者，则入电机科；其家境清苦，求速致用者，则入邮政科。唯邮政一班，以课程简单，原定一年毕业，学成之后，正可用其所长，供邮局之选派。

　　［唐文治《咨呈增设电机、邮政两专科办法》，见《交通大学校史资料选编》（第一卷）］

（1908 年）5 月初，唐文治为开设电机、邮政两科，呈文邮传部……同年秋，得到准允，正式开设电机专科。课程有数学、物理、化学、电学、电机学、热力学等十多种，为我国高等学校最早设立之电机系。从此本学堂以培养商务人才为主转为以培养工程技术人才为主。

　　［上海交通大学校史编纂委员会编《上海交通大学纪事（1896—2005）》］

5 月 23 日（四月二十四日）　学部咨复由邮传部转行的先生咨呈。咨复中对高等学堂预科做了规定。

为咨覆事。准咨开准高等实业学堂监督咨称本学堂本科及高等豫科课程，按照奏定章程，参酌各国实业教育制度，详加编定，以学成致用、振兴全国实业为主；注重中文，以保存国粹，呈请转咨等因，相应咨请查核备案等因，并钞录原订章程前来。查本年四月初六日，本部奏准各学堂招考限制章程，内开："高等学堂不得再设豫科各项名目，并于折内声明未列专章之邮电、路矿、法政学堂正科，属于高等教育者，概不得招收未经中等学堂毕业之学生，以期深造。"该学堂既系高等实业，分授铁路、电机、邮政各科目，自应以中等学堂毕业学生升入肄业，方能精求专门之学。原章所拟高等豫科课程，如心理学、法学,并入修身功课之类,多有未合,应改为附属中学或附属中等实业,查照奏定学堂章程所定中学或中等实业课程教授,不得意为删并。其中学豫科,应改为附属高等小学,查照奏定学堂章程所定高等小学课程教授。高等小学毕业,再升入附设之中学或中等实业。中学或中等实业毕业,再升入高等本科,以期根抵深厚。又原章所拟高等本科课程,每星期授课钟点过少,亦应酌量增订。其邮政本科应习学科无多,一年毕业,将来毕业核议奖励,不得比照路电各科办理。考试规章所订临时学期、学年各项考试分数等第及立品分数如何核记。应查照本部奏定各学堂考试章程,酌量修改,以免歧出。其高等、中等暨高等小学各项课程遵章改定之后,应由该学堂缮具清单,并将各等学堂现在各有学生若干名,造具姓名、年岁、籍贯、履历、入堂年月清册,呈请咨行,过部备核,相应咨覆贵部,行知该学堂照办可也。须至咨者。

[《咨覆邮传部转行上海高等实业学堂遵章改定课程规则并造册咨部备核文(光绪三十四年四月二十四日)》,见《学部官报》1908 年第 56 期]

5 月 27 日(四月二十八日) 上海高等实业学堂重订《上海高等实业学堂总目》。嗣后,先生将其呈报邮传部,陈述本学堂制订章程的目的和设想:"严定章程,以道德端其规范,以法律束其身心,庶几教授管理有可措手,学生乃能有志于上进,蔚为通才","其大要在造就专门人才,尤以学成致用、振兴全国实业为主,并极意注重中文,以保国粹"。

(1908 年)5 月 27 日(四月二十八日) 本校重订《邮传部上海高等实业学堂章程总目》,内容包括设学总义、学科程度、职务通则、监督条规,以及教务长、庶务长、斋务长、教员、监学官、会计官、文案官、杂务官、学堂、讲堂、宿舍、食堂、操场、礼堂、图书室、仪器室、西书室、阅报室、应接所、门房、考试、赏罚、放假、出洋留学生条规等计 25 章,并附有高等小学章程 21 章 105 节,极为详细。在设学总义中,强调"本学堂分设高等学科,造就专门人才,尤以学成致用,振兴中国实业为宗旨"。

[上海交通大学校史编纂委员会编《上海交通大学纪事(1896—2005)》]
为咨呈事。窃照学堂为育才要政,必明订规划,共同遵守,始无偭规越矩之虞。自学校广辟,士气骁张,或非分以要求,或任情反对,号召恣肆,习为故常,几以三舍之区,等储一哄之市。欲清其源,必须参酌情形,严定章程,以道德端其模范,以规律束其身心,庶几教授管理有可措手,学生乃能有志上进,蔚为通材。本学堂自去秋本监督接办后,即经督同教、庶、斋务长及文案员等拟就新章,连同附属小学,共缮二册,咨呈本部察核。其本部及高等预科课程,曾

于原文内声明，俟聘定专门教员到堂，再行厘定各在案。中西专门各教员，业经陆续来堂上课讲授，所有学科程度，谨按照奏定章程，并参酌东西洋实业教育制度，商同各该专科教员，详加考核，编定科目，以资造就。其余学科阶级、毕业年数及各项规则，均经再四商榷，也间有增益，期臻妥善。其大要在造就专门人才，尤以学成致用、振兴全国实业为主，并极意注重中文，以保国粹。自小学以至中院，自中院以至上院专门，所有中西文课本皆定预算，务使循序渐进，先后联络一气，无躐等，无重复，俾成完全教育。各《职员规条》专以本身作则为宗旨，各《学生规条》专以敦崇品行为宗旨，务本而勿庸逐末，治表而益以近里，如此实行数年，庶几体用并达之士出乎其中。

　　　　［唐文治《咨呈重订章程和宗旨》，见《交通大学校史资料选编》（第一卷）］

5 月 31 日（五月初二日）　　上海务本女学为已故学生俞庆和开追悼会。俞庆和为先生中表女甥，会上由唐庆诒代先生致哀辞、诔辞。

　　昨日，务本女学学生为已故同班生俞庆和女士开追悼会于白云观，到会者务本师生及俞氏家族亲友。午后二时开会。兹将其秩序列后：（一）同班生钱新才报告开会缘由；（二）吊者起立致敬；（三）招魂词（同班生刘沁芳）；（四）同学诔辞（杨季威述俞女士言行，严爱贞读诔文，边境宏、范承俊、吴芙、彭敏慎、张光勤、王伟杰、郭洁之、王湘龄等同班生之挽词及各级生之吊语）；（五）女士兄庆恩宣述女士行状；（六）兄弟姊妹之祭文；（七）同学挽歌（中学科全体）；（八）唐蔚芝先生哀辞；（九）女士姊庆英哀辞；（十）雷继兴、杨千里、王引才、吴畹九、唐蔚芝先生等之诔辞；（十一）家族答谢。五时散会。

　　　　（《俞庆和女士追悼会纪事》，见《申报》1908 年 6 月 1 日 19 版）

　　宣统元年，十二岁……庆棠之二姊庆和，品学兼优，不幸病殁，务本同学为开追悼会，余赴会诵吾父所撰哀辞一篇。

　　　　　　　　　　　　　　　　　　（唐庆诒《忆往录》）

按：《忆往录》将此事系于宣统元年即 1909 年，误。

　　庆和，予之中表女甥，学于上海务本女塾，试辄冠其侪。戊申四月，患腹瘤以殁。既殁之三日，予往唁，表姊丈俞君肃云暨表姊氏俞君伉俪痛哭，谓予曰："是儿天性诚挚，事父母孝，事兄姊敬，抚弟妹以恩，取与至廉，勤学不倦，有丈夫志。今已矣！是儿于戚党中最钦仰君，君素嘉其志，幸一言以不朽是儿。"予自去年奉讳回江南，暂居俞氏宅中，夜分每闻咿唔声不绝。予问为谁，俞君伉俪辄笑不答，详询之，乃知庆和读书声也。及余迁居徐家汇，仍时诣俞，旁晚，每遇庆和散塾于途，辄忻然曰："舅归乎，何日复来？"今春，予姑母疾时，庆和病已作,犹为按摩数昼夜,彼其至性有大过人者。故既殁之后,同学诸女子来吊者,咸哭失声,盖其感情之厚,有由来也。

(唐文治《女甥俞庆和哀辞》,见《茹经堂文集二编》卷九)

5月(四月) 上海高等实业学堂增设国文科,李联珪任国文科长。同时设国文研究会,全校学生均为会员。每逢星期日由先生和国文科长分班授课。并规定每年举行一次由大、中学生参加的国文大会。[据《上海交通大学纪事(1896—2005)》]

又于星期日设国文补习课,余亲自上课教授。

(《茹经先生自订年谱·戊申四十四岁》)

本学堂自光绪三十四年上学期开课以后,每逢星期日添设国文补习课,分为两班,特班由本监督亲自讲授,正班派国文总教习李联珪教授⋯⋯

(唐文治《正课以外拟添设西文补习课》,见《唐文治教育文选》)

自后,余出掌上海南洋公学,颂韩亦翩然归,余遂聘为国文科长,相依者又十五年。

(唐文治《李颂韩家传》,见《茹经堂文集三编》卷七)

6月中旬(五月中旬) 邮传部致电先生,请就上海高等实业学堂自光绪二十九年至三十三年止所有该校出入款项,详细造册报部。

邮传部致上海高等实业学堂监督唐蔚芝侍郎函云:自光绪二十二年盛宫保于上海奏设南洋公学,彼时轮、电两项均归管理,故校中经费实用实销,并不造报。至二十九年设立商部后,即移交商部接管,并改为实业学堂。三十二年本部设立,又改隶本部管辖。所有该校出入款项,自二十九年至三十三年止,曾咨请详细造册报部,以便比较筹拨。兹据开报册籍,仅该校附属小学之款,其上、中两院,仍望造送过部,以资稽考。

(《邮传部请造实业学堂册报》,见《申报》1908 年 6 月 17 日第 18 版)

6月 28 日(五月三十日) 《申报》刊登《华商集成图书有限公司招股章程》,先生为该章程赞成人之一。(据《申报》1908 年 6 月 28 日第 10 版《华商集成图书有限公司招股章程》)

按: 华商集成图书有限公司于清光绪三十三年(1907 年)在上海创建。由集成图书局、点石斋石印局、申昌书局和开明书店(与章锡琛创办的开明书店无关系)等合并组成,发起人为席裕福等,夏清贻为编辑长。

7月 1 日(六月初三日) 先生致函盛宣怀,就其所托请学生投考事进行回复。

杏荪宫保老伯大人阁下:昨诵尊函,并奉到华族名条三纸,敬悉壹是。此次招考,专试附属小学。至上中院考试插班生,则须俟七月间举行。来条学龄均在十六岁以上,未便屈置小学,应俟上中院登报招考时到校应试。所试各科,视英文、算学之程度如何,以定去取,而中文尤为注重。现正暑假时期,请饬赶紧预备一切可也。专肃布复,敬请提安,统惟澄鉴不具。愚侄制唐文治顿首　六月初三日

(《唐文治致盛宣怀函》,见上海图书馆《盛宣怀档案》,光绪三十四年六月三日,1908 年 7 月 1 日,档号 044629)

7 月 11 日(六月十三日)　因学校经费困难,先生呈文邮传部,要求减去本人薪水作为办学之用。

(1908 年)7 月 11 日(六月十三日)　学校经费困难,唐文治呈文邮传部,要求减去本人薪水作为办学之用。邮传部复文称:"贵侍郎自到校以来,苦心经营,力图整顿,革除积弊,敷豹新机,时誉炳然,实深感诵。万不可因公款支绌,议及减薪,应请照旧支领。至于款项奇绌,自应由部立筹的款以助设施。"

[上海交通大学校史编纂委员会编《上海交通大学纪事(1896—2005)》]

7 月 27 日(六月二十九日)　下午 2 时,在上海英大马路五福弄内满春坊三弄十七号楼上开太属集议路股会,会上推定先生为干事长。(据 1908 年 7 月 30 日《申报》第 18 版《太属议路股会纪事》)

7 月(六月)　先生携其子唐庆诒回太仓,参观太仓各校。有同乡某君以《太仓旧志五种》请序,先生作《汇刻太仓旧志五种序》。

光绪戊申六月,文治自沪归太仓,览观吾娄各校,辄进诸生而告之曰:"汝侪宜知历史。历史之要,在上下数千年,为圣为贤,为奸为佞,为通为塞,为礼为乐,为兵为刑,为天文、地志、食货,了然在掌,是为史学之名家。顾返而思之于乡土,如上所云云者,其能纤悉而周知乎?知之者,为由近以及远;不知者,为逐末而忘本。由近以及远者,其道宏;逐末而忘本者,其学窒。故汝侪欲上下数千年,当自乡土始。"

又告之曰:"汝侪宜知地理。地理之要,在纵横亿万里,为经为纬,为广为轮,为阴为阳,为燥为湿,为文为质,为沿为革,为高山大川,为分野物宜,寒带温度,了然在掌,是为舆地之名家。顾返而思之于乡土,如上所云云者,其能博闻而强识乎?识之者为知所先后,不识者为昧所从来。知所先后者,其志纯;昧所从来者,其事鏊。故汝侪欲纵横亿万里,当自乡土始。"

又告之曰:"汝侪宜知新。自欧化东渐,其迅也如建瓴之水,汹旭而不可遏。吾向之所谓历史地理者,彼西人且朝书一册,夕摹一图,锲而不舍,进而不已,辨析之微,极于秒忽;吸收之富,达于无垠,学说日新,而世界遂日变。惟世

界日变,而学说更与之而日新。盖遂古以来,不变者,伦理也;日变者,学术也。知其当变而不变者,守旧之徒也;知其当变而变,不当变而不变者,与时消息之士也。知其当变,而辄薄不变之理者,叫嚣躐突之流,无本之木,无源之水也。知其当变,而不能不变,而犹执不变以为衡,是抱残存古之儒,《易》所系硕果不食,《诗》所称鸡鸣不已者是也。夫知其当变,而不能不变,而犹执不变者以为衡,吾见亦罕矣。故汝侪欲由旧以知新,当自读乡土志乘始。"诸生咸唯唯。

文治退,会同乡某君以太仓旧志五种请序,爰即书此训辞以为序言。盖天下惟能爱其乡土者,然后能爱其国家。《记》曰:"三王之祭川也,皆先河而后海,或源也,或委也,此之谓务本。"吾乡风气朴质,不乏务本之士,愿悉以此进之,幸勿骛广而荒也。

(唐文治《汇刻太仓旧志五种序》,见《茹经堂文集二编》卷五)

按:《汇刻太仓旧志五种》,太仓缪朝荃等辑,二十七卷。是书含有宋龚明《中州纪闻》六卷,附缪荃孙《校勘记》一卷;宋凌万顷《玉峰志》三卷,附校勘记;宋边实《玉峰续志》一卷,附校勘记;元杨谭《昆山郡志》六卷;明桑悦《太仓州志》十卷,附《校勘记》一卷。有宣统元年缪氏刊本。

光绪三十四年,十一岁。夏,随吾父至太仓。适逢太仓中学毕业典礼。余登台演说,题为《读文法》,并朗诵《史记·秦楚之际月表序》及欧阳永叔《秋声赋》,听众均鼓掌。余见其中有一人,御朝珠补褂金顶花翎,摇头击节,即太仓县知县也。

(唐庆诒《忆往录》)

按: 太仓县志编纂委员会编《太仓县志》:"清光绪三十三年(1907年),太仓州及所属镇洋、嘉定、宝山、崇明四县联合筹办太仓州属中学堂,就太仓州试院改建,宣统元年(1909年)一月正式开学。"又陈友觉整理《唐文治先生事迹简介》:"1909年,太仓州立中学成立",据此,则太仓中学应成立开办于1909年。上引《忆往录》云于本年(1908年)"夏,随吾父至太仓。适逢太仓中学毕业典礼",似有误记,应是唐庆诒随父回太仓参加某中学的毕业典礼,当非"太仓中学"。

暑假 上海高等实业学堂上院预科一班及附属小学四年级举行毕业式,先生为毕业生颁发文凭、奖赏,并致训词。

上海徐家汇邮传部高等实业学堂上院豫科一班及附属小学四年级,均于本届暑假行毕业式,由监督发给文凭、奖赏,并致训词。各教员亦殷殷勉励所有毕业各生。

(《高等实业学堂毕业》,见《北洋官报》第1767册)

8 月 3 日（七月初七日）　先生就为袁世凯五十诞辰贺寿文列名事致函盛宣怀。

宫保老伯大人尊前：示谕敬承项城大庆寿文，侄敬当附名。惟必须老伯大人领衔，侄方可附骥。不独资望，万不敢居先。且侄系从吉，列前似不妥，务乞俯允，切叩。幼艅同年撰文，比能称题，脱稿后，乞先赐一读为快。专复，敬敬崇安，乞恕草。侄制唐文治叩首。七月七日。

（《唐文治致盛宣怀函》，见上海图书馆《盛宣怀档案》，光绪三十四年七月七日，1908 年 8 月 3 日，档号 103667 档号）

8 月 27 日（八月初一日）　先生致函盛宣怀，请其以个人名义领取上海高等实业学堂原来持有的德律风股票之股息，并转交学校。

杏荪宫保老伯大人阁下：敬启者，本学堂管卷内有德律风股票一纸，借重台衔，每届领息时，动烦椽笔签字，方可照领。查西纪千九百四年以来，应得岁息，已积五届。本年五月闻该公司登报广告，尚有余利可分，本校均未往领，兹将股单及签字凭单各一纸检呈察核，敬祈设法代领，所有历年岁息余利，领至本届为止。此项股银为数无多，闻该公司定章，股东均须的名施之，本学堂势不能行，可否归并尊府，照原价给还本校，抑或别有妥捷办法，可免周折之处，统祈卓裁示复，实纫公谊。再闻傔从有东瀛之行，何日首途？尤深驰念。专肃，敬请台安，诸维朗照不具。愚侄制唐文治稽首。

（《唐文治致盛宣怀函》，见上海图书馆《盛宣怀档案》，宣统元年，1909 年，档号 026283）

按： 在上海图书馆《盛宣怀档案》（电子扫描件）的题录中，本函所署年份为 1909 年。但本函中云"再闻傔从有东瀛之行，何日首途"，应是写于盛宣怀去日本之前不久。据夏东元《盛宣怀年谱长编》，盛宣怀是于 1908 年 9 月 2 日（八月初七日）登上新关码头"钧和"兵轮，前往日本。故推定本函应写于 1908 年。

又按： 在上海图书馆《盛宣怀档案》（电子扫描件）的题录中，本函署年份而未署月日，但此函信封上标有"八月初二日（到）"；又下引本年 12 月 11 日（十一月十八日）先生致盛宣怀函中曾提到"八月朔日，曾肃寸缄"，由此可知本函写于八月初一日（朔日）。

8 月（七月）　先生与蒋汝坊、钱诗棣等筹款在太仓创办私立艺徒学堂。该学堂后来为太仓造就不少专门人才。

清光绪三十四年八月，由唐文治、蒋汝坊、钱诵三等筹款创办私立艺徒学堂。民国元年八月，改为县立艺徒学校，校长马家镛，学生四十人。民国十七年,更名工艺传习所。为半工半读性质,学制二一四年。先后开设木工、车工、藤工、漆工四科,曾有多种产品在省地方物品展览会上获奖。民国十二年和二十年,省督学在该校视察报告中称:"该校历年以来造就人才不少,地方得益,良非浅鲜","毕业生服务地点远至南洋群岛,大多散布本县及苏沪一带,经营小工业及充各校手工教师"。民国二十六年,日军侵占太仓,学校停办。

(太仓县志编纂委员会编《太仓县志》)

唐文治先生……还在文昌庙创设私立艺徒学校,聘请马泳台为校长。分木工和织工两科,和友人蒋仲经负担费用,学校成绩显著。1910年《江苏教学总会文牍》记载:太仓艺徒学堂送省八件展览品(球竿、木环、棍棒、哑铃、书架、花盆架、藤椅和藤几),参加省展览。1912年改为县立。1919年省视学报告书和民国十二年(1923年)江苏省公报均记载:"所制各项物品历得赛会奖凭。其毕业生皆能自立。历年以来造就人才不少,地方得益非浅。"直到太仓沦陷时停办。

(陈友觉整理《唐文治先生事迹简介》)

余并在太仓设立艺徒学校,分木工、织工两科。友人蒋君仲经担任。经费不足,余捐资辅助之(后数年,蒋君殁,改为工艺厂)。

(唐文治《茹经先生自订年谱·己酉四十五岁》)

按:上引《茹经先生自订年谱》将设立艺徒学校事列于己酉年即1909年,此据《太仓县志》,系于戊申年即1908年。

秋 上海高等实业学堂首次国文大会按时举行,对作文比赛名列前茅的学生给予奖励。[据《上海交通大学纪事(1896—2005)》]

唐文治是两榜进士出身,所以尽管当时南洋公学是一座作为"东南表率"的新式学校,他对四书五经,依然未能忘情,尤其每年一度的全校"国文会考",在他任校长时,从未间断。会考制度非常严密,除笔砚外,不准夹带其他东西,巡视监考者川流不息,防止作弊。考题分三类:一、论著体,二、说述体,三、文苑体。任作一题,每人发考卷一份,写坏不补。考试日期规定在孔子诞辰(农历八月二十七日)前两星期的星期天,亦即中秋前几天举行,颇类科举时代的秋闱乡试。发榜时在孔子诞辰前几天,对考取前十名的学生,分别奖给金牌、银牌及书籍等,并将文章公布,分发各班,以资鼓励。考场设在上院大礼堂,各据一桌,未交卷前不得离场。八时进场,十一时半闭场,迟到者不得入场,作弊者立命离场,逾时不交卷者抢卷。

[周浩泉《回忆南洋公学十二年》,见《交通大学校史资料选编》(第一卷)]

他在南洋大学制订了国文会考制度,三小时内写作文一篇,优胜者有奖,其作品不但在校内印发,还选择最优的印成汇编发售。我曾听黄炎培先生说,当时"南洋"的学生作文汇编,常为同等学校习作的范本,中小学其余各科的参考书亦风行一时。国文会考不及格的,本学期的国文成绩即被取消。大学部已经没有国文课的高年级,取消其以前一个学期的国文成绩。换句话说,必须多读一学期国文课。这项办法一直沿用到抗战时期王蘧常先生代理中文主任时(日寇侵入"租界",敌伪接管了交通大学,王先生毅然离校,此项办法不再严格执行)。三十年代的交通大学,高年级虽不开国文课,但学生并未与国文完全绝缘,毕业生的文学修养、写作水平(很多学生已经写白话文了)均臻上乘,这一传统也是原因之一。

(黄汉文《记唐文治先生》)

10 月(九月)　为加强对所聘外籍教员之管理,先生主持拟订聘定洋教员合同条文。

第一条,该教员应受监督节制,凡关涉授课事宜,随时与教务长妥商办理,如别有条议,应由教务长转达经监督采择施行。

第二条,该教员所任功课,应如何分期分类教授,按本堂所定期详分子目,每学期预编授课表,先与教务长商订妥善后,再呈监督核准按表遵办,至每学期毕照所授功课子目编报告书,亦交教务处备核。

第三条,教授学生须尽心指教,不厌烦琐,务期学者明白晓畅而后止。如讲堂授课毕,学生尚有未尽明晓之处,得赴教员室质问,以求详尽。

第四条,凡学部颁行学堂章程及本学堂现行续订各项章程,该教员到堂后一律遵守,不得歧异。

第五条,该教员专任教授堂程,凡学生内外一切他事不得干预。

第六条,该教员到堂后,一年为限,限满之时,如彼此愿意,再行续订。

第七条,该教员每星期授课时刻以二十五点钟为度,每日出堂入堂,悉依本学堂钟点,不得短少时刻。

第八条,该教员薪水,按照中国月份,每月支给中国规平银×××两,所有住屋、伙食、佣工、养马及其他费用等,一切均在其内。

第九条,该教员由本国来上海,应支川资英国金币八十磅,将来限满回国时也如之。如续订合同,则回国川资应俟续订,期满再行支给。

第十条,该教员如由学堂派往他处考察各项事宜,所需旅费由本学堂酌照适中数目随时支给。

第十一条，该教员除因患病告退外，如系因事告退，必须于三个月前通知，以便另延他人接替。

第十二条，该教员如有不遵合同暨违背章程条规等事，或才力不及，行检不饬，监督得即行辞退。

第十三条，该教员如因疾病不能教课，尽合同内所载之职务，过十五日以上者须自请人代理，其代理之人是否胜任，由本堂监督及教务长考查允准。其代理人之薪水，由该教员自与订给，如该教员不能自请代理，则从第十六日起扣除薪水二分之一，以为本学堂代为延聘之费，若过三个月，该教员仍不能教课，即将此合同作废。

第十四条，该教员如无过失，若于合同限内或将该教员辞退，则除应支回国川资外，另给三个月薪水。

第十五条，该教员如实系患病自请告退，经监督允准，照第九条支给川资，其因别项事故告退或因不遵守合同暨违背章程条规辞退者，则不支川资。

第十六条，该教员如因公受伤致成残废或病故等事，可酌看情形，加给二个月以上四个月以下薪水，以示体恤。

第十七条，该教员在合同限内，不经本堂监督允许，不得营利别图他业，并不得私自授课他处学生，致荒本学堂正课。

第十八条，该教员无论是否教士出身，凡在学堂教授功课，不得借词宣讲涉及宗教之语。

第十九条，此次所订合同缮汉、英文各叁份，一呈邮传部，一存学堂，一交该教员收执，如有疑义，应以汉文为准。

[唐文治《大清国邮传部上海高等实业学堂监督唐聘定洋教员合同条文》，见《交通大学校史资料选编》(第一卷)]

11 月 14 日(十月二十一日) 清光绪帝崩。11 月 15 日，慈禧崩。11 月 18 日，先生至上海道署祭吊，感叹"国家之变，至此而极矣"。

十月中旬，忽闻皇太后、皇上升遐之耗，感念恩遇，曷胜痛悼。而皇上薨逝，在皇太后仙驭前二日，尤可疑也。谨赴上海道署，哭临三日。旋廷臣议尊号，皇太后为孝钦显皇后，皇上为德宗景皇帝。皇太后遗诏，命醇亲王载沣为摄政王，大行皇帝无嗣，立醇亲王之子兼桃穆宗毅皇帝为嗣。呜呼！国家之变，至此而极矣。闻皇太后真泠时，初命庆邸摄政，庆邸力辞。此盖气运使然，非人之所能为也。

(唐文治《茹经先生自订年谱·戊申四十四岁》)

昨日九点余钟，邮传部高等实业学堂督办唐文治、上海电政督办汪嘉棠、制造局总办张士珩、巡警局总办汪瑞闿、南北洋海军统领萨镇冰、招商局总办王存善，均至道署，成服举哀，警局各捐局委员多有未到者，蔡观察即谕饬号吏传知。

　　　　（《国恤汇纪三》，见《申报》1908 年 11 月 19 日第 4 版）

11 月 18 日（十月二十五日）　《申报》刊登《信成银行经招苏路股份单》，其中先生认购一百股。（据《申报》1908 年 11 月 18 日第 20 版《信成银行经招苏路股份单》）

12 月 11 日（十一月十八日）　先生为上海高等实业学堂持有的汉阳铁厂旧股票领息事致函盛宣怀。

　　杏荪官保老伯大人阁下：敬启者，八月朔日，曾肃寸缄，内附德律风公司股票息等，呈请签字领息，并拟将此项股票归并尊府各情，觇陈请示。会台旌东渡，不审何时始达，岩电甚念。兹复查接管卷内，存有汉阳铁厂股票息折各一件，计库平银六千两，合成一百二十股，从未领过息银。本年九月间报载"汉冶萍公司广告旧股，银百两者改作墨银一百五十元，换给新股"等因，当饬校员持往事务所，遵章换票领息。据局员称"旧股换新股，应作为头等优先股，自可照办；惟应找银两及应发二年半之息银，无现银可支，当作为二等优先股，如数填给股票，尚须续认新股若干，是为三等普通股，俟新股银缴到，前二项方能照办"等语。文治查汉冶萍归并章程内，续招新股，声明先尽老股东，此亦各公司之通例。顾"先尽"非"勒令"之谓，或系局员误会，或系校员传讹，均未可知。此案因之暂搁，但校中经费，年来罗掘一空，此项积年息银，满拟俟领到后稍资挹注。而公司无现款可发，已觉失望；若再须续认新股，现在常月经费尚异常支绌，岂复能腾出股银？必不得已，惟有将旧票倒换新票，其找款及息银一并分别填票收存，冀将来照章领息，以资应用。敬祈饬知局员遵照办理，并乞示覆，以便派员到局，接洽一切为荷。敬请勋安，诸惟澄鉴不具。愚侄制唐文治顿首。

　　（《唐文治致盛宣怀函》，见上海图书馆《盛宣怀档案》，光绪三十四年十一月十八日，1908 年 12 月 11 日，档号 019044）

　　1907 年底，唐文治上任后遇到的最大问题是经费短缺。上海高等实业学堂属于邮传部，学校经费主要来自邮传部管辖的轮船招商局和电报局两局，每年十万两，以及以学校名义购买的股票生息和存款利息。随着学生人数增加，学校建筑费以及教职员工开支日繁等，原定的十万两早已入不敷出，但唐文治遇到经费问题在关键时刻总能解决，与盛宣怀背后的支持是分不开（的）。这从汉阳铁厂和德律风股票领息两件事例可以看出来。

1908年,学校在整理旧案卷中发现有汉阳铁厂股票(约六千两)和德律风股票若干,已多年未领息,学校购买股票时还属于商部管辖(时名商部上海实业学堂),而此时学校已改属邮传部,亟需过户领息。但汉阳铁厂回复称:"旧股换新股应作为头等优先股,自可照办。惟应找银两及应发三年半之息银,无现银可支,当作为二等优先股如数填给;股票尚须续认新股若干,是为三等普通股,俟新股银缴到前,二项方能照办。"也就是说,学校不仅不能领取旧股股息,还要认购新股,当年校中经费已罗掘一空,所以万万不可。唐文治便请汉阳铁厂督办盛宣怀出面,从中解围。

[吕成冬《从盛宣怀档案中盛宣怀与唐文治信函看盛唐关系(1907—1914)》]

12月15日(十一月二十二日)　盛宣怀就上海高等实业学堂持有的汉阳铁厂旧股票领息事回复先生。

蔚之仁兄大人阁下:昨奉惠示,敬聆种切。查汉冶萍合并一公司,注册前公议将厂矿开创股票本库平银二百万两,合称洋银三百万元,以五十元为一股,每老股二百两,合洋银二百五十元,作为三股,调换银元新股票。又每老股二百两者,加缴股本五十元,共计四百万元。曾经咨部,并刊入初次招股章程在案。贵堂执有汉厂老股一百二十股,计库平银六千两。查系三十年六月初一起期,按每百两加缴股本五十元,共应加缴洋银三千元。议定凡零星老股主来缴者,均于调换银元新股票时,照数补足此项,加缴股本作二等优先股。以前所执汉厂老股票,作头等优先股。又应派贵堂息股计,汉厂老股一百二十股,自三十年六月初一起,截至三十三年年底止,每股库平银十一两,共计库平银一千三百二十两,合洋银一千九百八十元,作普通股,亦于换票时一律填发。附奏案一本,推广加股章程一本,调换新股票章程一页,尚乞察照俯允,照章办理,以维护公益,至深感祷。再,头二等优先股票,业已印齐,拟即登报知照各股商前来调换,合并附闻。肃复,敬请台安。愚弟顿首。十一月廿二日。

(《盛宣怀致唐文治函》,见上海图书馆《盛宣怀档案》,光绪三十四年十一月二十二日,1908年12月15日,档号019045)

12月18日(十一月二十五日)　盛宣怀收到先生来函,函中请盛宣怀设法代收上海高等实业学堂持有的德律风股票五年的规息余利。

杏苏宫保老伯大人阁下:前肃寸笺,计尘电察,自惭从归自东瀛,尚未面聆麈教,敬维谡佳胜,定符颂忱。本校东偏拟辟马路一节,现届隆冬,行将冰雪载途。校中员生，深盼及早规定，不审曾否饬纪察勘。德律风股下规息余利，五年未领，敬乞台端签票设法代收，无任感荷。至利息收楚之后，尤以归并尊府为便，前已觍陈清听，伏候卓裁。汉阳铁政局股票本息倒换新股各情，亦乞一并示覆，琐琐渎神，且感且歉。专肃，敬请台安，统惟垂鉴不具。愚侄制唐文治稽首。

（《唐文治致盛宣怀函》，见上海图书馆《盛宣怀档案》，档号 026281）

按：在上海图书馆《盛宣怀档案》（电子扫描件）的题录中，本函未署日期。函中云"自傔从归自东瀛，尚未面聆尘教"。据夏东元《盛宣怀年谱长编》，盛宣怀于 1908 年 11 月 25 日（十一月初二日）从日本返回上海；又本函信封上标有"十一月二十五日"，故推定本函于 1908 年 12 月 18 日（十一月二十五日）寄达盛处。

12 月 19 日（十一月二十六日）　盛宣怀复函先生，告知"德律风股票四股，已代送该公司，照过贵学堂户名，俟其送到，并将利息代为领取后一并送呈"。

唐蔚芝侍郎再启

敬再启者：展诵另笺并基地草图，敬悉一是。查此处地产，系小儿昌明之产……就地筑路一节，须俟明年到期赎回后方可商议。惟开路两边，必取直方之势，图内路径带斜，恐于造屋有碍。好在事关公益，将来总可商量办理也。德律风股票四股，已代送该公司，照过贵学堂户名，俟其送到，并将利息代为领取后一并送呈可也。再颂台绥。弟谨又启。十一月廿六日。

（《盛宣怀致唐文治函》，见上海图书馆《盛宣怀档案》，档号 026282）

按：在上海图书馆《盛宣怀档案》（电子扫描件）的题录中，本函未署日期，但函末署"十一月廿六日"；从内容上看，应是对前引 12 月 18 日（十一月二十五日）先生来函的回复，故系此函于 1908 年。

冬　先生聘请陆瑞清为学校斋务长。（据唐文治《茹经先生自订年谱·戊申四十四岁》）

冬　先生得读黄宗起《知止盒文集》，作《知止盒文集序》。

余少读黄陶庵先生集，《吾师》《自监》诸录，探赜匡幽，鞭辟近里，不禁心向往之。旋复治经生家言，得钱竹汀先生《潜研堂集》，钩稽训故，是正文字，深得汉人说经家法则，又大好之，以为义理考据之学，乃独萃于吾乡之嘉定一隅，呜呼盛矣！既又稍闻近代黄翰卿先生之文章，访求数年未获见。戊申冬，其哲嗣虞孙甫手先生《知止盒文集》见示，余受而读之，所景仰者，盖仅亚于陶庵、竹汀两先生。

（唐文治《知止盒文集序》，见《茹经堂文集二编》卷五）

本年 上海高等实业学堂足球队在与圣约翰大学足球队的比赛中获胜,先生亲临现场观看。

本年 学校足球队与圣约翰大学足球队进行比赛,本校球队攻势凌厉,连进六球,首次获胜。唐文治临场观看,极为高兴。

[上海交通大学校史编纂委员会编《上海交通大学纪事(1896—2005)》]

本年 浙江省铁路风潮紧急。先生支持沪杭局铁路经理汤寿潜,争取自造沪杭甬铁路,上下疏通,得到庆亲王奕劻之支持,仍由中国商人集股自办,以保主权。

是年,浙路风潮甚急。先是,商部奏请建设沪杭甬铁路,派王君丹揆为监督,山阴汤君蛰仙名寿潜为经理。蛰仙,余壬辰同年也。至是,英公使言于外务部,谓沪杭甬路与沪宁路并线,按照沪宁合同,应归英人承造,不得由中国人自造。浙人大愤,蛰仙争之尤力。余为之疏通,幸庆邸坚持,仍由中国商人集股自办,以保主权。

(唐文治《茹经先生自订年谱·戊申四十四岁》)

约本年 有一南洋公学创办时学生卫某,痴迷于机车研究,不另谋职业而生活贫困。先生乃令卫某到校,而于校之花园中辟一室,令之膳宿其中,并给费用,俾其专心研究,以遂其志。

上海科学界中,今有两奇人焉,一为华人,一为西人。华人卫姓,盖为南洋公学创办时之学生,精于机械之学。毕业出校后,发明一种机车,其车构造,并不复杂,车上大小机件,只有二十余件,车之形式,则如榻车,下有四轮。无论石路、砖路、泥路,设有人坐于其上,即能自动。至车行速率,则视坐车上人数多寡而定,坐者愈多,则行愈速,而车中最多可坐十数人也。此车特点,则车行时,即不须开机,车能自动;亦不须关机,车能自停。盖有人上车之后,车即自动;及下车,车即自停。而其缺点,则此车但能直行,不能转湾,亦不能让避,与夫退后。而车行快慢,与夫车之行止,亦不由人作主。故卫某自经发明此车之后,日夕研究,思欲改良,底于尽善,至于废弃以外一切事业。卫某皖人,孑然一身,家无恒产,因其日夕研究,亦不另谋职业,遂甚贫乏,不能生活。当唐蔚芝长校时,以卫某为校中初创办时之毕业生,其能专心一志,至于不顾生活,实属可嘉。因令卫某到校,而于校之花园中辟一室,令之膳宿其中,并给费用,俾其专心研究,以遂其志。故卫某居花园之一室中者,垂十数年,日夕但于发明之车,研究改良。故于校中,无论教员职员学生,无一结纳,无一交往,十数年间,足迹未尝出户。有见卫某者,但见其独处一室,无论一坐一立,一举一动,无非研究改良其发明之车。而其发明之车,卒未能改良尽善,故其一生心血,实尽用于此车，尚不知于何年何月始告成功。然卫某至今研究不辍，实可谓今日上海科学界之一奇人矣。

　　　　　　（骨子《上海科学界两奇人》，见《申报》1928 年 5 月 24 日第 21 版）

按：上文云"当唐蔚芝长校时"，姑将此事系于本年。

约本年　先生为上海高等实业学堂学生张宏祥赠字毅盦。

　　按生讳宏祥，毅庵者，余所赠之字也，以生肄业南洋大学时，余一见即奇之，语之曰："士不可不弘毅。今子名宏祥，吾字子曰毅盦，愿子之任重而道远也。"由是，生益自刻厉，踔厉风发，每试辄冠其曹。

　　　　　　（唐文治《张毅庵遗文序》，见《茹经堂文集三编》卷五）

按：廖世承《张君毅庵遗文弁言》一文记："逊清光绪末年，余考取邮传部高等实业学校（即今之南洋大学），始识张君，于时一见倾心，过从日密，相与纵谈时事，慷慨言志，每至宵分……君为人深沉有大志，平居寡言笑，然词锋所及，虽雄辩者无以难之。其为文奔腾豪放，天马行空，而笔意尤能锐出，南洋唐蔚芝先生每叹为及门健将，国文大考君尝得一百二十分，实开南洋创例。"（见《毅庵遗文》卷首）上文说"逊清光绪末年，余考取邮传部高等实业学校（即今之南洋大学），始识张君"，姑亦将先生为张宏祥赠字事系于"逊清光绪末年"即本年中。

又按：上引廖世承《张君毅庵遗文弁言》中说张宏祥"国文大考君尝得一百二十分，实开南洋创例"，这篇得到一百二十分的作文是《观乎人文以化成天下义》，后载于《毅庵遗文》第一篇，文后有廖世承跋语云："案是篇得一百二十分，实开南洋创例。"文末且有"原批"云："浑灏流转，一气卷舒。其设想之奇、用笔之幻，真欲合《庄子》《国策》而一之，杰作也。"此"原批"当为先生所批。

1909 年(己酉 清宣统元年) 45 岁

1月2日(光绪三十四年十二月十一日) 军机大臣袁世凯奉旨开缺。

（光绪三十四年十二月）十一日壬戌（1909 年 1 月 2 日）。清廷罢免袁世凯，而以足疾为辞。谕云："军机大臣、外务部尚书袁世凯，凤承先朝屡加酌用，朕御极后，复予懋赏，正以其才可用，俾效驰驱。不意袁世凯现患足疾，步履维艰，难胜职任。袁世凯着即开缺，回籍养疴，以示体恤之至意。"

（迟云飞编《清史编年》第十二卷《光绪朝下 宣统朝》）

军机大臣袁世凯获谴，奉旨开缺回籍。

（唐文治《茹经先生自订年谱·庚戌四十六岁》）

按：上引《茹经先生自订年谱》将此事系于庚戌年即 1910 年，误。

1月下旬(正月初) 先生致函盛宣怀，对其为上海高等实业学堂所持有的德律风股票过户并代领息银表示感谢。又询问"惟三十年至三十二年应收之息，公司缘何停付？"

杏荪宫保老伯大人阁下：献岁发春，敬谂禔履甄酥，如祷以忭。校中德律风股票，蒙饬从事交该公司过户，并收到息银二十四两。琐渎清神，琭感无既。惟三十年至三十二年应收之息，公司缘何停付？是否该三年内均无股息，抑或别有原因？去年夏间，该公司广告各股东，正息之外，尚有余利可分，曾载各报。此次所收银二十四两，亦无余利名目，可否再恳贵翻译，将以上各节询明示覆，以便列册报部。不胜感荷之至，屡渎清听，殊抱不安，统容晤谢。敬请台安，诸惟垂鉴不具。愚侄制唐文治顿首。

（《唐文治致盛宣怀函》，见上海图书馆《盛宣怀档案》，光绪三十三年至光绪三十四年，1907 年—1908 年，档号 003511）

按：在上海图书馆《盛宣怀档案》（电子扫描件）的题录中，本函所署时间为光绪三十三年至光绪三十四年。前引 1908 年 12 月 19 日（十一月二十六日）盛宣怀致先生函，告知"德律风股票四股，已代送该公司，照过贵学堂户名，俟其送到，并将利息代为领取后一并送呈"，本函则云"校中德律风股票，蒙饬从事交该公司过户，并收到息银二十四两"，两函的内容是紧相承接的；又本函云"献岁发春"，故将本函写作时间定于 1909 年农历正月初。

1 月 25 日（正月初四日）　盛宣怀复函先生，告知其上海高等实业学堂所持有的德律风股票"均已过户，所有息银，三十年至三十二年均为收到，三十三年收十六两，三十四年收八两，共计二十四两"。

> 高等实业学堂监督唐
> 蔚芝仁兄大人阁下：驹光如驶，又换春韶，际兹泰始，翔龢定卜，履祺纳福。冬承送到德律风股分票四股，即饬敝处翻译送交该公司，过入贵学校花户，并算取五年息银。曾将情形布复台端查照。兹据该公司送来三百二十一号至三百二十四号股票，均已过户，所有息银，三十年至三十二年均为收到，三十三年收十六两，三十四年收八两，共计二十四两。兹如数连同股票一并送呈。即希察收示复为荷。敬请台安。愚弟。正月四日。
>
> （《盛宣怀致唐文治函》，见上海图书馆《盛宣怀档案》，光绪三十年一月四日，1904 年 2 月 19 日，档号 061166）

按：在上海图书馆《盛宣怀档案》（电子扫描件）的题录中，本函所署时间为光绪三十年一月四日（1904 年 2 月 19 日），误。前引本年农历正月初先生致盛宣怀函，询问"惟三十年至三十二年应收之息，公司缘何停付？"本函则告知光绪三十年至三十二年股息"均为收到"，从内容上看，是对先生来函的回复，故定本函写于 1909 年 1 月 25 日。

1 月 31 日（正月初十日）　《申报》刊登《浙藩膜视高等实业学堂》。此前，先生曾致函浙江省行政长官，建议"注重于铁路工程，将使各省中学毕业生有志实业者就近考升，不必远涉东西各洋，于教育前途，自多裨益"。此文所载，即为浙藩对先生函札的回复。

> 浙藩议复抚宪文云：奉宪交阅上海实业学堂唐监督文治原函，提议各节，注重于铁路工程，将使各省中学毕业生有志实业者就近考升，不必远涉东西各洋，于教育前途，自多裨益。惟以浙省财计窘乏，此项贴费，岁需八千金，若不筹有的款，未敢轻于一诺。查浙省铁路，本有公司自立学校；又于三十一年九月间，选派日本留学铁道学生四十名，送入高等学校预备铁路功课，及岩仓铁道各二十名；又本年派赴欧美学生二十名，大半亦皆实业。是浙省实业一门，现在就学者尚不乏人。惟本省究无高等实业学堂，日后各府中学堂毕业生有志实业，不能就近入学，终是缺点。现查派赴岩仓铁道学生，连原送暨改入，共有二十二名，约计明后年可以卒业。或俟此项学生毕业回国，腾出此项学费，约银七八千两，届时再行移作上海实业学校贴费，似足以资挹注。惟留东学费

款自地丁支销,将来仍须声请作正开支,方能有着。但如此办理,于本省学生有无便利,抑应自立学堂,似应由学司再加讨论,禀明宪台核覆,方昭妥协。

(《浙藩膜视高等实业学堂》,见《申报》1909年1月31日18、19版;又《教育杂志》1909年第1卷第1期,题作《浙藩与上海高等实业学堂》)

高等专门学堂成立不易,出洋留学,费又不资。就已有之学堂合理扩充,使之程度渐高,科目渐备,诚最善也。徐家汇高等实业学堂,为南洋公学改设,经费出之轮、电两局,初归商部,继又改归邮传部,现设有专科、中学科、高等小学科。专科本分铁路、电机、驾驶、邮政四门,各以三年毕业,每年级为一班,应设十二班。今仅开铁路三班、电机一班,盖以经费支绌,不能扩充也。唐监督商之浙省,请每年津贴八千金,以便扩充办法,庶可使内地学子,就近肄习。浙藩驳之,所持之理由,不外三端:筹费难,一也;浙省实业人材已不缺乏,二也;将来应自立学堂,三也。吾浙素号财赋之区,岁入何啻千万?区区八千金,似尚不难筹措。若谓实业人材已不缺乏,诚不敢附和。吾浙虽褊小,然实业之待兴者,虽什伯于百余人,亦恐不能济事,可断言也。自立学校固属扼要之图,然开办维持,均非易事;人材财力,绝非八千金所能敷用。且既谓实业人材不乏,而又自立学堂以养成之,不愈令吾浙实业人材有供过于求之状耶?吾侪小人,诚莫测其命意所在矣。

吾国高等教育缺乏已甚,成立之校,寥如晨星,且规模狭小,科目不备,远不及日本之高等专门学校,良可慨也。夫专门学校在美备,不在多设。与其每省设一有名无实之高等普通学校,何如合数省之人材物力,设一完备之高等专门学校?与其各立一不痛不痒之学校,何如合力扩充已有成效之学校?主持学务者,其亦然此说乎?

(《浙藩与高等实业学堂》,见《教育杂志》1909年第1卷第1期)

按:《教育杂志》1909年第1卷第1期,先以《浙藩与上海高等实业学堂》为题,报道了浙藩拒绝先生函商浙省每年津贴上海高等实业学堂八千金的请求,又以《浙藩与高等实业学堂》为题,对此事进行了评论。

1月(正月) 先生拟《条陈本学堂办法》呈送邮传部。办法要点有二:一、增加经费,以增添设备,建设实验工厂,"岁需银十二万两";二、建议招收各省官费生,扩大专科生来源,以适应朝廷提倡实业、需材唯殷的形势。

为条陈本学堂办法咨请代奏立案施行,以扩宏规而固基础事。窃本学堂建设之初,原名南洋公学,分设上院、中院。续复添设附设小学,由小学而升中院,由中院而升上院,循序渐进,立法颇为完善。其初概学普通,并无专科名目,迫三十一年二月间,改归商部接办,定名高等实业学堂,设立高等学科,初设商务班,继设铁路工程班,三十三年三月改隶本部,商务一班不在路、轮、邮、电四政之内,文治接办之初,爰将商务末班之杨锦森等各生,商明农工商部,考选出洋,增设铁路一班。本年又设电机一班,由是高等专科名实始克相副。唯据现在情形,有不得不详加筹划者:

一经费宜扩充也。综计学堂用款,除出洋学生经费外,如教育用品、试验仪器,以及月薪、膳费等项,每年已须九万余两。而讲求实业,不能不资试验,欲资实验,不能不建工场,嗣后学堂如果发达,则路、轮、电三科必须设立机器工厂。闻北京实业学堂工场建筑费一项,已需十万金,本学堂既无此笔款,只可为逐年筹备之计,每年至少以二万余两计之,共已岁需银十二万两。本学堂入款仅有招商局,岁拨银式万两,电报局岁拨银洋伍万元,全赖本部随时挹注,本年由本部正堂陈捐廉协助,竭力维持,始得无虞匮乏。然照此情形,总难持久,此经费之不能不扩充者一也。

一专科人数宜扩充也。本学堂从前之豫科,现在之附设中学,本为预储专科人才而设,无如诸生至中学毕业,往往散去,推原其故,盖力能自费者相继出洋,未便阻其远到之志;家无长物者,假非就馆,又无以为糊口之资;亦有确系患病久假未痊者,将欲追缴历年培植之费,法且穷于所施。而揆厥原因,总由从前豫科毕业仅有一班,而一班中又本有所志仅在普通毕业者,以致渐形寥落。本部岁糜巨款,而造就专科学生,殆不过千成之一二,实属可惜。此专科人数之不能不扩充者一也。

矧上海为交通总汇之区,外人观瞻所系,方今朝庭提倡实业,培植唯殷,则此间高等专科扩充一事,尤为万不容缓之图,非第立之模范,为各省矜式已也。溯查本学堂创办之初,即与北洋大学争雄并峙,现在校中诸生均籍隶南七省,从前学预科毕业出洋者,多能直入欧美各国有名大学,程度不为不优。南中各省近来中学林立,次第毕业,注意实业者,谁不思就近入校,各铁路公司需才尤众,文治为本部储才计,为实业前途计,为东西人士计,特通盘筹划,拟请本部奏明通饬两江、闽、浙、两广各督抚,自明年下学期始,每岁挑选中学毕业生每省各四十名,咨送本学堂考试录取,与校中毕业升班,一体分入专科,庶足以扩宏规而广造就。所需学费,每省岁贴银八千两,由各督抚分上下两期解部候拨。所选学生,一经录取入校,概免膳、学费,酌收书籍费约二三十元,毕业考试后,除本部调用外,其余听各省地方官调用,各尽义务若干年。夫以八千金派遣出洋留学生,每年仅供三四名之用,一转移间,可增至二三十名,在各省当也乐于从事。本部得以协款,再请奏明于招商局内岁拨银式万两,电报局内岁拨银三万五千两,再有不敷,以所收学生书籍等费贴补,可无缺乏。所有现在附属中学之五班生,附属高等小学之三四班生,照旧肄业,按年递升,四年之后,附属中学可一律改作专科,附属高等小学即可改作附属中学,此项中学即可留为缺额挑补及考试不及格者补习之地。至高等专科,如果日后教授精良,人数发达,届时应否改作工科大学,当由大部体察情形,会商学部办理。唯是第一期招足之后,校舍容有不敷,然可就近设法暂赁宿舍。如此则名实相副,款不虚糜。倘不于此时设法大启宏规,恐观听所关,转形简陋。文治日夜筹维,惧无以副本部委抚之重叠,经会商各职员,众议佥同,相应切实容呈可否,仰祈本部迅赐核准奏明,请旨办理。

[唐文治《条陈本学堂办法》,见《交通大学校史资料选编》(第一卷)]

3月15日(二月二十四日) 先生就经借通商银行款等事致函盛宣怀。

杏荪宫保老伯大人阁下:一昨畅聆清麈,快慰良深,敬维禔履胜常,如祷以忭。令龙元经借通商银行一款,客腊咨部请示,至今杳无复音。项已遵嘱,切实函达,一俟覆到,当即布闻。此间扩充办法,自咨请代奏后,瞬届两月,亦尚未见施行,所有咨稿一通,附呈教政。敬请勋安不馁。愚侄制唐文治顿首。

(《唐文治致盛宣怀函》,见上海图书馆《盛宣怀档案》,宣统元年二月二十四日,1909年3月15日,档号044220—1)

3月27日(闰二月初六日) 先生致函盛宣怀。此前,盛宣怀介绍一“谢君”来上海高等实业学堂担任西医,先生以校中经费紧张、裁撤医官而婉拒之。

杏荪宫保老伯大人阁下:顷奉惠函,敬悉壹是。敝校西医一席,去岁洋员柯岩合同期满,业经辞去。固因校中经费万分支绌,且因近来改定新章,诸生有患病者,均令回籍调治。偶有急病,或送医院,或随时延中西医,听诸生等自便。医药之费,校中不再供给。故聘请医官一项,业经裁撤,前已咨明本部在案。旋准部覆,校中开支甚巨,未免靡费,裁撤医官,节省经费,办理得当,以后不得再延,云云。谢君绩学有素,医理深湛,素所钦佩。前陈玉苍尚书及施省之观察,均已介绍于前,侄已据前情辞覆。兹承函嘱,苟校中经费充裕,则位置此席,侄自乐于从事。此时方命之处,实出于万不得已,尚希鉴原,并乞婉致谢君是叩。专此布覆,敬请勋安。愚侄制唐文治顿首。

(《唐文治致盛宣怀函》,见上海图书馆《盛宣怀档案》,宣统元年闰二月六日,1909年3月27日,档号044219)

3月29日(闰二月初八日) 太仓州重选江苏省谘议局议员,先生当选。(据

《申报》1909 年 4 月 4 日 18 版《各省筹办咨议局举行重选举开票》）

4 月 16 日（闰二月二十六日）　徐兆玮至上海高等实业学堂访先生，两人晤谈良久。

> （1909 年闰二月）二十六日（4 月 16 日），晴。晨起，雇东洋车至徐家汇高等实业学堂访唐蔚芝，晤谈良久。予与蔚芝不见数年矣，追溯前尘，不禁有沧桑之感。蔚芝以所编《国文讲谊》赠予，并托转赠师郑、云瓿各一部。蔚芝云："袁慰亭始非不藉藉人口也，苏、杭、甬借款事起而声誉日损矣；陈玉苍未始不以才见长也，电报赎股事起而人人唾骂矣，且股为中国商股，何名为赎？"所言皆切中事理。

（徐兆玮著，李向东、包岐峰、苏醒等标点《徐兆玮日记》）

4 月 28—30 日（三月初九—十一日）　上海高等实业学堂举行铁路专科头等生及五年级学生毕业考试，邮传部特派詹天佑为监考官。此前，詹天佑与先生商定考试日期。

> 1909 年 4 月下旬，上海高等实业学堂要举行首届铁路专科（大学）毕业考试，为了监督和评估首届大学生的培养质量，邮传部、上海高等实业学堂、江苏提学使司与詹天佑之间，有若干来往信函，协商派詹天佑为监考官以及落实具体监考时间等问题。监考过后，詹天佑在《禀覆邮部为遵电监考上海实业学堂毕业事竣稿》中说："唐侍郎商酌提前考期，蒙允定于二十八、九及三十等日，先考铁路专科头等班及五年级各生，职道依期连往监考三日，均由该堂命试各题，计取专班应派出洋毕业生五名，曾阅各卷，详明通达，程度颇高，其征该堂平日教育有方，后必堪资实用。"

（霍有光著《为世界之光——交大校史蠡测》）

4、5 月间（三月）　先生随其父唐受祺回太仓浏河省墓。（据《茹经先生自订年谱·己酉四十五岁》）

同乡前辈陆宝忠于上年辞世。先生回太仓期间，陆宝忠灵柩自京师归太仓，先生往迎于轮舟中。后先生作《陆文慎公墓志铭》。

> 总宪陆伯葵师谥文慎公之丧，归自京师。公因事变多故，郁郁不得志，去年八月竟以疾卒。其平生气节凛然，有古大臣风，爱才极笃，待余尤厚，临别饯行时，忽语吾父曰："吾恐不能见君矣。"旋握余手，谆谆以身后之名相属，方共讶其不祥，而不意其竟为先兆也。其长公子芝田扶柩归，余往迎于轮舟中，抚棺大恸焉。

（唐文治《茹经先生自订年谱·己酉四十五岁》）

戊申四月,以疾卒于京师,年五十有九。

(唐文治《陆文慎公墓志铭》,见《茹经堂文集初编》卷六)

按:上引《茹经先生自订年谱》云陆宝忠卒于"去年(戊申年)八月",《陆文慎公墓志铭》云卒于"戊申四月",前者当为误记。

5月3日(三月十四日) 下午,各省及在沪各团体有关人士约齐参观中国新公学。此前先生已派代表来预参观。

本埠界路中国新公学组织,已及两学期,受各省及在沪各团体之赞成,特于昨日下午二时约齐来观,以为赞助之地。到者为宝山县胡大令,总工程局领袖总董李平书君,江苏教育总会沈信卿君,龙门师范学校夏琅云君,及仁济医院长张汝舟君。尚有邮传部高等实业学堂监督唐蔚芝君,商务总会李云书、周金箴两君,狄楚青君,则请代表来预参观,先后莅校,详细考察,均以苦心孤诣、布置有条奖励之。参阅后开茶话会,决议事件如下:(一)推定李平书君为校长;(二)请定张汝舟君为总教习;(三)报告各处捐垫建筑费,即日勘测江湾校址,筹划动工。由胡大令担任测勘,李校长担任经费;(四)请张总教整理学科,以期教科划一。四时散会。

(《记中国新公学之参观团》,见《申报》1909年5月4日第19版)

5月10日(三月二十一日) 先生母丧服满,作《孟子大孝终身慕父母论》三篇。服满后,先生没有奏请恢复官秩。

二月二十一日释服。白驹过隙,痛心无已。作《大孝终身慕父母论》三篇,附《孝经大义》后。

(唐文治《茹经先生自订年谱·己酉四十五岁》)

按:《孟子大孝终身慕父母论》三篇,载《茹经堂文集初编》卷一,题后署写作年份为"庚戌",即1910年。

再臣接准前农工商部左侍郎唐文治咨开"窃文治于光绪三十二年十二月二十一日,在农工商部左侍郎任内,丁亲母胡氏忧,即日见丧成服,当经由部具奏,旋于三十三年二月二十六日由京扶榇启程,三月初四日到江苏太仓州原籍守制。又经呈报详咨各在案。应自见丧丁母忧之日起,扣至宣统元年三月二十一日止,不计闰,二十七个月服满,葬亲已毕,例应起复入都。惟文治前由邮传部奏明,派充上海高等实业学堂监督,学务紧要,庶俟将经手事件料理清楚后,再行由籍起程。除另备供结呈,由本籍地方官加结详咨外,所有起复日期,咨请代奏"等因前来。臣覆查无异,除咨部查照外,理合附片具陈,伏乞圣鉴,谨奏。

宣统元年四月二十八日奉朱批：该部知道，钦此。

（《又奏前侍郎唐文治服满日期片》，见《政治官报》1909 年第 587 期）

按：上引《茹经先生自订年谱》云"二月二十一释服"，《又奏前侍郎唐文治服满日期片》则云为三月二十一日，此从后者。

唐先生母丧服满，照例可以奏请恢复官秩，但他没有这样做。这时，光绪帝和慈禧太后已相继去世，溥仪三岁即位，由他的父亲、光绪帝的弟弟载沣摄政。袁世凯出卖过"戊戌变法"，载沣要替哥哥报仇，将他革职。庆亲王奕劻是军机大臣，想举荐唐文治出任山东巡抚，唐氏不愿接受。照新订的官制，京师大学堂的监督"秩同左、右丞"。高等实业学堂的监督要次一等，而唐氏是做过左侍郎的。他没有奏请恢复官秩，也不愿接受奕劻的美意，不是没有原因。

唐先生在四十三岁以前是向往于做一个清朝的正直官员的，但他生在江苏，明末清初清兵的"扬州十日""嘉定三屠"，他从父老流传和书本上早已知道，太仓绅士在明末反清斗争中很不光彩，七个士绅向清兵迎降，投降派诮之为"娄东七老"。嘉定人恨透了这些软骨头的绅士，称他们为"娄东赤老"。唐先生推崇的是"乡贤先哲"陆世仪（字桴亭）和昆山顾炎武，对"七老"是鄙视的。到了上海，听到的革命言论多了，不容他不考虑。他面对现实，认识到清朝大势已去，无法挽回。

（黄汉文《记唐文治先生》）

5 月 14 日（三月二十五日）　先生等江苏士绅为江苏"征银解银"事致电王清穆，请其"面达泽公爷、绍侍郎，为民请命，一面乞联合京官，剀切呈明"。

北京王丹翁鉴：征银解银事，巧立名目，实即加赋。三吴赋额最重，民力竭矣。伏莽未靖，后患堪虞。吏胥之舞弊敲剥，犹其余事，殊非朝廷予惠黎元之意。此案前奉部驳，合省同深感戴，目前州县诚不免竭蹶。应如何匀定公费之处，俟财政清理后自有把握。转瞬咨议局成立，必有舆论可采。祈兄面达泽公爷、绍侍郎，为民请命，一面乞联合京官，剀切呈明。事已急迫，务乞维持电覆。唐文治、潘鸿鼎、张应谷、金文翰、夏曰琦等。有。

［《太仓唐侍郎等致王京卿电（为征银解银事）》，见《申报》1909 年 5 月 15 日第 5 版］

按：在代日韵目中，"有"为二十五日。

5 月 17 日（三月二十八日）　先生致函盛宣怀，就盛宣怀对上海高等实业学堂持有的汉阳铁厂旧股票填换新股、领取股息过程中的"鼎力维持"表示感谢。

杏翁宫保老伯大人阁下：展诵环章并股票息单等件，均悉种切。填换新股一节，诸承鼎力维持，不胜纫感。普通股项下应找十五元，已属会计员赍银付总公司，如数找足，另填股票可也。游令既不在沪，自当迳据尊函，叙稿咨部，以省周折。专肃展谢，祗请蔼鉴不具。侄唐文治稽首。

（《唐文治致盛宣怀函》，见上海图书馆《盛宣怀档案》，宣统元年三月二十八日，1909 年 5 月 17 日，档号 028844）

5 月 19 日（四月初一日） 《申报》刊登《苏松常镇太五属绅士致北京电（为征银解银事）》，先生等江苏士绅为江苏"征银解银"事致电度支部列堂，请求"仍力求主前议，以慰大江南北数百万生灵之望"。

度支部列堂均鉴：征银实即加赋，中国向系用铜，小民何来现银？不过借银价钱价，上下抑勒，以弊养官，可为痛哭。东南民力，凋疲已极，上年蒙驳，感戴同深。省宪今复入告，民情惶急，恐滋事端。至州县赔累，大部已责令督抚匀定公费，何以不遵部议办理？纾一分民力，即为国家培一分元气。仍力求主前议，以慰大江南北数百万生灵之望。江苏士绅唐文治、张履谦、姚文楠、狄葆贤、钱以振等公叩。

[《苏松常镇太五属绅士致北京电（为征银解银事）》，见《申报》1909 年 5 月 19 日第 5 版]

5 月 23 日（四月初五日） 《申报》刊登《唐蔚之侍郎电请代奏稿（为征银解银事）》。因江苏屡倡征银解银之议，故先生上此代奏稿，指出"恐此端一开，他省必起而效尤，全国人民皆将隐受加赋之累，关系匪细"，请部中代为上奏，请旨以罢此议。

（上略）查苏省丁忙银价，同治初年前，督臣曾国藩奏准，每两实征制钱二千文。其时市价，每银一两，合钱一千四百文，尚余六百文，为州县办公之费。嗣后市价，时有涨落，柜价亦屡经增减，至多每两收至二千四百文。然在光绪二十八年以前，银价已平，仍折钱二千文。是年以后，每两带征赔款二百文。又三十三年秋，疆臣以银价日贵，奏准每两暂加二百文，合之赔款，共收二千四百文。三十四年冬，始有征银解银、另收公费之请。旋经部议，暂加二百文。之奏尚未经年，遽尔更张，恐失民信，且伤政体，应毋庸议，奉旨："依议，钦此。"现距部驳之日，仍未经年，又申前请。良以银价既无可加，不得不变为征银。不知小民并无现银，纳银时向用铜钱折算银价。钱价地方官已不免上下其手，若买银纳银，则平色成色，更多一层剥削。原奏谓则例以银数为定折钱，本属通融，是明知征银之不能实行；又谓不准有抑勒洋价诸弊，是又明知不免抑勒，而以空文防弊也。查现时市价，库平足色银，一两约换铜元二千零数十文，加以赔款二百公费六百，是每两应纳铜元二千八百数十文，较之去年下忙，每两骤增四百数十文。名为征银，实系加赋，民力竭矣。二千四百文之外，何堪再加？不特此也，铜元滥铸不已，即银价日涨不已，而吾民受加赋之累亦不已。三吴赋额最重，又何堪屡加朘削？目下州县办公竭蹶，确系实情，欲筹酌剂之方，俟财政清理后，应如何匀定公费，自有办法。若必损民以益官，岂朝廷子惠黎元之至意？自铜元充斥，物价益昂，民不聊生，官亦实蒙其害。顾各省之为属员计者，未闻设法加征；而江苏屡以征银为请，岂苏民独愚乎？窃恐此端一开，他省必起而效尤，全国人民皆将隐受加赋之累，关系匪细。目前地方自治，正在预备，一切借资于民力者尚多，亟宜稍留余地。况苏省伏莽未靖，后患堪虞。竭泽而渔，不胜渊鱼丛雀之惧。国家最难得者民心，最易失者亦系民心。文治见闻所及，用敢为民请命，伏祈请旨，饬下度支部，查照上年奏案，悉心妥议，以恤民隐，而广皇仁。不胜惶恐待命之至，请代奏。

〔《唐蔚之侍郎电请代奏稿（为征银解银事）》，见《申报》1909 年 5 月 23 日第 5 版〕

5 月 26 日（四月初八日）　宣统钦准度支部奏折，对两江总督端方等奏"自本年上忙为始，将宁苏两属地芦各款，一律征银解银，每两随收公费钱""暂毋庸议"。

奏为遵旨议奏，恭折仰祈圣鉴事：两江总督端方等奏《宁、苏两属，银价益涨，州县赔累更深，仍请上下两忙地芦各款，改为征银解银，另收公费》一折，宣统元年三月二十日奉朱批："着度支部按照该督抚所奏各节，体察该省情形，妥议具奏，钦此。"钦遵由内阁抄出到部。查原奏内称"宁苏两属，银贵钱贱，州县经征钱粮，收不敷解。加以办公无着，亏巨累深。光绪三十三年秋间奏准，暂将苏属征收二百文，其时以银易钱，每两尚只一千六七百文，迨上年冬间，倏涨至一千八九百文，今年至二千数十文矣。银价继涨增高，此后靡有底止，何敢援照前案，再请加收。一再会商，始有查照旧章征银解银之请。如此办理，官民两无所伤。此次度支部议覆，以暂加二百文之奏尚未经年，遽尔更张，恐失民信，且伤政体。在部臣衡情论事，固不能不远计深思。臣等考查情形，按之部臣所奏各节，似有不必虑者二，有不及待者一，而事危时迫，大局攸关，若不亟筹补苴，其影响所至，实大有可危者三。筹商至再，别无良图，惟有仰恳天恩，准将前请，自本年上忙为始，将宁苏两属地芦各款，一律征银解银，每两随收公费钱六百文，苏属并带收规复钱二百文，此外不准另立名目，多取分厘，及有抑勒洋价、不收铜元诸弊"等语，旋于四月初三日，军机处交出钦奉谕旨："御史廖基钰奏征银之害，重困民生，尤妨农政，请饬疆臣毋率言改变一折，着度支部知道，钦此。"又于四月初四日，军机大臣钦奉谕旨："唐文治电奏苏省丁忙征银解银,请饬部妥议等语,度支部知道,钦此。"钦遵先后抄交到部。臣等伏查上年九月,两江总督端方等奏"宁苏两属州县赔累,请将上下两忙地芦各款,改为征银解银,另收公费"一折,当经臣部议,以苏属征忙,每两暂加二百文,试办尚未经年,遽尔更张,非惟无以取信于民,似亦无此政体。应令先将该省地芦等项及经费各款,详拟办法,送部核明,应增应减,酌中厘定,再为咨行照办等因,奏驳行知在案。兹据该督等复申前请,并为迫切之词,而御史廖基钰疏论其非,籍绅唐文治又电陈其弊。臣等公同参酌,窃以田赋征银,载在则例,同治初年改为折钱完纳,原为体恤民艰。近因银贵钱贱,累及州县,斯恤民恤官之说遂纷纭而不可已。其实民间完钱之项,仍以洋元抵缴,似与征银无殊。惟该督等原奏,于市面银根缺乏通用银圆,平色如何折合铜元,尾零如何找算,均未详细筹及,独于公费一节,规复六百文之旧,是丁漕较多之州县,囊橐骤充,而银钱并征,经管之吏胥,尤易上下其手,自不免贻人口实。至州县赔累,亦系实在情形,应令该督等仍遵照臣部上年九月原奏,将该省地芦等项及公费各款,详拟妥善办法,以期官民不至交困。所请自本年上忙为始,将宁苏两属地芦各款,一律征银解银,每两随收公费钱文,应请暂毋庸议。所有臣等遵议缘由,理合恭折具陈,伏乞皇上圣鉴,谨奏。

宣统元年四月初八日奉旨:"依议,钦此。"

(《度支部奏议覆江督等奏请将宁苏上下两忙地芦各款改为征银解银另收公费应请暂毋庸议折》,见《北洋官报》第 2092 册)

按:*前录有关"征银解银"各条,在《茹经先生自订年谱·己酉四十五岁》中有如下之记述:"秋,苏抚某公因省库支绌,倡征银解银之议。余因民间并无现银折合火耗,吏胥上下其手,剥蚀小民,为害滋大,电达政府力争之,得罢。"*

5 月 28 日(四月初十日) 《申报》第 4 版刊出《宪政馆拟派一二等咨议官衔名清单》,先生为一等咨议官。

按:*宪政馆的全称为宪政编查馆。据迟云飞《清末预备立宪研究》记载,该馆设立于 1907 年 8 月 13 日(光绪三十三年七月初五日),奕劻等在请设宪政编查馆的奏折中,谈设立宪政编查馆的理由说,现在预备立宪,"入手办法,总以研究为主。研究之要,不外编译东西洋各国宪法,以为借镜之资;调查中国各行省政俗,以为更张之渐。凡此两端,皆为至当不易,刻不容缓之事"。至宣统元年四月,宪政编查馆又奏准从各衙门及各省官员及名流中聘请了一批咨议官,有一等咨议官 37 人,二等咨议官 28 人。这些咨议官并非正式在宪政编查馆任职,而是类似顾问一类的职务。先生即为 37 名一等咨议官之一。*

6 月 4 日(四月十七日)　奏准礼学馆续选纂修、顾问人员,先生被选为礼学馆顾问官。(据《申报》1909 年 6 月 14 日第 4 版《礼学馆续选纂修顾问人员》)

按:礼学馆是清末主持礼制改革的机构。隶属礼部。1909 年 3 月(清宣统元年闰二月)设立,以陈宝琛为总理礼学馆事务大臣。主要职能为校改清朝《通礼》,纂修新的民礼,以适应预备立宪的新形势。

6 月 8 日(四月二十一日)　先生为学堂经费事致信邮传部主管徐世昌。徐即亲笔给先生复信,答应学堂经费每年由商、电两局合共拨银四万一千两作为扩充专科之用,再由铁路局岁拨五万九千两,足成十万之数。此项公费除办公支销外,储为兴学之用。"学堂只有路电两科,航科尚付阙如,应如何筹备增设之处,尤仗椠才审度,随时函示为幸"。不久,邮传部行文上海高等实业学堂,核准岁拨经费银十万两,文中称:知悉学堂经费困难情况,要求本部奏明每年划出银十万两作为常年经费等。现已凑成十万之额,作储为兴学之用。[据上海交通大学校史编纂委员会编《上海交通大学纪事(1896—2005)》]

6 月 9 日(四月二十二日)　上海县令田大令至上海高等实业学堂拜会先生,面商要公。(据《申报》1909 年 6 月 11 日 19 版《县令拜客》)

6 月 19 日(五月初二日)　原苏属咨议筹办处改为江苏苏属地方自治筹办处,先生任该处总理。此后,先生每月赴苏州一次。

> 江苏士绅举余为地方自治总理,以蒋太史季和名炳章、朱太史锡百名寿朋为副。余因地方自治无领袖,颇为危险,爰往就职。自治筹办处设在苏州五百名贤祠对门。莲池环绕,地极幽雅。驻办为观察夏剑丞名敬观,太守陆勉斋名懋勋。各县参议,贤俊之士甚多。余即借寓名贤寺中,往见苏抚瑞君莘儒名澄,又见臬司左君宜名孝同,文襄师之少子也,谈甚款洽。是后,余每月赴苏一次。
>
> (唐文治《茹经先生自订年谱·庚申四十六岁》)

按:《茹经先生自订年谱》将此事系于下年即 1910 年,误。

> 是年(按:指 1909 年)初,清政府颁布《城镇乡地方自治章程》。五月初二(公历 6 月 19 日),将原苏属咨议筹办处改为江苏苏属地方自治筹办处,原自治局撤销,自治筹办处由苏州布政使左孝同、苏州提学使樊恭煦、江苏按察使赵滨彦等三人任总办,江苏候补道夏敬观任会办,苏州知府何刚德、候补知府陈懋勋任提调,翰林院侍讲邹福保、翰林院编修蒋炳章、分省补同道江衡、法部主事孔昭晋、候选道罗饴任参议。前农工商部尚书唐文治任该处总理,蒋炳章、朱寿朋为协理。自治筹办处计划分期筹办城镇乡自治事宜,拟以元年五月

至二年五月为城厢自治期；二年六月至三年五月为镇自治期；三年六月至四年八月为乡自治期。

（苏州市地方志编纂委员会编纂《苏州市志》，第三册）

奏为筹办江苏苏、松、常、镇、太五属城镇乡地方自治，设立苏属地方自治筹办处，及开办自治研究所情形，恭折仰祈圣鉴事：

恭读光绪三十四年十二月二十七日谕旨"宪政编查馆奏核议民政部奏城镇乡地方自治并另拟选举章程一折，地方自治为立宪之根本，城镇乡又为自治之初基，诚非首先开办不可。着民政部及各省督抚，督饬所属地方官，选择正绅，按照此次所定章程，将城镇乡自治各事，宜迅即筹办，实力奉行，不准稍有延误"等因，钦遵在案。复由宪政编查馆、民政部抄录原奏清单咨行前来。伏查江苏省上年遵章设立自治局，业已分别奏咨在案。嗣奉宪政编查馆行知，将地方自治事宜，责令咨议局筹办处兼理。当经前抚臣陈启泰遵于四月间将自治局撤销，改由咨议局筹办处兼理。奴才接任后，值咨议局复选议员将竣之时，遂即遴选官绅，厘定规则，责令认真将自治事宜会同办理，以速进行。札委藩学臬三司为该处总办，江苏候补道夏敬观为该处会办，并派提调科长各员随同佐理。又照会在籍前署农工商部尚书唐文治为该处总理，翰林院编修蒋炳章、朱寿朋为该处协理。兼采用官绅所议，公举各府州明达士绅为参议，以期群策群力，相与有成。查照馆章，该处应附设自治研究所，用以讲求法理，陶冶人材，现亦转饬即日筹立。所有该处开支经费，仍暂由咨议局筹办处开支项下先行拨用。此现在筹办地方自治之大概情形也。窃奴才更有陈者：今日而求地方自治，亦亟亟矣，自奉明诏，颁行海内，喁喁相望，况江苏风气，素号开通，其士民希望自治之心既切，则奋勉期成之志亦坚，督率进行，自较易于他省。然风俗习惯各有不同，欲按日而课功，在因势以利导。加以时会所迫，众情所趋，似有不能不量为变通，先加整理者。今请为我皇上陈之：查民政部分年筹办清单，于地方自治一端，将镇乡分为繁盛、中等、偏僻三期筹办，自系统计全国而定。惟苏属各厅、州、县、镇、乡，多相联接，户口尚称殷繁，镇之与乡，竟致多难区别。若以繁盛、中等、偏僻列作三期，强分筹备之后先，恐滋氓黎之观望。现奴才按照情形详加酌核，拟于本年五月至宣统二年五月，为筹办各属城厢自治之期；宣统二年六月至宣统三年五月，为筹办各镇自治之期。照章，镇制以五万人口为率，或有不能悉符，则令各繁盛之乡亦一律举办。宣统三年六月至宣统四年八月，为补行筹备各乡自治之期，总期粗具规模，于宣统五年遵限一律成立。其各镇、乡人民有陈请提前先办者，亦准由该地方官详核呈报，酌予照行，庶秩序不致紊淆，而期限得能迅集，上可以无背馆章，下可以勉符众望。此奴才所请量为变通者也。开办自治，有相因组合之事务，厥为调查人口。镇乡制度，既因调查而定；议员名额，又以人口为衡。我国自纳丁于粮，户籍久同虚设，州县按年例报，类皆奉行故事，不足为凭。若据此以为自治调查，未免近于率略。查民政部调查户口章程，以户籍法为下级地方自治之职，则今日先从调查入手，正为将来之储备。今拟令各属遴派官绅办理第一次选举时，即按城、镇、乡所在区域，实力钩稽，既以慎重选民，并以豫编户籍。此奴才所请先行整理者也。查章程自治事宜，如学务、卫生、道路、工程、农工、商务、善举，及公共营业各款，共列八项，皆地方公益，民生要需，一日不可缓者，既贵经理之得人，尤赖财力之相济。苏省各属公款公产，本皆绅董经存，而本于慈善事业为多。如义学、善堂、恤嫠、育婴、义仓积谷及施衣粥医药等类，向来职任寄之于绅，所有出纳一切，亦绅任之。其热诚经理者固不乏人，而浮冒侵蚀者亦比比皆是。值此除旧布新，固应转饬所属，视其力所能及，逐渐施行。即绅董旧日管理之公款公产，尤应逐项检查，重加整饬。现奴才拟令各属设立清理处，由地方官遴派正绅，督同清理，务求事有实际，款不虚糜。此又奴才所请先行整理者也。以上三端，或拟量为变通，或拟先行整理，类皆因地以制宜，窃愿循名而责实。伏念地方自治为宪政预备之初基，官民共担之职任，然一有不慎，则无以通上下之情；上下之情不通，势必至阻遏新机，滋生疑谤。故今日之言自治，既贵推诚以相与，尤赖合力以为谋。奴才前于地方自治筹办处接见各绅，即以此意相为勖勉，士绅亦同感奋。此后所有应行筹办事宜，奴才自当督同在事员绅，妥为擘画，务益周详，以仰副我皇上求治爱民之至意。所有江苏苏、松、常、镇、太五属筹备地方自治情形，及设立苏属地方自治筹办处并自治研究所各缘由，除分咨宪政编查馆、民政部外，谨会同两江总督臣张人骏，恭折具陈，伏乞皇上圣鉴。谨奏。

宣统元年八月十一日奉朱批：该衙门知道，钦此。

（《江苏巡抚瑞澄奏筹办地方自治情形折》，见《申报》1909 年 10 月 3 日第 18 版；《政治官报》1909 年第 689 期）

6 月（五月）　定上海高等实业学堂校歌。校歌由沈庆鸿作词谱曲，其中歌词经先生修正，词云："珠光灿，青龙飞，美哉吾国徽。醒狮起，搏大地，壮哉吾校旗。愿吾师生全体明白旗中意。既醒勿睡，既明勿昧，精神常提起。实心实力求实学，实心实力务实业。光辉吾国徽，便是光辉吾校旗。"[据上海交通大学校史编纂委员会编《上海交通大学纪事（1896—2005）》]

他为学校亲撰校歌,开头两句为"醒狮起,搏大地","睡狮"是大而弱的旧中国的代名词。唐先生多么希望中国觉醒过来,独立于世界。

(黄汉文《记唐文治先生》)

按:《学府纪闻——国立交通大学》一书收录此校歌,歌词与上引文字有所不同,且标明为"沈叔逵词"。谷玉梅、李啸《从〈警醒歌〉到〈为世界之光〉——沈心工与交通大学校歌考》一文则云:"所谓《邮传部高等实业学堂校歌》,正是唐文治到任校长后,亲自为学校量身制作的。沈心工在这之中担任了作词填曲(唐文治亲自修正)的职责。"录以备参。

夏 邮传部致函上海高等实业学堂,告知1月先生呈送《条陈本学堂办法》,已得到采纳同意。各省派官费生来校,以扩大专科生源。学校制订《各省官费生章》,对官费生经费、招送办法等均依明文规定。[据上海交通大学校史编纂委员会编《上海交通大学纪事(1896—2005)》]

暑假 应上海圣约翰大学外籍校长卜舫济(Francis Lister Hawks Pott)之邀,至该校为学生作演说,敷陈立德、立功、立言之大义。

鄙人素无学问,何敢妄谈,惟承卜先生谆谆厚意,不敢固辞。兼之约翰大学堂与敝校相近,两校诸生,意气相投,或相勖以学问,或联合运动会事宜,彼此感情最厚。今日诸生一堂济济,鄙人诚爱之敬之,与在敝校诸生无异。故敢一竭其愚陋之辞。倘有不合,祈卜先生教正。

窃惟人生天地间,所贵讲求学问者,不外三大纲:曰立德,曰立功,曰立言。《左氏传》云:"太上立德,其次立功,其次立言。"斯言也,无论古今中外,学士文人,举不能出此范围。

何谓立德?躬行道德是也。而鄙人有一言,为诸生切告者:凡讲求道德,宜征之于实,不宜措之于虚;宜求之于品谊,不宜托之于空谈。唐韩子《原道》篇云:"由是而至焉之谓道,足乎己无待于外之谓德。"斯二言者,鄙人已稍病其虚。要知古人制字之意:道,路也,故四通八达者,方可谓之道;迂拘窒塞者,即不得谓之道。譬诸讲求地理,一经一纬,有经纬,方有实际,是即道也。德字古篆文为直、心二字,孔子曰:"人之生也直。"人惟正直,方为有德。孟子论浩然之气云:"以直养而无害,则塞于天地之间。"可知正直者,生民之懿德也。道德字义既明,其工夫从何处下手?一则曰忠孝之行,一则曰义利之辨。诸生须知学者,学为忠与义也。《论语》首章言学而时习之,未尝言所学何事;而第二章即曰其为人也孝弟。《孟子》首章辨义利,又曰:"未有仁而遗其亲,未有义而后其君。"人生世上,忠孝为大节。天下未有不忠孝之人,而能任大事者。惟能本忠孝之心,出而办事,斯能为生民立命,而使万物各得其所。所谓以不忍人之心,行不忍人之政也。诸生试思今日之中国,所以贫弱至于此极者,岂非士大夫好利之所致乎? 古圣贤何尝不谋利,特古圣贤所谋者,乃世界之公利;而今人所谋者,乃一己之私利。惟仅谋一己之私利,于是处事有不可告人之隐,上与君隔,下与民隔,而世界遂受其害。究之个人之私利亦终不能保,则亦何苦为此丧失道德之事。故鄙人尝有比喻,以为道德犹基础也,西文科学犹房屋也。基础不固,则房屋坍塌。犹之通达科学之人,不明道德,或者贪冒货贿,浸至名誉一旦扫地,为世人所鄙薄,岂不大可惜耶! 由是言之,则知在学堂中求学问者,人格不可不高。人格二字,其义出于《汉书·古今人表》,然推而溯之于古经传中,已早有阐明此义者。如《论语》子贡问士四节,即是四格。第一格曰行己有耻,使于四方,不辱君命。可见不辱君命,先在于行己之有耻。又如《孟子》"浩生不害"一章曰:"可欲之谓善,有诸己之谓信,充实之谓美,充实而有光辉之谓大,大而化之之谓圣,圣而不可知之之谓神。"共分六格。然而博览我中国历史中,三代以下有名之士,不过囿于善、信二格之中,惟经济如诸葛武侯、陆宣公、范文正、司马温公,理学如周、程、张、朱诸大儒,始可当美之大格。古语有云:"有为者亦若是。"惟望诸生勉之。此论立德之大概也。

　　立德之外,当务立功。学问之归宿,以立功为最着实。凡人悠悠忽忽,不能建功立业,即为虚生于世。何以言之? 盖凡人生天地间,皆有为天地立功之责任。此语非鄙人所创,《尚书》云"天工人其代之",即是此义。诸生欲知人代天工之义,先当知人配天地之源。以旧说言之,头圆足方,配天圆地方,此说不足信。鄙人谓:人生无一不与天地相似,即如背心为最近寒带之地,配北冰洋,故古人制字,背字从北。试以极热之手巾熨于背上,即觉有寒气内攻,此其明证。由是推之,知心血最热,实配南洋,最近温带之验。人身既配天地,故天工所不足者,即当以人力补助之;天然物有缺乏者,即当以机械器补助之。世界开化,日进一日,即学者之责任,日尽一日。是以《礼记·礼运篇》云"人者,天地之心也",《中庸》亦云"赞天地之化育"。顾所谓赞天地之化育者,宜如何而措之于实? 则惟有时时刻刻尽吾教养之责而已。天地无时不以养人为功用,故学者亦当时时以教养为功用。鄙人幼时读《易经》,云"崇高莫大乎富贵",心尝疑之,以为富贵何足重? 及复读《易经》"崇效天"一语,乃知富贵实当指教养而言。至富贵者,莫如天地,惟其养人最多也。人能尽其教养之责,方可谓之富贵。苟生于世,而不能教人养人,虽宰辅而谓之贫贱可也。苟生于世,而能教人养人,虽匹夫而谓之富贵可也。诸生能善解富贵贫贱四字,则知贫贱不足忧，富贵不足羡，只须尽在我之天职。天职何在？教养而已。我之学、我之力能教养十人、百人，即可谓之富贵，即可谓之立功于世。我之学、我之力能教养千人、万人，即可谓之大富贵，即可谓之立大功于世。诸生须知学问之道，以立志为最先，而立志要当先法任圣。任圣何人？伊尹是也。孟子赞伊尹曰："先知觉后知，先觉觉后觉。"要知人生之遭际，原不可必，惟有时时尽我先知先觉之责任，使天下穷乡僻壤之人，皆渐有生存之知识，进而有社会之知识，进而有世界之知识，则世界何患不治？故诸生要知今日学问，如有一分之欠缺，即异日知识有一分之欠缺，即后日事业有一分之欠缺。责任重大，惟望诸生勉之。此论立功之大概也。

然苟能立德立功，而不能立言，则其学亦不能传诸久远。孔子曰："言之无文，行之不远。"诸生试思自古以来大学问、大经济人，圣贤豪杰，孝子忠臣，何一非因文字而不朽？古人有言："藏之名山，传诸其人。"必以立言为最要。第古人之所谓立言者，皆指著书而言，中国之经史子集皆是也。今日诸生不能骤语于著作之选，当先注意国文。国文程度之高者，应学经、子及《史》《汉》、韩文；其浅者，只可学三苏及本朝之魏叔子(名禧)、恽子居(名敬)、姚姬传(名鼐)诸家。此事各有性之所近，固非一蹴所可几，亦非数语所能尽。然论其入门之诀，约有三端：一曰炼气，二曰炼局，三曰炼词。气为文章之根本，若无生气，文便索然。古人作文，动辄一笔数十行下。诸生学此法，宜先学一笔数行下，一气灌注，自然渐有进步。文局贵变化无方，而入门之初，只须学前虚中实后去路或旁意之法，前一段虚罩，中一段发挥题蕴，末将余意洗发，如包蕴时事之类，试观苏东坡文，布局多用此法。文之知识贵新，而词旨则贵古雅。若以俚辞鄙语参杂其间，便是疵累，首宜切戒。初学入门之诀，不外乎此。虽然，立言自有其本，凡德与功之盛者，大抵能工于文。惟天下第一等人，斯能为天下第一等文。故凡文之博大昌明者，必其人之光明磊落者也；文之精深坚卓者，必其人之忠厚笃实者也。至尖僻险巧，则人必刻薄；圆熟浮滑，则人必鄙陋。诸生欲求立言，仍须从立品始。孔子曰："修辞立其诚，所以居业也。"修业何要？要在立诚。立诚为人生最要之事，故人不可以为伪，即文不可以为伪，即言不可以为伪。此论立言之大概也。

贵校程度极高，名誉最优，从前毕业出洋，及毕业后在政界、学界、商界办事者不乏其人，鄙人素所钦仰。惟诸生要知卜先生所以培植不懈之心，实欲诸生皆底于大成，而不安于小就。故鄙人特将以上立德、立功、立言三者，敷陈大义，惟望诸生异日皆为国家大用，于此三端，能切实做到，他年国史扬名，庶不负卜先生历年培植之意。诸生诸生，勉之勉之！鄙人馨香祝之。

（《约翰大学堂暑假演说》，见《约翰声》第 20 卷第 5 期）

7 月 26 日（六月初十日） 邮传部咨会学部。此前，先生将上海高等实业学堂铁路专科三年级学生之毕业试卷、画图成绩以及学生履历、分数表详细填注，一并咨请邮传部转送学部复核，请求准与奏明，分别给奖，以资鼓励。

为咨会事：准上海高等实业学堂监督唐侍郎咨称"本学堂高等专科毕业一案，前准本部咨开'准学部咨称，上海实业学堂现隶贵部，与各省高等学堂略有区别，而又不在京师，未便遣派部员前往。应由本部电知苏提学使，就近派员前往，会同监考，以期严密应用。试题由该校监督督同教员，按照所习科目，详细酌定。各科试卷，由该校监督督同教员先行拟定分数，俟考毕业后，将试题、试卷暨所拟分数，连同各科讲义、学生履历并入堂年月各清册，咨送本部覆核，庶较简便'等因。准此，本监督查铁路三年级生所习各科课本、讲本、讲义及各生履历并入堂年月清册，已于前月十八日咨达本部，转送学部在案。嗣于四月二十七日准苏提学使派委普通科科长江衡到校，会同本部所派监试官詹天佑，即于二十八日开考，按照所习科目，在本校讲堂严密局试，至本月十三日一律试毕。本监督督同各科教员校阅试卷，先行拟定分数。除照章填给毕业文凭外，所有毕业试题、试卷及画图成绩等，并遵学部所颁中学以上毕业生履历、分数表格详细填注，一并咨请本部转送学部覆核，准与奏明，分别给奖，以资鼓励"等因到部。查本部上海高等实业学堂课程，业经迭咨贵部核定。去年七月初二日准贵部来咨，准作为高等实业学堂办理所有高等专科课本、讲义、学生姓名籍贯清册，业分别咨送在案。兹准该学堂监督咨送本年高等专科毕业试卷前来，经派图书通译局英文总纂张熙、常煜全，电政司行走吴主事炜灵，参议厅行走熊主事崇志覆阅完竣，相应咨送贵部查照，派员覆阅。如程度分数与奖励定章相符，应请由贵部主稿会同本部奏明办理可也。须至咨者。

[《本部咨学部上海高等实业学堂毕业试卷业经派员阅竣请即覆阅会同请奖文（宣统元年六月初十日）》，见《交通官报》1909 年第 2 期]

7 月（六月） 度支部遴派先生等二十四人为咨议官。（据《申报》1909 年 7 月 27 日第 7 版《专电》）

7 月 31 日（六月十五日） 清政府准度支部奏，遴派先生（按：指张元济）与唐文治、张謇为度支部咨议官。后先生未赴任。

（张人凤、柳和城编著《张元济年谱长编》）

8月4日(六月十九日) 上海高等实业学堂举行铁路专科、中学五年级及附属小学四年级毕业式,先生于会上报告近年办理情形。

邮传部上海高等实业学堂,于(六月)十九日午后举行铁路专科、中学五年级及附属小学四年级各学生毕业式,其秩序:先奏乐入座,次唐监督报告近年办理情形,次教务长梁巨屏报告学科大略,次来宾张百纳、徐士远、沈信卿、杨翼之、李神父、王云阁、李登辉以次演说,次职员余宾王演说,次铁路专科及中学五年级给毕业文凭,次附属小学堂堂长林康侯报告小学开办至今十年间变迁之历史,次附属小学给毕业文凭,次给奖,次毕业生答词,次唱校旗歌毕,奏乐散会。各班毕业生,计铁路专科五名,中学五年级五十一名,附属小学三十一名。

(《高等实业学堂毕业》,见《教育杂志》1909年第1卷第7期)

同日 先生等人前往洋务局行辕,禀见新任两江总督张人骏。

江督张安帅昨晨在洋务局行辕见客,时有前商部侍郎唐文治、刑部主事彭树森、前陕西学台沈淇泉、沪道蔡观察、前台湾道顾缉庭、苏藩司左方伯、巡警总办汪观察、招商局总办沈子枚、前盐巡道潘芸苏、苏粮道惠泽民、苏洋务局总办陈根儒、沪南制造局总办张楚宝、松江府戚升准等,均往禀见。

(《新任江督莅沪续志》,见《申报》1909年8月5日第18版)

约8月上中旬(约六月中下旬) 邮传部欲将上海高等实业学堂改办船科学堂,拟于现有之路、电两科学生毕业后,"即将路、电两科专归唐山学堂办理,而以上海学堂专办船科",并商请先生督同上海招商局总办"核算添办船科经费"。

邮传部以造就航海人才,日前致电上海招商局总办,略谓:现于上海高等实业学堂筹办船科,拟先行添班,俟路、电两科一律毕业,即将路、电两科专归唐山学堂办理,而以上海学堂专办船科。该局向系每年报效该学堂经费二万两,俟船科学生毕业后,准令该局酌用若干名,各股东子弟有程度合格者,亦可收入肄业。一面商请唐侍郎督同该局总办,核算添办船科经费,一面由实业学堂添设商船驾驶科,定于八月初十、十二、十四日招考学生矣。

(《邮部定办船科学堂》,见《教育杂志》第1卷第9期)

按: 上引邮传部致上海招商局总办电未署时间,但上文中有"日前致电"云云,刊载此文的《教育杂志》第一卷第九期于本年9月出版,又本年8月17日上海《新闻报》亦载该电报内容,故将邮传部致电时间姑定为八月上中旬。

邮传部的这一主张,未能得到上海高等实业学堂监督唐文治和学校大部分师生的同意,东南沿海社会舆论也不赞同将该校铁路、电机两个专科全部北移。于是，唐文治汇集校内外人士的意见，再三斟酌，考虑到学校经费由邮传部及其下辖的招商、电报两局供给，尤其是轮船招商局，本身急需培养航运人才，若不顾邮传部的指令和轮船招商局的利益，将会招致不良后果。于是唐文治决定采取两全办法，一方面学校不改变原定的办学方向，铁路和电机两科予以保留；另一方面增设一个航海专科，作为将来另设独立的商船学校的基础，等到条件成熟时再将航海科加以扩充，单独建成商船学校。

（王杰、李宝民、邢繁辉等著《中国高等航海教育史略》）

8、9 月间（七月）　先生聘请王康寿为上海高等实业学堂学监。

宣统元年己酉，文治敦聘至沪上，襄办高等实业学校，时先生（按：指王康寿）主学务垂十年。

（唐文治《王晋蕃先生生传》，见《茹经堂文集三编》卷七）

按：据《邮传部上海高等实业学堂管理员一览表》（见《交通大学校史资料选编》第一卷），王康寿于宣统元年七月到该校，"所任事务"为监学。

9 月 1 日（七月十七日）　先生等人赴江南制造局海军事务所禀见海军大臣载洵及海军提督萨镇冰，载洵、萨镇冰"一概未见"。

海军大臣洵贝勒、海军提督萨军门于前日午后，同赴江南制造局海军事务所憩息一宵，预备起节，已纪昨报。昨日清晨，有江南提台刘华轩军门、苏松镇总兵徐傅隆总戎、徐家汇高等实业学堂监督唐文治侍郎等前往禀安，一概未见。惟制造局总办张观察、沪道蔡观察及制造局总稽查霍良臣参戎等，均蒙接见。

（《海军大臣由沪赴甬》，见《申报》1909 年 9 月 2 日第 5 版）

9 月 9 日（七月二十五日）　《申报》刊登邮传部上海高等实业学堂招考船科学生广告。此前，邮传部已撤销将上海高等实业学堂改办船科（商船）学堂之原议，改令上海高等实业学堂监督招考学生，先设航海一科，附属校内。

筹设商船学校……九月间，即令上海高等实业学堂监督招考学生，先设航海一科，附属校内，二年开课，先行教授。

（交通、铁道部交通史编纂委员会《交通史·航政编》）

（考生）程度：中学已毕业者；年龄：二十岁左右，须身体强健，目力明远，能耐劳苦；科目：国文各取通畅，英文考编译，兼习德文、法文者一并报明，算学，平面三角，实验几何，理化善通，学图画，学器画，西文历史，西方地理，考期：月初拾一、拾二、拾四三天；总费：每年膳费三拾元，学费三拾元；报名：自登报日起至八月初九日止，随时赴上院监学室填册并立册，相片一纸、文凭于监督传见时呈验。注意：路、电科俱已足额，并不招考，所招系专习商船驾驶一科。

（《邮传部上海高等实业学堂招考船科学生广告》，见《申报》1909 年 9 月 9 日第 1 版）

按：在邮传部正式批复同意于上海高等实业学堂内增设船政科前后，先生及上海高等实业学堂便已为此事作筹划及实施。据《中国高等航海教育史略》一书记："1907 年 7 月，唐文治聘请二品衔候选道吴其藻到校筹备成立船政科并担任科主任一职。吴其藻是广东香山人，系清末首期赴美的留学幼童之一，曾参加过中法马尾海战和中日甲午海战，熟悉船舶业务。吴其藻到校后，立即在徐家汇学校内着手组织设立船政科事宜。"该书中又记："由于学校原有的铁路、电机两个专科业已按照正常程序招生完毕，新设立的船政科实施了单独招生，学校并于公历 1909 年 9 月 9 日在《申报》上刊登船政科招生广告……上述招生广告明白提出'路、电两科俱已足额，并不招考，所招系专习商船驾驶一科'。换言之，学堂原有两个专业的招生俱已结束，此次为船政科单独招生。"

招生后不久，邮传部上海高等实业学堂航海专科（又称高等船政专科、船政科）即正式开办。在开办典礼上，先生作开学训词。

船政科开办开学典礼时，唐监督文治先生身穿朝袍礼服，头戴红顶帽子，足穿朝靴，并先领导全体人员朝拜至圣孔子。以后商船学校各位校长之礼服：夏孙鹏、萨镇冰、刘永浩诸位校长穿海军将官礼服；许建廷校长则穿长袍马褂；王伯群、杨志雄、徐祖藩、伍大名、宋建勋诸校长均穿西服。参加典礼，各大专院校之校长礼服，恐无如此复杂一如吾商船学校者。

唐监督当时的开学训词，他说：

"诸生今日来校学习航海，日后个个要到海船上工作做事，看大浪，吹巨风，航海生活是枯燥的、辛苦的！一船生命财产之安危，均操在船长手中，试想所负这个责任，又何等重大！同时诸生亦应当记得，商船驶到外国，实即是国家的势力所到达之处；此外还赚外国人的钱，以富裕自己的国家，试想这样的意义，更是何等重大！还有国家一旦有事，诸生即是海军，故东西洋各国，均特别优待商船人材。今朝廷效法外国，亦决定优待你们，愿诸生学成致用，不负朝廷厚望。勉之！勉之！"

（沈绳一《船校生活趣事多》，见《学府纪闻——国立交通大学》）

按：上海高等实业学堂先是于校内增设航海专科（船政科），后又筹设由该校代办的吴淞商船学校（邮传部高等商船学校）。至 1911 年 9 月，由先生兼任校长的吴淞商船学校开学，详见该年事中。历来的一些相关论著，如吴淞商船专科学校同学会《吴淞商船专科学校校史》、王昭翮等主编《大连海事大学校史 1909—2009》、陆阳《唐文治年谱》等,都将上引文中的"唐监督当时的开学训词"当作是 1911 年 9 月吴淞商船学校开学典礼上的训词,但上文明言这是"船政科""开办开学典礼"。

9 月 24 日(八月十一日)　江苏教育总会举行常年大会,进行换届选举,同意张謇辞去会长职务,选举先生任新会长,张謇改任副会长。

八月,江苏教育总会举余为会长,会设上海西门外林荫路。会中同人如杨君翼之名廷栋,雷君继兴名奋,沈君信卿名恩孚,吴君畹九名馨,皆极一时之选。

(唐文治《茹经先生自订年谱·戊申四十四岁》)

丙午,余奉讳返里。维时江苏教育总会握全省枢纽,群推余为会长,君(按:指张謇)为之副。先后四年,每相晤商榷,于学务、商务,恒有裨益。

(唐文治《重印南通张君季直年谱序》,见《茹经堂文集五编》卷五)

(八月)十一日,教育总会开常年会,发明公共事不可专责一人之理由。众会员颇能心知其意,并推唐蔚之侍郎为会长。果如所望,余度不能辞副会长之席,乃应众举。

(《张謇全集》第六卷《日记》)

八月十一日开会。先由张会长报告一年内成绩及收支款项各情形。次选举,正会长当选者唐蔚芝,副会长宁、苏各一,当选者张季直、蒋季和;选举干事员,共举二十八人。提议第一条事件:(甲)预备研究教育法令,推定会员陆炜士等九人为主任。(乙)研究学部变通初等小学章程事件,议决先将评议员会议决案三条交各会董执行,其余交教育社会研究会核议。

(《江苏教育总会开己酉常年大会》,见《教育杂志》第 1 卷第 10 期)

抗战胜利以后,我已经离开国专,在中华职业学校教国文。黄炎培先生看到校友回母校工作,非常热情。他知道我是唐先生的学生,就与我谈起辛亥革命前后唐先生的一些情况。

清朝末年,各省相继成立教育总会。江苏省教育总会没有设在省会,而是设立在上海西门林荫路(直到一九二七年解散,都在该处,抗战前的门牌号码是十二号)。该会原来由南通人张謇(字季直,清朝状元,维新名士,实业家,教育家)任会长,已经连续当选几届。黄炎培先生是常任调查干事。唐先生到上海后,一九○八年就当选为江苏教育总会会长,张謇当选为副会长。当时风气,任会长、副会长的既要是科举出身,又要有"新思想",热心教育。

黄炎培先生说,张季直先生是名流,不常到省教育会,只是遥领而已。唐先生做了会长,每月到会四五次,对会务很关心,也订出了不少措施。张季直先生到上海,我们谈国家大事谈得多,谈革命比立宪先进,但谈教育不多,唐先生是不谈国事的。黄先生还说:"当时,我早就由蔡元培老师介绍加入同盟会,与革命同志、各界人士集会联络,省教育会也是一个联络点。我对唐先生有些误解,认为他忠于清朝,缺乏民族观念、民权思想。他有时讲些历史上谋事不密丧生偾事的史实,不赞成我在教育会里进行革命活动。但我从来没有怀疑过他要函知地方官禁止。他是个正派人,他学校里革命言论还少吗?他掌握情况,我也掌握情况。后来他也通电请小皇帝退位,我消除了对他的误会,原来他在暗示我要机密,锋芒不宜太露,相逢一笑,亲密握手。各省代表到上海集会,商议怎样建立民国,集会地点就在省教育会。你可以去向贵老师证实一下。"黄先生说话很风趣,在座的几位老师都笑了。我也没有去问唐先生,只要看黄先生非常器重俞庆棠先生(唐先生的长媳),请她参加、主持职教社的一些集会,就可知道,他们的误会早就消除了。

(黄汉文《记唐文治先生》)

按:据上引张謇《日记》和《教育杂志》及其他文献记载,江苏教育总会举行常年大会,同意张謇辞去会长职务,选举先生任新会长,张謇改任副会长,事在本年八月十一日。《茹经先生自订年谱》将此事系于戊申年,即1908年,显系误记。而上引黄汉文《记唐文治先生》及多种先生的传记及有关文献,也沿袭了这一讹误。

9月27日(八月十四日)　　江苏教育总会照章于大会后召开全体职员会,先生作为新任会长出席。

十四日下午五时,江苏教育会照章于大会后开全体职员会。是日,新举会长唐蔚芝先生莅席,评议员、会董、干事员均陆续到会。兹将所议各事录左:

一、公推驻会办事员定一人或二人事。议:驻会办事定一人,仍公推沈信卿君驻会办事。

一、扩充本会经费、设常任调查事。议:常任调查员,明年正月起设立,其经费援照咨议局研究大会中小县分认办法,请起草员加入;对于咨议局提议事件之草案内,并将常任调查员应需经费,编入宣统二年预算表。

一、单级教授练习所毕业后应否续办事。议:再续办一期,并遴选优等毕业学员,在年假期内,分赴各地方设短期讲习会,一面先将此条议案,通告各地方劝学所、教育会,并请驻会办事员会同单级教授练习所主任员,拟订短期讲习所简明办法。

(《江苏教育总会全体职员会纪事》,见《申报》1909年9月29日第19版)

秋　上海高等实业学堂举行国文大会,先生最后评定朱东润为小学部第一名。

还有一件事对我来说是值得纪念的。1908 年，南洋公学的领导又实行新办法。原来的堂长换人，新来的官衔可大了，他是农工商部侍郎，因为母亲去世，丁忧回籍，遂派来办学。这位是太仓人，姓唐名文治，字蔚芝。唐老师在当时是比较接近新派的。在桐城派古文方面，是有切实成就的，特别在文论方面，有独到的看法。

唐老师一到校，就在这方面做了些领导工作。对于小学，他也没有放过。1909 年秋天，他提出要在 8 月里开一次国文大会，大学和中学部合办，小学单独办。在一个星期天，我们写作文了，一共两道题目，我只记得一篇是《关讥而不征论》。这两道题可以只做一篇，也可以兼做两篇。我写完一篇以后，接下便做第二篇，最后指出在理想的时代，统治者对于人民固然要在国境上，做些检查工作，但不一定是横征暴敛；可是遇到专制的君主，那就不仅是横征暴敛，甚至要把人民的一切都供他们吞噬。这一篇写得很流畅，也很大胆。文章缴上，小学老师们给了好评，连同其他的九本，一并送给唐老师，由他评定名次。唐老师很高兴，给我取了第一名。那次我们是在专科礼堂里颁奖的，我得了奖金四元，随即买了一部《经史百家杂钞》。我对于文章的写作，又获得了一些新的看法，这件事督促我进取向上。

（朱东润《朱东润自传》）

按：朱东润时名朱世溱。

又按：上引文中"1908 年，南洋公学的领导又实行新办法"，"1908 年"应为"1907 年"。

秋　太仓同乡推荐先生兼任太仓中学监督(校长)。先生因不常驻校中，请同乡朱文熊担任校务主任，金承望担任学监，陈传德担任国文教授兼训育主任。先生每月由上海返回太仓一次，在太仓中学礼堂为学生讲课。

太属诸同乡举余为太仓中学监督，余因未能常驻校中，请同乡朱君叔子名文熊为主任，学生约二百人。

（唐文治《茹经先生自订年谱·己酉四十五岁》）

清光绪之际，余掌太属中学，延君(按：指金承望)任学监，诸生莫不詟服，盖重君之才德俱胜。

（唐文治《金君侠闻家传》，见《茹经堂文集四序》卷七）

执友陈君仲达，笃奉圣门家法，精研经史及近世政治学。余掌吾娄太属中学时，敦聘为教师及学监，诸生詟服，奉为圭臬。

（唐文治《复旦大学政治学系行政练习序》，见《茹经堂文集五编》卷五）

1909 年太仓州立中学创立,乡人公推先生兼任校长,他每月一次从上海到太仓,对来自太仓属的镇洋、嘉定、宝山、崇明四县二百多学生讲学,不辞辛劳,哺育后代。尤其难得的还筹措公款派遣学生留学,为国家培育人才。

(王醒吾《唐文治先生生平事略》)

1909 年,太仓州立中学成立,太仓同乡公推唐先生兼任校长,他每月一次从上海到太仓,对来自太仓州属的镇洋、嘉定、宝山、崇明四个县二百个学生讲学。

(陈友觉整理《唐文治先生事迹简介》)

按: 中华人民共和国成立后,曾担任全国人大常委会副委员长的胡厥文,早年曾就读于太仓中学。据《胡厥文回忆录》载:"我 14 岁的时候,太仓州办起了州属中学堂,我由嘉定县保送到中学学习……有一天早晨,我感到身体有些不舒服,起床较晚,同寝室的同学都去吃早饭了。等大家吃完饭回来后,一个同学发现钱包丢了,里面有二十多元钱。同学们议论纷纷。钱包到哪里去了呢?这件事反映到学监室,一个姓金的学监唤我去问话。金学监不问青红皂白地说钱是我偷的。我从来没有受过这样的侮辱,不禁火冒三丈,一怒之下'咔嚓'一声,一脚踢断了方桌的一条腿,并理直气壮地责问学监,要求赔偿名誉损失。金学监拿不出任何证据,又气又恼,无可奈何,只得把事情告到驻堂总理员处。总理员朱文熊又把我叫去,一见面就训斥一通,说我顶撞金学监,对师长无礼,语气之间还是怀疑钱包是我偷的。我再次被激怒了,气愤地说:'你们既然可以这样随便怀疑我,我也可以随便怀疑你们。'我手臂用力一挥,拂掉了桌上的一本《春秋左传》。这时挤在门外偷听的同学们也都不再胆怯,个个拍手称快,使这个平时对学生十分严厉的朱总理员难堪之极。几天后,监督(校长)唐文治回校,又将我叫去,问我为什么忤逆师长,我理直气壮地把事情的经过从头到尾陈述了一遍。唐监督不但没有考虑我说的事实,反而认为我丝毫没有'悔过'之意,十分恼怒,便喝斥道:'你在我面前态度尚且如此,在他人面前可想而知。'当时我满腹的委屈,无处可分辩,不禁气愤之极,脱口说出'一样'两字。唐监督气得双手发抖,说:'你给我滚出去!'后来事情终于查明,偷钱包的竟是与我通谱的龚其灏。放年假的时候,校方宣布将龚某开除,并以不敬师长之名给我以'留校察看'的处分。"录以备参。

10 月 2 日(八月十九日)   学部奏呈朝廷。此前,先生咨请邮传部并转咨学部,会核上海高等实业学堂附属中学毕业试卷,分别给奖。

奏为会核上海高等实业学堂附属中学毕业学生试卷分别给奖,恭折仰祈圣鉴事。窃查上海高等实业学堂,现归邮传部管理。该学堂设有附属中学,以备递升高等,曾经咨明学部有案。前准该学堂监督、前农工商部侍郎臣唐文治咨明,附属中学第一班于本年五月毕业,当经学部、邮传部分别派员,会同该监督举行毕业考试。兹准该监督将毕业试卷、分数暨学生履历并历期历年分数表册咨送邮传部覆核,由邮传部咨送学部核定,并准该监督咨称李大椿、黄理中、张承良、王开屏、盛守钰、徐恩第、徐荄、过科先、陈大启、施銎、顾光宾、陈明寿、王翀、程鹏展、王大炎、华应宣、叶廷芳、徐维纶、吴钟英、陈懋沂、陈永垣等二十一名,均经在校扣足学期;徐佩璜、周象贤、陈庆尧、徐佩琨、闵绍棠等五名,由南洋中学转学,前数学期之分数,均从该校查取,确有可凭;罗惠侨、杨贻诚等二名,系宁波中学堂毕业生转入,补习两学期;其余插班诸生张廷金、许复阳、席德炳、方于楠、唐榕炳、梁启英、邱养吾、戴济、席德懋、吴清度、金时中、唐榕锦、郭守中、谢继连、沈炘来、徐乃莲、邱宗孚、黄灏、胡明堂、张松堂等二十名,从前所入学堂分数无从考查;黄照清、顾维精、金鹏等三名,到堂仅两学期或一学期等语。学部查上年臣部附片,奏明所有京外中学堂,无论官立、公立、私立,无论学生何时入堂,均应恪遵定章,扣满五年课程,一律完全,始准毕业请奖,奉旨允准通行在案。该学堂附属中学课程,揆之定章略有增加,并无阙略。其满足年限之学生李大椿等二十一名,应准毕业,照章给奖。其由南洋中学转入之学生徐佩璜等五名,前数学期之分数既据称确有可凭,尚与学部通行转学章程相符,应一并准其毕业给奖,原拟毕业试卷、各科分数均属妥协。其分数有应照章降等者,亦经分别降等办理,颇为核实。所有列入最优等之李大椿、徐佩璜、黄理中、张承良、王开屏、盛守钰、徐恩第、徐荄、陈庆尧、王大炎等十名,拟请作为拔贡;列入优等之周象贤、过科先、陈大启、施銎、顾光宾、陈明寿、王翀、程鹏展、闵绍棠、华应宣、叶廷芳、徐维纶、吴钟英、陈懋沂、陈永垣等十五名,拟请作为优贡;列入中等之徐佩琨一名,拟请作为岁贡;其罗惠侨等二名,既系宁波中学堂毕业生,并准浙江巡抚咨明学部有案,应归原案核议。张廷金等二十名,原入学堂分数,无可稽考;黄照青等三名,在堂时日尚浅,均未便准其毕业,应由该学堂分别酌令补习,俟在堂满足五年,再行毕业。如蒙俞允,即由臣部分行遵照办理。所有臣等会核上海高等实业学堂附属中学毕业学生试卷分别给奖缘由,谨会同恭折具陈,伏乞皇上圣鉴。再,此折系学部主稿会同邮传部办理,合并声明。谨奏。

　　[《学部奏会核上海高等实业学堂附属中学毕业学生试卷分别给奖折(宣统元年八月十九日)》,见《浙江教育官报》1909 年第 16 期]

10 月 4 日(八月二十一日)　大学士、军机大臣张之洞卒。

军机大臣南皮张公香涛卒于位。张为一代名臣,闻之感叹。其绝命诗云:"南人不相宋家传,自诩陈桥识杜鹃。辛苦李虞文陆辈,终随落日堕虞渊。"可异也。

(唐文治《茹经先生自订年谱·庚戌四十六岁》)

按:《茹经先生自订年谱》系此事于庚戌年,即1910年,误。

10月14日(九月初一日) 《申报》刊出《高等实业学堂毕业生之获奖》一文,报道先生主等主持上海高等实业学堂铁路专科学生及附属中学第一班学生毕业考试事。

学部会同邮部具奏,略云:上海高等实业学堂,系就南洋公学基址设立。该学堂铁路科学生,本年五月肄习本科期满。经学部、邮传部分别派员,会同该学堂监督、前农工商部侍郎臣唐文治,举行毕业考试。由该学堂监督会同教员,分科拟定分数,呈送邮传部覆核,复由邮传部咨送学部核定,成绩颇优,具有高等程度。原拟分数,亦俱允协。计毕业学生五名,毕业考试分数,与历年历期考试分数,平均所得毕业分数,均在八十分以上。照章应列最优等。吴思远、高恒儒、潘善闻、胡士熙、郑家斌等五名,应准作为举人,以知州尽先选用,以资鼓励。

又奏云:查上海高等实业学堂,现归邮传部管理。该学堂设有附属中学,以备递升高等。前准该学堂监督唐文治咨明,附属中学第一班,于本年五月毕业,当经学部、邮传部派员,会同该监督,举行毕业考试。

(《高等实业学堂毕业生之获奖》,见《申报》1909年10月14日18、19版)

按:上述五名优秀毕业生中的四人吴思远、高恒儒、潘善闻、胡士熙,后被选送至英国留学。

又按:原折载《交通官报》1909第3期,题为《本部奏会核上海高等实业学堂铁路科学生毕业试卷照章请奖折》,文末云:"宣统元年八月十九日奉旨:依议,钦此。"

君讳士熙,字春台……宣统改元,君毕业土木工程科。部派江霄伟、詹天佑两先生莅校覆试,列最优等。余力保君品学迈伦,才堪大用,于是邮、学二部会同奏请奖励,奉旨恩赐举人,以知州尽先补用,并由邮部奏派赴英国格兰斯哥大学与苏格兰皇家实业学校肄业。两校工程学,于世界为最有名。

(唐文治《嘉定胡君春台家传》,见《茹经堂文集六编》卷五)

10月16日(九月初三日) 江苏苏属地方自治筹办处开会,先生出席。会上议决区域标准问题四条。

九月初三日为会议之期。是日到会者：总理唐蔚芝尚书文治，协理朱锡百太史寿朋，会办夏剑丞观察敬观，提调陆勉侪太守懋勋外，各属参议，本处顾问员及科长，科员如孔康侯主政昭晋、钱印霞太史淦、储铸农明经南强、顾公亮大令暄、裘葆良孝廉廷梁、狄信之参军维恂、吴畹九明经馨、于瑾怀茂才定一、杨翼之茂才廷栋、孟庸生大令昭常、沈信卿大令恩孚、金吟谷大令彭年、胡栗长大令颖之、沈保甲大令陈荣、文公达大令永誉、费玉如优贡廷璜等。议决事件如左：

区域标准问题四条：

（甲）城区域以城厢为准。厢之界画未定者，以街市毗连为断，不拘区图，但中间间隔半里以上者，不得以毗连论。

（乙）镇乡区域，以旧时某镇某乡所辖各都图为准（其他与镇乡同等之名称，应比照办理）。

（丙）凡镇乡固有区域不满五十方里者，应行合并；过三百方里者，应行分析。

（丁）凡一街市跨连二镇乡以上、同在本州厅县内者，当以小者合并于大者。

（《本处会议纪事》，见《江苏自治公报》第 5 期）

10 月 30 日（九月十七日）　《申报》刊出《江苏咨议局议案（续）》，揭载由先生及江苏教育总会副会长张謇、蒋炳章作为请议者的《江苏教育总会请议定本省教育费案》。

江苏教育总会请议定本省教育费案（请议审查会报告）

省教育费项下：

（甲）关于宁属者：

一、江南高等商业学堂，其经费出于商务局、财政局、官钱局、厘捐局。学生非尽江南，而令江南独负经费，请厘正。

一、南洋方言学堂经费，悉出财政局，而冠以南洋之名，名实未称，请厘正。

一、宁垣高等学堂，宁苏皖三属，学堂分占其额，不足容宁属中学毕业生升学之地，请筹设宁属高等学堂。

一、江北师范学堂，系招收扬、淮、徐、海四属学生，而经费不继，请维持。

一、宁属初级师范学堂，宜筹设附属小学。

（乙）关于苏属者：

一、英文专修馆必应裁撤。

一、廿区小学宜改归地方接办。

一、苏州府官立中学堂,应改为合省特殊之中学堂。

一、高等学堂,宜与宁属协议归并办理。

一、法政学堂宜印发讲义录,招收校外生,准其至堂试验,而给以凭照。

一、存古学堂宜移江阴,使南菁校舍不至虚设。

一、苏州府农业中学,宜注重于园艺及农产制造。

一、师范学堂,急当注意初级而认真办理。

一、宜筹设工业教育讲习所及工业中学堂。

一、宜筹设蚕业中学堂、水产业中学堂。

一、宜筹设高等商业学堂。

一、宜筹设女子师范学堂。

查苏学务经费,通年现计约共银二十二、三万两。依今计划,或改或增,其粗略计算,约需二十三、四万两,益以游学费,约二十七、八万两。若筹足三十万,以所余为补助劝学之用,则省教育费或可暂顾目前矣。

(丙)关于全省者

一、各学堂经费向由藩司及各局直接支放者,嗣后请一律拨由学务公所支放,以期统一。

一、宁苏两属,宜令设高等学堂。

一、增筹教育总会常年经费。

教育总会常年现收入八千元,照预算表,拟增筹一万二千元。其办法,请于通省教育费内指拨,或援照咨议局研究会分大中小县认款办法,由各地方酌认。

地方教育项下:

查光绪三十四年,苏学务公所统计各地方学堂经费,岁入七十七万九千余元,岁出九十七万五千余元,计亏短至十九万六千余元,办学之竭蹶可想。宁学务公所统计各地方学堂经费,岁入七十一万四千余元,合之岁出,未知短绌若何。今先整理其原有之费,使确有可恃,而后徐图扩充。办法如下:

一、地方教育费向由各衙门局所直接支放者,嗣后请一律拨由劝学所支放(府中学堂不在此例)。

一、地方教育费收入之数,应照光绪三十四年统计,务使有增无减。

一、地方教育费应随收入性质,分为厅州县教育费与城镇乡教育费。

一、厅州县教育费支出款目,应定劝学所、中学堂、高等小学堂、女子高等小学堂四项,其他关系城镇乡公共设立之学堂,应由地方协议定之。

一、厅州县教育费,每年于下学期开始,即应由劝学所制定决算、预算两表,于地方自治机关决议。其议决时期,至迟以八月底为止。

一、厅州县教育费内,有现设初等小学堂者,应限若干年内停止,归城镇乡自行筹款接办。其两等小学堂,亦当将初等划出。

一、城镇乡教育费内,应急筹简易识字学塾经费。

一、城镇乡教育费之支出,以初等小学与半日学堂为主。此两种学堂费,必多于其他学堂费,为三与一之比。

一、城镇乡教育费,应暂由咨议局拟一举办公债之条例。

一、劝学所经费及总董之俸给,宜定其标准。

一、小学教员之俸给,应定其标准。

以上十一条,皆为整理之计。至私立学堂,亦宜调查其经费与所定预算相当与否。

请议者:江苏教育总会会长唐文治　副会长张謇、蒋炳章

[《江苏咨议局议案(续)》,见《申报》1909 年 10 月 30 日 18、19 版]

10 月(九月)　先生为《曾文正公手书日记》作序。

上海图书公司印《曾文正公手书日记》,浣林君康侯来乞余为序。余恨未及文正之门,常服膺而私淑焉。爱本斯意,作序一首,目疾甚,勉强亲书之。

(唐文治《茹经先生自订年谱·庚戌四十六岁》)

今岁,曾氏贤昆季将以公日记手迹付诸石印,来征序于文治。

(唐文治《曾文正公日记序》,见《茹经堂文集初编》卷四)

按:《茹经堂文集初编》卷四所收录的《曾文正公日记序》,于题后署"己酉",即1909 年;上海图书公司宣统元年石印本《曾文正公手书日记》卷首载此序,文末亦署曰:"宣统元年(1909 年)九月,后学太仓唐文治敬序。"而上引《茹经先生自订年谱》中则将作序事系于庚戌年,即 1910 年,此从前者。

11 月 7 日(九月二十五日)　《申报》刊出《江苏咨议局议案理由书》,揭载由先生作为请议者的《拟请议宁属教育改良意见书》。

拟请议宁属教育改良意见书

一、裁督派视学员,增设宁省学务公所省视学员两名。学部定章,省视学员隶属学务公所,乃宁省有前制台委派视学官一人,既违部例,又且侵官。而学务公所,照章应派省视学六人,转因经费无出,止派专员四人,其二人以课员兼充,于职务两有妨碍。应请将督派视学官裁撤,即以其薪水百金,增设学务公所省视学二员,以符定章之名义。

一、宁属初级师范及模范小学,应归宁学司管辖,初级师范,并由学司遴选明于教育之人为监督。宁属初级师范,系在宁学使完全范围之内,未便屈监司大员监督,以致地位平等,学司无从干涉,责成亦以不专。且两江师范学堂曾经裁汰冗员,撙节经费,增学额至三百名之多,而款目不须另筹。宁属师范学生不及两江师范之半,而冗散全未淘汰,经费之浪掷可知。应请直隶学司管辖,遴员监督,并裁减浮费,推广名额。至向隶初级师范监督之模范小学四所,亦无庸再设总办,由该所堂长直属学司,为便他如江北师范、两淮师范与宁属师范事同一律,以后一并应由学司委派,以示统一。

一、四十区小学,裁去总办,直隶学司。四十区小学亦派监司管理,体制殊有未合。如谓四十区教员数十百人之多,应有总汇处,以为纲领,可请学司于学务公所设立一处,以为聚集。四十区教员之地,并许江宁、上元县视学、教育会随时调查。

一、高等小学,亟宜注重国文。至英文一科,宜恪遵部章,于通商口岸始得加入。部章高等小学本无英文一科,方初办之时,学生年龄多过中学之岁,国文又略有程度,故虽习英文,尚不至侵占中文时间。此后均须由初等小学升入,其中文不能明顺者,多乃遽减中文而增英文,恐其中文终身无明顺之日矣。窃谓非通商口岸之地,亟宜遵照部章,专注国文为允,如谓相承已久,遽难更定,亦应宽以年限,令其一律改订,庶于现在事实,亦不至相妨。

一、蚕桑学堂,宜归并实业学堂,以其经费校舍,改办工业教员讲习所。农科为实业之一部,而蚕桑又为农科之一部。江南实业学堂设有农科,乃独于蚕桑另设一校,又归实业监督兼辖,办法颇不称善,经费亦觉虚縻。何若裁撤此堂,将所有学生,归并实业学堂农科,分班教授。一俟此班毕业后,即归入农科办理,所有蚕桑学堂校舍、经费即请制台查照部章,改办工业教员讲习所,分简易、完全两科办理,俾金工、木工、漆工、染色、机器、陶器等各科,以及化学分析等学,皆得见诸实用,以兴制造而挽利权。此诚当今振兴实业之急务也。

一、两淮中学,宜并入扬州府中学堂,成一地方完全中学。两淮运司所办两淮中学堂,经费由运库拨给,皆出自旧日三书院膏火项下为多,而其名义专属之两淮,地方遂无官立中学。昨年郡绅创设府中学堂,经费异常支绌,筹垫不资,若照章改设文实两科,则年费所需尤巨。应请将两淮中学并入扬州府中学堂办理,经费开支由运司酌核,教授管理由扬州府监察,以期成一完全官立之中学。

一、江楚编译局宜裁撤。江楚编译局开办之意,原为学堂应用图籍而设。

乃开局近十年,未见省垣以内大小各学堂有遵用该局课本者,省外更无论矣。不知其所编所译者何物,闻每月尚糜一千五百两之多,无谓已甚。现当循名责实之时,自以裁汰为是。

一、江北农工试验场,宜改江北蚕桑学堂。江北农工试验场坐落清江浦郭外,本系奏案经费,系海州出口照费之款。前此若何滥支,若何开报,不必言矣。名称屡改,成绩毫无。试验场者,其今名也,现在场内尚有草屋八十三间,桑二万五千株,地计二百亩外,若就改江北蚕桑学堂,招收扬淮徐海四属学生,洵为正办。伏查该场额支,每月由金陵厘局拨银三百数十两,合钱七百千;江北收支局每月拨银七十两,又造屋活支,去岁由淮关库款拨钱五千二百八十余千,尚非全无的款、全无基础可比,若不即今整顿,任令所谓会办提调委员司若干冗员盘踞其间,虽百年犹今日也。应请制台会同提台,商定办法后,改由宁学司议具章程,切实办理,以符奏案而兴实业。

请议者:江苏教育总会宁垣事务所正会长唐文治

(《江苏咨议局议案理由书》,见《申报》1909 年 11 月 7 日 26 版)

11 月 13 日(十月初一日)　先生致函盛宣怀,邀请其参加上海高等实业学堂秋季运动会。

杏公官保老伯大人阁下:敬启者,敝校上中院暨附属小学定于十月初四日十二点钟开秋季运动会。如遇天雨,顺延至晴。届时奉攀偕从贲临,指示一切,务希枉驾,无任盼祷。附上特待券一纸,即祈察入是荷。专此,敬请勋安。愚侄唐文治顿首。

(《唐文治致盛宣怀函》,见上海图书馆《盛宣怀档案》,宣统元年十月一日,1909 年 11 月 13 日,档号 057752)

11 月 14 日(十月初二日)　先生将自辑道德讲义书咨呈邮传部,请为审定。
(据《申报》1909 年 11 月 15 日第 5 版《京师近事》)

11 月 23 日(十月十一日)　先生致函盛宣怀,对其受邀参加上海高等实业学堂秋季运动会表示感谢。

杏苏官保老伯大人阁下:敬启者,日前敝校秋季运动会,承台驾惠临,指示一切,不胜荣幸。惟是日西风多厉,未知福躬无恙否?殊深系念。刘生承荣课卷两册,敬呈钧览。该册系校中成绩,阅后仍希掷还是荷。专肃,敬请钧安(附课卷两册)。愚侄唐文治顿首。

(《唐文治致盛宣怀函》,见上海图书馆《盛宣怀档案》,宣统元年十月十一日,1909 年 11 月 23 日,档号 057751)

11月(十月)　先生三子唐庆增患伤寒病甚剧,屡濒于危,乃延请松江名医陈莲舫诊治。(据唐文治《茹经先生自订年谱·己酉四十五岁》)

12月31日(十一月十九日)　邮传部咨覆先生。此前,先生曾将上海高等实业学堂铁路工程科三年级学生王绳善所著之《飞空考略》三篇及研究方法十条呈送邮传部,并云"拟于明年本科毕业后,如蒙本部派遣出洋,除肄习铁路本科外,兼习飞空器一科",邮传部咨覆云"应俟明年毕业后,应否派遣出洋,届时酌量办理"。

为咨覆事:接准咨开"据本校铁路三年级学生王绳善禀称,窃飞空之气[器],西人创造已久……学生今在本学堂修习之铁路工程科,计明年五月课程完毕,志愿届时即往欧洲,将铁路工程与飞空事业一并研究。现在纂辑《飞空船车图说》,年内当可脱稿。拟于年假时亲赍到京。兹先录呈《考略》三篇,又预拟研究方法十条,伏乞鉴核,并恳咨达大部等情。据此,本监督查该生熟精算理,志趣远大。拟于明年本科毕业后,如蒙本部派遣出洋,除肄习铁路本科外,兼习飞空器一科,洵属有志之士。所呈《考略》三篇、研究方法十条,相应咨请察阅。所请于年假期内,将辑成《图说》亲赍到京呈递之处,可否照准,请即核夺见覆"等因到部。查该生志趣远大,洵堪嘉尚。所呈《考略》,亦具有条绪。应俟明年毕业后,应否派遣出洋,届时酌量办理。至所纂《飞船车图说》,俟脱稿时,呈由贵侍郎咨送到部,无庸跋涉来京。除《考略》存部备阅外,相应咨覆贵侍郎查照饬遵可也。须至咨者。

[《本部咨覆唐侍郎学生王绳善所呈飞空考略存部备阅至应否派遣出洋俟本科毕业配量办理文(宣统元年十一月十九日)》,见《交通官报》1910年第6期]

冬　先生编成《国文大义》。

冬,编《国文大义》成。先是,余上课苦无国文教授善本,爰随讲随编,普论大义,分才性、理气等凡二十四余门,书成,分二卷。

(唐文治《茹经先生自订年谱·己酉四十五岁》)

本年　先生应人之请,作《重印文文山先生集序》。

会宁郡冯生其昌手其大父霁生先生旧藏《文山集》,将重为印行,来请序于余,用特大书此说,俾世之君子知天下之人心不亡,由于吾心之先有不亡者在也。

(唐文治《重印文文山先生集序》,见《茹经堂文集初编》卷四)

本年　先生为国文教习李联珪主编之《中学国文读本》作序。

余主上海高等实业学堂之二年,既编《高等国文讲谊》,复属国文教习李颂侯主政,黄虞孙孝廉诸君编辑《中学国文读本》,以为高等诸生之阶梯。既竣,诸教习质于余曰："方今文化大启，学校如林，凡天下教者与学者，其心性万有不齐也，气质万有不齐也，耳目聪明亦万有不齐也。微独此国与彼国异，此省与彼省异，此郡此县与彼郡彼县异，即此乡此区此井，亦与彼乡彼区彼井异。教育之士，将合其不一者，而归于一，而小学、而中学、而高等学、而大学，名称于是定焉，程序于是判焉，教科书籍于是分涂而纂焉。然居中国今日时代，言教育欲合不一而归于一，譬犹行亿万之里，跬步初施也，历十年之时长日始至也。如是而欲强求其一，取寻丈之木睨而斲之，一杯之水灌而溉之，其受损于无形者，或已夥矣。然则先生之辑教科读本，毋乃舛乎？"

余曰："诸君子陈谊，高言理当，抑末揣其本也。《王制》有言：'修其教，不易其俗；齐其政，不易其宜。'凡教与政之行也，必视其习贯。反其习贯，而强以致之，则事必窒碍而不可行。古圣王知天下人士之心性、气质、耳目聪明，其分各殊也，于是盈虚、消息、张弛之道随时异焉。此穷理尽性之学所以至尊而无尚，其道亦在为之而已矣。为之而画一之法由是出焉。今以学之不齐而论，岂直省、国、郡、县、乡、区、里、井而已？以一人而教数十人，其得益者不过十数人。以一人而教二三人，其得益者不过一人，余则昧然、膜然、瞑瞑然、瞒瞒然。又况仁者见仁、智者见智，即得益之中，浅尝深造亦有各殊。君子以行政之理通于行教，则将察凡学堂之风气，矫其陂者而归于平，偏者而返于正，弱者而起于强。举天下学者心性、气质、耳目聪明，皆从我之志以运行，而无所隔阂；久之，而不一者遂渐致于一，贤智者毋庸俯而几，愚不肖者俱可仰而及。孟子所谓先立乎其大，所过者化，所存者神。若机之省括，惟精研国文，自能收效于无形。且自欧化东渐，艺术纷陈，人皆曰国文无用，或且疑为久王而将厌者。庸讵知国文自天文、地理、礼乐、兵刑、食货、河渠诸要政，靡不纤悉咸赅。广谷大川异制，民生其间者异俗，纵横万里，即古鉴今，了然如指诸掌。剙伏羲画八卦以来，含五行之秀，秉天地之心，六艺炳然，纲纪人伦，折衷道德，人生有用之文，孰大于是？迄来科学辟灌并出，背窳就攻，汽机、测算、物理、化学、卫生学说日新，驰骋而未有已；儒家、法家、兵家、农工商诸家，谋始孔殷。正赖才智卓越之士，掇各科之精蕴，而用吾国文以发明之。俾僻壤退陬，未通怯卢文字者，皆得尽研科学。而重译之徒，且将取吾书以饷彼邦之人士。然则是书也，可为国文兴盛之嚆矢，亦可为教育家盈虚消息张弛画一之始基。而何久王将废之足忧乎？"

诸教习佥曰："善。"爰书其语，以质世之通人。

（唐文治《中学国文读本序》，见《茹经堂文集二编》卷五）

1910年（庚戌　清宣统二年）　46岁

1月8日（宣统元年十一月二十七日）　先生等人奉学部委派，至设在苏州的苏省铁路学堂，主持该校测绘、建筑两班毕业生的命题考试。

现在建筑科学生既称各项学科肄业完毕，于十一月十八日起与测绘科学生同时举行考试，自应遵照定章办理。惟该堂此次毕业应送各册，未准同送，无凭查核，准经照请将各项册籍汇齐送司核办，一面详奉护抚院陆示期，于宣统元年十一月二十七日莅堂，督同议绅并教育总会正副会长暨该堂监督等，按照课程分日排定，命题考试……经本部电请唐侍郎代表前往。旋据苏路公司呈称：该铁路学堂定期延请唐侍郎到校命题考试，平定甲乙，共得建筑科毕业生胡桂芬等十九名在案。

[《咨札江苏巡抚学司苏省铁路学堂建筑科学生勿庸由部覆试文（宣统二年五月初二日）》，见《学部官报》1910年第130期]

苏城盘门新桥巷铁路学堂，以本年测绘、建筑两班已届毕业之期，当经部委唐蔚芝侍郎并抚学各宪到校，会同龚监督、温教习等按科考试，兹已考毕。业经总核分数，分别等次，定于二十二日给凭。

（《铁路学生毕业姓名录》，见《申报》1910年1月29日第12版）

按：陆阳《唐文治年谱》将此事系于1910年4月，误。

1月17日（宣统元年十二月初七日）　邮传部咨覆学部。此前，先生就上海高等实业学堂附属中学毕业考试覆试事，咨呈邮传部并请转咨学部，"届时仍札行苏提学使派员监试"。学部就此回复云："该堂高等专科生毕业，既应送京听候覆试，其附属中学班毕业时，自应由该省提学使司覆试，以符定章，而昭划一。"

为咨覆事：准咨开"准上海高等实业学堂监督唐侍郎咨称，准本部咨开宣统元年九月十九日，学部具奏各省报部毕业高等各学堂名实不副，拟嗣后一律调京覆试，再行奏奖，并拟定办学不实处分各折片，均奉旨依议，钦此。咨行钦遵"等因。准此。查本校高等专科生明年续办毕业时，自应遵章一律调部覆试。其中学毕业生由提学使调省考试一节，查本校非学使所辖，将来附属中学毕业后，若与高等专科生一律送京，听候覆试，人数既多，所费甚巨，殊不足以示体恤。可否请本部咨商学部，届时仍札行苏提学使派员监试，庶于变通办理之中，仍与定章无悖。至于两科不满六十分或一科不满五十分，应行降等者，本校六月间解部分数表内早经分别签明，即系遵章办理。此外，主课科目不满七十分者居五分之一，亦应降等各条，及阅卷者之衔名应记于各科试卷，自当一律遵办。相应咨请本部核夺见覆，等因到部。查上海高等实业学堂高等专科生，明年续办毕业时，自应遵章，一律调京覆试。其中学毕业生考试一节，可否仍请贵部届时札行苏提学使派员监试？相应咨请酌核见覆，等因前来。查本部本年具奏，各省高等各学堂毕业生，一律调京覆试；各省中学堂毕业考试，一律由提学使调省覆试。各折片均经奉旨允准，钦遵咨行在案。该堂高等专科生毕业，既应送京听候覆试，其附属中学班毕业时，自应由该省提学使司覆试，以符奏章，而昭划一。原奏内开"上半年毕业者于暑假期内覆试，下半年毕业者于年假期内覆试"等语，该堂现既隶属贵部，应即量予变通办理，俟该班学生毕业考试有期，预行咨明本部，以便札行提学使，俟该生等毕业考试完竣到省时，即行定期覆试，无庸候至暑假、年假，以示区别。该堂上年咨到学生名册，未将入堂年月开列，究竟明年该堂高等专科学生应毕业者共有几班、系习何科、于何时送京覆试？应预先咨明，以便筹备。相应咨覆，查照行知可也。须至咨者。

[《咨邮传部上海高等实业学堂附属中学毕业应照章由提学使覆试文（宣统元年十二月初七日）》，见《学部官报》1910 年第 117 期]

2 月 25 日（正月十六日） 盛宣怀致函先生，介绍陈其藻来投考上海高等实业学堂。

高等实业学堂监督唐侍郎

蔚芝仁兄大人阁下：献岁发新，敬承台候，宜春起居皆福为颂。敬有恳者：陈生其藻，广乐人，年十二岁，系祥茂洋行买办陈辅臣观察之子，读过中文四年，久慕贵堂教育完备，且素谂台端诱掖后生之至意，拟将该生附入蒙学肄业。贵堂开收送考新生之期，求为转恳前来，可否？仰祈推爱，准予收录，俾遂其殷殷向学之诚，则感荷成全，正不惟该生之身受教化已也。附呈名条一纸，专此，敬请台安。世愚弟。

（《盛宣怀致唐文治函》，见上海图书馆《盛宣怀档案》，宣统二年一月十六日，1910 年 2 月 25 日，档号 075110－1）

2 月（正月） 先生三子唐庆增脑背后生外症，经沪医夏绍庭治疗后痊愈。

正月，三儿脑背后生外症，时虚弱已极，头足均不能动。本校职员叶君晴峰荐沪医夏君荫[应]堂名绍庭诊治,竟获痊愈,阖家相庆,以为死中得生云。

（唐文治《茹经先生自订年谱·庚戌四十六岁》）

余之始识君（按：指夏绍庭）也,值宣统二年,第三子庆增病,有以君名告者,即以安车迓君。至时,庆增患伤寒已数月,口噤神昏十余日,旋脑后、腰际均发痈疽,呼号数昼夜。君令进参苓,先治外证。旬日后外证愈,内热亦渐杀,君贺曰："令郎愈矣。"……君殁之前二年,庆增往访,君瞿然曰："子即患伤寒证者耶？"详询庆增年岁,笑曰："子壮且强矣,无怪余之老也。"并问余起居甚悉。

（唐文治《夏君应堂墓碑铭》,见《茹经堂文集四编》卷八）

3月4日(正月二十三日)   先生致函盛宣怀,就其所介绍之陈其藻及另一"鲍生"投考上海高等实业学堂事作复。

杏荪宫保老伯大人阁下：叠奉惠函,并陈生、鲍生名条各一纸。敬稔献岁以来,杖履生春,起居多福,如祷以忭。侄于十一日回太一行,十九日始兴返校,迟迟答复,歉仄奚如。散校年假之后,附属中小学均未招考。缘去岁添设船科以来,学生甚形拥挤。现正拟于中院后添建宿舍,方可敷用。陈生、鲍生既有志向学,沪南南洋中学教课,一切与散校相等,请先修业数学期,再来应考可也。方命之处,尚希鉴原。专此布复,敬请钧安。愚侄唐文治顿首。

（《唐文治致盛宣怀函》,见上海图书馆《盛宣怀档案》,宣统二年一月二十三日,1910年3月4日,档号093327）

3月12日(二月初二日)   先生致函盛宣怀,就其所介绍之刘志焜投考上海高等实业学堂事作复。之前,盛宣怀致函先生,介绍刘志焜来投考上海高等实业学堂预备级。

实业学堂监督唐侍郎

蔚芝仁兄大人阁下：敬有启者,刘生志焜,年十九岁,江苏高淳县人,系刘兰阶太守之世兄,去岁肄业民立中学堂,于西文略涉涯涘。兰翁极慕贵堂教育完备,拟令该生入预备级,以资练习,嘱为转恳前来,可否？仰祈推爱,准其入预备级,以遂其向学之诚,则感荷裁成,正不惟该生之身坐春风也。附上名条一纸,敬请台安,诸惟亮察。世愚弟。

（《盛宣怀致唐文治函》,见上海图书馆《盛宣怀档案》,宣统二年,1910年,档号075107-2）

按：在上海图书馆《盛宣怀档案》(电子扫描件)的题录中,本函所署年份为

1910 年，但无月日。因下引 3 月 12 日（农历二月初二日）先生致盛宣怀函，内容是对盛宣怀此函的回复，故将其日期定为 3 月 12 日之前。

杏苏官保老伯大人阁下：顷奉惠函并刘兰阶□世兄名条一纸，其悉种切。查敝校学生已多，每班积至六七十名，校舍不敷，几无容榻之地。为刘世兄计，请先入上海南洋中学修业，俟敝校招考有期，再行赴试。兰阶太守处，已另函布达，仍希代致歉忱为祷。专此布复，敬请春安。愚侄唐文治顿首。

（《唐文治致盛宣怀函》，见上海图书馆《盛宣怀档案》，宣统二年二月二日，1910 年 3 月 12 日，档号 093328）

1910 年 1 月 21 日，刘芬致函盛宣怀曰："小儿志焜年将弱冠，去岁在民立中学堂肄业，于西文略涉涯涘，今岁意欲入南洋公学预备级以资练习，而是堂系当初鼎力倡成，内容美富，未易问津……不揣冒昧，肃禀吁求，务祈曲赐成全，即请缮函交由敝处转呈监督核定施行。"翌日，盛宣怀复函刘芬已"嘱陈实业学堂监督唐侍郎"。刘芬拿着盛宣怀的名条找到唐文治，由唐文治对刘志焜进行了国文和英文测试。唐文治得知刘志焜的试验成绩后，没有直接告知刘芬，而先是致函盛宣怀曰："查敝校学生已多，每班积至六七十名，校舍不敷，几无容榻之地。为刘世兄计，请先入上海南洋中学修业，俟敝校招考有期，再行复试。"刘芬得知结果后非常失望，但仍礼仪性地致函盛宣怀，以示感谢："小儿肄业事诸承垂注，心感靡既，适先一日接唐监督惠函，已另觅相当之处遣之入校，将来公学扩充时，再当遵章赴考，以图进取。但未知驾驷下乘，他日果能不负栽培否，言之殊增悚歉。"

盛宣怀闻后特致函刘芬表示歉意："令郎已觅到相当学校，俟公学扩充再行赴考，后起英俊，造就□未可限量也。"1910 年学校确因招考通学生，学生数量猛增，但唐文治这里的"校舍不敷，几无容榻之地"只是托词，主要原因是刘志焜考试时国文程度表现欠佳，没有达到唐文治的要求。

［吕成冬《从盛宣怀档案中盛宣怀与唐文治信函看盛唐关系(1907—1914)》］

3 月 19 日（二月初九日）　清政府学部批准上海高等实业学堂新设航海专科，并修正其学年、课程。此前，邮传部在收到先生关于船政科的学制和课程设置调整的呈文后，转请学部核准立案。学部在回复中，针对新办船政科的办学性质、课程设计与学习时间进行了正式确认。

为咨覆事。实业司案呈准咨开"准上海高等实业学堂监督唐侍郎咨称，窃照本校路、电两科课程细目表，前于光绪三十四年夏间，咨请本部转咨学部核准后，刊入重订本学堂章程内。迨本年七月间增设航海一科，当经本监督会同教务长,按照奏定章章[程],高等商船学堂本堂应授课程,酌定每星期授课钟点分年支配表,列所授科目凡三十门,较之学部规定之二十五门,有增无减。惟毕业年期,奏章以五年半为限,殆兼航海实习言之。若论学堂授课时期,所有应习各科,已无稍欠阙,其在堂课程完毕后,如何派赴各船练习之处,应请本部核夺,转饬招商局遵照办理。相应照录新设航海专科课程清折,咨请本部核定,转咨学部核准立案,并祈示覆,以便遵行,等因到部。除由本部核定,咨覆唐侍郎查照办理,并札饬招商局,预为筹议该科学生派赴各船实习办法外,相应照录航海专科课程表,咨情核准立案见覆"等因前来。查航海为商船学堂之一科,《奏定学堂章程》分高、中、初三等。高等五年半毕业,中等三年毕业,初等二年毕业。高等学术较为深邃,既须教授科学以究其理由,并当实地练习以深其经验,故肄业年限不惟久于中、初两等,较之各项高等学堂亦经特别加长。现在交通发达,需用航海人才至为殷切,该学堂特设此科,洵得当务之急。惟既经指定高等课程科目,揆之定章,高等商船学堂航海科课程有增无阙,而肄业年限不过三年,恐难应用。且航海一科以实习为重,所有实习事项如海流、风信、沙礁、潮汐之属,必须登船实测,乃为有凭,非讲堂凭空讲授所能周贯。该学堂原拟课程,至第三年始有实习功课,每星期不过两小时,其为在堂演试而非行船练习可知。即于年暑假派赴招商局各轮船,藉资考察,亦属为时无几。兹经本部酌量办法,应将讲堂功课与实习功课分为二事。讲堂应授功课,既据该学堂表称历时三年业已完足,应既以讲堂功课为前三年之功课,由学堂教授;实习功课为后二年半之功课,派赴船舶实行练习。俟实习期满,切实考验,再将实习分数,与前三年讲堂功课之总平均分数相加平均,按其得数,分别等第,照章给奖,以便办理,而符定章。至该学堂招收学生,应即查照本部奏定各学堂招考限制章程内开高等实业学堂办法,考选中学堂及与中学堂程度相等之学堂毕业学生入堂肄业,不得招考未经各中等学堂毕业之学生,并将所招学生姓名、籍贯及由何处中等学堂毕业,造具清册,咨部备案。相应咨覆贵部查照,行知该学堂办理可也。须至咨者。

[《学部咨本部上海实业学堂新设航海专科核准立案文(宣统二年二月初九日)》,见《交通官报》1910年第10期]

3月(二月) 先生呈文清廷,因"查美国大学林立,所有各校章程及所授学科,均足资参考",请咨行出使美国大臣,检寄各大学章程。

为咨请事。据敝校教务长、工科进士、翰林院庶吉士胡栋朝面称,前在美国留学时,访知该国大学堂共有九十八处,其章程与学科,各校每年必有印成之册预备分送,不收分文。拟请咨行出使大臣饬下办学处或文案,函致各该大学,浼其将章程、学科册径寄本校,并预备信书寄往等因。本监督查美国大学林立,所有各校章程及所授学科,均足资参考。据称前因,相应咨请贵大臣查照办理,并希见复。

[唐文治《咨出使美国大臣请检寄各大学章程》,见《交通大学校史资料选编》(第一卷)]

春 先生函呈邮传部,拟于正课以后添设西文补习课。

为咨明事。窃照本学堂自光绪三十四年上学期开课以后,每逢星期日添设国文补习课,分为两班,特班由本监督亲自讲授,正班派国文总教习李联珪教授。前经咨明在案,迄今循照旧章,不稍弛懈,核其成绩,尚有进步。现在上、中院各生班次益多,外国文一科,除英文外,尚有德文、法文,程度或未能一律,而学生之努力向学者,也愿于正课钟点外,加功补习洋文。本校每日正课均于下午四点三十分为止,现定正课完毕之后,添设西文补习课,以一点钟为率。除中学初年级程度尚浅,但令其温习正课,无庸补习外,其自二年级以迄专科,力能兼程而进者,听其报名补习。计分英文为一科,德文、法文各一科,程度尤高者,并设拉丁文一科。欲入何科,听各该生自占。此项授课时间,均从各教员认定钟点内匀出,月薪并无所增。计每星期间,凡入西文补习课者,俱增六点钟之课程,裨益当复不浅。至于才力不逮、无暇补习者,悉听自便,以免竭蹶。又自上年下学期开始,校中特设英文会,以会话、演讲、背诵为主,不得涉及朝政。总会每学期一次,在大会堂举行,本监督亲行莅视。分会每星期一次,在各课堂举行。择其英语娴熟、辩论优胜者,酌予奖励;其临会规避,或屡假不到者,薄定罚则。盖无论何种科学,均须熟娴文法,方能窥其精奥。是会专习英文,所以厚植其根柢。

[唐文治《正课以后拟添设西文补习课》,见《交通大学校史资料选编》(第一卷)]

4月6日(二月二十七日) 盛宣怀致函先生,就其所询之丝厂出售事,答复:"该厂现已租出,订定一年合同,须明年四月期满,方能退让。"之前,先生致函盛宣怀,请求将其名下之丝厂出售与上海高等实业学堂,以添改校舍。

杏公官保老伯大人阁下:敬启者,本校拟于本年暑假后,广增通学生名额,招考广收。第恐生徒云集,近处房屋无可居住。朝夕往返,究多不便。近闻贵处丝厂有出售之说,是屋与本校望衡对宇,若并入堂中,改为校舍,便益良多。本校为老伯所创始,学务事宜,素秉关切。从前葵臣兄于公益之事,亦夙具热心,素所钦佩。倘将是屋归并本校,则莘莘学子,皆得蒙大厦之广被,感何如之！如蒙许可，即希赐复。该价若干，亦祈一并示知，不胜盼祷。专肃布恳，敬请荃鉴不具。愚侄唐文治顿首。

（《唐文治致盛宣怀函》，见上海图书馆《盛宣怀档案》，宣统二年二月二十七日，1910年4月6日，档号075097-1）

唐侍郎

蔚芝仁兄大人阁下：前日接奉惠缄，敬聆壹是。贵堂拟购丝厂添改校舍，事属公益，自当遵办。惟该厂现已租出，订定一年合同，须明年四月期满，方能退让。至贵堂购用该厂，改为校舍，想所需者只在房屋基地，机器谅用不着，则或另召买或移地别处，均需另觅主顾地方。兹先将厂图送呈尊览，如以为然，再行商议可也。肃覆，敬请台安。愚弟。

附图一张，阅后仍望掷还。

（《盛宣怀致唐文治函》，见上海图书馆《盛宣怀档案》，宣统二年二月二十七日，1910年4月6日，档号075097-2）

按：上引两函，是为同一事的去函和回函。在上海图书馆《盛宣怀档案》（电子扫描件）的题录中，两函所署时间均为二月二十七日（4月6日），但后一函中"前日接奉惠缄……"云云，则两函之间应该有两三天的间隔。

4月13日（三月初四日）　父唐受祺七十寿辰。为避寿，先生于4月11日（三月初二日）偕父及长子唐庆诒等赴杭州，游览西湖诸名胜佳景，至4月19日（三月初十日）回上海。其间又在《申报》刊登广告，表示不做寿、不收受礼物之意。

三月初四日，为吾父七十寿辰，命弗称觞，而送礼者络绎，吾父心甚厌之，命余携带大儿庆诒，并请西席徐君兰孙名福埔，于初二日早，偕赴西湖，住昭庆寺，游灵隐诸名胜。尘襟一涤，天伦之乐无穷也。初十日返沪。

（唐文治《茹经先生自订年谱·庚戌四十六岁》）

敬启者：家君寿辰，文治奉严谕，现正遏密八音，且当时事艰难之会，不准做寿，更不准收受礼物。兹文治已随侍出游，并不在舍，届期如有枉顾拜寿送礼者，奉严命布告，请诸公原宥，恕不接待。其日后补赐礼物者，一概谨璧，祈勿见责是幸。唐文治谨启。

（《唐蔚芝广告》，见《申报》1910年4月7日第1版）

苏州提学使樊恭煦请先生任苏州存古学堂史学教习，谦辞未成，允其寄卷评阅，不久赴该校讲学一日，勖勉学生。

苏提学使樊介轩先生名恭煦，偕谱弟曹君叔彦来沪，请余为苏州存古学校史学教习。余因史学非所长，辞之。先生与叔彦坚请，不肯去。不得已，允其寄卷评阅。旋赴存古学校讲学一日,勖勉诸生。

（唐文治《茹经先生自订年谱·庚戌四十六岁》）

按：王欣夫《蛾术轩存善本书录》一书中曾叙及江苏存古学堂之"师资之盛",云:"吾苏存古学堂虽不久即废,然当时师资之盛,造就之弘,有足述者。吾师曹叔彦先生元弼为经学总教,孙伯南先生宗弼副之。叶鞠裳先生昌炽为史学总教,沈绥成先生修副之。邹咏春先生福保、王捍臣先生仁俊、唐蔚芝先生文治,递为词章学总教,孙益庵先生德谦副之。"这里说先生为"词章学总教",不确。先生应樊恭煦等人之聘请,先任史学教习,后升任史学总教(见后文)。据郭书愚《清末存古学堂述略》载,在先生之前担任史学总教的是叶昌炽。

又按：虞万里、许超杰整理《唐文治致曹元弼书札编年校录》收录先生致曹元弼书札一通(书札之一),其中言及自己阅读《存古章程》后的看法,云:"《存古章程》昨检阅一过,所定参考各书目,经学门大致尚妥,仍请吾弟再为审定。史学门如《廿二史札记》《十七史商榷》之类,微嫌破碎,不如将顾亭林《天下郡国利病书》、胡文忠《读史兵略》等书加入,俾诸生知致用之方。此外如《思辨录》内论史各条,所见均博大精微,堪资浏览。词章学门应添入公牍文,如曾文正、左文襄奏稿并宜披阅。骈体文姑备一格,词亦然。字宜研究字学渊源,不必再加临池之功。世局方危,当急筹济时之策,岂可复加承平之时啸歌自得、填词度曲为无用之学问耶?《湖海诗传》等书均浅陋,似宜从删。弟以为然否?"此信末尾只署日期"廿八日",从内容看,当是写于樊恭煦、曹元弼请其担任苏州存古学堂史学教习前后,录以备参。

5月1日(三月二十二日)　先生再就丝厂出售事致函盛宣怀,表示自当于徐汇镇上另赁空房。

杏翁宫保老伯大人阁下：接诵环章,并承示厂图一幅,敬悉种切。近准部咨,本校定于七月初广招通学生。贵厂所订合同,既须明年四月期满,校中新生,自当于徐汇镇上另赁空房,亦尚近便。兹将厂图奉缴,至祈察存。祇请台安不具。愚侄唐文治顿首

（《唐文治致盛宣怀函》,见上海图书馆《盛宣怀档案》,宣统二年三月二十二日,1910年5月1日,档号045016）

5月2日(三月二十三日)　先生致函盛宣怀,因上海高等实业学堂附属小学堂学生将赴苏州旅行,欲借盛家之留园作为栖宿之地。

宫保老伯大人阁下：敬启者,敝校附属小学堂,现拟于本月二十五日,派教员带学生百二十余名,旅行赴苏,约有三日之勾留。惟名数既多,夜间苦无

栖宿处。可否暂借尊府留园,俾资广厦之庇?不情之请,自知冒昧。老伯大人乐育为怀,当不见责。倘蒙俯允所请,敬乞即赐示覆,以便派管理员届时持函前往接洽。专肃奉恳,敬请台安,诸维融鉴不具。愚侄唐文治顿首。三月二十三日

（《唐文治致盛宣怀函》,见上海图书馆《盛宣怀档案》,宣统二年三月二十三日,1910 年 5 月 2 日,档号 075113 - 1）

同日 盛宣怀回复先生,留园中并无可下榻之处,建议赴苏州旅行之学生借住于阊门外陈列所。

复唐侍郎

蔚芝仁兄大人阁下:手示敬悉。蒙示贵学堂学生旅行赴苏,拟假留园憩宿三日,本无不可。惟园中亭台诸多,并无住屋,风廊水榭,绝无下榻之处。因此素未备有床铺,必至简慢学生,细思实不相宜。恃在至好,计必鉴谅。现在阊门外陈列所房屋,业已完工,其屋于园亭构造不同,似可设榻,如向农工商局借住,必甚妥协。还希酌行。手覆道歉,并请侍安,即祈亮察。愚弟。

（《盛宣怀致唐文治函》,见上海图书馆《盛宣怀档案》,宣统二年三月二十三日,1910 年 5 月 2 日,档号 075113 - 2）

5 月 26 日（四月十八日） 张元济致书高凤谦,提及可约请先生担任师范讲义发起人。

（1910 年）5 月 26 日（四月十八日） 致高凤谦书,言:

奉三月廿七日第七号手书,敬悉一切。谨条复如左……六、师范讲义发起人,如各省教育会会长及师范学堂监督似可请其出名。如陈介石、徐班侯、唐蔚芝诸人亦可相约。陈、徐两君可请惺翁转约。如与徐不熟,可用弟名具函相招。唐蔚芝稍缓弟当致讯并提及,请其径复编译所可也。

（张人凤、柳和城编著《张元济年谱长编》）

5 月（四月） 先生以"服阕"（守丧期满除服）而欲辞去邮传部上海高等实业学堂监督职务,经挽留而仍任原职。

上海邮传部实业学堂监督,向由前商部侍郎唐蔚芝侍郎办理。现唐侍郎以服阕将次入京,电辞斯职。徐尚书以该学堂亟须整顿,业由德州电致部中商留。

（《京师近事》,见《申报》1910 年 6 月 2 日第 6 版）

按:霍有光、顾利民编著《南洋公学——交通大学年谱》载本年 5 月"唐文治监督辞职,学生挽留"。

又按：徐兆玮著，李向东、包岐峰、苏醒等标点《徐兆玮日记》于清宣统二年四月十九日（5月27日）中记："蒝叔来，言上海实业学堂因学生与国文教习冲突，监督呵止，学生竟出言挺撞，致起风潮。唐侍郎电邮部辞职，不答，且派人密查。侍郎恚，已整理一切，预备交卸云。"录以备参。

6月3日（四月二十六日）　清政府学部对上海高等实业学堂航海（船政）科学制进行修正，将《高等商船学堂章程》所规定五年半毕业之学制，改为四年毕业（三年学习、一年实习）。此前，先生曾咨呈学部，称"航海一科，历时三年，业已完足"。

奏为厘订实业学堂毕业年限分别办理，以期核实，恭折仰祈圣鉴事：窃查《奏定学堂章程》，各种实业学堂多系三年毕业，惟高等农业学堂农学科系四年毕业，高等商船学堂航海科系五年半毕业，机轮科系五年毕业，中等农业学堂系三年毕业，可缩至二年以内或展至五年以内。初等农业学堂系三年毕业，可视地方情形，节缩期限；初等商船学堂系二年毕业。年限既有参差，办理自难一律。各处设立学堂，因之避难就易，惮于开设年限过长之专科，积渐日久，必致有所偏废。臣等详细考查高等农业学堂农学科课程，讲授科目凡二十一科，实习科目凡二十五科，通计四十六科，自非四年毕业，不能肄习完备。现既将原有豫科一年另奏议裁，其本科年限，自应暂仍其旧，俟将来考查各项科目可否酌量省并，再行置议。高等商船学堂航海一科，前经邮传部咨准上海高等实业学堂监督、前任农工商部侍郎臣唐文治咨称"航海一科，历时三年，业已完足"等语。此项专科既须深求，学堂并当注重实习。而航海实习，须派赴船舶实行练习，又非学堂所能办到，似应将讲堂讲授功课与船舶实习功课量为分别，其讲堂授课时期，三年既已完足，拟将航海科改为四年毕业，前三年教授讲堂功课，后一年派赴船舶实习。机轮科亦即比照办理。中等农业学堂业，经臣部于光绪三十四年核议，山西农林学堂林科学生毕业奖励，并限定中等农业学堂毕业年限折内奏准定为三年，初等农业学堂应并限定以三年为毕业之期，不得节缩。至初等商船学堂一项，学堂等级甚低，而所分航海、机轮二科，又非粗浅技能所能从事，此项学堂定章，以初等小学毕业学生升入为合格，入堂二年即行毕业，以学龄计之，毕业时学生年龄不过十三四岁，以之从事航海管理机轮，断难胜任。拟请将此项学堂暂从缓办，其已经设立者，应即改为初等商业学堂，免致各处利其年限独短，敷衍办理，有名无实。臣等为学堂年限过长过短，皆非所宜，分别厘订，务求实际起见，如蒙俞允，即由臣部通行遵照办理。所有厘订实业学堂年限分别办理、以期核实缘由，谨恭折具陈，伏乞皇上圣鉴。谨奏。

宣统二年四月二十六日奉旨："依议,钦此。"

(《奏厘订实业学堂毕业年限分别办理折》,见《学部官报》1910 年第 125 期)

6 月 14 日(五月初八日) 清廷驻法使馆二等参赞唐复函先生关于学校要求驻各国使节检寄各国大学办学章程及教学课程等资料事,称已"觅有法国桥路大学、工程专校、中央工业专校、立耳工业专校、高等商校章程学科表各一册,共五册。谨备文申送",并称此外"又寄巴黎各大学简章一本"。以上材料均作印刷品邮寄。[据上海交通大学校史编纂委员会编《上海交通大学纪事(1896—2005)》]

6 月 19 日(五月十三日) 清廷出使英国大臣李复函先生关于学校要求驻各国使节检寄各国大学办学章程及课程设置等教学资料事,称已派专人办理,"惟英、美各大学情形稍有不同",即需汇款购买,"俟购取完竣,得有定价,再行开报"。[据上海交通大学校史编纂委员会编《上海交通大学纪事(1896—2005)》]

上半年 清政府度支部就币制改革事"博采群议"。先生撰成《上度支部条陈币制书》,此书中的主要意见为:以金本位为趋向,今宜暂定银本位之制。重量以七钱二分为准。辅币之层级当分:银币三级,分别为半元及二毫、一毫;镍辅币一级,为半毫;铜辅币三级,分别当十文、五文及一文制钱。

伏承大部以币制事宜,关系重大,博采群议,询及刍荛。敢贡其愚,以备鉴择。兹将币制管见,分为五端,胪列如左:

一、本位

以金本位为趋向,而必预储现金,铸造实币,乃定金本位之制,今宜暂定银本位之制。

今经济界之持论,盖有二种:甲、开通主义。以为凡百制度,或可自为风气,惟国币当从贸易情形而定,亦当从流通之范围而定。贵币足以操纵贱币;多数所用之币,足以操纵少数所用之币。吾国公私所欠外债累累,岁以镑亏,制国用者因之牵掣,预算无从而定,此不用金之害,中于国家财政者也。海禁既开,商民营运,资力稍厚者,动关国际贸易。吾国商人,学问、经验举不及外国商人。然外商既计本科利之逸,内商多担一金镑涨落之危,纵有所谓投机事业,而外商就货价一次投机,内商必就货价与镑价两次投机。内商之程度低于外商,而所担之危险倍于外商,是以处商战之会,不败何待?此不用金之害中于国民生机者也。乙、保守主义。以为银贱金贵,正内商输出物品之大好机会。外人持少许之金币,可以当我多数之银币,则利我之物价低廉,竞相购致,银价恨其未极贱耳。若果极贱,束薪皆可以出洋,我之土货畅销,即输入之金融足恃。一改用金,输出之途立窒,输入之途更宽。何者?洋货以镑贵而涨价，以价涨而滞销，此为无形之抵制。用金以后，洋货必且日益无阻碍，而悉数灌输也。盖今日销土货抵洋货之策，惟永定银本位之制为最得也。

以上二说，甲说为计久远，乙说为顾目前。比而论之，当采甲说，不当徇乙说。夫乙说之所谓土货者，原料耳。原料出口，只可偶泄其所有余，不当恃为国际贸易之长策。原料尽去，则工业永无发达之日，国民罕有生业可操，其病在民生者一。外商之购我土货，大率亦多以货价相交易。洋货滞销，土货亦将受影响。即如乙说洋货滞销，而土货之出洋，如水赴壑，但吾民不事工作，则新事业不兴，民之生计如旧，乃国中天产物之日销于外，以致价值飞腾，所利者少数转运原料之商人，所害者全国需用原料之居户，驯至百物腾贵，民不聊生，其病在民生者又一。夫此二病相因而至，苟民有新职业可操，则物价之贵，自缘生活程度之高。浸假职业凋敝，而物价独以外溢而增长，是率国民而转于沟壑已耳。故曰苟定币制，必以金本位为趋向也。

顾或者谓急于用金，可用虚金本位之制，以纸币代金币，而仍用银币为兑换之品。特定一银与金之比价，每银一圆，不认为主币，而认为金币一圆几分之一，此从前美人精琦之所主张也。愚以为银圆与金圆之比较既定，则块银与银币之比价，将至无定。各国所以用银币为辅币，而不妨定其比价者，以辅币之需用少也。今定虚金本位，而以银圆为兑换之品，则并非找零之辅币，实为无制限之正币。且金纸币初行，民未习用，又知其为虚位，益不足以言信用，市面将全恃银圆为周转，仅与金币定一定之比价焉耳。然则块银之价愈低，铸银圆之利愈重。银圆之工资，较之铜元尤省。利之所在，法不能禁，又将患滥铸银元与私铸银元之充斥矣。故曰预备现金，敷铸造实币之用，乃可定金本位，今宜暂定银本位也。

虽然，非谓金本位之可以缓定也。今日无论如何，必实力筹备现金，悉心以金本位为定向。早一日定金本位，即早免一日之害。

二、重量

以七钱二分为准，而不当于币幂载重量文字。

今之争重量者有二说：甲主七钱二分，乙主一两。甲乙两说，其理由皆有习惯一义。甲说之所谓习惯，则以墨银通用已久，近十年来又广铸龙元，皆略为七钱二分之重。此后用元，自以仍其旧贯为便，此言七钱二分之为习惯也。乙说之所谓习惯，则以公私出入各款，向以两计，租赋俸饷无论矣。甚者海关税则，亦已久定为用两。将来新币亦仍用两，则一切无烦更张。此言一两之为习惯也。合二种习惯之说，则七钱二分之习惯，似不如一两之习惯。何则？新币本与旧币示区别，非幸其与旧币相混淆。向之用七钱二分，非有必需七钱二分之理由，不过适然得七钱二分而已。若一两果全国通用，则何必不以币制就之乎？此说似矣，不知吾国之所谓两，绝非划一之重量。新币只能用库平，则试问向来公私用款，其用库平者有几？即用库平矣，又有每百加二、加二二、加二四之种种不同。则划一全国至不一之一两，与舍弃用两之制，而用不计重量之元，其需别定比例率，盖相等耳。如是则一两之习惯，乃反不如七钱二分之习惯。何也？七钱二分之习惯，尚为大概从同，而一两之习惯，乃随地而异也。

至于海关税则之用两，或视为事涉国际，此尤大谬不然。向来各省海关关平，从无划一之分量，各随其当地之平色，申若干以为当地之关平。关平与关平既不同，则向以市平为关平之比例，今以国币为关平之比例，有何出入？不第此也，光绪二十八年以来，新商约本约定中国须划一币制，而后外国始允加税免厘。其划一币制之方法，则设专条以附之，其文曰：完纳关税，仍应按照向来关平，大于库平银数，比较核算，补足平色。此中国商约大臣之照会，列入光绪壬寅中英约附件之甲第一者也。又曰：刘宫太保所见，实与本大臣所见相同。谅贵国政府必设立铸局，以铸国家银币。其银色及轻重，自行定夺。此项银币，可由商人以照重照色之银条易换，惟须加例征之铸费。所铸之银币，将用为中国国家通用之银，或并声明此是合例之银。若用以完纳关平银之税项，或以还抵关平银之债负，只可照其市价折算而已。此英国商约大臣之照会，列入该约附件之甲第二者也。嗣后英美日等国商约，即以此列入正文。外人方渴望我之新币，并预算关平之抵换方法，何劳我国人为之迟回。至从前尚有疑外人乐用墨银，将抵制我新币使不流通者，近来已人人知其纰缪，故言币制而顾虑于国际者，皆躛言耳。

甲乙两种习惯之说，既各不同，则新币果何所折衷？主用两者，有不屑沿袭墨银分量之意。夫币自有制，沿袭与否，不系乎分量之异。所取者，实际之便利耳。我国生活程度，尚不能废一文之钱。自一文始，十进而为一铜元，又十进而为一毫，又十进而为一元，大小相维，此为最便。墨银分量，适与十进之率为宜。可以从划一币制之后，定为每千文值一元。一改用两，则起数之点，必需重定。若从十进，则起点较大，生计骤高，物价骤涨，于民生不便。若不从十进，则正币与辅币之比例，数有畸零，入算多一周折。说者谓欧洲之正币辅币，亦多不从十进，不知后起者胜于前，自我作法，不妨择至便之途以自处，何必取不便之法而盲从之乎！

至调停于用两用元之说者，谓元半适合库平一两，但铸元半之币以代两，则一元之定量仍存，可以十进之。此说实亦甚巧。以愚论之，元半不必别铸一币，但铸半元之辅币，与七钱二分之整元相加，即为库平一两，暂济目前社会未忘计两用银之习。久之计元不计两，则国制固已定矣。故曰：重量宜以七钱二分为准。夫币为圜法，不与权法相蒙。故无论用两、用七钱二分，皆不当以重量载于币幂。此在各种辅币，亦无不然，不徒正币而已也。观于现在之大小银币，皆载重量于幂文，何曾实当等重之块金，则亦可知其无谓矣。

三、成色

惟用两乃有足成与否之可言。以一两为币，又需足成，则加铜以坚其质。又兼火工之耗，以元易银，亏折多矣。各国以块金鼓铸成币，必就其中收回工费。苟或反之，国家将以铸币为甚大之漏卮，何所取义而为此乎？今既欲不从一两，则所谓七钱二分，乃略数而非的数。向来铸元，自有通用之成色，不必复斤斤致辨矣。

四、辅币

辅币层级不可太少，而行使不可太多。层级少，则每一种之行使必多，以无母权其子也。辅币之重量成色，较正币更可从劣，而不虞其私铸者，以行使无多之故。私铸者冒禁令、费工本而为之，既成，无多数之消路，则何所取利于私铸？或又谓小本经纪，零售只有辅币，积少成多，不能禁其兑换，则私铸之大宗兑换，可从而影射于其间。不知币制一定，行使者用正币与用辅币，价值无可取巧，则必不乐多赍辅币，以自取重累。所有交易，有偶然专用辅币之处，亦必有专用正币，而听市肆找给辅币之处，转展流通，虽小本经纪，必不至尽收辅币。其以尽收辅币为虑者，乃今日钱法未定，铜元既漫无限制，而彼此退找，买物者往往受亏，因不惜多赍铜元，以取微巧耳。币制既定之后，断无此事。即一日所收之辅币偶多，积数日周转，而仍得相权之数，断无急急取大宗辅币为兑换者。其层级当奈何？大率当分银辅币三级，镍辅币一级，铜辅币三级。银辅币三级者，半元及二毫、一毫也；镍辅币一级者，半毫也；铜辅币三级者，当十、当五即一文制钱也。其当二十之辅币，似无足取。

五、铜元

铜元本辅币耳。前条既详其层级，又必列为专条者，则以近日影响于币制为尤甚也。前年始奏定币制，银辅币与正币有比例，铜辅币则否。夫辅币与正币，或有比价，或无比价，此何得谓之划一，且亦何必有此划一？是以铜元成充斥之害，而划一无实行之期。诚如前条所陈之层级，比例定而限制严，庶为能探其本。但今日无限制之铜元,各省恃以困民而取盈者,既有年矣,一旦不准多用,行使之道立穷。究其终极,不能不减折旧铜元,而既以新铜元及各级辅币与正币收买之,销毁以还其铜质,供再铸之用。此必号令极严信,期限极迅速,然后为功,是在操纵之得其道矣。

（《唐蔚芝侍郎上度支部条陈币制书》,见《国风报》1910年第1卷第12期）

按：1910年春,以载泽为首的清政府度支部着手推进币制改革,至5月24日,清廷颁行以下币制条例："中国国币单位,着即定名曰元,暂就银为本位。以一元为主币,重库平七钱二分;另以五角、二角五分、一角三种银币,及五分镍币,二分、一分、五厘、一厘四种铜币为辅币。元、角、分、厘,各以十进,永为定价,不得任意低昂。"

夏　先生在学校对门购定房屋,设立商船驾驶科,请英国毕业生夏孙鹏(字应庚)为科长。(据唐文治《茹经先生自订年谱·庚戌四十六岁》)

夏　上海高等实业学堂小学部学生朱东润毕业,读中学的经费无着,后由先生资助学费,升入中学部继续学习。

无论我在南洋公学附属小学接受什么教育,无论我在小学里怎样努力,以致学校给我一些微薄的荣誉,1910年的夏天,我毕业了,我受学校教育的时期也行将中断了。我凭什么能够上学呢?

··············

秋天开学了,我在家里闲着。

但是毕竟来了一条路。

唐老师的儿子庆诒给我一封信,要我去上海,他说,办法一定有的。庆诒比我小两岁,本来不认识,这封信当然是老师示意的。

在得到母亲和大哥的同意之后,我到上海了。第一步是到小学部去看沈叔达[逵]老师。沈老师当然了解一切情况,他领我越过小桥门,直到专科部唐老师的办公室。那是在当时称为上院的那座桥门,直到专科部唐老师的办公室。那是在当时称为上院的那座建筑物的底层,靠门的一间办公室,设备很简单,一张长长的大餐台,上面蒙着一条白桌布,两旁一式的十张靠背椅子,唐老师经常是整天毕恭毕敬地挺直着身躯坐在那里。沈老师先行一步,打过招呼,这才把我引进,要我长长地作了一个揖。

"唔,"唐老师用那特有的太仓口音说,"唔,你老弟就在中学好好读书吧,学费在我这里。"说完,他把学杂费交给沈老师。经过沈老师的帮助,手续一切完备,我在南洋公学的中学部开始读书。谢谢老师们的关心,我在求学的阶段中又迈进了一步。唐老师居处的朴素、态度的严肃、对于学生的关心，我这一生是学不完的。

那时的南洋公学，中学部和专科部是连在一处的，因此在管理上没有多大区别。从小学进入中学，正同河鱼从江河里进入大海一样，情况完全变了。我们好像是一群没人管理的孩子，一切都由自己负责。学校方面对于学生的供应，好像也没有任何限制。大约那时学校里从官僚机构和殖民地机构承袭来的东西，一时还无法清理。前面所说的用中文、英文两种不同的功课表就是一个显见的例子。

进入中学部，我们除了中文、英文以外，还得重行学习算术，这是用英文教的，此外还得学习希腊、罗马和美国的内布拉斯加、伊利诺伊。我们还要学爱提摩逻辑和爱摄克斯这种稀奇古怪的学问。

但是在唐老师的手里，毕竟把这座中国人办的但是殖民地化的专门学校逐步地转变过来。时间是漫长的，但是毕竟转变过来了。这件伟大的工作，不仅影响了这个学校，而且影响了其他不少学校。在编纂《新辞海》的过程中，鲍正鹄和我曾联名去信，请求把唐老师这一条收进，可惜没有得到同意。

唐老师还有一着绝招。每星期日上午，他在大礼堂招集部分学生讲授古代散文。听讲的学生是由老师自己挑选的，从专科部到中学部，每班两名。老师讲授的是韩愈《张中丞传后叙》，欧阳修《五代史职方考序》《泷冈阡表》《秋声赋》之类。老师的讲法很别致，他从来没有给我们解释字句，也从来没有说这篇文章好在哪里，为什么要读。他只是慷慨激昂地或是低徊宛转地读几遍。然后领着我们共同朗诵。他这才在教室里打转转，听着我们朗诵。有时他会搬过一张凳子，坐在你身边，说道："老弟，我们一道读啊。"虽然带着太仓腔，但是在抑扬顿挫之中，你会听到句号、分号、逗点、顿点，连带惊叹号、疑问号。后来我在英国，看到他们十七世纪的黑字本，也和我国旧时出版的书籍一样，没有标点，而在善于朗诵的读者口中，同样听到这些符号。这才明白符号只是一种指示，指导我们怎样去诵读。倘使我们不能诵读，那么这些符号的意义是会丧失的。

（朱东润《朱东润自传》）

按：上引文中提到"唐老师的儿子庆诒给我一封信，要我去上海"，朱东润入上海高等实业学堂中学部后，即与唐庆诒同在一班。唐庆诒《忆往录》："（1910 年）余考入南洋大学中学部一年级。同班学生如李熙谋、王永礼、陈沅、朱世溱（按：即朱东润）等，皆长余数岁。"

7月11日（六月初五日）　邮传部咨复先生。此前，先生曾咨呈邮传部并请转咨学部，称上海高等实业学堂"拟自本年下学期始，将各专科实习时数酌量增加，并更定分数算法……其变通奖励章程，改部选为分省补用，仰见朝廷崇奖实业之至意至优且渥，惟本校毕业生，日后自应归本部录用，免致用非所学"。

为咨覆事：接准咨开"准本部咨开，准学部咨称，实业司案呈四月二十六日本部具奏《州县停选请将高等实业学堂奖励章程变通改订》一折，奉旨依议，钦此；又奏《增订实业学堂实习分数算法以资遵守》一折，奉旨：依议，钦此。又奏《实业教育宜择定外国语文以资会通并拟修改课程以便教授》一折，奉旨：依议，钦此。又奏《厘定实业学堂毕业年限分别办理以期核实》一折，附《议裁高等农业商业学堂预科》一片，奉旨：依议，钦此。相应恭录谕旨，刷印原奏，咨行贵部钦遵，转行所属学堂遵照等因到部，相应恭录谕旨，汇钞原奏，咨会查照等因。准此。本监督查本校各专科，按照奏定新章，均应注重实习功课，洵为切要之图。惟本学期功课业已完毕，此次铁路专科毕业分数表内，所有二乘三除之法，暂难施行。拟自本年下学期始，将各专科实习时数酌量增加，并更定分数算法。至本校高等专科各学科，向均以英文教授，与新章不谋而合。航海科缩短毕业年限，诸生尤为鼓舞。其变通奖励章程，改部选为分省补用，仰见朝廷崇奖实业之至意至优且渥，惟本校毕业生，日后自应归本部录用，免致用非所学。除分饬教员、学生知照外，相应备文咨复本部，转咨学部察核"等因到部，除照咨学部外，相应咨行贵侍郎查照可也。须至咨者。

［《本部咨唐侍郎实业学堂自下学期始各专科酌加时数并本部学生专归本部录用文（宣统二年六月初五日）》，见《交通官报》1910年第19期］

7月25日（六月十九日）　先生为归国留学生吴乃琛向邮传部写推荐信。

（1910年）7月25日（六月十九日）　唐文治为归国留学生吴乃琛写推荐信呈邮传部，称该生"光绪三十年本校毕业，于同年冬派赴美国留学，肄习银行、钱币、邮政、财政、铁路管理法、航运理财法、国际兑汇计学原理、商法、国际公法、政治学等。三十四年在加利福尼亚大学毕业，得第一学位。本年春在威司康新大学研究科毕业，得第二学位。现在领凭回国，拟恳给咨赴部报到，听候考验……本监督试验，该生志趣远大，学问优长。相应备文咨请本部鉴核，考验录用"。

［上海交通大学校史编纂委员会编《上海交通大学纪事（1896—2005）》］

同日　学部咨复邮传部。此前，先生咨呈邮传部并请转咨学部，报送铁路专科王绳善等八名毕业生各科讲义课本，及毕业生履历、分数册等。不久后，王绳善等八名毕业生到京赴邮传部报到,听候示期复试。

（7 月 25 日）　唐文治向邮传部呈送铁路专科毕业生各科讲义课本,及该生履历、分数册等。经邮传部审阅后,通知本校铁路专科王绳善等八名毕业生于 8 月 9 日前到京赴邮传部报到听候示期复试,并规定王绳善等须"取具同乡京官印结前来邮传部报到,填写履历听候示期考试"。

　　　　［上海交通大学校史编纂委员会编《上海交通大学纪事（1896—2005）》]

为咨覆事:准咨开"前准上海高等实业学堂监督唐侍郎咨送铁路专科毕业生各科讲义、课本暨该生等履历、分数册,业经本部先后咨送贵部,并声明饬于六月初五日以前,前赴贵部报到,听候示期覆试各在案。兹据该生王绳善等八名,业于初五日一律到京,除饬该生等前赴贵部报到、听候示期覆试外,相应咨行贵部查照前案,于六月内定期覆试。再,该铁路科学生主课共十二门,另黏清单。其余各门均为补助课,希即一并查核办理"等因并清单前来。查该学堂毕业学生王绳善等,既准咨称一律到京,兹订于本月十五日起,至二十日止,应由该生等取具同乡京官印结,前来本部报名,并填写履历,听候示期考试。至铁路科所习科目,应将土木建筑定为主课,其热力学一科,应改为通习课。除将上开两节牌示该生等外,相应咨覆查照可也。须至咨者。

　　　　［《咨复邮传部上海高等实业学堂分别主课通习课文（宣统二年六月十九日）》,见《学部官报》1910 年第 134 期]

8 月 31 日（七月二十七日）　先生致函时任邮传部尚书的盛宣怀,因学校经费不敷,请求自七月份起,按月加拨银三千两。

　　　　杏公宫保老伯大人阁下:……敬启者,本校自中元日开校以后,会连朝盛暑,日内始到齐上课。学生名额已达七百五十名左右,而常月经费支出愈繁,仅恃沪宁、广九两局拨款,万难敷用。昨已具函觌陈列堂,谅尘电察。春初,本部催造预算表,当偕庶务长、会计员等悉心综核本年额支、活支,共需银十五万二千余两。现在决算上学期支出之数,适已及半,而并未溢额,则下学期应拨之数,按照原表,实亦无所羡余。所请自七月分起,除两路局月解银六千一百余两外,按月加拨银三千两,系必不可少之款,务乞鼎力维持,无任感祷。详稽本校历史,自光绪三十一年以前缔构经营,皆老伯一手之烈。文治忝领斯席,倏已三年于兹,明知库款维艰,时时加意撙节。但年来百物翔贵,而学生之负笈来者业已数倍于前。至不得已而改招通学生,冀从此可节陪垫之费。然实业各科注重工场实习,校中厂屋尚不敷用,本年只好暂缓。而目前支绌情形,正在无从设法,幸逢我公入长邮曹,千载一时,与本校有密切之关系。仰祈俯念近来校风甚为发达,计盘材硕画,必有以苏涸困而规久远,是则文治与八百孤寒同声顶祝者矣。专肃,敬贺大喜,祗请勋安,诸维垂鉴。愚侄唐文治顿首

（《唐文治致盛宣怀函》,见上海图书馆《盛宣怀档案》,宣统二年七月二十七日,1910 年 8 月 13[31] 日,档号 057718）

8 月（七月） 先生亲自为邮传部上海高等实业学堂制定"勤、俭、敬、信"四字校训,并作阐释。

勤:陶侃运甓,千载传为美谈,惟其勤也。吾辈生于今世,聪明不如人,智慧不如人,武力不如人,以致国势更不如人。高丽之所以亡,惰而已矣。诸生今日务宜昼夜为之,若不能勤,将无以生存于世界之间。

俭:伊尹之能任天下,在一介不取,所以能一介不取者,由其自奉俭也。凡人之丧其操守、失其气节,大半由于妄取膏粱文绣,御之以为故常,出而问世,安得不妄取? 自是而名誉扫地、气骨无存,岂不哀哉? 小子识之:俭以养廉,立品之始基也。

敬:汤曰:"圣敬日跻。"文王曰:"缉熙敬止。"敬者,历圣相传之心法也。敬天、敬祖、敬亲、敬长,同是一敬,而日用行习,尤莫要于敬事。处事而不敬,不能成事,即不能成人。吾国人向以恧意为高品,要知恧意二字,亡身破家而有余。敬之敬之,神明鉴之。圣贤豪杰不外乎是。

信:吾人置身于社会,无时无地而非交际。交际之道,信用为第一义,信用一失,此身不可立于社会,即不可立于天地之间。西人最重信用,即小至钟点时刻之细,亦无不兢兢注意。吾国而求自强,吾辈而求自主,要以信用为主,慎而出话,谨尔然诺。小子勉旃,必践必复。

[《校训》,见《交通大学校史资料选编》(第一卷)]

9 月 16 日（八月十三日） 先生就上海高等实业学堂近况等事致函盛宣怀。

杏公官保老伯大人尊右:顷奉损畣,敬聆种因,伏承勋祉,秋高酬厘日懋,引詹吉曜,曷馨颂忱。本校规模,前由台端经画,壮丽宏远,侄承乏三年,愧无报称。就本部规定经费而论,原不能不谓之不敷。但欲规久远而谋扩充,不能不更求增益。加以钟楼欹侧,沙土松浮,明年改建,势难延缓。倘承俯念手创之学堂,加以培植,则数百学生咸拜大赐,非侄一人冀幸之私已也。本学期添招通学生,计二百名之谱,一切尚称顺手,足慰廑注。蛰老沽名,咎由自取。谓众公举之总理,政府无撤退之权,商律既无明文,此说亦未为确当。尊意肫诚,益深钦佩。世兄合卺之喜,略具菲礼,未蒙赐收,殊深愧歉。时事日艰,老伯为

方今柱石,幸弗遽萌退志,尤所企盼。肃复,敬请勋安。侄唐文治顿首。

《唐文治致盛宣怀函》,见上海图书馆《盛宣怀档案》,宣统二年八月十三日,1910 年 9 月 16 日,档号 04501)

9 月 21 日(八月十八日)　江苏教育总会开常年大会,先生在会上报告收支款项及单级教授练习所两届毕业情形,与教育法令研究会之概要。在选举中,先生仍以最多票当选,连任会长。

八月十八日,江苏教育总会开常年大会。上午十时开会,首由唐会长报告收支款项,及单级教授练习所两届毕业情形,与教育法令研究会之概要。次蒋会长报告调查事件,次选举会长,唐蔚芝会长仍最多数当选。次选举副会长,张季直、蒋季和二君仍最多数当选。次选举干事员,沈恩孚、吴馨、黄炎培、杨保恒、姚文枏、朱寿朋、杨天骥、龚杰、田北湖、严保诚、夏仁瑞、包公毅、贾丰臻、许鼎霖、吴本善、蒋凤梧、马超群、仇继恒、陆瑞清、李钟珏、杨廷栋、林可培、马良、史家修、范祎、程桂南、方还、王立廷二十八人当选。会长分配职务如下:

经济部干事:吴馨、朱寿朋、吴本善、李钟珏、马良、方还。

调查部干事:黄炎培、田北湖、严保诚、夏仁瑞、许鼎霖、蒋凤梧、仇继恒、陆瑞清、林可培、范祎、程桂南、王立廷。

专门部干事:杨廷栋、史家修。

普通部干事:杨保恒、贾丰臻。

庶务部书记干事:沈恩孚(驻会)、杨天骥。

庶务部会计干事:姚文枏、龚杰。

庶务部招待干事:包公毅、马超群。

午后继续开会,提议事件。蒋会长宣布发行月报问题,沈信卿君报告本问题提议大意,讨论结果分为二派:甲、办不办当场立决;乙、交职员会讨论。多数决从甲说。次决急办或缓办,多数决定缓办。又宣布设地方卫生讲习所提议案,讨论结果,将本问题修正,改为先设宣讲材料研究所,从宣讲入手,可以包括卫生。有人请先将地方卫生讲习所案解决,是否欲办,然后再提宣讲所事。蒋会长请表决,全体否决。后由陆炜士君提出宣讲所办法,分为两种:(一)宣讲研究所,(二)宣讲协会。决议发起宣讲协会,由陆君自行提出,交职员会研究决议。又宣布组织本省各教育会、劝学所联合会提议案,黄韧之君伸述本问题之要旨及联合会于教育界之作用。蒋会长请表决,多数可决,并决定九月二十四日在南洋劝业会公议厅开成立会。又宣布发起各省教育总会联合会期(二月或三月),议由干事员会酌定。又宣布初等小学与简易识字学塾之分别办法,公决办法如下:(甲)初等小学专收学龄儿童,简易识字学塾以专收年长失学者为宜。(乙)简易识字学塾之收贫苦学龄儿童者,须备具修身、国文、算术、体操四科目,其年长失学者不在此例。蒋会长代唐会长提议,减收入会费问题,公决不减。议至此,提议事件已毕,遂闭会。

(《江苏教育总会大会记事》,见《申报》1910 年 9 月 22 日第 10 版)

约 9 月下旬(约八月下旬) 蒙古科尔沁亲王阿穆尔灵圭发起创办蒙古实业公司,先生为赞成人之一。

蒙古科尔沁亲王阿穆尔灵圭发起创办蒙古实业公司,已记前报。兹悉随同发起者,尚有喀尔喀亲王那产图、阿拉善亲王塔旺布理甲拉、喀尔沁郡王贡桑诺尔布、奈最郡王苏珠克图巴图尔、旧土尔扈特郡王帕勒塔、科尔沁辅国公博迪苏,赞成人则为郡王术多罗贝勒载涛、多罗贝勒毓朗、东三省总督锡良、湖广总督瑞澂、邮传部右侍郎盛宣怀、前农工商部左侍郎唐文治、库伦办事大臣三多。

(《京师近事》,见《申报》1910 年 10 月 3 日第 5 版)

9 月(八月) 本年下学期开学后不久,上海高等实业学堂四川籍官费生卢国需因病亡故。因其家境赤贫,先生咨呈邮传部,并请转咨四川总督,对该生家属优加抚恤。

为札知事:宣统二年十月初六日,准邮传部咨参议厅学务科案呈"准上海高等实业学堂监督唐侍郎咨称,本校收考各省官费生,如广西、四川等省学生,均能不远千里,负笈偕来,洵堪嘉许。兹查有四川官费生卢国需一名,本学期开校后,患病伤寒,即经本校医生诊治无效。旋又送入广慈医院,先后医治二十余日。近又陡患脚气,延至前日,在医院病故。当饬妥为收殓,并电报该生家属知悉。兹据该省官费各生禀称,卢国需上有老母,下有寡妻弱子,家境赤贫。拟恳咨请本部转咨四川总督,转饬该故生原筹崇宁劝学所,优加抚恤,俾学界有所观感等情。本监督查该故生卢国需,志趣远大,求学数千里外,遽罹怛化,不克竟其初志,深堪悯恻。应请本部查核,转咨四川总督查照办理等因到部,相应咨行贵督查照办理可也"等因。准此。查此案前准上海实业学堂来咨,业经行司转饬在案,兹准前因,合就札行为此札,仰该司即便查照。此札。

(《总督部堂札筹上海高等实业学堂学生病故恤金文》,见《四川教育官报》
1910 年第 12 期)

11 月 30 日(十月二十九日) 学部奏呈朝廷,上海高等实业学堂铁路科王绳善等八名毕业生赴京复试及格，请求予以奖励。

奏为上海高等实业学堂铁路科毕业学生覆试及格照章请奖折仰祈圣鉴事：窃准邮传部咨送所设上海高等实业学堂铁路科毕业学生王绳善等八名来京覆试，并讲义、试卷、分数表册前来。查该学生等自光绪二十八年先后入堂，先习高等豫科。光绪三十三年夏间，一同考入本科，进习铁路专门功课。至本年上学期肄业期满，与定章高等工业本科三年毕业年限相合。既由该学堂举行毕业考试，遵照奏定高等学堂毕业学生调京覆试新章来京应考，当经臣部按照所习科目，分场局试，拣派专科人员认真校阅，复由臣等综核各门试卷，尚合高等程度。所有各项分数，即照定章计算，惟其中历期实习平均分数，系由臣部将该学堂送到分数总表内所列各学期实习分数提出另算，期与奏定实习分数算法相符。其主课分数有不满七十分或不满六十分居五分之一者，均分别降等，应请援照改定高等实业学堂毕业奖励章程给予奖励。所有列入最优等之俞亮一名，拟请作为举人，以知州分省，尽先补用；列入优等之王绳善、林庄、郭鹏、顾诒燕、盛守鑫等五名，拟请作为举人，以知县分省，尽先补用；列入中等之余建复、孙同祺等二名，拟请作为举人，以州同分省，尽先补用。此项学堂为邮传部所特设，该班学生既系肄习铁路专科，毕业后自应先尽邮传部调用，俾应急需。谨缮具该学生等覆试总平均分数清单，恭呈御览。如蒙俞允，即由臣部分行遵照办理。所有上海高等实业学堂铁路科毕业学生覆试及格、照章请奖缘由，谨恭折具陈，伏乞皇上圣鉴。谨奏。

［《学部奏上海高等实业学堂铁路科毕业生复试及格请奖折（宣统二年十月二十九日）》，见《浙江教育官报》1910 年第 50 期］

12 月 8 日（十一月初七日）　先生为归国留学生徐恩元向邮传部写推荐信。

（1910 年）12 月 8 日（十一月初七）　唐文治为留英归国学生徐恩元向邮传部致推荐信。信述：该生"留学毕业呈验文凭并呈所著论说两册，日内即赴部报到等情。本监督查该生留学伦敦财政大学肄习银行专科，历据呈送报告条陈即论说等册，研究有素，心得颇多。现在毕业回国，拟请本部量材录用，以资鼓励"。

［上海交通大学校史编纂委员会编《上海交通大学纪事(1896—2005)》］

12 月 20 日（十一月十九日）　张謇抵上海，与先生等议商速开国会、促行宪政事。

（十一月）十九日。三时半即起，候船于港，七时附"大生"轮行，十二时半至沪。晚竹君、蔚之、柏森集雷、杨、熊、叶诸君于立宪公会共谈。

（《张謇全集》第六卷《日记》）

12月20日(十一月十九日),抵上海,与预备立宪公会约赵凤昌、唐文治、刘柏森、熊希龄、雷奋、杨廷栋、叶景葵等议商速开国会,促行宪政事。

[庄安正《张謇先生年谱》(晚清篇)]

12月(十一月) 先生向邮传部和学部呈文,提出改进学务之若干建议:一为宜停止实官奖励,二为宜改正毕业各生名目,三为宜变通考试。文末并呼吁普及教育,开浚国民知识,"应请学部通知各省,通盘筹划,于地方自治经费内酌提若干成,于各城、镇、乡遍设初等小学,即茅屋三椽,不嫌其陋"。

窃维立国之要,以教育为命根,必学术日新,而国家乃有振兴之望,此必然之理。本监督承乏学堂,三载于兹,谨就平日经验所得,缕析陈之。

原学堂之异于科举,要以尚实为宗旨,使人人趋重于实学,俾得自谋其生计,而不宜锢之以虚荣。现在科举既废,而举贡生员之名目不废、京外实官之奖励不废,则人人各挟一科举之旧念,犹将赖仕进以为生活之路,而农工商之事,若浼焉有所不屑。平心而论,果能给千万人之求,以养其欲乎?势必不能,仍以虚荣锢之而已。查科举未废以前,欲士人之趋向科学也,则即以科举所重之名目诱之,此盖一时权宜之计。科举既停,专重科学,科学尚实,不宜诱之以虚荣。查照学部定章,毕业奖励一门,实有不得不改之势。

论其办法,首宜停止实官奖励。其在科举时之举贡得官者,寥寥无几,必捷进士,经廷试,而后各受实职,然每科至多亦只三百余人,平均计算,岁不过百余人耳。乃自今年以来,留学生之毕业回国,及各省高等学堂毕业生,经学部考试而得京外实官者,综计各案,已不下千余员。毕业奖励,行之未及十年,而得官者之多,已浮于甲辰会试以前之数十倍。长此不变,窃恐倍数与年俱增,而全国将有官满之患,似亦无此政体。学生既艳得官之虚荣,自必不惮考试之劳瘁,即如本学堂自四月下旬起,凡已届毕业期限者,先应学期考试,次应毕业考试,又次分投赴京、赴省,应学部及提学使之毕业覆试。而中学毕业生未覆试之前,适逢外务部、学部招考留美学生,又相率入都应试,比诸试俱毕,已值下学期开校之初。乃应本校升学考试,试期多者旬日,少亦七八日始竣。计八十余日之间,共历五次考试。其在科举时之生员,不过三年一乡试,余二年分应岁科二试,即偶逢恩榜特开,至多不过三年而四试次。而现在学生乃有三月而五试者,非特劳费已甚也,屡试不已,脑力之昏益甚,觊幸之念愈深,而人才将消磨于无有,揆诸教育宗旨尚实之条,未免相反。苟停实官奖励,则无虚荣可慕,而奔竞之风自息,此今日学务之急宜改定者一也。

其次宜改正毕业各生名目。举贡生员,只适用于科举时代。学堂毕业,非由乡里推选，无所谓举；国子监已裁，无所谓贡；无廪给名额，更无所谓廪增附。循名责实，在中学堂及其他程度相当之学堂，并高等小学以下毕业者，应称某学堂毕业生。高等学堂毕业者，称某科学士，大学堂毕业者，称某科博士，方与东西洋学制不背，而与尚实之义相符。盖科举以取士，故分设举贡生员之阶级，不得已也。若学堂则为学业之阶级，即为其人生业之阶级，非为取士也。国家诚欲取士，但悬一格限制，某等学堂毕业生，得与考试实官，既取，则任之以职、授之以禄。查外洋各国，科学毕业欲入仕者，大率须历登庸，试验六年，未有一毕业而即得官者。我国似亦可参仿其制，遇有何职需员，即招考何科。毕业生历试合格，量能授官，自无用违其才之虑。而将来无论何官，未有不自学生出身者，则举贡生员无所关系之阶级，并不甚正确之名称，自可一律销除，务使学生不慕虚荣，而专心致志于所习，庶实业渐有进步，而人人能自谋其生，此今日学务之急宜改定者二也。

其次宜变通考试。查奏定章程临时考试，本由各教员主之，无定期，亦无升降，不过教员自以所授之科学，验学生学力之等差，以定其分数。学部改定考试章程，至为明晰。唯各学堂或有误会者，往往停止讲堂功课，分日考试，与学期、学年无甚区别，未免废时失事。应请学部通饬各提学使，无论何种学堂临时考试，须照光绪三十二年十二月初六日奏准改定考试章程，一律办理。而毕业考试之前，照章尚有学期考试，其在中学堂毕业者，即须赴省覆试，三试相连，在学科较多之学堂，考至三十余日，乃能竣事。其材质庸劣者，不过敷衍钞袭，其力争上游者，劳精敝神，至以生命相搏。幸而毕业，或已毕命，或成废弃。似此情形，以家寒而力求上进者为尤多，情更可悯。盖科学深邃，算理精微，且以中人读西书，科目繁多，事倍功半，断难以科举时之考试相提并论。似应将定章量为变通，省去末一次学期考试，专以本期内平时积分为凭，积分由临时考试而得，虽减省一试，似亦不至疏漏。现在总平均实得分数计算之法，密之又密，多一试与少一试，分数之相去仅在毫厘之间，似亦无甚出入，全班俱少一试，似亦未尝不公。试场时间少一日，即讲堂功课多一日，而学生不至以有用之精神，浪费诸无用之争竞。至毕业后，应将试卷分别咨送学部，或提学使覆核，果有不能取信之处，或先期派员监试，或临时再行指调覆试，既省繁文，并免浮费，上下俱受其益，应请学部酌量改订。对于学生体育一方面，保全不少，造福尤宏，此今日学务之急宜改定者三也。

抑更有进者，预备立宪已阅三年，而普及教育甚属有限。目前地方自治，几经督促进行，转瞬镇乡各公所皆将成立，学务为自治章程第一项，关系尤重。

闻诸日本小学经费,初年居自治经费十之六,近年且居自治经费十之五。筹集款项,责在地方;实行普及教育,责在学部。昔西国教育家有言:国中多一青衿,即少一赭衣。本监督尝谓:中国内地各乡镇,多一学子,即少一游民,而异日即少一盗贼。矧开浚国民智识,尤为当务之急。应请学部通咨各省,通盘筹画,于地方自治经费内酌提若干成,于各城、镇、乡遍设初等小学,即茅屋三椽,不嫌其陋,务使趋重工艺、商业,俾各归于实用。至于简易学塾、识字学塾,仅供中年以上失学之用者,暂可从缓,此今日学务之尤宜注重者也。

总之,迩来风气初开,要在竭力提倡,疏节阔目,自畅生机,文网周密,恐滋饰伪,本监督恭绎谕旨尚实之条,为全国教育力图进步,谨条陈管见。是否有当,相应咨请本部察核指正,转咨学部采择,代奏施行,学务幸甚。

（《唐蔚芝侍郎咨邮传部转咨学部文》,见《教育杂志》第 2 卷第 11 期）

按: 刊发此文之《教育杂志》第 2 卷第 11 期,刊行于宣统二年十一月初十日。

冬 先生辞去太仓中学监督一职。（据唐文治《茹经先生自订年谱·庚戌四十六岁》）

按: 据《申报》1911 年 1 月 25 日 11 版《太仓中学近况纪闻》一文载:"太仓中学堂自唐蔚芝监督辞职后,当于正月初十、十五两日,假上海江苏教育总会开太属学务公会,投票另举监督,以夏君琅云为最多数,即经姚直刺备文敦请任职。"

辛亥,余与君（按:指朱文熊）并辞去中学,乃延君为南洋大学学监兼教职,诸生翕服。

（唐文治《朱君叔子墓志铭》,见《茹经堂文集三编》卷八）

冬 上海高等实业学堂教务长胡栋朝辞职,先生聘请辜鸿铭为教务长,兼教国际公法,聘请陆起为庶务长。

是年冬……请辜君汤生名鸿铭为实业学堂教务长,陆君勤之为实业学堂庶务长。

（唐文治《茹经先生自订年谱·庚戌四十六岁》）

忆庚辛之际,长南洋大学者为唐蔚芝先生,长教务者为辜先生。尔时吴淞商船学校新并于南洋,长总务者为萨镇冰先生。三先生皆一时人豪,以文章道德学问为士林倡,而萨先生简朴,常乘二等电车。辜先生通数国语言,授吾辈英文,为人极温厚和平,然以所学太博,上课时,仓卒间,每书一字,往往半英文,半德文,半拉丁文,学者甚苦之,然又未尝不佩先生之博也。

（陈柱《忆辜鸿铭先生》）

本年 为同乡前辈陆宝忠编订《陆文慎公奏议》。

陆文慎师在御史台时,严参权贵,又劾太监李莲英,直声甚著。余嘱陆世兄芝田寄奏稿来，残缺不全，为之潸然。厘订二卷，谨序而印行之。

（唐文治《茹经先生自订年谱·庚戌四十六岁》）

呜呼！公其以言事获谴，而伊郁以终耶？抑蒿目时艰，盱衡世变，故损其寿考康强之质耶？公遗疏甚夥，稿都不存，文治乞诸其长君芝田，得若干首，为选择而印行之。吉光片羽，或以罕而见贵。呜呼！迄今距公之殁又数年矣，倘使公复存于今日，其感怀愤激又当如何？兹者手录一编，追思曩昔公之言行。往矣，公之志节已矣，天壤之大，同志之广，谠论之日以发掘，当不乏继公而起者。独如文治之戢影蓬庐，入林渐密，呜呼！将何以报我知己之师耶？

（唐文治《陆文慎公奏议序》，见《茹经堂文集二编》卷五）

本年　先生长子唐庆诒考入南洋大学中学部一年级。

宣统二年，十三岁……余考入南洋大学中学部一年级。同班学生如李熙谋、王永礼、陈沅、朱世溱等，皆长余数岁。余目光甚近，带高度眼镜，课堂内坐第一排，仍不能见黑板上字，苦极。

（唐庆诒《忆往录》）

本年　先生因事黜校中某生，某生在报上发文诋毁先生。汪康年乃移书报馆，指斥其非。

余主工业校，庚戌岁，以事黜某生，某生遽掇拾细故，列报章丑诋余。君（按：指汪康年）大恚，移书报馆，谓："是非宜明，何颠倒若是？"然不令余知也。

（唐文治《汪君穰卿传》，见《茹经堂文集二编》卷六）

本年　盛宣怀致函先生，介绍程原纬前来投考上海高等实业学堂通学一年级。

高等实业学堂监督唐

蔚之仁兄大人阁下：径恳者，现闻贵堂下学期招考通学生，兹有敝处西席程子炎孝廉之子程原纬，拟报考通学一年级。该生先在寰球学生会所立达成学堂肄业数年，程度尚佳，因此次通学人数众多，不易甄录，拟求俯赐裁植。弟缘子炎先生从前在南洋公学充当教员有年，造就甚广，声望甚著，其世兄矢志欲入贵堂肄业，亦殊可嘉，似与寻常干请不同，用敢一言为介。附呈名条一纸，即希鉴存。专此，敬请台安。愚弟。

（《盛宣怀致唐文治函》，见上海图书馆《盛宣怀档案》，1910 年，档号 075081—1）

本年　先生致电资政院，因闻该院正逐款核减各部预算，先生呼吁"他项经费可减，而教育经费似不可减"。

北京资政院钧鉴：闻各部院预算案入不敷出，为数甚巨。现经钧院逐款核减，事不得已，当为全国士民所共谅。顾他项经费可减，而教育经费似不可减。无论何种学堂，均为宪政命脉所系，其在高等小学以下，方图教育之普及，减则无从扩张。而在中等学堂以上，注意实业之振兴，减则难期进步。学生之名额既与年俱增，则学堂之经费，势难一旦骤减。历观东西洋各国，此项经费无不年增一年，及今急起直追，犹虑瞠乎在后，自未便以支绌之故，顿阻新机。若第为撙节起见，则莘莘学子，孰非分利之人，虽至减无可减，而其所支绌之数，仍归于消耗。然十年树木，未有不耕而能获者，多耕则多获，理至显也。如果办理学堂，腐败寡效，应由钧院提议，责令改良。若注意消极方面，窃恐所核减者，区区无补，而人才之销沮受敝于无形者，已不可胜计矣。迩来闾阎生计日蹙，各处学堂业已有减无增，若再减其经费，蓬荜寒儒，读书愈少，而人民知识茫昧愈深，非大局之幸也。譬诸一家，清况虽艰，而子弟脩脯不减，则其家尚有振兴之望。文治为宪政前途计，为实业命脉计，为普及促进计，伏祈钧院附采刍言，维持全局，奏明教育经费，务须用归实际，一概毋庸核减，全国学务幸甚。再查照定章，本应缮帖陈请，兹以期迫电达，合并声明。前农工商部左侍郎唐文治敏。鱼。

　　　　　　（《唐蔚芝侍郎致资政院电》，见《教育杂志》1910 年第 2 卷第 12 期）

1911 年(辛亥　清宣统三年)　47 岁

1 月 12 日(宣统二年十二月十二日)　先生致函盛宣怀。因闻资政院核减上海高等实业学堂经费颇巨,函中恳请盛宣怀等"诸公鼎力维持,明年仍饬照本校预算支给"。又上海高等实业学堂大门对面一带民居,系盛家之产,函中商请可否"将此项旧屋一并翻造新楼,专赁为本校宿舍"。

　　敬再启者,俭自丁未秋间到校,迄今已逾三载。现在阖校生徒,计高等专科七班,附属中学十班,附属小学四班,都凡七百余名。校舍不敷,今年七月间,复于附近徐家汇镇上添赁民廛,以资通学生之宿舍,视初到校时,学生名额已增十分之六。每年支出款项,以教员月俸为大宗,明年预算表,已于四月间造送,连闰约需常月活支银十六万两。前次,菊人中堂综理部务时,岁拨常月款十万,活支随时请拨,年来已觉支绌。现闻资政院核减本校经费颇巨,如果实行,则本校实难以支持,实业人才何由发达? 敬仗诸公鼎力维持,明年仍饬照本校预算支给,不胜感祷之至。除电达外,载请勋安。文治又启

　　敬再启者,校中自七月以来,在徐汇镇上租赁宿舍,广招通学生,各班均已足额。现计全校生徒已达七百余名,气象日见发达。惟自宿舍到校,相距里许,一经雨雪载途,泥深没骭,诸生往返其间,究多不便。查大门外对面一带民廛,均系尊府之产,门面后墙外有南向楼房五排,共三十余幢,其总门为泰兴里里内之屋,年久破坏,租户寥寥,率系贫民,想每年租息亦甚有限,而不免有藏垢纳污之患,本校时受影响。为尊府计,似可将此项旧屋一并翻造新楼,专赁为本校宿舍。例以徐汇现在租率,每幢月需银四五元,约计翻造之费,需银万元,多亦不过万二千元,是岁可收一分之息而有余。在本校学生得庇仁宇,均享近便之利,彼此均受其益。设或一时筹款不便,拟由本校假是项地址借款盖造,每年租息以二成归尊府,以八成归本校。一俟本校本息拨清,该租金即可全归尊府,较之现在租息,殆不可同日而语。为特意修函,谨以奉商,是否可行,统祈卓裁示复,无任切感。再请勋安。文治又启。

　　(《唐文治致盛宣怀函》,见上海图书馆《盛宣怀档案》,宣统二年十二月十二日,1911 年 1 月 11[12]日,档号 057717)

1月21日(宣统二年十二月二十一日) 先生将自己讲授的国文课自编讲义四卷,排印后送邮传部并转学部审定。

(1911年)1月21日(宣统二年十二月二十一日) 唐文治将自己讲授的国文课自编讲义四卷,排印后送邮传部并转学部审定。2月7日(宣统三年正月初八日),邮传部批复学校:"本部查阅所编国文讲义,撷经籍精华,探文家奥窔。洵属取先民之程序,为后人之津梁,善诱循循,莫名钦佩。"将原送讲义检齐一卷送学部,尚余三卷分别交给交通传习所及唐山路矿学堂作讲授教材。尚余一部由部存备案。

[上海交通大学校史编纂委员会编《上海交通大学纪事(1896—2005)》]

1月(宣统二年十二月) 先生任江苏存古学堂史学总教。

咨苏抚文:窃文治于上年十二月间接准照会,充存古学堂史学总教一席……

(《唐蔚芝侍郎坚辞存古总教》,见《申报》1911年6月16日19版)

2月12日(正月十四日) 因需购买上海高等实业学堂对面屋地填改校舍,先生致电时任邮传部大臣的盛宣怀,请求拨特别款三万两。

本校对面屋地,通和公司开单,需银四万零六百两,经磋商,至少需四万两;计本年建筑,至少又需一万两。可否请拨特别款三万两,再由本校借款二万两,庶此事可成。如蒙鼎力允拨,即具正式函达部。乞电示。

[《上海唐蔚芝侍郎来电(正月十四日)》,见盛宣怀《愚斋存稿》卷七十六]

2月(正月) 在筹办邮传部高等商船学堂的过程中,先生曾亲往吴淞炮台湾相度地势,命工师绘图,克日兴工。

正月,接邮传部电,嘱在吴淞炮台湾建商船学校。余亲往相度地势,命工师绘图,克日兴工。请陆君勤之监造,八月竣工。

(唐文治《茹经先生自订年谱·辛亥四十七岁》)

3月4日(二月初四日) 盛宣怀回函先生:"尊拟购买对面屋地价银四万两,请拨部款叁万两,事属可行,候正式文到照办。"

顷已遵电查明,本年预算校屋连办彝器,准支四万两,尊拟购买对面屋地价银四万两,请拨部款叁万两,事属可行,候正式文到照办。

[《寄上海南洋公学唐蔚芝侍郎文治(二月初四日)》,见盛宣怀《愚斋存稿》卷一百]

按: 上海图书馆《盛宣怀档案》中存一《盛宣怀致唐文治函》(档号044159),云:"蔚芝仁兄大人阁下:昨接寒电,以贵校购用屋地需款,嘱为拨下三万两等语。查本部本年预算,贵校建筑连办彝器,准支四万两,所需自当如命,只候尊处正式文到部,即饬招办可也。除电复外,敬请台安。愚弟。二月初四。"题录中署时间为光绪三十一年二月四日(1905 年 3 月 9 日),误。该函与上引《愚斋存稿》中之《寄上海南洋公学唐蔚芝侍郎文治》所署时间皆为(1911 年)二月初四日,且内容相同,惟文字繁简不一,当是一为草稿,一为正式发送件。

3 月 6 日(二月初六日) 为请求给学校增拨经费事,先生再致电邮传部大臣盛宣怀。

> 本年预算校屋连办彝器,活支银四万两,系备修理校内房屋及小批建筑之用。近年来添班、添教员,每月常费一万两,实不敷用,全赖活支款项以资拨补。今年又系遇闰,所有购买对面屋地,可否特别追加? 若就预算四万两内开支,则本年用款,断难敷用。有无妥善办法,乞示遵行。

> [《唐蔚芝侍郎来电(二月初六日)》,见盛宣怀《愚斋存稿》卷七十六]

3 月 15 日(二月十五日) 先生前往祝贺四品京堂候补周舜卿六十岁寿诞。

> 前日,周舜卿京堂六秩大庆,本邑印委各官均往祝贺,邮传部高等实业学堂监督唐蔚芝侍郎、前津浦铁路南段总办刘葆良观察,亦均往祝。昨日,京堂答席,上海县令及会审公堂谳员均在座,特雇迎贵名班演剧,觥筹交错,颇极一时之盛。

> (《周京堂寿诞志盛》,见《申报》1911 年 3 月 17 日第 19 版)

3 月 16 日(二月十六日) 邮传部大臣盛宣怀致函先生,同意特别加拨四万两作为购买上海高等实业学堂对面屋地之用,但须"以添办商船学校为名"。

> 鱼电再三斟酌,若以添办商船学校为名,特别加拨四万两,即作为购买对面屋地之用,尚说得起。如以为然,请即用正式公文到部,必当核准。凡特别拨款,皆须入奏,目下尚有应奏之事,文到即可附办。

> [《寄上海唐蔚之侍郎(宣统三年二月十六日)》,见盛宣怀《愚斋存稿》卷七十七]

> (盛宣怀的回电)明确表示,如果经费用于筹办商船学校,当可立即下拨,否则经费恐难如期到位,将给上海高等实业学堂的经费划拨与商船学校的成立直接挂起钩来。

> (王杰、李宝民、邢繁辉等著《中国高等航海教育史略》)

3 月 18 日(二月十八日) 先生致电邮传部,认为"商船学校总以吴淞为宜"。

> 谏电遵办,文本日发。惟商船校总以吴淞为宜,祈早日奏定。日后建筑费,拟在张殿撰存款内开支,即有不敷,谅亦无几,届时再请部拨。统候钧裁。

> [《上海唐蔚之侍郎文治来电(二月十八日)》,见盛宣怀《愚斋存稿》卷一百]

按:在邮传部筹设商船学校时,有两处备选地址:一为吴淞海滨,一为宁波城外原益智中学,此前邮传部且已曾派人分至两处勘察,故上引文曰"商船校总以吴淞为宜,祈早日奏定"。

3月24日(二月二十四日) 先生致函盛宣怀。此前,在上海高等实业学堂校外属于盛家产业的丝厂及余屋基地,已经盛宣怀应允售归学校。在本函中,先生请求邮传部允拨特别追加款三万,用以添修校舍。

杏公宫保老伯大人阁下:献岁发春,敬维褆履甄綏,懋猷戬谷,定符肕祝。本校款项,仰仗鼎力加意维持,得免核减,全校生徒,同深庆慰,方之杜陵广庇寒士胪欢,殆亦无以逾此也。寒电奉商一节,计早达典签。去秋广招通学生以后,宿舍越在徐汇,距校里许,究属不便。尊府丝厂及余屋基地,既蒙慨允售归本校,所有现存之屋,可修者修;其余空地,应造者造。虽在校外,而仍呼应一气,为通学生住宿计,莫便于此,将来以次展拓,尤属无穷之利。倘本部允拨特别追加款三万,余由本校暂行借垫,即可集事。统祈设法玉成,无任纫感。吴淞规建船校事,已于去腊漾电中详陈一切,不审已有成议否?并乞示知为荷。专泐,敬请台安不具。愚侄唐文治顿首。

(《唐文治致盛宣怀函》,见上海图书馆《盛宣怀档案》,宣统三年二月二十四日,1911年3月24日,档号044084)

3月31日(三月初二日) 先生等旅沪江苏同乡,假座张园,公宴体仁阁大学士陆润庠。

体仁阁大学士陆凤石中堂由浙来沪,驻节新闸任公馆,已纪前报。昨日沪道刘观察,特在洋务局设筵,邀请中堂饮宴。旅沪苏省同乡唐文治、沈恩孚、翁顺孙、周万鹏、唐元湛、任锡汾、席裕福、祁祖鎏、王丰镐、李钟钰等,则于三月初二日公请饮宴。昨日分送公启云:

启者:元和陆中堂,假旋省墓,现届假满还朝,道经上海。凡我旅沪苏省同乡,应伸东道,以联乡情。中堂还期甚速,分请恐致反劳,合宴较为相宜。准于三月初二日,预备音樽,假座张园,准未刻入座。凡我同乡及关年世亲旧,未与初一公宴请,将台衔书列,写明必到字样,并请届时惠临,恕不再邀。

(《陆中堂莅沪续志》,见《申报》1911年3月30日第19版)

春 因先生提倡,上海高等实业学堂开展技击运动以强身。

辛亥年(前清宣统三年):

春,本校延美博士某君试验轻便铁道,转轮如飞,莫之敢撄。有同学向君绍洪者,阻以一臂,而轮立止,名振一时。唐校长甚器重之,继悉向君之胁力,原于拳术,遂请于课余教授学者数十人,以雨中操场为练习所,日于下午四时从事。是为本校有拳术之始。

（吴长城《本校技击部大事记》，见《交通部上海工业专门学校学生杂志》第 1 卷第 1 期）

吾校之有技击，始自逊清宣统二年，校长唐公，鉴于日俄之战，两军相鏖，血肉互搏之际，日人谙击刺之术，卒败强俄；并因我军技击，自古精密，习之既可发展体育，兼能自卫卫人，故提倡甚力，遂致有今日灿烂光明之技击部正式成立，于焉十载。按我校之始有技击，并未正式聘请教师。时有外国教授试验机车，中院同学向君绍洪，以只手承之，车不能动。后谂知其得力于南拳，校长遂请其任教练，学习者不下数十人。厥后学者愈多，向君以校课不克兼顾，乃专聘本埠精武体育会刘振声、张富有、赵连和三先生教授北拳，此我校有技击之滥觞也。

（周仁山、费福焘等合述《吾校技击部十年沿革史》，见《南洋大学技击部十周纪念册》）

按：上引二文，《本校技击部大事记》云上海高等实业学堂开始开展技击运动始于宣统三年春，《吾校技击部十年沿革史》云始于宣统二年。此据前者。

4 月 14 日(三月十六日) 盛宣怀复函先生，告以设立吴淞商船学校事将于三月十八日(4 月 16 日)上奏。

四万已汇，请向交通收用，并即咨复。另设吴淞商船学校，十八即入奏。究须开办经费若干，常年经费若干，将来须购一帆船作历练风涛之用，亦须另筹。腾出课堂添改邮科，如不添经费，即可照办。否则部内交通传习所，拟即延日本教习，专注邮政，并习储金。乞速电复。

[《寄唐蔚之侍郎(三月十六日)》，见盛宣怀《愚斋存稿》卷七十七]

4 月 16 日(三月十八日) 邮传部向清廷奏上《上海实业学堂购置地亩需用银两片》，文中转述先生之咨文，因"今年招考商船学校学生及本学堂新班"，需购上海实业学堂对面通合公司产业为学堂公产。

再准上海实业学堂监督、前农工商部左侍郎臣唐文治咨称"现在本学堂旧有生徒七百余名，校舍业经额满，即通学生于附近房屋，亦租赁无遗。今年招考商船学校学生及本学堂新班，至少亦有二百数十名，恐难位置。查本校对面有通合公司产业，计丝厂一所，又毗连民屋九十余间，计地十三亩有奇，情愿出售，索值四万余两，请加拨应用"等语。查该堂在上海徐家汇，地本偏僻，赁屋甚难，通学生负笈远游，诸多不便。此处房屋地段既与该堂相近，若经外人购去，且恐辖易滋，于管理学生尤多妨碍，不如自购为学堂公产，现在船校招生既有居处之地，将来移入新校，亦可腾出此项房屋，租与外来之通学生，既得租金,且便管理,实为两益。已由臣部照准拨给事关款项,理合附片陈明,伏乞圣鉴。谨奏。

宣统三年三月十八日具奏。钦奉谕旨:邮传部片奏通合公司产业购为学堂公产等语,知道了,钦此。

(《上海实业学堂购置地亩需用银两片》,见《邮传部奏议类编·续编一、二、三、四、五》)

同日 邮传部尚书盛宣怀向清廷上奏《筹办商船学校大概情形折》,文中转述先生报称:"翰林院修撰张謇,愿将上海吴淞口渔业公司地基,并所需官款六万元,呈送臣部,办理商船学校"。

奏为设立商船学校,谨将筹办大概情形,恭折具陈,仰祈圣鉴事。窃维商务振兴,必藉航业;航业发达,端赖人材。通商以来,洋舶辐辏;内河外海,门户洞开。我国地居大陆,不习海事,虽有轮船招商局,仅通域内,未涉重瀛。管驾各员,且皆借材异地。三年蓄艾,今为要图。臣部管理全国航业,责无旁贷,故于历届筹备宪政折内,兢兢以建设商船学校为船员之需,意实在此。正拟相度地势,克日经营,旋准臣部上海高等学堂监督、前农工商部左侍郎唐文治咨称:翰林院修撰张謇,愿将上海吴淞口渔业公司地基,并所领官款六万元,呈送臣部,办理商船学校。复准筹办海军大臣咨称:浙绅李厚佑报效宁波益智中学堂一所,奏明预备臣部商船学校之用。先后咨交前来,当即派员前往吴淞、宁波两处履勘地址,筹议办法。据称"吴淞江面宽阔,各国商船络绎往来,地居南北之中,交通至便。毗连浚浦局船澳,建筑船校,为天然适当之区。宁波益智中学堂,左带甬江,海舶时至,校舍崇闳,占地爽垲。甬民习于水性,招生尤为合宜,两地均堪备用"等情。臣等共同商酌,窃以中国幅员广大,海岸延长,果能于吴淞、宁波同时并举,规模愈远,成材愈多,洵为盛事。惟商船学理深邃,程度极高,一旦两校兼营,不独财力维艰,且恐教习学生,均难应选,不若并力先办理吴淞一处,较易观成。查臣部上海高等实业学堂,于路电两科外,已设立高等船政专科,惟人数不多,拟即就此扩充,添招学生名数,以为商船学校之基础。一面在吴淞建筑校舍,俟工竣后,将学生移入该校,并归上海高等实业学堂监督管理,以期接洽而昭简易。其宁波益智学堂所有房屋地基,均应作为船校产业,将来或改为商船中学,当视日后之款项、人材,以为进退,此时暂从缓办。至学科办法,前经咨商出使大臣调查各国船校现办章程,以资仿效,并查考留学商船之学生,预备任使,现已陆续咨覆到部。应即参酌损益,轮派妥员办理,务求至当。计开办时建筑房屋,购买轮船、帆船、书籍、彝器,以资练习,用费尤巨,原估开办经费二十万两,常年经费十三万两,业于上年册报资政院查核在案。惟目下情形,臣部财力甚形拮据,而开办尤难迟缓,不得不先筹一半,即行施办。拟暂定开办经费十万两,常年经费六万两,将来筹有的款,再行随时设法扩充办理。除俟渔业公司交到官款六万元,拨充开办经费外,其余拟均在臣部经费项下撙节动支。恭候命下,臣部钦遵办理。所有拟设商船学校大概情形缘由,谨恭折具陈,伏乞圣鉴训示。谨奏。本月十八日奉旨。

[盛宣怀《筹办商船学校大概情形折(宣统三年三月)》,见盛宣怀《愚斋存稿》卷十九]

4月18日(三月二十日)　先生致函弹药管理部门,购领学生军训打靶需要的弹药。

(1911年)4月18日(三月二十日)　唐文治致函弹药管理部门,购领为学生军训打靶需要的弹药。对方回函称:"学部会议东三省中学以上对于弹药一项取缔颇严。但贵校程度素优,为各学堂之冠。航海一科预备将来海军射击之需,迥与普通学堂有别,似可通融,照部章程优许。当迅饬制造局遵照办理,以副雅嘱。"本校军训打靶所需弹药得以解决。

[上海交通大学校史编纂委员会编《上海交通大学纪事(1896—2005)》]

4月27日(三月二十九日)　上海高等实业学堂毕业生胡栋朝获美国康奈尔大学铁路科博士后,与先生见面。胡仰慕先生为国学大师,欲师从先生学习国学并行弟子之礼,先生选国学古籍若干嘱胡阅读。(据上海交通大学校史编纂委员会编《上海交通大学纪事(1896—2005)》)

4月28日(三月三十日)　先生致函盛宣怀,就其介绍张仕镜投考上海高等实业学堂事作复。

杏公宫保老伯大人阁下:展诵瑶缄就稔,褆履甄酥,荩猷懋介,如祷以忭。承示张生仕镜入校一节,现距开学之期已远,恐到堂上课,不胜补习之劳,已将原条记名。转瞬暑假,本须广招,届时请饬张生到校投考,决当代为留意,以副谆诿。专泐布复,敬请勋安,诸维融鉴不具。愚侄唐文治顿首。

(《唐文治致盛宣怀电》,见上海图书馆《盛宣怀档案》,宣统三年三月三十日,1911年4月28日,档号084094)

4月29日—5月12日(四月初一—十四日)　各省教育总会联合会在上海召开。开幕式上,先生作为江苏教育总会会长致欢迎词。

(四月)初一日(4月29日),全国教育联合会在上海开成立大会……上海《民立报》记其开会盛况曰:"昨日江苏教育总会发起之全国各省教育总会联合会成立开会之日,上午十一时,先由江苏教育总会预备大会场所。各省代表陆续到会,敦请浙江张菊笙[生]君、安徽江亦园君为来宾。席间由会长唐蔚芝君起立致欢迎词,举觞为祝,安徽代表吴季白答谢,宾主尽欢而散。"

[《中华民国史事纪要(初稿)·民国纪元前一年(一九一一)正月至四月》]

敝会发起联合会之目的,在沟通各省教育界之知识与情谊,以期对于学部可发表共同一致之意见,对于内部得酌量本地方之情势,为各方面之进行,务使所持之教育主义勿入迂途,适于生存竞争之世界而已。今诸君子惠然辱临,将以崇论宏议发挥全国教育界之异彩,敝会不胜荣幸。本年为第一次开会,而与会者已有十一省。预想第二次开会时,各省教育总会当一律成立,交通不便之处亦当逐渐便利,必可达圆满之希望矣。敢进一觞,祝诸君文明之进步。

[《唐会长(文治)致各省教育总会代表欢迎词之大略》,见朱有瓛、戚名琇、钱曼倩、霍益萍编《中国近代教育史资料汇编——教育行政机构及教育团体》]

江苏教育总会会长唐文治、广西教育总会会长唐钟元、安徽教育总会会长童挹芳、江西教育总会会长贺赞元、山东教育总会会长王讷、福建教育总会会长陈宝琛、湖南教育总会会长黄忠浩、河南教育总会会长李时灿等为呈请事。文治等于宣统二年,发起各省教育总会联合会,意在公议关系全国之教育事宜,期于共同一致,改良进步,为帝国教育会之预备,促各省教育之进行,以勉副钧部振兴教育之至意。先经函电商榷,定各省教育总会公推代表,以江苏之上海为会所。其教育总会未成立省分,由咨议局公推代表赴会。订期于本年三月下旬齐集各代表。届期先后到会,计与会者为广西、安徽、江西、山东、湖北、直隶、福建、湖南、浙江、河南、江苏十一省代表。广西代表一人龚鉴清,安徽代表三人吴传绮、胡璧城、陶镕,江西代表三人熊育锡、梁际昇、胡雪,山东代表一人张介礼,湖北代表二人胡柏年、李步青,直隶代表二人李搢荣、胡家祺,福建代表二人陈鸣则、刘子达,湖南代表三人陈润霖、俞诰庆、周家纯,浙江代表一人经亨颐,河南代表一人王敬芳,江苏代表三人沈恩孚、黄炎培、杨保恒。奉天已推定代表,因防疫中阻,未克与会,仅据递到议案。直隶代表则咨议局所公推,浙江代表则咨议局函请学务公所议长、议绅所公推也。于四月初一日开会,由各代表公推沈恩孚为主席,胡家祺为副主席,先议定联合会提议事件之范围:一、全国教育方针;二、初等教育普及方法;三、高等教育及中等教育之规画;四、其他关于教育范围以内之事。次就各省提出议案,详加讨论。连日继续开会,历十四日之久。甫将各议案议毕,除未经成立各案及各省自谋进行之各案外,谨将议决案五件,备具理由,分缮清折,汇呈鉴核。谨候俯赐批示,通行各省遵行,实为公便。再本届与会之各省教育总会,由领衔之会长盖用钤记,会衔不会钤。湖北教育总会会长现正辞职,故未署名,合并声明。谨呈。

（唐文治等《呈学部文》,见《教育杂志》1911 年第 3 卷第 6 期《各省教育总会联合会议决案·议决案甲·呈请学部施行事件》）

按:上引先生等《呈学部文》之后,为"另呈议决案五件":一、请定军国民教育主义案;二、统一国语方法案;三、请停止毕业奖励案;四、请变更初等教育方法案;五、请变更高等教育方法案。以上为"议决案甲（呈请学部施行事件）"。又有"议决按乙（各省自谋进行事件）":一、定军国民教育主义案;二、改良初级师范教育方法案;三、变更初等教育方法案;四、组织各种学堂职员联合会案;五、实行义务教育之预备方法案。文长不录。

4 月下旬（三月下旬）　先生亲自主持,为上海高等实业学堂学生参加罗马都灵赛会准备展品。

（1911 年）4 月 26 日（三月二十八日）　邮传部致函本校:罗马都灵赛会年内开幕。我国北京及各省应赛货品均已由沪宁分别起运。但陈列展品均需包装辉煌,"未便简陋,以贻国羞",因此需及时设法赶制,费用归赴赛者自出。于是监督唐文治亲自主持,积极准备展品。计学生科学成绩订成一册,各种画图十幅按期运送参赛。结果,本校学生作业和成绩展品获得优等奖。

[上海交通大学校史编纂委员会编《上海交通大学纪事（1896—2005）》]

4 月（三月）　为部令"中学数学课程需学至微分为止"问题,先生嘱上海高等实业学堂铁路科科长胡栋朝撰《改定中学堂数学说帖略》。该说帖对中学数学是否要学到微分为止进行了论证,认为中学不宜习微分。

（1911 年 4 月）本校铁路科科长胡栋朝为部令"中学数学课程需学至微分为止"问题,遵唐监督嘱,专门著文《改定中学堂数学说帖略》,对中学数学是否要学到微分为止进行论证。他在文中论证了数学这门学科的性质、特点后,称"今观学部所定中学课程数学一门,五年之内（中学五年制）须习至微分,时诚得详于用之旨矣。然其中算术、代数、平面几何、实体几何、平面三角、高等代数、经纬几何、微分八种,每种皆数百页,五年习毕,似太速。教授不免疏略躐等之虞,生徒亦有积食难化之敝。而数学一门明理透而后造数灵、造数多,造数多然后数理熟,前顾后,后顾前,浅顾深而后深顾浅。非详细研究,不能周知也。查外国中学四年毕业,大学亦四年毕业。欲进大学者当习几何三角。入大学第一年则习经纬几何。是经纬几何为大学算术之始也。而我中国现定章程中学五年毕业,专科三年毕业,则中国中学五年级须与外国大学第一年级相当……故宜习经纬几何毕业为止。则于中学五年内分习以上七种。数学教授时间庶几充足,而数学程度亦于外国大学两相符合也"。胡栋朝说帖的结论是:中学不宜习微分。

[上海交通大学校史编纂委员会编《上海交通大学纪事(1896—2005)》]

同月 先生请体操教员魏廷晖,带领学生轮流赴苏州城外商团靶场进行实弹射击,接受军训。(据霍有光、顾利民编著《南洋公学—交通大学年谱》)

唐监督把教务的事和聘请教授等事都交给教务长去办理。他自己除了注意学生的品德和国学外,还注意于学生的课外活动,这是非常难得的。例如体育、拳术、演讲、辩论,音乐等,别的官立学堂多不注意,但他都极力提倡,并且提倡军事教育。那时学校里曾由上海制造局(兵工厂)领有步枪二百支,配有若干子弹,作为平时学生上体操课之用。到了宣统二、三年的时候,因为体操教员魏旭东先生兼任了苏州商团的教官,商团在苏州城外有一个靶场,因此唐监督就请魏先生领了一批一批的学生,轮流到苏州,借用商团的靶场作实弹的练习。我记得宣统三年那年我曾去过两次,每次实弹三发。在现时学生接受正式军训是寻常的事,而交大在前清末年,距今七十多年前,便有这个训练,不能不说是一件难能可贵之事。

(凌鸿勋《交通大学十年忆旧》,见《学府纪闻——国立交通大学》)

5月10日(四月十二日) 先生致电江苏督抚,请求设法维持大局,勿将谘议局解散。

邮传部实业学堂监督籍绅唐蔚芝侍郎,因江苏咨议局势成解散,特于十二日电请督抚设法维持。电文照录如左:

致江督电

南京总督部堂鉴:咨议局势成解散,绅民震动。闻预算案意在节费,非求增款,似无为难。现在新政萌芽,端赖官绅合力,此事关系全国观听,非独苏省。钧右向顺舆情,早烦宸虑,务乞迅赐设法维持大局,幸甚。文治叩。文。

致苏抚电

苏州抚台鉴:咨议局势成解散,绅民震动。此事关系全国观听,非独苏省。我公向顺舆情,早烦宸虑,除电安帅外,务乞会商,迅赐设法维持大局,幸甚。文治叩。文。

(《唐侍郎电请维持咨议局》,见《申报》1911年5月11日第19版)

按:在代日韵目中,"文"为十二日。

又按:关于上述"解散江苏谘议局"事件的背景,可参看房得龄著《清王朝的覆灭》一书中如下的记述："咨议局主要反映资产阶级的利益和愿望,因此它不可避免地要与代表封建统治的督抚发生冲突。这种冲突在 1910 年 10 月第二届常会前后有很大的普遍性和尖锐性。当时斗争主要围绕预算案问题进行。按照《咨议局章程》规定,咨议局有权议决本省的预算和决算,但是各地督抚届时却拒不向年会交付预算案,各省咨议局为此提出辞职、停会,终于迫使督抚们补交了预算案,咨议局再召开临时会议进行讨论,对原案有所增减。督抚们根本不想执行修改过的预算案,因此和咨议局的矛盾更加尖锐了。其中江苏咨议局和总督张人骏的矛盾最突出,闹得最凶。张人骏拒不公布执行咨议局修改通过的预算案。议长张謇和议员一百多人辞职抗议。事情闹到资政院,资政院呈请内阁裁决,或令总督张人骏公布预算案,或解散江苏咨议局。内阁总理大臣奕劻担心解散咨议局会引起更大风潮,便令张人骏公布预算案。咨议局获胜,议员复职,风潮平息。"

5 月 12 日(四月十四日)　上海高等实业学堂数学科科长梁业致函先生,亦认为中学不宜习微分。

（1911 年）5 月 12 日(四月十四日)　数学科科长梁业致函唐文治校长,就本校附属中学数学课程可否遵照部(学部)章学习至微分为止问题提出自己看法。他认为,这一规定虽"意美法良,然室碍颇多,恐难实践。苟欲实践,则惟有二法,一曰速成,一曰偏重"。他历数了此二法的弊端后,认为除非中学分科。中学分科制目前"德国行之,然介于中学大学之间……今中国仿行……由中而高,功课必多扞格,盖非重复则缺漏也。且中学之意最重普通,诚以学者多以中学毕业为止,使其预备各种知能以谋生计。若中学分科,专重一途,他日不独立言行事有偏,恐于生计尚有阻碍"。梁业对部令数学课上至微分为止,表示不同意,并向唐文治监督申述了自己的意见。

[上海交通大学校史编纂委员会编《上海交通大学纪事(1896—2005)》]

5 月 21 日(四月二十三日)　先生将学校一致认为"中学不宜学微分"的意见向邮传部作了陈述。[据上海交通大学校史编纂委员会编《上海交通大学纪事(1896—2005)》]不久,邮传部批复学校,同意先生及上海高等实业学堂意见,中学数学课上至经纬几何为止,中学不习微分。

5 月 22 日(四月二十四日)　先生致电邮传部列堂,报告近期接收宁波益智中学有关事宜。

邮传部列堂鉴:接受益智中学事,前准来咨,以札饬李郎中厚佑遵照,当经函达李郎中。询其何日点交,迄未得覆。两次询其家,云现赴京将回沪,是尚未接收。兹准养电,已派庶务长赴宁。惟闻该校已停办,现在并无学生,图书、彝器是否尚有存者,接收后该处房屋地址如何看守?统候俟覆到,再行妥办覆闻。文治。敬。

（《唐文治致邮传部列堂电》,见上海图书馆《盛宣怀档案》,光绪三十二年,1906 年,档号 108312）

按：在上海图书馆《盛宣怀档案》（电子扫描件）的题录中,本电文所署年份为 1906 年,无月日,误。从内容看,本电的发文日期应在下引 5 月 24 日（四月二十六日）先生致盛宣怀电之前;又文末署"敬",在代日韵目中,"敬"为旧历二十四日,故暂定于 5 月 22 日（四月二十四日）。

又按：虽然邮传部与先生已基本确定在吴淞兴办商船学校,但前引盛宣怀《筹办商船学校大概情形折》中云"其宁波益智学堂所有房屋地基,均应作为船校产业,将来或改为商船中学堂,当视日后之款项、人材,以为进退",故有本函中所陈之接收益智中学相关事宜。但此事后终因难以"兼营"而中辍,见后文。

同日　先生为派遣留学生事致电盛宣怀。5 月 23 日盛宣怀回复先生。

洽电计达。上年路科毕业生劳亮等七名,系尽数派出。现留学各生缺额尚多,钧右培才不倦,本届康时清等五名,可否一律派遣,乞电复。

［《唐蔚之侍郎来电（宣统三年四月二十四日）》,见盛宣怀《愚斋存稿》卷七十七］

康时清等五名如在额内,似可派遣。吾国非开矿不能致富,而矿学生造就尤亟,学成而归。在本人薪水,亦必在他项之上,此五名能否改学矿务,乞酌。

［《寄唐蔚之侍郎（宣统三年四月二十五日）》,见盛宣怀《愚斋存稿》卷七十七］

同日　盛宣怀致电先生,云：宁波益智中学改办商船中学堂之事必难兼营,暂行结束。

洵邸面托李厚佑报效宁波商船学堂,彼已无力再办,求速收回等语,尊议商船学校宜用吴淞,则甬堂必难兼营,请速派人往甬查明,或将学生分别考留遣散,而收其房屋,暂行结束,乞酌复。

［《寄唐蔚之侍郎（宣统三年四月二十五日）》,见盛宣怀《愚斋存稿》卷七十七］

5 月 24 日（四月二十六日）　先生致函盛宣怀,再次报告近期接收宁波益智中学有关事宜。

上海唐侍郎文治来电

盛官保鉴：径电悉,据庶斋务长禀覆,益智中学已停办,并无学生,校具、彝器存留尚多,现定于二十七日派该员等迅往接收,再行开单咨报。惟闻该处校舍完备,废弃深为可惜,如本部能于商船学校预算内,加拨五千两,则拟□之中学预科二班,可加至百名,即可迁往,以期两全,绝不致有靡费。尊意如以为然，乞饬电示遵……

（《唐文治致盛宣怀电》，见上海图书馆《盛宣怀档案》，？年四月二十六日，档号 072289）

按：在上海图书馆《盛宣怀档案》（电子扫描件）的题录中，本电文署四月二十六日而不署年份，而电文所述为建立商船学校、接收宁波益智中学事，应为本年中事。

5 月（四月） 某日，驻日公使汪大燮返国，招先生与张元济密商。议定请摄政王载沣奉溥仪赴英美求学，请庆亲王奕劻助当国。"多招贤士大夫为之辅佑，或可挽国运于万一"。公推汪大燮赴京陈其事。后汪抵京见载沣，载置之不理，汪遂赴日。

> 四月，汪君伯唐来沪。汪时为驻日本公使，见外侮日亟，国势阽危，特回国，招余与张君菊生在张宅密议救国之策，议定请醇邸奉皇上赴英美求学，请庆邸当国，多招贤士大夫为之辅佐，或可挽国运于万一。公推伯唐赴京条陈其事。乃伯唐抵京后，醇邸仅召见一次。伯唐痛切敷陈，醇邸曰："现有海陆军，何有外侮？"伯唐曰："中国海陆军，其可恃乎？"醇邸遽曰："汝去。"伯唐出，语同朝，皆莫之信，甚有以为无病之呻吟者，伯唐废然，赴日本，乃知国事万不可为矣。

（唐文治《茹经先生自订年谱·辛亥四十七岁》）

同月 先生拟定商船学校招考简章，咨呈邮传部核定，并由邮传部"通咨沿海沿江各督抚札行提学使，广行出示招考，务于闰六月内到沪报名，听候示期考试"。

> 邮传部拟办商船学堂，闻已奏准，指定张季直殿撰前曾规画吴淞口基址，设一高等及附属中学并预科等完全之商船学堂，并将李绅云书所报效之宁波益智学堂作为附属中学，奏派高等实业学堂监督唐蔚芝侍郎兼督斯校，业已接收。闻唐侍郎已知会各省督抚，出示晓谕，广招沿江沿海居民子弟，于闰六月到校投考，免收膳费，以广造航业人才云。

（《吴淞开办高等商船学堂》，见《申报》1911 年 5 月 7 日第 19 版）

> 为文行事：宣统三年五月二十七日，准邮传部咨参议厅学务科案呈"准上海高等实业学堂监督唐文治咨称，窃照本校监管之高等商船学校，业经本部奏明，指日开办。现拟先设航海一科。就下学期而论，高等本科已有三年级、二年级各一班，其应入初年级者，若仅取材于本校中学毕业生，名额不敷，拟再招足三十名。其中等本科，拟招足三班。中等预科，拟招足二班，班各三十名，各就其程度之浅深，分别年级。此项学生，务取其体格之健全，足耐劳苦；其幼与习水者，尤为合格。惟通常各校招考，类将学科程度预行宣示，俾投考者一览

而知。况商船学校系初次创办,非普通学堂可比,尤以先睹为快。除高等本科课程表于宣统元年开办之初,早经咨请本部转咨学部核定、现在无庸更张外,其中学本科应习科目,本监督悉照奏定章程,酌配钟点,先行列表,并草拟招考简章。即希本部核定,通咨沿海沿江各督抚札行提学使,广行出示招考,务于闰六月内到沪报名,听候示期考试等因到部,相应将招考简章及中学本科课程表咨行贵督查照,札行提学使迅即遵照办理可也"等因,准此。合就文行该司,即便遵照办理,此行。

[《总督部堂行准上海高等实业学堂监督申请饬司收考商船学生文(六月初七日)》,见《四川教育官报》1911年辛亥改定第28期]

5、6月间(四、五月间) 邮传部据先生呈请,咨行江西督抚,称"查贵省所送学生,尚未满额。现在正届添招新班之时,因请查照奏案,按照收考简章所列各节,挑选合格学生,因期逐送上海高等实业学堂收考";而江西方面回复云"现在本省财政困难已极,教育经费预算一再核减,更难挹注,实属无力选送足额"。

为咨覆事:实业科案呈本年五月二十一日奉宪台札开"宣统三年四月二十八日,准邮传部咨参议厅学务科案呈准本部上海高等实业学堂监督唐侍郎咨称,案查本校官费生,每届招考之前数月,向由本部通咨各省督抚,择尤选送到校报考在案。现在各省中学毕业者,项背相望。本校各专科下学期添开初年级,除附属中学毕业生升入外,各班尚多余额。定于闰六月下旬广行招考。兹特刷印简明章程五百张,拟请本部咨行各省,将章程随文分送,每省发去二三十张,以广招徕。相应咨请本部查照办理,并请转咨各省,咨送前项官费生,务于闰六月中旬赴沪报到,切勿迟延致误等因,并附收考各省官费生简章前来本部。查本部宣统元年闰二月间,本部奏陈《上海高等实业学堂扩充专科预筹经费》一折内称,拟自本年下学期为始,由各省督抚、提学使选中学毕业生,每省至多四十名,至少二十名,咨送到沪,由该堂考取,分入专科肄业。本省按名岁筹学费银二百两,汇解学堂,以资协助,一切膳学等费概不取之学生。一班毕业,接续考送,比之遣派游学,省费甚巨。而数年之后,成材实多。业经奉旨允准,咨行钦遵在案。兹查贵省所送学生,尚未满额。现在正届添招新班之时,因请查照奏案,按照收考简章所列各节,挑选合格学生,应期逐送上海高等实业学堂收考。仍请另开所送学生履历清册,咨明本部备案。除咨复唐侍郎外,相应捡齐收考简章二十份,咨行贵抚查照办理,并希见覆可也,计附收考简章二十份等因到本抚院。准此,合就札行为此札,仰该司即便查照办理,详候咨覆,毋违此札。计招考简章十份"等因,奉此。遵查咨送到沪入高等实业学

堂肄业官费生,业经林前署司于宣统元年六月考送学生四名,每年按名照数汇
解学费银八百两在案。现在本省财政困难已极,教育经费经预算一再核减,更
难挹注,实属无力选送足额,奉札前因,理合据情备文详覆,呈请宪台俯赐察核
转咨。须至详者。

(《本司详覆抚宪奉札饬招考合格学生入沪高等实业学堂肄业现因费绌难
以选送呈请鉴核转咨文》,见《江西学务官报》1911 年第 26 期)

6 月 14 日(五月十八日)　先生就上海高等实业学堂本届电机毕业生出洋实
习事致电盛宣怀。

真电计达。本届电机毕业生品学均好,学部不准在六月覆试,进退维谷,
情实可悯。查电学一门,日后为用无穷,我公造就实业人才,不遗余力,乞查照
前电,准送邮部覆试合格,派赴出洋,务恳鼎力成全电示。至叩。

[《上海唐蔚之侍郎来电(宣统三年五月十八日)》,见盛宣怀《愚斋存稿》卷
七十八]

同日　先生致电苏州提学使樊恭旭等,辞去存古学堂史学总教一职。

咨苏抚文

窃文治于上年十二月间接准照会,充存古学堂史学总教一席,数月以来,
于诸生毫无裨益,内疚良深。文治于中西史学,本无心得,近又接准部咨筹办
商船学校诸事创始,于存古一席,断难兼顾。查有前开归陈许道、曹绅福元、前
翰林院侍读邹绅福保,学行兼优,足为士林矜式,素所倾佩,用敢荐贤自代,敬
请贵抚部院札行提学司酌定,延订一人,以资师表。所有文治担任史学总教,
应以本年上学期放假日为止,相应备文,咨请贵抚部院查照施行。

复苏提学电

苏州提学使樊大人鉴:筱电悉。文治迩来烦劳过甚,夜不能寐,渐成眩
晕。严命屡以节劳为训,存古监督,无论如何决不敢担任。中丞美意,乞代道
感谢。文治。啸。

(《唐蔚芝侍郎坚辞存古总教》,见《申报》1911 年 6 月 16 日第 19 版)

按:在代日韵目中,"啸"为十八日。

又按:存古学堂是清季政府以学堂这一形式保存国粹的尝试。清光绪三十三
年(1907),张之洞正式奏请设立存古学堂。该学堂于光绪三十四年五月初开学,江
苏因此成为国内较早兴办存古学堂的省份。但该学堂在筹办期间直至兴办以后,
一直面临着主张兴办和反对兴办两种不同的意见和争论。在此过程中,尚有三件
事与先生有关:一是宣统元年(1909)十月,时任江苏教育总会会长的先生与副会

长张謇、蒋炳章,在提交江苏咨议局第一次常年会审议的"江苏省教育费案"中提出,江苏存古学堂"宜移江阴,使南菁校舍不至虚设"[见《申报》1909 年 10 月 30 日第 18、19 版《江苏咨议局议案(续)》];二是在宣统三年(1911)2 月,先生与曹元弼联名致电学部,提出江苏存古学堂学生"肄业三年,潜研深造,多系拔贡、岁贡、廪贡、附生,本年毕业后可否照高等学堂分例请奖",同时建议"将该学堂改为高等文科,以保国粹而宏教育,一切均遵照定章办理"(郭书愚《清末存古学堂述略》引唐文治、曹元弼《致学部电》,宣统三年二月,清学部档案,目录号 195,案卷号 134);三是江苏巡抚程德全于宣统三年九月十三日(1911 年 11 月 3 日)奏上《奏存古学堂暂行停办折》。此折在回溯此前关于是否要续办江苏存古学堂的情况时说:"惟总教唐文治等兼陈改办文科、续办存古两义,亦系为慎重学务起见。"并录于此以备考。

(《唐蔚芝侍郎坚辞存古总教》,见《申报》1911 年 6 月 16 日第 19 版)

6 月 16 日(五月二十日) 先生就上海高等实业学堂本届电机毕业生出洋实习事再次致电盛宣怀。

本届电机毕业生十人,除汪仁瑞一人急于谋生外,有孙世缵、孙世芬、华荫薇,经洋教员谢尔屯介绍,入美国电气总公司实习,除给川资装费外,每年只须量加津贴。其邓福培等六名,据该洋员云,可入美大学电器科三年级,入校二年即可毕业。查本部奏定按年筹备清单,有"宣统六年扩充制造厂,试造关于电灯水线、各种电品材料机器"等语,似应急储此项人才,派备临时任使,拟请电该生等专习电报、电车及电机制造三科,各以二人分习,二年毕业,所费亦不过三人之款。来电蒙允,俟九、十月后酌派,届时恐不及入校,该生等或相率谋生而去,尤为可惜。可否先行派出,指抵日后缺额,必不得已,可否由钧右名义,请外务部赏拨留美学费,尤深感盼。文治系为培植急用人才起见,统祈钧裁电复。

[《上海唐蔚之侍郎来电(宣统三年五月二十日)》,见盛宣怀《愚斋存稿》卷七十八]

6 月(五月) 学部致电先生,请其担任中央教育会副会长一职,先生复电力辞。后学部续电,促其来京商议,先生再以电却。

学部奏派张謇为中央教育会会长,张元济、傅增湘为副会长,于上月二十四日,已见明谕。查学部拟派之时,曲折颇多。盖原意本拟奏派张謇为会长,陈宝琛、张元济为副会长。乃陈忽然外简山西巡抚,于是学部致电上海高等实业学堂监督唐蔚芝侍郎,请其承任副会长一席。唐复电力辞后,学部续电,促其来京商议,唐亦电却,于是罢议。至如张元济,学部前亦有电,请其承任副会长一席，张复电谓此事甚愿尽力，惟不能膺副会长之任。乃昨日降旨，其副会长二人中有傅增湘其人，此颇出人意外。盖副会长原系补助会长执行会务者，性行原应融洽，张会长于傅增湘未闻推毂，何学部竟中途插入此人，且傅现任直隶提学司，以学务行政官而兼教育会主任，以研究教育，然则何不聚二十一行省制提学司而共组织教育会耶？异矣！

（《傅增湘天外飞来》，见《申报》1911 年 6 月 28 日第 5、6 版）

1911 年 6 月，学部向清廷奏准设立中央教育会……关于中央教育会正副会长人选，学部曾打算以本部官员为正职，而以地方学界人士任副职，以明确学部的领导地位，便于控制会议进行。学部丞参被列为会长候选人的有严复、孟庆荣和戴展诚。也许考虑到学部内部关系的平衡及社会舆论的看法，后改由江苏教育总会会长、江苏咨议局议长张謇出任会长，副会长一职先后以严修、张元济、陈宝琛、唐文治等为候选人。由于严修、唐文治坚辞不就，陈宝琛又突然被任命为山西巡抚，曾任学部咨议官的商务印书馆馆长张元济和直隶提学使傅增湘两人最终被指定为副会长。

（关晓红著《晚清学部研究》）

按：上引文中说张謇是"江苏教育总会会长"，不确。当时先生为会长，张謇为副会长。

夏　招考邮传部高等商船学校新生，报考者极为踊跃。

夏，招考商船学校新生，报考者三千人，拥挤不堪。计专科及中学共取一百八十名。常熟翁君寅臣之世兄某，程度较低，余勉欲录取之，夏应庚以为不可，因摈去，心甚歉然。旋请庄君思缄名蕴宽为商船学校庶务长。

（唐文治《茹经先生自订年谱·辛亥四十七岁》）

7 月 2 日（六月初七日）　上海高等实业学堂电机专科暨中学、附属高等小学举行毕业礼，先生参加并作报告。

徐家汇邮传部高等实业学堂专科电机班及附属中学五年级，现届毕业之期，定于六月初七日准午后一时行给凭式。现已由监督唐侍郎发出通告，敦请官商绅学各界到校参观云。

（《高等实业学堂行毕业礼》，见《大同报》1911 年第 15 卷第 21 期）

昨日午后二时，徐家汇邮传部高等实业学堂电机专科暨中学、附属高等小学行毕业礼。先由唐监督报告，次给凭给奖，次来宾海军大臣萨镇冰、沪道刘观察、本县田大令、邮传部顾问福开森、江苏教育总会驻会书记沈信卿、余神父相继演说，教务长辜汤生致谢，次电机科毕业生代表孙宝鉴答辞、中学代表钱蕴辉答辞、小学代表沈学洪答辞,次电机科孙世芬英语演说,大旨谓:我辈当弗以出身虚名为念,须于社会上轰轰烈烈做一点事情,众皆拍掌。散会时,已鸣钟四下矣。

兹将毕业名次列下:

电机专科:孙世缵、孙宝鉴、邓世芬。中学:郑维藩等七十六名。小学最优等沈学洪等八名,优等王锡麟等二十五名,中等陈维岳等七名。

(《邮传部实业学堂毕业记事》,见《申报》1911年7月3日19版)

7月7日(六月十二日) 先生参加上海浦东中学五年级生毕业典礼。典礼上,先生为毕业生授予毕业证书并奖书物,又致训词,"援引古哲,以为今人规范,语极恳切"。

日昨午前十时,为浦东六里桥浦东中学校五年级生行毕业礼。(一)开会。(二)监督秦砚畦君报告。(三)教育总会会长唐蔚芝先生授证书并奖赠书物,后又致训词,援引古哲,以为今人规范,语极恳切。(四)毕业生题名开幕。(五)谒校主像。(六)师长训词,大致勉励各生毕业离校后,宜谨守校主杨公所宣告之救国主义,并当放开眼界,不沾沾于个人之利益,而以社会为主旨。盖杨公捐产立学,洵以社会为怀也。(七)毕业生答词。(八)毕业生述志愿。(九)南洋中学浦东学友会支会致祝词。(十)毕业生答词,略谓:吾浦东中学名义上虽有浦东二字,其实不以浦东为限。故来学者四方志士,类皆有之。犹之贵校以南洋名,而不以南洋人士为限也。今日辱承贲临,曷胜荣幸云云。(十一)来宾演说。杨心一君演述美国中学生未毕业以前,及既毕业以后之心理,并谓美国中学生往往于毕业后,愿先作一极小之事业,如苦工、店伙之类,渐次升进。次姚子梁、陆规亮、朱少屏君相继演说。(十二)监督答词。(十三)毕业生手植纪念。(十四)展览毕业成绩。(十五)散会。

(《浦东中学毕业纪盛》,见《申报》1911年7月8日第18版)

7月8日(六月十三日) 先生致电盛宣怀,告知上海高等实业学堂电机毕业生九人,经介绍将分别入电气总公司、美国芝加哥电气公司实习。因按常例,出洋诸生须至九、十月份方有缺额,电文中云:"可否请我公饬电政局,先借拨川装津贴费八千,俟日后额缺指抵。必不获已,或求商请那中堂赐拨留美津贴。"

上月胃电,未蒙赐复,甚悬念。本届电机毕业生十人,除胡寿颐、汪仁瑞二名别谋生计外,孙世缵、孙世芬、华荫薇经洋教员谢尔屯介绍,入美国电气总公司实习。其余钟锷、郎国桢、孙宝鉴、朱福颐、邓福培等五名,由教务长辜汤生偕同吴娃灵切商美国芝加哥电气公司,进该厂实习。照孙世缵等例,订明到厂后，每星期由该厂津贴每人美金十元，除放假等日扣除津贴外，每年每人约可得美金四百元。本部除照给川资、装费外，每年只须量加津贴。出洋诸生，虽至九、十月后方有缺额，然失此机会，深为可惜，且期限不过二年，回国适在宣统六年，本部扩充制造厂、试造各种电品材料机器之时，足备任使。惟预算既定，碍难溢出。可否请我公饬电政局，先借拨川装津贴费八千两，俟日后额缺指抵？必不获已，或求商请那中堂赐拨留美学费。诸祈鼎力成全，不胜切感。统祈钧裁电复。

[《上海唐蔚之侍郎来电（宣统三年六月十三日）》，见盛宣怀《愚斋存稿》卷七十八]

7月15日（六月二十日）　《申报》于第16版刊载《华兴改良木植有限公司招股公启章程》，先生为该章程赞成人之一。

7月16日（六月二十一日）　先生参加上海民立女中毕业典礼，并为毕业生授予毕业证书。

西门外民立女中学堂，于前日行本科毕业式，来宾共七百余人，颇极一时之盛。先由江苏教育总会会长唐蔚芝先生给凭，继由沪道刘观察、西儒李提摩太相继演说，末由毕业生及善初小学生表演学艺。闻该小学即毕业生平日所教授者，是日所演各节，均纯熟活泼，来宾无不击节。比散会时，已六下钟矣。

（《民立女中学举行毕业》，见《申报》1911年7月18日第19版）

7月18—19日（六月二十三—二十四日）　《申报》刊载《唐蔚之侍郎致中央教育会说帖》。此《说帖》的中心内容，是委托中央教育会副会长张元济在即将召开的中央教育会全体大会上，提出"目前教育事宜，应行改革提倡"的三条主张：一为停止实官奖励，二为变通考试章程，三为提倡军国民教育。

敬略者：窃文治接准学部咨，开"定六月二十日开中央教育会，届时即希莅会"等因。适以近体多病，目疾尤剧，未克赴都，深感学部殷殷垂询之意。敬将目前教育事宜，应行改革提倡者，条具说明，请副会长张君在贵会提议教正：

一、停止实官奖励。查科举未废以前，欲士人之趋向科学，则即以科举所得之职位诱之，此盖一时权宜之计。科举既停，专重科学。科学尚实，不宜诱之以虚荣。近三年以来，留学生之毕业回国，及国内高等以上毕业生，经学部考试而得实官者，岁不下千数百员。毕业奖励行之未及十年，而得官者之多，已浮于科举时代十余倍，若不急图改弦，窃恐倍数与年俱增，全国将患官满。无论无此政体，即其所得之官未必见用，用之又未必尽当其才，果能给千万人之求，以养其欲乎？势有所不能。上徒以虚荣相市，下即以虚荣相营，而学术人心乃有江河日下之势。其与实官相附丽者，莫如举贡廪增附之名称，此等阶级专为科举而设，今之毕业于学堂者，非由乡里推选，即无所谓举；国子监已裁，即无所谓贡；无廪给名额，即无所谓廪增附。而莫奇于中学毕业考列下等者，乃得优廪生之奖，既下等矣，优于何有？尤为名实相舛。似此无所关系之阶级，并不甚正确之名称，必当一律消除。其由各学堂毕业者，应请迅即另定学位章程，奏明颁发，庶几名正言顺。至量能授官，自有登庸考试之法在，与毕业本不相涉。明知文官考试转瞬实行，实官奖励必将停止。但可已速已，何待来年。奖励早停一日，国民趋向，早端一日，于教育前途，关系非浅鲜也。

二、变通考试章程。自实官奖励之制行，于是上之所以待士者，有慎重名器之思，而试法日益加密。士之所以自待者，有艳羡名器之想，而受试不厌其烦。究之，法愈密，弊愈滋；试愈烦，课愈旷，非特劳费已甚也。屡试不已，脑力之昏愈甚，觊幸之念愈深，而人才将消磨于无有。揆诸教育宗旨尚实之条，未免相反。查部章，毕业考试之前有学期考试。而各中学之毕业者，即须赴省覆试，三试相连，往往考至月余始能竣事。其才质庸劣者，不过敷衍钞袭；其力争上游者，劳精敝神，至以性命相博。幸而毕业，或已毕命，或成废弃。似此情形，以家寒而力求上进者为尤多，尤可痛悯。盖科学深邃，算理精微；且以中人读西书，科目繁多，事倍功半，断难以科举时之考试相提并论。文治愚见，曾拟裁去末一次学期考试，专以本期内平时积分为凭，无须再试，节经两次咨请学部变通办理。前准覆称：学期考试与毕业考试，性质迥殊，未能偏废。敝校至今仍循旧章。顾学期考试虽未可偏废，而毕业考试似又未尝不可变通。查泰西各学堂有分门毕业之法，在所授之科既毕，即于该学期内统核积分考分，定其等次，给以该科毕业文凭。我国中学以上似亦可采用其法。所有主要科目，某科授毕，即给以某科之凭。唯通习各科，统于末学期试毕后，核定分给。如患其琐碎，即将各科凭内之分数，填入部颁毕业文凭，量加变通，未尝不合式，而毕业考试即可省去矣。至高等学堂毕业后，应送学部覆试，中学毕业后应送提学使覆试，长途跋涉，劳民伤财，尤为上下交困之事。且查东西洋各国，并无此等例文，应请学部奏明停止此项覆试。各省学堂学生毕业后，应分别将试卷申送学部提学使覆核，如果及格，准予毕业，给以相当学位，仍不失中央集权之义。总之，试场时间少一日，即讲堂功课多一日，而学生不至以有用之精神，浪费诸无用之奔竞。庶与人才心术两有裨益。

三、提倡军国民教育。查学务纲要，各学堂兼习兵学条下云：中国素习，士不知兵,积弱之由,良非无故。揆诸三代学校兼习射御之意,实有不合。故凡中学以上,悉用兵式体操,并有教中队教练枪剑术、野外演习及兵学大意等语。定章之初,极意注重体育,原所以挽柔弱不振之风,而救从前文武分途之弊。谨案宪法大纲,臣民有当兵之义务。现距实行立宪,为期至迫,欲使全国人民克尽当兵义务,必先于学校教育趋重尚武主义。上年十二月间,陆军部会奏请明订军国民教育折内,称"京外普通各学堂课本规则,应请旨饬下学部,按照军国民教育宗旨特为编订"等因,业经奏准咨行在案。迩来时艰孔亟,文治读《左氏传》"民生不已,祸至无日"二语,辄为寒心。目下苏沪各商界尚能集合大团体,勤习打靶,冀以自卫卫国。学生为各界表率,若不作其忠勇之气,无以立强国本根。拟请学部奏请特颁谕旨,宣布军国民教育主义,并通饬高等小学及与同等之学堂一律注重兵式体操,将体操一科列为主课。其中学及与之同等以上之学堂,除东三省特准练习打靶外,其力能购备药弹者,应准其一体实行打靶。唯须恪遵本年三月初五日学部奏准之案,慎重将事,防闲已密,自无他虞,不宜因噎废食。此外高等小学以上之学堂有愿习拳术者,悉听其便,庶尚武精神不至徒托空言,而与奏定章程注重体育之本指先后相符矣。奏派邮传部上海高等实业学堂监督唐文治提议,请奏派学部中央教育会副会长张元济代表。

　　(《唐蔚之侍郎致中央教育会说帖》,见《申报》1911 年 7 月 18 日第 3 版及 7 月 19 日第 2、3 版,又《国风报》1911 年第 12 卷第 16 期)

7 月 24 日(六月二十九日)　先生致函盛宣怀。因原在邮传部上海高等实业学堂任教的金绍基辞职赴邮传部任职,先生请盛"务乞推爱,优加录用"。

　　杏公宫保老伯大人阁下:敬启者,本校电科教员金叔初贰尹(绍基),于光绪三十四年春到堂,本部附片奏调,奉准有案,留校襄理学务,瞬逾三年。平时热心教育,造就甚多,人亦干练,实为青年不可多得之才。现辞职赴部供差,在校多年,深资臂助。俟其趋敏崇阶时,务乞推爱,优加录用,勿感无既。专肃奉恳,敬请勋安。愚侄唐文治顿首。

　　(《唐文治致盛宣怀电》,见上海图书馆《盛宣怀档案》,? 年 6 月 29 日,档号 093290)

按:在上海图书馆《盛宣怀档案》(电子扫描件)的题录中,本函所署月日为六月二十九日而未署年份。函中称金绍基"于光绪三十四年(1908)春到堂",《交通大学校史资料选编》中所收《邮传部上海高等实业学堂教员一览表》亦记其到堂年月为"光绪三十四年一月"。函中又云"留校襄理学务,瞬逾三年",则三年以后应为

1911年。又林吕健主编《浙江民国人物大辞典》亦记金绍基"1911年在邮电部邮务总局任职",故将本函系于1911年,即本年中。

7月27日(闰六月初二日) 中央教育会第六次大会表决通过先生所提"停止奖励实官出身案"。

(1911年)7月27日(闰六月初二日),主持中央教育会第六次大会,讨论教育经费咨询案及唐文治所提"停止奖励实官出身案"。后者经表决通过,停止举贡等出身,另立学位章程(1911年8月2日《申报》)。"是日,张副会长极力维持秩序,故议决甚速。休息后议奖励案。沈信卿、陈叔通(敬第)、姚作霖(汉章)、汪衮甫(荣宝)等皆发言表赞成。以对于百三十八人之八十人起立,得通过"。"三时,审查军国民教育案毕"。(《黄炎培日记》第1卷,第6页)

(张人凤、柳和城编著《张元济年谱长编》)

8月8日(闰六月十四日) 先生致电盛宣怀,告以吴淞商船学校报考者多而取额极隘,拟开办宁波分校。

船校报名已二千余,取额极隘,日前浙江旅沪学会,请移拨吴绅作镇捐商舰公会银二万两,开办宁波分校,业经据情转咨在案。现闻吴绅在京,敬恳钧座切商拨款,并请其此后陆续捐款,以资永久。华侨子弟有愿入本校及船校读书者,当酌定名额,预备申送。佺为兴学起见,是否有当,统候钧裁示复。

(《上海唐蔚之侍郎来电(宣统三年六月十四日)》,见盛宣怀《愚斋存稿》卷七十九)

8月9日(闰六月十五日) 盛宣怀就开办商船学校宁波分校事作复先生。

宁波分校吴绅作镇捐银二万两,可敷开办两年,已咨复照办。正虑无以为继,尊意华侨子弟有愿入本校及船校读书者,当酌定名额,预备收送,不特推广兴学,且可藉以筹款,尤佩荩筹。闻爪哇新立学堂,正可查明,予以进步,请即将此意专文到部,似可奏明立案。吴如来京,当必商劝。

[《寄上海唐侍郎(宣统三年六月十五日)》,见盛宣怀《愚斋存稿》卷七十九]

8月(闰六月) 先生致函盛宣怀。此前,曾任南洋公学教习的朱树人,家境一贫如洗,张元济等二十人公请于上海高等实业学堂公款中,设法为其谋一常年补助费。先生乃就此事请示盛宣怀:"所请岁分若干,是否可行;抑或一次酌量补助,统祈卓裁,核夺示复。"

杏公宫保老伯大人阁下:敬启者,昨接张元济、白作霖、杨德森等廿人公函,内开"上海朱友芝孝廉树人,自丁酉春南洋公学开办师范院时,即已充当学长。其后续开外院,添招学生。维时风气初开,学堂教科书程序,知者尚少。

赖朱君以外国课本译出，更参以中国事实，随编随授，然后教者得有所取资，受者获其神益。德森等于学问粗有所窥见，自问得力于是时。嗣中院复开师范，诸同学有任教习者，每以不及兼学为憾，而朱君复于同学课余之暇，任授法文，作霖等亦尝从之游。旋遘目疾，西医戒以节劳静养，而编译如故，卒至失明。然犹兼任译事，以一人口诵使闻，经其语述而笔记之，其勤瘁之状，盖元济承乏公学时所亲见者。朱君家本寒素，人复澹泊寡营。壬癸之交，公学即改归商部，乃遂辞职，专为书肆译书。积六七年，得赀数千，将恃以为休老之计。不幸存庄被倒，遂至一无所遗，仰屋无方，日以嗟叹。同人等情难漠视，曾勾张让三直刺，商之毗陵官保，将于学校公款中设法为谋一常年补助费。嗣以权在邮部，毗陵不欲干涉，议乃中止。今幸毗陵适长邮部，此议当可复行。查教员退隐料，所以酬已往而励将来，各国皆有其例。我国新订优待小学教员章程，亦复参取其制。贵校经费宽裕，虽岁分若干，不见其绌，而于素尽力于斯校、失明无告之人，受惠实多"等因。查学部奏定优待小学教员章程第七条，凡教授一学堂已逾十五年，或罹疾病告退，应由该校支给八个月薪水，以酬劳绩。从前在校，虽曾教授法文，度亦为时无几。退隐料一层，似未便迁就。惟据称译书余资，存庄被倒，以致仰屋兴嗟，亦殊可悯。论其劭学敦品，早在我公洞鉴之中。所请岁分若干，是否可行；抑或一次酌量补助，统祈卓裁，核夺示覆为荷。专肃，敬请视安，诸维澄鉴不具。愚侄唐文治顿首。

（《唐文治致盛宣怀函》，见上海图书馆《盛宣怀档案》，宣统三年七月，1911年 8 月，档号 044862）

9 月 5 日（七月十三日）　先生就屠慰曾留学归国、接受"考验"事致电盛宣怀。

昨屠慰曾来见，当派教务长辜汤生、铁路科科长胡栋朝考验。据称屠生在美国大学毕业，得学士文凭，曾充浙路工程司，颇有经验等情，谨复。

［《上海唐蔚之侍郎来电（宣统三年七月十三日）》，见盛宣怀《愚斋存稿》卷八十一］

9 月 15 日（七月二十三日）　先生就吴淞商船学校招生录取事致电盛宣怀。

本届考试人数虽多，而合格甚少，实业校取一百零一名，船校取九十三名。船校本日开学，即上课。两校合计适得千人。蜀、桂等省尚有源源来者，拟插实业校中。谨奉闻。

［《上海唐蔚之侍郎来电（宣统三年七月二十三日）》，见盛宣怀《愚斋存稿》卷八十二］

9 月（七月）　由先生兼任校长的邮传部高等商船学堂（吴淞商船学校）开学。

因吴淞新校舍暂为江防军屯驻,故先仍在高等实业学堂船政科旧地上课。

新学校成立后,按照当时清政府的高等实业学堂章程有关分类规定,学校被命名为"邮传部高等商船学堂",1911 年 9 月开学。

(王杰、李宝民、邢繁辉等著《中国高等航海教育史略》)

但是吴淞新校舍暂为江防军屯驻,故邮传部高等商船学堂仍在船政科旧地上课。按照 1911 年学校招生简章的说法,"校址位于吴淞口炮台湾,现暂借高等实业学堂对门",就真实反映了这一状况。后来,吴淞校区建设因武昌起义而暂停,直到新的民国政府黎元洪副总统资助部分资金,"黎副总统,萨上将之及门弟子也,慨助巨金,难关得渡",吴淞校舍遂得落成。同年 9 月 22 日学校迁入吴淞炮台湾新校舍。

(王杰、李宝民、邢繁辉等著《中国高等航海教育史略》)

10 月 10 日(八月十九日) 武昌起义爆发,上海高等实业学堂学生积极响应。

八月,国变事起。初,川汉铁路国民欲收回自办,政府欲借款开办,令有违抗者格杀勿论,盖用盛宣怀之策也。于是人心大去。适两湖总督瑞澄穷治革命党,军人遂拥戴黎元洪起事,瑞澄逃亡。各省响应独立,遂议改共和政体。不及二月,已遍全国。满人良弼、凤山皆为党人炸弹所毙,其势岌岌不可终日。

(唐文治《茹经先生自订年谱·辛亥四十七岁》)

10 月 10 日(八月十九日) 武昌起义爆发,南方各省纷纷响应辛亥革命。消息传到学校,学生们热情高涨,密谋采取革命行动并组织义勇军。本校前师范班校友钮惕生领导的上海学生军,计划配合上海革命军攻打上海制造局。本校学生利用军训课用的枪弹占领了"李公祠",把李鸿章铜像推翻在地。学生们还为上海刚组建的革命军向各方募集军饷,支援革命。监督唐文治拥护革命,与张謇、伍廷芳等致电清摄政王,劝清帝自动退位,行共和体制。

[上海交通大学校史编纂委员会编《上海交通大学纪事(1896—2005)》]

按:据霍有光、顾利民编著《南洋公学—交通大学年谱》记,辛亥革命爆发以后,先生曾提出辞职,经学生挽留而止。

同日 先生致电邮传部,告知赴美实习之电机毕业生将不日启程。

咨谨悉。本届电机毕业生,六月间蒙本部准派出洋赴工厂实习,并已汇到川资,前与美公司订定于西十月进厂,不日起程。未能送京覆试,乞转咨学部。

[《上海唐侍郎文治来电(宣统三年八月十九日,致邮传部)》,见盛宣怀《愚斋存稿》卷八十六]

10 月 14 日(八月二十三日) 江苏教育总会召开第七次常年大会,先生仍当选为会长。

江苏教育总会于二十三日午前十时，开第七次常年会，蒋副会长主席。

一、会长报告：（甲）一年度收支款项（另有印刷品）。（乙）设常任调查员（见职员会报告）。（丙）调查事件。子、临时调查事件（一）句容县视学事；（二）六合县视学事；（三）江南高等商业学堂事；（四）长元吴教育会事；（五）镇江府中学堂事；（六）高邮教育会事；（七）兴化白驹镇诚意学堂事（均见文牍六编）。丑、常任调查员报告（第一次报告已分寄，第二次报告见文牍六编，续印分寄）。（丁）教育法令研究会之概要。子、拟订小学堂章程（印刷品已分寄）。丑、拟订小学堂章程施行细则（另有印刷品）。寅、拟订初级师范学堂课程表（另有印刷品）。（戊）开各属劝学所教育会联合会事（印刷品已分寄）。（己）开各省教育总会联合会事（印刷品已分寄）。（庚）本会受师范学堂联合会委托，附设总事务所并组织师范教育研究会事。（辛）组织私立龙华法政大学事（见文牍六编）。

二、修改章程。沈信卿君演述修改大意，依草案通过（修改章程另登）。十二时休憩，午后二时继续开会。选举会长，唐蔚芝先生仍最多数当选。次选举副会长，张季直、蒋季和二先生仍最多数当选。次选举干事员沈恩孚等二十八人。沈信卿君于开票前声明，驻会办事已历三年，照会章得自行辞职，请另推驻办员，众未允。开票后，沈君复申前说，经会员解释条文，讨论许久，仍未允辞。

会长分配职务如下：

经济部：吴馨、朱寿朋、许鼎霖、仇继恒、吴本善、方还。调查部：黄炎培、夏仁瑞、濮祁、费元煜、吴涑、蒋凤梧、张汝芹、陆瑞清、仇采、徐之澄、章慰高、汪秉忠。普通部：杨保恒、贾丰臻。专门部：田北湖、史家修。庶务部书记：沈恩孚（驻会）、杨天骥。庶务部会计：姚文枬、龚杰。庶务部招待：朱葆康、孙□庚。

蒋会长宣布提议，委托东西洋留学生调查事件，赞成者多数。顾花岩君起述意见，请添设常任调查员，会长谓此关系经济问题，俟调制预算表后，经职员会议决。众赞成。沈信卿君复起述意见：将来地方学务，照学部新章，学务专员应办之事多，劝学员长代办之事少，凡自治职成立之处，务须从速公推学务专员，规划本区域之教育事务。从前劝学员长为地方所推重者，即可由议事会公推为学务专员，以实行会中前此通告之意云云。众皆首肯，遂由会长宣告散会。

《江苏教育总会大会记事》，见《申报》1911 年 10 月 15 日第 18 版）

10 月 27 日（九月初六日）　电政总局就上海高等实业学堂在该局存款之余额事致函先生。

电政局来文(辛亥年九月初六日)

电政总局为呈解事:案奉宪台咨开"照得本堂存放贵局银三万两,向系按年取息。现因时艰孔亟,本部拨款不易,而本校逐日用款浩繁,竟有嗷嗷待哺之势。拟向贵局存款内提取银二万两,以应急需。惟查上海银根奇紧,谅贵局亦复为难,拟于两星期内分两次提取,每次取银一万两,庶本校可资挹注,而贵局亦易于应付。至提款二万两之息银,并望先行算结,以请款目"等因,奉此。查高等事业学堂存放职局之款,计规银三万两,常年一分起,息银太重,电局赔耗甚多。兹奉宪台提取,应即将存放之规银三万两,全数归还;并应将本年正月至八月息银两千两一并算付,以清款目。惟查高等实业学堂经费,向由职局垫付,结至宣统元年八月分止,计垫银三万七千两;又洋三千四百元,按照本日银元市价,折合规银二千七百八十八两,共计垫银三万九千七百八十八两。宣统二年五月间,招商局解到元年津贴银二万两,除将该款列收归垫外,净欠职局代垫经费一万九千七百八十八两,此项垫款为数甚巨,而招商局二年分津贴又复迟迟不解,无可抵还。职局近日用款,因军务紧急,支付浩繁,所有代垫之经费银一万九千七百八十八两,即在归还存款内如数抵扣,以清互欠。两相划抵,职局计应找还高等实业学堂规银一万二千二百十二两。电局款项,悉存在上海交通银行,谨送呈该银行支票二纸,计规银一万二千二百十二两,恳请查收示覆,实为公便。除禀报邮传部备案外,为此备由具呈,伏乞照验施行,须至呈者。

(《电政总局呈唐文治文》,见上海图书馆《盛宣怀档案》,宣统三年九月初六日,1911年10月27日,档号059558-1)

10月30日(九月初九日) 因辛亥革命对局势的影响,先生"特定临时规则,令各级学生入夜后即各归卧室,不得声张。一面由教员等组织侦探队,于学堂附近及制造局、龙华寺一带,往来梭巡,如有警信,随时报告,以免纷扰,而安众心"。

英美工部局昨复发出镇定人心告示一道,照录于下:照得鄂省乱起,上海英美界内谣言流传,致碍商务。本埠为各国通商总汇之区,以保守治安为第一要义。本局正在防备一切,力守本埠平安。如有人以扰乱哄闹为尝试者,立即拿办。兹劝本埠商民,尤望近时来沪侨居人等,勿得轻信谣言,合行出示晓谕,仰居民人等一体知悉,务各照常安业,勿再轻听谣传,稍涉张皇,致扰市面,其各遵照。特示。沪上著名各学堂,日来均接有邮信,略谓革军将于初九夜起事,约为接应,占据某某等局所云云。昨日南洋公学监督唐蔚之侍郎,以风声日恶,特定临时规则,令各级学生入夜后即各归卧室,不得声张。一面由教员等组织侦探队,于学堂附近及制造局、龙华寺一带,往来梭巡,如有警信,随时报告,以免纷扰,而安众心。闻全堂学生已有大半散出矣。

(《鄂乱影响》,见《申报》1911年10月31日第18版)

10月(九月)　先生于无锡西溪的新屋落成。屋之东北为家祠,先生将先人遗书及外祖父胡汝直手泽都藏其中。

九月,在无锡西溪建筑新屋落成。其地本为周君舜卿所有,余以三千金购得之。三月间动工,并建家祠一幢于屋之东北。至是工竣,吾父因乱事方殷,仍居上海。

(唐文治《茹经先生自订年谱·辛亥四十七岁》)

1903年至1906年间,唐先生供职满清政府,从商部右丞做到署理尚书,父亲唐若钦老塾师,性喜水乡山林,对无锡风光极为欣赏,有终老之意。偶为无锡民族工商业家周舜卿所知,便主动赠予前西溪宅基地一块,面积约十余亩。唐先生孝顺父意,愿购此地基筑室寓居,但绝不接受馈赠。1909年左右,唐先生送上地价,周氏原款璧还,往返几次,如《镜花缘》中之君子交易。直到周氏去世,唐先生向其长子周肇甫表明:"礼义廉耻,国之四维,四维不张,国乃灭亡。我一向清廉自守,令尊厚赠使我感激,但我不能有损节操,望能见谅。"结果周家终于收银圆三千元,了却唐先生心愿。

　　　　　　　　　　

此前前西溪已成断头河浜,不通城中直河。唐宅居河浜中段,宅第北延之后西溪,东与严毓芬宅相邻,西面有些零星民居。交通尚称方便,是市区闹中取静的地块。

经唐先生亲自擘划,四周筑墙,中部建堂,前后建园……大门南向,平时关闭,从旁门出入。门房一间,司阍兼任花匠杂役。后有鸽舍如水塔,蓄鸽子数十只,飞翔空中,昼出晚归。主建筑行素堂两层,木结构,自成院落,形似四合院、转盘楼。大厅五开间,堂匾为黎元洪手书,桌椅、茶几与一般厅堂相同,并设一米见方之书柜六只,内贮经史子集,异于常规。厅上铺方砖,楼上楼下居室敷广漆木地板,皆有外廊转通。后面院子植梨树两棵,秋天硕果累累。最后平房七间为下房。

(于芷《唐文治故居轶事》)

宣统三年辛亥春,文治将建新屋于无锡之西溪。吾父命之曰:"君子将营官室,宗庙为先。吾家世素寒,祠宇未就,汝宜先建家祠,以展春秋祀事。"文治谨受命,谨建祠两楹于屋之左偏,北上南向。敬将先人遗书都藏其中。

(唐文治《家祠藏书谨志》,见《茹经堂文集初编》卷五)

壬子岁,家祠成,既钩刻公(按:指胡汝直)所书楹联,悬诸祠中;并将手泽附藏于吾祖遗书之右。

（唐文治《外祖古愚胡公手迹谨志》，见《茹经堂文集初编》卷五）

11月初（九月中旬）　先生于上海高等实业学堂及吴淞商船学校两校倡设学团，并订立有关章程。

邮传部高等实业学堂唐监督闻各处绅士有电饬各府中学以上统办学团之议，爰于实业、商船两校倡设学团，并请该校体操教员魏旭东君为团长，庶务、斋务长陆勤之、陆规亮两君为总干事员。兹将章程抄录如左：

《学团编制简章》

一、本团以本校学生志愿入团者组织而成。

一、本团为实习军国民教育地步，以练各生胆识勇气为宗旨。

一、本团分甲乙两队：甲、常备队。（一）组织法：队分三排，排分三棚，棚有十四人（共一百二十六人）。（二）职员：队长一人，排长三人，司务长一人，司书生一人，吹号二人。（三）职务：平时守卫值更（昼一棚为限，夜两棚为限，轮班更替），闻号立时齐集。乙、豫备队。不限班数，常备队出发时，有代理常备之责。

一、全队操练时间：午前七时半至八时半，午后三时至四时。

一、本团成立之后，一律常服操衣。团长魏旭东君，总干事员陆勤之、陆规亮两君。

（《上海学生团之发轫》，见《申报》1911年11月4日第18版）

11月6日（九月十六日）　下午四时，在辛亥革命高潮中，先生于上海高等实业学堂大礼堂召开全校大会，宣布学校自即日起改名为中国南洋大学堂（或称南洋大学），并号召师生"当知以维持学堂之毅力维持中国，将来须成为中国第一大学，校旗所到之地，即中国国旗所到之地"。

本月十六日为本埠徐家汇中国南洋大学堂开幕之第一日，下午四句钟，在大会堂开全校大会。首由唐蔚芝监督宣布开会宗旨，约分五端：（一）本校自今日起，改名中国南洋大学堂，诸生当知以维持学堂之毅力维持中国（鼓掌），将来须成为中国第一大学（鼓掌），校旗所到之地，即中国国旗所到之地（鼓掌）。（二）维持本校之道，首重经费。经费不外开源、节流二法。节流之法，诸生代表朱宝绶、谢尹等所陈减膳、减薪二事，均可照办。开源之法，鄙人当竭力筹划。（三）本校仿照泰西大学堂制度，不再设教务、斋务、庶务三长，以免隔阂（鼓掌）。教务之事，分科由科长担任，斋务事由监学担任，庶务长可改为庶务员。（四）本校学团须用枪子，已设法购领。（五）剪发一事，鄙人深表同情，明日鄙人亦即剪发（鼓掌）。从今日后，鄙人有四语为诸生勉，曰：固结团体,保守秩序,提倡风气,咸与维新(鼓掌)。次教员李颂侯君演说,谓：本校既改名为大学,(一)须通告已经独立各省(鼓掌);(一)须通告留学外洋之本校旧同学;(一)须登报广告海内学界(鼓掌)。次由学生黄理中君演说,谓：本校业经独立监督,由全体举定,请举唐先生为中国南洋大学堂监督,赞成者起立。全体起立。次提议本校须添法政经济学等科,以符大学制度(鼓掌)。次学生谢尹君演说,略谓：大学在实不在名,诸同学当各奋发,以求名副其实(鼓掌)。次由学生周盘君提议徽章,请各班绘图选择,众赞成(鼓掌)。次学生文之孝君演说,谓：本校挂国旗一事,极为光明磊落。以后诸同学,事事须求光明磊落(鼓掌)。次学生谭作民君演说,谓：唐先生为中国学界革命之第一人,本校改革即为全国学校改革之机(鼓掌)。次学生叶鸣珂君演说,谓：本校从前章程为高等实业学堂之章程,以后须另行组织中国南洋大学堂之章程(鼓掌)。次学生陈郁璠君演说,谓：科学外,须注重体育,保存中国,庶可以维持学堂。今日在校诸同学,宜习练折冲御侮之方(鼓掌)。次复由学生黄理中君演说,谓：本校斋务长陆规亮先生,昨由全体攻击,公举代表谒见唐监督,请其即日辞退,已蒙允准。可见本校上下同心,以后永除隔阂,云云(鼓掌)。演毕已近六句钟,会堂之上,电灯齐开,光明如昼,遂大呼"中国万岁""南洋大学万岁"而散。

（《中国南洋大学堂开幕大会记》,见《申报》1911 年 11 月 8 日第 19、20 版）

11 月 7 日(九月十七日)　晨,南洋大学堂全校教职员和学生举行剪发大会,自先生以下,同时剪发,无一留者。

南洋公学(现改中国南洋大学)职员学生,于昨晨开剪发大会,自唐监督蔚之以下,同时剪发,无一留者。并在会场议定：独立一团有民政长,有司令部,有敢死队,以李公祠为办事处,祠内李文忠铜像,周身裹以白布云。

（《革命声中之南洋大学》,见《申报》1911 年 11 月 10 日第 19 版）

(宣统三年九月)十七日……唐文治行剪发令于邮传部实业学堂,遂改本校为南洋大学。

（王保譿《小溪山农日记》）

(宣统三年十月)十六日……闻唐文治之剪发也,先于南向设一香案,中奉慈溪[禧]太后暨德宗皇帝神位,旁设庆亲王及振贝子生位,仍服本朝衣冠,行三跪九叩首礼毕,除去衣冠,一并掷地,命仆人拾坚硬黄转一块,将红顶敲为粉碎,曰"与君长别"。然后撤去香案,自取黄麻子剪刀,牙关一咬,将发辫一剪而下,交厨役曰："接豚尾上。"

（王保譿《小溪山农日记》）

11 月 9 日（九月十九日）　　原清政府邮传部尚有办学经费一万元汇至上海银行，先生即派人前往将其取出。

南洋学堂不能开办，会贼党改历，唐文治随以年假遣散学生。闻学生有以学费已缴至年底，向文治算还一月饭钱者。有自文治校中回者，述及九月十九日邮传部尚有经费洋一万元汇至上海银行，一面电告唐文治，令其收取。文治立遣心腹人陆某，持电报至银行，坐索二日，乃得领归。有此，故得支持五十余天。

（王保諟《小溪山农日记》）

11 月 11 日（九月二十一日）　　先生等致电，请求宣统皇帝及摄政王载沣退位。

庄君思缄来，出示伍廷芳等电稿，请求皇上逊位，邀余列名。余叹曰："人才不用，国运尽矣。欲保全皇室，不得不出于此。"遂附名焉。后王师深咎余，以为不应列名；沈子封师亦深以为非，见于辞色。后数月，俄国革命，俄王尼可来不从，为国人枪毙。孤臣耿耿之心，当可白于天下后世矣。

（唐文治《茹经先生自订年谱·辛亥四十七岁》）

伍廷芳等电请摄政王逊位，文云：

北京摄政王殿下：川鄂事起，罪己之诏甫颁，杀人之祸愈烈。以致旬日之内，望风离异者十有余省。大势所在，非共和无以免生灵之涂炭，保满汉之和平。国民心理既同，外人之有识者议论，亦无异致。是君主立宪政体，断难兼容于此后之中国。为皇上、殿下计，正宜以尧舜自待，为天下得人。倘行幡然改悟，共赞共和，以世界文明公恕之道待国民，国民必能以安富尊荣之礼报皇室，不特为安全满旗而已。否则战祸蔓延，积毒弥甚，北军既惨无人理，大位又岂能独存？廷芳等不忍坐观，敢为最后之忠告，声嘶泪竭，他无可言。伍廷芳、张謇、唐文治、温宗尧叩。马。

（《今日可怜之京师》，见《申报》1911 年 11 月 14 日第 6 版）

按：又据《申报》1911 年 11 月 13 日第 3 版《专电》载："内阁接上海伍廷芳、唐文治、张謇、温宗尧等来电，请摄政王逊位，改立共和政体，以息战祸。内阁未敢入奏。"

又按：此电收入《伍廷芳集》，题作《奏请监国赞成共和文》。《申报》载此电末署"马"，韵目中的马日为旧历二十一日；《伍廷芳集》所载此电末署"九月二十二日"，录以备考。

（宣统三年九月）二十三日。阅报，见伍廷芳、张謇、唐文治、温宗尧电摄政王书，大略请其速行逊位，俾共和早成，以复唐虞之治云。噫！伍、张、温三人本不足责，若文治，则素以理学文章持身教人，而丧心病狂，一旦至此，岂人心固不可测度，抑天既厌我周德，故使士夫气节一扫而空耶？可痛可痛！

（王保谳《小溪山农日记》）

　　辛亥革命爆发了，多时没有到校的庄蕴宽出现在唐监督面前。他拿出伍廷芳等请末代皇帝溥仪退位的电报稿，请老朋友表态。唐先生提起笔，在电报稿上写上了自己的姓名，然后朝衣朝冠向北三跪九叩首（这是他对小皇帝的最后一次君臣大礼），然后除去冠戴，换了便服，说道："君臣之义，尽于此矣！"……陆景周先生在讲辛亥旧事时，转述他哥哥的话说："唐校长不是要庄思缄来处理日常校务工作的，'光复'了，学校保全了，就没有他的事了。唐校长欣然命笔，签名于电报稿，我事先没有估计到。唐校长是善于处大事的。"……唐先生是朝廷命官，平日又讲究理学，上述的大动作，难怪陆勤之没有估计到，连他最敬重的业师王祖畲（字紫翔）也责备他，认为不应签名；会试的房师沈曾桐（字子封，沈子培的弟弟）也责备他；沈子培虽然没有面责，但对此事也表示过不满……教职员对于唐校长的"大动作"绝大多数是拥护的，有极少数人心里并不满意。陆景周先生曾说，他的太仓同乡中（他没有说姓名，可能还是唐门弟子），还有人说校长是"圣之'时'者也"。少数学生思想保守，落后于老师，也是不足为奇的。在引进外国的科学技术方面，在向他学经学、学古文的学生中，就有好几个思想远远落后于唐老师。

（黄汉文《记唐文治先生》）

　　按：上文说"唐先生是朝廷命官，平日又讲究理学，上述的大动作，难怪陆勤之没有估计到，连他最敬重的业师王祖畲（字紫翔）也责备他，认为不应签名"。王祖畲指责先生的言论今已不得见，而上引《小溪山农日记》的作者王保谳（字慧言）是王祖畲之子。先生在《王君慧言家传》中曾说："文治受师恩最厚，顾视君（指王保谳）犹弟，君亦待余犹兄。"但在辛亥革命前后一段时期，王祖畲、王保谳父子都是持保皇保守、敌视革命的立场，所以王保谳在这一时期的日记中对先生的举动深为不满。后来王保谳与先生还是保持了颇为密切的关系，如两人一起编辑王祖畲遗集，后又应先生之邀，到无锡国专任职，见本书相关各年事中。

　　11 月 12 日（九月二十二日） 《申报》刊载《唐蔚之等上沪军都督府书》，先生等十三人联名上书沪军都督府，对上海光复后巩固革命成果、发展当前形势提出一系列建议。

　　沪军都督府公鉴：上海恢复以后，苏、镇响应，全省光复在指顾之间，额手欢忭，曷有既极？上海为东南巨埠，特设都督府以应今日情势，文治等实深佩仰。目前注重之点，自以军事为首，而招募新军与抚收降军二者，尤不可偏废。

但招募新军,必先揆度财政之盈绌,今裁汰厘金,蠲免地丁,其余能收之款约有几何?军饷官俸以及办公经费是否敷用?设或不敷,应设何法筹济?此宜先事布置者也。前经归顺之兵舰,今日忽卸下白旗,闻系无人照料之故。夫兵舰之归顺,以缺乏米煤;归顺以后,仍不足拯其困苦。在新政府事机繁重,不免偶有遗漏,而受者已心有所不乐,此宜特派妥员,专司抚慰者也。前上海道遗留公款,应由新政府派员接收,惟刘燕翼如何看守?税关洋员如何交涉?此非上海一隅之关系,又宜熟思审虑者也。制造局为东南各省军事上之命脉,江苏接壤豫、鲁,随在皆须扼守,下至全闽、两浙,捍御防范,莫不需用军械,而此项军械,舍上海制造局将何所取?似宜统计存留各项军械细数,并预算每日造出之数,输送各地,如何分成支配,方足以期普遍,而免临时应付之竭蹶。至旧时办事人员,尤宜善为招用,以收驾轻就熟之功。似可登报招徕,指定时刻、地址,听人自来投报,此又宜格外注意者也。电报为交通要政,必期传递便捷,方足以应急需,似宜切实整理,实行监督。至局长一席,尤须仍旧,以资熟手。且电报沪局为一埠之事,而电政总局乃全国电政之总机关,若仅注意沪局,犹是舍本逐末之计,应格外注意于电政总局,此宜及早规画者也。交涉一端,上海为全国之总汇,闻曾公推伍秩庸先生为中华民国外交总长,文治等同庆得人,以谓此重要之位置,必如伍君之中外素深景仰者,方足以胜任愉快。今宜指定洋务局为办理全国交涉之所,此宜迅速布置者也。文治等又有言者,值兹大局尚未全定,军事计划自必特别注重,因以上海为重镇。若夫其他行政事宜,尽可统全省为一致。今苏垣恢复后,各军队及各属士民公推程都督主持一切,诚足以副全省之望。文治等深知程都督热心国事,锐意改革,旧日各督抚无可与之并立者。上海亦苏省之一部分,若行政亦经分立,殊与全省统一有碍,拟请从长计议。以上各节,务恳逐项详赐答复,如须面谈,请即约定时刻、地点,以便酌推数人趋聆麈教。文治等爱仰新政府之心至深极切,苟有一得之见,不敢网诸左右,惟祈察照为幸。至南京恢复、全省肃清之后,宜如何联合组织,容俟别陈。专肃,祗请公安。唐文治、刘树森、雷奋、赵凤昌、庄蕴宽、黄炎培、姚文楠、李联珪、龚杰、陆文麓、杨思湛、沈恩孚、杨廷栋同启。

　　(《唐蔚之等上沪军都督府书》,见《申报》1911 年 11 月 12 日第 18 版)

11 月 13 日(九月二十三日)　先生被推为江苏省代表,参与议定《组织全国会议团通告书稿》。

　　自武汉事起,各省响应,共和政治,已为全国舆论所公认。然事必有所取,则功乃易于观成。美利坚合众之制度,当为吾国他日之模范。美之建国,其初各部颇起争端，外揭合众之帜，内伏涣散之机。其所以苦战八年，卒收最后之成功者，赖十三州会议总机关有统一进行、维持秩序之力也。考其第一、二次会议，均仅以襄助各州议会为宗旨。至第三次会议，始能确定国会长治久安，是亦历史必经之阶级。吾国上海一埠，为中外耳目所寄，又为交通便利、不受兵祸之地，急宜仿照第一次会议方法，于上海设立临时会议机关，磋商对内对外妥善之方法，以期保疆土之统一，复人道之和平。务请各省举派代表，迅即莅沪集议，盼切盼切。集议方法及提议大纲如下：

甲、集议之方法

一、通告各省旧时咨议局举代表一人常驻上海。

一、通告各省现时都督府派代表一人常驻上海。

一、有两省以上代表到沪，即先行开议，续到者随到随议。

乙、会议之要件

一、公认外交代表。

一、对于军事进行之联络方法。

一、对于清皇室之处置。

发起人

鄂	樊云门	湘	宋渔父	陕	于右任
晋		赣	夏剑丞	苏	唐蔚之
苏	张季直	苏	赵竹君	苏	庄思缄
浙	汤寿潜	浙	张鞠生	浙	姚梧冈
皖	江易园	闽	高梦旦	粤	伍秩庸
粤	温钦甫	桂		黔	汤寿彤
蜀	程雪楼	豫	王搏沙		

[《组织全国会议团通告书稿》，见《辛亥革命在上海史料选辑》（增订版）]

11 月 16 日（九月二十六日）　《申报》刊载《沪军都督复唐蔚之书》。沪军都督陈其美在文中对先生等人之意见表示感谢，并对先生等所提各点一一作答。

文治先生及诸位先生大鉴：来示敬悉。军务倥偬，稍稽裁答，无任歉仄。其美一书生耳，凤惧中国危亡，迫于呼吸，非从根本解决，立宪前途必归泡影，不得已而出于破坏。薪胆数年，稍稍就绪。伏我祖黄帝之灵，武昌一战，海内从风。本军政府命其美收回上海，诸君不谅，以沪军都督见推，辞不获命，只得勉为其难。受任以来，北伐南征，力图进行，废食忘寝，日不暇给，故布置内政暂时均责成民政部长。深蒙不弃，殷殷垂询，今请为诸公约略陈之。饷项为军事最重之点,除现由财政部筹济外,拟迅设中华银行,放募军用公债。前经归顺之各兵舰,已派专员毛仲芳管理,并照给兵饷。前刘道正在办理交涉之中。各关洋员暂守中立,俟北京光复,一体由我接管。江南制造局旧时人员一无更动。至盘查军械、赶造新枪,均托民政长李君办理。电报沪局及电政总局业已收归。苏省敉平后,民政各事自以由程都督统辖为宜。惟应今日之情势,驻沪各军不能不有所统摄,故敝处专注重于进取事宜,一面拟邀各省同志代表联合来沪,组织临时议会。久仰诸公学问政见,卓立人间,不妨借贵会为议事区所。胚胎共和,端资贤哲,伏维诸公,其共图之。军事旁午,书不尽言,仍恳随时见教,匡我不逮,其美幸甚。

(《沪军都督复唐蔚之书》,见《申报》1911 年 11 月 16 日第 18 版)

11 月(九月) 上海高等实业学堂教务长辜鸿铭辞职。此前,辜鸿铭在《字林西报》上著文,诋毁革命,引起学生强烈愤慨,向他提出抗议,并要他在《字林西报》上公开认错。辜鸿铭不同意,与学生一起面见先生声辩。先生表示此乃潮流所趋,辜只得辞职。

辛亥八月,革命军在武昌起义的消息传到上海,我校同学很为兴奋,密谋响应,辜先生不以为然,为文投《字林西报》,指革命军为叛徒,喻之为身体上之毒瘤,必须立刻割治,迟则蔓延全身,不可救药。结论是革命不成功,天下将大乱,足以引起列强瓜分中国之惨祸,将来求如印度人,做一国的奴隶,亦不可得云云。此文登出后,舆论大哗,上海革命党人致书本校全体同学,要求我们表示意见,赞成革命,否则将以炸弹相赠。同学们于是商定,每班推派代表二人往见辜先生,请他去函《字林西报》,并声明这是他个人的意见,绝对不是本校全体员生的意见。结果反被辜先生申饬一番,他说:"我本来是用辜汤生个人名义发表的,用不着再去声明,你们连言论自由都不懂,还谈什么革命。"相持许久,遂同代表们往见监督唐文治先生,请求表示意见,不料唐先生答道:"这是潮流所趋,我也无法阻止。"辜先生听到以后,一怒而去,从此不来了。

(朱善培《交大掌故》,见《老交大的故事》)

及辛亥革命军起,南洋大学组织学生军,将驻于李公(李鸿章)祠。众在大礼堂议事,先生(按:指辜鸿铭)长衣马褂,垂辫从容,在大众中,高举其手而骂曰:"尔辈谋反,吾不能从贼。我生为大清之忠臣,死为大清之义鬼。不图国家兴学养士,结果乃尔。"遂发愤登车而去。同学瞠目而视,不作一言。盖既爱良师,又恨先生之反革命。

(陈柱《忆辜鸿铭先生》)

同月　上海军政府组成"南洋募饷队"，前往南洋各埠劝募公债及招集中华银行股款，先生为此特致函新加坡华侨佘勉然，请其解囊，并向各埠侨商劝募。

勉然仁兄大人阁下：壬寅岁赴英贺加冕礼，道经新加坡，备承盛意款待，优礼有加，至今盛荷。韶光荏苒，瞬已十年，辰维鼎祉凝厘，升阶集祜，翘詹乔采，式协颂忱。敬有启者：中国父老苦专制久矣，实业不能兴，商民不能庇，国势不能强，每举一事，动辄掣肘。地方官复肆其虐焰，以临百姓，民气怨毒，上通于天。而吾同胞之侨居外埠者，亦遂为外人所蔑视，凌侮不堪。不思所以改革之，四万万生民，将同归于尽。本年八月，武汉民军起事，持共和主义，倡立中华民国。不及一月，响应者十五省，报章登载，海外同胞所共见共闻。现在甫[南]京已下，大局粗定，组织临时政府，选举大元帅，略已就绪，正在联合各省，统兵援鄂，急图进行。惟是大兵云集之时，断以筹款购械为先务，北京政府方借某国某国之款，购精坚之利器，以残杀我国民，是不啻以同胞杀同胞，而吾同胞徒以血肉之躯当此猛烈之器，可痛孰甚焉。况此次改革，若再不能达目的，此后子孙永堕黑暗狱中，其可痛更孰甚焉。昨在上海特开大会，由诸同人相继演说，均谓今日时局万分危急，吾辈须坚持铁血主义。血则万众一心，可以立致；铁则须集巨款，当求助于吾海外之同胞。且古来有有形之革命，有无形之革命。有形革命，血战是也；无形革命，筹款是也。内地诸同人欢呼响应，公举沈缦云君驰赴南洋筹集饷款。窃意吾兄热心中国，素所钦佩，且声望所孚，播及遐迩。务祈慨解仁囊，立集巨资，并祈转向各埠殷实侨商，广为劝募，庶几厚集军需，全功克竟，不独造福于吾祖国者功德无涯，即海外诸同志所以垂荣名于外埠者，亦永无既极矣。专肃奉恳，敬请勋安。愚弟唐文治顿首。

敬再启者：近由上海诸同人组织中华银行，业已开办，并因军需急迫，发售公债票，拟就招股及购票章程一并附呈，敬祈酌认银行股份，兼购债票。海外各侨商处，并乞广为劝募，多多益善，不胜纫盼之至。再请台安。弟又启。

（唐文治《致佘勉然为上海军政府募捐函》，见孙芸荪《辛亥革命时期上海中华银行的资料》）

按：王桐荪等选注《唐文治文选》中亦收录此文，并在"本篇介绍"中交代相关背景曰："武昌起义成功后，上海光复，组织沪军都督府，公举陈其美（英士）为都督，沈缦云（懋昭）为财政总长，李平书为民政总长。为解决财政问题，由军政府筹办中华银行，作为经济枢纽，并向海外侨胞募款，以应付军需饷款。派沈缦云亲赴南洋募集。本函即系介绍沈缦云往访新加坡华侨佘勉然，请其解囊输将，并向各埠侨商劝募。后沈因沪上策划财政，事务殷繁，不能远离，改由庄希泉率队前往……作者门人王蘧常教授曾有诗纪其事。《题唐茹经师遗札》七绝二首:'廿年翠墨尚如新,念念苍生泣鬼神。一姓岂容私社稷,权量轻重见公真。'一疏风雷请逊荒(按:指作者辛亥岁电清帝退位事),掷冠再拜泪沾裳。小儒谁识当时意,撼树蚍蜉总可伤(按:指当年清室遗老指责唐氏事)。'"

又按:据孙芸苏《辛亥革命时期上海中华银行的资料》一文引庄希泉致沈缦云函,"南洋募饷队"于11月下旬抵达新加坡,则先生致佘勉然信当作于此前不久。

12月2日(十月十二日) 先生等致电江浙联军总司令徐绍桢等,祝贺南京光复。

南京徐总司令、镇军林都督、浙军朱司令、苏军刘司令、沪军洪司令、济军黎统领、江阴各军均鉴:南京光复,赖诸公指挥之劳,将士用命之力,东南大局,从此敉平。谨祝联军万岁!中华民国万岁!章炳麟、宋教仁、黄兴、程德全、陈其美、汤寿潜、张謇、唐文治、伍廷芳、赵凤昌、温宗尧、虞和德、李钟珏、朱佩珍、王震、于佑任、范鸿仙、郑赞成。文。印。

(《公电》,见《申报》1911年12月3日第4版)

按:在代日韵目中,"文"为十二日。

12月14日(十月二十四日) 《申报》第6版刊载《中华民国联合会章程》,先生为该会"创办员"之一。

按:中华民国联合会是民国初年成立的政治团体。辛亥革命后,同盟会内部矛盾和分裂加剧。一部分同盟会成员,特别是光复会的主要人物章太炎,以为清政府已倒台、中华民国成立,革命已告成大功,对同盟会由原兴中会一派控制的局面十分不满。1912年1月3日孙中山就任临时大总统的第三天,章太炎即宣布脱离同盟会,与立宪派、旧官僚联合,在上海组织中华民国联合会。章自任会长,以程德全为副会长,并推张謇为特务干事。

12月15日(十月二十五日) 先生呈文江苏都督程德全,要求更改校名并刊刻关防。

1911年12月15日,唐文治呈文江苏省都督程德全,要求批准更改校名并刊刻关防。陈述:

本学堂原系高等实业学堂,隶属邮传部,自本年十月起,已宣布更名为南洋大学堂,监督改为校长。急需关防,以昭信守,特备文请贵都督刊刻本学堂关防一颗,颁发到校,以便铃用。[《呈文江苏都督府要求刊刻关防》(1911年12月15日),西交档:1843,卷名《关于学校改变名称、关防等件》(1911)]

[王宗光主编《上海交通大学校史》(第二卷 1905—1921)]

12月(十月) 先生等人发起组织共和统一会,并于12月22—24日(十一月初三一初五日）在《申报》等报章刊发《共和统一会意见书》，提出实现统一七项措施：
"概以言之，即设一共和政治进行时代有力之枢机，而即成一巩固健全之大共和国家者，此本会唯一之天职也。"

　　盖大乱之极，必盾之以持繁理乱之术，而后得粗维大局，不致分离迸裂之患，此不可不亟亟注意者也。当其偃伏专制政体之下，为淫虐积威所钤制，重足侧目，屏息潜声，患在不能紊乱其秩序。及诛伐既起，海内骚动，脱离羁绊，民权骤伸，独立自治之声盈耳，人皆自由，家可平等，横生怒发，樊然并起，斯既不患不能紊乱，而患在不能为秩序之恢复矣。夫居今日之世界，尚不能为无政府，愚者盖知也。一紊不复，其或久乱不治；纷扰相寻，必致陷于无政府之状态，是共和改造时代之殷忧巨患也。夫吾民之所以断脰裁胸、丧元血战，不惜极神州为大墓，偕行偕作，同穴共尽，续法兰西、美利坚人历史上之磷火者，岂非为高尚圆满、优美健全之政治而然也邪？盖愤旧政府之不良、政体之不善、积弱积侮之偪拶、内忧外患之交侵、历年改革之无成、旧政府之无望，与其横暴顽强，不可理喻，而危亡情急，迫不皇待，始群谋众策，不得不起而应时代之要求，冀出一大扰乱，以控诉于弹丸，解决于炮火，夺以自为，取而自代。则革命战争之为扑灭不良政府，继受其政权，以代负其责任，以组织比较善良之政治，以企国体之巩固，国度之隆盛，毋庸俟论。则继自今，吾国民责任之无穷极，遗大投艰，任重道远，非惟不宜妄自菲薄，抑亦事实之责无旁贷者也。如负疴然，愤养疽之贻患，害及周支，一旦奋然抉去，奏之刀圭，斯创巨痛深，涉及生命，不急起而医治之，鲜有不溃败决裂者。天下无无政治之民众，斯无无责任之自由。为自由战，即为责任战。二者相因相注，不可不详察者也。

　　自武汉举义以来，不旬月间，天下响应，东西南朔，联翩建义，禹域版图，殆全归汉有。昔青、兖、冀据中国三分有二，为纣固守，尚不能维持殷祚，文、武卒成革命。以今日较之，夫岂文王与纣之事邪？昔法兰西、美利坚人，以同族专制，相呼革命，卒易君主为民主，专制为共和，则民主政体之决非种族革命，愚者可知也。即如近日葡萄牙之事，亦由君主而进共和，事才一岁，孩提皆见者也。盖时代要求，随历史国情而互易，苟起应之非宜，主张之失当，将为时势潮流所淘汰，兹不可不为豫防思者也。故如中国今日所际之情形，及世界现时政治趋向之大势，虽在夏后殷周、嬴秦刘汉，若炎黄五帝之苗裔，而君临九州，为其共主，亦当迫之禅让，俾逊于荒，列于邦人平等，以济生灵，以应世运。傥其怙恃不悛，贪婪无厌，不识急流勇退之义，亦惟有诉之兵戈，决于最后，颠覆解除，夺其宠位。夫岂同种专制，即可姑息养奸，坐视人民之涂炭，国度之凌迟，覆亡之偪至？则改造共和、建立民主之为政治革命，而略不含有种族问题之性质，盖毫未有暧昧者也。然则共和政体之当应运成立，虽历艰涉险，不容返顾。恢宏国人志气，以期达吾人健全之政治希望，此共和政体之所为，必务在期成，而本会以之标为任务者也。

今日列国之对于军兴，尚未干涉也，固也。今不干涉之果否可恃，可否持久，智者能测而知也。居今之世，各国人民之食于工商业者，盖殆及强半也。战祸纠结，贸易阻滞，诸国人民之失业者，不可亿计，斯战祸之不得延长也明矣。法兰西阅世兴戎，美利坚八年血战，此可行之于曩世纪，而不得适用于今日者也。即如葡萄牙、墨西哥之事，皆不月或不数月而大定，此干涉之所以无自而兴也。盖国际之关系殷繁，不能久停滞而不进，盖今昔之势异也久矣。彼今之尚未实行干涉者，一则战祸之为日浅也，久乱不治，斯干涉继之矣。再则曰为自由战，重在人道。夫人道必自小己之利害起，已国民众失业，工商待哺，则他人之人道，不皇顾矣。三则列国利害相权，尚在观望，步调未齐，计划未整，一旦权利均衡，纷议判决，则焚然并起矣。夫干涉之事，绝非可预为宣告，刻日而进者。譬彼鼎镬相煎，沸羹在旋踵之际，使不预为布置，一旦干涉提出，而军国之步调乱矣。时假令为平和之干涉提出，尚容有踌躇计划之余地，傥其若三国还辽之役，强制服从，悬一标的，继以兵力，出师与提案共进，当应之以如何之方策，斯则国人所当日夕思维，不容漠置，不容自讳者也。夫若免列国之干涉，莫利于速期革命之成功。欲革命成功，莫急于破坏旧政府之中央机关。欲破坏此机关，莫善于速计进取。如牢守一隅，虽金城铁砦，不能坐亡北京政府。方今山、陕军队，掣其右臂，彼北京政府对于南军，则为正式之和议，而于晋军则刻期约降，一意主剿，岂非以晋军为虏肘腋之患？故先凭空弄态，眩簧和议之说，以缓南军之北进，待克复两河，芟平大难，而后得专力南下，计划深刻，策谋谲诈，兹不可不留神听也。方今时届隆冬，北京政府必不虑南军之北上，掩其不备，斯则其时。如曰军资艰窘，则坐以待食，亦须耗出师三分之一，拮据经营，聚三月之需，为一月之用，则师出可期矣。坐待军资之充裕，恐其期至为难待，时能假我，亦能假寇，如春水方生，则敌人之防御亦固。兼之秦、晋之军，相持既久，军需无从接济，其势亦将坐困。傥失此一牵制之师，北部事则全去。其失计岂复人事所能偿哉？若是，则敌人据全国三分之二，建瓴临下，斯真不得知兹事之所终矣。今欲克期大举北伐，非惟南北暌隔，诸军步调不一；即同在一隅，而各幕府步伐亦缺统一整齐之致。傥以寡数深入轻进，或前军后援无继，皆孤注致败之道。故或联军，或并进，或牵制，或犄角，咸当举国同规,谋所以同纪一律、有条不紊之术。此宜筹军国步伐之统一,一也。

东北诸郡,满政府中央所盘据,形格势禁,骤难反正,是也。然同处一郡之中,相须如左右手者,或则倡义,或则仇视自由,为专制战。逼处牵制,其为义师成功之阻力也大矣。即举义诸郡,南北遥遥,远于万里,情实隔阂,兼以满军横亘其间,相持不下,日月若积,祸乱延长,无所底定。一旦狂热骤落,人心厌乱,民气遂不可用,前途险象,不忍言状。此宜谋南北之统一,二也。

倡义之初,事变仓卒,临时开幕,各自为主。方今幕府林立,军机满地。正同心同力、矢志歼敌之秋,一国三公,难为统率,一有不慎,或致内讧,中道阋墙,贻误大计。此其转捩,正赖陈列大义,调和其间,以弭隐患,则维持幕府意见之统一,三也。

方事之殷,地方各自为治,无划一之致,自外人视之,无从认其何者为主体,兹犹后也。倘或划分畛域,支节饶多,利害冲突,各竞权利,内治不齐,外交亦因之而掣肘,则宜谋地方民政之统一,四也。

今日吾人心目中之悬以为的者,民主共和是也。夫以中国之疆土寥阔,广袤逾于万国,共和统一之制可克期成立与否,是一疑问也。不然,则联邦政体之主义生矣。矧各郡幕府分峙,皆握有重兵,傥一行动失宜,或至流为唐末造之藩镇,欲为美善之联邦或不可得。兹不可不预为斟酌者也。且联邦政体之团结,常生于外力之偪拶,而后乃能牢固,否则汗漫分离,恒难统率,此日耳曼列邦结合之所以维艰也。方今军事倥偬,谋及政体之统一,虽比较为后,然不发表一正式之国是,宣布一正式之宪典,自我为之,则曰志在共和,彼自〔自彼〕外人观之,又安知其不欲为一二野心者之少数开明专制? 此对于列邦政府信用之所以艰于成立也。军兴殆及两月,正式交战团体之承认,不为未晚,岂非以内部蒙茸,军政府遍地,与人以无所适从之道? 由是以推,所谓新国家之承认,又在何时? 则国是及政体之宜谋统一,五也。

夫欲维持中国今日之分割,不得不以维持领土为第一要义。而此后领土之果能为健全的维持与否,此共和改造时代政治家拼心血、绞脑筋之一问题也。世之论者或曰:满藏蒙盟,语言不同,文字亦异,不适于同一共和政体之下。斯为谬论,固也。微论世界共和诸国不必皆同文同种,而法兰西、美利坚二国,于共和建设之后,乃始取有绝大之领土,盖共和国亦自有共和之大国家主义,非得以共和故而反缩小其国家扩张之范围也。夫吾人之所谓为共和主义者,非谁某一族一姓之共和主义,乃合全国之二十二行省,及蒙盟藏卫,而为一大共和国。要以言之,即统汉、满、回、蒙、藏之五种人,而纳之一共和政体之下者也。傥领土不能保全,即本部亦不免割裂之患,盖满蒙藏卫,为日、俄、英之势力范围也久矣。一旦折入,则列国效尤,德、法亦将自齐、滇而进,遂至牵及本部,不可收拾。势有固然,无容隐讳者也。夫吾民之所以汲汲于革命事业者,岂非以旧政府之昏庸阋茸,致中国积弱至是乎?夫旧政府不肖,尚能维持数部之领土至今,而吾人希望之新事业成立,忽焉措置违宜,其结果或出于旧政府之下,是不可不夜悸朝怵,预为筹划者也。此宜谋领土之统一,六也。

中国近来情形之危迫,盖濒陷于瓜分之惨境焉。然所以尚未即于覆亡者,以中国实象,盖如缀纸而为虎豹,虽中毫无一有,然爪牙宛具也。今则并此模型而破坏之矣,积数十年之兵力、财力、武器,一旦全耗于内乱,元气罄尽。使共和而成,列强尚容禅予以建设之余地;使遂不成立焉,斯中国前途,真不知其何所底至矣。今者北寇未歼,军事倥偬,新政未理,万事尤待更张。举今后之国是政体、军民财政、南北之联络、藩属之羁縻,及一切关系共和建设之事,皆需一正当卓识之舆论,以相维相系,而后乃不致为盲论所簧惑贻误。此舆论之宜谋统一者,七也。

综上诸节,即始谋诸幕府行动之统一,而划一其意见,继谋疏通南北之形格势禁,而统一其进行,与夫民政之划一、政体之发布、藩服领土之经营贯注。概以言之,即设一共和政治进行时代有力之枢机,而即成一巩固健全之大共和国家者,此本会唯一之天职也。爰设机关,招纳共志,同气相求,共肩兹任。海内君子,祈注意焉。

发起人:伍廷芳、张謇、唐文治、温宗尧、陈其美、钮永建、胡瑛、汪兆铭、赵凤昌、马君武、王宠惠、于右任、朱葆康、景耀月。谨启。

（《共和统一会意见书》,见《申报》1911 年 12 月 22—24 日第 3 版）

按:1912 年 4 月,共和统一会与国民协进会、政治谈话会合并,组成统一共和党。

冬 南洋大学堂经济困难,先生鼓励师生团结一致,同心协力,克服困难,并采取一系列应急措施,终于渡过难关。

冬 学校经济困难。1910 年学校经费支出已达 154489 两,其中 9 万两由沪宁、广九铁路局及招商局提供,其余由邮传部拨给。武昌起义后,南北分裂,招商局、广九局和邮传部拨款中断,经费来源只有沪宁局每月 4 千两,入不敷出,学校难以维持。此时,上海其他公立学校也因经费困难而纷纷停课、散学。唐文治在致教育总长公函中说,如果停课"不特千百学子失学堪虑,且方民国初建、需才孔亟之秋,造就人才实为急务"。所以他鼓励师生团结一致,同心协力,克服困难,把学校继续办下去。为此他采取了一系列应急措施;一、对学生加收学费；二、教职员实行减薪，校长减薪百分之五十，教职员则"量其多寡，分层递减"；三、1912 年"职员薪水按照每年十个月计算，教员修金以教学钟点计。校长每月依然减薪百分之五十"；四、四处奔走，争取社会求援。上海新成立的军政府对本校克服经费困难坚持办校的精神深表同情，主动支持本校"协助银一万两"，因而勉强维持一年多的正常教学，"并未一日辍学"，终于渡过难关。

〔上海交通大学校史编纂委员会编《上海交通大学纪事（1896—2005）》〕

冬　先生编成《古人论文大义》。

冬，编《古人论文大义》成，自韩退之始，至吴挚甫止，凡三十家，共分二卷。助余搜辑者，李生颂韩之力为多。

（唐文治《茹经先生自订年谱·辛亥四十七岁》）

本年　先生致函盛宣怀。侯士绾、张保熙、王寿祺、金颂庚等四人由比利时留学毕业归国，将由邮传部录用，函中请盛宣怀能予"量才录用，优予差委"。

杏公官保老伯大人阁下：敬启者，留比学生侯士绾、张保熙、王寿祺、金颂庚四名，毕业回国，来校报到。当经备文，咨送本部考验在案。查侯士绾所习系矿学，张保熙等三人均习铁路。侄面加考察，该生等俱系有用之才。而张、侯二生，才识开展尤为干练。且该生等俱系公门桃李，深愿效力左右。兹饬其趋敏崇阶，面聆训诲，伏祈量才录用，优予差委，至深感荷。专肃布悃，敬请勋安，诸惟澄鉴不具。愚侄唐文治顿首。

（《唐文治致盛宣怀函》，见上海图书馆《盛宣怀档案》，宣统年间，1909 年—1911 年，档号 100223）

按：在上海图书馆《盛宣怀档案》（电子扫描件）的题录中，本函所署日期为 1909 年—1911 年。据《交通大学校史资料选编》中所收《1897—1906 年留学生名单》，侯士绾、张保熙、王寿祺、金颂庚四人于光绪三十年（1904 年）于南洋公学毕业后，由部派前往比利时留学。据哈佛燕京引得编纂处编《增校清朝进士题名碑录附（特刊第十九号）引得》载，张保熙、王寿祺等人于宣统三年（1911 年）五月"游学毕业"；又据陈文新《〈清实录〉科举史料汇编》，同年九月，张保熙、王寿祺等人"着均赏给工科进士"，故将本函系于 1911 年，即本年中。

本年　先生被私立震旦大学聘为监理。

公元一九一〇年（宣统庚戌），韩氏调皖，孔明道司铎继任总理，对校务萧规曹随，不事更张。翌年辛亥，侍郎唐蔚芝先生为本校监理。

（《民国廿四年私立震旦大学一览·总述·校史》）

1912 年(壬子　民国元年)　48 岁

1 月 2 日(辛亥年十一月十四日)　王保譿《小溪山农日记》记先生有文章数篇,寄示太仓高等小学堂,"皆颂扬革命"。

> (宣统三年十一月)十四日,唐文治有文字数首,寄示本地高等小学堂,皆颂扬革命,极力以经义附会其旨,并引孟子"民为贵,社稷次之,君为轻"之说……

(王保譿《小溪山农日记》)

1 月 3 日(辛亥年十一月十五日)　中华民国联合会于上海江苏教育总会开成立大会,先生主席并报告开会。

> (1912 年)1 月 3 日,中华民国联合会开成立大会于上海江苏教育总会,到有章氏及唐文治等二百余人。首由主席唐文治报告开会,次由章氏演说联合会宗旨,继行选举,章被选为正会长,程德全被选为副会长。

(汤志钧《章太炎年谱长编》卷四)

1 月 15 日(辛亥年十一月二十七日)　先生等人致电清廷,吁请"明降谕旨,早定共和政体,上法唐虞,特畀袁世凯以全权,与民军代表组合相当政府,一面速开国会,选举总统,宁息战祸"。

> 自初九日奉上谕,政体由国会议决,薄海臣民,咸晓然于朝廷公天下之心,非私一家一姓,深为欣忭。乃十二三以后,改议选举章程,节目繁难,延长时日。人民颇疑朝廷有翻悔公同议决之意,未免失大信于天下。方今人心趋向共和,决无第二问题,不独东南十数省矢力同心,即西北各省闻亦均表同意。倘大局决裂,一旦兵临城下,九庙震惊,生灵涂炭,后祸何忍复言。历代灭亡之惨,皆由于一念之自私,前车可鉴。皇太后、皇上既以公天下为心,保全民命为重,应请明降谕旨,早定共和政体,上法唐虞,特畀袁世凯以全权,与民军代表组合相当政府,一面速开国会,选举总统,宁息战祸。如此,则不独保全宗庙陵寝,保全满族人民,即后日史书亦当著为美谭。要之,赞成共和与亡国迥殊。若必固执私见,不速定计,延长时日,兵连祸结,民生受害更深,土匪蜂起,且恐外人不能久待,出而干涉。窃恐内讧外患,即在目前。树勋等目击情形,不忍

坐视沦亡,用敢迫切直陈,不胜待命之至。请代奏。袁树勋、唐文治、丁宝铨、杨文鼎、施肇基。(宫中电报档)

[《宣统三年十一月二十七日开缺两广总督袁树勋等致内阁请代奏电》,见《中国近代史资料丛刊·辛亥革命》(八)]

1 月 21 日(辛亥年十二月初三日)　先生参加国民协会选举大会,被推为主席,并报告本会宗旨。

昨日下午二点钟,国民协会假江苏教育总会开选举大会,职员及来宾到者约三百余人,陈都督、唐蔚芝君等均来参观。公举唐蔚芝君为主席,并报告本会宗旨。嗣投票选举干事员,共举二十二人,当以温钦甫君得八十五票,被举为干事长。因时已晚,定于下星期午后一点钟再行开会,选举评议员。随由温钦甫君向众演说。追散会后,已五句半钟矣。

(《国民协会选举干事员》,见《申报》1912 年 1 月 22 日第 7 版)

按:国民协会是中华民国初年的政治团体,1912 年 1 月在上海成立,先生为名誉会长,温宗尧、张嘉璈等为干事。后温宗尧辞职,由张嘉璈实际负责。在江浙一带的城市中设有支部。以谋中华民国之统一、促进共和政体之完成为宗旨;以统一国权,培养国民元气,发达民力为政纲。主要成员是追随立宪派的资产阶级知识分子和前清咨议局成员。同年 8 月,与其他党团组成民主党。

2 月 7 日(辛亥年十二月二十日)　《申报》刊载《唐蔚芝为民请命》。因其时受战争和天灾的影响而"饿且死者"盈千累万,先生吁请江苏省督从速赈济灾民。

唐蔚芝先生致江苏庄都督书云:

自武汉起义后,吾省银根奇紧,加以本年灾荒,小民盖藏子然,敷衍至今日。闻苏州等处,有因饥饿而阖室自经者,有全家无米为炊、煎火柴汤而自毒死者,有哺乳之妇绝食经旬、子方索乳而母已绝命者,有候补客死在外、全家无衣食而蹈河以死者,至于卖子女为人奴婢,而尚无人收买者。此情此境,惨不忍闻。弟久思创立一救济会,而同志均系新学界人,以为若辈本在天演淘汰之列,遂无有应者。不知以社会学言之,慈善事业最为大纲。孟子言"老弱转乎沟壑",老弱非应淘汰者也。文王发政施仁,必先穷民无告,穷民非应淘汰者也。矧以同胞同乡至亲近之人,而听其饿且死,且听盈千累万人之饿且死,坐视之而不救,鸣呼! 吾证诸西洋哲学家,固无是理也! 然而文治亦穷人也,呼号而无所助,不得已哀鸣于大君子之前,可否为筹拨公款一二万金,或商之冯梦华先生,筹拨赈款数万金,于苏省设救济总会,并应广募米绵,速电饬各处民政长,查明极贫之户,迅速申报。一面速于各县分设粥厂、绵衣厂先赈之,令其不死；然后分设习艺所，再筹春赈，以为持久之计。伏望我公为生民立命，迅赐施行。凡我同乡人，咸感戴实无既极。临池不胜瞻望翘企之至。

（《唐蔚芝为民请命》，见《申报》1912年2月7日第7版）

按：《申报》于此文后并特加按语云："本年各省本系歉收，加以大兵之后，商务损失，工业隳落。前因和议未成，无暇筹虑及此。今幸民国基础已定，南北行将统一，同胞赤子，重瞻天日。窃谓仁政之施，莫先于此。如一任其颠连无告而不为之计，将强者挺而走险，弱者坐以待毙，道殣相望，土匪四起，患有不可胜言者矣。各省都督，皆识时务之俊杰，倘能以唐先生所言，上陈之孙大总统，于旧历告终之日，为饥民大发其慈悲，登高而呼，较易为力，敢为我亿万同胞九顿首以请。"

2月29日（正月十二日）　父亲唐受祺徙居无锡新屋，先生随侍至锡，旋回上海。

正月十二日，吾父徙居无锡新屋，余随侍至锡，旋回上海。暂离膝下，不胜依依。是后遂时往来申锡间，悔不建屋在上海也。

（唐文治《茹经先生自订年谱·壬子四十八岁》）

故园无片瓦，新筑近名山。望益常开径，偷闲急掩关。篱疏花点缀，池小石回环。桑者闲闲意，将无在此间（屋旁拟种桑）。

（唐受祺《春日迁居锡山新屋》，见《浣花庐诗钞》卷三）

2月（正月）　先生致函邮传部，请速拨办学经费。

（上略）上年九月上海起义时，本校因系官立，情形岌岌可危，诸生屡请更名，不得已更名南洋大学，以为保存学堂计，兼为将来改名工科大学张本。当时南北交通阻滞，本部指拨经费，仅存沪宁路局之款按月就近拨解，而本校开支浩繁，又兼负船校用款，早有难以支持之势，只因两校学生数达千名，骤失学深为可惜，且本部历年培植经费已属不赀，更无停办之理。再四筹商，唯有暂提存款，当经移商商、电两局，即据商局两次解到银三万两，电局以前划解本部拨款垫过银一万九千七百余两，已被于本校存款内扣除，据找解银一万余两，从前存本作为尽数拨还。爰于十月起暂改办法，将教职各员薪水量其多寡分成递减，文治也减去薪水一半，并减省学生膳费，借以撙节开支。现拟予本年起更定新章，招收插班中学生，每学期收学费洋五十元，专科生每学期收学费洋二十五元，从前旧生，专科则缴五元，中学则二十五元。所有膳费，不论新旧诸生，概令自备。职员薪水按照每年十月计算，教员修金以教授钟点计，专科教员每点钟洋一元五角，中学教员每钟点洋一元。其洋（教）员之订定合同者，则概仍其旧，以免交涉。如此办法，较之历年用款裁减固已不少，唯综计入数照旧预算，几仅得五分之一，实难支持，而商船学校，竟有不得停闭之势。今幸

· 476 ·

共和告成,南北统一,造就人才,正为急务,敬祈本部竭力维持,随时接济,于斯
绝续之交,俾免中辍。

[唐文治《致邮传部函,请速拨经费》,见《交通大学校史资料选编》(第一卷)]

3 月 8 日(正月二十日) 《申报》于第 3 版刊载《神州大学缘起》,先生为创办神
州大学发起人之一。

3 月 15 日(正月二十七日) 盛宣怀致函先生,请允其五子盛重颐入南洋大学
学习。

上海工业专门学校校长唐

蔚芝仁兄先生阁下:前复寸简,计达签曹。旧腊方除,缅维侍奉绥愉,兴
居清晏,至为颂仰。兹恳商者:五小儿重颐自□秋随弟□京,授课久荒,亟须
就学。现因四小儿留学英国,弟衰年多病,不欲其负笈远游,开春准令其肄业
贵校,藉沐甄陶。应如何插班考试之处,自当候示遵行。重颐程度下中,又经
旷废,不审获邀哲匠裁成否耳?余嘱棣电面达。专此,敬颂台祺。愚弟。

(《盛宣怀致唐文治函》,见上海图书馆《盛宣怀档案》,民国初年正月二十
七日,档号 072279)

同日 盛宣怀再致函先生,介绍友人高蔚先之子入南洋大学附属小学学习。

上海工业专门学校校长唐

蔚芝仁兄先生阁下:顷上寸缄,度邀签览。兹复有恳者:老友昆明高寿农
观察(蔚先),系弟换帖至交,宦况本极不佳,身后更为萧索。庶出幼子,年才十
五,亟须求学,拟令其入贵校附属小学肄业,闻规则课程均甚严密。弟以故人
之子,望其有成,务乞推爱收录,不胜感幸。何时附校就试,并乞示知。专恳,
祗颂台绥。愚弟。

附该生名条一纸。

廿七。

(《盛宣怀致唐文治函》,见上海图书馆《盛宣怀档案》,民国初年正月二十
七日,档号 072279 - 1)

3 月 25 日(二月初七日) 因同时兼任南洋大学和吴淞商船学校两校校长之
职,负担过重,先生坚辞吴淞商船学校校长一职。本日,继任此职的萨镇冰到职,先
生亲往迎之,以学款、房产等悉交与之。

商船学校学生公奉萨君鼎铭名镇冰为校长。萨本为海军提督,长于驾驶。
余即往迎,以学款、房产等悉交与之。

(唐文治《茹经先生自订年谱·壬子四十八岁》)

上海虹口义昌洋行萨镇冰君鉴：上海商船学校铸造航业人才，为现时所亟需。中道废辍，实属可惜。拟请阁下担任校长，以资整顿。所需经费，即请阁下切实核计，部中自当尽力筹备，以期早日开学，无任翘企，乞电覆。于右任叩。交通部。

（《交通部电萨镇冰任上海商船学校校长文》，见《临时政府公报》1912年第46期）

邮传部鉴：商船学校由交通部派萨镇冰为校长，今日开学已到校，接收所有前汇银五千两及文牍、校具，一并钞交，谨奉闻。文治。径。

[《上海实业学堂唐监督致邮传部电（阳历三月二十五日，即壬子二月初七日）》，见《临时公报》1912年第2卷第12期]

吴淞商船学校成立之初，唐文治以身兼二职负担过重，及办学经费紧张等原因，坚辞兼任校长一职，以致力上海高等实业学堂建设。由于唐文治的辞职，商船学校校长一时无合适人选，后经各方努力，国民政府交通部遂于1912年3月任命萨镇冰为吴淞商船学校校长。3月15日，萨镇冰到职。

（吴淞商船专科学校同学会《吴淞商船专科学校校史》）

按：上引两则文献记萨镇冰到职时间，一为"阳历三月二十五日"，一为"3月15日"，此从《上海实业学堂唐监督致邮传部电》。

春 王康寿辞去南洋大学监学职务，并作《壬子春去南洋大学留别唐蔚之》。

国变后，慨然曰："吾其从巢、许游矣！"复往依张（按：指张謇）办理吕四场垦牧，主农务者又十年。

（唐文治《王晋蕃先生生传》，见《茹经堂文集三编》卷七）

我昔与子要，谓言继绝学。今子卜新居，乃在锡山麓。锡山有名贤，高顾留芳躅。高顾遭乱时，身殁名不辱。我子际盛明，行许入钧轴。何意运会迁，翩然翻世局。盈朝卧积薪，徒向铜驼哭。一朝变市朝，千古铸大错。讵无黍离悲，何间疏水乐。有酒奉亲欢，有书教儿读。人生皆偶然，得此亦已足。我行将别子，乞食海之澳。他时从子游，狂歌倒醽醁。

（王康寿《壬子春去南洋大学留别唐蔚之》，见《南通师范学校校友会杂志》1914年第4期）

春 先生因学校经费无着，偕庶务长陆起赴京，晤交通总长施肇基面商。施因无款可拨，嘱动用学校存款，并改校名为上海交通部工业专门学校。

去年国变，暂改实业学堂为南洋大学。春间秩序稍定，而校费无着。余因偕陆君勤之赴京，晤交通部（时改邮传部为交通部）总长施君植之名肇基面商。

施因无款可拨,嘱动用本校存款,并改名为上海交通部工业专门学校云。在京住许弼丞姊丈家,谒陆凤石相国,时为内廷师傅,殷殷话旧,相对唏嘘。为余写唐氏宗祠、行素堂匾额各一。是时庆邸在天津,未及往谒。晤绍越千丈及农工商部旧同僚,均依恋不舍。京师气象,腐败已极。余小住数日,即回上海。

(唐文治《茹经先生自订年谱·壬子四十八岁》)

按：真正改名为上海交通部工业专门学校,要到下年一月,见下年事中。

壬子春,文治因南洋学校将停办,入京力争。往谒公（按：指陆润庠）,盱衡国事,相对唏嘘。公语之曰:"唐春卿尚书殁后,当事者予以恤典,可谓死不瞑目者矣。"临别时,为书唐氏宗祠及家居行素堂额,文治谨携之归。

(唐文治《记陆文端公事》,见《茹经堂文集初编》卷六)

春　先生于自京回南途中,先赴太仓省墓。(据《茹经先生自订年谱·壬子四十八岁》)

4 月 16 日（二月二十九日）　先生致函交通总长施肇基,向其告知南洋大学现有存款数。

本校致交通部施总长函（民国元年四月十六日）

植之先生大鉴：敬启者,本校向有存放招商局银四万两,电政局银三万两,常年生息。上年九月间,因金融恐慌,曾向电局提用二万两。据该局覆称存款息银太重,拟即全数归还。并称前代本部拨解本校经费,垫过银一万九千七百八十八两,即在存款内扣抵等情。查该局所垫原系指拨常款,数目是否相符,本校无从核算。且提取存款,委因急迫需用,既被电局划扣,仍难应付。不得已,再向商局提银一万两,共计先后用去本银二万两,又代还本部前欠电局银一万九千七百八十八两。现在所有本校存款计三万两,敬祈察核备案为荷。专泐,敬颂勋安。唐文治谨启。

(《唐文治致施肇基函》,见上海图书馆《盛宣怀档案》,1912 年 4 月 16 日,
档号 059558-2)

按：本件之后,尚附有先生于本年 9 月写的一段"再记",云："查此函,部中未经答覆。至本校尚有存款三万两,上半年因经费不敷,向交通部请款。施总长复函,屡令再提存款,文治力持不可。一面竭力设法弥补,始克保存。旋与各教职员公议,此项存款原系南洋公学之款。上年损失已巨,此后不得再行提用。如遇万不得已必须用款之时,须经全体职员会议通过,方可酌提。鄙意不独永保此三万两,并望日后积成十万至数十万,庶本校命根可以巩固。区区苦心,并希谅察。民国元年九月唐文治再记。"

4 月 28 日(三月十二日)　由先生等提议发起的通俗教育研究会在江苏教育总会开谈话会,议决有关事宜。

通俗教育研究会前由南京教育部诸君暨唐蔚芝先生等提议发起,四月二十八日特假江苏教育总会开谈话会,议决进行事件如下:一、定名为通俗教育研究会。二、借设事务所于江苏教育总会。三、商定宣言书及简章。四、先从编辑宣讲书入手。五、拟定关于通俗教育各问题,再行登报征集意见。六、推定黄靹之、沈叔逵、杨秉铨、伍博纯、史锡肇五人为理事,担任筹备接洽事宜。

(《记事·学事一束·通俗教育研究会》,见《教育杂志》1912 年第 4 卷第 3 期)

5 月 9 日(三月二十三日)　共和党成立大会于上海召开,先生被选为干事。

(据《申报》1912 年 5 月 10 日第 7 版《共和党成立大会记》)

5 月 19 日(四月初三日)　《民立报》刊登《唐蔚芝与章太炎》一文,中载先生致章太炎书。此前,章太炎对同盟会有所抨击,闹派别纠纷,先生于信中劝其"以和平广大为心,勿詈骂以为名高,勿偏激以致奇祸"。

又附唐文治致章氏书云:"昨得敝校来函,将届临时考试,促请南归。因思目下合并大会业已展期,进行之机,尚在阻滞,爰定即日出京。惟窃有进者,吾辈联合政党,确定政纲,原以改良政治为目的,非以抵制他党为宗旨。事若抵制不已,日后不至两党流血不止……惟望先生此后以和平广大为心,勿詈骂以为名高,勿偏激以致奇祸。至于办事,更不宜卤莽专制,以集众怨"云云(《民立报》1921 年 5 月 19 日《唐蔚芝与章太炎》)。《民立报》为同盟会机关报,所载或稍夸大,但章氏这时对同盟会确曾抨击,闹派别纠纷。统一党与民社等并为共和党,他又反对。唐文治是清室遗老,和章太炎一起组织中华民国联合会,后并入共和党,也称章氏"以抵制他党为宗旨",知章氏此时滥发议论。这样,只能对袁世凯窃国有利。

(汤志钧《章太炎年谱长编》卷四)

5 月(四月)　先生等 20 名前清壬辰科进士发起壬辰旅沪同年团。

前清壬辰进士恽毓嘉等二十人,发起壬辰旅沪同年团,谓将征集团友,同心救国。事务所暂设上海里虹口朱家木桥塘山路一号龚心铭寓所,应有详细会章,俟大会时共同议定。

(《同年团出现》,见《申报》1912 年 5 月 22 日第 7 版)

盖闻团龙褂者,乃前亲王之礼服;团鱼篮者,乃太学生之美名。团之为团,由来尚矣。况乎除夕祀祖先,则有团年之饭;新正会亲友,则有团拜之筵,足见体非团不坚,面非团不富。今者团风日盛,团学日明。铁血团则已收铁血之功,银行团则已奏银行之效,青年团则更显青年之美貌,白相团则益精白相之工夫,以及敢死团之敢死争先,外交团之外交进步,虚无团之虚无可怕,实业团之实业堪钦。又如渔团则湘阴相国之宏猷,师团则日本天皇之美制,乡团著称乎乡里,商团发见于商家,女子团求参政权,童子团开模范会,欢喜团则丫头送礼,肉蒲团则和尚参禅。虽同一团糟之胡涂,却有八团花之热闹。我壬辰进士,先会合同年,并联集年伯、年叔、年兄、年弟、年侄、年孙等为同年团,研求团聚,讲究团圆,乘一团高兴之时,凑一团和气之局。上街则团扇争摇,无屋则团瓢可借,并拟纠合乡试会试、新科旧科各同年,自辛未始,迄辛亥终,结成一同年大团,携天上团月之茶,唱人间团雪之曲,用东坡为团练副使,微斯人,吾谁与归? 倘北京设团防大臣,有王者必来取法。仿王阳明之十家团保,儒者知兵;效于忠肃之四大团营,名臣报国。庶几持螯共嚼,九月团而十月尖,切勿扁马相同,今日团而明日散。谨启。

本会事务所暂设在上海里虹口朱家木桥塘山路一号,值年龚心铭寓所,所有一切详细会章,俟开大会后公同议定,刊登报章。又启。

发起人:恽毓嘉、夏孙桐、张元济、汪洵、唐文治、赵从蕃、伍元芝、杨士晟、王仁俊、尚其亨、陈瑜、吴士鉴、赵熙、吕钰、周钧、叶尔恺、黄允中、王得庚、陈树屏、龚心铭。

(《壬辰旅沪同年团公启》,见《申报》1912 年 5 月 23 日第 10 版)

6 月 2 日(四月十七日)　《申报》刊出由先生等人联署的《共和党党员报告统一党合并情形》。

宣告各政团主持合并理由

统一党支、分部公鉴:启者,合并问题,已经匝月。此间一切详情,未能尽告于支部、分部诸君者,实以内部意见未能一致之故。今则内讧日剧,外患日深,非速宣布合并情由,恐愈无以释诸君之惑。谨特胪陈于后,伏维鉴察是幸。

盖此次合并,系在沪各理事协议,以全权委托张理事办理。张理事与各团协议,定妥条件,签字后曾有电致北京,嘱在京各团于本月八日开成立会,沪则九日开会。彼时本党干事易、朱两人,因有私见,故捏危词,怂太炎否认前议,另提条件,以致各团不能允从,此即展期之议所由来也。初十日得沪电,已开会,理事、干事均已举定,此间本党职员及党员,多以为沪上既已合并,此间即无不合并之理。惟朱某等则受他党之运动,极力破坏,力劝太炎提出各种条件,且明与他党重要人接洽,且同太炎至他党本部,并发电到各分、支部,以致南北电信两歧,各怀疑虑。职员等不得已,乃约党员会议,皆以为一面宜婉劝太炎,一面宜速与各团合并,以免后患。始有共和党筹备事务所之设。职员等窃以为我辈所以组织政党者,实为大局,非为一人。今若使一人之私图,即牺牲大局而不顾,非职员所敢出。且以时局危险而论,非有绝大之党,不能有统一之政府出;非有统一政府,不能有统一中国出。想诸君子热心爱国,必蒙赞同,故仍一力主持合并,以顾全大局。现已各团决定,设共和党事务所于顺治门内化石桥石桥别业,遵照沪上议定条件及共和党规约,组织本部。所有从前各团名义,现已取消,以后概用共和党名义。本部自应一照办理,并将共和党及筹备事务所所议定条件,太炎所提出条件,附陈于后,即乞察入是幸,特此通告。阿穆尔灵圭、唐文治、陆大坊、金还、张元奇、贺良朴、荣勋、那彦图、陆建章、郑源、熊希龄、杨廷栋、宝熙、刘莹泽、张一麐、吕铸、祺诚武、张厚璟、梁建章、梅光羲、薛大可、黄浚、敖汉贝子、治格、恩培、龚焕辰、张弧、曾述榮、许孝绥、黄农、傅良佐、丁世峄、汪荣宝、吴延燮、魏国铨、唐浩镇、王丙坤、乌泽声、祝瀛元、冒广生、陈时利、申钟岳、田骏丰、朱德裳、贺尹东、田明善

（《共和党党员报告统一党合并情形》,见《申报》1912 年 6 月 2 日第 7 版）

6 月 24 日（五月初十日） 太仓旅沪同乡会举行第二次正式大会,先生到会并作演说,大旨以联络乡谊、图谋公益为重。

昨日太仓旅沪同乡会,假城内萃秀堂开第二次正式大会,会友到者甚众。先由正会长唐蔚芝君登台演说,大旨以联络乡谊、图谋公益为重,继由会董吴挹峰君宣布会章并演说进行方法,暨副会长朱钦六及会董汪谱薰、顾润甫诸君与各会员提议事务所地址等事,以陆籛士君为起草员。嗣因为时已晚,不及提议。现事务所仍设石路青溪旅馆。

（《太仓旅沪同乡会纪事》,见《申报》1912 年 6 月 25 日第 7 版）

6 月（五月） 某日,先生参加上海震旦学院毕业典礼并作演说。

震旦学院创设以来,迄已十载。先由马相伯君发起捐助资产,继由沪地各绅商扶植赞助,成绩优美,在人耳目。兹教育部以震旦办理多年,诸臻妥善,特准立案。现届高等文理两科学生六年毕业之期,部中特请马相伯君代为监试,一切遵部定章,于六月六十[十六]号宣布成绩,发表毕业诸生名次,分给文凭。是日中西官绅到者甚多,始由上海民政总长李平书君代表江苏程都督读演说词;后由江苏教育总会会长唐蔚芝君及马相伯君相继演说,酣畅淋漓,闻者感奋。

（《震旦学院毕业记》,见《申报》1912 年 7 月 2 日第 7 版）

继由前江苏教育总会会长、本院监学、南洋大学校长唐蔚芝先生演说。先以道德勉诸生，引王阳明知行合一及孟子乍见孺子将入于井之说为证；次勖以尊重国文；终言鄙人之意，教会学校学生，当与他校学生享同等之利益，故已上书教育部及参议院，请为提议云云。

（《震旦学院毕业记盛》，见《圣教杂志》1912年第1卷第11期）

约6、7月间（约四、五月间） 先生发起办理太仓、常熟、昆山、无锡等处水灾赈务。

四月，办太仓等处水灾赈务。余自京回南，即赴太仓省墓。某日在舟中，黎明未起，梦中忽闻岸上人语曰："某家卖妇得二十四元，可怜某夫仅得十二元耳。"余惊醒，命停舟，觅其人，已不可得。舟子，常熟人也。余问曰："常州去年荒象何如？"舟子曰："噫！近时乡人家多食豆皮，有一家三人饿垂毙，邻人为之借米煮粥，粥成而三人气均绝矣。"余闻之堕泪。回沪商诸李君平书名钟珏，捐米一千石，又募捐洋一千元，即分散太仓、常熟、昆山、无锡四处。太仓请王君炽甫名乃昌主其事。王君办赈，极为切实。

（唐文治《茹经先生自订年谱·壬子四十八岁》）

钟珏、文治等于去冬即拟发起江苏赈济会，同□甚鲜，呼号无应者，遂不果。今年六月，文治回太仓原籍省墓，舟次闻岸上一老媪哭言："吾家自去年至今，种田数亩，仅售得豆价十余元，迄今无所食矣；典质尽，无所衣矣。"文治心为恫然。逾日，又闻岸上一人言："某家卖妇，可怜其夫仅得洋二十余元耳。"文治为下泪。晚又闻舟子言："常熟某乡一家七人饿三日，邻家得米救之，活二人，其五人则饥肠已断，救无效，尽死。"文治为一哭。窃念仁人君子，筹办义赈，咸注重于江北。夫江北人相食，灾状固绝惨；而不知我江南之民，良懦无能，虽垂死，不能出而乞食，至于闭门以自尽，其情尤可痛也。方今民国初立，诸务未遑建设，富家殷户，或袖手不敢出钱；而吾乡间无告之民，老幼妇孺，无米无柴，嗷嗷待哺，遂相抱持以死。痛乎！痛乎！且此死者，皆安分良善之辈，非铤而走险之徒。同胞何罪，遭此惨酷，无所控诉！有志救同胞者，当在此时矣。计现今七月以至十月，青黄不接之时，饿死者更恐不知凡几。钟珏、文治等再四筹商，特发起斯会，拟捐集万金，买米豆数千石，于常熟、昆山、太仓、无锡各乡上年水灾最重之区，先请各民政长委托妥友，详查饿民共若干户，须米豆若干石，赴本会支领散给，非极贫绝无储蓄者不得领。一面由本会托友，切实稽查。截至新米登场之时为止，凡收捐款若干，购米豆价若干，各处民政长领□若干，均登报章以征信实。伏望同志，诸仁人君子，慨解仁囊，不论多寡，成兹善举。凡捐一元者可活一人,十元者即可活十人,数十元、数百元者即可活数十、数百人。敬为乡间穷饿垂死之民,涕泣九顿首以请。谨启。李钟珏、唐文治等同启。

（《同乡赈济会启》,见《申报》1912 年 7 月 3 日第 7 版）

按：上引《茹经先生自订年谱》中云"四月,办太仓等处水灾赈务",《同乡赈济会启》中云"今年六月,文治回太仓原籍省墓",两者所叙,时间上不尽一致。此据《申报》刊载《同乡赈济会启》之日期,姑将此事系于本年 6、7 月间。

夏 先生聘请胡栋朝为南洋大学教务长。

夏,请胡君振廷名栋朝为教务长。胡为美国康奈尔大学铁路科博士,相见后欲从余治国文,因执弟子礼,亦难得之士也。

（唐文治《茹经先生自订年谱·壬子四十八岁》）

夏 先生著《人格》成。

著《人格》成。余初欲作校训,后因胸中所欲言者甚多,爰著此书,定子弟、学生、师友等凡五格为一卷（后数年又增军人格）。

（冯）振谨案：先生《人格》一书,示人以立身处世之标准,上采周秦以来圣贤诸子,下逮宋元明诸儒之论说,加以浅显疏解,允宜家弦户诵,手置一编也,已刊入《茹经堂全书》中。

（唐文治《茹经先生自订年谱·壬子四十八岁》）

7 月 6 日（五月二十二日） 交通部致函南洋大学,称："教育部所辖各学堂自民国成立后均已改称学校,其监督名目改称校长,本部自应一律照办。"事实上,先生在辛亥革命时已改称校长。［据上海交通大学校史编纂委员会编《上海交通大学纪事（1896—2005）》］

7 月 10 日（五月二十六日） 《申报》于第 3 版刊载《中央临时教育会员题名单》,先生亦名列其中,属于"由部延请"而"尚无回信"者。

按：本年 7 月 10 日至 8 月 10 日,教育部在北京召开中央临时教育会议。此为中华民国成立以来第一次中央教育会议。出席会议有各省议员等 79 人,提案共 92 件,完全议决的有 23 件。先生似未去参会。

8 月 25 日（七月十三日） 国民党成立大会于北京虎坊桥湖广会馆举行。8 月 27 日（七月十五日）,先生被票选为三十名参议之一。

（北京电）国民党票选参议,已于二十七晚开箱。当选人列下：胡瑛、温宗尧、陈锦涛、张继、栢文蔚、沈秉堃、孙毓筠、谭延闿、马君武、于右任、田桐、景耀月、阎锡山、胡汉民、赵炳麟、李烈钧、蒋翊武、姚锡光、褚辅成、杨增新、尹昌衡、陈道一、徐谦、张琴、松毓、王善荃、张培爵、唐文治、莫永贞、唐绍仪。

（《专电》，见《申报》1912 年 8 月 29 日第 2 版）

8 月 29 日（七月十七日）　先生致电参议院、教育部，请求恢复丁祭。

唐蔚芝君为维持礼教事，于八月二十九日致参议院、教育部，电云：北京参议院、教育部鉴：自各省起义后，释奠孔子礼久废，文庙殿庑有鞠为茂草者，可为痛哭。窃维变法乃改革粃政，非举数千年文教礼法而尽废之。若听其沦胥，人将谓我为无礼无教之国，祸害何可胜言。保存国粹，责在贵院大部，应请迅速呈请大总统，速电各省举行丁祭，春秋皆以季月，永久勿废。祭品、乐章应沿旧典礼仪，并请速议通电宣布，切盼。唐文治。

（《电请举行丁祭》，见《申报》1912 年 8 月 31 日第 6 版，又《协和报》第 2 卷第 47 期，题作《唐文治致参议院教育部请举行孔祀电》）

按：丁祭，礼制名，又称"祭丁"，为祭孔之礼。因其每年春、秋二祭，均在仲月的第一个丁日祭祀孔子，故称丁祭。

8 月（七月）　先生呈函交通部总长朱启钤，陈述去年学校改名南洋大学之经过。

关于更名经过，唐文治 1912 年 8 月曾专门致函交通部总长朱启钤，予以说明：

去年上海光复后，本埠谣诼纷传，并有人投函：有谓各军将占用本校地址者，有谓将借用本校房屋者，有谓须令交出体操枪械者，其势岌岌不可终日。各教职员及学生以各处更改旧时名称，屡以本校更名为请。经文治再三斟酌，与其不改而被毁，不如改名以求保全，爰即改名南洋大学。盖以本校学科程度本与北洋大学相亚，拟为日后大部改作工科大学张本（此事自南北统一后，即函达大部梁总长有案）。自改名之后，即经报告苏州程都督，藉以保存校舍，并刊刻钤记应用。适本年三月后，暂将此铭记封存，听候大部命令，是否转交教育部接收以后再定名称。而本届考试时，各教职员、各学生公议，以南洋大学系去年所改定，文凭用大学名目，于出洋入外国大学较为便利，当即准用钤记。现准上月大部有电，既允赓续办理，不胜欣幸。[《唐文治为校名事致函交通部》(1912 年 8 月)，西交档：1782，卷名《有关考试复试放假及报送名册等文件》，(1912—1919)]

[王宗光主编《上海交通大学史》(第二卷　1905—1921)]

9 月 6 日（七月二十五日）　新创办的中华法政大学举行开学典礼，先生被聘为名誉校长，并在开学典礼上演说法理渊源。

上海地方为交通利便之区，故文明输入，为得风气之先。近十年来，学堂林立,各科学亦逐有进境。自去年光复,推倒专制,共跻共和,三欲[权]分立,以符国制。各省各地行政司法各机关均已次第成立,而上海之司法机关尤视他处为前提。乃上海地方审判厅长黄君庆澜,犹歉然未足,不欲以故步自封,爰发宏愿,将使人人有法律知识,以为嘉禾之生,必先播植上海。虽一隅地,而华洋杂处,对内对外之观念,最易感发人之心思,必使人人研究法学,庶几有以自防,亦即为将来收回治外法权之根据。今年春,同志有民国法律学校之设,黄君虑不能普及也,因独肩巨任,创办中华大学,先开法律专科。又以愿学者众,或为职务所羁,须日入后方能从事讲习者,为特设夜班,以觊同志。所有组织经费均由黄君一人担任;延聘教员,皆一时法律教育专家,如陈君英、狄君梁孙、谢君健、沈君鸿、金君鸿翔、赵君恒默、喇君一鹏、潘君承谞、郑君礼□,类皆留学东瀛,知名誉世。其名誉校长,又延唐蔚芝先生文治主持坛坫。已于昨日午前十时,在新闻本校正式行开学典礼。由唐先生文治演说法理渊源,略谓:前清中国法政学之不发达,由于学部之不提倡。其不提倡之故,大概恐惹起革命思想。现在民国肇兴,尽除扞格,欲养成共和国民资格,当以法政学为最要。就现在时势而论,尤以国际公法及民律为吾辈必须注意之点,云云。又谓:为法贵在实用,不可徒尚空言,反复推倒。最后以注重道德再三勉励。闻者肃然。次由狄梁孙先生演说道德法律关系,次又谢健先生演说本校开办宗旨及将来效用,次又黄君涵之演说国为民国不可不有完全法学,以为国家之补助。并对于学员宣示盼望热忱。相继演说时间,约阅二小时之久。来宾学员,校门之车马杂沓,可谓盛极一时矣。该校校长一席,由各职员公推黄君担任,总计学员,为数已达一百五十人;四方来者,犹未有已。并闻已在司法、教育两部注册,一经毕业,即可应高等文官、法官、律师各项考试。异日法学巨子,莘莘莪莪,可预卜与日本之早稻田大学力轨云。

《中华法政大学开学纪盛》,见《申报》1912 年 9 月 7 日第 7 版)

9 月 11 日(八月初一日) 先生致电教育部总长范源濂,呈请批复改定大学。

1912 年 9 月 11 日,唐文治致电教育总长、南洋公学师范生范源濂,呈请批覆改定大学。电文如下:

北京教育部范总长鉴:自去年光复后,本校改名为南洋大学,即经函达苏都督,请刻钤记,并报告南京教育部蔡总长,有案可稽。现已由交通部转咨大部。查欧美学制,大学与高等学校功课无甚区别,惟在科目多少之异,本校改定大学后,设备一切均较易着手,务请照准,学务幸甚。

[王宗光主编《上海交通大学史》(第二卷 1905—1921)]

9 月 13 日（八月初三日）　交通部总长朱启钤就南洋大学有关事宜复函先生。

（1912 年）9 月 13 日　交通部朱桂莘总长覆函唐文治：一、关于本校电机系毕业生派赴美实习经费，因"现在国家财力艰窘，实属碍难照办"，且教育费应归教育部支出，目前尚未决定办法。二、陈怀书、李大椿等九名毕业生，均愿送电务办事处录用，查驻沪办事处现已撤销，该处洋总管德连隍因公来京，不日旅沪。请俟该总管到沪后，饬诸生前往电报局，与之接洽，听候分班练习。

　　　　　　　[上海交通大学校史编纂委员会编《上海交通大学纪事（1896—2005）》]

9 月 17 日（八月初七日）　教育部致电南洋大学，称应候大学令颁后再行改办工科大学。

改办工科大学，以该校成绩论，扩充固属甚易。惟本部现正统筹全局，划分大学区域，该校或列入南京大学之分校，为大学工科。应俟大学令颁后，再行规定，刻暂缓议。[《教育部为改办工科大学事电复本校》（1912 年 9 月 17 日），西交档：1843]

　　　　　　　[王宗光主编《上海交通大学史》（第二卷　1905—1921）]

9 月 22 日（八月十二日）　国民公会上海部邀请各团体及有关人士研究尊崇孔祀、昌明礼教问题，先生应邀参会。

国民公会上海部全体职员，暨文庙洒扫公局司董李伯埙、陆蔚臣二君，前日在邑庙豫园事务所，邀请各团体及英美博士梅殿华、李佳白、李提摩太诸君，并南洋公学监学唐蔚芝君等，研究尊崇孔祀、昌明礼教问题。午后二时，来宾及会员陆续莅会。先由会员讨论诸事：（一）拟于孔子诞日，由公民致祭。所有礼节，一时不及议定，于下星期再集各同志及本会职员公议取决。（二）拟于明伦堂定期宣讲孔道。（三）函商刘司令，请将正殿及洒扫局所驻兵士，设法迁让，以便洒扫致祭。（四）于洒扫局内正厅附祭革命诸先烈，以为光复周年之纪念。议毕时已四句钟，即摇铃开会。首由该会副会长江确生君报告开会宗旨，旋公推商会总董陈润夫君为主席。继由英国梅殿华博士演说，大致谓：孔教为国与民之灵魂，劝人有道德心，与天主耶稣同为文明开化之祖。东西各国，尚极尊崇孔教，岂中国反可弃之？将来孔子纪念日，各教士亦欲随同致祭，譬之天主耶稣堂，万国人均可参列也。次由毕业美国大学校学生陈焕章君、公忠演说团戈朋云君、国货维持会宣讲部梅竹庐君、孔孟正学会梁干臣君等相继演说，大致谓：孔教为立国之本，启发人民之道德。无孔教不能立国，无道德不能为人。并申明孝弟忠信礼义廉耻，反复讲演，阐发无遗。并谓今日报载袁总统通令昌明礼教，即寓尊崇孔教之意，闻者莫不鼓掌。时已六句钟，遂摇铃散会。

（《尊崇孔祀之会议》，见《申报》1912 年 9 月 24 日第 7 版）

10 月 3 日（八月二十三日） 中华民国义赈会举行谈话会，会上先生被推举为该会董事。（据《申报》1912 年 10 月 4 日第 7 版《义赈会推举职员》）

10 月 9 日（八月二十九日） 交通部复函先生，称已收到南洋大学呈送学生中西文试卷一本、分数表六册、中西文试题各两份。交通部拟派员评校后，再转教育部审阅办理。[据上海交通大学校史编纂委员会编《上海交通大学纪事(1896—2005)》]

10 月（八月） 先生向交通部呈送《缕析本校之中小学不应停办》的报告。

为咨复事，接准大部咨开本部直辖学校以养成专门人才为宗旨云云，至其附属之小学也应照此办理。旋又接准咨称附属中、小学办法云云，查照办理各等因。查本校开办之初，各处学校设立无多，又以程度不一，不得不兼设中、小学，以次递升。现在学校林立，专科之选，竞争待试，诚如来咨所称。唯求其程度相当、能直入专科者，戛戛乎实难其选，则所有附属中、小学，仍有难以议裁之势，请为大部缕析陈之。

本校长到校以来，瞬经五载，历届招考新生取入专科者，每次仅有三五名，即如上年下学期报考者，已达千余人，而所取专科学生仍不过十名左右。其故由于本校注重实业，各科均用英文课本，须能直接听洋教员讲授，而各处学堂程度甚浅，学科不完，相去之远，非可以道里计……即以上海一隅而论，名为中学者不下十余所，其能与本校直接升班者，不过南洋中学一所，然程度已觉较低。至于高等小学，不下数十所，其能入本校中学者也寥寥无几。倘停办中、小学，则嗣后考取新生，每届多至十余人，又须分入路、电两科，势必不能成班，其不便一也。本校历届高等毕业生出洋留学，多入大学二年级，并有中学毕业而直入外国大学者，程度之高，已为外人所公认。倘停办中学，高材生徒将无从招致，势惟有降格以求，敷衍从事，以课程就学生，不以学生就课程，行见数年之后，程度日浅，大部录用人才，亦多窒碍，其不便二也。本校设在上海，旧有学生，向惟东南人士为多，近来各省风气渐开，来学者日益众，检查学籍，几遍各行省，而有侨商子弟、外蒙边陲，不惮跋涉负笈而来者。因内地各处开通较迟，程度未能一律，惟有先入中、小学各班以资补习，否则，此辈学生均在弃摈之列，而各省官费咨送生也将因望尘莫及，转致裹足不前，其不便三也。凡事废弃之甚易，规复之为难，与其补益于事后，莫若审慎于几先。

本校专办高等之不便已如前述，而兼办中、小学之利更有数端。设学之初，支配课程，原定小学递升中学，中学递升高等衔接一气，以免敷衍迁就之弊。经历任监督惨淡经营，复经本校长扩充学额，设专科，方有今日之成效。为今之计，自宜因仍旧贯，庶规模不至狭隘，程度不至卑浅，其利一也。或者学堂改组大学，增设学科，专门人才日形发达，所有附属中、小学自应逐渐停办，以期一致进行。惟现在人民生计维艰，各处中学毕业者强半出而谋生，其力求深造、从事专门学问者实鲜，即如本校专科各班，免其学膳诸费，招之使来，仍不过百数十名。而学堂敷地宽广，上半年又添建校外宿舍，足敷学生千余名课堂、卧室之用，断无人满之患，是中、小学之附设，非特无碍专科之进行，且借以培植高等之基础，其利二也。方今国家经济艰难，支持不易，畴不应为公家撙节经费，勉共维持。窃按大部停办中学之意，曰借以节费耳，是又不然。查本校学膳费之收入，年万元左右，其取之专科生者不及十之一，取之中学者十九而有余，至每月薪水之支出，专科教员及各职员得十之七，中学教员得十之三，几成一反比例。而中学之收入，已敷培植中学生之用，故中学之续办与否，于全校开支无甚出入，是经费不加多，而培植者日益众，其利三也。本校长忝任校务，尝考世界教育状况，有大学而兼设中学、小学、幼稚园三级者，美之芝加哥大学是也。美为文明先进之国，学务发达，已非一日，更何患无程度相当之学生，而故为此叠矩重规之举？盖以功课呼应一气，得无形之利便也。矧以吾国各校程度未能划一，上海为五方杂处之区，招考择人非易，本校又夙称难治，即以目前中学而论，自小学升入者编入甲班，自他校录取者编入乙班，虽乙班中也多可造之才，然核其大概，往往甲班风气较胜乙班。譬诸种树，自初种时剪裁，长成不至拳曲。若无此项中、小学以为之模范，不仅程度多扞格之虞，即校风也将有江河日下之势。为培植人才计，为振兴实业计，为学校经费计，为本校风气计，所有本校附设之中、小学，似可无庸停办。

［唐文治《缕析本校之中小学不应停办》，见《交通大学校史资料选编》（第一卷）］

11月17日（十月初九日）　　通俗教育研究会在江苏教育研究会内开第四次谈话会。会上述先生告退函，因拟宣告概不入各党会，请另举代表。

　　本月十七日，通俗教育研究会在江苏省教育会内开第四次谈话会。

　　先由理事伍达君报告：（一）本会一年度概算。先请苏督补助若干，已得复，于编预算时审核办理。（二）组织活动影片。幻灯制作所吴稚晖君来函，主张定名通俗教育品制造所，兼由行政机关认股。（三）述本会代表唐蔚芝君告退函。因拟宣告概不入各党会，请另举代表。

　　次提议事件：（一）公决修订会章。以本会名称，前在北京开会，留京会员多主删去研究二字。前次本埠开谈话会时，众议亦同。当经公决，正名为中华通俗教育会,并通过修正会章十一条。(二)更推张季直、于右任两君为代表。

(《通俗教育研究会开会纪略》,见《申报》1912年11月21日第7版)

11月(十月) 先生致函交通部,中云:"本校所有路科(即铁路专科)课程,从前教务长胡栋朝支配,并由本校长商之前邮传部所派会考员詹天佑参酌。电机科课程由前该科主任、洋教员海腾编订,复经现任科长美国韦斯康新大学科长谢尔屯修改尽善。该两员均系美国电学专家,教授极有经验,为大部所嘉许。"[据霍有光编著《交通大学(西安)百年高等机械工程教育年谱》]

冬 先生编成《国文阴阳刚柔大义》。

冬,编《国文阴阳刚柔大义》成。本曾文正古文四象,发挥其义,又别选古人文以广大之,颇为详尽。

(冯)振谨案:阴阳刚柔之说,创于姚姬传氏,曾文正继其说而大昌之,先生则综二家之说论之,而更进焉。曰:"凡人之情性气质,毗于阳者,阴亦寓焉;毗于阴者,阳亦寓焉。天地之道,阴阳之气,常相胜而相争,唯明于消息之故,于其偏而调剂之,且因其偏而善用之。善验古人文之神与气,亦若是而已。"所编《国文阴阳刚柔大义》八卷,选《周易》《尚书》《诗经》《论语》《孟子》《国策》《庄子》、贾生、董生、司马子长、扬子云、班孟坚、韩退之之文,而分注阴阳,各名于其下。陈石遗先生撰先生全书总叙,称为论文之至精而无弊者也,其绪言并编入《茹经堂文集》三编,尚未刊。

(唐文治《茹经先生自订年谱·壬子四十八岁》)

冬 先生自上海寄樱花苗至无锡家中,父唐受祺作《樱花歌》。

壬子冬晚,治儿自沪上寄樱花苗归,即植于坐花亭畔,作长歌记之。

吴下阿蒙喜种花,小辟蹊径生云霞。先春忽寄樱花来,云是海国异种气体殊清华。培木根兮长萌芽,十年之后当有奇氛吐出同天葩。问花作何色,叠彩重绯是其色。每当迟日迎和风,千枝万枝展轻红。调脂敷粉意流动,争妍斗媚情酬秾。倘使一色铺十里,错认杏花艳无比。有时带雨浓姿含,桃花仿佛增娇憨。又疑海棠沉睡去,一曲红梨不知处。吾闻庭阶栽兰芝,譬诸子弟清氛遗。培植桃李亦风雅,门墙环顾皆英姿。樱花樱花兮,尔从异域来中土,被仁风兮沐化雨。迁地为良得自主,慎勿无知学芟楚。首当欣欣争向荣,心花璀璨常怒生。次则倏然挺正干,傍支毋任权杈侵。蔚成葱郁又其次,夹道缤纷环绿阴。我向花丛告语久,恍有花神开笑口。为我设绮筵,酌我天厨酒,陶然共醉坐花亭,我且击节高歌以为花神寿。

(唐受祺《樱花歌》,见《浣花庐诗钞》卷三)

本年　年底,应先生邀请,孙中山来南洋大学演讲。

孙中山先生第一次莅临交大演说是在 1912 年底,这是交大人永志不忘的。孙中山先生在 1912 年 4 月辞去临时大总统后,全力着手中国实业建设和交通道路事业。他认为,振兴实业的首要条件是发展水陆交通,尤其是铁路建设,西方实现工业化过程实际上就是"铁路立国"的结果。于是,孙中山弃政后一心从事实业和道路建设,不仅成为全国铁道协会名誉会长,更一度出任全国铁路督办,开始视察全国铁路,规划新路建设,足迹遍及大半个中国。所到之处,到处筹集筑路经费,发表演说,宣讲铁路建设的重大意义,态度真挚诚恳,在全国掀起了讨论修建铁路的热潮。

唐文治校长鉴于学校设置均为振兴交通实业的机、电、铁路工程等专业,与孙中山主持的实业建设一致,故盛邀孙中山在 1912 年 12 月底视察全国各地返沪时莅临学校演说,使全校师生员工了解孙中山振兴实业的宏伟蓝图,以鼓舞和激发师生们学习和工作的热情。孙中山为振兴实业,实现中国工业化,面临百废待兴、千头万绪的繁忙工作,欣然接受唐文治的邀请。莅校时受到学校师生隆重欢迎。孙中山随行人员中有早期同盟会员、原临时政府实业部长马君武等人。

孙中山在上院文治堂发表演说,他首先讲了他正在筹办的交通建设规划,表示要在十年内为中国建筑二十万里铁路,以振兴实业、巩固国防;向师生们介绍新近拟议的贯穿全国的南、中、北三大铁路干线;殷切希望青年学子学成后投身铁路交通建设,建成一个遍及全国、连通周边国家的现代化交通网络。全场学生大受鼓舞,情绪高涨,倍感自己所学专业正是国家所需。孙中山在演讲中还讲到纸币政策。他主张由中央政府统一发行纸币,用作建设基金,不敷之数还可以利用外国资本作为补充。之后,他又讲到对日本、对俄国的外交方针。他指出对强占我国领土、侵犯我国主权的帝国主义要坚决抵抗,因此必须建设我国强大的国防力量。

孙中山最后勉励师生们立志终身为发展实业、振兴中华而服务。他说,我国虽然建立起来了共和体制,但是目前百废待兴,需材殷切。同时,世界强国科学技术日新月异,我国远远落后。他希望学生们今日在校要倍加努力,发奋学习,掌握科学技术,他日才能迎头赶上,使我国与欧美发达国家并驾齐驱。

孙中山先生足足演说了两个小时。讲毕,他对校长唐文治说,各位师生对铁路建设计划如果有意见和建议,可随时和马君武先生联系。

这时已经是中午时分,唐文治以西餐款待孙中山一行。

（盛懿、孙萍、欧七斤编著《三个世纪的跨越——从南洋公学到上海交通大学》）

民国元年,十五岁。春,孙中山先生到校演讲,由吾父介绍,全校热烈欢迎。孙氏西装革履,风度翩翩。讲辞大旨,为吾人当牺牲一己私利,共谋大众人民幸福,娓娓动听。

(唐庆诒《忆往录》)

按:《三个世纪的跨越——从南洋公学到上海交通大学》及《上海交通大学纪事(1896—2005)》皆云孙中山至南洋大学演讲是在 1912 年底,《南洋公学—交通大学年谱》记此事在 1911 年 12 月下旬,但唐庆诒《忆往录》中记此事在 1912 年春。待考。

本年 先生致函交通部总长朱启钤,要求拨款。

本年 唐文治致函交通部朱总长要求拨款,称"本校经费,仅沪宁路局按月约银四千两,幸提用从前存款,并得沪军政府助银一万两,聊以卒岁。至本年上学期却仍无拨款,虽加收学费,并规定教职员薪水,支绌情形不堪言状。下学期已定九月一日开校,日后必须徐图扩充,敬希鼎力维持。各处学校多有因困难而停办者。弟以政体正当改革之际,培植人才尤不可缓,本校并未一日辍课……盖因目下经费支绌,职员薪水均以十个月计算"。

[上海交通大学校史编纂委员会编《上海交通大学纪事(1896—2005)》]

本年 先生就学校经费困难问题,再次致函教育部总、次长。

本年 唐文治再次致函教育部总次长,称:"因经费困难,不得已,拟将船校暂行停办,并将中学各班酌量归并,各教职员半数义务;新收学生并略加学费,以勉强续办。请教育部可否从游美学费项下酌拨经费若干万两,使学校免行闭歇,而船校诸生亦得再资造就。"

[上海交通大学校史编纂委员会编《上海交通大学纪事(1896—2005)》]

本年 先生就派遣电机系五名毕业生出国问题致函交通部总长朱启钤。

本年 电机系毕业生华应宣等五人由洋教员介绍出国,但交通部"以财政艰窘,未能照准"。故唐文治特致函交通总长朱桂莘:由于大部经费充裕,出洋学生缺额当续派之时,可否先将华应宣等五名派遣。唐称:"查该生等志趣远大,洵属可嘉。"

[上海交通大学校史编纂委员会编《上海交通大学纪事(1896—2005)》]

本年 先生就多名待毕业者补试问题致函交通部。

本年,唐文治致函交通部称:"本届应待毕业者尚有路科学生过科先一名,中学五年级彭清裕一名,均因临场患病,未及考试;又五年级生赵泽霖、祖纯儒、盘壁、黎阳四名,因物理一科未能及格,饬令于暑假期内补习,准其补试一次。现在开学伊始，正饬令各科教员分别补试，如果及格，应请准其毕业。"

［上海交通大学校史编纂委员会编《上海交通大学纪事（1896—2005）》］

本年　先生致函交通部总长朱启钤，将有关毕业生之试卷、履历册、分数册等送部察阅。

本年，唐文治致函交通部朱总长称："去年起义后，文治以政体虽将改革，而教育为诸事命根，刻不容缓，是以虽当经费奇绌之时，矢力维持奔走呼号，未尝一日辍课……察本届路、电两科三年级考试及格应行毕业者，计铁路科冯其礼等十一名，电机科杨贻诚等十六名，又附属中学应行毕业考试及格者凌鸿勋等六十三名。以上各生，经文治督同各教员分别考试，成绩尚优，均于七月初十日发给正式文凭。兹特检齐试卷，并造具履历、分数册二份，函达大部察阅……转容教育部察阅办理。"

［上海交通大学校史编纂委员会编《上海交通大学纪事（1896—2005）》］

本年　在江苏教育总会第八次常年大会上，先生辞去会长一职。

前日，江苏教育总会开第八次常年大会，唐、蒋二会长先后主席。其开会秩序如下。一、报告：甲、收支款项；乙、常任调查员报告调查情形；丙、征集革命战争纪念品情形；丁、都督委托组织图书审查会事；戊、附设通俗教育会事；己、各省教育总会联合会暂行停止情形；庚、私立龙华法政大学经费，延未拨到情形。二、修改章程。经会员逐条讨论，其大要：会长、副会长各一人，干事员分为学校教育、社会教育、庶务、调查四部。三、选举职员。唐会长以会章会长任期三年，得自行辞职，先行声明，力辞会长之职，并陈不能担任之理由四端，即退席。当会员举定张君謇为会长，王君同愈为副会长，黄炎培、沈恩孚、龚杰、袁希涛、姚文楠、伍达、仇采、贾丰臻、夏仁瑞、王纳善，夏曰璈、邵长镕、杨择、史成、马其骧、蒋炳章为干事员。四，提议事件：甲、蒋君炳章提议图书审查会开会日期，决定八月二十日；乙、张君允颐提议注重通俗教育入手办法，议交通俗教育研究会；丙、洪君鹊提议规定学务专员之资格，议交职员会研究适当办法。

（《纪事·学事一束》，见《教育杂志》1912 年第 4 卷第 6 号）

1913 年(癸丑　民国二年)　49 岁

1 月 19 日(壬子年十二月十三日)　太仓旅沪同乡会召开特别大会,同意先生辞去会长之职,另行选出新会长。

太仓旅沪同乡会,因会长唐蔚芝以前曾登报声明不入党会,力辞会长之职,故由该会发起人,于十九号邀集同乡,假邑庙萃秀堂开特别大会,另行投票选举。以顾赓吴占票多数,为正会长;朱颂六、吴挹峰为副会长。并由书记陆永侯起草,呈请上海县吴知事颁给钤记,立案以昭慎重。复由三会长相继演说,遂摇铃散会。

(《太仓旅沪同乡会纪事》,见《申报》1913 年 1 月 21 日第 7 版)

1 月 27 日(壬子年十二月二十一日)　共和女学召开周年纪念大会及毕业典礼。先生为毕业生颁发毕业文凭,并作演说,谓"谓学问之事断无穷期,譬如女子今能为一家之保姆者,须进而上之,为全国之保姆"。

日昨共和女校开周年纪念大会,并有高初二级学生举行毕业礼,及学生家属恳亲会。来宾共到者约七百余人,几无容足之地。惟规则綦严,故人虽多而绝无喧声。兹时适张君渭生及冯君绪承代表该校校长吴稚晖先生报告一切详情,继则学生唱欢迎歌,后则为毕业生表演学艺,皆精美可观。既毕,即请唐蔚芝先生给毕业文凭,李颂唐君奖花。后该校专修科生徐新华登坛演说,痛快淋漓,声高气爽,大致谓女子不可以无才,古人云女子无才便是德之语,断不能行诸今日。但女子有才,非入校读书不可。一时鼓掌如雷动。后来宾吴皖疢代表李颂唐君演说,谓今日女子必人人讲求教育,图谋自立,脱去倚赖性质云云。次唐蔚芝先生演说,谓学问之事断无穷期,譬如女子今能为一家之保姆者,须进而上之,为全国之保姆,此所望于该校诸位毕业生。又次沈君缦云、杨君千里相继演说。沈君痛言前日女界之黑暗;杨君则别开生面,谓女子今日竟言参预政权,不知家政不能操,何得参预国政权,女子宜先注意家政云云。最后为舒女士惠贞演说,极言女子不可不先注重道德,为吾人立身之基础等语。既毕,又有《真相画报》派人来,乃摄一毕业生影。时届五下钟,即由全体学生唱校歌毕,振铃闭会。所列该校成绩,亦甚可观,第一室统为手工成绩,五光十色，目不暇给，细览之，则以造花摘棉线结品为最优；第二室统为课学图画习字等之成绩，则以国文等之试卷、楷书楹联、水彩画、毛笔画为最优。诚洋洋大观，为沪上女校中仅见也。

[《共和女学开会纪盛》（刊入中华民国一月二十八日《天铎报》），见冯绪承著《燕石舫翰》]

同日 南洋大学遵交通部令，改校名为交通部上海工业专门学校。

迳启者，上海高等实业学堂改称上海工业专门学校，兹由本部刊发新关防一颗，文曰"上海工业专门学校"。关防相应函送贵校长查收备用，并将旧关防缴销可也。此致。上海工业专门学校唐校长。

[《交通部公函》，见王宗光主编《上海交通大学史》（第二卷 1905—1921）]

1913 年 1 月 27 日，学校遵交通部令，该校名为"交通部上海工业专门学校"，英文名称是 Government Institute of Technology Shanghai，China，简称 CIT。学校隶属交通部，为国立专门学校性质。2 月 4 日，学校正式启用由交通部刊发的"上海工业专门学校"关防，并呈报教育部备案。直到 1915 年 1 月，教育部才正式将"交通部上海工业专门学校"予以备案。

[王宗光主编《上海交通大学史》（第二卷 1905—1921）]

1 月（壬子年十二月） 因学校经费困难，先生呈文交通部，要求仍续减半薪。

敬启者，案查本校长薪水原系每月五百两，自前清宣统三年十月起支给半薪，至民国元年年底，仍照半薪开支。前准大部公函，校长仍照每月五百两等因，本校长坐靡巨薪，心实不安。且查本校经费，从前岁入约十四万有奇，目下进数仅得三分之二，而所办各事，仍从积极方面着手。现在通盘筹划，本年上半年预算，按照大部拨款及收入学费，断难敷用，届时不免溢出。方今国家财力艰窘，自未便再请追加拨款，现定本校校长薪水仍按大部所定半数支给。按照本校各教职员通例，每年以十个半月计算，所有概算册内，仍列六百七十元，而决算时实支一半，节省之款另项存储，作为弥补预算溢出之支款，临时再于决算册内详细声明。

[《因经费困难，唐文治校长要求交通部给他续减半薪》，见《交通大学校史资料选编》（第一卷）]

3 月（二月） 先生于无锡西溪之家祠始行春祭礼，又于小园中筑成爱莲、坐花二亭。

二月，家祠始行春祭礼，寄亭叔父来助祭。筑爱莲、坐花二亭成。爱莲为高祖考墨池公别号，吾父手书亭中匾额，思祖德也。坐花亭，吾父所题名，桐城吴芝瑛女士为书匾额,时布置苟完矣。

(唐文治《茹经先生自订年谱·癸丑四十九岁》)

同月 先生主持重订《交通部上海工业专门学校章程》,并将重订章程呈送交通部。在致交通部公函中,强调"本校现拟章程,首以注重道德、蔚成高尚人格为宗旨。无论风气若何,决不变更迁就"。

(1913年)3月 唐文治校长重订《交通部上海工业专门学校章程》,共十四章,上报交通部。第一章宗旨提出,本校隶属交通部,为国立专门学校,教授高等工业专门学科,养成工业人才,注重道德,保存国粹,启发民智,振作民气以全校蔚成高尚人格;其他各章则贯彻"功课密,管理严"的治学精神。

[上海交通大学校史编纂委员会编《上海交通大学纪事(1896—2005)》]

按:《交通部上海工业学校章程(节录)》见《交通大学校史资料选编》(第一卷)。

教育部确定为上海工业专门学校所有一切管理细则及各班课程单,自应详加编定,兹特草具章程底稿都凡十四章,并附中西课程表于后,送呈察核教正。

本校长窃尝盱衡世变,默察学风,窃以为从前教育,虽主持者不免腐败,然英俊之士,大都抱一改革政治之宗旨。乃改革之事既成,而学者于心理之指归,转觉茫无所向。按照教育部宣布宗旨,在注重道德教育,而以实业、军国民辅之,此诚不刊之定论。然实业教育,因国民限于经济之恐慌,学生出身未定,又复用非所习,以致相顾徘徊,骤难发达。军国民教育,本校长向所主张,唯近来详加体验,此时若无道德以为之根柢,学生血气未定,适以启其嚣争,无裨实事。然则,居今世而言,教育唯有先以注重道德为要点。本校长于本学期开校时,宣布教育宗旨,首提国民资格为训,以为有民而有国,必人人成其为民,而后可自成为国,兹事必从教育始,即从学生始。各项科学知识经验必须完备,方为国民之资;起居饮食言语动作一切品行皆有法律程序,方为国民之格。道德并非空谈,唯以人格核之,而后事事乃归于实。孟子所谓本心,王阳明先生所谓致良知之学说,日本得其绪余,已足强国。矧我国正当人心披靡之时,公德不明,礼义扫地,尤宜标兹国粹,示彼迷途。故目前教育宗旨,断以民德为先,然后于民智、民生、民力次第注意,此中缓急先后之序,操之有要。是以本校现拟章程,首以注重道德、蔚成高尚人格为宗旨。无论风气若何,决不变更迁就。至各项细则,皆取目前切实能行者载入,大抵以"功课密,管理严"六字为主,其空言高论,不能实践者,概从删削。《礼记》有言:"国奢则示之以俭,国

· 496 ·

俭则示之以礼。"不独为治宜然，即教育一端，尤贵与时消息，宋程子扶此倒彼之喻，正今日学生之通病。唯有审其症结之所在、影响之所及，先几以利导，因时以制宜，庶学风或有挽回之一日。要之，此项章程，仍不过为目前恢复秩序起见。嗣后如果士习循良，经济充裕，再当参酌东西各国学制，力求进步。惟希三五年后，我国道德渐明、教育渐兴之际，正此项章程修改之时。区区愚衷，不胜希望。是否有当，相应函达。

　　[唐文治《致交通部公函商讨教育宗旨（节录）》，见《交通大学校史资料选编》（第一卷）]

6 月 12 日（五月初八日）　先生就派遣毕业生出国留学事致函交通部。

　　（1913 年）6 月 12 日　唐文治致函交通部，称"本校毕业生派赴外洋留学，原定学额三十名……拟请大部将本届土木、电机两科毕业生，择其成绩较优者，酌派十名以补缺额。其余未能出洋者，请分别派遣实习。各处电车电灯公司均在筹设，如有可以储才之处，所有电机毕业生除派赴美国工厂实习外，其未能出洋者，并请大部设法派遣，既有进身之阶以资鼓励"。

　　[上海交通大学校史编纂委员会编《上海交通大学纪事（1896—2005）》]

按：据《上海交通大学纪事（1896—2005）》，此后不久，接到交通部复函，称"上海工业专门学校当前邮传部接办之始，前后派送出洋学生合计有三十名之多，至宣统元年以后逐渐减少。上年竟至停派，是原定学额三十名之案业已失其效力。且学风开塞，今昔不同，财政盈余，前后各异，衡情度势，有不能仍援前案者"。对未派出洋学生"由本部通盘筹划，原习土木科者择优送往现开办工程等路，由工程师考核酌派练习。原习电机科者可由学校直接与各处电车电灯公司函商介绍聘用"。

6 月 17 日（五月十三日）　先生致函盛宣怀，推荐留美毕业生李鸣和入汉冶萍公司工作。

　　杏公老伯大人阁下：日前奉复一缄，计邀察览。兹有留美毕业生李鸣和，系美国退还赔款第一届考送出洋，入威斯康新大学肄业，专习化学工程。在校三年，毕业后在工厂实习，于冶金一科尤为专长，颇合尊处之用，李生亦极愿投效。现因有事，先赴都中一行，已饬其携带文凭，出京时绕道赴汉阳，到厂听候试验。约计二星期后可以抵汉，敬祈函达吴君慎之，考验录用。再本校电机毕业生，如有需才之处，并请随时赐示，以便开具履历，送请考验为感。专此，祗颂台安。愚侄唐文治敬启。六月十七日。

　　（《唐文治致盛宣怀函》，见上海图书馆《盛宣怀档案》，? 年 6 月 17 日，档号 039693－1）

6月18日(五月十四日) 盛宣怀复函先生,请其告知李鸣和到汉冶萍公司参加面试。

复上海实业学堂监督唐

蔚芝仁兄世大人阁下:昨再奉惠书,敬悉留美毕业冶金专门李鸣和,甚为忻幸。顷已函致汉厂坐办职员吴任之,俟李生携带文凭抵汉时,即会同济工程师面加试验。电机毕业生倘未出洋,付以重任,恐不放心,□□持其履历程度、毕业文凭抄示,以便寄交吴任之,如可候用,两益之事,总须撮合也。祇颂台安。世愚弟。六月十八。

(《盛宣怀致唐文治函》,见上海图书馆《盛宣怀档案》,? 年6月18日,档号039693-2)

按:在上海图书馆《盛宣怀档案》(电子扫描件)的题录中,上两函皆不署年份。李鸣和是于1913年从威斯康星大学取得化学工程学位后回国,故将上两函系于本年。

6月24日(五月二十日) 先生致函盛宣怀。此前,盛宣怀介绍高、盛二生来投考工业专门学校附属小学,函中乃告以报名、招考时间。

蔚芝仁兄世大人阁下:接奉环章,敬悉壹是。高生年虽十八,程度极□,恐不能考列中学,只可□小学。未知小学招考约在何时?留学外洋矿务系在何国?请开示姓名,以便托出使公使查覆。鄙意此□□生毕业之后,最好再赴洋厂实地练习□年,然后回国,则学识均优矣。电机生□备用,因汉冶萍厂矿现均改用电汽,该□履历,亦请开示,以便函商厂务长预为筹画。专此奉复,敬□台绥。愚弟。

(《盛宣怀致唐文治函》,见上海图书馆《盛宣怀档案》,档号012089)

按:在上海图书馆《盛宣怀档案》(电子扫描件)的题录中,此函未署日期。但此函询问小学招考时间,下引6月24日先生致盛宣怀回复"现定于阳历七月八日上午八时招考",由此可知此函写于6月24日之前不久。

官保老伯大人阁下:展诵惠缄,祇聆种切。高、盛二生既系小学程度,当将名条转交小学主任沈叔逵君。现定于阳历七月八日上午八时招考,报名至七月四日截止。所考学科国文、算术二门,年龄较大者,并须考试英文。届时请转饬来校报考为荷。肄业矿务诸生均在英国,明年以后均可次第毕业。电机毕业生多在美国各电厂实习二年,颇有经验。与各该生同学之朱福颐一名,已先为汉厂聘订。现在各生学识经验,大致相同。兹特分别开奉名单,敬祈察览。李生鸣和已承函致吴任之君考验,甚感。济济群英,凤蒙陶铸,复承量才擢用,培植后生,有加无已,感篆同深。专复,祗颂禔安。愚侄唐文治敬启。六月二十四日。

　　(《唐文治致盛宣怀函》,见上海图书馆《盛宣怀档案》,? 年六月二十四日,档号 079241-1)

　　按: 在上海图书馆《盛宣怀档案》(电子扫描件)的题录中,此函未署年份。前引本年 6 月 18 日盛宣怀复先生函,叙及李鸣和将参加汉冶萍公司面试,本函则云"李生鸣和已承函致吴任之君考验,甚感",故知本函写于 1913 年 6 月 24 日。

6 月 26 日(五月二十二日)　盛宣怀复函先生,除告知高生、盛生投考凭单,已分别转交照填外,再介绍刘长裕来投考工业专门学校附属小学。

　　复上海实业学堂监督唐

　　　蔚芝仁兄世大人阁下:昨奉手书,敬聆种切。高生、盛生投考凭单,已分别转交照填。兹又有刘生长裕,年十五岁,六合县人,曾肄业上海思高学堂,亦系小学程途,附上名条一纸,即希转交小学主任沈叔逵君。以上三名,届期即当令其赴考,费神深感。再承示留学英美矿务、电机诸生,均属有用之材,汉冶萍厂矿扩充,致用电汽,需才孔殷,容即交明溪厂办吴任之,如需用之时,请为调用也。敬颂台安。世愚弟。六月廿六。

　　　(《盛宣怀致唐文治函》,见上海图书馆《盛宣怀档案》,? 年 6 月 28 日,档号 079248)

　　按: 在上海图书馆《盛宣怀档案》(电子扫描件)的题录中,此函未署年份,但函中云"高生、盛生投考凭单,已分别转交照填",由此可知此函乃为对上引 6 月 24 日先生致盛宣怀的回复。又题录中署月日为 6 月 28 日,信尾则署"六月廿六",此从后者。

7 月 1 日(五月二十七日)　先生参加上海震旦学院毕业典礼,并作演说。(据《申报》1913 年 7 月 2 日第 10 版《震旦学院毕业记》)此前,先生奉交通部指派,至该校监考暑假毕业考试。

　　　昨日为罗家湾震旦学院高等文理两专科及预科毕业之期,该院总理特请吴怀疚知事及唐蔚芝、李平书诸君到院,颁给文凭。首由该院总理孔君演说,大致谓学问道德宜兼重。次吴知事演说,大致注重爱情。次唐、李两君相继演说,大致谓宜尊重国民资格及振兴国内实业等。次发给文凭。计文科得凭者四人:任起莘、吴家宝、沈祖文、蔡福畴。理科得凭者五人:潘肇邦、邓继存、庞嗣元、顾宝璜、沈迪家。预科得凭者:陆少莲等十一人。

　　　(《震旦学院毕业记》,见《申报》1913 年 7 月 2 日第 10 版)

民二……暑假毕业考试，由部派交通部工专（今交大）校长唐蔚芝先生来校监考。是故,本校毕业生资格在北京政府时代已迭蒙教部表示承认矣。

（《私立震旦大学一览·总述·校史》）

夏　先生主持建造电机试验厂。

夏,建造电机试验厂。余先在工业学校上院北设立机器厂,规模甚隘,其后略加扩充。至是,购买电机,价约数千元,别设电机厂,请科长谢而屯主其事(以后逐年增购机器,规模略具)。

（唐文治《茹经先生自订年谱·癸丑四十九岁》）

8月21日(七月二十日)　盛宣怀复函先生,称收到先生写给他的信及电气机械科毕业生履历一纸,并将以上各件函寄汉阳钢铁厂吴厂长,俟有回音再函告。
[据上海交通大学校史编纂委员会编《上海交通大学纪事(1896—2005)》]

8月30日(七月二十九日)　先生等人分别致电中华民国大总统、国务院及江苏省省长,请求饬拨巨款,救济江宁兵祸灾民。

致北京大总统、国务院电

北京大总统、国务院钧鉴:江宁此次乱党独立,蹂躏四旬有奇,乱兵抢掠勒索,惨无人理。大兵先后环攻,乱党婴城固守十数昼夜,炮弹横飞,伤亡枕藉,米粮早缺,来源更断。乱兵搜索靡遗,居民或求一粥而不可得。失业贫民,露宿江干;及困守城闉者,何啻数十万。今幸大兵将次入城,民有生气。为善后计,急宜招集流亡,妥筹振抚。而十室九空,一筹莫展。恳请俯念江宁兵祸奇惨,人民身家财产荡失殆尽,迅予饬拨巨款,拯我孑遗。一面再由寿铺等设法劝募,公举正绅核实妥办,以弭浩劫而广仁帡。不胜迫切呼吁之至。朱寿铺、冯煦、盛宣怀、丁宝铨、唐文治、林志道、刘钟琳、刘芬、仇继恒、金鼎、魏家骅、傅春官、宗舜年、金世和、罗运经、顾赐书公叩。卅。

北京国务院覆电

上海朱曼伯、冯梦华、盛杏荪、唐蔚芝、金崎生、魏梅生诸君:电悉江宁经兵燹之后,招集流亡,妥筹赈抚,非款无以济事。已函交财政部从速筹拨,仍望设法,广为劝募,认真办理为要。国院。卅一。

致苏州应省长电

苏州应省长鉴:江宁兵火流亡之惨,公已熟知。官军入城,为善后计,急宜妥筹赈抚。请迅拨巨款,并须购粮平粜,由寿铺等公举妥绅,核实办理,以拯孑遗,无任企祷。朱寿铺、冯煦、盛宣怀、唐文治、丁宝铨等。卅。

应省长覆电

朱曼伯、冯梦华、盛杏荪、庚蔚芝、丁衡甫诸先生鉴：宁祸之酷，日夕疚心。兹承电示，弥增惨怛。赈抚流亡，自宜预为之计。已派员面谒冯、张、雷三使，妥商克城后之办法。惟库备奇窘，青黄不接之时，饷需孔亟，现方日事借贷。筹拨赈款，急盼仁施赞助。诸君关怀桑梓，夙所钦仰，前办赈务，卓著贤劳。尚祈协力筹济，以惠灾黎。此间于无可设法之中，当勉力措划，陆续解往。徐州一带被祸正同，似宜兼顾。临颍神往，伫望德音。德闳。卅一。

（《苏人请求赈济要电补录》，见《申报》1913 年 9 月 6 日第 10 版）

8 月下旬（七月下旬）　先生等致电南京刘巡阅使等，祝贺政府大军进入江宁城内，"除暴安良"。

南京刘巡阅使、冯宣抚使、张镇抚使、雷巡阅使均鉴：敬闻大军入城，江宁奠定，除暴安良，功在民国。彦彬等伏处乡间，同深感荷。苏、常、松、太等处伏莽滋多，风警日逼，得此露布，赖以镇定。谨先电贺，余待函陈。恽彦彬、庞鸿书、唐文治、王仁宝、雷补同等谨叩。

（《恽彦彬等之贺电》，见《申报》1913 年 8 月 28 日第 7 版）

9 月（八月）　交通部上海工业专门学校电机科科长谢尔顿热心教学，劳瘁不辞，由先生函达交通部转请政府奖给勋章。［据上海交通大学校史编纂委员会编《上海交通大学纪事（1896—2005）》]

约 11 月（约十月）　先生向交通部呈送自编《高等国文讲义》八册，请交通部核查并转教育部审查。在给交通部的公函中，先生指出："科学之进步尚不可知，而先淘汰本国之文化，深可痛也！"

窃维国家之强弱，人类之存灭，其惟一根源，端在文野之判。旷观世界各国，其竞进于文明者，则其国家、其人类强焉、存焉；否则，其国家、其人类弱焉、灭焉。我国文化胚胎独早，溯自书契之造，以迄孔子缵修删定，微言大义，阐发靡遗。二千年来历代相承，皆得奉为依归者，悉赖此文字之递嬗不息。是以圣门四教首文，而孔子自言"文不在兹"，厥谊可证。自西学东渐，怆愁之士，颖异标新，以为从事科学，我国文字即可置之无足轻重之数。用是十余年来，各处学校于国文一科，大都摭拾陈腐，日就肤浅。苟长此因循，我国固有之国粹，行将荡焉无存。再历十余年，将求一能文者而不可得。曾子曰："出辞气，斯远鄙倍矣。"国民既多鄙倍之辞，安得不滋鄙倍之行？科学之进步尚不可知，而先淘汰本国之文化，深可痛也！本校长有鉴于斯，爰就本校国文一课，特加注意，并于公余之暇，辑有《高等国文讲义》全部。首论国文大义，次及古人论文，探厥本源，及乎阴阳刚柔各义。虽未敢信为足以问世，而就本校行之数年，固已略著成效。查是项国文讲义，前年刷印之初，业经先后咨送大部在案。方今民国代兴，政体改革，学制更新，按之学校系统，固已无高等之学级，是项讲义似将不适于用。然就目前国文程度，以之饷大学生徒，恰为合宜。当此斯文绝续之交，或不无细壤涓流之助。相应检齐讲义八册，函达大部察核教正。转送教育部审查，见复施行。

（唐文治《函交通部致送高等国文讲义》）

按：1920 年无锡国学专修馆刊本《国文大义》，于作者自序后有《附录交通部公函》，公函中较完整地引述了唐文治致交通部的原函，上引文字即从交通部公函中辑出。各家引述此文者，《交通大学校史资料选编》（第一卷）作《唐文治致函交通部论国文之重要》，《上海交通大学纪事（1896—2005）》作《论国文之重要》，《唐文治文选》作《函交通部送高等国文讲义》，《唐文治教育文选》作《函交通部致送高等国文讲义》。此从《唐文治教育文选》。

又按：上海交通大学校史编纂委员会编《上海交通大学纪事（1896—2005）》于 1913 年 9 月中记"本月，唐文治向交通部呈送自编《高等国文讲义》八册，请交通部核查并转教育部审查"，又"本月，教育部对唐文治编《高等国文讲义》做出批复"；在本年 11 月中记"11 月 18 日，唐文治撰文《论国文之重要》并致函交通部"，似乎先生向交通部呈送自编《高等国文讲义》八册与撰文《论国文之重要》别为二事，实际上后者就是先生在向交通部致送《高等国文讲义》时所写的公函。

又按：交通部于本年 12 月 26 日的复函中称："查该《讲义》，博稽远引，镕铸群言，于斯文之能事，发抒殆尽。《国文大义·论文之才气》等篇均极精当，惟《论文之神》分为十二，又附以力、梦、鬼、怪四神，似稍泥行迹。然用以为下学说法，指点较易，亦出于教授之苦衷，不为病也。《论文大义》选录前贤论文之作，可谓择精语详。《阴阳刚柔大义》引曾文正之绪而大畅之，亦多独到之处。近日国学衰微，学者惮于深造，得此书为指南，洵于文学大有裨益。惟查本部审定教科用图书规程，审定之书，以中学校以下为限，本书不在审定范围之内，应由编者自由出版，听各学校自为采用。"

12 月 3 日（十一月初六日） 先生拟就国歌歌词报交通部。

（1913 年）12 月 3 日 唐文治拟就国歌歌词报交通部："已由南汇人张璜编制乐谱……本函达大部察核教正，转送教育部审定见复。"国歌歌词如下："我国初哉首磐皇，唐尧虞舜相禅让，共和政体肇元良。孔孟继起儒者王，大同世界神游翔。秦汉以来专制横，一治一乱纷玄黄，民生凋敝困且僵。我民国开国宙合发其祥,振兴实业农工商,五金地质开宝藏。教育覃旉,弦歌不辍,我国民士气扬。枕戈待旦,起舞鸡鸣,我国民兵气强。出入相亲,守望相助,我国民团体坚且长。勤俭忠信,孝弟力田,我国民志节久而昌。从兹我国旗飞且飏,照耀五洲洋。维我民国五族万岁万岁寿无疆。"

〔上海交通大学校史编纂委员会编《上海交通大学纪事(1896—2005)》〕

12 月 26 日(十一月二十九日)　先生致函盛宣怀。因中国图书公司已负债累累,濒临倒闭,函中告知将托亲戚俞隶云转陈一切,请教有无补救之术。

杏公老伯大人阁下:敬启者,昨据沈叔逵、唐子权两君交来中国图书公司节略一件,属为转呈尊处,恳求援助。查该公司开办之初,招股未足,以致历年营业,着着失败。光复事起,又颇受影响。驯至今日,负债累累,更有不可终日之势。当此商业停损、金融恐慌、该公司又值残破之余,扶植固非易事。惟念我国印刷事业,比较东西各国,不可以道里计。究其未能发达原因,实少热心提倡之人,以致重大事业均在外人掌握之中。吾公注意实业,长袖善舞。该公司出版教科书籍,久为学界欢迎。及今图之,当不乏补救之术。愿求明教,俾获维持,不胜幸甚。兹托舍亲棣云兄转陈一切,敬祈卓裁见覆,至深感盼。专泐,祇送台安。愚侄唐文治敬启。十二月廿六日。

(《唐文治致盛宣怀函》,见上海图书馆《盛宣怀档案》,1913 年 12 月 26 日,档号 044947 - 1)

12 月 31 日(十二月初五日)　先生致函盛宣怀。交通部上海工业专门学校于明年拟建铁路建筑试验厂,函中请求盛宣怀转饬汉阳铁厂,将钢铁模型之废弃无用者,每种惠赠一份,以供各班学生工程上之研究。

杏公老伯大人阁下:敬启者,敝校于明年拟设铁路建筑试验厂,近由洋教员万特克介绍美国公司赠送生熟铁各种模型及钢轨等项,以各专门各班工程上之研究,获益良多。兹据该洋教员面称"请搜本国产各处钢铁,以便参互比较,于教授上甚为有益"等语,因思汉阳铁厂所炼钢铁及制造路轨,久已驰声中外。拟请转饬该厂,将制成各种模型废弃无用者,每种惠赠一分,裨益诸生,实非鲜浅。素仰吾公热心教育,敝校尤托帡幪,当不责其琐琐也。敬祈示覆为感。专此奉恳,祇颂台绥。愚侄唐文治敬启。十二月三十一日。

(《唐文治致盛宣怀函》,见上海图书馆《盛宣怀档案》,1913 年 12 月 31 日,档号 045100 - 1)

12 月(十一月)　先生之顾氏大姑母去世,先生送殡至太仓。

十一月,适顾氏大姑母去世。姑丈顾叔英先生先卒,姑母无子,依表姊丈俞君隶云以居。没后,吾父哭之恸。殡葬一切,皆隶云兄伉俪料理,余送殡至太仓。

(唐文治《茹经先生自订年谱·癸丑四十九岁》)

冬　先生编成《论语大义》。

冬,编《论语大义》成。采用朱注,别下己意为小注,取简单以便初学,又探先圣精意,作《大义》二十篇(此后删改数次,乃成定本)。

(唐文治《茹经先生自订年谱·癸丑四十九岁》)

1914 年(甲寅　民国三年)　50 岁

1月5日(癸丑年十二月初十日)　盛宣怀复函先生,答应其"征取中外各种钢铁模型,实地研究"之要求。

蔚芝仁兄先生阁下:昨展惠函,尚稽裁答;顷奉手教,备聆壹是。贵校拟设筑路实验厂,征取中外各种钢铁模型实地研究,将来于工程上获效必多,殊深佩仰。承示一节,已嘱本公司李一琴、王阁臣二君查照来函办理。一俟该厂检齐送到,即由敝处转奉尊处应用。先此覆达。敬颂台祺。愚弟。

(《盛宣怀致唐文治函》,见上海图书馆《盛宣怀档案》,1914年1月5日,档号045100-2)

1月7日(癸丑年十二月十二日)　先生致函湖南民政厅长,催促汇寄湘省官费生学费。

(1914年)1月7日　唐文治校长致函湖南民政厅长。函述:"官费生学费均在开学时由各省汇寄到校。现学期已开始,湘省未寄,按照教育部定章,逾两月不缴费者,应令退学,本校照章办理,未便通融。湘省官费生潘先正、张勋基、彭昌宗、许逸、刘其淑等五名,上半年学费,每名一百元,共计洋五百元。请于查照,迅即汇寄。"

[上海交通大学校史编纂委员会编《上海交通大学纪事(1896—2005)》]

1月12日(癸丑年十二月十七日)　先生就请求设法维持中国图书公司事再次致函盛宣怀。

杏公老伯大人阁下:前托棣云舍亲转呈一缄,请维持中国图书公司一节,计登签掌。近日沈君曾来探询,因思该公司纯系华股,听其颓败,深为可惜。如有硕画远谋,保存该公司之残局,可以徐图进行之法,拟属沈君趋谒崇阶,面聆训诲。倘一时未能筹定办法,亦祈见示,以便转覆。屡渎清神,深抱不安。谅台端注重实业,热心公益,当不见责也。祗颂禔绥。愚侄唐文治敬启。一月十二日。

(《唐文治致盛宣怀函》,见上海图书馆《盛宣怀档案》,1914年1月12日,档号044947-2)

1 月中旬（癸丑年十二月中旬）　张元济自长吉里迁居极司非而路四十号新宅。新居东客室壁上，挂有先生的照片。

1 月中旬　自长吉里迁居极司非而路四十号新宅……张树年对极司非而路新居尚有多处记述……"东客室内家具不多。壁上挂的照片颇有价值。戊戌六君子照在正中，'谭嗣同复生'五个字写得特别大。此外有康有为、梁启超、严复、蔡元培、唐文治、夏偕复等"。

（张人凤、柳和城编著《张元济年谱长编》）

1 月 20 日（癸丑年十二月二十五日）　盛宣怀复函先生，对于其两次来函请求设法维持中国图书公司，答云："敝处年来经济困难，实无余力旁及他事。"

蔚芝仁兄大人阁下：前展手函，并中国图书公司节略一件。其时适汉冶萍事务极忙，贱恙又感寒而作，致稽裁答，歉甚歉甚。顷奉续示具悉一一，中国图书公司历史，弟亦略知梗概，且该公司有承印敝处书籍，为件颇巨。自□奉秋因□停顿，至今迄未蒇工，向以为该公司名誉尚佳，营业发达，经理得人，初不料其岌岌情形骤至于此。明知及早扶植，犹可为桑榆之收，无如敝处年来经济困难，实无余力旁及他事。近日贱恙，咳嗽尤剧，眠食俱减，更不暇筹度及此。乞嘱沈君转告该公司是幸。专复，敬颂台祺。愚弟。二十。

（《盛宣怀复唐文治函》，见上海图书馆《盛宣怀档案》，? 年? 月二十日，1913—1916，档号 063229）

按：在上海图书馆《盛宣怀档案》（电子扫描件）的题录中，本札署年份为"1913—1916"。从内容看，是对先生于 1913 年 12 月 26 日及本年 1 月 12 日两次致函请求"维持中国图书公司"的回复，故推定本札写于本年 1 月 20 日。

2 月 18 日（正月二十四日）　先生为交通部上海工业专门学校附属高等小学教师顾树森《生活教育设施法》一书作序。

嘤城顾子荫庭，小学校之良教师也。自毕业龙门师范后，即任吾校附属高等小学国文、理科、图画、手工教师。接其言，温温然；亲其范，秩秩然。自来吾校后，而学生几日与之俱化，信乎其设施之有本也。今春复出其《生活教育设施法》一书，将以公世，问序于文治。文治取而读之，作而叹曰……

（唐文治《生活教育设施法序》，见顾树森《生活教育设施法》卷首）

按：该文文末署"甲寅一月二十四日，唐文治敬序"。

2 月 24 日（正月三十日）　先生亲笔致函交通部，为土木科毕业生谋职。

（1914 年）2 月 24 日　唐文治校长亲笔致函交通部，为土木科毕业生谋职。函称："本校毕业生学有专长，委以职务，必能展其所长。现开具名单，函请大部核夺,分别派往汉粤川、浦信两路任用,俾免闲散。"

　　　　　　［上海交通大学校史编纂委员会编《上海交通大学纪事(1896—2005)》]

　　按：据《上海交通大学纪事(1896—2005)》,3 月 5 日交通部函复先生称:"函及毕业生魏景行等名单均悉。因汉粤川一路,虽在工程时代需才甚多,但各处毕业学生录用者多,是以该生等一时不能次第旨传。至于浦信一路,工程伊始,已函送该生等名单,饬令浦信局尽先调用,请转谕该生等听候旨传。"

3 月 19 日(二月二十三日)　为落实毕业生的工作安排,先生致函浦信路局劳局长。

　　(1914 年)3 月 19 日　为落实毕业生的工作安排,唐校长致函浦信路局劳局长。函中说,交通部已将本校名单函送贵局。其中毕业生魏景行愿往贵路报到。"该生在土木科肄业有年,于铁路建筑各学深有门径,毕业试验成绩均优,函请贵局长量才任用,定能不负委任。再有本校毕业生黄灏愿在路工实习,并请一并查照收考"。

　　　　　　［上海交通大学校史编纂委员会编《上海交通大学纪事(1896—2005)》]

　　按：据《上海交通大学纪事(1896—2005)》,4 月 1 日,浦信路局劳之常局长复函先生,称:"贵校毕业生名单已选用多名,魏君景行既为奎首,当属可用之才。自应遵嘱录用,望即令其前来,以备位用。"

3 月(二月)　先生致呈江苏民政厅,请求对"办理自治,成绩昭然"的太仓县前知事洪锡范予以奖励。

　　为呈请事。据江苏民政长韩国钧呈称,据署太仓县知事杨栋呈,据太仓绅士唐文治等呈称"窃查洪前县知事锡范办理自治,成绩昭然。西北乡湖川等处圩岸倾圮,请款修筑,以工代赈。杨林干河淤塞,督饬开浚,农田得滋灌溉。并请省委开浚刘河,以通长江尾闾。至教育要政,尤为注意。支配附加税,力主教育费应占多数,并于县公署组织教育行政会议,如扩充初等小学,添设高等小学,预备规画小学教员讲习所等。督促进行组织农会,筹设习艺所,藉立实业初基。开办教练所,扩充巡警,缉拿著名巨匪,电请刑戮。去秋,乱事发生,地方监狱有谋变之风声,立提首要,讯供属实,电请刑诛,俾地方不致扰害。加以去秋吴淞溃兵由嘉定窜入,其时只有兵警数十人,商民急无措手。洪前知事与叛兵严约,不得扰害百姓。一面急筹公债,设法遣散。正在缴械时,适官军追踪驰至,势将痛剿。洪知事急以叛兵业愿缴械遣散面告官军,并将获到之刘伪司令暨各伪军官,以及收缴之枪械数百杆、子弹数万颗交官军七十九团张团长,分别查收,官军因之克竟全功,太仓全县人民生命财产由是得以保全,呈请据情转呈,恳予奖励"等情。查现署上海县知事洪锡范,上年八月间在太仓县知事任内,办理遣散溃兵、收缴枪械各事宜,洵属有胆有识,因应咸宜。业经程前都督应前民政长电呈大总统及参陆两部在案。兹据太仓绅士唐文治等胪陈事实,民政长详加覆核,委无虚饰。该知事勋劳懋著,民不能忘,应如何酌予奖励,以昭激劝之处,理合据情呈请察核等情前来。本部覆加查核,该知事洪锡范既据民政长声称该知事有胆有识,因应咸宜,绅士唐文治等胪陈事实,委无虚饰,拟请大总统特颁命令,给予勋章,以示鼓励,理合具文呈请鉴核,令准施行。谨呈大总统。

〔《呈大总统,据江苏民政长呈,据太仓县绅士唐文治等请将前知事洪锡范奖励等情,恳给勋章,以示鼓励文(三月二十七日)》,见《内务公报》1914年第7期〕

春 先生为诸生讲《易》。

春,为诸生讲《易》,采用程传并项平甫先生《周易玩辞》、御纂《周易折中》及近代易师说,拟编《周易大义》,先作《易微言》三篇,寄曹叔彦谱弟指正,叔彦亦寄余《易笺》稿本,互相质证。

(唐文治《茹经先生自订年谱·甲寅五十岁》)

5月(四月) 先生为交通部上海工业专门学校土木科学生《旅杭测量日记》作序。

民国三年四月,土木科生实习测量既毕,述课程为日记,而问序于余。余惟工程一科,理论与实践相辅而行者也。能致其用而不能言其理,所用必不达;能明其理而不能致其用,所学亦不成。书也者,言其理者也。工程问题在在不同,非得之经验无以喻其旨趣。即就测量一事言之,譬如平面之测等高线,非惯历山川,何以能定必要之方?铁路之立斜面桩,非熟于观察,何以能得比例之度?恒过而后能改,断非朝执卷,而夕可以言施工也。故学者必期学理畅明,试之实践,以资经验,而辅其学理之未通,然后工程问题之来,可以迎刃而解。我国科学幼稚,承学之士取资于西国载籍,其间地力民能异势,广谷大川异形,善于彼者未必适于此,其所以为利者,或所以为患也。是则更非惯历其间,善于会变不为功。今诸生实习各项测勘,当亦稍知其握要,日后于计画、饬材、建筑各事,庶几知有把握,而无偾事之患。今观日记所述,虽属经验之初步,然于学习及经营各道,余知其无大谬矣。校长唐文治序。

(唐文治《旅杭测量日记序》,见《旅杭测量日记》卷首)

约5、6月间(约五月) 先生参加"中西合宴会",并作演说。

鄙人今日辱承美领事惟先生宠招演说,曷胜欣幸。谨就今日中国教育上之问题,举其一二,以与诸君共研究之。

第一先论德育上之问题。今日中国德育之方法,究宜以宗教为根据,抑宜不以宗教为根据? 此教育家之所宜平心思度者也。以宗教为根据之利弊何在,不以宗教为根据之利弊何在? 若以宗教为根据,则当以何一宗教为根据? 若不以宗教为根据,则别当以何者为根据? 哲理乎,模范之法乎,抑平常之科学乎? 此皆不可不详细研求者也。

夫以宗教为根据,则道德处于神圣之地位,示人以不可侵犯之庄严,不以宗教为根据之所不可得也。然而宗教恒以冥冥之赏罚为告诫,因有赏罚之希惧,而不离乎道德。其道德之标准,宁非至高? 似不若以哲理为根据,能以道德归束于善之一念;而于为善之外,更无所求也。虽然,以求善之本心,若复以宗教告诫之,神明之,则其为效更何如? 执是以观,即以宗教为根据,而尤宜以哲理为辅佐;即以哲理为根据,而亦宜以宗教为辅佐也。

宗教既为德育所不可缺矣,然宗教者以何宗教为主? 鄙人平素研究孔教,尝有二义:一曰无所为而为善,二曰有所为而为善。无所为而为善,系为上等人说法,即最高之哲理也。有所为而为善,系为中等以下人说法,即普通宗教家之说也。是孔教实已包涵二义。况方今世界学术宗旨,莫不趋于大同,而孔教之言曰老安少怀,又曰使人不独亲其亲,不独子其子。此数语并非空谈兼爱,实有学问事业,能使人各得其所,此乃所谓大同主义,实即包基督教之说者也。故以宗教而论,鄙意当发明孔教为主。

孔教之大弟子曰孟子,孟子之设教有曰良知。良知者,人心一点灵觉之发,有善无恶,又所谓良心者是也。人能葆此良知,时加警觉,时加省察,时加扩充,日新又新,则以之治一身,为爱敬之本原;以之治天下,为秩序之根柢(秩者,言条理如丝之有经纬;序者,言次第如阶之有级。人惟有最良之知觉,而后能制条理;亦惟有最良之知觉,而后能定次第)。是以鄙人尝曰:良知者,人身最灵最奇之理,亦天下最灵最奇之物。虽处于无形,而实为治万事之根本。此孔教之大宗旨也。

定此宗教及哲理二者,又当以模范之法,及平常之学科设问矣。原模范之法,即以教员之言行,为亲接之熏陶;以古人之事实,为直示之教导。平常学科之法,即以道德之意,使历史、文学等科发挥之。斯二者虽不及宗教、哲学包涵之宏,而要皆为辅佐方法中之不可缺者。若学校再加以惩警之法,则正本治末,两有所得,而德育之方法,庶均归于实矣。

今试次论体育上之问题。今日中国教育家所用体育之方法，究竟已未成有一完全之统系？此实急当研究者。其在小学堂，恒以柔软体操为主，自由游戏为辅，而间亦有以兵操、拳术或跳、跑等激烈运动为辅者。其在中学堂以上，则恒以兵操为主，而亦以其余为辅。观其柔软体操，大都以形式为尚，通班合作，令行同等之运动，并无预先身体之检查，其运动时有过速之通病。学生鲜有能为运动优劣之辨别者。其动作间之呼吸，亦往往不甚注意。观夫兵操，则亦有强令幼龄学生追随年长学生之病。至其游戏、拳术及激烈运动，大概不过及于一小部分之学生，且其间唯拳术有师教授，余则任其自然，致多不适当之运动。若论身体之洗涤，则亦并未注重。凡学生之视体操，多以为畏途，职是故也。

推原其故，则以体育之原理，未加深究，不足构一逐渐进步之统系，以合儿童各等之体格，又不能于所授之体操，加以切实之说明，而引起儿童之兴味。

今欲改良此病，必先以审察儿童之体格为第一，就其体格加以游戏运动，或柔软体操为第二，先求活泼其肢节，坚强其肌筋，使各部得相称之发育，而后可以言激烈之运动。至于身体之洗涤，饮食之节制，亦必加以适当之注意，且不特在学校为然也。务使其在于学校之时，立其体育之基础；出学校而后，则又能持其习惯而不舍。若是，则体育之益及于终身矣。

末则有智育上之问题甚多。兹鄙人所讨论者，有消极二法、积极二法。以消极言之，则第一须去贪多务广、不求甚解之病。今日中国学校之课程，大概课堂授课之钟点甚多，致使学生自修之钟点甚少，且科目求其多，课本求其大，而究其实在，则多食而少消化，所习皆未能融会也。要之，读书不消化，较之饮食不消化，为害尤甚。盖饮食不消化，害在于一时；读书不消化，害及于终身也。

第二须除墨守故知、流于陈旧之弊。大概教员之授课，恒用其为学生时所用之课本，执是以往而不改，便则便矣，而不知学术日新，其课本之内容及方法，两三年内，已早有驾而上之者矣。

以积极之义言之，则第一须实行统一国语。中国方言之不同，为教育上之大障碍，去之法，唯有以最新韵学之方法，参合官音，定一国语声音之标准，即定国语为小学师范必修之科，用以编课本，及为教授时代方言之用。盖欲求统一教育，非统一语言不为功。虽其统一之效果，非数十年不能稍见，而其改革之初，鄙人尝详思之，惟有是法耳。

第二则须传授为学之道。大抵学校教人以为学，而不教人以为学之道，斯所以有竟一科学而茫然不知其为何物者，有读一全书而毫未知其用意者。每

多好学之士，费尽光阴脑力，而因不得其法，不能成功者。智育上之浮耗，此其
最大矣。今宜于授课之际，使教员以心理及理论之方法输入之，教以若何而能
得其所习之要领，若何而见其所习之层次，若何而能推广之、抉择之、记忆之、
运用之，如是则教与学，俱事半而功倍，学者既能增长其思想力，而亦得以养成
一智育上最有用之习惯，斯诚教育家所不可不急图者也。

　　此皆今中国教育上重大之问题也。鄙人又有数言：窃尝以为人者，配乎
天者也。人之心为热度最高之处，譬诸地轴内之中心；人之背为冷度极至之
处，譬诸地球内之寒带。是以中国古人造字，脑与心相应，则成思字，以脑得热
血而能思也。人能配天，故凡天之所不能为者，全赖人工以补助之。而其补助
之种种学问，则皆原于教育，且实原于一心之良知。人欲造最新之世界，必先
自新其一身；而欲新其一身，必先新其一心。何以新吾之一心，惟有葆守此虚
灵不昧之良知，则天地间为善去恶之道，不外是矣。若世界之种族，皆能有善
而无恶，然后可谓之新世界，然后可谓达教育之目的。鄙人尝持此以为宗旨，
惟学识浅陋，臆断之处，必多未当，务望诸君子有以进而教之。

　　　　　（《唐蔚芝先生中西合宴会演说》，见《大同报》1914 年第 20 卷 26 期）

6 月 3 日(五月初十日)　先生大表姊俞母顾夫人去世，先生为作《祭表姊俞室
顾太夫人文》。

　　五月，大表姊俞母顾夫人去世。余中表兄弟姊妹共七人，而俞夫人最长，
贤而多才，能诗文，幼时最为先姒所爱赏，乃因外症，遽不起。幸三月间表甥凤
宾名庆恩已从美国游学归，其幼女庆棠即余聘媳也，哀毁特甚，余为文以祭之。

　　　　　　　　　　（唐文治《茹经先生自订年谱·甲寅五十岁》）

按：《祭表姊俞室顾太夫人文》，见《茹经堂文集二编》卷九。

　　人惟性仁厚，方能笃情谊。亦惟具才能，始可治百事。武陵我甥女，秉姿
凤纯粹。忆共室人处，陈词胥合意。自我客京华，时有音书寄。故乡三千里，
土物远为致。迨乎赋归来，问馈月屡至。相见道家常，心思征密致。我自倚老
迈，事劳代措置。天何降酷罚，一病不可治。我方借助殷，陡痛折一臂。回首
望停云，尘寰迥屏弃。兀坐万感集，但有纷纷泪。

　　[唐受祺《阴历五月初十日，为归河间武陵甥女殁日，追悼记此（甥女归同
乡俞君隶云，佳士善人也)》，见《浣花庐诗钞》卷三]

按：此诗后有先生小记云：“按：武陵先表姊为先姑丈顾叔因先生长女，归姊丈
俞君隶云（俞君事迹见文治昔年所撰墓志)，即凤宾甥之萱堂也。德容言功兼备，先
祖考暨先大夫、先太夫人咸钟爱之。偶有拂意事，姊至，数言即解，其贤惠婉娩如

此。今读此诗,追忆幼年中表昆弟姊妹环绕先祖考膝下时情景,宛然在目,不禁涕泗之交集也。文治谨记。"

又按:此诗作于乙卯年(1915年)五月初十日顾氏逝世周年日。

6月13日(五月二十日) 第二届远东运动大会筹备会举行会议,会上宣布了27人的赞助员名单,先生为其中之一。(据《申报》1914年6月14日第10版《再志远东运动大会之筹备》)

6月26日(闰五月初四日) 先生致函盛宣怀,邀请其参加交通部上海工业专门学校毕业典礼。

敬启者,七月六日午后一时,敝校土木、电气机械两专科及专门预科、附属中学、高等小学各班学生行毕业给凭礼,届时敬请台驾惠临,务希不吝教益,无任欣幸。专此奉订,祗颂日祉。唐文治谨订。

(《唐文治致盛宣怀函》,见上海图书馆《盛宣怀档案》,1914年6月26日,档号019189)

7月1日(闰五月初九日) 上海复旦公学举行第四届中学毕业典礼,李联珪代表先生出席并作演说。(据《申报》1914年7月2日第10版《复旦公学毕业式志盛》)

7月6日(闰五月十四日) 交通部上海工业专门学校举行毕业典礼,先生介绍本届毕业生情况,并授予毕业文凭。又代表政府授予电机科科长、外籍教员谢尔顿五等嘉禾奖章。

徐家汇交通部工业专门学校,即前南洋公学,昨日午后二时举行毕业礼。先由校长唐蔚芝君报告,略谓:本年毕业生,土木科十六人,电机科十人,专门预科十八人,中学五十一人,小学二十七人,共计一百二十二人。其中土木科毕业生五人、电机科二人,特由本校派送出洋。土木科毕业生有八人,已受导准工程局聘请,云云。其次唐校长给凭。又次附属小学主任沈叔逵君报告小学毕业情形,并给张生承祐以品学兼优之奖凭。又次导准工师糜特君演说,略谓:各学授[校]举行之毕业式,在英文译意为始业式,实则以字义论,始业为当。盖学校者不过求学之地,毕业之后始出问世,一生事业固皆在毕业后也。鄙人对于毕业之后,有一言奉劝,则出而问世,不可不忠于所事,切勿见异思迁,以致学业无所增进,事业无所成就,云云。约翰大学校长卜舫济君继起演说,略谓:鄙人对于毕业诸君,伸贺之后,更有忠告之语。人生行事最要之点,为自行约束。居校之时,服从校章为重;出作事业,则服从道德法律为要,云云。又次伍廷芳君演说,略谓:鄙人今日蒙唐校长邀来,以英语演说,而对于吾国语言之不能统一,实抱无穷感慨。毕业诸君,对于学问决不可存自满之心。学问无穷，而诸君所得，仅其少许，安可自足？必须进求高深，云云。又次复旦公学校长李登辉君演说，略谓：鄙人对于糜、卜、伍三公所陈述，深表同情。更有进者，则吾国少年学者，不可专思作官。向时人均以投身仕途为荣，然民间事业，实较仕途为尤足荣也，云云。继有学生代表起读谢词。既毕，唐校长代表政府赠电机科科长、美国谢而敦君以五等嘉禾章，预科科长徐经郭君缅述谢君行状，称颂其视事之勤恳，及其主持教务之热忱。又次，附属小学生徒由沈叔逵君指导，合歌校旗歌，闻者鼓掌不止。于是奏乐而散。是日观礼者，本校教员学生数百人，来宾数十人，县知事洪伯言君未克躬自莅校，特委县教育会会长李颂唐君代表云。

（《交通部工业专门学校毕业礼志盛》，见《申报》1914 年 7 月 7 日第 10 版）

7 月 23 日（六月初一日） 先生致函盛宣怀，告知其新生招考时间，并云"世兄如须入校，或有亲友愿考者，均请如期来校报名应试"。

杏公老伯大人阁下：前晤舍亲棣兄，谈，悉尊体渐臻康健，至为欣慰。棣兄交示拟致京电，不审曾否发寄？甚念。前因世兄拟入敝校，正月间，曾请饬知来校，经科长面询程度，以便早日预备，不至临时局促。未蒙赐覆，至为怅惘。本校定于八月二十五日（即旧历七月初五日）招考新生，先于八月一日（即旧历六月初十日）起至二十日止报名，逾期概不补考，亦不中途插班。世兄如须入校，或有亲友愿考者，均请如期来校报名应试，以免贻误。谨此布闻专泐，祗颂台绥。愚侄唐文治敬启。六月一日。

（《唐文治致盛宣怀函》，见上海图书馆《盛宣怀档案》，1914 年 8 月 25 日，档号 019336）

按： 在上海图书馆《盛宣怀档案》（电子扫描件）的题录中，署日期为 1914 年 8 月 25 日，但 8 月 25 日是此函中所说的招考新生的时间。此函的落款日期为"六月一日"，当为农历，公历为 7 月 23 日。

7 月 29 日（六月初七日） 先生女唐庆婉生。（据《茹经先生自订年谱·甲寅五十岁》）

7 月（闰五月） 由先生选编七年来举办国文大会菁华文章而成的《南洋公学新国文》出版，其中收录邹韬奋文章七篇。

（1914 年 7 月） 唐文治选印 7 年来举办国文大会的菁华文章 240 篇，本着"无题不新，有美必录"，并选印校门、校舍及校长照片，共四册，定名《南洋公学新国文》。该书由苏州振华书社出版，32 开，共 118 页；由商务印书馆代售，成为风行一时的语文课本。

［上海交通大学校史编纂委员会编《上海交通大学纪事（1896—2005）》］

邹韬奋下苦功夫练习作文,取得了很好的成绩。1914 年 7 月,苏州振新书社版《南洋公学新国文》,收录邹韬奋小学最后一年级和中学一年级所写作文 7 篇。第一篇《斯宾塞谓修道之法在于尝人生最大之辛苦说》,是邹韬奋最早的正式出版或发表的文字。教师下的评语是:"文事轩爽,能见其大。后路尤足为有为者痛下一针砭。"《班超遣甘英使大秦至条支临大海不渡而还论》,教师下的评语是:"笔力坚凝,语有根据,合作也。"《诸葛武侯谓我心如称论》,教师下的评语是:"心明如镜,笔快如刀。具此识力,加以读书之功,便当前无古人。"《西国自活版兴而人群之进化以速论》,教师下的评语是:"笔意清超,能见其大,起处尤为得手。"其余三篇教师下的评语分别是:"文气疏宕,词义精辟。少年得此,的是隽才","刊落肤词,独标真谛,是文之极有心得者","庖丁解牛,如土委地,所谓技进于道也。向见作者听讲,端容默坐,异于常人。阅此文,知其修养有得,喜极喜极!"这些作文融汇中外,见解精辟,具有很强的思辩性和说服力。文如其人,从评语来看,教师不仅对他的作文称道有加,而且对他的人品修养甚是赏识,并寄予厚望。

(沈谦芳《邹韬奋传》)

8 月 3 日(六月十二日)　寰球中国学生会开会欢送北京清华学校游美学生,穆藕初代表先生出席,并代为宣读先生之演说词,其中云:"凡文化盛者,其人种必强;文化衰者,其人种必弱。未有提倡国学而国不兴者,未有自戕国学而国不亡者。"

寰球中国学生会,于前日午后四时半,在马霍路十四号□庐开会,欢送北京清华学校游美学生。到会者有杨道尹小川、洪知事伯言、美总领事塞门史,及唐少川、黄韧之、王宠惠、梅殿华诸君,男女来宾计有三百余人。五时振铃开会,即奏军乐,先由会长钟紫垣君宣告开会宗旨,旋请范源廉君演说,略谓"诸君出洋游学,当以祖国之观念时存脑中。其最当分别观之者,有两大问题:一为政治,一为宗教。关于政治者何也?吾国二千年来,统一最早,无强国与之比较,以故国民不知有外患,而自然无竞争心,致渐成积弱之国。欧洲自十五世纪以来,由封建而渐并为诸大国,迤于今,列强雄峙,国力竞争,优胜劣败,以故国民之竞争心正在勃然兴起之时,此其强盛所由来也。关于宗教者何也?耶教宗旨重灵魂,不重躯壳,故人民对于国家社会,宁牺牲一己生命,尽灵魂之作用,以求天国之乐。然吾国数千年来,圣贤教世,以修己敬天、尽性知命之义垂训万世,若人人以道德为根本,以仁义为生命,岂有不牺牲私利以为公益,固不必赖乎宗教之信仰力也"云云。范君词毕,有唐蔚芝君代表穆藕初君继起演说,谓"吾国今日大局,风俗浇薄,人心茫昧,诸事棘手。其故安在?皆因吾国学生倾向西学,曾未窥其精萃,而先弃吾国固有之美,以致人心世道、风俗学术,无不江河日下。何谓固有之美?国学是也。何谓国学,吾国之国文是也。凡文化盛者,其人种必强;文化衰者,其人种必弱。未有提倡国学而国不兴者,未有自戕国学而国不亡者。所望诸君输入文明,以开颛蒙而通闭塞,更当不忘国粹,期日后回国能行其所学,于国家社会,非徒袭文明之外观,而实有根本之裨益"云云。穆君代为宣布后,复宣布己意,略谓"游学诸君,须认定求学之本意,以达到日后行其所学之目的,万勿游移改变,实为至要之图"云。复有黄韧之君演说,谓"诸君求学海外,无论何种学术,均须与本国之学术切实相比较,采其优而舍其劣,择彼所长补吾不足,是为极善之法。鄙意学业完成以后,尤当实地练习二年,而后执其业以实行之,庶几咸有把握,不致情形隔膜也"。演说既毕,乃由清华学校校长周诒春硕士,代表全体学生答辞道谢,末由钟紫垣君勉励再三,遂奏军乐而散。

(《寰球学生会欢送游美学生》,见《申报》1914 年 8 月 5 日第 10 版)

8 月 15 日(六月二十四日) 盛宣怀致函先生,介绍郑观应之三子郑润燊、四子郑润鑫前来投考交通部上海工业专门学校附属小学。

交通部实业学堂实业学堂监督唐

蔚芝仁兄世大人阁下:顷接郑陶斋先生函称,其三世兄名润燊,年十二岁,曾在青岛大学堂读书,现因乱返沪;又其四世兄名润鑫,年十岁,均拟入贵校初级小学肄业,膳宿学费照纳,但恐文理欠优,未能应考,嘱为转恳等语。惟查贵校报名早经截止,考期已近,未知能否设法准其附学之处,即祈示覆,以便转达。原函附上,敬请台安。世愚弟。八月十五。

十八日又复函催,并附去名条二纸。

(《盛宣怀致唐文治函》,见上海图书馆《盛宣怀档案》,? 年 8 月 15 日,档号 094091)

8 月 21 日(七月初一日) 先生复函盛宣怀,告知"郑陶斋先生世兄投考小学,已代报名"。

杏公老伯大人阁下:顷自锡山归,奉读惠缄,祗承种切。郑陶斋先生世兄投考小学,已代报名。奉上凭单二纸,敬祈转致。再本校上中院招生,定于阳历本月廿五日,即阴历初五考试,世兄及有令亲须应试者,即希转知届时来校与试,幸勿错过,至盼。专覆,敬请禔安(附凭单二纸)。愚侄唐文治敬启。八月廿一日。

(《唐文治致盛宣怀函》,见上海图书馆《盛宣怀档案》,? 年八月五日,档号 044094 - 1)

按：在上海图书馆《盛宣怀档案》（电子扫描件）的题录中，本函及上引八月十五日盛宣怀致先生函，皆未署年份。但本函中云"定于阳历本月廿五日，即阴历初五考试"，查此前后数年中，只有1914年的8月25日为农历七月初五，故将此二函系于1914年，即本年中。

8月27日（七月初七日）　先生致函盛宣怀，告知其侄孙投考交通部上海工业专门学校附属小学等事。

　　杏公老伯大人阁下：昨承大驾枉顾，聆聆麈教，快慰良深。兹询小学主任沈君，尚可插班，请转饬令侄孙于明日上午十时到校试验。神州大学章程已转索，俟交到再行呈阅。专泐，祗颂禔安。名令具。八月廿七日。

　　（《唐文治致盛宣怀函》，见上海图书馆《盛宣怀档案》，1914年8月27日，档号044944-1）

按：此函后附有先生之名片。

8月30日（七月初十日）　先生致函盛宣怀，并寄奉神州大学章程。

　　杏公老伯大人阁下：日前承委转索神州大学章程，兹已取到，特奉呈四份，敬请察收。该校报名期，系今日为止，世兄如果有意，请即前往报名。专此，祗颂禔安。愚侄唐文治敬启。八月卅日。

　　（《唐文治致盛宣怀函》，见上海图书馆《盛宣怀档案》，1914年8月30日，档号044944-3）

8、9月间（七月）　先生应人之请，作《迟鸿轩集序》。

　　岁丙午，文治佐家君重刊吾乡陆桴亭先生《思辨录》及诗文集、年谱若干卷。窃以为先哲典型，旷世难再。揆之近今，虽作者如林，而求如先生之流风余韵，盖几藐乎不可得矣。今夏，乌程刘翰怡京卿出其乡先辈杨藐翁先生诗文集六卷、续刻二卷、补遗一卷及自定年谱一卷、年谱续一卷，重谋付梓，而问序于文治。文治取而读之，作而叹曰：先生之志行，胡乃与桴亭先生相类也。

　　　　　　　　（唐文治《迟鸿轩集序》，见杨岘《迟鸿轩集》卷首）

按：此文文末署写作时间为"甲寅秋七月"。

9月5日（七月十六日）　交通部上海工业专门学校电机科三名学生联名写信给先生，恳请学校呈部赐予录用。

　　（1914年）9月5日　电机科毕业生沈超、陈亮、周志廉联名写信给唐校长，恳请学校呈部赐予录用。信中言辞恳切，情理交融。述及在校肄教历十余年，"今夏复蒙夫子考试毕业，发给凭书。惟光阴驹隙，自毕业至今将两月，尚无出处之所，若即此赋闲，实有负大部历年补助公款及夫子教育生等之始意；

且生等家道寒微，仰事俯蓄，时磋困乏。为此只得恳请夫子咨呈大部，赐予录用，俾上可报历年培植于万一，下得有所糊口。是否有当，伏乞钧裁，不胜惶悚待命之至"。

〔上海交通大学校史编纂委员会编《上海交通大学纪事（1896—2005）》〕

不久，先生为三名学生谋职事，致函交通部有关部门负责人。

（1914 年 9 月）唐文治致函交通部有关部门负责人尤干臣称：电机科毕业生除前四名已派赴美国实习外，尚有数名"程度亦优"。特推荐沈超、陈亮、周志廉三名"送部录用"，已饬"该生等趋谒台阶，面聆训诲，敬行推爱照拂，不胜感荷之至"。

〔上海交通大学校史编纂委员会编《上海交通大学纪事（1896—2005）》〕

9 月 22 日（八月初三日） 先生送长子唐庆诒乘太平洋邮船公司"蒙古"号，启程赴美国威斯康星省比洛伊大学留学。

八月，送大儿庆诒赴美国比洛欧大学肄业，科长谢而屯所介绍也。时庆诒年甫十七，甚幼稚，吾父意颇怅怏，幸时得安禀以为慰。

（唐文治《茹经先生自订年谱·甲寅五十岁》）

民国三年，十七岁。余中学毕业（旧制四年），大考国文一百分，题为《原文》，王子桢先生评语为"气盛言宜，斐然成章"，英文亦为全班之冠，惟数理化仅勉强及格。盖余于科学，非性之所近也。

夏间，拟往英国留学，徐君佩琨助余准备行装。忽第一次欧战暴发，乃改计赴美，由南洋大学电机系主任谢尔屯先生（Professor Sheldom）介绍至美国威斯康辛省比洛伊大学（Beloit College）。于九月二十二日乘太平洋邮船公司"蒙古"号船起程赴美，同行者为孙君世缵。

（唐庆诒《忆往录》）

交通部特派员、京张铁路会办蔡序东君，财政部特派员王璟芳君，由两部派赴美国考察铁路财政，并由巴拿马赛会事务局委任，前往筹划赛会事宜，均于昨日午后五时，自新关码头乘小轮至吴淞口，登美国邮船"蒙古"号，今日清晨离埠。二人带有小工三人，赴美建筑中国馆。同船美国人归国者亦甚众，华人同行者，则尚有交通部上海工业专门学校校长唐蔚芝君长公子唐庆贻〔诒〕君等数人，前往留学云。

（《巴拿马委员出发》，见《申报》1914 年 9 月 23 日第 10 版）

10 月 17 日（八月二十八日） 先生为数名留美电机科实习生要求酌加在美实习津贴一事致函交通总长。

(1914 年)10 月 17 日　唐文治为留美电机科实习生朱彭寿、黄锡蕃、胡端行要求酌加在美实习津贴一事致函交通总长,称:"据留美电机实习生朱彭寿、黄锡蕃、胡端行禀称,迩因欧洲战务,美厂商业停顿,裁汰工人,生等在厂实习,每星期仅有三日薪水,减去大半旅食所费,万难支付。不得已恳请转商大部,每月酌加津贴,使济眉急。附呈西报载寄异厂减工情形二纸。该生所请酌加津贴应否照准……请大部审核见复。"

[上海交通大学校史编纂委员会编《上海交通大学纪事(1896—2005)》]

10 月(八月)　先生再致函交通部梁敦彦总长,恳请大部录用三名学生。

(1914 年)10 月　唐文治又为陈亮、沈超、周志廉向交通部梁敦彦总长写信推荐:"闻京师电灯正在扩充,电车亦将敷设……可否恳请大部录用。特饬该生等趋敬崇阶,面聆训诲。倘蒙推爱,量才任用,俾资历练,不胜感荷。"

[上海交通大学校史编纂委员会编《上海交通大学纪事(1896—2005)》]

11 月初(九月初)　先生将上海工业专门学校附属初中四年级毕业生 58 名之履历、分数表咨行交通部、教育部备案。

为咨行事:准咨陈"据上海工业专门学校详称案照本校附属中学四年级,本届应行毕业试验,所有各科试卷,本校长会同科长及各教员详细加评阅,学生戴成桓等五十八名,试验及格,均经发给证书。相应造具履历、分数表二分,详请大部察核,并请将一分转送教育部备案等情前来,相应将履历、分数表一分咨行贵部备案"等因,并毕业生履历、分数表一份到部。查该校学生戴成桓等五十八名,核与报部名册相符,其毕业总平均分数均在六十分以上,亦与定章相合,应准备案。相应咨复贵部,请烦查照转饬该校遵照可也。此咨。交通总长。

[《咨交通部上海工业专门学校附属中学毕业准其备案文(第一千一百二十六号,三年十一月六日)》,见《教育公报》1914 年第 7 期]

11 月 5 日(九月十八日)　先生致函盛宣怀,告知向其赠送《南洋公学新国文》两部。

杏公老伯大人阁下:敬启者,文治到校以来,逐年厘定课程,于国文尤加注重。诸生成绩卓然可观,略著成效。兹特裒而集之,刷印成册,奉赠两部,敬祈察收,并乞指正为感。专此,祗颂禔安。愚侄唐文治敬启。九月十八日。

附书八册。

(《唐文治致盛宣怀函》,见上海图书馆《盛宣怀档案》,1912 年 9 月 18 日,档号 045003-1)

11 月 6 日（九月十九日）　盛宣怀复函先生,感谢其赠送《南洋公学新国文》,并云该书"门分类别,浓淡清奇,无美不备,直可当一部《子史精华录》读,洋洋大文,叹观止也"。

　　蔚芝仁兄世大人阁下：奉手书,承惠《南洋公学新国文》八册,门分类别,浓淡清奇,无美不备,直可当一部《子史精华录》读,洋洋大文,叹观止也。溯自欧化东渐,科学是崇,国文一途,几几废息。弟创办是学,首先设立师范院,注重国文,只以历任监督,大多遥领,亲炙之训,阙焉未修。自阁下主任其事,躬亲督率,莘莘学子,□化顺流,国文程途之高,遂为南北学校之冠。大钧鼓铸,万汇胥镕,异日者进于道德家,进于政治家,通译闳才,绍述师傅,专门名家,成材辈出,定能为南洋公学国文特放异彩,适如阁下之期望者。尊叙云：国文宜兴不宜废,历千百年而不可磨灭者。大哉言乎！病中泐复数行,敬以为谢。祇颂台安。世愚弟。九月十九。

　　（《盛宣怀致唐文治函》,见上海图书馆《盛宣怀档案》,1912 年 9 月 19 日,档号 045003－2）

按：在上海图书馆《盛宣怀档案》（电子扫描件）的题录中,本函及上一函均署年份为 1912 年,但《南洋公学新国文》至 1914 年即本年方出版,故将此二函系于本年中。

11 月 29 日（十月十三日）　交通部上海工业专门学校特设种种运动,邀请省教育会讲演会各听讲员到校实地观察。学生进行各项目运动时,先生等"亲自在旁指点"。

　　昨日（二十九）,交通部工业专门学校各学生特设种种运动,邀请省教育会讲演会各听讲员到校实地观察。九时半开始,凡赛跑、跳高以及足球、网球、硬球等各项新体育,共分十三节,技能娴熟,精神活泼,至午刻甫毕。校长唐蔚芝君、职教员沈叔逵君、邱道生君等,均亲自在旁指点,并分赠《运动须知》一册。是日到者一百六十余人,运动既毕,省教育会即借该校操场,邀同唐、沈诸君合本会职员、各听讲员共摄一影,以留纪念。沈君又备茶点款待来宾,各各尽欢称谢而别。

　　（《工业学校表示体育之成绩》,见《申报》1914 年 11 月 30 日第 10 版）

冬　先生编成《孟子大义》"梁惠王""公孙丑""滕文公"三篇。

　　冬,编《孟子大义》"梁惠王""公孙丑""滕文公"三篇成,仿《论语大义》体例,采用朱注,兼采张南轩先生《孟子说》。余别为传义,以穀梁释经法行之,颇有古致,每篇后各附大义一篇。

　　（冯）振谨案：先生此书,贯串群言,发挥新义,于孝弟人伦之本,出处取与之经,察识扩充之几,辟邪反正之道,不惮剀切敷陈。而其尤注意者,则在剖析义理,警觉良知。又以《孟子》之文,笔阵纵横,兼采眉山苏氏、桐城方氏评语著于篇,于《孟子》道德文章之指归,可谓兼备矣。已刊入《茹经堂全书》中,其《滕文公》篇大义,并载《茹经堂文集》卷一第三十一页。

(唐文治《茹经先生自订年谱·甲寅五十岁》)

本年 聘表甥俞庆恩为交通部上海工业专门学校校医。

时余掌上海南洋大学,敦聘兼校医职,凤宾视人疾如已疾,参九藏之动,必详以周。每值盛暑秽气熏烁,或严寒丙夜起,冒风雪,造病者家,迄无倦怠。余尝谓之曰:"俞者愈也,宜子治病之立愈也。"凤宾肃然对曰:"恐不能用心尔。"其欿然不自满如此。

(唐文治《俞凤宾墓碑铭》,见《茹经堂文集三编》卷八)

按:俞庆恩受聘任交通部上海工业专门学校校医,事在其自美国宾夕法尼亚大学留学归国后。《茹经堂自订年谱》于1914年中记:"三月间表甥凤宾名庆恩已从美国游学归",故暂将此事系于本年。

1915 年(乙卯 民国四年) 51 岁

1月10日(甲寅年十一月二十五日) 南洋公学会同学会开新年聚餐会,先生在会上作演说,"同学会与母校有密切之关系,应互相辅助,以谋进步"。

民国四年一月十日,本会假座上海福州路之大观楼开聚餐会,以联络同学情谊,并欢迎母校足球部部员梁振民等十一人。于十二时开会,到者七十余人。会长傅纬平君主席。酒半酣,傅君举杯起立而言曰:本会成立以来,五易寒暑。每值新正,必集旅沪同学开聚餐会,以联络情谊。惟同学星散四方,历次开会,到者每寥若晨星,未有如今日之盛者,且承母校足球部诸君惠临,不胜欣幸,请在座同志尽欢畅饮,共伸祝贺之意。次名誉会长唐君蔚芝演说,言同学会与母校有密切之关系,应互相辅助,以谋进步。次名誉会员王君宠惠演说,言凡为同学,不仅在校时学业上之目的相同,即离校后办事上之政策亦必一致。然必须有同学会,而后能保守此一致之精神;亦必须扩充同学会之范围,而后能收同心同力之效果。次足球部部员梁君振民代表足球部答谢本会之欢迎,并致祝词。次会员穆抒斋演说,言有同学会而后有聚餐会;同学会日益发达,则下次之聚餐会必能更盛于今日,并以积极进行会务为望云云。继由沈君叔逵率足球部部员唱母校校歌,歌毕欢呼,乃复入座。及餐毕,即在会场摄一影,散会已下午四时余矣。是日天气晴暖,日光满室,会场悬挂民国国旗、母校校旗、足球部凯旋之五彩旗,日光相映,灿烂夺目,益之以名人之演说,足球部诸君之欢歌,故到会者无不兴高采烈云。

[《本会聚餐会记事》,见《南洋》第一期(1915 年)]

1月13日(甲寅年十一月二十八日) 上海工业专门学校社团组织"南洋学会"于大礼堂举行成立大会,出席会议百余人,会议推选先生为名誉会长。[据上海交通大学校史编纂委员会编《上海交通大学纪事(1896—2005)》]

民国四年一月十三日下午四时起,在大礼堂开(南洋学会)成立大会……一月间,经本会职员议决,公举本校校长唐蔚芝先生为本会名誉会长。已经承认,对于本会会务极力赞助……

(陆以汉《南洋学会记事》,见《交通部上海工业专门学校学生杂志》第 1 卷第 1 期)

2月4日(甲寅年十二月二十一日)　上海工业专门学校足球队启程前往武汉,与武汉各校及华人、西人足球队进行比赛。此足球队系先生应学校同学会请求而组织。

南洋公学足球队,与东方各大学及沪上各华人、各西人足球部连次比赛,均载前报。兹有武汉各校及华人、西人足球队,特商武汉南洋公学同学会,函电商请往赛。校长唐蔚芝君徇同学会之请,乘此寒假,已命体育部预备一切,挑选足球学生,于二月四日乘江新轮船出发往汉。又该校于每年寒暑假时,例派专科学生出外参观实习,此次派出电机科一班生往汉阳,已于二月一日展轮矣。

(《南洋足球队往汉比赛》,见《申报》1915年2月3日第10版)

2月(正月)　先生在校内发起"强迫运动",规定各级学生必须报名参加一种运动。又将技击列为学生正课。

(1915年)2月,唐文治校长鉴于体育不能普及,添聘体育专门教员,聘请美国莫礼逊 W.R.Morrison 任体育教授,发起强迫运动,各级学生必须报名参加一种运动,如拳击、童子军、球类等。若每项都不愿参加,那么每日必须有普及运动。技击课列为学生正课。成立南洋公学技击部,以"表扬国技,防身保群"为宗旨。

(霍有光、顾利民编著《南洋公学—交通大学年谱》)

(民国)四年春,本校大运动会加入技击一项。同学以平日练习有素,故得大显技能。自是,每年运动会时,徐汇道上车水马龙,有专来观技击者。是岁强迫运动,唐先生曰:"技击为我国技,列入正课,诸生专之,其免练运动。"曰:"其以二十五人为限,四年毕业。"曰:"以后每年开技击大会,联合沪校有技击者,以收观摩之效。"部长仍为黄照临君。

(周仁山、费福焘等合述《吾校技击部十年沿革史》,见《南洋大学技击部十周纪念册》)

3月29日(二月十四日)　先生致函盛宣怀。此前,因吴淞商船学校学生在商轮练习,往往为华洋各员所排斥,先生乃于函中"敬祈传知商局洋总船长,务必分派诸生上船,与该轮职员一律待遇,以次递升,俾资上进"。

杏翁宫保老伯大人阁下:敬启者,吴淞商船学校原系佽所发起。先由敝校特设专科,复就吴淞建筑校舍。溯自开办至今,已届六年。学生毕业得数十人,多入商船练习,于测量、星度、驾驶、停泊均有心得,颇为船长嘉许。惟是诸生在商轮练习,往往为华洋各员所排斥,刻下在船者寥寥无几。屡据诸生就商,求为设法。窃思船校造就学生,原为商船之用。若非实地练习,广为引进,听其中途散去,各自谋生,不特糜款可惜,从此商轮永无自行驾驶之人,于海权关系非细。素谂吾公热心公益,培植后进惟恐不及,用敢代为渎陈,敬祈传知商局洋总船长,务必分派诸生上船,与该轮职员一律待遇,以次递升,俾资上进,同深感泐。伫为振兴航业、挽回利权起见,务希爱照见复,无任感祷。另附名单一纸,并祈察览为荷。专此,祗颂台绥。愚侄唐文治顿首。三月廿九日。

（《唐文治致盛宣怀函》,见上海图书馆《盛宣怀档案》,? 年 3 月 29 日,档号 099486）

按：在上海图书馆《盛宣怀档案》（电子扫描件）的题录中,本函未署年份。函中云"吴淞商船学校,原系侄所发起。先由敝校特设专科,复就吴淞建筑校舍。溯自开办至今,已届六年",这里所说"敝校特设专科"是指上海高等实业学堂于 1909 年春季特设航海专科,由此后推六年,故将此函系于 1915 年,即本年中。

3 月（二月）　南洋公学同学会所办季刊《南洋》第 1 期出版。先生为作题词。该刊还发表了修改后的新校歌。

今日之世,其道德人心存亡之秋乎? 自科举废,学校兴,欧化浸入,负笈重洋者,累轨连踵,而能得其精蕴实用,利国福民者,何鲜也。学校林立矣,英才济济,而成效卓著,为社会崇仰者,又何鲜也。吾校创设最早,留学生遍东西诸大邦,朝野上下,各部各行省,莫不有吾同学事业诸君子。社会崇仰同学,因亦崇仰吾校。余不知吾同学以何道致于斯乎,抑亦修身笃行,不忘本而已。今者同学会杂志发刊,余知必能阐明中西圣哲之义理,科学之微奥,以饷我学界,行见风行海内外,振聩发聋,廉顽立懦,以维持一世之人心道德,岂仅交换智识、联络感情而已也。谨弁数言,用伸祷祝。唐文治谨题。

［唐文治《同学会杂志题词》,见《南洋》第 1 期（1915 年）］

（1915 年 3 月）　南洋公学同学会办的季刊《南洋》第一期出版。创刊号发表陈容的《南洋公学之精神》,认为本校校风其重要者有三:"注重体育以矫文弱之弊""注重国学国文以保存国粹""注重科学工艺以增进民智"。还发表修改后的新校歌——《南洋公学校歌》,歌词为:"五色备,如虹霓,美哉吾国徽。醒狮起,抟大地,壮哉吾校旗。愿吾师生全体,明白旗中意。既醒勿睡,既明勿眯,精神常提起。实心实力求实学,实心实力务实业。光辉吾国徽,便是光辉吾校旗。"

［上海交通大学校史编纂委员会编《上海交通大学纪事（1896—2005）》］

按：与该校 1909 年的校歌相比,这一次的修改主要是将原校歌开头的"珠光灿,青龙飞,美哉吾国徽"改为"五色备,如虹霓,美哉吾国徽"。

春 先生为学生讲《易·上经》结束。

春,仍为诸生讲《易·上经》,毕。阅姚配中先生《姚氏周易学》,深得先圣忧患之旨,又安徽陈世镕《周易廓》一书,汉宋兼采,亦颇精善。李生颂韩又得书贾送来《周易集解》抄本一巨册,其评语原本汉易家法,极为精辨,惜其下册已为他人定购,书贾旋来取去,余仅临得《上经》,交臂失之,可惜也。

(唐文治《茹经先生自订年谱·乙卯五十一岁》)

4月6日(二月二十二日) 先生为学校土木科毕业生赴美实习事致函交通部。

(1915年)4月6日 唐文治呈函交通部,称:据洋员万特克报告,接美国钢铁公司来函,该厂愿收本校土木科毕业生两名入厂实习,月薪美金四十元,机会难得。拟请准派土木科毕业生两名前往,给津贴每名美金二十元并发往返川资,以助实习。

[上海交通大学校史编纂委员会编《上海交通大学纪事(1896—2005)》]

6月(五月) 《交通部上海工业专门学校学生杂志》第1卷第1号出版,先生作序。

向读《周易·离》,为文明之卦,而其象又为甲胄,为戈兵,心尝疑之,以为何相悖也。又读《史记·孟子列传》,叙邹衍之学说泰半,述孟学不过数言,心又疑之,以为体例何其舛也。迨验诸当世,而结辖乃尽解。盖文明者,戈兵甲胄之阶也。无形之竞争以心理,有形之竞争以学术;无形之竞争以科学,有形之竞争以干戈。离为火,制器尚象,火器日精,故世界愈文明,而干戈之相争杀,乃愈无已时。《离》之六五曰:"出涕沱若,戚嗟若。"此痛文明之祸者也。其上九曰:"王用出征,有嘉折首。"此起文明之弱者也。尚论千古,《管子》官山海王之说,知此义而欲补救之者也。《老子》"剖斗折衡,民斯不争",《庄子》"绝圣弃智,佳兵不祥"之说,知此义而欲屏绝之者也。《孟子》矢人、函人之相较,与夫如耻之,莫如为仁,而反求诸己之说,知此义而欲以有形之竞争,归于无形之竞争者也。邹衍初发明地球之状,维时田骈、慎到、尸佼、吴起、孙武、苏秦、张仪之属,互相謷謷然,争地以战,杀人盈野;争城以战,杀人盈城。孟子曰:"天下之祸亟矣,非仁义救之不为功。"盖有仁义,则地球之内以康以宁;无仁义,则地球之内以爪牙以肉食。此司马迁述孟学之大旨也。汉唐以来,鲜明此理,为学偏于空虚,其心思耳目之聪明窒塞乃日益甚。盖徒知文明之足以治天下,而不知甲胄戈兵之已随其后,悲夫!近代学子,稍稍研求科学,徐而究其实,乃徒知物质之文明，而于有形无形之竞争，曾未尝少辨焉。或者且嗜功利、薄仁义，此犹抱火厝薪、南针指北，呜呼！是恐将占《离》卦六五之象，而不知上九正邦之道矣。重明丽正，化成天下，我知中国必将有圣人者出。先以无形之竞争，趋于有形之竞争；乃复以有形之竞争，归于无形之竞争。昔者宣圣慨然于大道之行，与三代之英，夫大同世界，讵不可以缔造；在天之生斯民，先知先觉之得其人也。我校诸生，讲求工业，谋印杂志，公诸当世。余特发挥文明之学说以劝勉之，并将以振起我国民也。

（唐文治《上海工业专门学校学生杂志序》，见《交通部上海工业专门学校学生杂志》第 1 卷第 1 号，又见《茹经堂文集二编》卷五，题作《工业专门学校杂志序》）

同月 因澄锡战事，先生驰归无锡，迎父唐受祺赴沪。

五月，澄锡战事起，江阴炮台兵变也。先期，余闻警，驰归无锡，迎吾父赴沪。吾父因料理物件，命内子先行，不意火车已阻。晚间，枪炮声隆隆，至夜半始止，知江阴兵败退矣。越一日，始随侍吾父到沪，已受虚惊矣。

（唐文治《茹经先生自订年谱·乙卯五十一岁》）

7 月 6 日（五月二十四日） 交通部上海工业专门学校举行毕业典礼，先生出席并讲话。

本年七月六日，吾校举行毕业盛典。下午二时振铃开会，学生家族及来宾莅会瞻礼者数百人。首由校长报告，次李佳白博士、前教员司托克先生、美孚公司总经理司徒文先生及伍秩庸博士等英文演说，继由毕业各班代表致颂辞，再由校长授凭给奖。按此次毕业生合计有八十余名之多，电机机械科七名，土木工程科十五名，预科二十六名，中学三十八名。又是日特开成绩展览会，如各级学生之考卷，金木工厂手制之成绩，及机械计画旅行实测图等，均一一陈列，用供众览云。

（《毕业志盛》，见《交通部上海工业专门学校学生杂志》1915 年第 1 卷第 2 期）

8 月 10 日（六月三十日） 时在美国俄亥俄大学留学的上海工业专门学校毕业生胡端行致函先生，就如何培养学生爱校心等问题陈述自己的意见，提出可组织同学恳亲会。

校长夫子尊鉴：近接钧示，箴勉兼至，感惭交并。"涉世未深"句，针砭切中，受悟不少。气未能忍，骚形于辞，少年大戒，敬闻命矣。迩来实习颇重，任劳役力，勉尽所职，不敢怠弃，以陨声誉。冀结信于公司，图来者之永继。留习生之责任心，较留学生又稍异也。读志章傅君函，屡以投稿《南洋杂志》为言。

自量国学未达,渡洋已还,砚田芜生,岂敢弄斧贻讥。兹复有征文之揭示,中西问题俱有微旨,培养爱校心一层,窃有深感。愿陈私意,以备一说:吾校同学足迹贯中外,专科、中学卒业者,年以数十计。然而离校后入身社会,于母校一信之鲜通,而母校亦无历届同学之详细通讯录以报告校情。学生对于母校,仅为前经过度之机关,无去思之感念。淡焉久忘,爱何由存?此为吾辈学生最弱之点。身也,家也,学校也,社会也,国家也,一爱以贯之。不能爱校,其如国何?则培养之方法,亟焉待筹。唤起新少年,国魂以利,国责无所诿。尝见此邦每届夏期毕业时,由校内颁发通告,邀集前届毕业旧同学,为恳亲之意。或三年一会聚,或五年一会聚(校之古者,毕业不下百数十次,若尽召集,苦不能容。轮流之则平均耳)。纵年迈道远,无不莅校,甚至以子代之。种种游戏举动,联络情义,鼓发爱校精神,昭然流露于外,令在座者不期而生羡爱之心。观者若斯,其自爱为何如乎?其观感而培养之者,有何如乎?美大总统威尔逊去年专车应母校之召,慎重乃尔,亲爱可知。诚以学校养人材,人材辈出,则校誉日隆。敬大人物者,以敬其所自出之校,微特受养者起爱,即未受教者亦爱而来归。则恳亲之举,使后起者观先型而奋;留校之同学,靡不自重以拥护身受熏育之本校,宁非培养之一助乎?窃意我校亦宜仿行同学恳亲之会,为激扬之计。沪上南洋中学每届行毕业礼,必邀旧同学参礼,隐与欧美校风相似。我校望重东南,凡所提倡,攸关风气。夫子热心校务,有口皆碑,有益于校者,决施无疑。方虑同学有不尽爱校者,亟思培养之,则生所贡者,虽非本图,而以联络离校之同学,引起拥护之观念,亦属补助之策。去国年久,校情不实,忝为同学一分子,不应正文,惟务尽言。如蒙采纳,幸孰甚焉。专此,肃请钧祺!伏希垂亮。生胡端行拜手敬禀。八月十日。

(胡端行《上唐校长书》,见《交通部上海工业专门学校学生杂志》1915 年第 1 卷第 2 期)

8 月 13 日(七月初三日) 先生为学校土木科学生赴美实习之津贴费事致函交通总长。

(1915 年)8 月 13 日 唐文治致函交通总长,称:"本校土木科毕业生凌鸿勋、陈体诚两名,前奉大部核准派赴美国钢铁公司实习……该生等启程时,因恐到美后津贴或未汇到,由校中各借给银元一百元,亦请大部于汇寄津贴时代为扣除旧垫。"

[上海交通大学校史编纂委员会编《上海交通大学纪事(1896—2005)》]

9 月以后(八月以后) 交通部上海工业专门学校附中毕业生薛奎轮及附小学

生薛代榖相继离世。先生闻之，深感悲恸，特为作《哀二薛文》。

薛生奎轮，无锡人，吾校最优行生桂轮之胞弟。青年劬学，英英露爽。初，毕业于吾校之高等小学，旋入商船学校，继又入吾校之中学，今春改入吴淞海军学校，来辞别，意甚恋恋，若有言语不能达者。余怜之，为勉数语而去。乃月前得同学报告，奎轮于九月死矣。余痛惜之，挽以联语云："二难竞爽弱一个，四海雄志可千秋。"盖奎轮虽死，而其志气固不能泯也。哀哉！

越昨，又闻薛生代榖之耗。代榖崇明人，甫十一岁。九岁时，考入吾校高等小学之补习科。一日，偕其兄代蕃至中院。代蕃登楼，与同舍生久谈，代榖以其兄不知所往也，哭于中院之门外。余询知之，欲与登楼共觅代蕃。代榖不识余，固不肯。余慰之曰："吾非诳小儿者，汝何惧乎？"适王君炽甫至，亟引之入庶务室，复多方慰藉之，代榖哭乃止。旋代蕃来，与偕去，余因记其名。是年，三儿庆增亦入小学肄业，余时询代榖学行，庆增对曰："闻诸先生咸嘉许之。"每当校中庆贺之节，或为蹴鞠之戏，闻小学生欢呼声，辄为忻然，其中最幼稚之音，余必遥度之，以为薛代榖也。今岁九月开校后，校医俞君凤宾来言，代榖病痢甚剧，余甚忧之。既而闻代榖归，念之尤切。隔昨，庆增自小学归，余询之曰："薛代榖来乎？"庆增凄然曰："代榖死矣！其家将其行李归矣。"余大骇，亟询代蕃，则代榖果死矣。哀哉！

凡人子弟入学校，为学业也，而其父兄乃并其性命而付托之。人生自呱呱堕地，经父母之保抱携持，几历辛苦而至十年，又几历辛苦而至二十年。譬诸种树然，无时不在吹煦培养、风雨飘摇之中，故其顾复之也，无时不在梦魂牵系之间。古语云："人之爱其子也，有如予乎？"余短于才，且病目，于爱护学生之起居，每恨不能躬亲其事。今两生之死俱在家，可无所憾。且奎轮已入他校，代榖并未识余，而痛惜之情，犹有不能自已者，则以其皆为求学而死，而两家父母拊畜长育，辛苦之心血，为至难堪也。代蕃并为余言，代榖虽幼稚，而出言老成，救国捐事起，代榖日积铜圆一枚，不少间，至今犹在箧中。其死也，堂上哭之尤恸云。哀哉！孔子曰："君子疾没世而名不称焉。"余故特记之，以释两家之悲，且俾挂名于人间世，使后之人知有薛奎轮、薛代榖其人者。

平叙无所奇特，而神自远，感情为之也。文品在熙甫、南屏之间。自记。

（唐文治《哀二薛文》，见《茹经堂文集二编》卷九）

11 月 8 日（十月初二日）　先生等江苏士绅致电北京政事堂、财政部及南京巡按使，陈述忙漕征收困民已久，本年江苏又值灾歉，部议每石漕价加征五角，民力断难承受。吁请陈明总统，收回成命。

北京政事堂、财政部、南京巡按使钧鉴：顷闻部行加苏省漕价，查苏漕困民已久，民国初元规定忙漕折征数目，实未轻于前清旧额。近年忙漕征收费，均已另加忙银，并于正附税外加收三角，苏民勉尽义务，已重于前清时之负担。是以前韩巡按使有永不加赋之请。本年亩捐二分，苏、常、松、太因赋重获免。今加漕每石五角，核计每亩加银四、五、六分不等，较赋轻之区反重，民力断所难堪。况本年蝗害、风灾，继以淫雨，熟棉尽损，晚稻无收，租不抵粮，各县方纷纷议请蠲减，何堪再令加增。为此吁求陈明大总统，收回成命，以舒民困。唐文治、王清穆、姚文楠、沈恩孚、耿道冲、秦锡田、莫锡纶、吴馨、黄炎培、黄庆澜等。齐。

（《江苏请免加漕公电》，见《申报》1915 年 11 月 10 日第 10 版）

按：在代日韵目中，"齐"为 8 日。

在接到先生等人请免加漕公电后，财政部"电嘱江苏齐巡按使，向唐绅等劝谕，即令其开导民间，勉力乐输"。

苏人唐文治等公电政事堂、财政部，沥陈苏漕困民已久，本年又值灾歉，部议每石漕价加征五角，民力实有未逮，请陈明总统，收回成命各节，已见各报。兹悉财政部接阅之后，一面陈明政事堂，一面电嘱江苏齐巡按使，向唐绅等劝谕，即令其开导民间，勉力乐输，似尚无取消前议之意。惟闻个中人云：政事堂方面尚无一定成见，意谓当此国基未固之时，尤须持宽大主义，故将来此事能否转圜，全视齐巡按使能否将下民困苦之情上达政府。即如去年，亦有加征之议，经前巡按使韩国钧力争而罢。故现在江苏旅京官界正在公同商议，拟合词电告齐巡按使，请其慎重办理。其拟就电文理由甚长，不日将发表也。

（《苏京官对于加漕之商议》，见《申报》1915 年 11 月 20 日第 6 版）

11 月 24 日（十月十八日） 《申报》刊出《江苏请免加漕公文》。先生等江苏士绅为请免加漕事，再度致电江苏巡按使及财政厅厅长。

苏绅唐文治等，因冬漕加价，曾致电政事堂、财政部、苏巡按，呼吁请转陈总统，收回成命。兹悉该绅等，因未见准行，故又递文巡按使、财政厅长，请为咨部，详请罢议。兹录其原文如下：

敬启者，苏、松、太三属田赋偏重，民力凋敝。曾由绅士陆懋宗等于民国三年二月间，将亟宜分别减轻之种种理由，具呈国务院，请付会议。旋奉发交财政部批，开"详核所陈各节，自属实情。惟全国田赋，极关重大，现在正通盘筹划，酌拟划一办法，以资整理。该三属未便率行变更，致滋纷扰"等因。捧读之下，窃以为通盘划一办法，必求全国平均。既为偏重之区，自在议减之列。三属士民，喁喁仰望，企踵引领，日复一日。未几而忙银每两加省税三角矣，未几而忙漕征收费加征于折价之外矣，未几而带征水利经费、带征海塘经费迭奉通饬矣。历时一年有余，非惟无减，而且有增。而全国通盘划一办法，仍未颁布。三属士民，颇为失望。上年韩巡按使有呈请永不加赋之案，本年苏省加征亩捐二分，苏、松、常、太各县以赋额太重得免，于是士民又奔走相告，谓通盘划一办法虽未颁布，全国平均主义虽未实行，而吾三属之为田赋偏重区域，盖无日不在行政机关恫瘝念虑之中，则大可见也。岂意本月初旬，忽闻苏省漕米每石加征五角之信，初谓必无其事，询之官府，则行文已到。乃相与诧愕惶骇，专电吁免，迫切之情，当蒙鉴纳。夫江苏全省，独苏、常、松、太各县有漕，今加漕价，是专加苏、常、松、太各县之田赋也。各县漕额每亩一斗左右，今加价每石五角，是每亩加四分、五分、六分不等也，然则赋轻之区加在先，所加者每亩二分；赋重之区加在后，而所加之数乃一倍、两倍于较轻之区也，行政机关对于赋重区域恫瘝在抱，何至出此，当由偶未详查旧案，遂致歧误。或谓浙省大吏报告中央，谓田赋浙重苏轻，故有此议，此又理论之万不可通者也。夫浙之杭、嘉、湖，苏之苏、常、松、太，其各县田赋以全国比较，同为偏重之区，同在应减之列。但可以重中尤重为议减之理由，断无以重中较轻为议加之理由。况浙重苏轻，本非正确。以银米合银元，苏似尚轻于浙；以亩分计银米，苏固较重于浙乎。或又谓中央本议忙漕并加，加漕不加忙，已赖省吏之折中补救。凡此斡旋之苦心，讵非士民所同感。然民力果尚有余，虽并加未为偏重；民力既有不逮，即稍加亦属难胜。总之，此举与部批全国划一之案，暨前省长呈准不再加赋之案，前定赋重区域免加之案，均系后先歧异，必当声明更正。伏乞钧使贵厅为民请命，咨部详请罢议，上全信用，下恤民艰，三属士民，同深顶祝。至本年农田，既遭飓潮，又遭淫雨，灾情荒象，各县不同，想各县知事仰体德意，勤求民瘼，早经详晰上陈，分别请蠲请缓。文治等不再赘渎，专肃吁恳，祇颂钧安不宣。唐文治、王清穆、潘祖谦、尤先甲、姚文楠、沈恩孚、刘傅福、汪朝模、吴荫培、王同愈、耿道冲、吴本善、蒋炳章、莫锡纶、黄炎培、孔昭晋、吴馨、秦锡田、黄庆澜、杭祖良、丁怀永、吴曾涛、范端信、贝理泰、汪恩锦谨启。

（《江苏请免加漕公文》，见《申报》1915 年 11 月 24 日第 10 版）

12 月 10 日（十一月初四日） 《申报》刊出《补录苏人士续请免加漕价函》。因听闻"部持议"，对江苏漕价"可酌减而不可全免"，先生等江苏士绅再度致函江苏巡按使，吁请免加漕价。

江苏加漕一事，已奉中央电准免加（见昨报专电），此事幸得转圜。然已费尽江苏人士之力，计各县吁恳免加之函电，多至不可屈指。兹录唐文治等续致巡按使函于下，以见此事转圜之有自也。文云：

敬启者，前以加增漕价，众情恐慌。文治等缕述见闻，代为呼吁。后函先电，计达典签。嗣知京官马参政等亦有函陈，叙次理由，至为翔实，而部中并已电达节麾，妥加核议。下风遂听，窃以为一言九鼎，立解倒悬，无俟鳃鳃过虑。顾旬日以来，未见明示，且又传闻部中持议，可酌减而不可全免。文治等皇惑滋甚，不得不再行披沥，以乞救援，幸垂听焉。夫苏漕加价之动议，非以浙西漕价较重，而欲加苏，以示平均乎？然夷考嘉兴旧府一属，比较苏属，仅从前秀水及嘉善二县额米，有略重于长元吴各县者，实则忙银已较轻于苏。其余各县，以亩分合银米，其原额均系浙轻苏重。今若执一二最重之区以衡什伯，恐全国皆怀自危之心，此苏漕之宜减而不宜再加丝毫者一也。

浙省自民国建立以来，始则漕粮全免，继由四元而增至五元，虽渐进递加，小民固曾沾实惠。本年部定之特税六角，经绅士一再陈请，先已减为三角，嗣又停免一年。且征收费每石仅一角五分，此皆见之浙西士绅请减赋税之文牍，于本年八月汇案刊布，众目共睹，京外周知。阅报载马参政等公函，固已附呈鉴核。若苏省，则自临时省议会议定以来，每石折收银四元，外加附税一元。上年附税名目取销，人民纳银如旧。征收费本在定额之内，嗣复于额外加增每石三角，较诸浙省，且加倍矣。是就现状而论，浙省每石完银五元一角五分，诚未敢谓为已轻，苏省每石完银五元三角，又何至转欲加重？揆诸平均主义，似已万不可通。况风潮淫雨，本年迭遇天灾，受灾极重之县方筹急赈，痛彼垂毙之民，何堪更增负担！此苏漕之宜减而不宜再加丝毫者二也。

江浙田赋，以苏嘉等处为最重。今浙绅缕诉民艰，又得贤长官援助，部中采纳，群言俯从减免。苏人士同困重赋，又遭歉岁，再三陈恳，势非得已。大部综揽全纲，当以一视同仁为念。若彼迎此拒，畸重畸轻，虽民委沟壑，置之不问，何以示天下之公？此苏漕之宜减而不宜再加丝毫者三也。

伏维节座，膺东南保障之任，负禹稷饥溺之怀，民困如斯，公理如斯，度已恻然在抱，敢乞综上数端，为民请命，将加漕一案，咨陈财部，立行停止，吴民千万，咸沐生成，实不啻出水火而登衽席。文治等身托受廛，义同援溺，虑人心之浮动，迫灾象之流离，目击心伤，屡渎清听，不胜迫切待命之至。唐文治、姚文楠、王清穆、沈恩孚、耿道冲、莫锡纶、秦锡田、黄炎培、吴馨、黄庆澜、贾丰臻、阮惟和、朱祥绥、潘光泽、胡德望、丁熙咸、朱开甲、陆伯鸿、潘祖谦、刘传福、张志鹤、叶秉衡、陆家骥、汪朝模、尤先甲、吴荫培、王同愈、孔昭晋、蒋炳章、朱庭祺、刘永昌、陈恩梓、杭祖良、贝理泰、吴曾涛、王朝阳、吴本善、范端信、丁怀荣、汪恩锦谨启。

（《补录苏人士续请免加漕价函》，见《申报》1915 年 12 月 10 日第 11 版）

12 月 11 日（十一月初五日）　《申报》刊出《补录苏人士续请免加漕价函（二）》。先生等江苏士绅又一次致函江苏巡按使，吁请免加漕价。

致齐巡按使函

敬启者，日前续上公函，缕述苏漕万难再加情形，度蒙鉴纳。昨由上海县转示钧使会同财政厅长陈部个电，并部覆有电各一通，均经诵悉。仰见代陈民隐，采及刍荛，至深感荷。循绎部电，虽未即邀允免，然所持理由，仍系仿照浙省办理。则文治等前函剖析原因，已极详尽。伏望据情陈达，力请转圜。至部电中又引及前清藩司年定漕价之说，文治等窃所未喻。盖苏省冬漕，自辛亥以来，每石折银五元，早已著为定案。无论前清旧章久不适用，当时藩司定价，必先与苏绅酌议，然后宣布。上下之情，尚较现时为易通。今则由部直接指加，未经苏绅容喙，一再陈请，徒以空言见答，恐非所以为中央固结人心之道也。且以忙银而论，现完之数以银元合钱价，较诸从前，至多以二千四百文为限者，实加约五百文，地方人民未援往例请减，何尝不顾中央财政之艰难？今部中来电，独舍彼而取此，似绝未为苏民稍留余地。且谓将来岁入充裕，此项漕价仍可随时议减，换言之，即是将来预算不敷，此项漕价仍可随时议加。近有自京师来者，谓部意但可酌减，不可全免。苏民闻之，已大为失望。今绎部电，益愧文治等诚意未至，区区为民请命之微忱，未足动仁人之听也。大部洞悉苏民困苦情形，断不忍使困者益困，苦者益苦。今岁灾重之区，甚或全家饿毙，乡人来告，惨不忍闻。转示部电，不觉同声一哭。文治等目击心伤，用敢不惮再三之渎，仍恳节座委婉转达，俯准将议加五角全数免加，地方幸甚，文治等幸甚。率泐再渎，敬请勋安，鹄盼示覆。唐文治、黄炎培、张志鹤、吴荫培、贝理泰、王清穆、黄庆澜、陆家骥、蒋炳章、吴本善、姚文楠、贾丰臻、叶秉衡、孔昭晋、王朝阳、俞钟颖、朱祥绂、潘祖谦、叶寿萱、丁怀荣、邵松年、阮惟和、尤先甲、丁祖荫、范端信、耿道冲、胡德望、杨同桢、朱庭祺、汪恩锦、沈恩孚、潘光泽、翁奎孙、刘永昌、钱泰阶、秦锡田、朱开甲、刘传福、杭祖良、蒋汝坊、莫锡纶、陆伯鸿、汪朝模、陈恩梓、顾聘璜、吴馨、丁熙咸、王同愈、吴会涛、钱诗棣谨启。

再：正在封函间，接都门来书，抄示周总长覆马参政等一函，查函中所称"每年折合一次，岁有增减等语"，系属前清旧例，苏省久不引用，亦未闻钧署有此主张，此次覆部停免，务望切实声明，以免来年再生枝节，种仗成全，不胜感祷。附肃,再请政安。文治等又启。

（《补录苏人士续请免加漕价函（二）》,见《申报》1915 年 12 月 11 日第 10 版）

12 月下旬（十一月下旬）　美国威斯康星省比洛伊大学校长致函先生,称赞唐庆诒"敬事师长,勤学不倦,品性优美,为人和洽",且成绩进步甚速。

民国四年,十八岁……十二月下旬,比洛伊校长爱德华伊敦（Dr. Edward Eaton）致吾父函中有云:"兹奉上令郎两学期成绩二纸。令郎在此与教职员、同学颇相得,敬事师长,勤学不倦,品性优美,为人和洽,故同学多乐与之游。观其成绩,上学期进步甚速,以语文不同之人,而能臻此,尤为可喜。仆与敝校教员,敬以令郎学业之进步、起居之安适,报告左右,弗以为念。"

（唐庆诒《忆往录》）

冬　交通部上海工业专门学校参加在美国旧金山市举行的巴拿马太平洋万国赛会,先生以其"精心筹备主办本次展出",被国际评委授予勋章。

（1915 年）冬　学校参加在美国旧金山市举行的巴拿马太平洋万国赛会。送去的展品有图片、教材、模型、蒸汽机及学生纪念册等。展品被国际评委授予大奖章。中国有以下四单位获大奖章:教育部之全部教育出品、交通部上海工业专门学校（本校）、北京清华学校、徐家汇孤儿院。校长唐文治以其"精心筹备主办本次展出"被国际评委授予勋章。

［上海交通大学校史编纂委员会编《上海交通大学纪事（1896—2005）》］

冬　先生编成《孟子大义》"离娄""万章""告子""尽心"四篇,并作自序。

冬,编《孟子大义》"离娄""万章""告子""尽心"四篇成,并作自序,颇中时弊,有能读此书者,或可救世道于万一也。

（唐文治《茹经先生自订年谱·乙卯五十一岁》）

本年　先生编选《穀梁传选本》。

余十三岁读《穀梁传》,但觉其文之诘屈奇奥,初不知其佳处也。年二十后,学为说经文字,随意平衍,更不知若何而为佳也。年四十后,潜研文章,读柳子厚论书曰:"参之穀梁氏以厉其气。"爱复读《穀梁》,乃深好之。以为《穀梁》法律家也,断制谨严,于说《春秋》为最宜。年五十一,撰《孟子大义》,忽悟说经之要,皆当以文法行之,其例实始于春秋三传,而《穀梁》为之最。不当如后世训故传之属,芜庸而寡要也。爱取《穀梁》文法以说《孟子》,而文章觉稍稍进。是岁适得王氏道焜评点本,余详加选择,以为读本。复属陆君景周附录范宁集解,以资考证。

（唐文治《穀梁传选本跋》,见《茹经堂文集二编》卷五）

本年　顾宪成后裔顾宝琛以顾宪成乡闱发解之卷见示，先生作《顾端文公元卷真迹跋》。

壬子之春，迁居无锡。私心窃喜，得居贤者之乡也。一日，顾君彬生携先生（按：指顾宪成）墨迹见示。敬谨展读，则其乡闱发解之卷，为肃然起敬者久之。礼曰："陈其宗器，设其裳衣。"彬生表扬先代之意，孝思弥远，有足多者。嗟夫！近世以来，士习嚣张，志溢于中，气浮于外，求一沉静向学者，渺不可得。世道诪张，更不知伊于何底！得先生之学以矫之，庶几其有补乎！庶几其挽此狂澜乎！而文治生平私淑之诚，德行无所成就，乃滥名于卷末，既抚衷自愧，则又俯仰身世，低回而不能自已云。

（唐文治《顾端文公元卷真迹跋》，见王桐荪等选注《唐文治文选》）

1916 年(丙辰 民国五年) 52 岁

春 先生担任交通部上海工业专门学校春季运动会掌会。

(1916 年)春 举行全校春季运动会。运动会由唐文治校长担任掌会,谢尔顿先生任司令员,莫礼逊先生任评判员,下聘教员桑福等二十四人分别负责赛跑、丈量、拳术、计时、记录、报告、干事长、总纠察、总招待、救伤队长、军乐队长等工作。比赛评出各项目的一、二、三、四名优秀者。

[上海交通大学校史编纂委员会编《上海交通大学纪事(1896—2005)》]

春 先生请阮惟和为交通部上海工业专门学校庶务长,并请徐经郛为英文科长。(据《茹经先生自订年谱·丙辰五十二岁》)

5 月 2 日(四月初一日) 唐绍仪及先生等"二十二省旅沪公民"发表宣言,对冯国璋提出的解决时局修改办法八条予以驳斥。

呜呼!我中华民国国民,今日所由不计成败利钝而声罪致讨于袁氏者,非以其蹂躏约法,破坏共和,僭号称帝,阻兵安忍,而动摇我国基耶?今日所由公认袁世凯丧失总统资格,而依据国法,公认黎副总统继任,莫或异议者,非以成法具在,易则生乱,苟有迁就,即启纷争,而大乱将无已耶?是以蹂躏约法,破坏共和,即为我举国人之公敌,无论为既败露之袁氏,与夫方继起而学步袁氏者,我国人当抱极伟大之志愿、极坚忍之决心,非铲削净尽,剿绝无遗,复还我光明洁白之真正共和不止。南京将军冯国璋者,本袁世凯之心腹,只以袁氏年来猜忌宿将,意不自安,护国军起,亦颇暗表赞成。我国人嘉其向义之心,予以自新之路,故或有揭其态度暧昧、迹近两可者,吾人始终曲加原恕,未肯遽与决绝。盖抱与人为善之念,苟有济于国事,即不愿亿兆生灵,重受其涂炭耳。乃图穷匕现,竟有破坏成宪,扰害大局之东电八款,举国诧骇,视为不祥。某等惧乱天下耳目,是用痛予辞辟,邦人诸友,幸垂察焉。

中华民国创之南京政府,当时满清势尽力竭,莫资抗御,不得已乞和退位,适袁氏密使载途,誓以至诚,赞成共和,国人亦以袁氏归顺,并率所部促清室反省,尚有足多,乃由南京参议院议决,认许孙大总统辞职,再举袁氏为临时大总统。此为我建设新邦之历史,事迹昭然,有目共睹。彼宣统临去陈言,嘱袁氏如何组织云云，不惟无拘束南京政府之效力，而袁氏之得为总统，确由法定机关依法公举。该电谬称由清室付托，微论统治权与所有权不同，不能以私人意思相授受，而充邪说之所至，直欲将我国人无数牺牲以博得辛亥革命之光荣历史根本推翻，苟非别有肺肠，何至悖戾若是？此国人不能承认者一也。

袁氏毁裂宪章，谋叛民国，依约法应丧失其元首资格，是为个人犯罪之结果，而固有之国体，与未曾附逆之副总统固安然无恙，此理之至明者。而该电谬称自帝制发生，民国中断，副总统亦同时消灭。以独夫一己之行为，而推其他皆随毁弃，且例视国家为袁氏私产，其居心尤为不可思议。此国人不能承认者二也。

大总统选举法第五条载：大总统缺位时，由副总统继任，至本任大总统期满之日止。袁氏既因帝制，自为丧失民国元首之资格，国人一致遵守国法，戴黎公为继任大总统，名正言顺，亿兆咸服。该电谬称与事实不合，不如仍由袁暂负维持责任，前后矛盾，言不成理。揣其意，直欲推翻宪法上之继任总统，仍留袁氏以为傀儡，藉便私图。其结果将率天下人刍狗法纪，横触蛮争，不陷国家于变乱相寻而不止，此国人不能承认者三也。

二年国会，本真正民意依法组织而成，虽事实上经袁氏以暴力停止，而非法行动，国法不认其有效。参众议员资格，至今尚继续存在也。该电以个人之私欲，组织其所想象之国会，无论一般官吏无权议及，试思民主国家之国会，其组织不拘其法，欲如何便如何，则纪网秩序荡焉无存，尚复成何事体？况今日国家大政，诸待国会解决，两院议员之集于沪上者，瞬及法定人数。云南唐都督且函催从速成立，共扶国是。该电因欲遂其不可告人之隐，乃悍然为袁氏所不敢为，而自定选举，自造国会，自居权源，自同元首，一若金陵王气，又将钟于河上将军者。此国人不能承认者四也。

在宪法未颁布以前，约法效力与宪法等，除由法定机关得以法定程序增修外，无论何人，不得妄议更张。该电既认以民国元年公布之约法为标准，而又谬称先将适用各条款提出宣布，约法何物？将军何人？侈言去取，污蔑我国家根本法典实甚。此国人不能承认者五也。

祸首惟袁氏一人，杨度等特属共犯，其应如何处置，依约法属于国会与最高特别法庭之职权。该电轻轻放过首魁，而专归罪于附逆诸人，且主张削除国籍。既纵首要，复侵法权，此国人不能承认者六也。

此外，以借助外资为补救财政之方，以保存旧部为厚积党羽之谋，解散新招军队，以巩固其势力；禁锢反对党人，以阻遏其民气，要皆有为而发，用便其私,而均为国人所一致反对者。此仅就其东电言之。再观其有、鱼二电,则公然倡纵横割据之论,布左右轻重之局,联合张勋、倪嗣冲,通电附逆,及中立各将军派员赴宁会议,名为保袁,阴实自重,狡谋益彰,无可掩饰。呜呼!我国人以独夫肆虐,万不获已,至以兵戎相见,果使掌兵将帅稍有人心,当即竭忠尽智,共讨国贼。即不然,亦应开诚布公,涕泣而道,减时局之纷难,措国家于安全,而后能使天下人相谅无他。乃竟不出此,杜撰法律,自绝国人,横梗中原,搅乱大局,卒使战祸延长,不易收拾。言之痛心,闻者发指。今兹之役,在图政治之清明,非关首恶之诛灭。而开宗明义,端在维持约法。其恢复国会与黎公继任总统两事,又为维持约法之根本要务。袁氏目无法纪,我国人起而诛之,苟继此而有效袁氏之行,或其行动较袁氏尤为卑劣者,我国人万难姑容。盖根本革新在此一举,决不再为敷衍苟且之谋,而贻天下后世之祸。尤有进者,以武力改革政治,为人间最高尚、最纯洁之事,彼胸无丝毫国家观念之龌龊官僚,安足语此?惟冀我国人抱澄清政治之决心,充精神奋斗之实力,有进无退,不屈不挠。众民政治由众民之努力而来,无论何人有此等联合抗义之举,皆所以促我国人最后之觉心。顺天者存,自暴者亡。我国人除本全国民之心理意志,以武力解决外,无他道足以扫国家之障害,而奠政治改善之基础也。父老昆弟,其亟图之。

(《二十二省旅沪公民唐绍仪等反对冯电之宣告》,见《护国军纪事》第四册)

按:自袁世凯实行帝制被推翻以后,袁要求停战议和,但南方独立各省坚持以袁退位为首要前提。袁世凯遂派人至南京,商请冯国璋出面领导各省共同挽留其继续担任总统。但冯国璋仅允联合各省,出面调停。本年4月17日,冯国璋通电各省,提出八条调停时局大纲。5月1日,在先前所提八项调停大纲的基础上,重新拟定八项主张,通电各省,作为共同纲领。其中主要的六项内容是:一、反对黎元洪以副总统名义代行大总统职权,主张由袁世凯留任,暂负维持责任,迨国会开幕后即行辞职,然后重新选举大总统,并实行内阁制,组织新政府;二、应该参酌组织选举法,提前召集国会,"以便大总统地位得有继承之人,并严定议员资格";三、民国元年公布之约法,"确有未合中国国情及今日之现势者",必须斟酌修改;四、对于酝酿帝制的祸首杨度等人,应先削除国籍,俟国会成立后宣布罪状,依法判决;对于党人,应先由政府审查原案,判别是非,然后宣告大赦,对"专持私见,主张破坏以遂其欲望者","难为曲讳";五、借助外资,弥补财政危机;六、云南起义后各方新添军队,一律资遣取消,滇黔各省原有各军,应一律调回旧日驻防地点。此电发表后,各派反袁人士闻而大哗。5月2日,乃有上录的唐绍仪及先生等"二十二省旅沪公民"发表宣言,对冯国璋所提出的八项主张予以驳斥。

又按：《申报》于 1916 年 5 月 19 日第 6、7 版亦载此宣告，题为《二十二省旅沪公民唐绍仪等之宣言》，但省略了"中华民国创之南京政府"之前的内容；而在文末，则录有各省主要合署者姓名、人数："广东唐绍仪、温宗尧、王宠惠、徐傅霖、卢信、易次干、叶夏声、江琭、黄增煃、邹鲁等三千三十六人；湖南谭延闿、范源濂、李执中、欧阳振声、周震麟、罗永绍、陈家鼎、曾毅等四百四十八人；湖北汤化龙、刘成禺、刘公、马宙伯、李步青、吴养之、何成浚、耿觐文、彭养光、曹亚伯、高尚志、邓玉麟、吴醒汉、杜邦俊、谢□霞、陈重民、黄申芗、杨瀚芳、彭介石、董昆瀛、韩玉辰、张汉、胡祖舜、张大昕、彭汉遗、白逾桓、杨时杰、吴昆、舒敏熙、骆继汉、高仲和、萧萱、孙武、蔡济民等五百四十五人；四川胡景伊、陈廷杰、杨庶堪、蒲殿俊、李为纶、张瑾斐、杨肇基、洪璧、廖希贤、赵时钦、王湘、张知竞、黄金鳌等三百一十六人；江苏唐文治、张相文、董增儒、凌文渊、王汝圻、方潜、王茂材、杨择、孟森、茅祖权、张相等三千七百四十人，奉天吴景濂、杨泮溪、罗永庆、李绍白、祁耿寰、温酪德、王步瀛等五百八十四人；江西彭程万、徐元诰、吴宗慈、陈鸿钧、陈子斌、王侃、文群、郭森甲、叶纫芳、周泽南、刘世均、张于涛、黄攻素、徐熏、董福开等四百四十八人；浙江虞和德、田世泽、徐定超、方于笴、王正廷、蒋眷卿、虞廷恺、殷汝骊、周□、俞凤韶等二千八百三十八人；安徽汪律本、陈策、光升、谢□鸣、陈仲、张我华、江皞、汪建刚、丁家谦、凌毅、汪彭年、管鹏、郭卓云等六百二十六人；直隶张继、谷钟秀、孙洪伊、王法勤、王诚功、吕复、张士□、温世霖、郝瀗、王葆真、赵金堂等一百七十四人；陕西李述膺、赵世钰、徐郎西、杨铭源、张□章、范樵等八十五人；广西张其□、萧晋荣、王乃昌、曾彦、邓家彦等四十六人；河南夏述唐、刘积学、王杰、刘奇瑶、李载赓、刘荣棠、刘峰一、杨少石、刘庄甫等七十四人；吉林赵成恩、萧文彬等二十一人；黑龙江秦广礼、杨崇山、管颖侯等十二人；山东丁惟汾、彭占元、于廷樟、张鲁泉、于思波、魏丹书、李元亮、盛际光、史泽咸、张瑞萱等一百九十八人；山西李素、吴映光等一百六十五人；云南张耀曾等二十五人；贵州陈光□等十人；福建林森、朱金紫、高登鲤等五百四十人；甘肃王鑫润、柴春霖、汪青等三十五人；新疆蒋举清、文笃周、张凤九等十五人；共一万三千九百七十一人。"录以备参。

　　夏　因军阀段祺瑞、黎元洪争斗，政局不稳，存款者纷纷提款，交通银行停闭。本应拨给交通部上海工业专门学校的经费停付，学校遇到困难。先生四处奔走，多方求援，幸得勉强维持。[据上海交通大学校史编纂委员会编《上海交通大学纪事(1896—2005)》]

　　　夏，交通银行停闭，汇兑不通，万分支绌，幸得唐校长竭力挪垫，幸得支持。

　　[《交通部上海工业专门学校(原名南洋公学)二十周纪念·本校大事记》]

夏　先生为《交通部上海工业专门学校(原名南洋公学)二十周纪念》发表的"本校大事记"写《弁言》。

本校大事记,先经同学诸生编辑,今年复请张师石先生重加删订,并附以各表,朗若列眉,遂成完璧。披览之余,窃有忻感交集者。夫吾校在中国倡设最早,迄今垂二十年。东南士夫,颇加称道。然而综核大事,寥寥可数,何哉?数其权舆,实为南洋公学,一变更而为商部高等实业学堂,再变更而为邮传部高等实业学堂。辛亥之冬,迫于时局,又变更而为南洋大学。壬子之夏,再三呈请于交通部,四变更而为交通部工业专门学校。回溯二十年间,飘摇风雨,屡濒于危。而本校地居沪渎,离京师较远。当事者或不审其事实,或未烛其苦心,虽维持而调护之,终不免于隔阂。又况癸丑海疆之战争,丙辰银市之恐慌,皆不减于辛亥之役。诸生既惴惴栗栗,余则朝谋饔、夕谋飧。虽以基本金济之,而恒虞其不继。追思历年困难,不觉涕泗之交流也。然而孔子有言:"危者,保其安者也。"孟子有言:"生于忧患。"一国如此,一校何独不然?向令吾校无累次之变更,成效或不止此。然而安常习故,进步与否,殆未易言。今虽当呓音痁口之后,而稽核成绩,犹复稍稍可观。考其功课,无一日之或间也;较其学额,并有加增而未已也;综其工厂事业,有扩充而无损失也。此非赖大部之经营提倡,与夫社会诸君子、诸同学奔走相助,指示南针,曷克臻此?言念及斯,则又有破涕为笑者矣。迩者大局粗定,国民喁喁,皆有拭目以视太平之望,倘当局者果能镇定从容,殚心教育,十年以后,吾校大事,将有累叶而不胜书者,愿为吾校祝之,愿与同学诸生共勉之。蔚芝唐文治谨识。

[唐文治《弁言》,见《交通部上海工业专门学校(原名南洋公学)二十周纪念》]

夏　先生为交通部上海工业专门学校创始人盛宣怀立传。

我校之设,迄今已二十周。溯其经营之始,开创之功,度宏规而大起者,咸啧啧称已故前督办盛杏荪先生。先生讳宣怀,为实业巨子。其所奏办如轮船、电报、路政、邮政诸伟绩,皆著在国史,麟麟焉,炳炳焉,无待重为敷陈也。

我校之设于丙申年,即由先生奏准轮、电两局,拨费十万两,为经常之用。时先生为督办,佐理之者,为美博士福开森君,外有总理及提调之名。始假徐家汇民房,逾年而中院校舍成,又逾年而上院校舍成。时先生总揽大纲,以学成派遣出洋为务,知所急也。于戊戌冬,有学生章宗祥等六人派至日本留学;辛丑,有学生曾宗鉴等六人派至英国留学。自后赴比、赴美,岁有派遣。此先生对于吾校殷殷栽培之厚意如此。先生非独于学生派遣也,时以吾校名义,派遣当世高才生如胡君振廷，即其一也，此汲汲于人才之造就又如此。其离职也，在甲辰之下学期。当是时，吾校改隶商部，诸生殷勤挽留先生，先生曰："但求学校得人，斯可矣。我虽去，苟有可以助斯校者，无不尽其力也。"又阅三年，适文治长是校，先生甚喜，每过从，必谈校务。欲命二子来校读书，文治亟赞成之，会即出洋，不果来。先生之殁也，诸生开会追悼，诸旧同学相与追念甘棠之德，有泣下者。呜呼！先生当文化未开之会，即创建我校，以储东南之人才，亦可谓先知先觉者矣。谨为之传，以告后世之有志于教育者。唐文治谨撰。

[唐文治《本校创始者盛杏荪先生小传》，见《交通部上海工业专门学校（原名南洋公学）二十周纪念》]

7 月 3 日（六月初四日）　交通部向政府呈请奖励先生等，先生"声请免邀奖叙"，改颁"乐育英才"匾额一方。

再各学校校长、所长及部内主管学务各员，任职多年，忠于职务，著此成绩，洵属可嘉。拟分别请予奖励。除上海工业专门学校校长唐文治声请免邀奖叙，拟请给予匾额一方外，所有交通传习所所长姚国桢、本部佥事典籍科科长冯懿同，拟请均晋给嘉禾章……民国五年六月四日。

（《交通部片呈，请将本部各学校校长所长及部内主管学务各员唐文治等分别给奖文，并批令》，见《政府公报》1916 年第 152 期）

交通部片呈，请将本部各学校校长所长及部内主管学务各员唐文治等分别给奖由，姚国桢、冯懿同已另有令明发。唐文治着给"乐育英才"匾额一方，交由该部转给……民国五年六月四日。

（《大总统批令》，见《政府公报》1916 年第 151 期）

7 月（六月）　先生办理长沙赈务。

六月，办理长沙赈务。湘省督军张敬尧与党人战，纵兵淫掠，地方糜烂，所掳掠之女子，卖价每名四五元。有北军掳一妇，不从，兵斩其头。落地时，妇方抱小儿乳，血溅满儿头，儿亦堕地。有教士见之，大愤，抱见张敬尧，张曰："非吾兵也。"此外惨酷事，多不忍纪。余闻之潸然，商诸上海红十字会会长沈观察仲礼名敦和，并经理江君趋丹名绍墀，慨然允拨款；又商诸宗兄郭郑名浩镇，阮君子衡、刘生汝梅名天成、魏生旭东名廷晖、沈君健生名炳焘，同赴长沙放赈。魏、沈皆湘人也。至十月间方竣，计赈款五万余元。沈会长请余为红十字会名誉会员。

（唐文治《茹经先生自订年谱·丙辰五十二岁》）

本月 先生于校中添设铁路管理专科,于是专科凡三,粗具大学规模。(据《茹经先生自订年谱·丙辰五十二岁》)

10月18日(九月二十二日) 交通部向先生等发布训令并表式四种,令其遵照填报。

令上海工业专门学校骆通、唐山工业专门学校唐文治、交通传习所陆梦熊:案查本部管辖各校,从前造报校员学生履历表册及管理教授规则互异,详略不一,校员之进退,学生之升转,且有搁置不报者。稽核既难周密,办法未由整齐。兹特订印表式四种,令发该校,仰即遵照填报。所有管理教授细则、图画仪器标本及其他物品册簿,并仰钞录送部,以备查考。此令。(计附发表式四纸)中华民国五年十月十八日。交通总长许世英。

[《交通部训令(第927号)》,见《政府公报》1916年307期,又见《铁路协会会报》1916年50期]

按: 上文中"上海工业专门学校骆通、唐山工业专门学校唐文治",应为"上海工业专门学校唐文治、唐山工业专门学校骆通"。

10月22日(九月二十六日) 先生呈文交通部,将上海工业专门学校附属中学毕业生之有关表册呈部察核。

为呈送事。案照本校附属中学四年级本届应行毕业试验,所有各科试卷,本校长会同科长及各教员详加评阅,学生胡鸿勋等五十一名试验及格,均经发给证书。相应造具履历、分数表二分,呈请大部察核,并请将一分转送教育部备案可也。谨呈。中华民国五年十月二十二日。交通总长许世英。

(《上海工业专门学校呈交通部文》,见《交通月刊》1917年第2期)

11月3日(十月初八日) 交通部上海工业专门学校举行创办人盛宣怀追悼会。会后,盛宣怀之子女盛同颐等致函先生,表示答谢。

今日贵校校长唐老伯暨同学诸君为先严开追悼会,函招赴会,不孝兄弟实深感哀。伏念先严自光绪二十三年创始南洋公学,至三十一年移交商部接管,八年之间,诸生毕业四次,先后资送出洋者五十余人,名流辈出,誉闻中外。其学成出校,服务于政治、实业两界者,尤为指不胜屈,树人之效,成绩炳然。兹承诸公秩宠逾恒,追溯先人劳勚,集会演讲,群致悼忱,先严在天之灵知,必有欣慰于无形者。不孝兄弟哀感私衷,更非片语单词所能罄也。谨此答谢,永荷高情。伏希公鉴。盛○○、○○、○○、○○敬谢。

(《盛同颐等致唐文治函》,见上海图书馆《盛宣怀档案》,1916年,档号084960)

11 月下旬(十月下旬)　应杭州之江大学邀请,先生派交通部上海工业专门学校足球队前往杭州,与之江大学足球队进行比赛。(据《申报》1916 年 11 月 16 日第 11 版《南洋公学足球队往杭预志》)

12 月 1 日(十一月初七日)　先生亲拟《交通部上海工业专门学校交通会议案》提交交通部会议讨论审定,并派庶务长阮维和出席会议。

一、铁道未通之处,应广辟土道案;

二、铁路运输货物,应将权利收回案;

三、本校应增设机械一科,请筹备扩充案;

四、本校拟请增设航海一科案;

五、本校专门人才,急宜设法广为录用案;

六、本校高等毕业生请与分部学习,属于技术各员,一律派入技术官室学习案;

七、路电各局厂工徒,请收集本校中学、高等小学贫寒各生充补案。

以上各案,由校长唐蔚芝提议,请职员阮子衡代表赴会。

(《交通部上海工业专门学校交通会议案》,中华民国五年十二月一日,见《交通部上海工业专门学校学生杂志》第 1 卷第 4 期)

按: 上引文字之后,尚有七项议案之全文,文长不录。王宗光主编《上海交通大学史》(第二卷　1905—1921)一书中叙及此事云:"1916 年 12 月,交通部在北京召开交通会议,唐文治派庶务员阮惟和参加,并代表学校提交发展校务的 7 项议案。其中增设学科的有 2 项,均由唐文治亲自起草,旨在将学校升格为工科大学。其中一项是'本校应增设机械一科请筹备扩充案',提案列举世界著名工业学府,如美国麻省理工学院、德国柏林高等工业学校等,所设科目大多在 5 科以上,而本校仅设 2 科,未免过于简单。因此,提案认为,'本校目前最急之务,应先增设机械一科',土木、电机与机械息息相通,本校设立机械科,在师资、专业课程、仪器设备、各科相互促进等方面具有优势条件,并开列开办经费 4.4 万元,常年经费 1.5 万元。另一项增设学科的提案是'本校拟请增设航海一科'。提案认为:'我国航海人才之匮乏,不自今日始,凡稍有知识者类能言之。此项人才不出,我国航海事业永无振兴之期。'要求开办航海一科,并计划开办费 1.26 万元,常年经费 0.76 万元。增设机械、航海两科的提案可谓合情合理,也合乎实际,特别是航海一科,不仅费用不多,而且学校也曾经代办过,开办起来更是轻车熟路,况且商船学校 1915 年停办后,国内高等航海教育无形中断,设立该科尤其具有重要意义。但是当时正值北洋政府内部闹其'府院之争',总理段祺瑞和总统黎元洪大动干戈,形势混乱,交通部对增设机械科和航海科进而改办工科大学的意见未置可否,提案又成了一纸空文,所有努力再次落空。"

12 月 12 日(十一月十八日) 交通部向先生及唐山工业专门学校校长骆通、交通传习所所长陆梦熊发布训令,将三校之学科设置作统筹调整:上海学校专授铁路工科,唐山学校专授铁路机械科;交通传习所改为二校:一为铁路管理学校,一为邮电学校。

令唐山工业专门学校校长骆通、上海工业专门学校校长唐文治、交通传习所所长陆梦熊:查上海、唐山两工业专门学校及交通传习所为本部育材机关,历年办理,成绩可观。然向来所定铁路学科,于管理、工程、机械三门,未尽划分完善。现拟改订办法,上海学校专授铁路工程,唐山学校专授铁路机械科,其交通传习所改为二校:一为铁路管理学校,一为邮电学校,以期作育专才,划清系统。为此,令仰该校、所遵照,即将分配学生、编订课程及一切应办事宜,准于年内妥议,呈候核夺。限于民国六年一月实行,仰即遵照。(令上海加此条:其上海原有电汽、机械仍办至毕业为止,至中小学班均照旧接续办理)(令唐山加此条:其唐山原有土木工科仍继续办至毕业为止)。此令。中华民国五年十二月十二日。交通总长许世英。

[《交通部训令(第 1759 号)》,见《交通月刊》1917 年第 2 期,又见《政府公报》1916 年第 342 期,又见《铁路协会会报》1916 年第 51 期]

12 月 13 日(十一月十九日) 交通部向先生等发布训令:"嗣后各校招考新班,或招考插班,均应先行呈明本部核准,方可举办。"

令唐山工业专门学校校长骆通,上海工业专门学校校长唐文治,交通传习所所长陆梦熊:查本部各校每年于旧班毕业后,恒有添招新班之举,或学生缺额,招考插班。此虽事理当然,照章办理,惟班次增减,名额盈缺,本部必须调查明确,方可统筹兼顾。嗣后各校招考新班,或招考插班,均应先行呈明本部核准,方可举办。除分令外,为此令。仰各校一体遵照。此令。中华民国五年十二月十三日。交通总长许世英。

[《交通部训令(第 1789 号)》,见《交通月刊》1917 年第 2 期,又见《政府公报》1916 年 342 期,又见《铁路协会会报》1916 年 51 期]

12 月 16 日(十一月二十二日) 梁启超在上海工业专门学校演说,先生主持并于演说前作介绍。

本校于去年十二月十五日下午,请梁任公先生演说。首由校长唐蔚芝先生起立宣言,谓:"梁先生大名,诸同学无不知之;不惟诸同学,全国有志之士,无不知之；不惟吾国有志之士，东西各国，无不钦佩仰慕。即以旧年帝制而论，微梁先生，何克散云雾而重见天日？《孟子》曰：'豪杰之士，虽无文王犹兴。'若梁先生者，足以当之。今日蒙先生莅校演说，实为本校之荣幸，且必有高论宏议，足使诸同学奋发志气，振厉精神。"

（邹恩润《梁任公先生在南洋公学演说词》，见《学生》1917 年第 4 卷第 4 期）

按：本篇梁启超演说词的记录者邹恩润，即邹韬奋。上录文字为演说词记录稿正文之前的一段"前记"。

又按：上引文云"本校于去年十二月十五日下午，请梁任公先生演说"，但殷信笃笔述之《梁任公先生演说》（见《交通部上海工业专门学校学生杂志》第 1 卷第 4 期）记"民国五年十二月十六日，本会公请梁先生演讲，听者千人"，《上海交通大学纪事（1896—2005）》一书亦记其演说时间为 12 月 16 日，此从后者。

冬　先生编成《大学大义》。

冬，编《大学大义》成。用郑注本，参以朱注及刘蕺山、孙夏峰、李二曲诸先生说，共一卷，又可编入《曾子大义》中也。其叙文颇为曹叔彦谱弟所推重，贻书谓可资诵读云。

（唐文治《茹经先生自订年谱·丙辰五十二岁》）

本年　修理太仓澄漕松岩公墓。

是年，修理澄漕松岩公墓，建造蝴蝶墙门，并赎回坟旁余田二亩，共费四百余元。

（唐文治《茹经先生自订年谱·丙辰五十二岁》）

本年　聘同乡陆修瀛为交通部上海工业专门学校舍监，兼教授国文课。

丙辰，余聘君（按：指陆修瀛）为南洋大学舍监兼教授国文课。于时校中颇多知名士，每当宾朋会集，夜阑酒酣，余纵谭学术政治，君辄应如响，有时出言相佐证，简而能发微。

（唐文治《陆君蓬士家传》，见《茹经堂文集四编》卷七）

1917 年(丁巳 民国六年) 53 岁

1 月 12 日(丙辰年十二月十九日) 因江苏官产处将太、镇两卫屯田改变民田"列入官产预算之中,抑勒缴价,封租召变,种种严厉手段",先生等人向财政部呈诉。

苏省太、镇两卫屯田,根据前咨议局之议决案及程都督之通令,于民国元年实行,按照民额,一律升定科则,改编民业。苏官产处不明事实,将此项改编民田,列入官产预算之中,抑勒缴价,封租召变,种种严厉手段,实出法律之外。该卫代表唐蔚芝、杨玉书等,爰于前日向财部呈诉。财政部始知此项改编民田,实与普通屯田有异,自应分别办理。闻已允饬苏官产处查照办理矣。

(《财政部洞悉卫民之苦况》,见《申报》1917 年 1 月 14 日第 11 版)

约 1 月(约丙辰年十二月) 先生等太仓旅沪同乡会成员发起捐款,欲重建太仓浏河镇浮桥。

太仓旅沪同乡会发起筹款,重建该县浏河镇浮桥,曾纪前报。兹闻此项桥工,刻已估定,共需工料银六千余金,已有某工头承包,本拟即日开工,因日来天气极寒,内河冰冻,一切材料,未能运去。当经诸同乡议决,准来春正月开工,并由事务所会董顾仁甫报告。日来同乡诸君,陆续交到捐款及经募之款,如唐蔚之、洪伯贤、张纶卿、项惠卿、傅晚生、顾士章、陈惠生,及浏河盐务公所等,共集二千余元,公决暂存致祥庄,等候该工头于明正将材料运浏后,随时划交。诸同乡一致赞成而散。

(《浏河浮桥暂缓开工》,见《申报》1917 年 1 月 10 日第 11 版)

2 月初(正月初) 上海工业专门学校学生张玉麟、奚世英(原名福康)、吴敬安等作无线电发报试验,事为上海护军使所悉,疑为南北战事中之间谍,将奚世英等人逮捕。先生闻知后,前往担保,始得释出。

民国六年,张氏自制无线电收发报机,与友人奚世英、吴敬安二君在沪作小试验。当时无线电尚在幼稚时代,故张君制者乃长波火花式无线电收报机。时奚君有家园在龙华,发报机即装置于该园,而张君在沪接收试验。尚无多日,因发报处天线悬挂过高,致为沪护军使所悉,疑为南北战事中之间谍,此必偷发密报,漏泄军机者,立派人逮捕,在奚氏家园捉将吴君官里去,并将发报机充公,更以奚氏家园发封。对于吴君,则严加鞫讯,知张君为首作俑者,遂并欲逮捕之。幸斯时,张氏肄业南洋大学,得校长唐蔚芝先生之担保,始得无事。然而吴君之被拘居拘留所者,已达月余,而奚氏家园发封亦有数月。

（范凤源《记中国无线电机制造工程师张玉麟氏》,见《申报》1927 年 12 月 28 日第 17 版）

先生讳玉麟,浙江慈溪人……十七岁考入南洋公学,该校以丰于科学设备著江南,故先生研究科学之机会遂益增多。因与同学奚福康（今名世英）、吴敬安二月一日制火花式无线电发报机,在龙华、徐家汇二处相互发报传话试验,结果非常满意。当时政府以无线电为军用品,民间不得私有,禁令森严。先生等行动旋为淞沪护军使署所侦知,诬为扰乱治安,拘入军署,拟处枪决。幸校长唐文治闻讯,往保始得释出。

（《追悼张玉麟工程师之筹备》,见《申报》1928 年 12 月 22 日第 15 版）

2 月 17 日（正月二十六日）　交通部向先生发布训令,因上海工业专门学校足球队在各项赛事中成绩优良,"特制银质优胜纪念杯一具,随文发去,仰该校查收保存,以示鼓励"。

令上海工业专门学校校长唐文治:

查该校学生足球队上月入京竞球,曾经本总长传见嘉勉,捐给旅费百元,填发往来各地公用车券,并派本部主事黄世材、孙世昌同任招待。兹据该主事等呈报,该队学生于上月十八、二十二、二十七三日与北京清华、汇文二校及旅京西人联合足球队分次相角三次,合计获占优胜等情,足征该校体育成绩之优良,实为部辖学校全体之光荣。特制银质优胜纪念杯一具,随文发去,仰该校查收保存,以示鼓励,并仰呈覆备案,此令。中华民国六年二月十七日。交通总长许世英。

［《交通部训令（第 547 号）》,见《铁路协会会报》1917 年第 54—55 期］

2 月 18 日（正月二十七日）　中华民国国语研究会在北京宣武门外学界俱乐部召开第一次大会,议定"暂定简章"九条,并发表征求会员书。先生为该研究会 85 名发起人之一。（据《申报》1917 年 3 月 9 日第 6 版《国语研究会讨论进行》）

3 月 6 日（二月十三日）　交通部向先生发布指令:"据呈送留美修习实务员凌鸿勋报告书所述六月内在桥梁公司实习情形,于工厂组织各事,尚能留意,良用嘉许,应准留备考核"。［据《交通部指令（第 1080 号）》,见《交通月刊》1917 年第 5 期］

3 月 12 日（二月十九日）　先生等人发起扶持明德社,声明该社"以发达国民之道德心为目的,凡有可以征信之事实,裨益国家或社会,足为国民矜式者,以公道表彰之"。

唐蔚芝、王丹揆、吴稚晖、蒋季和、沈庆鸿、袁希洛、俞凤宾、张伯初、黄任之、沈信卿诸氏,近发起扶持民德社,已设通信处于上海南京路三十四号。昨将简章发表,兹为揭录如下:

(第一条)本社以发达国民之道德心为目的,凡有可以征信之事实,裨益国家或社会,足为国民矜式者,以公道表彰之。

(第二条)本社社员以尊重良知、主持公论、不徇请求、不涉攻讦为要旨。

(第三条)本社社员以本身现无政治直接关系者为限。

(第四条)本社所表彰者,专重事实,不采虚誉。其事实不论政治、教育、实业方面,但有一节之长,均在表彰之列。

(第五条)本社所表彰之事实,须确知其经过情形者,摘叙事由,得三人以上之证明,亲笔署名盖章,报告于本社,经本社调查无误,方得发表。后或经复查不实者,仍得由本社取消之。

(第六条)本社不设社长,但以社员之同意,公推主任一人,专司收受关于表彰事件之报告。

(第七条)凡志愿加入本社者,须亲笔开具姓氏、籍贯、职业,署名盖章,愿守本简章第二条之要旨,经社员三人以上之介绍,及全体社员之认可。

(第八条)本简章如有未尽事宜,须经社员之同意,议决修改。

(《发起扶持民德社》,见《申报》1917 年 3 月 13 日第 10 版)

3 月 20 日(二月二十七日)　吴稚晖至交通部上海工业专门学校演讲,演讲由先生主持。

按:《交通部上海工业专门学校学生杂志》第 2 卷第 1 期刊《吴稚晖先生演说》,其演说记录稿开头有"顷聆唐蔚芝先生介绍辞,所以颂美鄙人者甚至"云云。

3 月 22 日(二月二十九日)　发布中华民国大总统令,授予先生二等嘉禾奖章。(据《申报》1917 年 3 月 24 日第 2 版《命令》)

3 月(二月)　先生呈文交通部,请部中对上海工业专门学校篮球队学生予以名誉奖励。

为呈请事。案查学校教育,以强健身体、振作精神为第一要义。本校今年以来,对于体育一门,迭加提倡,颇著成效。所有足球队比赛成绩,业蒙大部优加奖赏在案。兹查本校篮球队各学生,本年与沪江、约翰、东吴、蕙兰各大学夺标竞赛,均占优胜,洵属奋勇可嘉。除由本校长亲加奖勉,并勗以课余仍照旧认真练习外,所有本校迭次优胜分数暨该队学生杜定友等十一名,应行一并开单。呈请大部察核,给以名誉奖励,以资倡导,而励进行,至纫公谊。谨呈。

(《上海工业专门学校呈交通部文》,见《交通月刊》1917 年第 5 期)

春　交通部上海工业专门学校开始筹办图书馆。

春,筹办工校图书馆,拟建筑于本校中院之东南,费约八万元,除交通部允拨三万元外,余拟分组募捐。

(唐文治《茹经先生自订年谱·戊午五十四岁》)

按:《茹经先生自订年谱》将此事系于戊午年即 1918 年,但从实际情形看,似应置于本年中。

4 月 3 日(闰二月十二日)　交通部向先生发布指令,因上海工业专门学校篮球队各生与苏沪诸大学学生集会竞赛,迭次获胜,"所有该队学生杜定友等十一名,仰即传令奖誉,并仰转令该学生等,仍须益加奋勉,蔚为有用之才"。[据《交通部指令(第 1375 号)》,见《交通月刊》1917 年第 6 期]

4 月 7 日(闰二月十六日)　交通部向先生发布指令,告知部中派往参加上海工业专门学校二十周年校庆活动的人员名单。

令上海工业专门学校校长唐文治:

呈纪念开会请莅校由。

呈暨电均悉。该校廿周纪念会,本总长及次长均以职务在身,未能亲往。兹派参事陆梦熊为代表,并派佥事刘成志、张铸、胡鸿猷,技士韦以黻、徐德培、谢式瑾届期前往与会。除令知外,仰即知照。此令。中华民国六年四月七日。交通总长许世英。

[《交通部指令(第 1486 号)》,见《交通月刊》1917 年第 6 期]

约 4 月上旬(约闰二月上旬)　先生撰成《拟上大、副总统请提倡本校图书馆捐款呈》。

为上海工业专门学校建设图书馆,恳请提倡捐款,以维文化事。窃闻龙图焕彩,金匮石室发其祥;麟阁腾辉,玉笈瑶函藏其蕴。矧夫人文所挺秀,实维东南为奥区。是以琅嬛福地,天府有文澜文汇之编;委宛书堂,私家有尊经罩经之室,斯诚儒林之盛轨,不徒艺苑之美谈。迩者八方棣通,万国鳞萃,上海地襟吴会,富擅商衢,折支渠搜之族,重译款塞之俦,杂遝来同,观瞻是系,于是通人达士,有请建图书馆之议。然学校之中藏书阙如,无以上抒国光,下餍群望,识者憾焉。夫才智之聪明,不衷乎正,则易惑于歧趋;学业之广博,不导以纯,则渐流于偏向。比年以来,士骛诡书,家谈新学,旁搜欧墨之迹,远撷希埃之菁。

然或入主出奴,弁髦经典,放言高论,糟粕诗书,慨国粹之寝微,较秦燔为尤酷。又况邻邦象寄,巨贾鸡林,亦颇购遗编,征古籍,张八索,列九邱,麟麟炳炳,蔚成巨观,攘攘熙熙,庇彼广厦。嗟楚材为晋得,愧阹字轶仓篇。亟宜大启鸿规,广开虎观,冶中西为一贯,布方策于千秋,用以昭示先型,饷遗后进。兹有交通部所隶上海工业专门学校,旧名南洋公学,创设最久,成效聿彰,今岁新历四月,为该校二十周纪念之期,佥议建设图书馆,垂诸久远。顾当文化竞存之会,适值公私交困之时,欲储万卷以罗胸,难集千狐而求腋。因念为山一篑,分壤从泰岱峰而来;导水九流,借润自星宿海而下。伏维我大、副总统教思广被,文德诞敷,敢乞俯赐提倡,俾该校图书馆,得资成立。庶几辟蓝田而采琼玖,咸知什袭以藏;仰夏屋而溯权舆,争愿瓣香以奉。不胜恳诚待命之至。

（唐文治《拟上大、副总统请提倡本校图书馆捐款呈》,见《交通部工业专门学校学生杂志》第2卷第1期）

按: 此呈文又见《申报》1917年4月16日第10版及《政府公报》1917年第449期,题作《南洋公学拟建图书馆之呈文》。

又按:《交通月刊》1917年第6期载《大总统指令(第624号)》:"令交通总长许世英(呈据上海工业专门学校校长唐文治呈拟建设图书馆请予提倡由):呈悉。该校开办迄今廿载,兹复拟建设图书馆,以资纪念,萃琅嬛之册籍,供学子之搜求,洵为切要之图。即由该部督饬,妥筹兴办,以成盛举。此令。"《申报》1917年4月10日第10版《南洋公学之大纪念》亦载此指令。

4月16日(闰二月二十五日)　先生为建设图书馆事,特于下午课后在学校大礼堂开谈话会,并作演说。演说中提及建造图书馆的意义:"其关系岂只供同学博考以广见闻而已,实文化攸关,抑亦数千年国粹所攸托也。"号召在座学生"以此旨遍告家属、亲戚、友朋,共输热诚,襄此盛举"。

唐校长之演词

南洋公学校长唐蔚芝先生,为建筑图书馆事,特于十六号下午课后,在大礼堂开谈话会。其演词云:

前日为图书馆事开会,适缘校事,且以筹备尚无十分把握,故未克到会,报告一切。现诸事粗有端绪,图书馆之成立,当不在远,请为诸同学一述其略:

本校图书馆之急须建筑,数年以来,此心耿耿,未尝片刻去诸怀,甚至卧起梦寐之间,时有"图书馆"三字萦于脑际。诚以图书馆之建设实为急务,其关系至巨。吾国各地各校虽间有图书馆之设,然或以费绌,或以董事者非其人,渺无成绩可言。东西各国图书馆随在而有,其国民智识程度日高,关系文化,诚非浅鲜。吾国不乏珍典古籍，惜无宏大图书馆，备资以博罗广搜，坐使可贵典籍任令日人年载千万卷去，以一国数千年国魂寄蕴之宝，我不能自藏，任他人为吾藏之，岂特可惜，抑亦可耻也。方今东南各省大图书馆，寥寥无闻，本校际念周纪念之盛，倡捐图建，以垂纪念，实盛事美举。他日工竣之后，萃琅环册籍于一室，其关系岂只供同学博考以广见闻而已，实文化攸关，抑亦数千年国粹所攸托也。愿在座同学，以此旨遍告家属、亲戚、友朋，共输热诚，襄此盛举。现已由交通部拨款三万元，段总理、许总长各捐洋五百元，许总长并派员在京劝募，其待遇吾校之优渥，可谓至矣。惟吾在校同学，亲沾图书馆之益者，迄今于募捐，尚未有显著表示。予知同学中固不乏明达热心之辈，圣约翰学校每有建筑，辄由毕业同学及在校同学肩任捐募，吾校同学岂乃异是？予之为此言，特以吾校既承总理、总长之热诚捐助，则吾校二十年间，先后同学、教职员等，感激告奋，当更如何踊跃输将也。现小学沈叔逵先生制就钟面一具，面分六十分，每分表千元，置上、中院走廊间以昭众，视依集款之多少，定针行之迟速。以现集捐款计之，时针已过半点钟时矣。甚愿同学踊跃捐募，行见时针之不日行满一周也。

　　说毕后，小学沈叔逵先生，中学科长先生，已毕业同学朱玉如君，在校同学陈长源君、徐承燠君，及西文文案柴福沅先生，均先后演说，大旨不外图书馆之急须建造及其关系，并劝同学尽力捐募，凡曾在南洋毕业或肄业，及与该校有关系，及爱慕斯校者，闻该校全体兴建图书馆之苦心，当慨然兴起，不吝一臂之助也。

　　　　（《南洋公学建筑图书馆近讯》，见《申报》1917 年 4 月 20 日第 10 版）

4 月 17 日（闰二月二十六日）　《申报》刊发由先生等作为发起人的《南洋公学二十周纪念图书馆募捐启》。

　　谨启者：泰西各国，自都会以逮乡镇，莫不有图书馆之设，网罗群籍，以便览观。其有裨于人民之智识，诚非浅鲜。而各大学校之藏书楼，蓄积尤富，就学者得以随时参究，补教授之所不及，故学问益新，国家之文化因之而日进，其关系岂不巨哉？我国宋时已令州县各置稽古阁，其后谓之尊经阁，相沿至今，然率皆虚应故事，无裨学者。清之盛世，于杭州、扬州、镇江立文渊、文汇、文宗三阁，以贮四库书供人纵览，然亦无效可睹。惟各省著名书院，若广州之广雅、江阴之南菁，藏书颇多，诸生朝夕披阅，类成高材，古学赖以不坠。我校创于民国前十五年，颇有声于当世。开创之初，前总理何梅生先生，遍征各省官书局书籍，迄于今日，续有增加，然较之广雅、南菁，尚远不逮；以比欧美大学之储置，更有天渊之隔矣。同人以本校之立，瞬届二十年，而校中尚无图书馆，议就校地余隙,集款建筑,校长唐蔚芝先生欣然赞同。惟是建筑之费,约需银六万元之多,断非一手一足所能为力。敬希海内达人、同学、巨子,共襄盛举,竞艳廉泉,庶几早日观成,永留纪念,是则诸君子有大惠于我国之文化,将与斯馆共垂无疆之庥,岂第同人之感幸无极而已耶?是为启。

发起人:王清穆、杨士琦、许世英、陈锦涛、范源濂、张元济、蔡元培、尤桐、黄炎培、章宗元、钮永建、李维格、杨廷栋、胡诒毂、陆梦熊、刘成志、林祖潜、徐恩元、傅连生、穆湘瑶、唐文治、沈庆鸿谨启。

(《南洋公学二十周纪念图书馆募捐启》,见《申报》1917 年 4 月 17 日第 11 版)

按:《申报》于此募捐启之后,还录有《南洋公学二十周纪念图书馆募捐简章》,共 11 条。此启又载《张元济全集》第五卷,王桐荪等选注《唐文治文选》中云"当时的募捐启已无记载可录",非是。

4 月 18 日(闰二月二十七日) 奉大总统训令,允拨款三万零二百元建造交通部上海工业专门学校图书馆。图书馆建筑费共需银约六万元,政府允拨已逾半之数。[据上海交通大学校史编纂委员会编《上海交通大学纪事(1896—2005)》]

同日 无锡巨商荣宗锦、宗铨昆仲承其父荣熙泰遗志,捐助交通部上海工业专门学校图书馆建筑费洋一万元。后建荣熙泰铜像于馆门之南并勒碑记其功,先生并为撰《荣熙泰先生铜像记》刻于像座。

(1917 年 4 月 18 日) 无锡巨商荣宗锦、宗铨昆仲承其父遗志,捐助本校图书馆建筑费洋一万元。按捐款优待例满万元者,图书馆中将置铜像。荣氏昆仲婉谢之,谓此非先君之志。唐校长称此为募捐简章所定,尔后由丁彦章等自行聚资建荣熙泰先生铜像于馆门之南,并勒碑记其功,学校并为荣氏昆仲请奖嘉禾章,荣宗锦晋级三等,荣宗铨得四等。同时丁彦章自捐公债票银一万元为请奖四等嘉禾章。以上荣氏及丁君捐款,均由吴增裕任募,吴又自捐公债票银一千元,亦为请五等嘉禾章。唐校长并为荣熙泰先生撰碑记刊于像座。

[上海交通大学校史编纂委员会编《上海交通大学纪事(1896—2005)》]

是年,南洋大学募建图书馆,余兄弟捐资万元,纪念先君,立铜像于馆中,余并买书捐入。

(荣德生《乐农自订行年纪事·民国九年庚申四十六岁》,见《荣德生文集》)

按:《乐农自订行年纪事》将此事系于民国九年,即 1920 年,当误。

余长南洋大学时,宗锦昆仲捐巨赀助建图书馆,余特为熙泰先生制铜像,以资纪念。

(唐文治《荣熙泰先生家传》,见《茹经堂文集四编》卷七)

按：先生《荣君德生七十寿序》（见《茹经堂文集五编》卷四）、《祭无锡荣宗敬先生文》（见《茹经堂文集五编》卷七）两文中亦有与上文类似记叙。

4 月 24 日（三月初四日）　交通部上海工业专门学校同人会饮，庆祝先生父亲唐受祺生辰。

　　三月，为吾父重游泮水之期，宗兄郭郑诸君请于政府，特赠"芹藻重芳"匾额。校中诸同人于初四日吾父生辰，会饮庆祝。忆吾父州试第十三名，入学第四名，学使孙宗师讳葆元题为"友多闻，益矣"。余当筵背诵吾父入学文，起比尚能一字不误。

　　　　　　　　　　　　　　　　（唐文治《茹经先生自订年谱·丁巳五十三岁》）

4 月 26 日（三月初六日）　交通部上海工业专门学校二十周年校庆活动第一日，先生在大会上祝词。学校前监院福开森在演说中称"求如唐先生其人，诲人不倦，尤非他人所可及也"。各家演说结束后，复由先生致谢词。

第一日开会之盛况

　　廿六日下午一时，在大礼堂举行开会式，嘉宾满座，为数不下千人（本校学生除临时新闻记者外，皆以各有职务，未能到会）。要宾如冯副总统及齐省长代表沪海道尹王赓廷先生，交通部总长代表刘同仁先生，交通部代表张剑心、胡征若、韦作民、黄楚材、陆味辛、徐笃夫、谢孜段诸先生，教育部代表周企虞先生，海军总司令萨鼎铭先生，江苏驻沪交涉使朱兆莘先生，江苏财政厅长胡翔林先生，沪宁杭甬铁路局长江伯虞先生，北京大学校代表王子敏先生，交通部唐山工业专门学校校长骆梧生先生，国务院顾问、前本校监院福开森先生，前本校总理张让三先生，前本校提调李一琴先生，北京邮电学校代表王荫承先生，上海县知事沈宝昌先生，江苏教育会会长沈信卿先生、黄韧之先生，留美同学会代表刘楚材先生。余如社会知名之士、政商学各界诸要人，难以尽述。

　　首由校长唐蔚芝先生登台致辞，略谓："今日开会，承各机关代表诸先生驾临，锡以嘉言，本校无任荣幸，请先为诸先生道谢。溯自本校开办以来，迄今已二十载，其间改革之史，非片言可尽。本校在光绪三十三年更名为邮传部高等实业学堂，该时即由鄙人接办，民国元年始改今名。回忆此七八载之中，本校命运数濒于危，如辛亥、癸丑之战事，受政局之影响，殊非浅鲜。前岁交通银行停办之事，本校几有无米难炊、不可维持之势。今日得在此开二十周纪念会，鄙人不觉为之喜极而悲。然再思此数载之间，本校虽风雨飘摇，而功课未尝一日停，工厂未尝一日息，学生之入校者，且年复增多，此皆赖天锡之鸿福，各方之臂助,始克臻此,鄙人又不觉悲极而喜。惟尚有一事,最足以滋感者:鄙人常端居一室,闻上下课之鸣钟,不禁悚然深思:谓此莘莘学子,将来卒业而后,果得用其所学,以服务于社会?然皆须赖诸先生鼎力倡助,非鄙人绵力所可及也。今日得与诸先生共聚一堂,使鄙人得尽一二语,何幸如之。今谨为吾校、为中华民国、为大副总统、总理总长及诸君子、全国各学校祝前途幸福无量。"次由冯副总统兼齐省长代表王道尹宣读两项颂词(黎大总统及段总理代表毛艾生先生,该日未及莅会,于次日在大礼堂宣读颂辞),次由交通总长代表刘同仁先生致颂辞,又宣读交通王次长演说词,次由教育总长代表、卢护军使代表、北京大学代表、唐山工业专门学校校长诸先生致颂词(颂词及演说词另有一栏,兹不备录),次为福开森博士演说,略谓"今日为此校廿周纪念大会,回忆当时共同创办诸君,现存者已寥若晨星,今得参与斯盛会者,仅鄙人一人而已。人事沧桑,能无感慨系之耶。鄙人对于本校,有无限感情,良非一言可尽。惟本校为中国开风气最先之学校,历来任事职员,皆当代名流,热诚办事。夫办学一事,言之甚易,行之甚难,其中甘苦,非局外人所能共喻。求如唐先生其人,诲人不倦,尤非他人所可及也"云云。次前本校提调李一琴先生演说,大略追述当时办事之情形,并谓现在发起图书馆一事,诚属善举,将来成立而后,行见诸同学受益之非浅也云云。次由留美同学会代表刘楚材先生演说,略谓:"留美诸同学闻母校开二十周纪念大会,欢忭之至,恨不得趋与盛典,故特派鄙人返国与会,藉祝数语,并谓吾校学生之留美洲者成绩极佳,可见吾校程度之高,在国中可首屈一指。"语毕即朗读颂辞。次由北京南洋同学会代表张剑心先生致祝辞,次上海同学会代表演说,略谓:"学校如家庭一般,学校者,学生之父母;而学生者,学校之子女也。子女由孩提以至成人,非父母无所养育;学生之恃有学校教育,亦犹是焉耳。故已毕业之学生,譬如已成年之子女。服务社会,譬如婚于某氏;社会之事业,譬如夫家之家事,固必须担任者也。由此观之,学生之于学校时代,固不可不努力;而将来在社会办事,又不可无责任心也。"设喻新奇,颇足动听。后由本校旧同学杨廷栋君演说,略谓:"今日聆诸公训言,廷栋何敢赞一辞。今请以旧同学个人之名义,而略尽一二语。夫二十周纪念大会,何以有开之之价值,开会又是何作用?今之各处开会者亦纷纷矣,究之无意识者实居其泰半。而此次吾校之纪念会,实非其伦也。今日之开会,非专一铺张扬厉,炫耀他人之耳目,盖乘此时机,使校内之人与校外有关系之人,共聚一堂,互诉其廿年来之甘苦。譬如人家然,父子兄弟远客他方,难于相晤,一旦因祖之寿诞,千里归来,互相劳苦,此情此景,岂属常有之事?则斯会之作用，殆即此意耳。且夫局外之人，每不能悉局内人之困苦情形，则假此机会，俾局外人知其困难，而共筹所以救助之法，亦未始非一大佳事。夫斯校之发达，不过赖政府及社会之扶助耳。今政府及社会，对于斯校之心理，大约可别为两种：一为善意的，一为非善意的。善意的方面则希望其发达，非善意的方面则置诸不闻不问、任其自然而已。故今日办事人，不必惧外界之影响，第求其在我足矣。使我办理而不善，学校因之而停闭，则当引以自咎；否则，虽遭受外界之挫折，而公论自在人心，必有任其咎者。办事诸公，勿以置怀可也。至今日之成绩，岂得即谓尽善尽美。廷栋以为使三十年纪念能胜今百倍，则今日之成绩，果何足道者。由是以推，虽至于百年千年不难，其希望固未有既也。"演说既竟，遂由唐先生致谢词而散。

开会式毕后，遂举行兵式体操（中院四、三年级全体同学），由魏旭东先生指挥，步伐整齐，操练纯熟，纵横变队，罔不如意。来宾睹者，莫不鼓掌，叹为军国民之模范也。是日本有日中烟火，以定制处失慎，不及另办，不克举行。四时半，科学游戏在健身房举行，由李松泉先生及上院诸同学试验，类皆关于科学上种种有趣味之变幻，观者无不啧啧称奇。晚间有幻灯、电光世界及唱歌数项，幻灯在大操场举行，电光世界在大礼堂举行，皆由本校电机科学生司理其事。唱歌由沈叔逵先生率同全体同学，共唱校歌，俱足以悦耳目、畅胸怀。至九时半，来宾始渐行散去。是日来宾莅校者，计有二千余人云。

（盛棨东《本校二十周纪念会记事》，见《交通部上海工业专门学校学生杂志》1918 年第 2 卷第 2 期）

为呈报遵令赴沪参与工业学校廿周纪念大会事竣，回部销差情形，敬乞鉴核事。上月，上海工业专门学校开廿周纪念大会，呈请本部派厅司各员与会，先后奉令"委派佥事刘成志为代表，佥事张铸、胡鸿猷，技正韦以黻，技士徐德培、谢式瑾、陆家鼐，主事黄世材一并赴会"各等因。奉此，志等遵于上月二十四日早车出京，二十五日抵沪工校。职教各员及学生代表均到站迎接，极为诚敬，并承上海路电各界职员招待一切。二十六日，即该校开会之第一日，到会人数甚众，副总统、教育部、北京大学校、本部、唐山工业学校、铁路管理学校、邮电学校、沪上各行政机关以及各界均派员赴会，志等先时诣校。开会后，首由唐校长文治报告，继由副总统及各处代表暨职教各员以次一一演说。部长演说，亦经敬谨代表宣读，全校欢感，并将演词缮悬礼堂，永垂纪念。次则导观兵式体操。操毕，复往材料试验室、电机试验室、物理试验室、化学试验室、金工厂、木工厂、练身房等处参观一切。是日，并备有科学游戏、幻灯、唱歌各种，以助余兴。

（《赴沪参列工业专门学校纪念会委员金事刘成志等呈交通部文》，见《交通月刊》1917年第7期）

今日本校开廿周年纪念会，承大总统、副总统、国务总理、交通部总长、教育部总长各派代表，并政界、学界诸君子惠临，深为荣幸。鄙人对于此次纪念会有无限感情。本校系盛杏荪先生创办于前清，光绪二十三年设立，原名南洋公学。至三十年改隶商部，称商部高等实业学堂。三十三年改隶邮传部，称邮传部高等实业学堂。是年秋，鄙人来此接办。宣统三年冬因时局变迁，暂时改称南洋大学。民国元年夏始定称为交通部上海工业专门学校。

回溯廿年来飘摇风雨，屡濒于危。最难堪者，改革之际，经济困迫，彼时今日不知明日，本月不知下月，本学期不知下学期，诸生相对凄惶，至今思之，犹堪坠泪。加以本校距京较远，大部虽竭力提倡保护，终未免稍有隔阂。鄙人接办此校以后，中央议裁小学者三次，议裁中学者二次，议归并土木科者二次，议裁电机科者一次。每当议裁议并之时，鄙人之心摇摇如悬旌，每念及诸生被裁后未知往何处读书，各父兄家属更不知若何忧虑。对于诸生未便宣布，而笔舌力争之余，亦几经下泪，故今日对于诸君子不觉喜极而悲。幸赖大部始终维护，并赖社会诸君子及旧同学互相辅助，尤赖有盛杏荪先生从前积有基本金，稍可支持，卒能转危为安。目下详加考核，追溯从前：以功课而言，则一日未尝停课；以工厂器械而言，则屡有扩充；以学生额数而言，则历年累有加增。费几许心血，历无限艰辛，乃得稍稍有此成绩，故今日对于诸君子更不觉悲极而喜。

范文正公有言："先天下之忧而忧，后天下之乐而乐。"鄙人拟易忧字为苦字，凡天下至乐之事，每从至苦得来。昔越王勾践之兴，十年生聚，十年教训，积二十年之成绩，遂能雄伯诸侯。吾民国政府倘能尽心教训，注重道德教育，俾莘莘学子俱成完全人格，譬之一家无论如何艰苦，而子弟能读书勤学，自然蒸蒸日上。

［唐文治《交通大学廿周年纪念会上祝词》，见《交通大学校史资料选编》（第一卷）］

今日为贵校二十周纪念盛会，赓廷服官沪上，奉副总统谕派代表莅会，得与诸公一堂晤对，握手言欢，曷胜快幸。顾赓廷既仰副座诱掖奖励之心，益钦诸公提倡教育之志，不敢不敬贡一言。窃以为国家富强之基础在实业，实业发展之枢纽在工业。二十世纪中，凡卫生、交通、军用，以及一切利用之物品，精

益求精,莫不随文化以俱进。我国地大物博,出产滋丰,每为欧美各洲人士所
称道。今欲与全球为商战之竞争,孰为前驱? 惟工业是赖;孰为后盾? 亦惟工
业是资,有识者类能言之。贵校创设于今二十载矣,科学精研,人才蔚起,实足
为全国之矜式,后起之楷模。夫以二十年来之成绩如此,则继此以往,其发展
益未可量。世言文明无止境,进步亦无止境,贵校当必随世界之潮流以推迁,
应时世之需要,为增进之方针,固将与东西友邦相颉颃,而为吾国实业界放一
异彩矣。爰濡管而颂之,其辞曰:科学世界,物质大昌。提倡工业,发轫南洋。
立校念稔,成绩丰彰。粤惟在昔,矩矱有方。工垂之妙,墨翟之良。前民利用,
古籍煌煌。降及后世,数典渐忘。冬官册阙,格致篇亡。闭关自守,不精不详。
欧化东渐,实始通商。优劣胜败,贫弱富强。工为商本,宜勤勿荒。卓哉贵校,
为邦家光。名誉鹊起,人材凤翔。中国万岁,永永无疆!

　　(《冯副总统代表祝词》,见《交通部上海工业专门学校学生杂志》1918 年第 2
卷第 2 期)

4 月 27 日(三月初七日)　交通部上海工业专门学校二十周年校庆活动第二
日。在大礼堂宣读大总统黎元洪的颂词。下午 4 时半,在大礼堂开音乐大会,其中
由先生"敦请王燕卿先生及西人某某音乐家等,合奏中西音乐"。

第二日之盛况

　　是日上午略有微雨,至午时天气晴朗。下午一时开运动会。本校于体育
一项,向极注重,是以距纪念会五日前,诸运动员在东方六大学运动会,夺得锦
标,洵属盛事相集。故是日运动会成绩之佳,亦不待多言,而李君大裕于各项
运动,独得十一分,为是日诸运动员之冠云。次为童子军操,由毕克士、李思廉
二先生指挥,步伐整齐,精神活泼,洵可为海上童子军首屈一指,观者莫不赞
叹。三时半有图书馆专门名家沈祖荣先生,在健身房演说图书馆之重要,历述
各国图书馆之制度及发达情形,颇为详尽。四时半在大礼堂开音乐大会,由黄
友兰先生主任。除本校诸乐员外,特由沈叔逵先生敦请中国音乐大家施颂伯
先生莅会奏技(先生系日本帝国大学商科博士,长于音律,于琵琶尤称绝技。
日人尊为琵琶博士。每次举行音乐会,闻有先生在座,辄千人趋赴云)。复由
校长敦请王燕卿先生(先生曾任江南第一高等师范学校琴师)及西人某某音乐
家等,合奏中西音乐,丝竹管弦,交杂于耳,令听者如坐广寒宫中,非复人间境
地矣。晚间六时半,在健身房试演电光游戏,由朴尔佛先生主任,以幕外电灯
关闭,于幕内藉电光演出种种有兴趣之游戏,如于死人腹内,由医生剖出飞禽
生物,等等。事毕后,复由李松泉先生演各种幻术。先生素精于此,海上久负

盛名。此次别出心裁,翻新花样,约有二十余套。台下观看者,莫不鼓掌,叹为神技云。至九时许,在大操场西首演电光活动影戏。先是,本校于开会前一星期,特将校中从前创办人员及校内各种景致、学生列队进行、校长与教职员排立阶前以示欢迎等状,他如电机、木工、金工、材料试验、各工厂之实习,化学物理室之试验,田径赛,足球、网球、基球、篮球等项之比赛,中学之兵式体操及童子军操演等,皆摄入影片。兹事多由朱贡三先生主持云。演时活动飞舞,全校之形式精神,几无微不露。倘来宾中有足迹从未及兹校者,不必赴实地参观,睹此可纤微尽悉矣。继演泰西各种风景及游戏名片,至十一时许始毕。是日本校特关照电车公司,至夜间十二时始停车,以便来宾。是日计来宾莅校者,除各学校团体外,计有五千余人之谱。

（盛荣东《本校二十周纪念会记事》,见《交通部上海工业专门学校学生杂志》1918 年第 2 卷第 2 期）

二十七日,到校参观运动会、童子军操,展览学生成绩品及各种奖品,并参观小学成绩品及讲堂、食堂、寄宿舍等处,为时甚久。该校是日正式请宴,校长致祝辞,各班学生相继致颂辞,志等均一一答礼如仪。部长整饬校务、奖励学业之盛意,亦于是时敬谨代表宣布。是日,仍备有幻术及该校沿革之电影戏等,以资余遣。

（《赴沪参列工业专门学校纪念会委员佥事刘成志等呈交通部文》,见《交通月刊》1917 年第 7 期）

按:《赴沪参列工业专门学校纪念会委员佥事刘成志等呈交通部文》记上海工业专门学校校庆活动第三天即二十八日内云“首由大总统及国务总理代表、江苏省议会代表演说”,但上引盛荣东《本校二十周纪念会记事》于“第一日开会之盛况”中记“黎大总统及段总理代表毛艾生先生,该日未及莅会,于次日（按即二十七日）在大礼堂宣读颂辞”,此从《本校二十周纪念会记事》。

中华民国六年四月二十八日,为上海交通部工业专门学校廿周纪念会之期。校长唐君蔚芝以电抵予,乞缀数语,以纪盛会。予惟天下事之成败,本无一定,视任事人力量之坚忍与否以为断。其人而无坚忍之力也,虽有已成之基业、一定之规则,亦往往隳坏于无形,日渐月渍,趋于腐朽而不可救。若其人克自振奋,日进无已,一事之未安,一物之未备,不姑息以坐坏,不畏难而苟安,任外界之阻力如何,时局之变迁如何,皆所不计,则其事未有不抵于成者。

此校之初设也,实为南洋公学,其时尤在庚子之前。海内士夫,循守旧习,此校独得风气之先，成就人材，不可胜数。自改工业以后，直隶于交通部，历经各校长整顿倡率，规模亦渐宏阔。且时费廿载，其中经庚子、辛亥、癸丑、丙辰之变，海内俶扰，万事沧桑，此校独历劫不坏，愈震撼而愈巩固。今唐君长此校有年，毅力精心，尤为各校所推重。既设立图书馆，广搜新旧典籍，以资浏览而瀹神志；复令于礼拜日，虔拜孔子，以致其崇仰先圣之思。中外人士，赞美感化，正人心，端风俗，有潜移默转于无形者。予闻之，尤欣慰不置。循是以往，将来效力之宏大，有非予所能预期者。所冀在校诸生，各自奋发，以旧道德进新知，毋负校长殷殷期望之意，是则予今日致词之旨趣尔。

（《黎大总统颂词》，见《交通部上海工业专门学校学生杂志》1918 年第 2 卷第 2 期）

4 月 28 日（三月初八日）　为交通部上海工业专门学校二十周年校庆活动第三日。晚 6 时，由先生邀集旧同学举行聚餐会。晚 7 时，举行赛灯会，此会系经先生许可，并出通告，凡上中院各级，俱得与赛；赛灯时，并由先生请福开森等人为之评判甲乙。

第三日之盛况

是日天朗气清，适值星期六，来宾赴校者，上午即络绎不绝。午后一时在小学操场开技击会。本校技击一门，素擅胜场，有专门技击大家刘震南先生教授。是时观者如堵，技击部同学共二十余人，先后各献技能，精采飞扬，四周鼓掌之声不绝于耳，咸谓为纯熟无比云。三时半复有音乐会在健身房举行，皆系本校诸音乐员，时亦座为之满。四时为本校足球队与已离校旧同学中之长于足球者选成一队，互相角逐，结果旧同学负四球。是日旧同学中如陆品琳、黄灏、莫金俭、梁振民诸君，虽离校久不习此，然东西驰突，奋勇直前，观者谓不减当年雄武云。六时为旧同学在大礼堂聚餐，约有二三百人，福开森先生亦在座。大凡学生自离校而后，星散各方，求如当日之风雨一堂，实难再有机缘。而是日以母校之大纪念会，四方云集，一谋聚首，其聚餐时之境况，乐可知也。七时举行赛灯会。先是，本校拟于是日举行提灯会，以诸多不便，且不甚饶兴趣，遂改为赛灯，经校长许可，并出通告，凡上中院各级，俱得与赛。故开会之前，各级同学豫备极为忙碌，莫不各出心裁，极钩心斗角之巧。是项节目由张贡九、吴叔厘二先生主任，支配地位，均于数日前规定，计由花园内起，至操场前马路止。是夜灯火辉煌，所制各项灯彩，无不毕肖其物，如电车、宝塔、湖心亭等尤称精美。与赛者为无锡同乡会、电机科初年级、专门预科、中院三四年级及二年级乙班，由校长请福开森、张让三二先生评判甲乙。结果得前三名之锦标者，为专门预科、无锡同乡会、电机科初年级，各得优胜旗一方。十时在大操场前放烟火。此项烟火,向系南洋定制者,多本校纪念字样,颇有可观,洵足以殿纪念大会之各项节目也。至十一时,来宾及同学方尽欢而散。是日来宾人数,较第二日尤多数千,各学校团体莅校者,约数十起。亦有不辞远地而来者,如清江第六师范学校,亦至沪整队来观。至于本校旧同学自远方来与会者,更不可胜计。于此可见是会烘动一时,诚空前之盛举也。

（盛荣东《本校二十周纪念会记事》,见《交通部上海工业专门学校学生杂志》1918 年第 2 卷第 2 期）

二十八日到校,首由大总统及国务总理代表、江苏省议会代表演说,次参观技击,并聆各种中西音乐毕,复由校长邀集同学正式聚餐,萃与该校前后有关系之各教职员及学生诸君于一堂,相互演说,极称盛举。是日,仍有童子军游戏,以助余兴。

（《赴沪参列工业专门学校纪念会委员佥事刘成志等呈交通部文》,见《交通月刊》1917 年第 7 期）

4 月 29 日（三月初九日） 先生以数日来教职工及学生为筹备校庆盛会均辛苦勤劳,特设座于大操场,邀请大家举行茶话会以作慰劳。先生在会上作演说,又出灯谜多条。

（1917 年）4 月 29 日 全校欢度三日校庆之后,学校决定停课三日以资休息。

［上海交通大学校史编纂委员会编《上海交通大学纪事（1896—2005）》］

纪念大会之余乐

吾校二十周纪念大会,实为我国学校中空前之盛举。而时日不留,此光华灿烂之三日,已如风驰电掣而去。校中复停课三日,以资休息。校长唐先生以数日来各教职学生皆辛苦勤劳,特邀全体开茶话会,设座于大操场,藉作慰劳之意。首由校长演说,次沈叔逵、李颂韩、柴芷湘诸先生,亦先后演说,皆追述过去、策励将来,为我校计此后之长策耳。校长且出灯虎多条,中者有书籍奖励,一时尽欢而散。记者尝谓先此盛会,吾校有东方六大学运动会之得胜,为之前驱;后此盛会,有此绝大之茶话会,为之后盾,所谓莫为之前,虽美弗彰;莫为之后,虽盛弗传也。

（盛荣东《本校二十周纪念会记事》,见《交通部上海工业专门学校学生杂志》1918 年第 2 卷第 2 期）

5 月 30 日（四月初十日） 交通部向先生发布指令,强调对于派赴美国实习的毕业生,"如愿遵守章程,方可选送实习"。

令上海工业专门学校校长唐文治:

呈一件请派毕业生赴美国实习由。

呈悉。查交通事业最重实习,该校本年电机、土木两科三年级生将届毕业,本部预算留学经费,撙节动用,尚可应付。届期仰即选择毕业成绩最优者,两科共以六名为限,开单呈部核定,派赴美国工厂实习。唯本部对于此项修习员,岁靡巨款,原冀其学成回国,感激效用。查本部派赴外国修习实务员章程第十九条内载"修习员回国,一经指派服务,如有规避不到,或先私就他处差事者,追缴其原领之一切费用"等语,该校届期选择,务令周知。如愿遵守章程,方可选送实习。日记尤应按期呈部,以备考核,仰并遵照。此令。中华民国六年五月三十日。

[《交通部指令(第 2315 号)》,见《交通月刊》1917 年第 8—9 期]

同日 交通部向先生发布指令,从其所请,免停土木工科;"至铁路机械一科,需费较巨,新年度预算尚未成立,应暂从缓议"。

令上海工业专门学校校长唐文治:

呈一件请添设铁路机械科免停土木工科由。

呈悉。查本部各校改编办法,前因该校办理电汽机械成绩甚著,是以令该校专授机械科,并令现办之土木工科办至毕业为止。原冀划分统系,收事实便利之效。兹据该校呈称"土木工科之设已阅十余年,成绩颇著;历年购置仪器亦属不赀"等情,查该校办理土木工科与电汽机械科,并著成绩,遽令停止,未免可惜。所请免停土木工科,应准照办。至铁路机械一科,需费较巨,新年度预算尚未成立,应暂从缓议。如有添设之必要时,应由唐山工业专门学校办理,仰即遵照。此令。中华民国六年五月三十日。

[《交通部指令(第 2316 号)》,见《交通月刊》1917 年第 8—9 期]

5 月(四月) 受委派前往参加上海工业专门学校参加二十周年校庆活动的刘成志向交通部呈文,报告参加校庆活动情形。文中称"校长唐君文治在事十载,深具热心,在校各职教员亦均极为尽力"。

前后开会三日,来宾及学生家族逐日到会,人数均在万人左右,极为繁盛。而余兴中之可述者,尚有欒亭一种,其法创自法国某数学家,而盛行于各邦,极有科学思想,入其中者,往复寻索,最增兴趣,更于其间代人设置广告多种,收其费资,以为节缩建亭之助,尤足称者。此外复由该校邀同各代表及职教各员同撮活动,写真影俟印成,检送全分寄部,以为纪念。以上情形,业于有、艳两电撮要陈明。此工校开会之详细情形、应行陈明者一也。

该校请建图书馆事,正在力谋进行。经费一项,除由大总统、总理及本部捐助外,现时募集之数,已四万余元。该校职教各员及学生等捐输均极踊跃,校中并请专员,将建置图馆之利益及与各国比较情形详细演讲,以资鼓舞。复令学生分售书籍、仪器及各种食品,以为此项经费之助。擘画经营,极具苦衷。志等仰承部长兴学育才之旨,均敬以代表名义,量为捐输,并购置各品,稍事资助。唐校长及职教员、学生对于本部提倡图馆捐助经费各事,均深致谢忱,谆嘱归部代为上达。至馆址,业已勘定校中各试验室后面空地一段,目前正在从事绘估。一俟经费集有成数,即可先行建筑。此工校建置图馆及募集经费之大概情形、应行陈明者二也。

志等谨查,该校创办最早,成就甚众,惨淡经营,不遗余力。至今日届满二十周年,洵非易事。现时在校学生人数,计预科五十五人;土木专科三年级十三人,二年级十五人,初年级十九人;电机专科三年级四人,二年级四人,初年级十五人;中学四年级分甲乙班,八十二人,三年级分甲乙班,一百人,二年级分甲乙班,八十九人,初年级分甲乙班,一百十人;小学三年级四十二人,二年级四十人,初年级三十四人;小学补习科三十六人,共计六百六十人左右。校长唐君文治在事十载,深具热心,在校各职教员亦均极为尽力。此次纪念大会,办理井井有条,尤为一时盛事。志等逐日自早至晚,均在该校参与一切,会事就毕,即将应行查询接洽事件,逐一办妥。现时均已回部供职,除一切用款俟汇齐后另行呈明核销外,所有遵令赴沪参列工业学校廿周纪念会事竣回部销差缘由,理合具呈陈明,伏乞鉴核施行,谨呈。

（《赴沪参列工业专门学校纪念会委员金事刘成志等呈交通部文》,见《交通月刊》1917 年第 7 期）

6 月 8 日(四月十九日)　交通部向先生发布指令,从其所请,给予上海工业专门学校教员裴克思、魏延晖交通部奖章。[据《交通部指令(第 2490 号)》,见《交通月刊》1917 年第 8—9 期]

夏　先生编《先儒静坐集说》一卷。

夏,编《先儒静坐集说》一卷,自李延平先生始,至李二曲先生止,其中尤以高忠宪公《静坐说》为最精密。

（唐文治《茹经先生自订年谱·丁巳五十三岁》）

又编《近思录札记》《思辨录札记》各一卷。

编《近思录札记》《思辨录札记》各一卷,皆二十年前评读之语,辑录成书。

（唐文治《茹经先生自订年谱·丁巳五十三岁》）

约 8 月(约七月)　先生为选送毕业生赴美实习事致函交通部。

上海工业专门学校校长唐文治呈交通部文云：为呈请事，案奉大部指令，开"交通事业最重实习，该校本年电机、土木两科三年级生将届毕业，本部预算留学经费，撙节动用，尚可应付。届期仰即选送毕业成绩最优者，两科共以六名为限，开单呈部，核定派赴美国工厂实习。惟须查照本部派送外国修习实务员章程第十九条之规定，如愿遵守章程，方可选送。日记尤应按期呈报，以备考核"等因，仰见大部乐育人才有加无已之至意，曷胜钦佩。查本校本届专科毕业生，土木工科内，除袁燮钧、王家齐已由清华学校考送出洋，陆承喜已谋他就外，查有陆铭盛、夏全绶、张绍锡三名；电汽机械科，查有杨耀德、周琦、朱端三名，成绩均优，堪以选送，愿遵照一切实习规则，并愿回国后照章服务，为此备文，呈请大部察夺示复，以便饬遵办理。

（《工业专校选送赴美实习生》，见《申报》1917 年 9 月 15 日第 10 版）

按：8 月 29 日，交通部向先生发布指令，准派陆铭盛、夏全绶、张绍镐、杨耀德、周琦、朱瑞等六人赴美国工厂实习，见《交通部指令（第 3552）》，《交通月刊》1917 年第 10 期。

又按：据《申报》1917 年 12 月 26 日第 10 版《请给赴美学生川资之指令》一文载，交通部后于 12 月 25 日又发布指令云："查该校毕业生陆铭盛等六名，先后到部传见，并派员引导参观各校、各路机厂，业经竣事，令回校遣发放洋在案，所有川资，另行汇寄，至留学津贴，应照向章支给，以昭划一。"

秋　写成《王紫翔先生文评手迹跋》，往呈其师王祖畲，王即夕挥毫改就。

右文（按：指《王紫翔先生文评手迹跋》）作于丁巳之秋，往呈，先生喜，持螯命酒，即夕挥毫改就。时先生常有范文子祈死之意，文治闻之，不胜惨沮。先生笑曰："子毋忧，吾生顺而死宁矣。"临别时，则又怃然曰："子来数日，吾体加健，今日可出门品茗矣。"亲送至河干。文治立艒头，见先生拄杖往西去。伫望良久，乃解维行。此情此景，尚历历在心目间也。

（唐文治《王紫翔先生文评手迹跋》，见《茹经堂文集三编》卷五）

10 月 7 日（八月二十二日）　上海工业专门学校举行国文大会。《锡秀》第 2 卷第 1 期上刊有先生为本次国文大会部分优秀学生作文所加的评语。

校长唐先生提倡国学，不遗余力。每年必举行国文大会一次，分别奖给金银牌及书籍等，藉资鼓励。本年已于十月七号举行，第一为薛绍清君云。

（杨悺华《校事志略·国文大会》，见《锡秀》1917 年第 2 卷第 1 期）

按：《锡秀》该期的"文课"栏刊登本次国文大会的一组无锡籍学生的优秀作文，其中两篇于文后有先生的评语。如杨荫溥《杨子歧途墨子素丝同性异感说》文后评语云:"曲折奥衍,如读蒙庄《缮性》之篇,妙在能谨而不肆,纵而弥纯。吾乡多才,为之叹赏不置。"周浩泉《拟寿陵余子游学邯郸记》文后评语曰:"用笔奇幻不测,隽才也。"

10月26日(九月十一日) 南洋路矿学校举行成立五周年庆祝大会,先生派代表出席并作演说。

北四川路南洋路矿学校,创办有年,成效卓著。兹届成立五周之期,特于本月二十六、二十七两日,开会庆祝。第一日下午三时,振铃开会,由校长朱贡三君报告校务情形后,即请美人海□君登台演说,次南洋公学校长唐蔚芝君之代表,次余日章君,演毕时已向晚,尚有清华学校、广三铁路等祝词不及宣读,随发国文大会各生奖品而散。晚八时,学生开游艺会,计分纪念、开篇、拳术、双簧、魔术及临时编定之顽童冬烘新戏两出,均宗旨正大,趣味浓厚,一时掌声雷动,至十时后始散。第二日下午三时,展览全校学生各种成绩,均极优美,化学实验室及仪器陈列所尤多特色。原拟同时开运动会,适值天雨,因即展期。晚八时,李松泉君戏法,九时影戏。闻男女来宾,两日中不下二千余人云。

(《南洋路矿学校之五周纪念》,见《申报》1917年10月29日第10版)

10月(九月) 先生拟仿照清华学校办法,凡中学二年级生,一律编入童子军,并编定初年生调查表,呈请交通部备案。后接交通部指令,从其所请,准予备案。

令上海工业专门学校校长唐文治:

呈一件拟仿照清华学校办法凡中学二年级生一律须入童子军,并编立初年级生调查表请备案由。

据呈暨表式均悉,应准备案。此令。中华民国六年十月十三日。

[《交通部指令(第4260号)》,见《政府公报》1917年648期,又见《交通月刊》1918年第13期]

令上海工业专门学校校长唐文治:

呈一件呈送本校童子军章程两分请备案由。

呈悉。查所送童子军章程原译暨增订各条,尚属妥协,应准备案,此令。中华民国六年十月二十五日。

[《交通部指令(第4469号)》,见《交通月刊》1918年第13期]

11月6日(九月二十二日) 就上海工业专门学校有关毕业事宜,交通部向先生发布训令。

令上海工业专门学校校长唐文治:

案准教育部咨开"准一四六六号咨,据上海工业专门学校呈称,案照本校本届附属中学四年级学生修业期满，前经举行毕业试验，其有一二科尚未及格，或因病未与考试者，亦已于九月开学后，照章补考。所有各科试卷，本校长会同科长及各教员详加评阅。计试验及格者邹恩泳等四十六名，均经发给证书，相应造具履历、分数册两份，呈送大部察核，并请将一份转送教育部备案。再，此次中学毕业，尚有陆鼎揆、郭祖寿、桂铭敬、黄守邺、居昆五名，该生等以普及运动，功课欠缺，须俟补习完足后，方准给发证书。另有戴锡绅等二十五名，间有一二科尚须补习者，一俟补习完竣，再行呈报发给证书，合并声明等情，相应将履历分数册一份咨送贵部查找备案等因，并毕业履历分数册一份到部。查该校学生邹恩泳等四十六名修业期满，考试成绩均能及格，应准备案，相应咨复贵部，希即转饬遵照"等因，合行令知该校遵照。此令。中华民国六年十一月六日。

[《交通部训令（第 3558 号）》，见《交通月刊》1918 年第 13 期]

11 月 15 日（十月初一日） 交通部就上海工业专门学校所呈图书馆图式及请求按月拨给建筑费事，向先生发布指令。

令上海工业专门学校校长唐文治：

呈一件请核定本校图书馆图样并请按月拨给建筑费由。

呈悉。查该校图书馆各图式，业经阅悉，所有详略各图，均尚妥协，惟防火装置，尚宜力求完备。图中甲乙两处，宜加设铁梯；各水管上亦须添附易化之金类，以防火灾；便所亦不可少，或设于丙处，或设于丁、戊二处。又建筑费业呈请流用之二万二千元，应准自七年一月起，每月拨给洋四千元，六月拨给洋二千元，共二万二千元。所送之略图二纸发还，余图及说略存查，仰即遵照办理。此令。中华民国六年十一月十五日。

[《交通部指令（第 4719 号）》，见《交通月刊》1918 年第 13 期]

12 月 3 日（十月十九日） 交通部向先生发布指令，对该校拟添招专门预科生十二名、中学四年级生十六名、三年级生十名、二年级生五名、初年级生二名，"应准如拟办理"。[据《交通部指令（第 4969 号）》，见《政府公报》1917 年第 688 期]

12 月 29 日（十一月十六日） 交通部向先生发布指令，对上海工业学校所呈之《本校毕业生赴美实习规则》，"业经查核修正，合即令发该校，遵照施行"。[据《交通部指令（第 5288 号）》，见《交通月刊》1918 年第 15 期]

12 月（十一月） 南洋公学无锡同学会刊物《锡秀》第 2 卷第 1 期出版，先生作序。

昔人有言：天下之宝，当与天下共之。人文者，天下之才也；人才者，天下之宝也。胡文忠曰："国家之于人才，犹鱼之于水，鸟之于林也。"国无才则无宝,故舅犯曰仁亲以为宝,言晋之有宝也;孟子曰不信仁贤则国空虚,言战国时之无宝也。方今之世,一大战国也,方务于辟土地,充府库,约与国,争地以战,争城以战,仁义之不宝,道德之不宝,而惟坚甲利兵之是宝,岂非宝其所不当宝耶? 或曰:"否。吾惟科学之是宝,乃可以得天下之大宝。"予应之曰:"不然。科学者,诚天下之宝,然而非天下之至宝也;道德仁义,作育人才之至宝也。人而有道德仁义,乃为全才,乃为全宝。"孟子创仁义之说于战国之世,后世儒者从而宝之;吾创仁义人格之说于今之世,吾锡之士,亦颇有信之者。吾愿天下之人文,萃于吾锡也;吾愿天下之人才,出于吾锡也;吾愿天下之至宝,产于吾锡也。吾尤愿吾锡之人才,勿轻露其宝也;吾尤愿吾锡之人才,勿自秘其宝也。吾尤愿人才日聚,而天下之知宝者,乃日出而不穷也。唐文治谨序。

(唐文治《锡秀第二卷第一期序》,见《锡秀》1917年第2卷第1期卷首)

冬　《交通部上海工业专门学校新国文》二集出版,先生题写书名并作序。

(1917年)冬　《交通部上海工业专门学校新国文》二集出版。全书共八卷。1917年由国学科科长李颂韩编辑,汇集本校学生优秀作文。唐文治校长题写书名并作序。

[上海交通大学校史编纂委员会编《上海交通大学纪事(1896—2005)》]

按:此序收入《茹经堂文集二编》卷五,题作《工业专门学校国文成绩录二编序》。

冬　先生编成《中庸大义》。

冬,编《中庸大义》成,如《大学大义》例,惟郑注本以"君子之道,费而隐",属于索隐行怪章,又末章分节多舛误,不及朱注,特纠正之。又作提纲,推及于天人,本原于诚孝,自谓稍有功于世道也。

(唐文治《茹经先生自订年谱·丁巳五十三岁》)

1918年(戊午 民国七年) 54岁

1月1日(丁巳年十一月十九日) 先生参加南洋公学会新年聚餐。

南洋公学同学会,于元旦日在徐家汇母校举行在沪同学新年叙餐会,莅会者不下一百人之多。由会长沈叔逵及交际员张松亭、王寅清等招待一切,颇为周至。兹将是日开会秩序,略举如下:正午叙餐并公宴,现任校长唐蔚芝君一时杯酒言欢,不胜畅快。席间请李松泉演幻术,陆离光怪,妙语解颐。继开茶话会,同时有军乐、唱歌、拳术、跳舞等娱乐之举。后为在校同学技击及童子军操演,摄影,散会。

(《南洋公学同学会之新年聚餐》,见《申报》1918年1月4日第11版)

1月7日(丁巳年十一月二十五日) 交通部向先生发布指令,对所呈请咨陆军部饬汉阳兵工厂准沪校洋教员、学生等参观一事,"候资复后再行令知"。[据《交通部指令(第32号)》,见《交通月刊》1918年第15期]

本日 晚,先生参加南洋公学无锡同学会第九次常会并作演说。

一月八号晚七时,本会假大礼堂举行第九次常会,备有茶点,欢迎同乡唐郭镇先生,本校职员阮子衡先生,本校足球队甲组队员并吴县同学会会长蔡承新君。名誉会员列席为唐校长、张贡九、顾一心、蔡虎臣、邹闻磐五先生。会员到者有七十余人,济济跄跄,堪称空前盛会。首有会长杨惺华报告一切,继请唐郭镇、阮子衡、唐校长及张、顾、蔡诸先生演说,勉励同人,词甚恳挚。黄君宝潮代表足球队诸君道谢,后为会员陆鼎煌、刘用臧、姚涤新、汪禧成君等演说。群贤毕至,四座风生。宾主之欢既尽,时计已报九下,乃合唱校歌而宣告闭会。

(安钟瑞《本会纪事·常会详志》,见《锡秀》1918年第2卷第2期)

按:《锡秀》第2卷第2期于《本会纪事·常会详志》之后刊载《唐郭镇先生演说词》,中云:"今日同乡学会开谈话会,邀浩镇到会,得与蔚芝先生及诸位同乡同学共话一堂,浩镇不胜欣幸。"又云:"民国学章,不重经书。吾校蔚芝先生犹于章程之外注意经书,每逢星期日,循循善诱,讲经不倦。凡斯道之大防,文学之大源,训诂词章之支流派别,无不殚见洽闻,备罄心得,此即孔子当时博文约礼之教也。故吾校之国文,较他校为独优;吾校之人品,较他校为独尊。诚以盂圆水圆,盂方水方,仁义人格之书,本身作则之教,皆范围焉、陶冶焉,而莫能外。"录以备参。

1月18日(丁巳年十二月初六日) 先生遣人拜访郑孝胥。盖先生欲由东南各省绅士联名,呈请内务部发《四库全书》一部,庋藏于学校新建之图书馆中,请郑亦列名呈中。郑孝胥以"余与民国乃敌国也"为由,拒绝联名。

(十二月初六)唐文治使胡子美及阮惟和字子衡者持书来访。南洋公学建图书馆,欲由东南各省绅士联名呈请内务部,发《四库全书》一部庋藏图书馆中。钱能训已允发,惟联名之数未足,欲求余列名呈中。余曰:"仆不认有所谓'民国'者,故不能列名。此事甚好,当试询沈爱苍、林贻书诸人,如彼允列名,明日可以电话奉复。"夜,林植斋来示其友书,亦以请发《四库全书》事托林来求列名。余语之曰:"余与民国乃敌国也。吾弟尝为安徽政务厅长,以彼列名则可。"丁衡甫来,亦谈此事,丁亦不肯列名而为之代托钱干臣。

(《郑孝胥日记·丁巳日记》)

1月(丁巳年十二月) 交通部上海工业专门学校电气机械科科长、美籍教员谢尔顿与土木科科长、美籍教员万特克共同致函先生,建议将预科改为专科一年级,实行专科四年制。先生同意此建议,并呈文交通部审批。

(1918年)1月 电气机械科科长、美籍教员谢尔顿,土木科科长、美籍教员万特克共同致函唐文治校长,建议将预科改为专科一年级。理由是:预科性质与大学一年级无异,改为专科一年级,实行专科四年制,与美国大学体制均等,程度相合,便于本校学生在美国进修高深学业。专科四年制于学生将来毕业后谋生大有利处,凡美国经营之公司、局、厂,普通人们心理,咸以四年学程为合度,三年为未完之学程。专科一年级之课程,可照预科办理,手续上也甚简单。学生欲入专科,名义上多费一年,而在预科者各大学则不认为有专科之资格。谢、万两科长的建议,唐文治校长完全同意,并立即呈文交通部审批。

本月 唐文治又致函友人、交通部要员袁希涛函,就改预科为专科一年级,合专科三年为四年制之事,请其大力支持。

[上海交通大学校史编纂委员会编《上海交通大学纪事(1896—2005)》]

按:据《上海交通大学纪事(1896—2005)》及《上海交通大学史》(第二卷1905—1921)载,3月27日,交通部袁希涛复函先生关于改预科一年为专科一年级,本科合三年为四年,"则部中当可准其变通照办。俟交通部转咨到后,即行核复"。

2 月 20 日（正月初十日） 交通部上海工业专门学校学生杨锡冶谱成祀孔乐章，先生作《孔子圣诞乐章小序》。

嗚呼，孔教之沦胥甚矣！其桀骜者，公然掊击，不遗余力；其柔懦者，胸无定见，相率盲从。与吾孔教之微言大义，尠有能研究之者。人心至此，夫复何言！夫东西洋各国，所以致治保邦之本，要在在保护其本国之文化，未有淘汰文化而能自存者。独吾中国，则诋毁孔教，自入于无礼义、无教化之途，悍然而不顾。嗚呼，其可痛矣哉！民国以来，文明扫地，黉舍失修，祀孔之礼，亦且废异。独吾校以尊孔为宗旨，发愤行之，十载于兹，迄不稍懈。而杨生锡冶，复殚精竭思，以祀孔乐章，谱入西乐器，诸同学咸大喜，相与鼓吹之，配以佾舞，一时彬彬焉，雍雍焉，称极盛矣。今岁诸同学将以杨生乐谱刊入杂志，属予为之弁言。诗有之："自西自东，自南自北，无思不服。"心里之同，岂第以一方隅为限？吾知此乐章，纵不行于今日，将有行于后日者矣。吾知吾孔教，纵不行于中国，将有行于他国者矣。《论语》载仪封人之言曰："二三子，何患于丧乎？……天将以夫子为木铎。"盖斯言也，万古不磨之论也。唐文治谨序。

（唐文治《孔子圣诞乐章小序》，见《交通部上海工业专门学校学生杂志》第 2 卷第 2 期）

2 月 20 日 ……学生杨锡野[冶]谱成祀孔乐章，唐文治亲自为其撰写《孔子圣诞奠乐章》歌词：大哉孔子，先觉先知。与天地参，万世之师。祥征麟绂，韵答金丝。日月既揭，乾坤清夷。予怀明德，玉振金声。生民未有，展也大成。俎豆千古，春秋上丁。清酒既载，其香始升。式礼莫愆，升堂再献。响协鼓镛，诚孚蠡蠡。肃肃雍雍，举髦斯彦。礼明乐渗，相观而善。自古在昔，先民有作。皮弁祭菜，于伦斯乐。惟天牖民，惟圣时若。彝伦攸叙，至今木铎。先师有言，祭则受福。四海黉宫，畴敢不肃。礼成告彻，毋疏毋渎。乐所自生，中原有菽。嵬绎峨峨，洙泗洋洋。景行行止，流泽无疆。聿昭祝事，祀事孔明。化吾蒸民，育吾庠胶。

[上海交通大学校史编纂委员会编《上海交通大学纪事(1896—2005)》]

按：《孔子圣诞奠乐章》亦刊于《交通部上海工业专门学校学生杂志》第 2 卷第 2 期。上引《上海交通大学纪事(1896—2005)》说"唐文治亲自为其撰写《孔子圣诞奠乐章》歌词"，误。此歌词用的是乾隆八年(1743 年)新颁定的《阙里文庙及府州县学用祀孔乐章》。

2 月 21 日（正月十一日） 交通部向先生等发布训令，转发邮电学校教务主任赴沪考察工业专门学校、电报传习所等处后的考察报告。报告中称："交通部上海工业专门学校内分大学、中学、小学三级,设备周密,办法完善,开办至今成绩卓著,迥非徒事敷衍者可比。近更增置仪器,加设材料试验厂,规模博大,于西洋各国同等之学校几相颉颃。"

令上海工业专门学校校长唐文治、江苏电政监督周万鹏:

前据邮电学校呈:本校于年假期内,派教务主任钟锷赴沪考察工业专门学校、电报传习所等处情形,以备采择。经指令,事竣后应将报告呈部,以便考查。兹据呈送该主任考察报告并陈管见到部,查阅报告所陈各节,不为无见,合行令发该校、该监督查照,转行上海电报传习所知照,除另令上海电报传习所、上海工业专门学校外,此令。(附抄报告书一件略)中华民国七年二月二十一日。

[《交通部训令(第 336 号)》,见《交通月刊》1918 年第 16 期]

按:《北京邮电学校教务长钟锷赴沪考察各校报告书》刊《电气》1918 年第 22 期。钟锷在上海共考察了上海电报传习所和交通部上海工业专门学校两所学校。报告书中涉及交通部上海工业专门学校的部分曰:"交通部上海工业专门学校内分大学、中学、小学三级,设备周密,办法完善,开办至今成绩卓著,迥非徒事敷衍者可比。近更增置仪器,加设材料试验厂,规模博大,于西洋各国同等之学校几相颉颃。惟该校大学分电机、土木二科,而以土木科学生为多,电机学生不过数十人,其第三年学生则仅三人。该校多费金钱创设电机一科,原以广育人才,而来学诸生只有此数,殊为可惜。考其原因,由于该科前此学生于毕业后,除少数留学异国外,余皆无相当之职务,甚至赋闲索居,或改就他业,以致后之来者相率裹足,此该科学生所以未能增加,且有日见减少之势。我国电气事业,虽未发达,而电报电话局遍于通都大邑,此项毕业生本可容纳其中。然该校电机一科,仿外国电机大学办法,注意他种电气工程学识,而略于电话、电报。故该科学生毕业后,电学虽高,而于电话、电报二科,尚少实验之功,骤畀以电话电报局重要之职务,微嫌未宜,必须在他国实习,而后可以胜任愉快。今我国电政事业只有电话电报,故此等学生,如不于毕业后留学外国,则一时难觅相当之位置,人才弃置,岂非可惜? 愚意宜变通办理,即将该电机科内电报电话二门,增加时间,添设电报电话试验室,则理论实验各得其全,一举而数善也。又查该校本科设备,虽甚完善,而机器工程班尚未设置,亦属美中不足。盖机器工程一门,与电机、土木相因为用,非另行开办教授,未能得充分之学识。况该校金工木工颇为发达,另开此班,可不必多置仪器,收效既多,所费亦省。故愚意增开机械工程一班,亦不可缓之举也。"

3 月 16 日(二月初四日) 交通部向先生发布指令,对所呈上海工业专门学校各班班长禀请添设路电管理科一事,"仰先将课程并学级程度拟定送部,听候酌夺"。[据《交通部指令(第 836 号)》,见《交通月刊》1918 年第 17 期]

3 月 18 日(二月初六日) 交通部向先生发布指令,准其所请,分别对上海工业专门学校有关学生发给褒奖状、传谕嘉奖;而对三名任意旷课、无志求学之学生,则令其退学。

令上海工业专门学校校长唐文治:

呈一件本届甄别学生严定劝惩请核复由。

呈悉。该校学生顾宜孙等二十六名操行笃实,沉潜向学,应传谕嘉奖,由该校发给褒奖状,并照章发还上学期所缴学费。孙宝墀等六十二名学无缺课,勤奋可嘉,应并传谕嘉奖。由道、严榕、罗念慈等三名任意旷课,无志求学,应即令其退学。仰即遵照办理,此令。中华民国七年三月十八日。

[《交通部指令(第 862 号)》,见《交通月刊》1918 年第 17 期]

3 月 21 日(二月初九日) 交通部向先生发布指令,就留美学生郭守中回国乞赐录用事答复云:"该生研究电学,应予录用,唯现在尚无相当位置,应准先行存记,俟有需要之处,再行令知可也。"[据《交通部指令(第 861 号)》,见《电气》1918 年第 21 期;又《交通月刊》1918 年第 17 期]

3 月(二月) 交通部上海工业专门学校铁路管理科正式成立。此前,先生呈函交通部要求增设路、电管理科,以期造就铁路电机管理人才。交通部批复同意增设,但名称"改路电管理科为铁路管理科"。

令上海工业专门学校校长唐文治:

呈一件本校附设路电管理科业已上课缮具课程表并学生名单呈请备案由。

呈悉。该校附设管理班,应定为铁路管理科,以期分途培植,作育专才。所有课程,业经厘定,合行令发该校,仰即遵照办理,此令。附铁路管理科程表一份。中华民国七年四月一日。交通总长曹汝霖。

[《交通部指令(第 1020 号)》,见《交通月刊》1918 年第 18 期]

(1918 年 3 月) 铁路管理专科正式成立。为了培养管理人才,唐文治校长呈函交通部要求增设路、电管理科,以期造就铁路电机管理人才。交通部批复同意增设,但名称"改路电管理科为铁路管理科",任命中学科科长徐经郛兼铁路管理科科长。第一届招收新生 38 人,分别从土木、电机两科转入,定三年毕业。第二届开始定四年制。开设课程有经济原理、运输学、铁路经济、铁路组织、工场管理、铁路统计学等 40 余门。铁路管理科的诞生,标志着本校专业设置从原来的工科走向工管结合,是我国近代高等教育史上的创举。

[上海交通大学校史编纂委员会编《上海交通大学纪事(1896—2005)》]

4月22日(三月十二日) 先生为《中学国文新读本》作序。

(1918年4月22日) 唐文治为《中学国文新读本》写序,说:"夫国货者,国民之命脉也;国文者,国民之精神也;国货滞则命脉塞,国文敝则精神亡。爱国者既爱国货,先当维持国文,此读国文为救世之第二事也。"

[上海交通大学校史编纂委员会编《上海交通大学纪事(1896—2005)》]

岁在戊午,国学教长李君颂韩、黄君虞孙、黄君子桢、朱君叔子、邹君闻磬编辑《中学国文新读本》告成,来问序于余。余维孟子有言:"七年之病,求三年之艾。"吾国各学校倘能以此编为蓄艾之方,毋自是,毋自画,毋自安于猥琐陋劣之习,进而求之,刮而磨之,勉而几之,因文见道,深思而实践之;循文励行,日异而月新之,俾夫世道人心,风俗士品,大有挽回,是则余之所厚望也夫。

(唐文治《中学国文新读本序》,见《茹经堂文集二编》卷五)

同日 交通部向先生发布指令,准其所请,同意上海工业专门学校将预科改为本科第一年级,本科毕业年限定为四年。

令上海工业专门学校校长唐文治:

呈一件本校专科拟定为四年毕业,并改专门预科为专科初年级,请咨商教育部核示由。

呈悉。经据情咨行教育部查核去后,准兹复称"查上海工业专门学校拟将专门预科改为本科第一年级,本科毕业年限定为四年,系为实事求是起见,自应照准,相应咨复贵部查照令知"等因,合行仰该校遵照,此令。中华民国七年四月二十二日。交通总长曹汝霖。

[《交通部指令(第1248号)》,见《政府公报》1918年第809期]

4月28日(三月十八日) 先生主持交通部上海工业专门学校田径选拔赛,挑选最优等者一百余人,准备参加5月中旬在杭州举行的春季运动大会。

杭州之江大学定于阳历五月中旬,在杭举行春季运动大会。上海之沪江大学、[圣]约翰大学、工业专门学校(即南洋公学),苏州之东吴大学,南京之金陵大学校,均拟前往参与比赛。昨日,南洋公学监学唐文治,特在该校各级生中挑选最优等者一百余人,自上午九时起,至午后五时止,就校内场地举行田径赛。各项运动赛毕,核计总分,如跳高、跳远、赛跑、掷铁球等,俱以甲组之唐敏,并乙组之阮神铎居多数,即由唐君分别奖勉,制就缎质小方旗一面,上书个人之优胜数字,给予承领,以示荣誉。

(《工校学生赴杭比赛运动之预备》,见《申报》1918 年 4 月 29 日第 10 版)

4 月(三月)　先生等人被聘为农商部经济调查会江苏分会名誉会员。

上海总商会正会长朱佩珍、副会长沈镛、县商会正会长顾履桂,及商董虞和德、朱炯、闻汉章、穆湘瑶、姚曾绥、谢天锡、荣宗敬、黄晋绅、唐文治等,均接江苏实业厅张轶欧厅长函云:敬启者,查农商部经济调查会江苏分会章程第三条第三款载:名誉会员无定额,由会长秉承省长核准。聘执事为江苏分会名誉会员,相应函达,务希随时赞助,赐教不吝,无任企盼。

(《经济调查分会之名誉会员》,见《申报》1918 年 4 月 16 日第 10 版)

5 月 24 日(四月十五日)　交通部向先生发布指令,准其所请,对在联合运动会上成绩优胜之上海工业专门学校学生,以及参与救护重伤者,传谕嘉奖。

令上海工业专门学校校长唐文治:

呈一件呈报运动会优胜请给名誉奖励由。

呈悉。该校联合运动会比赛优胜,该生李大星、杜荣棠、张信孚、罗锡暄、黄韵三、张伦、邵鹏、李庭三、关文俊等奋勇过人,洵堪嘉尚,应即传谕嘉奖,以示鼓励。童子军洋教员李思廉、队长卓观潮救护重伤,深明公德,应一并传谕嘉奖。仰即分别转知遵照,此令。中华民国七年五月二十四日。交通总长曹汝霖。

[《交通部指令(第 1623 号)》,见《交通月刊》1918 年第 19 期]

5 月 25 日(四月十六日)　表姐夫俞书祥去世,先生往吊之。后先生为作《俞君隶云墓志铭》。

四月,表姊丈俞君隶云去世。隶兄与余交最厚,为人忠实至诚,崇尚气节。病中风二年,病殁后,余往吊之,见诸甥及甥女哀恸欲绝,余不禁痛哭。后为作《墓志铭》一篇。

(唐文治《茹经先生自订年谱·戊午五十四岁》)

按:据先生《俞君隶云墓志铭》,俞书祥生于 1865 年 2 月 2 日(同治四年正月初七日),卒于 1918 年 5 月 25 日。

同日　吴淞同济医工专门学校举行工科第二次毕业典礼,先生出席并致祝词。

吴淞同济医工专门学校,于昨日(阳历五月二十五日)举行工科第二次毕业礼,计得有工程师文凭者,共十一人。当日大雨泥泞,然来宾曾不为少阻。午前陈列各种模型及工场成绩,任客参观。午后行礼,校长阮介凡先生亲自授凭,并请名人致训词。当有高等实业学堂校长唐蔚芝先生致祝词,甚长。三时礼毕,共摄影而散。

（附）唐蔚芝先生训词

今日贵校工科诸同学举行毕业礼。鄙人敬为贵校校长阮先生贺，并为贵校诸同学贺。鄙人学术浅陋，无足以益诸君，惟因阮先生之请，聊贡数端：一曰事业，二曰德行，三曰国学。

何谓事业？《尚书》曰"天工人其代之"，《周易》曰"裁成天地之道"。凡人生世界之上，皆当为天地补其不足，弥其缺憾。诸君所学之科学，皆所以补天工之不足者也。欲补天工之不足，必须穷极万物之理，扩充我之知识，发挥我之事业，而后可以对天地而无愧，对于世界而无愧。我国设立学校数十年，而奇材异能，出乎其间者寥寥，何也？立志不坚，则不能成事业也。今贵校之专门为医工科，医工二者，为人生最切近之学，穷其究境，岂有涯涘？惟望今日毕业诸君，勿以毕业为已足，孜孜矻矻，再求上进，始可成为奇材异能。至未毕业之诸君，亦必殚精竭力，以成奇材异能为目的，则他日贵校之兴盛，与诸君个人事业之兴盛，将有不可限量者矣。

何谓德行？即诸君之品行是也。以建筑法言之，品行犹基址也，科学犹堂屋也。基址不固，日后堂屋必须坍塌。学生品行不修，人格不讲，纵使科学精粹，他日徒为国家之害，徒为社会之害，至于损失一身之名誉，犹其小焉者耳。或者谓今日教育急于实用，人格教育非所宜先，鄙人窃以为不然。试问今日世界，何等景象？今日人心，何等卑鄙？人心日坏一日，礼义廉耻，扫地无余。《管子》曰："礼义廉耻，国之四维。四维不张，国乃灭亡。"夫国之不亡，由于人心之坚固；未有人心不固，而其国不亡者。故鄙人所望于诸君者，首在自省其本心。试仰观于天，彼鸿雁何尝无秩序乎？俯察于地，彼蝼蚁何尝无社会乎？然则人之所以异于禽兽者，非良心而何？明王阳明先生有致良知之学，窃愿诸君相与讲求之也。且更有进者，近美国塞娄博士言我国今日所急，当造就领袖人才，此言极是。倘使任教育者，专造就为人所用之人，日后吾国将无用人之人，此为大危险之事。故鄙人所深望于诸君者，为第一等之人才；而欲成第一等之人才，必先为第一等之人格。勉之，勉之。

何谓国学？我国之国文是也。旷观中外大势，纵横数万里，上下数千年，凡文化之盛者，其人类必强焉存焉；其文化之衰者，其人类必弱焉灭焉。未有提倡国学，而国不兴者；未有自戕其国学，而国不亡者。此国学之关于国家者也。《尚书》之赞尧曰"文思"，赞舜曰"文明"，孔子赞尧曰"巍巍乎其有成功也，焕乎其有文章"。成功在文章之先，文章在成功之后，盖古人所谓水火金木土谷惟修，正德利用厚生惟和，六府三事，天叙天秩，莫不宣之于文章。盖自古有

大事业者,乃能为大文章,此国学之关系于事业者也。《论语》孔子曰:"文王既
没,文不在兹乎?"何以不言道不在兹? "子以四教,文行忠信",何以不言道行
忠信? 盖道为虚而文为实,道无形而文有象,故道必因文以传。孔子曰:"有德
者,必有言。"古人三不朽,立德、立功之时,尤重立言。此言字非言语之谓,实
即文字之谓。道德之原,载于文字,此国学之关于德行者也。深望诸君于国学
切实研究,他日传嬗四方,吾国之文化,日渐昌明,吾国之普及教育,庶几其有
望乎? 此事关系极重,尤望诸君勉之。

(《工科行毕业礼》,见《同济》第一期)

5 月(四月)　先生于中学校务会议上答与会者问,其中在回答第七个问题时,
强调对学生四方面的要求:勤业,养成奋勉之习惯;集会,养成办事之才干;尚俭,
养成朴实之风气;崇礼,养成敬爱之性情。

答第四问题

谚有之曰:取法乎上,仅得其中;取法乎中,仅得其下。此系必至之势,固
然之理也。今吾国中学校无省无之,试问此项学校得优良之教师者有几人?
此非办理中学校者不欲延聘良师也,实经费支绌有以致之也。经费支绌,不得
不因陋就简,敷衍塞责,如是而欲求学生优良之成绩,无异却步而求及前人也,
庸有幸乎? 且近数年来,国家军政时代,凡中央之所入,不得不偏重于军用,教
育经费势难恢复原状,遑论扩充。其间办理中学者,虽不乏巧妇,实难作无米
之炊,此中学优良教师之阙乏一也。曩时,吾国士为四民之首,国家养士,礼教
极隆。今也不然,欧风东渐,人心不古,凡积有金钱或在政、商、工界占有势力
者,人皆膜拜之、尊敬之,于是士之有一技一能者,皆投身政商工界,以博一般
人民之尊敬,争先恐后,趋之若鹜。倘所如辄左,穷无所归,则转入学界,是学
界者,直落魄之徒暂时休憩之逆旅耳! 此优良教师阙乏二也。今之办中学者,
固不乏有识之士,但不学无术,仅持钻营而得承其乏者也多如林卿,若辈徒知
缩小范围,节减经费,以迎合地方长官之意旨,并希冀办学精明之虚誉,此等办
理中学之人所延聘之教师,不能胜任愉快,有左卷可操者,此优良教师之阙乏
三也。优良教师之阙乏既如上述,其成绩之不足观,又何待言。今欲正本清
源,当先将中学校教育经费,按照现在情形,重形规定,详细刊表,俾得有所遵
循,庶几日起有功。至办理中学人才,尤须严定资格,详加厘订,以免滥竽而除
积弊。其教师之优良者,应随时奖励,除给予从优之薪水外,由教育部颁给相
当之学位,或由中央政府颁[颂]给相当之勋章,俾得安居乐业,可久可大,若是
则谋进取、收实效,自不难矣。

答第六问题

今吾国中学校，欲有实行训练体育之准备，及鼓励运动之标准，必先令学生均受医理上与体育上之检验，其最应注意之点，盖有三焉：

一、各种传染病须设法消灭，不使发生。

二、倘学生雇有各种缓性病及一切感冒者，宜令就校医诊察，如无校医，也宜延医疗治之，方准肄业。

三、学生如犯心肺脊骨及种种虚弱等症，不克习练规定之运动者，应准其于运动课点暂行休止，并应戒其不事无益之游戏。

必修之运动课，每星期以习二三小时为度，其训练之科目，略举如下。

（一）短时间之兵式操。

（二）运动肌肉之柔软操。

（三）各项饶有趣味、增进体力之游戏。

凡运动会及各种比赛游戏，不仅足以发展学生之体力，并足以引起热心，增进智能，比诸柔软操、兵式操等为益更多，故当竭力鼓励之。

凡游戏场地须布置适当，运动器械须购备齐全，其所耗财力虽巨，而其获益，殊非鲜也。

网球游戏乃中国学生最宜习练之一种，盖此项游戏于天气晴明之日，虽在寒冬炎夏皆可行之，固不限于比赛网球时期内习练之。凡学生之不能组织运动队，而不获享受运动之利益者，即可以此为游戏，故网球场及器械须置备齐全，不使有所缺乏。至每人于每星期之习练时间，至少须有三四小时。

无论何项运动队，须时加鼓励，并须聘请良师以教练之。运动队之甲、乙二组，须时与他校角赛，以焕起其精神，磨练其技能。各班学生须组织级队，并排定时间，使互相竞技。如夺获锦标之一班，宜奖以绣旗褒章之属，以表荣誉而示鼓励。

各种有益之运动均须鼓励。凡学生愿练习每项比赛运动，或别种相当之游戏者，则于必修之运动课，如柔软操、兵式操等，得准其免习。

答第七问题

勤业，养成奋勉之习惯。凡人之疏懒，多因饱暖无事。苟有必不获已之事，则不得不勉力为之。故学校于功课必须严重，尤须督促自修，使无余暇，勉力既久。乃成自然。

集会，养成办事之才干。学校于运动会、语言会、学术研究会、游艺会种种，应极力提倡。此学生自动之事，莫不乐于赴从，任事之人足以习条理，练交际，同会之人通力合作,皆有练习之机会,异日效用于社会,不致乏应付连络之资。

尚俭,养成朴实之风气。语云:"朴实为英雄本色。"古今有为之人,无一不然。学生在校饮食、衣服忌奢侈华美,必须食有定额,不得自增,衣有定制,不得自便。使之一饮一食、一衣一履皆不得过分妄取,然后能清勤自守,终必为社会所信任。

崇礼,养成敬爱之性情。语云:"爱人者,人恒爱之;敬人者,人恒敬之。"师长对于学生,朝夕相见,礼仪无失,予其疾病、缓急加以调护、扶持,学生自能感化于无形,而为仁厚之君子。凡人为众人之领袖,须能先人之忧,后人之乐,此非养之有素者不能也。

[唐文治《中学校会议答问》(节录),见《交通大学校史资料选编》(第一卷)]

6 月 11 日(五月初三日)　晚,先生参加南洋公学无锡同学会第十二次常会并作演说。

六月十一号,本会在上院大礼堂开第十二次常会,备有茶点。本会名誉会员唐校长及顾心一、蔡虎臣两先生均莅会,会员到者六十余人。首由会长范寿康君报告,复讨论本会在暑假内刊发《消夏集》一事,继由唐校长、顾先生、蔡先生、杨君万春、姚君渐伯等演说,至九时半尽欢而散。

(安钟瑞《本会纪事·常会纪事》,见《锡秀》第 3 卷第 1 期)

6 月 22 日(五月十四日)　沪江大学举行十周年纪念大会,先生派代表出席并作演说。(据《申报》1918 年 6 月 24 日第 10 版《沪江大学十周纪念会志盛》)

今日贵校诸君行毕业礼,鄙人敬为贵校校长魏先生贺,并为贵校诸君贺。鄙人学术浅陋,无足以益诸君,惟是敝校与贵校向来联合,交情极厚,彼此谊若一家,且因魏先生殷殷之厚意,用特聊贡粗浅之辞,祈诸君谅之。

今日吾国,未尝不注重教育。然而世道人心,愈趋愈下者,由于士皆空谈教育,空谈种种教法,而于教育之根柢,并未究心也。教育之根柢安在?人格而已矣。人格不讲,人之本心日昧,利欲熏于中,意气哄于外,虽日言教育,亦复何济于时?窃尝譬之,各种科学,犹房屋也,人格犹基址也。基址不固,房屋易于倾圮[圯]。犹学者各种科学虽极完备,而人格不修,品行卑鄙,一旦名誉扫地,几与房屋之倾倒无异,岂不惜哉?故居今日而言,学问之道,当自人格教育始。鄙人尝著《人格》一书,诸君试读之,或不无裨益也。

人之德配乎天地,人格之论,非一言可罄。约而言之,必以治心为本。《大学》言明德,明其德所以明其心也。《中庸》言率性,率其性所以治其心也。《孟子》言良心,又言良知,盖致其良知,乃可保其良心;保其良心,乃益扩其良知,二者有兼行并进之道。初学之法，首在提撕警觉，使此心虚灵不昧，乃可以不误于歧途，不流于混浊。故世界无论如何昏暗，吾之心必须光明；世界无论如何摇动，吾之心必须坚定。《大学》云："欲修其身者，先正其心。"盖心学明而后人格立，人格立而孝弟忠信礼义廉耻之说明于天下，自可举今世卑鄙龌龊、争权夺利之思想一扫而空之。如是，而各种科学乃尽归于有用。无论为农为工为商，皆不染欺诈浮嚣之习。教育之本，孰有大于是者乎？

至于国学，尤当注重，鄙人所著《人格》中曾详言之。大抵立国以文化为主，文化明而其国乃谓之文明。未有自灭其本国之文化，而其国能自存者。况今日吾国，尤重普及教育。普及之道，当以国文为主。倘使学校诸生，不知注重国文，纵使出洋留学，各种科学备极精深，一旦回国，笔不能述其意，言不能达之于文，则所谓输入文明者，庸有效乎？故凡世界极有智识之学生，无不爱护其国学。国学明而吾国乃能自存于世界之上。诸君诸君，勉之勉之。敬祝沪江大学万岁，并祝魏先生教育发达、身体康强，诸君德业日新，前程远大。

（唐文治《沪江大学行毕业礼演说稿》，见《沪江大学月刊》1918 年第 7 卷第 4 期）

6 月 23 日（五月十五日） 上海绅、商、学、报界各团体开会，议定组织各界代表联合会，先生被推举为学界代表。（据《申报》1918 年 6 月 25 日 10、11 版《绅商学报各界联合会纪要》）

6 月 26 日（五月十八日） 交通部上海工业专门学校举行图书馆奠基典礼，先生及学校全体职员出席，先生并作《本校图书馆立础记》。

六月二十六日行纪念图书馆立础礼，安置铜制圆筒于墙脚，内装《立础记》、图书馆图样三种，合同一册，由校长及各董事向脚角石行一鞠躬礼，并燃放花炮以表欢贺。《立础记》一篇，并录如左：

民国六年四月，本校开二十周纪念大会，同学诸君佥议有纪念图书馆之设。文治乃奔走其间，为达于大部，请于社会，谋集胈之举。得部长许君世英、叶君恭绰，同人杨君士琦、刘君成志、唐君浩镇、阮君惟和，暨同学沈君庆鸿等尽力赞助，劝募不及一年，捐赀得五万数千圆。虽为数尚虞不足，而志在必成，遂于民国七年二月二十日鸠工庀材，经营伊始。六月二十六日行立础礼，诸同学属文治为之记。

昔在唐虞大同之时，史臣赞尧首曰文思，赞舜首曰文明，赞禹首曰文命，文化之于国大矣哉！数千年后以讫今兹，民智闭塞甚矣，顾欲一跃而入共和之世，非殚群策群力提倡而疏瀹之，庸可得乎？欧美诸国各省邑中，图书馆林立，建筑及藏书费动以数千万计。以视吾国，何其暗然而无色也。然祭海导于先河，为山基于一篑。兹者有吾校图书馆为之权舆，十年而后，文运大启，济济人士，博学而多闻，必有圣哲豪杰、奇才异能出于其间，以代天工，而维世运。然则是馆也，岂非开民识、养民德之嚆矢与！至董斯役者，乃疆乃理，缩版直绳，以同学胡君士熙勤劳为最著，辅之者，若王君信斋、刘君天成、柴君福沅、张安[君]孝安、陈君观杓、蔡君其标，亦周爱执事，劳怨不辞焉。建造者杨顺卿，栉风沐雨，其居心亦无吝无私，克成此举，洵足嘉也。并书之以昭来禩云。校长唐文治谨记。

（唐文治《本校图书馆立础记》，见《交通部上海工业专门学校学生杂志》1918 年第 2 卷第 3—4 期合刊号）

7 月初（五月底）　先生回太仓，哭吊其师王紫翔先生。

五月杪，赴太仓，哭王紫翔先生。自国变后，先生改号溪山老农，日以祈死为事。去年九月，余往省视，先生身体尚健，为余删改《外舅黄浚之先生家传》。余临行时，先生送至门，曰："汝来，吾心甚喜，体必较健，大约尚可相见也。"乃四月间病甚，余闻信回太，则先生已不能言矣，逾二日即卒。追念教诲之恩，涕泗滂沱。六月初旬，复往设奠一次（祭文存文集中），与诸同学商，谥曰"文贞"。

（唐文治《茹经先生自订年谱·戊午五十四岁》）

按：先生《祭先师王文贞公文》，见《茹经堂文集初编》卷六。

王祖畲辞世后，先生等人曾呈文清史馆，请求将其事迹列入清史传。

呈为已故清遗臣品节高峻、学术渊深，足以维世道而正人心，谨胪陈事实，环求列入清史传事：

窃某等束身名教，笃守师承，知砥砺暗修，本儒者纯全之诣；阐扬潜德，乃史官采辑所先。是以高密郑公辞荣位，而垂光汉史；济阳征士号逸民，而仍冠晋称。良由德为人师，功参世教，绍绝学以励艺林，明正谊以敦士节。况值元黄睢剌之秋，黑白混淆之际。溪山寂寂，独抱遗经；禾黍离离，犹殷汉腊。不有君子，其能国乎？伏见已故前清翰林院庶吉士、河南汤阴县知县、镇洋王先生祖畲，束发受经，即有志于前贤轨范；抗怀坠绪，独深恶夫俗学支离。奉董江都为圭臬，以陆平湖为准绳。考核悉周官之精，既真知而灼见；证质阐左氏之旨，亦刊讹而辨诬。经济之学具焉，春秋之义炳焉。其讲学也，以宋五子为宗，出入于许郑，而戒破碎；其论文也，以唐一经为法，肴核夫欧曾，而绝浮嚣。洎夫通籍以后，服官以还，本程朱诚正之修，有怀靖献体、曾阳哀矜之旨。时切恫瘝，三朝之主遇衔感，一载之民心讴歌。时作河汾之口授，而不参功利之私；时研濂洛之心传，而雅负经纶之望。斯则郭有道之收朋勤诲，非仅陶靖节之弃官从好也。后值国体骤更，民言胥动，先生荒江痛哭，辽海寄怀。兰纫正则之佩，藤穿幼安之床。杜门而不忘教孝，胜薛方辞聘之心；绝笔而自著挽词，乃士燮祈死之志。求之往古，实维完人。综先生学行，于乡里则上追桴亭、确庵，于清代则远绍望溪、惜抱。于官礼之精，则通于王船山之论封建井田；于春秋之义，则严于杨铁崖之尊大一统。言文章则撷史汉之菁，言治术则继召杜之绩。而坐使暗德弗彰、幽光终閟，不独某等负栽培之德意，抑亦国家失顽廉懦立之典型也。用是胪举生平，详陈事迹，以备总裁秉公之采择。至于儒林、文苑、循吏、逸民，于彼于此，则总裁自有权衡，勿使前清禅让之终，致有遗臣泯灭之憾，则学者幸甚，世道幸甚。谨呈。具呈人名单：唐文治、黄以霖、何葆麟、毛祖模、姚鹏图、陆增炜、孙雄、卢求古、王康寿、李以炳、陆朝琮、陆庆钊、顾遵儒、汪承修、王乃昌、朱文熊、李联珪、陆起、陆新、徐福塘、汪曾保、王舜成、钱衡璋、朱诵韩、李澍、钱诗棣、钱诗祯、徐如珪、蒋乃均、朱树谟、黄彬琳、唐文栋、季汝梅、季丰、陈猷、闻森桂、陆家克、钱毓槃、李家骐、汪泰符、陆长泰、王邦绶、张承荣、凌溯珏、马启瑞、马启后、张恩同、吴宋鼎、吴敬恒、李文镛、陆修祜、金文梓、赵宗泽、赵墉。

（唐文治等《上清史馆呈文》，见《文贞王先生行状》）

夏　先生接见中院新生，勉励大家敦品力学，做世间第一等人。

茹经对待同学，多方爱护，亲密如若一家人。每当新生来校，太夫子必分批接见，借以了解情况，此事已成为制度。回忆我于一九一八年夏考入上海南洋大学中院（中学）一年级后，也曾被接见过。谈话不过三十分钟，主要勉励大家敦品力学，做世间第一等人。校长讲话，真挚而热情，听者动容。其时我们班级中有叫左景鸿者，系清末名臣左文襄公（宗棠）的嫡孙，体格坚实，相貌堂堂，能诗，不愧将门后代。茹经即以左文襄公的道德文章与一生功业勖勉同学，颇有现身说法之感。

（陆希言《回忆茹经太夫子几件事》）

7月6日（五月二十八日）　交通部上海工业专门学校举行毕业典礼，首由先生报告本届毕业生情况。

七月六日举行毕业式，计土木科孙宝墀等十二人，电机科陈长源等三人，中学陈良辅等六十一人，附属小学黎继壬等四十人。首由校长报告，次交通部代表任筱珊君宣读训词，次任筱珊君、马相伯君、法副领事德兰君、交涉使陈安生君、美人琴斯君等相继演说。大致皆勖勉之词。散会后，均款以茶点。

（范寿康《校事纪要·毕业盛典》，见《锡秀》1918年第3卷第1期）

同日　先生接待来沪参观的北京大学学生朱一鹗等人，并介绍参观沪上各中学以上学校、各大公司、各大工厂及哈同花园、宋公园等处。

北京大学学生朱一鹗等由该校校长蔡子民介绍，来沪参观教育实业各机关，已于本月六日到沪。当日闻交通部上海工业专门学校行毕业礼式，即前往参观，由唐蔚芝校长招待一切。闻唐校长以该生等冒暑来沪参观，甚为嘉许，允为介绍其它各机关参观云。

（《北京大学学生来沪参观》，见《申报》1918 年 7 月 9 日第 11 版）

北京大学学生朱一鹗等趁暑假余闲，来沪参观教育实业各机关，复由徐家汇高等工校唐蔚之校长分函介绍沪上各中学以上学校、各大公司、各大工厂及哈同花园、宋公园等处，业已分日前往参观完毕。闻该生等定于今日搭沪杭甬快车来杭参观云。

（《北京大学学生来杭参观》，见《申报》1918 年 7 月 13 日第 7 版）

按：朱一鹗后来写有《参观小记》，刊于《北京大学日刊》第 287 期。该文中记："去年暑假往沪杭参观，由蔡校长致函上海交通部工业专门学校校长唐蔚芝先生，及浙江省教育会会长经子渊先生介绍，并请唐、经两先生各就该地转为介绍，于各学校、各工厂及各场所参观。"又据文中"参观之地点"介绍，此次在上海参观，共分"属于教育者""属于实业者""属于游览者"三部分；其中"属于教育者"，有上海交通部工业专门学校、复旦大学、南洋中学、美术学校、哈同花园内仓圣明智大学及徐家汇天文台。

7 月 11 日（六月初四日）　因湘省自兵燹后，大水疫疠，相继为灾，上海红十字会特开常议会，议定由先生等"遴派专员，分赴湘省各灾区，调查灾状"，俾得尽力展开赈济。

红十字会迭接湘绅刘直余、聂云台、朱恩绂、袁思亮等来函，佥称湘省自兵燹后，大水疫疠，相继为灾，以致产米之区颗粒无存，数百万饥民嗷嗷待哺，惨不忍言，纷请迅筹赈济等语。昨经该会特开常议会，决议除前月已汇银五千元，交由长沙分会赶散急赈外，另拨银六千元，交宝庆分会刘直余君，就近向武冈采购谷米，运宝平粜。一面商由唐蔚之、唐郑郑二君，遴派专员，分赴湘省各灾区，调查灾状，俾得尽力进行云。

（《红十字会续放湘赈》，见《申报》1918 年 7 月 12 日第 10 版）

7 月 28 日（六月二十一日）　《申报》刊出《红十字会湘赈进行》，报道上海红十字会议设湘赈干事部，举先生及沈敦和为部长。

本埠红十字会总办事处，对于湘省兵灾，两年以来，尽救护救恤之天职。

该省当地红十字分会及各国教士,除救护、疗伤、掩埋、救济妇孺、设所留养、运米平粜、陆续接济药料银洋外,今岁复汇长沙等处,两次计银洋九千元,汇宝庆刘直余君平粜银洋六千元。奈灾情奇重,中户变为赤贫,少壮逃亡,耕种无具,产米之省,颗粒全无,富庶之区,荒凉满目。甚至全村被焚,鸡犬不留,妇女投缳,老弱觅死。读驻湘分会告灾湘绅及该会调查员报告,即铁石之人亦为之下泪。沈副会长因本会自辛亥以来,天灾人祸,战无宁岁,劝募已成努[弩]末,员司恐乏锐气,迭由驻会办事董事江超丹君,就商于锡山放赈大家唐蔚芝、唐郢郑诸君,议设湘赈干事部,举唐蔚芝、沈仲礼为部长,举唐郢郑为干事长,举阮子衡、聂云台、魏旭东为总干事,举叶晴峰、张松亭为经济干事,购就四号大包面粉一万件,暑药、银洋、铜元、饼干、挂面百数十箱,定月初出发,并分投劝募巨款,以期普及云。

（《红十字会湘赈进行》,见《申报》1918 年 7 月 28 日第 11 版）

同日 本日起,由先生等人发起,连续派人赴湘调查灾情。

湘振干事部,前由南洋公学校长唐蔚芝君、红十字会副会长沈仲礼君,及江趋丹等发起,已请阮子衡、魏旭东、武筱航于七月二十八号乘"江华"上驶。刻接来电,已安抵长沙,先行调查矣。又干事长唐郢郑,已于八月九日偕唐蔚芝由无锡来申,现寓南洋公学,定八月十二日乘中华公司华盛轮船直往长沙,随船带有大批面粉,以资救济云。

（《湘振干事出发》,见《申报》1918 年 8 月 11 日第 11 版）

校长唐先生慨于湘省惨遭兵燹,灾民颠沛流离,嗷嗷待哺,爰于沈仲礼、唐郢镇诸先生发起湘赈会,募集巨款,请唐郢镇、阮子衡、魏旭东、刘汝梅、武筱航诸先生购办大宗面粉、棉衣、药品等物,先后携赴灾区,分别施济云。

（范寿康《校事纪要·泽被灾黎》,见《锡秀》1918 年第 3 卷第 1 期）

7 月 31 日（六月二十四日） 交通部向先生发布指令,准其所请,分别对上海工业专门学校有关学生发给褒奖状、传谕嘉奖。而对一名中学二年级生,则令其退学。

令上海工业专门学校校长唐文治:

呈一件本届劝惩各生呈请察核由。

呈悉,该校本届学年试验,土木科生孙宝墀等二十七名,既据称操行笃实,沉潜向学,应即传谕嘉奖,由该校发给褒奖状,其专科及中学各生,并照章发还本期所缴学费,以示鼓励。曹曾祥等二十三名查无缺课,勤奋可嘉,应一并传谕嘉奖。中学二年级生李煜熙据称留级两次,应难造就,应照章令其退学,仰即遵照办理,此令。中华民国七年七月三十一日。

[《交通部指令(第 2388 号)》,见《交通月刊》1918 年第 21 期]

7 月(六月)　先生编成《许公竹筼外集》。

六月,编许公竹筼外集成。初,余搜集许公奏疏函稿,印数百部。外交部陆总长子兴名征祥,许公之旧属也,见而宝之,亦印行数百部,并嘱余辑外集。余因托嘉兴门人王君寅清名永礼,于许公亲戚盛萍芝[旨]先生处访求搜集,共成五卷,又日记、书札各一卷,余为之叙,请陆总长印行。

(唐文治《茹经先生自订年谱·戊午五十四岁》)

8 月 9 日(七月初三日)　交通部向先生发布指令,准其所请,派上海工业学校土木科毕业生两名前往美国桥梁公司实习。

令上海工业专门学校校长唐文治:

呈一件请派毕业生出洋实习由。

呈悉。美国桥梁公司既据该洋教员万特克称,正在需人,早经来函订用学生二名,应准将本届土木科毕业生孙宝墀、吴钟伟二名先行派往,仰即遵照办理,此令。中华民国七年八月九日。交通总长曹汝霖。

[《交通部指令(第 2489 号)》,见《交通月刊》1918 年第 22 期]

同日　先生等接阮惟和来电,知悉有关办理湘赈情形。

办理湘赈调查员阮惟和号子衡、魏延晖号旭东诸君,早抵长沙。兹闻南洋公学接得来电云:"唐校长暨郭公鉴:两鱼电敬悉,庚谒勋师,极承优待,许派轮及兵护送成桐至衡山、衡阳,晖至湘潭,上陆赴宝调查,现已出发。分会长聂在沪,请与接洽。屯面处已请联合会筹备,干事部拟移设南口街电政局内,是否候示。和。佳。"

(《湘赈调查员之电音》,见《申报》1918 年 8 月 12 日 11 版)

按:在代日韵目中,"佳"为 9 日。

8 月 27 日(七月二十一日)　先生编成《上海工业专门学校国文课本》,参加编写的有教员李联珪、黄世祚等四人。[据上海交通大学校史编纂委员会编《上海交通大学纪事(1896—2005)》]

编《工业学校国文课本》成。教员李生颂韩、黄君虞孙名世祚、黄君子桢名宗干、邹君闻馨名登泰之力也。

(唐文治《茹经先生自订年谱·戊午五十四岁》)

8 月(七月)　交通部奖给先生一等奖,奖给原本校毕业生、唐山工业学校校长章宗元二等奖。[据上海交通大学校史编纂委员会编《上海交通大学纪事(1896—2005)》]

9月初(八月初) 中国红十字会拨垫四千元,又在先生经募项下拨洋一千元,总计汇款五千元,用于湘赈。

中国红十字会昨接湘赈干事长唐郭郑宥电称:散放株、醴急赈之款,照册计不敷约五千余元,即请电汇。又据湘赈干事阮子衡报告,遭灾区域人民,十室九空,隆冬无衣食者,不知凡几。能多备棉衣裤、被褥散放,最是施当其厄。总会接电后,当邀会董集议,经众决议,续由总会拨垫四千元,另在南洋公学唐蔚之君经募项下拨洋一千元,合汇五千元,并筹备赶运新旧棉衣裤一万件、面粉一百五十包,乘湘江浅涸前运存长沙洋栈,待时散放。

(《红十字会续解湘赈》,见《申报》1918 年 9 月 4 日第 11 版)

9月初(八月初) 先生续拨经募捐款一千元,电汇湖南中日银行,用于湘赈;并仍在极力续募棉衣被并现款。

红十字会湘赈干事部派员往湘调查及放赈详情,屡纪本报。兹悉总干事长唐郭郑所带面粉及现款,已在醴陵散放面粉三千包,株州[洲]散放二十包。宝庆因发水,面粉不能转运,已拨放现款二千元,由魏旭东往宝监视散放。兹干事部又接来电告急,故红十字会长沈仲礼与各董事会议,续拨赈款四千元。又唐蔚芝君经募捐款,前已拨交第一批阮子衡君二千元外,此次又续拨洋一千元,一并由沪台湾银行用电现汇至湘中日银行。又闻理事长朱芑臣君,已提红十字会旧存棉衣万件,预备亲自赴湘散放。该部部长沈仲礼、唐蔚芝二君,仍极力续募棉衣被并现款等,以为后盾云。

(《红十字会湘赈近讯》,见《申报》1918 年 9 月 5 日第 11 版)

9月7日(八月初三日) 先生致电中华民国大总统徐世昌:"请速主和平,勿自残杀,勿多招兵以贻后患,勿再借款以害子孙。"

唐蔚芝君致北京电云:"徐大总统赐鉴:元首得人敬贺,百姓苦极矣。请速主和平,勿自残杀,勿多招兵以贻后患,勿再借款以害子孙。如币制约,虚立名目,授权外人,吸收民膏,灭亡可待,急宜取销,并请尊孔教,正人心,兴实业,恤商艰。古人云:得民有道。万恳以民心为政本,天下幸甚。唐文治。阳。"

(《唐蔚芝致东海电稿》,见《申报》1918 年 9 月 8 日第 11 版)

按:在代日韵目中,"阳"为 7 日。

9月11日(八月初七日)、16日(八月十二日) 先生等两次致电长沙义赈会任福黎,告知其已汇运赈洋一千六百元、棉衣一千件,用于湘赈。

长沙义赈会任寿国先生鉴:衡山旷绅等来函,痛述灾况极惨。贵会已往放赈，极佩大德。本会湘赈部有赈洋一千六百元、棉衣一千件，拟乞李务丞先生拨交，会同旷惺斋、李子荣两君散放，祈电复，即分别汇运。沈敦和、唐文治等。真。

红十字会沈仲礼、唐蔚芝先生鉴：真电悉。天祸湘民，孑遗将尽，迭蒙赒恤，拜德何穷。衡山当攻战要冲，蹂躏尤惨。蒙兹特惠，得庆再生。一俟寄到，即派员会同该绅妥放。伏维益施广厦，大庇三湘，普挹琼厄，来苏七泽，则湖清岳峻，与公并寿矣。任福黎。元。

长沙义赈会任寿国先生鉴：元电敬悉。衡山赈款一千六百元，已电汇中日银行买办王伯南先生，拨付棉衣运存日清公司，乞分别接洽，妥速转交旷惺斋君散放，不胜感祷。敦和、文治等。铣。

（《红十字会湘赈部衡山赈务来往电文》，见《申报》1918 年 9 月 17 日第 10 版）

按：在代日韵目中，"真"为 11 日，"元"为 13 日，"铣"为 16 日。

9 月 16 日（八月十二日）　交通部向先生发布指令，对帮同监理图书馆等处工程的上海工业专门学校有关学生，应由学校传令嘉奖。

令上海工业专门学校校长唐文治：

呈请给图书馆等监工各生奖励由。

呈悉。该校专科学生陈中正、邵禹襄、朱熙、葛英、张骏良等帮同监视图书馆等处工程，烈日炎天，两月以来，曾不稍懈，实属热心校务，应由该校传令嘉奖。其未毕业之邵禹襄、朱熙、葛英、张骏良等四名，并准免除本学期学费，仰即遵照。此令。中华民国七年九月十六日。

[《交通部指令（第 2875 号）》，见《交通月刊》1918 年第 23 期，又《安徽实业杂志》1918 年第 17 期]

本日　交通部向先生发布指令，对所呈送留美实习生张绍镐、杨耀德、朱瑞等第一次报告书，准予备案。

令上海工业专门学校校长唐文治：

呈一件留美实习生张绍镐等报告由。

据呈送留美实习生张绍镐、杨耀德、朱瑞等第一次报告书，应准备案。至张生绍镐报告内称"拟专习一部，辅以他部，请于机车缺乏及紧要处告知"等语，查轧铁机厂、翻沙厂、螺钉冒钉厂、锅炉制造厂、机车厂各项，均应注重之处，应由该生酌量专习。仰并转知遵照。此令。中华民国七年九月十六日。

[《交通部指令（第 2876 号）》，见《交通月刊》1918 年第 23 期，又《安徽实业杂志》1918 年第 17 期]

9月17日（八月十三日） 交通部向先生发布指令,准其所请,同意庶务长阮惟和辞职请求,并予备案。[据《交通部指令(第2895号)》,见《交通月刊》1918年第23期]

9月22日（八月十八日） 交通部上海工业专门学校举行国文大会。

本校国文成绩,素称优美。校长唐先生犹恐非竞争不足以促进步,于每年秋季必举行国文大会一次,分给金银奖牌及书籍等,藉资鼓励。本届于九月二十二号举行,第一为尤佳章君云。

（范寿康《校事纪要·国文大会》,见《锡秀》1918年第3卷第1期）

秋 先生发起创立校役夜校。

自去秋始,本校校长唐先生发起创立校役夜校,校役报名者共三十余人。每晚七时至八时,上课一小时,课程有修身、国文、英文、珠算四门,国文、英文均分甲乙两组。国文甲组均略有根柢,加以作文批改甚勤,因而成绩颇优云。

（《校闻》,见《交通部上海工业学校学生杂志》1919年第3卷第1号）

按：上海交通大学校史编纂委员会编《上海交通大学纪事(1896—2005)》将此事系于1919年秋,但刊载此事的《交通部上海工业学校学生杂志》第3卷第1号出版于1919年6月,故文中的"去秋"应是1918年秋。

本校校役众多,无事闲居,难免无为不善之弊。校长唐先生有鉴及此,思惟教育一般校役,可以戢其游荡之心,而养成有用之资。乃征求愿尽义务教育者,有陆景周、杨建明、王寅清、陈建刚(主任)、蔡虎臣五先生慨允分任教科。于是订定国文、英文、珠算等实用课目,并议决奖励、惩戒等规则,按程度之高下,分班教授。今开课已有两月,各校役颇能黾勉从事,奋力图进。而国文一科,成效尤著。闻校长已择尤给奖,以示鼓励矣。

（范寿康《校事纪要·设立校役夜学》,见《锡秀》1918年第3卷第1期）

10月1日（八月二十七日） 先生主持交通部上海工业专门学校祀孔典礼。

十月一日(即阴历八月二十七日)为孔子诞辰。交通部上海工业专门学校唐校长预先印刊体节单及礼堂图,分发执事员及各学生,于孔诞前三日行小演礼,前一日再行大演礼,以资熟习。迨至孔诞日,该校大礼堂设在专科部正门内,广约五十尺,深百尺,高三丈余,北首正中有平台,上立孔子神位龛,龛上及各处编扎松柏鲜花,礼堂四周并置盆花,台上设祭席,席上供太牢姜果,进退之路均铺宁式花席。是日上午,礼堂电灯通明。九时半,主祭员、校长唐蔚芝召集执事员及陪祭员及全校学生,分班排立专科及中院前马路上。十时,乐歌员、佾舞员、执事员、主祭员、陪祭员、各学员依次就位,礼堂正门起至专科门外马路上,有童子军盛装排立两旁，约二百五十人，威仪肃恭。行礼时，乐歌员（乐由该校军乐队担认）、佾舞员举止中节，全体肃静，恪恭将事。祭毕，主祭员、各学员等退后，由童子军团长李思廉率领该校全体童子军行敬礼。退时已十一点钟矣。

（《工业专校祀孔记》，见《申报》1918年10月3日第11版）

10月2日（八月二十八日）　交通部向先生发布指令，准其所请，派上海工业专门学校电机科毕业生陈长源、叶家垣赴美实习，并令其先行到部传见。[据《交通部指令（第3029号）》，见《交通月刊》1918年第24期]

10月11日（九月初七日）　发布中华民国大总统令，授予先生二等大绶嘉禾章。（据《申报》1918年10月14日第2版《命令》）

10月21日（九月十七日）　《申报》刊载《湖南义赈会报告赈务》。报告中称此次湘赈，"沈仲礼、唐蔚芝两君，又以全力为之后盾"。

湖南义赈会报告上海红十字会与济生会先后往湘施赈情形，其文如下：

天下之事，有大力者倡之，则轻而易举。上海为中外通商巨埠，物力雄厚，而好善之士，又多荟萃海滨，故凡南北各直省遇有水旱偏灾、兵戈疫疠，则上海慈善之士必出其雄才大略，筹款救济。故中国言慈善者，必以上海为中心也。湘省巨灾，熊会长既以函电呼吁于各行省官商慈善家矣，而尤望物力雄厚之海滨。除各省以款汇寄会长，或径交本会，本会则既拜而施之矣。而上海红十字会、济生会则出其资财，独力施放，此尤湘人所拜祷者也。按济生会已在株州[洲]、醴陵各造瓦屋百余间，以庇难民，又拨助宝庆红十字会四千元，以资平粜。至其湘振，主任黄君国英规模宏远，尚有振兴株、醴实业及贷款灾民计划，可谓造福无量。而红十字会又专为湘灾特创湘赈一部，阮君惟和唐君浩镇又负疾先后亲莅湘省，调查计划，其干事魏君延晖、武君光桐、刘君天成等，各本其冒险之精神，出入锋镝，探赜索隐，以究其实，可谓勤且劳矣。而沈仲礼、唐蔚芝两君，又以全力为之后盾。计赈株州[洲]面粉二千包，醴陵三千包，共值六千元。又现洋四千元，发宝庆二千元，湘阴一百元，续介宝庆六千元。又电汇衡山一千六百元，寒衣一千件。又由魏、武二君，共运寒衣一万余件来湘。此本会之所知也，其它本会之所不知，与源源而来者，盖无穷也。又闻佛教慈悲会，亦将来湘施赈，岂天地仁厚之气，尽钟于东南海滨一隅哉。

（《湖南义赈会报告赈务》，见《申报》1918年10月21日第10版）

10月22日（九月十八日）　交通部向先生发布指令，准其所请，派上海工业专门学校土木科毕业生陈中正、徐昌、汪禧成等三名赴美实习，并令其先行到部传见。[据《交通部指令（第3256）》，见《交通月刊》1918年第24期]

11月2日(九月二十九日) 沈敦和与先生致电红十字会长沙分会,告知"第三批棉衣,凑装二千五百件余,随募随运"。

红会接长沙分会来电云:"红十字会沈仲礼会长暨诸君并请转唐校长公鉴:三批棉衣,确数若干,祈示知。因衡、醴两处,露体之氓,约各五千人。前批棉衣,会同知事及诸绅董,先择极贫散放,以维生活。近日发现时疫,头痛、发热、腹痛等症,重者逾日即毙,并有绝户者。官绅殷殷索药,请即设法运药品来湘,以资救治,庶免蔓延。魏旭东、武筱航。东。"红会复电云:"长沙红十字分会医院转魏、武二君鉴:东日两电悉。第三批棉衣,凑装二千五百件余,随募随运。湘省发现时疫,病情与浙皖等处相同,准明日配寄中西药品及治防方法。沈敦和、唐蔚芝。冬。"

（《红十字会纪事三则》,见《申报》1918 年 11 月 4 日第 10 版）

按:在代日韵目中,"东"为 1 日,"冬"为 2 日。

11月7日(十月初四日) 交通部向先生发布指令,对所呈送留美实习生周琦第二次报告书,准予备案。[据《交通部指令(第 3439 号)》,见《交通月刊》1918 年第 25 期]

11月9日(十月初六日) 沈敦和与先生致电红十字会长沙分会,请其派人调查湘潭城外火灾状况,"实有不济不生者,请在湘赈项下,酌拨散放"。

红十字会接湘潭县商会来函云:"沈会长钧鉴:敝邑近年兵燹频仍,饥荒迭至,纸币充斥,百物昂贵,民生凋敝,已不忍言。乃人方求福,而天祸偏临。夏历九月二十四夜,城外居民不戒于火,一时烈焰飞腾,延烧二千余户,寸衫尺缕,一炬无遗,烂额焦头,呼号震野,诚数百年来未有之浩劫也。且被灾各户,多属贫寒,不惟栖身无所,抑且衣食无资。严冬转届,其奚以堪?不有救济之方,安得来苏之望。惟是窭乏,难肩重负,杯水莫救车薪。用特函陈,敬为灾黎请命,伏恳诸鸿硕俯念敝邑遭灾重大,慨输巨赀,俾数万灾黎,不致伏填沟壑。敝会同人,当馨香奉之。倘蒙惠助,祈即汇寄敝会,随付收条,并登报鸣谢,不胜迫切待命至□。"该会当即致电长沙云:"长沙红十字分会医院转武筱航鉴:刻奉湘潭县商会函,称城外火灾,延烧二千余户,多属贫寒,请求救济等因。如果有饥寒灾黎,何忍坐视?乞驾临灾地调查,实有不济不生者,请在湘赈项下,酌拨散放,为托。沈敦和、唐蔚之。佳。"

（《湘潭火灾之求振》,见《申报》1918 年 11 月 12 日第 10 版）

按:在代日韵目中,"佳"为 9 日。

11月中旬(十月中旬) 沈敦和与先生派友添购棉衣五千件,运湘散放。

中国红十字会迭接湘赈专员函电,催运棉衣。因近日天气顿寒,灾黎无衣者甚众,前来棉衣一万五千余件,不敷支配。刻闻红会已函托日清公司王一亭,先由"南阳丸"赶装棉被、棉衣二十包,计二千三百八十六件,另有湘赈干事部长沈仲礼、唐蔚芝二君,派友添购五千件,运湘散放。尚虑不能普及,正在竭力设法劝募,并由招商"新丰"船运津棉衣一千件,散放保定云。

　　　　(《红会消息汇纪》,见《申报》1918 年 11 月 13 日第 10、11 版)

11 月 30 日(十月二十七日)、12 月 1 日(十月二十八日)　交通部上海工业专门学校学生团举行协济湘赈游艺会,先生在会上报告开会宗旨。

　　昨日(三十)为徐家汇南洋公学学生团协济湘赈游艺会之第一日,于下午一时开会。先由校长唐蔚芝报告开会宗旨,为提倡人道教育。次马相伯演说,谓人道即仁道,人而仁,方谓之人。今日斯举,昌明人道,即所以昌明仁道也。次沈仲礼报告红十字会湘赈经过事实,并代红十字会及湘省灾民致谢,一时鼓掌声震耳。当场有周舜卿君交到周清莲君捐洋二百元。此外法领事、日领事及王道尹等均各陆续解囊,甚形慷慨。三时,汪悦亭君在大礼堂弹奏琵琶数阕,同时昆曲在雨中操场,按《十面》《絮阁》《惊变》《别弟》《刀会》《折阳》等曲。闻按曲诸君,专诚自昆山莅止,可谓热心善举矣。同时大操场上有足球比赛,系该校与西人足球队比赛,双方均系上海著名球队,观者如堵,互有胜负。晚七时起,雨操场中奏西乐,系中西音乐家演奏,次李松泉君演幻术,手术敏巧,观者无不解颐。至十时始散会。今日继续开会,添有童子军游戏、拳曲、电光世界等,较昨日尤饶趣味,想观客定形拥挤也。昨日会场布置,校门外有警察及童子军等,校中设立贩卖团数处,售有《人道教育》及《潇湘劫》等书,均系该校学生团所出版,上院有红十字会陈列宋元名人书画,颇多观者,如入山阴道上,目不暇给云。

　　　　(《协济湘赈游艺会初记》,见《申报》1918 年 12 月 1 日第 10 版)

　　十一月三十号、十二月一号,开游艺大会。是会纯系筹赈而设,有名人演说、昆曲、足球、西乐、幻术、童子军游戏、中国音乐、拳术、影戏、电光世界等节目。所得款项,用途有二:一则拨交红十字会湘赈部,专以赈济饥寒交迫之灾黎;一则捐归欧战协济会,用以拯救锋镝余生之残民。是日各同学有贩卖食物、化妆品、旗帜等物者,有发刊《人道教育》及《潇湘劫弹词》者。虽杯水车薪,无补浩劫,而仁风善举,有足多焉。

　　　　(范寿康《校事纪要·游艺大会》,见《锡秀》第 3 卷第 1 期)

　　七年春,入部者增至五十名。是岁,唐公发起湘赈游艺大会,本部表演以叶舒瑶君之醉八仙,萧篪、张其学两君之单刀对子为最精彩。

（周仁山、费福焘等合述《吾校技击部十年沿革史》,见《南洋大学技击部十周纪念册》）

按:《上海交通大学纪事(1896—2005)》据上文而撮述云:"春,唐文治校长发起赈济湖南灾情游艺大会",误。民国七年"春"是指"入部者增至五十名"的时间,而"发起湘赈游艺大会"则在本年 11 月 30 日、12 月 1 日。

12 月 19 日(十一月十七日)　交通部向先生发布指令,对所呈送留美实习生杨德耀、张绍镐第二次报告书,准予备案。[据《交通部指令(第 3756 号)》,见《交通月刊》1918 年第 26 期]

冬　先生编《十三经提纲》之"易""书""诗""三礼"成,并续作《易微言》二篇。
(据《茹经先生自订年谱·戊午五十四岁》)

冬　先生刊刻王祖畲之《读左质疑》。

刻王文贞师《读左质疑》。先生著作甚夥,其文集、年谱已由世兄慧言名保譓刊刻。而《读左质疑》一书,于刘歆所窜入者,摘抉精详,余为刊行之,谨作跋于后。

（唐文治《茹经先生自订年谱·戊午五十四岁》）

右先师王紫翔先生《读左质疑》五卷。文治谨刊行之,襄助校字者朱君叔子、李君颂侯也。杀青告竟,距先师之殁,盖七阅月矣,手泽如新,不禁流涕之浪浪也。

（唐文治《读左质疑跋》,见《茹经堂文集二编》卷五）

冬　为四子唐庆永聘媳钱瑞坤。

瑞坤姓钱氏,同邑钱君镜生之女公子也。岁戊午冬月,内子为四儿庆永相聘室,往门人蔡生虎臣家,适见瑞坤明眸皓齿,嫣然符五可,乃诧曰:是谁家女,洵美若此? 瑞坤微觉之,翩然去。内子归禀家严,浼蔡生为蹇修,爰纳采焉。或戏语瑞坤曰:"若将为外籍人矣。"瑞坤正色曰:"居锡邑久,即为锡籍,何外我耶?"余闻之,喜其应对之敏也。瑞坤性孝而慧,能得堂上欢,肄业本邑荣氏女学。蔡生尝携其临摹字帖来,字迹秀丽端正,且闻其数学颇精进,心尤喜之。

（唐文治《亡聘媳钱氏瑞坤哀词》,见《茹经堂文集二编》卷九）

本年　先生主持修理七世祖文璧公墓。

是年,修理澹漕文璧公墓,赎回坟旁余田一亩五分,零费与前年略同。

（唐文治《茹经先生自订年谱·戊午五十四岁》）

本年　先生撰成《梦游诗经馆记》和《义犬记》两文。

本年　唐文治撰《梦游诗经馆记》和《义犬记》两文,载于《上海工业专门学校学生杂志》第三卷第一号。前文记述梦中游诗经馆见一女子全身皆白绢衣，胸前有金绣"卫风"两字，熟诗书，善对联。醒后始悟女子所言皆《诗经·卫风》也。"越十余日，此梦尚盘旋于胸中不能去，故属笔记之"。可见唐文治对四书五经之熟稔，国学修养之深厚。

[上海交通大学校史编纂委员会编《上海交通大学纪事（1896—2005）》]

1919 年(己未　民国八年)　55 岁

1 月 5 日(戊午年十二月初四日)　先生接交通部指令,准其所请,奖励上海工业专门学校优秀学生。

工业专门学校校长唐文治,前呈交通部,请奖惩本校学生一案,昨接交通部三一一三号指令云:"据呈,该校土木工科学生裘燮钧、黄家齐、陆承禧、黄宪、曹芝祥、黄选青、夏全绶、陈中正、金耀铨,电汽机械科沈良骅、陈长源、倪俊、张毅、余谦六,专门预科吴长诚、薛绍清,中学生邹恩润、翁思益、邹恩咏、鲍国宝、戴哲之、张承佑、陈良辅、曹丽顺、叶传人、彭介、俞汝鑫、魏时墉、吴继三、顾秉铨、刘鼎元、高宏勋等,敦品勤学,成绩优良,至深嘉许,仰即传谕嘉奖,以资激劝,余如所请办理。此令。"

(《交通部奖励专校学生》,见《申报》1919 年 1 月 6 日第 11 版)

1 月中旬(戊午年十二月中旬)　先生为新创建的两江公学的校训"诚勇"作题辞,阐发二字的涵义。

南洋公学旧同学所组织之两江公学,开办已二旬余,报名投考者络绎不绝,索章问讯者日数十起。兹闻该校长李鸿儒已拟定校训为"诚勇"二字,由母校校长唐蔚芝鉴定,并作题辞。该校定于阳历二月十六日举行开学礼,兹将该校校训题辞录下:

凡人贵乎立志,又贵乎养气。志不定,则耳目之官易为外物所诱;气不充,则心体之间皆成坎窞之象。立志,诚也;养气,勇也。《中庸》论知仁勇三达德为入道之门,曰:"好学近知,力行近仁,知耻近勇。"吾一言以蔽之,曰诚勇而已。博学、审问、慎思、明辨、笃行,诚也;人一己百,人十己千,虽愚必明,虽柔必强,皆诚之所积,而进于勇者也。教育之道,舍此奚由?同学李君硕林创办两江公学,拟校训"诚勇"二字,余嘉其能明中庸之道,特书数语以赠。唐文治谨题。

(《各学校消息汇志》,见《申报》1919 年 1 月 15 日第 11 版)

2 月 1 日(正月初一日)　《菲律宾华侨教育丛刊》第二集出版。本期刊登《唐蔚芝寄菲律宾华侨各学校演说稿》。文中强调"教育之根柢安在? 在人格而已矣",

"故居今日言学问之道,当自人格始、教育始";又提出尤当注重国学教育,而国学根柢,首在读经。

鄙人接得斐律宾埠《教育丛刊》一册,忻悉该埠学校林立,各侨胞子弟及我国留学诸生,普受教育,文质彬彬,风气日以开通,学识日益远大,不胜忻慰。惟以事冗,不克亲履其地,与吾侨胞子弟及留学诸生晤对一堂,共相讨论,实为遗憾。兹特拟演说稿,登入丛刊。我侨胞子弟及留学诸生,见之当必有跃然兴起者矣。

今日吾国未尝不注重教育,然而世道人心,愈趋愈下者,由于士皆空谈教育,空谈种种教法,而于教育之根柢,并未究心也。教育之根柢安在? 在人格而已矣。人格不讲,人之本心日昧,利欲熏于中,意气哄于外,虽日言教育,亦复何济于时? 窃尝譬之,各种科学犹房屋也,人格犹基址也。基址不固,房屋易于倾圮;犹学者于各种科学,虽极完备,而人格不修,品行卑鄙,一旦名誉扫地,遂与房屋倾倒无异。岂不惜哉! 故居今日言学问之道,当自人格教育始。鄙人尝著《人格》一书,诸君试读之,或不无裨益也。

人之德,配乎天地。人格之论,非一言可罄。约而言之,必以治心为本。《大学》言"明德",明其德所以明其心也。《中庸》言"率性",率其性所以治其心也。《孟子》言"良心",又言良知,盖致其良知,乃可保其良心;保其良心,乃益扩其良知,二者有兼行并进之道。初学之道,首在提撕警觉,使此心虚灵不昧,乃可以不误于歧途,不流于混浊。故世界无论如何昏暗,吾之心必须光明;世界无论如何摇动,吾之心必须坚定。《大学》云:"欲修其身者,先正其心。"盖心学明而后人格立,人格立而孝悌忠信礼义廉耻之说明于天下,自可举今世卑鄙龌龊、争权夺利之思想一扫而空。如是而各种科学乃尽归于有用,无论为农为工为商,皆不染欺诈浮嚣之习。教育之本,孰有大于是者乎!

至于国学,犹当注意,鄙人所著《人格》中,尝详言之。大抵立国以文化为主,文化明而其国乃为之文明,未有自灭其本国之文化,而其国能自存者。况今日吾国尤重普及教育,普及之道,当以国文为主。倘使学校诸生,不注重国文,纵使各种科学,备极精深,一旦回至本国,笔不能述其意,言不能达之于文,则所谓输入文明者,庸有效乎? 故凡世界极有智识之学生,无不爱护其国学,国学明而吾国乃能自存于世界。

国学根柢,首先读经。我中国四书五经乃世界间之至宝,万不可不读者也。何谓五经?《易》《书》《诗》《春秋》《礼》是也。《易》始于伏羲,发明于文王、周公、孔子,是为中国哲学之祖,开后世性理家之先河;《尚书》为政治学之根本;《诗经》所以陶淑性情,兴观群怨之旨皆寓焉;《春秋》之义,善善恶恶,为法律学之权舆,而兴灭国、继绝世之义寓焉,是维持人道之大本也;《周礼》《仪礼》《礼记》三书,古圣人之大经大法,具备于此,而《周礼》体国经野,至详至悉,亦为立国之基。方今欧美各国治国之道,无不与《周礼》暗合,诸君试读之,自知之矣。何谓四书?《大学》《中庸》《论语》《孟子》是也,此数书为修身最要之具。《论语》为孔门弟子所记,包含万有,陶铸群伦;《大学》为曾子所作,其言平天下首在忠恕,而尤注重于以义为利,不以利为利,是为近世争权夺利痛下箴砭;《中庸》为子思子所作,亦哲学之书,而归功慎独,尤为修道者切要之图;《孟子》得曾子之传,故其开篇,首明义利之辨,而于战国时君争地以战,杀人盈野,争城以战,杀人盈城,尤痛哭流涕而言之。至于道性善,言仁义,亦皆救世之要旨也。诸君之程度较浅者,可先读四书;其程度较深者,可兼读五经。他日回国,惠我中国。企予望之矣。诸君诸君,勉之望之。

（唐文治《唐蔚芝寄菲律宾华侨各学校演说稿》,见《菲律宾华侨教育丛刊》第二集）

2月8日（正月初八日） 先生赴太仓,送先师王祖畬栗主入陆陈江盛四先生祠。

正月八日,赴太仓送王文贞师栗主入陆陈江盛四先生祠,盖先生创设四先生祠堂者也,袝祀其中,众咸曰宜。恭送者约百余人,同学宿迁黄方伯伯雨远道来送,相与话旧,留三日而别。

（唐文治《茹经先生自订年谱·己未五十五岁》）

越二十年而王师归道山。越十数年,文治倡议以王师袝祀四先生祠。当是时,宿迁同学黄伯雨方伯闻有此盛举,亦自远道来娄,赞襄典礼。盖宿迁书院,王师曾经主讲,黄君为是院高才生,王师所器赏者也。而邑父老窃窃议曰:"四先生附祠,当推沈敬亭先生,何以王配,得毋阿好乎?"语闻文治,曰:"不然。此非乡贤祠,若以乡贤论,则娄东十老中,宜配享者多矣。而今专推王师者,有掌故在,盖是祠为王师所倡建者也。爰当众昌言壬午年故事。"众始涣然冰释,无异辞。

（唐文治《重修陆陈江盛四先生祠》,见《茹经堂文集五编》卷六）

3月5日（二月初四日） 召开全校大会,对募捐赈灾活动进行表彰。募捐队第十队队长盛毓维获得优胜旗,其他各队均赠获红十字会徽章,先生获得银质徽章。[据《交通大学校史资料选编》（第一卷）]

3月12日（二月十一日） 先生召学校技击部成员训辞。

八年春,入部者增至七十名。三月十二日之夜,校长唐公召全体部员在大礼堂谆谆训辞,以唐荆川、陆桴亭诸先辈相勉。

（周仁山、费福焘等合述《吾校技击部十年沿革史》,见《南洋大学技击部十周纪念册》）

3 月 14 日(二月十三日) 先生召开全校大会,对校足球队进行表彰。[据上海交通大学校史编纂委员会编《上海交通大学纪事(1896—2005)》]

3 月 24 日(二月二十三日) 交通部向先生发布指令,准其所请,分别对上海工业专门学校有关学生发给褒奖状、传令嘉奖,又令两名学生退学。

令上海工业专门学校校长唐文治:

呈一件甄别学生严定劝惩请察核由。

呈悉。该校本届甄别各生范寿康等八名,据称操行笃实,沉潜向学,应即传令嘉奖,由该校发给褒奖状,并照章发还上学期学费,以示鼓励。康时振等三十五名孜孜求学,全无缺课,勤奋可嘉,应一并传令嘉奖。张誉、翟锡琛二名据称均属难期造就,应即令其退学,仰即遵照办理。此令。中华民国八年三月二十四日。交通总长曹汝霖。

[《交通部指令(第 837 号)》,见《交通月刊》1919 年第 29 期]

4 月 22 日(三月二十二日) 中国矿学会于天津北洋大学开会,会上先生被推举为名誉会员。(据《申报》1919 年 4 月 16 日第 7 版《中国矿学会之成立会》)

5 月 4 日(四月初五日) 北京爆发学生运动,是即五四运动。

5 月 16 日(四月十七日) 先生致电大总统徐世昌,呼吁挽留在学生运动中辞职的教育总长傅增湘及北京大学校长蔡元培。

工业专门学校(即南洋公学)校长唐蔚芝致北京电云:"北京大总统钧鉴:北京学潮,群情愤激。近闻兵警看守学生,谣言纷起。上海学商界全体激昂,恐酿不测之祸。乞速定办法,明白宣布,并速留傅部长、蔡校长,妥为安辑,以弭祸患,万叩。唐文治。铣。"

（《关于挽留蔡校长之消息》,见《申报》1919 年 5 月 17 日第 10 版）

按:在代日韵目中,"铣"为 16 日。

同日 先生提出各校学生应演习打靶。

白克路上海公学昨日举行星期六演讲会……末由教务长陈汉卿报告,略云:昨日工业专门学校校长唐蔚芝君,提议各校学生演习打靶。兹事亟宜实行,所难等者枪械、子弹及打靶场耳。若该校肯将枪械、操场借为各校学生练习之用,则一举两得矣。昨因散会时届,故未将斯意提出云。述毕散会。

（《各界对外之消息》,见《申报》1919 年 5 月 18 日第 10 版）

5月21日（四月二十二日） 先生致电大总统徐世昌、总理钱能训,恳请对京校候讯各生,"谅其爱国热忱,勿加苛责"。

徐家汇工业专门学校校长唐蔚芝致北京电,云:"北京大总统、总理均鉴:上海各校学生纷纷集议,将随京校一律罢课。经省教育会及各校长竭力劝阻,始各回校暂行上课,而愤激之心,益趋极点。查诸生疑虑要端,因京校学生案,尚交法庭候讯。且总长易人,尤恐危及教育全局。现值和平会议尚未告成,可否缓提总长,以释群疑。至京校候讯各生,万恳谅其爱国热忱,勿加苛责。事机迫切,乞赐电复。唐文治。马。"

（《唐文治请顾教育全局电》,见《申报》1919年5月22日第11版）

按:在代日韵目中,"马"为21日。

5月22日（四月二十三日） 上海中等以上各校校长三十余人,于江苏省教育会开会讨论学生罢课问题,议决分电北京、南京,"合词恳请大总统俯允京校学生之请求,切实宣示,否则潮流激荡,不知所届;各校亦势难维持,当全体引咎去职,以谢学生家属"。又由先生提议,组织上海中等以上各学校联合会。

上海中等以上各学校于二十二日午后三时,假江苏省教育会开会讨论对于学生罢课问题。到会者复旦大学李登辉、工业专门学校唐蔚芝、大同学院胡敦复等三十余人,议决分电北京、南京,电文如下:

北京大总统、国务院、教育部、南京省长、教育厅长钧鉴:连日各校学生,因报载京校罢课,激动感情,群议响应。穷究理由,金以外交失败,陆曹未斥,总长易人,危及教育前途。同是国民,何忍听京校学生独尽天职,为词至有痛哭流涕者。再四禁阻,乃称候令三日,若希望断绝,无心求学等语。文治等斥之不忍,听之不可,除再分别劝戒外,惟有合词恳请大总统俯允京校学生之请求,切实宣示,否则潮流激荡,不知所届。各校亦势难维持,当全体引咎去职,以谢学生家属,迫切待命。上海公私立各学校校长唐文治、李登辉、胡敦复、阮尚介、江逢治、朱文鑫、黄乃穆、贾丰臻、朱叔源、曹慕管、曾钧、丁熙咸、王植善、朱葆康、苏本铫、朱树翘、郭传治、孙闻远、宋岳同叩。养。

嗣复公推代表唐君文治、李君登辉、阮君尚介、贾君丰臻、朱君叔源五人,往见卢护军使,请速转电中央,明白宣示。后复由唐君提议,以上海各校有待联合研究之问题甚多,特组织中等以上各学校联合会。当场签名入会者十八校,经众推定,工业专门学校为值年学校。其简章如下:

上海中等以上学校联合会简章

第一条 本会由上海中等以上各学校共同组织,以联络各校研究教育进行办法，并提倡学校与社会联络为宗旨。

第二条　入会各学校，每校推举三人以内为本会会员。

第三条　本会借设江苏省教育会内。

第四条　本会每月于第一土曜日开常会一次，如有要事得开临时会，但须经二校以上之发起。

第五条　本会开会时，设主席一人，纪录一人，均临时推举之。

第六条　本会如有特别需用临时议决，由各校酌量担任。

第七条　本会每年推定值年之学校，担任开会通告及会计等事宜。

第八条　本会应办各事，得由入会各学校随时提议。

第九条　本会议决事件，每校一权，以多数取决可否，同数由主席决定之。

第十条　本简章有未尽事宜，得随时修正。

（《上海各学校之联合请愿》，见《申报》1919 年 5 月 23 日第 11 版）

按：在代日韵目中，"养"为 22 日。

又按：《申报》1919 年 5 月 25 日第 11 版《唐文治所接京省覆电》，刊载了总理钱能训、国务院及江苏省长齐耀琳致先生的复电。钱能训复电云："唐蔚芝先生鉴：致元首铣电诵悉。此次学生爱国情深，足觇士气。惟以激于意气，致有纵火伤人之举，殊为惋惜。当场逮捕各生，次日即予保释，听候法庭依法办理。政府对于此事，务持其平，不为已甚。外间种种谣诼，纯属子虚。刻下都中各校，均已照常上课。尚希晓导学商各界，毋得轻听谣传，致滋误会。是为切要。至傅部长辞职，业经多次慰留，乃其意甚坚，且已出京远引，部务未便久悬，不得已始允其请。蔡校长已有指令批留矣，特闻。能训。巧"国务院复电云："探投唐蔚芝先生鉴：马电悉。学生事本属持平办理，昨府交尊电已详复矣，诸希察照。院。养"又一电云："唐蔚芝先生鉴：养电悉。京校各生，业经详切晓导，安心向学，勿再有逾越范围之行动，希转知各校长，谆诫诸生，勿信谣传为要。院。漾"齐耀琳复电云："徐家汇工业专门学校唐蔚芝先生暨诸君鉴：养电悉。学校罢课，关系颇巨。除据情电陈中央，并派教育厅长赴沪与诸君接洽外，务望共同维持，设法力阻，是所切盼。齐耀琳。梗。"

同日　先生致电江苏省省长齐耀琳，对省议会减削教育、实业、水利等费，加议员岁费七万五千余元一事，痛加斥责。

工业专门学校校长唐文治，昨为苏议员加费事致省长电云："南京齐省长鉴：报载省议会减削教育、实业、水利等费，加议员岁费七万五千余元。舆情愤激，以为省署若竟公布，将使公理消灭，私欲横行，风俗人心，不可收拾。鄙意权衡情势,似可将未经减削□款先予公布,其余概交复议,或可稍平众怒。仁盼赐复。唐文治。祃。"

（《唐文治电请省长酌布预算》,见《申报》1919 年 5 月 23 日第 11 版）

沈老（按:指沈恩孚）又说:"唐先生受儒家思想深,待人谦和,言语含蓄。但当他对某一件事忍无可忍的时候,就义正词严,不稍宽假,他的文章也往往如此。记得民国初年,江苏省议员要求增加议员的岁费,省议会准备减削教育、实业、水利等费移作岁费。唐先生有电报给省长齐耀琳,痛加斥责。"

（黄汉文《记唐文治先生》）

5 月 23 日（四月二十四日）　上海中等以上学校联合会推举先生等五人为代表,往见淞沪护军使卢永祥,请速转电中央,明白宣示,并盼于下星期一以前得政府复电,否则各校势难维持,惟有引咎去职。

昨日（二十三日）上午十时,太埠中等以上学校联合会推举代表唐蔚芝、李登辉、阮介藩、贾李英、朱叔源等五人谒见卢护军使,述本埠各学校学生因外交失败,曹陆未斥,总长易人,危及教育前途,相约罢课,实出于青年爱国热忱。各校长除设法劝止罢课外,并于昨日开会集议,分电政府及南京,特推定代表等五人,恳请速转电中央,明白宣示。并盼于下星期一以前,须得政府覆电。否则各校势难维持,惟有引咎去职等语。当由军使应允,即日电请政府俯允京沪学生之请求,以顺众意。惟政府覆电,在下星期一以前势难到沪,嘱各代表转达各学校,劝谕学生,在政府覆电未到以前,仍照常受课云云。各代表仍力恳军使从速电京,务求早得覆音。遂兴辞而出,据情转达各学校矣。

（《罢课声中之恳求护军使》,见《申报》1919 年 5 月 24 日第 11 版）

5 月 24 日（四月二十五日）　上海中等以上学校联合会开会,公推先生为主席,商议对当前学生运动所应采取之态度。

昨日下午三时,中等以上学校联合会借省教育会开会,适省公署得沪上漾电,亦遣教育厅长胡玉孙至沪,疏通一切。开会时,公推唐蔚芝君主席。唐君首请胡厅长报告南京情形。胡略谓"省长对此非常慎重,嘱教育、警察两厅,随时保护学生,使不致轶出常轨。省长劝导学生之意有数点:（一）各校须由校长、职教员等维持,不可发生罢课行为。（二）学生在校外须有文明举动。（三）委托职教员,使利用学生爱国精神,以努力有益事业。其劝导学生之点:（一）罢课后即自失地位。（二）罢课系最后之办法"云云。措词甚为肫挚。继由各校长、职教员讨论,虽互有主张,而大多数趋一致办法。有未了事,决定今日(二十五日)三时续议。至会者计工业专门、同济、复旦、大同等十八校校长、职员共三十余人。

(《中等以上学校联合会开会》,见《申报》1919 年 5 月 25 日第 11 版)

5 月 26 日(四月二十七日) 孙雄约同人祭翁同龢于北京陶然亭。复创设瓶社,咏歌以纪其事。先生作《瓶社诗录序》。

公(按:指翁同龢)殁后十余年,同门常熟孙庶常雄,立瓶社(公别号瓶叟),设公位于京城之陶然亭,拜之。邀诸及门相与咏歌,以抒蓄念。

(唐文治《记翁文恭公事》,见《茹经堂文集初编》卷六)

5 月 28 日(四月二十九日) 江苏国民大会代表方警我等 3 280 人致电张謇、先生及省教育会、各法团、各国民大会,吁请公电反对议员加薪。

江苏省议会第三次临时会昨日闭会,已志前报。兹悉上午十时举行闭会式后,省署即于下午将预算案咨送省会已来不及,宁垣公民团大为焦急,昨特发出一电致张謇、唐文治、省教育会及各国民大会。其电文如下:

张季直先生、唐蔚芝先生、省教育会、各法团、各国民大会公鉴:天祸吾苏,不幸出一班败类议员,摧残省政,破坏风俗。幸赖诸先生函电纷争,力挽狂澜,展诵之下,感佩无任。讵料议员既无心肝,复多诡诈。二十六日省长咨交复议,二十七日忽然闭会。揆其隐衷,一则恐各界兴问罪之师,一则恐加薪案不能得三分二以上之赞成,遂托言已逾法定五日之期(省公署二十二接到咨文,二十六交覆议,并未过期),而兔走鸟飞,置覆议案于不顾。夫覆议之手续未完,预算之收支不合,全部碍难公布,所议应归无效。拟请公电,仿照七年度,或照原支议案执行,并乞声明预算既不成立,议员薪水仍照七年度数目开支。预备费纵有余款,亦不得移作议员加薪之用,庶可破议员之诡谋,达取消之目的,以维省政,而挽颓风。不胜盼切待命之至。江苏国民大会代表方警我等三千二百八十人公叩。

(《苏议会闭后之反对加薪电》,见《申报》1919 年 5 月 29 日第 8 版)

5 月 30 日(五月初二日) 上海工业专门学校接到交通部电令,饬先生勒令学生即日上课,否则从严取缔学生,学生"闻知皆异常愤慨"。(据《申报》1919 年 5 月 31 日第 11 版《上海学生罢课之第五日》)

6 月 4 日(五月初七日) 上海各校相率罢课。先生赴苏州治疗目疾,小住数日后返无锡家中,闻悉七叔父唐锡翰(寄亭公)去世,深为痛悼。

五月初七日,学界攻讦曹汝霖、陆宗舆,相率罢课。惟时余目疾日甚,因赴苏州天赐庄医院,请医生张渭渔名卜熊者解剖左目,卒无效,医院起居亦多不便,小住数日,即返锡。悉寄亭七叔父于十一日去世,深为痛悼。

（唐文治《茹经先生自订年谱·己未五十五岁》）

6月14日(五月十七日) 先生女唐庆婉以惊风殇。

五月十七日,女庆婉以惊风殇。婉儿生六岁,尚不能行走,平日食乳不足,体弱可知。然是儿极有情意,昙花一现,曷胜痛心。棺木一切,均托宗侄肇农代为购办。肇农名谷源,保谦弟之长子,人极诚恳,可感之至。此后一月,余常卧床养目,百念俱灰。

（唐文治《茹经先生自订年谱·己未五十五岁》）

6月24日(五月二十七日) 交通部向先生发布指令,告以将派江苏电政监督周万鹏作为代表莅校,参加7月6日专科毕业典礼,又"将训词令发该校遵照"。［据《交通部指令(第1740号)》,见《交通月刊》1918年第32期］

6月(五月) 先生新编一批国文教材出版发行。

(1919年6月) 唐文治校长新编一批国文教材出版发行。包括《孝经新读本》一册,《大学新读本》一册,《论语新读本》四册,《孟子新读本》七册,《人格》一册。发行所为上海徐家汇本校,由苏州振新书社、无锡文华局出版。

［上海交通大学校史编纂委员会编《上海交通大学纪事(1896—2005)》］

8月上旬(七月中旬) 上海学生联合会南洋公学学生分会正副会长彭昕、方定墀为下学期考试及学生联合会等事赴无锡,拟与先生商议。先生以目疾加剧,未予接见。后教员徐经郢再赴无锡,与先生商定下学期考试及学生联合会之事有关办法。先生告诫学生:"惟光阴可宝,求学时代最为难得,倘任意荒废,日后老大徒伤,追悔何及。惟望诸生此后恪守校规,服从教职员命令,俾本校基础可以巩固,名誉可以保存。"

日前彭昕君、方定墀君为下学期考试及学生联合会事赴无锡,拟与校长商议。彼时校长因目疾加剧,未得接见。当将要求开学后本会进行及大考二事,书呈校长。嗣由徐守五先生赴无锡,与校长商定下学期二事办法。兹将校长来函,照录于左:

晴一、则庭两弟足下:六号发一缄,谅已收到。日前请商两事,顷由徐先生来舍报告,已与谢、万两先生商定,(温课事)因下学期功课烦重,极为紧要,既据诸生请求,现定自开校日起,以一星期为温课之期,温毕即行考试。(与学生会联络事)如确系无妨正课,自可照准。惟光阴可宝,求学时代最为难得,倘任意荒废,日后老大徒伤,追悔何及。惟望诸生此后恪守校规,服从教职员命令,俾本校基础可以巩固,名誉可以保存,是为至要。顺颂学祉。兄唐文治谨启。八月八日。

(《特别启事》,见《南洋周刊》第5期,1919年8月12日)

暑假　交通部上海工业专门学校校方以"举动激烈,志不在学"为由,将学生侯绍裘劝退。

本校前唐校长与各级教职员对于本会素致不满,此次罢课后,盖失其信用,乃于暑假中将侯绍裘等数人开除,以儆其他。同学颇以此不平,然亦无从解释。秋季开学,重选会长,恽震当选。

(《本校学生会小史》,见《交通大学校史资料选编》第一卷)

至于道德观念方面,我虽向来是拥护民治主义的人,但却也不十分知道旧道德、旧礼教和民治主义有什么冲突,所以一方面仍旧有一些——虽不十分——崇拜孔子和后世儒家的伦理,欲赖以改良世道人心。及至看了《新青年》,方知二者不可得兼。关于这两个思想上的变迁,我又要对于南洋公学的校长唐蔚芝先生抱歉,因为他起先是很赏识我的古文和阐发圣道的热心的,然而我终于不能不辜负了他的盛意!

…………

我的思想上既发生了这样的变迁,于是对于校中的设施渐渐地觉得有些不满意起来。原来南洋公学那时有二个著名的特点:一是尊孔,二是注重国文。那都是校长唐蔚芝先生的主张。因尊孔的缘故,所以每逢圣诞,要举行祀孔大典,命令非常严厉,规避者须记大过。行礼时,军乐队奏乐,童子军佾舞(不知合于古礼否),在香烟缭绕之中,大家肃肃雍雍的向孔子牌位行三鞠躬礼。工科大学而"以尊孔为宗旨",我本来有些奇怪;而对于这种半古不古的古礼,也觉得有些"肉麻",现在却连孔道的本身也怀疑起来了。至于注重国文的表示,是每年举行一次的会课式的国文大会——还有英文大会,是他的陪客——出些空泛不落边际的经义题,做些大言炎炎不负责任的空洞文字,算得阐明圣道、保存国粹,至是我也以为无意义。抱了这两个意见,我便在评议会中——暑期内仍有评议会——提出要求校长废止祀孔及国、英文大会的建议。可是大家都不以为然,就打消了。后来国文大会时,我适有事未到,祀孔时我托故规避了。但是在我离校以后,唐校长决定辞职以前,这两事终于废止。

…………

不久Football season到了。南洋和约翰的赛球,是上海一件著名的事。自己校里的"举校若狂"自不必说。记得上年二校赛球,我在旁边欢呼,把喉咙都喊哑了,也可见那时的狂热。但在这一年,我的态度却大变了,非但不赞助,而且还要反对。这有好几个原因……三是因为反对唐校长的种种设施而连带及此。唐校长的祀孔、国文大会都是我所反对的，上面已经说过了。但他既然这样守旧，为什么又要迎合时尚，去提倡这种锦标主义的运动呢？这是十分说不过去的事，所以一并反对……

当时大多数人固然还是以赛球的胜负为学校名誉的隆替而热心拥护它的，然而和我抱有同样见解的也颇不乏人。这风声大概被校长闻到了，于是在比赛的前一天，出一布告，说比赛时全体学生须去助兴，并有不去则以不爱学校名誉论，当议惩戒的话头（以前似乎不曾有过这样的条告）。这使我反对的心更为坚决，以为这事何得强迫。于是也公布了一张揭帖，抗议校长强迫之不当，鼓吹大家都不要去。这事使我得了许多同志，同时也掀起了绝大波澜，我和许多同志几乎被"督军"们打了。后来比赛时，去助兴的人果然少了些，兴致上不免受了些挫折，又加以竟不能致胜约翰，他们的恨我们，不言可知了。

校长得知了这件事以后，渐渐地觉得校内对于他的空气不很好。隔了几时，他便借了一个题目，向交通部辞职，即日离校回无锡。这个消息传出来，大多数的同学都恐慌起来，于是开会商议办法。当然多数人主张挽留，其理由是：唐校长不来，学校恐被解散。因为交通部本想不办本校，全靠唐校长以个人的感情维持的。至于我们一方面呢，主张也不拒绝，也不挽留，听交通部如何办法。结果他们的主张胜利，遂以全体名义电交通部及唐校长，表示挽留，并派代表到无锡劝驾——后来有人说我们不应许他们用全体名义，但我是主张绝对服从多数的。多数的决议虽不合意，也只得一致行动——当得唐校长允许，而且没有提出什么条件，一场风浪总算暂告平息。

…………

到了暑假，校里有信来，加我以"举动激烈，志不在学"八字的考语，叫我退学。我本决意不去了，倒也没有什么。后来有几个朋友叫我去抗议，我就对他们说："这又何必呢？一来我本不愿去，何苦去捣乱。二来他们的考语也并不曾冤枉了我，'举动激烈'是实在的事，无可否认；至于'志不在学'一语，他们虽没有证据，但我却承认我实在不高兴再到那里去读书了。三来他们因主张不同而排斥我，我也不觉得他们有什么对不住我的地方。"

（侯绍裘《我的参与学生运动的回顾》，见《学生杂志》1919年第10卷第1期）

按：侯绍裘《我的参与学生运动的回顾》一文甚长，上择其中与先生有关者录之。这是在这次"劝退"事件中，作为当事者之一方的事后回忆，录以备参。

9月8日(闰七月十五日)　交通部向先生发布指令，准其所请，派上海工业专门学校学生四名赴美实习。

令上海工业专门学校校长唐文治：

呈一件请派毕业生顾懋勋等赴美实习由。

据呈已悉。该校本届赴美国实习学生，应准先派顾懋勋、章彬、倪俊、周念典四名前往，余额准派土木科学生二名、电机科学生一名。仰即遵照。此令。中华民国八年九月八日。

[《交通部指令（第 2524 号）》，见《交通月刊》1919 年第 35 期]

9 月 11 日（闰七月十八日）　交通部向先生发布指令，准其所请，续派毕业学生康时振、金汤、郑葆成、余谦六等前赴美国实习。[据《交通部指令（第 2571 号）》，见《交通月刊》1918 年第 35 期]

9 月中旬（闰七月下旬）　先生聘媳俞庆棠赴美留学，先生电告长子唐庆诒，命其照料。

八月，聘媳俞庆棠赴美留学，偕其兄颂华名庆尧来辞行。内子送别，为之黯然。余特电达庆诒，命其照料。时庆诒已转入纽约哥伦比亚大学矣。

（唐文治《茹经先生自订年谱·己未五十五岁》）

民国八年，二十二岁……九月中旬，庆棠由沪来美。半载以来，余与庆棠通信数次，棠来函有云："吾父无棠，益增悼亡之思；棠无吾父，益增失恃之痛。实相依为命也。今吾父亦舍我而去，其何堪乎！反哺之愿，无时能偿；风木之悲，于焉终古。能不怆然？"余覆书慰藉之，劝其游学。未几接来电，称某日抵纽约，为之喜出望外。庆棠抵纽约后数日，由余伴往佛萨女子大学（Vassar College）。

（唐庆诒《忆往录》）

9 月 24 日（八月初一日）　先生等致电北洋政府大总统黎元洪，告知所颁发苏浙振洋八百元已"遵领即收"。

仁济善堂致天津黎邸电云：

天津黎大总统钧鉴：承颁发苏浙振洋八百元，遵即领收，分别散放。北望慈云，同深铭感。唐文治、王同愈、朱祖谋、沈曾植、朱佩珍、施则敬等叩。敬。

（《关于赈务之函电》，见《申报》1919 年 9 月 28 日第 10 版）

按：在代日韵目中，"敬"为 24 日。

秋　交通部上海工业专门学校留美毕业生数人创办中华肥皂公司，先生等多人被邀请为发起人或名誉会员。

（1919 年）秋　本校留美毕业生徐名材、徐佩璜、徐佩琨出于爱国爱民之心,久蓄振兴工业之志,联合多人,创办中华肥皂公司,制造各种濯洗、化妆肥皂,并分函国内外商学界巨子,调查资本与营销市场。学商界唐文治、虞洽卿、施子英、王亨统、高凤池等名流均被邀请为发起人或名誉成员。

[上海交通大学校史编纂委员会编《上海交通大学纪事(1896—2005)》]

10月2日(八月初九日) 《申报》刊出《各学校消息并记》,内载上海中华工业专门学校自本学期起,于星期日上午召集各班学生于一室,讲解先生所著之《人格》一书,以冀养成学生之人格。

新闸路辛家花园中华工业专门学校本学期开学以来,各班科程由教务长葛耀良斟酌更改,趋重实用主义。各科教习,如工程金通尹,算术兼画图王慎先,理化朱仰殷,英文汪康年、李渭林、陈幼青,均能尽心教授,辛苦不辞。国文教员朱怡剑,精通岐黄,遇学生偶有疾病,即悉心为之医治。监学胡伯承,鉴于星期日之学生虚度光阴,自本学期起,将唐文治先生所著之《人格》一书,于星期日上午召集各班学生于一室,为之讲解,以冀养成学生之人格。

(《各学校消息并纪》,见《申报》1919年10月2日第11版)

10月3日(八月初十日) 发布大总统令,授予先生二等宝光嘉禾奖章。(《申报》1919年10月15日第2版《10月3日大总统令》)

10月10日(八月十七日) 交通部上海工业专门学校举行图书馆落成典礼,先生于典礼上作报告。

吾校图书馆之经营,已三年于兹。而其发议之初,又在三四年前。当时一二同学,尝以吾校无图书馆为憾。及二十周纪念,而图书馆之议又起。曩为理想时代,今则入于实行之期矣。于是纪念会之前,即发起募捐,上则唐校长为文呈大总统,请求提倡,下则诸同学于社会上,四出劝募。至民国七年春,遂择于校东隙地,鸠工兴筑,至今一载有半,始克告竣。其工程之坚固,设备之精新,则有工程之记录在,无待赘述。于是定于十月十号国庆日行落成礼。

是日馆外洋台,扎松柏彩,悬万国旗。阶沿梯旁,均置盆花。门外排童子军,肃然正立。下午来宾及旧同学陆续到校,于校门外签名,入休息室。钟鸣三下,振铃,大操场放爆竹,洋台上乐作。图书馆门辟,校长及招待员导来宾入馆。既入门,两旁有题名二,一题赞助人及募捐满五百元以上者,又一则自捐满百元以上者姓名。于是招待员导来宾参观各室。既毕,乃登二层楼,入南面大厅。坐既定,校长起立报告,谓:"本校图书馆,自少数同学建议以来,为时已久,以巨款难集,迁延未能实行。至本校二十周纪念,乃决计兴筑。幸蒙交通部允拨巨款三万余,加以同学之踊跃、社会之赞助,而巨款竟集。当七年之春,

捐款尚不及五万元，本校即决计动工，由杨顺记承造，需费四万余两，然以力求
完固，精选材料，其后又加数千元。该工人甚为尽力，深堪嘉许，预期今春即可
完工。嗣因多雨，及更换木料，至今始能落成。至于书籍，则本校自开办后，即
已征求各省官书局书籍，设中文藏书楼，贮书约四千余卷。又有西文图书室，
其中书籍，为本校历年所购置，或同学所捐助者，计有二千余卷。然为数尚嫌
太少，故现以筑馆余款，正在欧美添置新书。以后每年更当陆续增加。至于图
书馆管理，在欧美设有专门学科。本校已于去夏，派中学毕业生杜定友君，赴
菲律宾研究此科，至少二年学成，而杜君尚欲稍通德文、法文，故返国尚有数
年。于杜君未回国以前，暂请本校旧同学胡粹士君担任馆长。此馆之成，既蒙
社会赞助，本校决不敢据为一校之私有，必当开放于公众。一切规则，容后订
定。所有书籍，不日即将运入。现已定于明年三月十三日，正式开幕，当再请
诸位先生光临，指教一切。尤有进者，则吾校图书馆虽成，而体育室尚付阙如，
同学皆极望此室之建设。北京同学捐款，曾有专备体育室建筑费之议，然集款不
多，故体育室之建筑，难于同时并举。今图书馆落成之日，即应为体育室动议之
时，务望热心诸君、社会巨子襄助进行，嘉惠学子，何可限量。"报告毕，乃请任筱
山先生演说……既毕，校长及图书馆职员摄影于图书馆门外，而落成之礼以成。

（曹丽顺《图书馆落成志盛》，见《交通部上海工业学校学生杂志》1919年第3
卷第2号）

10月15日（八月二十二日）　先生等人致电大总统及国务院，吁请将"八年公
债"迅即取消，并明白宣布，以释群疑。

北京大总统、国务院钧鉴：闻八年公债，中央以田赋作抵押，借某国银二
千万两。群情愤激，谓政府害及子孙，历劫不复。况田土权系人民所有，强夺
以畀他国，岂甘承认？迩来人心渐去，此事果确，恐速巨祸。万恳将此项公债
迅即取消，并明白宣布，以释群疑。不胜迫切待命之至。唐文治、王清穆、黄以
霖、潘盛年。咸。

（《反对八年公债之两电》，见《申报》1919年10月16日第10版）
按：在代日韵目中，"咸"为15日。

10月20日（八月二十七日）　先生主持交通部上海工业专门学校祀孔典礼。

徐家汇交通部工业专门学校，亦于昨上午十时行祀孔礼。该校礼堂在上
院，广约五十尺，深百尺，高三丈余，甚为宏大。礼堂正中平台上，立孔子神位
龛，龛上及礼堂各处扎松柏鲜花，礼堂四周置盆花甚多，台上设祭席，上供太牢
姜果等二十盘，台下设祭位、祝位、主祭员位，礼堂两旁走路及主祭员进退之

路,均铺宁式花席,礼堂内外大小电灯通明。九时半,主祭员、校长唐蔚芝召集执事员及陪祭员并全校学生,分班排立校内上中院前马路上。十时,乐歌员、佾舞员、执事员、主祭员、陪祭员、各学员等约七百人依次就位,礼堂内外及上院门前马路上,排立该校童子军约三百人,威仪甚肃。行礼时,乐歌员声调悠扬,佾舞员举止中节,全体肃静,恪恭将事,于十时三刻祭毕。

　　　　　　　　　　　(《庆祝孔诞纪》,见《申报》1919 年 10 月 21 日第 10 版)

11 月 4 日(九月十二日)　《申报》刊登先生致上海仁济善堂函,恳求赐拨款项,赈济太仓水灾灾民。

　　仁济善堂接唐蔚芝君来函云:

　　谨启者,敝邑太仓县,本年风水为灾,饥荒特甚,禾稻既多淹萎之区,花铃迭遭剥落之患,而如湖川乡一带尽成泽国,颗粒无收,被灾尤为惨酷。目下哀鸿遍野,瞬届冬寒,恐卖妻鬻子及填沟壑者均所不免。现弟与陆勤之先生诸同人等正在设法求济,并筹以工代振之策。凤仰诸位先生热心慈善,饥溺情殷,特专函奉恳,务祈慨赐巨金,藉资提倡。倘蒙俯允,造福实无涯埃[涘],伫候德音。

　　　　　　　　　(《太仓绅士之乞赈函》,见《申报》1919 年 11 月 4 日第 11 版)

11 月 6 日(九月十四日)　《申报》刊登上海仁济善堂施则敬复先生函,告知将酌拨太仓县工振款两千元。

　　仁济善堂覆苏州太仓县绅唐蔚芝函云:

　　谨启者,窃则敬自前年患麻木不仁之症,调治迄未痊可,致疏趋谒,歉罪实深。昨奉手教,敬承壹是。贵县湖川乡一带被灾严重,颗粒无收,日前曾经陆勤之先生详细面告,兹奉前因,遵当设法补助。惟本年筹振之难,十倍曩昔。核计指振,苏属尚不足两万元,灾广款微,颇难分布。就现在情形而论,约可酌拨贵县工振款两千元,如天之福,捐款源源而来,或能量为加拨,亦未可知。谨先肃覆,藉慰慈廑。一面商由省之舍弟,电请曹润臣先生慨捐巨款,不知能否有济。目前灾区积水尚未尽涸,工振当在十一月间兴办,届时该款应交何处核收,伏乞示遵。祗叩崇安。乡晚施则敬顿首。

　　　　　　　　　　(《仁济堂覆唐蔚芝函》,见《申报》1919 年 11 月 6 日第 11 版)

11 月 26 日(十月初五日)　先生致函沪宁铁路局长,为本校土木科学生实习测量事,请其指示摊添支线地点。

学生测量铁路支线之函询

　　徐家汇工业专门学校土木科三、四年级学生,每年派往杭州西湖一带实习测量。兹该校长唐文治拟于明年始，凡各生实习地点，改在本省界内铁路附近之处。昨特函询沪宁铁路局长任小山氏，请指示摊添支线地点，俾便从事测量。将来测绘成绩，自当送局备作筑路之用。当经任局长转询洋工程师克礼阿。据克礼阿之意，沪宁路拟设支线共有三处：由南翔至嘉定为一路，由苏州至常熟为二路，由无锡至江阴为三路。学生测量，当以第一路为最合宜。惟测量时宜注意者，为现时车站应如何改设，使与支路联接；车站须设于何处，方与车务有益；沿途桥梁应采用何种式样；沿途车站应如何布置；每站搭客、货物两项进款约数若干；支路之终点应在嘉定何处，其理由何在，均应于测量计划中详细说明，俾资研究。昨经任局长将此意转复唐校长查照矣。

（《沪杭路纪事两则》，见《申报》1919 年 11 月 27 日第 11 版）

11 月 29 日（十月初八日） 太仓旅沪同乡会再接先生来函，函中云太仓作为"以工代赈"的圩岸修理"工程甚巨，缺款尚多，凤仰诸同乡仁德为怀，于桑梓公益尤为热心，务乞慨捐提倡，俾得集腋成裘，赈救灾黎"。

太仓旅沪同乡会，昨接同乡唐蔚芝君函称：吾乡湖川、双凤、毛市、蓬莱、新丰等乡，因圩岸坍塌，今岁春夏之交，遭遇水患，荒歉无收。现公议设法将圩岸修理，以工代赈。所有大圩修筑经费，业经议决，在中央赈款及地方积谷项下，先提千四百元，作为官款办理。惟本年水灾，受各乡支圩之害，尤属痛巨，目下同人发起义赈，款项当为修筑支圩之用。查诸圩散处各乡，地方辽阔，此项建筑工程为费甚巨，至少在五千元之谱，非群策群力，断难就绪。现虽经施子英先生捐助二千元，又本乡蒋伯言、钱申甫、吴省三、蒋书南诸先生亦正在分途劝募，惟是工程甚巨，缺款尚多，凤仰诸同乡仁德为怀，于桑梓公益尤为热心，务乞慨捐提倡，俾得集腋成裘，赈救灾黎，感叩无任云云。会中接到是函，业已刊印捐册，拟择日邀集各同乡，共筹捐款方法，以赞襄此善举云。

（《太仓旅沪同乡会纪事》，见《申报》1919 年 11 月 30 日第 11 版）

12 月 1 日（十月初十日） 南洋公学无锡同学会举行第二十次常会，欢迎无锡参观团，蔡其标代表先生致欢迎词。

十二月一号下午四时，本会假大礼堂举行第二十次常会，并欢迎锡市参观团。张贡九、邹闻磬、蔡虎臣三先生均莅会。会员到者九十余人。由刘用臧君述开会辞，继由唐校长代表蔡虎臣述歇[欢]迎辞。既毕，由参观团长秦执中先生述吾乡最近教育现状及地方自治，陶伯绶先生述吾乡教育方法，张贡九先生、邹闻磬先生及蔡虎臣先生等相继演说。至五时半始各尽欢而散。

（华世忠《本会纪事·常会纪事》，见《锡秀》1919 年第 3 卷第 2 期）

12月2日(十月十一日)　上海工业专门学校七百余名学生参加上海学联组织的游行示威,抗议日军制造福州事件。3—6日,停课四天,外出宣传演讲。先生对学生的行动表示赞成,并云"但愿你们在停课四天里所做的事,比到上课格外有益"。

本分会在本月一日接到上海学生联合会通告,说是因为福州事件,总会评议部已议决对日宣战,明日各校学生应全体赴公共体育场聚集游行,表示民气。当时接到通告后,就在晚上七句钟,大礼堂里开全体大会……二日晚上,执行部又开会议。会长萧籛报告,说总会已经议决,从明天起,各校停课四天,全体出外大演讲,分城内、闸北几处。萧君已和校长唐蔚芝先生商量,校长很赞成,并且说但愿你们在停课四天里所做的事,比到上课格外有益。当时各职员互相讨论,决不再设纠察部,实行个人良心自治。每日仅由各级干事点名两次。又议定每日上午在校内开全体大会,和各部开会,下午一律出外演讲。

（《本校分会纪事》,见《南洋周刊》第12期,1919年12月12日）

12月4日(十月十三日)　太仓旅沪同乡会再接先生来函,函中云太仓赈灾所需之款,"弟等现仅募得半数,不敷尚巨。凤仰诸同乡热心桑梓,乐善为怀,用敢函请竭力募集"。

太仓旅沪同乡会昨接太仓县义赈会蒋伯言、唐蔚之来函,云"吾邑今夏淫雨为灾,西乡一带,田畴尽成泽国,颗粒无收。推厥原因,纯由圩岸坍坏所致。现在中央及地方略有赈款,大致仅敷修筑大圩之用。而支河小圩,农民值此严冬,方号寒啼饥之不遑,势难自行修筑。弟等一再筹商,拟创设义赈会,筹募捐款,仿邻邑以工代赈之法,将湖川、毛市、双凤、蓬莱、新丰、五乡小圩逐一修筑,筹列之款,充作工资。一切办法,粗有就绪,惟预算用款,至少须在五千元以外。弟等现仅募得半数,不敷尚巨。凤仰诸同乡热心桑梓,乐善为怀,用敢函请竭力募集。募到之款,请随时汇交北门内县公益款产处代收。一面当即由会掣付收据,以昭大信。事后并刊征信录,藉扬诸大善士仁风。事关阖邑,当荷赞成,曷胜公感"等语。当由该会函复蒋、唐二君外,业将捐册发交各同乡,分途劝募矣。

（《太仓旅沪同乡会纪事》,见《申报》1919年12月5日第11版）

12月14日(十月二十三日)　先生出席太仓旅沪同乡会会议。会上讨论太仓义赈会募款事宜,并公举先生任正会长。

太仓旅沪同乡会,因太仓义赈会募款事宜,暨公举正会长并补选职员,于前日仍假邑庙萃秀堂开会公议。同乡到者甚众,唐蔚芝君到后,全体欢迎,公推张玉麒为临时书记。首由唐君发言：今年夏秋间,吾乡湖川、蓬莱、新丰、双凤、毛市等乡被水灾。各区现由吾乡义赈会筹款修圩,以工代赈外,此间募款,专办急赈,以补工赈之不逮。而统计各灾区,大小户口约一万口,放赈二月,需款约一万二千元之巨。由陆勤之募到四千,项惠卿、张纶卿各认募一千,其余由鄙人筹募。计算仅得其半,不敷甚巨。诸同乡关怀桑梓灾民待赈孔殷,请将筹款放赈进行方法共同讨论,云云。当由二会长及各董等议决各项办法如下：捐册由同乡会盖印发收,图记定名为"太仓水灾急赈事务所"图记,而事务所设于新闸路元昌纱号内,以徐让之担任书记兼会计,先由项惠卿、张纶卿、王伯埙各垫一千元,不敷之数由唐君备函,商恳救生会徐干麟、王一亭、薛文泰三君拨款救济,再由各同乡分途劝募,汇款王伯埙担任。其余收款、登报、派员调查户口以及放赈各项手续,一一讨论毕。由吴挹峰起言,略谓："此次唐君创办义赈,加惠桑梓灾民,实堪钦敬。而承项惠卿、张纶卿二君首先认募巨款,并助棉衣五十套,慷慨输将,尤为难得。惟本会正会长一席,自洪伯贤赴浙履任后,久已虚悬。鄙人代职以来,会务毫无进步,负疚良深。而屈指同乡中宏才硕德,首推唐蔚芝君,应请唐君担任。"众皆赞成。而唐君谦让再三,始允就职。至副会长,吴、朱二君虽退让辞职,仍由各同乡公举继任,并公举项惠卿为名誉会长,陆蓬士、张纶卿为评议员,李颂韩、王伯埙、顾士章更举为会董,李君兼文牍,张旭东为调查员兼收月捐事务,其余各职员照旧,未更举。至此时,已钟鸣五下,遂散会。

(《太仓旅沪同乡会开会纪事》,见《申报》1919 年 12 月 16 日第 10 版、11 版)
12 月 20 日(十月二十九日) 先生出席太仓旅沪同乡会会议,并与与会者商议筹募太仓急赈等事。

太仓旅沪同乡会,因筹募太仓急赈事,于前晚假座四马路倚虹楼西餐馆,集议一切。同乡到者,正副会长唐蔚芝、吴挹峰、朱颂六,名誉会长项惠卿,会董顾士章、张纶卿,会员陆景周、徐议之、朱浩生等,并柬邀救生会会长徐干麟、王一亭及会董薛文泰三君,商恳该会拨款放赈。先由项君报告茜泾乡伊家及严、徐二姓,自五月间被盗后,本月二十三日又被盗劫,损失约三千余金,要求唐会长致函省长,饬县严缉盗犯。唐君允为照办,并谓防盗之法莫如各乡镇创办商团,互相联络,则盗风自戢。众皆赞成。未几,徐、王、薛三君先后莅止,众皆出席欢迎。由唐君备述太仓湖川、毛市、新丰、蓬莱、双凤等乡各灾区今夏被水灾后,灾民困苦颠连之状况,现因旅沪同乡无多筹款,不敷放赈,恳请设法拨款救济等语。首由王一亭、薛文泰二君允为拨款救济,继由徐干麟允再拨棉衣三千套,并嘱将各灾区户口究有多少,及放赈情形,由调查员随时到会报告。唐君答词,允为照办,并代为鞠躬叩谢。于是开筵畅饮,尽欢而散。

（《太仓旅沪同乡会纪事》,见《申报》1919年12月22日第11版）

冬,太仓水灾甚巨,西乡河川桥一带乡人居屋内,水深数尺,无所得食。余商诸旅沪同乡会吴君挹峰名钟秀、项君惠卿名尧仁、张君纶卿名大诚,会同募捐。项、张二君曰:"同乡会无人主持久矣,君能来就会长职,吾辈必当尽力。"余欣然就之。惠卿遂商之济生会王君一亭,允拨赈款、棉衣等,旋复各处劝募。余请陆君蓬士名修瀛、朱君恺俦名增元、周君干如名之桢及沈君健生,分赴河川桥、毛家市、鹿湖、蓬莱镇、新丰乡各处散放;而棉衣请官厅发护照,诸多留难,迟到一日,新丰乡已冻死老妪一,鹿湖冻死小孩一。嗟乎,余之罪也!古人云:放赈如救火,不可须臾缓。岂不信哉?是役共放赈洋约二万元,本邑别有以工代赈款,开浚河道,由县知事卢君主其事。

（唐文治《茹经先生自订年谱·己未五十五岁》）

冬 先生编成《十三经提纲》《春秋》左氏、公羊、穀梁三《传》,《论语》《孝经》《尔雅》《孟子》,合上年所编,共分二卷。

编《十三经提纲》《春秋》左氏、公羊、穀梁三《传》,《论语》《孝经》《尔雅》《孟子》成,合上年所编,共分二卷。是编之意,专为开示初学读经门径,后人得此,当不至畏难中止矣。

（冯）振谨案:先生此书,总群经之纲领,吸百家之菁英,发微言,明大义,陈宗旨,辨家法,于真伪得失详细开示,诚读经之津逮也。已刊入《茹经堂全书》及《无锡国学专修学校丛书》中。

（唐文治《茹经先生自订年谱·己未五十五岁》）

1920 年(庚申　民国九年)　56 岁

1月1日(己未年十一月十一日)　先生参加南洋公学同学会新年餐聚会并作演说。

南洋公学同学会于元旦正午假座一品香举行新年同学聚餐大会,到者六十余人,母校校长唐蔚芝亦在座。会长沈叔逵即席报告建设会所情形,宣读募捐启及办法,诸同学表决,均无异议,一致通过。并就到会同学中,推定本埠募捐员何惠若等十余人,其余募捐员决由董事会委派。募捐团长举定沈叔逵担任。俟捐启、捐册等印就后,即请团长亲往各大都会劝募款项。报告毕后,即摄全体照,计摄两张,一在席间,一在屋顶花园。摄影毕后,仍各入席,请唐校长演说,讲述近今校史,至为详尽,同学莫不鼓掌称快。演说毕,各同学均起立表敬意,并由同学会董事张叔良代表同学致谢辞。先后同学聚首一堂,杯酒话旧,颇极一时之盛。迨餐毕散会,已钟鸣三下矣。

(《南洋公学同学叙餐纪》,见《申报》1920 年 1 月 3 日第 10 版)

1月27日(己未年十二月初七日)　先生致函李经方、孙宝琦。因交通部上海工业专门学校欲为创办人盛宣怀立碑铸像,函中请李、孙转达盛宣怀之子,"务望拨款相助"。

伯行、慕韩先生阁下:敬启者,敝校前年筹设廿周年纪念图书馆,同学会诸君佥以盛杏老为敝校首先创办之人,饮水思源,亟应为杏老立碑铸像,弟深表同情。惟建筑图书馆并一切经费,正需分投劝募,曾于七年一月四日,致函泽臣昆仲,并送捐册等件,请其慨捐提倡,以为继志述事之举。旋闻盛府家事纠纷,未遽催问。现在敝校图书馆业已落成,而盛府家事已赖先生为之清理,所有敝校同学会追念之诚,亟须表示,除碑文业已勒石外,铸像地点及一切手续,亦已预备定妥,敬祈先生转达泽臣昆仲,务望拨款相助,俾便进行,而馆中缺乏之处亦可藉以充裕。想杏老在天之灵,必为默佑者也。倘蒙鼎力玉成,阖校同深感佩。乞赐覆,曷胜盼祷。专肃,敬颂勋绥。弟唐文治谨启。一月廿七日。

(《唐文治致李经方、孙宝琦函》,见上海图书馆《盛宣怀档案》,1930 年,档号 010237)

按：在上海图书馆《盛宣怀档案》（电子扫描件）的题录中，本函所署时间为1930年，误。函末署"一月廿七日"，又函中云"现在敝校图书馆业已落成"，交通部工业专门学校图书馆于1919年10月10日落成，则本函当是写于此后不久的1920年1月27日。

又按：盛氏遗产清理小组于1920年1月31日开第四次会议，其会议记录云："接南洋公学唐蔚芝先生来函，以筹设念周纪念图书馆并为盛宫保立碑铸像，请拨款捐助等语，公议此事早经盛府慨允捐银五千两，即在现款内先行拨付。"（见丁士华整理《盛宣怀遗产分析史料》）从内容看，"接南洋公学唐蔚芝先生来函"当为上引之《唐文治致李经方、孙宝琦函》，也可推定该函写于1920年。

2月23日（正月初四日）　先生赴苏州治疗右目，亦无效。

正月初四日，医生张卜熊来，招赴苏治右目，以针挑之，亦无效，心甚悔之。孟子云："莫之致而至者，命也。"余平日多过，获罪于天，岂能挽救乎？

（唐文治《茹经先生自订年谱·庚申五十六岁》）

3月4日（正月十四日）　盛宣怀之子盛重颐、盛恩颐、盛昇颐致函先生，捐银五千两，以助交通部上海工业专门学校为盛宣怀立碑铸像。

复上海工业专门学校唐校长

蔚芝先生阁下：承伯行、慕韩先生交阅大函，以贵校图书馆同学诸君为先严立碑铸像，已预备定妥，而图书馆亦已落成，属为拨助捐款，俾便进行，并附到建筑图书馆捐册一册，具征诸君思慕之诚、先生关垂之切，将见铸像巍峨，与乐石吉金而并寿，更看碑文灿烂，偕西□东壁以俱辉。感荷私忱，实无既极。兹敬□捐规元五千两，聊尽绵薄，即乞查收，捐册随缴。专此，敬请台安。

附还捐册一本。

附捐款规元伍千两支票一纸。

盛重颐、盛恩颐、盛昇颐率媳毓常、毓邮谨启。

（《盛重颐、盛恩颐、盛升颐致唐文治函》，见上海图书馆《盛宣怀档案》，1930年3月4日，档号010236）

按：在上海图书馆《盛宣怀档案》（电子扫描件）的题录中，本函所署时间为1930年3月4日，误。前叙本年1月27日先生致函李经方、孙宝琦，请其转告盛宣怀之子，为给盛宣怀立碑铸像拨款相助，此函即为对前函之回应，故亦系于1920年，即本年。

3月13日（正月二十三日）　交通部上海工业专门学校图书馆举行开幕礼，先生主席，先致谢，继述图书馆建设情形。

正月二十日，工校图书馆行开幕礼，工程颇完固。部派刘君同仁名成志来验收，来宾约二千人，极一时之盛。

（唐文治《茹经先生自订年谱·庚申五十六岁》）

按：本年正月二十日为公历 3 月 10 日，但据下引《申报》报道和《上海交通大学纪事(1896—2005)》等书的记载，交通部上海工业专门学校图书馆开幕礼举行于 3 月 13 日（正月二十三日），此以后者为准。

交通部上海工业专门学校（原名南洋公学），昨日午后举行图书馆开幕典礼。中外各界人士到者甚众，如程雪楼、沈宝昌、刘成志、陈家栋、王清穆、徐恩元、余芷江、任筱珊、黄任之、温钦甫、穆藕初、陈锦涛、周舜卿、姬佛陀、谢碧田、瞿宣颖、康白情、林康侯、朱少屏等。二时许，行开幕礼，演说。唐校长蔚芝主席，先致感谢之忱，继述该图书馆建设情形，略谓"民国五年冬，始创斯议。六年三月，筹备募捐事宜。深荷总统府、交通部及其他各界与本校同学会赞助，俾克有成。斯馆实为学校图书馆，而兼有普通图书馆之性质。每星期土曜、日曜两日，可任校外人士来馆浏览。俟该馆书籍渐次增加，尚拟酌提通常书籍若干种，另编书目，以便借出馆外。斯馆之设，盖为保存国粹、参考外籍起见，重有感于国学之式微，爰特设一读经室，以资提倡。初基甫创，尚勉来兹"云云。次由交通部刘成志代表致颂辞，沈宝昌知事代表齐省长致贺，并谓"士大夫之新思潮，趋向社会方面，良以欧战为国家主义而败，故个人、家族、国家、社会四种主义，均不可有所偏重。若不能平均，则易致乱。如大学所谓修身、齐家、治国、平天下，即上述四者之谓，然必以正心诚意为先，可见唐先生提倡读经一事，实有至理，极表赞同"云云。任筱珊君详论图书馆之重要，如美国即竭力兴办此事，常来华购书，日本亦多庋藏中国古书，甚有吾人所不能购于国内者，亦可耻已。年来余（任君自称）考铁路练习生时，其科学犹可及格，对于国文，反多不能通畅者，故现必须提倡国学之保存，否则危殆，云云。继有沪海道尹之代表余芷江君演说，朱少屏君继谓"上海本无中国自设之图书馆，虽国学保存会及格致书院尝有藏书，现已归于消灭。他如大马路、圆明园路、徐家汇数处，虽有图书馆，而仅藏外国书籍，无中国书，诚为憾事。今有斯馆之设，欢慰奚似。如美国之图书馆固多，且有频频交换之举，深望斯馆执事诸君，从开放与推广上进行，实为邦家之福"云云。黄任之君代表南洋同学会演说。黄君本十九年前之该校学生，今复来观斯馆典礼，异常欣忭。惟念中国图书馆之少，视美国相去甚远。自五四学潮以来，益觉提倡图书馆之不可缓。盖以民知太低，固需补救。而新旧学派之争，尤多无真见解，一味胡闹者，诚不可不先请此辈入图书馆用功几年,方得出而骂人也。闻者为之首肯。继有穆湘瑶、徐恩元二君演说毕,唐校长、柴芷湘、胡粹士、孙景苏诸君等邀各来宾登楼参观各室,布置井井。闻国文部系照四库书目分类,外国文部则照美人杜威氏之小数分类法。国文计二万卷,外国文五千卷。其职员如下:董事会会长唐校长;董事七人:柴芷湘、沈叔逵、徐守五、刘汝梅、胡粹士、张松亭、张贡九;馆长兼外国文部主任胡粹士;国文部主任江霄纬;馆员九人:柴芷湘、李章民、金志守、张松亭、刘汝梅、许叔明、孙邦俊、孙景苏、黄惠夫。参观既毕,茶点摄影。复有该校中院学生演兵式操。晚间,由周石僧君介绍钧天集社员奏音乐,并有昆曲,该校教员李松泉君继演幻术,小学部生徒演剧,剧名《化顽》,并奏军乐,主宾尽欢而散。

(《南洋公学图书馆开幕礼纪》,见《申报》1920 年 3 月 14 日第 10 版)

按:《交通公报》1920 年第 42 期有类似报道,题为《交通部上海工业专门学校图书馆开幕记》。

今日为上海工业专门学校图书馆举行开幕礼之期,诸君子经营擘画,至今日而告厥成功,嘉惠士林,振兴文学,洵足为学校一大纪念。上海工业专门学校图书馆之设,肇端于民国六年廿周纪念,建议兴筑,以垂永久。本部据情呈请,奉大总统指令,由部督饬,妥筹兴办,以成盛举等因,并蒙今大总统俯予提倡,慨捐巨款,风声所树,遐迩具瞻。各界人士踊跃应募。计除部拨款项而外,其得于捐助者为数亦不赀焉。兼以学校职教各员热心公益,殚精竭力,所有筹款、监工等事,或则笔舌俱瘁,或者栉沐不辞。时阅年余,始终弗懈,用以创垂巨构,聿观厥成。凡此缔造之艰难,后之学者所当食德而不忘者也。近世科学发明,日新月异,非博览载籍无以瀹牖新知。今图书馆之设,于工业专门诸书尤为注重,洵能应时势之需求,助教授之弗及。将来莘莘学子,研精博洽,艺林沾溉,获益良多,由此而实学昌明,人才蔚起,本总长有厚望焉。中华民国九年二月 日。

(《上海工业专门学校图书馆开幕训词》,见《交通公报》1920 年第 40 期)

按:上录训词,由交通部代表刘成志于上海工业专门学校图书馆开幕典礼上代表交通总长宣读。

3 月 21 日(二月初二日) 上海俭德储蓄会举行周年大会,先生作《周年大会颂词》。

民国九年三月二十一日,欣逢俭德储蓄会周年开幕良辰,众宾莅止,济跄一堂,甚盛甚盛。鄙人以目疾频仍,未克躬与典礼,深为抱歉,爰作颂曰:

俭为道本，维德之共。涵养品性，节诣崇隆。温良恭俭，圣门所称。待人
而行，裕国益民。世风浮薄，奢靡是尚。罔知储蓄，气节遂丧。本会悯焉，爰思
矫之。提倡俭德，二稔于兹。同志云集，千载一时。谨祝万岁，举觥陈词。

（唐文治《周年大会颂词》，见《俭德储蓄会月刊》1920 年第 1 卷第 2 期）

3 月下旬（二月上旬）　交通部上海工业专门学校土木科二、三年级学生进行
测量实习，实习情况后由学生书面向先生报告。

（1920 年）3 月 21 日　本校土木科二、三年级学生西湖测量队共 27 人，其
中三年级 12 人，二年级 15 人，由沈炳焘学监率领到刘庄进行测量实习。自 3
月 22 日开始至 25 日结束。每日上午 7:30 出发，下午 5 时返回。自刘庄开始
测量，经忠肃墓、理安寺、烟霞洞，绕道南高峰、钱塘江边至龙井，皆山道，行程
60 余里。测量队实习情况由中文书记董宪同学书面向唐校长报告。

[上海交通大学校史编纂委员会编《上海交通大学纪事(1896—2005)》]

3、4 月间（二月）　先生编成《茹经堂奏疏》。

呜呼！余生斯世，尚忍言政治学耶？然半生阅历，辛苦而仅得之者，不能
不略述门径，以告于后之人。光绪十八年，余举进士于京师，服官户部，始学为
公牍文字，欲以古文法行之，乃于程式都不合。苏先辈王莆卿先生语余曰："公
牍犹考据文也，无一字无来历，足矣。"余初信其说，爰以吏为师，遍发旧档案阅
之，加以评骘，然未慊于心也。旋入译署，读曾惠敏、薛叔耘诸家集，略有所得，
继乃取曾、胡、左三家奏疏、函牍读之，乃大有悟。曾叙事说理至详尽，而牵于
古文间架，有时不免于芜；胡进矣，而气象阔大，则不如曾；左精锐绝伦，一时无
两，其函牍叙事说理之精到，较曾无不及。始知文襄师所谓湘中三大手笔之说
为不诬也。

尝叹吾国政治之学，散而无纪。自《经世文编》偶见鳞爪外，无人能汇集成
书者。大学校中，亦无中国政治学，傥邻邦学士来学政治，则将应之曰无有也。
呜呼！讵非大可痛、可耻之事耶？闲尝欲辑一书，上溯典谟，下逮汉之贾、董，
唐之陆宣公、宋之范文正、司马温公、明之王文成、张江陵，迄于近世作者，并导
示历代公文程式，附以条约合同等，庶中国政治学大显于世。人事卒卒，精力
日衰，其能成与否，未可知也。是编第一卷，俱三十岁左右作封事，纯学朱子，
所谓以古文法行之者。第二、三卷则合程式矣。惜当时所作，零落不全。在户
部时有《请停止河运疏》，颇为李文忠所激赏，曰："此佳文也。"询那公琴轩，主
稿者为谁。那以某对，李颔之。时李为庚子议和全权大臣，那为户部侍郎。现
此稿已散佚不可复得。回忆前尘，亦如梦境矣。在商部时，路务议员一疏，颇

与项城相龃龉，今并录其原奏。其事之是非，后世之士自能辨之。

抑余重有感焉，古之大臣，务在格其君心之非。曩者立朝时，簿书鞅掌，未遑赞襄君德，且以来日方长，将有待也。不谓去都甫数岁，黍离麦秀之痛已兴，悔何及矣！呜呼！孰使余检斯稿而苑结，泫然不能已已也。庚申二月，唐文治自序。

　　　　　　　　　（唐文治《茹经堂奏疏自序》，见《茹经堂奏疏》卷首）

太仓唐君蔚芝，少余五岁，光绪壬午，年十八，领乡荐，余三试南闱报罢。戊子倖举京兆试，年二十九矣。己丑，与君同上公车，晤于都下，一见如旧相识，遂缔交焉。君与余皆无世俗嗜好，专以文章道义相磋磨。逾年庚寅，余以二甲进士观政户部。又二年壬辰，君亦以二甲进士观政户部。初余分河南司，君分江西司，旋同兼云南司。户部四大司，云南其一也，兼理漕政。自是君与余联席治事者七八年。丙申，君兼译署行走；戊戌，余亦兼译署行走；辛丑同补外务部官；癸卯同以经济特科征。是年新设商部，君以郎中擢授商部右丞，余以员外郎擢授商部右参议，自是专治商政，恐国内商情之不得上达也。甲辰，余以考察商务南行。时苏沪初立商会，各省均设商务局，为之提倡。余周历苏、鄂、闽、广，尚拟赴南洋群岛，抚慰华侨，病作而止。忆乙巳之秋，余在香港，华侨陈某来谒，余立即延见，陈某放声号哭，余大骇，亟询其故，则谓在广州时，迭次求见商务局总办而不可得，今遇商部堂官，毫无阻隔，大喜过望，而思及往事，悲从中来，又不自觉失声而号也。余好言奖勉，俾畅所怀。陈某以集赀筑商路请，余为之达于部，许之，即今粤东兴宁铁路是。丙午春，余回部，君已升任侍郎，余转升右丞。其时部中人才极盛，办事颇有朝气，君尤注重路政，以京汉、京榆两路，国家负债兴筑，而司事者侵渔蠹蚀，积弊甚深，派员密查，力图整饬。管路大臣直督袁世凯不谓然，奏参商部侵越权限，君抗疏力争，不少迁就。六月，余忽奉命除授直隶臬司，盖左迁也，知袁氏之阴谋疾视也。请假南旋，假满即请开缺。未几，丁内艰。是冬，君方署理尚书，亦丁内艰南旋，卜居锡山之西溪。我两人十数年中，进退一辙，遭遇若有天缘。自是厥后，踪迹略疏，而书问往还，岁时无间。顷者，君以《茹经堂奏疏》三卷属为序，余受而读之。二三两卷，皆夙所与闻者，其第一卷，则仿朱子封事为之。君文思敏捷，纵横驰骤，若决江河，沛然莫之能御，盖得力于孟子及昌黎韩公者为多，而忠爱之情，溢于言表，则汉之贾太傅、唐之陆宣公，不是过也。观君与袁氏争辨路务议员一疏，正色立朝，不避权势，尤有古大臣风。迨君去位，路政改归邮传部，悉反商部所为，官路之弊益甚，并将尽夺各省商路而归之国有，民心去而国祚随之。君尝

谓治乱兴亡之故,在内外上下之通与隔而已,盖默参《周易》否泰之所为倚伏,
而有以知其然也。君著作甚富,大都为经义理学之属,而奏疏特其绪余耳。然
以此见政治之学,亦自有其根柢,非空疏浅陋者所能为,而惜乎未竟其用也。
丙寅孟秋,崇明王清穆序。

(王清穆《茹经堂奏疏序》,见《茹经堂奏疏》卷首;又见王清穆《农隐庐文钞》)

4 月初(二月中旬) 先生致函沪杭铁路局长,请求对即将前往杭州实习测量
的交通部上海工业专门学校土木科学生,准予优待。

上海交通部工业专门学校(即南洋公学)上院土木科本届将次毕业学生,
现欲趁此春假机会,由主任教员带往杭州实习测量。该校校长唐蔚芝,特函请
沪杭铁路局长,准予优待。业经转令车务总管照团体旅行优待章程,准以半价
乘车,并预留坐位。闻该校赴杭之教职员、学生共四十人,于昨日(三号)上午
七时三十五分,由北车站上车,乘早快车赴杭。其返期已确定,趁本月七号杭
来早快车回沪云。

(《铁路纪事三则》,见《申报》1920 年 4 月 4 日第 11 版)

4 月初(二月中旬) 张謇等一批江苏地方人士筹商,分函各地同志,共同发起
苏社。先生为发起人之一。

江苏地方人士,鉴于本省各项事业渐落他省之后,其故由于地方团体涣
散,不能自治所致。爰于四月一日,乘运河工程局开幕、多人会集之际,由张季
直、韩紫石、黄伯雨、马隽卿、沈信卿、黄任之、朱德轩、张继高、鲍芹士、王叔相、
钱强斋、陈颖孙、蔡陶模、张孝若、方惟一、奚九如、董冠吾、武霞峰等十八人筹
商,分函各地同志,共同发起苏社,以谋发展江苏地方自治为宗旨,以实业、教
育、水利、交通四者为应首谋发展之自治事业,且郑重声明不涉政党,不为私人
利用,不与官治为敌。嗣经各地同志覆函加入发起,定五月十一日在南通开成
立大会,以该地自治设施较早,可以乘便参观研究也。

(《苏人发起苏社》,见《申报》1920 年 4 月 24 日第 11 版)

按:此文后列有 46 名发起人名单,先生为其中之一。

4 月 3 日(二月十五日) 先生呈文交通部,提出"凡学生平时成绩每次均在九
十分以上者准免大考"。经交通部与教育部协商,认为与本部新修改之学生成绩考
查规则"尚不相背,应准照办"。[据上海交通大学校史编纂委员会编《上海交通大学纪事
(1896—2005)》]

4 月 9 日(二月二十一日) 交通部向先生发布指令,告知所呈送本届收受转
学各生一览表,除将一份咨送教育部外,余准备案。[《交通部指令(第 979 号)》,见《交

通公报》1920 年第 42 期]

4 月 17、18 日(二月二十九、三十日) 先生分别致电、致函交通部总次长、本校教职员及学生,以"学潮复炽,断非病躯所能胜任",请求辞去交通部上海工业专门学校校长职务。

(一) 致交通部电

北京交通部总次长赐鉴:窃文治去年两次辞职,未蒙照准,迩来目疾日增,际兹学潮复炽,断非病躯所能胜任,谨请假返舍,乞迅赐派员来校接办,不胜迫切感叩之至。文治。洽(十七日)。

(二) 致各教职员

□□先生阁下:敬启者,弟忝司校务,垂十余年,全仗诸君子教育热心,相助为理,曷胜感佩。弟迩来目疾频仍,不意学潮复炽,断非病躯所能胜任。兹已电部辞职,请假返舍。为特专函声明。所有诸君子合同,照约至本年阳历七月为止。下学期如何办法,应俟后任校长接办。诸费清神,至深感荷。临时未克话别,尤为怅然。专此,敬颂教绥。唐文治谨启。民国九年四月十八日。

(三) 致本校同学

本校诸同学公鉴:敬启者,鄙人忝司校务,垂十余年。无德无才,误人子弟,私衷内疚,莫可名言。迩来目疾频仍,际兹时局,断难再事恋栈。现已电部辞职,从此与诸君告别。惟望诸君努力前途,精勤向学,无争意气,无尚空谈。异日造成大器,增本校之光,即中国之福。不胜盼祷。专此留别,敬请学祉。唐文治谨启。四月十七日。

　　　　　　(《南洋公学校长唐文治辞职书》,见《申报》1920 年 4 月 22 日第 14 版)

按:上引分致交通部、各教职员及学生之函电,又见《友声》1920 年第 8 期《唐校长辞职声中之函电》。

4 月 22 日(三月初四日) 先生父唐受祺八十生辰。唐受祺命以寿筵之资移放春赈,并以余款设太仓敬节会,周恤穷嫠。

三月初四日,为吾父八十生辰。时太仓西乡尚须办理春赈,吾父拒绝宾客,命以寿筵之资移放春赈,共得约二千元。至散放时,因去冬尚有余款,仅用去八百元,尚余一千二百元。吾父命以此款存放生息,设太仓敬节会,周恤穷嫠,定额二十四名,每名每年津贴洋十元。六月、十二月两月杪送给。

　　　　　　(唐文治《茹经先生自订年谱·庚申五十六岁》)

边境频惊鼙鼓来(谓川、滇、黔、粤),中原又告水成灾(连年水旱频闻,而去岁鄂、豫、皖、江、浙尤甚)。嗷嗷哺有三春待,我独何心宴会开(时太仓尚须春赈)。

贾逾三倍慨时艰（近来无物不昂贵，有加无已，可叹），每取繁文一笔删（余于俗例应酬，每从减省）。此日愿将余福惜，任人鄙我太寒悭。

（唐受祺《三月初四，余八十初度。儿曹以称觞请，益增身世之感。亟诗以止之，幸未十分奢侈也》，十首选二，见《浣花庐诗钞》卷四）

4 月 29 日（三月十一日）前　先生发出第二次辞呈。

第二次辞呈

为呈请事：案奉大部电开"洽电悉。该校长讲学有年，与诸生感情最洽，仍祈力疾维持。所请派员接办之处，应无庸议"等因，具征大部维持学务之至意，曷胜感佩，敢不勉遵。惟是学潮之来，莫知所以，迩来国家多故，恐停课将成永久之事，两三年后，中国将无教育之可言。且军警、学界已成对待之势，一旦祸变发生，更非五代之清流、明代之东林可比。外人或借我内讧为名，坐收其利。文治提倡学务二十余年，诚不料沦胥至于此极，言念及此，可胜痛心。惟有自请罢黜，冀我有志之青年，或可觉悟于万一。至本校学生，向属守规，上月杪，土木科三四年级生均赴无锡测量，电机科三四年级生均赴汉阳铁厂参观；本月中，电机科二年级生赴京津一带参观工厂，铁路管理三二年级生均赴沪宁津浦各路参观，藉资实验，业经先后呈报大部各在案。此次在校学生并无逾越范围之事，然停课已届旬日，牺牲可宝之光阴，至为可惜。文治若再因循恋栈，日后将无以对大部，无以对诸生，更无以对学生家属。抚衷循省，讵能自安？况目疾频仍，决难再肩重任。除奉电后已转饬各教职员维持现状，并将关防暂交文案员收管外，不得已再请辞职。务恳大部俯赐察照，迅速派员来校接办，俾我学子莘莘尚有读书之地，则文治之感激为无穷矣。临呈不胜恳切待命之至。谨呈交通总长。

（《唐校长辞职声中之函电》，见《友声》1920 年第 8 期）

按：《友声》第 8 期载《南洋公学同学会筹建会所启》，云："四月二十九日，假座母校小学校开董事会常会……会长报告：母校校长唐蔚芝先生，因此次学潮发生，电部辞职。而老同学中有致书本会，请本会设法挽留，以维校务。闻现在部中已有覆电，亦主慰留。但唐校长二次辞呈已发出，意颇坚决。"据此，先生第二次辞呈在4 月 29 日之前发出。

4 月 29 日（三月十一日）　先生等一批江浙士绅致电大总统徐世昌，请求停止征漕，浚治太湖。

苏浙人请求停止征漕浚治太湖电云：

大总统钧鉴：太湖流域，水利失修，受病至深。上年十一月间，经文治等呈请拨漕,藉充浚湖经费,迄今半载,部省互推,尚无办法,殊失我大总统轸念民瘼、注重太湖工程、特简督办之盛意。今春雨泽较多,湖水大涨,群情惴惴,有发为愤激之言者,甚至主张不纳赋税。祖谦等为思患预防、消弭民怨起见,吁恳大总统,准将苏浙田赋最重之吴县、吴江、常熟、昆山、松江、金山、青浦、上海、奉贤、南汇、川沙、武进、无锡、宜兴、江阴、靖江、丹徒、丹阳、金坛、溧水、溧阳、扬中、太仓、嘉定、宝山、杭县、海宁、余杭、海盐、嘉兴、嘉善、崇德、桐乡、平湖、吴兴、德清、长兴、武康、安吉、孝丰等县漕粮,自九年度起一律停征,俾民力稍纾。则太湖工程所需,不妨改为地方自筹,以免延误。临电迫切,伏候钧裁。潘祖谦、吴荫培、曹允源、费树蔚、尤先甲、杨寿楣、王震、周廷弼、庞元济、钱崇威、施则敬、刘锦藻、冯煦、邵松年、唐文治、耿道冲、沈惟贤、储南强、蔡璜、张立、金鸿修、叶向阳、蒋玉麟、徐士焘、钱宗翰、盛邦采、朱景章、金蓉镜、陈其禾、李开福、徐允一等叩。艳。

（《苏浙人请停征漕浚治太湖电》,见《申报》1920 年 5 月 2 日第 11 版）

按：在代日韵目中,“艳”为 29 日。

4 月 30 日(三月十二日) 交通部上海工业专门学校学生投票通过挽留先生。

南洋公学校长唐文治,前因目疾颇剧,复以学潮关系,曾一再向交通部辞职,已志前报。该校学生恐唐氏去后,交部将停付经费。为维持现状起见,已于昨日以二百九十二票对一百二十九票通过挽留唐氏。现拟电交部挽留,并派代表赴无锡劝驾云。

（《南洋公学校长问题近讯》,见《申报》1920 年 5 月 1 日第 14 版）

5 月 4 日(三月十六日) 经各方挽留,先生回到交通部上海工业专门学校,暂时复职。此前,先生已致电交通部总次长,第三次请求辞职。5 月 7 日、12 日(三月十九、二十四日),《申报》连续刊登有关先生辞职及各方慰留之函电。

南洋公学校长辞职问题,已志前报。现唐校长已回校,兹将其种种文件录下：

交通部电

无锡西门内西溪唐蔚芝先生：沪校需人主持,希即速回校,至盼,并覆交通部。艳。

唐校长第三次辞职电

北京交通部总次长赐鉴：艳电谨悉,下情详呈,万乞照准派员接办,切叩。文治托沪校转。卅。

学生分会电

北京交通部鉴：校长辞职,本校学生主张挽留。除派代表劝驾外,特请贵部一致挽留。

劝驾代表彭昕和萧篪报告书

昕与篪昨天到无锡见校长，将此次学潮发生之原因、现在收束之情形，详细报告。并辨明此次举动，实非有被何种政客利用，后述及同学挽留校长之诚意。校长答：并非因此次罢课有不满意于同学爱国举动，而有辞职之举。实因自去岁以来，学潮愈趋愈烈，学生易于轻举妄动，荒废学业，无力维持，留任与否，一须俟交通部之回电，二须同学以后能立足稳固，维持学校前途，不被外间风雨飘摇，然后定夺，云云。此挽留校长之情形也。

交通部电

工业专门学校教职员等，传知全体学生：四月卅日电悉。唐校长主持校务多年，热心教育。此次辞职，系迫于诸生之停课，不忍诸生牺牲宝贵之光阴，又不能使诸生捐除□事之意气，只有自请罢黜，以谢诸生，其心良苦。年来学潮起伏，该校诸生，未有逾越范围举动，潜心向学，本部方甚嘉慰。然竟停课多日，致使校长引咎辞职，诸生其何以自安？纵曰大势所趋，独不闻万物皆流，金石独止。校长辞职，业经一再挽留，能留与否，还在诸生之是否翻然觉悟。仰即先行上课，以听后命。否则法律具在，本部决不为诸生姑息也。

交通部员尤桐函

蔚芝先生阁下：……此次辞职，不过恐诸生将蹈东林覆辙，思有以矫正而救护之。惟贵校诸生，向极循谨。此次惟迫于联合会之压抑，不得不虚与委蛇……缘部长（交通部）日前表示宗旨，对于罢课之校已有解散停办之决心。昨日电覆唐山工校，业将此意明白宣布。倘公即日返校，不但上课可期，此校仍可安于盘石。万一公再徘徊迟审，恐辞呈继上，而解散之令立下，是我公之于诸生，本欲爱之，适以害之。此诸生中有本年即须毕业者，有来年即须毕业者，设因解散而坐视无所依归，举公十余年来所苦心孤诣、经营缔造者，一切付之东流，度必非凤爱诸生之公所忍出此也。总之公留则校存，公去则校停。校之存亡，系于公之去留……

唐校长接此函后，即于五月四日莅校，就校长职。当出一布告，其词如下：鄙人辞职，承交通部并教职员先生、全体同学厚意挽留，实则自误误人，应行罢黜，义难再留。乃昨接部友快邮云：交通部长对于停课各学校，已具解散之决心。日前电达唐山工校，□经宣布宗旨。本校情形危急，已达极点，切嘱速行回校等语。鄙人不得已，即行回校，筹商善后办法。定于明日午后四点钟开教职员会议,晚七点钟在大礼堂开全体教职员、同学大会,宣布方针,总期固结团体,保我藩篱,届时望诸生齐集。此布。

（《南洋公学校长问题之电函》,见《申报》1920 年 5 月 7 日第 10 版）

上海南洋公学校长唐蔚芝,三次电交通部辞职,经部一再慰留后,已回校视事,业志本报。兹探得交通部慰留唐校长之最后数电,照录如下:

覆全校员生电

上海工业专门学校教职员暨全体学生:江日两电均悉。学生一律上课,甚慰。唐校长已由部去电慰留,顷又电催早日回校矣。交通部。鱼印。

覆同学会电

上海工业专门学生转同学会董事部:江电悉。唐校长辞职,已由部一再慰留,顷又电催早日回校,并希就近敦劝为盼。交通部。鱼印。

致无锡唐校长急电

无锡西门内西溪河唐蔚芝先生:卅电悉。一日据全体学生来电,请部坚留,以副众望。当经电令先行上课。三日又据教职员电称,学生一律上课,并举代表赴锡。同日复据同学会及全体学生来电,一致恳请挽留。查沪校诸生,现已一律上课,具见服从师训悔过。倘执事仍覆迟回,何以慰全校员生之望,务希台驾即日回校,主持一切,无任企盼,并先电复。交通部。鱼印。

（《慰留南洋校长之部电》,见《申报》1920 年 5 月 12 日第 14 版）

按:除上引《申报》之各方函电外,《友声》第 8 期《唐校长辞职声中之函电》亦录载了许多各方相关函电,择录于下:

同学会致在部同学电

北京交通部陆渭渔、刘同仁二君鉴:母校唐校长三次辞职,除电部恳留外,乞在部同学全力维持。同学会董事部。江。

同学会董事诸君鉴:江电敬悉。母校唐校长辞职,业经部令一再慰留,昨又去电催促回校。此事弟等当竭力维持,仍请诸公就近敦劝,是为至祷。嵩复,并颂台绥。陆梦熊、刘成志启。五月四日。

黄君炎等公函

敬启者:顷阅报章,母校校长唐先生已电交通部辞职,此事关系母校前途至巨。唐先生道德文章,世所推重,在校十余年,办事热心,致母校规模得有今日。辛亥之交,非唐先生苦心维持,母校几致不能存在。即同人今日得有寸长,供职社会,未始非皆唐先生之赐。同人感激之私并爱校之心,以为唐先生此去,于母校至为危殆。先生为吾同学会会长,爱校之心,必尤胜于吾辈,务乞作速召集董事会,筹商挽留校长之策，同人不胜盼切之至。此颂公安。黄炎、孙多颋、诸人骐、金时中、唐榕锦、傅世义、唐赓榕、顾振新同启。四月二十三日。

陆君品琳致沈叔逵先生函

迹者学潮膨胀，沪上各校罢课已一星期矣，此处各中学亦于上星期五起罢课，惟敝校学生以罢课为消极之爱国，徒然牺牲学业，难济于事实，开会议决，以不罢课为是。刻下外人虽有讥议，而学生如常上课，并无动摇之象。再者，近见报章有唐校长辞职之说，在扬同学闻之，殊为骇异，是否以学潮刺激而生，抑别有原因所致？忆昔母校有归并唐山之谣，我小学有裁去之说，全仗唐校长鼎力维持，得有今日。当今政府摧残教育，不遗余力，一经辞职，母校前途，危险异常，而我小学尤有痛痒相关，唇齿相依，岂可任其自然陷于危境？伏念夫子于同学会中呼声最高，请召集前辈同学开会公议，一方面电部挽留，一方面遣人赴锡，劝慰唐校长回校视事，维持大局，则母校幸甚，我小学幸甚。区区之心，用特修书上请，临颖惶悚，不胜待命之至。肃此，敬请钧安。受业陆品琳鞠躬。

金君耀铨函

迳启者，报载母校唐先生以学潮事辞职离沪，伏维唐先生在母校，辛苦经营垂十余载，造就人才无算，现方积极进行，岂可任其远去？务恳设法挽留，不胜感盼。金耀铨谨上。四月廿八日。

黄君炎培函

敬复者，接奉通告，四月廿九日之会，弟因事不能到会。对于唐校长辞职事，主张协同挽留，请以此意转白。手颂诸学长公安。黄炎培启。

5月12日（三月二十四日） 《申报》刊载先生两次致江苏督军李纯、省长齐耀琳函电，因"比年以来，各处秋收，迭遭荒歉，鸿嗷遍野，觅食维艰"，故吁请严禁奸商偷运大米出口，一面饬属赶办平粜，并禁止米铺囤积居奇，以全民命。

江苏绅士唐蔚芝致苏督军省长函云

敬肃者，比年以来，各处秋收，迭遭荒歉，鸿嗷遍野，觅食维艰。赖我公拨款赈恤，涸辙之鲋，咸庆更生，凡我士民，同拜大德。近阅报章，知米价日渐腾贵，每石涨至九元八角。现方初夏，麦秋瞬届，而贵已如斯。至五六月间青黄不接，恐每石必须十余元。生活程度之高，达于极点。抢米风潮，势必纷起；莠民乘间窃发，更极危险。种种可虑情形，想早在洞鉴中，无烦赘述。惟我苏为产米之乡，去岁被灾区域，虽系减收，而出数尚不过少，何至骤形缺乏，大起恐慌，显系奸商偷运出口所致。如报章所载，私售护照，或冒充军米，外人赂以巨资，招集数十万或数百万米石，辗转运至山东、天津等口岸，间接出洋。此事恐不为无因,涓涓不息,伊于胡底。凤仰我公痌瘝在抱,断不忍茕茕无告之民,断绝生机,转乎沟壑。敬请速赐密查,设法严禁,并请饬属赶办平粜,一面责成苏沪各商会,禁止米铺囤积居奇,以全民命,不胜感叩之至。

又致江苏督长电云

南京李督军、齐省长赐鉴:昨函计达。米价飞涨,已达十元。众情汹惧,抢劫之祸,行将立见。切恳雷厉风行,严禁奸商贩米出洋。通饬产米各区地方官,严密稽查,以遏去路。其有他省来苏采办者,亦应力拒。查各县皆有积谷,本以备荒,际兹万急,请先电饬各县,赶将积谷砻米平粜,以安人心。一面再请拨款,向湖南、江西等处购运籼米,用维民食,而弭祸变,地方幸甚。唐文治、阮维和等。

（《苏绅请严米禁之函电》,见《申报》1920年5月12日第14版）

按:《申报》1920年5月18日第10版以《各方面注意维持民食》为题,刊载江苏督军、省长复先生函,云:"径覆者,接展大函,并承电示,聆悉种切。苏省近年迭遭灾歉,米禁迄未稍弛。本年春季雨水过多,米价日渐增涨。复由省署文电交驰,饬属严防走私,以杜影射,并迭电中央,将漕米一律暂行停运。乃外省不察,多以苏省为产米之区,纷纷以开办平粜为名,商请赴苏采办,均经婉电谢绝,并严饬税关,不得率予验放各在案。对于本省米禁,早已严切进行。无如米价仍复逐渐涨腾,尤须预筹办法。当经饬由财政、实业两厅会同核议,金以通令各县筹办平粜为当务之急。呈经指令照办,并饬厅给照免税,用维民食。凡此以上办法,核与来电正复相同。除再通令各税所各地方官一体严禁私运,并责成各商会禁止米铺囤积居奇外,特此函覆。"

同日 苏社于南通更俗剧场召开成立大会,先生被选为理事。（据《申报》1920年5月15日第10版《苏社在南通开成立大会之沪闻》）

5月15、16日(三月二十七、二十八日) 苏社于上海召开理事会,沈恩孚代表先生出席。（据《申报》1920年6月17日第10版《苏社纪事》）

5月23日(四月初六日) 私立无锡中学成立。先生应邀担任该校校长,并订定章程,具呈省县。

中华民国九年五月二十三日,无锡中学校成立。

先是,邑商高君秋荃(鼎焱)贤而好义,拟捐资建学,培植梓乡子弟,蓄志未遂,庚申春病没申江。疾革时,遗命其子践四君(阳)继成其志。践四君泣而识之,弗敢忘,爰于是岁夏捐银三万两为基金,并捐开办费三千元,由蔡君虎臣(其标)绍介,敦请唐君蔚芝(文治)为名誉校长。唐君感践四君之孝思,慨然诺之。本秋荃君为公非私之意,定名为无锡中学校,即以是日为无锡中学校成立纪念之日,时五月二十三日也。呈请县署、教育厅咨部立案,先后奉准。拟先招一、二年级学生两级,住校肄业。

(《无锡中学校大事记》)

四月,组织无锡中学。初,余因无锡高等小学学生甚夥,毕业后远赴各处求学,颇觉困难,拟设立中学,怀此愿久矣。至是,门人蔡生虎臣名其标,介绍门人高生践四名阳来,言奉其先人秋荃先生之遗命,于锡邑设立中学。余为订定章程,具呈省县,暂租西水关马氏房屋为校址,计开办费三千元,建筑房屋费二万元,基本金四万元。践四坚请余为名誉校长,余因请江太史霄纬名衡为主任,门人周生辑庵名熙为教务长。先招初、二年级生两班,四儿庆永亦往肄业焉。

(唐文治《茹经先生自订年谱·庚申五十六岁》)

邑人高秋荃君,昔年在沪经商。今春疾笃,临危之际,遗命其子践四君捐资兴学,适南洋公学校长唐蔚芝先生亦见及锡邑高小毕业生甚为众多,而升学之途每苦不广,意欲发起组织私立中学一所,其训育方法、教授宗旨悉照南洋公学办理。践四君即往谒唐校长,先捐开办费三千元,又将大有油厂股票银三万两划付,作为基本金,敦请唐蔚芝先生为名誉校长,定名为无锡中学校。闻唐校长已允担任,即委托同邑蔡虎臣君相助组织,现已择定地址,在无锡城中新市桥,阳历七月中旬招考,九月初开校。该校宗旨纯粹,科学[学科]完全。闻唐校长拟聘请极有经验之教员分任教务,将来发达可预卜也。

(《开办无锡中学校》,见《新无锡》1920 年 6 月 4 日第 2 版)

邑人高君筹办无锡中学,已志前报。现由高君积极进行,已将就绪。兹闻校长唐蔚芝君,已聘定吴县江霄纬君为校务主任,并任国文教授。江君学识渊博,经验丰富,为当代名宿,必能为吾邑青年造福。又聘桐城周辑庵君任英文一科。周君留学英国,于伯明汉大学毕业,造诣高深,性行笃实,前任上海南洋公学上院教授,成绩卓著,现任中国公学及寰球中国学生会教员,洵良教师也。算学一门,由本邑人黄君选青担任。黄君系交通部上海工业专门学校土木科毕业生,于天算、测量等学术极有根柢。教务主任一职,由创办人高践四君自行担任。高君系美国康纳耳大学政治教育科硕士,现任南京暨南学校教务长。该校开办伊始,即能延聘名师,注重学校精神,可谓不偏形式者矣。

(《开办无锡中学再志》,见《新无锡》1920 年 6 月 21 日第 2、3 版)

6 月 18 日(五月初三日)　上海仁济善堂与先生等团体、个人联名通电,呼吁湖南交战双方及有关方面,维持人道,慎重民命。

上海仁济善堂昨发通启云

敬启者,敝堂接岳州红十字会袁君电,详湘省兵祸惨状。闻悉之余,令人悯恻,并恳设法救济等因。惟事急,筹款尤难,敝堂拟联合上海慈善团,先行电劝双方,通电前敌军队,维持人道,慎重民命,以待集议救济之策。兹特附呈电稿,请即察核,是否同意。或有不尽善之处,务乞斧政掷下,以便译发。电稿如下:

北京徐大总统、国务院暨曹经略使、吴检阅使、吴子玉师长、张湘督军、李湘帮办、张师长、范师长、湖北王督军,广东军政府岑总裁、陆总裁、云南唐督军、贵州刘督军、衡山谭组庵先生、赵恒惕先生、林支宇先生及前敌各司令、各旅长、各团长、营长钧鉴:湘省迭经人祸天灾,十室九空,疮痍满目,各慈善团筹赈三年,款逾百万,至今尚难结束,迄未恢复原状。近又忽生战事,正苦拯救莫继。刻据岳州红十字分会来电,暨湘中各赈员避归者备述灾情,宝庆、永丰、湘乡、衡山、渌口以及茶攸、醴陵、岳州一带,人民颠连困苦,惨遭焚杀劫掠。当此夏令,死者暴露,生者流离,有妨农时,易酿疫疠。此间善团,惟务济救,毫无成见。长此以往,实难措手。凤闻当局,德体好生,向重人道。用代请命,环吁主持,施民邦之仁,肃秋毫无犯之纪,则残黎蒙惠,咸知非敌,百姓崩角稽首,不特灾民幸甚,国家幸甚。临电迫切,不胜待命之至。上海红十字总会、中华养振会、上海济生会、佛教慈悲会、仁济善堂、朱葆三、施子英、唐露园、沈仲礼、唐蔚之、王一亭、徐干麟、治开、陆维镛叩。巧。

岳州中国红十字分会来电:张季直先生、筹赈会、义赈会、济生会、仁济善堂、徐家汇唐校长、徐家汇土山湾马湘[相]伯先生鉴:岳州大军云集,秩序紊乱,各界集议设立救济红十字会,公推明翼为理事长。材力棉薄,勉膺巨艰,通衢闭市,一抢而空。商民何辜,遭此荼毒。务希尊处筹拨巨款,赈济难民,不胜待命之至。中国红十字会岳阳分会理事长袁明翼。寒。

(《仁济善堂发起劝息湘战》,见《申报》1920 年 6 月 19 日第 10 版)

按:在代日韵目中,"巧"为 18 日,"寒"为 14 日。

6 月 20 日(五月初五日) 先生与王清穆致电大总统徐世昌及国务院总理萨镇冰,吁请勿再派客军入湘,勿用军人理民事,并责成谭延闿安辑流亡,培养生计。

唐蔚芝、王丹揆昨日致电北京云

国务院萨总理转呈大总统钧鉴:湘省连番兵祸,民困已极,亟待抚绥。为善后计,应撤去督军名号,勿再派客军入湘,勿用军人理民事。请钧座责成谭延闾安辑流亡,培养生计。倘延闾不惬湘人之望,另简贤者任之,救民水火。虽异地有同情,用敢贡其狂愚,伏祈鉴纳。唐文治、王清穆。哿。

（《苏人为湘省谋善后电》,见《申报》1920 年 6 月 22 日第 10 版）

按：在代日韵目中,"哿"为 20 日。

又按：《申报》1920 年 6 月 26 日第 10 版《苏人为湘省谋害后之院覆》刊载国务院总理萨镇冰复电,云："徐家汇工业专门学校唐蔚芝、王丹揆先生均鉴：哿电已转呈首座。湘省屡经扰乱,饥溺方深。冀和议重开,南北早臻统一,俾获协团善后,以拯哀鸿。南望衡湘,同兹恻念。镇冰。敬。"

6 月 24 日（五月初九日） 交通部向先生发布指令,告知有关毕业考试监试及毕业典礼派代表之事。

令上海工业专门学校：

呈一件专科及中学行毕业礼请派员监试并赐训词由。

呈悉。该校专科及中学毕业试验,业经电令该校长督饬各员,严密考试,毋庸令派监试。至举行毕业礼,派驻沪电科转运处处长高恩洪代表莅校。除令高处长外,合将训词令发该校遵照。此令。中华民国九年六月二十四日

［《交通部指令(第 1610 号)》,见《交通公报》1920 年第 46 期］

按：上文提及之毕业礼训词,亦刊《交通公报》1920 年第 46 期,题作《交通总长致上海工业专门学校专科及中等毕业训词》。

6 月 27 日（五月十二日） 太仓旅沪同乡会开会,先生出席并报告开会宗旨。

太仓旅沪同乡会,于前日假邑庙萃秀堂开夏季常会,提议各项事件。同乡到者甚众,由文牍员李颂韩为临时纪录。首由唐蔚芝会长报告开会宗旨。次由放赈员武筱航报告散放双凤、毛市、湖川、新丰、鹿河、沙溪、王秀桥等各乡春赈情形。次由朱恺俦提议创办沪刘长途汽车,由罗店至刘河测量路线,经费由何人担任？洪伯言发言：该费由发起人暂垫。众皆赞成通过。次由吴把峰起言,本会经费全恃各同乡月捐为把注,而经收月捐,归何人担任？经众公举项惠卿、李颂韩、顾仁甫、傅晓生、顾士章、朱浩生、徐让之、张旭东分头征收,以维持会务。末由项惠卿报告,现与张纶卿合出资三千元,拟在本乡建设养老院,定额百人。而建院及常年经费,应需款若干,请公同讨论。经众磋商良久,以建院一切经费非五万金不可,而项君拟先调查真实贫苦无靠之老者,每月贴养赡费若干,俟经费充裕,再行建院。众皆称善。议毕,各会员合摄一影而散。

（《太仓旅沪同乡会开会纪》,见《申报》1920 年 6 月 29 日第 11 版）

6、7 月间（五、六月间） 苏州昆曲名班"全福班"至上海演出,先生时常前往

观剧。

昆剧开演以来,余往观数四,醉心者大不乏人。若唐蔚芝先生、吴仓[昌]硕先生,皆系士林硕彦,歌坛舞榭中不易见踪迹,而近日之天蟾,乃时有唐、吴二老在座,可谓不负昆曲之价值矣。蔚老更撰联以宠之,吾南社中健者,江东老虬及余天遂等,亦风雨无间,扶持大雅。余子亦有"燕赵剧悲歌"之联语悬之台上。要之此种雅举,虽如六才所云秀才人情纸半张,然非金钱或感情所能运动得到者,昔人所谓一字之褒,荣于华衮,其是之谓欤?

(天亶《南部技言》,见《申报》1920 年 7 月 28 日第 14 版)

按:1920 年 6 月下旬,上海《申报》连续刊出天蟾舞台的海报,打出了苏州三大昆曲名班"大章、大雅、全福三班合演"的广告。这次演出活动历时 58 天,共演九十多场。而据吴新雷、朱栋霖主编《中国昆曲艺术》一书揭载:"其实此时大章、大雅早已歇班,只因当时全福班在沪演出不景气,便假借大章、大雅原有的名气来吸引观众。"

夏 先生得长子唐庆诒家书,告以被国际联盟委员严鹤龄聘为秘书。

夏,得庆诒家书,就万国国际联盟会委员严君鹤龄聘为秘书,由美赴瑞士国会地名日内瓦。庆诒去年学外交科毕业,得硕士学位,尚未得博士,深为可惜。然藉此游历欧洲,亦不无裨益耳。

(唐文治《茹经先生自订年谱·庚申五十六岁》)

民国九年,二十三岁……五月初,接中国公使馆来函称:查留美毕业生唐庆诒,现经外交部令,调部任用云云……十一月三日,由伦敦起程,取道巴黎,至瑞士日内瓦。五日,见严先生。此间同事,有方君万笏,字鹓先。余等文书鞅掌,常发电至外交部,报告国际情势,并拟时事报告,撰英文函稿,几无片刻暇晷。十日,国联大会在日内瓦举行,讨论修改约文、组织国际法庭、裁减军备等议案,惟美国未列席,减色不少。我国代表除严先生外,为驻法公使顾维钧、驻意公使唐在复,均得见焉。顾公使秘书中,余与孟君宪承最为相洽,常环湖散步,纵谈时事,聊慰羁旅之怀。

(唐庆诒《忆往录》)

7 月 3 日(五月十八日) 先生率太仓旅沪同乡会数人至上海济生会,向该会赠送银杯,感谢其去年对太仓灾民的赈济。

太仓旅沪同乡会,因上年施放湖川乡一带冬赈,由济生会拨助棉衣款项。前日,该会特备银杯等物,由正副会长唐蔚芝、吴挹峰,会董项惠卿、李颂韩,书记陆景周等,齐送至济生会,由该会主任薛文泰、书记伊敬斋等备著点款待。

先由唐君起言，大致上年敝乡突遭水灾，敝会施放冬赈，荷承贵会拨助棉衣、巨款，全活灾民无算，敝会同人无任感纫，谨代灾民叩谢，兹赠贵会银杯一只，并助经费洋二百元，藉留纪念，聊表谢忱，云云。由薛、伊二君答辞致谢。畅谈片刻，兴辞而出。

（《太仓旅沪同乡会纪事》，见《申报》1920 年 7 月 5 日第 11 版）

7 月 23 日（六月初八日）　交通部向先生发布指令，告知所呈请选派上海工业专门学校本届电机科毕业生金奎一名赴美国西方电气公司实习一节，已照准。[《交通部指令（第 1840 号）》，见《交通公报》1920 年第 46 期]

7 月 24 日（六月初九日）　无锡中学进行招生考试，先生亲临考场，为考生讲学修身、国文试题题旨，又会同江衡、高阳、蔡其标等教职员，口试诸生。

无锡中学于昨日举行考试，投考者有本邑学生及皖浙等处客籍学生共六十余人。假东林书院为考试地点，一切布置，秩序井然。试验时，先由唐蔚芝君讲解修身题旨《孝弟为仁之本论》，谓"孝弟者，出于天性之慈祥。若有父母而不知孝顺，有兄弟而不能恺悌，必为暴戾之徒，而为不仁之端。近来有主张非孝废姓等邪说者，实欲为不孝不弟之人，而率天下之人趋于不仁之途也"等语。又讲国文题《新立无锡中学记》，先述无锡中学之所由立，又言日后希望扩充，为商业、政治两科大学之意旨，又引无锡历代名贤如吴太伯、高忠宪、顾端文等之事迹，以广其意。遂会同江霄纬、高践四、蔡虎臣诸君，口试诸生，甄别性行，严定去取，结果循谨敏慧者什之八九，唐校长颇为满意。下午又考英文、算术两门，亦甚严重。至四时半始考毕。闻所考之生，多数可望录取云。

（《无锡中学考试新生》，见《锡报》1920 年 7 月 25 日第 3 版）

8 月上旬（六月中旬）　无锡县署函知先生，开办无锡中学事已报省咨部立案。

无锡中学筹备进行各事宜，已迭志前报。日前校长唐蔚芝君，会同创办人高践四君，具呈并函致知事署，详报省部立案。兹该校奉县知事公署批云："来牍并所送章程已悉。该公民善继善述，捐办中学，可谓达孝。所订章程，首重训育，冀挽颓风，尤见苦心，殊堪佩慰。（中略）既据迳呈省长暨教育厅长，应先予呈厅，报省咨部立案，并候省厅批示遵行。希即知照。此复。摘由发。"又王代理知事复唐校长函云："蔚芝先生尊鉴：敬复者，凤企声闻，每慨馨欬。敬维贤劳作育，陶冶宏通，仰跂灵光，莫名忭颂。兹者先生分桃李之阴，蔽桑梓之植，菁莪大庇，山斗仰瞻。在高君，善继善述，魄力雄厚，闻者心仪。而复请益师门，得大贤擘画，附骥益显，得所指归。章程宗旨首严训育，振奋习俗，实为切要之图，锡邑青年拜赐多矣。披展再三，不禁观止。已为呈厅报省咨部立案。附上批牍一件，敬乞转致，行见芬联沪渎，萃竹箭于并时；厦比杜陵，美奂轮于他日。肃此奉复，敬颂道绥，伏维垂察。愚弟王贤谨启。"

（《无锡中学批准立案》，见《新无锡》1920 年 8 月 8 日第 2 版）

8 月 28 日（七月十五日） 交通部向先生发布指令，准其所请，派上海工业专门学校毕业生四名赴巴黎电学高等学校留学。

令上海工业专门学校校长唐文治：

呈一件本校本届电机科毕业生庄智焕、于润生、赵以麈、聂传儒等四名堪以选送赴法巴黎电学高等学校留学由。

呈悉。该生庄智焕、于润生、赵以麈、聂传儒等四名，既据呈称毕业成绩优良，于无线电一科已有根柢，法文亦曾经研习，应即准予照派，赴法巴黎电学高等学校留学，除俟汇咨外交部转达法公使查照暨另由部汇给川资治装费外，合行令仰该校转饬该生等遵照。此令。中华民国九年八月二十八日。署交通总长叶恭绰。

［《交通部指令（第 2209 号）》，见《政府公报》1920 年 1644 期］

9 月 4 日（七月二十二日） 私立无锡中学举行开校典礼，先生致训词："学校为造就人才之地，学生应知自爱自立，庶几学校不虚所望，而学生亦可以无忝。"

（民国九年）九月四日，行开学礼。

浼蔡君虎臣赁西水关马宅为校址。先期在县立二高及西水关本校招考一、二年级学生，取到一年级生五十三人，二年级生二十四人，共有学生七十七人。聘江君霄纬（衡）为校务主任兼国文教员，周君辑庵（熙）为教务主任兼英文、理科教员，陆君季清（士澄）为英文教员，黄君稚英（选青）为数理教员，徐君天劬（丰涛）为修身、中文教员，尤君哲文（济华）为生理卫生教员兼校医，吴君溉亭（良澍）为图画、手工教员，邹君瞻峄为体育教员，薛君振声（其章）为会计，孙君席珊（儒珍）为庶务。一切学科规则，由校长与各教职员订定，详载无锡中学章程内。行礼时，践四君侍其继母张夫人来，述及先人遗命，哀痛呜咽，不能成声。在会者无不感动，咸谓是校足以教孝矣。

（《无锡中学校大事记》）

昨日为无锡中学校开校之期，学生到者八十余人。九时起在礼堂行开校礼。由唐校长暨教职员率学生先行谒圣礼，后由校长训词，略谓："学校为造就人才之地，学生应知自爱自立，庶几学校不虚所望，而学生亦可以无忝。"继由主任勉词，教职员勉词，皆勖勉策励之语，极其恳切。又创办人高践四君勉词，阐发教育之精神，亦甚精警动听。休息片刻，续行开会。首由唐校长述开会词，继由高君报告开会宗旨，即由王代知县演说，略谓："昔贤有云：立朝不是好官人，由居家不是好处士，由小时不是好学生。诸生今日亦惟勉力于学；而教职员诸君，亦惟一意导诸生于学，庶几辑熙光明，国尚有瘳。否则挟策亡羊，将有两失之者。"又劝学所长秦君致颂词，略云："今高君创办中学于吾乡，其实践素愿，善继善述，以承先志，已足使闻者心仪，而复请益师门，得蔚芝先生主持校务，诸名人分任课务，骎骎树南洋公学第二基础，则灵光粲粲，尤有异彩焉。"又钱孙卿君演说，对于世界之潮流文化，学生应有自觉能力、抉择方法云云。又顾述之君演说，对于教育界新发生之事业，颇有指导，足为学生矜式。时至十二点钟，礼成散会。是日，礼堂中供孔子圣象，布置颇庄严，来宾多邑中硕彦，宾主酬酢，尽欢而散云。

　　　　　　（《无锡中学开校盛况》，见《新无锡》1920 年 9 月 5 日第 2 版）

　　余及门无锡高君践四，讳阳，承其尊人秋荃先生遗志，毁家兴学，并其家藏所有股票，悉数售充学费。余于民国十年，创办私立无锡中学。开校之日，践四先生痛述先人志事，并谓吾先人不及见唐先生，面托肇兴锡邑文化，云云。言次，恸哭流涕，不能自已。一时闻者，莫不感动，此真兴孝之效也。

　　　　　　（唐文治《高君践四传跋》，见《茹经堂文集六编》卷四）

9 月 16 日（八月初五日）　先生等苏社同人，联名致电大总统徐世昌及国务院，就江苏省长问题，吁请"迅就苏人中择贤任命，俾尽故乡公仆之责"。

　　北京大总统、国务院钧鉴：江苏省长问题，同人前经发表苏人治苏主张，迟久不决。易说建议，但论贤否，又久不决。贤者观势而逊志益坚，否者蹈瑕而觊觎益众。枝节愈多，群情愈惑。窃以为直曹、浙沈、皖聂、豫张，具有成规，初非创例；苏省人材，何至独后？就地择人，搜采自易。至军民分治，为人民心理所同。李督身绾军符，凤明大体，偶有推毂，不过举其所知，决非挟持中央强予位置，致与民意相违。伏愿中央尊重约法主体在民之规定，远稽初元各省自治之绩，近鉴鄂人发生争议之原，迅就苏人中择贤任命，俾尽故乡公仆之责。民意所属，谁能侮之？尚乞立赐裁夺，以慰众望，而杜纠纷。张謇、唐文治、韩国钧、王清穆、张察、黄以霖、沈恩孚、马士杰、钱崇固、鲍贵藻、孙徵、方还、黄炎培、吴兆曾、张孝若、荣宗铨、周承基、朱际云、陈大猷、刘伯昌、黄守孚、张福增、蔡钧枢、王发蒙、张宏业、朱绍文叩。铣。

　　　　　　（《苏社请迅决苏人治苏电》，见《申报》1920 年 9 月 18 日第 10 版）

按：在代日韵目中，"铣"为 16 日。

9 月 18 日（八月初七日）　先生等苏社同人，联名致电大总统徐世昌及国务院,吁请任命张一麐为江苏省省长,并将此意电告北京江苏公会诸同乡。

北京大总统、国务院钧鉴:铣电请迅任江苏省长,计已达览。兹经公同集议,一致主张请任张一麐为省长,公推以霖、崇固、湘瑶、南强四人,到京面陈地方公意,乞赐鉴纳。张謇、唐文治、韩国钧、王清穆、黄以霖、沈恩孚、马士杰、钱崇固、鲍贵藻、孙徵、孟森、吴兆曾、方还、黄炎培、张孝若、卢殿虎、储南强、穆湘瑶、金天翮、王汝圻、于定一、郑立三、张援、李敏孚、陈大猷、张福增、贾丰臻、朱叔源、金其堡、黄守孚、周承基、蔡钧枢、朱绍文。巧。

北京审计院庄思缄先生,并转颜骏人、董绶经、马相伯、赵剑秋、张小松、张云抟、刘芝升、陆建三、夏颂莱诸先生暨江苏公会同乡公鉴:兹经同人集议,一致主张决请中央任命张仲仁先生为省长,公推以霖、崇固、湘瑶、南强赴京陈述地方公意,乞协力进行为盼。张謇、唐文治、韩国钧、王清穆、黄以霖、沈恩孚、马士杰、钱崇固、鲍贵藻、孙徵、孟森、吴兆曾、方还、黄炎培、张孝若、卢殿虎、储南强、穆湘瑶、金天翮、王汝圻、于定一、郑立三、张援、李敏孚、陈大猷、张福增、贾丰臻、朱叔源、金其堡、黄守孚、周承基、蔡钧枢、朱绍文。巧。

（《苏社临时会议事纪》,见《申报》1920 年 9 月 19 日第 10 版）

按: 在代日韵目中,"巧"为 18 日。

9 月 27 日(八月十六日) 虽新米登场,无锡米价仍继涨增高,先生致函无锡县军政首脑,重申米禁,以维民食。(据《申报》1920 年 9 月 28 日第 7 版《南京快信》)

9 月 28 日(八月十七日) 先生就电机科毕业生入上海中国电气公司充当练习生事呈文交通总长。

(1920 年)9 月 28 日 唐文治校长呈文交通总长:"电机科毕业生金圭、庄智焕、于谰生、赵以麟、聂传儒等五名,已分别派赴美、法两国留学外,尚有王镜民、吴告城、张敬忠、顾曾锡等四名,愿在上海入中国电器公司充练习生。该公司系大部所属机关,恳请将该生等核准派往,以宏造就。"

［上海交通大学校史编纂委员会编《上海交通大学纪事(1896—2005)》］

9 月(八月) 族侄唐庆同逃亡,先生暂为其经理剩余钱款、田产。

族侄庆同逃亡。庆同父宝生名文浩,远族弟也,前数年去世。余时照料其家,弟妇席氏、婶母王氏相继逝世,尚余田产,为太仓田贩朱少山辗转售卖。余一面严追朱少山还款,一面送庆同入学读书,旋逃出。送入太仓工艺厂,因病回沪,由同乡顾君福生送至汉口鸡蛋厂,旋逃回。余因托同乡吴君昆生名增裕介绍,入上海福新面粉厂,旋又逃出,告其父执汪君春涵,云将赴南通。春涵止之,遂去不知所往。除选次所用川资衣服等费外,尚余洋二百元,又剩宝山田二十亩。不得已,暂为经理,田租托太仓金君桐生代收,岁约得二十元(后以此项款产交宝生近房子淦弟名文镠收管)。

(唐文治《茹经先生自订年谱·庚申五十六岁》)

同月 先生父唐受祺饮食不进,精神委顿。至十月后始渐痊。

自八月始,吾父饮食不进,精神委顿。余甚为惶急。后改饮鸡汤,略进面包,至十月后始渐痊,盖湿阻为患,非本原病也。

(唐文治《茹经先生自订年谱·庚申五十六岁》)

9、10月间(八月) 先生送三儿唐庆增赴美国大学肄业,学经济科,后改入米希根(今译密歇根)大学。(据唐文治《茹经先生自订年谱·庚申五十六岁》)

约10月初(约八月下旬) 先生第六次提出辞去交通部上海工业专门学校校长一职,并离校赴无锡。10月6日(八月二十五日),该校学生代表分别向学生征求意见,因先生辞意已坚,多数学生倾向不再挽留,而多数教职员仍在作挽留努力。

南洋公学校长唐文治提出第六次辞职后,翌日即出校赴锡。该校学生于昨日(六日)由上中院各班代表,分向同学征求意见。除不在校者四十四人,与中立者十七人外,计反对挽留唐氏者四百十三人,赞成挽留百五十三人,合计反对与赞成者,共五百六十六人,反对者多二百六十,占全数百分之七十三;赞成者仅百份[分]之二十七,故反对留唐氏者将达四分之三。至于以后进行,拟电达交部请准唐氏辞职,一面求其另派一有工业智识之人继任,并对于新校长,定有条件,苟不得遂,誓不承认;一面致函唐氏,表示同学并无挽留之意,以坚其去职之心。而该校多数教职员,亦曾于四日早开教职员全体会议,举徐守伍、沈叔逵二人往无锡挽留,乃唐氏辞意坚决,毫无挽留之余地。二人当即返沪。复由一部份教职员举朱某、张某二人,于昨午赴锡,再行挽留,不知有何结果。

(《南洋校长辞职后之所闻》,见《申报》1920年10月7日第11版)

10月8日(八月二十七日) 《申报》刊登有关先生辞职问题之各方函电。

交通部上海工业专门学校唐蔚芝校长于十月一日呈交通部辞职文云:

窃以文治忝司校务,十余年来,愧尠成绩,业于去年五月、本年四月五次呈请辞职在案。荷蒙大部谆勖,随时指导机宜,勉为承乏,以迄于今。现在学潮已平,默察士气,岂复如曩日之嚣张。想大部物色一相当之人来长斯校,当亦非难。文治本以目疾日增,亟思引退;加以老亲年已八旬,近复多病,更觉心悬两地,办事不专。谨拟竭诚为第六次之辞职,务张俯察下情,速派贤员接办,俾校务渐可振作,而文治得于此息肩之日,藉修定省之仪,不胜感祷。至于文治

· 631 ·

对于经费、文牍两项,均随时清理。大部派员到日,即可交代。相应呈请大部核准。

又致交通部电云

北京交通部总、次长鉴:严病请假归省,余详呈文。文治。支。

旋得叶总长覆电云

唐校长鉴:来电敬悉,甚为骇怅。沪校频年承公整饬,成效丕著。借重之怀,久而愈殷。务恳始终主持,庶此校为国中模范,万望勿怀高蹈,俯鉴愚衷,至深拜祷。叶恭绰。支印。

又交通部覆电云

唐校长鉴:支电诵悉。遽闻辞任校务,曷胜怅讶。昨已专电奉恳收回此意,先请归省尊堂,祈早赐回校,万勿恝然,切盼切祷。交通部。鱼。

又一消息云:南洋公学校长唐文治电交通部辞职后,该校学生连日招集上中院各班代表,分向全体同学征求意见。兹已议决三种办法:(一)以学生四百八十人名义,致电交通部,请即准唐校长辞职,另简贤员来办。(二)另向唐文治用婉词表示不挽留之意。(三)对外宣布情形。其第一条之电报,已于昨晚发出;二、三两条,尚在商拟,不日即能发出。兹将学生致交通部电稿录下:

交通部总次长钧鉴:唐校长以目疾亲老,辞志坚决。生等未便强留,乞准其辞职。继任校长,恳即简贤能,早日到校任事。无任盼祷。交通部上海工业专门学校学生等四百八十人同叩。

（《关于南洋校长辞职之来往电》,见《申报》1920 年 10 月 8 日第 10 版)

10 月 9 日(八月二十八日) 交通部向先生发布指令,就所呈上海工业专门学校土木科毕业生派往美国桥梁公司实习事,作出答复。

令上海工业专门学校校长唐文治:

呈一件土木科毕业生樊巽权、王元龄、王裕光成绩均优,拟请派往美国桥梁公司实习请核示由。

呈悉。该校本届土木科毕业生王元龄、王裕光二名,既据呈称于桥梁工程具有门径,应准照派赴美桥梁公司实习。至旧生樊巽权一名,现在邮电学校担任教课甚忙,未便照派。除令知留美学生监督处查照外,合行令仰该校遵照,此令。中华民国九年十月九日。署交通总长叶恭绰。

［《交通部指令(第 2694 号)》,见《政府公报》1920 年第 1678 期]

10 月 10 日(八月二十九日) 《申报》刊登先生第七次辞呈。

上海工业专门学校唐校长第七次辞呈文云：

为再沥情呈请事：奉大部支电开"来电悉，沪校频年成效丕著，务望始终主持，勿怀高蹈"等因，莫名感悚。文治办理校务，十有余年。加以总长奖借之殷、挽留之切，感情愈厚，惓恋愈深。惟文治近来精神心力，业已销耗殆尽。强弩之末，万难再用。加以目疾频仍，诸事更形竭蹶。际兹学潮平静之时，大部为人才渊薮，物色校长，当不甚难。但求得一明于教育之人，迎机以导，校务振兴，指日可待。此以公义言之，不能不去之实情也。家严年已八旬，近因湿疾淹缠，胃纳呆滞，饮食起居，均须照料。见文治在侧，则欣然进一餐，否则或愀然不乐。如此情形，岂能远离。此以私义言之，不能不去之实情也。因是二端，万恳大部俯准辞职，迅派贤员赴校接办，免致职守久悬，或至别生枝节，不胜迫切待命，云云。

（《唐蔚芝坚辞南洋校长文》，见《申报》1920年10月10日第10版）

10月12日（九月初一日）　《申报》刊登交通部上海工业专门学校学生与先生就辞职问题之往来信札。

南洋公学唐校长辞职，屡志本报。近学生方面，已由上中院各班代表，预备组织校务促进学生委员会，讨论：（一）新校长之人物。（二）助教职员理校务。（三）要求新校长改革校内之事等。此会不日成立，兹将学生与唐氏来往信札录下：

学生致校长函云

校长先生大鉴：谨启者，先生主持本校垂十余年，惨淡经营，得有今日。生等受业之余，深知先生提倡学务，实为先觉。抱乐育英才之宏愿，践正己正人之素志，不惜尝艰冒难，为学子筹划，十有余年，未尝少懈。先生之毅力，先生之事业，天下自有公论，固不独生等钦仰无已也。迩年以来，先生以种种原因，屡次辞职，卒以同学之至诚挽留，情有难却，复来主持。是则先生之顾恋学生，及学生之仰赖先生，正若母子相依，不克须臾离也。兹先生复以目疾亲老，坚决辞职，而外界潮流澎湃，办事棘手，亦为一因。生等静思默察，知先生此次辞职，确有不得已之苦衷，生等爱护先生，不下他人，是以不敢勉强挽留，以唐佛先生之至意。想先生明达，亦必能洞鉴生等私衷也。惟念生等后生小子，不有训教，安免隔越，千乞先生休养之余，不我遐弃，时赐教言为幸。学生谢升庸、江祖岐、杨效曾等四百七十二人谨启。

唐氏覆函云

谢君升庸、江君祖岐、四百七十二位同学公鉴：昨日接展快邮，欣悉一切。

敝人不能脱离之苦，为诸君所共知。今读来函，实获我心。天下事贵相见以诚，曷胜欣慰之至。敝人已上第七次辞呈，昨托陆蓬士先生宣布，阅之更可知敝人之心迹矣。诸位目前能维持现状，静候部中派员接办，尤慰。至欲敝人赠言，忆前年赠三年级级训，有"为天地立心，为生民立命"二语，尽矣至矣。方今世界国民之苦，除俄以外，殆未有甚于我国者。诸位异日能起而拯救之，时时以利人济世为心，此敝人所深望也。宿儒之言，尚希鉴纳，一笑。顺颂学祉。唐文治谨覆。十月九日。

（《南洋公学校长辞职后之所闻》，见《申报》1920 年 10 月 12 日第 10 版）

10 月 14 日（九月初三日） 先生等发起组织私立无锡中学学生体育会。（据《无锡中学校大事记》）

10 月 24 日（九月十三日） 太仓旅沪同乡会开会，讨论先生来函辞职问题，议定去函无锡，仍请其担任会长。

太仓旅沪同乡会为唐蔚芝会长来函辞职，并筹议开浚刘河北澄漕事宜，于二十四日，仍假邑庙萃秀堂开会公议。先由副会长吴挹峰报告开会宗旨，并将唐会长辞职之函当众宣布，且谓唐君素来热心会务，此次力辞南洋公学校长赴锡之后，交通部派员挽留，不久将复莅沪，故本会会长一席，应去函仍请其担任云云，众皆赞成。总提议开浚刘河北澄漕事宜，由会董项惠卿、洪伯言、杨次梁、张纶卿、王春波、张颂膏、胡粹士等讨论良久，佥以该河淤塞已久，舟楫不通，行旅不便，而关于刘河、茜泾、牌楼市三乡农田水利尤为重要，遂议决由同乡会函咨该三乡图董，亟宜妥筹疏浚之法，以便本乡之水利云云。末由洪景平起论浚河之利弊，透辟详尽。议毕已钟鸣五下，遂散会。

（《太仓旅沪同乡会开会纪》，见《申报》1920 年 10 月 26 日第 11 版）

11 月 12 日（十月初三日） 先生辞去交通部上海工业专门学校校长职务后回无锡定居。

自上年学潮后，学风愈觉不靖。余因吾父老病，目疾日深，已先辞工业专门学校职数次，而交通部长迄不允。至十月初三日，余遂决计解职回锡，盖函电交驰，至此凡十次矣。部中派员来留、本校同人来请留者，络绎于道，均坚拒之。自问精力日衰，私衷歉仄而已。

（唐文治《茹经先生自订年谱·庚申五十六岁》）

先生回无锡定居后不久，由施肇曾出资捐助，陆起任总干事，准备在无锡创办一所专门研究国学的学校，延请先生出任馆长，定开办费八千元，常年经费每年一万元。先生乃订立《无锡国学专修馆学规》。

十二月,钱唐施君省之名肇曾,托友人陆君勤之介绍,属余在无锡开办国学专修馆,定开办费八千元,常年经费每年一万元。余思讲学家居,平生之志,爰订定学规章程……

（唐文治《茹经先生自订年谱·庚申五十六岁》）

近日,京中显宦汪大燮、王芝祥、施肇曾诸君,悯国粹之日就沦胥,亟欲保存古籍,提倡经学,以挽既倒之狂澜,素慕本邑唐蔚芝先生为文学泰斗,一再敦请担任国学专修馆长,先于无锡设立一馆,招收各省学生廿四名,不收学膳等费,每月津贴膏火,以惠寒畯积学之士。唐君不获辞,现已着手创设,并委邑人蔡虎臣君襄助组织,一俟租定房屋,即行布置,以期速成。开幕之期,约在明年一月上旬云。

（《筹设国学专修馆》,见《新无锡》1920 年 11 月 4 日第 2 版）

校长问题

自唐文治辞职后,由部派凌鸿勋教员代理,至今尚未派新校长来校。唐前校长虽以亲病目疾辞去,其提倡国学之志未衰,在无锡唐公馆内设国学专修馆,将亲自讲学云。

（《南洋公学消息一束》,见《申报》1920 年 11 月 28 日第 11 版）

昔张子讲学有《东·西铭》,朱子有《白鹿洞学规》,高忠宪有《东林会约》,汤文正有《志学会约》,皆所以检束身心,砥砺品行。吾馆为振起国学、修道立教而设,缅怀往哲,能无奋兴。复圣有言:"有为者,亦若是。"谨订规章,愿与诸生共勉之。

一、**躬行** 人生世界之内,以礼义道德为根本。窃尝譬诸人之学问,犹墙屋也;礼义道德,犹基址也。若无礼无义无道无德,而徒以学问为饰观之具,一旦品行隳坏,名誉扫地,是犹基址不固,墙屋坍塌,其危险何如矣。诸生既经有志来馆专修,务以砥砺品诣、躬行实践为宗旨。平日读书,皆当体之于心,返之于身。倘被服儒素,不过雅步高论,如陆清献所谓读书自读书,做人自做人,每逢讲说,仅作一席空谈;而于礼义道德,绝无躬行之实,自欺欺人,可鄙孰甚,非吾徒也。

二、**孝弟** 学者,所以学为孝也,五常之本,万善之原,皆始于门内之行。《大戴礼记》载曾子之言曰:"人之生也,百年之中,有疾病焉,有老幼焉,君子思其不可复者,而先施焉。父母既殁,虽欲孝,谁为孝乎?年既耆艾,虽欲弟,谁为弟乎?故孝有不及,弟有不时,此之谓与!"读此而不猛省者,非人也。中国古来孝行,曾子而上,首推虞舜与周文王。孟子言性善之学曰:"舜何人也?"

"文王,我师也。"盖以舜与文王皆大孝之人也。诸生有能孝其亲者乎?是异日之圣贤豪杰也。

三、辨义 孔子言:"君子喻于义,小人喻于利。"曾子言:"平天下不以利为利,以义为利。"《孟子》七篇,首辨义利。又言:"鸡鸣而起,孳孳为善者,舜之徒;孳孳为利者,跖之徒。"义利之辨,人心生死存亡之界也。末俗浇薄,好利无餍,专图一己之私利,不顾天下之公利,且藉口于天下之公利,以肥一己之私利,驯致灾害并至,生灵荼毒,可痛哉!而究其原由,贫而已矣。愈贫则愈贪,愈贪则愈贫,故贪与贫常相因,而利与害每相共。吾辈欲挽此颓风,惟有矫以清勤耐苦四字,淡而弥旨,俭而愈廉,懔四知之几微,严一介之取与,举卑鄙龌龊之念,扫荡无余,庶几异日能任治平之业。苏东坡云:"办天下之大事者,立天下之大节者也。"诸生其勉之,勉之。

四、经学 吾国十三经,如日月之丽天,江河之行地,万古不磨,所谓国宝是也。然要知吾馆所讲经学,不尚考据琐碎之末,惟在揽其宏纲,抉其大义,以为修己治人之务。先儒说经,首重实事求是四字。实事者,屏绝空虚之论也;求是者,破除门户之见也。经师家法,守兹兢兢。汉末郑康成先生,当黄巾扰乱之时,风雨漂摇,讲学不辍,后学所当奉为圭臬者也。顾治经之要,尤在学礼。《管子》言:"礼义廉耻,国之四维。"今人竞言法治,不知法施于已然之后,礼禁于未然之前,舍本务末,愈趋愈远。故今日发明礼学,维系人心之廉耻,实为莫大之急务。吾苏顾亭林、秦树沣诸先生遗风未坠,继起者倘有人乎?

五、理学 经师之所贵,兼为人师;礼学之所推,是为理学。孔子说《易》曰:"穷理、尽性。"穷理者,人生莫大之学问,即莫大之事业也。孟子传孔子之绪曰"义理悦我心",曰"明善",曰"集义",皆理学也。宋周子得道统之传,作《太极图说》,发挥阴阳五行之奥曰:"圣人定之以中正仁义,而主静,立人极焉。"主静者,穷理之根源;人极者,为人之极则也。二程、张子皆理学正宗,朱子集诸儒之大成,旁搜远绍,所谓为往圣继绝学,为万世开太平者也。陆象山先生直揭本心,别树一帜。王文成宏畅厥旨,学术功业,震耀当时。嗣后刘蕺山、陆桴亭、张杨园、陆清献、汤文正、张清恪诸先生,莫不行为世表,言为世法。综览历史,理学盛则世道昌,理学衰则世道晦,毫发不爽。吾辈今日惟有以提倡理学,尊崇人范为救世之标准。然而有最宜致慎者,则诚与伪之辨而已。孔子曰:"君子进德修业。忠信,所以进德也;修辞立其诚,所以居业也。"学者所当日三复也。

六、文学 《尚书》赞尧曰"文思",梅《书》赞舜曰"文明",赞禹曰"文命"。

文之为用，焕乎郁乎，广矣大矣。是以孔子四教，其一曰文。文学之科，传自游夏，其后支与流裔累世不绝。经学者，文字之根荄；理学者，文章之奥府。此外史与子、集则皆文苑之精华也。《汉书·艺文志》贯串六艺诸子百家九流，特示蹊径，最宜熟诵。唐韩子作《进学解》，自道所得曰"上规姚姒"云云，约其所言，共有九家：曰《书》，曰《易》，曰《诗》，曰《春秋左氏传》，曰《庄子》，曰《离骚》，曰《史记》，曰子云，曰相如，是九家者，韩子之师也。唐宋八大家，储同人广之为十家，其文雄奇幽秀，各极其至。朱子瓣香南丰，为文后海先河，曲折奥衍，实为千古巨观。元明以来，作者不逮于古，望溪崛兴，海峰、姬传踵之，是为桐城派。吾苏恽子居、张皋文亦自辟町畦，是为阳湖派。曾文正出，师承姚氏，发挥文家阴阳刚柔之旨，摘抉杳微，复乎不可尚已。余子如梅伯言、吴南屏、张廉卿、吴挚甫，其书满家，允称雄杰。近今斯道衰落甚矣。《易传》曰："观乎人文，以化成天下。"惟有人有文，而后能化成。班孟坚曰："备哉灿烂，神明之式。"然则发扬吾国固有之文明，非吾馆人士，其谁与归？

七、政治学　《礼记》言："广谷大川异制，民生其间者异俗。修其教，不易其俗；齐其政，不易其宜。"是为政治学精义。凡士人通经学、理学而能达于政治者，谓之有用，谓之通人。不能达于政治者，谓之无用，谓之迂士。吾国政治学，权舆于《尚书》，如《虞书》所谓"安汝止，惟几惟康""慎乃宪""屡省乃成"，实为万古政治不易之经。至箕子陈《洪范》，立无偏无党之箴；周公作《无逸》，示保惠教诲之准，治道纲维，孰能逾此？圣门政事科，冉有、子路外，尤推曾子。《大学》言平天下在絜矩，顺事恕施，所以正其本者至矣。《孟子》"梁惠王""离娄"二篇，皆政治学根本。厥后如汉之贾、董，蜀之诸葛武侯，唐之魏郑公、陆宣公，及宋代诸大儒，均可师可法。近世若胡文忠、曾文正、左文襄，皆政治家巨擘。曾根于学术，故最为纯粹。胡、左长于天资，故能沈挚感人。此外讲外交学者，如郭筠仙、曾惠敏、薛叔耘、黎莼斋、许文肃诸家，均可采择。尝叹欧美各国，俱有政治学，吾国独无编辑专书。设有外人负笈来学政治，茫然无以应，可耻孰甚。诸生须知吾国之政教号令、风俗掌故具详于经史之中，宜仿苏东坡读书之法，分类学之，则大纲既举，自得时措之宜矣（或疑奏议旧牍，不适用于今世。要知学者贵能采其议论，探其精义，原非泥于程式也）。

八、主静　今人热心爱国，而卒未得所以疗国之方。《老子》曰："载魂[营]魄抱一，能无离乎？"盖士落其魄，则国失其魂矣。故今日救国之策，莫若主静。《大学》言："知止而后有定，定而后能静，静而后能安。"此言治心之法，而实即治人、治天下之法。孔子之言心学曰："洗心，退藏于密。"曰："操则存，舍则亡。"又曰:"天下之动,贞夫一者也。"孟子之言心学曰:"持其志,毋暴其气""心勿忘,勿助长。"又曰:"存其心,养其性,所以事天也。"周子之言心学曰:"诚精故明,神应故妙,几微故幽。"盖圣贤治心之学神矣微矣,而操持二字,实为入门之要。宋程子见人静坐,即叹其善学。李延平先生常教人静中观喜怒哀乐未发气象。明王文成、高忠宪为一代大儒,其言静坐之法,详明简易,学者亟宜仿而行之。《易传》曰:"复其见天地之心乎?"《礼记》言:"人者,天地之心也。"惟于静中随时体验,乃能见天地之心。然则主静之功,实为参赞化育之本,夫天下未有不能治其心而能治事者也,亦未有不能治其心而能治国者也。圣门子路,政事之才,孔子告之,不过曰"修己以敬""修己以安人""修己以安百姓"。曰敬、曰安,其本原尽可知矣。

九、维持人道 今人竞言维持人道,要知修道立教,方为尽人道之根源。《中庸》言天命之性,推极于致中和、致天下之达道,即维持天下之人道也。人道维何?保其本心而已。人能不失其本心,尽一己之人道,斯克全世界之人道。孟子生战国之季,一则曰放其良心,再则曰失其本心,痛人之沦为禽兽也。故曰人皆有不忍人之心,又曰人皆有所不忍,人皆有所不为,人字皆当重读。既欲成其为人,如何能保其心,则又明示之曰:"无恻隐之心,非人也;无羞恶之心,非人也;无辞让之心,非人也;无是非之心,非人也。"恻隐之心,人心生生不已之机也。羞恶之良,世界所最重,凡无以对人者,即无以对己者也。辞让,礼也;人而无礼,何以为人? 至于是非之界,尤为生死之关。国家之亡,先亡于无是非;人心之亡,先亡于无是非。春秋大义,不过明是非而已。有是四端,而后谓之人,而后谓之尽人道。是故正人心,乃所以维持人道也。孟子曰:"有放心而不知求。"又曰:"心之官则思,思则得之。"心官何在? 人道何存? 而乃茫焉昧焉,营营扰扰以化于物。不亦重可惜哉!

十、挽救世风 王子垫问孟子曰:"士何事?"孟子答之以"尚志"。立志为学者第一关头,人能立志为圣贤,则为圣贤矣;立志为豪杰,则为豪杰矣。然近世圣贤豪杰不数数觏者,则由英俊之才,大都迷于歧途,而骎坏于习气也。曾子言君子思不出其位,而孟子则谓自任以天下之重,顾亭林先生则谓天下存亡,匹夫有责,何也? 盖孟子与顾亭林先生之意,谓学者当自任天下之重,研究天下之务,非谓干涉天下之事。人人能各安其本分,各勤其职业,斯天下治。人人不安其本分,不勤其职业,法守乖而秩序淆,则天下乱矣。故吾辈务宜独立不挠,力挽颓习,秉壁立万仞之概,不为风气所转移,乃能转移风气,有以觉世而救民。至于无稽之谈、非礼之籍,自然不接于耳,不寓于目矣。《诗》有之:

"风雨如晦，鸡鸣不已。"今日吾国是何等景象？外人方讥我为无礼义、无教化之国，痛心曷已！剥极而复，当在此时。愿吾学者共雪此耻，更愿吾国民共雪此耻也。

（唐文治《无锡国学专修馆学规》，见《茹经堂文集初编》卷二）

又租赁无锡惠山之麓五里街原锡商山货公所为校址，定校名为无锡国学专修馆。

托蔡生虎臣借租锡商山货公所楼房两幢为教室、宿舍，地在锡山之麓。

（唐文治《茹经先生自订年谱·庚申五十六岁》）

唐先生闲居在家的日子并没有多久，做过南洋大学庶务长的陆勤之特地到无锡来看他。带来了口信说，杭州施省之先生（名肇曾）愿意出资办一所专门研究国学的书馆，请唐先生主持其事。唐先生表示："讲授经学，责无旁贷；主持书馆，力不从心。"陆勤之自告奋勇担任总干事，促成其事。于是租赁惠山之麓五里街原山货公所为馆址，定名为无锡国学专修馆……

（黄汉文《记唐文治先生》）

按：据徐振新《无锡大观·名胜号》（1921 年版）中的"惠山新志"，惠山秀嶂街（俗称"直街"）有秀嶂庵，在杨忠襄公祠对门，锡商山货公所则在秀嶂庵之左。

先从国专创办时的校名说起。国专创办初的前三届，不称学校，而称"国学专修馆"，顾名思义，国学就是旧时代所称的经史子集，不同于今天大学的中文系的教学内容。名称是"馆"，说明它和一般大专也不尽相同。"馆"的名称，大概是借用晚清同治以来的"同文馆"。"同文馆"是学习外国文化的，为官办；而国专则是学习中国文化的，是私立的。

（钱仲联《无锡国专的教学特点》）

筹办期间，先生曾谋求时任北洋政府总统的徐世昌的襄助，徐世昌允诺解决国学专修馆学生的毕业出路，由政府进行安置。

一九一九年秋，闻前交通部工业专校校长唐文治先生在无锡创办国学馆（此其初名，如前时之翰林馆、育才馆，后始加专修二字，后又改为国学专门学院，皆不受当时教育部管辖。嗣以学生出路故，始属之，改名无锡国学专修学校。解放后，华东教育部批准，改称无锡中国文学院，不久与他校合并），得其同年、当时大总统徐世昌之襄助，馆生毕业出路由政府规定，甲、部曹，乙、各省县知事，丙、大中学教师。又有资助馆生膳宿书籍及膏火（即奖学金）者。皆于招生广告载之。名额二十四人，不拘年龄。

（王蘧常《自述》）

　　无锡国学专修学校创建于一九二一年春,始名国学专修馆。办学起因是北洋军阀政府大总统、前清翰林徐世昌打算通过该校招收一批旧学根柢较好的学生,为政府培养秘书人才。由于有这样的背景和来头,致使这所小型的私立学校在开办招生时,竟然要在北京、上海、武汉、广州四地设立考场,报考人数乃以千计。

(钱仲联著、周秦整理《钱仲联学述》)

　　唐文治离开南洋公学时,已经五十六岁,双目失明,肾脏动过手术,形势上他已到年老退养境地了。刚巧这时徐世昌在北京做大总统……唐文治和徐世昌同属满清官僚,在商部时,徐世昌任左侍郎,唐文治任右侍郎,两人私交很好,意气投合,是谱兄谱弟……一九二〇年冬招生时,曾在无锡、上海、南京各地报纸上大力宣传,说国专毕业后,可派到北京做部官或分发各省当县官。

　　(李尧春《唐文治和无锡国学专修学校》,见《忆无锡国专和唐文治先生的资料、文章、专刊,修葺恢复"茹经堂"、设立唐文治纪念馆的报告、通知》)

　　按:无锡国学专修馆是一所私立学校,且在开办后的最初几年中,未能在教育部备案。要开办这样的一所学校,就先必须为学生毕业后的"出路"考虑,所以先生才会与徐世昌联系,请求其答应"可以到部里任职,或到外省当一名候补知事,也可以到大中学校教书"。但是等到1924年初第一届学生毕业时,情况已经起了变化。事详本书该年中所记。

　　11 月 27 日(十月初八日)　　自本日起,在《新无锡》等报上连续刊登无锡国学专修馆招生考试广告。

　　本馆慨国学之沦胥,伤斯文之失坠,数年而后,恐吾中国人将无复有通中国文字者,世道人心,不堪复问,可痛孰甚。爰于北京设立专修馆,并定先在江苏无锡设立分馆,开办师范班,专以造就国学人才为惟一宗旨。请唐蔚芝先生为馆长,并分请名师教授,所有师范生伙食书籍,由本馆供给,每月膏火,视月试成绩以为增减。招生简章列后:名额:二十四名任馆肄业。资格:须经史略有根柢,文理通畅,能作四五百字者为合格。年龄:十六岁以上,二十五岁以下。毕业年限:三年毕业,专课本国经学、文学、理学,至第三年习公牍文字。毕业用途:毕业后由本馆派赴各处分馆充当教习。考试日期:阳历十二月十九号上午八点半钟。考试地点:无锡在西水关内无锡中学,南京在暨南学校,上海在南洋公学图书馆,同日考试。报名:即在以上三处报名,须附带相片、详细履历;倘须索阅章程,请向以上三处接洽。开馆日期:民国十年一月四号。馆址:租定无锡惠山五里街山货公所。发起人:姚济苍、施肇曾、王

芝祥、李时品、陆起、叶乐民

（《国学专修馆招考师范生》，见《新无锡》1920年11月27日第1版）

按：《新无锡》上的这则广告，自11月27日起，连续刊载至12月10日。广告中提到"爰于北京设立专修馆，并定先在江苏无锡设立分馆"，《新无锡》1920年12月2日第3版《国学专修馆成立续闻》中载先生致江苏省省长齐耀琳函，其中也有"兹有京中同志施君肇曾、王君芝祥等发起国学专修馆，设立总馆于北京，先在无锡设立分馆"等语，又前引李尧春《唐文治和无锡国学专修学校》一文中也说："……起初所拟计划相当大，拟设总馆于北京，逐步在各省设立分馆，后因唐文治已在无锡安家，双目失明，行动不便，不想去北京，于是先在无锡设馆（北京总馆内贮藏不少宋明版书籍，后来有部分运到无锡）。"据此，则似当时已曾在北京设立总馆，无锡国学专修馆最初是作为北京总馆的一个分馆，并有"逐步在各省设立分馆"的计划。但后来"逐步在各省设立分馆"的计划未能付诸施行。

约11月底、12月初（约十月中旬）　先生分别致函江苏省省长齐耀琳和无锡县县长赵汝梅，为无锡国学专修馆的开办向江苏省政府和无锡县政府呈报立案。

北京施省之、姚博施、王铁珊诸君发起国学专修馆，先在无锡设立分馆，已登前报。兹闻施君等为培植寒畯起见，优给膏火，其考试成绩较优者，每月可得十元，计每年可得百元之谱；其较次者，每年可得数十元，以资赡家，俾诸生无内顾之虑。又闻该馆长唐蔚芝君，以额数仅二十四名，拟增设旁听生八名，作为附课，以广造就。惟此项附课生虽偕同月考，而书籍膳宿须自备，且不支膏火。一方面已由唐君函致南京齐省长及吾邑赵县长接洽矣。兹将原函附录于下。

致齐省长函："（上略）敬启者，迩来文教晦塞，国学沦胥，世道人心，益不堪问。振起维持，实属当务之急。兹有京中同志施君肇曾、王君芝祥、姚君济苍等发起国学专修馆，设立总馆于北京，先在无锡设立分馆，谬推文治为馆长。自惟学识谫陋，深惧勿胜。素仰吾公教泽覃敷，仁施广被，谨奉上章程一册，敬乞教正。敝馆拟定于十二月十九日招考，明年一月四日开馆，假地于惠山五里街山货公所，以资静修。务祈惠锡南针，匡所不逮。并恳赐饬无锡县知事，随时保护，庶莘莘学子，得所依归，何胜纫感。再，此项专修馆，本拟由发起人具呈备案，旋接京友来函，悉总馆前曾具呈教育部，奉批'该发起人等眷怀国学，创设专修馆，发挥吾国固有文明，以期风俗人心日趋正轨，孤怀宏诣，殊堪嘉尚。惟部定各项学校规程，并无此项规定，尽可自行开办，无庸由部备案'等因，是此项专修馆系私塾性质，不在部令范围之内，京外事同一律，不再另呈备案，合并声明云云。"

致无锡县知事函同上（兹从略）。

（《国学专修馆成立续闻》，见《新无锡》1920年12月2日第3版）

12月19日（十一月初十日） 在无锡、上海、南京三地同时招考新生。三地投考者踊跃，其中上海报考者有二百数十人，南京报考有一百数十人，无锡报考者有四百多人。考题有二：一为《于缉熙敬止》，二为《"为生民立命，为万世开太平"论》。

北京姚博施、施省之诸君，在无锡创设国学专修馆，培养国学人才，已登前报。兹于本月十九日考试，上海报考有二百数十人，南京报考一百数十人，至无锡投考竟达四百名，颇极一时之盛。闻唐馆长因定额仅二十四名，又以课堂地窄，并旁听生亦未能扩充，故对于此次考试各生，不得不谨严甄录。又闻录取各生名单，于本月廿五日登本报及《锡报》，于廿六日分登上海《新闻报》、南京《大江南报》，谅应试者必争先快睹云。

（《国学专修馆考生踊跃》，见《新无锡》1920年12月20日第3版）

我最初景仰唐先生，那是在我十六岁的时候，看到唐先生的一本著作，是交通大学的校训，名叫《人格》，讲应该怎样做一个人。我得到以后，这简直是高兴极了，非常景仰唐先生，心心念念怎样可以见唐先生一面都是好的。但是我的数理成绩不好，没有资格去考交通大学。后来唐先生辞掉了交通大学的职务，回到无锡去住。有一天，我父亲对我说，你所最佩服的唐先生，现在办了一所无锡国学专修馆。那你要努力，你可以拜唐先生为老师，多光荣啊！于是我最关心是怎么能够考取。考的时候，没有年龄限制……我是在上海交通大学早操场里考的，上海的考生有六七百人，加上南京、无锡两地的考生，约有一千多人。我和我的同学唐兰（他是文字学家、金石学家）一块儿去上海应考。他跟我同岁，一进考场，我就呆了：应考的都比我们年龄大，我那时只有十九岁。看了题目，我又发呆。第一道题叫《于缉熙敬止》，是《诗经·大雅》"文王篇"里的诗句，第二道题是《"为生民立命，为万世开太平"论》。安定下来，总算交卷。中间有一个小小的插曲。坐在我旁边的是一位头发斑白的五十多岁的老先生，他老是看我的文章，看一下，写一下。我心里非常害怕，这不是雷同了吗？于是我就写古体字，老先生看看，叹了口气："唉！"把笔墨一卷出去了。这样一来，旁边没有人监督，就顺利地完场了。那天天气很阴冷，回到旅馆，和唐兰商量，对能否考取都没有把握。但我心里知道，题目的意思我是懂的。回去后并不寄予希望。后来报上登出来，居然都考取了。他是第五名，我是第七名。去无锡报名时，天下大雪，我还摔了一交。要见唐先生时心里战战兢兢，那知见了唐先生他很和蔼近人。他第一句就问："你为什么在作文上写了古里古怪的字？"我就告诉他，我没有办法，并不是要显露我的什么才华，实在是没有办法。唐先生就哈哈大笑，非常和蔼可亲。

（王蘧常《唐老夫子对我的感染》，见《唐文治先生学术思想讨论会论文集》）

按： 王蘧常《毕君贞甫传》（见《抗兵集》）一文中记无锡国专本次招考新生，"与试者凡千余人，多瞠目腐豪莫能下，君（按：指毕寿颐）独缠缠若不可穷，同坐者皆惊视。君惧为所袭，改作古籀文，尚书得卷，大异之"。这里所记的考试时因怕旁边人偷看而改写古体字的是毕寿颐而非王蘧常本人，与上文所记不同，录以备考。

12 月 24 日（十一月十五日）　经先生"严行甄别，评定甲乙"，无锡国学专修馆录取名单揭晓。

城内西河溪国学专修馆招考师范生一节，已送志本报。兹闻应试各生试卷，已由唐蔚芝馆长严行甄别，评定甲乙，已于昨日揭晓。录取正取生二十四名，计：柯树声、陆吕年、郭其俊、毕寿颐、陈庭实、白虚、唐兰、顾季吉、王蘧常、陈绍尧、方和靖、钱国瑞、胡凤台、王鸿栻、吴宝凌、侯墕、唐景升、陆遵羲、蒋庭曜、许师衡、夏云庆、严济宽、政思兴、丁儒侯；附课生八名，计：杨养吾、俞汉忆、孙景南、陈维泰、陈宝恭、袁鹏骞、王钟恩、丁天兆等。闻正取生须于本月二十七日起赴该馆唐馆长处核对笔迹，验明照片，领收到馆凭证，限于一月三号以前到馆。附课生按期寄卷试验，亦可至馆旁听。惟书籍膳宿等费须自行预备，并不供给膏火云。

（《国学专修馆考取生揭晓》，见《新无锡》1920 年 12 月 25 日第 2 版）

冬　先生为《交通部上海工业专门学校铁路科头班毕业生纪念册》写序。

岁在庚申之冬，吾校铁路管理科第一班学生既毕业，搜罗成绩，编为杂志。书成，诸生来问序于余。余于光绪三十年秋间来掌是校，时诸生程度较浅，所设者仅工程班，所习者仅测量等科。逾年，余始改为铁路班，并创设电机班，组织进行，不遗余力。迄今路、电两班毕业生，足迹遍十八行省，浸遍于美国各学校、各工厂，近且推及于南洋暹罗、新加坡，以达于欧洲矣。戊午之春，余复特设铁路管理班，各国学校通例，有专科三，则为完全之大学。余私心窃计，以为中国东南各省无大学，于此盖始基之矣。维时，诸生之隽秀者，若徐生承燠、王生元汉等，咸入是科肄业，其中并有在路科已习一二年者。余以此特班，不宜拘四年毕业之例，爰以状达交通部，请以三年卒业，部中特报可焉。且夫天下大利之所在，即大弊之所丛也。铁路营业日运货，曰载客，行李之往来，财贿之懋迁,云萃而鳞集。管理不得其法,措置失当,中外人士,交相诟病。或偶一不慎,群工执事,稍稍染指其间,而弊窦益不可问。往者有沪宁局中人告余:吾校人才之盛,非特长于科学,盖品行实有过人者,若袁君桂森、唐君榕锦等,皆能廉洁自持,丝毫不妄取。余闻,为之喜而不寐。自来造就才具易,造就道德难;培因应之人才易,培坚卓之人才难。近世谭教育者,动欲求浅以致用,究其极,吾国多为人所用之人,而将无能用人之人,此其消息影响之大,有识之士类能忧之。兹者诸生毕业,行将效用于世,是为吾校铁路管理之先河,道德声誉,必且驾袁、唐诸君而上之,鄙人无穷之愿望,且自此始矣。古人诗云:"君乘车,我戴笠,他日相逢下车揖。"余既离校,诸生亦将与母校别矣,他日相逢,或能尚忆吾言;而旁人告余,诸君兴利除弊,不稍假借,有如余向之所期望者,则余之喜可知也。敢书此叙以为券。唐文治叙。

（唐文治《交通部上海工业专门学校铁路管理科头班纪念册序》,见《交通部上海工业专门学校铁路管理科头班纪念册》卷首）

本年 修理九世祖良鼎公墓。

是年,修理浒溽始祖良鼎公墓。当乾隆年间,吾家颇盛,七世祖宏任公经营良鼎公墓,立有碑石,名梅花坟。余地极多,或云有七十亩,或云四十余亩。粤匪难后,尽为族人盗卖,祠堂亦被拆毁。然吾闻祖父言,尚有余地十余亩。迫吾家赴京后,遂变卖无余,并开垦及方基。吾父扫墓时,为之下泪,命以次修理,至此三墓均修竣。又有七世祖妣周太孺人节孝牌坊,已迷失数十年矣,吾父屡命访求之。前年,朱诵六表兄竟访得之,在刘河土山后,尚属完好,两旁石柱刻联云:"圣德齐天垂片石,清心同月映孤松",其额云:"皇清特恩旌表已故儒童唐天极妻周氏给帑建坊",其年月则剥蚀不可辨。考金氏《刘河纪略》载"节孝唐周氏,于乾隆三十八年,江苏巡抚萨载汇题请旨给帑建坊,其后裔议叙县佐唐承照领帑,于乾隆四十六年建节孝石坊于显佑山后"云云。据此,则建坊时当在乾隆四十六年。《纪略》内称讳承照者,即家谱所载斗光公也。以百六十余年之旧物,一旦访求得之,吾父精诚所感者至矣,尚有翁仲二,为乡人移置他处,庚申年出资赎回,每届清明扫墓,当往瞻拜,子孙其永志之。

（唐文治《茹经先生自订年谱·庚申五十六岁》）